高等中医药院校系列教材

案例版™

供中医药学各专业使用

内科学

主　　编　童昌珍

副主编　王民英　王亿平　邹　旭
　　　　赵瑞贞　姜智慧　张　泉

编　　委　（按姓氏笔画排序）

丁邦晗（广州中医药大学）　王亿平（安徽中医学院）
王民英（江西中医学院）　王俊祥（河北医科大学）
付　滨（天津中医药大学）　庄雅稚（长春中医药大学）
刘建宏（山西中医学院）　李应东（甘肃中医学院）
张国梁（安徽中医学院）　张　泉（成都中医药大学）
张　翥（河南中医学院）　周苏宁（山东中医药大学）
陈林庆（甘肃中医学院）　邹　旭（广州中医药大学）
胡运莲（湖北中医学院）　赵瑞贞（河北医科大学）
姚　平（湖北民族学院）　姜智慧（辽宁中医药大学）
童昌珍（湖北中医学院）　潘　涛（南京中医药大学）

秘　　书　刘　玲（湖北中医学院）　祁　勇（湖北中医学院）

科学出版社

北　京

图书在版编目(CIP)数据

内科学:案例版/童昌珍主编.—北京:科学出版社,2008

高等中医药院校系列教材

ISBN 978-7-03-021969-5

Ⅰ.内…　Ⅱ.童…　Ⅲ.内科学-中医学院-教材　Ⅳ.R5

中国版本图书馆 CIP 数据核字(2008)第 068686 号

责任编辑:方　霞/责任校对:钟　洋

责任印制:赵　博/封面设计:黄　超

科学出版社出版

北京东黄城根北街 16 号

邮政编码:100717

http://www.sciencep.com

保定市中画美凯印刷有限公司印刷

科学出版社发行　各地新华书店经销

*

2008 年 7 月第　一　版　　开本:850×1168　1/16

2024 年 1 月第十三次印刷　　印张:31 1/2

字数:972 000

定价:59.80 元

(如有印装质量问题,我社负责调换)

前　　言

案例式教学是国外医药院校常用的教学模式之一，但在我国开展这一教学方式起步较晚，近年来才应用于医学教育领域。为了适应我国高等中医药教育发展的需要，改变传统的注入式教学模式，在借鉴国外“以问题为中心（PBL）”的教学模式基础上，以不改变现有教学体系及核心内容为基础，在本教材中增加了标准化病例或临床真实性病例，并针对病例提出思考题，融案例教学于课堂理论教学中，体现了实践—理论—实践的认知过程。之所以这样做，意在培养学生的临床思维能力和综合分析能力，更好地掌握内科临床诊疗基本技能，缩短理论与实践教学的距离，使其快速成为高素质创新型、实用型人才。基于这种认识，我们编写了这部案例版《内科学》教材。

本教材以内科学基本理论、知识和技能为重点，突出以学生为中心的理念。临床案例的学习以学生主动思考为主，在注重思想性、科学性、先进性的同时，兼具启发性、实用性、易懂性。力求做到重点突出，使教师好教，学生好学。

本教材以临床医学专业为主，以医学本科生为主要教学对象，兼顾其他医学相关专业的要求，内容符合以下几个层次的要求：①教育部制定的教学大纲要求；②硕士研究生入学考试要求；③学生毕业后参加执业医师资格考试的要求。

本教材由科学出版社组织编写，参编人员来自全国 14 所院校，他们均工作在医、教、研第一线，具有丰富的临床和教学经验，书中所有临床案例资料来源于他们多年临床、教学、科研工作中的积累。具体分工如下：童昌珍（绪论、第三篇第 6、12 章）、赵瑞贞（第一篇第 1、3、4、7、8、10、11、12 章）、张泉（第一篇第 5、6 章、第十篇第 6 章）、邹旭（第二篇第 1、2、5、7 章）、周苏宁（第二篇第 3、6、8、9 章）、王民英（第二篇第 4 章、第八篇第 2 章第 1 节、第 3 章）、胡运莲（第三篇第 1、2、3、4、10、13 章）、庄雅稚（第三篇第 5、7、8、9、11 章）、王亿平（第四篇第 1、2 章）、张翥（第四篇第 3、4、5 章）、付滨（第四篇第 6、7 章、第十篇第 4 章）、姜智慧（第五篇第 1、2、3、6 章、第十篇第 5、8 章）、刘建宏（第五篇第 4、5、7、8、9 章）、姚平（第七篇第 1、2、3、4、6 章）、丁邦晗（第七篇第 5 章、第十篇第 2、3 章）、李应东（第六篇全篇）、陈林庆（第八篇第 1 章、第 2 章第 2 节、第 4、5 章）、潘涛（第一篇 2、9 章、第九篇 1、2 章）、张国梁（第十篇第 1、7 章）。刘玲、祁勇为编写秘书，参与了整个编写过程。

在编写本教材过程中，湖北中医学院德高望重的艾陵教授在病案的把关方面做了大量的工作；另外，湖北中医学院附属医院的熊家平教授，吴斌、程业刚、邹新蓉老师在校稿方面也做了大量工作，在此一并表示衷心的感谢！

由于案例版教材相关参考材料不足，加之编者的水平有限，难免有错讹和不尽完善之处，祈盼广大读者不吝赐教。

《内科学》编委会

2008 年 4 月

目　录

第四篇 泌尿系统疾病

第五篇 血液系统疾病

第六篇 传 染 病

第七篇 风湿免疫性疾病

第八篇 内分泌与营养代谢性疾病

第九篇　神经系统疾病与神经症

第十篇　急性中毒

绪 论

一、医学、临床医学和内科学

医学是一门历史悠久的科学，它不仅是一门探讨疾病的发生和发展规律、研究其预防和治疗对策的学科，又是一门内容不断更新、不断发展，以不断的变化作为它永恒不变规律的具有特殊活力的学科。到19世纪初，逐渐分化为临床医学、基础医学和预防医学三大领域。

临床医学是研究人体各系统疾病发生的机制、诊断和治疗，传统上分为内科学、外科学、妇产科学、儿科学、眼科学、耳鼻喉科学、皮肤科学和口腔科学等。

内科学是与外科学相对而言，以用非手术方法治疗疾病而与外科相区别。内科学是临床医学领域中一门重要的学科，它涉及面广、整体性强，在研究人体各器官、各系统疾病的诊断、治疗和防治中，不具创伤或仅有轻微创伤性（如介入疗法）为其特色，它是临床医学中各学科的基础，并与各临床学科之间有着密切的联系。

二、内科学的范围、内容

20世纪50年代后，随着医学的迅速发展，内科学分为许多专业学科，如呼吸病学、心血管病学、消化病学、肾病学、血液病学、内分泌代谢性疾病、风湿病学等。神经病学、精神病学及传染病学已从内科学中分离出来。根据中医药院校教学计划的要求，为了更好地适应中医各专业培养目标的实际需要，本教材仍包含神经病学、精神病学及传染病学的内容，共集成10篇，72个病种。

三、内科学案例式内容

本教材每个病种的具体内容除分别包括概述、病因和发病机制、病理、临床表现、实验室及其他检查、并发症、诊断与鉴别诊断、治疗、预防等内容外，还在每一个病的开头列有典型案例及思考题，中间穿插案例归纳一、案例归纳二、案例诊断要点、处方及医师指导几个方面的内容。

典型病案都是编委们多年临床案例的积累，具有典型性、代表性及共性，思考题是编委们多年教学的经验，具有启发性和实用性。“案例归纳一”是将典型病案的主要症状结合体征列出，“案例归纳二”是将患者的实验室检查和特殊检查的结果列出，以上二次归纳与教学内容结合起来，让学生加深印象。“案例诊断要点”是让学生学会以问题为中心，结合所学知识，提出诊断依据及鉴别诊断，掌握诊断步骤及诊断内容。“处方及医师指导”提出了该病人的治疗原则及预防措施。以上所有内容在指导思想上贯彻基础理论与临床实际相结合的原则，在借鉴国外“以问题为中心”（PBL）教学模式的基础上，以不改变现有教学体系及核心内容为出发点；在选材的广度和深度上，力求符合本专业学生的需要；在内容上，力求反映近年来公认的新的进展；在文字上，力求通俗易懂，层次分明，精练清晰。

四、内科学的进展与展望

内科学随着现代科技进步及生命科学的发展而迅速发展，具体表现在以下几个方面：

1. 病因和发病机制方面的研究 由于遗传学、免疫学、分子生物学、细胞生物学等学科的研究进展，内科疾病的病因和发病机制的认识正在不断深入，在不少方面已有突破性的发现，使许多疾病的病因和发病机制得到进一步的阐明，并已深入到分子和基因水平。如从染色体、基因来探讨再生障碍性贫血、白血病和1型糖尿病的发病机制；幽门螺杆菌与上消化道疾病关系的研究；急性冠状动脉综合征这一新概念的提出。不少疾病发病的本质从基因型和表型的结构与功能及其相互关系的深入探索中被逐步揭示，如遗传病基因、疾病的易感基因、癌基因和抑癌基因、生理和病理过程信号转导的调控基因等众多基因已被发现。

2. 诊断技术方面的进展 随着对疾病本质的认识不断深入，高科技诊断技术的发明和发展大大提高了对疾病的诊断水平，从而使疾病得以早诊、早治，主要体现在如下几个方面：

（1）实验室检查：由于医用生物学、医用

笔 记 栏

物理学、细胞生物学、分子生物学、现代免疫学、医学遗传学及计算机技术的渗透，内科学的实验室诊断方面亦随之迅速发展。如各种先进检测仪器和相应的试剂盒的应用，不但有助于快速和准确地完成各种常规实验室检查，而且扩大了实验检查项目。近年还有不少微量检测技术，如聚合酶链反应（PCR）、电化学免疫分析等应用于激素、药物、病毒学的检查上。

（2）内镜检查：如消化内镜（胃镜、十二指肠镜、胆管镜、胸腔镜、腹腔镜、盆腔镜、小肠镜、结肠镜等）、喉镜、支气管镜等不仅能清晰观察空腔器官，且可在直视下取活检，尤其是小肠镜的应用，对以往不易检查的小肠疾病提供了新的诊断手段。

（3）影像学检查：新的影像学检查如正电子射线断层检查（PET）、高黏度数字造影血管机的应用和不断改进，CT、MRI 的灵敏度和特异性在不断提高。

3. 治疗方面的进展

（1）新药物：治疗方面的进展首先表现在药物方面。新的高效、高特异性的药物不断问世，如质子泵抑制剂、抗高血压药和抗心律失常药、各种吸入型平喘药、各种生物制剂、各种免疫抑制剂等，广泛用于各种常见内科疾病。

（2）新的治疗方案：随着对病因学认识的深入，一些传统的治疗方案已发生了革命性的变化，如根除幽门螺杆菌作为消化性溃疡常规的治疗，用阻断过度激活的细胞信号传递通道为目的的治疗对策有可能真正降低心衰的病死率。在选择抗心律失常治疗方案的原则上，不仅要看心率失常的类型和严重程度，而且要考虑基础心脏病的性质和功能状态等。

（3）新的治疗技术：心脏介入治疗技术和器械的不断完善和改进，目前已是冠心病的重要治疗手段之一；呼吸重症监护医学的不断发展，进一步改善了各种病因引起的呼吸衰竭的预后；拉米夫定及新的核苷类抗乙型肝炎病毒药物的应用减少了术后 HBV 的复发，并扩大了肝移植的指征；造血干细胞移植逐渐成为多种血液病治疗的重要手段。

（4）器官移植：器官移植作为终末期器官衰竭治疗的最后手段，大大改善了晚期内科疾病的预后。肾移植技术已相当成熟；肝移植亦已趋于成熟，并已广泛应用；心脏移植、肺移植、心肺联合移植、胰腺移植等方面也取得了很大的进展。

4. 医学模式的转变　传统的医学模式是生物医学模式，即以生物学为基础，重点在于诊断及防治疾病，并已取得了很大的成就，随着人类文明进步，人类的疾病谱已转为非传染性慢性病为主，患者在患病和治疗过程中，心理和社会因素的影响极为重要，与疾病的发生、发展和转归存在非常密切的关系，因而逐渐转变为新的“生物-心理-社会医学模式”。疾病防治的重点不仅仅是“病”，而是“人”，不仅仅是传染病，更应重视与心理、社会和环境因素密切相关的非传染病。因此，新的医学模式的产生使治病的指导思想进展为从医病到医人；从个体到群体；从局部到整体；从微观到宏观；从治疗到预防、保健，使原有的医学范畴扩大到社会医学、心理医学及预防医学等广阔的领域。

5. 循证医学的理念　循证医学（evidence based medicine，EBM）强调临床医师要慎重、准确而明智地应用目前所获得的最佳证据，将每个人的临床经验与外部提供的客观资料相结合，来为自己所面对的患者的具体情况做出最佳医疗决策。

实施 EBM 可参照以下几个步骤：①结合临床以一个可回答的问题形式提出。②根据这个问题进行相关文献检索，找出当前最新、最可靠、权威性实际指导意义的依据。③结合临床实际，将最佳证据做最恰当的临床应用。另外，还须与病人及家属沟通，让病人及家属也充分了解该治疗手段的循证医学证据，以病人恢复健康和使病人满意为原则。

五、学习方法与要求

学习内科学要做到以下几个方面：

（1）树立全心全意为人民服务的思想，发扬救死扶伤的革命人道主义精神。这要求医生要有高度的责任心，有精湛的医学技术，有广博的学识和对病人的同情心，另外还有良好的医患关系。

（2）经常复习有关基础医学知识，做到知识融会贯通、举一反三，如在学习内科学的具体疾病时，及时复习该系统器官的解剖生理特点；在学习发病机理时，联系病理生理、病理解剖、医学微生物、寄生虫、免疫学、分子生物学、医学遗传学等学科的相关知识；在学习临床表现时，从临床-病理联系着手能更便于理解和记忆；在学习药物治疗时，要了解药理基础、药动学和药效学、常规剂量等。

（3）坚持理论联系实际。医学是一门实践性很强的学科，没有实践就不能获得解决病人实际问题的本领。要求重视临床技能的训练，如与病人的交谈，病史的采集，系统的体格检查，根据

笔记栏

不同病人的情况做出因病而异、因人而异，个体化的处理。同时还要求勤于思考，善于总结，这样才有可能“青出于蓝而胜于蓝”。

(4) 坚持以预防为主的观点。贯彻三级预防的原则，做好疾病早期发现、早期诊断、早期治疗，预防并发症和伤残；做好健康教育，关心病人个人、家庭及社区问题。

联系已学过的中医药知识，特别是中医基础理论、中医诊断学、中医内科学，根据中西医各自治病的特点，利用现代化检查结果，辨病与辨证相结合，宏观辨证与微观辨证相结合，努力继承发扬祖国医学遗产，推动中西医结合临床诊断学与治疗学的发展。

笔记栏

第一篇 呼吸系统疾病

第1章 总 论

人类进入21世纪以来，呼吸系统疾病的诊治技术发展迅速。基础医学的研究和临床实践循证医学的发展使呼吸系统疾病的诊断和治疗取得了很大的进展，例如各种疾病诊治指南的制定，对呼吸系统疾病的规范化治疗起到了重要的推进作用。同时呼吸系统疾病的研究工作也面临着重大的挑战。由于社会和经济的发展，人类赖以生存的大自然环境也在发生改变，使呼吸系统疾病致病因素发生变迁。例如2002年底和2003年初在我国及世界范围内暴发和流行的严重急性呼吸综合征(SARS)疫情，传染性强、病死率高，多发生于中青年，又缺乏特异性治疗手段，引起了群众的恐慌，给国民经济造成了巨大的损失。由于人体呼吸器官与外界直接相通，因此，极易受到有害气体、颗粒或微生物的侵害，通过直接毒性作用或免疫机制导致呼吸系统疾病。与大气污染、吸烟和职业危害等相关性疾病如慢性阻塞性疾病、支气管哮喘、肺癌和肺间质性疾病的发病率和病死率仍居高不下，正严重危害人民健康和生命。同时由于医学的发展如脏器移植、社会人口老龄化使得药物性肺部受损和全身性疾病肺部损害也日益增多。更应引起人们重视的是尽管各种新的抗生素不断问世，而肺部感染性疾病发病率和病死率仍有增无减。可见呼吸系统疾病防治任务的艰巨性。

一、呼吸系统的结构和功能特点

呼吸系统由呼吸道和肺两部分组成。呼吸道包括鼻、咽、喉、气管和各级支气管，是传导气体的通道；肺由肺实质(呼吸性细支气管和肺泡)和肺间质(血管、淋巴管、结缔组织和神经组织)组成，是呼吸器官中最重要的器官。

鼻黏膜有丰富的血液供应，有利于对吸入空气加温和湿润；咽部淋巴组织丰富，对呼吸道有防御和保护作用；喉腔内有一对声带，两侧声带之间的裂隙为声门，是喉腔最狭窄部分，静息呼吸时声门随之舒缩，深呼吸时声门大开，咳嗽或用力屏气时，声门关闭，吞咽时喉腔缩小，会厌封闭喉口，防止食物进入气道内。气管位于食管前方，在胸骨角平面平对第4胸椎下缘水平分为左、右主支气管，气管分叉处为气管隆凸，是支气管镜的定位标志，气管分叉角度过大反映气管分叉下淋巴结增大，多见于肺癌转移；右主支气管较左主支气管粗、短且陡直，因此，异物坠入右主支气管机会较多，吸入性病变也以右侧发病率高，尤其右下叶居多。支气管在肺内分支及走形如树木的分支，故称为支气管树，形成小支气管、细支气管、呼吸性支气管、肺泡管和肺泡，多者可达23级，在逐渐分级中气道直径逐渐减小，在吸气状态下直径大于2mm者称为大气道，包括叶、段支气管，管径小于2mm者为小气道，包括小支气管和细支气管等。小气道具有气流阻力小和极易阻塞等特点，如慢性阻塞性肺疾病的病变就是从小气道开始。气管和支气管的管壁黏膜上皮为假复层纤毛柱状上皮，含有大量纤毛，纤毛顶端有黏液，纤毛在较稀的液体中摆动，连续性摆动形成波浪运动，可以有效地将颗粒和病原体等排出呼吸道，空气干燥可破坏纤毛的运动。肺泡是支气管树的终末部分，是人体与外界进行气体交换的场所，每侧肺大约有3亿个肺泡，总肺泡表面积$80m^2$左右。肺泡上皮有Ⅰ型和Ⅱ型肺泡上皮细胞组成，Ⅰ型细胞数虽占Ⅱ型细胞的半数，但却覆盖着肺泡总面积的95%，Ⅰ型细胞无分裂增生能力，损伤后多有Ⅱ型细胞修补或转化为Ⅰ型细胞。Ⅱ型肺泡细胞数目较少，可分泌肺泡表面活性物质，维持肺泡的稳定性，避免肺泡在呼气末期塌陷。近年已经使用人工制备的表

笔记栏

面活性物质治疗新生儿呼吸窘迫综合征(IRDS)。新近的研究证实,Ⅱ型细胞具有产生释放细胞因子如单核细胞趋化因子(MCP)等的功能。肺间质由肺内结缔组织及其中的血管、淋巴管和神经构成,其中弹力纤维较发达,巨噬细胞较多,它能吞噬进入肺内的尘粒、细菌等异物,目前认为其具有较多的生物活性,能生成和释放多种细胞因子如白介素-1,血小板生长因子(PDGF),肺泡巨噬细胞生长因子(AMDGF)等,还可直接释放氧自由基和弹力蛋白酶等活性物质,被认为在许多肺部疾病的发病中起着十分重要的作用。

肺有双重循环系统供应血液,一为肺循环,另一支为支气管循环。肺循环和支气管循环之间通过动脉-动脉和静脉-静脉吻合支互相交通,当肺动脉分支阻塞时,其所支配的区域可由支气管动脉供应。肺动脉的终末分支进入肺泡隔内形成密集的毛细血管网,在肺泡与血液之间进行气体交换。肺血管内膜表面的内皮细胞具有多种生理功能,如物质交换和抗凝促凝作用等。肺动脉、肺静脉和支气管是构成正常胸部X线片中肺纹理的主要成分。支气管动脉从胸主动脉相当于气管分叉部位分出,有时从肋间动脉分出,供应支气管直到呼吸性细支气管水平肺组织的营养,所以支气管扩张的咯血常常是鲜红色的。

二、呼吸系统疾病的诊断和治疗

病史和体格检查是诊断疾病的基础,还应结合常规化验及其他特殊检查结果,特别是胸部影像学的检查综合分析,力求做出病因、解剖、病理和功能诊断。

1. 病史 采集病史是了解患者症状及其时间的惟一手段,通过与患者及其家属的交谈和讨论获得准确的病史数据是临床确立诊断的重要步骤。了解肺部传染性疾病患者(如活动性肺结核)的密切接触史,对诊断肺结核十分重要。因为肺脏与环境持续密切接触,呼吸系统疾病的职业接触史应详细询问,有助于对支气管哮喘、肺间质纤维化及肺癌等疾病做出诊断。吸烟史及年吸烟量有助于慢性阻塞性肺疾病的诊断。某些药物如博来霉素、胺碘酮可引起肺纤维化,血管紧张素转换酶抑制剂可引起顽固性咳嗽,高血压、冠心病患者口服β受体阻断药可引起支气管痉挛等。既往史也相当重要,例如儿童时期的麻疹和百日咳可以引起支气管扩张。囊性肺纤维化、纤毛不动综合征和哮喘具有明显的家族倾向。

2. 呼吸系统疾病的常见症状

(1) 咳嗽:咳嗽分为干咳和有痰的咳嗽。干咳常见原因有咽炎、咳嗽变异性哮喘、支气管内肿物、鼻后滴漏综合征和胃食管反流等疾病。长期咳嗽、冬季加重提示慢性阻塞性肺疾病。体位改变时咳嗽、咳痰加剧,常见于支气管扩张或肺脓肿。咳嗽伴发热可能是肺炎。高亢的咳嗽伴胸痛和痰中带血可能是支气管肺癌,逐渐加重的刺激性咳嗽伴气促则考虑特发性肺纤维化或支气管肺泡癌。

(2) 咳痰:痰液的性状、痰量以及痰液的气味对诊断有一定帮助。大量持续脓性痰见于支气管扩张继发感染或其他的肺化脓性病变,痰液留置后可出现分层。铁锈色痰常见于肺炎链球菌肺炎,但是在抗生素广泛使用后目前已经很难见到;砖红色胶冻样痰见于肺炎克雷伯杆菌感染;带有臭味的脓性痰常常是厌氧菌感染;重度咳嗽有时可以痰中带血。

(3) 咯血:一般认为,24小时内咯血量少于100ml者为少量咯血,100~500ml者为中量咯血,大于500ml或一次咯血量大于100ml者为大量咯血。经常痰中带血是肺结核、肺癌的常见症状。大咯血多见于支气管扩张或空洞性肺结核;急性支气管炎、肺炎、肺血栓栓塞症、二尖瓣狭窄可引起不同程度的咯血。

(4) 呼吸困难:呼吸困难是一种患者感到空气不够、呼吸不畅的主观感觉。吸气性呼吸困难伴干咳或高调吸气性喉鸣是大气道阻塞的标志,见于喉水肿、喉痉挛、气管肿瘤和气管异物;呼气性呼吸困难表现呼气时间延长,呼气费力,见于支气管哮喘和慢性阻塞性肺疾病;混合性呼吸困难表现为呼气和吸气均感费力,呼吸频数,见于重症肺炎、大量胸腔积液和自发性气胸等疾病。肺血栓栓塞症常表现为不明原因的呼吸困难。左心衰竭患者可出现夜间阵发性呼吸困难。

(5) 胸痛:胸痛是呼吸科门诊患者就诊的常见原因。常见的胸痛原因是心脏疾病引起,大部分非心源性胸痛来自于胸膜,由于肺组织和脏层胸膜缺乏痛觉感受器,即使肺实质有严重的病变也可以不发生胸痛。轻度胸膜性胸痛表现深吸气末出现,严重的胸痛在吸气较浅时就出现。胸膜性胸痛在呼气或屏气时疼痛减轻或消失。肺炎、肺结核、肺血栓栓塞症、肺脓肿等病变累及壁层胸膜时可发生胸痛。急性胸痛伴高热,考虑肺炎。肺癌侵及壁层胸膜或骨骼出现隐痛,持续加剧,乃至刀割样痛。突发性胸痛伴咯血和(或)呼吸困难,应考虑肺血栓栓塞症。也应注意与非呼吸系统疾病引起的胸痛相鉴别,如心绞痛、纵隔食管疾病和肝胆疾患引起的胸痛。

笔记栏

3. 常见体征 因肺部病变的性质、范围不同,胸部体征可完全正常或出现明显异常。气管、支气管病变以干湿性啰音为主;肺部炎性病变呼吸音增强或减弱,如肺炎出现吸气相小水泡音,特发性肺纤维化可在双肺出现吸气相高调爆裂音(velcro 啰音),胸腔积液、气胸或肺不张可出现相应的体征,可伴有气管移位。胸膜炎症时可有胸膜摩擦音。支气管肺癌、支气管-肺慢性化脓性病变以及特发性肺纤维化等均可引起杵状指(趾)。

4. 实验室及其他辅助检查

(1) 血液检查:呼吸系统感染时,白细胞总数或中性粒细胞增加,有时还伴有中毒颗粒;嗜酸粒细胞增加提示过敏性因素或寄生虫感染的可能;其他血清学抗体试验,如荧光抗体、对流免疫电泳、酶联免疫吸附测定等对诊断病毒、支原体、结核杆菌和军团菌等细菌感染有一定价值。

(2) 痰液检查:充分清洁口腔漱口后,咳出深部的痰液在 2 小时内送检做痰涂片,低倍镜视野里上皮细胞<10 个,白细胞>25 个为相对污染少的痰标本,或称为合格痰标本,定量培养菌量$\geqslant 10^7$cfu/ml 可判定为致病菌。若经环甲膜穿刺气管吸引,或经支气管镜防污染双套管毛刷采样,可防止口腔及咽喉部寄殖菌的污染,对肺部感染的病因诊断和抗生素的选择有重要价值。反复做痰脱落细胞检查,有助于肺癌的诊断。痰中查到抗酸杆菌可以确诊肺结核。

(3) 抗原皮肤试验;对支气管哮喘患者进行变应原皮肤试验有助于了解过敏原的种类和相应抗原的脱敏治疗。结核菌素试验可判断是否感染过结核菌,对诊断结节病也有一定的帮助。

(4) 胸腔积液(简称胸液)检查和胸膜活检:常规胸液检查可明确渗出性或漏出性胸液。检查胸液的 pH、溶菌酶、腺苷脱氨酶、乳酸脱氢酶(LDH)、血管紧张素转换酶、癌胚抗原及进行染色体分析,有助于结核性与恶性胸液的鉴别。胸液的微生物培养对肺部感染的病因诊断有确诊意义。胸液脱落细胞检查和胸膜病理活检对明确肿瘤或结核有诊断价值。脂类含量过高时提示乳糜性胸水。

(5) 影像学检查:在呼吸系疾病诊断中影像学检查时至关重要的。新近发展的计算机 X 线摄影(CR)或直接 X 线成像系统(DRS)结合胸部 X 线透视,可发现被双肺以及被心脏、纵隔掩盖的肺内病变,并能观察膈肌和心脏、大血管活动情况。胸部 CT 能进一步明确病变部位、性质以及有关气管、支气管通畅程度。高分辨率 CT 扫描(HRCT)对肺间质性疾病的诊断具有重要意义。强化螺旋 CT 和磁共振显像(MRI)对纵隔疾病和肺血栓栓塞症可有较大帮助。肺血管造影用于肺血栓栓塞症和各种先天性或获得性血管病变的诊断,支气管动脉造影和栓塞术对咯血有较好的诊治价值。放射性核素肺通气/灌注扫描可以诊断肺血栓栓塞症。正电子发射计算机体层扫描技术(PET)可以较准确地对<1cm 的肺部阴影及肺癌纵隔淋巴结有无转移进行鉴别诊断。

(6) 支气管镜和胸腔镜:硬质支气管镜已被纤维支气管镜所替代,目前多采用电子支气管镜,清晰度高、耐用,并可摄影或录像作为科研或教学资料。有时临床上也用硬质支气管镜做气管内肿瘤或异物摘除术。支气管镜能深入亚段支气管,直接窥视黏膜病变,进行黏膜刷检或钳检,进行组织学检查;并可经气管镜做支气管肺泡灌洗,进一步做灌洗液的微生物、脱落细胞学、免疫学、生物化学等检查,有助于明确病原和病理诊断;还可通过支气管镜取异物、高频电刀、激光、微波及药物注射治疗良、恶性肿瘤;借助支气管镜的引导做气管插管。胸腔镜已广泛应用于胸膜活检、肺活检。总之支气管镜和胸腔镜已经成为支气管、肺和胸腔疾病诊断、治疗和抢救不可缺少的手段。

(7) 肺活体组织检查:是确诊疾病的重要手段。其主要方法有:经支气管镜病灶活检或支气管透壁肺活检,有利于诊断和随访疗效;肺周边部靠近胸壁的肿块,可在胸透、B 型超声或 CT 引导下定位进行胸穿肺活检,所获标本送微生物和病理检查;纵隔肿物及肿大淋巴结,根据胸部 CT 片定位,通过支气管镜从气管或支气管腔内对肿物进行透壁针吸和组织活检;开胸肺活检,可获得较大的组织标本,阳性率高,但创伤较大。

(8) 肺功能测定:肺功能对某些肺部疾病的早期诊断具有重要价值。肺功能的异常可分为阻塞性通气功能障碍、限制性通气功能障碍和混合性通气功能障碍。如慢性阻塞性肺疾病表现为阻塞性通气功能障碍,而肺纤维化、胸廓畸形、胸腔积液、胸膜增厚或肺切除术后均显示限制性通气功能障碍。这些变化常在临床症状出现前已存在。利用肺功能检测结果对受试者肺功能进行评价,明确其呼吸功能是否减损、减损程度和减损类型。反应肺功能的主要指标为:肺活量(VC)、残气量(RV)、肺总量(TLC)、最大通气量(MVV)以及时间肺活量(FEV_1)等。一般认为各指标在正常预计值的 80%~120%之间为正常。两种通气障碍的特点见表 1-1-1。肺功能指标对外科手术特别是胸腹部手术及手术后的康复进行评估非常重要,能够明确患者能否耐受手术,评估手术过程和围手术期内风险程度以及手术后的生命质量。

笔 记 栏

表 1-1-1　阻塞性和限制性肺通气功能障碍的主要肺功能特点

类型	VC	FEV_1	FEV_1/FVC	RV	TLC	RV/TLC
阻塞性	-/↓	↓	↓↓	↑	↑	↑↑
限制性	↓	↓/-	-/↑	↓/-	↓	-/↑

5. 呼吸系统疾病的治疗

(1) 呼吸系统感染中抗生素的应用:呼吸系统感染的病原学诊断困难给抗生素治疗带来了许多困难,因此参考流行病学资料十分重要。根据患病环境即医院内感染或社区感染和细菌耐药性的流行病学规律和现状,结合临床资料推测可能的病原体。依据抗生素的抗菌谱、抗菌活性、药动学、临床疗效和药物的副反应而选择抗生素,还要结合患者新近抗生素应用史来确定治疗方案。总之合理应用抗生素要了解患者、了解细菌及了解抗生素。

(2) 机械通气:是治疗呼吸衰竭的重要方法之一。近年来随着电子计算机技术和传感技术的迅速发展和对呼吸力学认识的不断深入,机械通气的理论和技术有了很大的发展,已成为临床医学中不可缺少的生命支持手段,为治疗原发病争取了时间,极大地提高了呼吸衰竭的抢救水平。机械通气分为无创通气和有创通气。无创通气是用鼻罩、面罩或鼻面罩与通气机相连接,有创通气则是通过气管插管或气管切开与通气机相连接。

有创机械通气应用范围:①呼吸泵衰竭的疾病如慢性阻塞性肺疾病(COPD)、支气管哮喘、重症肌无力、格林-巴利综合征等外周呼吸泵(呼吸肌)衰竭;脑部肿瘤、脑外伤、脑血管意外及药物中毒等所致中枢性呼吸衰竭。②换气功能障碍性疾病如急性呼吸窘迫综合征、重症肺炎、特发性肺间质纤维化及大面积肺栓塞等。

无创通气治疗的适应证:①以呼吸肌疲劳为主要诱因的呼吸衰竭如轻-中度 COPD 高碳酸血症;②心源性肺水肿;③有创机械通气拔管后的序贯治疗;④机械通气的家庭治疗。

(3) 氧气疗法:机体代谢所需的氧气(O_2)依靠呼吸器官不断地从外环境中摄取,通过血液循环输送到全身各脏器和组织,再将代谢产物二氧化碳(CO_2)排出体外。组织严重缺氧将严重影响组织氧化磷酸化过程,使能量转化降低,引起多脏器功能损害。由于代谢紊乱,产生大量乳酸、酮体,导致进行性酸中毒,$pH<6.8$ 时,细胞因代谢终止而死亡。

氧气治疗是通过增加吸入氧浓度(FiO_2),提高动脉血氧分压(PaO_2)和血氧饱和度(SaO_2)。健康人 PaO_2 参考值为 $100-0.3\times$年龄±5(mmHg),低于此下限值称为低氧血症。急性呼吸衰竭单纯缺氧时可给予吸入较高浓度氧(35%~50%)或高浓度氧(>50%),病情好转随时降低吸氧浓度,防止氧中毒;急性呼吸衰竭缺氧伴二氧化碳潴留时,应采用机械通气支持治疗。慢性呼吸衰竭单纯缺氧时,一般吸入较高浓度氧可纠正缺氧,如发生二氧化碳潴留,可给予机械通气氧疗,但预后不佳;慢性呼吸衰竭缺氧伴二氧化碳潴留时,氧疗原则为低浓度(<35%)持续给氧,使 SaO_2 达 90% 以上,如无效应建立人工气道机械通气氧疗。氧疗可以通过鼻导管或鼻塞给氧,也可通过面罩给氧,其中可调式氧气面罩(venturi 面罩)使用方便。

(4) 吸入疗法:雾化吸入药物可作用于气道黏膜相应感受器和药物受体,局部吸收,脂溶性药物能溶于生物膜的类脂质中,易吸收,水溶性药物通过生物膜的膜孔来吸收,其吸收率与分子大小呈负相关,小分子药物吸收率高,大分子难以吸收。吸入装置有定量吸入器(MDI),MDI 的气雾抛射剂是氟利昂,优点是携带方便、随时可用、价廉、不用消毒;干粉吸入器的驱动力是患者吸气的力量,有单剂量和多剂量干粉吸入器;喷射式雾化器由压缩空气或氧气气流作为驱动力。超声雾化器产生的雾粒较大,在肺内沉积率低,一般不作为治疗用,可用于诱导排痰。吸入药物治疗常选用的药物有 β_2 肾上腺素受体激动剂、糖皮质激素及抗胆碱药物等。

笔记栏

第 2 章 急性上呼吸道感染和支气管炎

第 1 节 急性上呼吸道感染

案例

患者，女性，27 岁，教师。患者近日工作劳累，上课较多，两天前受凉后出现咽痒、咽干、流泪，随后出现咽痛、轻微咳嗽、声音沙哑，偶有咳痰，自服抗病毒冲剂未见好转，遂来就诊。

患者平素健康，无重要病史，无过敏史、手术史及外伤史，无特殊嗜好，无疫区接触史。

体格检查：T 36.8℃，P 84 次/min，R 24 次/min，BP 110/75mmHg*。患者青年女性，发育正常，营养良好。神志清，呼吸平稳，自主体位，查体合作。全身皮肤、黏膜及巩膜未见黄染、皮疹。颌下、颏下及其他全身浅表淋巴结未触及。双侧瞳孔等大等圆，直径约 3mm，对光反射正常。咽部黏膜充血明显，双侧扁桃体未见肿大。颈部未见明显异常。双肺呼吸音粗糙，未闻及干、湿性啰音。叩诊心浊音界正常，HR 84 次/min，律齐，未闻及杂音。腹部平软，肝脾肋下未触及，移动性浊音(-)，肠鸣音正常。四肢肌力无明显异常，生理反射存在，病理反射未引出，脑膜刺激征(-)。

实验室及其他检查：血常规示 WBC 6.8×10^9/L，N 0.64，RBC 4.2×10^{12}/L，Hb 118g/L；心电图正常；胸部 X 线检查示双肺纹理稍多，未见斑片状阴影，心影正常。

思考题

1. 通过理论教学，分析该病例的诊断是什么？
2. 确定诊断的主要依据是什么？
3. 如何治疗？

急性上呼吸道感染（acute upper respiratory tract infection）是鼻腔、咽或喉部的急性炎症。临床可表现为普通感冒、病毒性咽炎和喉炎、疱疹性咽峡炎、咽结膜热、细菌性咽-扁桃体炎。常于冬春季节发病。

【病因和发病机制】 急性上呼吸道感染多以病毒感染多见，细菌感染可直接或继发于病毒感染之后。病毒以鼻病毒、腺病毒、流感病毒、呼吸道合胞病毒、副流感病毒等多见，细菌感染以溶血性链球菌多见，其他可见流感嗜血杆菌、肺炎球菌、葡萄球菌等。发病多见于机体抗病力下降时，如受凉、淋雨、疲劳、烟酒过度等，使呼吸道局部寄生微生物或外界侵入的病毒、细菌得以大量繁殖，从而发病。年老体弱及患有慢性呼吸道疾病者，更易患病。

【病理】 主要病理改变为鼻咽部黏膜充血、水肿，上皮细胞损伤，有少量单核细胞浸润，伴有浆液性、黏液性炎性渗出。继发细菌感染时，有大量中性粒细胞浸润及脓性分泌物。炎症消退后黏膜的结构和功能可恢复正常。

【临床表现】 起病较急，病因与感染部位不同，临床表现不同。

1. 普通感冒 为常见的急性上呼吸道感染，致病微生物以病毒多见，常见鼻病毒、流感和副流感病毒、呼吸道合胞病毒等，发病数日后可合并细菌感染，以鼻咽部的卡他症状为主要表现。起病急，早期以咽干、咽痒为主要症状，随后出现打喷嚏、流鼻涕，可伴咽痛、流泪、呼吸不畅、声音嘶哑等，一般咳嗽、发热较轻。病情较重者可伴全身酸痛、乏力等。体格检查可见鼻咽部黏膜充血、水肿，有分泌物。无并发症者多于 1 周左右痊愈。

2. 病毒性咽炎和喉炎 常见于由鼻病毒、腺病毒、流感和副流感病毒、肠病毒等引起的急性病毒性咽炎，起病急，咽干及咽部烧灼感明显，咽痛、咳嗽不明显。急性喉炎多见于流感及副流感病毒、腺病毒感染，咽痛明显伴有声音嘶哑、语言困难，多伴有发热、咳嗽。体格检查可见喉部充血、水肿，颌下或颏下淋巴结可触及肿大伴触痛。

3. 细菌性咽-扁桃体炎 为由细菌感染引起的咽部及扁桃体的急性炎症。致病菌以溶血性链球菌多见，也可见于流感嗜血杆菌、肺炎链球菌、葡萄球菌感染。起病急，咽痛重伴有畏寒、发热、全身酸痛、食欲减退，体格检查可见咽部充血、扁桃体肿大，扁桃体表面可附有脓性分泌物，颌下淋巴结可触及肿大伴有触痛。

---

* 1mmHg = 0.133kPa

笔记栏

案例归纳一

患者年轻女性，因劳累、上课说话较多、受凉后出现咽痒、咽干、流泪，随后出现咽痛，轻微咳嗽，声音沙哑，偶有咳痰。体格检查示体温正常，全身皮肤、黏膜及巩膜未见皮疹，全身浅表淋巴结未触及。咽部黏膜充血明显，双侧扁桃体未见肿大。呼吸音粗糙，未闻及干、湿性啰音。心脏、腹部、神经系统及四肢检查未见异常。

【实验室检查】

1. 血象 病毒感染白细胞计数和分类多无明显改变，也可出现淋巴细胞分类增加。细菌感染时，白细胞总数和中性粒细胞可升高，严重者可出现核左移现象。

2. 病原学检查 根据诊断需要可应用血清学、酶联免疫吸附法、免疫荧光法等进行病毒检测，细菌检查可应用咽拭子、痰涂片或培养，明确致病菌。

案例归纳二

患者就诊后实验室及其他检查显示：血 WBC 6.8×10^9/L，N 0.64，RBC 4.2×10^{12}/L，Hb 118g/L；心电图正常；胸部 X 线检查示双肺纹理稍多，未见斑片状阴影，心影正常。

【诊断和鉴别诊断】

1. 诊断 根据病史及临床表现，结合实验室检查结果，即可做出临床诊断。进行病毒和细菌的检查，可以确定病因诊断，有助于治疗。

2. 鉴别诊断

(1) 流行性感冒：常有明显的流行情况，起病急骤，全身症状较显著，高热，全身酸痛，眼结膜炎症状明显的，但鼻咽部症状较轻。白细胞数正常或偏低。根据流行病学史，并依据病毒分离和血清学检查，可供鉴别。

(2) 急性传染病早期：如麻疹、脑炎、脊髓灰质炎等急性传染病早期，患者多以上呼吸道症状为主，应加以鉴别。急性传染病多呈流行性发病，伴随表现及相应的辅助检查，有助于鉴别诊断。

案例诊断要点

1. 患者青年女性，发病前有劳累、受凉等因素为诱因。

2. 病史特点：急性起病，以咽干、咽痒、流泪为首发症状，随后出现咽痛、咳嗽、声音嘶哑等。

3. PE：一般情况良好，眼部充血、双侧扁桃体无肿大，双肺呼吸音粗糙，未闻及啰音，其他未见异常。

4. 实验室及其他检查：血 WBC 6.8×10^9/L，N 0.64，RBC 4.2×10^{12}/L，Hb 118g/L；心电图正常；胸部 X 线检查示双肺纹理稍多，未见斑片状阴影，心影正常。

临床诊断：急性上呼吸道感染，普通感冒。

【治疗】

1. 一般治疗 注意休息、多饮水、进易消化富营养的饮食，咽部症状明显者，禁食辛辣等刺激性食物。

2. 对症治疗 以解热镇痛、减少鼻咽部分泌物，保持呼吸通畅为主。可应用抗感冒中成药、复方制剂等，高热患者可适当应用解热镇痛药如阿司匹林、对乙酰氨基酚等。

3. 病因治疗 病毒感染早期，应用抗病毒药物，有一定的治疗效果。常用利巴韦林，对流感及副流感病毒、呼吸道合胞病毒等较良好的抑制作用。

原发或合并细菌感染时，可根据感染程度，选用适当抗菌药物口服或注射治疗。常用大环内酯类如红霉素、罗红霉素、乙酰螺旋霉素等，青霉素类如青霉素、阿莫西林等；氟喹诺酮类如氧氟沙星、环丙沙星等，第一代头孢菌素类如头孢氨苄、头孢拉啶、头孢唑啉等。

【预防】 劳逸结合，适当规律锻炼身体，生活规律，戒烟限酒，增强抗病能力，为重要的预防措施。急性上呼吸道感染的多发季节，尽量少到公共场所。

处方及医师指导

1. 一般治疗：嘱患者暂停工作，注意休息，多饮水，进食易消化食物，禁辛辣食物。

2. 药物治疗：应用利巴韦林口服，具有抗病毒作用的复方制剂或中成药如抗病毒冲剂、银翘解毒片、双黄连口服液等。

3. 对症治疗：患者咽部症状较重，声音嘶哑，给予清咽利喉药含服，可应用复方草珊瑚含片、西瓜霜含片、西地碘含片等。

第2节 急性气管-支气管炎

案例

患者，男性，37岁，软件工程师。患者近日工作劳累，连天熬夜，一周前受凉后出现咽痒、咽干、周身不适、乏力。自服银翘解毒片后症状稍缓解，未予就诊。随后症状加重，出现咳嗽、咳痰，初始呈白色黏痰，后转为淡黄色黏液脓性痰，痰量增多，晨起及夜间较重，遂就诊。

患者平素健康，无重要病史，无过敏史、手术史及外伤史，无特殊嗜好，无疫区接触史。

体格检查：T 37.8℃，P 88次/min，R 22次/min，BP 120/80mmHg。患者青年男性，发育正常，营养良好。神志清，呼吸平稳，自主体位，查体合作。全身皮肤、黏膜及巩膜未见黄染，皮疹。颌下、颏下及其他全身浅表淋巴结未触及。双侧瞳孔等大等圆，直径约3mm，对光反射灵敏。颈部未见明显异常。双肺呼吸音粗糙，双肺底可闻及少许散在干性啰音。叩诊心浊音界正常，HR 88次/min，律齐，未闻及杂音。腹部平软，肝脾肋下未触及，移动性浊音(－)，肠鸣音正常。四肢肌力无明显异常，生理反射存在，病理反射未引出，脑膜刺激征(－)。

实验室及其他检查：血常规示 WBC 8.9×10^{9}/L，N 0.86，RBC 4.8×10^{12}/L，Hb 121g/L；心电图正常；胸部X线检查示双肺纹理增多、紊乱，未见斑片状阴影，心影正常。

思考题

1. 通过理论教学，分析该病例的最可能的诊断是什么？
2. 确定诊断的主要依据是什么？
3. 如何治疗？

急性气管-支气管炎(acute tracheo-bronchitis)是由感染、物理化学刺激或过敏等因素引起的气管-支气管黏膜的急性炎症。临床主要症状为咳嗽、咳痰，可伴有发热，多于短期内恢复。常见于寒冷季节或气候突变时节，也可由急性上呼吸道感染迁延而来。如迁延不愈或反复发作可演变成慢性支气管炎。

【病因和发病机制】

1. 感染 急性气管-支气管炎可由病毒或细菌直接感染引起也可由急性上呼吸道感染的病毒或细菌蔓延所致。其中以细菌感染为主，病毒感染可为细菌感染创造条件。当各种原因如受寒、劳累等，致全身抵抗力的下降时，有利于感染。常见致病菌有流感嗜血杆菌、肺炎链球菌、溶血性链球菌和葡萄球菌等。

2. 物理化学因素 寒冷空气、粉尘、刺激性气体或烟雾(如二氧化硫、二氧化氮、氯气)等吸入呼吸道，刺激或损伤气管-支气管黏膜，降低局部抗病能力，易于感染。

3. 过敏反应 常见的过敏原，如花粉、有机粉尘、真菌孢子等吸入呼吸道；或对细菌蛋白质的过敏，引起气管-支气管的过敏性炎症反应。

【病理】 主要病理改变为气管、支气管黏膜充血、水肿，纤毛上皮细胞损伤脱落，黏膜下层白细胞浸润，黏液腺肥大，分泌物增多。炎症消退后黏膜的结构和功能可恢复正常。

【临床表现】 起病较急，常先有急性上呼吸道感染症状如鼻塞、喷嚏、咽痛、声嘶等。

1. 症状 全身症状一般较轻，可有发热，多为低热或中度发热，3~5天可降至正常。主要症状为咳嗽、咳痰，先为干咳或少量黏液性痰，后可转为黏液脓性痰，痰量增多，咳嗽加剧，症状较重者可出现痰中带血。如伴有支气管痉挛，可出现程度不等的气促、喘息、咳嗽、咳痰多持续2~3周。如迁延不愈，可演变为慢性支气管炎。

2. 体征 早期胸部体格检查可无明显体征，或仅有两肺呼吸音增粗，少数患者可闻及散在干、湿性啰音。啰音的部位常不固定，咳嗽、咳痰后可减少或消失。

案例归纳一

患者青年男性，软件工程师。患者近日工作劳累，连天熬夜，1周前受凉后出现咽痒、咽干、周身不适、乏力。自服银翘解毒片后症状稍缓解，随后症状加重，出现咳嗽、咳痰，初始呈白色黏痰，后转为淡黄色黏液脓性痰，痰量增多，晨起及夜间较重。患者既往无慢性呼吸系统疾患病史。体格检查：低热，神志清，呼吸平稳，全身皮肤、黏膜及巩膜未见黄染，皮疹。全身浅表淋巴结未触及。双肺呼吸音粗糙，双肺底可闻及少许散在干性啰音。余无异常。

【实验室检查】

1. 血液一般检查 白细胞计数和分类多无明显改变。细菌感染较重时，白细胞总数和中性粒细胞可升高。

2. 痰液检查 痰涂片或培养可发现致

笔记栏

病菌。

3. X线检查 早期大多数正常，部分患者可有肺纹理增粗、紊乱。

案例归纳二

患者就诊后实验室及其他检查示：血 WBC $8.9\times10^9/L$，N 0.86，RBC $4.8\times10^{12}/L$，Hb 121g/L；胸部X线平片示双肺纹理增多、紊乱。

【诊断和鉴别诊断】

1. 诊断 诊断依赖于病史及临床症状。急性起病，咳嗽、咳痰或伴有发热，两肺散在的干、湿性啰音。白细胞计数及中性分类正常或稍高，X线检查无异常发现或肺纹理增多，可做出临床诊断。痰液细菌学检查，可以确定病因诊断。

2. 鉴别诊断

(1) 流行性感冒：常有明显的流行特点，起病急骤，全身症状较重，高热、全身酸痛、眼结膜炎症状明显，而鼻咽部症状较轻。白细胞计数正常或偏低。根据流行病学史，并依据病毒分离和血清学检查，可资鉴别。

(2) 急性上呼吸道感染：是指鼻腔、咽或喉部急性炎症的总称，是呼吸系统的常见传染病。鼻咽部症状较明显，一般无咳嗽、咳痰，胸部无异常体征。临床表现可有普通感冒、病毒性咽炎和喉炎、咽结膜热、细菌性咽-扁桃体炎等不同类型。病毒感染时白细胞数正常或偏低，淋巴细胞比例升高。根据流行病学史，并依据病毒分离和血清学检查，可资鉴别。

(3) 其他：支气管肺炎、肺结核、肺癌、肺脓肿、麻疹、百日咳等呼吸系统疾病可出现类似急性气管-支气管炎的症状，但通过详细询问病史及体格检查，可以做出鉴别诊断。

案例诊断要点

1. 患者青年男性，脑力劳动者，发病前有劳累、受凉史，随后出现咽痒、咽干、周身不适、乏力。症状加重出现咳嗽、咳痰，初始呈白色黏痰，后转为淡黄色黏液脓性痰，痰量增多，晨起及夜间较重。患者既往无慢性呼吸系统疾患病史。

2. 病史特点：急性较急，咽痛、咳嗽、咳痰等呼吸道症状为主要表现。

3. PE：低热，神志清，呼吸平稳，全身皮肤、黏膜及巩膜未见黄染、皮疹。全身浅表淋巴结未触及。双肺呼吸音粗糙，双肺底可闻及少许散在干性啰音。余无异常。

4. 实验室及其他检查：血常规示 WBC $8.9\times10^9/L$，N 0.86，RBC $4.8\times10^{12}/L$，Hb 121g/L；胸部X线平片示双肺纹理增多、紊乱。

临床诊断：急性气管-支气管炎。

【治疗】

1. 一般治疗 包括注意休息、多饮水、进食易消化、富营养的饮食。

2. 对症治疗 咳嗽无痰者可应用喷托维他（咳必清）每日3次，每次25mg口服，咳嗽严重者，可用可待因每日3次，每次15～30mg口服；咳嗽有痰但痰稠不易咳出者，可用复方氯化铵合剂、溴己新（必嗽平）等。如有支气管痉挛伴喘息时，可用氨茶碱每日3次，每次0.1g口服。高热者应用解热镇痛药如阿司匹林、对乙酰氨基酚（百服宁）等。

3. 抗菌治疗 可根据感染程度及病原体检查结果，选用适当的抗菌药物，口服或注射治疗。常用大环内酯类（红霉素、罗红霉素等）；青霉素类（青霉素）、阿莫西林等；氟喹诺酮类（氧氟沙星、环丙沙星等）；第一代头孢菌素类（头孢氨苄、头孢唑啉、头孢拉啶等）。

【预防】 加强锻炼、生活规律，预防感冒。注意工作、居住环境卫生，易发季节减少公共场所逗留时间。

处方及医师指导

1. 一般治疗：嘱患者暂停工作，注意休息，多饮水，进食易消化食物，禁辛辣食物。

2. 药物治疗：患者血 WBC 及中性分类偏高，痰呈黏液脓性，考虑为细菌性感染，如无青霉素过敏史，经皮肤过敏试验后给予青霉素640万静脉滴注每日2次，也可应用头孢唑啉、环丙沙星等。同时给与复方制剂或中成药如双黄连口服液等。

3. 对症治疗：患者咽部症状较重，咳嗽、咳痰，给予清咽利喉药如复方草珊瑚含片、西瓜霜含片等含服，急支糖浆等止咳祛痰。如体温继续升高超过38℃，考虑应用解热止痛药降温治疗。

笔记栏

第3章 慢性阻塞性肺疾病

案例

患者,男性,68岁,退休工人。间断咳嗽、咳痰15年,活动后气短3年,加重伴发热3天住院。

于15年前"感冒"后出现咳嗽、咳白色黏液痰,用多种"消炎药"治疗,持续2个月余缓解。此后每年发作,多于秋冬季节发作,持续2~3个月不等。3年前每当上楼梯4层时,感呼吸困难,未介意。1年前上2层楼梯即感气短、胸闷,曾到医院就诊,给予"氨茶碱、抗生素"等药物治疗,症状时轻时重。3天前出现鼻塞、流涕、发热,体温37.5℃,咳嗽加重,以黄痰为多,平路行走时呼吸困难,为进一步治疗住院。

既往无药物及食物过敏史。从事钳工30年。吸烟40年,每年约180包,不饮酒。

体格检查:T 37.8℃,P 90次/min,R 30次/min,BP 125/80mmHg,神志清楚,锁骨上及颈部淋巴结无肿大,口唇无发绀。桶状胸,两肺呼吸音减低,两下肺可闻及少量干性啰音,心律齐,腹软,无压痛,肝脾未触及。双下肢无水肿。

实验室及其他检查:血常规示WBC 11.6×10^9/L,N 0.79,RBC 5.4×10^{12}/L,Hb 154g/L。胸部X线片:两侧膈肌下移,两肺透光度增强,两下肺肺纹理增粗。治疗1周后病情稳定进行肺功能检查:FEV_1/FVC 60%,FEV_1占68%预计值。

思考题

1. 哪些疾病常表现为慢性咳嗽、咳痰?
2. 如何分析肺功能检查结果?
3. 根据以上资料,分析该患者最可能的诊断是什么?

慢性阻塞性肺疾病(chronic obstructive lung disease,COPD)是一种具有气流受限特征的肺部疾病,气流受限不完全可逆、呈进行性发展。其确切病因不十分清楚,目前认为与肺部对香烟、烟雾等有害气体或有害颗粒的异常炎症反应有关。COPD是一种可以预防和治疗的疾病。

COPD是呼吸系统疾病中的常见病和多发病,其患病率和病死率高,因肺功能进行性减低,严重影响患者的生活质量和劳动能力,社会经济负担重,已成为一个重要的公共卫生问题。世界卫生组织(WHO)资料显示:COPD目前居全球死亡原因的第4位。世界银行/世界卫生组织公布,至2020年COPD将位居世界疾病经济负担的第5位。

近期对我国7个地区20 245名成年人群进行调查,COPD患病率占40岁以上人群的8.2%,其患病率之高十分惊人。美国男性成人患COPD占4%~6%,女性占1%~3%,患病率之高十分惊人。

COPD与慢性支气管炎和肺气肿密切相关。慢性支气管炎是指在除外慢性咳嗽的其他已知原因后,患者每年咳嗽、咳痰3个月以上,连续2年或更长。肺气肿则指肺部终末细支气管远端气腔出现异常持久的扩张,并伴有肺泡壁和细支气管的破坏而无明显的肺纤维化。当慢性支气管炎或(和)肺气肿患者肺功能检查出现气流受限,并且不能完全可逆时,则诊断为COPD。如患者只有慢性支气管炎和(或)肺气肿,而无气流受限,则不能诊断为COPD。慢性咳嗽、咳痰常先于气流受限许多年存在;但不是所有有咳嗽、咳痰症状的患者均会发展为COPD。部分患者可仅有不可逆气流受限改变而无慢性咳嗽、咳痰症状。

支气管哮喘也具有气流受限,是一种特殊的气道炎症性疾病,气流受限具有显著的可逆性,它不属于COPD。支气管哮喘与COPD两者的发病机制不同,临床表现以及对治疗的反应性也有明显差异。但是,部分哮喘患者随着病程延长,可出现较明显的气道重塑,导致气流受限的可逆性明显减小,而使两种疾病难以鉴别。COPD和哮喘可以发生于同一位患者。

一些已知病因或具有特征病理表现的气流受限疾病,如支气管扩张症、肺囊性纤维化、弥漫性泛细支气管炎以及闭塞性细支气管炎等,均不属于COPD。

【病因】 确切病因不清楚,引起COPD的危险因素包括环境因素以及个体易感因素两个方面,两者相互影响。

1. 环境因素

(1)吸烟:吸烟为COPD重要发病因素。吸

笔记栏

烟者死于COPD的人数较非吸烟者为多。被动吸烟也可能导致呼吸道症状以及COPD的发生。孕期妇女吸烟可能会影响胎儿肺脏的生长及在子宫内的发育，并对胎儿的免疫系统功能有一定影响。

(2) 职业性粉尘和化学物质：当职业性粉尘及化学物质（烟雾、过敏原、工业废气及室内空气污染等）的浓度过大或接触时间过长，均可导致与吸烟无关的COPD。接触某些特殊的物质、刺激性物质、有机粉尘及过敏原可使气道反应性增加。

(3) 空气污染：大气中的化学气体如氯气、二氧化氮、二氧化硫等，对支气管黏膜有刺激和细胞毒性作用。空气中的烟尘或二氧化硫明显增加时，COPD急性发作显著增多。其他粉尘如二氧化硅、煤尘、棉尘、蔗尘等也刺激支气管黏膜，使气道清除功能遭受损害，为细菌入侵创造条件。烹调时产生的大量油烟和生物燃料产生的烟尘与COPD发病有关，生物燃料所产生的室内空气污染可能与吸烟具有协同作用。

(4) 感染：呼吸道感染是COPD发病和加剧的另一个重要因素，细菌、支原体及病毒感染为COPD急性发作的主要原因。肺炎链球菌和流感嗜血杆菌为COPD急性发作的常见病原菌。病毒对COPD的发生和发展起着一定的作用。儿童期重度下呼吸道感染和成年时的肺功能降低及呼吸系统症状的发生有关。

(5) 社会经济地位：COPD的发病与患者社会经济地位相关。这也许与室内外空气污染的程度不同、营养状况或其他和社会经济地位等差异有一定内在的联系。

2. 个体因素 某些遗传因素可增加COPD发病的危险性。已知的遗传因素为α_1-抗胰蛋白酶缺乏。重度α_1-抗胰蛋白酶缺乏与非吸烟者的肺气肿形成有关。在我国α_1-抗胰蛋白酶缺乏引起的肺气肿迄今尚未见正式报道。支气管哮喘和气道高反应性是COPD的危险因素，气道高反应性可能与机体某些基因和环境因素有关。

【发病机制】 COPD的发病机制尚不完全明了。目前普遍认为COPD以气道、肺实质和肺血管的慢性炎症为特征，在肺的不同部位有肺泡巨噬细胞、T淋巴细胞（尤其是$CD8^+$）和中性粒细胞增加，部分患者有嗜酸粒细胞增多。激活的炎症细胞释放多种介质，包括白三烯B4（LTB4）、白细胞介素8（IL-8）、肿瘤坏死因子α（TNF-α）和其他介质。这些介质破坏肺的结构和（或）促进中性粒细胞炎症反应。除炎症外，肺部的蛋白酶和抗蛋白酶失衡而诱发肺气肿、氧化与抗氧化失衡以及自主神经系统功能紊乱等也在COPD发病中起重要作用。吸入有害颗粒或气体可损伤气道黏膜导致肺部炎症；吸烟能诱导炎症并直接损害气道上皮细胞，使纤毛运动减弱，支气管黏液腺肥大、杯状细胞增生，黏液分泌增多；COPD的各种危险因素都可产生类似的炎症过程，导致气道壁损伤和修复过程反复循环发生，引起气道固定性阻塞，气流不可逆性阻塞而发生COPD。

【病理】 病理学改变发生在中央气道、外周气道、肺实质和肺血管。

中央气道（气管、支气管以及内径>2～4mm的细支气管），炎症细胞浸润气道上皮，黏液分泌腺肥大、杯状细胞增生、纤毛倒伏或部分脱落；外周气道（内径<2mm的小支气管和细支气管）内，慢性炎症导致气道壁损伤和修复过程反复循环发生。修复过程导致气道壁结构重塑，胶原含量增加及瘢痕组织形成使气腔狭窄，引起固定性气道阻塞。

肺实质破坏表现为肺过度膨胀，弹性减弱。外观灰白，表面可见大小不等的大泡。显微镜下可见肺泡壁变薄，肺泡腔扩大、破裂或形成大泡。阻塞性肺气肿按累及肺小叶的部位分为小叶中央型、全小叶型和混合型三类，其中以小叶中央型最常见。小叶中央型是由于终末细支气管或一级呼吸性细支气管炎症导致管腔狭窄，其远端的二级呼吸性细支气管呈囊状扩张，其特点是囊状扩张的呼吸性细支气管位于二级小叶的中央区。全小叶型是呼吸性细支气管狭窄引起所属终末肺组织，即肺泡管-肺泡囊及肺泡的扩张，其特点是气肿囊腔较小，遍布于肺小叶内。有时两型同时存在一个肺内称混合型肺气肿。病情较轻时这些破坏常发生于肺的上部区域，但随着病情发展，可弥漫分布于全肺。

肺血管的改变以血管壁增厚为特征，这种增厚始于疾病早期。内膜增厚是最早的结构改变，继之出现平滑肌增生和血管壁炎症细胞浸润。COPD加重时平滑肌、蛋白多糖和胶原增多进一步使血管壁增厚。COPD晚期继发肺心病时，部分患者可见多发性肺细小动脉原位血栓形成。

【病理生理】 在COPD早期，病变主要局限于小气道，闭合容积增大，反映肺组织的顺应性降低。由于气管及支气管的病理学改变而出现相应的病理生理学改变，包括黏液高分泌、纤毛功能失调、气流受限，继而出现肺过度充气、气体交换异常、肺动脉高压和肺心病以及全身的不良效应。黏液高分泌和纤毛功能失调导致慢性咳嗽及多痰，这些症状可出现在其他症状和病理异常发生之前。

笔记栏

随着 COPD 的进展，病变侵犯大气道时，出现肺通气功能障碍。随着外周气道阻塞，肺泡持续增大，使肺残气量增加。肺实质破坏及肺血管的异常等使肺气体交换能力下降，产生低氧血症，以后可出现高碳酸血症，最终出现呼吸衰竭。长期慢性缺氧使肺血管广泛收缩而产生肺动脉高压，常伴有血管内膜增生，某些血管发生纤维化和闭塞，造成肺循环的结构重组。COPD 晚期出现的肺动脉高压是其重要的心血管并发症，并进而产生慢性肺源性心脏病。

COPD 还可以导致骨骼肌功能不良，表现为骨骼肌重量逐渐减轻，使患者活动能力受限加重，生活质量下降。

【临床表现】 起病缓慢，病程较长。患者多有长期较大量吸烟史和职业性或环境有害物质接触史（如较长期粉尘、烟雾、有害颗粒或有害气体接触史）；有家族聚集倾向；多于中年后发病；常于秋冬寒冷季节症状加重。

1. 症状

（1）慢性咳嗽：为首发症状。疾病初期为间歇性咳嗽，早晨较重，以后早晚或整日均有咳嗽，但夜间咳嗽不明显。少数患者干咳。也有部分患者虽有明显气流受限，但无咳嗽。

（2）咳痰：一般为白色黏液或浆液性泡沫样痰，部分患者清晨咳痰较多，偶有痰中带血丝，合并感染时痰量增多，常有脓性痰。

（3）气短或呼吸困难：是 COPD 的标志性症状。早期在劳力时出现，后逐渐加重，以致日常活动甚至休息时也感到气短。是患者焦虑不安的主要原因。

（4）喘息和胸闷：部分患者特别是重度患者有喘息；常于急性加重期或劳力时感到胸部紧闷。

（5）全身性症状：在疾病过程中，特别是较重患者，可出现体重下降、食欲不振、外周骨骼肌肉萎缩和功能障碍、精神抑郁和（或）焦虑等。

2. 体征 早期体征可不明显。随疾病进展，常有以下体征：

（1）视诊及触诊：胸廓形态异常，胸部过度膨胀、前后径增大、剑突下胸骨下角增宽（桶状胸）及腹部膨凸；呼吸变浅，频率增快；重症患者常常前倾坐位、缩唇呼吸以增加呼出气量；低氧血症者可出现皮肤、黏膜发绀，伴右心衰竭者可见双下肢水肿。

（2）叩诊：肺叩诊过清音，肺肝浊音界下移，心浊音界缩小。

（3）听诊：两肺呼吸音减低，呼气延长，部分患者可闻及干、湿性啰音，剑突部心音较清晰响亮。

笔记栏

【并发症】

1. 自发性气胸 突然出现呼吸困难加重，伴明显发绀和（或）一侧胸痛，患侧肺部叩诊为鼓音，听诊呼吸音减弱或消失，应考虑并发自发性气胸，通过胸部 X 线检查可以确诊。

2. 慢性呼吸衰竭 常在重症 COPD 患者或急性加重期时发生，其 COPD 症状明显加重，出现低氧血症和（或）高碳酸血症，具有缺氧和二氧化碳潴留的临床表现。

3. 慢性肺源性心脏病 由于 COPD 肺部病理改变，使肺毛细血管床减少及缺氧致肺小动脉痉挛、血管重塑，导致肺动脉压力升高，右心室肥大，最终发生右心功能衰竭。

案例归纳一

该患者有长期较大量吸烟史，以咳嗽为首发症状，慢性咳嗽、咳痰，多于冬季发作，劳力性呼吸困难进行性加重（上四层楼梯到上二层即感呼吸困难历经 2 年时间）。查体可见桶状胸，两肺呼吸音减低，两下肺可闻及少量干性啰音。

【实验室及其他辅助检查】

1. 肺功能检查 是判断气流受限的主要客观指标，其重复性好，对 COPD 的诊断、严重程度评价、疾病进展、预后及治疗反应等均有重要意义。

（1）第一秒用力呼气容积占用力肺活量百分比（FEV_1/FVC）是评价气流受限的一项敏感指标，可检出轻度气流受限。

（2）第一秒用力呼气容积占预计值的百分比（FEV_1%预计值）是评估 COPD 严重程度的良好指标，它变异性小，易于操作，应作为 COPD 肺功能检查的基本项目。

（3）吸入支气管舒张剂后 $FEV_1/FVC<70\%$ 及 $FEV_1<80\%$ 预计值，可确定为不完全可逆的气流受限。

（4）气流受限可导致肺过度充气，使肺总量（TLC）、功能残气量（FRC）和残气容积（RV）增高，肺活量（VC）减低。TLC 增加不及 RV 增加的程度大，故 RV/TLC 增高。

（5）肺泡隔破坏及肺毛细血管床丧失可使肺弥散功能受损，一氧化碳弥散量（DL_{CO}）降低，DL_{CO} 与肺泡通气量（VA）比值（DL_{CO}/VA）下降比单纯 DL_{CO} 更敏感。

2. 胸部 X 线检查 COPD 早期 X 线胸片可无明显变化，以后出现肺纹理增多、紊乱等非特征性改变；主要 X 线征为肺过度充气，肺容积增大，胸腔前后径增大，肋骨走向变平，肺野透亮度增高，横膈位置低平，心脏悬垂狭长，肺门血管纹理呈残根状，肺野外周血管纹理纤细稀少等，有时可见肺大疱形成。

并发肺动脉高压和肺源性心脏病时，除右心增大的X线征外，还可有肺动脉圆锥膨隆，肺门血管影扩大及右下肺动脉增宽。

X线检查对确定肺部并发症及与其他疾病（如肺间质纤维化、肺结核等）鉴别有重要意义。

3. 胸部CT检查 CT检查一般不作为常规检查。但是，在鉴别诊断时CT检查有益，高分辨率CT（HRCT）对辨别小叶中心型或全小叶型肺气肿及确定肺大疱的大小和数量，有很高的敏感性和特异性，对预计肺大疱切除或外科肺减容手术的效果等有一定价值。

4. 动脉血气检查 对确定低氧血症、高碳酸血症、酸碱平衡失调以及判断呼吸衰竭的类型及程度具有重要意义。动脉血气异常首先表现为轻、中度低氧血症，随疾病进展，低氧血症逐渐加重，并出现高碳酸血症。呼吸衰竭的血气诊断标准：静息状态下海平面呼吸空气时动脉血氧分压（PaO_2）<60mmHg伴或不伴动脉血二氧化碳分压（$PaCO_2$）增高>50mmHg。

5. 其他实验室检查 COPD合并细菌感染时，血白细胞增高，核左移；低氧血症，即PaO_2<55mmHg时，血红蛋白及红细胞可增高，红细胞压积>55%可诊断为红细胞增多症。并发感染时痰涂片可见大量中性粒细胞，痰培养可检出各种病原菌，常见者为肺炎链球菌、流感嗜血杆菌、卡他摩拉菌、肺炎克雷伯杆菌等。

案例归纳二

胸部X线片：两侧膈肌下移，两肺透光度增强，两下肺肺纹理增粗。肺功能检查：FEV_1/FVC 60%，FEV_1占68%预计值。

【诊断】

1. 诊断

（1）首先全面采集病史：包括症状、既往史和系统回顾、接触史。症状包括慢性咳嗽、咳痰、气短。既往史和系统回顾应注意：出生时低体重、童年时期有无哮喘、变态反应性疾病、感染及其他呼吸道疾病史如结核病史；COPD和呼吸系统疾病家族史；吸烟史（以包/年计算）及职业、环境有害物质接触史等。

（2）COPD的诊断应根据临床表现、危险因素接触史、体征及实验室检查等资料综合分析确定。其主要症状为慢性咳嗽、咳痰和（或）呼吸困难；存在不完全可逆性气流受限是诊断的必备条件。肺功能测定指标是诊断COPD的金标准。COPD早期，轻度气流受限时可有或无临床症状。

胸部X线检查有助于确定肺过度充气的程度及与其他肺部疾病鉴别。

2. COPD严重程度分级及病程分期 根据患者症状、肺功能异常、是否存在合并症（呼吸衰竭、心力衰竭）等确定。根据肺功能将COPD的严重程度分为4级（见表1-3-1）。

表1-3-1 慢性阻塞性肺疾病临床严重程度的肺功能分级（吸入支气管舒张剂后）

级别	特征
Ⅰ级（轻度）	FEV_1/FVC<70%，FEV_1占预计值百分比≥80%
Ⅱ级（中度）	FEV_1/FVC<70%，50%≤FEV_1占预计值百分比<80%
Ⅲ级（重度）	FEV_1/FVC<70%，30%≤FEV_1占预计值百分比<50%
Ⅳ级（极重度）	FEV_1/FVC<70%，FEV_1占预计值百分比<30%或FEV_1占预计值百分比<50%，或伴有慢性呼吸衰竭

Ⅰ级（轻度COPD）：其特征为轻度气流受限（FEV_1/FVC<70%但FEV_1≥80%预计值），伴或不伴咳嗽、咳痰。此时患者可能还没认识到自己肺功能是异常的。

Ⅱ级（中度COPD）：其特征为气流受限进一步恶化（50%≤FEV_1<80%预计值）患者气短，运动后气短明显。

Ⅲ级（重度COPD）：其特征为气流受限进一步恶化（30%≤FEV_1<50%预计值），气短加剧，并且反复出现急性加重，患者生活质量受到影响。

Ⅳ级（极重度COPD）：为严重的气流受限（FEV_1<30%预计值）或合并慢性呼吸衰竭。此时，患者生活质量明显下降，如果出现急性加重可能有生命危险。

COPD病程分期：分为急性加重期与稳定期。COPD急性加重期是指患者出现超越日常状况的持续恶化，并需改变基础COPD的常规用药者，通常在疾病过程中，患者短期内咳嗽、咳痰、气短和（或）喘息加重，痰量增多，呈脓性或黏脓性，可伴发热等炎症明显加重的表现。稳定期则指患者咳嗽、咳痰、气短等症状稳定或症状轻微。

虽然FEV_1%预计值对反映COPD严重程度、健康状况及病死率有用，但FEV_1并不能完全反映COPD复杂的严重情况，除FEV_1以外，已证明体重指数（BMI）和呼吸困难分级在预测COPD生存率等方面有意义。BMI等于体重

笔记栏

(kg)除以身高(m)的平方，BMI<21kg/m^2的COPD患者死亡率增加。

功能性呼吸困难分级：可用呼吸困难量表来评价：0级：除非剧烈活动，无明显呼吸困难；1级：当快走或上缓坡时有气短；2级：由于呼吸困难比同龄人步行得慢，或者以自己的速度在平地上行走时需要停下来呼吸；3级：在平地上步行100米或数分钟后需要停下来呼吸；4级：明显的呼吸困难而不能离开房屋或者穿脱衣服时气短。

如果将FEV_1作为反映气流阻塞(obstruction)的指标，呼吸困难(dyspnea)分级作为症状的指标，BMI作为反映营养状况的指标，再加上6分钟步行距离作为运动耐力(exercise)的指标，将这四方面综合起来建立一个多因素分级系统(BODE)，目前认为比FEV_1能更好地反映COPD的预后。

此外，COPD急性加重次数也可作为COPD严重程度的一项监测指标。

【鉴别诊断】

1. 支气管哮喘 哮喘多在儿童或青少年期起病，COPD多于中年后起病；哮喘症状起伏大，每日症状变化快，夜间和清晨症状明显，COPD症状缓慢进展，逐渐加重，活动后气促；哮喘常伴过敏体质、过敏性鼻炎和(或)湿疹等，部分患者有哮喘家族史，COPD则多有长期吸烟史和(或)有害气体、颗粒接触史；哮喘气流受限多为可逆性，支气管舒张试验阳性，而COPD时气流受限为不可逆性。少部分患者中两种疾病可以重叠存在。

2. 支气管扩张症 咳嗽、咳痰反复发作，大量脓痰，反复咯血。查体时常有肺部固定性湿啰音，部分患者有杵状指(趾)；X线胸片显示肺纹理粗乱或呈卷发状，胸部CT示支气管扩张、管壁增厚，高分辨率CT显示更为清晰。

3. 肺结核 所有年龄均可发病，常有午后低热、乏力、盗汗等结核中毒症状；胸片X线显示肺部浸润性病灶或伴有空洞形成；痰液检查可发现结核分枝杆菌，据此可以确定诊断。

4. 肺癌 新出现的咳嗽、咳痰，或原有咳嗽、咳痰症状加重，近期出现痰中带血，并反复发生；胸部X线及CT可发现占位病变或阻塞性肺不张或阻塞性肺炎。支气管镜检查及痰细胞学检查可以明确诊断。

5. 其他原因所致的呼吸气腔扩大 肺气肿是一病理诊断名词。临床上可有代偿性肺气肿、老年性肺气肿等，即$FEV_1/FVC \geq 70\%$，与COPD不同。

案例诊断要点

1. 老年男性，有长期大量吸烟史。

2. 病史特点：咳嗽为首发症状，15年的慢性咳嗽、咳痰，常于冬季发作，呼吸困难进行性加重(上四层楼梯到上二层即感呼吸困难历经2年时间)。上呼吸道感染诱发急性加重。

3. 体征：桶状胸，两肺呼吸音减低，两下肺可闻及少量干性啰音。

4. 辅助检查：血常规示WBC 11.6×10^9/L，N 0.79，RBC 5.4×10^{12}/L，Hb 154g/L，肺功能检查：FEV_1/FVC 60%，FEV_1占68%预计值。

临床诊断：慢性阻塞性肺疾病(中度)，急性加重期。

【治疗】

1. COPD稳定期治疗 治疗目的在于减轻症状，阻止病情发展；缓解或阻止肺功能下降；改善活动能力，提高生活质量；降低病死率。

(1) 教育与管理：教育患者戒烟，迄今能证明有效延缓肺功能进行性下降的措施只有戒烟；学会自我控制病情的技巧，如腹式呼吸及缩唇呼吸锻炼等；了解赴医院就诊的时机。避免或防止粉尘、烟雾及有害气体吸入。

(2) 药物治疗：用于预防和控制症状，减少急性加重的频率和严重程度，提高运动耐力和生活质量。

1) 支气管舒张药：松弛支气管平滑肌、扩张支气管、缓解气流受限，是控制COPD症状的主要治疗措施。短期按需应用可缓解症状，长期规则应用可预防和减轻症状，增加运动耐力，但不能使所有患者的FEV_1都得到改善。与口服药物相比，吸入剂不良反应小，因此应首选吸入治疗。

主要的支气管舒张剂有β_2受体激动剂、抗胆碱药及甲基黄嘌呤类，根据药物的作用及患者的治疗反应选用。

A. β_2受体激动剂：主要有沙丁胺醇、特布他林等，为短效定量雾化吸入剂，数分钟内开始起效，15~30分钟达到峰值，持续疗效4~5小时，每次剂量100~200μg，24小时内不超过800μg。主要用于缓解症状，按需使用。福莫特罗(formoterol)为长效定量吸入剂，作用持续12小时以上，与短效β_2受体激动剂相比，维持作用时间更长。福莫特罗吸入后1~3分钟起效，常用剂量为4.5~9μg，每日2次。

B. 抗胆碱药：主要品种有异丙托溴铵(ipra-

笔记栏

tropium)气雾剂。起效比沙丁胺醇慢,30~90 分钟达最大效果,维持 6~8 小时,剂量为 40~80μg(每喷 20μg),每天 3~4 次。噻托溴铵(tiotropium)为长效抗胆碱药,作用长达 24 小时以上,吸入剂量为 18μg,每天 1 次。

C. 茶碱类药物:缓释型或控释型茶碱片,0.2g,每天 1 次或 2 次口服。

2)糖皮质激素:长期规律吸入糖皮质激素较适用于 FEV_1<50%预计值(Ⅲ级和Ⅳ级)并且有临床症状以及反复加重的 COPD 患者,可减少急性加重频率。联合吸入糖皮质激素和 $β_2$受体激动剂,比各自单用效果好,目前已有布地奈德/福莫特罗、氟地卡松/沙美特罗两种联合制剂。对 COPD 患者不推荐长期口服糖皮质激素治疗。

3)祛痰药(黏液溶解剂):常用药物有盐酸氨溴索(ambroxol)、乙酰半胱氨酸等。

(3)长期家庭氧疗(LTOT):COPD 稳定期进行长期家庭氧疗可提高合并慢性呼吸衰竭患者的生存率。LTOT 指征:

1)PaO_2 ≤ 55mmHg 或动脉血氧饱和度(SaO_2)≤88%,有或没有高碳酸血症。

2)PaO_2 55~60mmHg,或 SaO_2<89%,并有肺动脉高压、心力衰竭水肿或红细胞增多症(红细胞比积>55%)。

LTOT 一般用鼻导管吸氧,流量 1.0~2.0L/min,吸氧持续时间>15h/d。目的是使患者在海平面水平,静息状态下,达到 PaO_2≥60mmHg 和(或)使 SaO_2升至 90%,保证组织氧供。

(4)康复治疗:可改善患者的活动能力、提高生活质量,是 COPD 患者一项重要治疗措施。包括呼吸生理治疗,肌肉训练,营养支持、精神治疗与教育等多方面措施。呼吸生理治疗方面应帮助患者咳嗽,用力呼气以促进分泌物清除;患者缩唇呼吸并尽量避免快速浅表呼吸。肌肉训练方面包括步行、登楼梯、踏车和腹式呼吸锻炼等。营养支持方面应要求达到理想体重;避免过高碳水化合物饮食和过高热卡摄入,以免产生过多二氧化碳。

2. COPD 急性加重期的治疗

(1)确定 COPD 急性加重的原因:主要是气管-支气管病毒、细菌感染。

(2)根据病情严重程度决定门诊或住院治疗。

(3)COPD 加重期主要的治疗方案如下。

1)根据症状、血气、胸部 X 线片等评估病情的严重程度。

2)控制性氧疗:氧疗是 COPD 加重期的基础治疗。无严重合并症的 COPD 加重期患者氧疗后比较容易达到满意的氧和水平(PaO_2>60mmHg 或 SaO_2>90%),但有可能发生 CO_2潴留。可通过鼻导管或文丘里(Venturi)面罩吸氧。吸入氧浓度与给氧流量有关,估算公式为吸入氧浓度(%)=21+4×氧流量(L/min)。一般吸入氧浓度为 28%~30%应避免吸入氧浓度过高引起 CO_2潴留,吸氧 30 分钟后应复查动脉血气分析以确认氧合是否满意及是否有 CO_2潴留加重。

3)抗生素:由于多数 COPD 急性加重由细菌感染诱发,故抗生素治疗在 COPD 加重期治疗中具有重要地位。当患者呼吸困难加重,咳嗽伴有痰量增多及脓性痰时,应根据患者所在地常见致病菌类型及耐药流行趋势尽早选择敏感抗生素治疗,如 β 内酰胺酶/β 内酰胺酶抑制剂、第二代头孢菌素、大环内酯类或喹诺酮类。如对初始治疗方案反应欠佳,应及时根据细菌培养及药敏试验结果调整抗生素。重度和极重度 COPD 急性加重时,可选用第三代头孢菌素(头孢他啶)、头孢哌酮/舒巴坦、哌拉西林/他唑巴坦、亚胺培南、美洛培南等,也可联合用氨基糖苷类、喹诺酮类。长期应用广谱抗生素易继发真菌感染,宜采取预防和抗真菌措施。

4)支气管舒张剂:COPD 急性加重期用短效 $β_2$受体激动剂治疗。如效果不佳,可加用抗胆碱能药物(异丙托溴铵、噻托溴铵等)。严重 COPD 急性加重者,应静脉滴注茶碱类药物,但应注意茶碱类药物血药浓度的个体差异。

5)糖皮质激素:COPD 急性加重期住院患者宜在应用支气管舒张剂基础上,口服或静脉滴注糖皮质激素,激素的剂量要权衡疗效及安全性,建议口服泼尼松 30~40mg/d,连续 7~10 天后逐渐减量停药。也可以静脉给予甲泼尼龙 40mg,每天 1 次,3~5 天后改为口服。延长给药时间不能增加疗效,反而会使不良反应增加。

6)机械通气:根据病情需要可通过无创或有创方式给予机械通气,无论是无创或有创机械通气都只是一种生命支持方式(详见本篇第八章)。

7)其他治疗措施:合理补充液体和血电解质以维持身体水和电解质平衡。注意补充营养,对不能进食者需经胃肠补充要素饮食或予静脉高营养。对卧床、红细胞增多症或脱水的患者,无论是否有血栓栓塞性疾病史,均需考虑使用肝素或低分子肝素。积极排痰引流治疗(如刺激咳嗽、叩击胸部、体位引流等)。积极治疗伴随疾病(如冠心病、糖尿病等)及合并症(如休克、上消化道出血、肾功能不全等)。

【预后与预防】 COPD 是慢性进行性发展性疾病,目前尚无使疾病逆转的方法。但积极采取综合性治疗措施可以控制和(或)延缓病变进

笔记栏

展，提高生活质量。

COPD是一种可以预防的疾病，主要措施：积极戒烟，包括主动和被动吸烟，从儿童做起；改善生活和工作环境，做好防尘、防大气污染工作；加强耐寒锻炼，提高抗病能力，积极预防呼吸道感染。

处方及医师指导

1. 一般治疗：戒烟，高蛋白、高纤维素、适当热量饮食，检查胸部X线片和动脉血气分析评估病情的严重程度，如存在低氧血症，给予1～2L/min流量氧气吸入。

2. 药物治疗

(1) 抗生素：左氧氟沙星0.4g静脉滴注，每日1次，一般应用体温降至正常后3～5天即可停用。

(2) 支气管舒张药：沙丁胺醇气雾剂，每次100～200μg，每日3～4次；缓释型或控释型茶碱片0.2g，每日1次或2次口服。

(3) 祛痰药：盐酸氨溴索30～60mg，每日3次。

笔 记 栏

第 4 章 支气管哮喘

案例

患者，女性，38 岁。反复发作性咳嗽、胸闷、气短 10 年余，加重 2 天于 2007 年 9 月 13 日入院。

10 余年前，于春季赏花后突发干咳，胸闷、气短，数小时后自行缓解。此后每年春季出现以上症状，间断予“氟美松、氨茶碱和抗生素”治疗，症状时轻时重。2 天前夜间出现干咳、伴喘鸣、气短，不能连续说话，遂急诊就医，给予“甲基泼尼松龙”治疗后，胸闷、气短稍有缓解，为进一步治疗收住院。

既往体健，无烟酒嗜好。其母患“慢性支气管炎”，已病故。

体格检查：呼吸急促，口唇轻度发绀；两肺呼吸音减弱，散在呼气相哮鸣音，心率 104 次/min，律齐；腹部查体无异常；双下肢无水肿。

实验室及其他检查：血常规中各项均在正常范围之内，肺功能检查 $FEV_1$68% 预计值，FEV_1变异率 40%；动脉血气分析 pH 7.34，$PaO_2$62mmHg，$PaCO_2$45mmHg；胸部 X 线未见明显异常；心电图示窦性心动过速 104 次/min。

思考题

1. 根据以上临床资料，分析该患者最可能的诊断。

2. 年轻人长期咳嗽、胸闷、气短还见于什么疾病？

3. 该病如何进行规范化的治疗以减少并发症？

支气管哮喘（bronchial asthma，简称哮喘）是由多种细胞包括气道的炎症细胞和结构细胞（如嗜酸粒细胞、肥大细胞、T 淋巴细胞、中性粒细胞、平滑肌细胞、气道上皮细胞等）和细胞组分（cellular elements）参与的气道慢性炎症性疾病。此种炎症常导致气道反应性增高，伴有广泛而多变的可逆性气流阻塞，引起反复发作的喘息、气促、胸闷或（和）咳嗽等症状，多在夜间或（和）清晨发作、加重；多数患者可自行缓解或通过治疗缓解；此种症状还伴有气道对多种刺激因子反应性增高。

哮喘是常见慢性呼吸道疾病之一，近年来其患病率在全球范围内有逐年增加的趋势，患病率的地区差异性较大，各国患病率 1%～13%不等。我国近年上海、广州、西安等地抽样调查结果，哮喘的患病率约 1%～4%。全国五大城市的资料显示 13～14 岁儿童的哮喘发病率为3%～5%，而成年人患病率约 1%。男女患病率无差别。约 40%的患者有家族史。发达国家高于发展中国家，城市高于农村。

许多研究表明，规范化的诊断和治疗，对改善患者生命质量至关重要。为此，由世界卫生组织（WHO）和美国国立卫生院心、肺、血液研究所组织各国专家，结合循证医学研究的结果，共同制定的全球哮喘防治倡议（global initiative for asthma，GINA），已成为全世界哮喘防治工作的重要指南。

【病因和发病机制】 支气管哮喘的病因和发病机制十分复杂，许多因素参与其中。

1. 病因 哮喘病因极为复杂，大多认为是多基因遗传有关的变态反应性疾病，环境因素的影响对发病也起重要作用。

（1）遗传因素：许多调查资料表明，哮喘患者亲属患病率高于群体患病率，并且亲缘关系越近，患病率越高；患者病情越严重，其亲属患病率也越高。目前，对哮喘的相关基因尚未完全明确，但有研究表明，有多位点的基因与变态反应性疾病相关。这些基因在哮喘的发病中起着重要作用。

（2）环境因素：环境因素在哮喘发病中也起到重要的促发作用。相关的诱发因素较多，如：吸入性抗原：尘螨、花粉、真菌、动物毛屑等；各种非特异性吸入物：二氧化硫、油漆、氨气等；感染：病毒、细菌、支原体或衣原体等引起的呼吸系统感染；食物性抗原：鱼、虾蟹、蛋类、牛奶等；药物：普萘洛尔（心得安）、阿司匹林等；气候变化、运动、妊娠等都可能是哮喘的激发因素。

2. 发病机制 哮喘的发病机制不完全清楚。多数人认为，变态反应、气道慢性炎症、气道反应性增高及自主神经功能障碍等因素相互作用，共同参与哮喘的发病过程。

（1）变态反应：当外源性变应原进入致敏机体后，刺激机体的 B 淋巴细胞合成特异性 IgE，

笔记栏

并结合肥大细胞和嗜碱粒细胞表面的高亲和性的IgE受体。若变应原再次进入体内,可与肥大细胞和嗜碱粒细胞表面的IgE交联,从而促发肥大细胞脱颗粒,释放出组胺、白三烯、血小板活化因子等多种活性介质,导致平滑肌收缩、黏液分泌增加、血管通透性增高和炎症细胞浸润等。炎症细胞在介质的作用下又可分泌多种介质,使气道病变加重,炎症细胞浸润增加,产生哮喘的临床症状。

根据变应原吸入后哮喘发生的时间,可分为速发型哮喘反应(IAR)、迟发型哮喘反应(LAR)和双相型哮喘反应(OAR)。IAR几乎在吸入变应原的同时立即发生反应,15~30分钟达高峰,2小时后逐渐恢复正常。LAR约6小时左右发病,持续时间长,可达数天,而且临床症状重,常呈持续性哮喘表现,肺功能损害严重而持久。LAR的发病机制较复杂,主要是气道慢性炎症反应所致。

(2)气道炎症:气道慢性炎症被认为是哮喘的本质。不管哪一种类型的哮喘,哪一期的哮喘,都表现为以嗜酸粒细胞、淋巴细胞、中性粒细胞、巨噬细胞等多种炎症细胞在气道的浸润和聚集,并活化。这些细胞相互作用可以分泌出许多炎症介质和细胞因子。这些介质、细胞因子与炎症细胞互相作用构成复杂的网络,相互作用和影响,使气道炎症持续存在。当机体遇到诱发因素时,这些炎症细胞能够释放多种炎症介质和细胞因子,引起气道平滑肌收缩,黏液分泌增加,血浆渗出和黏膜水肿。主要的介质有:组胺、前列腺素(PG)、白三烯(LT)、血小板活化因子(PAF)、嗜酸粒细胞趋化因子(ECF-A)、中性粒细胞趋化因子(NCF-A)、主要碱基蛋白(MBP)、嗜酸粒细胞阳离子蛋白(ECP)、内皮素-1(ET-1)、黏附因子(AMs)等。总之,哮喘的气道慢性炎症是由多种炎症细胞、炎症介质和细胞因子参与的、相互作用的结果,使气道炎症持续存在。其相互关系十分复杂,有待进一步研究。

(3)气道高反应性(AHR):表现为气道对各种刺激因子出现过强或过早的收缩反应,是哮喘发生发展的另一个重要因素。目前普遍认为气道炎症是导致气道高反应性的重要机制之一。气道上皮损伤和上皮内神经的调控等因素亦参与了AHR的发病过程。当气道受到变应原或其他刺激后,由于多种炎症细胞炎症介质的释放和细胞因子的参与,气道上皮的损害和上皮下神经末梢的裸露等,导致AHR。AHR为支气管道哮喘患者的共同病理生理特征。AHR常有家族倾向,受遗传因素的影响。然而出现AHR者并非都是支气管哮喘,如长期吸烟、接触臭氧、病毒性上呼吸道感染、慢性阻塞性肺疾病(COPD)等也可出现AHR。

(4)神经机制:神经因素也认为是哮喘发病的重要环节。支气管受复杂的自主神经支配。除胆碱能神经、肾上腺素能神经外,还有非肾上腺素能非胆碱能(NANC)神经系统。支气管哮喘与β肾上腺素能受体功能低下和迷走神经张力亢进有关,并可能存在有α-肾上腺素能神经的反应性增加。NANC能释放舒张支气管平滑肌的神经介质如:血管活性肠肽(VIP)、一氧化氮(NO)及收缩支气管平滑肌的介质如:P物质,神经激肽等,两者平衡失调,则可引起支气管平滑肌收缩。

【病理】 疾病早期,因该病的可逆性,肉眼观解剖学上很少有器质性改变。随疾病发展病理学变化逐渐明显,肉眼可见肺过度充气及肺气肿,肺柔软疏松,可合并有肺大疱。支气管及细支气管内有黏稠痰液及黏液栓。支气管壁增厚、黏膜肿胀充血形成皱襞,黏液栓塞局部可发现肺不张。显微镜下的改变比较明显,轻症哮喘患者,亦可见气道上皮下有肥大细胞、肺泡巨噬细胞、嗜酸粒细胞、淋巴细胞与中性粒细胞浸润。哮喘发作期,气道黏膜下组织水肿,微血管通透性增加,支气管内分泌物贮留,支气道平滑肌痉挛,纤毛上皮细胞脱落,基底膜露出,杯状细胞增殖及支气管分泌物增加等病理改变。若哮喘长期反复发作,表现为支气管平滑肌的肌层肥厚,气道上皮细胞下纤维化、基底膜增厚等,导致气道重构和周围肺组织对气道的支持作用消失。

【临床表现】

1. 症状 典型哮喘表现为反复发作的喘息、气急、呼气性呼吸困难,多与接触变应原、冷空气、物理、化学性刺激以及病毒性上呼吸道感染、运动等有关,严重者可被迫采取坐位或端坐呼吸,哮喘症状可在数分钟内发作,经数小时至数天,用支气管扩张药或自行缓解。早期或轻症的患者多数以发作性咳嗽和胸闷为主要表现。哮喘的发病特征为:①发作性:遇诱发因素时呈发作性加重;②时间节律性:常在夜间凌晨发作或加重;③季节性:每个哮喘患者发病有相对固定的季节性,如春季或梅雨季节发作或加重;④可逆性:可有明显的缓解期(几个月、几年或几十年),平喘药通常能够缓解症状。

不典型哮喘可表现为反复发作性胸闷或顽固性咳嗽,干咳或咯大量白色泡沫痰,无喘息症状,称为"咳嗽变异性哮喘(cough variant asthma,CAV)",临床上易误诊为"支气管炎"

笔记栏

等疾病。

2. 体征 发作时胸廓膨隆，叩诊呈过清音，双肺可闻及散在或弥漫性、以呼气相为主的哮鸣音，呼气相延长。但轻度哮喘或非常严重的哮喘发作，可无哮鸣音，称为“静胸(silent chest)”。严重哮喘患者还可出现发绀、奇脉、胸腹反常运动、心率增快。缓解期可无异常体征。

> **案例归纳一**
>
> 该患者为青年女性，长期反复发作性咳嗽、胸闷、气短10年余，曾间断应用氨茶碱、糖皮质激素和抗生素等药物治疗有效，但每年有季节性(春季)发作，未完全治愈。本次发作较严重，以至于不能连续说话，夜间到急诊就医。既往体健，其母亲病故于“慢性支气管炎”，说明该病有家族倾向。体格检查可见口唇轻度发绀，两肺呼吸音减弱，散在呼气相哮鸣音，心率增快至104次/min。

【实验室和其他检查】

1. 血液常规检查 部分哮喘患者可有嗜酸粒细胞增高，但多数不明显，并发感染时可有白细胞数增高或中性粒细胞比例增高。

2. 痰液检查 涂片染色后显微镜可见较多嗜酸粒细胞，合并呼吸道细菌感染时，痰涂片革兰染色、细胞培养及药物敏感试验有助于病原菌诊断及指导治疗。

3. 呼吸功能检查

(1) 通气功能检测：缓解期肺通气功能多数在正常范围。哮喘发作时，呼气流速受限，第一秒用力呼气容积(FEV_1)，一秒率(FEV_1/FVC%)、最大呼气中期流速(MMEF)、呼出50%与75%肺活量时的最大呼气流量(MEF 50%与MEF 75%)以及呼气峰值流量(PEF)均减少。肺容量指标可有用力肺活量减少、残气量增加、功能残气量和肺总量增加，残气占肺总量百分比增高。治疗后上述通气功能指标可逐渐恢复。

(2) 支气管激发试验：用于测定气道反应性。常用的吸入激发剂为乙酰甲胆碱或组胺。吸入激发剂后其通气功能下降、气道阻力增加。激发试验只适用于FEV_1在正常预计值的70%以上的患者。在设定的激发剂量范围内，如FEV_1下降>20%可诊断为支气管激发试验阳性。还可通过计算所吸入药物的累计剂量，对气道反应性增高的程度做出定量判断。

(3) 支气管舒张试验：用于测定气道气流受限的可逆性。常用吸入型的沙丁胺醇、特布他林等。FEV_1较用药前≥12%，且其绝对值≥200ml可诊断为支气管舒张试验阳性。

(4) PEF及其变异率测定：PEF可反映气道通气功能的变化。哮喘发作时PEF下降。由于哮喘发作时间节律变化的特点，使其通气功能一日内变化较大，若日变异率≥20%，则符合气道气流受限可逆性改变的特点。

4. 动脉血气分析 哮喘严重发作时可有缺氧，PaO_2和SaO_2降低，由于过度通气可使$PaCO_2$下降，pH上升，表现为呼吸性碱中毒。如重症哮喘，病情进一步发展，气道阻塞严重，可有缺氧及CO_2潴留，$PaCO_2$上升，表现呼吸性酸中毒。如缺氧明显，可合并代谢性酸中毒。

5. 胸部X线检查 哮喘发作早期可见两肺透亮度增加，呈过度充气状态；在缓解期多无明显异常。如并发呼吸道感染，可见肺纹理增加及炎症浸润阴影。同时要注意肺不张、气胸或纵隔气肿等并发症的存在。

6. 特异性变应原的检测 可用放射性变应原吸附试验测定特异性IgE，过敏性哮喘患者血清IgE可较正常人高2~6倍。缓解期患者可做皮肤(点刺、划痕、皮内注射)过敏试验判断相关的变应原，以指导避免接触变应原和脱敏治疗，但该项检查和治疗有一定的危险性，目前临床应用较少。

> **案例归纳二**
>
> 血常规中各项在正常范围之内；肺功能检查FEV_1 68%预计值，支气管舒张试验阳性，FEV_1变异率40%；动脉血气分析pH 7.34，PaO_2 62mmHg，$PaCO_2$ 45mmHg；胸部X线未见明显异常；心电图示窦性心动过速104次/min。

【并发症】 发作时可并发气胸、纵隔气肿、肺不张；长期反复发作和感染或并发慢性支气管炎、肺气肿、支气管扩张和肺源性心脏病。

【诊断】

1. 诊断标准

(1) 反复发作的喘息、呼吸困难、胸闷或咳嗽，多与接触变应原、冷空气、物理、化学性刺激及病毒性上呼吸道感染、运动等有关。

(2) 发作时在双肺可闻散在或弥漫性，以呼气相为主的哮鸣音，呼气相延长。

(3) 上述症状和体征可经治疗缓解或自行缓解。

(4) 除外其他疾病所引起的喘息、气急、胸闷和咳嗽。

(5) 临床表现不典型者(如无明显喘息或

笔记栏

体征)，应至少具备以下一项试验阳性：①支气管激发试验或运动试验阳性；②支气管舒张试验阳性；③昼夜 PEF 变异率≥20%。

符合(1)~(4)条或(4)、(5)条者可以诊断支气管哮喘。

2. 分期 根据临床表现哮喘可分为急性发作期(exacerbation)、慢性持续期(persistent)和临床缓解期。慢性持续期是指每周均不同频度和(或)不同程度地出现症状(喘息、气急、胸闷、咳嗽等)；临床缓解期系指经过治疗或未经治疗症状、体征消失，肺功能恢复到急性发作前水平，并维持 3 个月以上。

3. 分级

(1) 病情严重程度的分级：主要用于治疗前或初始治疗时严重程度的判断，在临床研究中更有其应用价值。见表 1-4-1。

(2) 控制水平的分级：见表 1-4-2。这种分级方法更容易被临床医师掌握，有助于指导临床治疗，以取得更好的哮喘控制。

(3) 哮喘急性发作时的分级：哮喘急性发作是指喘息、气促、咳嗽、胸闷等症状突然发生，或原有症状急剧加重，常有呼吸困难，以呼气流量降低为其特征，常因接触变应原、刺激物、呼吸道感染或治疗不当诱发。其程度轻重不一，病情加重，可在数小时或数天内出现，偶尔可在数分钟内即危及生命，故应对病情做出正确评估，以便给予及时有效的紧急治疗。对重症哮喘的认识，是避免哮喘引起死亡的关键。哮喘急性发作时病情严重程度的分级，见表 1-4-3。

表 1-4-1 病情严重程度的分级

分级	临床特点
间歇状态(第 1 级)	症状<每周 1 次 短暂出现 夜间哮喘症状≤每月 2 次 FEV_1≥80%预计值或 PEF≥80%个人最佳值，PEF 或 FEV_1变异率<20%
轻度持续(第 2 级)	症状≥每周 1 次，但<每日 1 次 可能影响活动和睡眠 夜间哮喘症状>每月 2 次，但<每周 1 次 FEV_1≥80%预计值或 PEF≥80%个人最佳值，PEF 或 FEV_1变异率 20%~30%
中度持续(第 3 级)	每日有症状 影响活动和睡眠 夜间哮喘症状≥每周 1 次 $FEV_1$60%~79%预计值或 PEF 60%~79%个人最佳值，PEF 或 FEV_1变异率>30%
重度持续(第 4 级)	每日有症状 频繁出现 经常出现夜间哮喘症状 体力活动受限 FEV_1<60%预计值或 PEF<60%个人最佳值，PEF 或 FEV_1变异率>30%

表 1-4-2 控制水平分级

	完全控制(满足以下所有条件)	部分控制(在任何一周内出现以下 1~2 项特征)	未控制(在任何一周内)
白天症状	无(或≤2 次/周)	>2 次/周	
活动受限	无	有	
夜间症状/憋醒	无	有	出现 3 项或以上
需要使用缓解药的次数	无(或≤2 次/周)	>2 次/周	部分控制特征
肺功能(PEF 或 FEV_1)	正常	<正常预计值(或本人最佳值的80%)	
急性发作	无	≥每年 1 次	在任何一周内出现 1 次

笔记栏

表 1-4-3 哮喘急性发作时病情严重程度的分级

临床特点	轻 度	中 度	重 度	危 重
气短	步行、上楼时	稍事活动	休息时	
体位	可平卧	喜坐位	端坐呼吸	
讲话方式	连续成句	单词	单字	不能讲话
精神状态	可有焦虑，尚安静	时有焦虑或烦躁	常有焦虑、烦躁	嗜睡或意识模糊
出汗	无	有	大汗淋漓	
呼吸频率	轻度增加	增加	常>30 次/min	
辅助呼吸肌活动	常无	可有	常有	胸腹矛盾运动及三凹征
哮鸣音	散在，呼吸末期	响亮、弥漫	响亮、弥漫	减弱，乃至无
脉率(次/min)	<100	100~200	>120	脉率变慢或不规则
奇脉(收缩压下降)	无，<10mmHg	可有，10~25mmHg	常有，>25mmHg	无，提示呼吸肌(成人)疲劳
最初支气管扩张剂治疗后 PEF 占预计值或个人最佳值%	>80%	60%~80%	< 60% 或 < 100L/min 或作用持续时间<2 小时	
PaO_2(吸空气，mmHg)	正常	≥60	<60	<60
$PaCO_2$(mmHg)	<45	≤45	≥45	>45
SaO_2(吸空气，%)	>95	91~95	≤90	≤90
pH	-	-	降低	降低

注：只要符合某一严重程度的某些指标，而不需满足全部指标，即可提示为该级别的急性发作。

【鉴别诊断】

1. 心源性哮喘 大多数发生于老年人，常有高血压、冠状动脉粥样硬化性心脏病、风心病和二尖瓣狭窄等病史和体征。心源性哮喘特点为夜间出现阵发性咳嗽、呼吸困难，不能平卧，常咳出粉红色泡沫痰，两肺可闻及广泛的水泡音和哮鸣音，左心界扩大，心率增快，心尖部可闻奔马律。胸部 X 线检查时，可见心脏增大，肺淤血征，心脏超声和心功能检查有助于鉴别。若一时难以鉴别可注射小剂量氨茶碱缓解症状后进一步检查，忌用肾上腺素或吗啡，以免造成危险。

2. 喘息型慢性支气管炎 实际上为慢性支气管炎合并哮喘，多见于中老年人，有长期咳嗽、咳痰病史，喘息长年存在，有急性加重期。有肺气肿体征，两肺可闻及水泡音和(或)哮鸣音。

3. 支气管肺癌 中央型肺癌导致支气管狭窄或伴感染或类癌综合征时，可出现喘鸣或类似哮喘样呼吸困难、肺部哮鸣音。但肺癌引起的呼吸困难、咳嗽及哮鸣症状进行性加重，常有咯血或少量血痰，肺部哮鸣音呈局限性，平喘药物治疗无效。痰中可找到癌细胞，胸部 X 线摄片、CT 或 MRI 检查或支气管镜检查常可明确诊断。

4. 变态反应性肺浸润 见于热带嗜酸粒细胞增多症、单纯性肺嗜酸粒细胞增多症、外源性过敏性肺泡炎等。致病原为寄生虫、原虫、花粉、化学药品、职业粉尘等，多有接触史，症状较轻，可有发热等全身性症状，胸部 X 线检查可见多发性，游走性的斑片状浸润阴影，可自行消失或再发。肺组织活检有助于鉴别。

案例诊断要点

1. 病史特点：年轻起病，10 余年反复发作性干咳、胸闷、气短，季节性(春季)发作，应用氨茶碱、糖皮质激素等药物治疗可以缓解症状，但不能完全治愈。该患者母亲患有“慢性支气管炎”，未进行正规的诊治而病故，说明该病有家族倾向。

2. 体格检查：口唇轻度发绀，两肺呼吸音减弱，散在呼气相哮鸣音，心率增快至 104 次/min。

3. 实验室及其他检查：血常规中各项在正常范围之内，肺功能检查 FEV_1 68% 预计值，FEV_1 变异率 40%；动脉血气分析 pH 7.34，PaO_2 62mmHg，$PaCO_2$ 45mmHg；胸部 X 线未见明显异常；心电图示窦性心动过速 104 次/min。

临床诊断：支气管哮喘急性发作期，中度持续。

【治疗】 尽管哮喘病因及发病机制均未完全阐明，但只要规范治疗，绝大多数患者能够使

笔 记 栏

哮喘症状得到理想控制，减少复发乃至不发作，与正常人一样生活、工作和学习。中华医学会呼吸病学分会参照2006年版全球哮喘防治倡议（global initiativefor asthma，GINA），结合近年来国内外循证医学研究的结果于2007年重新修订了“支气管哮喘防治指南”，以促进哮喘防治水平的提高。

1. 远离变应原 对已经明确变应原的哮喘患者，应立即脱离环境，避免接触变应原。

2. 药物治疗 治疗哮喘的药物可以分为缓解药物和控制药物。

（1）缓解哮喘发作的药物：是指按需使用的药物。这些药物通过迅速解除气道痉挛从而缓解哮喘症状，包括β_2肾上腺素受体激动剂、茶碱类、吸入性抗胆碱能药物。

1）β_2肾上腺素受体激动剂（简称β_2受体激动剂）：此类药物有数十个品种，可分成三代。第一代：非选择性的β_2受体激动剂，如肾上腺素、麻黄素和异丙肾上腺素等，因其心血管副作用多而已被高选择性β_2受体激动剂所代替。第二代：选择性短效的β_2受体激动剂，如沙丁胺醇（salbutamol）、特布他林（terbutaline）等，作用时间4~6小时，对心血管系统的副作用明显减少。第三代：新一代长效的选择性β_2受体激动剂（简称LABA），如福莫特罗（formoterol）、沙美特罗（salmeterol）和丙卡特罗（procaterol）等。作用时间为10~12小时。长效β_2受体激动剂亦具有一定的抗气道炎症、增强气道黏液-纤毛运输功能的作用。β_2受体激动剂主要通过激动气道β_2受体，活化腺苷酸环化酶，使细胞内的环磷腺苷（cAMP）含量增加，游离Ca^{2+}减少，从而松弛支气管平滑肌，是缓解哮喘急性发作症状的首选药物，其也能激动肥大细胞膜上的β_2受体，抑制炎性介质的释放，故长期、单一应用可致β_2受体功能下调，使气道反应性增高，产生临床耐药，停用β_2激动剂后，β_2受体功能很快恢复。

β_2激动剂的用药方法有吸入、口服或静脉注射，首选吸入疗法，其作用迅速，气道内药物含量高，全身副作用少。吸入方法包括定量气雾剂（MDI）吸入、干粉吸入剂（都保和准纳器装置）和持续雾化吸入等。各种吸入装置都需要在医务人员指导下使用，以保证疗效。儿童、老年人或重症病人可在MDI上加贮雾瓶（spacer），喷出的药物气雾停留在瓶中，病人可从容吸入，并可减少雾滴在口咽部沉积引起刺激。沙丁胺醇每次吸入100~200μg或特布他林250~500μg，必要时每20分钟重复1次。1小时后疗效不满意者，应向医生咨询或去看急诊。LABA舒张支气管平滑肌的作用可维持12小时以上。目前我国临床使用的吸入型LABA有两种。①沙美特罗（salmeterol）：吸入药物后30分钟起效，平喘作用维持12小时以上，推荐剂量50μg，每天2次吸入；②福莫特罗（formoterol）：经都保装置给药，给药后3~5分钟起效，平喘作用维持8~12小时以上，推荐剂量4.5~9μg，每天2次吸入。吸入型LABA适用于哮喘（尤其是夜间哮喘和运动诱发哮喘）的预防和治疗。福莫特罗因起效迅速，可按需用于哮喘急性发作时的治疗。这类药物应按需间歇使用，不宜长期、单一使用，也不宜过量应用，否则可引起骨骼肌震颤、低血钾及心律紊乱等不良反应。近年来推荐联合吸入糖皮质激素（ICS）和LABA治疗哮喘。这两者具有协同的抗炎和平喘作用，可获得相当于（或优于）应用加倍剂量ICS时的疗效，并可增加患者的依从性、减少较大剂量ICS引起的不良反应，尤其适合于中到重度持续哮喘患者的长期治疗。口服沙丁胺醇、特布他林，通常在服药后15~30分钟起效，疗效维持4~6小时；沙丁胺醇2~4mg，特布他林1.25~2.5mg，每天3次；但心悸、骨骼肌震颤等不良反应比吸入给药时明显。长期、单一应用β_2受体激动剂可造成细胞膜β_2受体的向下调节，表现为临床耐药现象，故应予避免。静脉注射用药虽然平喘作用较为迅速，但因全身不良反应的发生率较高，临床较少使用。

2）茶碱类：茶碱类药物除能抑制磷酸二酯酶，提高平滑肌细胞内的cAMP浓度外，同时具有拮抗腺苷受体的作用；并能促进体内肾上腺素的分泌，增强呼吸肌收缩；增强气道纤毛清除功能和抗炎作用。是目前治疗哮喘的有效药物。目前用于临床的药物有氨茶碱和控（缓）释茶碱。

A. 口服用药：包括氨茶碱和控（缓）释型茶碱。用于轻到中度哮喘发作和维持治疗。一般剂量为每日6~10mg/kg。控（缓）释型茶碱口服后昼夜血药浓度平稳，平喘作用可维持12~24小时，尤其适用于缓解夜间哮喘症状。茶碱与糖皮质激素和抗胆碱药物联合应用具有协同作用。但本品与β受体激动剂联合应用时，易出现心率增快和心律失常，应慎用并适当减少剂量。

B. 静脉用药：氨茶碱加入葡萄糖溶液中，缓慢静脉注射[注射速度不宜超过0.25mg/(kg·min)]或静脉滴注，适用于哮喘急性发作且近24小时内未用过茶碱类药物的患者。负荷剂量为4mg~6mg/kg，维持剂量为0.6~0.8mg/(kg·h)，每日用量一般不超过750~1000mg。

茶碱的主要不良反应为胃肠道症状（恶心、呕吐），心血管症状（心动过速、心律紊乱、血压下降），偶可兴奋呼吸中枢，严重者可引起抽搐

笔记栏

乃至死亡。最好用药中监测血浆氨茶碱浓度。发热、妊娠、小儿或老年,患有肝、心、肾功能障碍及甲状腺功能亢进者尤须慎用。合用西咪替丁、喹诺酮、大环内酯类药物等可影响茶碱代谢而使其排泄减慢,应减少用药量。

3)抗胆碱药物:吸入抗胆碱药物(异丙托溴胺,Ipratropine bromide),可以阻断节后迷走神经通路,降低迷走神经兴奋性而起舒张支气管作用,并能阻断反射性支气管收缩,减少痰液分泌,长期应用不易产生耐药,与 β_2激动剂联合吸入具有协同作用,使支气管舒张作用增强并持久,主要适用于单独应用 β_2激动剂未能控制症状的哮喘患者,对合并有慢性阻塞性肺疾病时尤为合适。可用MDI,每日3次,每次25~75μg 吸入,约15分钟起效,维持4~6小时。不良反应少,少数病人有口苦或口干感。新近研究的长效抗胆碱药物溴化泰乌托品(噻托溴铵,tiotropium bromide),对 M_1和 M_3受体具有选择性抑制作用,持续时间可达24小时,每天1次吸入给药即可,与 β_2受体激动剂联合应用具有协同、互补作用。适用于有吸烟史的老年哮喘患者,妊娠早期妇女和患有青光眼或前列腺肥大的患者应慎用。

(2)控制哮喘发作的药物:是指需要长期每天使用的药物。这些药物主要通过抗炎作用使哮喘维持临床控制,包括糖皮质激素、白三烯调节剂、色甘酸钠等。

1)糖皮质激素:糖皮质激素是当前控制哮喘发作最有效的药物。主要作用是控制气道炎症;增强平滑肌细胞 β_2受体的反应性。给药途径包括吸入、口服和静脉应用等。

A. 吸入给药:吸入激素是控制哮喘长期稳定的最基本的治疗,是哮喘的第一线的药物治疗。吸入糖皮质激素(ICS)的局部抗炎作用强,药物直接作用于呼吸道,所需剂量较小。ICS可以有效减轻哮喘症状、提高生活质量、改善肺功能、降低气道高反应性、控制气道炎症、减少哮喘发作的频率和减轻发作的严重程度,降低病死率。目前常用的这类药物有布地奈德、丙酸氟替卡松。根据哮喘病情,吸入剂量(布地奈德或等效量其他糖皮质激素)轻度持续者200~400μg/d,重度持续者一般>1000μg/d。多数成人哮喘患者吸入小剂量激素即可较好地控制哮喘。过多增加ICS剂量对控制哮喘的获益较小而副作用增加。吸烟可以降低ICS的效果。ICS在口咽部局部不良反应包括声音嘶哑、咽部不适合念珠菌感染。使用不同的吸入剂型或药物时口咽炎的发生率有一定的差别。吸药后及时用清水含漱口咽部、选用干粉吸入剂或加用储雾器可减少上述不良反应。ICS的全身不良反应的大小与药物剂量、药物的生物利用度、在肠道的吸收、肝脏首过代谢率及全身吸收药物的半衰期等因素有关。目前没有证据表明ICS可以增加肺部感染(包括肺结核)的发生率,因此伴有活动性肺结核的哮喘患者可以在抗结核的同时给予ICS治疗。ICS起效较慢,一般需要2~3天,1~2周才能达到明显疗效,需长期规律吸入。

吸入装置包括定量吸入气雾剂(MDI)、干粉吸入器和溶液雾化器。MDI具有价格便宜、便于携带、计量准确等优点,但也存在着难以操作、吸入药量少及咽喉部不良反应多等缺点。在MDI上加用储雾罐,有助于克服以上缺点。干粉吸入器具有便于操作、吸入药量多和不用氟利昂作助推剂等优点,目前临床应用较为广泛的是都保装置和准纳器装置。通过射流装置吸入溶液(包括吸入型激素、β_2受体激动剂和抗胆碱药)适用于急性哮喘发作时的治疗。

B. 口服给药:适用于慢性持续哮喘吸入大剂量ICS治疗无效的患者和作为静脉应用激素治疗后的序贯治疗。一般使用半衰期较短的糖皮质激素,如泼尼松、泼尼松龙或甲基泼尼松龙等。对于糖皮质激素依赖型哮喘,可采用每天或隔天清晨顿服给药的方式,以减少外源性激素对脑-垂体-肾上腺轴的抑制作用。泼尼松的维持剂量最好每天≤10mg。长期口服糖皮质激素可以引起骨质疏松症、高血压、糖尿病、下丘脑-垂体-肾上腺轴的抑制、肥胖症、白内障、青光眼、皮肤菲薄导致皮纹和瘀斑、肌无力。对于伴有结核病、寄生虫感染、骨质疏松、青光眼、糖尿病、严重忧郁或消化性溃疡的哮喘患者,全身给予糖皮质激素治疗时应慎重,并应密切随访。推荐剂量:泼尼松龙40~50mg/d,5~10天。具体使用要根据病情的严重程度,当症状缓解或其肺功能已经达到个人最好值,可以考虑停药或减量。地塞米松因对垂体-肾上腺的抑制作用大,不推荐长期使用。

C. 静脉用药:严重急性哮喘发作时,应及时静脉给予琥珀酸氢化可的松(400~1000mg/d)或甲基泼尼松龙(80~160mg/d)。无糖皮质激素依赖倾向者,可在短期(3~5天)内停药;有激素依赖倾向者应延长给药时间,控制哮喘症状后改为口服给药,并逐步减少激素用量。

2)白三烯调节剂:包括半胱氨酰白三烯受体拮抗剂和5-脂氧化酶抑制剂。目前主要应用半胱氨酰白三烯受体拮抗剂。半胱氨酰白三烯受体拮抗剂通过对气道平滑肌和其他细胞表面白三烯($CysLT_1$)受体的拮抗,抑制肥大细胞和嗜酸粒细胞释放半胱氨酰白三烯,从而抑制了由于半胱氨酰白三烯引起的致喘和致炎作用,同时

笔记栏

有轻度支气管舒张作用,还可减轻变应原、运动和 SO_2 诱发的支气管痉挛等作用,具有一定程度的抗炎作用。可减轻哮喘症状、改善肺功能、减少哮喘恶化。但其作用不如 ICS,也不能取代糖皮质激素。可以作为联合治疗哮喘中的一种药物,可减少中、重度哮喘患者 ICS 的剂量,提高 ICS 治疗的临床疗效,与 ICS 联用疗效比吸入 LABA 与 ICS 联用的疗效稍差。适用于阿司匹林哮喘、运动性哮喘和伴有过敏性鼻炎哮喘患者的治疗。使用该类药物较为安全,通常口服给药。5-脂氧化酶抑制剂可引起肝脏损害,需监测肝功能。常用药物,如:扎鲁司特 20mg,每天 2 次;孟鲁司特 10mg,每天 1 次;异丁司特 10mg,每天 2 次。

3) 色苷酸钠:是一种非皮质激素抗炎药物。作用机制尚未完全阐明,能够稳定肥大细胞膜,抑制介质释放,对其他炎症细胞释放介质亦有一定的抑制作用。能预防变应原引起速发和迟发反应,以及运动和过度通气引起的气道收缩。雾化吸入 3.5~7mg 或干粉吸入 20mg,每日 3~4 次。本品体内无积蓄作用,少数病例可有咽喉干痒、胸闷,孕妇慎用。

4) 其他治疗:

A. 抗 IgE 治疗:抗 IgE 单克隆抗体(omalizumab)可应用于血清 IgE 水平增高的哮喘的治疗。目前,它主要使用于经过 ICS 和 LABA 联合治疗后症状仍未控制的严重过敏性哮喘患者。目前在 11~50 岁的哮喘患者的治疗研究中尚没有发现抗 IgE 治疗的明显毒副作用,但因该药临床使用的时间尚短,其远期疗效与安全性有待进一步的观察。价格昂贵也使其临床应用受到限制。

B. 抗组胺药物:口服第二代抗组胺药物(H_1 受体拮抗剂)如酮替芬、氯雷他定、氮䓬司丁等具有抗变态反应作用,其在哮喘治疗中的作用较弱。可用于伴有变应性鼻炎哮喘患者的治疗。这类药物的不良反应主要是嗜睡。

C. 变应原特异性免疫疗法(SIT):该疗法通过皮下给予常见吸入变应原提取液(如尘螨、猫毛、豚草等),可减轻哮喘症状和降低气道高反应性,适用于过敏原明确但难以避免的哮喘患者。对其远期疗效和安全性尚有待于进一步研究与评价。哮喘患者应用此疗法期间应严格在医师指导下进行。

D. 中医中药:采用辨证施治,有助于慢性缓解期哮喘的治疗。有必要对临床疗效较为确切的中(成)药或方剂开展多中心随机双盲的临床研究。

3. 急性发作期的治疗 哮喘急性发作的治疗取决于发作的严重程度以及对治疗的反应性。治疗目的在于尽快缓解症状、解除气流受限和低氧血症,预防进一步恶化或再次发作,防止并发症。一般根据病情的分度进行综合性治疗。

(1) 轻度和部分中度急性发作:主要为重复吸入速效 β_2 受体激动剂,在第一小时每 20 分钟吸入 2~4 喷。随后根据治疗反应,轻度急性发作可调整为每 3~4 小时吸入 2~4 喷,中度急性发作每 1~2 小时吸入 6~10 喷。如果对吸入 β_2 受体激动剂反应良好(呼吸困难显著缓解,PEF>80%预计值或个人最佳值,且疗效维持3~4 小时),通常不需要使用其他的药物。如果治疗反应不完全,尤其是在控制性治疗的基础上发生的急性发作,应尽早口服糖皮质激素(泼尼松龙 0.5~1mg/kg 或等效剂量的其他激素)。

(2) 部分中度和所有重度急性发作:除氧疗外,应重复使用速效 β_2 受体激动剂,可通过带储雾器的 MDI 给药,也可通过射流雾化装置给药。初始治疗时可连续雾化给药,随后根据需要间断给药(每 4 小时一次)。联合使用 β_2 受体激动剂和抗胆碱能制剂(如异丙托溴胺)能够取得更好的支气管舒张作用。对规则服用茶碱缓释制剂的患者,静脉使用茶碱应尽可能监测茶碱血药浓度。中重度哮喘急性发作应尽早使用全身糖皮质激素,特别是对速效 β_2 受体激动剂初始治疗反应不完全或疗效不能维持,以及在口服糖皮质激素基础上仍然出现急性发作的患者。口服糖皮质激素与静脉给药疗效相当,副作用小,为首选给药途径,推荐用法:泼尼松龙 30~50mg 或等效的其他激素,每日单次给药。严重的急性发作或口服激素不能耐受时,可采用静脉注射或滴注,如甲基泼尼松龙 80~160mg,或琥珀酸氢化可的松 400~1000mg 分次给药。地塞米松因半衰期较长,对肾上腺皮质功能抑制作用较强,一般不推荐使用。全身糖皮质激素的疗程一般为 5~7 天,通常不需要递减撤药。静脉给药和口服给药的序贯疗法有可能减少激素用量和不良反应,如静脉使用激素 2~3 天,继之以口服激素 3~5 天。

(3) 重度和危重哮喘急性发作:经过上述药物治疗,临床症状和肺功能无改善甚至继续恶化,应及时给予机械通气治疗,其指征主要包括:神志改变、呼吸肌疲劳、动脉血二氧化碳分压($PaCO_2$)≥45mmHg 等。可先采用经鼻或面罩无创机械通气,若无效应及早行气管插管机械通气。哮喘急性发作机械通气需要较高的吸气压,可使用适当水平的呼气末正压(PEEP)治疗。注意维持水电解质平衡,纠正酸碱失衡,监测动脉血气分析和生命体征。

笔记栏

4. 哮喘的长期治疗 一般哮喘经过急性期治疗症状得到控制，但哮喘的慢性炎症病理生理改变仍然存在，因此，必须制订哮喘的长期治疗方案。主要目的是防止哮喘再次急性发作。以患者病情严重程度为基础，根据其控制水平类别选择适当的治疗方案。

（1）间歇至轻度持续：根据患者情况按需使用缓解药：如吸入 β_2激动剂或口服 β_2激动剂和（或）控释茶碱控制症状。也可每日定量吸入小剂量糖皮质激素。

（2）中度持续：每日定量吸入中等剂量糖皮质激素，联合吸入长效 β_2激动剂，效果不佳时可加口服 β_2激动剂、控释茶碱和（或）口服白三烯调节剂。

（3）重度持续：每日定量吸入大剂量糖皮质激素，联合吸入 β_2激动剂，可加用口服 β_2激动剂、控释茶碱药，或 β_2激动剂联用抗胆碱药物，或联合应用白三烯调节剂；若哮喘仍不能控制，需长期规律口服糖皮质激素泼尼松或泼尼松龙，尽可能维持剂量≤10mg/d。

以上提出的治疗方案仅仅是哮喘最基本的治疗原则，合理的治疗方案和联合用药是提高疗效和减少不良反应的重要措施。哮喘药物的选择既要考虑药物的疗效及其安全性，也要考虑患者经济收入和当地的医疗资源等。同时注意观察病情变化，随病情改变每 3~6 个月定期修改治疗方案，以保证哮喘治疗的个体化，制定出适合每一个患者的具体治疗计划。

【哮喘的教育与管理】 哮喘患者的教育和管理是提高疗效，减少复发，提高患者生活质量的重要措施。通过教育应使患者了解：①相信通过长期规范治疗能够有效控制哮喘；②避免触发、诱发因素方法；③哮喘的本质和发病机制；④哮喘长期治疗的方法；⑤药物吸入装置及正确使用方法；⑥在家中自我监测病情，重点掌握峰流速仪的使用方法，记录哮喘日记；⑦哮喘先兆、哮喘发作征象和紧急自我处理办法，如何就医，何时就医；⑧哮喘防治药物知识；⑨如何根据自我监测结果判定控制水平，选择治疗；⑩心理因素在哮喘发病中的作用。

哮喘教育是一个长期、持续过程，需要经常教育、反复强化、不断更新。建立医患之间的合作关系是实现有效哮喘管理的重要措施。其目的是指导患者自我管理，对治疗目标达成共识，制定个体化的书面管理计划，针对控制水平及时调整治疗方案，以达到并维持哮喘控制。

【预后】 哮喘的转归和预后与疾病的严重程度有关，与正确的治疗方案密切相关。多数患者经过积极系统的治疗后，能够达到长期稳定。个别病情重，气道反应性增高明显，治疗相对困难。如患者长期反复发作，病情逐渐加重，可并发慢性阻塞性肺疾病，肺源性心脏病，甚至发生呼吸衰竭，预后差。

【预防】 哮喘的致病因素和诱发因素都非常复杂，各种因素互相影响，而且往往是多重性的，所以规范化的治疗在预防中尤为重要，除此之外应生活有规律，饮食清淡，保证定时定量及营养丰富，禁烟禁酒；保持乐观开朗的心情，锻炼身体，积极配合治疗；不要在居室中饲养宠物，宠物的皮屑会使易感人群患过敏性哮喘、鼻炎的几率提高；尽量避免接触刺激性气体，如煤气、烟雾、汽车尾气以及护肤霜等一些日用化妆品；居室环境要保持温暖干燥，室内通风透光，被褥及衣物勤洗勤晒，避免尘螨及真菌滋生；哮喘患者应尽量不去人群拥挤的公共场所；遇到风沙及扬尘天气，应尽量避免外出活动；对于花粉及植物过敏者，外出时可戴口罩，尽量避免在花园或植物园长时间逗留；家中尽量避免使用杀虫剂、消毒剂及蚊香等物品。

处方及医师指导

1. 一般治疗：安抚患者精神放松，清淡饮食；鼻导管吸氧 2~3L/min，维持 SaO_2 在 95%以上。

2. 缓解哮喘发作的药物：可重复使用速效 β_2 受体激动剂，如特布他林 250~500μg 或沙丁胺醇 100~200μg，通过射流雾化装置给药，每 4 小时一次，必要时 20 分钟重复 1 次；氨茶碱 0.25 加入 5%葡萄糖溶液 100ml 缓慢静脉点滴一次，同时口服控释茶碱片 0.2，每 12 小时一次，每日用量一般不超过 750~1000mg，条件许可时可监测茶碱血药浓度。

3. 控制哮喘发作的药物：吸入布地奈德溶液 500~1000μg/d，同时静脉注射甲基泼尼松龙 80mg 一次，以后根据病情酌情应用；孟鲁司特 10mg，每天 1 次。经过 3~5 天治疗症状减轻时，可以改用布地奈德/福莫特罗或布地奈德干粉吸入剂序贯治疗。

笔记栏

第5章 肺　　炎

第1节 概　述

肺炎(pneumonia)是指包括终末气道、肺泡腔及肺间质等在内的肺实质炎症。病因以感染为最常见,其他尚可由理化因素、免疫损伤、过敏及药物所致。抗生素和抗菌剂的发展虽然一度使肺炎病死率显著下降,但近二三十年来肺炎总体病死率不再下降,甚至有所上升,主要是儿童肺炎和人口老龄化所致的老年人肺炎、多种严重基础疾病或免疫功能低下并发的肺炎。据WHO统计全球人口死因顺序,急性呼吸道感染仅次于心血管疾病居第二位,我国则肺炎居第五位。导致肺炎问题严峻的原因主要是病原体的变迁、人口老龄化、免疫受损宿主增加、抗生素的不合理应用及耐药性增加。

肺炎可按病因、解剖学或患病环境加以分类。

【病因分类】

1. 细菌性肺炎

(1) 需氧革兰染色阳性球菌:如肺炎链球菌、金黄色葡萄球菌、甲型溶血性链球菌等。

(2) 需氧革兰染色阴性菌:如肺炎克雷白杆菌、流感嗜血杆菌、铜绿假单胞菌、肠杆菌属、大肠埃希菌、变形杆菌等。

(3) 厌氧杆菌:如棒状杆菌、梭形杆菌等。

2. 病毒性肺炎　如腺病毒、呼吸道合胞病毒、麻疹病毒、巨细胞病毒、单纯疱疹病毒等。

3. 支原体肺炎　由肺炎支原体引起。

4. 真菌性肺炎　如白色念球菌、曲菌、放线菌等。

5. 其他病原体所致肺炎　如立克次体、衣原体、弓形体、原虫、寄生虫等。机体免疫功能低下者(如艾滋病患者)易伴发卡氏肺孢子虫、军团菌、鸟型分枝杆菌、结核菌、弓形体等感染。

6. 理化因素所致的肺炎　如放射线、药物、毒气等。

【解剖分类】

1. 大叶性(肺泡性)　病原菌先在肺泡引起炎变,经肺泡间孔(Cohn孔)向其他肺泡扩延,致使肺段的一部分或整个肺段、肺叶发生炎变。通常不累及支气管。致病菌多为肺炎球菌,但葡萄球菌、结核菌及部分革兰染色阴性杆菌亦可引起肺段或肺叶的整个炎症。

2. 小叶性(支气管性)肺炎　病原体经支气管入侵,引起细支气管、终末支气管及肺泡的炎症,多继发于其他疾病,如支气管炎、支气管扩张、上呼吸道病毒感染,以及长期卧床的危重患者。其病原体有肺炎球菌、葡萄球菌、腺病毒、流感病毒以及肺炎支原体等。常可闻及湿啰音,无实变的体征和X线征象。

3. 间质性肺炎　以肺间质为主的炎症,可由细菌或病毒引起,多并发于小儿麻疹或成人慢性支气管炎。呼吸道症状较轻,异常体征较少。X线通常表现为一侧或双侧肺下部的不规则条索状阴影,从肺门向外伸展,可呈网状,其间有小片肺不张阴影。

【患病环境分类】

1. 社区获得性肺炎(community acquired pneumonia,CAP)　又称医院外肺炎指在社区环境中发生的肺炎,包括具有明确潜伏期的病原体感染在入院后平均潜伏期内发病的肺炎。

2. 医院获得性肺炎(hospital acquired pneumonia,HAP)　又称医院内肺炎(nosocomical pneumonia, NP)指入院时不存在,也不处于感染的潜伏期,于入院48小时后在医院内发生的肺炎。

肺炎以细菌性肺炎最常见,约占肺炎的80%;社区获得性肺炎中主要致病菌仍为肺炎球菌,而医院内获得性肺炎则以革兰阴性杆菌(铜绿假单胞菌、肺炎克雷白杆菌、流感嗜血杆菌、肠原杆菌等)为主。

本节重点介绍临床常见的肺炎链球菌肺炎。

第2节 肺炎链球菌肺炎

案例

患者,男性,24岁,农民。发热、身痛3天,咳嗽伴痰中带血3天。

3天前患者淋雨后突然寒战、发热(未测体温)、头痛、全身酸痛,自服"去痛片"两片后当天自觉好转。2天前感右侧胸刺痛,呼吸时加重,以后出现咳嗽、吐黏液痰,痰中混有少量血丝,偶呈铁锈色,且身软乏力、头晕、头痛。于2007年5月6日上午10时来我院就诊。既往体健。母亲有咯血史。

笔记栏

体格检查：T 39.4℃，P 120 次/min，R 28 次/min，BP 126/80mmHg。神清懒言，气急，轻度发绀。颈软，颈静脉无充盈，气管居中。心界不大，心率 120 次/min，律齐，无病理性杂音。右胸中下部分叩诊呈浊音，呼吸音减低，闻及捻发音。腹软，平坦，肝脾未触及，双下肢无水肿，神经系统检查无异常。

实验室及其他检查：血常规示 WBC 20×10^9/L，N 0.88，带状核 0.08；RBC 3.6×10^{12}/L，Hb 136g/L。胸部 X 线片示：右肺中下肺呈片状均匀致密阴影。

思考题

1. 该病例最可能的诊断是什么？
2. 与其他发热性疾病如何鉴别？

肺炎链球菌肺炎（pneumococcal pneumonia）是由肺炎链球菌或称肺炎球菌所引起，是细菌性肺炎中最常见的一种，约占社区获得性肺炎的半数。临床上以突发寒战、高热、胸痛、咳嗽、咯铁锈色痰和肺实变征等为其特征。好发于冬春季节，以青壮年男性患病较多。近年来因抗生素的广泛应用，临床上以轻症或不典型病例多见。

【病因与发病机制】 肺炎球菌为革兰染色阳性球菌，多呈双或短链排列。菌体外具有高分子多糖体复合物组成的荚膜，其毒力大小与荚膜中的多糖结构及含量有关。根据夹膜多糖的抗原性，肺炎链球菌共分为 90 个血清型。成人致病菌多属 1～9 及 12 型，以第 3 型毒力最强，儿童中以 6、14、19 及 23 型多见。肺炎链球菌经阳光直射 1 小时或加热至 52℃ 10 分钟即可杀灭，对石炭酸等消毒剂亦甚敏感，但在干燥痰中能存活数月。

健康人的鼻咽部常有肺炎链球菌存在，但一般不致病。只有当某些诱因作用，如上呼吸道病毒感染、受寒、过劳、醉酒、全身麻醉和长期卧床等，使呼吸道防御功能受损或全身免疫力低下时，有毒力的肺炎链球菌入侵人体而致病。细菌进入下呼吸道，在肺泡内繁殖。肺炎链球菌不产生毒素，不引起原发性组织坏死或空洞形成。其致病力主要在于荚膜对组织的侵袭作用，首先引起肺泡壁水肿，出现白细胞与红细胞渗出，含菌的渗出液经 Cohn 孔向肺的中央部分扩展，甚至累及几个肺段或整个肺叶，因病变开始于肺的外周，故叶间分界清楚，易累及胸膜，引起渗出性胸膜炎。除表现为肺炎外，少数可发生菌血症或感染性休克，老年人及婴幼儿的病情尤为严重。

近十余年来，全球绝大部分地区分离的肺炎链球菌对一些常用抗菌药物尤其是青霉素的耐药性呈逐年上升趋势，按肺炎链球菌对青霉素的敏感性又分为青霉素敏感肺炎链球菌（penicillin sensitive streptococcus pneumoniae，PSSP）、青霉素低度耐药肺炎链球菌（penicillin intermediate streptococcus pneumoniae，PISP）、青霉素高度耐药肺炎链球菌（penicillin resistant streptococcus pneumoniae，PRSP）。

【病理】 肺炎球菌肺炎的典型病理改变有充血期、红色肝变期、灰色肝变期及消散期。肺组织充血水肿，肺泡内浆液渗出及红、白细胞浸润，吞噬细菌，继而纤维蛋白渗出物溶解、吸收、肺泡重新充气。病变消散后，肺组织结构多无损坏，不留纤维瘢痕。

少数病人，可能由于免疫功能低下，肺炎消散显著延迟成为迁延性肺炎。或因感染细菌毒力强或治疗不及时、不彻底，可发生肺组织坏死形成肺脓肿。细菌侵入血循环，可形成菌血症、败血症导致心包炎、心内膜炎、脑膜炎、关节炎、中耳炎等肺外感染。病变也可直接向邻近组织蔓延，可引起胸膜炎、心包炎。严重毒血症可致感染性休克、中毒性心肌炎。

【临床表现】 起病多急，病前常有受凉、淋雨、疲劳、醉酒、上呼吸道感染等病史。典型表现为突发寒战、高热、胸痛、咳嗽、咳铁锈色痰和肺实变体征。

1. 症状

（1）发热：常先有寒战，继而高热，体温迅速升至 39℃ 以上，多呈稽留热，常伴头痛、乏力和全身肌肉酸痛。老年体弱患者，可仅有低热或不发热。

（2）胸痛：早期即有患侧胸痛，系肺炎累及胸膜所致。常呈尖锐刺痛，咳嗽及深呼吸时加重。少数下叶肺炎波及膈胸膜时，可出现上腹痛，并向肩部放射。

（3）咳嗽、咳痰：早期为刺激性咳嗽有少许黏液痰，以后呈黏液脓性，痰中带血或呈铁锈色痰。铁锈色痰为肺泡内的红细胞被巨噬细胞吞噬，崩解后形成含铁血黄素混入痰中所致。

（4）其他症状：病变严重时可出现呼吸困难，少数患者可伴食欲锐减、恶心、呕吐、腹胀、腹泻等消化道症状，甚至出现黄疸。病情严重者，可出现意识模糊、嗜睡、谵妄等精神神经症状。

2. 体征 患者呈急性热病容，呼吸急促，口角和鼻周可出现单纯疱疹。心率增快，有时心律不齐。早期肺部体征无明显异常，仅有患侧呼吸运动减弱，呼吸音减弱及少量湿性啰音。典型肺实变时，患者呼吸运动减弱，触觉语颤增强，叩诊呈浊音，听诊呼吸音减弱或消失，并可出现支气

笔记栏

管呼吸音等体征。消散期可闻及湿啰音。当肺炎范围广,通气与血流比例失调,出现低氧血症时,表现为气急、发绀。有败血症者,可出现皮肤黏膜出血点、巩膜黄染;累及脑膜时,可有颈抵抗及出现病理反射。

本病自然病程约1~2周。一般在发病5~7日时,体温可自行骤降或逐渐消退;使用有效抗菌药物可使体温在1~3日内恢复正常,症状减轻,肺实变体征消失,病人恢复健康。

【并发症】 近年来已少见,主要有:

1. 感染性休克 为严重细菌性肺炎毒血症所致。多见于老年体弱或有慢性心、肺疾病患者。其临床特点表现为:①起病急骤,高热或体温不升。②血压骤降至80/60mmHg以下甚至测不出,四肢厥冷、面色苍白、多汗、发绀、心动过速和心音减弱等。③呼吸道症状轻微,而消化道和神经系统症状显著。④肺部体征不明显,多仅有患侧呼吸音减弱和少许湿啰音,仅少数有典型肺实变征。⑤白细胞计数和中性粒细胞显著升高。⑥常伴有代谢性酸中毒及多种并发症(如急性肾衰竭、心力衰竭、DIC等),预后严重。

2. 其他 有急性渗出性胸膜炎、脓胸、脑膜炎、关节炎和心包炎等。

案例归纳一

该患者起病急骤,有淋雨的诱因,突然发生的发热、咳嗽、咳痰、痰中混有少量血丝、偶呈铁锈色、胸痛。查体见右胸中下部分叩浊,呼吸音减低。

【实验室及其他检查】

1. 血液检查 白细胞计数明显增高,可达$(10\sim20)\times10^9/L$,中性粒细胞多在0.8以上,并有核左移,或细胞内可见中毒颗粒。老年体弱、严重感染、免疫功能低下者,白细胞计数可不增高或偏低,但中性粒细胞的比例仍高。

2. 痰液检查 痰直接涂片做革兰染色镜检,如发现典型的革兰染色阳性、带荚膜的双球菌,即可初步做出病原诊断。痰培养24~48小时可以确定病原体。

3. X线检查 早期仅见肺纹理增粗或受累的肺段、肺叶稍模糊。肺实变期可见按肺叶或肺段分布的片状均匀致密阴影,在实变阴影中可见透明的支气管影即"空气支气管征",肋膈角可有少量胸腔积液征。消散期阴影密度逐渐减低,变为散在的、大小不等的片状阴影,多数病例在起病3~4周后才完全消散。老年患者病灶消散较慢,亦可形成机化性肺炎。

案例归纳二

血常规示白细胞增多,中性粒细胞增多,胸部X线片示:右肺中下肺呈片状均匀致密阴影。

【诊断和鉴别诊断】

1. 诊断 根据起病急、有寒战、高热、胸痛、咳嗽,痰中带血或痰呈铁锈色,胸部体征及X线检查呈肺实变表现,白细胞计数和中性粒细胞增高,诊断即可成立。年老体衰、继发于其他疾病、或呈灶性肺炎改变者,临床表现常不典型,需认真加以鉴别。病原菌检测是确诊本病的主要依据。

2. 鉴别诊断

(1) 肺结核:急性结核性肺炎的临床表现与肺炎链球菌肺炎相似,但急性结核性肺炎:①常先有长期发热、乏力、消瘦等结核中毒症状。②X线显示病变多在肺尖或锁骨上下,密度不均,消散缓慢,且可形成空洞或肺内播散。③痰结核菌检查阳性。④一般抗菌治疗无效。

(2) 其他病原体所致的肺炎:根据临床病程、痰病原体分离或血液免疫学试验等有助于鉴别。①金黄色葡萄球菌肺炎:全身毒血症状重,常伴败血症和多发迁徙性病灶。X线示片状阴影伴单个或多发的液气囊腔,易变性大。②克雷白杆菌肺炎:多见于老年体弱、慢性心肺疾病或免疫缺陷患者,起病急骤,毒血症状严重,痰呈红棕色胶冻状。X线检查虽呈大叶实变,但常伴有多发性蜂窝状肺脓肿。③肺炎支原体肺炎,全身中毒症状轻,阵发性、刺激性呛咳,咳少量黏液;白细胞计数正常或略增加,X线显示为一侧或双侧肺下部的不规则条索状密度增高阴影,大环内酯类抗生素有效。

(3) 急性肺脓肿:早期临床表现与肺炎球菌肺炎相似。但随病程进展,咳出大量脓臭痰为肺脓肿的特征。致病菌多为金色葡萄球菌、肺炎克雷白杆菌或其他革兰阴性杆菌、厌氧菌。X线显示脓腔及液平面。

(4) 支气管肺癌:可伴阻塞性肺炎与本病相混淆。但支气管肺癌年龄较大,全身毒血症状轻微,常在同一部位反复发生肺炎,抗菌治疗效果差。X线体层摄片、CT、痰脱落细胞和纤维支气管镜等检查,有助鉴别诊断。

案例诊断要点

1. 青年男性。

2. 病史特点:起病急骤,有淋雨的诱因,临床表现为发热、胸痛、咳嗽、咳痰、痰中混有少量血丝,偶呈铁锈色痰。查体见右

笔记栏

胸中下部分叩浊，呼吸音减低。

3. 实验室及其他检查：血常规示白细胞增多，中性粒细胞增多，胸部X线片示：右肺中下肺呈片状均匀致密阴影。

临床诊断：肺炎球菌肺炎（社区获得性肺炎）。

【治疗】

1. 一般治疗及对症治疗 患者应卧床休息，多饮水1~2L/d，注意补充足够蛋白质、热量及维生素。高热、进食不足应适当静脉补液；过高热时，可用物理降温，一般不用阿司匹林或其他解热药，以免大量出汗、脱水及干扰真实热型，引起临床判断错误。剧烈胸痛者，可酌情用少量镇痛药，如可待因15mg。气急、发绀、严重呼吸困难时应给氧。给氧时要不断检查血气，尤其是对慢性肺疾病的病人。烦躁不安、谵妄、失眠者，酌用地西泮5mg或水合氯醛1~1.5g，禁用抑制呼吸的镇静药。

2. 抗菌药物 治疗诊断一经确立，不必等待细菌培养结果，应立即开始抗菌药物治疗。首选青霉素G，轻症成年患者，可用240万U/d，分3次肌内注射。病情稍重者，宜用青霉素G240万~480万U/d，静脉滴注，每6~8小时1次；重症及并发脑膜炎者，每日剂量可增至1000万~3000万U，分4次静脉滴注。

约25%的肺炎链球菌对青霉素耐药，对青霉素耐药者，可用喹诺酮类（左旋氧氟沙星、司帕沙星、莫西沙星、加替沙星等），也可用β内酰胺类（头孢噻肟、头孢曲松）静脉滴注。对青霉素过敏者，头孢类应慎用，两者可能出现交叉过敏。万古霉素作为惟一一种具有持久活性的药物，对所有肺炎球菌均有抗菌活性，可作为在大多数情况下伴有高耐青霉素发生率的重症患者的首选药物。对高度耐药菌株的治疗，应根据体外药敏试验。

其他有效的药物包括头孢霉素类、红霉素和克林霉素。除头孢噻肟、头孢曲松外，大多数第三代头孢霉素对肺炎球菌相对无抗菌活性。

对疑有脑膜炎时，应予头孢噻肟2g，静脉注射，每4~6小时1次或头孢曲松1~2g，静脉注射，每12小时1次；同时给予万古霉素1g，静脉注射，每12小时1次；还可加用利福平600mg/d口服，直至知道药敏结果。

抗菌药物疗程视病情而定，一般10~14天，或在热退后3天停药或由静脉用药改为口服，维持数日。

经抗菌治疗后，体温常在24小时内降至正常，或数日内逐渐下降。

3. 并发症的治疗

（1）感染性休克的治疗：重点在于控制感染，应注意以下几点：

1）宜选用强而广谱的抗生素，用第二、三代头孢菌素。对病因不明的严重感染，可合并头孢他啶或头孢哌酮钠及氨基糖苷类抗生素兼顾革兰阳性及阴性细菌，待病原菌明确以后再适当调整。

2）补充血容量。补液量视血压、尿量、尿比重、中心静脉压而定。应选用血管活性药物，维持收缩压在90mmHg以上，一般用多巴胺、异丙肾上腺素、间羟胺等。

3）在补充血容量的情况下，亦可使用血管扩张药，以改善微循环。若合并心、肾衰竭，酌予正性肌力药或利尿剂。

4）对病情严重，全身毒血症状明显的患者，可用氢化可的松100~300mg或地塞米松5~10mg静滴，病情好转后12~24小时停用，用药一般不超过3天。

5）输液不宜过快，以免发生心力衰竭和肺水肿。若血容量已补足而24小时尿量仍<400ml、比重<1.018时，应考虑合并急性肾衰竭，并做相应处理。随时监测和纠正钾、钠及氯紊乱以及酸、碱平衡失调。

（2）若体温降而复升或3天内仍不下降者，可能有细菌耐药、肺炎球菌的肺外感染、混合感染、药物热或并存其他疾病；怀疑脓胸患者，应积极排脓引流。

【预防】 预防上呼吸道感染，避免淋雨、受寒、疲劳、饥饿、醉酒等诱发因素。对年老体弱和免疫功能减退者，如糖尿病、慢性肺病、慢性肝病、器官移植或脾切除者，可注射复合多价肺炎球菌疫苗，可使肺炎球菌发病率显著降低。

处方及医师指导

1. 一般治疗：卧床休息，多饮水1~2L/d，注意补充足够蛋白质、热量及维生素。高热、进食不足应适当静脉补液，可用物理降温。

2. 药物治疗：青霉素G 240万~480万U/d，静脉滴注，每6~8小时1次，用药10~14天，或在热退后3天停药或由静脉用药改为口服，维持1周。

笔记栏

第 6 章 肺结核

案例

患者,男,52岁。反复咳嗽、少痰5年,加重伴痰中带血3天。

5年前无明显诱因出现咳嗽、咳痰,为少量白色黏液痰,症状反复,伴乏力,偶有发热,在当地卫生所就诊,诊断为"慢性支气管炎",给予抗感染、止咳等治疗,症状时轻时重。一年来咳嗽、咳痰加重,伴明显消瘦、乏力、盗汗和午后低热,逐渐出现活动后气短,3天前咳嗽时,出现痰中带血,呈鲜红色血。无特殊病史。吸烟20年。

入院查体:T 37.6℃, P 108次/min, R 25次/min, BP 130/68mmHg。发育正常,营养中等,神志清楚,自动体位。消瘦,轻度贫血貌,巩膜及皮肤无黄染,浅表淋巴结无肿大。气管左移,左侧胸廓塌陷,叩诊浊音。两肺呼吸音低,右上肺可闻及散在干啰音,左上肺可闻及干湿啰音。心率108次/min,律齐,未闻及病理性杂音。腹部平软,肝脾肋下未触及,腹水征(-),双下肢无浮肿。

心电图:窦性心动过速。

血常规:RBC 2.83×10^{12}/L, Hb 93 g/L, WBC 6.7×10^{9}/L, N 0.75, L 0.25。尿常规阴性;肝功能:ALT 38U/L, AST 44U/L, ESR45mm/h, PPD(++)痰涂片找TB菌(-);痰涂片未见癌细胞。

胸部X线片:气管左移,左侧胸廓塌陷,左上肺见空洞影,空洞周围见淡薄浸润影及纤维条索影,左侧肺门上提,肺纹理呈垂柳样改变,左侧胸膜肥厚粘连;右上肺见淡薄浸润影;双侧肺门见钙化影。

思考题

1. 该病例最可能的诊断是什么?
2. 与其他咳嗽性疾病如何鉴别?
3. 本疾病的治疗原则是什么?

肺结核(pulmonary tuberculosis)是由结核分枝杆菌引起的慢性肺部感染性疾病,是结核病最常见的一种,占各器官结核病总数的80%~90%。痰排菌患者为其重要的传染源,称为传染性肺结核病。临床上多呈慢性经过,表现为低热、消瘦、乏力等全身症状及咳嗽、咯血等呼吸系统表现。20世纪50年代以来,因异烟肼等化疗药物的出现,使结核病的流行趋势有所下降,但自20世纪80年代中期开始,由于人免疫缺陷病毒(HIV)感染的流行、多重耐药菌株感染的增加、贫困人口增长和移民等因素,使结核病疫情出现明显回升趋势,故结核病仍是当前一个突出的公共卫生问题,是全国十大死亡病因之一。

【病因及发病机制】

1. 结核菌 属放线菌目,分枝杆菌科的分枝杆菌属。包括人型、牛型、非洲型和鼠型4类,对人类致病的主要为人型结核菌(占90%以上),牛型菌很少。结核菌是细长稍弯曲两端圆形的杆菌,为需氧菌,不易染色,经品红加热染色后,即使酸性酒精冲洗也不能脱色,故称为抗酸杆菌;结核菌对外界抵抗力较强,在阴湿处能生存5个月以上,在随尘埃飞扬的干痰中可保持传染性8~10天。但在烈日曝晒下2小时,或与5%~12%甲酚皂(来苏)接触2~12小时,70%酒精接触2分钟,或煮沸1分钟,均能被杀灭。将痰吐在纸上直接烧掉是最简易的灭菌方法。结核菌生长缓慢,人型菌的繁殖周期为15~20小时,至少需要2~4周才可见菌落,经抗结核药物作用细菌活力明显下降,需要6~8周甚至20周才可出现菌落。

结核菌菌壁为含有高分子量的脂肪酸、脂质、蛋白质和多糖类组成的复合成分,与其致病力、免疫反应有关。在人体内,脂质能引起单核细胞、上皮样细胞及淋巴细胞浸润而形成结核结节;蛋白质可引起过敏反应,中性粒细胞和单核细胞浸润;多糖类则参与某些免疫反应(如凝集反应)。

2. 流行环节

(1) 传染源:主要是排菌的肺结核病人,排菌量愈多,接触时间愈长,危害愈大。

(2) 传播途径:主要经病人和健康人之间的空气传播,患者咳嗽、喷嚏、大笑等排出的结核菌悬浮在飞沫中,被人吸入后即可引起感染。患者随地吐痰,痰液干燥后结核菌随尘埃飞扬,亦可造成吸入感染,但非主要传播途径。饮用未经消毒的牛奶亦可感染致病。其他途径如母婴传播、经皮肤伤口感染和上呼吸道直接接种均极罕见。

(3) 易感人群:人体感染结核菌后不一定发

笔记栏

病,仅于抵抗力低下时方始发病。人群对结核病的易感性与机体自然抵抗力和获得性特异性抵抗力有关。生活贫困、营养不良、居住拥挤和遗传因素等均可影响自然抵抗力,婴幼儿、老年人、HIV 感染者、慢性病患者和免疫抑制剂使用者等,因免疫力低下成为结核病的易感人群。

3. 结核的发病机制

(1) 结核菌感染宿主的过程:结核菌感染宿主后,宿主的反应可分为四期:起始期、T 细胞反应期、共生期和细胞外增殖播散期。

1) 起始期:侵入呼吸道的结核菌被肺泡巨噬细胞(alveolar macyophaye, AM)吞噬。若在出现有意义的细胞增殖和宿主细胞反应之前结核菌即被杀灭,则不留下如何感染证据;如果细菌能幸免于 AM 的防御作用,则在 AM 内存活或复制,诱导机体产生相应的细胞免疫反应。在机体细胞介导免疫反应形成前,结核菌可扩散至邻近的非活化的肺泡巨噬细胞和形成早期感染灶。

2) T 细胞反应期:由 T 细胞介导的细胞免疫(cell mediated immunity, CMI)和迟发性变态反应(delay type hypersensitivity, DTH)在此期形成,从而对结核病的发病、演变和转归产生重要影响。

CMI 是宿主获得性结核免疫力的最主要免疫反应,包括巨噬细胞吞噬结核菌以及处理和递呈抗原、T 细胞对抗原的识别与结合以及因此而增殖分化、细胞因子释放和杀菌等。但如果刺激过度或长时间持续刺激,巨噬细胞可过度分化而转化为抑制性巨噬细胞。轻度的 DTH 可以动员和活化免疫活性细胞,并能直接杀伤靶细胞,使感染结核菌的宿主细胞死亡而杀菌,起免疫保护作用;较激烈的 DTH 则造成组织溃烂、坏死液化和空洞形成,使已被吞噬的结核菌释放至细胞外,进行增殖和复制,并引起播散。

初期结核菌在巨噬细胞内生长,形成干酪样坏死的结核灶,其能限制结核菌复制。生活在流行区的多数感染者发展至 T 细胞反应期,少数发展成原发性肺结核。

3) 共生期:大部分结核感染菌在人体内可继续存活,细菌与宿主处于共生状态。低氧、低 pH 和抑制性脂肪酸和机体的免疫机制使细菌不能繁殖,若免疫损害可引起细菌重新繁殖。细菌持续存在的主要场所是纤维包裹的干酪性坏死的中央部分。

4) 增殖播散期:存在于干酪灶中的结核菌,在干酪病灶发生液化时重新繁殖,突破局部免疫防御机制引起播散。

(2) 原发性肺结核:当首次被吸入的结核菌如果毒力强或未被 AM 杀灭,则在 AM 中繁殖,在该部分肺组织产生炎性病变即原发灶。原发灶中的结核菌经淋巴管运送至相应的肺门、纵隔淋巴结形成病变,引起淋巴结肿大。原发灶与淋巴管和肿大的淋巴结形成原发综合征或原发结核。

感染结核菌后宿主的 CMI 和 DTH 开始启动,PPD 皮肤试验阳转。致敏 T 细胞的细胞因子活化 AM,使其杀伤细胞内结核菌的能力增强,结核菌停止生长,原发病灶炎症吸收或留下少量钙化灶,肿大的淋巴结缩小、纤维化或钙化。但仍有少量结核菌没被杀死,长期处于休眠状态,成为潜在病灶。另外,在 DHT 的影响下,肺内及淋巴结病变也可进一步进展,造成组织溃烂、坏死液化和空洞形成,使已被吞噬的结核菌释放至细胞外,进行增殖和复制,并引起局部或全身播散,甚至发生威胁生命的粟粒性结核病或结核性脑膜炎。

原发综合征好发于婴幼儿、青少年。少数民族或边远地区居民及免疫功能低下的成年人也可发生。

(3) 继发性肺结核:继发性肺结核可发生在初次感染后的任何时期,其发病有两种学说:一种是内源性"复燃"学说,即原发感染时形成的潜在病灶,由于机体抵抗力低下致结核菌重新活动而发病;另一种为外源性再染学说,指因为结核菌的再次侵入而引起的新感染。目前认为继发性肺结核的发病以内源性复燃为主,但外源性感染的可能性也存在。

继发性肺结核病与原发性肺结核病有所不同,由于机体已产生了一定的免疫力,故发展较缓慢,病变常较局限,也较少发生全身播散。但局部病变较明显,有渗出、干酐样坏死,甚至空洞形成。

(4) 结核病的免疫与变态反应:机体对继发感染和初感染不同反应的现象称为科赫(Koch)现象。1890 年,Koch 观察到对未感染的豚鼠皮下注射结核分支枝杆菌,10~14 日后豚鼠局部皮肤红肿、溃烂,形成深的溃疡,最后豚鼠因细菌播散到全身而之死亡。但对 3~6 周前受少量结核菌感染和皮肤结核菌素试验阳转的动物,给予同等剂量的结核分枝杆菌皮下注射,2~3 日后局部出现红肿,形成表浅溃疡,继之较快愈合,无淋巴结肿大、播散和死亡。提示初次感染时宿主既无保护性防御机制又无迟发超敏感反应,因而局部反应缓慢发生,最终导致淋巴结肿大、全身播散。而继发感染时由于机体产生了 CMI 和 DTH,使局部反应迅速而剧烈,但无淋巴结肿大和全身播散。

笔记栏

结核菌体的多肽、多糖复合物与CMI有关，而其蜡质D及结核蛋白则引起DTH。至于CMI和DTH的关系是相互统一的，还是相互对抗的，还是一个事物的两个方面，至今尚未完全阐明。引起两者的抗原成分不同，但免疫与变态反应常同时存在，如接种卡介苗后可产生免疫力，同时结核菌素试验(变态反应)亦转为阳性。免疫力对人体起保护作用，而变态反应通常伴有组织破坏，对细菌亦不利；反之，严重疾病、营养不良或长期应用肾上腺皮质激素和免疫抑制剂可消除变态反应，但亦可削弱免疫力，使结核病恶化。说明免疫与变态反应虽然表现形式不同，但都对人体起着保护作用。

结构感染的发病过程见图1-6-1。

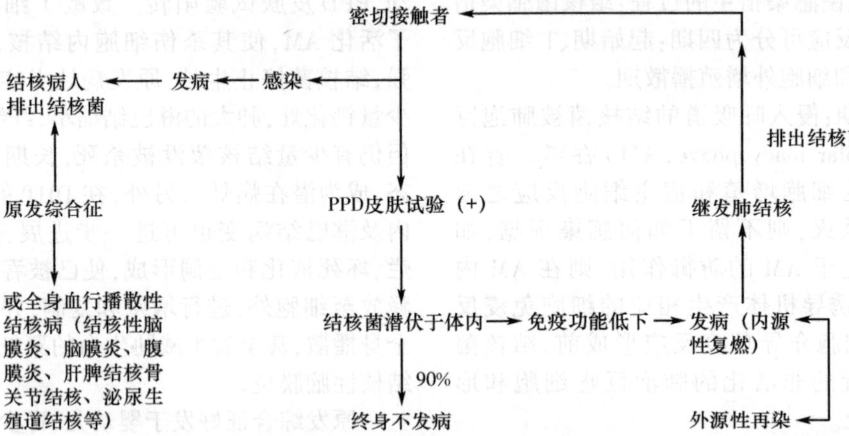

图1-6-1 结核感染的发病过程

【病理】

1. 基本病理改变 结核病的基本病理变化有炎性渗出、增生和干酪样坏死。

(1) 渗出为主的病变：发生于变态反应占优势的患者。表现为充血、水肿和白细胞浸润(早期为中性粒细胞，以后逐渐为单核细胞所代替)。常出现在结核炎症的早期或病灶恶化时，亦见于浆膜结核。病情好转时，渗出性病变可以完全吸收消散。

(2) 增殖为主的病变：发生于免疫力占优势的患者，表现为结核结节的形成。开始可有一短暂的渗出阶段。当大单核细胞吞噬并消化结核菌后，演变成类上皮细胞。类上皮细胞聚集成团，中央可有多核巨细胞(朗罕细胞)。后者可将结核菌抗原的信息传递给淋巴细胞，在其外围常有较多的淋巴细胞，形成典型的结核结节，为结核病特征性病变，“结核”由此得名。结核结节中通常不易找到结核菌。

(3) 变质为主的病变(干酪样坏死)：在渗出或增殖病变的基础上，当机体免疫力低下、菌量过多或变态反应强烈时，上述病变处肺组织发生变质、坏死。因含多量脂质使病灶在肉眼下观察呈黄灰色，质松而脆，状似干酪，故名干酪样坏死，是病变恶化的表现。

2. 病理演变

(1) 好转、痊愈

1) 消散吸收：在渗出型病变，肺组织结构大体保持完整，当机体免疫力提高特别是经有效化疗，病灶可吸收消散，甚至不留瘢痕；较小的干酪坏死或增生性病变亦可经治疗后缩小、吸收，仅留下轻微纤维瘢痕。

2) 纤维化：随着病灶炎性成分吸收，结节性病灶中的成纤维细胞和嗜银纤维增生，产生胶原纤维，形成条索状瘢痕。

3) 钙化和骨化：被局限化的干酪性病灶，可以逐渐脱水、收缩及钙盐沉，形成钙化灶。儿童结核病钙化灶可进一步骨化。

纤维化和钙化都是机体免疫力增强，病变静止和愈合的表现。

4) 空洞的转归：空洞内结核菌的消灭和病灶的吸收使空洞壁变薄并逐渐缩小，空洞可完全闭合。在有效化疗作用下，有些空洞不能完全闭合，但结核的特异性病变均消失，成为净化空洞，亦是空洞愈合的良好形式。有时空洞引流支气管阻塞，其中坏死物质浓缩，周围逐渐为纤维组织所包绕，形成纤维干酪性病灶或结核球，病灶较前缩小并可以保持稳定，但一旦支气管再通，空洞复又出现，病灶重新活动。

(2) 恶化进展

1) 干酪样坏死和液化：已如前基本病理所述。

2) 扩散：包括局部蔓延，支气管、淋巴管和血行播散，以及淋巴结-支气管、淋巴-血行播散。若坏死病灶侵蚀血管，结核菌可通过血循环，引起包括肺在内的全身粟粒型结核，如脑膜、骨、肾结核等。肺内结核菌可沿支气管播

笔 记 栏

散,在肺的其他部位形成新的结核灶。吞入大量含结核菌的痰进入胃肠道,亦可引起肠结核、腹膜结核等。肺结核可直接扩展至胸膜引起结核性胸膜炎。

3）钙化灶重新活动:钙化或其他形式的非活动病灶中潜伏的静止期结核菌,可因机体免疫功能严重损伤或肺部破坏性病变(如化脓性感染)而使其破溃,引起病变复燃。

【临床表现】 典型肺结核起病缓慢,病程长,临床表现多种多样,病灶范围小,可无明显症状,常在X线健康体检时被发现;病变范围广,机体对结核菌敏感性高,则毒性症状显著。

1. 全身症状 全身毒性症状表现为午后低热、乏力、食欲减退、体重减轻和盗汗等。若肺部病灶进展播散,呈不规则高热。妇女可有月经失调或闭经。

2. 呼吸系统症状

(1) 咳嗽、咳痰:为肺结核最常见症状,通常为干咳或带少量黏液痰,肺组织发生干酪样坏死或并发感染时,痰量增加并呈脓性。并发支气管结核时,可有剧烈的刺激性咳嗽。

(2) 咯血:约1/3~1/2患者有不同程度的咯血。痰中带血为炎性病灶的毛细血管扩张引起,中量以上咯血常为小血管损伤或空洞内血管瘤破裂所致。有时硬结钙化的结核病灶、机械性损伤血管或结核性支气管扩张亦可引起咯血。大咯血可发生失血性休克。有时血块阻塞大气道而发生窒息,此时患者极度烦躁、神色紧张、挣扎坐起、胸闷气促、发绀。咯血后常有低热,为小支气管内残留血块吸收或阻塞支气管引起感染所致。咯血易引起结核播散,特别是中、大量咯血时,发热持续不退提示结核病灶播散。

(3) 胸痛:当炎症波及壁层胸膜时,相应胸壁有刺痛,随咳嗽和呼吸加重。

(4) 呼吸困难:慢性重症肺结核时,由于肺组织广泛破坏,或并发肺不张、肺气肿、广泛胸膜增厚、气胸或大量胸腔积液,可引起呼吸功能障碍而出现呼吸困难。

3. 胸部体征 早期病变范围小或位于肺组织深部,多无异常体征。若病变范围较大,则患侧呼吸运动减弱,叩诊呈浊音,听诊呼吸音减弱或有病理性支气管肺泡呼吸音。如在锁骨上下、肩胛间区于咳嗽后闻及湿啰音,对诊断有重要意义。当肺部病变发生广泛纤维化或胸膜增厚粘连时,则患侧胸廓下陷、肋间隙变窄、气管向患侧移位、叩诊变浊,而健侧可有代偿性肺气肿征。

> **案例归纳一**
>
> 该患者以反复咳嗽、咯痰、咯血为主要表现,痰为少量黏液白痰,非特异性抗感染治疗无效。同时起病缓、病程长,伴有午后发热、消瘦。PE:T:37.6℃,消瘦,轻度贫血貌。气管左移,左侧胸廓塌陷,两肺呼吸音低,右上肺可闻及散在干啰音,左上肺可闻及干湿啰音。

【实验室和其他检查】

1. 痰结核菌检查 是确诊肺结核最特异性的方法,也是考核疗效、随访病情的重要指标,故每一个有肺结核可疑症状或肺部有异常阴影的患者都应做痰菌检查。若痰菌量多(每毫升10万条以上),直接涂片检查易呈阳性,而且快速简便,在我国非典型分枝杆菌尚属少见,抗酸杆菌阳性肺结核诊断即基本成立。直接厚涂片阳性率优于薄涂片,为目前普遍采用。痰菌量少(每毫升1万条以下)可用集菌法检查。培养法更为精确,除能了解结核菌有无生长繁殖能力外,并可做菌型鉴定和药物敏感试验。痰菌阳性表明其病灶是开放的,具有传染性。肺结核病人有时呈间歇排菌,故常需连续多次查痰方能确诊。

在无痰病人和不会咳痰的低龄儿童可清晨抽取胃液检查结核菌,无痰病例亦可导痰,必要时行经气管穿刺吸引采样。

2. 结核菌素(简称结素)试验 是诊断结核分枝杆菌感染的参考指标。结核菌素是结核菌的代谢产物,主要成分是结核蛋白。目前国内均采用的是结核菌素纯蛋白衍生物(purified protein derivative, PPD)。试验方法是皮内注射法(mantoux法),将PPD 5U(0.1ml)在前臂屈侧上中1/3交界处做皮内注射,经48~72小时测量皮肤硬结直径,如小于5mm为阴性,5~9mm为弱阳性,10~19mm为阳性反应,20mm以上或局部出现水泡与坏死者为强阳性反应。

结核菌素试验的主要用途有:①社区结核菌感染的流行病学调查或接触者的随访;②监测阳转者,适用于儿童或易感高危对象;③协助诊断。结核菌素试验阳性反应表示感染,在3岁以下婴幼儿可考虑为活动结核;成人强阳性反应提示活动性结核病的可能,应进一步检查。阴性反应特别是较高浓度三期试验仍阴性可排除结核病。

结核菌素试验阴性除提示无结核菌感染外,还见于以下情况:①感染早期,结核菌感染后需4~8周才建立充分变态反应,在该变态反应产生之前,结核菌素试验可呈阴性。②严重结核病和

笔记栏

各种危重病人。③应用糖皮质激素等免疫抑制剂者。④淋巴细胞免疫缺陷(如淋巴瘤、白血病、结节病、艾滋病等)病人和老年人。

3. 影像检查 是诊断肺结核的必备检查,早期发现肺结核的主要方法,而且可对病灶部位、范围、性质、发展情况和治疗效果做出判断。诊断常用的摄影方法是正侧位胸片,一般而言,肺结核胸部X线表现可有如下特点:①多发生在肺上叶尖后段、肺下叶背段、后基底段;②病变可局限也可多肺段侵犯;③可呈多形态表现(即同时呈现渗出、增殖、纤维和干酪性病变),也可伴有钙化;④易合并空洞;⑤可伴有支气管播散灶;⑥可伴胸腔积液、胸膜增厚与粘连;⑦呈球形病灶时(结核球)直径多在3cm以内,周围可有卫星病灶,内侧端可有引流支气管征;⑧病变吸收慢(一个月以内变化较小)。(参见本章“临床类型”)

4. 血液检查 结核病人的血象一般无异常。严重病例可有继发性贫血。急性血行播散型肺结核可有白细胞总数减低或呈类白血病反应。活动性肺结核的血沉可增快,但对诊断无特异性价值。

5. 其他检查 用酶联免疫吸附试验(ELISA)可检出结核病人血清中的特异性抗体PPD-IgG;另外脂阿拉伯甘露糖LAM抗原,是一种与分支杆菌细胞壁有关的复合脂类,具有较强的免疫原性,能刺激机体产生抗LAM-IgG,正在生长的结核菌能大量产生。检测血清脂阿拉伯甘露聚糖的IgG抗体(LAM-IgG,结明试验)对诊断结核病可提供参考。痰液PCR+探针检测可获得比涂片镜检明显高的阳性率和略高于培养的阳性率,且省时快速,成为结核病病原学诊断重要参考,但是尚有一些技术问题需进一步解决。纤维支气管镜检查对支气管结核的诊断、支气管癌的排除以及采取活体组织和分泌物检查等有帮助。浅表淋巴结活检,有助于结核病的鉴别诊断。

案例归纳二

血常规:RBC $2.83\times10^{12}/L$,Hb 93g/L,WBC $6.7\times10^{9}/L$,N 0.75,L 0.25。ESR45mm/h,PPD(++)痰涂片找TB菌(-);胸部X线片:气管左移,左侧胸廓塌陷,左上肺见空洞影,空洞周围见淡薄浸润影及纤维条索影,左侧肺门上提,肺纹理呈垂柳样改变,左侧胸膜肥厚粘连;右上肺见淡薄浸润影;双侧肺门见钙化影。

【诊断和鉴别诊断】

1. 诊断

(1) 诊断依据:肺结核的诊断主要依据临床表现和辅助检查。

1) 病史和临床表现:尽管肺结核的症状常缺乏特异性,但病史和临床表现仍是诊断的基础。约有20%活动肺结核患者也可以无症状或仅有轻微症状,有以下表现者应高度怀疑结核病的可能:

A. 反复发作或迁延不愈的咳嗽、咳痰,或呼吸道感染经抗炎治疗3~4周无好转。

B. 痰中带血或咯血。

C. 长期低热或不明原因的发热。

D. 体检肩胛区有局限的湿啰音或哮鸣音。

E. 有结核病诱发或好发因素如糖尿病、免疫抑制性疾病、接受激素或免疫抑制剂治疗的患者。

F. 有变态反应性表现如皮肤结节性红斑、关节疼痛等。

G. 既往史中有淋巴结肿大、渗出性胸膜炎、肛瘘等。

H. 婴幼儿和儿童在家庭中有开放性肺结核密切接触史。

2) X线检查是早期发现肺结核的主要方法,痰结核菌检查是诊断肺结核的可靠依据。凡属可疑病例均应做痰菌及X线检查以明确诊断。

(2) 临床类型:中华医学会结核病分会于1998年修改、确定了我国结核病新分类法。

1) 原发型肺结核(代号:Ⅰ型):包括原发综合征和胸内淋巴结核。症状多轻微而短暂,如低热、咳嗽、体重减轻、食欲不振等。X线可见肺部原发灶,相应地淋巴管增粗和肺门淋巴结肿大,三者组成典型的原发综合征。若X线胸片只有肺门淋巴结肿大,则诊断为胸内淋巴结核。

2) 血行播散型肺结核(代号:Ⅱ型):是结核菌进入血行后,广泛散布到肺或各器官而引起的肺结核,是各型肺结核中较严重者。多由原发型肺结核发展而来,但在成人大多由肺或肺外结核病灶破溃至血管所引起。根据发病缓急和病情轻重分为急性、亚急性及慢性三种。

急性血行播散型肺结核起病急,全身中毒症状重,持续高热,常伴发结核性脑膜炎。X线在症状出现两周左右显示两肺大小、形态、分布均一致的粟粒状浸润阴影,结节直径2mm左右。若人体抵抗力较强,少量结核菌分批经血循环进入肺部,其血行播散灶常大小不一、分布不均匀、新旧不等,在双肺中上部呈对称性分布,称为亚急性或慢性血行播散型肺结核。其病情发展缓慢,可无明显中毒症状,偶于X线检查时才发现,病灶多较稳定或已硬结愈合。

3) 继发型肺结核(代号:Ⅲ型):是最常见的

笔记栏

成人肺结核，占全部肺结核的80%左右。可出现以浸润、增殖、干酪病变为主或空洞病变为主的多种病理改变，其症状体征及X线表现可因病变的性质、范围、发展阶段的不同而有很大的差异。

A. 浸润性肺结核：病灶多在锁骨上下区，常有明显中毒症状，甚至咯血。X线显示小片状或絮状阴影，边缘模糊。病变可以吸收或硬结、钙化，也可恶化、进展而形成空洞。渗出性病变易吸收，而纤维干酪病变吸收很慢，可长期无变化。

B. 空洞性肺结核：浸润与干酪病灶可溶解、液化形成空洞，空洞形态不一。有干酪病变溶解形成的虫蚀样空洞、伴有周围浸润病伴的新鲜薄壁空洞、张力性空洞和干酪溶解性空洞等。空洞性肺结核常伴支气管播散，患者痰中常排菌。如果空洞长期不闭合，但多次查痰阴性，空洞壁由纤维组织或上皮细胞覆盖，称为“净化空洞”。有时空洞内还残留一些干酪组织，但长期多次查痰阴性，临床诊断为“开放菌阴综合征”，须随访。

C. 结核球：常由干酪病变吸收和周边纤维膜包裹或干酪空洞阻塞性愈合形成。在X线片上出现密度高、边缘整齐的圆形阴影，称为结核球。直径在2~4cm之间，球内有钙化灶或液化坏死形成的空洞，80%以上有卫星灶。

D. 干酪性肺炎：常在机体免疫力低下或体弱的病人，受到大量结核菌感染时，或有淋巴结支气管瘘，淋巴结内大量的干酪样物质经支气管进入肺内发生。干酪性肺炎有大叶和小叶两种，大叶性干酪性肺炎X线呈大叶性密度均匀的磨玻璃状阴影，其中可有虫蚀样空洞，痰中可查见结核菌，常有严重毒血症和肺实变体征；小叶性干酪性肺炎X线呈小叶斑片状播散病灶，多分布于双肺中下部。

E. 纤维空洞型肺结核：是肺结核的晚期类型。由于肺结核未及时发现或治疗不当，空洞长期不愈，随着人体免疫力的高低起伏，病灶吸收好转与恶化进展交替发生，病灶出现广泛纤维化，洞壁逐渐增厚。临床表现为慢性咳嗽、咳痰和呼吸困难，容易并发感染和反复咯血，痰中带有结核菌，为结核病的重要传染源。X线显示一侧或两侧有单个或多个厚壁空洞及明显胸膜增厚，由于肺组织纤维化，肺门向上牵拉，肺纹理呈垂柳状阴影，纵隔向病侧移位，邻近或对侧肺组织常有代偿性肺气肿，常并发慢性支气管炎、支气管扩张、继发感染或慢性肺源性心脏病。肺组织广泛破坏，纤维组织增生，进一步导致肺叶或全肺收缩（“毁损肺”）。

4）结核性胸膜炎（代号：Ⅳ型）：由胸膜感染结核菌引起，多见于青少年。临床分为干性和渗出性两种。

A. 干性胸膜炎：病变侧胸膜有少量纤维蛋白渗出，致胸膜表面粗糙。主要表现为患者侧胸痛，随呼吸、咳嗽而加剧，可伴低热及干咳。听诊有胸膜摩擦音。X线检查无明显异常。

B. 渗出性胸膜炎：胸膜腔内有不同程度的渗出液，为浆液纤维蛋白性。起病急，主要表现为高热、干咳、胸痛、气急和胸腔积液征。X线显示患侧为一片均匀一致的致密阴影，外侧上缘呈弧形升高。

5）其他肺外结核：按部位和脏器命名，如肾结核、骨结核、结核性脑膜炎等。

（3）诊断记录：肺结核的诊断包括临床类型、病变范围及部位、痰菌检查、化疗史四个部分。

1）临床类型：分五型。

2）病变部位及范围：以第二和第四前肋下缘内端水平将两肺各分为上、中、下肺野。肺结核病变部位按左、右侧、双侧，范围按上、中、下记录。

3）痰结核菌检查：痰菌阳性或阴性，分别以（+）或（-）表示，以涂、集和培分别代表涂片法、集菌法和培养法。病人无痰或未查痰时，应注明“无痰”或“未查”。

4）化疗史：将化疗史分为初治和复治两类。

初治：凡属下列情况之一者为初治。①登记时尚未开始抗结核治疗的新发现患者；②化疗未满一个月的新发患者。

复治：凡属下列情况之一者为复治。①初治失败的患者；②复发患者；③非连续化疗超过一个月的患者；④丢失追回中断治疗的涂阳患者；⑤慢性排菌患者。

诊断举例：

原发性肺结核，右中涂（-），初治。

继发性肺结核，双上集（+），复治。

2. 鉴别诊断

（1）肺炎：有低热、轻度咳嗽的支原体肺炎与过敏性肺炎，在X线上的炎症征象与早期浸润型肺结核相似。但支原体肺炎常伴有咽痛和胸骨下疼痛，肺部炎症在短时间内（2~3周）可自行消散；过敏性肺炎血中嗜酸粒细胞增多，肺内浸润常呈游走性。细菌性肺炎有发热、咳嗽、胸痛和肺内大片炎症需与干酪肺炎相鉴别。前者起病急，寒战、高热、胸痛伴气急，咳铁锈色痰，痰中结核菌阴性而肺炎链球菌等病原菌阳性，抗菌治疗有效。

（2）肺癌：肺癌多见于40岁以上嗜烟男性，常无毒性症状而有刺激性咳嗽、明显胸痛和进行性消瘦。中央型肺癌常有痰中带血，肺门附近有阴影与肺门淋巴结核相似。周围型肺癌呈球形，需与结核球鉴别。肺癌X线表现常呈分叶状，有毛刺、切迹，无卫星灶，一般无钙化。CT、痰结

笔记栏

核菌和脱落细胞检查，以及支气管镜检查和组织活检有助于鉴别诊断。

(3) 慢性支气管炎：老年慢性支气管炎症状酷似慢性纤维空洞型肺结核，且近年来老年人肺结核的发病率有所增高，需认真鉴别，及时X线检查有助确诊。

(4) 支气管扩张：有慢性咳嗽、咳痰和反复咯血，应与慢性纤维空洞型肺结核相鉴别。但前者痰结核菌检查阴性，X线平片多无异常发现或仅见肺纹理增粗或呈卷发状阴影，支气管造影检查可明确诊断。

(5) 肺脓肿：浸润型肺结核如有空洞常需与肺脓肿鉴别，主要鉴别点在于：肺脓肿起病较急，多有高热、咳大量脓性痰，白细胞总数与中性粒细胞增多，抗生素效果明显。痰查结核菌阴性。

(6) 其他伴有发热的疾病：急性粟粒结核以高热、肝脾大、白细胞减少或类白血病样反应而与伤寒、败血症、白血病表现有相混处，需要根据各自特点仔细鉴别。成人支气管淋巴结核有发热和肺门淋巴结肿大易与纵隔淋巴瘤、结节病相混，可用结核菌素试验、血清PPD IgG检查、活检等方法鉴别，必要时可抗结核药治疗观察。

案例诊断要点

1. 中年男性。

2. 病史特点：慢性咳嗽，咳痰病史，症状逐渐加重.，伴活动后气短，消瘦，盗汗，有午后发热及少量咯血史。

3. PE：消瘦，轻度贫血貌。气管左移，左侧胸廓塌陷，两肺呼吸音低，右肺可闻及散在干啰音，左肺可闻及干湿啰音。

4. 实验室及其他检查：血常规：RBC 2.83×10^{12}/L，Hb 93g/L，WBC 6.7×10^{9}/L，N 0.75，L 0.25。ESR45mm/h，PPD(++)痰涂片找TB菌(-)；痰涂片查癌细胞(-)；胸部X线片：气管左移，左侧胸廓塌陷，左上肺见空洞影，空洞周围见淡薄浸润影及纤维条索影，左侧肺门上提，肺纹理呈垂柳样改变，左侧胸膜肥厚粘连；右上肺见淡薄浸润影；双侧肺门见钙化影。

临床诊断：慢性纤维空洞型肺结核，双上涂(-)，初治。

【治疗】 合理应用抗结核化学药物是消除症状、促进肺结核痊愈的主要方法。休息与营养疗法是提高机体免疫力、促进药物疗效、减少复发的必要措施。

1. 抗结核化学药物治疗(简称化疗)

(1) 常用抗结核药物：理想的抗结核药物具有杀菌、灭菌或较强的抑菌作用，毒性低，不良反应少，价廉、使用方便，药源充足；经口服或注射后药物能在血液中达到有效浓度，并能渗入吞噬细胞、腹膜腔或脑脊液内，疗效迅速而持久。

常用药物见表1-6-1。其中异烟肼、利福平为全杀菌剂，链霉素(细胞外有效)与吡嗪酰胺(细胞内有效)为半杀菌剂，其余均为抑菌剂。

表1-6-1 常用抗结核药物剂量和主要不良反应

药名	缩写	每日剂量(g)	间歇疗法量(g)	制菌作用机制	主要不良反应
异烟肼	N,INH	0.3~0.4	0.6~0.8	DNA合成	周围神经炎，偶有肝功能损害
利福平	R,RFP	0.45~0.6	0.8~0.9	mRNA合成	肝功能损害，过敏反应
利福喷丁	RFT		0.6		同利福平
链霉素	S,SM	0.75~1.0	0.75~1.0	蛋白合成	听力障碍、眩晕、肾功能损害
吡嗪酰胺	Z,PZA	1.5~2.0	2~3	吡嗪酸抑菌	胃肠道不适，肝功能损害、高尿酸血症、关节痛
乙胺丁醇	E,EMB	0.75~1.0	1.6~2.0	RNA合成	视神经炎
对氨基水杨酸钠	P,PAS	8~12	10~12	中间代谢	胃肠道不适、肝功能损害过敏反应
氨硫脲	T,TB1	0.4~1.0	0.075~0.1	机理不明	胃肠道刺激，瘙痒，精神神经症状
丙硫异烟胺	1321Th	0.5~0.75	0.5~1.0	蛋白合成	胃肠道不适、肝功能损害
卡那霉素	K,KM	0.75~1.0	0.75~1.0	蛋白合成	听力障碍、眩晕、肾功能损害
卷曲霉素	Cp,CPM	0.75~1.0	0.75~1.0	蛋白合成	听力障碍、眩晕、肾功能损害
氧氟沙星	O,CFLX	0.6	0.4	抑制DNA旋转酶	肝肾毒性、胃肠反应、过敏、光敏反应、中枢神经系统反 应、肌腱反应
左氧氟沙星	V,LVFX	0.3	0.45~0.6	同氧氟沙星	同氧氟沙星

笔记栏

(2) 化疗原则：治疗肺结核应有严格的化疗方案，合理化疗的原则是早期、适量、联合、规律、全程使用敏感药物。

早期：是指一旦发现和确诊后立即给药治疗；或是痰中找到结核菌阳性且排菌量较大的复治病人，都应该及早给予积极的抗痨治疗。从结核的病理组织学特点来看，以渗出为主的早期病变，血运丰富，药物易于渗入病灶内。并且这类病灶中的细菌多处于代谢活跃状态，药物易发挥作用。

联合：是指根据病情及抗结核药物的作用特点，联合两种以上药物，以增强与确保疗效。使用一种药物后可大量杀灭敏感菌，但有少量耐药菌会留下而繁殖，而先天耐药菌株多为单一耐药，联合用药可起交叉杀灭作用，使耐药菌株少产生或不产生。

适量：是指根据不同病情及不同个体规定不同给药剂量。根据成人、儿童体重的大小等每种药物都应给予适当的剂量，这样既可以达到治疗的目的，又可以不发生或者少发生由药物引起的副作用，这样对于抗痨治疗的疗效的提高将起积极的作用。

规律：即患者必须严格按照化疗方案规定的用药方法有规律的坚持治疗，不可随意更改方案或无故随意停药，亦不可随意间断用药。

全程：指患者必须按照方案所定的疗程坚持满疗程用药。结核菌区别于其他病原菌重要的生物学特性是它可以长期处于代谢低下或半休眠状态，在一定条件下又重新生长繁殖。因此，药物治疗除联合外尚必需长时间维持相对恒定血药浓度，使未被杀灭的静止菌重新转变为生长繁殖菌时即暴露在有效的药物控制下，这就需要规则用药并完成全疗程。

一般而言，初治患者按照上述原则规范治疗，疗效高达98%，复发率低于2%。

(3) 化疗的生物学机制

1) 药物对不同结核菌群的作用：在结核病灶中存在A、B、C、D四种不同代谢状态的特殊菌群。

A组为快速繁殖群，占结核菌群的绝大多数。INH对快速生长组菌作用最强，RFP次之。但随着细菌生长速度减慢，INH逐渐失去作用，RFP杀灭突发生长的细菌，能减少复发。B组为酸性环境中半休眠状态的菌群，多位于巨噬细胞内或空洞壁坏死组织中，消灭B组细菌是实现灭菌目标的关键，PZA能作用于此组菌群。C组是半休眠状态但偶有突发性或短期内旺盛生长的细菌，RFP对该群最有效。D组是处于休眠状态不繁殖的细菌，数量很少，药物不起作用。

2) 间歇化学治疗：结核菌在接触不同的抗结核药物后其生长受到一定程度的抑制，在一定时间内暂停生长，即产生不同时间的延缓生长期，进入延缓生长期的结核菌，药物不敏感。因此，有规律地间歇用药，能达到与每天用药同样的效果，且因减少用药次数而使毒副反应降低，也方便病人坚持全程化疗。而胺硫脲没有延缓生长期，故不能间歇用药。

3) 顿服：研究证明抗结核药物血中高峰浓度的杀菌作用优于经常性维持较低血药浓度水平的情况，药物每日剂量一次顿服较分次服用产生的高峰浓度高3倍左右，故顿服的效果优于分次口服。

(4) 化疗方案：视病情轻重、痰菌有无、细菌耐药情况、药源供应和经济情况而定，但无论何种方案，必须符合前述化疗原则方能奏效。

1) 初治菌阳方案(含初治菌阴空洞型肺结核和粟粒型肺结核)

A. 前2个月强化期用异烟肼、利福平、吡嗪酰胺及乙胺丁醇(或链霉素)，每日1次；后4个月继续用异烟肼及利福平，每日1次，以2HRZE(S)/4HR表示。

B. 亦可在巩固期隔日用药(即每周用药3次)，以2HRZE(S)/$4H_3R_3$表示。

C. 亦可全程间歇用药，以$2H_3R_3Z_3E_3(S_3)$/$4H_3R_3$表示。

如果第二个月末痰菌仍阳性，则延长一个月强化期，相应缩短一个月巩固期。

对初治患者，国际防痨及肺病联合会推荐的适用于国家防痨的化学方案(表1-6-2)可供制订治疗方案时参考。

表1-6-2 国家防痨规划的结核病化疗方案

疗程	化疗方案
6个月	2RHZ/4RH
	2ERHZ/4RH或$4R_2H_2$
	2SRHZ/4RH或$4R_2H_2$
8个月	2SRHZ/6HT或6EH
	$2SRHZ/6S_2H_2Z_2$

2) 初治菌阴方案：可用2HRZ/4HR、2HRZ/$4H_3R_3$、$2H_3R_3Z_3$/$4H_3R_3$等方案。

3) 复治方案：初治化疗不合理，结核菌产生继发耐药，痰菌持续阳性，病变迁延反复。由于可能已经产生耐药性，复治病例应选择联用敏感药物。临床上多根据患者以往用药情况，选择过去未用过的或很少用过的，或曾规则联合使用过的药物(可能其致病菌仍对之敏感)，另订方案，联合两种或两种以上敏感药物。复治病例一般推荐强化期五药巩固期三药的方案。

笔记栏

A. 2HRZSE/4～6HRE。

B. $2H_3R_3Z_3S_3E_3/6H_3R_3E_3$。

6个月疗程结束时，若痰菌仍未转阴，巩固期可延长2个月。

4）耐多药结核病（MDR-TB）的治疗：MDR-TB被世界卫生组织认定为全球结核病疫情回升的第三个主要原因。MDR-TB的治疗最好依据药物敏感性检测筛和详细询问既往用药史选敏感药物，中国防痨协会推荐的MDR-TB的治疗方案：①初发的MDR-TB既往未用过抗结核药、用药情况不详或用药不足1个月，仍可使用保证初治或复治菌阳方案，但以每日用药为宜。②MDR-TB的病人已使用抗结核药物治疗，用药时间≥1月，可以从第二线抗结核药（氧氟沙星、左旋氧氟沙星、对氨基水杨酸、对氨基水杨酸-异烟肼、卷曲霉素）中选择用药。除保留异烟肼外，选择第二线抗结核药及证明原方案中仍敏感的药物联合组成2～3种药物的化疗方案。

2. 对症治疗 强而有效的化疗药物可迅速缓解结核病的症状，一般无须特殊处理。

（1）咯血

1）小量咯血的处理：以对症治疗为主，包括休息、止咳、镇静，常用药物有喷托维林、可待因、卡巴克络（安络血）等。老年体衰、肺功能不全者，慎用强镇咳药，以免因抑制咳嗽反射及呼吸中枢，使血块不能排出而引起窒息。

2）大咯血的紧急处理

A. 休息、镇静：取患侧卧、头低脚高位，胸部放置冰袋，鼓励患者轻轻咳嗽，将气管内积血排出。禁用吗啡和哌替啶。

B. 吸氧。

C. 止血：脑垂体后叶素有收缩小动脉和减少肺血流量的作用，常先用5～10U加入240ml生理盐水或葡萄糖液中缓慢静脉注入（15～20分钟），然后以0.1U/（kg·h）静脉点滴维持治疗。由于可引起血管、子宫及肠管平滑肌收缩，故对患有高血压、冠心病的患者及孕妇忌用。对脑垂体后叶素有禁忌的患者可采用酚妥拉明10～20mg加入25%葡萄糖40ml静注，持续10～15分钟或10～20mg加入5%葡萄糖250ml静滴（注意观察血压）。亦可经支气管镜确定出血部位后，用去甲肾上腺素2～4mg+4℃生理盐水10～20ml局部滴入；或用支气管镜放置Fogarty气囊导管阻塞出血部位止血，在局部用凝血酶或纤维蛋白原止血。近年支气管动脉栓塞术介入疗法治疗肺结核大咯血收到了近期良好的效果。

D. 补液、输血：大咯血时应禁食，每日补液2000～2500ml。失血过多或反复大咯血者，少量多次输鲜血（每次100～200 ml），补充血容量，又有助于止血。

E. 手术治疗：反复大咯血用上述方法无效，肺功能储备尚佳又无手术禁忌证者，可在明确出血部位的情况下进行肺切除术。

3）大咯血窒息的急救处理：大咯血窒息是咯血致死的主要原因。大咯血时，若血液咯出不畅，或咯血突然中止，患者突感胸闷气急、烦躁不安、挣扎坐起、进行性发绀、神志不清，即应警惕窒息的可能。应立即采取头低脚高45°俯卧位，轻拍背部，以利血块排出，并尽快挖出或吸出口、咽、喉、鼻部血块。必要时做气管插管或气管切开，以解除呼吸道阻塞。

（2）其他：结核病的毒性症状在有效抗结核药物治疗1～2周内可以消退，不须特殊处理。对于干酪性肺炎、急性血行播散型肺结核、结核性脑膜炎有高热等严重结核毒性症状，以及胸膜炎伴大量胸腔积液的病人，有时毒性症状严重或胸腔积液不能很快吸收，可在使用有效抗结核药物的同时，加用糖皮质激素（常用泼尼松15～20mg，分3～4次口服）以减轻炎症和过敏反应，促进渗液的吸收，减少纤维组织形成和胸膜粘连的发生。毒性症状减退后，泼尼松剂量递减，至6～8周停药。

3. 手术治疗 已较少应用。手术指征有：①经规则化疗治疗9～12个月痰菌仍阳性的干酪性病灶、厚壁空洞、阻塞性空洞；②单侧的毁损肺、支气管狭窄伴远端肺不张或肺化脓症；③结核性脓胸和（或）支气管胸膜瘘经内科治疗无效；④内科治疗不能控制的大咯血；⑤疑似肺癌或伴发肺癌者。

手术禁忌证有：支气管黏膜活动性结核病变而又不在切除范围之内者；全身情况差或有明显心、肺、肝、肾功能不全者。

【结核病控制与预防】

1. 建立防治系统 定期进行健康检查，以便早期发现、及时隔离、治疗病人。对肺结核病人进行登记，加强管理。WHO于1995年提出“控制传染源”和“监督治疗+短程化学治疗”（DOTS）的战略，其优越性在于增进医患双方合作，对非住院患者实行经济、统一、制度化的全程监督化学治疗。

根据《中华人民共和国传染病法》肺结核属于乙类传染病，各级医疗预防机构要专人负责，对肺结核疫情的报告要做到及时、准确、完整。同时对肺结核和疑似肺结核的病人做好转诊工作。对确诊肺结核的病人要进行病例登记和归口管理。

2. 切断传播途径 做好防痨宣传，维护公共卫生，自觉不随地吐痰，咳嗽、喷嚏时用手帕掩

笔记栏

住口鼻。对病人的痰液、食具、生活用品等要经常消毒。牛奶须经煮沸消毒。

3. 提高对结核病的免疫力

（1）卡介苗接种：卡介苗（BCG）是活的无毒力牛型结核菌疫苗，接种后可使人体产生对结核菌的获得性免疫力，但不会致病。普遍认为卡介苗接种对预防成人肺结核的效果很差，其接种对象是未受感染的新生儿、儿童及青少年。已受结核菌感染者（结核菌素试验阳性）无必要接种。常用皮内注射法，接种后结素反应阳转率高达90%以上。

（2）进行体育锻炼，增强体质，提高机体的自然免疫力。

4. 化学预防 已证明INH可以有效预防结核感染者的发病，对肺结核的高危人群包括涂阳肺结核患者的密切接触者、HIV感染者、糖尿病、长期使用糖皮质激素或免疫抑制剂者、营养不良者、肺部硬结纤维病灶（无活动性）、35岁以下结核菌素试验阳性或新近转阳者、吸毒者等。方法为INH300mg/天，儿童用量4～8mg/kg，持续9个月。HIV阳性者用RFP600mg/d+PZA 2g，每日1次，持续2个月。

处方及医师指导

1. 一般治疗：休息，加强营养，定期检测血常规及肝、肾功能。

2. 化疗：选用2HRZ/4HR方案或2HRZ/4H_3R_3方案。

3. 咯血的处理：注意监测生命体征，左侧卧位，可卡巴克络（安络血）5mg，每日3次，口服或10mg/次、肌内注射。

4. 对症处理：右美沙芬15～30mg，每日3次，止咳；葡醛内酯（肝泰乐）0.1～0.2/次，每日3次，以对抗抗痨药物对肝功能损害。

附 各型肺结核胸片见图1-6-2～图1-6-8。

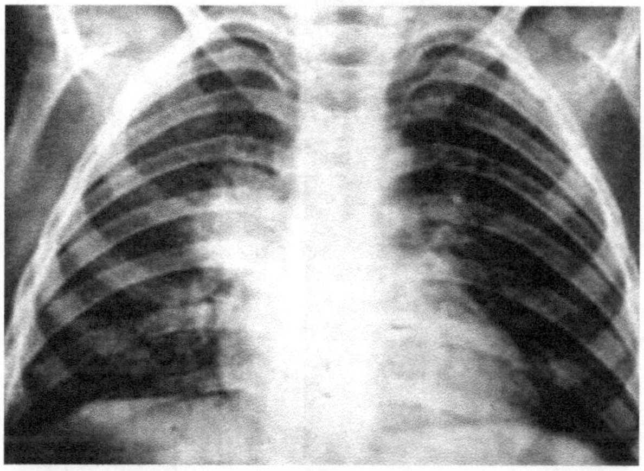

图1-6-2 原发型肺结核

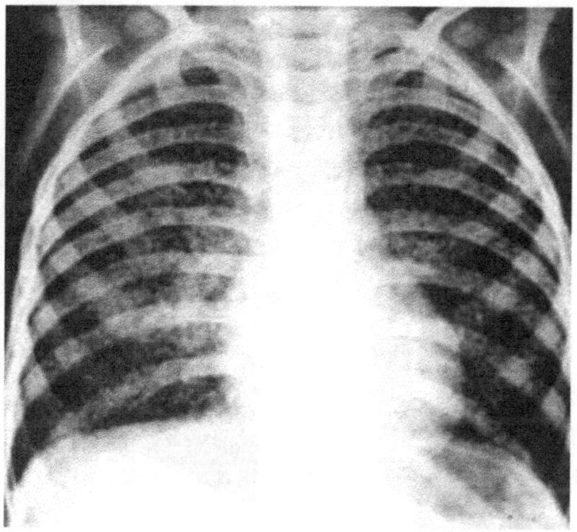

图1-6-3 急性播散型肺结核

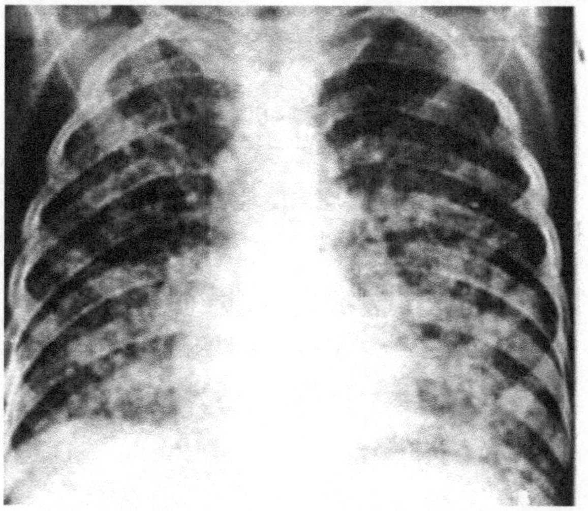

图1-6-4 慢性血行播散型肺结核

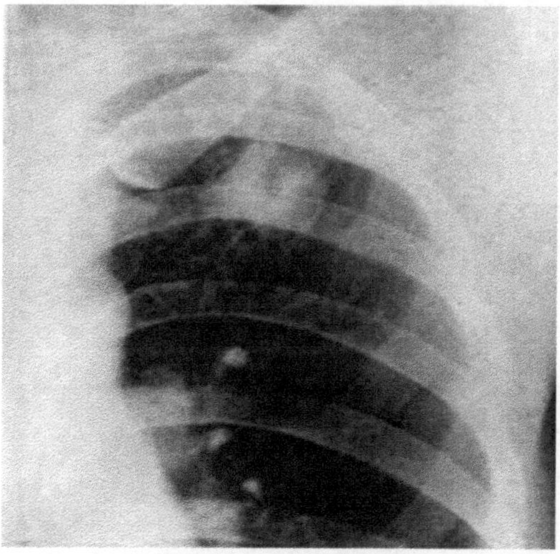

图1-6-5 浸润性肺结核

笔记栏

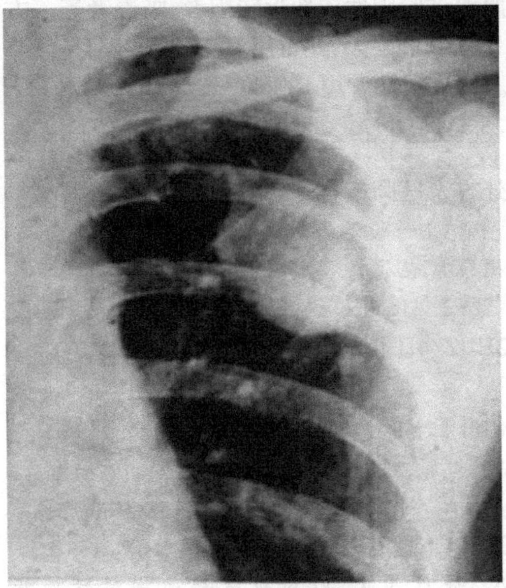

图 1-6-6　结核球

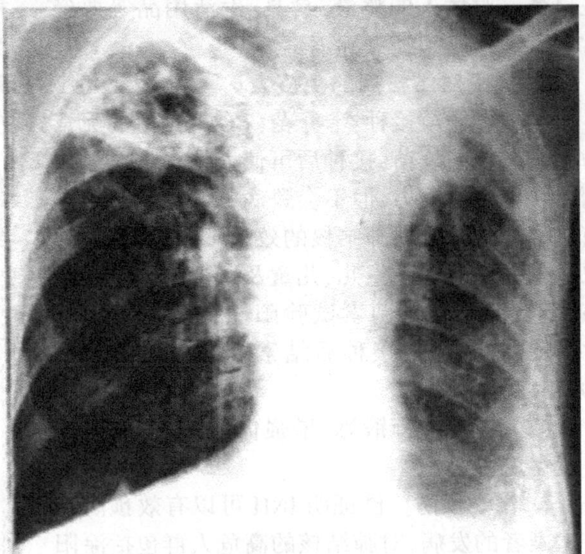

图 1-6-7　纤维空洞型肺结核

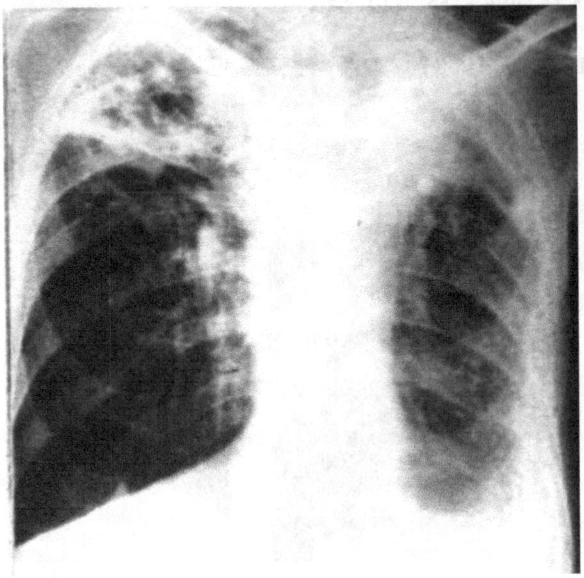

图 1-6-8　渗出性胸膜炎

第7章 肺源性心脏病

案例

患者,男性,72岁,退休工人。间断咳嗽、咳痰20年,活动后气短5年,间断双下肢水肿3年,加重伴发热3天住院。

于20年前"感冒"后出现咳嗽、咳白色黏液痰,用多种"消炎药"治疗,2个月后缓解。此后上述症状反复发作,多见于秋冬季节,持续2~3个月不等。5年前开始,每当活动量大时,感呼吸困难,未介意。3年前因"感冒",咳嗽、气短、胸闷加重并出现双下肢水肿,给予"利尿剂、氨茶碱、抗生素"等药物治疗,症状好转。此后,每于感冒咳嗽后即出现双下肢水肿。3天前发热,咳黄痰,心悸、食欲不振,下肢浮肿,为进一步诊治住院。

既往体健,无药物及食物过敏史。曾从事货物运输工作20年余。吸烟40年,每年约400包,不饮酒。

体格检查:T 38℃,P 108次/min,R 30次/min,BP 125/80mmHg 神志清楚,锁骨上及颈部淋巴结无肿大,口唇发绀。桶状胸,两肺呼吸音减低,两肺下少量湿性啰音。律齐,心音遥远,P_2亢进。剑突下可见心尖搏动。右上腹压痛,肝脏于右肋缘下2cm可触及,伴压痛,肝颈静脉回流征阳性,脾脏未触及。双下肢胫骨前和踝部指凹性水肿。

实验室及其他检查:血常规示WBC 12.9×10^9/L,N 0.81,RBC 5.2×10^{12}/L,Hb 156g/L。心电图示:重度顺时针转位(V_5导联R/S <1);肺型P波。动脉血气分析:PaO_2 49mmHg,$PaCO_2$ 65mmHg。胸部X线片:两侧膈肌下移,两肺透亮度增强,两肺下纹理增粗,右下肺动脉干扩张,其横径约20mm;中心肺动脉扩张,外周血管纤细,形成"残根"样改变。

思考题

1. 根据所学知识,此患者的基础疾病可能是什么病?
2. 如何理解胸部X线片、心电图以及动脉血气的表现?
3. 根据以上资料,分析该患者的诊断?
4. 该患者在治疗中其重要环节是什么?

肺源性心脏病(cor pulmonale)简称肺心病,是由于支气管-肺组织、胸廓或肺血管病变致肺血管阻力增加,产生肺动脉高压,使右心室结构或(和)功能改变的疾病。根据起病缓急和病程长短,可分为急性和慢性肺心病两类。临床上以后者多见。本章重点论述慢性肺源性心脏病。

慢性肺源性心脏病

慢性肺源性心脏病(chronic pulmonary heart disease)简称慢性肺心病(chronic cor pulmonale)是由于支气管肺、胸廓或肺血管慢性病变引起的肺循环阻力增加、肺动脉高压、继而右心室肥厚、扩大,甚至发生右心功能衰竭的心脏病。先天性心脏病和左心疾病引起的右心室肥厚、扩大或右心功能衰竭不属于肺心病。

本病是我国的常见病和多发病,其发病率随年龄增长而增加。男女发病比例无显著差异,吸烟者较不吸烟者发病率高,寒冷地区较平原高,农村较城市高,居住条件差,空气污染严重地区患病率高。急性发作以冬、春季多见。急性呼吸道感染常为急性发作的诱因,常导致肺、心功能衰竭。

【病因】 按原发病不同部位分三类:

1. 支气管、肺疾病 以慢性阻塞性肺疾病(COPD)最为多见,约占80%~90%,其次为支气管哮喘、支气管扩张、重症肺结核、尘肺、特发性肺间质纤维化等。

2. 胸廓疾病 广泛胸膜粘连,类风湿性脊柱炎,严重脊椎后凸、侧凸畸形,脊椎结核,以及神经肌肉疾患如脊髓灰质炎所致胸廓活动受限、肺受压、支气管扭曲或变形,导致肺功能受限,气道引流不畅,反复肺部感染,并发肺气肿或纤维化,使肺血管阻力增加,肺动脉高压,发展成慢性肺心病。

3. 肺血管疾病 广泛或反复发生的多发性肺小动脉栓塞及肺小动脉炎,原发性肺动脉高压等,均可使肺小动脉狭窄、阻塞,引起肺动脉血管阻力增加、肺动脉高压和右心室负荷加重,发展成肺心病。

4. 其他疾病 睡眠呼吸暂停低通气综合征,肥胖-低通气综合征,先天性口咽畸形。

【发病机制】 支气管-肺疾病、多种原因的

笔记栏

胸廓畸形和肺血管疾病其共同特点是均可导致呼吸结构和肺功能的改变,并且发生反复气道感染和低氧血症,导致一系列的体液因子和肺血管的变化,使肺血管阻力增加,产生肺动脉高压而致右心室肥厚、扩大,甚至发生右心功能衰竭。

1. 肺动脉高压的形成

(1)肺血管阻力增加的功能性因素:缺氧、高碳酸血症和呼吸性酸中毒使肺血管收缩痉挛,低氧性血管收缩是轻中度肺动脉高压的最常见原因。缺氧性肺血管收缩的原因多从神经和体液因子方面观察,目前认为体液因素在缺氧性肺血管收缩中占重要地位。缺氧使肺组织多种生物活性物质含量发生变化,其中包括收缩血管物质如内皮素、组胺、白三烯、血栓素(TXA_2)、前列腺素 F_2(PGF_2),也包括舒张血管物质如一氧化氮、前列环素 I_2(PGI_2)及前列腺素 E_1(PGE_1)等。缺氧使收缩血管物质与舒张血管物质之间的正常比例发生改变,收缩血管的作用占优势,导致肺血管收缩。

缺氧、高碳酸血症刺激颈动脉窦和主动脉体化学感受器,反射性地引起交感神经兴奋,使肺动脉收缩。

缺氧可直接使肺血管平滑肌收缩,其作用机制可能为缺氧使平滑肌细胞膜对 Ca^{2+} 通透性增高,Ca^{2+} 内流增加,肌肉兴奋-收缩偶联效应增强,引起肺血管收缩。

(2)肺血管阻力增加的器质性因素:长期反复发作的支气管周围炎、间质炎症常累及邻近肺小动脉,引起动脉壁增厚、狭窄或纤维化,肺毛细血管床减少,使肺血管阻力增加,产生肺动脉高压。

严重肺气肿时,肺泡内压增高,压迫肺泡毛细血管,也造成毛细血管管腔狭窄或闭塞。肺泡壁的破裂造成毛细血管网毁损,当肺泡毛细血管床总横断面积减少超过 70% 时,肺动脉压力才明显升高。

慢性肺心病肺血管阻力增加、肺动脉高压的原因中功能性因素较器质性因素更为重要。在急性加重期经过治疗,缺氧和高碳酸血症得到纠正后,肺动脉压可明显降低,部分病人甚至可恢复到正常范围。因此,在缓解期如肺动脉平均压正常,不一定没有肺心病。

(3)血容量增多和血液黏稠度增加:慢性缺氧使红细胞生成素增加,导致红细胞生成增多,血液黏稠度增加,使肺血流阻力增加。当红细胞压积超过 55%~60% 时,血液黏稠度就明显增加,血流阻力随之增高。缺氧可使醛固酮增加,使水、钠潴留;缺氧使肾小动脉收缩,肾血流减少也加重水钠潴留,血容量增多。血液黏稠度增加和血容量增多,更使肺动脉压升高。

临床研究表明,阻塞性肺气肿、肺心病的肺动脉高压,可表现为急性加重期和缓解期肺动脉压均高于正常范围;也可表现为间歇性肺动脉压增高。这两种现象可能是肺心病发展的不同阶段和临床表现,也可能是两种不同的类型。临床上测定肺动脉压,如在静息时肺动脉平均压 ≥20mmHg,即为显性肺动脉高压;若静息肺动脉平均压 < 20mmHg,而运动后肺动脉平均压 >30mmHg时,则为隐性肺动脉高压。慢性肺心病患者多为轻、中度肺动脉高压。

2. 右心功能的改变 慢性胸肺疾患主要影响右心功能。其机制为肺动脉高压引起右心后负荷增加。肺动脉高压早期;右心室尚能代偿,舒张末期压仍正常。随着病情的进展,特别是急性加重期,肺动脉压持续升高且严重,超过右心室的负荷,右心失代偿,右心排血量下降,右室收缩末期残留血量增加,舒张末压增高,可发生右心室功能衰竭。

3. 其他重要器官的损害 缺氧和高碳酸血症除对心脏影响外,尚对其他重要器官如脑、肝、肾、胃肠等发生病理改变,引起多脏器的功能障碍或衰竭。

【病理】

1. 支气管-肺基础疾病病变 在我国慢性肺心病的病因绝大多数为 COPD,其主要病理变化详见“慢性阻塞性肺疾病”一章。

2. 肺血管病变 肺小动脉重建,可见动脉内膜增厚、弹性纤维增多,中膜平滑肌细胞增生、肥大致中膜肥厚,部分患者肺微小动脉血栓形成。

3. 心脏病变 主要表现右心室肥厚、扩张,肺动脉圆锥膨隆,心尖圆钝。镜下可见心肌纤维肥大、增粗、变性,心肌灶性坏死和肌细胞溶解等改变。

4. 其他重要脏器的损坏 脑、肝、肾、胃肠等脏器均有影响。肺性脑病患者脑重量增加,脑水肿。镜下见脑淤血水肿,神经细胞肿胀、变性、坏死。肝组织明显出血,肝细胞脂肪变性、灶性坏死和淤血性肝硬化。肾间质充血,肾皮质灶性出血,肾小管上皮坏死。胃黏膜糜烂、点状出血和浅表溃疡。

【临床表现】 本病发展缓慢,临床上除原有肺、胸疾病的各种症状和体征外,主要是逐步出现的肺、心功能不全及其他器官损害的征象。以下按其功能的代偿期与失代偿期进行分述。

1. 肺、心功能代偿期

(1)症状:主要是肺、胸基础疾病的症状,如 COPD 患者表现慢性咳嗽、咳痰、气急,活动后可感心悸、呼吸困难、乏力和劳动耐力下降。急性

笔记栏

感染可使以上症状加重。

（2）体征：除可见肺、胸基础疾病的体征外，可见肺动脉高压和右室扩大的体征。例如肺气肿体征，两肺听诊呼吸音减弱。下肢轻微浮肿，下午明显，次晨消失。心浊音界常因肺气肿而不易叩出。心音遥远，但肺动脉瓣区可有第二心音亢进，提示有肺动脉高压。三尖瓣区出现收缩期杂音或剑突下心脏搏动，提示右心肥厚、扩大。部分患者因肺气肿使胸膜腔内压升高，阻碍腔静脉回流，可见颈静脉充盈。又因膈下降，使肝上界及下缘明显下移，应注意与右心衰竭的肝淤血征相鉴别。

2. 肺、心功能失代偿期

（1）呼吸衰竭

1）症状：呼吸困难加重，夜间为甚，常有头疼、失眠、食欲下降，白天嗜睡，甚至出现表情淡漠、神志恍惚、谵妄等肺性脑病的表现。

2）体征：明显发绀，球结膜水肿，严重时可有视乳头水肿的高颅压表现。腱反射减弱或消失，出现病理反射。因高碳酸血症可出现周围血管扩张的表现，如面色潮红、多汗。

（2）右心功能衰竭

1）症状：气促更明显，心悸、食欲不振、腹胀、恶心等。

2）体征：发绀更明显，颈静脉怒张，心率增快，心律不齐，剑突下可闻及收缩期杂音。肝大伴压痛，肝颈静脉回流征阳性，下肢指凹性水肿，重者可有胸水、腹水。

【并发症】

1. 肺性脑病　呼吸功能衰竭致缺氧、二氧化碳潴留而引起精神障碍、神经系统症状的一种综合征。但必须除外脑动脉硬化、严重电解质紊乱、单纯性碱中毒、感染中毒性脑病等。是慢性肺心病死亡的首要原因，应积极防治，详见“呼吸衰竭”章。

2. 酸碱失衡及电解质紊乱　慢性肺心病出现呼吸衰竭时，由于缺氧和二氧化碳潴留，当机体发挥最大限度代偿能力仍不能保持体内平衡时，可发生各种不同类型的酸碱失衡及电解质紊乱，使呼吸衰竭、心力衰竭、心律失常的病情更加恶化。对治疗及预后皆有重要意义，应进行监测，及时采取相应治疗措施。

3. 心律失常　多表现为房性早搏及阵发性室上性心动过速，其中以紊乱性房性心动过速最具特征性。也可有心房扑动及心房颤动。少数病例由于急性严重心肌缺氧，可出现心室颤动以至心脏骤停。

4. 休克　肺心病休克并不多见，一旦发生，预后不良。发生原因有：①感染中毒性休克；②失血性休克，多由上消化道出血引起；③心源性休克，严重心力衰竭或心律失常所致。

5. 消化道出血　详见“呼吸衰竭”章。

6. 弥散性血管内凝血（DIC）　详见相关章节。

案例归纳一

患者间断咳嗽、咳痰20年，活动后气短5年，间断双下肢水肿3年，本次因发热、咳黄痰、心悸住院。吸烟40年，每年400包。体征：口唇发绀，桶状胸，两肺下少量湿性啰音。心音遥远，P_2亢进。剑突下可见心尖搏动。肝脏于右肋缘下2cm可触及伴压痛，肝颈静脉回流征阳性。双下肢指凹性水肿。

【实验室和其他检查】

1. X线检查　除肺、胸基础疾病及急性肺部感染的特征外，尚可有肺动脉高压征。其X线表现：①右下肺动脉干扩张，其横径≥15mm或右下肺动脉横径与气管横径之比值≥1.07或经动态观察较原右肺下动脉干增宽2mm以上；②肺动脉段明显突出或其高度≥3mm；③中心肺动脉扩张，外周血管纤细，形成“残根”样改变；④右心室增大征（结合不同体位判断）（图1-7-1）。具有上述表现中的一项即为诊断慢性肺心病的主要依据。

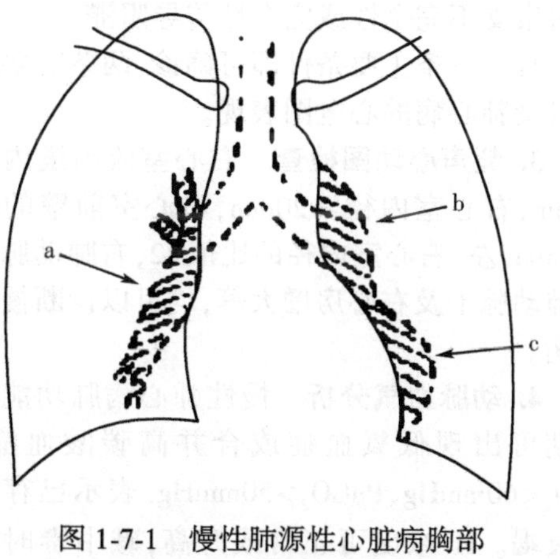

图1-7-1　慢性肺源性心脏病胸部X线片示意图（正位）

a. 右肺下动脉增宽；b. 肺动脉段凸出；c. 心尖上凸

2. 心电图检查　主要有右心室肥大的改变，慢性肺心病心电图诊断标准如下：

（1）主要条件：①额面平均电轴≥+90°；②V_1导联R/S≥1；③重度顺钟向转位（V_5导联R/S≤1）；④Rv_1+Sv_5≥1.05mV；⑤肺型P波；⑥aVR导联R/S或R/Q≥1；⑦V_1~V_3导联呈QS、Qr、qr型，应注意与陈旧性心肌梗死鉴别（图1-7-2）。

笔记栏

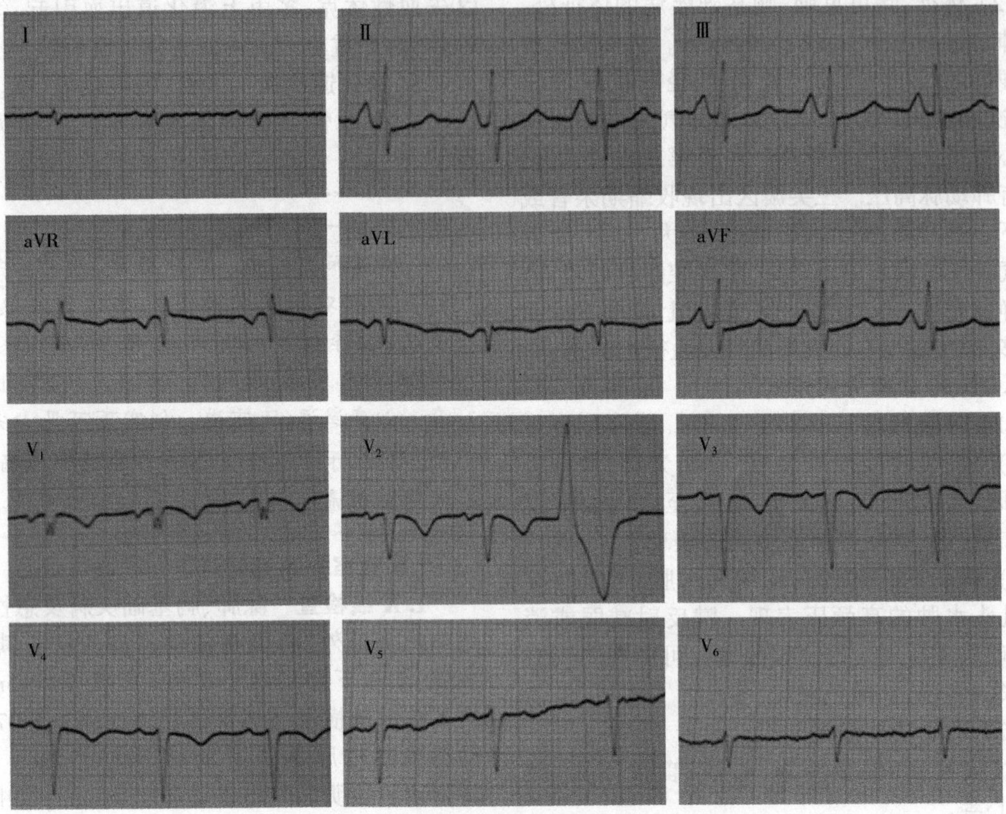

图 1-7-2　慢性肺源性心脏病心电图改变

电轴右偏，顺时针转位，肺型 P 波，V_5R/S<1，室性期前收缩

（2）次要条件：①肢体导联低电压图形；②右束支不完全性或完全性传导阻滞。

具有一条主要条件即可确诊，两条次要条件为可疑肺心病的心电图表现。

3. 超声心动图检查　右心室流出道内径≥30mm，右心室内径≥20mm，右心室前壁的厚度≥5mm，左、右心室内径的比值<2，右肺动脉内径或肺动脉干及右心房增大等，均可以诊断慢性肺心病。

4. 动脉血气分析　慢性肺心病肺功能失代偿期可出现低氧血症或合并高碳酸血症，当 PaO_2<60mmHg、$PaCO_2$>50mmHg，表示已存在呼吸衰竭。H^+浓度可正常或升高，碱中毒时可以降低。此项检查对评估病情及指导治疗具有重要意义。

5. 血液检查　红细胞及血红蛋白可升高。合并感染时，白细胞总数增高、中性粒细胞增加。部分病人血清学检查可有肾功能或肝功能改变；血清钾、钠、氯、钙、镁均可有异常变化。除钾以外，其他多低于正常。

6. 其他　肺功能检查对早期或缓解期慢性肺心病患者有意义。痰细菌学检查对急性加重期肺心病可以指导抗生素的选用。

案例归纳二

WBC 12.9×10^9/L，N 0.81；心电图示重度顺时针转位（V_5导联 R/S<1），肺型 P 波；动脉血气分析 PaO_2 49mmHg，$PaCO_2$ 65mmHg；胸部 X 线片显示两侧膈肌下移，两肺透光度增强，右下肺动脉干扩张，其横径约 20mm；中心肺动脉与外周血管呈“残根”样改变。

【诊断与鉴别诊断】

1. 诊断　根据患者有严重 COPD、其他肺胸疾病或肺血管疾病病史，并有肺动脉高压、右心室肥大或右心功能不全表现，如颈静脉怒张、肝肿大压痛、肝颈静脉反流征阳性、下肢浮肿等，结合心电图、X 线表现、超声心动图有右心肥大的征象，可以做出诊断。

2. 鉴别诊断

（1）冠状动脉粥样硬化性心脏病（冠心病）：冠心病亦常见于老年患者，有心脏扩大、心律失常和心力衰竭，并出现肝肿大、下肢水肿及发绀，少数慢性肺心病患者胸导联心电图呈 QS，酷似心肌梗死，因此应予鉴别。冠心病有典型的

笔记栏

心绞痛、心肌梗死的病史,如有高血压病、高脂血症、糖尿病史更有助于鉴别。体检、X线及心电图检查呈左心室肥厚为主的征象,可资鉴别。慢性肺心病合并冠心病时鉴别有时较困难,应详细询问病史,认真进行体格检查,结合心、肺功能检查加以鉴别。

(2) 原发性心肌病:原发性心肌病心力衰竭引起肝肿大、肝颈静脉反流征阳性、下肢水肿与慢性肺心病相似,尤其伴有呼吸道感染者,常表现发热、咳嗽、咳白色黏痰或黄色黏痰,发绀及肺部湿啰音,两病鉴别非常困难。原发性心肌病多见于中青年,无慢性呼吸系统疾病史,无肺动脉高压的心电图和X线表现等,超声心动图检查为全心增大,室壁变薄(详见"心肌病"章)。

(3) 风湿性心脏瓣膜病:风湿性心脏病三尖瓣疾患,应与慢性肺心病的相对三尖瓣关闭不全相鉴别。前者发病年龄相对较早,有风湿性关节炎和心肌炎的病史,常伴有二尖瓣、主动脉瓣瓣膜病变,X线、心电图、超声心动图有特征性表现。

案例诊断要点

1. 病史特点:老年男性、长期大量吸烟史。慢性咳嗽、咳痰20年,活动后气短5年,间断双下肢水肿3年,本次因发热、咳黄痰、心悸住院。

2. 体征:口唇发绀,桶状胸,两下肺少量湿性啰音。心音遥远,P_2亢进。剑突下可见心尖搏动。肝脏于右肋缘下2cm可触及伴压痛,肝颈静脉回流征阳性。双下肢指凹性水肿。

3. 实验室及其他检查:血常规WBC 12.9×10^9/L,N 0.81;心电图示重度顺钟向转位(V_5导联R/S<1),肺型P波;动脉血气分析PaO_2 49mmHg,$PaCO_2$ 65mmHg;胸部X线片显示两侧膈肌下移,两肺透光度增强,右下肺动脉干扩张,其横径约20mm;中心肺动脉与外周血管呈"残根"样改变。

【治疗】

1. 肺、心功能代偿期 治疗目的:增强患者免疫功能,去除诱发因素,减少或避免急性发作,逐渐改善肺、心功能(详见"慢性阻塞性肺疾病"章)。

2. 肺、心功能失代偿期 积极控制呼吸道感染;保持呼吸道通畅;纠正缺氧和二氧化碳潴留;纠正酸碱失衡和电解质紊乱;控制呼吸和心力衰竭。

(1) 控制感染:呼吸道感染为慢性肺心病患者肺心功能衰竭的主要诱因之一,因此,控制呼吸道感染为治疗此病的重要环节。

参考痰菌培养及药物敏感试验选择有效抗生素,控制支气管、肺部感染;在没有细菌学培养结果前,可根据感染环境及痰涂片革兰染色选用抗生素。院外感染以革兰阳性菌占多数;院内感染则以革兰阴性菌为主。或选用两者兼顾的抗生素。常用抗生素有青霉素类、氟喹诺酮类、头孢类及氨基苷类抗生素。原则上选用窄谱抗生素为主,选用广谱抗生素时必须注意可能发生的继发真菌感染。

(2) 纠正缺氧和二氧化碳潴留:合理氧疗,以提高动脉血氧分压,降低肺动脉压力,减轻右心负荷。做到既纠正缺氧,又防止因吸氧不当导致二氧化碳潴留。如经控制呼吸道感染、保持呼吸道通畅及纠正缺氧和二氧化碳潴留等措施后仍有低氧血症和高碳酸血症、呼吸浅弱或呼吸困难、意识障碍,应考虑建立人工气道进行机械通气(详见"呼吸衰竭"章)。

(3) 控制心力衰竭:慢性肺心病出现右心功能衰竭时,一般经过氧疗、控制感染,心力衰竭症状可改善,患者尿量增多,浮肿减轻,不需使用利尿剂和强心剂。但对治疗无效或病情较重者可适当选用利尿、强心或血管扩张药。

1) 利尿剂:可增加尿量、减少血容量、减轻右心负荷,纠正右心功能衰竭。宜选用作用轻、小剂量的利尿剂。如氢氯噻嗪25mg,每日1~3次;尿量多时注意补钾,或用保钾利尿剂,如螺内酯20~40mg ,每日1~2次。重度而急需行利尿的病人可用呋塞米20mg肌注或口服。使用利尿剂后容易出现低钾、低氯性碱中毒,痰液黏稠不易咳出和血液浓缩,应注意观察症状、血清电解质及动脉血气分析。

2) 强心剂:慢性肺心病右心衰竭应用强心剂的疗效较其他心脏病为差,且慢性缺氧及感染,易发生心律失常,这与处理一般心力衰竭有所不同。因此,对控制感染,改善肺心功能及应用利尿剂有效的右心衰竭患者一般不用强心剂。如经上述处理后右心功能未能改善者或以右心衰竭为主要表现者可考虑使用强心剂。强心剂的剂量宜小,一般约为常规剂量的1/2或2/3量,同时选用作用快、排泄快的强心剂,常用制剂有毛花苷丙0.2~0.4mg加入10%葡萄糖液20ml内静脉缓慢推注。用药前应注意纠正缺氧,防治低钾血症,以免发生药物毒性反应。低氧血症、感染等均可使心率增快,故不宜以心率作为衡量强心药的应用和疗效考核指征。

3) 血管扩张剂的应用:血管扩张剂作为减轻心脏前、后负荷,降低心肌耗氧量,增加心肌收

笔记栏

缩力，对部分顽固性心力衰竭有一定效果，但并不像治疗其他心脏病那样效果明显。目前常用药物有硝酸甘油、酚妥拉明、硝苯地平、卡托普利和依那普利等。应注意：血管扩张药在扩张肺动脉的同时也扩张体动脉，往往造成体循环血压下降，冠状动脉血流减少，反射性心率增快等副作用。因此在使用时应掌握适当剂量。

(4) 控制心律失常：一般心律失常经过抗感染治疗、纠正缺氧和二氧化碳潴留及酸碱失衡和水电解质紊乱后可自行消失。如果持续存在可根据心律失常的类型适当选用抗心律失常药物(详见“心律失常”章)。

(5) 加强护理工作：慢性肺心病患者在失代偿期常并发多脏器功能衰竭，全面评估病情，制定详细的护理计划，严密观察病情变化，加强心肺功能监护。翻身、拍背排除呼吸道分泌物是改善通气功能的一项有效措施。

【预后与预防】 慢性肺心病预后不良，病死率约为10%～15%左右，积极治疗可延长寿命，提高病人生活质量。预防主要是提倡戒烟，积极防治呼吸道感染和有害气体的吸入。

处方及医师指导

1. 一般治疗：戒烟，高蛋白、高纤维素、适当热量饮食。2L/min 吸氧，半小时后复查动脉血气分析。

2. 药物治疗

(1) 支气管舒张药及祛痰药同“慢性阻塞性肺疾病”章。

(2) 抗生素：头孢呋辛钠 1.5g 加入生理盐水 100ml，静脉滴注，每隔 8 小时或 12 小时 1 次；左氧氟沙星 0.4，静脉滴注，每日 1 次。应用 48～72 小时后观察体温。

(3) 利尿剂：氢氯噻嗪 25mg，bid；螺内酯 20mg，每日 1 次。每日或隔日检查血清电解质。用药期间记录 24 小时出入量。

(4) 强心剂：经以上治疗 48 小时无效时，可用毛花苷丙 0.2～0.4mg 加入 10% 葡萄糖液 20ml 内静脉缓慢推注。

笔记栏

第8章 呼吸衰竭

案例

患者，男性，78岁，间断咳嗽30年，气短4年，发热伴烦躁不安2天入院。

30年前出现咳嗽、咳痰，未曾介意，此后经常发作，多于季节交替时出现。近4年冬季发作频繁，伴气短、胸闷，均住院治疗。2天前出现发热，体温最高38.3℃，伴流涕、咽部不适，自服"感冒药"后，体温降至正常，但出现多语、烦躁不安而来我院就诊。既往体健。吸烟史50年，每年约400包，近4年戒烟。

体格检查：T 37.5℃，P 94次/min，R 28次/min，BP 125/70mmHg 神志清楚，回答问题迟钝，口唇轻度发绀。三凹征阳性，桶状胸，两肺呼吸音减低，未闻及干、湿性啰音。心律不齐，偶闻及期前收缩。腹软无压痛，肝脾未触及。双下肢无水肿。

实验室及其他检查：血常规示 WBC 12.3×10^9/L，N 0.80，RBC 5.1×10^{12}/L，Hb 150g/L 。胸部X线片：两侧膈肌下移，两肺透光度增强，两下肺纹理增粗。动脉血气分析：pH 7.34，PaO_2 45mmHg，$PaCO_2$ 77mmHg。治疗1周病情稳定后进行肺功能检查：FEV_1/FVC 66%，FEV_1 占50%预计值。

思考题

1. 根据以上临床表现，分析该患者可能患有的基础疾病？

2. 分析该患者出现精神症状的可能原因？

3. 今后如何预防或减少复发？

4. 此患者今后需要长期家庭氧疗吗？

呼吸衰竭(respiratory failure)是指各种原因引起的肺通气和(或)换气功能严重障碍，以致在静息状态下亦不能维持足够的气体交换，导致缺氧，伴或不伴 CO_2 潴留，从而引起一系列病理生理改变和代谢紊乱的临床综合征。临床表现缺乏特异性，明确诊断有赖于动脉血气分析，其诊断标准为：在海平面大气压、静息状态、呼吸空气的条件下，动脉血氧分压(PaO_2)低于60mmHg，伴或不伴二氧化碳分压($PaCO_2$)高于50mmHg，并排除心内解剖分流和原发于心排血量降低等情况后，即为呼吸衰竭(简称呼衰)。

临床上，呼吸衰竭有几种分类方法：

(1) 根据动脉血气分析结果分为：Ⅰ型呼吸衰竭，即缺氧性呼吸衰竭，$PaO_2<60$mmHg，或伴 CO_2 降低，无 CO_2 潴留，见于换气功能障碍(通气/血流比例失调、弥散功能损害和肺动-静脉样分流)的疾病，是氧疗的指征；Ⅱ型呼吸衰竭，即高碳酸性呼吸衰竭，$PaO_2<60$mmHg 同时 $PaCO_2>50$mmHg，系肺泡通气不足所致，单纯通气不足，缺 O_2 和 CO_2 潴留程度是平行的，若伴换气功能损害，则缺 O_2 更为严重。只有增加肺泡通气量，必要时加氧疗来治疗。

(2) 按病变部位分为中枢性和周围性呼吸衰竭。

(3) 根据发生呼吸衰竭的急缓分为急性和慢性呼吸衰竭。但两者无确切的时间界限。急性呼衰是指呼吸功能原来正常，由于某些突发的致病因素，如脑血管意外、创伤、休克、肺血栓栓塞症等，引起通气和(或)换气功能严重障碍，在数小时内发生呼吸衰竭。因机体不能很快代偿，如不及时抢救，可危及患者生命。慢性呼吸衰竭多见于慢性呼吸系统疾病，如COPD、重度肺结核、广泛支气管、间质性肺疾病等，其呼吸功能损害逐渐加重，虽有缺 O_2，或伴 CO_2 潴留，但通过机体代偿适应，仍能从事个人生活活动，称为代偿性慢性呼吸衰竭。一旦合并呼吸系统感染，病情急性加重，出现严重缺 O_2、CO_2 潴留和酸中毒的临床表现，称为失代偿性慢性呼吸衰竭，本章将予重点阐述。

慢性呼吸衰竭

慢性呼吸衰竭常为支气管-肺疾患所引起，最常见病因是COPD。但由于病程经过缓慢，患者机体仍可以代偿，能满足其生理基本需要和日常生活活动。一旦合并呼吸道感染或其他诱因，病情可急转直下，PaO_2 严重下降，$PaCO_2$ 明显升高，此时称为慢性呼吸衰竭急性发作，这是我国临床上最常见的慢性呼吸衰竭类型。

【病因】 慢性呼吸衰竭常由支气管、肺疾病引起，如：COPD、重症肺结核、支气管扩张症、弥漫性肺间质纤维化、尘肺等，其中COPD最常

笔记栏

见。胸部手术、广泛胸膜肥厚、严重胸廓畸形等亦可引起慢性呼吸衰竭。

【发病机制】

1. 缺 O_2 和 CO_2 潴留的发生机制

（1）肺通气不足：肺通气是指通过呼吸运动使肺泡气体与外界气体交换的过程。在静息呼吸空气时，总肺泡通气量约为4L/min，才能维持正常的肺泡氧分压和二氧化碳分压。当肺泡通气量减少时，则肺泡氧分压下降、二氧化碳分压上升，可发生Ⅱ型呼吸衰竭。

（2）弥散功能障碍：指由于肺泡膜面积减少或肺泡膜异常增厚和弥散时间缩短引起的氧气、二氧化碳气体交换发生障碍。氧弥散能力仅为二氧化碳的1/20，因此，弥散功能障碍时，通常以低氧血症为主。

（3）通气/血流比例（V/Q）失调：血液流经肺泡时能否获得足够的氧和充分地排出二氧化碳，使血液动脉化，还取决于肺泡通气量与血流量的比例。如肺的总通气量正常，但肺通气或（和）血流不均匀，引起肺泡通气/血流比例失调，使气体交换障碍，导致呼吸衰竭。正常成人在静息状态下，每分钟肺泡通气量4L，肺毛细血管血流量5L，两者之比为0.8。如肺泡通气量大于肺血流量 $V/Q>0.8$，此时进入肺泡的气体不能完全充分与肺泡毛细血管内血液接触，得不到充分气体交换，则形成生理死腔增加，即为无效腔通气。例如肺气肿、肺大疱。当肺泡血流量较通气量增加时，$V/Q<0.8$，使肺动脉的混合静脉血未经充分氧合进入肺静脉返回左心，则形成动静脉样分流，例如严重COPD、肺不张时，肺内气体减少，而血流正常。通气/血流比例失调，主要引起低氧血症，对 CO_2 影响很小。

（4）肺动-静脉分流：由于肺部病变如肺不张、肺水肿和肺炎实变均可引起肺动脉样分流增加，使静脉血没有接触肺泡气体进行气体交换的机会。因此，提高吸氧浓度并不能提高动脉血氧分压。分流量越大，吸氧后提高动脉血的氧分压效果越差，如分流量超过30%，吸氧并不能提高动脉血氧分压。

（5）氧耗量：氧耗量增加是加重缺氧的原因之一。发热、寒战、呼吸困难和抽搐均将增加氧耗量。重度哮喘时，随着呼吸功的增加，氧耗量可为正常的十几倍。氧耗量增加，肺泡氧分压下降，正常人借助增加通气量以防止缺氧。

2. 缺 O_2 和 CO_2 潴留对机体的影响 缺 O_2 和 CO_2 潴留可影响全身各系统的代谢和功能，首先引起一系列代偿性反应，以改善组织供氧，调节酸碱平衡，改善组织器官功能。呼吸衰竭严重时，机体代偿不全，则出现各系统器官的功能和代谢紊乱直至衰竭。

（1）对中枢神经系统的影响：脑组织耗氧量约占全身耗氧量的1/5～1/4。中枢皮质神经元细胞对缺氧最为敏感，缺 O_2 的程度和发生的急缓对中枢神经系统产生不同程度的影响。逐渐发生的缺氧，临床症状出现缓慢，轻度缺 O_2 可引起注意力不集中、智力减退、定向障碍；随着缺 O_2 加重，动脉血氧分压（PaO_2）低于50mmHg可引起烦躁不安、神志恍惚、谵妄、嗜睡；低于30mmHg时，会使神志丧失，乃至昏迷；低于20mmHg则会发生不可逆转的脑细胞损伤。

CO_2 潴留使脑脊液氢离子浓度增加，影响脑细胞代谢，降低脑细胞兴奋性，抑制皮质活动；随着 CO_2 的增加，对皮质下层刺激加强，引起皮质兴奋；若 CO_2 继续升高，皮质下层受抑制，使中枢神经处于麻醉状态。在出现麻醉前的患者，往往有失眠、精神兴奋、烦躁不安的先兆兴奋症状。这种由缺氧和 CO_2 潴留导致的神经精神障碍症候群称为肺性脑病，又称 CO_2 麻醉。肺性脑病的发病机制目前尚不明确。

缺 O_2 和 CO_2 潴留均会使脑血管扩张，血流阻力减小，血流量增加以代偿脑缺氧。严重缺 O_2 会发生脑细胞内水肿，血管通透性增加，引起脑间质水肿，导致颅内压增高，挤压脑组织，压迫血管，进而加重脑组织缺 O_2，形成恶性循环。

（2）对循环系统的影响：缺 O_2 和 CO_2 潴留可刺激心脏，使心率加快和心搏量增加，血压上升。冠状动脉血流量在缺 O_2 时明显增加，心脏的血流量远超过脑和其他脏器。心肌对缺 O_2 十分敏感，早期轻度缺 O_2 即可在心电图上反映出来，急性严重缺 O_2 可导致心室颤动或心脏骤停。缺 O_2 和 CO_2 潴留还能引起肺小动脉收缩而增加肺循环阻力，导致肺动脉高压，从而增加右心负担。长期的肺动脉高压必然导致右心室肥大、扩张，引起慢性肺原性心脏病。

（3）对呼吸系统的影响：缺 O_2 对呼吸系统的影响远较 CO_2 潴留的影响为小。缺 O_2（$PaO_2<60mmHg$）时主要通过颈动脉体和主动脉体化学感受器的反射作用刺激通气，具有代偿作用。如缺 O_2 程度缓慢加重，这种反射迟钝。当 $PaO_2<30mmHg$ 时，缺氧可直接抑制呼吸中枢。

CO_2 是强有力的呼吸中枢兴奋剂，急性 CO_2 潴留出现深大快速的呼吸，使通气量增加；但当 $PaCO_2>80mmHg$ 时，通气量不再增加，呼吸中枢处于被抑制状态。而慢性Ⅱ型呼吸衰竭患者，由于较长时间的 CO_2 潴留，使呼吸中枢适应了高 CO_2 的内环境因而不再兴奋，若此时给予高浓度的吸氧，则会解除低氧血症对呼吸中枢的刺激，使通气量下降。

笔记栏

(4) 对消化系统的影响:呼吸衰竭患者常常合并消化功能障碍,表现为腹胀、食欲不振,甚至出现胃肠黏膜急性糜烂、出血。缺 O_2可直接或间接损害肝脏使谷丙转氨酶上升,但随着缺 O_2的纠正,肝功能逐渐恢复正常。

(5) 对肾功能和造血系统的影响:动脉血氧降低可反射性通过交感神经使肾血管收缩、肾血流量减少,从而引起肾功能不全。轻者尿中出现蛋白、红细胞或白细胞,重者出现少尿、肾功能不全。

长期缺 O_2可增加红细胞生成素,刺激骨髓,引起继发性红细胞增多。有利于增加血液携氧量,但亦增加血液黏稠度,加重肺循环和右心负担。

(6) 对酸碱平衡和电解质的影响:严重缺 O_2可抑制细胞能量代谢的中间过程,如三羧酸循环、氧化磷酸化作用和有关酶的活动,导致能量产生减少、乳酸和无机磷增多,引起代谢性酸中毒。由于能量不足,体内离子转运的钠泵功能障碍,使细胞内 K^+转移至血液,而 Na^+和 H^+进入细胞内,造成细胞内酸中毒和高钾血症。代谢性酸中毒产生的固定酸与缓冲系统中碳酸氢盐起作用,产生碳酸,使组织二氧化碳分压增高。

pH 取决于碳酸氢盐与碳酸的比值,前者靠肾脏调节(1~3天),而碳酸调节靠肺(数小时)。健康人每天由肺排出碳酸达 15 000mmol 之多,故急性呼吸衰竭 CO_2 潴留对 pH 影响十分迅速,往往与代谢性酸中毒同时存在,可因严重酸中毒引起血压下降,心律失常,乃至心脏停搏。而慢性呼衰因 CO_2 潴留发展缓慢,肾减少碳酸氢根排出,不致使 pH 明显降低。因血中主要阴离子 HCO_3^-和 Cl^-之和为一常数,当 HCO_3^- 增加,则 Cl^-相应降低,产生低氯血症。

【临床表现】 除引起慢性呼吸衰竭原发疾病的临床表现外,主要是缺 O_2和 CO_2潴留所致的多脏器功能紊乱的表现。

1. 呼吸困难 呼吸困难和呼吸频率增快是临床最早出现的主要症状之一。COPD 是由慢而较深的呼吸转为浅快呼吸,辅助呼吸肌活动加强,呈点头或提肩呼吸。严重肺心病并发 CO_2潴留或 CO_2麻醉时,则出现浅慢呼吸或潮式呼吸。

2. 发绀 是缺 O_2的典型症状,但不敏感。可在血流量较大的口唇、指甲出现发绀;另应注意红细胞增多者发绀更明显,贫血者则发绀不明显或不出现;严重休克末梢循环差的患者,即使动脉血氧分压尚正常,也可出现发绀。发绀还受皮肤色素及心功能的影响。

3. 精神神经症状 轻度缺 O_2多表现为注意力不集中和定向障碍。严重缺 O_2特别是伴有 CO_2潴留时,出现头疼、失眠、烦躁、躁动,此时切忌用镇静或安眠药,以免加重 CO_2潴留,发生肺性脑病。肺性脑病表现为神志淡漠、肌肉震颤、间歇抽搐、昏睡甚至昏迷等。严重 CO_2潴留可出现腱反射减弱或消失、锥体束征阳性等。

4. 循环系统表现 严重缺 O_2 和 CO_2 潴留引起肺动脉高压,可发生右心衰竭,伴有体循环淤血体征。CO_2 潴留使外周体表静脉充盈、皮肤红润、湿暖多汗、血压升高、心排血量增多而致脉搏洪大;因脑血管扩张,产生搏动性头痛。晚期由于严重缺 O_2、酸中毒引起心肌损害,出现周围循环衰竭、血压下降、心律失常、心脏停搏。

5. 消化和泌尿系统症状 严重呼衰对肝、肾功能都有影响,如谷丙转氨酶与非蛋白氮升高、蛋白尿、尿中出现红细胞和管型。因胃肠道黏膜充血水肿、糜烂,或应激性溃疡引起消化道出血。以上这些症状均可随缺 O_2 和 CO_2 潴留的纠正而消失。

案例归纳

1. 男性患者,78 岁。既往长期大量吸烟史,慢性咳嗽 30 年,且多于季节交替时出现。近 4 年冬季频繁发作,均需住院治疗。

2. 本次发病有发热、流涕、咽部不适等上呼吸道感染症状,服"感冒药"后,体温降至正常,但出现多语、烦躁不安等精神神经症状。

3. 体格检查:T 37.5℃,P 94 次/min,R 28 次/min,BP 125/70mmHg 神志清楚,回答问题迟钝,口唇轻度发绀。三凹征阳性,桶状胸,两肺呼吸音减低。

4. 实验室和其他检查:血常规示 WBC 12.3×10^9/L,N 0.80,RBC 5.1×10^{12}/L,Hb 150g/L。胸部 X 线片:两侧膈肌下移,两肺透光度增强,两下肺纹理增粗。动脉血气分析:pH 7.34,PaO_2 45mmHg,$PaCO_2$ 77mmHg。治疗 1 周病情稳定后进行肺功能检查:FEV_1/FVC 66%,FEV_1 占 50%预计值。

【诊断】 根据病史、临床表现及体征可临床诊断慢性呼吸衰竭。动脉血气分析能明确诊断呼吸衰竭及其分型、程度,对指导治疗和判断预后具有重要意义。其诊断标准:Ⅰ型呼吸衰竭为海平面平静呼吸空气的条件下 PaO_2 < 60mmHg,$PaCO_2$正常或降低;Ⅱ型呼吸衰竭为海平面平静呼吸空气的条件下 PaO_2<60mmHg 同时 $PaCO_2$>50mmHg。

笔记栏

案例诊断要点

1. 老年男性患者，有长期大量吸烟和30年的慢性咳嗽病史，近4年冬季频繁发作，均需住院治疗，说明有慢性呼吸道基础病，且病情已达到一定的严重程度。结合肺功能检查结果：FEV_1/FVC 66%，FEV_1占50%预计值，说明该患者患有重度COPD。

2. 本次以发热、流涕、咽部不适等上呼吸道感染症状起病，服"感冒药"后，体温降至正常，但出现多语、烦躁不安等精神神经症状。结合动脉血气分析：pH 7.34，PaO_2 45mmHg，$PaCO_2$ 77mmHg，说明存在呼吸衰竭和早期肺性脑病。

3. 体格检查：轻度发热37.5℃，呼吸增快28次/min，神志清楚，但回答问题反应迟钝，口唇轻度发绀，三凹征阳性，桶状胸，两肺呼吸音减低，偶闻及期前收缩，更支持以上分析。

4. 实验室和其他检查：血常规示WBC 12.3×10^9/L，N 0.80，RBC 5.1×10^{12}/L，Hb 150g/L。胸部X线片：两侧膈肌下移，两肺透光度增强，两下肺纹理增粗。进一步证实以上判断，说明本次呼吸衰竭由上呼吸道感染而诱发。

临床诊断：

1. COPD重度

2. Ⅱ型呼吸衰竭

【治疗】 呼吸衰竭的治疗原则是治疗原发病、去除诱因、保持呼吸道通畅、改善缺O_2和CO_2潴留、纠正代谢功能紊乱。

1. 保持气道通畅 保持呼吸道通畅是呼吸衰竭最重要、最基本的治疗措施。气道不通畅使呼吸阻力增加、呼吸功耗增多，加重呼吸肌疲劳；气道阻塞致分泌物排出困难将加重肺部感染；气道分泌物急性完全阻塞，会发生窒息，导致患者死亡。当患者排痰功能健全时，可应用祛痰药，并注意气道的湿化；当患者不能排痰时则需要通过人工吸痰，也可通过支气管镜吸痰；患者存在支气管痉挛时，可选用氨茶碱、β_2肾上腺素能受体激动剂；药物治疗无效时，需采用气管插管或气管切开，建立人工气道，机械通气可使某些患者获救。

2. 氧疗 通过增加吸入氧浓度来提高肺泡内氧分压，增加氧弥散能力，提高动脉血氧分压和血氧饱和度，增加组织对氧的利用。

(1) 氧疗的适应证：当PaO_2在60mmHg以上时，SaO_2一般在90%以上，如果循环功能正常，不进行氧疗对机体影响不大；当PaO_2在40～60mmHg时，PaO_2对SaO_2的影响很大，应积极采取适宜氧疗；当PaO_2低于40mmHg时，对机体各脏器造成严重损害，必须积极氧疗。

(2) 吸氧浓度：确定吸氧浓度的原则是保证PaO_2迅速提高到60mmHg或SaO_2在90%以上。Ⅰ型呼吸衰竭吸入较高浓度(35%～45%)氧，可迅速缓解低氧血症而不会引起CO_2潴留。但晚期患者(如弥漫性肺间质纤维化)吸高浓度氧效果较差。Ⅱ型呼吸衰竭其氧疗原则应给予低浓度(<35%)持续吸氧。

(3) 氧疗方法

1) 鼻导管或鼻塞：简单、方便，不影响患者进食、咳嗽及排痰。缺点为氧浓度不恒定；高流量吸氧时对鼻黏膜刺激大，患者不舒适。吸入氧浓度(FiO_2)与吸入氧流量的关系：

$$FiO_2 = 21 + 4 \times \text{吸入氧流量(L/min)}$$

2) 面罩：供氧是通过Venturi原理，利用氧射流产生负压，吸入空气以稀释氧，调节空气进量可控制氧浓度在25%～50%范围内，可按需调节。面罩内氧浓度稳定，不受呼吸频率和潮气量的影响，对鼻黏膜刺激小，其缺点是进食、咳痰不方便。

3. 增加通气量、减少CO_2潴留 CO_2潴留是肺泡通气不足引起的，只有增加肺泡通气量才能有效地排出CO_2。机械通气治疗呼衰疗效肯定；呼吸兴奋剂治疗，其疗效不一，应掌握好适应证。

(1) 合理应用呼吸兴奋剂：呼吸兴奋剂刺激呼吸中枢或周围化学感受器，通过增强呼吸中枢兴奋性，增加呼吸频率和潮气量以改善通气。但应掌握其临床适应证：由于中枢抑制引起患者低通气时，呼吸兴奋剂疗效较好；在应用呼吸兴奋剂的同时，应重视分泌物的引流、支气管解痉剂的应用；鼓励患者咳嗽、排痰，保持呼吸道的通畅。常用药物有尼可刹米和洛贝林，效果不好时可给予机械通气支持。

(2) 机械通气：是借助人工装置的机械力量而产生或增强患者的呼吸动力和呼吸功能。机械通气是治疗呼吸衰竭最有效的手段。合理应用机械通气，可增加肺泡通气量，改善换气功能和减少呼吸功的消耗，使患者缺O_2、CO_2潴留和酸碱平衡失调能得到不同程度的改善和纠正。严重呼吸衰竭合并多脏器功能障碍的患者，机械通气治疗后，可改善患者心、脑、肾、肝等脏器的供氧和机体内环境，多数患者都能取得良好疗效。

对神志清楚能配合的呼吸衰竭患者，可经鼻或口鼻面罩进行无创正压机械通气；病情严重、不配合、昏迷或有呼吸道大量分泌物的患者，应

笔记栏

及时建立人工气道,经鼻或口气管插管进行有创机械通气;对于肺功能极差、反复发生呼吸衰竭、气道分泌物多、机体极度虚弱、营养不良需长期机械通气支持的患者,可做气管切开,长期留置气管套管机械通气治疗。

在机械通气过程中,应根据动脉血气分析和临床资料调整呼吸机参数;加强呼吸道管理,做好气道湿化、分泌物的吸引,保持呼吸道通畅;呼吸机的清洁消毒和维修,避免交叉感染;加强生命体征监测,发现问题妥善解决。

机械通气的主要并发症:通气过度,引起呼吸性碱中毒;通气不足,加重呼吸性酸中毒和低氧血症;心排血量减少,血压下降;气道压力过高致气压伤,如气胸、纵隔气肿;有创人工气道长期存在,常并发呼吸机相关性肺炎。

4. 抗感染治疗 呼吸道感染常诱发呼吸衰竭,因此如何选择有效的抗生素在呼吸衰竭的治疗中至关重要。抗生素的选用原则可以参考有关章节。

5. 纠正酸碱平衡失调和电解质紊乱 呼吸衰竭诊治过程中,常见以下几种类型的酸碱平衡失调。

呼吸性酸中毒:由于肺泡通气不足,CO_2在体内潴留产生高碳酸血症,形成急性呼吸性酸中毒。慢性呼吸衰竭患者,通过血液缓冲系统和肾脏调节,使 pH 接近正常。增加肺泡通气量是纠正呼吸性酸中毒的主要措施,积极治疗呼吸道感染、解痉祛痰、通畅气道,纠正 CO_2潴留。当呼吸性酸中毒合并代谢性酸中毒时,pH 在 7.20 以上时,原则上不需要补充碱性药物,pH 低于 7.20 时才补充碱剂,此时应提高通气量以纠正 CO_2潴留,并祛除代谢性酸中毒的病因。当呼吸性酸中毒合并代谢性碱中毒时,治疗时应注意纠正电解质紊乱,并给予适量氯化钾,以缓解碱中毒。

6. 营养支持 呼吸衰竭患者因摄入热量不足和呼吸功增加、发热等因素,导致能量消耗增加,机体处于负代谢。长时间营养不良会降低机体免疫功能,感染不易控制,呼吸肌疲劳,以致呼吸泵功能衰竭。故抢救时,常规给鼻饲高蛋白、高脂肪和低碳水化合物,以及多种维生素和微量元素的饮食,必要时做静脉高营养治疗。

处方及医师指导

1. 鼻导管或鼻塞持续吸氧,1~2L/min,半小时后复查动脉血气。鼓励患者积极咳嗽排痰。

2. 支气管舒张药及祛痰药同“慢性阻塞性肺疾病”章。

3. 抗生素:头孢呋辛钠 1.5g 加入生理盐水 100ml,静脉滴注,每隔 8 小时或 12 小时 1 次;左氧氟沙星 0.4g,静脉滴注,每日 1 次。应用 48~72 小时后观察体温。

4. 注意检查血清电解质,并予以纠正。

5. 加强营养支持治疗。

6. 如果经以上治疗临床和动脉血气各值不能改善或加重,应及时给予无创或有创机械通气治疗。

笔记栏

第 9 章 原发性支气管肺癌

案例

患者,男性,66岁,退休干部。1个月前无明显诱因出现刺激性干咳,偶有痰中带血,呈新鲜血丝,自认为上呼吸道感染,服用头孢氨苄、急支糖浆治疗,效果不明显,近一周出现左侧胸痛,遂来就诊。

患者平素健康,无重要病史,无过敏史、手术史及外伤史。吸烟约22年,平均20~30支/日,纸烟为主。性格较内向。

体格检查:T 36.6℃,P 72次/min,R 24次/min,BP 130/80mmHg。发育正常,营养良好。神志清,精神尚好,自主体位,查体合作。全身皮肤、黏膜及巩膜未见黄染,皮疹。颈部、锁骨上及其他全身浅表淋巴结未触及。双侧瞳孔等大等圆,直径约3.5mm,对光反射灵敏。颈部未见明显异常。双肺呼吸音清,左侧锁骨中线第四肋间可闻及哮鸣音。叩诊心浊音界正常,HR 72次/min,节律规整,未闻及杂音。腹部平软,肝脾肋下未触及,移动性浊音(-),肠鸣音6次/min。四肢肌力无明显异常,生理反射存在,病理反射未引出,脑膜刺激征(-)。

实验室及其他检查:入院后检查血常规示:WBC 8.8×10^9/L,N 0.79,RBC 4.1×10^{12}/L,Hb 120g/L;血液生化指标均未见异常;心电图大致正常;X线胸片示左侧肺门处见一类圆形阴影,大小约3.1cm×2.5cm,边缘毛糙,左侧肺门增大,右肺未见明显异常。

思考题

1. 通过理论教学,分析该病例的最可能的诊断是什么?

2. 确定诊断的主要依据是什么?

3. 请制订具体治疗方案。

原发性支气管肺癌(primary bronchogenic carcinoma)简称肺癌(lung cancer),是指肿瘤细胞源于支气管黏膜或腺体的肺部恶性肿瘤,常伴有区域性淋巴结转移和血行播散。常以刺激性干咳、痰中带血等呼吸道症状为首发症状,随病情进展出现局部转移及远处转移症状,部分患者出现类癌综合征。病情进展速度与细胞生物特性有关。

肺癌为当前人类最常见的恶性肿瘤之一,近半个世纪世界各国肺癌的发病率和死亡率都有明显增高的趋势。WHO1997年及1999年报告肺癌是癌症第一位死亡原因。大多数发达国家,肺癌为男性恶性肿瘤的首位,在女性占第二位。我国1990~1992年癌症死亡调查结果显示:20世纪70年代肺癌死亡率为7.17/10万人口,90年代为15.19/10万人口,20年中,肺癌死亡率增加了111.85%。在我国肺癌死亡占癌症死亡病因的第三位,城市占第一位,农村为第四位。

【病因和发病机制】 病因和发病机制迄今尚未明确。一般认为肺癌的发病与下列因素有关。

1. 吸烟 已公认吸烟为肺癌的重要危险因素。几乎所有肺癌发病与吸烟均有关。约80%~90%的男性肺癌、19.3%~40%女性肺癌与吸烟有关。吸烟者肺癌死亡率比不吸烟者高10~13倍。吸烟量越多,吸烟年限越长,开始吸烟年龄越早,肺癌死亡率越高。戒烟使患肺癌的危险性随戒烟年份的延长而逐渐降低,戒烟持续15年才与不吸烟者相近。吸纸烟者比吸雪茄、烟斗者患病率高。纸烟中含有各种致癌物质,其中苯并芘为致癌的主要物质。被动吸烟也可引起肺癌。

2. 职业致癌因素 已被确认的致人类肺癌的职业因素包括石棉、无机砷化合物、二氯甲醚、铬及其他化合物、镍冶炼、氡及氡子体、芥子体、氯乙烯、煤烟、焦油和石油中的多环芳烃、烟草的加热产物等。在石棉厂工作的吸烟工人其肺癌死亡率为一般吸烟者的8倍;为不吸烟不接触石棉者的92倍,表明石棉有致癌作用同时与吸烟有致癌协同作用。

3. 环境污染 室内小环境污染有室内被动吸烟、燃料燃烧和烹调过程中可能产生的致癌物。室外大环境污染有汽车尾气、工业废气、公路沥青等,其中主要为苯并芘。

4. 电离辐射 大剂量电离辐射可引起肺癌。不同的射线致癌作用不同,中子、X线、α射线等均有致癌作用。

5. 饮食与营养 维生素A作为抗氧化剂可以直接抑制苯并芘、亚硝胺的致癌作用。动物实

笔记栏

验证实天然维生素A及其衍生物β胡萝卜素能够抑制化学致癌物诱发的肿瘤。食物中天然维生素A类、β胡萝卜素的摄入量与癌症的发生呈负相关,其中最突出的是肺癌。

6. 其他 有结核病史,尤其是结核瘢痕者,男性患肺癌的危险是正常人群的5倍,女性患肺癌的危险是正常人群的10倍;有结核病史的肺癌病理类型多为腺癌。病毒感染、真菌毒素(黄曲霉菌)、机体免疫功能的低下、内分泌失调以及家族遗传因素等,对肺癌的发生可能也起一定的作用。

【病理及分类】

1. 按解剖学部位分类

(1) 中央型肺癌:发生在段支气管及以上至主支气管的肺癌称为中央型肺癌,约占肺癌的3/4,以鳞状细胞癌和小细胞未分化癌常见。

(2) 周围型肺癌:发生在段支气管以下的肺癌称为周围型肺癌,约占肺癌的1/4,以腺癌常见。

2. 按组织学分类

(1) 鳞状上皮细胞癌(简称鳞癌):是最常见的组织学类型,约占原发性肺癌40%~50%。多见于老年男性,与吸烟关系非常密切,以中央型肺癌多见。生长缓慢,转移晚,手术切除的机会相对多,5年生存率较高,但对放射治疗、化学药物治疗不如小细胞未分化癌敏感。易导致支气管狭窄、肺不张、阻塞性肺炎、形成空洞或癌性肺脓肿。

(2) 小细胞未分化癌(简称小细胞癌):肺癌中恶性程度最高的一种,占原发性肺癌的10%~15%。患病年龄较轻,多有吸烟史。好发于肺门附近大支气管,癌细胞生长快,侵袭力强,远处转移早,经淋巴或血行转移至脑、肝、骨等。对放疗和化疗比较敏感。

(3) 大细胞未分化癌(大细胞癌):好发于肺门附近或肺边缘的支气管,转移较小细胞未分化癌晚,手术切除机会较大。

(4) 腺癌:女性多见,与吸烟关系不大。腺癌约占原发性肺癌25%。倾向于管外生长,血液循环丰富,局部浸润和血行转移较鳞癌早,易转移至肝、脑和骨,累及胸膜而引起胸腔积液。

(5) 其他:类癌、支气管腺体癌等。

【临床表现】 肺癌的临床表现与其部位、大小、类型、发展阶段、有无并发症及转移有密切关系。5%~15%的患者发现肺癌时无明显临床症状。

1. 原发肿瘤的表现

(1) 咳嗽:为常见的早期症状,多为刺激性干咳,咳少量黏液痰,肺泡癌可有大量黏液痰。肿瘤引起远端支气管狭窄时,咳嗽加重,可呈高音调金属音,多为持续性。当合并继发感染时,痰量增加,且呈黏液脓性。

(2) 咯血:中央型肺癌多见。多为痰中带血,不易引起重视而延误早期诊断。如侵蚀大血管,可引起大咯血。

(3) 喘鸣:肿瘤引起支气管部分阻塞,引起局限性喘鸣,肺部听诊可闻及部位固定的哮鸣音。

(4) 胸闷、气急:肿瘤引起支气管狭窄或转移到肺门淋巴结而压迫主支气管或隆突时;或转移至胸膜,引起大量胸腔积液时;或转移至心包,导致大量心包积液时,均可明显影响肺功能,出现胸闷、气促症状。如原有慢性阻塞性肺病,或合并有自发性气胸,胸闷、气促更为严重。

(5) 体重下降:消瘦为肿瘤的常见症状之一。晚期可出现恶病质。

(6) 发热:多因继发性肺炎或肿瘤坏死组织吸收所致,呈持续性发热,抗生素治疗效果不佳。

2. 肿瘤局部扩展的表现

(1) 胸痛:约30%的肿瘤直接侵犯胸膜、肋骨和胸壁,可引起不同程度的胸痛。

(2) 呼吸困难:肿瘤压迫大气道,可出现吸气性呼吸困难。

(3) 吞咽困难:肿瘤侵犯或压迫食管可引起吞咽困难。

(4) 声音嘶哑:肿瘤直接压迫或转移至纵隔淋巴结,压迫喉返神经(左侧多见),出现声音嘶哑。

(5) 上腔静脉压迫综合征:肿瘤侵犯纵隔,压迫上腔静脉,导致上腔静脉回流受阻,出现头面部、颈部和上肢水肿及前胸淤血和静脉曲张,患者可出现头痛、头昏或眩晕。

(6) Horner综合征:肺尖部肺癌称肺上沟癌(Pancoast癌),可压迫颈交感神经,引起患侧眼睑下垂、瞳孔缩小、眼球内陷,伴患侧额部与胸壁无汗或少汗,称为Horner综合征。

3. 癌远处转移的表现

(1) 转移至脑、中枢神经系统:出现头痛、呕吐、眩晕、复视、共济失调、脑神经麻痹、一侧肢体无力甚至偏瘫等。

(2) 转移至骨骼:易转移至肋骨、脊柱、骨盆,出现局部疼痛和压痛,甚至发生病理性骨折。

(3) 转移至肝:可有厌食、右上腹部疼痛、肝肿大、黄疸和腹水等。

(4) 转移至淋巴结:锁骨上淋巴结是肺癌远处淋巴转移的常见部位,可无症状,典型的多位于前斜角肌区,固定而坚硬,逐渐增大、增多、融合,多无痛感。

笔记栏

4. 瘤肿作用于其他系统的肺外表现 肺癌作用于其他系统,可引起代谢内分泌、神经肌肉、结缔组织、血液和血管的异常改变,称为类癌综合征。如肥大性肺性骨关节病、高钙血症、内分泌紊乱引起 Cushing 综合征、抗利尿激素分泌失调综合征、男性乳房发育、神经肌肉综合征等。

案例归纳一

老年男性,1 个月前无明显诱因出现刺激性干咳,偶有痰中带血,呈新鲜血丝,经抗感染、对症治疗后症状无缓解,随后出现左侧胸痛。患者平素健康,无慢性呼吸系统疾病史。吸烟超过每年 400 支,纸烟为主。

体格检查:无明显消瘦,营养良好。全身皮肤、黏膜及巩膜未见黄染,皮疹。颈部、锁骨上及其他全身浅表淋巴结未触及。颈部未见明显异常。双肺呼吸音清,左侧锁骨中线第四肋间可闻及哮鸣音。心脏、腹部、脊柱四肢、神经系统检查未见异常。

【实验室及其他检查】

1. 胸部 X 线检查 为发现肺部肿瘤的最重要方法之一。胸部 X 线正、侧位摄片,发现肿块影或可疑肿块阴影。

2. CT 优点在于能发现普通 X 线检查不能显示的异常,可以辨认有无肺门和纵隔淋巴结肿大;并能显示肿瘤是否侵犯邻近器官。

3. MRI 诊断价值与 CT 相似。但在明确肿瘤与大血管之间的关系方面,明显优于 CT。

4. 放射性核素扫描检查 利用肿瘤细胞摄取放射性核素的数量与正常组织之间的差异,进行肿瘤的定位、定性诊断,方法简便、无创伤性。

5. 痰脱落细胞检查 疑诊肺癌时,胸部 X 线检查之后可反复(3~4 次)行痰脱落细胞检查,进行组织学诊断。

6. 纤维支气管镜检查 可明确肿瘤的存在并进行组织学诊断。对于近端气道内的肿瘤经纤支镜刷检结合钳夹组织进行活检,阳性率为 90%~93%。但位于远端气道内病变,不便诊断。

7. 经胸壁穿刺活检 疑诊为周围性肺癌,可在影像学引导下,经胸壁细针穿刺取组织进行活检。常见并发症为气胸。

8. 开胸肺活检 经痰细胞学检查、支气管镜检查等均未能确立细胞学诊断时,可考虑开胸肺活检,但应结合患者年龄、肺功能情况、手术并发症等选择。

9. 转移病灶活检 对转移病灶施行活检从而做出组织学诊断,如经肝、淋巴结、骨骼或骨髓活检等。肿瘤累及胸膜时结合胸膜活检诊断率可高达 90%。

案例归纳二

实验室及其他检查:就诊后检查血 WBC $8.8\times10^9/L$, N 0.79, RBC $4.1\times10^{12}/L$, Hb 120g/L;X 线胸片示左侧肺门处见一类圆形阴影,大小约 3.1cm×2.5cm,边缘毛糙,左侧肺门增大,右肺未见明显异常。

【诊断和鉴别诊断】

1. 诊断要点

(1) 肺癌的早期诊断包括两方面:患者对肺癌的防治知识的掌握及医务人员对肺癌的早期征象的敏感性,以最大可能地避免漏诊、误诊。

(2) 对 40 岁以上长期吸烟(吸烟指数>400 年支),有下列情况者应作为可疑肺癌对象进行有关排癌检查:无明显诱因的刺激性咳嗽持续 2~3周,治疗无效;原有慢性呼吸道疾病,咳嗽性质改变者;持续或反复在短期内痰中带血而无其他原因可解释者;反复发作的同一部位的肺炎,特别是段性肺炎;原因不明的肺脓肿,无中毒症状,无大量脓痰,无异物吸入史,抗感染治疗效果不显著者;原因不明的四肢关节疼痛及杵状指(趾);X 线的局限性肺气肿或段、叶性肺不张,孤立性圆形病灶和单侧性肺门阴影增大;原有肺结核病灶已稳定,而形态或性质发生改变者;无中毒症状的胸腔积液,尤以血性、进行性增加者。

2. 临床分期

(1) 肺癌的 TNM 分期:见表 1-9-1。

表 1-9-1 肺癌的 TNM 分期

原发肿瘤(T)	
Tx	原发肿瘤不能评价;痰及支气管冲洗液找到癌细胞,但影像学未见可视癌肿
T0	没有原发肿瘤的证据
Tis	原位癌
T1	肿瘤最大径≤3cm,周围被肺或脏层胸膜包绕,镜下没有累及叶支气管以上
T2	肿瘤大小或范围符合其中一条:最大径>3cm;累及主支气管;累及脏层胸膜;扩展到肺门的肺不张或阻塞性肺炎,但不累及全肺
T3	任何大小的肿瘤已直接侵犯:胸壁、膈肌、纵隔、胸膜、心包,肿瘤位于距隆突 2cm 以内的主支气管但未累及隆突,全肺的肺不张或阻塞性肺炎
T4	任何大小的肿瘤已直接侵犯:纵隔、心脏、大血管、气管、锥体、隆突,恶性胸腔积液或恶性心包积液,原发肿瘤同一叶内出现单个或多个卫星结节

笔记栏

续表

区域淋巴结(N)	
Nx	区域淋巴结不能评价
N0	没有区域淋巴结转移
N1	转移至同侧支气管周围淋巴结或同侧肺门淋巴结,和原发肿瘤直接侵及肺内淋巴结
N2	转移至同侧纵隔淋巴结和隆突下淋巴结
N3	转移至对侧纵隔、对侧肺门淋巴结,同侧或对侧斜角肌或锁骨上淋巴结
远处转移(M)	
Mx	远处转移不能评价
M0	无远处转移
M1	有远处转移

(2) 肺癌的临床分期与TNM的关系:见表1-9-2。

表1-9-2 肺癌的临床分期与TNM的关系

临床分期		TNM
隐性肺癌		Tx,N0,M0
0期		Tis,原位癌
Ⅰ期	Ⅰa	T1,N0,M0
	Ⅰb	T2,N0,M0
Ⅱ期	Ⅱa	T1,N1,M0
	Ⅱb	T2,N1,M0
		T3,N0,M0
Ⅲ期	Ⅲa	T3,N1,M0
		T1~3,N2,M0
	Ⅲb	任何T,N3,M0
		T4,任何N,M0
Ⅳ期		任何T
		任何N,M1

3. 鉴别诊断

(1) 肺结核:多见于青壮年,常有持续性低热及全身结核中毒症状。可有反复咯血,病程长,痰检可发现结核杆菌,X线胸片显示结核病灶的特征,抗痨治疗有效。尤其应注意结核球、肺门淋巴结结核与肺癌的鉴别。

(2) 肺炎:还应与癌性阻塞性肺炎相鉴别。肺炎多见于青壮年,起病急骤,先有寒战、高热等全身症状,然后出现呼吸道症状,白细胞和中性粒细胞分类增高,抗菌治疗有效,病灶吸收迅速而完全。癌性阻塞性肺炎吸收较缓慢,或炎症吸收后出现块状阴影,且多有中央性肺癌表现,纤支镜、细胞学检查等有助于诊断。

(3) 肺脓肿:应与癌性空洞继发感染相鉴别。原发性肺脓肿起病急,中毒症状明显,常伴有寒战、高热、咳嗽、咳大量脓臭痰。血白细胞和中性粒细胞分类增高。X线示空洞壁较薄,内有液平,周围有炎症改变。癌性空洞常先有咳嗽、咯血等肿瘤症状,然后出现咳脓痰、发热等继发感染的症状。胸片可见癌肿块影有偏心空洞,壁厚,内壁凹凸不平。结合纤支镜和痰脱落细胞检查可资鉴别。

(4) 结核性胸膜炎:须与癌性胸腔积液相鉴别。癌性胸水增长迅速,常为血性,抗结核治疗无效,可找到癌细胞。抽液后X线检查可发现肺部或胸膜肿块。结核性胸膜炎胸液多为淡黄色,偶呈血性,抗结核治疗迅速奏效。

案例诊断要点

1. 患者老年男性,无慢性呼吸系统疾病史,有长期吸烟史,平均每天20~30支。

2. 病史特点:急性较缓,以无明显诱因出现的刺激性干咳为首发症状,伴有痰中带血,左侧胸痛,经抗感染、对症治疗后症状无缓解。

3. 体格检查示患者无明显消瘦,颈部、锁骨上及其他全身浅表淋巴结未触及。双肺呼吸音清,左侧锁骨中线第四肋间可闻及哮鸣音。

4. 实验室及其他检查:就诊后检查血WBC 8.8×10^9/L,N 0.79,RBC 4.1×10^{12}/L,Hb 120g/L;X线胸片示:左侧肺门处见一类圆形阴影,大小约3.1cm×2.5cm边缘毛糙,左侧肺门增大,右肺未见明显异常。

临床诊断:原发性支气管肺癌(左肺中央型,Ⅱb期)。

【治疗】 根据患者的一般情况、肿瘤的病理学类型、侵犯的范围、临床分期等,合理制定治疗计划,选择治疗措施。

治疗原则:根据肺癌的生物学特点及预后,将肺癌分为非小细胞肺癌(包括鳞癌、腺癌、大细胞癌)和小细胞肺癌两大类,两者的治疗原则不同。非小细胞肺癌治疗原则:Ⅰ~Ⅲa期采用以手术为主的综合治疗,Ⅲb期以放疗为主的综合治疗,Ⅳ期以化疗为主。小细胞肺癌的治疗原则:以化疗为主,辅以手术和(或)放疗。

1. 手术治疗 为主要治疗方法。除Ⅲb及Ⅳ期外,凡无手术禁忌证者均应以手术治疗或争取手术治疗为主,术后酌加放疗、化疗、免疫治疗等综合治疗。手术原则是彻底切除原发灶和胸腔内有可能转移的淋巴结,尽可能保留正常肺组织。手术切除率以鳞癌最高,腺癌次之,小细胞

笔记栏

癌最低。鳞癌比腺癌和大细胞癌术后效果好，淋巴结包膜完整的比穿破者效果好。

2. 放射治疗 放射线可直接作用于DNA分子引起断裂，射线引起的电离物质又可使癌细胞发生变性，终被吞噬细胞吞噬，最后形成纤维化，因此，放射线对癌细胞有杀伤作用。对放射线的敏感性从小细胞的未分化癌、鳞癌、腺癌依次递减。放射治疗分为根治性与姑息性放疗，根治性用于病灶局限、因解剖原因不宜手术或拒绝手术者；姑息性放疗用于抑制肿瘤的发展，延迟肿瘤扩散、缓解临床症状。

3. 化疗 小细胞未分化癌对化疗最敏感，鳞癌次之，腺癌最差。常用的化疗药物有依托泊苷（VP-16）、顺铂（DDP）、卡铂（CBP）、环磷酰胺（CTX）、异环磷酰胺（IFO）、多柔比星（ADM）、长春新碱（VCR）、去甲长春碱（NVB）、紫杉醇（TXL）、长春地辛（VDS）、丝裂霉素（MMC）等。常用化疗方案见表1-9-3。

表1-9-3 肺癌常用化疗方案

组织类型	常用化疗方案
小细胞肺癌	EP：VP-16+DDP
	EC：VP-16+CBP
	CAV：CTX+ADM+VP-16
	ACE：CTX+ADM+VP-16
	VIP：VP-16+IFO+DDP
	单药方案：托泊替康，VP-16
非小细胞肺癌	EP：VP-16+DDP
	GP：GEM+DDP
	NP：NVB+DDP
	TP：TXL+DDP或CBP
	MIC：MMC+IFO+DDP
	MVP：MMC+VDS+DDP
	ICE：IFO+CBP+VP-16

4. 免疫治疗 增强机体免疫力及对放化疗的耐受性。应用干扰素、转移因子、左旋咪唑、集落刺激因子等。

5. 中医药治疗 与西药起协同作用，减少患者对放化疗的反应，调节机体免疫功能，提高并巩固疗效。

6. 局部治疗方法 经支气管动脉和（或）肋间动脉灌注加栓塞治疗、经纤支镜用电刀切割瘤体、激光烧灼等。

【预防】 一般人群应减少与避免吸入含有致癌物质的气体及粉尘，戒烟，治理环境污染，加强劳动防护。对高危人群定期随访检查，早发现、早诊断、早治疗。

处方及医师指导

1. 手术治疗：患者66岁，一般情况良好，无慢性心肺疾病史，影像学诊断结合临床确诊为原发性支气管肺癌（中央型Ⅱb期），经进一步病理学检查确定为非小细胞肺癌，具备手术根治指征，首选手术根治。

2. 辅助治疗

（1）化疗：患者术后应给与化疗，可选用EP或TP等方案。

（2）支持治疗：根据患者条件应用干扰素、转移因子等。加强营养，进食高蛋白、富含维生素饮食。

（3）中医药治疗：术后化疗过程中，可进行中医辨证治疗。

3. 对症治疗：根据患者术前、术后的临床情况及并发症，及时给予相应治疗，如控制感染，缓解疼痛，缓解化疗带来的消化道不良反应等。

笔记栏

第10章 胸膜疾病

第1节 气　　胸

> **案例**
>
> 患者,男性,19岁。胸闷、气短半小时来诊。
>
> 患者半小时前在课间与同学玩耍中出现咳嗽、右侧胸痛、胸闷,逐渐感呼吸困难,活动时加重。既往体健。
>
> 体格检查:P 102次/min,R 26次/min,BP 120/70mmHg。瘦长体型(身高1.78m,体重58kg),呼吸稍促、无发绀;气管轻度左移,右侧胸廓饱满,叩诊鼓音,呼吸音减弱,两肺未闻及干湿性啰音;心率102次/min,律齐;余未发现阳性体征。
>
> 实验室及其他检查:心电图示窦性心动过速,血常规各值均在正常范围,胸部X线片显示右胸部外带肺纹理消失,可见被压缩的肺边缘,右肺压缩约30%。
>
> **思考题**
>
> 1. 根据以上资料,你认为该患者可能的诊断?
> 2. 该疾病需要与哪些疾病进行鉴别?
> 3. 该患者今后如何注意复发?

气体进入胸膜腔造成积气状态,称为气胸(pneumothorax)。气胸分为自发性、外伤性和医源性三类。外伤性气胸指由于胸部外伤所致。医源性气胸系由于医疗诊断和治疗操作所致。本节重点阐述自发性气胸。

【病因和发病机制】 胸膜腔为脏层胸膜和壁层胸膜之间的密闭腔隙。正常时两层胸膜紧贴,腔内有少量(5~15ml)浆液起润滑作用,不含气体,而且胸膜腔是负压,低于大气压。当胸膜因病变与大气相通,气流进入胸腔,形成气胸。

1. 原发性自发性气胸 指常规胸部X线检查未发现明显病变而发生的气胸,常常由于脏层胸膜下肺大疱破裂引起。此型气胸多见于瘦高体型的男性青年,易复发。

2. 继发性自发性气胸 指在原有肺病基础上发生的气胸。最常见的病因是慢性阻塞性肺疾病(COPD)和肺结核,其次也可见于支气管哮喘、肺癌及金黄色葡萄球菌肺炎等。其发生机制是在肺部疾病等基础上,形成肺大疱,在咳嗽、打喷嚏或用力时肺内压增高,导致肺大疱破裂引起气胸。此型患者肺通气储备功能差,一旦发生气胸,症状重。

【临床类型】 根据脏层胸膜破裂情况及胸腔内压力的变化将自发性气胸分为三种类型:

1. 单纯性(闭合性)气胸 由于脏层胸膜裂口随着肺脏萎陷而关闭,停止空气继续进入胸腔,胸内压接近或稍超过大气压。抽出气体后,胸内压下降,病程中气体逐渐吸收。

2. 交通性(开放性)气胸 脏层胸膜破口较大或有支气管胸膜瘘且持续存在,在吸气和呼气过程中,空气自由进出胸膜腔,胸腔内压力接近大气压,胸穿抽气时气体"源源不断",抽气后压力不变。

3. 张力性气胸 脏层胸膜破口呈单相活瓣作用,吸气时,空气进入胸膜腔;呼气时,破口关闭,空气滞积于胸膜腔内,胸内压急剧上升,可超过19.6kPa($20cmH_2O$)。肺脏大面积受压,呼吸困难,纵隔推向健侧,循环受到障碍。抽气后胸内压下降,片刻又迅速上升为正压。这种气胸引起病理生理变化大,需积极抢救,否则导致死亡。

应注意胸膜破口可随病情而变化,因此气胸类型也可相互转换。

【临床表现】 临床表现取决于起病急缓、有无肺基础疾病和肺压缩程度的情况。

1. 症状

(1)胸痛:患者常有咳嗽、提重物、剧烈运动等诱因,不少在正常活动或安静休息时发病。多为急骤发病。典型症状为突然出现不同程度的患侧胸痛,继之出现呼吸困难和刺激性干咳,有时胸痛可向肩背部、腋侧或前臂放射,深吸气或咳嗽时加重。

(2)呼吸困难:常与胸痛同时发生,肺萎缩小于20%、原来肺功能良好者,可无明显呼吸困难;反之,若原有COPD、肺结核的患者,即使肺萎缩10%以下,呼吸困难也很明显。张力性气胸表现进行性呼吸困难,有窒息感,表情紧张、胸闷、烦躁、发绀、血压下降迅速出现呼吸循环衰竭、死亡。

2. 体征 取决于胸腔积气量的多少和是否伴有胸腔积液。少量气胸时体征不明显。气胸在30%以上,患侧胸廓膨隆,呼吸运动减弱,叩诊呈鼓音,心、肝浊音区消失,语颤和呼吸音均减弱

笔记栏

或消失。左侧少量气胸时,可在左心缘处听到与心跳同步的噼啪声,称 Hamman 征,病人左侧卧位呼气时最清楚。大量气胸可使心脏、气管向健侧移位。液气胸时可闻及胸内振水声。

【并发症】 气胸的主要并发症为脓气胸、血气胸、慢性气胸。近年来,胸腔手术的无菌操作及抗生素及时使用,气胸并发脓气胸已少见。

1. 皮下气肿和纵隔气肿 肺泡破裂气体进入肺间质,肺间质内的气体沿血管鞘进入纵隔、胸部或腹部皮下组织,导致纵隔气肿和皮下气肿。气体积聚在纵隔间隙可压迫纵隔内大血管,出现胸骨后疼痛、呼吸困难加重。颈部变粗、发绀、颈静脉怒张、血压下降、心音遥远。X 线检查于纵隔旁或心缘旁可见透明带。

2. 血气胸 自发性气胸引起胸膜粘连带内的血管断裂所致。肺完全复张后,出血多能自行停止。如出血量大时,除胸闷、气促外,胸痛持续加重,同时头昏、面色苍白、脉细速、低血压等。短时间内出现大量胸水体征,胸部 X 线表现液气平面。胸腔穿刺为全血。

3. 慢性气胸 指气胸延续 3 个月以上不吸收者。肺扩张不完全的因素有:胸膜粘连带牵引,使胸膜破口持续开放;有支气管胸膜瘘形成;脏层胸膜表面纤维素沉着、机化,限制肺脏扩张;支气管管腔内病变引起完全阻塞,使萎陷的肺脏不能重新充气。

> **案例归纳一**
>
> 该患者青年男性,既往体健,在玩耍中突然出现胸闷、右侧胸痛、呼吸困难,呼吸稍促。查体:瘦长体形,气管轻度左移,右侧胸廓饱满,叩诊鼓音,呼吸音减弱,两肺未闻及干湿性啰音,心率 102 次/min,律齐。

【辅助检查】 X 线胸片是诊断气胸的重要手段,可显示肺受压程度、肺内病变、有无胸腔积液和纵隔移位等情况。气胸的典型 X 线表现为肺向肺门萎陷呈圆球形阴影,气体常聚集于胸腔外侧或肺尖,局部透亮度增加,无肺纹理。气胸延及下部则肋膈角显示锐利。压缩的肺外缘可见发线状的脏层胸膜阴影随呼吸内外移动。少量气胸往往局限于肺尖,常被骨骼掩盖,嘱患者深呼气,使萎缩的肺更为缩小,密度增高,与外带积气透光区呈更鲜明对比,从而显示气胸带。局限性气胸在后前位 X 线检查时易遗漏,需在 X 光透视下转动体位方能见到气胸。

胸部 CT 检查表现胸膜腔内出现无肺纹理的低密度影。胸部 CT 对气胸诊断的优势是:①可显示少量气胸或普通 X 线胸片因组织重叠而显示不清的气胸;②发现肺内肺大疱,评估气胸的预后;③诊断及鉴别诊断局限性气胸,并可确定部位、程度和形态。

> **案例归纳二**
>
> 心电图示窦性心动过速,胸部 X 线片显示右胸部外带肺纹理消失,可见被压缩的肺边缘,右肺压缩约 30%。

【诊断与鉴别诊断】

1. 诊断 根据临床症状、体征及胸部 X 线表现,典型的自发性气胸诊断通常诊断并不困难。胸部 X 线、胸部 CT 检查是确诊气胸的依据。对于有 COPD 或有肺大疱患者,气胸症状往往被掩盖。应详细询问病史、全面查体,及时进行 X 线检查,尽快明确诊断。对于病情危重且不宜搬动的患者,做 X 线检查高度怀疑气胸者,可在胸部体征最明显处进行诊断性穿刺,测压抽气,如为正压且抽出气体,表明气胸存在,应立即抽气或进行胸腔闭式引流术。

2. 鉴别诊断 自发性气胸尤其是老年人和原有慢性心、肺基础疾病者,临床表现酷似其他心、肺疾患,应注意鉴别。

(1) 慢性阻塞性肺疾病急性加重期:患者原有呼吸困难、咳嗽加重与气胸相似;但 COPD 急性加重期,上呼吸道感染为常见诱因,伴有发热,起病较气胸稍慢,胸部 X 线检查可鉴别诊断。

(2) 支气管哮喘急性发作:表现突然发生的呼吸困难,与气胸症状相似,但哮喘发作是接触过敏源或呼吸道感染而诱发。有时哮喘也可合并气胸,表现为两肺哮鸣音不对称,此时应尽早进行胸部 X 线检查。

(3) 急性心肌梗死:患者突然胸痛、呼吸困难,酷似气胸临床表现,但根据病史、体征、心电图、胸部 X 线检查和血清酶学检查,可予以鉴别。

(4) 急性肺血栓栓塞症:大面积肺栓塞表现突然起病、呼吸困难、胸痛、烦躁不安和濒死感,临床表现与气胸相似。但患者常有咯血、久病卧床、骨折、手术史等,胸部体征、胸部 X 线可鉴别。

(5) 肺大疱:位于肺周边部位的较大肺大疱,在胸部 X 线检查时不易与气胸鉴别。肺大疱起病缓慢,病史较长,呼吸困难可不严重,而气胸症状多突然发生。胸部 X 线上肺大疱呈圆形或卵圆形,泡内可有细小的条状纹理。气胸则表现胸部外带的透光带,其中无肺纹理。

(6) 其他:消化性溃疡穿孔、胸膜炎、急性胆囊炎等也可有突然胸疼,应注意与气胸鉴别。

笔 记 栏

案例诊断要点

1. 青年男性，既往体健。

2. 玩耍中突然出现胸闷、右胸痛、呼吸困难，呼吸稍促。

3. 查体：瘦长体形，气管轻度左移，右侧胸廓饱满，叩诊鼓音，呼吸音减弱，两肺未闻及干湿性啰音；心率 102 次/min，律齐。

4. 胸部 X 线片显示右胸部外带肺纹理消失，可见被压缩的肺边缘，右肺压缩约 30%；心电图示窦性心动过速。

诊断：右侧自发性气胸（肺压缩约 30%）。

【治疗】 目的在于排除气体、缓解症状、促使肺复张，防止复发。

1. 一般疗法 适用于首次发作、肺萎缩<20%、病情稳定的气胸。患者应绝对卧床休息，减少肺活动，有利于破裂口的愈合和气体吸收。无呼吸困难者，卧床休息每日可自行吸收胸腔内气体容积的 1.25%。高浓度吸氧（面罩呼吸或持续吸入氧流量 3L/min），可使气胸气体吸收的速度提高达 4.2%，肺完全复张时间明显缩短。保守治疗过程中，要密切观察病情变化。

2. 排气疗法 适于呼吸困难明显或肺压缩程度较重者，尤其是张力型气胸患者。

（1）胸腔穿刺抽气：适用于肺萎缩>20%的气胸，呼吸困难较轻者。胸穿部位在第二前肋间锁骨中线处，局限性气胸应根据胸片定位选择最佳穿刺点。每次抽气不宜超过 1000ml。大量气胸患者，每日或隔日抽气一次。张力性气胸病情危急无抽气设备时，为抢救生命，可用粗针头迅速刺入胸膜腔，以达到暂时减压目的。

（2）胸腔闭式引流术：适用于不稳定性气胸、呼吸困难严重、肺压缩较重、交通性或张力性气胸。插管部位一般选择第二前肋间锁骨中线外或腋前线第四肋间，如是局限性气胸应根据 X 线胸片定位。通常采用两种方法将导管插入气胸腔。一种是经套管针插管术，即在上述部位局部麻醉后，用小刀切开皮肤 2～3mm，将套管针插入胸膜腔，拔出针芯、沿套管内壁插入塑料导管，再退出套管，导管外端接水封瓶。另一种是肋间切开插管术，即按常规部位消毒，局部麻醉，切开皮肤约 1.5cm，用血管钳沿肋骨上缘，垂直分离皮下组织及肌层，刺破壁层胸膜，将 7～8mm 口径的鱼口状橡皮管插入气胸腔，切口缝线固定导管于胸壁上，导管外端接水封瓶。将胸腔引流管连接于床旁的单瓶水封正压排气装置（如图 1-10-1）。引流的玻璃管一端置于水面下 2cm。适合闭合性和张力性气胸。

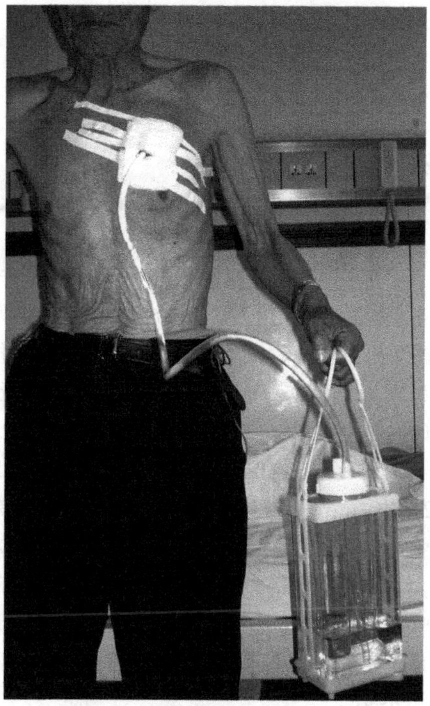

图 1-10-1 胸腔闭式引流术

3. 胸膜粘连术 经上述处理无效或复发性气胸，且心肺功能差，不能耐受外科手术者，可用胸膜粘连术。经胸腔插管或胸腔镜，注入或喷撒化学粘连剂（滑石粉、四环素等），使胸膜产生无菌性炎症。并用负压持续吸引，促使脏、壁层胸膜黏合，可有效防止气胸复发。

4. 胸腔镜下治疗气胸 目前被认为是治疗自发性气胸最为理想有效的创伤较小的方法。直视下镜检可确定胸膜破口部位、范围和性质；若裂口小或有支气管胸膜瘘，可用电灼凝固或激光治疗，使破口闭合；若为较大的或多发性肺大疱，则手术切除，防止气胸复发。

5. 开胸手术 如无禁忌可考虑开胸修补脏层胸膜破口。消除病灶（肺大疱、肺结核、肺癌等）是治愈气胸最有效的措施。

处方及医师指导

1. 一般治疗：患者应绝对卧床休息，减少肺活动，进食粗纤维食物，预防大便干燥。吸氧（持续吸氧，流量 3L/min），密切监测病情变化及生命体征。

2. 胸腔穿刺抽气：胸穿部位在右锁骨中线第二前肋间处，第一次抽气不宜超过 1000ml，要缓慢抽气，防止出现复张后肺水肿。如果用气胸机抽气，抽气前要测压。要注意鉴别气胸类型。

3. 阿莫西林 0.5g，每日 3 次，口服，预防感染。

笔记栏

第2节 胸腔积液

案例

患者，女性，23岁。发热1周，胸闷、胸痛、气短3天入院。

于1周前无明显诱因出现发热，以午后为重，体温最高38.5℃，轻度干咳，自服“感冒药”无效，3天前感觉胸闷，胸痛，深呼吸时加剧并活动后气短而来我院就诊。既往体健。

体格检查：T 38.3℃，P 102次/min，R 28次/min，BP 110/70mmHg 神志清楚，锁骨上及颈部淋巴结无肿大，口唇无发绀。右侧胸廓稍饱满，叩诊浊音，右肺中下呼吸音减低，两肺未闻及干湿性啰音，心律齐，腹软，无压痛，肝脾未触及，双下肢无水肿。

实验室及其他检查：血常规示：WBC $12.3\times10^9/L$，N 0.79，RBC $3.6\times10^{12}/L$，Hb 124g/L。血沉46mm/h。胸部X线片：右肋膈角消失；右第四前肋以下可见一凹面向上、内低外高的弧形高密度积液影，余肺野内未见异常。住院后进行胸腔超声检查诊断右侧胸腔积液。胸穿抽胸水800ml。胸水检查：草黄色浑浊、pH 7.4、比重1.028、细胞数 $4300\times10^6/L$、以淋巴细胞为主、蛋白36g/L、葡萄糖3.1mmol/L、胸水LDH/血清LDH比值为0.84、ADA 65U/L。

思考题

1. 胸腔积液常见于哪些病因？
2. 该患者最可能的诊断是什么？
3. 如何进行治疗？

脏层胸膜和壁层胸膜之间为一潜在的胸膜腔，在正常情况下，胸膜腔内含有极少量液体，其产生和吸收处于动态平衡。任何病理原因导致其产生增多和（或）其吸收减少时，就出现胸腔积液（pleural effusion，简称胸水）。

【胸腔积液转运机制】 正常情况下，人体胸膜腔为负压，胸腔积液中含蛋白质，具有胶体渗透压；胸腔积液的积聚与消散还与胸膜毛细血管中渗透压、静水压有密切关系。壁层胸膜由体循环供血，毛细血管静水压高；脏层胸膜由肺循环供血，静脉压力低。体循环与肺循环血管中胶体渗透压相同。结果是液体由壁层胸膜进入胸膜腔，并从脏层胸膜以同等速度被吸收以达到平衡。

近些年研究报道，存在于下纵隔胸膜、膈胸膜表面有小孔与淋巴管相通，这些胸膜下淋巴管是液体吸收的重要通道，认为胸水由于压力梯度从壁层和脏层胸膜的体循环血管通过有渗漏性的胸膜进入胸膜腔，然后通过壁层胸膜的淋巴管小孔经淋巴管回吸收。

【病因和发病机制】 胸腔积液是内科常见的病症，肺、胸膜和肺外疾病均可引起。临床常见的病因和发病机制有：

1. 胸膜毛细血管内静水压增高 如充血性心力衰竭、缩窄性心包炎、血容量增加、上腔静脉或奇静脉受阻，产生胸腔漏出液。

2. 胸膜毛细血管壁通透性增加 如胸膜炎症（结核病、肺炎）、结缔组织病（系统性红斑狼疮、类风湿性关节炎）、胸膜肿瘤（恶性肿瘤转移、间皮瘤）、肺梗死、膈下炎症（膈下脓肿、急性胰腺炎）等，产生胸腔渗出液。

3. 胸膜毛细血管内胶体渗透压降低 如低蛋白血症、肝硬化、肾病综合征、急性肾小球肾炎、黏液性水肿等，产生漏出液。

4. 壁层胸膜淋巴引流障碍 如癌性淋巴管阻塞、发育性淋巴引流异常等，产生胸腔渗出液。

5. 损伤等所致胸腔内出血 胸腔积液中渗出性胸膜炎最为多见；中青年病人中，结核病为其常见病因。中老年胸腔积液（尤其血性胸液）应着重考虑恶性病变。恶性肿瘤（如肺癌、乳腺癌、淋巴瘤等）转移致胸膜，引起胸腔积液。肿瘤侵犯胸膜，使其表面通透性增加，或是淋巴引流受阻，蛋白不易运出胸膜腔，或伴有阻塞性肺炎，均可引起渗出性胸腔积液。偶有胸导管受阻，形成乳糜胸。当上腔静脉受阻，使血管内静水压升高，或是恶性肿瘤所致营养不良低蛋白症，胸腔积液可为漏出液。

【临床表现】

1. 症状 呼吸困难是最常见的症状，可伴有咳嗽、胸痛。大量胸腔积液时，纵隔脏器受压，胸廓顺应性下降，肺容量减少，使患者感到呼吸困难；胸痛多为单侧，咳嗽、呼吸时加重。年龄、病史、症状和体征对诊断均有参考价值。年轻、发热患者多为结核性胸膜炎；年龄在中年以上、不伴发热的患者要警惕恶性肿瘤。胸腔积液在300ml以下时，症状不明显，在500ml以上时，渐感胸闷，积液量逐渐增多，呼吸困难亦渐加重。

2. 体征 其体征与积液量有关。少量胸腔积液无明显体征。中至大量积液时，患侧胸廓饱满，肋间隙增宽，触觉语颤减弱，局部叩诊浊音，呼吸音减低或消失。大量积液时，气管、纵隔向健侧移位。

笔记栏

案例归纳一

该患者为青年女性,既往体健。主要表现为发热1周,为午后中度发热,以后逐渐出现胸闷、胸痛、气短。体格检查:T 38.3℃,右侧胸廓稍饱满,叩诊浊音,右肺中下呼吸音减低。

【实验室检查及其他检查】 胸腔穿刺抽出积液作下列检查,对明确积液性质及病因诊断均非常重要。

1. 胸部X线检查 胸腔积液X线改变与其积液量的多少以及是否有胸膜粘连密切相关。300~500ml的胸腔积液X线下仅见肋膈角变钝;积液量增多时显示一凹面向上、内低外高的弧形积液影(如图1-10-2),平卧时积液散开,致肺野透亮度降低。液气胸时积液有液平面。大量积液时整个患侧呈致密影,纵隔推向健侧。积液时常遮盖肺内原发病灶;抽液后可发现肿瘤或其他病变。包裹性积液不随体位改变而变动,边缘光滑饱满,局限于胸膜某一部位,多轴透视或胸部CT可协助诊断。

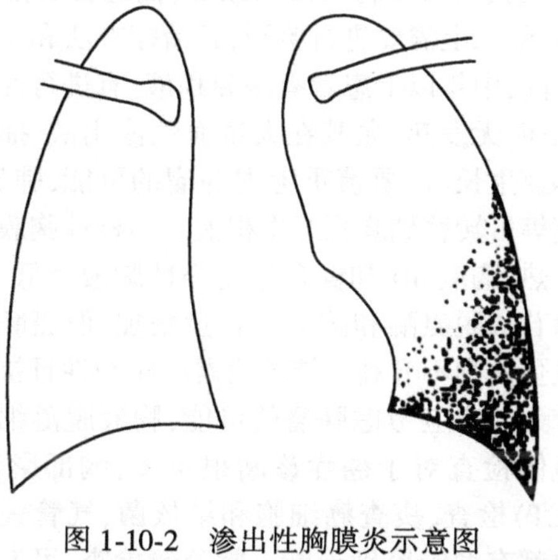

图1-10-2 渗出性胸膜炎示意图

2. 超声检查 超声对胸腔积液的灵敏度高,定位准确,尤其是对包裹性胸腔积液;少量胸腔积液时需要超声引导下胸腔穿刺抽液。

3. 胸部CT检查 能根据胸液的不同密度提示判断为渗出液、血液或脓液,同时还可显示纵隔,气管旁淋巴结、肺内肿块以及胸膜间皮瘤和胸内转移性肿瘤,对诊断很有帮助。

4. 胸膜活检 经皮闭式胸膜活检可明确胸腔积液病因。可发现肿瘤、结核和其他胸膜病变。CT或B超引导下活检可提高阳性率。胸腔镜胸膜活检阳性率最高。

5. 胸腔穿刺术和胸水检查 胸腔穿刺术既可用于诊断,又可作为一种治疗手段,缓解因胸腔积液引起的呼吸困难。胸水的检查对明确疾病性质和病因诊断非常重要。

(1) 常规检查

1) 外观:渗出性胸水多呈草黄色,稍混浊,比重>1.018。漏出性胸水清澈透明,静置后不凝固,比重<1.016~1.018。脓性胸水若有大肠杆菌或厌氧菌感染常有臭味。血性胸水呈不同程度的洗肉水样或静脉血样;乳状胸水多为乳糜胸;巧克力色胸水提示阿米巴肝脓肿破入胸腔;黑色胸水可能有曲霉菌感染。

2) 细胞计数及分类:渗出液白细胞常多于500×10^6/L。漏出液细胞数常少于100×10^6/L,以淋巴细胞和间质细胞为主。脓胸时白细胞多达10×10^9/L以上。

中性粒细胞增多提示急性炎症;淋巴细胞为主时多为结核性或癌性;嗜酸粒细胞增多见于寄生虫感染或结缔组织病等。胸液中红细胞在5×10^9/L以上,可呈淡红色,多由恶性肿瘤或结核病引起,胸腔穿刺损伤血管也可引起血性胸液,应注意鉴别。红细胞超过10×10^{10}/L时提示创伤、肿瘤或肺梗死。癌性胸液中约有60%可检出癌细胞,反复多次检查可提高检出率。胸液中细胞染色体数目和形状变异(非整倍体)对恶性肿瘤的诊断有帮助。

(2) 生化检查

1) pH:正常胸水pH接近7.6。结核性胸水,肺炎、结缔组织病所致胸腔积液pH常<7.30;恶性胸水时,pH常>7.40。

2) 蛋白质:渗出液的蛋白含量,胸液/血清比值大于0.5。蛋白含量30g/L时,胸液比重约为1.018(每加减蛋白1g,使比重增减0.003)。漏出液蛋白含量较低(<30g/L),以白蛋白为主,黏蛋白试验(Rivalta试验)阴性。

3) 葡萄糖:正常胸水中葡萄糖含量与血中含量接近,随血葡萄糖的升降而改变。漏出液内葡萄糖含量多正常(>3.3mmol/L);恶性胸水葡萄糖含量也正常。葡萄糖含量下降主要见于类风湿性关节炎所致胸水、结核性胸水、化脓性胸水。其中脓性胸水内葡萄糖通常低于1.11mmol/L。

4) 类脂:乳糜性胸水呈乳状,离心后不沉淀,苏丹Ⅲ染色呈红色;三酰甘油含量较高(>1.21mmol/L),胆固醇含量正常。多见于胸导管破裂,病因为肿瘤、寄生虫或外伤。假性乳糜胸的胸水中胆固醇含量高(>26mmol/L),见于陈旧性结核性胸膜炎,癌性胸水或肝硬化、类风湿关节炎等。

(3) 酶学检查

1) 乳酸脱氢酶(LDH):胸水LDH含量增高,大于200U/L,胸水LDH/血清LDH比值>

笔记栏

0.6，则诊断为渗出液，反之考虑为漏出液。

2）腺苷脱氨酶（ADA）：ADA在淋巴细胞内含量较高。结核性胸膜炎时胸水中ADA多高于45U/L，其诊断结核性胸膜炎的敏感性较高，但HIV合并结核性胸膜炎时，胸水ADA不升高。

3）其他：胸水淀粉酶升高见于急性胰腺炎、恶性肿瘤。结核性胸水中溶菌酶、血管紧张素转换酶等可以增高，而在恶性胸液中一般不高，有时亦可作为辅助性鉴别资料。

（4）肿瘤标志物：癌胚抗原（CEA）为多种肿瘤相关的标志物。恶性胸腔积液中CEA含量增高，且胸水CEA/血清CEA>1。近年来开展了多种肿瘤标志物的检测，如肿瘤糖链相关抗原、细胞角蛋白19片段等可作为鉴别诊断等参考。联合检测多种肿瘤标志物，可提高肿瘤检测的阳性率。

（5）细胞学检查：恶性胸腔积液中可检出恶性细胞，反复多次检查可提高检测阳性率。必要时进行胸膜活检。

（6）病原体检查：胸水离心沉淀做涂片染色检查找细菌，除做需氧菌和厌氧菌培养外，还可根据需要做结核菌或真菌培养。明确病原学诊断。

案例归纳二

血常规WBC 12.3×10^9/L，N 0.79，血沉46mm/h。胸部X线片：右肋膈角消失；右侧第四前肋以下可见一凹面向上、内低外高的弧形高密度积液影。胸腔超声检查诊断右侧胸腔积液。胸水检查：草黄色浑浊、pH 7.4、比重1.028、细胞数4300×10^6/L、以淋巴细胞为主、蛋白36g/L、葡萄糖3.1mmol/L、胸水LDH/血清LDH比值为0.84、ADA 65U/L。

【诊断和鉴别诊断】

1. 诊断 根据胸闷、气短等症状，患侧肺呼吸音减低或消失的体征，再结合胸部X线检查和胸部超声检查，不难诊断胸腔积液。

2. 鉴别诊断 确定胸腔积液后，应首先明确胸水的性质，即渗出液或漏出液。一般讲，漏出液外观清澈、透明或浅黄色，离体后不凝固；渗出液外观浑浊、草黄色、棕黄色或血性，离体后凝固。漏出液比重小于1.018；渗出液比重大于1.018。渗出液蛋白大于30g/L，胸水蛋白/血清蛋白比值大于0.5；胸水LDH/血清LDH大于0.6。有些胸水难以确定为渗出液或漏出液，多见于恶性肿瘤。

通常漏出液应寻找全身因素，渗出液除胸膜本身病变外，也应寻找全身性病因。鉴别诊断应注意起病缓急，病变以肺或胸膜为主；以往有无类似发作，有无气促，能否平卧，心脏是否正常；有无腹水、腹内肿块、浅表淋巴结肿大和关节病变；周围血白细胞计数和分类，结核菌素试验结果；胸水病原体、脱落细胞等检查；胸膜活检等。

胸腔积液病因不明时，应先鉴别渗出液和漏出液，后者常为充血性心力衰竭引起，也可见于肝硬化、肾病综合征和低蛋白血症等。充血性心力衰竭多为双侧胸腔积液，积液量右侧多于左侧，强心利尿治疗后胸水很快减少或消失。肝硬化的胸水多伴有腹水。低蛋白血症的胸腔积液多伴有全身性水肿。而渗出液最常见的是结核性胸膜炎，表现为青年患者，午后发热，盗汗消瘦，体检除胸腔积液体征外无其他体征，结核菌素试验阳性，胸水为草黄色，以淋巴细胞为主，胸膜活检可阳性或阴性。若未经抗结核药物治疗，随访5年，约有1/3可出现肺内或肺外结核病变。老年结核性胸膜炎患者可无发热，结核菌素皮试亦常阴性，应该注意鉴别。

在我国结核病人逐渐减少，而恶性肿瘤病人增多，临床上需要进行鉴别，其治疗方法和预后完全不同，中年以上患者有胸腔积液，有进行性加剧的胸痛，无发热，尤其在大量血性渗出液、抽液后又迅速生长者，要慎重考虑肿瘤的可能，肺癌、乳腺癌等可转移到胸膜产生积液。结核性胸膜炎常伴发热，胸液pH和糖含量比癌性胸液为低，胸液中腺苷酸脱氨酶和溶菌酶含量增加，但癌胚抗原和铁蛋白则不升高。结核菌素反应阴性且抗结核化疗无效者应考虑肿瘤的可能，胸液脱落细胞及染色体检查对于癌症诊断很重要，胸部影像（X线、CT）检查、痰查癌细胞和结核菌、气管镜检查等也都有助于鉴别诊断。胸腔镜检查，可发现病变。即使经过以上临床表现、胸水细菌学、细胞学和生化检查以及影像、胸膜活检、气管镜等检查，临床上有约20%病例仍病因不明。若无禁忌，有时对疑难病例可考虑开胸探查。

案例诊断要点

1. 青年女性，既往体健。

2. 病史特点：发热1周，为午后中度发热，并逐渐出现胸闷、胸痛、气短。

3. 体格检查：T 38.3℃，右侧胸廓稍饱满，叩诊浊音，右肺中下呼吸音减低。

4. 实验室及其他检查：血常规WBC 12.3×10^9/L，N 0.79，血沉46mm/h。胸部X线片：右侧肋膈角消失；右侧第四前肋以

笔记栏

下可见一凹面向上、内低外高的弧形高密度积液影。胸腔超声检查诊断右侧胸腔积液。胸水检查：草黄色浑浊、pH 7.4、比重 1.028、细胞数 4300×10^6/L、以淋巴细胞为主、蛋白 36g/L、葡萄糖 3.1mmol/L、胸水 LDH/血清 LDH 比值为 0.84、ADA 65U/L。

临床诊断：右侧结核性渗出性胸膜炎。

【治疗】 胸腔积液为胸部或全身疾患的一部分，病因治疗十分重要，漏出液常在病因纠正后自行吸收。渗出性胸膜炎为常见病，其中结核病、癌症和肺炎为最主要病因。以下分别简述结核性胸腔积液、恶性胸腔积液和化脓性胸腔积液的治疗。

1. 结核性胸膜炎

（1）一般治疗：休息，加强营养，对症治疗。

（2）抗结核药物治疗：应予正规抗结核治疗，参见“肺结核”一章。

（3）胸腔穿刺抽液治疗：少量胸水一般不需抽液或只做诊断性穿刺。由于结核性胸腔积液蛋白含量较高，易引起胸膜粘连，原则上应尽快抽尽胸水。中等量以上积液应当抽液，使肺复张，纵隔复位，防止因胸膜增厚而影响肺功能。抽胸水后可减轻中毒症状。一般每周抽胸水2~3次，直至积液减少到不易抽出时。首次抽液不应大于800ml，每次抽液不宜超过1000ml。胸穿时若发生“胸膜反应”，有头晕、出汗、面色苍白、心悸、脉细、四肢发凉者，应立即停止操作，使患者平卧，必要时皮下注射 0.1% 肾上腺素 0.5ml，并密切观察血压，注意休克的发生。

抽液过多过快，使胸腔压力骤减，可发生肺水肿及循环衰竭。肺复张后肺水肿病人有咳嗽、气促、咳大量泡沫状痰，双肺满布湿啰音，PaO_2 下降，胸部 X 线显示肺水肿征，应立即吸氧，酌情使用糖皮质激素和利尿剂。

（4）合理应用糖皮质激素：全身中毒症状严重，有大量积液者，在给予正规抗结核化疗的同时，可加用糖皮质激素（如泼尼松）以加快胸水吸收并减少胸膜粘连，待症状消退、胸水减少时，逐渐减量，疗程 6~8 周（参考“肺结核”章节）。

2. 恶性胸腔积液 恶性胸腔积液最常见的病因是肺癌（腺癌居多）、乳腺癌，是晚期恶性肿瘤常见的并发症。此种胸腔积液生长迅速且持续存在，治疗效果差，预后不良，需要病因治疗、胸穿抽液、胸腔局部治疗和生物治疗等综合性治疗措施。治疗目的是缓解症状、减轻痛苦、提高生存质量和延长生命。

肺癌伴有胸腔积液者已属晚期。影像学检查有助于了解肺内及纵隔淋巴结等病变范围。当大量胸腔积液挤压纵隔产生呼吸、循环障碍时，胸穿抽液可以暂时缓解症状，但 1~3 天内胸腔液体又大量积聚。反复抽液使蛋白丢失太多，应做全身支持治疗。

全身化疗对部分小细胞肺癌伴胸水有一定疗效。纵隔淋巴结转移可行局部放射治疗，在抽吸胸水后，向胸膜腔内注入抗癌药物，如顺铂、多柔比星、丝裂霉素等。生物免疫调节剂，如干扰素、白介素 2、淋巴因子激活的杀伤细胞（LAK）等有一定疗效。为了闭锁胸膜腔，可先用胸腔插管将胸水引流完，待肺复张后注入免疫制剂，如短小棒状杆菌疫苗或胸膜粘连剂，如四环素、滑石粉，使两层胸膜粘连，减少胸水生成。为了减轻胸痛和发热，可同时注入少量利多卡因和地塞米松。尽管采用上述多种治疗，癌性胸液预后不良。

3. 脓胸 脓胸常继发于脓性感染或外伤，病原菌以葡萄球菌、厌氧菌、结核菌、放线菌等多见。急性脓胸有高热、胸胀痛，治疗以针对病原体的抗感染（全身及胸腔内给药）和反复抽脓，或闭式引流。可用 2% 碳酸氢钠或生理盐水反复冲洗胸腔，然后注入适量抗生素和链激酶，使脓液变稀易于引流。

慢性脓胸有胸膜增厚、胸廓塌陷和慢性消耗、杵状指等，应以外科胸膜剥脱术等治疗为主。患者丢失蛋白质较多，应予支持治疗。

处方及医师指导

1. 一般治疗：休息，加强营养，高热时可给予对症退热治疗。

2. 药物治疗：应予正规抗结核治疗，异烟肼 0.3g、利福平 0.45g、乙胺丁醇 0.75g 均为晨起空腹顿服，吡嗪酰胺 0.5g，每日 3 次。

3. 胸腔穿刺抽液治疗：积极抽胸水，每周抽胸水 2~3 次，直至积液减少到不易抽出时为止，以防胸膜粘连，缓解中毒症状。每次抽液不宜超过 1000ml。胸穿抽液要缓慢，防止发生肺水肿。

4. 经以上治疗一周后，如体温不退，全身中毒症状仍明显，且胸水仍较多时，在给予以上抗结核化疗的同时，可加用糖皮质激素，如泼尼松 30mg 早晨 1 次，以加快胸水吸收并减少胸膜粘连，当体温下降、胸水减少时，逐渐减量，疗程 6~8 周。

笔记栏

第11章 肺血栓栓塞症

案例

患者，男性、38岁，右股骨骨折1个月，左胸痛3天，加重伴咯血1天入院。

1个月前因外伤致右股骨骨折，当地予石膏固定后，一直卧床休息、右腿制动；3天前下床后，感左胸痛、轻干咳，深吸气时明显，1天前下床后左胸痛加重，继之出现咯血，为鲜红色，约20ml，为进一步治疗住院。既往体健。

体格检查：T 37.8℃，P 94次/min，R 28次/min，BP 125/60mmHg，神志清楚，呼吸稍促，口唇无发绀。两肺呼吸音清晰，未闻及干、湿性啰音。心律齐。腹软，无压痛，肝脾未触及。右下肢水肿。

实验室及其他检查：血常规示 WBC 10.3×10^9/L，N 0.75，RBC 4.61×10^{12}/L，Hb 145g/L；胸部X线片：左肺下野外带片状阴影；动脉血气分析：pH 7.34 PaO_2 75mmHg，$PaCO_2$ 36mmHg；心电图示：V_1～V_4T波倒置，不完全右束支传导阻滞；D-dimer值1000μg/L；心脏超声未见异常；超声检查股静脉可见血栓形成；肺螺旋CT可见左下肺动脉充盈缺损。

思考题

1. 根据以上临床表现，分析该患者左胸痛原因？

2. 分析该患者骨折与胸痛、咯血之间的关系？

3. 该患者的最终诊断是什么？

肺血栓栓塞症（pulmonary thromboembolism，PTE）是肺栓塞的一种常见类型。

肺栓塞（pulmonary embolism，PE）是以各种栓子阻塞肺动脉系统为其发病原因的一组疾病或临床综合征的总称，包括肺血栓栓塞症、脂肪栓塞综合征、羊水栓塞和空气栓塞等。若肺动脉分支所支配区域的肺组织因血流受阻而发生肺出血和或肺坏死者称为肺梗死（pulmonary infarction，PI）。由于肺组织接受肺动脉、支气管动脉和肺泡内气体弥散等多重氧供，故较少出现肺梗死。引起肺血栓栓塞症的血栓主要来源于深静脉血栓形成（deep venous thrombosis，DVT），最常见于下肢静脉及盆腔静脉。深静脉血栓形成与肺血栓栓塞症为一种疾病过程的不同阶段、不同部位的表现，两者合称为静脉血栓栓塞症（venous thromboembolism，VTE）。和单纯的深静脉血栓形成相比，肺血栓栓塞症的潜在危险性更大，急性肺血栓栓塞症是直接威胁患者生命的内科危重症之一。

肺血栓栓塞症和深静脉血栓形成已经构成了重要的国际性医疗保健问题。据欧美国家的初步流行病学资料显示，其发病率高，病死率亦高。在美国，静脉血栓栓塞症年新发病例数约为20万，其中1/3为肺血栓栓塞症，2/3为单独的深静脉血栓形成，肺血栓栓塞症成为美国的第三大死亡原因，仅次于肿瘤和心肌梗死。国内尚无确切的流行病学资料。由于肺血栓栓塞症发病和临床表现的隐匿性和复杂性，对肺血栓栓塞症的漏误诊较多，是影响预后的重要因素。近年来我国临床工作者对该病的诊断意识和诊断水平不断提高，漏误诊病例正在减少。

【危险因素】 肺血栓栓塞症的危险因素同静脉血栓栓塞症，即血管壁损伤、血流改变和血液成分异常。任何原因导致以上变化都可以成为静脉血栓栓塞症的危险因素。该病的发生涉及遗传性和获得性危险因素的相互作用。病因学研究中发现：几种基因联合缺陷会明显增加疾病的易感性，获得性危险因素可以促进静脉血栓栓塞症的发生，遗传性危险因素的存在可以明显增加家族性静脉血栓栓塞症易感性，两者相互作用可以导致静脉血栓栓塞症发生的危险性进一步增加。易发生静脉血栓栓塞症的危险因素包括遗传性（原发性）和获得性（继发性）两类。

（1）继发性危险因素：包括高龄、肥胖、长期制动、长期卧床、手术、骨折、长途航空或乘车旅行、应用口服避孕药和激素替代治疗、妊娠、产褥期、癌症、感染等。静脉血栓栓塞症的危险性随着年龄增加成指数增长，但是年龄作为一个独立危险因素所起的作用还不清楚。雌激素治疗，特别是第三代制剂，增加静脉血栓栓塞症的危险性已经得到证实。

（2）原发性危险因素：年龄小于50岁复发性肺血栓栓塞症，或有强的静脉血栓栓塞症家族史的患者中应该考虑高凝状态的检测，可能存在血液系统异常，特别是抗磷脂综合征，抗凝血酶

笔记栏

Ⅲ缺乏,因子Ⅴ Leiden突变即活化的蛋白C抵抗,蛋白C、蛋白S缺乏等。

(3) 如果在临床检测过程中没有发现明确的原发性或继发性危险因素,有学者称之为特发性肺血栓栓塞症,比较少见。对部分特发性肺血栓栓塞症患者进行胸部影像学检查或常规的血液检查可疑时,应考虑到隐源性恶性肿瘤的诊断。

【病理和病理生理】 肺动脉的血栓栓塞可发生于单侧或双侧,以双侧、多部位、右肺、下肺多见。肺梗死不多见。引起肺血栓栓塞症的血栓栓子来源于深静脉系统,85%来自下肢深静脉,其次也可来源于盆腔静脉,颈内和锁骨下静脉内留置导管和静脉内化疗,使来源于上腔静脉的血栓增多。右心腔来源的血栓较少。

血栓栓子运行到肺动脉及其分支,阻塞血管管腔,使其血流减少或中断,加之神经体液因素和低氧引起的肺动脉收缩,导致肺循环阻力增加、肺动脉高压,右心负荷增高,达到一定程度引起急性肺源性心脏病,可出现右心功能不全,回心血量减少,心排血量下降,导致休克,脑血管和冠状动脉灌注不足,引起晕厥,甚至死亡。急性肺血栓栓塞后肺动脉内血栓未完全溶解或反复发生肺动脉栓塞可形成慢性血栓栓塞性肺动脉高压,右心肥厚,出现慢性肺源性心脏病。

肺血栓栓塞后,栓塞部位形成死腔样通气,不能进行气体交换,肺内血流充分分布,通气/血流比例失调;较大的肺栓塞可引起支气管反射性痉挛,同时神经体液因素也促使气管收缩,气道阻力增加,肺通气量减少,引起呼吸困难。肺栓塞后,肺泡表面活性物质减少,肺顺应性下降,通气和弥散功能均下降。

【临床表现】 其临床表现为复杂性和多样性,与深静脉脱落血栓栓子的大小、数量和其每次栓塞的间隔时间以及是否存在其他心肺疾病密切相关。

1. 症状 肺血栓栓塞症的症状多种多样,缺乏特异性。症状的严重程度也有很大差别,可以无症状或休克,甚至猝死。常见症状:①呼吸困难,活动后明显;②胸痛,包括胸膜性胸痛和心绞痛样疼痛;③咯血,是提示肺梗死的症状,常为小量咯血,大咯血少见;④咳嗽,多为干咳,或有少量白痰;⑤晕厥,可为惟一或首发症状。当大块或多发性肺血栓栓塞时,患者常突然呼吸困难、胸闷、心悸和窒息感,可有剧烈咳嗽或咳暗红色或鲜血痰。也可有中度发热、胸痛,有时胸痛类似心绞痛,应注意与冠心病和肺炎鉴别。严重时,患者烦躁、焦虑、出冷汗、恶心、呕吐、昏厥、血压急剧下降甚至休克,大小便失禁,甚至死亡。

2. 体征

(1) 呼吸系统体征:呼吸急促最常见,肺栓塞范围大时可有发绀,叩诊浊音,呼吸音减弱,肺部有时可闻及细湿啰音和(或)哮鸣音,当闻及胸膜摩擦音或有胸腔积液体征时,常提示有肺梗死,偶在肺部可闻及一连续的或收缩期血管杂音,且吸气期增强。

(2) 循环系统体征:心率增快往往是肺栓塞的惟一体征,且持续时间长;血压变化,严重时血压下降甚至休克;颈静脉充盈、搏动增强;也可出现各种心律失常,亦可发生心搏骤停。肺动脉瓣区第二心音亢进,三尖瓣区可闻及收缩期杂音及舒张期奔马律。

(3) 其他体征:常有低热,持续1周左右,少数患者达38.5℃以上。

3. 下肢深静脉血栓形成的症状及体征 90%肺栓塞的栓子来源于下肢深静脉血栓,因此下肢深静脉血栓形成被认为是肺栓塞的标志,部分患者可表现为患肢肿胀或两下肢不对称性肿胀、疼痛或压痛,行走后患肢易疲劳或肿胀加重。但应注意约半数下肢深静脉血栓形成的患者无症状、物理查体是正常的。

应测量双侧下肢的周径来评价其差别。进行大、小腿周径的测量点分别为髌骨上缘以上15cm处,髌骨下缘以下10cm处。两侧相差1cm即有诊断意义。

案例归纳一

青年男性,既往体健,右股骨骨折1个月,一直卧床休息治疗,因下床活动而出现左胸痛3天,近日下床活动后左胸痛加重伴咯血。查体:T 37.8℃,P 94次/min,R 28次/min,BP 125/60mmHg呼吸稍促,心、肺、腹无阳性体征,右下肢水肿。

【实验室及其他检查】

1. 动脉血气分析 常表现为低氧血症、低碳酸血症、肺泡-动脉血氧分压差[$P_{(A-a)}O_2$]增大。部分患者的结果可以正常。

2. 心电图 最常见的改变为窦性心动过速。多数呈非特异性心电图异常。表现为:$V_1 \sim V_4$T波改变和ST段异常;部分病例可出现$S_Ⅰ Q_Ⅲ T_Ⅲ$征(即Ⅰ导联S波加深,Ⅲ导联出现Q/q波及T波倒置);完全或不完全右束支传导阻滞;肺型P波;电轴右偏,顺时针转位等。心电图改变多在发病后即刻开始出现,以后随病程的发展演变而呈动态变化。观察到心电图的动态改变较之静态异常对于提示PTE具有更大意义。

3. 胸部X线平片 表现为:区域性肺血管

笔 记 栏

纹理变细、稀疏或消失，肺野透亮度增加；肺野局部浸润性阴影；尖端指向肺门的楔形阴影；肺不张或膨胀不全；右下肺动脉干增宽或伴截断征；肺动脉段膨隆以及右心室扩大征；患侧横膈抬高；有时合并少至中量胸腔积液征等。仅凭 X 线胸片不能确诊或排除 PTE，但在提供疑似 PTE 线索和除外其他疾病方面，X 线胸片具有重要作用。

4. 超声心动图 在提示诊断和除外其他心血管疾患方面有重要价值。严重 PTE 患者，超声心动图检查可以发现右室壁局部运动幅度降低；右心室和(或)右心房扩大；室间隔左移和运动异常；近端肺动脉扩张；三尖瓣反流速度增快；下腔静脉扩张，吸气时不萎陷。这些征象说明肺动脉高压、右室高负荷和肺源性心脏病，提示或高度怀疑 PTE，但尚不能作为 PTE 的确定诊断标准。右心室壁增厚，提示慢性肺源性心脏病，对于明确该病例存在慢性栓塞过程有重要意义。右房或右室如发现血栓，同时患者临床表现符合 PTE，可以做出诊断。超声检查偶可因发现肺动脉近端的血栓而确定诊断。

5. 血浆 D-二聚体(D-dimer) D-二聚体是交联纤维蛋白在纤溶系统作用下产生的可溶性降解产物，为一个特异性的纤溶过程标记物。在血栓栓塞时因血栓纤维蛋白溶解使其血中浓度升高。D-二聚体对 PTE 诊断的敏感性达 92%～100%，但其特异性较低，仅为 40%～43%。手术、肿瘤、炎症、感染、组织坏死以及多种全身性疾病等均可使 D-二聚体升高。在临床应用中，D-二聚体对急性 PTE 有较大的排除诊断价值，若其含量低于 500μg/L，可基本除外急性 PTE。酶联免疫吸附法(ELISA)是较为可靠的检测方法。

6. 核素肺通气/灌注扫描 是 PTE 重要的诊断方法。典型征象是呈肺段分布的肺灌注缺损，并与通气显像不匹配。但是许多疾病可以同时影响患者的肺通气和血流状况，使通气/灌注扫描在结果判定上较为复杂，需密切结合临床进行判读。一般可将扫描结果分为三类：①高度可能：其征象为至少一个或更多叶段的局部灌注缺损而该部位通气良好或 X 线胸片无异常；②正常或接近正常；③非诊断性异常：其征象介于高度可能与正常之间。结果为高度可能具有诊断 PTE 意义。

7. 螺旋 CT 和电子束 CT 造影 能够发现段以上肺动脉内的栓子，是 PTE 的确诊手段之一。PTE 的直接征象：肺动脉内的低密度充盈缺损，部分或完全包围在不透光的血流之间(轨道征)，或者呈完全充盈缺损，远端血管不显影；PTE 间接征象：肺野楔形密度增高影，条带状的高密度区或盘状肺不张，中心肺动脉扩张及远端血管分支减少或消失等。CT 对亚段 PTE 的诊断价值有限。CT 扫描还可以同时显示肺及肺外其他胸部疾患。电子束 CT 扫描速度更快，可在很大程度上避免因心跳和呼吸的影响而产生的伪影。

8. 磁共振成像(MRI) 对段以上肺动脉内栓子诊断的敏感性和特异性均较高，避免了注射碘造影剂的缺点，与肺血管造影相比，患者更易于接受，适用于碘造影剂过敏的患者。MRI 具有潜在的识别新旧血栓的能力，有可能为将来确定溶栓方案提供依据。

9. 肺动脉造影 是诊断 PTE 的“金标准”。直接征象：肺血管内造影剂充盈缺损，伴或不伴轨道征的血流阻断；间接征象：肺动脉造影剂流动缓慢，局部低灌注，静脉回流延迟等。如缺乏 PTE 的直接征象，不能诊断 PTE。肺动脉造影是一种有创性检查，有发生致命性或严重并发症的可能，应严格掌握其适应证。

10. 深静脉血栓的辅助检查

(1)超声技术：通过直接观察血栓、探头压迫观察或挤压远侧肢体试验和多普勒血流探测等技术，可以发现 95%以上的近端下肢静脉内的血栓。静脉不能被压陷或静脉腔内无血流信号为 DVT 的特定征象和诊断依据。对腓静脉和无症状的下肢深静脉血栓阳性率较低。

(2)MRI：对 DVT 诊断的敏感性和特异性较高，达 90%以上，对盆腔和上肢深静脉血栓方面有优势，但对腓静脉血栓其敏感性不如静脉造影。

(3)放射性核素静脉造影：是无创性 DVT 检测方法，常与肺灌注扫描联合进行。也适用于对造影剂过敏者。

(4)肢体阻抗容积图：可间接提示静脉血栓形成。对有症状的近端 DVT 具有很高的敏感性和特异性，对无症状的下肢静脉血栓敏感性低。

(5)静脉造影：是诊断 DVT 的“金标准”，可显示静脉堵塞的部位、范围、程度及侧支循环和静脉功能状态，其诊断敏感性和特异性均接近 100%。

案例归纳二

血常规检查示 WBC 稍高，余项正常；胸部 X 线片：左肺下野外带片状阴影；动脉血气分析：pH 7.34，PaO_2 75mmHg，$PaCO_2$ 36mmHg；心电图示：V_1～V_4T 波倒置，不完全右束支传导阻滞；D-dimer 值 1000μg/L；心脏超声未见异常；超声检查股静脉可见血栓形成；肺螺旋 CT 可见左下肺动脉充盈缺损。

笔 记 栏

【诊断与鉴别诊断】

1. 诊断 由于PTE临床表现缺乏特异性，确诊需要特殊检查，临床漏诊率较高。因此诊断PTE关键是提高其诊断意识。诊断程序分疑诊、确诊和寻找病因三个层次。

（1）根据临床情况疑诊PTE：对存在危险因素病例出现难以解释的突发性呼吸困难、胸闷、咳嗽、咯血或头晕、晕厥等症状，尤其是伴有单侧或双侧不对称性下肢肿胀、疼痛等应考虑到PTE的可能；应立即进行心电图、X线胸片、动脉血气分析、D-二聚体、心脏超声和下肢血管超声检查。根据实验室检查结果进行综合分析，可以初步疑诊PTE或排除其他疾病。血浆D-二聚体对急性PTE有较大的排除诊断价值。

（2）对疑诊病例合理安排进一步检查以明确PTE诊断：对疑诊PTE的患者，应尽快进行PTE的确诊检查，包括：①核素肺通气/灌注扫描；②螺旋CT和电子束CT肺动脉造影（CTPA）；③磁共振成像（MRI）；④肺动脉造影。其中CTPA为首选的肺部影像学检查。只要以上检查结果的一项阳性，结合临床表现，即可确定诊断。在急诊情况下，一旦高度疑诊PTE即应进行急诊影像学检查。

（3）寻找PTE的成因和危险因素：对某一患者只要疑诊PTE，无论是否有DVT症状，均应进行全面的体格检查，并进行静脉超声或放射性核素、X线、CT或MRI静脉造影或肢体阻抗容积图等检查以明确是否并存DVT和血栓栓子的来源。

对于40岁以下PTE患者，应注意易栓倾向，要进行易栓症方面的检查。对不明原因的PTE患者，应对隐源性肿瘤进行筛查。

2. 肺血栓栓塞症的临床分型

（1）急性肺血栓栓塞症

1）大面积PTE（massive PTE）：临床上以休克和低血压为主要表现，即体循环动脉收缩压<90mmHg，或较基础值下降幅度≥40mmHg，持续15分钟以上。须除外新发生的心律失常、低血容量或感染中毒症所致血压下降。

2）非大面积PTE（non-massive PTE）：不符合以上大面积PTE标准的PTE。此型患者中，一部分患者临床出现右心功能不全表现，或超声心动图表现右心室运动功能减弱，归为次大面积PTE（sub-massive PTE）亚型。

（2）慢性血栓栓塞性肺动脉高压：存在慢性、进行性病程经过的肺动脉高压的相关临床表现；影像学检查证实肺动脉阻塞，经常呈多部位、广泛阻塞；常有DVT存在的征象；右心导管检查示静息肺动脉平均压>20mmHg，活动后肺动脉平均压>30mmHg；超声心动检查示右心室壁增厚，符合慢性肺源性心脏病诊断标准。

3. 鉴别诊断

（1）冠状动脉粥样硬化性心脏病（冠心病）：PTE患者胸闷、心绞痛样胸痛，心电图有心肌缺血改变易误诊为心绞痛或心肌梗死。但两者的危险因素不同，心电图动态变化、心肌酶学、冠脉造影有助于鉴别。

（2）主动脉夹层：PTE患者出现胸痛、休克时，需与主动脉夹层鉴别。后者常有高血压、高脂血症病史，呈撕裂样胸痛。心血管超声和胸部CT造影检查可见主动脉夹层征象。

（3）肺炎：PTE可表现咯血、呼吸困难、胸痛，并出现肺部阴影，易误诊为肺炎。但肺炎的感染中毒症状明显，咳脓性痰，白细胞增高，抗生素治疗有效。

（4）其他原因所致的晕厥：PTE患者有晕厥时，应注意与急性脑血管病和严重心律失常所致的晕厥进行鉴别。

案例诊断要点

1. 青年男性，既往体健。

2. 右腿骨折后，一直卧床休息，下床活动后出现左胸痛，近日下床活动后左胸痛加重伴咯血。

3. 查体：R 28次/min，呼吸稍促，血压正常，心、肺、腹无阳性体征，右下肢水肿。

4. 血常规检查示WBC稍高，胸部X线片示左肺下野外带片状阴影，动脉血气分析示pH 7.34，$PaO_2$75mmHg，$PaCO_2$ 36mmHg，心电图示V_1～V_4T波倒置，不完全右束支传导阻滞；D-dimer值1000μg/L；心脏超声未见异常；超声检查股静脉可见血栓形成；肺螺旋CT可见左下肺动脉充盈缺损。

临床诊断：

1. 急性肺血栓栓塞症：非大面积PTE。

2. 右下肢深静脉血栓形成。

【治疗】

1. 一般处理与呼吸循环支持治疗 对高度疑诊或确诊PTE的患者，应进行严密监护，监测呼吸、心率、血压、静脉压、心电图及血气的变化；绝对卧床，保持大便通畅，避免用力；可适当使用镇静、止痛、镇咳等相应的对症治疗。

采用经鼻导管或面罩吸氧以纠正低氧血症。对于出现右心功能不全但血压正常者，可使用多巴酚丁胺和多巴胺；若出现血压下降，可增大剂量或使用其他血管加压药物，如肾上腺素等。对于液体负荷疗法应谨慎。

2. 溶栓治疗

（1）适应证和禁忌证：主要适用于大面积PTE患者；对于次大面积PTE，若无禁忌证可以进行溶栓；对于血压和右室运动均正常的患者，不需要溶栓。

对于明确诊断的大面积PTE应尽早溶栓治疗。大面积PTE引起的休克属心外梗阻性休克，有别于其他类型的休克，紧急溶栓或介入治疗解除梗阻是治疗的关键。对于病情严重，造成循环障碍的，推荐应用溶栓治疗，且越早越好。溶栓治疗可迅速溶解部分或全部血栓，恢复肺组织再灌注，减小肺动脉阻力，降低肺动脉压，降低PTE患者的病死率和复发率。但应对患者情况进行谨慎的评估，并做好溶栓治疗的充分准备。

对于血流动力学稳定的大面积PTE的病人，特别是那些右心功能不全的病人，是否要进行溶栓，意见不一。

溶栓治疗应高度个体化。溶栓的时间窗一般定为14天以内。溶栓应尽可能在PTE确诊的前提下慎重进行。对有溶栓指征的病例宜尽早溶栓。

溶栓治疗的主要并发症为出血。用药前应充分评估出血的危险性。溶栓前宜留置外周静脉套管针，以方便溶栓中取血监测，避免反复穿刺血管。

溶栓治疗的绝对禁忌证有活动性内出血、近期自发性颅内出血。相对禁忌证有：2周内的大手术、分娩、器官活检或不能以压迫止血部位的血管穿刺；2个月内的缺血性中风；10天内的胃肠道出血；15天内的严重创伤；1个月内的神经外科或眼科手术；难于控制的重度高血压（收缩压>180mmHg，舒张压>110mmHg）；近期曾行心肺复苏；血小板计数低于$100×10^9/L$；妊娠；细菌性心内膜炎；严重肝、肾功能不全；糖尿病出血性视网膜病变等。对于大面积PTE，因其对生命的威胁极大，上述绝对禁忌证亦应被视为相对禁忌证。

（2）常用的溶栓药物与方案：有尿激酶（UK）、链激酶（SK）和重组组织型纤溶酶原激活剂（rtPA）。其中以UK和rtPA常用，因SK具有抗原性，易出现过敏反应。溶栓方案与剂量：①尿激酶：负荷量4400U/kg，静注10分钟，随后以2200U/（kg·h）持续静滴12小时；另可考虑2小时溶栓方案：以20 000U/kg量持续静滴2小时。②链激酶：负荷量250 000U，静注30分钟，随后以100 000U/h持续静滴24小时。链激酶具有抗原性，故用药前需肌注苯海拉明或地塞米松，以防止过敏反应。③rtPA：50～100mg持续静脉滴注2小时。

使用尿激酶、链激酶溶栓期间勿同用肝素。对以rtPA溶栓时是否需停用肝素无特殊要求。溶栓治疗结束后，应每2～4小时测定一次凝血酶原时间（PT）或活化部分凝血活酶时间（APTT），当其水平低于正常值的2倍时，即应开始规范的肝素治疗。

溶栓后应注意对临床征象及有关辅助检查情况进行动态观察，评估溶栓疗效。

3. 抗凝治疗 抗凝治疗是PTE的基础治疗，可显著提高患者的生存率，降低血栓栓塞的复发率。

（1）抗凝治疗的适应证：疑诊PTE应进行抗凝干预治疗。临床上存在PTE可能性的患者在影像学检查前即应给予抗凝治疗。对于疑诊大面积PTE的患者，如果希望达到快速扭转病情的效果应考虑使用抗凝治疗。

（2）抗凝治疗的禁忌证和并发症：禁忌证包括活动性出血、凝血功能障碍、未予控制的严重高血压等。对于确诊的PTE病例，大部分禁忌证属相对禁忌证。主要并发症是出血。

（3）常用抗凝药物及方案：抗凝药物主要有普通肝素（UFH）、低分子肝素（LMWH）和华法林（warfarin）。一般认为，抗血小板药物的抗凝作用不能满足PTE或DVT的抗凝要求。

1）UFH的用法：主张静脉滴注，发生作用快。予3000～5000U或按80U/Kg静注，继之以18U/（kg·h）持续静滴。在开始治疗后的最初24小时内每4～6小时测定APTT，根据APTT调整剂量，尽快使APTT达到并维持于正常值的1.5～2.5倍。达稳定治疗水平后，改每天上午测定APTT一次。

因肝素可能会引起血小板减少症，在使用肝素的第3～5天必须复查血小板计数。若较长时间使用肝素，尚应在第7～10天和14天复查。若出现血小板迅速或持续降低达30%以上，或血小板计数<$100×10^9/L$，应停用肝素。

2）低分子肝素（LMWH）的用法：根据体重给药，每日1～2次，皮下注射。对于大多数病例，按体重给药是有效的，不需监测APTT和调整剂量。使用方便，其疗效不低于UFH。

3）华法林：是最常用的、疗效确定的口服抗凝药。在肝素开始应用后的第1～3天加用口服抗凝剂华法林，初始剂量为3.0～5.0mg，与肝素需至少重叠4～5天，当连续两天测定的国际标准化比率（INR）达到2.5（2.0～3.0）时，或PT延长至正常值的1.5～2.5倍时，即可停用肝素，单独口服华法林治疗。应根据INR或PT调节华法林的剂量。

抗凝治疗的持续时间因人而异。一般口服

笔记栏

华法林的疗程至少为3~6个月。部分病例的危险因素短期可以消除,例如服雌激素或临时制动,疗程可能为3个月即可;对于栓子来源不明的首发病例,需至少给予6个月的抗凝;对复发性静脉血栓栓塞症、合并肺心病或危险因素长期存在者,抗凝治疗时间应延长,达12个月或以上,甚至终生抗凝。

妊娠前3个月和最后6周禁用华法林,可用肝素或低分子肝素治疗。产后和哺乳期妇女可以服用华法林。育龄妇女服用华法林者需注意避孕。

华法林的主要并发症是出血。华法林所致出血可以用维生素K拮抗。华法林有可能引起血管性紫癜,导致皮肤坏死,多发生于治疗的前几周。

在急诊PTE患者中,LMWH比UFH使用更方便,因LMWH的有效性和较少的副作用,而且不需要进行血液学监测。以LMWH作为初始治疗,继之口服华法林治疗,使国际标准化比率(INR)达到2.0~3.0。

4. 手术治疗和介入治疗

(1) 肺动脉血栓摘除术:适用于经积极保守治疗无效的紧急情况。手术标准:大面积PTE,肺动脉主干或主要分支次全堵塞,不合并固定性肺动脉高压者(尽可能通过血管造影确诊);有溶栓禁忌证者;经溶栓和其他积极的内科治疗无效者。此手术风险大,死亡率高,技术要求高。

(2) 经静脉导管碎解和抽吸血栓:用导管碎解和抽吸肺动脉内巨大血栓或行球囊血管成型,同时还可进行局部小剂量溶栓。适应证:肺动脉主干或主要分支大面积PTE,并存在以下情况者:溶栓和抗凝治疗禁忌;经溶栓或积极的内科治疗无效;缺乏手术条件。

(3) 静脉滤器:为防止下肢深静脉大块血栓再次脱落阻塞肺动脉,可于下腔静脉安装滤器。

适用于:下肢近端静脉血栓,有抗凝治疗禁忌或出血并发症;经充分抗凝仍反复发生PTE;伴血流动力学变化的大面积PTE;近端大块血栓溶栓治疗前;行肺动脉血栓切除术或肺动脉血栓内膜剥脱术的病例。对于上肢DVT病例还可应用上腔静脉滤器。置入滤器后,如无禁忌证,宜长期口服华法林抗凝;定期复查有无滤器上血栓形成。

(4) 慢性血栓栓塞性肺动脉高压的治疗:严重肺动脉高压的患者,可考虑行肺动脉血管内膜剥脱术。口服华法林3.0~5.0mg/d,根据INR调整剂量,保持INR为1.5~2.5。反复下肢深静脉血栓脱落者,可放置下腔静脉滤器。

由于PTE的栓子主要来源于DVT,因此治疗PTE的同时也应注意DVT的治疗,其治疗原则是卧床、抬高患肢、抗凝和患肢穿弹力袜等,溶栓治疗尚不成熟。

处方及医师指导

1. 一般治疗:监测呼吸、心率、血压;绝对卧床,抬高患肢;保持大便通畅,避免用力;鼻导管吸氧(2L/min)纠正低氧血症;动态观察心电图及血气的变化。

2. 药物治疗

(1) 抗凝治疗:患者为非大面积PTE,血流动力学稳定,无溶栓指征,抗凝治疗即可。LMWH:根据体重给药,每日2次,皮下注射。

(2) 华法林:在肝素开始应用后的第1~3天加用华法林,初始剂量为3.0mg,与肝素需至少重叠4~5天,连续两天测定INR,当达到2.0~3.0时,可停用肝素,单独口服华法林治疗。应根据INR或PT调节华法林的剂量。

3. 静脉滤器:此患者为股静脉血栓形成,是下肢近端深静脉血栓,可放置静脉滤器,但考虑患者目前血流动力学稳定,不需要溶栓,且患者尚年轻,放置静脉滤器后需长期口服华法林抗凝,定期复查有无滤器上血栓形成和血凝指标,目前无抗凝和溶栓的禁忌证,为首次血栓脱落,可暂时不放滤器,动态观察抗凝疗效。如果以后反复发生血栓脱落,可以考虑放置静脉滤器。

笔记栏

第12章 急性肺损伤/急性呼吸窘迫综合征

急性肺损伤(acute lung injury,ALI)/急性呼吸窘迫综合征(acute respiratory distress syndrome,ARDS)指由心源性以外的各种肺内外致病因素所导致的急性、进行性缺氧性呼吸衰竭。ALI和ARDS具有性质相同的病理生理改变,ARDS是严重的ALI。ALI和ARDS为同一疾病过程的两个阶段,ALI代表早期和病情相对较轻的阶段,ARDS代表后期病情较严重的阶段。ALI/ARDS病理生理改变以肺顺应性降低、严重通气/血流比例失调为特征;临床上表现为进行性低氧血症和呼吸窘迫;肺部影像学上表现为双肺弥漫性、非均一性的渗出性病变,后期多并发器官功能障碍。ALI/ARDS是一种常见危重病,病死率极高,严重威胁重症患者的生命并影响其生存质量。

【病因和发病机制】

1. 病因

(1) 直接肺损伤因素:严重肺部感染、胃内容物吸入、肺挫伤、吸入有毒气体、淹溺、氧中毒等,其中以重症肺炎最常见。

(2) 间接肺损伤因素:严重感染、严重的非胸部创伤、急性重症胰腺炎、大量输血、体外循环、弥散性血管内凝血等。

2. ALI/ARDS发病机制 ALI/ARDS的发病机制错综复杂,至今尚未完全阐明。基本病理生理改变是肺泡上皮和肺毛细血管内皮通透性增加所致的非心源性肺水肿。由于肺泡水肿、肺泡塌陷导致严重通气/血流比例失调,特别是肺内分流明显增加,从而产生严重的低氧血症。肺血管痉挛和肺微小血栓形成引发肺动脉高压。

ARDS早期的特征性表现为肺毛细血管内皮细胞与肺泡上皮细胞屏障的通透性增高,肺泡与肺间质内积聚大量的水肿液,其中富含蛋白及中性粒细胞为主的多种炎症细胞。中性粒细胞黏附在受损的血管内皮细胞表面,进一步向间质和肺泡腔移行,释放大量促炎介质,如炎症性细胞因子、过氧化物、白三烯、蛋白酶、血小板活化因子等,参与中性粒细胞介导的肺损伤。除炎症细胞外,肺泡上皮细胞以及成纤维细胞也能产生多种细胞因子,从而加剧炎症反应过程。凝血和纤溶紊乱也参与ARDS的病程,ARDS早期促凝机制增强,而纤溶过程受到抑制,引起广泛血栓形成和纤维蛋白的大量沉积,导致血管堵塞以及微循环结构受损。

【病理】 ARDS肺组织的大体观察肺色暗红,可见水肿、出血,重量明显增加,切面有液体渗出,因此有“湿肺”之称。显微镜下可见肺广泛性充血水肿和肺泡内透明膜形成,弥漫性肺损伤,透明膜形成及Ⅰ型肺泡上皮或内皮细胞坏死、水肿,Ⅱ型肺泡上皮细胞增生和间质纤维化等。少数ALI/ARDS患者在发病第1周内可缓解,但多数患者在发病5~7天后病情仍然无进展,进入亚急性期,可见肺间质和肺泡纤维化,Ⅱ型肺泡上皮细胞增生,部分微血管破坏并出现大量新生血管。部分患者呼吸衰竭持续超过14天,病理上常表现为严重的肺纤维化,肺泡结构破坏和重建。

【临床表现】 急性起病,在直接或间接肺损伤后12~48小时内发病。除有原发病相关的症状和体征外,尚具有以下临床表现:

1. 症状 最早出现的症状是呼吸增快性呼吸困难;不同程度的咳嗽、咳痰,咳血水样痰是其典型症状;烦躁、神志恍惚或淡漠。

2. 体征 由于缺氧所致的发绀,通过吸氧也难以纠正;早期ARDS肺部体征不明显,急性期双肺可闻及湿啰音,或呼吸音减低。

【实验室及其他检查】

1. 胸部X线片 早期ARDS常无明显改变,或肺纹理增多、增粗;病情进展后,表现为双肺野普遍密度增高,透亮度减低,大片阴影中可见支气管充气征;后期可出现肺间质纤维化的影像改变。

2. 动脉血气分析 典型改变为PaO_2<60mmHg、$PaCO_2$<35mmHg。根据动脉血气分析和吸入氧浓度计算肺氧和功能,如肺泡-动脉血氧分压差[$P_{(A-a)}O_2$]及肺内分流量(Q_S/Q_T),氧合指数(PaO_2/FiO_2)等指标,对建立诊断、评估病情的严重性和观察疗效等有重要意义。其中以PaO_2/FiO_2最为常用。其计算方法:用PaO_2的值除以FiO_2的值,如某位患者吸入50%浓度氧时,测得PaO_2为80mmHg,则PaO_2/FiO_2为80÷0.5=160(PaO_2/FiO_2单位为mmHg)。PaO_2/FiO_2正常值为400~500,ALI时≤300,ARDS时≤200。

【诊断与鉴别诊断】

1. 诊断 2006年中华医学会呼吸病学分会制定的诊断标准为:①急性起病;②氧合指数

笔记栏

(PaO_2/FiO_2) ≤ 200mmHg [不管呼气末正压(PEEP)水平];③正位 X 线胸片显示双肺均有斑片状阴影;④肺动脉嵌顿压≤18mmHg,或无左心房压力增高的临床证据。如 PaO_2/FiO_2 ≤ 300mmHg 且满足上述其他标准,则诊断为 ALI。

2. 鉴别诊断 以上 ALI/ARDS 的诊断标准并非特异性的,建立诊断时应排除大面积肺不张、急性肺栓塞、心源性肺水肿和张力性自发性气胸等。通过详细询问病史、体格检查和胸部 X 线片及心电图等可以鉴别诊断。

【治疗】

1. 原发病治疗 全身性感染、创伤、休克、烧伤、急性重症胰腺炎等是导致 ALI/ARDS 的常见病因。严重感染患者有 25%~50%发生 ALI/ARDS,而且在感染、创伤等导致的多器官功能障碍(MODS)中,肺往往也是最早发生衰竭的器官。目前认为,感染、创伤后的全身炎症反应是导致 ARDS 的根本病因。积极控制原发病,遏制其诱导的全身失控性炎症反应,是预防和治疗 ALI/ARDS 的必要措施。

2. 纠正缺氧 一般需要高浓度吸氧,尽快提高动脉氧分压,使 PaO_2 ≥60mmHg 或 SaO_2 ≥ 90%,轻症者可以使用面罩给氧,大多数患者需要机械通气。

3. 呼吸支持治疗

(1) 无创机械通气:无创机械通气(NIV)可以避免气管插管和气管切开引起的并发症,近年来得到了广泛的推广应用。当 ARDS 患者神志清楚、血流动力学稳定,并能够得到严密监测和随时可行气管插管时,可以尝试 NIV 治疗。

ALI/ARDS 在以下情况时不适宜应用 NIV:①神志不清;②血流动力学不稳定;③气道分泌物明显增加而且气道自洁能力不足;④因脸部畸形、创伤或手术等不能佩戴鼻面罩;⑤上消化道出血、剧烈呕吐、肠梗阻和近期食管及上腹部手术;⑥危及生命的低氧血症。

应用 NIV 治疗 ALI/ARDS 时应严密监测患者的生命体征及治疗反应。如 NIV 治疗 1~2 小时后,低氧血症和全身情况得到改善,可继续应用 NIV。若低氧血症不能改善或全身情况恶化,提示 NIV 治疗失败,应及时改为有创通气。

(2) 有创机械通气

1) 机械通气的时机选择:ARDS 患者经高浓度吸氧仍不能改善低氧血症时,应气管插管进行有创机械通气。目前认为,气管插管和有创机械通气能更有效地改善低氧血症,降低呼吸功,缓解呼吸窘迫,并能够更有效地改善全身缺氧,防止肺外器官功能损害。

2) 肺保护性通气:即小潮气量通气 6~8ml/kg,将吸气压控制在 30~35cmH_2O 以下,防止肺泡过度膨胀,加重肺及肺外器官的损伤。

由于 ARDS 肺容积明显减少,为限制气道平台压,有时不得不将潮气量降低,允许动脉血二氧化碳分压($PaCO_2$)高于正常,即所谓的允许性高碳酸血症。允许性高碳酸血症是肺保护性通气策略的结果,并非 ARDS 的治疗目标。研究证实,实施肺保护性通气策略时,一定程度的高碳酸血症是安全的,但颅内压增高是应用允许性高碳酸血症的禁忌证。酸血症往往限制了允许性高碳酸血症的应用,目前尚无明确的二氧化碳分压上限值,一般主张保持 pH>7.20。

3) 呼气末正压(PEEP)的选择:ARDS 广泛肺泡塌陷不但可导致顽固的低氧血症,而且部分可复张的肺泡周期性塌陷、开放会产生剪切力,导致或加重呼吸机相关肺损伤。应用适当水平 PEEP 可防止呼气末肺泡塌陷,改善低氧血症,避免剪切力,防治呼吸机相关肺损伤。一般 PEEP 水平为 10~18cmH_2O。但 PEEP 可增加胸内正压,减少回心血量,从而降低心排出量。因此,应用 PEEP 时对血容量不足的患者应注意补充,PEEP 水平应从低到高逐渐增加。

4. ALI/ARDS 药物治疗

(1) 液体管理:高通透性肺水肿是 ALI/ARDS 的病理生理特征,肺水肿的程度与 ALI/ARDS 的预后呈正相关。应用利尿剂可减轻肺水肿,缩短机械通气时间,进而减少呼吸机相关肺炎等并发症的发生。在保证组织器官灌注前提下,应实施限制性的液体管理,有助于改善 ALI/ARDS 患者的氧合和肺损伤。

ALI/ARDS 患者采用晶体液还是胶体液进行液体复苏一直存在争论。对于存在低蛋白血症的 ALI/ARDS 患者,在补充白蛋白等胶体溶液的同时联合应用呋塞米,有助于实现液体负平衡,改善氧合。

(2) 其他药物治疗:糖皮质激素、NO 吸入、肺泡表面活性物质替代治疗和前列腺素 E1 在 ALI/ARDS 治疗中可能有一定作用。

5. 营养支持与监护 ALI/ARDS 患者处于高代谢状态,能量消耗增加,应补充足够的营养,提倡全胃肠营养,防止肠道菌群移位。在治疗过程中,应动态监测呼吸、循环、水电解质和酸碱平衡等,及时调整治疗方案。

【预后】 ALI/ARDS 病死率约 50%,与年龄、原发病和严重程度有关。常死于原发病、多脏器功能衰竭和顽固性低氧血症。存活患者中,可有肺纤维化。

笔记栏

第二篇 循环系统疾病

第1章 总论

循环系统是由心脏和血管两部分组成,其主要功能是为全身组织运输血液,通过血液将氧气、营养物质及激素等供给组织,并将组织里的代谢废物带走,以保证人体正常新陈代谢的进行。

这些功能是在神经体液等因素的调节下进行的,近年研究发现心肌细胞和血管内皮细胞能分泌心房钠尿肽、内皮素、内皮舒张因子等活性物质,说明循环系统也具有内分泌功能;而心脏和血管的受体和受体后信号转导系统在心血管系统功能调节中具有重要意义。

近些年来,由于急性传染病、肺结核得到满意的治疗与预防,死于循环系统疾病的人数上升到第一或第二位。因此,学习循环系统疾病的知识,提高疾病的诊疗水平,对保障人民健康,具有重要的意义。

一、循环系统的解剖生理

1. 心脏 心脏是整个血液循环的发动机。其主要结构由以下几个部分构成:

(1) 心腔:心脏是由房、室间隔及房室瓣分隔成四个心腔。心房腔分为右、左心房,其薄壁、压力低,主要功能是分别接受、储存和转运由体静脉和肺静脉回心血液;心室腔分右、左心室,其厚壁、压力高,功能是接收由心房来的血液,通过心室肌收缩,使血液排入肺动脉和主动脉及其分支,分别将血液输入肺进行气体交换(摄氧和排出二氧化碳)和输送至组织以供代谢需要。

(2) 心壁:心壁由心内膜、心肌、心外膜三层构成,内外膜均很薄,心肌层肥厚,心脏的舒缩靠肌层进行。

1) 心内膜:为心腔内壁,由含弹性纤维的结缔组织表面被覆内皮细胞所构成,平滑光亮。各瓣膜都是由心内膜皱折延伸而成。

2) 心外膜:透明而光滑,紧密贴附于心脏表面及大血管起始部。

3) 心肌层:是心壁的主要部分,由心肌纤维构成。心房肌薄,心室肌层厚,两者由房室口上的纤维环隔开,故心房与心室可在不同时间内收缩。心室肌层由内、外螺旋肌及环形肌构成。螺旋肌为纵行纤维,收缩时心腔沿长轴(心底至心尖)缩短;环形肌在内外螺旋肌层之间,为环形纤维,其收缩可使心腔横径缩短。

(3) 心脏中心纤维体:是整个心脏的支架(将心房和心室肌以及各瓣膜组织牢固地连接在一起)包括结缔组织、腱索和瓣膜其功能为控制血流的方向。

2. 主动脉 主动脉根部与主动脉瓣三个半月瓣相应部向外膨出处为主动脉窦,分别为左、右、后窦。

主动脉弓的左侧部与肺动脉之间,在胚胎期有动脉导管相连。出生后,此导管闭合而为动脉韧带,如出生后不闭则称为动脉导管未闭。左锁骨下动脉与动脉导管之间的主动脉缩窄,绝大多数是先天性,动脉导管以下缩窄多为后天性。

3. 冠状动脉 为主动脉的第一个分支动脉,是心脏的营养血管。左、右冠状动脉分别开口于主动脉窦的左前及右前窦内。

(1) 左冠状动脉:分两大支,前降支与左旋支。前降支供血给左室前壁及部分侧壁、前间隔及心尖。左旋支供血给左室钝缘、侧壁及后壁(膈面)以及左心房。

(2) 右冠状动脉:分支有右室锐缘支、右室后支、左室后支、后降支、后间隔支、右房支等。右冠状动脉除供血给右心室外,常越过后纵沟供血给左心室后壁(膈面)及室间隔之后半部。窦房结和房室结的血供多数人来自右冠状动脉,少

笔记栏

数人来自左冠状动脉。

动脉粥样斑块可见于冠状动脉的任何部位，好发于左冠状动脉前降支上 1/3，右冠状动脉或左旋支的近端。

4. 心脏传导系统 由具有较高兴奋性及传导性的心肌纤维所组成。包括：窦房结、结间束、房室结、房室束、束支及浦氏纤维。

（1）窦房结：位于右心房上腔静脉入口处，是血管、神经、肌肉结构，有起搏细胞及过渡细胞，此处起搏细胞冲动发放频率最高。

（2）结间束：窦房结与房室结间有三条传导途径，称前、中、后结间束，三条结间束中以前结间束最短，冲动易于先通过此束传导。

（3）房室结：位于房间隔右侧壁的后下方。其上端与三条结间束相连，下端延续至房室束。房室结为房室间正常传导的惟一通路。房室连接区包括冠状窦区、房室结、房室结与房室束的连接区。房室结的传导速度最慢，为 0.01～0.02m/s，形成了心房与心室激动时间差，保证了心房—心室的序列舒缩。

（4）房室束和左、右束支：房室束又称希氏束，在房室结下部，向下在室间隔上部分成左、右两支，左束支下行至室间隔上、中 1/3 交界处分成两组纤维，分别称为前上及后下分支。前上分支扇形分布于室间隔的前半部及左心室前侧壁。后下分支扇形分布于室间隔后半部及左心室隔壁。右束支较左束支细小，沿室间隔右侧面走行，分布至整个右心室。

（5）浦氏纤维：左、右束支的分支在心内膜下分成无数呈网状的传导纤维，即浦氏纤维。其末端与普通心肌纤维相连接。

5. 血液循环的神经体液调节 心血管的神经支配有交感神经及副交感神经。交感神经兴奋可使心跳加快而有力，并使周围血管收缩；副交感神经兴奋可使心跳减慢，并使周围血管扩张；但冠状循环与此相反，在主动脉弓、颈动脉窦有丰富的压力感受器，通过反射可调节动脉压。体液调节主要是通过激素的作用，如紧张劳动时，肾上腺髓质的分泌增加，从而引起相应的血流动力学的改变，如血管收缩及血压增高。上述神经体液调节机制中，大脑皮质起着主导作用。

二、循环系统疾病的流行病学

随着经济的发展，生活方式的改变，寿命的延长，循环系统疾病的发病率和死亡率均呈上升趋势。

针对城市人群的调查显示：20 世纪 50 年代，我国心血管疾病的死亡率为 42.7/10 万人，在总死亡率中列第 5 位；70 年代为 115.74/10 万人，升至第 2 位；80 年代为 119.34/10 万人，升至第 1 位，80 年代农村人口 165.80/10 万人，也为第 1 位。2007 年中国卫生年鉴公布的心脏病的死亡率城市为 90.72/10 万人（第 3 位），农村为 71.84/10 万人（第 4 位），脑血管病为分别为 93.69/10 万人（第 2 位）和 105.48/10 万人（第 2 位），两者相加的总死亡率均排在第一位。

循环系统疾病的病种也在发生变化。20 世纪 50 年代心血管病占内科住院病人的比例为 9.89%，常见病种依次为风湿性心脏病、高血压性心脏病、梅毒性心脏病、肺源性心脏病、冠心病、先天性心脏病及其他；90 年代为 24.24%，常见病种依次为冠心病、心律失常、风湿性心脏病、高血压性心脏病、心肌炎、心肌病、先天性心脏病、肺源性心脏病和心包炎。随着风湿热发病率的下降和治疗更加及时有效，风心病的发病率进一步下降；随着老龄化的深入，老年钙化性瓣膜病发现率增加。随着心律失常检测技术的提高，心律失常的发现率较前显著增加。

我国高血压的患病率正在快速增加。我国成年人中估计的高血压人数已经从 1991 年的 9400 万到 2004 年的 1.6 亿，每年新增高血压患者 600 多万，另有 150 万人死于由高血压引起的中风。冠心病的发病率也在快速增长，我国目前约有 4000 万冠心病患者，我国目前每年死于心肌梗死及其并发症的人数已超过 100 万。随着心血管上游疾病（高血压、冠心病、心律失常等）的大幅增加，心力衰竭的发病率也随之大幅增加。

由此可见，心血管疾病的防治压力大增，任务也空前巨大。

三、循环系统疾病的诊断

1. 循环系统疾病的常见临床症状 包括心悸、发绀、呼吸困难、咳嗽、咯血、胸闷、胸痛、头晕、头痛、晕厥、少尿、水肿、声音嘶哑等。

2. 循环系统疾病常见体征

（1）心脏的体征

1）视诊：检查心尖搏动和心前区有无隆起。左心室扩大时心尖搏动向左下移位，左心室肥厚时呈抬举性搏动，大量心包积液时心尖搏动消失；先天性心脏病时心前区隆起。

2）触诊：震颤是器质性心脏病的表现。动脉导管未闭在第 2 肋间有连续性震颤，室间隔缺损在胸骨左缘第 3、4 肋间有收缩期震颤。主动脉瓣和二尖瓣的病变在相应区域可见震颤。

3）叩诊：通过叩诊可了解心脏浊音界的大小。

4）听诊：在诊断心血管疾病中具有重要价值。听诊内容包括心音性质的改变，有无额外心音、杂音和心律失常等。

（2）周围血管的体征

1）动脉：周围动脉搏动的幅度常反映心搏的多少，脉律反映心律。

2）颈静脉：注意颈静脉充盈的情况。

3. 实验室及相关检查

（1）实验室检查

1）与感染或炎症相关的指标：血常规、抗链球菌溶血素O、C反应蛋白、黏蛋白等。

2）代谢和内分泌指标：包括血脂、血糖（空腹和餐后）、同型半胱胺酸、胰岛分泌功能、甲状腺功能、尿儿茶酚胺、VMA测定、BNP等的检测。

3）血清心肌坏死标志物：磷酸肌酸激酶及其MB同工酶、肌红蛋白、肌钙蛋白等。

4）其他：肝肾功能、血气分析、血清钠、钾、氯、钙、镁等离子测定。

（2）心电图：体表心电图是心血管疾病诊断和疗效评估中最常用的方法，在诊断心律失常、心肌梗死、冠状动脉供血不足、心肌炎、心包炎及心脏房室大小等多个方面也有重要价值。动态心电图对病人进行24小时心电图连续监测，可提高在单次心电图记录时未能发现的ST段变化和心律失常的检出，对冠心病、心律失常的诊断很有价值。活动平板试验通过运动负荷可了解有无运动相关的心律失常、诱导心肌缺血等。

（3）心脏X线检查：2m的心脏远达位X线检查可协助判断心脏及各房室腔是否增大，了解心脏、主动脉与肺门搏动情况，以及肺动脉充血或肺淤血情况等。

（4）超声心动图检查：利用超声扫描技术可观察心脏与大血管的搏动情况、房室的舒张和瓣膜开关的活动规律，诊断二尖瓣、主动脉瓣的狭窄和关闭不全，三尖瓣狭窄，二尖瓣脱垂，特发性肥厚性主动脉瓣狭窄，心房黏液瘤，心包积液，房、室间隔缺损等；计算心排血量、射血分数等以了解左心室功能。

（5）放射性核素检查：心血管放射性核素检查，可进行心脏功能检查了解左室射血分数，心脏显像检查了解心肌血流灌注量和心肌细胞的功能状态。

（6）心导管检查和选择性心血管造影：右或左心导管检查对诊断先天性心血管疾病和心瓣膜病以及估计病变程度都有帮助。通过心导管进行心血管造影和电影记录式心血管造影，可进一步了解心脏和大血管的病变情况和功能变化。左心室造影可观察有无节段性室壁运动异常及了解左心室功能。选择性冠状动脉造影可明确冠状动脉狭窄的程度和部位，为决定治疗方案提供依据。应用带电极的导管可进行希氏束电图的描记，希氏束电图对传导阻滞的定位，阐明心律失常的机制，鉴别室性期前收缩与室上性期前收缩伴差异性传导等有很大帮助。应用带微音器的心导管可记录心内心音图，用以判定心音发生的部位。带气囊的漂浮导管可用以监测血流动力学的变化。带热敏电阻的导管可用以直接测定心排血量。通过心导管进行心内膜心肌活检，对临床上难以确诊的心肌病变者可提供诊断线索。

4. 循环系统疾病的临床诊断 心血管疾病的病情估计及治疗正确与否，基于诊断的正确性与完整性，一个完整的循环系统疾病诊断应包括以下几个方面。

（1）病因诊断：常见的病因有：①先天性心血管病，如心房间隔缺损；②感染性心脏血管病，如亚急性细菌性心内膜炎；③结缔组织病性心脏血管疾病，如风湿性心瓣膜病，系统性红斑狼疮；④动脉粥样硬化，如冠状动脉粥样硬化性心脏病；⑤高血压病及继发性高血压，如肾动脉狭窄、高血压性心脏病；⑥内分泌性或代谢性心血管病，如甲亢性心肌病、脚气病；⑦贫血性心脏病；⑧肺原性心脏病等。

（2）解剖部位诊断：包括：①先天性心血管疾病的畸形所在部位，如动脉导管未闭、肺动脉狭窄；②心内膜病变，如心内膜炎、心瓣膜病；③心肌病变，如心脏扩大、心肌炎、心肌病、心肌梗死、室壁瘤等；④心包病变：心包炎、心包积液；⑤冠状动脉病变：如动脉粥样硬化、栓塞或血栓形成、炎症；⑥心脏肿瘤，如心房黏液瘤；⑦血管病变，如动脉炎、动脉瘤等。

（3）病理生理诊断：①心力衰竭；②周围循环衰竭（休克）；③心绞痛；④阿-斯综合征；⑤高动力性循环状态；⑥高血压；⑦心律失常；⑧心脏神经官能症等。

（4）心功能诊断：根据病人在不同程度的活动量下所产生的主观症状，而将心功能划分为四级。

为了全面了解病情，心血管疾病的诊断除包括上述四个方面以外，还应列入并发症如脑栓塞等。

四、循环系统疾病的防治

防治循环系统疾病需要针对病因、病理解剖和病理生理等方面进行。有明确病因者应针对病因进行治疗，如甲亢性心肌病，首先要控制好

笔记栏

甲亢;维生素 B_1 缺乏性心脏病要补充维生素 B_1 治疗。心脏解剖病变药物治疗效果不佳,一般需要外科手术或介入治疗。如二尖瓣狭窄可经皮球囊扩张术分离粘连的瓣膜,也可更换人工瓣膜。对于无法根治的心脏病如心力衰竭需要针对病理生理改变及心功能的情况进行药物治疗。针对心血管疾病的危险因素进行防治可减少循环系统疾病的发病率。心功能下降的患者需要康复治疗。

五、循环系统疾病的研究进展

循证医学在循环系统疾病中广泛开展,其研究结果也迅速转变为新的更科学的证据,经各专门的学术委员会在结合本国的实际情况制订了多个临床疾病的指南。如美国、欧洲及中国均分别制订了高血压指南,并根据新的证据进行更新。其他如《感染性心内膜炎预防指南》、《慢性稳定性心绞痛诊断与治疗指南》、《中国成人血脂异常防治指南》、《经皮冠脉介入治疗指南》、《心脏瓣膜病诊疗指南》、《抗心律失常药物治疗指南》等。

对于临床的一些特殊情况或专题形成了专家共识,如"β 肾上腺素能受体阻滞剂用于高血压治疗的中国专家共识"、"中国 ACEI 专家共识"等。对于某些细节问题,尤其是以前似是而非的一些东西通过研究已经明确,如对高血压病的治疗新策略首先要关注血压的达标,还要保护靶器官,减少心血管疾病的总死亡,在手段上提倡一手降压一手降脂;对于代谢综合征公布了新诊断新标准,强调腰围;房颤血栓预防仍强调华法林的的作用;3 天以后的晚期再灌注对心肌梗死患者无益。

中国也开始了大型循证医学研究,如中国冠心病二级预防研究(CCSPS),并广泛参与到国际合作中。

在实验研究方面,REPAIR 试验发现来自个体自身的骨髓细胞可以再生心肌,提高心肌梗死患者的左心室射血分数;通过自体细胞培养心脏瓣膜成为可能;发现 β_2 受体基因型可预测心肌梗死后 β 受体阻滞剂治疗患者的生存率。

在流行病学方面:明确了被动吸烟(二手烟)的不良影响可达到主动吸烟者的 80%~90%。预防越来越多的儿童肥胖症应通过多种方法来实现,呼吁学校为学生提供体育锻炼课程及指导,并已证实可改善儿童的健康状况,减少肥胖发生。心血管疾病防治在不同种族之间应有差异。2003 年美国指南中首次定义了高血压前期的概念,并明确高血压前期可以使心肌梗死的危险升高 3 倍,对高血压前期就进行积极的治疗,47%的心肌梗死是可以预防的。

在诊断方面,新诊断技术的广泛应用,使循环系统疾病的诊断准确率大幅提高。如 BNP 用于心衰病情的判断,血管内超声可了解冠脉血管壁斑块情况,配合冠状动脉造影更准确地诊断冠心病,指导治疗。其他如心磁共振成像、核素心肌灌注扫描、多排螺旋 CT、正电子发射体层显影等也广泛应用于循环系统疾病的诊断。

治疗方面,指南推荐的方案获得疗效,如 CRUSAGE 研究证实严格遵循 ACC/AHA 指南可降低 ACS 患者死亡率。COURAGE 肯定了单纯强化药物对稳定型心绞痛在死亡、心梗和卒中的复合终点与介入治疗无疗效差别。同时,一些新的治疗药物问世,如胆固醇吸收抑制剂依折麦布应用于临床。药物涂层支架广泛应用于冠脉介入,并证实其可减少再狭窄的发生,但增加晚期血管内血栓形成。植入式心脏复律除颤器能够延长充血性心力衰竭患者的生存时间、可减少恶性心律失常的心脏性猝死。射频消融治疗可根治部分患者的心律失常。

笔记栏

第2章 心力衰竭

案例

患者，男性，55岁，活动后心悸、气促5年，双下肢浮肿3年，加重3天入院。

5年前无明显诱因出现上楼时心悸、气促，休息后缓解，在当地医院就诊，检查超声心动图示"室壁弥漫性变薄运动弥漫性减弱，左室(LV)：60.6mm，左房(LA)：43mm，射血分数(EF)：40.3%，多瓣膜反流"，诊断为扩张型心肌病。治疗后症状缓解出院。其后多因劳累反复发作住院治疗。近3年来轻微活动即可出现心悸、气促，并伴下肢浮肿，3天前因劳累再次出现心悸，气短，不能平卧，遂入院治疗。抽烟20年(每日1包)，已戒烟5年、少量饮酒，无高血压、冠心病病史，否认心肌炎病史，无药物食物过敏史。

体格检查：T 36.5℃，BP 116/82mmHg，P 108次/min，R 28次/min。半卧位，口唇轻度发绀，颈静脉怒张，呼吸促，双下肺可闻及细湿啰音。心浊音界左下扩大，心率：120次/min，律不齐，心音强弱不等，可闻及舒张期奔马律，二尖瓣区可闻及SM3/6级吹风样杂音，向腋下传导，$P_2>A_2$，未闻及心包摩擦音。腹稍膨隆，移动性浊音(+)。肝肋下一横指，肝颈静脉回流征(+)，双下肢凹陷性浮肿。

实验室及其他检查：胸片：心脏左下扩大，肺淤血征。心电图：房颤，ST—T改变。心脏彩超：LV 72mm，LA 51mm，二尖瓣重度关闭不全，三尖瓣轻度关闭不全，肺动脉高压(中度)，EF 32%。

思考题

1. 结合所学知识，你认为该病例最可能的诊断是什么？
2. 气促如何鉴别？
3. 请制订适当的诊治方案。

心力衰竭(heart failure)是由于心脏器质性或功能性疾病导致心功能不全(cardiac insufficiency)的一种临床综合征。系指因心肌收缩力下降使心排血量减少不能满足机体代谢的需要，器官、组织血液灌注减少，出现肺循环和(或)体循环淤血的表现。由于心力衰竭通常伴有肺循环和(或)体循环被动性充血，故又称为充血性心力衰竭(congestive heart failure，CHF)。

心功能不全是相对较新的概念，包括无症状和有症状两个阶段，心力衰竭即有症状的心功能不全。无症状的心功能不全是指有心室功能障碍的客观证据(左室射血分数降低)，但无典型的充血性心力衰竭症状。

【病因】 心力衰竭的病因包括基本病因及诱发因素两类。

1. 基本病因 心力衰竭是心脏疾病的终末阶段，几乎所有的心脏疾病均可引起心力衰竭。

(1) 原发性心肌损害：包括缺血性心肌损害。冠心病心肌缺血或梗死是最常见的原因；心肌炎症、变性或坏死、心肌病；心肌代谢障碍性疾病如糖尿病心肌病、维生素B_1缺乏。

(2) 心脏负荷过重：包括压力负荷过重和容量负荷过重。压力负荷(后负荷)过重见于肺及体循环高压，左、右心室流出道狭窄，主动脉或肺动脉瓣狭窄等。容量负荷(前负荷)过重见于瓣膜关闭不全，心内或大血管间左向右分流等，高动力循环状态如贫血、甲状腺功能亢进等也可引起容量负荷增加。

2. 诱因 有基础心脏疾病的患者，心力衰竭的出现往往由增加心脏负荷的因素诱发。以下为心力衰竭的常见诱因。

(1) 感染：儿童与老人以呼吸道感染最为常见，其次有亚急性感染性心肌膜炎、风湿热、泌尿系感染等。

(2) 心律失常：快速性心律失常如快速型的心房颤动、阵发性室性心动过速等。

(3) 过度劳累与情绪激动。

(4) 钠盐过多：包括食入过多或静脉输入过多/过快。

(5) 治疗不当：使用抑制心肌收缩力的药物(β受体阻断剂、钙通道阻滞剂)和某些抗心律失常的药物；洋地黄使用过量或不足。

(6) 其他：如妊娠或分娩、出血或贫血、肺栓塞、室壁瘤、乳头肌功能不全等。

【病理生理】

1. 代偿机制 心力衰竭的发生发展过程中，出现一系列的代偿过程，早期对血流动力学有益，过度代偿有害。其代偿机制有以下几种。

笔记栏

(1) Frank-Starling 机制:心脏前负荷增加通过本机制。心脏的前负荷增加,回心血量增多,心室舒张末期容积增加,进而增加心排血量,提高心脏做功。心室舒张末期容积增加,心室扩张,舒张末压力增高,心房压和静脉压也随之升高,出现肺和腔静脉系统的充血。

(2) 心肌肥厚:心脏后负荷增加时,心肌肥厚是主要的代偿机制。心肌肥厚心肌收缩力增强,可克服后负荷阻力,使心排血量在一段时间内维持正常。心肌肥厚时心肌细胞数并不增多,只是心肌纤维增多,但供给能量物质线粒体增加的程度和速度落后于心肌纤维的增多,致使心肌的整体供能不足,继续发展终至心肌细胞死亡。

(3) 神经激素的代偿:心排血量不足时,心腔压力增高,机制启动神经体液机制进行代偿。

1) 交感神经-肾上腺系统激活:心搏量的下降通过动脉压力感受器引起的减压反射激活交感神经-肾上腺系统,使肾上腺儿茶酚胺分泌增加,使心肌收缩性增强,心率增快,心排血量增加。

2) 肾素-血管紧张素-醛固酮系统(RAAS)激活:心力衰竭时肾血流灌注的降低及肾小球旁器中交感β_1受体的刺激可能是RAAS激活的主要机制。RAAS激活后,心肌收缩力增强,周围血管收缩维持血压,调节血液再分配,保证了重要脏器的血液供应。同时,血管紧张素Ⅱ及相应增加的醛固酮使心肌、血管平滑肌、血管内皮细胞发生细胞和组织的重构,最终导致心力衰竭恶化。

3) 各种体液细胞因子的变化:心力衰竭时,有多种肽类因子参与其发生和发展。血管加压素:由下丘脑分泌,可发挥缩血管、抗利尿和增加血容量的作用。心房利钠因子(ANF):由心房分泌,具有利钠排尿,扩张血管,抑制肾素和醛固酮的作用。脑钠素(BNP):由心室分泌,具有强大的利钠排尿,扩血管及抑制 RAAS 系统的作用。缓激肽:其增多与 RAAS 激活有关,可产生一氧化氮,有强大的扩血管作用。一些炎性细胞因子如肿瘤坏死因子-α 可诱发心力衰竭。

2. 心肌损害与心室重构 心力衰竭时出现心室扩大或心肌肥厚等变化,心肌细胞、细胞外基质、胶原纤维也有相应变化,即产生心室重构。心室重构的不断进展,心肌纤维化,心肌细胞坏死,心脏从代偿到失代偿,最终导致心力衰竭。心力衰竭后加速心室重构,形成恶性循环,终至不可逆转的终末阶段。

【心力衰竭(心衰)的类型】

1. 根据心力衰竭发生的缓急 分为急性心力衰竭(acute heart failure,AHF)与慢性心力衰竭(chronic heart failure,CHF)两类。

2. 根据心力衰竭的主要部位 分为左心衰竭、右心衰竭和全心衰竭。临床上以左心衰竭常见。

3. 根据心室舒缩功能障碍不同 分为收缩性心力衰竭和舒张性心力衰竭。临床上以收缩性心力衰竭常见。高血压所引起的心衰在早期多为舒张性心衰,晚期为收缩性心衰。严重的舒张期心衰见于限制型心肌病、肥厚梗阻型心肌病等。

4. 根据心排血量的量 分为低排血量型心力衰竭和高排血量型心力衰竭。

第1节 慢性心力衰竭

【流行病学】 根据美 Framingham 研究,人群心力衰竭的患病率从 1971 年的 0.3%上升到 2001 年的 2%,且随年龄增高而呈指数上升,女性发病比男性晚 5~10 年。根据 ACC/AHA2005 年统计数据,目前,全美国的心力衰竭患者约有 500 万,每年新增 55 万;而根据欧洲心脏学会 2005 年数据,欧洲 9 亿人口中有 1000 万的心衰患者。2000 年由美国、中国、澳大利亚和泰国参加的亚洲心血管病国际合作研究(InterASIA)调查了人群中多种心血管病及其危险因素的水平,调查我国 10 省市 15 518 人,心力衰竭患病率为 0.9%,其中男性为 0.7%,女性为 1.0%;随着年龄增长,心力衰竭的患病率显著上升;北方和南方地区患病率分别为 1.4%和 0.5%,北方显著高于南方;城市和农村人群患病率分别为 1.1%和 0.8%,城市高于农村,但无显著差异。该研究提示,我国心力衰竭患病率尚低于西方国家(美国为1.5%~2.0%);女性患病率高于男性,这与西方相反,其原因和心力衰竭的病因谱差异有关,我国风湿性瓣膜病的比例较西方高,而女性该病的发病率显著高于男性;随着年龄增高,心力衰竭的患病率显著上升,这与国外资料一致。我国心力衰竭的发病将会呈明显升高趋势。心衰不仅严重影响患者的生活质量,预后也很差,病死率极高,与肿瘤相仿,约有 50%的患者在 5 年内死亡,严重心衰患者的 1 年死亡率大于 50%。

【临床表现】 临床上以左心衰竭最常见,单纯的右心衰竭少见。

1. 左心衰竭 以肺淤血和心排血量减少的表现为主。

(1) 症状

1) 呼吸困难:左心衰竭较为特征性的症状,为肺淤血、肺顺应性降低、肺活量减少所致。随心功能不全的程度不同,呼吸困难分为:

A. 劳力性呼吸困难:心力衰竭最早出现的症状,原因为劳力时心肌耗氧量增多和回心血量

笔记栏

增加。随着左心功能不全的加重,引起气喘的劳力强度进行地下降。

B. 端坐呼吸:定义为卧位呼吸困难,用枕头抬高头部时缓解。心力衰竭晚期患者,不能平卧,必须整夜取坐位。

C. 夜间阵发性呼吸困难:病人在夜间睡眠时突然醒来,有严重的焦虑和窒息感,迅速坐起和气喘,通常伴有哮鸣音,又称心源性哮喘。夜间阵发性呼吸困难发作时需坐起30分钟或更长时间后才缓解。其原因与夜间下垂部位间质液体缓慢重吸收和胸腔血容量继发性增多,夜间膈肌上抬和交感神经支持下降,呼吸中枢正常的夜间抑制有关。

D. 急性肺水肿:见于急性左心衰的表现。

2) 体力下降:体力下降是每个心力衰竭病人共有表现,可出现倦怠、乏力、运动耐力下降,其原因可能为心排血量下降,骨骼肌血供不足。

3) 咳嗽、咳痰、咯血:多为干咳,咳泡沫样痰,有时痰中带血,常因体力活动、夜间平卧时加重。由于淤血及支气管黏膜水肿而引起,急性肺水肿时可咯粉红色或鲜红色泡沫样痰。当二尖瓣狭窄左心房增大,压迫支气管时亦可引起刺激性咳嗽。

(2) 体征

1) 心脏体征:除原有心脏病的体征外,另见左心室扩大、心率增快、心尖部舒张早期奔马律和肺动脉瓣区第二心音亢进。

2) 肺部体征:因肺循环的压力增高,肺间质水肿,可出现湿性啰音,随病情由轻到重,肺部啰音由肺底上升直到全肺。

3) 其他:脉压差减小、脉搏加速,可出现交替脉;约1/4的患者可见胸水。

2. 右心衰竭 以体静脉淤血的表现为主。

(1) 症状:主要由慢性持续淤血引起各脏器功能改变所致。消化道淤血可出现食欲不振、恶心、呕吐等;肝脏淤血可引起上腹饱胀、黄疸及心源性肝硬化的表现;肾脏淤血可引起尿量减少、夜尿多、蛋白尿和肾功能减退。

(2) 体征

1) 心脏体征:除原有心脏病的体征外,可见右心室增大,心前区呈抬举性搏动,心率增快,三尖瓣听诊区可闻及收缩期杂音,其特点是吸气时增强。

2) 静脉充盈:颈外静脉充盈是右心衰竭的早期表现,右侧明显。严重右心衰竭时手背静脉和其他浅静脉也充盈,并可见静脉搏动。

3) 肝脏肿大:出现较早,一般发生于皮下水肿之前。早期肝脏质地较软,长期慢性右心衰竭可引起心源性肝硬化,肝脏质地较硬,常伴黄疸、腹水,可见肝颈静脉返流征阳性。

4) 下垂性水肿:多在颈静脉充盈及肝肿大明显后才出现。先是皮下组织水分积聚,体重增加,严重则出现凹陷性水肿。水肿出现在身体的下垂部位。

5) 其他:可出现胸水、腹水、心包积液、发绀,晚期患者可有明显营养不良、消瘦甚至恶病质。

3. 全心衰竭 右心衰竭多继发于左心衰竭后,当右心衰竭出现后,右心排血量减少,左心衰竭的症状有所减轻。

案例归纳一

5年前开始上楼时心悸、气促,休息后缓解。后又多次发作类似症状。近3年来轻微活动即可出现心悸、气促,并伴下肢浮肿,入院前因劳累再次出现心悸、气促,不能平卧,伴双下肢浮肿。符合心力衰竭的临床表现。

【实验室检查】

1. X线检查 胸部X线检查可了解心影大小及外形,观察肺淤血、肺水肿及有无胸水,是心衰初始诊断病情资料的重要组成部分,不仅对诊断有帮助,还可除外肺部疾病引起的呼吸困难。慢性心力衰竭患者的心胸比例大于0.5,肺门血管影增强,上肺血管影增多和下肺纹理相仿。右下肺动脉增宽,可出现 Kerley B 线,提示肺小叶间隔内积液。

急性肺水肿时肺门呈蝴蝶状阴影,肺野可见大片融合的阴影。

2. 超声心动图 超声心动图是无创检测心脏功能的良好方法,比X线更准确地提供心脏各腔室的大小变化、心脏瓣膜结构和功能情况。以收缩末与舒张末的容量差计算射血分数(EF值)是心脏收缩功能的指标。正常 LVEF 值>50%。还可使用超声心动图判断舒张功能。心动周期中舒张早期心室充盈速度最大值为E峰,舒张晚期左室充盈最大值为A峰,舒张功能不全时,E峰下降,A峰增高,E/A比值降低。

3. 放射性核素检查 放射性核素心血池显像可较准确测量心室腔大小和左室射血分数(EF值),也可通过记录放射活性-时间曲线计算左心室最大充盈速率以反映心脏舒张功能。

4. 有创血流动力学检查 应用漂浮导管测量肺毛细血管楔压(PCWP),计算心脏指数(CI),可较好地反映左心室功能状态。PCWP的正常值为6~12mmHg,增高提示肺淤血,>30mmHg提示出现肺水肿。CI的正常值为>2.5L/(min·m^2)。

笔记栏

5. BNP 心力衰竭时，BNP 及其前体 proBNP 分泌增加，检测 BNP 有助于心力衰竭。BNP 水平的升高与心力衰竭的严重程度成正相关。BNP 还可能是心力衰竭预后的判断指标，BNP 愈高，预后愈差。

案例归纳二

胸片：心脏左下扩大，肺淤血征。心脏彩超：LV 72mm，LA 51mm，二尖瓣重度关闭不全，三尖瓣轻度关闭不全，肺动脉高压（中度），EF 32%。心脏扩大及左心室收缩功能下降的客观证据明确。

【诊断与鉴别诊断】

1. 诊断 根据患者的基础疾病、诱因、症状、体征和实验室的客观检查做出心力衰竭的诊断。明确的器质性心脏病的基础，典型的临床表现，如左心衰竭的肺循环淤血表现和右心衰竭的体循环淤血表现是诊断心力衰竭的重要依据。

心力衰竭的诊断确定，还需要对心功能进行判定和分级。左心功能一般采用 NYHA 心功能分级和 6 分钟步行试验，右心衰竭时需要对液体潴留的严重程度进行判断。

（1）NYHA 心功能分级：美国纽约心脏病学会（NYHA）根据患者的主观症状和活动能力的受限程度对心功能进行分级，共分为四级。Ⅰ级：体力活动不受限制，日常活动不引起乏力、心悸、气促和心绞痛。Ⅱ级：体力活动轻度受限，休息时无症状，但低于日常活动量即可引起乏力、心悸、气促和心绞痛。Ⅲ级：体力活动明显受限，休息时无症状，低于日常活动量即出现乏力、心悸、气促和心绞痛。Ⅳ级：不能进行任何体力活动，休息时即出现心力衰竭或心绞痛症状不适，任何体力活动都使症状加重。

1994 年，美国心脏学会（AHA）对 NYHA 的心功能分级方案进行了修订，除自觉症状之外，另外使用客观检查手段如心电图、负荷试验、X 线、超声心动图等来客观评估心脏病变的严重情况，分为 ABCD 四级。A 级：无心血管疾病的客观证据。B 级：有轻度心血管疾病的客观依据。C 级：有中等程度心血管疾病的客观依据。D 级：有轻度心血管疾病的客观依据。轻、中、重心血管疾病未予明确定义，由临床医生主观判定。

2005 年，美国心脏病学会和美国心脏学会（ACC/AHA）所制订的慢性心力衰竭指南对 NYHA 分级进行补充，将心力衰竭的发生根据症状分为 ABCD 四期。A 期：心力衰竭高危但是没有器质性心脏病或心力衰竭症状。B 期：器质性心脏病但没有心力衰竭症状。C 期：器质性心脏病并且既往或目前有心力衰竭症状。D 期：终末期心力衰竭，需要特殊的治疗措施的难治性衰竭，包括多数需住院治疗，某些患者需心脏移植。

（2）6 分钟步行试验：患者在平直的走廊里尽可能快地行走，测定 6 分钟的步行距离。行走距离若<150m，为重度心功能不全；150～425m 为中度心功能不全；426～550m 为轻度心功能不全。本实验简单、易行、安全，可以此来评定慢性心衰患者运动耐量，该试验对心力衰竭患者的预后判断有意义，也用于疗效评价的指标。

（3）液体潴留及其严重程度判断：液体潴留的判断对决定治疗方案十分重要，短时间内体重的增减是判断液体潴留的可靠指标，一般每日监测体重的变化来判断体内液体增减。

（4）心力衰竭的早期症状不明显，常能自由活动，诊断较为困难。劳力性气促和夜间阵发性呼吸困难是左心衰竭的早期症状，需要详细询问病史和体检。

2. 鉴别诊断 心力衰竭时的主要症状和体征需与以下疾病进行鉴别。

（1）支气管哮喘：夜间阵发性呼吸困难又称心源性哮喘，需与支气管哮喘（又称肺源性哮喘）进行鉴别。两者鉴别见表 2-2-1。

表 2-2-1 支气管哮喘与心源性哮喘的鉴别

	支气管哮喘	心源性哮喘
病史	有过敏史，哮喘发作史。一般无心脏病史	一般无过敏史，有心病史
发病年龄	多见于儿童或青少年时期起病	除先天性心脏病，一般年龄较大，多于 40 岁以后起病发作
时间	任何时间均可发作，多发于秋冬季节	常在夜间出现阵发性呼吸困难
咳痰和呼吸情况	白色或黄色黏痰，痰量不多；痰咳出后呼吸困难可缓解	痰多质稀，肺水肿时可咯粉红色泡沫痰；需要坐起呼吸才能缓解呼吸困难，伴出汗
肺部体征	双肺弥漫性哮鸣音	双肺底湿啰音
心脏体征	大小正常，可有右心扩大的表现	左心增大、心动过速、奔马律、心脏器质性杂音
X 线检查	肺野清晰，或肺气肿征	肺淤血、左心增大或全心增大
药物疗效	支气管扩张剂、激素有效	洋地黄、利尿剂、扩血管药物、吗啡等有效
BNP	<100pg/ml	≥100pg/ml

笔记栏

(2) 心包积液、缩窄性心包炎时,由于腔静脉回流受阻可有肝肿大、下肢浮肿等临床表现,根据病史、心脏及周围血管体征可进行鉴别,超声心动图检查可确诊。

(3) 肝硬化腹水伴下肢浮肿时,与慢性右心力衰竭的临床表现类似,需鉴别。右心衰竭时有基础心脏病体征,还可有颈静脉充盈,非心源性肝硬化一般不会出现颈静脉怒张等上腔静脉回流受阻的体征。

案例诊断要点

1. 中年男性

2. 病史特点:5年前开始上楼时心悸、气促,休息后缓解。后又多次发作类似症状。近3年轻微活动即可出现心悸、气促,并伴下肢浮肿,入院前因劳累再次出现心悸、气促,伴双下肢浮肿。符合心力衰竭的临床表现。

3. PE:半卧位,口唇轻度发绀,颈静脉怒张,呼吸促,双下肺可闻及细湿啰音。心浊界左下扩大,心率120次/min,心律不齐,心音强弱不等,可闻及舒张期奔马律,二尖瓣区可闻及SM3/6级吹风样杂音,向腋下传导,$P_2>A_2$,未闻及心包摩擦音。腹稍膨隆,移动性浊音(+)。肝肋下一横指,肝颈静脉回流征(+),双下肢凹陷性浮肿。

4. 实验室检查:胸片:心脏左下扩大,肺淤血征。心脏彩超:LV 72mm,LA 51mm,二尖瓣重度关闭不全,三尖瓣轻度关闭不全,肺动脉高压(中度),EF 32%。

临床诊断:1. 慢性心力衰竭,心功能Ⅳ级,D期
2. 扩张性心肌病
3. 快速房颤

【治疗】 心力衰竭的治疗目标不仅仅是改善症状、提高生活质量,更重要的是心肌重构的机制,防止和延缓心肌重构的发展,从而降低心力衰竭的住院率和总死亡率。

心力衰竭的治疗已从短期血流动力学/药理学措施转为长期的、修复性的策略。其防治措施包括病因治疗、一般治疗和药物治疗。

1. 病因治疗

(1) 去除或缓解基本病因:对导致心力衰竭的基本病因进行全面评估,确定针对基本病因的治疗方案。基础疾病为瓣膜病的患者,有适应证时要考虑手术修补或瓣膜置换。缺血性心脏病的左室功能低下且证实有存活心肌时,进行冠状动脉血管重建术可改善心功能。肥厚梗阻型心肌病进行化学消融或外科手术减轻左室流出道梗阻可改善心功能。先心病的外科修补或介入治疗可改善血流动力学。其他如有效控制血压、甲状腺功能的纠正治疗和室壁瘤的手术矫正等。

(2) 消除诱因:消除心力衰竭的诱因如控制感染,治疗心律失常,纠正贫血、电解质紊乱;防治并发肺梗死等。另外,某些药物如钙离子拮抗剂、I类抗心律失常药物、β受体阻滞剂、非甾体类抗炎药可引起心肌收缩力的下降,需避免或谨慎使用。

2. 一般治疗

(1) 休息和运动:适当休息,避免进行可诱发或加重心力衰竭的剧烈运动或精神刺激。适量的有氧运动对心功能的恢复有益。

(2) 改善生活方式:降低心血管疾病的危险因素如戒烟、戒酒、超重或肥胖者降低体重,低盐低脂饮食。对于没有心力衰竭水肿者,食盐可限制在每天3~6g之间,中、重度心力衰竭患者每天食盐量要控制在2g以内。重度心力衰竭患者还需限制水的摄入,每天称体重以早期发现液体潴留。

治疗期间,还需密切观察病情演变,并定期随访。

3. 药物治疗

(1) 血管紧张素转换酶抑制剂(ACEI)

1) 作用机制:抑制肾素血管紧张素系统(RAAS),扩张血管,抑制交感神经兴奋性,改善和延缓心肌重构;抑制缓激肽的降解,促进具有血管扩张作用的前列腺素生成增加,同时具有抗组织增生作用。

2) 适应证和禁忌证

A. 适应证:适用于所有LVEF减少(<40%~45%)、不论其有或无心力衰竭症状,慢性心力衰竭(轻、中、重度)患者的长期治疗,急性心肌梗死后有心衰迹象或症状的患者。

B. 禁忌证或须慎用ACEI的情况:对ACEI曾有致命性不良反应的患者,如曾有血管神经性水肿、无尿性肾衰竭或妊娠妇女,绝对禁用ACEI。以下情况须慎用:双侧肾动脉狭窄,血肌酐水平显著升高[>225.2μmol/L(3mg/dl)],高血钾症(>5.5mmol/L),低血压(收缩压<90mmHg)。

3) 应用方法:①起始剂量和递增方法:ACEI应用的基本原则是从小剂量起始,逐渐递增,直至达到目标剂量。一般每隔3~7天剂量倍增1次。剂量调整的快慢取决于每个患者的临床状况。②维持应用:一旦剂量调整到目标剂量或最大耐受剂量,应终生使用。ACEI的良好治疗反应通常要到1~2个月或更长时间才显示出来,

笔记栏

但即使症状改善并不明显,仍应长期维持治疗,以减少死亡或住院的危险性。撤除 ACEI 有可能导致临床状况恶化,应予避免。

常用药物及剂量见表 2-2-2。

表 2-2-2 心力衰竭治疗中常用的 ACEI 参考剂量

药　物	起始剂量	目标剂量
卡托普利	6.25mg,3 次/d	50mg,3 次/d
依那普利	2.5mg,2 次/d	10~20mg,2 次/d
福辛普利	5~10mg,1 次/d	40mg,1 次/d
赖诺普利	2.5~5mg,1 次/d	20~40mg,1 次/d
培哚普利	2mg,1 次/d	8~16mg,1 次/d
贝那普利	2. 5mg,2 次/d	20mg,2 次/d
雷米普利	1. 25~2. 5mg,1 次/d	10mg,1 次/d
群多普利	1mg,1 次/d	4mg,1 次/d

注:参考 ACC/AHA2005 慢性心力衰竭指南和 ESC 慢性心衰指南

4）不良反应:ACEI 有两方面的副作用:①与血管紧张素抑制有关的副作用,包括低血压、肾功能不全和高钾血症。②与激肽激活有关的副作用,包括咳嗽和血管神经性水肿。其他副作用包括皮疹,味觉异常等。

低血压较常见,一般于最初治疗的数天或加量时出现,通常无症状或仅出现头晕。观察血压,必要时减量使用。咳嗽的发生率较高,约 15%~30%,其特点是干咳无痰,严重咳嗽可能导致 ACEI 治疗的中断,多发生于治疗的第一个月,停药 1 周后可消失。不能耐受时可使用 ARB 代替。在肾灌注降低时,ACEI 可导致肾功能恶化和钾潴留,建议定期监测肾功能和血钾。对低血压或血清肌酐高于 250μmol/L 的患者必须小心。收缩压低于 100mmHg 的患者必须在专科医疗机构开始治疗。在治疗过程中如果病人发生无症状低血压(<90mmHg)是可以接受的。

(2) 血管紧张素Ⅱ受体拮抗剂(ARB)

1）作用机制与适应证:ARB 可阻断经 ACE 和非 ACE 途径产生的血管紧张素Ⅱ的 AT_2 和 AT_1 受体结合,理论上 ARB 对 AT_2 不良作用的阻断比 ACEI 更直接、更完全。与 ACEI 相比,ARB 具有以下优点:可以从受体水平完全阻断各种途径生成的血管紧张素Ⅱ的作用,不发生血管紧张素Ⅱ、醛固酮逃逸;对激肽系统无影响,咳嗽不良反应与安慰剂相似。适应证:ARB 可用于不能耐受 ACEI 的心力衰竭患者。

2）应用要点:有左室收缩功能不全的患者,血管紧张素Ⅱ受体阻断剂(ARB)在不耐受 ACEI 的症状性心衰患者可代替 ACEI 使用,以减低死亡率和并发症。ARB 和 ACEI 对慢性心衰的死亡率和发病率降低具有类似的效果,在有心衰或左室功能不全迹象的急性心肌梗死中 ARB 和 ACEI 对死亡率降低具有类似或等同的效果,但未应用过 ACEI 和能耐受 ACEI 的患者不宜用 ARB 取代。心力衰竭患者对 β 受体阻断剂有禁忌证时,ARB 与 ACEI 可合用。ARB 与 ACEI 相同,亦能引起低血压、高血钾及肾功能损害恶化等。常用药物及剂量见表 2-2-3。

表 2-2-3 心力衰竭治疗中常用的 ARB 参考剂量

药　物	起始剂量	目标剂量
坎地沙坦	4~8mg,1 次/d	4~32mg/d
缬沙坦	20~40mg,2 次/d	80~320mg/d
氯沙坦	25~50mg,1 次/d	50~100mg/d
厄贝沙坦	25~100mg,1 次/d	150~300mg/d
替米沙坦	20~40mg,1 次/d	40~80mg/d

(3) 利尿剂

1）作用机制:通过抑制肾小管不同部位 Na^+ 重吸收,或增加肾小球 Na^+ 滤过,增加水、Na^+ 排出,降低前负荷,减轻肺循环和体循环淤血从而改善心功能。

2）种类

A. 噻嗪类:主要作用于远曲小管近端和袢升支远端,抑制 Na^+ 重吸收,有氢氯噻嗪、苄氟噻嗪、氯噻酮、吲哒帕胺等。

B. 袢利尿剂:主要作用于肾髓袢升支髓质部,抑制 Cl^- 和 Na^+ 的利尿药,其利尿作用最强,如呋塞米、托拉塞米、布美他尼等。

C. 保钾利尿剂:作用于远曲小管的 Na^+-K^+ 交换段,有螺内酯、阿米洛利、氨苯蝶啶。

3）应用原则和方法:所有心力衰竭患者,有液体潴留的证据或原先有过液体潴留者,均应给予利尿剂。

NYHA 心功能Ⅰ级患者一般不需应用利尿剂。噻嗪类与袢利尿剂始终与 ACEI 联合使用。

笔 记 栏

利尿剂通常从小剂量开始,如呋塞米每日 20mg;氢氯噻嗪每日 25mg,并逐渐增加剂量直至尿量增加,体重每日减轻 0.5~1.0kg。一旦病情控制(肺部啰音消失,水肿消退,体重稳定),即可以最小有效量长期维持。治疗效果不良时,则增加利尿剂剂量或联合使用袢利尿剂和噻嗪类,伴有持续水潴留时每日 2 次给予袢利尿剂,对严重心衰患者加美托拉宗,经常检测肌酐和电解质。保钾利尿剂在开始 ACEI 和利尿剂治疗后持续低钾时应用,开始 1 周的低剂量用药,1 周时检测血钾和肌酐并相应调整剂量,每 7 天复查直到血钾稳定。常用的利尿剂及用法见表 2-2-4。

表 2-2-4 慢性心力衰竭合并液体潴留治疗中推荐使用的口服利尿剂

药物	起始剂量(日)		最大剂量(日)		主要副作用
袢利尿剂					
布美他尼	0.5~1.0mg,1~2 次		10mg		高尿酸血症、低血镁、低血钠
呋塞米	20~40mg,1~2 次		250~500mg		低血钾
托拉塞米	5~10mg,1 次		20mg		酸碱紊乱
噻嗪类利尿剂					
苄氟噻嗪	2.5mg		10mg		低血镁、低血钠,低血钾
氢氯噻嗪	25mg,1~2 次		200mg		酸碱紊乱
吲哒帕胺	2.5mg,1 次		5mg		高尿酸血症,糖耐量异常
美托拉宗	2.5mg,1 次		20mg		
保钾利尿剂	+ACEI	-ACEI	+ACEI	-ACEI	
阿米洛利	2.5mg,1 次	5mg	20mg	40mg	高钾血症,皮疹
螺内酯	12.5~25mg,1 次	50mg	50mg	100~200mg	高钾血症
氨苯蝶啶	25mg,2 次	50mg	100mg	200mg	高钾血症,男性乳房发育

注:参考 ESC2005 慢性心力衰竭指南

(4) β 受体阻断剂

1) 作用机制:主要机制是降低交感神经过度兴奋,降低去甲肾上腺素对心肌细胞的毒性作用及解除冠脉痉挛;降低心率,减少心肌氧耗,改善舒张期充盈和顺应性 ,改善心肌缺血和能量缺乏,从而减少室颤等恶性心律失常的发生;防止心肌细胞内钙离子超载,减轻心肌细胞损伤,有利于阻止心室重构。β 受体阻断剂能延缓心室重塑,改善患者心功能。

2) 适应证和禁忌证

A. 适应证:所有慢性收缩性心力衰竭,NYHA心功能Ⅱ、Ⅲ级患者,LVEF<40%,病情稳定者,均必须应用 β 受体阻断剂。应在 ACEI 和利尿剂的基础上加用 β 受体阻断剂。因 β 受体阻滞剂具有负性肌力作用,故病情不稳定的或 NYHA 心功能Ⅳ级的心力衰竭患者,一般不用 β 受体阻滞剂。NYHA 心功能Ⅳ级患者,如病情已稳定,无液体潴留,体重恒定,且不需要静脉用药者,可考虑在严密监护下,由专科医师指导应用。急性心肌梗死后有左室收缩功能不良,伴或不伴症状性心衰的患者需长期 β 受体阻断剂治疗以减少死亡率。

B. 禁忌证:支气管痉挛性疾病、心动过缓(心率<60 次/min)、Ⅱ度及以上房室传导阻滞(除已安装起搏器)均不能应用。

3) 应用要点:需从极低剂量开始,如美托洛尔缓释片 12.5mg 每天 1 次,比索洛尔 1.25mg 每天 1 次,卡维地洛 3.125mg,每天 2 次。如患者能耐受,可每隔 2~4 周将剂量加倍,如前一较低剂量出现不良反应,可延迟加量直至不良反应消失。达最大耐受量或目标剂量后长期维持,不按照患者的治疗反应来确定剂量。必须监测以下情况:低血压:特别是有受体阻滞作用的制剂易于发生,一般在首剂或加量的 24~48 小时内发生;心动过缓和房室传导阻滞:如心率<55 次/min 或出现Ⅱ度、Ⅲ度房室传导阻滞,应将减量或停用;此外,应注意药物相互作用的可能性。常用药物及剂量见表 2-2-5。

表 2-2-5 心力衰竭治疗中常用的 β 受体阻滞剂

药物	起始剂量	最大剂量
β 受体阻断剂		
比索洛尔	1.25mg,1 次/d	10mg/d
卡维地洛	3.125mg,2 次/d	50mg/d
缓释琥珀酸美托洛尔	12.5/25mg,1 次/d	200mg/d

注:参考 ACC/AHA2005 慢性心力衰竭指南

(5) 正性肌力药物:正性肌力药物减轻心力衰竭的症状,改善运动耐量和心功能分级。临床常用的正性肌力药物有洋地黄类和 cAMP 依赖性正性肌力药。

笔 记 栏

1) 洋地黄类:使用洋地黄类药物治疗心力衰竭已有200多年的历史,此前一直将其视为单纯的正性肌力药物。1997年,DIG试验将死亡率作为研究主要终点,治疗心功能Ⅱ、Ⅲ级的心力衰竭患者2~5年,证实地高辛可明显改善症状,减少住院率,提高运动耐量,增加心排血量,但不影响心衰患者的生存率。

A. 药理作用

a. 正性肌力作用:通过抑制心肌细胞膜上的Na^+-K^+ATP酶,使细胞内钠离子浓度升高,钾离子浓度降低,钠离子与钙离子进行交换,使细胞内钙离子浓度升高而使心肌收缩力增强。

b. 电生理作用:治疗剂量的洋地黄可抑制心脏传导系统,对房室交界区的抑制最为明显。大剂量时提高心肌的自律性,当血钾浓度降低,更易发生各种快速性心律失常。

c. 迷走神经兴奋作用:对迷走神经具有直接的兴奋作用。长期应用地高辛可对抗心力衰竭时交感神经兴奋的不利影响。

B. 洋地黄制剂的应用:常用洋地黄制剂有地高辛、洋地黄苷、毛花苷丙和毒毛花苷K。根据其起效和维持时间可分为作用缓慢和作用快速两大类。其中毒毛花苷K作用最快,静脉注射后7小时内血药浓度可自12mg/ml迅速下降至0.3mg/ml以下。7小时以后的半衰期约为22小时。作用开始和到达高峰的时间均较毛花苷丙和地高辛快。毛花苷丙的半衰期与地高辛相似,约1.5天。地高辛为口服药物,在体内半衰期约1.5天,口服后80%~85%在肠道内吸收,与血清蛋白结合较少,主要经肾脏排泄,每日清除率与体存量成一定比例,肾功能障碍时排泄减少。

口服地高辛曾有负荷量给药法,现多采用自开始即用固定的维持量给药法,即维持量疗法,地高辛每日0.125~0.25mg/d。对于年龄超过70岁的老人及肾功能受损者,地高辛0.125mg,每日1次或隔日1次。通过观察心功能改善的情况和监测地高辛的浓度来调整药物剂量。

洋地黄作为首选药物的适应证是室上性快速心律失常的中、重度心力衰竭。在利尿剂、ACEI(或ARB)和β受体阻断剂治疗过程中持续有心衰症状的患者需要使用洋地黄。

应用要点:应与利尿剂、ACEI和β受体阻断剂联合应用;没有明显地降低心力衰竭患者病死率的作用,不主张早期应用,不推荐应用于NYHA心功能Ⅰ级患者。地高辛是惟一经过安慰剂对照临床试验评估的洋地黄制剂,也是惟一被美国食品与药物管理局(FDA)确认能有效地治疗慢性心力衰竭的洋地黄制剂,目前应用最为广泛。

禁忌证:洋地黄过量或中毒,肥厚梗阻型心肌病并发的心力衰竭,房室传导阻滞,预激综合征伴心房颤动或扑动。

慎用:急性心肌梗死早期出现心力衰竭,除非伴室上性快速心律失常,否则大多不用洋地黄;肺心病伴急性呼吸功能衰竭,除非伴室上性快速心律失常,否则不用洋地黄治疗;洋地黄易致心律失常,对紊乱性房性心动过速的疗效不肯定;严重二尖瓣狭窄伴窦性心律并发肺水肿者,洋地黄不能缓解症状,还可通过增强右室排血,加重肺淤血。

C. 洋地黄毒性反应:常见的洋地黄中毒表现有:①胃肠道反应:纳差、恶心、呕吐,应与心力衰竭本身或药物(如氯化钾、氨茶碱、氨苯蝶啶等)引起的胃肠道反应鉴别。②心律失常:在应用洋地黄过程中心律突然改变,是诊断洋地黄中毒的重要依据。洋地黄中毒具有诊断价值的特征性心律失常有:多形室性期前收缩呈二联律,尤其是发生在心房颤动基础上;心房颤动伴完全性房室传导阻滞与房室交接处心律;心房颤动伴加速的交接性自主心律呈干扰性房室分离;心房颤动频发交接处逸搏或短阵交接处性心律;房性心动过速伴房室传导阻滞;双向性交接处性或室性心动过速和双重心动过速。③神经系统表现:如视力模糊、黄视或绿视、头痛、失眠、忧郁、眩晕,此类症状相对较少见。

用放射免疫法测定血清地高辛浓度可以作为评价其中毒情况的指标,但不能反映治疗心力衰竭的疗效。一般认为血清地高辛浓度<0.5ng/ml或>2.5ng/ml,分别提示地高辛使用量不足和中毒。地高辛的血药浓度和药物疗效为非线性关系,大剂量不一定比小剂量更有效。判定地高辛不足或中毒,不能单纯依据血清地高辛浓度监测,还需要结合临床和心电图等改变。

D. 洋地黄中毒处理:一旦诊断洋地黄中毒,应立即停药。轻度毒性反应如胃肠道、神经系统和视觉症状、Ⅰ度房室传导阻滞、窦性心动过缓和偶发室早等心律失常表现,停药后均可自行缓解。地高辛中毒症状大多在24小时内消失。应仔细寻找并去除中毒的诱因,如低血钾诱发的心律失常,补充钾盐外,同时立即停用排钾利尿药。洋地黄中毒所致的快速性心律失常首选苯妥英钠,首剂100mg稀释后缓慢静脉注射,2~3分钟注完。无效时5~10分钟后可重复静脉注射100mg。大多数患者静脉给药后5分钟内心律失常缓解。另可使用利多卡因,但一般禁用电复律,因易致心室颤动。窦性心律伴房室传导阻滞、心房颤动伴

笔记栏

交界性逸搏或完全性房室传导阻滞等洋地黄毒性反应所致缓慢心律失常，不宜用钾盐治疗。阿托品静脉注射常用于治疗洋地黄中毒引起的Ⅱ度或Ⅱ度以上的窦房或房室传导阻滞，如心室率慢则宜给予临时心室起搏。异丙肾上腺素在洋地黄中毒时易诱发室性心律失常，因而不适宜于治疗洋地黄中毒所致缓慢心律失常。

2）cAMP 依赖性正性肌力药物

A. β 受体激动剂：通过与心肌细胞膜上 β 受体结合，催化 ATP 产生 cAMP，使钙离子通道开放，钙离子内流增多，增加心肌收缩力。除正性肌力作用外，β 受体激动剂还作用于外周血管和冠状动脉，有益于心室舒张。多巴胺和多巴酚丁胺是常用的静脉 β 受体激动剂。

a. 多巴胺：在难治性心力衰竭、心力衰竭伴低血压者，从小剂量开始逐渐增加多巴胺剂量，同时与扩血管的硝普钠和硝酸甘油合用可起到更好的疗效。多巴胺的药理作用与其剂量密切相关，1～4μg/(kg·min)时，激动多巴胺受体，扩张肾动脉和肠系膜动脉，增加肾和肠系膜血流和 Na^+ 的排泄；5～10μg/(kg·min)时，激动心肌 β 受体，增加心肌收缩和心排血量，周围血管总阻力不变或减少；当 >10μg/(kg·min)时，激动 α 受体，提高周围血管阻力、动脉压和心率，肾血流量降低。

b. 多巴酚丁胺：持续滴注多巴酚丁胺 2.5～10μg/(kg·min)对不伴低血压的心力衰竭患者有用。对短期(7天)内治疗可逆性心脏受抑制(如心脏手术前后)特别有用。

B. 磷酸二酯酶抑制剂：通过抑制使 cAMP 裂解的磷酸二酯酶 F-Ⅲ，抑制 cAMP 的裂解，提高 cAMP 的浓度，增加钙离子内流，产生正性肌力作用。除正性肌力作用外，还通过增高血管平滑肌细胞内 cAMP 含量而具有扩血管作用。药物包括氨力农、米力农、依诺昔酮和伊马唑坦。氨力农因副作用大，临床已基本不用。米力农能改善顽固心力衰竭患者的症状，增加最大氧需量，升高无氧代谢阈值，提高运动耐量等。但部分患者撤药后心功能恶化更快，生活质量和延长寿命并未改善，不主张长期使用。米力农前 10 分钟 12.5～75μg/(kg·min)，随后 0.375～0.75μg/(kg·min)静点，每天剂量不宜超过 1.33mg/kg。

cAMP 依赖性正性肌力药物未能改善心力衰竭的自然病程，尚有致室性心律失常、诱发心肌缺血、加速基础心脏病变进展和增加病死率的副作用。这类正性肌力药物一般适合于治疗急性心力衰竭或慢性心力衰竭的急性发作，尤其是对心脏移植前的终末期心力衰竭、心脏手术后心肌抑制所致的收缩性心力衰竭、难治性心力衰竭等。本类药物一般短期使用。

(6) 血管扩张剂：心脏的负荷很大程度上取决于周围血管床的阻力和容积。血管扩张剂疗法主要用于减少心脏的前、后负荷。直接血管扩张剂对于 CHF 的治疗无特殊作用。常用药物有肼屈嗪、二硝酸异山梨酯、硝酸盐、α 肾上腺素能受体阻滞剂、钙拮抗剂、奈西立肽等。扩张小动脉的 α_1 受体阻断剂肼屈嗪及扩张小静脉的二硝基山梨酯联合应用可用于不能耐受 ACEI 或 ARB 的患者。硝酸盐可用于心绞痛或缓解呼吸困难的辅助治疗。其他的 α 肾上腺素能受体阻滞剂和钙拮抗剂一般不用心力衰竭的治疗。奈西立肽是一种重组人脑或 B-型利钠肽，是一种新发现的血管扩张剂，有扩张静脉、动脉与冠状动脉的特性，无正性肌力效应，却可增加心排出量。已用于失代偿性心力衰竭的治疗，疗效需要进一步评价，使用前景未定。常用的血管扩张剂使用见表 2-2-6。

表 2-2-6 主要的血管扩张剂

药物	作用机制	降低前负荷	降低后负荷	常用剂量	评 价
硝酸甘油	直接	+++	+	25～500μg/min，静脉滴注 5～60mg/d，贴于皮肤上	持久使用时有耐药性
二硝基山梨酯	直接	+++	+	5～20mg，每 2 小时舌下 60～240mg/d，每 4 小时，口服	和肼屈嗪合用时改善慢性心力衰竭的生存率
肼屈嗪	直接	−	+++	40～400mg/d，每 6 小时 1 次	单独使用无持久效益

(7) 醛固酮拮抗剂：心力衰竭时醛固酮系统激活，引起自主神经功能失调，交感神经激活而副交感神经活性降低，可引起低镁低钾，还对心脏的结构和功能有不良作用。醛固酮拮抗剂的代表药物有螺内酯和依普利酮，FDA 仅批准螺内酯用于临床，后者为新型的醛固酮拮抗剂。

适应证：重度心衰(NYHA Ⅲ～Ⅳ级)患者；心梗后有左室收缩功能障碍和心衰迹象或糖尿病的心衰患者。

应用要点：评估已使用 ACEI/利尿剂的患者是否为严重心衰(NYHA Ⅲ～Ⅳ级)；检测血钾(<5.0mmol/L)和肌酐(<225μmol/L)；加用低剂

笔 记 栏

量(螺内酯12.5~25mg/d)4~6天后检测血钾和肌酐;如果任何时候血钾5~5.5mmol/L,减少50%剂量,如果血钾>5.5mmol/L则停药;如果一个月后症状持续且血钾正常,增加至50mg/d。1周后检测血钾/肌酐。

4. 其他治疗 对于难治性心力衰竭患者,使用药物治疗效果不佳,可考虑其他非药物治疗方式,包括:外科手术治疗、起搏器、心脏替代治疗和超滤。

(1) 外科手术:包括血运重建、二尖瓣手术与心室成形。如患者有心衰的临床症状,有外科可纠正的病理基础,应进行外科治疗。

(2) 起搏器:双室起搏的再同步化治疗建议用于EF降低、心室收缩不同步(QRS≥120ms)、标准药物治疗后仍有症状(NYHA Ⅲ~Ⅳ级)的患者,目的是改善患者的症状、住院率与死亡率。双室起搏可改善患者的症状,运动能力及减少住院率。近来的研究显示了它对长期死亡率或所有原因住院联合终点的益处,及显著降低死亡率。

(3) 心脏替代治疗:包括心脏移植、心室辅助装置与人工心脏。心脏移植可作为终末期心衰的一种治疗方式。对于特定条件的患者而言,与传统治疗相比,它会显著增加生存率、改善运动耐量和生活质量,使患者恢复工作。

(4) 超滤:超滤可解决对药物治疗效果不佳的顽固性水肿,可用于利尿剂效果不好的肺水肿或外周水肿和(或)重度心衰的患者,但超滤只能暂时使用。

5. 慢性心力衰竭分阶段治疗策略(参考ACC/AHA)

A期:治疗高血压;鼓励戒烟;治疗体液紊乱;鼓励有规律的运动;禁止吸烟或使用违禁药品;适当的患者使用ACEI。

B期:A级所采用的所用措施;适当的患者使用ACEI和(或)β受体阻断剂。

C期:A级所采用的所用措施;常规使用药物:ACEI,β受体阻断剂,洋地黄;限制食盐。

D期:A、B、C级所采用的所用措施;使用双心室起搏的再同步能改善症状和亚极量运动耐量;心脏移植,能明显增加存活率、运动耐量、恢复工作和改善生活质量;持续非洋地黄类正性肌力药物应用改善症状。

【预后和预防】 慢性心力衰竭(CHF)一旦发生,其预后较差,在心血管疾病中,因冠心病急性心肌梗死,由于药物溶栓以及经皮腔内冠脉成形术的应用,病死率虽然有所下降,但是CHF的病死率仍然很高。3年内病死率约30%,5年病死率约50%,对于病情严重者(NYHA分级Ⅳ级者)1年内的病死率可高达50%~70%,病死者约有一半死于进行性泵衰竭,另一半死于心律失常所致的猝死。

对已患心脏病的患者,应及时控制和去除心衰发生的各种诱因。例如及时控制感染或去除心内外感染灶,迅速纠正心律失常,纠正电解质紊乱和酸碱平衡,避免输液过多过快等。育龄妇女患心脏病,应视情况避孕,病情严重者应终止妊娠。减少各种心脏病的发病率。例如饮食控制、抗感染、去除感染灶、抗风湿、降压、降糖、克服胰岛素抵抗等即可以降低冠心病、风湿性心脏病、高血压性心脏病及糖尿病性心脏病的发病率。

处方及医师指导

1. 一般治疗:监测体重、血压、心率和肺部啰音的变化;低盐饮食;低流量吸氧;卧床休息;适量活动;停止饮酒;避免感冒。

2. 药物治疗

(1) ACEI:赖诺普利2.5mg,每日1次。1~2周后调整剂量,监测肾功能、血钾。

(2) 利尿剂:托拉塞米5mg,每日1次,螺内酯20mg,每日1次。监测体重、钾、钠、氯离子等。

(3) 洋地黄:地高辛0.25mg,每日1次,1~2周后监测心率、脉搏、地高辛浓度。

(4) 硝酸酯类:单硝酸异山梨酯缓释片40mg,每日1次。

(5) 磷酸二酯酶抑制剂:米力农2.5mg稀释后静注,随后7.5mg静脉缓慢点滴。此药临时使用1~3天。

(6) 中成药:参附注射液20~50ml,静注,每日1~2次。

第2节 急性心力衰竭

案例

患者,男性,68岁,突发喘促20分钟于2007年12月28日入院。

20分钟前解大便用力后出现胸闷,心悸,随后喘促,端坐位,动后喘甚,伴冷汗,四肢湿冷。自服硝酸甘油1片,不能缓急,遂呼120送到急诊,收入EICU。3年前曾因急性心肌梗死在罪犯血管前降支置入支架一枚,另有右冠长病变未处理;高血压20年,血压控制不佳。

笔记栏

体格检查：T 36.5℃，P 138 次/min，R 26 次/min，BP 186/112mmHg。端坐位，口唇紫绀，呼吸促，双上肺可闻及哮鸣音、中下肺可闻及大水泡音。心浊界左下扩大，心率 138 次/min，律齐，双下肢无浮肿。

心电图：窦性心动过速，$V_3 \sim V_6$ 导联呈 QS 型，胸前导联 ST 段压低 0.1mV；床边胸片：心影增大，双侧肺门呈蝴蝶状阴影，提示有急性肺水肿。

思考题

1. 结合所学知识，你认为喘促的原因是什么？

2. 如何急救处理？

急性心力衰竭（AHF）是指各种原因引起心输出量显著减少、组织器官灌注不足、肺毛细血管楔压增加和急性肺淤血的临床综合征。急性心力衰竭可以表现为无心衰症状的急性起病或慢性心力衰竭急性失代偿。

随着老龄化社会的到来及如急性心肌梗死等心血管疾病存活率的提高，慢性心力衰竭的病人数量快速增长，慢性心力衰竭失代偿的患者也随之急剧增加。美国医保人群住院的主要原因急性心力衰竭；苏格兰注册的住院病人中，4.7%的女性、5.1%的男性是由于心力衰竭而入院，由急性心力衰竭住院的患者，多数是因慢性心衰加重所致。在欧洲国家心衰治疗费用占医疗保健花费的1%～2%，其中约75%用于住院病人的治疗。在心血管疾病中，进展性心衰及相关的急性失代偿已成为费用最多的综合征。

根据临床表现，急性心力衰竭分为急性左心衰和急性右心衰。急性右心衰即急性肺源性心脏病，主要为大面积肺梗死引起。临床上急性左心衰常见，以急性肺水肿为主要表现，更严重者可表现为心源性休克。

【病因和发病机制】 急性心力衰竭的常见的病因和诱发因素有：

1. 急性弥漫性心肌损害 引起心肌收缩无力，如急性心肌炎、广泛性心肌梗死等。

2. 急性的机械性阻塞 引起心脏压力负荷过重，排血受阻，如血压急剧升高、严重的瓣膜狭窄、心室流出道梗阻、心房内球瓣样血栓或黏液瘤嵌顿、动脉总干或大分支栓塞等。

3. 急性心脏容量负荷增加 如外伤、急性心肌梗死或感染性心内膜炎引起的瓣膜损害、腱索断裂、心室乳头肌功能不全、间隔穿孔、主动脉窦动脉瘤破裂入心腔，以及静脉输血或输入含钠液体过快或过多。

4. 急性的心室舒张受限制 如急性大量心包积液或积血、快速异位心律等。

5. 严重的心律失常 如心室颤动以及其他严重的室性心律失常、显著的心动过缓等，心脏暂停排血或排血量显著减少。

6. 其他因素 慢性心力衰竭的治疗不规范，感染，大型手术，肾功能减退，哮喘，药物滥用，酒精滥用等。

急性心力衰竭的主要病理生理基础为心脏收缩力突然严重减弱，或瓣膜的急性反流，左室心排血量急剧减少，左室舒张末压迅速升高，肺静脉回流不畅而肺静脉压快速升高，肺毛细血管压随之升高使血管内液体渗入到肺间质和肺泡内形成急性肺水肿。急性肺水肿早期可因交感神经激活，血压可升高，但随着病情持续发展，血管反应减弱，血压逐步下降。

【临床表现】 典型表现为突发严重的呼吸困难；每分钟呼吸可达 30～40 次，强迫坐位、面色苍白、发绀、大汗、烦躁，同时频繁咳嗽，咳大量泡沫样痰，甚至咳吐粉红色泡沫状痰。极重者可因脑缺氧而致神志模糊。发病开始可有一过性血压升高，病情如不缓解，血压可持续下降直至休克。听诊时双肺满布湿性啰音和哮鸣音，心尖部第一心音减弱，心率快，同时有舒张早期第 3 心音而构成奔马率，肺动脉瓣第二心音亢进。

根据发作病因以及病情的严重程度，急性心力衰竭病人可以有不同的临床表现：

（1）心力衰竭急性失代偿：具有急性心力衰竭的症状和体征，但较轻微，不符合心源性休克、肺水肿或高血压危象的标准。

（2）伴有高血压病或高血压危象的急性心力衰竭：具有急性心力衰竭的症状和体征并伴有高血压病或高血压病危象。

（3）伴有肺水肿的急性心力衰竭：其特点是严重的呼吸困难，并有满肺的爆裂音和端坐呼吸，治疗前呼吸室内空气血氧饱和度小于 90%。

（4）心源性休克：心源性休克是急性心衰严重的临床表现，临床特点有意识异常，血压降低（收缩压<90mmHg 或平均动脉压下降 30mmHg 或原有高血压者收缩压较原有水平降低 30% 以上），四肢湿冷、胸部指压征阳性、皮肤花纹或黏膜苍白、发绀，少尿（<0.5ml/kg/h），脉搏>100 次/min 等。

（5）伴有高心排血量的急性心力衰竭：特征是高心输出量，通常心率较快（由心率失常、甲亢、贫血、医源性或其他机制引起）、四肢温暖、肺充血，有时在感染性休克中伴有低血压。

（6）右心衰竭：特征是低心排血量综合征，并伴有颈静脉压增高、肝大和低血压。

笔记栏

案例归纳一

高血压、陈旧性心肌梗死病史。大便用力后出现喘促,端坐呼吸。有急性心力衰竭的基础病因、诱因及临床表现。

【实验室检查】

1. 血气分析 动脉血气分析用于评估酸碱平衡及血氧含量等。主要表现为 pH 下降,呈代谢性酸中毒及代偿性呼吸性碱中毒,动脉氧分压及血氧含量下降等。

2. BNP BNP 可作为急诊呼吸困难确立或排除心衰的诊断指标,BNP 100pg/ml 和 NT-前 BNP 300pg/ml 可作为诊断分界线,有助于不典型心衰的诊断。BNP 可作为心脏的功能状态的监测指标,同时可预测慢性心力衰竭、心梗后心力衰竭的预后。监测 BNP 还可有助于判断药物或其他治疗手段的效果。

3. 心电图 在急性心力衰竭中体表心电图无特异性,但心电图可以确定心律、了解急性心衰的病因以及评估心脏的负荷状态,了解有无合并缺血或心律失常。

4. 胸部 X 线 床边胸部 X 线可评估并动态观察心肺情况和治疗的反应。典型急性肺泡性肺水肿胸部 X 线肺门呈蝴蝶状,肺野可见大片融合的阴影。

5. 超声心动图 以评估潜在急性心衰或并发急性心衰病人心脏功能和结构的改变。

6. 有创性血流动力学检查 动脉插管用于血流动力学不稳定,需要多个动脉血分析以及持续动脉压分析。中心静脉置管用于测定中心静脉压和上腔静脉或右房的静脉血氧饱和度。肺动脉漂浮导管(PAC)用于测量上腔静脉压、右房压、右室压、肺动脉压及心排血量,现代导管可以半连续测定心排血量及混合静脉血氧饱和度、右室舒张末容积和射血分数。在并发心肺疾患的病人,可以应用 PAC 区别心源性或非心源性原因。

案例归纳二

心电图:窦性心动过速,$V_3 \sim V_6$ 导联呈 QS 型,胸前导联 ST 段压低 0.1mV;床边胸片:心影增大,双侧肺门呈蝴蝶状阴影;血气分析:PO_2 62mmHg,PCO_2 25mmHg,BE -5.3,SaO_2 94%;肌钙蛋白(cTnI) 0.31ng/ml。

【诊断和鉴别诊断】

1. 诊断 根据典型的临床症状、体征及适当的检查心电图、床边胸片、生化标记物和超声心动图做出急性心衰的诊断。

2. 鉴别诊断 急性心衰肺水肿伴哮鸣音时主要应与支气管哮喘鉴别,另外应与其他原因引起的肺水肿如化学或物理因素引起的肺水肿、肺间质引流不畅或胸腔负压增高等相鉴别。其主要鉴别依据如下:

(1) 心源性哮喘与支气管哮喘(表 2-2-7)

表 2-2-7 心源性哮喘与支气管哮喘的鉴别

项目	心源性哮喘	支气管哮喘
病史	高血压心脏病、冠心病、风湿性心脏病史	过敏与哮喘史
发作时间	多在夜间熟睡中发病	任何时间发作
痰	咳粉红色泡沫痰	无
啰音	哮鸣音及湿啰音为主	哮鸣音,呼气延长明显
颈静脉	颈静脉充盈、肝颈静脉返流征阳性	无
心律	奔马律	无

(2) 急性肺水肿与非心源性肺水肿(表 2-2-8)

表 2-2-8 急性肺水肿与非心源性肺水肿的鉴别

项目	心源性肺水肿	非心源性肺水肿
基础心脏病	有	无
奔马律	有	无
颈静脉怒张	有	无
平卧	不能	能
末梢循环	不良	良好
PCWP	>18mmHg	无明显异常

案例诊断要点

1. 老年男性。

2. 病史特点:高血压 20 年,3 年前急性心肌梗死,双支病变;大便用力后出现喘促,端促呼吸;符合急性心力衰竭的临床表现。

3. PE:P 138 次/min,R 26 次/min,BP 186/112mmHg。端坐位,口唇发绀,呼吸促,双上肺可闻及哮鸣音、中下肺可闻及大水泡音。心浊界左下扩大,心率 138 次/min,律齐,双下肢无浮肿。

4. 实验室检查:心电图:异常 Q 波及缺血性 ST—T 改变;床边胸片:急性肺水肿表现;血气分析:低氧血症;cTnI 轻微升高。

入院后心电图无动态演变,cTnI 未进一步升高。除外急性心肌梗死。

笔记栏

临床诊断：1. 急性心力衰竭

2. 冠心病，双支病变，陈旧性前壁心肌梗死，PCI 术后

3. 高血压病 3 级，很高危组

【急救治疗】 急性心衰的治疗目标：①改善急性症状和稳定血流动力学状态；②改善心衰的各种临床体征及实验室指标，血清 BNP 浓度反映血流动力学改善情况，其降低具有重要意义。

1. 一般治疗

(1) 取坐位，双腿下垂，减少静脉回流。

(2) 控制感染：进展期的急性心衰病人易并发呼吸感染以及败血症。如有感染指征应及时应用抗生素。

(3) 控制血糖：合并糖尿病的急性心衰常并发高血糖，根据血糖监测使用胰岛素来控制血糖。

(4) 注意代谢情况：急性心衰进展过程中存在能量消耗增多和负氮平衡。应采取措施保证能量和氮平衡。

(5) 预防肾衰竭：急性心衰与肾衰竭之间存在着密切的联系。两者互为因果，可相互加重、影响，对于合并肾衰竭的病人在选择治疗方案时应首先考虑保护肾功能。

2. 吸氧和辅助通气 对于急性心衰的病人首先应保证气道通畅，其次应给予较高的吸氧浓度，从而保证 SaO_2 在 95%以上。SaO_2 已经达到正常范围的病人没有必要再增加吸氧浓度，并可能有害。气管插管与机械通气在呼吸肌疲劳及其他治疗措施无效时应用，但不用于可逆性低氧血症病人。在急性心源性肺水肿时应用 BIPAP 呼吸机辅助通气可以显著减少气管插管和机械通气。

3. 药物治疗

(1) 吗啡：吗啡可以扩张静脉，并有较弱扩张动脉作用，减慢心率，降低心脏前后负荷；吗啡的镇静作用稳定患者的情绪，减少因情绪紧张引起的额外心脏负担。在严重的急性心衰特别是伴有焦虑和呼吸困难的病人，没有二氧化碳潴留时应早期应用吗啡。当静脉通路建立后应立即静注吗啡 3mg。必要时每间隔 15 分钟重复一次，共 2~3 次。

(2) 血管扩张剂：血管扩张剂在大多数急性心力衰竭中作为一线药物使用，用于扩张末梢循环及降低心脏前负荷。血管扩张剂应用的前提是保证收缩压在 100mmHg 以上。

1) 硝酸盐类：舌下含服硝酸甘油 0.5mg，可 5~10 分钟重复 1 次。或嚼服二硝酸异山梨酯 3mg。静脉使用硝酸甘油从 20μg/min 开始逐渐增加至 200μg/min，二硝酸异山梨酯从 1mg/h 逐步增加至 10mg/h。应用时应严密监测血压，当收缩压低于 90~100mmHg 时应停止给药。病情稳定后逐步减少用量，突然停止静滴可能会引起症状反跳。主动脉瓣狭窄病人应用硝酸盐时应谨慎使用。

2) 硝普钠：硝普纳用于严重的心衰病人或明显后负荷升高如高血压性心衰或二尖瓣反流的病人。使用时从 0.3μg/(kg·min) 逐渐增加至 1μg/(kg·min)，不超过 5μg/(kg·min)。硝普钠长时间应用可由于药物代谢产物氰化物产生毒性，因此应避免长期使用，尤其是合并严重肾衰竭或肝功能衰竭的病人需更加注意。停用硝普钠时应逐渐减小剂量，突然停用可引起反跳。硝普钠可引起"冠脉窃血综合征"，因此，在急性冠脉综合征引起的急性心衰中，不作为常规应用。

3) 奈西利肽：奈西利肽是重组人脑钠肽，对静脉、动脉和冠脉均有扩张作用，能降低前后负荷，增加心排血量，而无直接正性肌力作用，常用于急性失代偿性心力衰竭。可采用负荷剂量 1.5~2μg/kg 静脉推注，随后维持剂量 0.0075~0.01μg/(kg·min) 持续静脉滴注 24h。

4) 乌拉地尔：具有外周和中枢双重降压作用。外周主要阻断突触后 α_1 受体，使血管扩张显著降低外周阻力；同时也有较弱的突触前 α_2 阻滞作用，阻断儿茶酚胺的收缩血管作用；中枢作用主要通过激动 5-羟色胺-1A(5-HT1a) 受体，降低延髓心血管中枢的交感反馈调节而降压。在降血压同时，本品一般不会引起反射性心动过速。12.5~25mg 缓慢静注，后可缓慢静注维持，初始速度每分钟 2mg，维持速度为每小时 9mg，并根据血压调节速度。静脉使用半衰期为 2.7 小时。乌拉地尔的静脉制剂通过控制急性心衰患者的血压，减轻心脏后负荷。

(3) 利尿剂：急性心力衰竭或心力衰竭急性失代偿，有液体潴留症状的病人应常规使用利尿剂。利尿剂通过利尿降低左、右室充盈压，从而减轻外周充血和肺水肿。袢利尿剂(呋塞米、布美他尼、托拉塞米) 静脉注射具有血管扩张作用，表现为早期(5~30 分钟) 可减少右房和肺楔压及肺阻力。临床常用呋塞米 20~40mg 静注或 5~40mg/h 持续静滴，持续滴注呋塞米达到靶剂量比单独大剂量应用更有效。

小剂量联合应用利尿剂比单独大剂量应用一种药物更有效，并有较少的副作用。临床经常使用噻嗪类利尿剂及螺内酯与袢利尿剂联合应用。袢利尿剂也可联合应用多巴酚丁胺、多巴胺或硝酸盐，同样可以取得良好的治疗效果，并产生较少的副作用。

笔 记 栏

(4) 正性肌力药：有外周低灌注的表现(低血压，肾功能减退)伴或不伴充血及肺水肿的病人，在利尿剂和血管扩张剂正规治疗无效时，可以应用正性肌力药。

1) 多巴胺：小剂量多巴胺[<2μg/(kg·min)]作用于外周多巴胺受体，直接和间接降低外周阻力。大剂量多巴胺[>2μg/(kg·min)]作用于β肾上腺素受体，可增加外周血管阻力。在急性心衰伴低血压时，多巴胺可作为正性肌力药使用[>2μg/(kg·min)]。在失代偿性心衰伴低血压和少尿时，使用小剂量多巴胺[≤2~3μg/(kg·min)]持续滴注，可以改善肾血流和尿量。如果对治疗无反应，应及时停用多巴胺。

2) 多巴酚丁胺：多巴酚丁胺主要通过刺激β_1和β_2受体产生剂量依赖的正性肌力作用和变时作用，反射性降低交感神经张力，并因此降低血管阻力。小剂量多巴酚丁胺产生微弱的扩张动脉作用，从而通过降低后负荷增加每搏输出量。大剂量多巴酚丁胺收缩血管。多巴酚丁胺应用于外周低灌注，伴或不伴对靶剂量利尿剂和血管扩张剂治疗无效的充血或肺水肿。通常开始以2~3μg/(kg·min)持续滴注逐步增至20μg/(kg·min)。多巴酚丁胺滴注时间延长(超过24~48h)可引起耐药性，并使血流动力学效应部分丢失。

3) 磷酸二酯酶抑制剂：米力农和氨力农是两种在临床中应用的Ⅲ型磷酸二酯酶抑制剂。在急性心衰中，这些药物具有明显的正性肌力作用和外周血管扩张作用，从而增加心排血量和每搏输出量，同时伴有肺动脉压、肺楔压、全身血管阻力和肺血管阻力的下降。磷酸二酯酶抑制剂常用于在同时应用β受体阻断剂的病人和(或)对多巴酚丁胺反应不足的病人。临床使用米力农时，首剂25μg/kg，10~20分钟内注射完，再以0.375~0.75μg/(kg·min)的剂量维持滴注。氨力农初始给0.25~0.75mg/kg静注，再以1.25~7.5μg/(kg·min)维持滴注。

4) 左西孟旦：左西孟旦具有正性肌力作用和外周血管扩张作用。其应用指征为继发于收缩性心功能不全的低心排血量心衰而不伴有严重的低血压。通常给药剂量为首剂12~24μg/kg静推(超过10分钟)，随后给予持续静脉滴注，剂量为0.05~0.1μg/(kg·min)。可逐渐滴定至最大剂量0.4~0.6μg/(kg·min)。一般不应用于收缩压<85mmHg的病人。

5) 血管升压药：在心源性休克时，当联合应用正性肌力药和输液，尽管已改善了心排血量，但仍不能保持足够的动脉和血管灌注，则应使用血管升压药。血管升压药亦应用于紧急时刻，以在威胁生命的低血压时维持生命和保持灌注。

6) 肾上腺素：肾上腺素与β_1、β_2和α_2受体具有较高的亲和力。当多巴酚丁胺抵抗或血压持续较低时，通常使用肾上腺素，滴注剂量为0.05~0.5μg/(kg·min)。

7) 去甲肾上腺素：去甲肾上腺素与α受体有较高的亲和力，在全身血管阻力降低引起的低血压(如败血症性休克)中多用去甲肾上腺素[0.2~1μg/(kg·min)]。去甲肾上腺素可以与多巴酚丁胺合用以改善血流动力学。

8) 洋地黄类正性肌力药：洋地黄类正性肌力药物能抑制心肌Na^+，K^+-ATP酶，从而增加Ca^{2+}-Na^+交换，产生正性肌力作用。在急性心衰中洋地黄类药物用于心动过速引起的心力衰竭，如快速房颤。临床常使用毛花苷丙静脉给药，首剂给0.4~0.8mg静推，2小时后酌情再给0.2~0.4mg。洋地黄类药物的应用禁忌证包括心动过缓，Ⅱ度或Ⅲ度房室传导阻滞、病窦综合征、颈动脉窦综合征、预激综合征、肥厚性梗阻性心肌病、低钾血症和高钙血症。在心梗引起的急性心衰中，不能应用洋地黄类作为正性肌力药。

【预后和预防】 急性心力衰竭是心血管疾病中症状典型的急危重症，如就医及时、处理正确而迅速，一般可迅速控制症状，脱离危险。如出现心源性休克或恶性心律失常预后严重，部分患者猝死。

对已患慢性心力衰竭的患者，长期规范治疗，定期到心脏专科复诊可减少心力衰竭的恶化。

处方及医师指导

1. 一般治疗：予患者取坐位，双腿下垂；监测心电、血压、血氧饱和度。

2. 氧疗：低流量给氧，维持氧饱和度在95%以上。

3. 药物

(1) 吗啡：3~5mg，稀释后静注，必要时重复1次。

(2) 呋塞米：20~40mg静注，必要时重复。

(3) 硝酸甘油：舌下含服0.3~0.5mg，必要时可静脉维持。

(4) 硝普钠或乌拉地尔：静脉使用硝酸甘油血压不能达标时，使用。维持收缩压在90~110mmHg。

(5) 毛花苷丙：上述处理后，心率仍快，可给予毛花苷丙0.4mg稀释后缓慢静注。

笔记栏

第3章 心律失常

案例

患者,男性,20岁,学生。因阵发性心慌半年突发30分钟入院。

现病史:患者半年前在搬动重物时突发心慌、心悸,持续约5分钟,休息后自行缓解,此后又发作4次,每次持续3~5分钟,均表现为突发突止,无明显诱因,曾在当地医院就诊,行常规心电图检查无异常。30分钟前无明显诱因突然出现心慌、心悸伴胸闷、眩晕急症入院。饮食、二便正常。既往身体健康,父母健在。

体格检查:T 37.1℃,P 192次/min,R 26次/min,BP 110/75mmHg,神志清,精神紧张,口唇无发绀。颈静脉无充盈,呼吸急促,双肺呼吸音清,未闻及干湿啰音。心率192次/min,心律绝对整齐,未闻及病理性杂音。腹平软,肝脾肋下未触及,脊柱、四肢无异常。

实验室及其他检查:心电图示室上性心动过速。

思考题

1. 结合所学知识,你认为该病例的最可能的诊断是什么?
2. 应做哪些检查进一步明确诊断?
3. 该病的目前治疗有哪些措施?
4. 该病的进一步治疗有哪些建议?

第1节 概　　述

心律失常(cardiac arrhythmia)是指心脏激动的起源、频率、节律、传导速度和传导顺序等异常。

【心律失常的分类】 按心律失常的发生机制可分为冲动形成异常和冲动传导异常两大类。

1. 冲动形成异常

(1) 窦房结心律失常:①窦性心动过速;②窦性心动过缓;③窦性心律不齐;④窦性停搏。

(2) 异位心律

1) 被动性异位心律:①逸搏(房性、房室交界区性、室性);②逸搏心律(房性、房室交界区性、室性)。

2) 主动性异位心律:①期前收缩(房性、房室交界区性、室性);②阵发性心动过速(房性、房室交界区性、室性);③心房扑动、心房颤动;④心室扑动、心室颤动。

2. 冲动传导异常

(1) 生理性:干扰及房室分离。

(2) 病理性:①窦房传导阻滞;②房内传导阻滞;③房室传导阻滞;④室内传导阻滞(左、右束支及左束支分支传导阻滞)。

(3) 房室间传导途径异常:预激综合征。

临床上,按照心律失常发生时心率的快慢,可将其分为快速性心律失常和缓慢性心律失常两大类。近年来急救医学的发展使人们对猝死的心律失常分类有了较明确的认识。Myerburg等总结了美国迈阿密地区352例院外猝死病例的特点发现,心律失常中62%为室颤,7%为持续性室速,31%为心动过缓或心脏停搏。本文将心律失常分为快速性和缓慢性心律失常加以讨论。

【心律失常的发生机制】

1. 冲动形成异常 由于自主神经系统兴奋性改变或其内在病变,导致具有正常自律性心肌细胞不适当的冲动发放。原来无自律性心房、心室肌细胞,亦可在病理状态下如心肌缺血、药物、电解质紊乱、儿茶酚胺增多等,可导致出现异常自律性。触发活动(triggered activity)是指一次正常动作电位后产生除极活动,亦称为后除级(after depolarization)而产生持续性快速性心律失常。

2. 冲动传导异常 折返激动是心律失常中最常见的发生机制。产生折返应具备:①心脏两个以上部位的传导性与不应性不同,相互连结形成一个环;②其中一条通道发生单向传导阻滞;③另一通道传导缓慢,使原先发生阻滞的通道有足够时间恢复兴奋性;④原先阻滞的通道再次激动,从而完成一次折返激动。冲动在环内反复循环,产生持续而快速的心律失常。

冲动传导至某处心肌,如适逢生理性不应期,可形成生理性阻滞或干扰现象,传导障碍并非由于生理性不应期所致者,称为病理性传导阻滞。

【心律失常的诊断】

1. 病史 应详尽采集病史,有助于心律失常的诊断。

笔记栏

2. 体格检查 除检查心率与节律外，某些心脏体征有助于心律失常的诊断。

3. 心电图 是诊断心律失常最重要的无创检查手段。

4. 动态心电图（holter ECG monitoring） 连续记录患者24小时的心电图，可发现心电图不易捕捉到的心律失常，并可了解与日常生活或工作的关系等。

5. 运动试验 患者在运动时出现心慌、心悸等症状，可做运动试验协助诊断。

6. 食管心电图 食管心电图能清晰地识别心房与心室电活动，有助于鉴别室上性与室性心动过速。应用电刺激诱发与终止心动过速，可协助诊断和评价疗效。

7. 临床心电生理检查 心腔内心电生理检查是将几根多电极导管经静脉和动脉插入，放置在心腔内右心房、右心室、希氏束、束支、房室旁路、冠状窦等不同部位记录局部电活动。确立心律失常及其类型的诊断，电刺激终止心动过速发作治疗，确定是否易于诱发室速、有发生心脏性猝死的危险等。

第2节 快速性心律失常

快速性心律失常（tachyarrhythmia）包括心动过速和期前收缩。

一、窦性心动过速

正常窦性心律的冲动起源窦房结，频率为60~100次/min。心电图示窦性心律P波在Ⅰ、Ⅱ、aVF导联直立，在aVR导联倒置，PR间期0.12~0.20s，P波频率>100次/min，为窦性心动过速（sinus tachycardia）。

当迷走神经张力降低或交感神经兴奋性加强均能引起窦性心动过速。生理性因素包括情绪激动、运动、进食、饮酒、喝咖啡等。病理性因素如贫血、发热、血容量不足、缺氧、感染、休克、甲状腺功能亢进、心功能不全、心肌炎等。另外肾上腺素、阿托品等药物也可引起窦性心动过速。

窦性心动过速的治疗应针对病因和去除诱发因素，必要时可选用β受体阻断剂如美托洛尔来减慢心率。

二、期前收缩

期前收缩又称过早搏动，简称早搏，是指起源于窦房结以外的异位起搏点过早发出的激动引起的心脏搏动，是临床上最常见的心律失常。根据异位起搏点的不同，常分为房性期前收缩、房室交界性期前收缩及室性期前收缩。期前收缩可为偶发，也可频繁出现。如每个窦性心搏后出现1个期前收缩称为二联律；每两个窦性心搏后出现1个期前收缩称为三联律；每个窦性心搏后连接出现2个期前收缩称为成对出现的期前收缩。连续3个或以上期前收缩称为阵发性心动过速。同一导联内，期前收缩形态不一，且配对间期不等，称为多源性期前收缩。

【病因】 功能性期前收缩见于情绪激动、过度疲劳，或吸烟、饮酒、喝茶过多等，也可无明显原因。心脏疾病如冠心病、瓣膜心脏病、心肌炎、心肌病、心功能不全等常发生期前收缩；药物如洋地黄、普鲁卡因胺、肾上腺素、麻黄碱、咖啡因等或缺钾、心导管检查、心脏手术也可以引发。

【临床表现】 轻者可无症状，或有心悸、心跳停顿感、头晕甚至晕厥，严重者可引起心绞痛与低血压。听诊时，室性期前收缩后有一长的间歇，室性期前收缩之第二心音减弱，仅能听到第一心音。桡动脉搏动减弱或消失。

【心电图检查】

1. 房性期前收缩（premature atrial complex） ①提前发生的房性P波与窦性P波形态各异，PR间期>0.12s。②提前出现的室上性QRS波，形态同正常窦性。亦可出现宽大畸形的QRS波群，称为室内差异性传导。有时P波后无QRS波，称房性期前收缩未下传。③期前收缩之后常为不完全性代偿间歇（图2-3-1）。

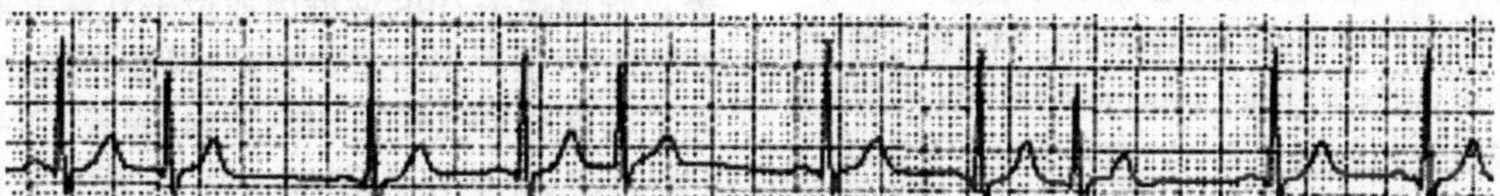

图2-3-1 房性期前收缩搏动

2. 交界区性期前收缩（premature atrioventricular junctional complex） ①提前出现的室上性QRS波群，其前面可无相关的P波；②如有P波，则为从房室交界区发出的逆行P波，可在QRS波群之前（PR间期<0.12s）、之中（即P'波与QRS波重叠）或之后（R'P间期<0.20s）；

③期前收缩之后多为完全性代偿间歇。

3. 室性期前收缩(premature ventricular complex) ①提前出现的 QRS 波群前无 P 波；②QRS波群宽大畸形，时限大于 0.12s，ST 段和 T 波的方向与 QRS 波群的主波方向相反；③期前收缩之后有完全性代偿间歇(图 2-3-2，图 2-3-3)。

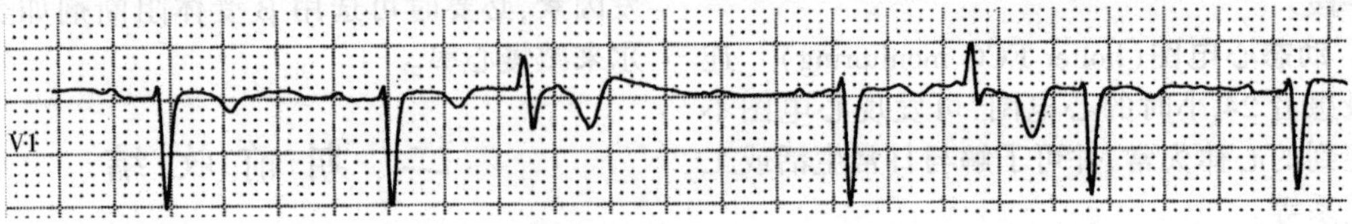

图 2-3-2　室性期前收缩(第二个为插入性室性期前收缩)

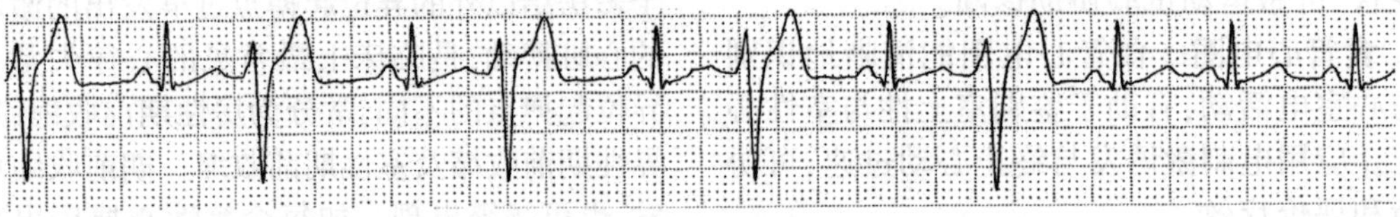

图 2-3-3　室性期前收缩二联律

【治疗】　无明显症状的房性期前收缩及交界区性期前收缩无需治疗。症状明显的房早去除诱因，适量应用镇静剂、β 受体阻断剂等。

对于室性期前收缩的患者，首先应了解病情，有无器质性心脏病、心脏病的程度、对心功能的影响，其次要了解室性期前收缩的类型。对于有严重器质性心脏病，如心肌梗死、心肌病等；易于引发致命性心律失常的室性期前收缩，如频发、多源、R on T、成对或短阵室性期前收缩，应给予积极治疗。首选药物为利多卡因，50～100mg/次，静脉注射；无效则每隔 5～15 分钟重复用药，但 1 小时总量不宜超过 300mg，有效后 1～4mg/min 静滴维持，通常应用 2～3 日。如无效可选用其他抗心律失常药物。此外，应当指出的是抗心律失常的药物本身有致心律失常的作用及负性肌力作用，因此选用抗心律失常药物要谨慎。

三、阵发性心动过速

阵发性室上性心动过速(paroxysmal supraventricular tachycardia，PSVT)　简称室上速，绝大多数发生的机制是折返，常见的有房室折返性心动过速(atrioventricular reentrant tachycardia，AVRT)、房室结折返性心动过速(atrioventricular nodal reentrant tachycardia，AVNRT)等，而阵发性房性心动过速(atrial tachycardia)则以自律性或触发机制多见。AVNRT 是最常见的室上性阵发性心动过速。

【病因】　见于非器质性心脏病，常因情绪激动、体力劳动、噩梦、吸烟过多、饮酒或饱餐等激发。器质性心脏病如冠心病、高血压性心脏病、风心病、心肌病、甲状腺功能亢进性心脏病、先天性心脏病、肺心病等也多见。预激综合征、低钾血症、洋地黄中毒等也能引发。伴有房室传导阻滞的房性心动过速是洋地黄中毒伴低血钾所致的典型心律失常之一。

【临床表现】　典型折返性心动过速表现为发作呈突发突止，时间长短不一，多由一个室上性早搏诱发。症状可有心悸、焦虑、紧张、乏力、晕眩、晕厥、心绞痛，甚至心衰、休克等，轻重取决于心室率的速率、发作持续时间和病因。体检心尖部第一心音强度恒定，心律绝对规则。

案例归纳一

男性患者，20 岁，因阵发性心慌半年突发 30 分钟急症入院。半年前在搬动重物时突发心慌、心悸，持续约 5 分钟，休息后自行缓解，此后又发作 4 次，每次持续 3～5 分钟，均表现为突发突止，发作间期行常规心电图检查无异常。30 分钟前无明显诱因突然出现心慌、心悸伴胸闷、眩晕急症入院。PE：P 192 次/min，R 26 次/min，BP 110/75mmHg，精神紧张，心率 192 次/min，心律绝对整齐，未闻及病理性杂音。

【心电图检查】　①心率 150～250 次/min，节律绝对规则；②逆行 P 波(Ⅱ、Ⅲ、aVF 导联倒置)，常埋藏于 QRS 波群内或位于其终末部分，P 波与 QRS 波群保持恒定关系；观察 P 波，AVNRT 时 P 波部分可隐藏于 QRS 波内，表现 V1 导联呈“伪 r 波”，下壁导联呈“伪 s 波”。若 P 波重叠在 ST 段，与 QRS 波分开且>70ms，支持 AVRT 的诊断。③QRS 波群形态与时限均正常，但发生室内差异性传导 QRS 波群形态异常；④起始突然，通常由一个房性期前收缩触发，下传的 PR 间期显著延长，随之引起心动过速发作(图 2-3-4)。

笔记栏

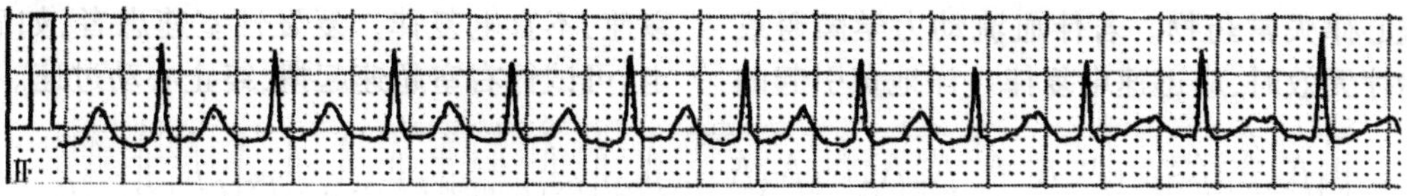

图 2-3-4 阵发性室上性心动过速

案例归纳二

发作心电图示室上性心动过速，未发作时行常规心电图检查无异常。

进一步检查建议：

1. 食管心房起搏检查方法诱发和进一步明确诊断。

2. 可行心内电生理直接进行诊断和射频消融治疗。

【治疗】

1. 急性发作期

（1）刺激迷走神经：颈动脉窦按摩、按压眼球、Valsalva 动作、刺激咽喉部、屏气或将面部浸没于冷水中等方法。

（2）腺苷与钙通道阻滞剂：首选治疗药物为腺苷（6～12mg 快速静脉注射），无效可改静脉注射维拉帕米（首次静脉注射 5mg，无效间隔 10 分钟再用 5mg）。无腺苷时可用三磷酸腺苷（ATP 5～20mg 快速静脉注射）。合并心力衰竭、低血压或为宽 QRS 波心动过速时不宜用维拉帕米。

（3）洋地黄与 β 受体阻断剂：伴有心力衰竭患者选用静脉注射毛花苷丙 0.4～0.8mg，以后每 2～4 小时 0.2～0.4mg，24 小时总量在 1.6mg 以内。无心力衰竭者选用普萘洛尔或艾司洛尔。

（4）其他抗心律失常药物：普鲁卡因胺、普罗帕酮、索他洛尔、胺碘酮等均能终止心动过速发作，但其疗效、起效快捷、安全性均不及腺苷与维拉帕米，临床不作常规应用。

（5）食管超速起搏终止心动过速。

（6）直流电复律：当患者出现严重心绞痛、低血压、充血性心力衰竭表现，应立即电复律治疗，急性发作经药物治疗无效亦应施行电复律。也可经静脉心房或心室起搏或经食管心房起搏，终止心动过速。

2. 预防复发 对于折返性心动过速建议选用射频消融术。药物可选用洋地黄、长效钙拮抗剂或 β 受体阻断剂。

处方及医师指导

目前治疗措施：

1. 刺激咽喉部、屏气或将面部浸没于冷水中终止发作。

2. 静脉注射维拉帕米 5mg，无效间隔 10 分钟再用 5mg 终止发作。

3. 食管超速起搏终止心动过速。

进一步治疗建议：建议行心内电生理检查明确诊断；尽早行射频消融根治。

3. 室性心动过速 阵发性室性心动过速（paroxysmal ventricular tachycardia，PVT），简称室速，室速的机制包括自律性增高、触发机制以及折返性机制。

【病因】 ①多由器质性心脏病引起，其中以冠心病，特别是有心肌梗死病史者发生率最高。②也可见于代谢障碍、药物中毒、QT 间期延长综合征以及电解质紊乱、心脏手术、心导管术等。等。③偶可发生于无器质性心脏病者。

【临床表现】 室速临床症状的轻重和发作时心室率、持续时间、基础心脏病和心功能情况有关，非持续性室速（发作时间<30s，能自行终止）通常无症状。持续性室速（发作时间>30s，需药物或电复律始能终止）常有低血压、少尿、晕厥、气促、心绞痛等症状。严重者可引起休克，Adams-Stokes 综合征、急性心力衰竭甚至猝死。听诊心律轻度不规则，可有第一、第二心音分裂；如发生完全性房室分离，第一心音强弱不等，颈静脉间歇出现巨大 a 波；若心室搏动逆转或持续夺获心房，则颈静脉 a 波规律而巨大。

【心电图检查】 ①3 个或以上的连续室性早搏；②心室率 100～250 次/min，节律可略不规则；③QRS 波群宽大畸形，时限>0.12s，ST—T 波方向与 QRS 波群方向相反；④P、QRS 间无固定关系，形成房室分离；⑤心室夺获与室性融合波是确诊室速的主要依据。室速发作时少数室上性冲动可下传心室，产生心室夺获，表现为在 P 波之后，提前发生一次正常的 QRS 波群。室性融合波的 QRS 波群形态介乎窦性与异位心室搏动之间，其意义为部分夺获心室（图 2-3-5）。

【治疗】

1. 终止发作 首选利多卡因 50～100mg/次，静脉注射；无效则每隔 5～15 分钟重复注射一次，但 1 小时总量不宜超过 300mg，有效后 1～4mg/min 静滴维持。无效时可选用胺碘酮等

笔记栏

其他抗心律失常药物。若伴血流动力学障碍或药物治疗无效时,应迅速电复律。洋地黄引起的室速,不宜电复律。复发性室速患者,如病情稳定,可试行右室超速起搏,终止心动过速。

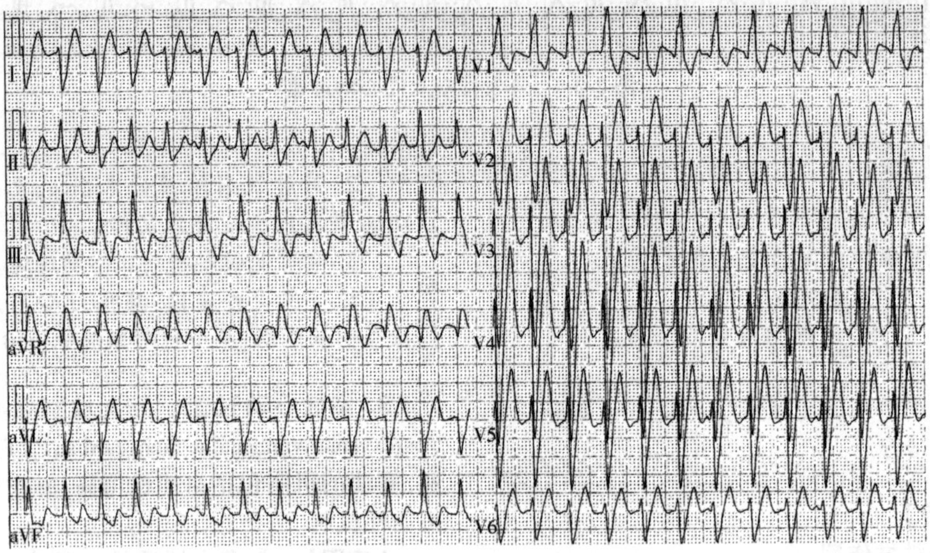

图 2-3-5 室性心动过速

2. 预防复发

(1) 去除病因及诱因:积极治疗原发病。

(2) 抗心律失常药物的应用:可选用胺碘酮、索他洛尔、β 受体阻断剂、维拉帕米等药物,可单一用药,也可联合用药。

(3) 植入式心脏自动复律除颤器:目前已经用于临床,是较理想的治疗手段。

(4) 介入治疗:对于无器质性心脏病的特发性室速患者,导管射频消融根除发作疗效甚佳。

四、心房扑动与心房颤动

【病因】 心房扑动(auricular flutter)与心房颤动(auricular fibrillation)常见于心脏瓣膜病、冠心病、高血压性心脏病、甲状腺功能亢进症、慢性肺源性心脏病及心力衰竭等,其他如洋地黄中毒、急性感染、心导管检查、纵隔肿瘤等也能引起,少数也可见于正常人。心房颤动发生在无器质性心脏病变者称为孤立性房颤。

【临床表现】 房扑伴有极快的心室率时,可有心悸、胸闷、头晕等,并可诱发心绞痛与心力衰竭。听诊心律一般规则,当房室传导不固定时,心律不规则。第一心音强度常有变化,心室率慢时能听到心房音。可见快速的颈静脉扑动。房颤的症状有无轻重取决于心室率快慢及病人对房颤的适应程度。听诊第一心音强弱不等,心律绝对不规则,脉搏短绌。

【心电图检查】

1. 心房扑动 ①P 波消失取而代之是规律的呈锯齿状心房扑动波(F 波),其间等电位线消失,频率一般在 250~300 次/min;②心室率规则或不规则,常见房室传导比例是 2∶1、4∶1;③QRS波群与窦性相同(图 2-3-6)。

2. 心房颤动 ①P 波消失,代之以一系列大小不等、形态不同、节律完全不规则的房颤波(f 波),频率 350~600 次/min;②心室律绝对不规则,心室率通常在 100~160 次/min;③QRS 波群形态正常,伴室内差异性传导时则增宽变形(图 2-3-7)。

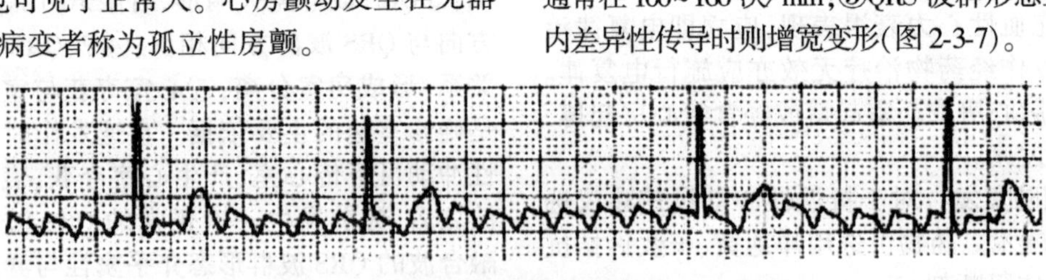
图 2-3-6 心房扑动

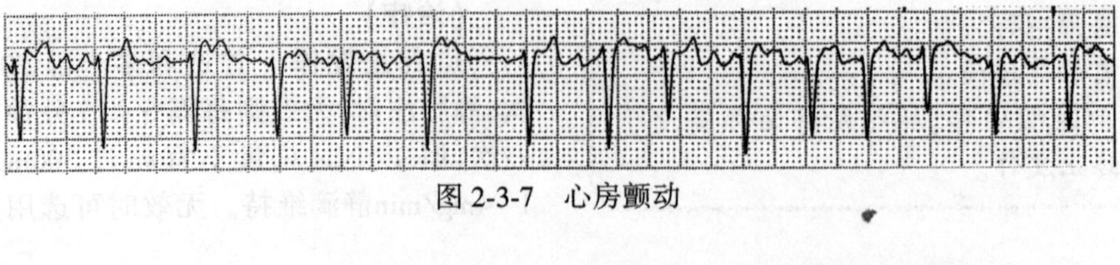
图 2-3-7 心房颤动

笔 记 栏

【治疗】

1. 心房扑动 治疗原发病、去除诱因；如房扑患者伴有血流动力学障碍或心力衰竭，应立即直流电复律或超速起搏终止发作；对血流动力学稳定或难以复律者，可选用β受体阻断剂、钙拮抗剂、胺碘酮或洋地黄类等制剂；超过48小时复律时目前主张抗凝治疗。射频消融可以治愈房扑，成功率极高，是目前的首选方法。

2. 心房颤动

（1）病因治疗：去除病因及诱发因素。

（2）抗凝治疗：①除<60岁的孤立性房颤外，其他都需抗凝治疗；②华法林：安全有效，使INR保持在2.0~3.0；③阿司匹林：不能耐受华法林的可改用阿司匹林150~325mg/d。

（3）电复律和药物复律：对于伴有急性心肌梗死、心力衰竭的快速性房颤、初发的房颤或房颤患者症状难以耐受者，可药物或电击复律。药物复律可选用胺碘酮、普罗帕酮或奎尼丁，目前临床上常选用胺碘酮。

（4）控制心室率：常用药物有：β受体阻断剂、洋地黄、钙通道拮抗剂及胺碘酮等。心室率控制在生理范围。药物无效时可考虑房室结消融。

（5）其他：反复发作而药物治疗不理想的阵发性房颤患者，可采用导管射频消融、心房起搏以及心房除颤器等治疗。

五、心室扑动与心室颤动

【病因】 心室扑动（ventricular flutter）与心室颤动（ventricular fibrillation）常见于缺血性心脏病。此外，抗心律失常药物，特别是引起QT间期延长的药物与尖端扭转的药物，严重的缺氧、缺血，电击伤等均引起。心室扑动为极严重的心律失常，可直接转为心室颤动，如不及时抢救，往往导致病人死亡。

【临床表现】 表现意识丧失、抽搐、呼吸停顿甚至死亡，脉搏、心音消失，血压亦测不到。

【心电图检查】 心室扑动呈规律的、连续的、大幅度正弦波形，频率150~300次/min（通常在200次/min以上），QRS波群与T波相连，有时难以与室速鉴别。心室颤动通常的QRS—T波群消失，代之以振幅及形态均不规则的基线摆动。心室颤动波的波幅常逐渐变低，频率变慢，直至停止（图2-3-8，图2-3-9）。

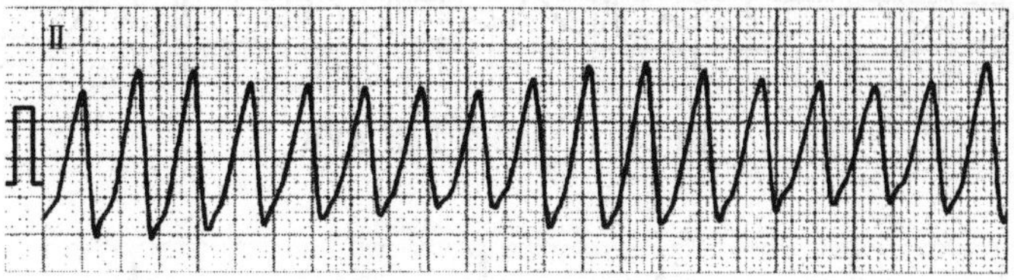

图2-3-8 心室扑动

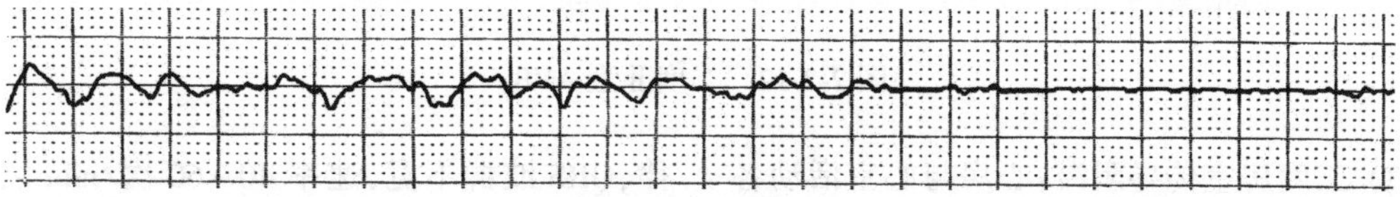

图2-3-9 心室颤动

心室扑动与心室颤动的治疗参阅第四章“心脏骤停与复苏”。

第3节 缓慢性心律失常

缓慢性心律失常（bradyarrhythmia）是临床常见的心律失常，根据其发生的部位分为病态窦房结综合征（sick sinus syndrome，SSS）、房室传导阻滞（atrioventricular block，AVB）和室内传导阻滞（intraventricular block）。本文侧重介绍SSS和AVB。

【病因及病理】 病态窦房结综合征主要的病理改变为淀粉样变性或脂肪浸润、窦房结动脉病变等；传导阻滞主要为传导系统或心肌纤维化等退行性变。常见病因如下：①各种器质性心脏病如冠心病、瓣膜心脏病、心肌病及心肌炎等；②特发性的传导系统纤维化或退行性变等；③迷走神经张力增高；④电解质异常如高血钾；⑤药物影响如洋地黄中毒和某些抗心律失常药物制窦房结功能等；⑥心脏介入治疗和外科手术损伤。

【临床表现】 临床表现主要取决于心率，通常心率不低于50次/min不引起症状。如心率小于50次/min或出现大于3s的长间歇，可出现如一过性晕厥、头晕、黑矇等；长期心动过缓可出现疲乏、耐量下降和心力衰竭等。

【心电图检查】

1. 病态窦房结综合征

（1）窦性心动过缓（sinus bradycardia）：①P

波在Ⅰ、Ⅱ、aVF 导联直立，在 aVR 导联倒置；②PR间期 0.12～0.20s；③P 波频率小于 60 次/min。

（2）窦性停搏（sinus arrest）：①P 波之间出现长间歇；②长间歇与基本的窦性 P—P 间期无倍数关系（图 2-3-10）。

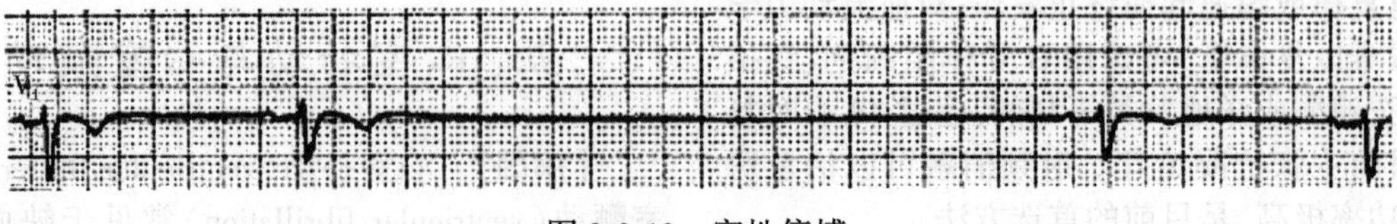

图 2-3-10　窦性停搏

（3）窦房传导阻滞（sinoatrial block）：①P 波之间出现长间歇；②长间歇与基本的窦性 P—P 间期呈倍数关系。

（4）心动过缓-心动过速综合征（brady-tachy arrhythmia syndrome）：心动过缓与心动过速交替出现，心动过缓为窦性心动过缓、窦性停搏、窦房阻滞。心动过速主要为房性心动过速、心房扑动和心房颤动。

（5）逸搏和逸搏心律（escape beat and escape rhythms）：最常发生的部位是房室交界区，但亦可发生在心室或心房。

2. 房室传导阻滞

（1）一度房室传导阻滞：P—R 间期>0.20s，每个 P 波后均有 QRS 波群。

（2）二度房室传导阻滞：①二度Ⅰ型：又称文氏（Wenckebach）现象或莫氏（Mobitz）Ⅰ型，P—R 间期逐渐延长，直至一个 P 波不能下传心室；R—R 间期逐渐缩短，直至一个 P 波不能下传心室；包含受阻 P 波在内的 RR 间期小于正常窦性 PP 间期的两倍（图 2-3-11）。②二度Ⅱ型：心房冲动突然传导受阻，而 PR 间期不变（图 2-3-12）。

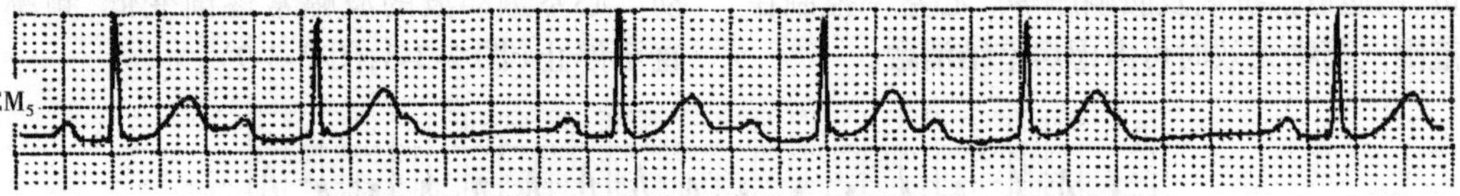

图 2-3-11　二度Ⅰ型 AVB

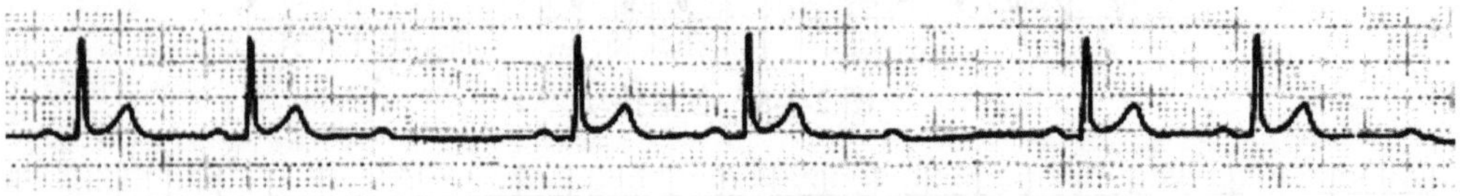

图 2-3-12　二度Ⅱ型 AVB

（3）三度房室传导阻滞：心房与心室活动各自独立，心房率超过心室率，P 波与 QRS 波群相互无关，QRS 波群形态随心室起搏点位置而变化，阻滞位于希氏束分支以上的高位心室自主心律，QRS 波群不宽，速率 40～60 次/min 之间，阻滞位于双束支的低位心室自主心律，则 QRS 波群宽大畸形，速率 35～50 次/min 之间（图 2-3-13）。

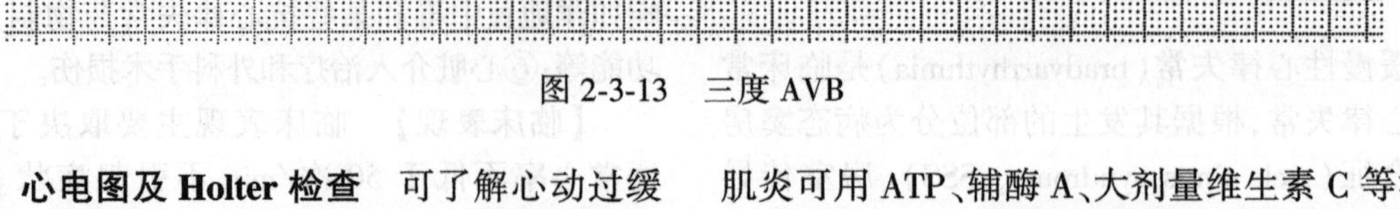

图 2-3-13　三度 AVB

3. 心电图及 Holter 检查　可了解心动过缓的类型；运动试验及阿托品试验可了解窦房结功能，经食管心房起搏可进一步检测窦房结功能；心内电生理检查可评定窦房结和房室结功能以及希浦氏纤维系统功能。

【治疗】　尽可能明确病因积极治疗，如心肌炎可用 ATP、辅酶 A、大剂量维生素 C 等治疗；缺血者可行冠状动脉血运重建术改善冠脉供血；外科手术损伤所致，激素治疗可减轻充血、水肿。对于心率慢且出现症状者，可应用阿托品、异丙基肾上腺素等药物暂时提高心率，如效果不佳，应及时安置临时或永久起搏器治疗。

笔记栏

第 4 章　心脏骤停与心脏性猝死

案例

例一　男性，26岁。因腹泻2周入院。入院后突然意识丧失，四肢抽搐。

体格检查：意识丧失，脉搏、血压测不出，颈动脉搏动消失，无明显自主呼吸。心电图显示“心室颤动”。立即非同步电击复律。患者恢复窦性心律。心率为110~120次/min之间。空腹血糖33mmol/L，血钾2.7mmol/L，血钠132mmol/L。给予普通胰岛素及补液、补钾治疗后患者心率恢复至80次/min，血糖控制于6.5mmol/L。

例二　女性，36岁。因二尖瓣换瓣术后心悸2个月入院。患者既往有“风湿性心脏病二尖瓣狭窄并关闭不全”病史，于2个月前行换瓣术，术后心电图提示“心房颤动，心室率100次/min左右”。患者入院后给予“奎尼丁”治疗，第二天突然双眼上翻，四肢抽搐。

体格检查：意识丧失，颈动脉搏动消失，无明显自主呼吸。心电监护示：“P—QRS—T波群消失，出现大小不一，形态不整的颤动波，频率约250次/min。”立即进行胸外按压，面罩给氧，患者恢复心房颤动心律。次日给予电击复律恢复窦性心律。

例三　男性，80岁，因上腹部不适、反酸一周于2007年7月26日就诊。

患者于2007年7月20日起感上腹部闷胀不适，自服“药物”治疗。25日餐馆就餐后症状加重，不愿进食并伴反酸，并于次日上午11时30分步入门诊。既往有“胃痛”史10余年，很少就医。

体格检查：T 37.4℃，R 20次/min，P 76次/min，BP 85/55mmHg。发育正常，神志清楚，自动体位，头颅五官无畸形，颈软，颈静脉无明显怒张，两肺未闻干湿性啰音，心率76次/min，律齐，腹软，剑突下轻压痛，肝脾肋下未触及。双下肢无水肿，膝腱反射存在，病理反射未引出。门诊化验：WBC $16\times10^9/L$。

因考虑患者血压偏低又未进食，给予输液3分钟后，患者突然停止与家属对话，面色青紫。

体格检查：叹息样间停呼吸，意识丧失，颈动脉搏动消失，心音消失。心电图示无脉性电活动。立即给予心肺复苏30分钟，经抢救无效死亡。尸解报告：冠心病猝死（右冠三级粥样硬化改变，心室破裂、心包填塞）。

思考题

1. 心脏骤停的病因有哪些？
2. 如何判断心脏骤停？
3. 心肺复苏的措施有哪些进展？

心脏骤停（cardiac arrest）是指心脏突然丧失有效的射血功能。心脏骤停的患者如经及时诊治可能获救，这些救治措施称为心肺复苏（cardio pulmonary resuscitation，CPR）。在美国，心脏骤停最常见的原因是心脏性猝死（sudden cardiac death），其占心血管疾病死亡原因的50%以上及全部死亡原因的25%。

【病因】

1. 心脏性猝死　是指由心脏原因引起的，急性症状发作后1小时内发生的以意识骤然丧失为特征的自然死亡，其死亡的时间和形式是未能预料的，无论是否知道患者有无心脏病。其中以冠状动脉粥样硬化性心脏病最常见，在西方国家约占80%以上。其余有心肌病、急性心肌炎、主动脉瓣膜病变、二尖瓣脱垂、窦房结病变、预激综合征及先天性和获得性QT间期延长综合征、Brugada综合征等。尤其既往有原发性室颤或室扑史；无脉性持续性室速史；频发性与复杂性室性快速心律失常史；左室射血分数低于30%或有明显心力衰竭；有QT间期延长伴晕厥史；心肌梗死后期的室性早搏等均是猝死的危险因素。

2. 非心源性心脏骤停

（1）呼吸停止：气道阻塞（如气管内异物、溺水或窒息）、头面部外伤、脑卒中、巴比妥类药物过量、意识丧失者的舌后坠等，可发生呼吸停止，随后导致心脏骤停。

（2）电解质和酸碱平衡失调：严重高血钾（>6.5mmol）及低血钾常见，严重高血钙、高血镁、低血镁、缺氧、酸中毒也可发生心室颤动或心室停顿。

（3）药物中毒或过敏反应：强心苷、氯喹等

笔记栏

药物中毒;抗心律失常药物如普萘洛尔、利多卡因、奎尼丁、苯妥英钠、普罗帕酮、维拉帕米等;其他如氨茶碱、氯化钙、青霉素、链霉素及某些血清制品等的不良反应。

(4) 手术、治疗操作或麻醉意外:如心导管检查、安置心内膜起搏电极、心血管造影、心血管的介入性治疗、支气管镜检、胸腔手术、麻醉意外和压迫颈动脉窦不当等。

(5) 电击或雷击。

【病理生理】 心脏骤停时主要出现的致命性心律失常为:①心室颤动:心室肌发生极不规则的快速而又不协调的颤动。心电图上 QRS—T 波群消失,代之以连续不规则的室颤波,频率为 200~400 次/min。此型最常见(约占 70~80%),且复苏成功率较高,尤其是室颤波粗大而快速者。心室颤动多见于急性心肌梗死早期或严重心肌缺血时,也见于心脏外科手术等意外情况。可由持续性室性心动过速演变引起。②心室停顿:心室完全丧失了收缩活动。心电图上无 P—QRS—T 波(心脏停顿)或仅有心房活动的 P 波。此型多见于严重的心脏疾病、麻醉、外科手术等,常由缓慢型心律失常进展所致,复苏成功率较室颤者低。③无脉搏性电活动(pulseless electrical activity,PEA)心室肌断续出现慢而极微弱的不完整收缩,频率 20~30 次/min 以下。心电图上有间断出现的宽而畸形,振幅较低的 QRS 波群,但心脏听诊时听不到心音,也扪不到脉搏。这种缓慢而无效的心室自身节律也被称为"心电-机械分离",多为严重心肌损伤的后果。常为左室泵衰竭的终末期表现,可见于急性心肌梗死导致的心脏破裂;也可见于低血容量、张力性气胸和心包填塞等。此型除有可纠正的病因外,预后差,复苏困难。

心脏骤停表现为心跳和呼吸停止,是临床死亡的标志,但从生物学观点来看,此时机体并未真正死亡,因为人体生命的基本单位——细胞仍维持着微弱的生命活动。如能及时适当抢救,尚有可能存活,尤其是突然意外发生原发性心脏骤停者复苏成功率达 50%以上,但继发于严重疾患者,成功率则大为下降。心跳呼吸停止,组织缺血缺氧使机体立即产生呼吸性和代谢性酸中毒以及电解质紊乱,特别是细胞内酸中毒和细胞外高钾,缺氧时增多的自由基与生物膜的多价不饱和脂肪酸结合,造成细胞膜功能障碍,影响膜的通透性和多种酶的活性,钙离子内流增加,最终导致细胞死亡,进入不可逆性生物学死亡,发生心脏性猝死。

人体各系统组织对缺氧的耐受性不一,最敏感的是中枢神经系统(尤其是脑组织),其次是心肌,再次是肝脏和肾脏。循环停止 10~15 秒便可因大脑缺氧而出现意识丧失,脑循环完全终止仅 4~6 分钟,脑组织可发生不可逆性损害,如复苏过程中仍有微量的脑循环在运行,缺氧性脑损害的发展便可显著延迟。近年来在复苏过程中特别注重脑缺血和再灌注损伤的防治,提出了防治缺氧性脑损害即"脑复苏"的概念。在缺氧和酸中毒及电解质紊乱和心电活动极不稳定的情况下,心肌收缩力严重抑制,处于弛缓状态,周围血管张力减低,心脏血管对儿茶酚胺的反应性大为减弱,室颤阈值降低而致顽固性室颤,最终心肌细胞停止收缩。肝脏发生小叶中心坏死。肾脏则产生肾小管坏死而致急性肾衰竭。心跳停止时间越长,复苏成功率越低,并发症、后遗症越多,脑复苏可能性越小,故抢救必须当机立断,分秒必争,立即施行心肺复苏术和尽早除颤是避免生物学死亡的关键。

【临床表现】 心脏骤停的临床过程一般分为 4 期:前驱期、终末事件期、心脏骤停和生物学死亡。虽然心脏骤停的确切时刻无法预测,但许多患者在发生心脏骤停前有可能出现前驱症状,如心绞痛、胸闷、心悸加重、易于疲劳等。在心电监护下,如发现频发、多源、成对出现或 R 波重于 T 波的室早,短阵性室速,心室率低于每分钟 50 次,QT 间期显著延长等,可能是心脏骤停的先兆,但心脏骤停也可无前驱期表现。终末事件期开始可出现心率明显改变,室性异位搏动与室性心动过速。在无心电监护下发现低心排血量状态,听诊有严重心律失常,长时间的心绞痛或急性心肌梗死的胸痛,急性呼吸困难,头晕,黑蒙,眼球上窜,两眼凝视,突然抽搐等,均可能为其先兆及终末事件期开始的表现。

心脏骤停时,症状和体征依次出现:心音消失;大动脉搏动扪不到;血压测不出;因脑血流急剧减少而突然出现意识丧失(心脏骤停后 10 秒内)或伴短暂抽搐(心脏骤停后 15 秒);断续出现叹息样的无效呼吸动作,随后停止呼吸(心脏骤停 20~30 秒内);皮肤苍白或明显发绀;昏迷多发生于心脏骤停 30 秒后;瞳孔散大,多在心脏骤停后 30~60 秒出现。心脏骤停至脑组织发生不可逆损害后数分钟则进入生物学死亡。

案例归纳

例一　患者腹泻 2 周后突然呼之不应,四肢抽搐。

体格检查:脉搏,血压测不出,颈动脉搏动消失,无明显自主呼吸。心电图显示"心室颤动"。空腹血糖 33mmol/L,血钾 2.7mmol/L,血钠 132mmol/L。

笔记栏

例二　患者因二尖瓣换瓣术后心悸2个月入院。心电图提示："心房颤动，心室率100次/min左右。"患者入院后给予"奎尼丁"治疗，第二天突然意识丧失，双眼上翻，四肢抽搐。心电监护示："P—QRS—T波群消失，出现大小不一，形态不整的颤动波，频率约250次/min。"

例三　因上腹部不适、反酸一周于门诊输液3分钟后，患者突然停止与家属对话，面色青紫，体格检查：叹息间停呼吸，意识丧失，颈动脉搏动消失，心音消失。心电图示无脉性电活动。就诊时BP 85/55mmHg。血象偏高。

【诊断】　早期诊断心脏骤停最可靠的临床征象是出现意识突然丧失伴大动脉（如颈动脉和股动脉）搏动消失。一般主张：①用手拍喊患者以确定意识是否存在，同时判断有无呼吸；②触诊颈动脉了解有无搏动，若两者均消失，即可确定心脏骤停的诊断。颈动脉搏动位于喉结旁开两指处。其他征象出现的时间均较上述两项为晚，心音消失有助于诊断，但听心音常受到抢救时外界环境影响，若为证实心音消失而反复测血压或听诊，势必浪费宝贵时间，延误复苏进行。

案例诊断要点

例一

1. 男性，26岁。

2. 病史特点：糖尿病患者长期腹泻后电解质紊乱，突然呼之不应，四肢抽搐。

3. 体格检查：意识丧失、脉搏，血压测不出，颈动脉搏动消失，无明显自主呼吸。

4. 实验室和其他检查：心电图显示"心室颤动"。查血糖：空腹血糖33mmol/L，血钾2.7mmol/L，血钠132mmol/L。

临床诊断：心脏骤停（心室颤动）1型糖尿病　糖尿病肠病　电解质紊乱

例二

1. 女性，36岁。

2. 病史特点：有风湿性心脏病，二尖瓣换瓣术后仍有心房颤动病史；因心房颤动服用奎尼丁治疗时突然双眼上翻，四肢抽搐。

3. 体格检查：意识丧失，颈动脉搏动消失，无明显自主呼吸。

4. 实验室和其他检查：心电监护示"P—QRS—T波群消失，出现大小不一，形态不整的颤动波，频率约250次/min。

临床诊断：心脏骤停（心室颤动、奎尼丁反应）　风湿性心脏病　二尖瓣换瓣术后　心房颤动

例三

1. 男，80岁。

2. 病史特点：因上腹部不适、反酸一周于门诊输液3分钟后，患者突然停止与家属对话，面色青紫。有10余年"胃痛"史。就诊时BP 85/55 mmHg。血象偏高。

3. 体格检查：叹息样间停呼吸，意识丧失，颈动脉搏动消失，心音消失，血压0mmHg。

4. 实验室和其他检查：心电图示无脉性电活动。

临床诊断：心脏骤停（无脉性电活动）心脏性猝死（冠心病可能性）尸解报告：冠心病猝死（右冠三级粥样硬化改变，心室破裂、心包填塞）。

【治疗】

1. 初级心肺复苏（CPR）　包括畅通气道（airway）、人工呼吸（breathing）和人工胸外按压（circulation），简称为ABC三部曲。以达到建立人工有效循环，给患者基础生命支持（basic life support，BLS）的目的。近来强调BLS应包括电话呼救、启动急救医疗服务系统、CPR和早期自动体外电除颤。

（1）开放气道：首先使患者仰卧于坚固的平地或平板上，使头颈部与躯干保持在同一轴面上。假牙松动时也应取下，用手指清理口咽部，解开患者衣扣，松开裤带。如无颈部创伤，再将手置于患者前额部加压，使头后仰，另一手示、中两指放下颏骨处，向上抬颏（仰头抬颏法），使下颏角、耳垂与平地垂直，以利于气道通畅。

（2）人工呼吸：开放气道后，立即检查患者有无自主呼吸，可将耳朵贴近患者口鼻，感觉和细听有无气流呼出的声音并观察胸部有无起伏，应除外"叹息样"无效呼吸。判断呼吸时间不应超过10秒钟，如患者自主呼吸已停止，则应迅速做人工呼吸。口对口呼吸不失为一种快捷有效的通气方法。畅通气道后，将置于患者前额的左手拇指与示指捏住患者的鼻孔，操作者在深吸气后，用口唇把患者的口唇紧密全罩住后，缓慢吹气，每次吹气应持续1秒以上，待患者胸部扩张起伏后放松鼻孔，让患者胸部及肺部自行回缩将气体排出。若患者牙关紧闭，口唇创伤则可改为口对鼻呼吸，注意吹气时要捏紧患者口唇，而操作者口唇要密合于患者鼻孔的四周后吹气，其余

笔记栏

操作同口对口呼吸。人工通气的频率为每分钟10~12次，但开始应先进行人工通气2次。气管内插管是建立人工通气的最好方法，有条件应立即气管插管以人工气囊挤压或人工呼吸机进行辅助呼吸。气管切开的患者可采用口对套管呼吸。目前推荐使用有防护装置的通气，有益于防止疾病传播。有口对面罩呼吸、面部防护板及能提供正压通气的呼吸球囊面罩装置，可在双人复苏时应用。三人CPR时，对意识丧失者还可用环状软骨压迫法：用力压迫患者环状软骨，向环状韧带压迫，使气管后坠向后压住食管开口，以减轻胃胀气、胃内容物反流和误吸。

(3) 胸外按压：此法是建立人工循环的主要方法，研究证明，胸外按压时胸腔内压增大及直接挤压心脏，血液从心脏和大血管内被挤向胸腔外大血管和肺部流动，此时，壁薄的腔静脉受压塌陷而不发生反流。停止胸部按压时，静脉血回流到心脏。有效的胸外按压心排血量可达正常的1/3或1/4。应尽量使按压次数达到每分钟100次以达到按压有效的目的，有益于脑和冠状动脉的灌注。

患者仰卧于硬的平面上，下肢稍抬高，以促进静脉回流，操作者宜跪在患者身旁或站在床旁的椅凳上。按压时，应把掌根横轴置于患者胸骨长轴上，掌根位于胸骨体上2/3与下1/3处(剑突上两横指上的胸骨正中部)，另一手掌重叠其上，双手指背屈不接触胸壁。按压时关节伸直，用肩背部力量垂直向下按压，使胸骨下陷4~5cm(成人)，然后放松，放松时掌跟不应离开胸壁，按压与放松时间约相等。

胸外按压部位过高易损伤大血管，过低易损伤腹部脏器或引起胃内容物反流，偏移易引起肋骨骨折、气胸、血胸等，故应注意保持正确的操作方法。

胸外按压与人工呼吸应密切配合。国际上新的急救指南建议，成人单人和双人CPR按压和通气的比例均为30∶2。

2. 高级心肺复苏 是指进一步生命支持(advanced life support，ALS)或成人高级生命支持，即在初级心肺复苏的基础上进行电除颤和复律、建立人工气道、药物治疗和复苏后治疗等。

心脏骤停时的心律主要是心室颤动(VF)和室性心动过速(VT)，最有效的治疗方法是早期电除颤。因为不进行除颤数分钟后心室颤动就可能转为心室停顿，如果在心脏骤停6~10分钟内行电除颤，许多成人可无神经系统损害，若同时进行CPR，复苏成功率更高。而每延迟1分钟除颤，复苏成功率下降7%~10%。

(1) 心室颤动的处理：首选非同步直流电击除颤。可先用肾上腺素使细颤变为粗颤后再予电击除颤。既达到除颤效果，又尽量减少电流对心脏的损伤。目前多数除颤器使用的是单相波除颤，直流电除颤器一般将两电极分别置于胸骨右缘第二肋间和心尖部左乳头外侧，使电极中心在腋前线上。发现室颤或无脉性室速、多形性室速可在数秒内给予高能量360J非同步电复律。此型复苏过程如下：

1) 电击除颤，双相波除颤首次电击能量150~200J，也可选择或依据除颤器说明选择能量。单相波的电除颤能量360J。应在检查心律前先进行5个周期的CPR，电除颤1次后也应立即5个周期的CPR。

2) VF/VT持续复发者，继续CPR，气管插管，开放静脉通道。

3) 肾上腺素1mg静脉注射，可每隔3~5分钟重复，并可增加剂量。

4) 电击除颤360J(可重复1次)。

5) VF/VT持续或复发可药物治疗。如胺碘酮300mg或5mg/kg缓慢静脉推注，重复剂量为150mg；或利多卡因1~1.5mg/kg静脉推注，每5~10分钟给予0.5~0.75mg，重复至最大负荷量3mg/kg。

6) 每次用药后30~60s后除颤，除颤能量不超过360J。

(2) 心室停顿的处理：心室停顿的处理可参照下列顺序进行。

1) 有效心肺复苏、气管插管、建立静脉通路。

2) 试以经静脉心内起搏。为争取时间也可先使用简便易行的经皮体外起搏或胸壁穿刺起搏。

3) 肾上腺素1mg(1∶10000)静脉注射，每3~5分钟可重复。或血管加压素40U静脉注射。

4) 阿托品1mg静脉注射，5分钟后可重复1次，直到3mg。或无反应则用异丙肾上腺素(15~20μg/min)静脉滴注。

(3) 无脉搏性电活动的处理

1) 寻找可纠正的原因(如低血容量、药物过量、张力性气胸、心包填塞、大面积肺梗死)予以相应治疗；若为高血钾引起者，静脉注射5%碳酸氢钠1mmol/kg。

2) 有效心肺复苏，气管插管，建立静脉通路。

3) 肾上腺素1mg(1∶10000)静脉注射，每3~5分钟可重复。或血管加压素40U静脉注射。

4) 若有心动过缓，可经皮心内起搏或阿托

笔记栏

品 1mg 静脉注射(5 分钟后可重复 1 次)。

后两种类型的心脏骤停预后很差,无指征进行体外除颤,但气道阻塞所继发的心动过缓或心室停搏,可及时用 Heimlich 手法(腹部冲击法),即抢救者站在病人背后,用两手臂环绕病人的腰部,一手握拳,将拳头的拇指一侧放在病人胸廓上和脐上的腹部。用另一手抓住拳头、快速向上重击压迫病人的腹部。重复以上手法直到异物排出。驱除气道异物,必要时予气管插管抽吸气道中阻塞的分泌物,心脏骤停可望恢复。本期复苏有效时,患者自主心搏恢复并可扪及颈及股动脉搏动。若心电图显示有满意的心律,但扪不到脉搏,则应继续胸外按压和给药。终止心肺复苏的指征为:患者处于深度意识丧失状态,无自主呼吸,瞳孔扩大且固定,持续 30 分钟以上,连续心肺复苏 1 小时而心电图上无电活动者。有效心脏复苏:①患者皮肤色泽改善;②瞳孔回缩;③出现自主呼吸;④意识恢复。

(4) 药物:心肺复苏的首选药物为肾上腺素。胺碘酮适用于难治性 VT 和 VF。溴苄胺、普鲁卡因胺、利多卡因有利于维持心电的稳定,可酌情选用。异丙肾上腺素仅适用于缓慢性心律失常。过去曾在心肺复苏中大剂量给予碳酸氢钠,现只有当电除颤复律和气管插管后酸中毒持续存在时,才有指征静脉使用碳酸氢钠,例如循环停止>2 分钟,或参照血气分析给予碳酸氢钠 1mmol/kg 静脉滴注。应首选从上肢静脉、颈内静脉穿刺或锁骨下静脉插管建立的静脉通道给药。肾上腺素、阿托品和利多卡因还可经气管内给药。应尽量避免心内注射,除了上述给药途径尚未建立时才心内直接注射肾上腺素。

3. 心脏搏动恢复后的处理 自主循环恢复后,多种致病因素可导致复苏后综合征的发生,如出现血流动力学的不稳定,无再灌注或再灌注损伤。多脏器缺氧造成的微循环障碍,继发性的脑、心、肾等重要脏器的损害等。因此,复苏后的治疗目的应是完全地恢复局部器官和组织的灌注,特别是对大脑的灌注,并将患者送入监护病房,及时进行脑复苏,积极治疗原发病,避免心脏骤停的再度发生以及引起严重并发症和后遗症。

(1) 维持有效循环:心脏复跳后可有低心排血量或休克,可选用多巴胺、多巴酚丁胺、去甲肾上腺素等药物治疗。经常规治疗,血流动力学仍不稳定者,应做血流动力学监测,并根据监测结果给予血管收缩药和(或)扩张药物治疗。若有心律失常,应分析原因,分别处理,如给予抗心律失常药物或进一步采用介入疗法及外科手术。治疗原发病或心律失常时,需注意某些抗心律失常药物可能会增加死亡率。心肌梗死合并左室功能不全和心律失常的患者,胺碘酮能减少心律失常的死亡率。

(2) 维持有效呼吸:心跳恢复后患者可有不同程度的呼吸功能障碍,应继续使用机械通气和吸氧治疗。但应注意避免心脏骤停后的高通气量,高通气量可导致高气道压力,使脑静脉压和颅内压增高,脑缺血加重。此外保持呼吸道通畅是维持有效呼吸的前提,经常吸痰,排除喉头及气管内分泌物极为重要。当自主呼吸有效时,可逐渐减少辅助呼吸。若自主呼吸不出现,常提示严重脑缺氧。

(3) 防治脑缺氧和脑水肿:脑复苏是心肺复苏能否最后成功的关键。

1) 维持脑灌注压:缺氧性脑损伤的严重程度与心脏骤停的时间密切相关。低氧血症和(或)高碳酸血症时大脑血流的自动调节功能丧失,脑血流状态由脑灌注压所决定。自主循环恢复后,可能因微血管功能不良,无复流现象而引起脑血流的减少,此时任何导致颅内压升高或平均动脉压减少的因素均减少脑灌注压,并将进一步减少脑血流量,故应保证适当的血压,使平均动脉压不低于 110mmHg。

2) 控制过度换气:将动脉血二氧化碳分压控制在 25~35mmHg,动脉血氧分压控制在 100mmHg,有利于脑循环自主调节功能恢复和降低颅内压。

3) 维持正常或偏低的体温:轻度低温(33~35℃)可降低颅内压和脑代谢,可能会有益于神经功能的恢复。过高的体温会加重脑损伤。如有高温应采取降温措施。但过低温度对心脏骤停复苏后的患者可以产生明显不良反应,如增加血液黏滞度,降低心排血量和增加感染的可能,因此,心脏骤停复苏后不宜诱导过低温。

4) 脱水:应在血压平稳后,尽早脱水治疗脑水肿。常选用 20%甘露醇 1~2g/kg 快速静脉滴注,每天 2~4 次。也可依据脑水肿程度联合使用呋塞米、白蛋白或地塞米松。

5) 高压氧治疗:此疗法通过增加血氧含量及弥散力,起到提高脑内氧含量,改善脑缺氧,降低颅内压的作用,有条件可采用。

6) 防治抽搐:在气管插管条件下可使用地西泮 10mg 静脉注射。或咪达唑仑首剂 0.5~0.2mg/kg 静滴,续以 0.06~0.6mg/(kg·h)静滴维持。

(4) 维持水电解质和酸碱平衡:必须记录水的出入量,严密观察电解质、动脉血气变化,并及时予以纠正。

(5) 防治急性肾衰竭:心脏骤停时间较长

笔记栏

或复苏后持续低血压，或用大剂量收缩血管药物后可并发急性肾衰竭。其防治关键在于尽量缩短复苏时间，维持有效肾灌注压。心脏复苏后应留置导尿管记录尿量。如心功能和血压正常而出现少尿（<30ml/h）在排除血容量不足之后，可试用呋塞米 40～80mg 静脉注射，经注射呋塞米后无效则应按急性肾衰竭处理。

【心脏性猝死的预防】 预防心脏骤停的根本是防治器质性心脏病或影响心脏的其他因素，其中最重要的是防治冠状动脉粥样硬化性心脏病。心脏骤停可发生在任何场所，复苏成功与早期识别、早期抢救有关，因此，普及心肺复苏的知识与技术具有十分重要的意义。建立社区急救医院，在最易发生心脏骤停的场所，如急诊室、手术室、冠状动脉粥样硬化性心脏病监护病房等，均应有健全的复苏设备和专门训练的复苏队伍。及时发现并处理心脏骤停的先兆征象，有助于预防心脏骤停的发生或提高复苏的成功率。注意防止心脏骤停的复发，如积极治疗急性冠脉综合征；对持续性室速或室颤的存活者除了采用内外科治疗原发病外，还可植入自动心脏起搏转复除颤器（ICD）。

处方及医师指导

例一 ①应在检查心律前先进行 5 个周期的 CPR，电除颤 1 次后也应立即 5 个周期的 CPR，然后再检查心律。5 个周期的 CPR，立即非同步电击复律。电击除颤，单相波的除颤首次电击能量 360J。双相波电除颤能量可选择 150～200J 或依据除颤器说明选择能量。VF 持续复发者，继续 CPR5 次，气管插管，开放静脉通道。③肾上腺素 1mg 静脉注射，可每隔 3～5 分钟重复，并可增加剂量。④给予普通胰岛素及补液、静脉补钾治疗后患者心率恢复至 80 次/min，血糖控制于 6.5mmol/L。

例二 立即给予：①5 个周期的 CPR，面罩给氧；②立即非同步电击复律时患者恢复心房颤动节律；③停用奎尼丁；④电击复律恢复窦性心律。

例三 立即给予：①5 个周期的 CPR，面罩给氧；②有效心肺复苏、气管插管；③经皮静脉心内膜起搏；④心肺复苏 30 分钟，经抢救无效死亡（无条件、无时间进行病因治疗）。

笔记栏

第5章 心血管疾病介入治疗

心血管病介入治疗指采用心导管技术即运用各种治疗用的器械送入心脏或血管等部位来施行治疗。包括经静脉心内膜人工心脏起搏术、经皮冠状动脉介入术、心律失常的射频消融治疗、经皮心脏瓣膜成形术、先天性心血管病的介入治疗、经导管心肌化学消融术和周围血管疾病的介入治疗等。

第1节 冠心病的介入治疗

经皮冠状动脉介入术是指经导管通过各种方法扩张狭窄的冠状动脉,从而达到解除狭窄,改善心肌血供的治疗方法。

一、冠状动脉造影

1. 冠状动脉造影的简史 冠状动脉造影术的发展经历了三个阶段,最初采用主动脉根部造影,左、右冠状动脉同时显影,为非选择性冠状动脉造影术,它不能清晰显示整个冠状动脉血管树;随后,改进为主动脉窦(Valsava窦)内造影,属半选择性冠状动脉造影术。1959年,Sones利用特制的造影导管经肱动脉逆行插入至升主动脉根部,成功地施行了选择性冠脉造影术(Sone's术),即把导管置于左、右冠状动脉口,将造影剂直接注入左或右冠状动脉内而使其清晰显影。此后Amplatz(1966),Judkin's(1967)等对导管顶端的形状和弧度以及导管插入技术做了许多改进,尤其是经皮股动脉穿刺技术(Seldinger's穿刺法)的应用,使选择性冠状动脉造影技术得到广泛的临床应用。非选择性造影和主动脉窦内造影主要应用在判断冠脉起始部畸形或了解左主干及其开口处狭窄。

随着科技的不断发展,导管工艺和设计、放射影像技术和造影剂的研制已越来越成熟,特别是冠状动脉疾病的介入性治疗技术和搭桥手术的开展,诊断性冠状动脉造影(coronary artery angiography, CAG)已经成为心导管检查术中一种常见、安全的方法,成为冠心病诊断的"金标准"。

2. 冠状动脉造影的设备

(1)放射影像系统:其核心是心血管造影机,其他有高分辨力的影像增强器或平板系统、以25~50帧/s速度拍摄的电影摄影机、同步录像系统、高分辨荧光屏和高压注射器等。

(2)心电和压力监护系统:用于术中监测心导联心电图和压力示波。

(3)穿刺器械:包括动脉穿刺针、穿刺导丝、扩张器、血管鞘等。

(4)造影注射系统和压力系统:包括三路三通开关板、压力传感器。

(5)造影导管和导丝:造影导管:分左冠造影管、右冠造影管和心室造影管,根据不同的形状又可分为Jukins、Amplatz、Sones等导管,做左室造影时使用猪尾巴导管。指引导丝(guide wire)又称引导导丝,其主要作用是引导导管进入血管。

(6)急救设备:除颤器、临时心脏起搏器、急救药品等。

3. 冠状动脉造影的适应证 目前临床上冠状动脉造影主要用于下述三种情况:冠心病诊断不确定和通过无创检查不能提供足够的理由排除冠心病的患者,确定冠状动脉狭窄的存在和病变的程度;评价不同形式的治疗(PCI与CABG)方法的可行性与适宜性;评价治疗效果与冠状动脉病变的进展和转归。

4. 冠状动脉造影的并发症

(1)死亡:是冠脉造影最严重的并发症,发生率为0.1%,左主干病变的死亡危险最大。

(2)急性心肌梗死:是冠状动脉造影中少见但极为严重的并发症,发生率为0.05%~0.07%。

(3)心律失常:常见,多为一过性(如室性期前收缩、房性期前收缩、室性心动过速等),一般不产生临床后果。有时可有严重的心律失常如心室颤动、室性心动过速等。

(4)栓塞:栓子来源于导管或导丝表面形成的血栓,或大动脉内、心腔内甚至心脏瓣膜表面的粥样斑块、赘生物等,可发生脑栓塞。造影后卧床时间较长的患者如抗凝不充分则可见肺栓塞。

(5)穿刺并发症:主要是因穿刺血管(包括动、静脉)损伤或局部压迫止血不当产生的夹层、血栓形成、栓塞、出血、血肿、假性动脉瘤和动-静脉瘘等并发症,有些可引发严重后果。

(6)其他:在术前股动脉穿刺及术后拔除动脉鞘管时,可有血管迷走神经反射引起的低血

笔记栏

压、心率缓慢、面色苍白、大汗、恶心、呕吐等。

二、经皮冠状动脉球囊扩张术(PTCA)

首例冠状动脉球囊扩张术始于1977年9月。随后,世界各地相继开展了PTCA手术,至今为止世界已有超过100个国家成功开展了PTCA手术。每年开展的病例数迅速增加,据ACC不完全统计,美国每年完成PCI术100万例次以上。

采用股动脉途径或桡动脉途径,将指引导管送至待扩张的冠状动脉口,再将相应大小的球囊沿导引钢丝送至欲扩张的病变处,根据病变的性质以不同的压力进行扩张(一般在4~10个大气压),扩张的时间为10~20秒,可重复多次直到造影结果满意或辅以其他治疗措施。PTCA引起管腔扩大的原因包括斑块压缩(plaque compression)、斑块碎裂(plaque fracture)、内膜撕裂及中膜局限性夹层、无斑块血管壁的扩张(streching)等。

PTCA的适应证:一般认为,病人临床上有心绞痛,冠状动脉造影显示血管狭窄超过60%,或有狭窄血管支配区域心肌缺血的证据时进行PTCA。在有条件的医院,急诊PTCA是ST段抬高型急性心肌梗死患者恢复心肌再灌注最有效的手段;高危的不稳定型心绞痛和非ST段抬高性急性心肌梗死患者在积极药物治疗的同时,早期(48小时内)行冠状动脉造影和介入治疗也能明显改善患者的预后。治疗部位发生再狭窄需要再次血运重建术是PTCA最常见的不良事件,因其发生冠状动脉急性闭塞的风险大和术后较高的再狭窄率(术后6个月30%~50%),目前已很少单独使用。

三、冠状动脉支架置入术

1986年,首例网状管形金属丝植入冠状动脉内。此后,冠状动脉内支架置入术(intracoronary stenting)迅猛发展,产品由数种发展至百余种之多。应用范围也由当初的应急使用,到有选择地应用到多支血管病变和左主干病变。支架置入有效地解决冠状动脉夹层,大大减少了急性血管闭塞的发生,并使术后6个月内再狭窄率降低到20%~30%,改善了冠心病介入治疗的效果。随着药物洗脱支架(drug-eluting stent,DES)的研发和广泛应用,将9个月时DES的造影与临床再狭窄的概率降到个位数。DES可以导致血管内皮化延迟,停用抗血小板制剂氯吡格雷后增加支架内血栓导致死亡或心肌梗死。BASKET-LATE试验比较DES和金属裸支架(BMS)在晚期(6个月停用氯吡格雷以后)与支架血栓相关的临床事件发生率显示,使用DES发生血栓相关事件的概率为BMS的2~3倍。较长时间(超过9个月)服用氯吡格雷可以减少晚期血栓相关事件的发生。

1. 支架术的适应证 早期的支架仅用于球囊成形术后血管急性闭塞、限制血流的内膜撕裂、再狭窄病变及其他介入技术治疗后残余狭窄严重的病人。近年来,除上述情况外,支架被用于绝大部分的常规病变(稳定型、不稳定型及急性血栓)以降低再狭窄及改善预后。以前被列为绝对禁忌证的病变如左冠状动脉主干狭窄(尤其是近端及体部)也可以用支架进行成功治疗。

2. 为支架术期的药物治疗方案 支架对机体来讲是异物,植入人体后可引起血小板聚集而诱发血栓形成。近年来,随着作用较强的抗血小板药物如血小板ADP受体拮抗剂的应用及支架的改进,支架内血栓的发生率明显降低。目前推荐术前至少48小时服用噻氯匹定250mg,每日两次;或术前一天(至少6小时前)服用氯吡格雷300mg,及阿司匹林300mg,术中静脉肝素化100U/kg(维持ACT300~350秒)。对急性冠状动脉综合征患者,术中应用血小板糖蛋白Ⅱb/Ⅲα受体拮抗剂能减少缺血性心血管事件的发生。术后噻氯匹定250mg,每日两次或氯吡格雷75mg/d,连续用4周,阿司匹林100mg,每日一次,长期服用。使用药物洗脱支架者术后噻氯匹定或氯吡格雷的服用时间应延长至6~9个月。服用噻氯匹定者应定期检查血常规监测是否有骨髓抑制。

3. 支架的远期效果及再狭窄 支架植入后的远期效果与被治疗病变的长短、支架植入是否理想(贴壁情况、扩张对称)、血管的直径、病变的位置、是否合并其他疾病(如糖尿病)及抗血小板药物的应用直接相关。另外,多个支架的再狭窄率明显高于单个支架。支架再狭窄可以采用普通球囊扩张、切割球囊扩张、高频旋磨、激光、定向旋切等治疗,有人采取支架内支架术。最近应用于临床的腔内照射疗法采用β或γ射线,照射支架处从而防止内膜增生,防止再次再狭窄的效果确切(再狭窄率降为6%~8%以下)。

冠脉介入方法还包括高频旋磨术、冠脉内定向旋切术、腔内斑块切吸术、激光冠脉成形术、超声血管成形术、冠脉内血栓去除术,临床较少使用。高频旋磨术是采用超高速的钻头将动脉粥样硬化斑块研磨成极细小的微粒,从而消除斑块,增大管腔。其主要适应证为:钙化病变、不能

笔记栏

扩张的病变、支架内再狭窄病变等。冠状动脉内定向旋切术是通过导管技术将堵塞管腔的物质切除并取出体外。其主要适应证为:偏心性病变、溃疡性病变、局限性大隐静脉桥病变、再狭窄病变等,钙化病变和成角病变则是禁忌。

第2节 经皮球囊导管瓣膜成形术

经皮球囊导管瓣膜成形术(percutaneous catheter balloon valvuloplasty;PCBV)是用介入手段对狭窄的瓣膜进行扩张解除狭窄以治疗瓣膜狭窄病变的方法。通过扩大球囊内压力以辐射力形式传递到狭窄的瓣膜组织上,使瓣叶间粘连的结合部向瓣环方向部分或完全地撕开,从而解除瓣口梗阻。因其可部分代替开胸手术,创伤小,相对安全,术后恢复快。1982年开始球囊导管扩张术,此前的心脏瓣膜狭窄主要采取外科治疗,我国于1985年开始此项技术。目前主要用于二尖瓣和肺动脉瓣狭窄。主动脉瓣成形术使主动脉瓣狭窄的瓣口面积增加有限,严重并发症多,死亡率高,再狭窄的发生早,术后血流动力学,左心室功能和生存率均不如外科瓣膜置换术,只用于高龄不宜于外科手术者。

1. 经皮球囊二尖瓣成形术(percutaneous balloon mitral valvuloplasty,PBMV) 1984年首次报告了PBMV的临床应用。经皮穿刺股静脉,置入右心导管和房间隔穿刺针,行房间隔穿刺,送球囊导管入左心房,顺血流方向置于二尖瓣口,扩张球囊。此为顺行途径技术。另为逆行途径技术:球囊导管经股动脉、主动脉至左心房。逆血流方向置于二尖瓣口扩张,应用较少。

逆行技术中房间隔穿刺是关键步骤。穿刺部位宜选卵圆窝处,它位于房间隔中点稍偏下,为膜性组织,较薄易于穿刺,穿刺部位过高进入主动脉或左室,过低进入冠状动脉窦或损伤房室交界处组织,或将下腔静脉进入右房处误认为房间隔而穿破下腔静脉。超声心动图在心脏瓣膜介入治疗中可评价瓣膜结构和功能,检测房、室大小和附壁血栓;对心脏瓣膜介入手术适应证的选择、术后评价、随访是必不可少的手段。术前行超声心动图的详细检查列为常规。

适应证:①中至重度单纯瓣膜狭窄,瓣膜无明显变形、弹性好、无严重钙化,瓣膜下结构无明显异常,左心房无血栓,瓣口面积≤1.5cm^2,窦性心律;②二尖瓣交界分离手术后再狭窄,心房纤颤,二尖瓣钙化,合并轻度二尖瓣或主动脉瓣关闭不全,可作为相对适应证;③二尖瓣狭窄伴重度肺动脉高压,手术治疗危险性很大者,不宜换瓣者,也可作为PBMV的选择对象。

禁忌证:①二尖瓣狭窄伴中、重度二尖瓣或主动脉返流,主动脉瓣狭窄;②瓣下结构病变严重;③左心房或左心耳有血栓者;④体循环有栓塞史者;⑤合并其他心内畸形;⑥高龄患者,应除外冠心病。

疗效评定:心尖部舒张期杂音减轻或消失,左房平均压≤11mmHg。跨瓣压差≤8mmHg为成功,≤6mmHg为优。瓣口面积≥1.5cm^{2}为成功,≥2.0cm^{2}为优。

并发症:穿刺房间隔可引起心包填塞,误穿入主动脉后,造成主动脉-右心忙瘘以及房间隔缺损、心律不齐等。球囊扩张可引起二尖瓣返流、体循环栓塞、心律不齐、心脏穿孔及急性肺水肿等。严重者可造成死亡,死亡率一般小于1%。

2. 经皮球囊肺动脉瓣成形术(percutaneous balloon pulmonary valvuloplasty,PBPV) 经皮穿刺股静脉,行右心导管检查和右心室造影,计算肺动脉瓣环直径,选用适宜的球囊,将球囊导管经股静脉、右心房、右心室送入肺动脉,置球囊于肺动脉瓣口,充胀球囊,扩张狭窄的肺动脉瓣口。术后复测右心室和跨肺动脉瓣压力阶差。疗效评估:术后跨瓣压差<25mmHg为优,<50mmHg为良,>50mmHg为差。

适应证:无并发畸形的肺动脉瓣狭窄,跨瓣压差≥5.3kPa(40mmHg);复杂先天性心脏病伴发的肺动脉瓣狭窄,需行姑息性体-肺动脉转流术者。

禁忌证:①沙漏样畸形的瓣膜发育不良型肺动脉瓣狭窄;②合并心内其他畸形者。

并发症:①心律失常,多为窦性心动过缓或窦性暂停,室性期前收缩、短阵室性心动过速也可见到,心室颤动极为少见;②漏斗部反应性狭窄;③肺动脉瓣关闭不全,发生率低,对血流动力学影响不大。极少发生严重并发症,死亡率低。

第3节 经静脉心内膜人工心脏起搏术

心脏起搏器通过发放一定形式的电脉冲刺激心脏,使其激动和收缩。心脏起搏器模拟正常心脏的电冲动形成,用以治疗因某些心律失常所致心脏功能障碍。

美国Fuman医生于1958年6月植入第一台以静脉VOO(非同步固定频率式)心室起搏器。起搏技术已发展到DDTAV(双腔起搏双腔感知)四心腔起搏器,心脏起搏器从简单功能发展到全自动,起搏适应证从当初引起阿-斯的房室传导阻滞到与心律失常无关的充血性心力衰竭,心脏起搏技术经历了近50年的发展及完善,现已发展成为最成功的生物医学工程之一。

一、永久起搏器的适应证

1. 适应证

(1) 完全性房室传导阻滞或高度房室传导阻滞伴有一过性晕厥发作和(或)近似晕厥发作、黑矇、头晕、活动耐力下降以及心功能不全者。

(2) 症状性二度Ⅱ型房室传导阻滞、症状性二度Ⅰ型房室传导阻滞伴有血液动力学不稳定者。

(3) 病态窦房结综合征有晕厥、近似晕厥、头晕、重度疲乏无力和(或)充血性心力衰竭等症状,这些症状被明确证明与心动过缓有关者。

(4) 由于长期应用抗心律失常药物而引起的症状性心动过缓而又不能停用药物或采用其他方法治疗者。

(5) 虽无症状但逸搏心率<40 次/min 或心搏间歇 3 秒者。

(6) 心房颤动、心房扑动或阵发性室上性心动过速,合并完全性或高度房室传导阻滞或心动过速终止时有 3 秒的室性停搏者。

(7) 双束支传导阻滞伴有间歇性完全性传导阻滞或晕厥发作或双束支及三分支传导阻滞伴有二度Ⅱ型传导阻滞,无论是否有症状者。

(8) 心内手术及心脏介入治疗后并发的高度或完全性房室传导阻滞,经临时性起搏持续3~4周仍无恢复迹象者。

2. 相对适应证

(1) 永久性或间歇性完全性房室传导阻滞,逸搏心率<50 次/min 者。

(2) 无症状永久性或间歇性的二度Ⅱ型房室传导阻滞者。

(3) 有症状二度Ⅰ型阻滞,其阻滞部位在希氏束内或希氏束以下者。

(4) 双束支阻滞伴有明显 HV 间期延长者(100ms)。

(5) 急性心肌梗死时出现一过性完全性或二度Ⅱ型房室传导阻滞的患者,为预防目的而植入心脏起搏器。

(6) 肥厚梗阻型心肌病,不论是否合并房室传导阻滞,左室流出道压差静态≥30mmHg,或动态≥50mmHg,且有症状者。

3. 非适应证

(1) 一度房室传导阻滞者(无 PR 间期明显延长而导致的血液动力学障碍)。

(2) 无症状的二度Ⅰ型传导阻滞者。

(3) 单纯窦性心动过 缓≥50 次/min 者。

(4) 束支传导阻滞不伴有房室传导阻滞且无症状者。

二、起搏器的功能及类型

1987 年,北美心脏起搏电生理学会与英国心脏起搏和电生理专家委员会制定了 NASPE/BPEC 起搏器代码,即 NBG 代码以定义起搏器功能(见表 2-5-1)。

表 2-5-1 NBG 起搏器代码

Ⅰ起搏心腔	Ⅱ感知心腔	Ⅲ对感知的反应	Ⅳ程控功能	Ⅴ抗快速心律失常功能
V:心室	V:心室	T:触发	P:频率和(或)输出程控	P:起搏
A:心房	A:心房	I:抑制	M:频率、输出、灵敏度、方式等多项程控	S:电击(转复/除颤)
D:双 (A+V)	D:双 (A+V)	D:双 (T+I)	C:通讯遥测	D:双 (P+S)
O:无	O:无	O:无	R:频率调整	O:无
S:单(A 或 V)	S:单(A 或 V)		O:无	

三、起搏方式的选择

起搏方式有单腔起搏、双腔起搏及频率适应性起搏。单腔起搏有 AAI 和 VVI,双腔起搏包括 DVI、VAT、VDD、DDI 及 DDD。起搏方式又可分为生理性起搏和非生理性起搏,前者大多数为 VVI,后者包括:心房起搏、双腔起搏、频率适应性单腔起搏、频率适应性双腔起搏。

1. VVI 其构造简单、可靠性高、手术方便、并发症少、价格低廉、能较好地减轻病人症状、延长病人寿命。起搏器发放电脉冲只能起搏心室,仅能用固定的频率起搏心室,起搏频率不能随机体代谢需要发生变化。适用于一般性心室率慢无器质性心脏病、心功能良好者。

2. AAI 和 AAIR 心房起搏属生理性起搏,可提供正常或接近正常的血流动力学,减少慢性或阵发性心房颤动的发生。适用于房室传导功能正常的病态窦房结综合征。有房室传导阻滞及慢性房颤者不宜应用。

3. 双腔起搏 心房和心室顺序起搏，模拟正常心电起搏。适用于房室传导阻滞者。DDD起搏器又称全自动起搏器，因它可随自身心律的状况而自动改为 AAI、VAT、DVI 及 DDD 等起搏状态，也可程控起搏方式。DDD 的局限性包括价格昂贵、线路复杂、功能及参数多、分析其功能时难度大。若心房变时性功能不全，它也不能随生理需求增高时自动增加起搏频率，这时就可以使用 DDDR。DDD 及 VDD 都有可能会导致起搏器介入性心动过速（PMT）。

四、植入型心律转复除颤器（ICD）

ICD 既可起搏，又能自动除颤，是治疗和预防恶性心律失常的重要手段。

适应证：非一过性或可逆性原因引起的心室颤动或室性心动过速，导致心脏骤停；与器质性心脏病有关的自发性持续性室速；原因不明的晕厥，电生理检查时能诱发出有血流动力学显著改变的持续性心室颤动或室性心动过速，药物治疗无效或不能耐受或不可取时；伴发于冠心病、陈旧性心梗和左室功能障碍的非持续性室性心动过速，电生理检查时能诱发出心室颤动或持续性室性心动过速，不能被Ⅰ类抗心律失常药物所抑制者；无器质性心脏病的自发持续性室性心动过速，不能耐受其他治疗者。

相对适应证：心肌梗死一个月或冠脉重建术 3 个月后伴有左室 EF 小于或等于 30% 者；推测心脏骤停是由心室颤动所致，并由于身体其他原因不能进行电生理检查者；等待心脏移植手术时，有归咎于持续性室性快速性心律失常的严重症状者；QT 延长综合征或肥厚性心肌病等所致的致命性室性快速性心律失常，并有高危的家族性或遗传性疾病史者；伴发于冠心病、陈旧性心梗和左室功能障碍的非持续性室速，电生理检查时可诱发出心室颤动或持续性室性心动过速；病因未明确定的晕厥反复发作，伴心功能障碍和电生理检查诱发出室性心律失常，且排除了其他可引起晕厥的原因；伴有典型或不典型的右束支阻滞和 ST 段抬高的不明原因晕厥或家族性心脏性猝死史者（brugada syndrome）；伴有严重器质性心脏病患者出现晕厥，但经有创检查原因仍不明者。

非适应证：病因未明确定的晕厥，无可诱发的室性快速性心律失常且无器质性心脏病者；无休止的室性心动过速或心室颤动；室性心动过速或心室颤动，其起源处可被外科手术或导管消融所消除，如伴随 WPW 的房性心律失常、右室流出道室性心动过速、特发性左室室性心动过速或分支性室性心动过速；由一过性或可逆性病症（AMI、电解质紊乱、药物、创伤）所致的室性快速性心律失常；明显的精神性疾病者；预期生存期 <6 个月的终末性疾病患者；有左室功能障碍和 QRS 时限延长而无自发的可诱发的持续性或非持续性室速，准备进行紧急冠脉旁路手术的冠心病患者；NYHA 分级Ⅳ级，非等候心脏移植术的难治性充血性心衰患者。

第 4 节　心导管消融治疗

射频消融术（RFCA）是经导管消融，将射频电流引入心脏内以损毁特定部位的心肌细胞，阻断异常折返环路，消除病灶，达到治疗某些快速型心律失常。因手术采用局部麻醉，病变范围小，患者无明显不适感，可以起到根治性效果，成功率高达 90%。1989 年 RFCA 正式应用于临床，1991 年引入我国，并制订了中国版的“射频电流导管消融治疗快速性心律失常指南”。指南中明确了成人适应证：预激合并心房颤动并快速心室率引起血流动力学障碍者或已有心衰；AVRT、AVNRT、AVJRT、房性心动过速、典型心房扑动和特发室性心动过速反复发作者，或合并有 CHD 者，或有血流动力学障碍者；非典型心房扑动，发作频繁、心室率不易控制；不适当的窦性心动过速合并心动过速心肌病；持久性心房颤动合并快速心室率且药物控制效果不好、合并心动过速心肌病者进行房室结消融；手术切口折返性房性心动过速反复发作者。其相对适应证包括：预激合并房颤心室率不快者；显性预激无心动过速但有明显胸闷症状，排除了其他原因者；从事特殊职业（如司机、高空作业等），或有升学、就业的需求的显性预激者；AVRT、AVNRT、房性心动过速、典型心房扑动和特发室性心动过速发作次数少症状轻者；阵发心房颤动反复发作、症状严重、药物预防发作效果不好、愿意根治者；心房扑动发作次数少、症状重者；不适当的窦速反复发作、药物治疗效果不好；心肌梗死后室性心动过速、发作次数多、药物治疗效果不好或不能耐受者；频繁室性期前收缩，症状严重，影响生活、工作或学习，药物治疗无效者。非适应证：显性预激无心动过速、无症状者；不适当的窦性心动过速药物治疗效果好者；阵发心房颤动药物治疗效果好或症状轻者；频发室性期前收缩症状轻不影响工作、学习者；心肌梗死后室性心动过速频率不快并且药物治疗效果好者。禁忌证：孕妇；心室颤动、多源多形室性心动过速；其他：感染、发热、新近栓塞、急性心肌梗死 、心衰。

第5节 先天性心血管病的心导管介入治疗

先天性心脏病为先天发育畸形，心脏或大血管存在解剖学的缺损或狭窄。外科手术是治疗先心病的主要手段。随着介入技术的进步、新材料的出现，针对单一的狭窄病变采用球囊扩张技术、对缺损或异常通道采用封堵技术。常用的技术包括：经皮球囊肺动脉瓣成形术治疗先天性肺动脉瓣狭窄；经皮球囊主动脉瓣成形术治疗先天性主动脉瓣狭窄者；未闭动脉导管封堵术治疗动脉导管未闭；房间隔缺损封闭术治疗房间隔缺损；室间隔缺损封闭术治疗室间隔缺损。其他尚有针对先天性主动脉缩窄和法洛四联征的球囊动脉扩张及支架植入术，针对先天性动-静脉瘘的异常血管弹簧圈术等。

心血管疾病的介入诊疗技术发展迅速，各种技术的适应证在扩大，疗效也更好，是心血管疾病治疗的重要的不可或缺的手段。

针对心血管疾病的介入诊疗技术快速发展的现实，为加强心血管疾病介入诊疗技术管理，中国卫生部组织制定了《心血管疾病介入诊疗技术管理规范》（简称《规范》）。在《规范》中对医疗机构、从业人员、技术管理和培训进行了明确要求。

笔 记 栏

第6章 原发性高血压

案例

患者,54岁,男性,老师。发作性头晕1年,头疼伴耳鸣1周入院。1年前每于工作紧张或劳累时感觉头晕,经检查发现血压155~160/95~98mmHg,曾间断服用复方降压片。近一周来时有头痛、耳鸣,且睡眠不佳,血压170/100mmHg,为进一步诊治入院。患病以来饮食与二便均正常。既往无心肾疾病、脑血管病和糖尿病病史。吸烟28年,每天10~30支。母亲患高血压病,病故于脑出血。PE:BP 168/97mmHg,P 97次/min,体重78kg,睑结膜无苍白,口唇无发绀,颈软,未闻及颈部血管杂音,双肺呼吸音清,心尖搏动位于胸骨左缘第5肋间锁中线内0.5cm处,范围2.5cm,心前区未触及震颤,叩诊心界不大,心率97次/min,律齐,主动脉瓣区第二心音亢进。腹软,肝脾肋下未触及,未闻及腹部血管杂音。颈动脉、桡动脉和足背动脉搏动良好。实验室检查及其他检查:尿常规未见异常,GlU 5.6mmol/L,K^+ 4.8mmol/L,Cr 76.6μmol/L,BUN 5.9mmol/L,TC 6.5mmol/L,TG 0.9mmol/L;胸片:双肺纹理增强,主动脉弓蛋壳样钙化;ECG:窦性心律,HR 95次/min,电轴-35°,$T_{I、aVL、V_{5-6}}$低平。

思考题

1. 结合所学知识,你认为该病例的最可能的诊断是什么?

2. 为了解该患可能存在的心血管病危险因素,还应补充哪些检查?

3. 如果需要药物治疗,可选用哪些药物?

原发性高血压(primary hypertension)是一种以血压增高为主要特点的临床综合征,动脉压的持续升高可导致靶器官如心、脑、肾和视网膜等脏器的损害。高血压可分为原发性高血压(primary hypertension)和继发性高血压(secondary hypertension)两大类。原发性高血压又称高血压病,占高血压的95%以上。继发性高血压是指血压升高为某些疾病的一种临床表现,有明确而独立的病因,占高血压5%以下。

近年来,由于社会经济的快速发展和人们生活方式的变化,我国的心血管病发病率及相关危险因素均有增长的趋势。据2002年全国居民营养与健康状况调查资料显示,我国成人高血压患病率为18.8%,全国有高血压患者约1.6亿。本病的发病率城市高于农村,南方高于北方,脑力劳动者高于体力劳动者,高原少数民族地区患病率较高。男女之间无明显差别。

目前,我国采用国际上统一的血压分类和标准(WHO/ISH,1999年),高血压定义为收缩压≥140 mmHg和(或)舒张压≥90 mmHg,根据血压升高水平,又进一步将高血压分为1、2、3级(表2-6-1)。

表2-6-1 血压的定义和分类

类　别	收缩压(mmHg)	舒张压(mmHg)
理想血压	<120	<80
正常血压	<130	<85
正常高值	130~139	85~89
高血压		
1级高血压(轻度)	140~159	90~99
2级高血压(中度)	160~179	100~109
3级高血压(重度)	≥180	≥110
单纯收缩期高血压	≥140	<90

注:当收缩压与舒张压属不同级别时,应该取较高的级别作为标准。以上诊断适用于成人。

【病因和发病机制】

1. 病因 原发性高血压的病因为多因素,主要是遗传和环境两方面。高血压是遗传易感性和环境因素相互作用导致血压调节机制失衡所致。

(1) 遗传因素:流行病学研究显示,原发性高血压有明显的家族聚集性,父母均有高血压者子女的发病概率高达46%,约60%高血压患者有高血压家族史者。高血压可能与多基因遗传有关,在遗传表型上,在血压升高发生率、血压高度、并发症发生以及其他有关因素如肥胖等均体现遗传性。

(2) 环境因素

1) 饮食:膳食钠摄入量与血压水平呈显著相关性,我国北方人群食盐摄入量每人每天约12~18g,南方约7~8g,北方人群血压水平高于

笔记栏

南方。人群平均每人每天摄入食盐增加2g，则收缩压和舒张压分别升高2.0mmHg及1.2mmHg。钾摄入量与血压呈负相关。饮食中低钙、高蛋白质和高饱和脂肪酸均与高血压发生有关。饮酒量与血压水平呈正相关，每天饮酒量超过50g乙醇者高血压发病率明显增高。

2）精神应激：脑力劳动者高血压患病率超过体力劳动者，从事精神紧张度高的职业者其发生高血压的可能性大。长期生活在噪声中听力敏感性减退者患高血压增多。所有高血压患者经休息和情绪放松后血压会有不同程度的改善。

（3）其他因素

1）体重：中国成人正常体重指数（BMI）为19～24kg/m^2，体重指数≥24kg/m^{2}为超重，≥28kg/m^{2}为肥胖。人群体重指数的差别对人群的血压水平和高血压患病率有显著影响，血压与BMI呈显著的正相关。腹型肥胖者更易患高血压。

2）其他：服避孕药妇女血压升高发生率及程度与服用时间长短有关，停用后可逆转；阻塞性睡眠呼吸暂停综合征（OSAS）者有50%患有高血压。

2. 发病机制 血压的调节受诸多因素影响，从血流动力学角度主要是心排血量及体循环周围血管阻力，平均动脉压（MBP）＝心排血量（CO）×总外周血管阻力（PR）。高血压的特征是总外周阻力与阻力小动脉结构的改变、血管壁的顺应性、血管的舒缩状态、血液黏稠度等因素有关。

（1）交感神经活性亢进：外界及内在环境的不良刺激使大脑皮质的兴奋与抑制过程平衡失调，对皮质下中枢的调节失控，血管舒缩功能失调，引起交感神经活动增强，儿茶酚胺类介质释放增多，使小动脉收缩并引起血管平滑肌增殖肥大，而交感神经的兴奋还可使肾素释放增多，所有这些均促使高血压的形成及高血压状态的维持。

（2）肾素-血管紧张素-醛固酮系统（RAAS）：体内存在两种RAAS，即循环RAAS和局部RAAS。循环RAAS主要是肾小球入球动脉的球旁细胞分泌肾素，激活从肝脏产生的血管紧张素原转变为血管紧张素Ⅰ，然后经肺循环血管紧张素转换酶（ACE）的作用转变为血管紧张素Ⅱ（ATⅡ）。ATⅡ升高血压的机制：①使小动脉平滑肌收缩，外周血管阻力增加；②刺激肾上腺皮质使醛固酮分泌增加，引起水钠潴留、血容量增加；③通过交感神经末梢突触前膜的正反馈使去甲肾上腺素分泌增加，导致心率加快、心肌收缩力增强和心排血量的增加。近年来发现很多组织如血管壁、心脏、中枢神经、肾脏及肾上腺等均有局部的RAAS，对心脏、血管功能和结构的作用，对高血压的形成或对血压的调节可能具有更大作用。

（3）钠潴留：高钠摄入可使血压升高，而低钠饮食可降低血压。钠盐摄入过多可使水、钠潴留，血容量增多，心排血量增加，导致血压升高；另一方面由于血管平滑肌细胞内钾离子水平增高，又可导致细胞内钙离子浓度升高，后者使小动脉收缩，外周阻力增高，亦参与高血压的发生。此外，某些影响钠排出的因子如心钠素等也可能参与高血压的形成。

（4）血管内皮功能异常：近年研究表明，覆盖血管内膜面的内皮细胞能生成、激活和释放各种血管活性物质，如前列环素（PGI_2）、一氧化氮（NO）、内皮素（ET-1）、血管收缩因子（EDCF）、血管紧张素Ⅱ等，调节心血管功能。高血压时，NO生成减少，ET-1增加，血管平滑肌细胞对舒张因子的反应减弱而对收缩因子的反应增强。

（5）胰岛素抵抗：高血压患者约半数有高胰岛素血症及糖耐量降低，提示伴有胰岛素抵抗。近年来认为胰岛素抵抗是2型糖尿病和高血压发生的共同病理生理基础，多数认为是胰岛素抵抗造成继发性高胰岛素血症引起的，高胰岛素血症使肾脏水钠重吸收增加，交感神经活性亢进，动脉弹性减退，从而血压升高。此外，胰岛素还可刺激血管壁增生肥厚，使高血压进一步加重和持续存在，诱发动脉粥样硬化病变。

【病理】 早期为全身细小动脉痉挛，随着病情的发展，血管壁受压力及缺氧的影响表现为小动脉玻璃样变，中层平滑肌细胞增殖和纤维化，管壁增厚和管腔狭窄，血压进一步持续升高。持久性高血压和伴随的危险因素可促进大、中动脉粥样硬化形成和发展。随着全身细小动脉硬化和大、中动脉硬化和血压升高，可导致重要靶器官如心、脑、肾组织缺血。

1. 心脏 高血压的心脏改变主要是左心室肥厚和扩大。压力负荷增高，儿茶酚胺与血管紧张素Ⅱ等生长因子都可刺激心肌细胞肥大和间质纤维化。高血压发生心脏肥厚或扩大、称为高血压心脏病，最终可导致心力衰竭。心肌肥厚和冠状动脉粥样硬化导致心肌缺血加速心力衰竭的发生。

2. 脑 长期高血压使脑血管发生缺血与变性，容易形成微动脉瘤，从而发生脑出血。高血压促使脑动脉粥样硬化，可并发脑血栓形成。脑小动脉硬化闭塞和微血栓形成引起腔隙性脑梗塞。

3. 肾脏 长期持续高血压使肾小球内囊压

笔记栏

力升高，肾小球纤维化、萎缩以及肾动脉硬化，因肾实质缺血和肾单位不断减少，肾脏体积随病情逐渐萎缩变小终致肾衰竭。恶性高血压时，入球小动脉及小叶间动脉发生增殖性内膜炎及纤维素样坏死，可在短期内出现肾衰竭。

4. 视网膜 视网膜小动脉早期发生痉挛，随着病程进展出现硬化改变，严重时可引起视网膜渗出、出血和视乳头水肿。

【临床表现】 起病隐袭，早期常无症状，约半数患者在测量血压时才发现升高。患者可有头痛、头晕、耳鸣、眼花、健忘、注意力不集中、心悸、气急、疲劳等非特异性症状，后期的临床表现常与心、脑、肾功能不全或器官并发症有关。体检：主动脉瓣区第二心音亢进呈金属音调，主动脉瓣区收缩期吹风样杂音或收缩早期喀喇音。

【并发症】

1. 心 长期面临高血压可致左心室肥厚、扩大，最终导致心力衰竭。高血压可促进冠状动脉硬化的形成和发展，可出现心绞痛、心肌梗死，并加重心力衰竭，甚至发生猝死。

2. 脑 长期高血压，由于小动脉微血管瘤的形成及脑动脉粥样硬化的产生，可并发急性脑血管病（脑出血、短暂性脑缺血发作、脑血栓形成）。血压极度升高可发生高血压脑病。

3. 肾 长期高血压可致进行性肾硬化，肾脏损害的诊断主要依据血清肌酐升高，肌酐清除率降低和尿蛋白（微量白蛋白尿或大量白蛋白尿）排泄率增加。

【特殊类型】

1. 恶性高血压 又称急进型高血压。少数患者病情急骤发展，血压显著升高，舒张压持续在130mmHg或更高，常于数月至1~2年内出现严重的脑、心、肾损害。肾脏损害最为显著，24小时尿蛋白量可超过3g，有血尿、管型尿，最后多因尿毒症而死亡，但也可死于急性脑血管疾病或心力衰竭。患者常有视力模糊或失明，视网膜可发生出血、渗出。

2. 高血压危象 包括高血压急症和高血压亚急症。

（1）高血压急症（hypertensive emergencies）：血压严重升高（BP>180/120mmHg）并伴发进行性靶器官功能衰竭的临床表现，包括高血压脑病、颅内出血、急性心肌梗死、急性左心衰竭伴肺水肿、不稳定心绞痛、主动脉夹层动脉瘤、肾上腺素能危象（嗜铬细胞瘤高血压危象）、子痫等。

（2）高血压亚急症（hypertensive urgencies）：是高血压严重升高但不伴靶器官损害，可在24~48小时内使血压逐渐下降。

3. 高血压脑病 由于血压急剧升高，超过了脑血管自动调节的极限，使脑血管由收缩而转为被动性扩张，脑血流量增加，造成过度灌注、血管内液体外渗，迅速出现脑水肿及颅内高压。临床征象先表现为剧烈头痛、头晕、恶心、呕吐和意识障碍，视力模糊，严重者可发生抽搐、昏迷。

案例归纳一

该患者以发作性头晕1年，头疼伴耳鸣1周为特点，近1周来时有头痛、耳鸣，且睡眠不佳，血压170/100mmHg，有吸烟史和高血压家族史。PE：BP 168/97mmHg，P 97次/min，体重78kg，心尖搏动位于胸骨左缘第5肋间锁中线内0.5cm处，范围2.5cm，心率97次/min，律齐，主动脉瓣区第二心音亢进。

【实验室及其他检查】

1. 常规检查

（1）血生化（钾、空腹血糖、血清总胆固醇、三酰甘油、高密度脂蛋白胆固醇、低密度脂蛋白胆固醇和尿酸、肌酐）。

（2）全血细胞计数，血红蛋白和血细胞比容。

（3）尿液分析（尿蛋白、糖和尿沉渣镜检）。

（4）心电图。

（5）糖尿病和慢性肾病患者应每年至少查一次尿蛋白。

2. 进一步检查 超声心动图、颈动脉和股动脉超声、餐后血糖（空腹血糖≥6.1mmol）、C反应蛋白（高敏感）、微量白蛋白尿（糖尿病患者必查项目）、尿蛋白定量（若纤维素试纸检查为阳性者检查此项目）、眼底检查和胸片、睡眠呼吸监测（睡眠呼吸暂停综合征）。

3. 特殊检查 对疑及继发性高血压者，还需进行以下检查：血浆肾素活性、血及尿醛固酮、血及尿儿茶酚胺、动脉造影、肾和肾上腺超声、CT或MRI。

4. 眼底检查 Keith-Wagener眼底分级法：①Ⅰ级：视网膜动脉变细、反光增强；②Ⅱ级：视网膜动脉狭窄，动静脉交叉压迫；③Ⅲ级：上述血管病变基础上有眼底出血、棉絮状渗出；④Ⅳ级：在上述基础上出现视神经乳头水肿。

5. 动态血压检测（ambulatory blood pressure monitoring，ABPM） 可测定白昼与夜间各时间段血压的平均值和离散度，能较敏感、客观地反映实际血压水平。动态血压的正常值推荐以下国内参考标准：24小时平均值<130/80mmHg，白昼平均值<135/85mmHg，夜间平均值<125/

笔记栏

75mmHg。正常情况下，夜间血压均值比白昼血压值低10%～15%。动态血压监测在临床上可用于诊断白大衣性高血压、隐蔽性高血压、顽固难治性高血压、发作性高血压或低血压，评估血压升高严重程度，指导降压治疗和评价降压药的疗效。

案例归纳二

实验室检查及其他检查：尿常规未见异常，Glu 5.6mmol/L，K^+ 4.8mmol/L，Cr 76.6μmol/L，BUN 5.9mmol/L，TC 6.5mmol/L，TG 0.9mmol/；胸片：双肺纹理增强，主动脉弓蛋壳样钙化；ECG：窦性心率，HR 95次/min，电轴-35°，$T_{I、aVL、V_{5-6}}$低平。

【诊断与鉴别诊断】

1. 诊断 主要靠动脉血压测定，目前仍以规范方法下进行水银柱血压计测量作为高血压诊断的标准方法。必须以非药物状态下两次或两次以上不同日的血压测量值（每次不少于三个读数，取均值为血压测量值）均符合高血压的诊断标准，并排除继发性高血压，方可诊断为高血压病。根据血压水平分为理想、正常、正常高值血压和1、2、3级高血压。

2. 鉴别诊断

（1）肾实质性疾病：常见急性肾小球肾炎、慢性肾小球肾炎、糖尿病性肾病、慢性肾盂肾炎、肾移植后等多种肾实质病变引起的高血压，是临床上最常见的继发性高血压。所有肾脏疾病终末期约80%～90%伴有高血压，主要是由于肾单位大量丢失，导致水钠潴留和细胞外容量增加，以及RAAS激活等因素，而高血压又进一步升高肾小球囊压力，形成恶性循环，加重肾脏病变。

（2）肾动脉狭窄：是单侧或双侧肾动脉主干或分支狭窄引起的高血压。可呈恶性高血压表现，药物治疗无效。多有舒张压中、重度增高，体检时上腹部或背部肋脊角处可闻及血管性杂音。肾动脉造影等可明确诊断，分侧肾静脉肾素活性测定可预测手术治疗效果。

（3）嗜铬细胞瘤：常源于肾上腺髓质、交感神经节，肿瘤间歇分泌去甲肾上腺素和肾上腺素，引起阵发性或持续性高血压。血压骤然升高时，患者伴心动过速、头痛、恶心、呕吐、大汗、面色苍白、乏力，历时数分至数天，对一般降压药无效，发作间歇血压可正常。血压持续升高者可有阵发性加剧。发作期间测定血中儿茶酚胺、或24小时尿中3-甲氧基-4-羟基苦杏仁酸（VMA）有助于诊断。超声、放射性核素、CT、磁共振可确定肿瘤部位。

（4）原发性醛固酮增多症：因肾上腺皮质肿瘤或增生，醛固酮分泌增多导致水钠潴留进而引起血压增高。血压升高的同时伴有低血钾（<3.2mmol/L）表现，如多饮、多尿、肌无力和麻痹，血钾减低而尿钾增多（>30mmol/24h）等。螺内酯（安体舒通）能纠正代谢紊乱和降低血压。血浆醛固酮增多、肾素活性降低或根本测不出，有诊断价值。超声、放射线核素、CT、磁共振显像可确定肿瘤部位。

（5）皮质醇增多征：又称Cushing综合征，为肾上腺皮质分泌过量的糖皮质激素所致。患者表现为满月脸、水牛背、多血质外貌、向心性肥胖、皮肤紫纹、痤疮、高血压和骨质疏松。24小时尿中17-羟类固醇或17-酮类固醇增多，地塞米松抑制试验、肾上腺皮质激素兴奋试验有助于诊断。颅内蝶鞍X线检查、放射性核素、CT可确定病变部位。

（6）大动脉缩窄：多数为先天性，少数为大动脉炎所致。表现为上臂血压增高，而下肢血压正常或降低。主动脉造影可确定诊断。

案例诊断要点

1. 中年男性

2. 病史特点：以发作性头晕一年，头疼伴耳鸣一周为特点。一年前每于工作紧张或劳累时感觉头晕，经检查发现血压155～160/95～98mmHg，曾间断服用复方降压片。近一周来时有头痛、耳鸣，且睡眠不佳，血压170/100mmHg。

3. 抽烟

4. 母亲患高血压病。

5. PE：BP 168/97mmHg，P 97次/min，体重78kg，叩诊心界不大，心率97次/min，心律规整，主动脉瓣区第二心音亢进。

6. 实验室及其他检查：尿常规未见异常，GlU 5.6mmol/L、K^+ 4.8mmol/L、Cr 76.6μmol/L，BUN 5.9mmol/L，TC 6.5mmol/L，TG 0.9mmol/L；胸片示双肺纹理增强，主动脉弓蛋壳样钙化，心胸比值0.5；ECG：HR 95次/min，电轴-35°，$T_{I、aVL、V_{5-6}}$低平。

临床诊断：高血压病2级，高危。

【治疗】

1. 治疗目标 高血压的首要治疗目标是最大限度地降低心血管疾病的长期总体危险，包括升高的血压及可逆的危险因素（如吸烟、高胆固醇血症或糖尿病），降压达标很重要，通过降压可减少心血管事件的发生、预防器官损害的恶化、预防

笔记栏

高危情况的出现如糖尿病、蛋白尿。同时还有注意危险因素的预防,所有高血压患者均应养成良好的生活方式。影响预后的因素见表 2-6-2。

通常高血压患者血压降至<140/90mmHg,或收缩压<130 mmHg;高危和极高危或合并糖尿病、肾功能不全、脑血管病患者降至<130/80mmHg,老年人血压降至<140/90mmHg,如能耐受,还可进一步降低。

2. 治疗策略 检查患者及全面评估其总危险谱后,判断病人属低危、中危、高危或很高危(表 2-6-3)。高危及很高危患者必须立即药物治疗;中危患者先观察患者的血压及其他危险因素数周,进一步了解情况后开始药物治疗。低危患者观察数月,然后决定是否开始药物治疗。医生应为每例患者制订具体的全面治疗方案,监测血压和各种危险因素,改善生活方式,降低血压,控制其他危险因素和临床情况,处理病人同时存在的各种临床情况。

表 2-6-2 影响预后的因素

心血管病的危险因素	靶器官的损害(TOD)	糖尿病	并存的临床情况(ACC)
收缩压和舒张压水平(1~3级)	左心室肥厚	空腹血糖≥7.0mmol/L	脑血管病
男性>55岁	心电图	(126mg/dl)	缺血性卒中
女性>65岁	超声心动图:LVMI	餐后血糖≥11.1mmol/L	脑出血
吸烟	或X线	(200mg/dl)	短暂性脑缺血发作
血脂异常	动脉壁增厚		心脏疾病
TC≥5.7mmol/L	超声 IMT≥0.9mm		心肌梗死史
(220mg/dl)	或动脉粥样硬化性斑块		心绞痛
或 LDL-C>3.6mmol/L	血清肌酐轻度升高		冠状动脉血运重建
(140mg/dl)	男性 115~133mmol/L		充血性心力衰竭
或 HDL-C<1.0mmol/L	(1.3~1.5md/dl)		肾脏疾病
(40mg/dl)	女性 107~124mmol/L		糖尿病肾病
早发心血管病家族史	(1.2~1.4mg/dl)		肾功能受损(血清肌酐)
一级亲属,发病年龄<50岁	微量白蛋白尿		男性>133mmol/L
腹型肥胖或肥胖	尿白蛋白 30~300mg/24h		(1.5mg/dl)
*WC 男性≥85cm	白蛋白/肌酐比:		女性>124mmol/L
女性≥80cm	男性≥22mg/g		(1.4md/dl)
肥胖 BMI≥28kg/m²	(2.5mg/mmol)		蛋白尿(>300mg/24h)
缺乏体力活动	女性≥31mg/g		外周血管疾病
高敏C反应蛋白≥3mg/L或 C反应蛋白≥10mg/L	(3.5mg/mmol)		视网膜病变:出血或渗出,视乳头水肿

注:TC:总胆固醇;LDL-C:低密度脂蛋白胆固醇;HDL-C:高密度脂蛋白胆固醇;LVMI:左室质量指数;IMT:颈动脉内膜中层厚度;BMI:体重指数;WC:腰围。*为中国肥胖工作组标准

表 2-6-3 中国高血压指南中的危险度分层

其他危险因素和病史	血压(mmHg)		
	1级高血压 SBP140~159或 DBP90~99	2级高血压 SBP160~179或 DBP100~109	3级高血压 SBP≥180或 DBP≥110
Ⅰ无其他危险因素	低危	中危	高危
Ⅱ 1~2个危险因素	中危	中危	极高危
Ⅲ≥3个危险因素或TOD或糖尿病	高危	高危	极高危
Ⅳ ACC	极高危	极高危	极高危

TOD:靶器官损害;ACC:有关的临床情况(包括临床有表现的心血管疾病和肾脏疾病)

笔记栏

3. 非药物治疗 要求认真改变生活方式，戒烟，坚持适量体力活动，合理膳食适当限制钠、脂肪摄量，增加蔬菜、水果，控制体重，节制饮酒，保持乐观心态和充足的睡眠等。所有高血压患者均需认真、持久地落实到日常生活中，即使已接受药物治疗者亦不容松懈。

4. 药物治疗 目前常用的降压药可有下列几类：

（1）利尿剂（diuretics）：可使细胞外液容量降低，心排血量降低，并通过利钠作用使血压下降。降压起效平稳、缓慢，持续时间相对较长，作用持久，服药2~3周后作用达高峰。适用于轻、中度高血压，尤其适用于老年人收缩期高血压及心力衰竭伴高血压的治疗。

1）噻嗪类：如氢氯噻嗪：每次6.25~25mg，每天一次。氯噻酮：每次25~50mg，每天1~2次。该类药物易引起低血钾及血糖、血尿酸、血胆固醇增高，因此，糖尿病及高脂血症患者应慎用，痛风患者禁用。

2）袢利尿剂：如呋塞米：每次20~40mg，每天1~2次。利尿作用强而迅速，可致低血钾、低血压，肾功能不全时更宜。

3）保钾利尿剂：如螺内酯：每次20~40mg，每天1~2次；氨苯蝶啶：每次50mg，每天1~2次。这类药可引起高血钾，不宜与血管紧张素转化酶抑制剂合用，有肾功能不全者禁用。

（2）β受体阻断剂（beta blockers）：降压作用可能通过抑制中枢和周围RAAS及降低心排血量。常用的有美托洛尔：每次25~50mg，每天2次；阿替洛尔：每次12.5~25~100mg，每天1次；倍他洛尔：每次10~20mg，每天1次；比索洛尔：每次5~10mg，每天1次；卡维地洛：每次12.5~25mg，每天1~2次；拉贝洛尔：每次100mg，每天2~3次。适用于各种不同程度的高血压，尤其是心率较快的中、青年患者或合并有心绞痛、心肌梗死后的高血压患者。不良反应有抑制心肌收缩力，房室传导阻滞及窦性心律均有抑制，加重气道阻力，急性心力衰竭、支气管哮喘、病态窦房结综合征、房室传导阻滞、外周动脉疾病禁用。

（3）钙通道阻滞剂（calcium channel blocker，CCB）：又称钙拮抗剂，主要是通过阻滞钙离子L型通道，影响心肌和平滑肌细胞收缩钙离子内流心肌收缩性降低，血管扩张，外周阻力降低，血压下降。CCB有二氢吡啶类、维拉帕米和地尔硫䓬三类。临床常用硝苯地平：每次5~10mg，每日3次；硝苯地平控释片：每次30~60mg，每日1次；尼群地平：每次10mg，每日2次；非洛地平缓释片：每次5~10mg，每日1次；氨氯地平：每次5~10mg，每日1次。尤其适用于老年人收缩期高血压的治疗。不良反应主要是对心肌收缩力和心脏传导系统有一定的抑制作用。

（4）血管紧张素转换酶的抑制剂（ACE inhibirors，ACEI）：其抗高血压的机制主要是通过抑制血管紧张素转换酶而使血管紧张素生成减少，同时抑制激肽酶减慢缓激肽降解，增加前列腺素合成，调节或降低肾上腺素能活性，抑制醛固酮的分泌而起到降压作用。此外，还有助于恢复血管内皮功能，使内皮舒张因子生成增加。ACEI除有较强的降压作用外，还能逆转血管壁和心脏的不良重塑恢复其结构和功能，并能改善胰岛素抵抗，对糖、脂肪等代谢无不良作用。临床上常用的有卡托普利：每次12.5~50mg，每日2次；依那普利：每次10~20mg，每日1次。贝那普利：每次10~20mg，每日1次。赖诺普利：每次10~20mg，每日1次。雷米普利：每次2.5~10mg，每日1次。福辛普利：每次10~20mg，每日1次。西拉普利：每次2.5~5mg，每日1次。培哚普利：每次2~40mg，每日1次。主要用于各型高血压及各种程度的高血压，对伴有心力衰竭、左室肥大、心肌梗死后、糖耐量降低或糖尿病肾病蛋白尿等合并症者尤为适宜。妊娠高血压和肾动脉狭窄、严重肾功能不全、高血钾者禁用。常见不良反应为干咳，停用后即可消失，少数患者有荨麻疹及血管神经性水肿，由于缓激肽降解减少导致。

（5）血管紧张素Ⅱ受体阻滞剂（angiotensin Ⅱ antagonist，angiotensin Ⅱ receptor blocker）：通过对血管紧张素Ⅱ受体的阻滞，从受体水平阻断ATⅡ的收缩血管、水钠潴留及细胞增生等不良作用，从而使血管扩张、血压下降，同时还有保护肾功能、延缓肾病进展、逆转左室肥厚、抗血管重塑等作用。常用的制剂有如氯沙坦；每次50~100mg，每日1次。缬沙坦：每次80~160mg，每日1次。伊贝沙坦：每次150~300mg，每日1次。替米沙坦：每次40~80mg，每日1次。坎地沙坦：每次8~16mg，每日1次。其适应证与ACEI相同。该类药物降压平稳，可与大多数药物合用。不良反应短暂而轻微，主要有轻微头痛、头晕及水肿；极少有干咳，明显优于ACEI，偶有高血钾。

（6）α受体阻断剂（alpha blockers）：如哌唑嗪，通过对突触后α_1受体阻断，对抗去甲肾上腺素的血管收缩作用，扩张动脉和静脉而降压，降压效果确切，对血糖、血脂代谢无不良影响。因其副作用较多如直立性低血压，目前不主张单独用药。

5. 降压治疗方案 可以单独或联合治疗

笔记栏

时，应从小剂量（最低剂量）开始，逐步递增剂量。合理联合用药，可减少药物剂量，减少不良反应而增强降压作用。联合治疗应采取不同机制的药物，比较合理的两种降压药物治疗方案是：利尿剂+β受体阻断剂；利尿剂+ACEI或ARB；CCB（二氢吡啶类）+β受体阻断剂；CCB（二氢吡啶类）+ACEI；α受体阻断剂+β受体阻断剂。临床实际使用时，患者降压疗效、心血管危险因素、靶器官损害、并发症、合并症、不良反应和药物费用等，都可能影响药物的具体选择。由于高血压治疗的长期性，患者的治疗依从性很重要，因此，尽可能用每天一次的长效机制药物，使血压控制更平稳持续。采用合理的治疗方案和良好的治疗依从性，多数患者在治疗后3~6个月达到血压控制的目标值。

对于有并发症或合并症的患者应合理选择用药：①冠心病：稳定性心绞痛时首选β受体阻断剂或长效钙离子拮抗剂；急性冠状动脉综合征时选用β受体阻断剂和ACEI；心肌梗死后患者选用ACEI、β受体阻断剂和ARB。②心力衰竭：轻者用ACEI和β受体阻断剂；症状明显者可合用利尿剂、ACEI、β受体阻断剂、ARB。③糖尿病：噻嗪类利尿剂、β受体阻断剂、ARB、CCB均减少心血管事件；ACEI对防止1型糖尿病、ARB对防止2型糖尿病肾损害有益。④慢性肾病：ACEI、ARB有利于防止肾病进展。⑤脑血管病：有短暂性脑缺血发作和脑卒中史（非急性期）者，不论血压是否增高均应适度降压治疗。

6. 高血压急症的治疗 在高血压发展过程的任何阶段和其他疾病急症时，可以出现严重危及生命的血压升高，需要做紧急处理。及时正确处理高血压急症十分重要，可在短时间内使病情缓解，预防进行性或不可逆性靶器官损害，降低死亡率。临床常静脉途径给予硝普钠、硝酸甘油、尼卡地平等。下面是几种常见高血压急症的处理原则。

（1）脑出血：急性期血压明显升高多数是由于应激反应和颅内压增高，不实施降压治疗，因为降压治疗有可能进一步减少脑组织的血液灌注，加重脑缺血和脑水肿。应该动态监控血压，只有在血压极度升高达>200/130mmHg时，严密血压监测下进行降压治疗。血压控制目标不低于160/100mmHg。

（2）脑梗死：患者在数天内血压常自行下降，而且波动较大，一般不需急症处理。

（3）急性冠状动脉综合征：常与起病数小时内血压升高，主要是舒张压升高，可能与疼痛和心肌缺血的应激反应有关。血压升高增加心肌耗氧量，加重心肌缺血和扩大梗死面积，且有可能增加溶栓治疗过程中脑出血并发症。血压控制目标是疼痛消失，舒张压<100mmHg。

（4）急性左心衰竭：伴有高血压的急性左心衰竭对降压有较明显的疗效，降压治疗后症状和体征能较快改善。常选用硝普钠或硝酸甘油，能有效减轻心脏前、后负荷，又不加重心脏工作。

处方及医师指导

1. 一般治疗：休息；生活规律；低盐低脂饮食，戒烟，适度运动。

2. 药物治疗

（1）倍他乐克12.5mg，每日2次。

（2）氨氯地平：5mg，每日1次。

（3）阿司匹林：75mg，每晚1次。

（4）阿托伐他汀：20mg，每晚1次。

3. 学会家中自测血压。

4. 定期复查心电图、心脏超声、眼底检查、尿常规等，以了解靶器官损害情况。

笔记栏

第 7 章 冠状动脉粥样硬化性心脏病

第1节 概 论

冠状动脉粥样硬化性心脏病简称冠心病，是由于冠状动脉粥样硬化使管腔狭窄或阻塞或导致心肌缺血、缺氧而引起的心脏病。

冠心病的基础是动脉粥样硬化。动脉粥样硬化是发生在动脉的慢性免疫炎性、内含脂质的纤维增生性疾病，是一个长期的慢性过程。动脉硬化的共同特点是动脉管壁增厚变硬，失去弹性，管腔狭窄缩小。动脉粥样硬化由多因素引起，其易患因素又称危险因素，包括：血脂异常、高血压、吸烟、糖尿病和胰岛素抵抗、高同型半胱氨酸血症、肥胖、年龄和性别、遗传因素等。有关动脉粥样硬化的发生机制的学说较多，包括脂源性学说、致突变学说、受体缺失学说、病毒感染学说、癌基因学说和炎症学说，这些学说从不同的侧面解释了动脉粥样硬化形成的机制。动脉粥样硬化包括内皮细胞损伤和功能失调、脂质条纹的形成、纤维斑块的形成。

动脉粥样硬化主要累及体循环的大型弹力型动脉（主动脉及其分支）和中型肌弹力型动脉（冠状动脉、脑动脉、肾动脉、肠系膜动脉等）。受累的动脉弹性减弱，脆性增加，易于破裂，其管腔逐渐狭窄甚至完全闭塞，也可扩张形成动脉瘤。动脉粥样硬化的病理变化进展缓慢，明显的病变见于中年以后。

根据动脉粥样硬化对靶器官的影响，分为四期：①无症状期，此时管腔无明显狭窄，无器官或组织受累的临床表现；②缺血期，症状是因血管狭窄、器官缺血而产生；③坏死期，因血管内血栓形成致管腔闭塞而产生器官组织坏死的症状；④纤维化期，长期缺血的器官组织纤维化或萎缩引起的症状。

动脉粥样硬化发生在冠状动脉最终可引起冠心病。冠心病多发生在 40 岁以后，男性多于女性，以脑力劳动者多见，是工业发达国家的非传染性流行病。冠心病的发病率一般以心肌梗死发病率为代表，存在明显的地区和性别差异。1978 年，WHO 公布欧洲 12 国心肌梗死发病率，北欧的芬兰男性和女性最高，男性 730/10 万，女性 160/10 万，男性最低为东欧的罗马尼亚 105/10万，女性为保加利亚是 20/10 万。20 世纪 90 年代的随访表明，欧洲的冠心病心肌梗死的发病率呈下降趋势。关于心绞痛的欧洲研究发现，45~54 岁女性的心绞痛患病率为 0.1%~1%，而65~74 岁女性的患病率则猛增至 10%~15%；同样年龄组的男性患病率分别为 2%~5% 和 10%~20%。据此估计，大多数欧洲国家每百万人中约有 2 万~4 万心绞痛患者。在 40 岁以上西方人群中，无并发症的心绞痛年发病率约为 0.5%。与发达国家相比，我国冠心病流行率仍属较低水平，但我国冠心病发病率和死亡率在增加。中国 MONIKA 研究部分监测人群自 1984~1997 年 14 年内男性冠心病事件年龄标化发病率增加 67%，平均每年增加 2.1%，男女合计增加 1.7%。如从 1990~2000 年统计来看，心肌梗死年均增长 4.32%，猝死增长 4.66%，合计增长 4.41%。冠心病的发病呈低龄化趋向，35 至 55 岁男性冠心病死亡率增加最迅速。据卫生部全国卫生统计年报资料表明，我国城镇与农村冠心病死亡年增长率平均为 4%。据测算，中国内地每年死于各种冠心病的人数已超过 100 万。当前，中国冠心病的发病率和死亡率目前虽仍未超过世界平均水平，但伴随着致冠心病的危险因素如高血压、高胆固醇、糖尿病、肥胖等有增无减，我们冠心病的发病率、死亡率及相关的防治医疗费用将进一步增高。

由于冠状动脉病变的部位、范围和程度的不同的临床特点，1979 年，WHO 将冠心病分为隐匿型或无症状性冠心病、心绞痛、心肌梗死、缺血性心肌病和猝死五型，本章仅就心绞痛和急性心肌梗死作进一步介绍。

第2节 心 绞 痛

案例

患者，男性，65 岁，反复胸骨后闷痛 1 年，加重 3 天于 2006 年 12 月 18 日 15 点入院。

一年来患者于运动或劳累时感胸闷痛，位于胸骨后，呈压迫感，偶可放射到左肩，休息 2~5 分钟后可自行缓解，约每月发作一次。近 3 天，天气转冷，上楼时胸痛再次发作，伴出汗，服用硝酸甘油后 10 分钟胸痛缓解，未予就诊。今晨散步时胸痛再次发作,遂来医院就诊。既往高血压 12 年,最高血压 210/115mmHg,使用药物血压控制尚可。近年体检发现血脂异常,否认糖尿病,长期吸烟。其兄 59 岁时猝死。

体格检查:T 36.5℃,P 84 次/min,R 18 次/min,BP 160/90mmHg。神志清楚,两肺无啰音,心浊音界无扩大,心率 84 次/min,律齐,各瓣膜听诊区未闻及杂音。

实验室和其他检查:入院后血液常规检查基本正常,心酶谱正常,LDL-C:4.2mmol/L,ECG 示Ⅱ、Ⅲ、aVF 导联 ST 段水平下移 0.05~0.1mV,Ⅰ、aVL 导联 ST 段下移 0.1~0.3 mV、胸片正常,心脏彩超提示心肌节段性运动异常。

思考题

1. 本例患者有哪些心血管疾病的危险因素,最可能的诊断是什么?

2. 请制订诊治方案。

心绞痛(angina pectoris)是当冠状动脉供血不足,心肌急剧的、暂时的缺血与缺氧,出现阵发性的胸骨后压榨性疼痛为主要表现的临床综合征。多发生在劳累或情绪激动时,持续数分钟,休息或用硝酸甘酯类制剂可缓解。

【发病机制】 心绞痛属于内脏痛,机械性刺激一般不会引起心脏疼痛,心肌的缺血缺氧则引起疼痛。

心肌氧耗的多少由心肌张力、心肌收缩强度和心率所决定,故常用“心率×收缩压”作为心肌氧耗的指标。心肌能量的产生需求大量的氧供。心肌细胞可摄取血氧含量的 70%左右,是身体组织的 3~5 倍(10%~25%)。因心肌平时对血氧的摄取已接近最大量,心肌氧供的增加主要依赖冠状动脉血流量的增加来实现。冠脉未发生病变时,冠脉有很大的储备力量,其血流量可随身体的需求增加而增加,如剧烈运动时冠脉血流可增加到休息时的 6~7 倍。动脉粥样硬化可使冠脉发生狭窄或部分闭塞。冠状动脉腔径狭窄超过 50%~70%时,一旦心脏负荷突然增加,如劳累、激动、左心衰竭等,使心肌张力增加、心肌收缩力增强、心率加快而致心肌氧耗加大,或冠脉痉挛,使血流进一步减少,心肌血液供求矛盾加深,供给不足,引起心绞痛。

产生心脏疼痛原因的假说主要是化学假说,即认为心肌缺血缺氧的情况下,心肌内积聚过多的代谢产物,如乳酸、丙酮酸、磷酸等酸性物质,腺苷、缓激肽、组胺与 5-羟色胺等多肽物质,以及氢离子、钾离子,这些致痛物质可直接刺激心脏内自主神经的传入纤维末梢,在相应的皮肤区域产生不适感,其性质有时仅仅是憋闷或紧缩感,而非疼痛。所以,心绞痛是心肌缺血引起的反射性症状。

心肌缺血、缺氧时,局部产生并积聚的代谢致痛物质刺激心脏内无鞘交感神经终板,冲动经心脏内交感神经末梢的传入纤维进入上颈节至第 5 胸椎旁交感神经节,而后传到相应的脊髓节段的后角神经元并交叉进入对侧的脊髓心脏束上行入丘脑,再由丘脑传入大脑皮质而产生疼痛的感觉。由于心脏内缺乏传导触觉信号的神经纤维,因此心绞痛通常是弥漫且难以准确定位的,来自心脏和躯体组织的痛觉纤维在中枢神经系统内分享共同的传导通路,心脏内交感神经的传入冲动和来源于胸部的神经冲动可能会聚于相同脊髓节段的同一神经元,结果会产生牵涉痛,也可表现为皮肤感觉过敏或痛觉过敏。心绞痛发作时最常放射性疼痛部位是左肩、左臂和左手的内侧,这恰与星状神经节管辖的皮肤区域相一致,提示心脏的痛觉传入与星状神经节相同的脊髓节段;放射到上颌骨,可能是心脏痛觉传入第 5 颅神经节或由迷走神经传入纤维所介导;向腿部放射较少见,提示其心脏的痛觉被传入了与下交感神经节相应的脊髓节段;由于个体差异,人体对心绞痛的感知程度有很大差别,例如:人的性格类型、情绪状态、以前对疼痛的经验和环境背景等。A 型性格的病人较易发生心绞痛;抑郁和悲伤可导致肾上腺皮质激素和去甲肾上腺素分泌增加,从而拮抗内源性吗啡样物质的镇痛作用,使病人对伤害性刺激反应过度;焦虑使人体对疼痛的感觉过敏,而在清晨时病人对疼痛较敏感,这可能是由于清晨交感神经兴奋性增加,分泌过多的儿茶酚胺,对抗了内啡肽的镇痛作用。

不稳定型心绞痛与稳定型心绞痛的机制有所不同,冠脉粥样斑块的边缘不规则,呈偏心性狭窄。其斑块富含胆固醇,脆性较高,为软斑块,易破裂形成裂隙,伴发局部水肿,内皮下出血、斑块扩大,继而使管腔狭窄。冠状动脉狭窄和内膜损伤,血小板聚集,产生血管收缩物质血栓素 A_2,引起冠状动脉收缩,加之纤维蛋白原和纤维蛋白碎片的主要成发 D-二聚物增加,冠脉内易出现血栓形成。另外,冠状动脉痉挛也是引起不稳定型心绞痛的重要机制。

【临床表现和分型】

1. 典型心绞痛的临床表现 典型心绞痛是突然发生的位于胸骨体上段或中段之后的压榨性、闷胀性或窒息性疼痛。典型的心绞痛具有以下特点:

(1) 疼痛发作的诱因:常见的诱因有情绪激

笔记栏

动、体力劳动、爬楼、饱餐、寒冷、跑步、吸烟等。

(2) 发作突然:很少在发作前有先兆,在发作间歇期可完全无症状。

(3) 疼痛部位:典型的部位为胸骨上、中段后部稍偏左,有时可涉及心前区。少数病例发生在胸骨下段或上腹部。疼痛常放射到左肩、左臂前内侧到无名指、小指,有时放射到颈、咽、下颌、牙齿、背部、上腹部。

(4) 疼痛性质:呈压榨或窒息感,迫使患者停止一切活动。

(5) 疼痛持续时间:约1~5分钟,很少超过15分钟,休息或去除诱因后可逐渐缓解,舌下含化硝酸甘油片或硝酸甘油气雾剂喷雾后常在1~2分钟内缓解。

(6) 其他症状:心绞痛发作时常见患者有面色苍白、出冷汗、极度疲乏、心悸、胸闷、头晕甚至晕厥、呼吸困难等。

2. 心绞痛的临床分型 WHO和国际心脏病学会联合会将心绞痛分为劳力性和自发性两大类,并提到两者可以混合发生。考虑到发病机制和治疗方案上的不同,2000年中华医学会心血管分会关于心绞痛的诊断和治疗建议多将心绞痛分为稳定型心绞痛和不稳定型心绞痛两类。

(1) 稳定型心绞痛:又称稳定劳力型心绞痛,是指心肌缺血缺氧引起典型的心绞痛发作,其临床表现在1~3个月内相对稳定,即每日和每周疼痛发作次数大致相同,诱发疼痛的劳力和情绪激动程度相同,每次发作疼痛的性质和疼痛部位无变化,疼痛时限基本一致(5分钟以内),服用硝酸酯类药物在相近的时间内缓解。

(2) 不稳定型心绞痛:除上述典型的稳定劳力型心绞痛外,其他因心肌缺血缺氧引起的缺血性心绞痛统称为不稳定型心绞痛,涵盖了既往分类中如初发劳力性心绞痛、恶化劳力性心绞痛、卧位型心绞痛、变异型心绞痛、中间综合征、梗死后心绞痛等心绞痛名称。其胸痛的部位、性质与稳定型心绞痛相似,但具有以下特点之一:

1) 原为稳定型心绞痛,在1个月以内疼痛发作的频率增加、程度加重、时限延长、诱发劳力程度减轻、硝酸酯类药物缓解作用不明显。

2) 1个月之内新发生的心绞痛,且其发作为较轻的负荷所诱发。

3) 休息状态下发作心绞痛或较轻微活动即可诱发,发作时表现有ST段抬高,胸闷痛缓解时ST段回落的变异性心绞痛。

3. 体征 心绞痛一般无特殊体征。部分患者心绞痛发作时可出现暂时性血压升高、心率增快、焦虑、暂时性收缩期杂音等。

案例归纳一

一年前开始劳力时胸骨后疼痛,休息后缓解,每月发作一次。入院前3天胸痛2次,持续时间较前增加,伴出汗。有高血压、血脂异常、吸烟及心血管疾病的家族史。有多重心血管疾病的危险因素,符合冠心病心绞痛的临床表现。

【实验室及其他检查】 心绞痛的发作时间较短,无症状时实验室检查不一定有阳性发现,在心绞痛发作时,可直接或间接反映心肌缺血。

1. 心电图检查

(1) 心电图:普通体表心电图是发现心肌缺血、诊断冠心病最常用的方法。无症状时心电图可无特殊改变。心绞痛发作时可出现暂时性ST段的移位或T波低平或倒置改变,缓解后下移的ST段可恢复到等电位线。

(2) 心电图负荷试验:运动试验是一种心脏负荷试验,在运动中连续监测心电图,心率和血压,观察运动中血液动力学的反应及ST段的变化,发现心率、心律、传导系统等方面的异常。其机理是通过运动,心肌耗氧增加,超过冠状动脉供血能力而诱发心肌缺血表现,辅助临床对心肌缺血做出诊断。其阳性标准包括运动中出现典型心绞痛;运动中或后即刻心电图出现ST段水平或下斜型下降≥0.1mV,或原有ST段下降者,运动后在原有基础上再下降0.1mV,并持续2分钟以上方逐渐恢复正常;运动中血压下降。

(3) 心电图连续监测:24小时动态心电图和持续心电监测可以发现缺血性ST—T改变和各种心律失常。

2. 心脏X线检查 一般无特殊发现。高龄患者可见主动脉硬化或钙化,提示冠状动脉硬化或钙化。伴发缺血性心肌病时可见心影增大,肺淤血。

3. 超声心动图 可通过观察室壁运动有无异常、心腔形态的改变、左室射血分数等来判断心肌缺血,运动、双嘧达莫、腺苷、多巴酚丁胺等负荷试验有助于提高阳性。通过冠状动脉造影导管,进行冠状动脉内超声检查可显示粥样斑块的形态、病变长度和类型,补充冠状动脉造影的不足。

4. 螺旋CT 在慢心率的前提下,多层螺旋CT冠状动脉成像技术安全、简便、无创伤,可显示冠状动脉的狭窄的部位、程度,检测冠状动脉粥样硬化斑块。

5. 磁共振检查 利用磁共振冠状动脉成像技术可无创检出冠状动脉狭窄,评估室壁运动情况。

笔记栏

6. 放射性核素检查 包括放射性核素心肌显像、心腔造影和正电子发射断层心肌显像(PET)。静息与负荷心肌显像可发现心肌灌注缺损区,心腔血池显影可测定左心室射血分数。PET除可显示心肌灌注情况,还可了解其代谢情况。

7. 冠状动脉造影 是当前诊断冠心病的相对金标准,可清楚地显示冠状动脉病变的部位、长度、狭窄程度等。结合冠脉内超声检查(IVUS),可作为冠心病诊断的金标准。

冠状动脉造影术的Ⅰ类适应证包括:①严重稳定性心绞痛(CCS分级3级或以上者),特别是药物治疗不能很好缓解症状者(证据水平B);②无创方法评价为高危患者(证据水平B);③心脏停搏存活者(证据水平B);④严重室性心律失常者(证据水平C);⑤血运重建患者早期中等或严重心绞痛复发(证据水平C);⑥伴有慢性心力衰竭或左室射血分数(LVEF)明显减低的心绞痛患者(证据水平C);⑦无创评价属中-高危的心绞痛患者考虑行非心脏大手术时,尤其是血管手术时。

Ⅱ类适应证(证据水平C):①无创检查不能下结论,或冠心病中-高危者不同无创检查结论不一致;②对预后有重要意义的部位PCI后再狭窄高危者;③特殊职业人群必须确诊者,如飞行员、运动员等;④怀疑冠状动脉痉挛需行激发试验者。

案例归纳二

心酶谱正常;ECG示:Ⅱ、Ⅲ、aVF导联ST段水平下移0.05~0.1mV,Ⅰ、aVL导联ST段下移0.1~0.3mV;胸片正常;心脏彩超提示心肌节段性运动异常。冠状动脉造影见右冠状动脉中段80%狭窄,左冠状动脉回旋支75%狭窄。

【诊断与鉴别诊断】

1. 诊断要点

(1)根据典型的发作特点和体征,含服硝酸甘油后缓解,结合存在的冠心病危险因素,除外其他原因所致的心绞痛,一般即可建立诊断。发作时心电图检查可见以R波为主的导联中,ST段压低,T波平坦或倒置(变异型心绞痛者则相关导联ST段抬高),发作后数分钟内逐渐恢复。

(2)心电图无改变的患者可考虑做心电图负荷试验。发作不典型者,诊断要依靠观察硝酸甘油的疗效和发作时心电图的改变;如仍不能确诊,可多次复查心电图或心电图负荷试验,或做24小时动态心电图连续监测,如心电图出现阳性变化或负荷试验诱发心绞痛发作亦可确诊。

(3)放射性核素显示心肌灌注,间接提示冠状动脉病变。多排螺旋CT和磁共振可无创非侵入性地重建冠状动脉,非直接地显示冠状动脉的病变情况,是冠心病诊断的有力证据。

(4)临床诊断时需要重视能够或直接显示冠状动脉血管和血流情况的检查。在无创检查不能确诊时,可考虑行选择性冠状动脉造影,冠脉造影发现血管直径小于50%或面积小于75%则诊断为冠心病。必要时可同时进行冠脉内血管超声检查。

2. 鉴别诊断 心绞痛应与下列疾病鉴别:

(1)心脏神经官能症:心脏神经官能症(cardiac nerosis)者常诉胸痛,但为短暂(几秒钟)的刺痛或持久(几小时)的隐痛,常喜欢不时地深吸一大口气或做叹息性呼吸。胸痛部位多在左胸乳房下心尖部附近,或经常变动。症状与劳累关系不明显,多无明显诱因。胸痛发作时含服硝酸甘油无效或在十多分钟后才有效,常伴有心悸、疲乏及其他神经衰弱的症状。

(2)急性心肌梗死(acute myocardial infarction):疼痛部位与心绞痛相仿,但性质更剧烈,持续时间可达数小时,常伴有心律失常、心力衰竭及休克,偶有发热,含服硝酸甘油多不能使之缓解。心电图中面向梗死部位的导联ST段抬高,并有异常Q波。实验室检查示白细胞计数、血清酶(肌酸磷酸激酶、谷草转氨酶和乳酸脱氢酶等)、肌红蛋白、肌凝蛋白轻链或重链、肌钙蛋白I或T等增高。

(3)其他疾病引起的心绞痛:其他疾病引起的心绞痛包括严重的主动脉瓣狭窄或关闭不全、风湿性冠状动脉炎、梅毒性主动脉炎引起冠状动脉口狭窄或闭塞、肥厚型心肌病等均可引起心绞痛,根据其临床表现及相关检查可以鉴别。

(4)肋间神经痛:肋间神经痛(Intercostal neuralgia)疼痛常累及1~2个肋间,但并不一定局限在前胸,为刺痛或灼痛,多为持续性而非发作性,咳嗽、用力呼吸和身体转动可使疼痛加剧,沿神经行径处有压痛,手臂上举活动时局部有牵拉疼痛,故与心绞痛不同。

(5)不典型疼痛:需与食管病变、膈疝、胆管病变、消化性溃疡病、肠道疾病、颈椎病等相鉴别。

案例诊断要点

有胸痛症状的疾病种类众多,详细的病史询问和体格检查,针对性的实验室检查有助于鉴别诊断。

1. 老年男性,多重心血管疾病的危险因素。

笔记栏

2. 病史特点：一年前开始胸痛反复规律发作，近3日胸痛时间延长，频度改变，伴出汗。符合不稳定心绞痛的临床表现。

3. PE：无特殊的阳性体征。

4. 实验室检查：心酶谱正常；LDL-C：4.2mmol/L；ECG示：Ⅱ、Ⅲ、aVF导联ST段水平下移0.05~0.1mV，Ⅰ、aVL导联ST段下移0.1~0.3mV；心脏彩超见心肌节段性运动异常；冠状动脉造影见右冠状动脉中段80%狭窄，左冠状动脉回旋支75%狭窄。

临床诊断：1. 冠心病，不稳定型心绞痛，双支病变

2. 高血压病3级，极高危组

3. 血脂异常

【治疗】 治疗的主要目的是：预防心肌梗死和猝死，改善生存；减轻症状和缺血发作，改善生活质量。在选择治疗药物时，应首先考虑预防心肌梗死和死亡。此外，应积极处理危险因素。

本病治疗以降低心肌耗氧量、增加心肌供血、改善侧支循环为原则。发作期治疗以扩张冠状动脉，降低阻力，增加冠状循环血流量，缓解心绞痛为主，缓解期治疗应避免各种诱因及各种心血管危险因素。根据心绞痛的临床分型治疗的侧重点有所不同。

1. 一般治疗 发作时立刻停止活动，平时应尽量避免各种诱发因素，如过度劳累、情绪激动、饱餐等，冬天注意保暖。注意养成日常饮食的良好习惯，进食不宜过饱，避免高脂高糖饮食，禁烟少酒。调整日常生活与工作量，适量运动，保持平和心态和稳定情绪。治疗高血压、血脂异常、糖尿病、贫血、甲状腺功能亢进等。

2. 稳定型心绞痛的药物治疗

(1) 硝酸酯制剂：此类药物可扩张冠状动脉，增加冠状循环的血流量；扩张外周血管，减低心脏前后负荷和心肌的氧耗，缓解心绞痛。常用的药物包括硝酸甘油、硝酸异山梨醇、单硝酸异山梨醇、长效硝酸甘油制剂。副作用包括头痛、头胀、头部跳动感、面红、心悸及血压下降等。

1) 硝酸甘油：一般应用于心绞痛发作时缓解疼痛。0.3~0.6mg舌下含化，1~2分钟内开始起效，半小时后作用消失。部分患者有较明显的硝酸酯类的副作用表现。

2) 硝酸异山梨酯：每次5~20mg，每日3次，服后半小时起效，持续3~5小时，缓解制剂可持续12小时，每日2次。单硝酸异山梨酯多为长效制剂，20~40mg，每日1~2次。患青光眼、颅内压增高、低血压者不宜选用本类药物。

3) 戊四硝酯：口服3~4次/d，每次10~30mg，服后1~1.5起作用，持续约4~5小时。

4) 长效硝酸甘油制剂：服用长效片剂，硝酸甘油持续而缓慢释放，口服半小时后起作用，持续可达8~12小时，可每8小时服用1次，每次2.5mg。也可使用硝酸甘油贴剂外用。

(2) β受体阻断剂：阻断拟交感胺类对心率和心收缩力受体的刺激作用，减慢心率，降低血压，减低心肌收缩力和氧耗量，从而缓解心绞痛发作。常用药物有：阿替洛尔，美托洛尔。使用β受体阻断剂需要逐步增加至最大耐受剂量，所选剂型及给药次数应能24小时抗心肌缺血。严重心动过缓和高度房室传导阻滞、窦房结功能紊乱、明显的支气管痉挛或支气管哮喘患者禁用β受体阻断剂，外周血管疾病及严重抑郁是相对禁忌证。慢性肺心病患者可小心使用高度选择性β_1受体阻断剂。无固定狭窄的冠状动脉痉挛造成的缺血（如变异性心绞痛）不宜使用β受体阻断剂。

(3) 钙离子拮抗剂：有抑制心肌收缩、减少心肌耗氧、扩张冠脉、缓解痉挛、改善供血、降低心脏负荷、改善血液流变性等作用。常用药物有维拉帕米，硝苯地平、地尔硫䓬、氨氯地平、非洛地平等。对变异性心绞痛或以冠状动脉痉挛为主的心绞痛，钙拮抗剂是一线药物。维拉帕米和地尔硫䓬能减慢房室传导，常用于伴有心房颤动或心房扑动的心绞痛患者，不应用于已有严重心动过缓、高度房室传导阻滞和病态窦房结综合征患者。长效制剂如硝苯地平控释平、氨氯地平、非洛地平能显著减少心绞痛的发生。

(4) 抗血小板聚集药物：包括阿司匹林、二磷酸腺苷（ADP）受体拮抗剂、血小板糖蛋白Ⅱb/Ⅲa（GPⅡb/Ⅲa）拮抗剂三类。阿司匹林可降低心肌梗死、脑卒中或心血管性死亡危险。阿司匹林主要不良反应为胃肠道出血或过敏。常规使用阿司匹林，除非有用药禁忌，用法：75~325mg，每日1次，夜间空腹服药较好。对于不能使用阿司匹林的患者，使用ADP受体拮抗剂氯吡格雷作为替代治疗，每日75mg。噻氯匹啶因副作用较大，已经停用。稳定型心绞痛时不使用血小板糖蛋白Ⅱb/Ⅲa拮抗剂。

(5) 调脂药物：他汀类药物能有效降低总胆固醇（TC）和低密度脂蛋白胆固醇（LDL-C），并因此降低心血管事件危险，延缓斑块进展、稳定斑块和抗炎等有益作用。胆固醇吸收抑制剂依折麦布（ezetimibe）有协同高脂作用。高三酰甘油血症或低高密度脂蛋白血症的高危患者可考虑联合服用降低LDL-C药物和一种贝特类（非诺贝特）或烟酸药物。

笔记栏

(6) 血管紧张素转换酶抑制剂(ACEl):在稳定性心绞痛患者中,合并糖尿病、心力衰竭或左心室收缩功能不全的高危患者应该使用ACEI。所有冠心病患者均能从ACEI治疗中获益,但低危患者获益可能较小。

(7) 心肌代谢药物:曲美他嗪等辅助治疗或作为传统治疗药物不能耐受时的替代治疗未受肯定。

3. 不稳定心绞痛的药物治疗

(1) 硝酸酯类制剂:在最初24小时,静脉使用硝酸甘油有利于控制心绞痛。从5~10μg/min的剂量开始,持续滴注。每5~10分钟增加10μg/min,直到症状缓解或出现明显副作用,胸闷痛症状消失后,则改用口服制剂或外用皮肤贴剂。

(2) β受体阻滞剂:可用于所有无禁忌证的不稳定型心绞痛患者,减慢心率,从而减少心肌缺血发作和心肌梗死的发生。为快速起效,可使用静脉制剂。艾司洛尔250μg/(kg·min)静脉滴注,控制安静时的目标心率在60次/min。本品安全有效,药物作用在停药后20分钟内消失。

(3) 钙离子拮抗剂:一般不用。当前未有充分的证据表明钙离子拮抗剂应用于不稳定型心绞痛患者可预防急性心肌梗死的发生或降低病死率。

(4) 抗血栓药物:抗栓治疗可改善不稳定心绞痛患者的早期和远期临床预后及预防介入治疗的并发症,包括抗血小板聚集和抗凝治疗。

1) 肝素:包括普通肝素和低分子肝素。肝素的推荐剂量:先给予80U/kg静注,然后以18U/(kg·h)的速度静脉滴注维持。普通肝素在使用时要测定部分凝血活酶时间(APTT),根据APTT调整肝素用量,维持APTT在45~70秒。低分子肝素可以在腹部皮下使用,对凝血酶的抑制程度较普通肝素为小,引起APTT延长程度较轻,无需监测,其抗凝的疗效肯定,较普通肝素使用方便。常用低分子肝素的参考剂量:依诺肝素(enoparin)40mg、那曲肝素(fraiparin)0.4ml或法安明(daltepatin)5000~7500U,皮下注射,每12小时1次,急性期使用5~7天。

2) 抗血小板制剂:阿司匹林首剂300mg,后每日100mg,长期服用。氯吡格雷首剂300mg,后每日75mg维持。阿司匹林与氯吡格雷联合使用,心绞痛稳定后可单药使用。激活的血小板糖蛋白Ⅱb/Ⅲa受体与纤维蛋白原结合,在激活的血小板间形成桥梁,导致血小板血栓的形成,使用血小板糖蛋白Ⅱb/Ⅲa受体拮抗剂可抑制血小板的聚集。药物包括阿昔单抗(abciximab)、替罗非班(triofiban)等。阿昔单抗的常规使用方法是先静注冲击量0.25mg/kg,然后10/(kg·h)静滴12~24小时。

4. 介入治疗 稳定型心绞痛和不稳定型心绞痛均是介入治疗的适应证。介入治疗在稳定型心绞痛不比单纯强化药物治疗有效。COURAGE试验结果比较了稳定型心绞痛的介入治疗和单纯强化药物的疗效差别。介入治疗和单纯强化的药物治疗在死亡、心梗和卒中的复合终点亦无显著差异;两组心绞痛发生率均显著下降,5年期间无心绞痛生存率相似;在活动能力、心绞痛发作频率和总体生活质量方面,介入治疗较药物组略有优势;药物组的治疗费用低于介入治疗组。

对于不稳定型心绞痛,介入治疗优于单纯的药物治疗。介入治疗可改善心绞痛的临床症状,提高远期生存率,降低心肌梗死发生率和因不稳定型心绞痛再住院率。

5. 手术治疗 冠脉造影显示冠脉为多支、弥漫性或左主干部位的病变不宜行经皮冠状动脉成形术等介入性治疗者,可行冠状动脉旁路移植术。心绞痛伴下列情况:左主干病变,三支血管病变,大面积缺血或心室功能差,两支或三支血管病变包括左前降支近端严重病变,糖尿病患者等。

6. 中医药治疗 中医药辨证治疗可缓解心绞痛症状,改善冠心病患者的心功能。常用的中成药有调脂作用的血脂康胶囊,活血止痛的通心络胶囊、血府逐瘀丸等。

处方及医师指导

1. 一般治疗:心电、血压监测,注意休息,低盐低脂饮食。

2. 急诊药物:硝酸甘油0.5mg,舌下含服;阿司匹林300mg,嚼服;氯吡格雷300mg,嚼服;低分子肝素钠0.6ml,皮下注射。

3. 常嘱药物

(1) ACEI:卡托普利25mg,每日3次。

(2) β受体阻断剂:倍他乐克25mg,每日2次。

(3) CCB:氨氯地平5mg,每日1次。

(4) 他汀类药物:阿托伐他汀20mg,每晚1次。

(5) 硝酸酯类:单硝酸异山梨酯缓释片40mg,每日1次。

(6) 低分子肝素钠:连用3天。

(7) 抗血小板:阿司匹林100mg,每日1次;氯吡格雷75mg,每日1次。

4. 择期PCI:于右冠及回旋支PTCA后各置入支架一枚。

笔记栏

第3节 急性心肌梗死

案例

患者，女性，70岁，反复胸闷痛3年，加重1小时于2007年2月5日上午7点入院。3年前开始反复心前区闷痛，每次发作持续约3分钟，自服救心丹后可缓解。1小时前饱餐后胸骨后疼痛，压榨样，憋闷感、多次含服救心丹不缓解，汗出肢冷。15年前体检发现高血压，血压最高达210/110mmHg，间断服用降压药物血压控制尚可。否认糖尿病病史。体检：T 37℃，P 82次/min，R 22次/min，BP 160/100mmHg，烦躁，面色苍白，心浊音界向左下扩大，心率82次/min，心尖区可闻及2/6级收缩期杂音，急诊心电图：ST段在V_1～V_5导联抬高0.3～0.5mV，Ⅱ、Ⅲ、aVF导联ST段下移0.2mV。

思考题

1. 结合所学知识，你认为该病例最可能的诊断是什么？

2. 还需要急诊做哪些检查？

3. 请制定诊治方案。

急性心肌梗死（acute myocardial infarction，AMI）属冠心病的严重类型，是在冠状动脉病变的基础上发生冠状动脉血液供应急剧减少或完全中断，相应心肌发生持久而严重的急性缺血导致心肌缺血性坏死。临床表现为持续而剧烈的胸痛、心电图特征性动态演变和血清心肌坏死标志物动态变化，常伴发心律失常、心力衰竭或心源性休克。

【发病机制】 现代医学认为绝大多数心肌梗死的病因是冠状动脉粥样硬化，其他少见原因有冠状动脉栓塞、冠状动脉口阻塞、冠状动脉炎症、冠状动脉夹层、冠状动脉先天畸形和心脏挫伤等。冠状动脉粥样硬化病变富含脂质的易损斑块破裂、出血、血管内血栓形成，动脉内膜下出血或动脉持续性痉挛，导致管腔迅速发生持久而完全闭塞，若侧支循环未充分建立，导致该动脉所供应的心肌严重而持久地急性缺血达1小时以上，发生心肌梗死。

【病理和病理生理】

1. 病理 冠脉闭塞后20～30分钟，受其供血的心肌即开始了急性心肌梗死的病理过程。1～2小时后，呈凝固性坏死，心肌间质充血、水肿、伴有大量炎性细胞浸润。此后，心肌纤维溶解，形成肌溶灶，渐有肉芽组织形成。坏死组织在1～2周开始吸收，并逐渐纤维化，6～8周进入慢性期形成瘢痕而愈合。瘢痕大者可形成室壁瘤。心肌梗死可分为三型：①透壁性心肌梗死：梗死累及心室壁的全层或大部分，病灶直径一般在2.5cm以上，心电图上有ST段抬高并可见病理性Q波。②非透壁性心肌梗死：心肌梗死累及到心肌膜下和（或）心肌中层，但未扩展到心外膜，梗死灶的分布可能较为广泛，在左心室壁的四个面，心电图上表现为ST段压低，但无异常Q波，又称为"非Q波性心肌梗死"。③灶性心肌梗死：梗死的范围小，呈灶性分布在心室壁的一处或多处，心电图上无ST段抬高也无异常Q波，肌钙蛋白的检查或尸检可发现。左冠状动脉前降支闭塞可引起左室前壁、心尖部、下侧壁、前间隔和前内乳头肌梗死；左冠脉回旋支闭塞可引起左室高侧壁、膈面及左心房梗死，部分累及房室结。右冠脉闭塞可引起左室膈面、后间隔及右心室梗死，并可累及窦房结和房室结。

2. 病理生理

（1）左心室功能：冠脉闭塞时左心室的收缩功能可发生如下障碍，依次加重：运动同步失调、收缩减弱、无收缩、矛盾运动。

（2）心室重构：心肌梗死发生后，左室腔大小、形态和室壁厚度发生变化，总称为心室重构（ventricular remodeling）。心室重构是多因素共同作用的结果，最后导致心室扩大，心脏整体功能障碍，发生心力衰竭。

【临床表现】

按心电图和临床过程，分为急性、亚急性和慢性三期。临床表现主要出现在急性期，部分患者有一些先兆表现。

1. 先兆 约1/3～1/2的患者在发病前数日有乏力，胸部不适，活动时心悸、气急、烦躁、心绞痛等前驱症状，心绞痛发作较以往频繁、性质较剧、持续时间较久、硝酸甘油疗效差、诱发因素不明显，疼痛时伴有恶心、呕吐、大汗和心动过速，或伴有心功能不全、严重心律失常、血压大幅度波动等。

2. 诱因 本病在冬、春季节发病较多，寒冷、天气变化时易发病，早晨6点至中午12点本病多发。饱餐、重体力活动、情绪激动、血压剧升或用力大便以及休克、脱水、出血、外科手术或严重心律失常等为常见诱因。

3. 症状 随梗死的大小、部位、发展速度和原来心脏的功能情况等而不同。

（1）疼痛：是最常见的起始症状。典型的疼痛部位和性质与心绞痛相似，但疼痛性质与心绞痛相似但更剧烈，持续时间较长，可达数小时至数天，休息和含服硝酸甘油多不能缓解。病人常

笔记栏

焦虑不安，汗出肢冷，面色苍白，全身软弱。约10%～30%病人可无疼痛，或疼痛的性质不典型，或疼痛的部位不典型，疼痛可首先表现在上腹部（尤以下壁心梗多见）、颈部、下颌、左肩胛及背部等，或表现为休克、心力衰竭。

（2）全身症状：有发热和心动过速等。多在发病后第2天开始出现发热，系由坏死物质吸收所致，体温一般在38℃左右，持续约1周。高热或发热持续时间超过1周者要考虑感染的可能。

（3）胃肠道症状：约1/3有疼痛的患者可伴有恶心、呕吐和上腹胀痛，多见于下壁心肌梗死，肠胀气亦不少见，重症者可发生呃逆。

（4）心律失常：见于75%～95%的患者，以发病24小时内最多见，可伴心悸、乏力、头晕、晕厥等症状。心律失常以室性心律失常最多，尤以室性期前收缩常见，可频发或成对出现或呈短阵室性心动过速。房室传导阻滞和束支传导阻滞也较多见，前壁心肌梗死易发生快速心律失常，下壁心肌梗死易发生房室传导阻滞。

（5）低血压和休克：约20%～30%的急性心肌梗死病人合并低血压或休克，绝大多数发生在起病后第1周内，特别是发病的头24小时内。疼痛时血压下降未必是休克。如疼痛缓解而收缩压仍低于80mmHg，有焦虑不安、面色苍白、皮肤湿冷、脉细而快、大汗淋漓、尿量减少（每小时小于20ml）、神志迟钝甚至昏厥者，则为休克表现。

（6）心力衰竭：主要是急性左心衰竭，可在起病最初几天内发生，或在疼痛、休克好转阶段出现，发生率约为20%～45%。患者常出现呼吸困难、咳嗽、发绀、烦躁等症状，严重者可发生肺水肿。右室心肌梗死者可出现颈静脉怒张、肝大、水肿等右心衰竭表现，右心室梗死心衰常伴有血压下降。

4. 体征　体检所见与梗死范围大小、有无并发症等有关。除AMI最早期血压可增高外，几乎所有病人都有不同程度的血压降低。心浊音界可轻度至中度增大，心尖区第一心音减弱，第三或第四心音奔马律，心包摩擦音，心尖区出现粗糙的收缩期杂音，以及各种心律失常，其他伴心源性休克、心力衰竭等并发症者，可存在相应的体征。

5. 并发症　主要有乳头肌功能不全、心室壁瘤、心肌梗死后综合征、栓塞、心脏破裂等。

案例归纳一

老年女性，有胸闷痛病史3年，高血压病史15年。饱餐后发病，胸骨后压榨样疼痛，多次含服救心丹不缓解，伴汗出肢冷。符合AMI的病例特点。

【实验室和其他检查】

1. 白细胞计数　起病24～48小时后增高，持续数日，与体温升高平行发展，计数（10～20）$\times 10^9$/L，中性粒细胞0.75～0.90，嗜酸粒细胞常减少或消失。

2. 红细胞沉降率　约在起病后24～48小时出现增快，持续1～3周，常为轻中度增快。

3. 血清酶及血清心肌标志物的测定　临床常规采用的有谷草转氨酶（GOT）、乳酸脱氢酶（LDH）及其同工酶、肌酸磷酸激酶（CK）及其同工酶（CK-MB），以及血清肌红蛋白、心肌肌钙蛋白I和T。GOT、LDH及AST因其特异性和敏感性较差，已不作为诊断急性心肌梗死的指标。CK及其同工酶CK-MB在心肌损伤时均升高，升高的CK-MB占CK的1/20～1/10以上的临床意义更强。肌红蛋白来源于肌肉组织的损伤，主要是骨骼肌损伤，也包括心肌损伤，由于其分子量小，在心梗发生后0.5～2小时左右就开始升高，5～12小时达高峰，十分有助于早期诊断。肌钙蛋白有3个亚型，常用的有肌钙蛋白T（cTnT）和I（cTnI）。心肌中主要表达cTnT，骨骼肌中仍有cTnT的存在。当骨骼肌损伤时，血清中cTnT也会增高，这就降低了血清cTnT做为诊断心梗的特异性。采用cTnT亚类植被单克隆抗体进行检测，特异性增高。cTnI在个体发育中，只在心肌不在骨骼肌中表达，对于急性心梗诊断有较高特异性。一般认为，除非有心肌损伤，否则血清cTnI不会增高。

表2-7-1　AMI的血清心肌标记物及其检测时间

项目	肌红蛋白	心脏肌钙蛋白		CK	CK-MB	AST
		cTnⅠ	cTnT			
出现时间	1～2	2～4	2～4	6	3～4	6～12
100%敏感时间（小时）	4～8	8～12	8～12		8～12	
峰值时间（小时）	4～8	10～24	10～24	24	10～24	24～48
持续时间（天）	0.5～1	5～10	5～14	3～4	2～4	3～5

4. 心电图　心肌梗死典型的心电图有特征性改变，呈动态演变过程，并有定位意义，有助于估计病情演变和预后。

（1）特征性改变：ST段抬高性心肌梗死的心电图表现特点为：①宽而深的Q波（病理Q波），一般指Q波时间大于0.04秒，深度大于同导联R波的1/4，在面向心肌坏死区的导联上出现；②ST段呈弓背向上型抬高，在面向坏死区周围心肌损伤区的导联上出现；③T波倒置，在面向损伤区周围心肌缺血区的导联上出现。

笔记栏

(2) 动态性改变：ST段抬高性心肌梗死可见心电图的动态性改变：①超急性期：起病数小时内，可无异常或出现异常高大两肢不对称的T波。②急性期：数小时后，ST段弓背向上型抬高，与直立的T波连接，形成单相曲线。数小时至2日内出现病理性Q波，同时R波减低，Q波在3~4天内稳定不变。③亚急性期：ST段抬高持续数日至2周左右，逐渐回到基线水平。T波则变为平坦或逐渐倒置，Q波存在。④慢性期：数周至数月后，T波倒置呈两肢对称型，可永久存在，也可数月至数年内逐渐恢复。多数患者Q波永久存在。若ST段持续抬高半年以上者，应考虑室壁瘤。

(3) 定位：ST段抬高性心肌梗死的定位可根据出现特征性改变的相关导联来判断。根据面向梗死区导联所显示的特征性改变，可对心肌梗死做出定位诊断。前间壁心梗主要表现在$V_1 \sim V_3$导联，前壁心梗表现在$V_3 \sim V_5$导联，广泛前壁心梗表现在$V_1 \sim V_5$导联，高侧壁心梗表现在Ⅰ、aVL导联，下壁心梗表现在Ⅱ、Ⅲ、aVF导联，正后壁心梗表现在$V_7 \sim V_9$及V_1导联。

5. 胸部X线 有心脏扩大时，胸部X线片可提示相应改变。心力衰竭时，存在显著肺血管影重新分布。

6. 超声心动图 有助于了解心室壁的运动和左心室功能，协助诊断室壁瘤、乳头肌功能失调、室间隔穿孔等。

7. 放射性核素检查 可显示心肌梗死的部位和范围。用放射性核素心腔造影可观察心室壁的运动和左心室的射血分数，有助于判断心室功能、诊断梗死后造成的室壁运动失调和心室壁瘤。目前多用正电子发射计算机体层扫描(PET)可观察心肌的代谢变化，判断心肌的存活与否。

案例归纳二

心电图：ST段在$V_1 \sim V_5$导联抬高0.3~0.5mV，Ⅱ、Ⅲ、aVF导联ST段下移0.2mV。急诊应查肌红蛋白、肌钙蛋白、CK、CK-MB，并动态监测，以获得特异性高的诊断依据；查D-2聚体以除外肺栓塞，凝血3项、血常规及血型等。有条件行床边超声心动图检查。

【诊断和鉴别诊断】

1. 诊断 临床上具有心肌缺血相一致的心肌坏死证据时，应被称为“心肌梗死”。既往的急性心肌梗死的诊断强调典型的胸痛临床表现、动态演变的特征性心电图改变和心肌酶学指标的动态改变。

随着敏感性和特异性更高的心肌坏死生化标志物——心脏肌钙蛋白(cTn)的推广和应用，以及新的影像学技术的进展，人们对心肌梗死有了新的认识。全球心肌梗死工作组欧洲心脏病学会(ESC)、美国心脏病学会(ACC)、美国心脏学会(AHA)、欧洲高血压学会(EHS)和世界卫生组织(WHO)对心肌梗死进行了新的定义，于2007年10月公布了全球心肌梗死的统一定义。急性进展性心肌梗死的定义如下：

(1) 心肌坏死生化标志物(cTn)典型的升高和降低，至少一个检测值超过参考值上限(URL)99百分位，至少伴有下述情况之一：①心肌缺血症状；②心电图病理性Q波形成；③心电图提示新发缺血性改变(新发ST—T改变或新发左束支传导阻滞)；④影像学证据提示新发局部室壁运动异常或存活心肌丢失。

(2) 突发心源性死亡(包括心脏停搏)，通常伴有心肌缺血的症状，伴随新发ST段抬高或新发左束支传导阻滞，和(或)经冠脉造影或尸检证实的新发血栓证据，但死亡常发生在获取血标本或心肌坏死标志物升高之前。

(3) 基线cTn水平正常者接受经皮冠状动脉介入治疗(PCI)后，如心肌坏死标志物升高超过URL99百分位值则提示围手术期心肌坏死；心脏标志物水平超过URL99百分位值的3倍被定义为与PCI相关的心肌梗死。

(4) 基线cTn水平正常者接受冠脉搭桥术(CABG)后，如心脏标志物水平升高超过URL99百分位值，则提示围手术期心肌坏死。与CABG相关的心肌梗死的定义为心脏标志物水平超过URL99百分位值的5倍，同时合并下述一项：新发病理性Q波、新发LBBB、冠脉造影证实新发桥血管或冠状动脉闭塞、新出现的存活心肌丢失的影像学证据。

(5) 病理发现急性心肌梗死。

以上任何一项均可诊断急性心肌梗死。新的诊断标准较前强调了心肌坏死标志物肌钙蛋白的诊断价值，并将PCI和CABG等医源性心肌梗死纳入进来。

2. 鉴别诊断

(1) 心绞痛：见“心绞痛”章节。

(2) 急性心包炎：可有较剧烈而持久的心前区疼痛，但疼痛与发热同时出现，呼吸和咳嗽时加重，早期即有心包摩擦音，摩擦音和疼痛在心包腔出现渗液时均消失，心电图广泛导联均有ST段弓背向下型抬高，T波倒置，无病理性Q波。血清心肌坏死标志物的检查在正常范围内，炎症累及心肌时可有轻度升高，但无AMI的动态演变。

笔记栏

（3）急性肺动脉栓塞：可出现胸痛、咯血、呼吸困难和休克。有右心负荷急剧增加表现如发绀、肺动脉瓣区第二心音亢进、颈静脉充盈、肝大、下肢水肿等。心电图呈 $S_I Q_{III} T_{III}$ 型，胸导联过渡区左移，右胸导联 T 波倒置等改变。D-二聚体升高。核素肺灌注扫描、肺动脉造影可资鉴别。

（4）急腹症：急性胰腺炎、消化性溃疡穿孔、急性胆囊炎、胆石症等，均有上腹部疼痛，可伴休克。仔细询问病史、做体格检查、心电图检查和血清心肌坏死标志物测定可协助鉴别。

（5）主动脉夹层：胸痛一开始即达高峰，常放射到背、肋、腹、腰和下肢，两上肢的血压和脉搏可有明显差别，可有下肢暂时性瘫痪、偏瘫和主动脉瓣关闭不全的表现等可资鉴别。二维超声心动图检查、X 线或磁共振显像有助于诊断。

【并发症】

1. 乳头肌功能失调或断裂　发生率较高。二尖瓣的乳头肌因缺血、坏死发生收缩功能障碍，出现不同程度的二尖瓣脱垂并关闭不全，心尖部出现收缩中晚期喀喇音和吹风样收缩期杂音。乳头肌整体断裂少见，多发生在二尖瓣后乳头肌，见于下壁心肌梗死，可导致急性心力衰竭，迅速发生肺水肿。

2. 心脏破裂　少见，常在起病 1 周内出现，多为左心室游离壁破裂，引起心脏压塞而猝死。偶有室间隔穿孔，在胸骨左缘第 3～4 肋间出现响亮的收缩期杂音地，常伴有震颤，可引起急性心力衰竭或休克在短期内死亡。

3. 栓塞　发生率较低，常在起病后 1～2 周内，一般为左心室附壁血栓脱落所致，可引起脑、肾、脾、四肢、肠系膜等动脉栓塞。卧床无活动患者可因下肢静脉血栓的脱落而产生肺栓塞。

4. 室壁瘤　发生率 5%～20%，一般见于较大面积的透壁性心梗患者。心电图 ST 段持续抬高，超声心动图、放射性核素心肌扫描及左心室造影可发现。

案例诊断要点

1. 老年女性

2. 有胸闷痛病史 3 年，高血压病史 15 年。饱餐后发病，胸骨后压榨样疼痛，多次含服救心丹不缓解，伴汗出肢冷。符合 AMI 的病例特点。

3. PE：T 37℃，P 82 次/min，R 22 次/min，BP 160/100mmHg，烦躁，面色苍白，心浊音界向左下扩大，心率 82 次/min，心尖区可闻及 2/6 级收缩期杂音。

4. 实验室检查：V_1～V_5 导联 ST 段抬高 0.3～0.5mV，3 小时后肌红蛋白 450ng/ml，肌钙蛋白 I 46ng/ml，CK 250U/L，CK-MB 24U/L，D-2 聚体 243μg/L。冠脉造影：前降支（LAD）自第一对角支（D）分出后完全闭塞，可见血栓影，右冠脉远端 80%狭窄。

临床诊断：1. 急性广泛前壁心肌梗死，双支病变

2. 高血压病 3 级，极高危组

【治疗】

本病是临床急危重症，及早发现，及早入院，并加强院前的急救处理。治疗原则是保护和维持心脏功能，挽救濒死心肌，防止梗死面积的扩大，缩小心肌缺血范围，及时处理严重心律失常、泵衰竭和各种并发症，防止猝死，使患者平稳地度过急性期，康复后能保持尽可能多的有功能的心肌。急诊溶栓、经皮腔内冠脉成形术（PTCA）和支架置入术，早期完全开通梗死相关血管是治疗急性心肌梗死的首选方法。

1. 监护和一般治疗

（1）监测：患者进入监护室内行持续心电、血压、血氧饱和度的监测，注意观察神志、出入量、末梢循环，必要时进行血流动力学监测等。及时处理心电和血流动力学的异常。动态监测心电图、心肌坏死标志物、血清钾离子的变化。

（2）休息和护理：发病后 3 天内一般需要卧床休息，症状控制、病情稳定者要鼓励早期活动，有利于心脏功能的康复。保持大便的通畅，排便时避免用力，便秘时使用缓泻剂。与患者保持沟通，进行必要的解释和鼓励，促使其配合治疗，缓解其焦虑和紧张，必要时可使用少量镇静剂。对血流动力学稳定且无并发症的 AMI 患者一般卧床休息 1～3 天，对病情不稳定及高危患者卧床时间应适当延长。

（3）吸氧：吸氧可改善心肌缺血缺氧，有助于缓解疼痛。在发病的早期，即使无并发症，也应给予鼻导管吸氧。并发左心衰竭、肺水肿及合并有机械并发症的患者，多伴有严重低氧血症，需面罩给氧或无创呼吸机机械通气。

（4）饮食：前 3 天以流质饮食为主，随后改为半流质饮食，减少盐的摄入。

（5）纠正水、电解质及酸碱平衡失调：注意有无代酸、低血钾、低血镁等，维持血清钾离子的浓度在 4～5mmol/L 较好。

2. 解除疼痛　缓解疼痛能降低心耗氧量，可选下面药物尽快解除疼痛。

（1）硝酸酯类药物：AMI 患者只要无禁忌证

笔记栏

通常使用硝酸甘油静脉滴注 24~48 小时，然后改用口服硝酸酯制剂。

（2）吗啡：胸闷剧烈时可首先吗啡止痛。可给予吗啡 5~10mg 皮下注射，或 3mg 稀释后静注，必要时可重复 1 次，总量不宜超过 15mg。注意吗啡对呼吸的抑制。

3. 抗血小板治疗和抗凝治疗

（1）抗血小板治疗：如无禁忌证，各嚼服阿司匹林 300mg、氯吡格雷 300mg，使其通过口腔黏膜迅速吸收。随后阿司匹林每日 1 次，每次 100mg；氯吡格雷每日 1 次，每次 75mg。对于行急诊 PCI 的 ST 段抬高的急性心肌梗死患者，早期使用小板糖蛋白Ⅱb/Ⅲa 受体拮抗剂阿昔单抗（abciximab）能够提高冠状动脉在支架植入前的开放率，提高支架植入术的成功率以及在 6 个月时的冠状动脉的开放率，改善左室功能和临床预后。

（2）抗凝治疗：若无禁忌证，常规使用抗凝治疗。前 24 小时可使用静脉用普通肝素，随后改为低分子肝素，也可直接使用低分子肝素，具体用法见不稳定心绞痛部分。

4. 再灌注治疗 起病 3~6 小时内，最长在 12 小时内，使闭塞的冠状动脉再通，心肌得到再灌注，濒临坏死的心肌可能得以存活或使坏死范围缩小，对预防梗死后心肌重塑有利，改善预后，是一种积极的治疗措施。

（1）溶栓疗法：无禁忌证时应立即（接诊患者后 30 分钟内）行本法治疗。

1）适应证：①两个或两个以上相邻导联 ST 段抬高（胸导联 0.2mV，肢体 0.1mV），或病史提示 AMI 伴左束支传导阻滞，起病时间<12 小时；患者年龄<75 岁。②ST 段显著抬高的心肌梗死患者年龄>75 岁，经慎重权衡利弊仍可考虑。③ST 段抬高的心肌梗死，发病时间已达12~24 小时，但仍有进行性缺血性胸痛和广泛 ST 段抬高并经过选择的患者，仍可考虑。

2）禁忌证：①既往发生过出血性脑卒中，1 年内发生过缺血性脑卒中或脑血管事件；②颅内肿瘤；③近期（2~4 周）有活动性内脏出血；④可疑主动脉夹层；⑤入院时有严重且未控制的高血压（>180/110mmHg）或有慢性严重高血压病史；⑥目前正在使用治疗剂量的抗凝药或已知有出血倾向；⑦近期（2~4 周）创伤史，包括头部外伤、创伤性心肺复苏或较长时间（>10 分钟）的心肺复苏；⑧近期（<3 周）外科大手术；⑨近期（<2 周）曾行不能压迫部位的大血管穿刺术；⑩活动性消化性溃疡。前四点为禁忌证，其后为相对禁忌证。

3）溶栓药物：常见的药物包括尿激酶（UK）、链激酶（SK）或重组链激酶（rSK）、重组组织型纤维蛋白溶酶原激活剂（rt-PA）。溶栓剂的使用方法：①尿激酶：根据我国的几项大规模临床试验结果，目前建议剂量为 150 万 U，于 30 分钟内静脉滴注，配合肝素皮下注射 7500~10 000U，每 12 小时 1 次，或低分子量肝素皮下注射，每日 2 次；②链激酶或重组链激酶：根据国际上进行的几组大规模临床试验及国内的研究，建议 150 万 U 于 1 小时内静脉滴注，配合肝素皮下注射 7500~10 000U，每 12 小时 1 次，或低分子量肝素皮下注射，每日 2 次；③重组组织型纤溶酶原激活剂（rt-PA）：国外较为普遍的用法为加速给药方案（即 GUSTO 方案），首先静脉注射 15mg，继之在 30 分钟内静脉滴注 0.75mg/kg（不超过 50mg），再在 60 分钟内静脉滴注 0.5mg/kg（不超过 35mg）。给药前静脉注射肝素 5000U，继之以 1000U/h 的速率静脉滴注，以 APTT 结果调整肝素给药剂量，使 APTT 维持在 60~80 秒。鉴于东西方人群凝血活性可能存在差异，以及我国脑出血发生率高于西方人群，我国进行的 TUCC 临床试验证实，应用 rt-PA 50mg（8mg 静脉注射，42mg 在 90 分钟内静脉滴注，配合肝素静脉应用，方法同上），也取得较好疗效，出血需要输血及脑出血发生率与尿激酶无显著差异。

溶栓是否再通应根据冠状动脉造影直接判断，或根据以下四点临床间接判断血栓溶解：①心电图抬高的 ST 段于 2 小时内下降>50%；②胸痛在 2 小时内基本消失；③2 小时内出现再灌注心律失常；④血清 CK-MB 峰值提前出现（14 小时内）。

（2）介入治疗

1）直接经皮腔内冠状动脉成形术（Percutaneous transluminal coronary angioplasty，PTCA）：直接 PTCA 的适应证：①在 ST 段抬高和新出现或怀疑新出现左束支传导阻滞的 AMI 患者。②急性 ST 段抬高/Q 波心肌梗死或新出现左束支传导阻滞的 AMI 并发心源性休克患者。③适宜再灌注治疗而有溶栓治疗禁忌证者。④AMI患者非 ST 段抬高，但梗死相关动脉严重狭窄、血流减慢（TIMI 血流≤2 级），如能在发病 12 小时内完成，可考虑进行 PTCA。注意事项：在 AMI 急性期不应对非梗死相关动脉行选择性 PTCA。发病 12 小时以上或已接受溶栓治疗且已无心肌缺血证据者，不应进行 PTCA。直接 PTCA 必须避免时间延误，必须由有经验的术者进行，否则不能达到理想效果，治疗的重点仍应放在早期溶栓。常规置入支架在降低心脏事件发生率和减少靶血管重建术方面优于直接 PTCA。因此，支架置入术可较广泛用于 AMI 患者的机械性再灌

笔记栏

注治疗。

2）补救性 PTCA：对溶栓治疗未再通的患者使用 PTCA 恢复前向血流即为补救性 PTCA。建议对溶栓治疗后仍有明显胸痛，ST 段抬高无显著回落，临床提示未再通者，应尽快进行急诊冠脉造影，若 TIMI 血流 0～2 级，应立即行补救性 PTCA，使梗死相关动脉再通。

3）溶栓治疗再通者 PTCA 的选择：对溶栓治疗成功的患者不主张立即行 PTCA。建议对溶栓治疗成功的患者，若无缺血复发，应在 7～10 天后进行择期冠脉造影，若病变适宜可行 PTCA。

（3）紧急冠状动脉旁路移植术（coronary artery bypass graft，CABG）：介入治疗失败或溶栓治疗无效，有手术指征者，宜争取尽早施行 CABG。

5. 药物治疗

（1）硝酸酯类：急性心肌梗死早期，通常给予硝酸甘油静脉滴注 24～48 小时。对伴有再发性心肌缺血、充血性心力衰竭或需处理的高血压者更为适宜。常用的硝酸酯类药物包括硝酸甘油、硝酸异山梨酯和 5-单硝山梨醇酯。静脉滴注硝酸甘油应从低剂量开始，即 10μg/min，可酌情逐渐增加剂量，每 5～10 分钟增加 5～10μg，直至症状控制、血压正常者动脉收缩压降低 10mmHg 或高血压患者动脉收缩压降低 30mmHg 为有效治疗剂量。

（2）β 受体阻断剂：在起病的早期。如无禁忌证应尽早使用。常用的 β 受体阻断剂为美托洛尔，常用剂量为 25～50mg，每日 2 次或 3 次；阿替洛尔，6.25～25mg，每日 2 次。

（3）ACEI 类和血管紧张素Ⅱ受体阻滞剂：有助于改善恢复期心室的重塑，降低心力衰竭发生率，从而降低死亡率。在无禁忌证的情况下，溶栓治疗后血压稳定即可开始使用 ACE1。一般来说，AMI 早期 ACEI 应从低剂量开始逐渐增加剂量，例如初始给予卡托普利 6.25mg 作为试验剂量，一天内可加至 12.5mg 或 25mg，次日加至 12.5～25mg，每日 2 次或每日 3 次。若 AMI 特别是前壁心肌梗死合并左心功能不全，ACEI 治疗时间应延长。

（4）他汀类药物：他汀类药物具有稳定斑块、调节血脂、改善内皮功能、抗炎作用和抑制血小板聚集和血栓形成等作用，在 AMI 中具有重要地位。阿托伐他汀 20mg/d，辛伐他汀 20～40 mg/d，洛伐他汀 40mg/d，普伐他汀 40mg/d，氟伐他汀 40～80mg/d。

（5）钙拮抗剂：在 AMI 治疗中不作为一线用药。临床试验研究显示，无论是 AMI 早期或晚期、Q 波或非 Q 波心肌梗死、是否合用 β 受体阻滞剂，给予短效硝苯地平均不能降低再梗死率和病死率，对部分患者甚至有害。因此，在 AMI 常规治疗中短效钙拮抗剂被视为不宜使用的药物。

（6）洋地黄制剂：心肌梗死发生的 24 小时之内一般不使用洋地黄制剂。对于 AMI 合并左心衰竭的患者 24 小时后常规服用洋地黄制剂是否有益也一直存在争议。目前一般认为，AMI 恢复期在 ACEI 和利尿剂治疗下仍存在充血性心力衰竭的患者，可使用地高辛。对于 AMI 左心衰竭并发快速心房颤动的患者，使用洋地黄制剂较为适合，可首次静脉注射毒毛花苷 K 0.4mg，此后根据情况追加 0.2～0.4mg，然后口服地高辛维持。

6. 特殊临床情况处理

（1）心律失常：急性心肌缺血可出现多种心律失常，严重的心律失常如心室颤动等是 AMI 死亡的重要危险因素。溶栓、血运重建术（急诊 PTCA、CABG）、β 受体阻断剂、IABP、纠正电解质紊乱等均可预防或减少心律失常发生。加强心电的监测，发现有室性心律失常时首选利多卡因静滴，难以控制的室性心律失常可使用可达龙。缓慢心律失常，尤其是下壁 AMI 伴有窦性心动过缓/心室停搏和房、室传导阻滞患者，可给阿托品 0.5～1mg 静脉注射，必要时每 3～5 分钟可重复使用，总量不宜超过 2.5 mg。严重的缓慢心律失常可安装临时心脏起搏器。

（2）心力衰竭：大面积的 AMI 可出现急性左心衰竭。控制静脉输液量和输液速度，适量给予利尿剂；控制血压，必要时静脉使用血管扩张剂；心肌收缩力下降时，可使用增强心肌收缩力的药物，洋地黄制剂在 24 小时后谨慎使用。急性肺水肿时优先静脉使用吗啡，伴严重低氧血症者可行人工机械通气治疗。

（3）心源性休克：治疗上使用升压药物，补充血容量，AMI 合并心源性休克时药物治疗不能改善，应使用主动脉内球囊反搏（IABP），迅速使完全闭塞的梗死相关血管开通，对 AMI 合并心源性休克提倡机械再灌注治疗。其他措施包括纠正酸中毒、避免脑缺血、保护肾功能等。

（4）右心室梗死和功能不全：治疗措施与左心室梗死略有不同。右心室心肌梗死引起右心室衰竭伴低血压而无左心衰竭的表现时，需积极扩容治疗。若补液 1～2L 血压仍不回升，应静脉滴注正性肌力药多巴胺。在合并高度房室传导阻滞、对阿托品无反应时，应予临时起搏以增加心排血量。右心室梗死时也可出现左心功能不全引起的心源性休克，处理同左心室梗死时的心源性休克。

笔 记 栏

7. 并发症的处理 并发栓塞时,用溶解血栓和(或)抗凝疗法。心室壁瘤如影响心功能或引起严重心律失常,宜手术切除或同时做CABG。心脏破裂和乳头肌功能严重失调都可考虑手术治疗。心肌梗死后综合征可用糖皮质激素或阿司匹林、吲哚美辛等治疗。

8. 非ST段抬高的AMI的危险性分层及处理 对非ST段抬高的AMI进行危险性分层的主要目的,是为临床医师迅速做出治疗决策提供依据。低危险组:无合并症、血流动力学稳定、不伴有反复缺血发作的患者。中危险组:伴有持续性胸痛或反复发作心绞痛的患者。①不伴有心电图改变或ST段压低≤1mm;②ST段压低>1mm。高危险组:并发心源性休克、急性肺水肿或持续性低血压。非ST段抬高的AMI的药物治疗措施与ST段抬高性心肌梗死有所区别,此类患者不宜溶栓治疗,而以积极抗凝、抗血小板治疗和PTCA为主。低危险组可择期行冠状动脉造影和PTCA,对于中、高危险组紧急PTCA应为首选,而高危险组合并心源性休克时应先插入IABP,尽可能使血压稳定再行PTCA。其余治疗原则同上。

【预防及预后】 急性心肌梗死的二级预防措施,包括降血脂、控制高血压、稳定以及治疗心绞痛、长期口服抗血小板药物等。严格控制作为冠心病危险的等危症的糖尿病。起病后应注意调摄精神,保持心情愉快、舒畅,监护期间应避免过多探视,以免情绪激动和影响休息。要注意生活起居,寒温适宜,避免寒冷刺激。发病第1周应在监护病房卧床休息,如无并发症则在发病3天后即可在床上活动;第2周在床边活动,如行急诊介入治疗,开通了梗死相关血管,活动的时间可提前,7~10日即可出院;未行开通血管治疗的患者休息的时间相对较长一些,2周后病情稳定可出院回家调养。

AMI患者的预后、转归与病人的病情、诊断是否准确、监护是否严格、抢救是否及时等密切相关。中医学早就认识到由AMI引起的真心痛预后严重,有"旦发夕死,夕发旦死"的记载。二三十年之前急性心肌梗死的病死率在30%左右,近年来由于监护病房的建立,抢救条件的改善及治疗和抢救技术的提高,住院病死率已降至10%~15%。在死亡病例中,50%~60%死于发病后1小时内,其中90%由室颤致死。因此,AMI早期要立即就地做初步抢救,而后转送有较好条件的医院。病人出院后约有50%左右可以恢复一定的工作。出院之后因心脏原因而死亡者第1年为7.7%,第2年为3.7%,第3年为3.0%,第4年为2.7%,第5年为1.4%,5年共约18.5%。

处方及医师指导

1. 一般治疗:心电、血压、血氧饱和度监测,卧床休息,低盐低脂流食。

2. 急诊药物:吗啡10mg,皮下注射;阿司匹林300mg,嚼服;氯吡格雷300mg,嚼服;低分子肝素钠0.6ml,皮下注射。

3. 急诊PCI:冠脉内置入前降支支架一枚。术后前降支远端及分支血管显影,冠状动脉血流为TIMI3级。术后转入CCU。

4. 术后药物

(1) ACEI:卡托普利12.5mg,每日3次。

(2) β受体阻断剂:倍他乐克12.5mg,每日2次。

(3) 他汀类药物:阿托伐他汀20mg,每晚1次。

(4) 硝酸酯类:单硝酸异山梨酯缓释片40mg,每日1次。

(5) 低分子肝素钠:连用7天。

(6) 抗血小板:阿司匹林100mg,每日1次;氯吡格雷75mg,每日1次。

(7) 中成药:参附注射液20~50ml,静注,每日1~2次。

笔记栏

第8章 心脏瓣膜病

案例

患者，女性，28岁，工人。因劳累后胸闷、气短2年加重伴不能平卧1天入院。

现病史：患者2年前在爬山时出现胸闷、气短，伴咳嗽，咯少量白色黏痰，休息后自行缓解，自此后经常反复出现上述症状，且进行性加重，多在劳累、活动后、情绪激动时发作。3天前因受凉后出现胸闷、气短，活动后加重，伴咳嗽、咳白色泡沫样痰，1天来喘憋加重，夜间不能平卧急症入院。无胸痛，无心悸，无恶心、呕吐，二便尚正常。追问病史，自诉幼年曾有关节疼痛病史。否认高血压、冠心病、糖尿病病史，否认慢性咳痰喘病史。

体格检查：T 37.9℃，P 114 次/min，R 26 次/min，BP 105/75mmHg，神志清，精神差，二尖瓣面容，半卧位，口唇发绀。颈静脉充盈，腹-颈静脉回流征阳性，双肺呼吸音粗，双肺可闻及干湿啰音。心尖区触及舒张期震颤；心率 98 次/min，心律绝对不整，第一心音强弱不一，肺动脉瓣区第二心音亢进、分裂，心尖区可闻及舒张期中晚期隆隆样杂音，局限，不传导。腹平软，肝脾肋下未触及，移动性浊音阴性，双下肢轻度凹陷性浮肿。

实验室及其他检查：心电图示P波消失，代之f波，R—R间距不等。

思考题

1. 结合所学知识，你认为该病例的最可能的诊断是什么？
2. 应做哪些检查进一步明确诊断？
3. 该病的目前治疗措施有哪些？
4. 该病的进一步治疗建议有哪些？

心脏瓣膜病（valvular heart disease）是由于炎症、黏液样变性、退行性变、先天性畸形、缺血性坏死、创伤等原因引起的单个或多个瓣膜结构的功能或结构异常，导致瓣口狭窄及（或）关闭不全。

风湿性心脏病（rheumatic heart disease）简称风心病，风湿性心脏炎反复发作后相邻瓣膜互相粘连，瓣膜增厚、变硬，或瓣环硬化缩窄等引起瓣膜口狭窄。瓣膜关闭不全是因瓣膜增厚、变硬、卷曲、缩短，瓣膜破裂、穿孔，或腱索增粗、缩短和粘连引起。风心病最常累及二尖瓣（100%），其次为主动脉瓣（48.5%）、三尖瓣（12.2%）和肺动脉瓣（6.5%）。瓣膜狭窄或关闭不全可单独出现，但两者常可同时存在；病变可累及1个瓣膜，亦可2个或2个以上的瓣膜同时或先后受累。风心病仍是我国常见的心脏病之一，多见于青年女性。随着我国人口老龄化趋势的出现，中老年退行性心脏瓣膜病患者逐年增加。相关资料显示在65岁以上人群中，主动脉瓣钙化、增厚发生率为29%、狭窄发生率2%，其中75%合并主动脉瓣关闭不全，其二尖瓣、三尖瓣及肺动脉瓣退行性变、钙化致狭窄或关闭不全也随之增加。因此瓣膜退行性病变也已成为威胁老龄人群生命健康的重要疾患。

一、二尖瓣狭窄

【病因和病理】 最常见为风湿性二尖瓣狭窄，反复发作性风湿性心内膜炎引起瓣膜的一系列变化。瓣膜的慢性炎症及结缔组织增生，使瓣叶交界处发生粘连及融合，瓣叶及腱索增厚，粗糙、僵硬及瘢痕挛缩，造成瓣膜开放受限。

二尖瓣狭窄的病理改变分为两型

（1）隔膜型：以瓣膜交界处粘连为主，瓣膜增厚、僵硬较轻。

（2）漏斗型：瓣膜明显增厚、纤维化，腱索、乳头肌亦显著缩短呈漏斗状，多合并关闭不全。

【病理生理】 正常二尖瓣口面积4~6cm²。当瓣口面积小于一半时对跨瓣血流产生影响为狭窄，瓣口狭窄面积大于1.5cm²为轻度，1.0~1.5cm²为中度，小于1.0cm²为重度。

根据狭窄程度、代偿状态及病程经过分为3期。

1. 左房代偿期 二尖瓣狭窄时，舒张期左房内血液进入左室障碍，左房内血液增多，左房发生代偿性扩张及肥厚，增强收缩使血流加速而增加通过瓣口的血流量，延缓左房压升高。

2. 左房失代偿期 随着瓣口狭窄的加重，左房失代偿，左房压开始升高，测量跨瓣压差可判断二尖瓣狭窄的程度；左房压升高致肺静脉及肺毛细血管压相继升高，管径扩张、管腔淤血即

笔记栏

肺淤血,肺淤血使肺顺应性降低,当肺毛细血管压超过30mmHg,可致急性肺水肿。

3. 右心受累期 肺静脉压及肺毛细血管压升高,引起肺小动脉反应性收缩,肺血管阻力增加,肺动脉压力升高。长期肺动脉高压进一步引起肺小动脉内膜及中层增厚,血管腔变窄,更加重肺动脉高压。肺动脉高压可引起右室肥厚、扩张、三尖瓣和肺动脉瓣关闭不全,终至右心衰竭。

由于右室衰竭时室间隔收缩力减低,室间隔增厚使左心室流出道梗阻,或二尖瓣叶及瓣下结构瘢痕延伸至左室基底后部心肌,使该处心肌发生萎缩及收缩力下降,故左心室功能亦减低。而体力活动、精神激动、妊娠、发热及快速心房颤动,均可增加回心血量,缩短左室舒张充盈期,增加房室跨瓣压力差,加重肺淤血。

【临床表现】

1. 症状

(1) 呼吸困难:为最常见的早期症状,呼吸困难是逐渐发生的,开始时因剧烈体力活动、情绪激动、呼吸道感染、妊娠、心房颤动等诱因而诱发,多先有劳力性呼吸困难,随着狭窄的加重,轻度活动、静息时亦呼吸困难,可有阵发性夜间呼吸困难、端坐呼吸,严重时发展为急性肺水肿。

(2) 咯血:肺淤血致肺泡壁或支气管内膜毛细血管破裂时,患者可表现为痰中带血丝。肺静脉高压时,肺静脉与支气管静脉间侧支循环建立,支气管静脉曲张破裂可致大咯血。此种情况在较早期的患者常见,咯血后肺静脉压减低,咯血可自止,后期肺静脉壁增厚,肺血管阻力增加及右心衰使咯血减少。急性肺水肿时可咳出浆液性粉红色泡沫痰。晚期并发肺梗死时咯血量较大、多为暗红色。

(3) 咳嗽:频繁咳嗽是肺静脉高压的常见症状,多在夜间睡眠时及劳动后加重。左房压迫支气管时表现为干咳。继发支气管或肺部感染时常咳出黏液样痰或脓痰。

(4) 压迫症状:较少见。扩大的左心房和肺动脉压迫左喉返神经引起声音嘶哑,扩大的左心房压迫食管可产生吞咽困难。

(5) 心力衰竭:多见右心衰的症状如食欲不振、尿少等。右心衰出现后肺淤血减轻,原有的呼吸困难可以减轻。

2. 体征 重度二尖瓣狭窄常有"二尖瓣面容";明显右室肥厚者胸骨左缘可见心脏搏动弥散;心尖搏动因右室大而向左移。触诊常可触及舒张期震颤。叩诊为"梨形心"。听诊:①心尖区舒张期杂音,为二尖瓣狭窄最重要的体征,典型者为局限于心尖区的舒张中晚期、低调隆隆样、递增型杂音,左侧卧位、用力呼气或体力活动后更清楚。②心尖区拍击性第一心音、二尖瓣开放拍击音,两者均见于隔膜型,表示二尖瓣弹性及活动度良好。如瓣膜呈漏斗型病理改变,则第一心音减弱,开瓣音消失。③肺动脉瓣区第二心音亢进、分裂,为肺动脉高压的表现。④相对性肺动脉瓣关闭不全而出现肺动脉瓣区舒张期杂音(Graham-Steell 杂音)。⑤明显右室肥大引起相对性三尖瓣关闭不全时,可出现吹风样收缩期杂音,颈静脉搏动。⑥右心衰竭时尚可出现颈静脉怒张、肝肿大压痛、肝-颈静脉回流征阳性、下肢凹陷性水肿、发绀等。

案例归纳一

该患者自幼有关节疼痛病史,反复胸闷、气短为主要表现,劳累、活动后、情绪激动为诱因,发作伴咳嗽、咳白色泡沫样痰,严重时夜间不能平卧。PE:P 98 次/min,R 26 次/min,二尖瓣面容,半卧位,口唇发绀。颈静脉充盈,腹-颈静脉回流征阳性,双肺可闻及干湿啰音。心尖区触及舒张期震颤;心率98次/min,心律绝对不整,第一心音强弱不一,肺动脉瓣区第二心音亢进、分裂,心尖区可闻及舒张期中晚期隆隆样杂音,局限,不传导。

【实验室和其他检查】

1. X 线检查 典型改变为左房大、右室大,左心耳常明显增大;主动脉球缩小、左室缩小;左房大表现为食管受压向后移位、心右缘双心房影、心左缘左心耳突出及左主支气管受压抬高。肺动脉干扩张、肺淤血、间质性肺水肿时可见KerleyB线等。

2. 心电图 重度二尖瓣狭窄可见P波增宽伴切迹的"二尖瓣型P波",V_1导联出现增大的双向P波且终末部的负向波变深。QRS波群示电轴右偏及右室肥大。常有心房颤动。

3. 超声心动图 M型超声可见EF斜率下降,双峰不明显,前后叶于舒张期呈从属于前叶的同向运动即"城墙样改变";二维超声心动图可见前叶瓣体于舒张期向左室流出道鼓出呈圆顶状凸起,交界处粘连融合,后叶随前叶同向移动,瓣叶增厚、钙化和瓣口面积测量。彩色多普勒显示舒张期左室内有异常的红色狭窄血流束信号,可测定二尖瓣血流速度计算跨瓣压差。食管超声易于发现左房内附壁血栓;超声心动图还可获得房室大小、室壁厚度和运动、心室功能等。

4. 心导管检查 可直接测定肺毛细血管压、左心室压和跨瓣压差,确定瓣口狭窄程度。

笔记栏

案例归纳二

心电图示P波消失,代之f波,R—R间距不等。

进一步检查建议:

1. X线检查明确肺淤血诊断及程度;了解左心房和右心室大小。

2. 超声心动图明确诊断,了解瓣膜、房室、室壁解剖结构、测定心室功能等。

【诊断与鉴别诊断】

1. 诊断 如有二尖瓣区舒张中晚期隆隆样杂音及左房大的证据可诊断为二尖瓣狭窄。如有风湿热病史,则更支持风心病二尖瓣狭窄的诊断。超声心动图检查可进一步明确诊断。

2. 鉴别诊断

(1) 左房黏液瘤:为最常见的原发性心脏良性肿瘤。瘤体阻塞二尖瓣口产生类似二尖瓣狭窄体征,但随体位而改变、且为间歇性,伴有肿瘤扑落音,瘤体严重阻塞二尖瓣口可发生晕厥,常伴有体循环栓塞史。超声心动图可明确诊断。

(2) 二尖瓣相对性狭窄:甲状腺功能亢进症、严重贫血、严重二尖瓣关闭不全、大量左至右分流的先天性心脏病和主动脉瓣关闭不全(Austin-Flint杂音)等,均可引起相对性二尖瓣狭窄而有心尖区舒张期杂音。超声心动图检查可发现左室大及有关疾病的表现有助于鉴别。

案例诊断要点

1. 青年女性

2. 病史特点:该患者自幼有关节疼痛病史,反复胸闷、气短为主要表现,劳累、活动后、情绪激动为诱因,发作伴咳嗽、咯白色泡沫样痰,严重时夜间不能平卧。

3. PE: P 98次/min,R 26次/min,二尖瓣面容,半卧位,口唇发绀。颈静脉充盈,腹-颈静脉回流征阳性,双肺可闻及干湿啰音。心尖区触及舒张期震颤;心率98次/min,心律绝对不整,第一心音强弱不一,肺动脉瓣区第二心音亢进、分裂,心尖区可闻及舒张期中晚期隆隆样杂音,局限,不传导。

4. 实验室及其他检查:心电图示P波消失,代之f波,R—R间距不等。

临床诊断:1. 心脏瓣膜病,二尖瓣狭窄,心房颤动

2. 急性肺水肿

二、二尖瓣关闭不全

【病因和病理】 二尖瓣关闭不全的原因可以是瓣叶本身的病变,也可以是瓣环、腱索或乳头肌的病变,左心室结构和功能异常亦是二尖瓣关闭不全的较常见原因。风湿性损害最为常见,二尖瓣呈漏斗型病理改变。其他较常见的疾病①二尖瓣脱垂:多为瓣叶原发性黏液样变性;②感染性心内膜炎破坏瓣叶;③乳头肌功能失调或断裂:常见冠心病心肌缺血或急性心肌梗死;④先天性二尖瓣关闭不全;⑤相对性二尖瓣关闭不全:任何原因引起左室扩大或伴左心衰竭造成瓣环扩大致二尖瓣关闭不全。

【病理生理】 左室收缩时,大部分血液进入主动脉,部分血液经关闭不全部位反流入左房,左室舒张时,较正常更多的血液进入左室,导致左室舒张末期容量增大,从而引起左房大,左室大。二尖瓣关闭不全通过左房室大代偿可维持多年的正常心搏量,故左房、左室可显著扩大而心力衰竭发生较晚,当左室舒张末期容量进行性增加出现左心衰竭时,心排血量减少,左房压亦增高导致肺淤血、肺动脉高压、右室肥大和右心衰竭。

【临床表现】

1. 症状 轻度二尖瓣关闭不全可无症状。严重返流心排血量减少时可表现乏力,肺淤血时可有呼吸困难;晚期出现右心衰竭的症状。

2. 体征 严重二尖瓣关闭不全致左心室明显扩大时,①心尖搏动向左下移位,搏动范围增大。②可触及抬举性心尖搏动及收缩期震颤。③心浊音界向左下扩大。④心尖区可闻及响亮、粗糙、音调较高的3级或3级以上的全收缩期吹风样杂音,常向左腋下、左肩胛下区传导,杂音常掩盖第一心音,第一心音减弱,因舒张期大量血液流入左室,可闻及第三心音出现。⑤肺动脉高压肺动脉瓣区第二心音亢进、分裂。⑥肺淤血、右心衰竭体征。

【实验室和其他检查】

1. X线检查 可显示左室、左房增大,左心衰竭可有肺淤血征。晚期可有肺动脉高压和右室大征。

2. 心电图 早期正常,后期可有左房肥大、左室肥大及ST—T改变。

3. 超声心动图检查 二维超声可显示二尖瓣解剖结构的异常如增厚、缩短、钙化,房室大小、室壁运动、心室功能等。多普勒超声能清楚显示二尖瓣关闭不全患者的左房内收缩期反流束,其敏感性几乎达100%,可通过测定左心房内

笔记栏

最大反流束面积了解反流程度,小于 $4cm^2$ 为轻度,$4\sim8cm^2$ 为中度,大于 $8cm^2$ 为重度。

4. 放射性核素心室造影 可测定左心室收缩、舒张末期容量判断左心室功能。测定左右心室心搏量之比值评估反流程度。

5. 左心室造影 观察收缩期有无造影剂反流左心房以明确诊断,其量评估反流程度。

【诊断与鉴别诊断】

1. 诊断 心尖区典型收缩期伴左房、左室增大,结合病因和超声心动图检查可明确诊断。如果同时有二尖瓣狭窄、其他瓣膜损害或风湿热病史,支持风心病二尖瓣关闭不全的诊断。

2. 鉴别诊断

(1) 三尖瓣关闭不全:因肺动脉高压、右室肥大及心脏转位,心尖部被右室占据而使三尖瓣相对性关闭不全的杂音移至心尖部。但杂音不向左腋下传导,且吸气时增强,可见到颈静脉搏动及肝脏扩张性搏动。

(2) 室间隔缺损:胸骨左缘第四肋间全收缩期杂音,常伴震颤,不向腋下传导。

三、主动脉瓣关闭不全

【病因和病理】 主动脉瓣和(或)主动脉根部疾病所致。最常见病因为风心病所致,由于瓣叶增厚、缩短,影响瓣叶闭合,常伴二尖瓣病变。其他较常见的病因有:感染性心内膜炎致瓣膜损害;高血压、动脉粥样硬化致升主动脉扩张;主动脉瓣黏液样变性;先天性主动脉瓣畸形等。

【病理生理】 舒张期血流从主动脉反流左心室,左室除接受左房的血液外,还接受从主动脉反流的血液,使左室舒张期容量增加,左室收缩期心搏出量大,左室收缩末期压、左房及肺静脉压可较长期无明显增高,故左心衰竭出现甚晚。左室搏出量增大、收缩压增高,主动脉内血液反流回左室使舒张压降低,故脉压增大而有周围血管征。舒张压降低使得冠状动脉血流减少、左室肥大及左室内压增加引起心肌耗氧量增加,可产生心肌缺血,促使左心衰竭。

【临床表现】

1. 症状 症状早期常无症状,重者可有心悸、头部搏动感和心前区不适;晚期因左心衰肺淤血产生呼吸困难,后期也可发生右心衰。少数患者可发生心绞痛,也可因舒张压过低,出现体位性头晕等脑缺血表现。

2. 体征 收缩压增高、舒张压降低以及脉压增大,周围血管征阳性,如水冲脉、毛细血管搏动征、枪击音、Duroziez 征、颈动脉搏动明显及随心搏呈节律性点头运动等。

心尖搏动向左下移位,呈抬举性心尖搏动,心浊音界向左下扩大。主动脉第二听诊区可听到高音调递减型叹气样杂音前倾坐位呼气末较清楚。主动脉瓣区第二心音减弱或消失,心尖区第一心音减弱。反流明显时可在心尖区听到低调柔和的舒张中期杂音,即 Austin-Flint 杂音。主动脉根部扩大还可致相对性主动脉瓣狭窄而引起主动脉瓣区收缩期杂音。

【实验室和其他检查】

1. X 线检查 左心室增大,可有左心房增大,升主动脉扩张、迂曲、延长。左心衰竭时有肺淤血。

2. 心电图 电轴左偏,左室肥大和劳损,左束支传导阻滞。

3. 超声心动图检查 M 型可见舒张期二尖瓣前叶和室间隔有细颤波,二尖瓣早期关闭,左室增大,左室流出道增宽,左室后壁及室间隔搏动幅度增加。二维超声可显示瓣膜和主动脉根部的解剖改变,有助于病因的诊断。多普勒超声可探测舒张期反流束并估计反流程度。

【诊断与鉴别诊断】

主动脉瓣第二听诊区有舒张期递减型吹风样杂音,左室增大以及周围血管征等,可诊断为主动脉瓣关闭不全。超声心动图尤其是多普勒超声可证实诊断。如有风湿热病史,或同时有二尖瓣损害,支持风心病主动脉瓣关闭不全的诊断。注意和相对性肺动脉瓣关闭不全杂音鉴别,可听到 Graham-Steell 杂音,该杂音在胸骨左缘第二肋间最响,沿胸骨左缘向下传导,吸气时更明显。无周围血管征及血压改变,常有肺动脉瓣区第二心音亢进。

四、主动脉瓣狭窄

【病因和病理】 风心病仍是主动脉瓣狭窄最常见的病因,炎症引起瓣膜交界处粘连,瓣叶纤维化、僵硬、钙化、挛缩致瓣口狭窄,大都同时合并主动脉瓣关闭不全及二尖瓣病变,单纯主动脉瓣狭窄极为少见。少见的病因是先天性主动脉瓣畸形如二叶瓣、单叶、四叶畸形。

【病理生理】 主动脉瓣狭窄时,左室排血受阻,左室逐渐向心性肥厚,肥厚的室壁以维持心排血量,而左室肥厚引起舒张期顺应性下降,左房代偿性收缩增强仍可保持左室足够的舒张期充盈量,通常心力衰竭出现较晚。主动脉瓣严重狭窄时心排血量减少导致主动脉内压下降,心肌肥厚及左室内压增高挤压心室壁内小动脉而使冠脉阻力增加,均可引起冠脉流量减少,左室肥厚、室内压增加及射血时间延长而致心肌耗氧

笔记栏

量增加。因此，主动脉瓣狭窄者常可出现心绞痛。

【临床表现】

1. 症状 轻度狭窄多无症状。重度主动脉狭窄多出现呼吸困难、心绞痛和晕厥临床表现。心力衰竭肺淤血引起典型的劳累性呼吸困难，进而可发生阵发性夜间呼吸困难、端坐呼吸和急性肺水肿。心绞痛与冠心病劳累型心绞痛相似，出现率约60%。晕厥多发生于直立、运动中或其后即刻，少数在休息中发生，主要是脑缺血引起。

2. 体征 心尖搏动强而有力呈抬举性；第二心音减弱，因左室射血时间延长可出现第二心音反常分裂；左室顺应性下降，左房收缩加强出现第四心音；主动脉瓣区可闻及响亮粗糙的、喷射性收缩期杂音，向颈动脉及锁骨下动脉传导，多伴震颤；可闻及收缩早期喷射音；收缩压和脉压均下降，脉搏细弱。

【实验室和其他检查】

1. X线检查 早期心影可正常，晚期心力衰竭时有左室大及肺淤血征象。升主动脉根部常因收缩期血流急促喷射冲击而有狭窄后扩张。可见主动脉瓣钙化。

2. 心电图 左室肥大伴ST—T改变，可有左房肥大。少数患者可有左束支传导阻滞。

3. 超声心动图 是判断狭窄程度和明确诊断的重要方法。M型诊断主动脉瓣狭窄不敏感且缺乏特异性。二维超声心动图能观察到瓣膜收缩期开放情况，瓣叶的数目、增厚、钙化和活动度，瓣口面积、形态及瓣环的大小等瓣膜结构。左室向心性肥厚的程度，室壁的运动，还可了解心腔的大小、功能等。多普勒超声可诊断主动脉瓣狭窄并估计狭窄的程度。

【诊断与鉴别诊断】 根据主动脉瓣区响亮粗糙的喷射性收缩期杂音伴震颤及第二心音减弱，左心室增大等可做出主动脉瓣狭窄的诊断。超声心动图可明确诊断。风心病所致者常同时有主动脉瓣关闭不全及二尖瓣病变。主动脉狭窄需与左心室流出道梗阻疾病鉴别，常见的肥厚梗阻型心肌病为原发性心肌病的一种，由于收缩期二尖瓣前叶前移至左心室流出道梗阻，其收缩期杂音在心尖与胸骨左缘之间，不向颈部及锁骨下传导，不占整个收缩期，很少伴有收缩期震颤。超声心动图显示左室流出道狭窄和非对称性室间隔肥厚，无主动脉瓣狭窄，可明确诊断。

【多瓣膜病】 2个或2个以上瓣膜同时或先后受累者，称多瓣膜病。多瓣膜病变使病情加重。最常见风心病，其主动脉瓣病变并发二尖瓣病变为最常见的多瓣膜病。血流动力学变化和临床表现取决于受损瓣膜的组合形式和各瓣膜受损程度。二尖瓣狭窄并发主动脉瓣关闭不全时，二尖瓣狭窄的舒张期杂音可以减轻，主动脉瓣关闭不全的周围血管征可不明显。二尖瓣狭窄并发主动脉瓣狭窄时，二尖瓣狭窄的舒张期杂音及主动脉瓣狭窄的收缩期杂音都可以减弱。

【并发症】

1. 心力衰竭 心力衰竭是瓣膜心脏病最常见的并发症和死因，感染、风湿活动、妊娠、分娩、劳累、心律失常等为常见诱因。急性肺水肿为重度二尖瓣狭窄的严重并发症，如不及时抢救可能致死。

2. 心律失常 可出血各种心律失常，以心房颤动多见。心房颤动主要见于二尖瓣狭窄及左房显著扩大者，也可是二尖瓣狭窄就诊的首发病症。患者常先有房早，之后房性心动过速、心房扑动、阵发性心房颤动，再转为持久性心房颤动。心房颤动时心房失去统一协调的有效收缩而诱发或加重心力衰竭。心房颤动时心房内易于血栓形成，脱落后引起体循环栓塞。

3. 栓塞 心房颤动、左心房扩大、栓塞史或心排血量明显降低为体循环栓塞的高危因素。最常见于二尖瓣狭窄并发心房颤动者。脑动脉栓塞最多见，其次为外周动脉、脾、肾、肠系膜动脉栓塞。左房内如有大块血栓形成，可阻塞二尖瓣口发生昏厥。右心衰竭或长期卧床患者，栓子可来自右心房和周围静脉而导致肺栓塞。

4. 亚急性感染性心内膜炎 较多见于二尖瓣和主动脉瓣关闭不全的患者。草绿色链球菌为主要致病菌。

5. 肺部感染 肺淤血易引起肺部感染并诱发或加重心衰。

【治疗】

1. 一般治疗 预防风湿热复发，预防感染性心内膜炎，保持和改善心脏代偿功能，适度体力活动，防治并发症。

2. 并发症治疗

（1）心力衰竭：限制钠盐的摄入。二尖瓣狭窄者用扩张静脉为主的药物可减轻肺淤血及肺水肿；二尖瓣及主动脉瓣关闭不全者，使用利尿剂、血管紧张素转换酶抑制剂，必要时可加用洋地黄类药物；主动脉瓣狭窄者，如有心脏扩大、射血分数下降以及心室容量增加，可小心应用利尿剂和洋地黄类药物。

（2）心房颤动：治疗目的为控制心室率，尽可能恢复和保持窦性心律，预防血栓形成和栓塞。详见有关章节。

（3）栓塞：伴有高危因素患者或超声检查左心房有血栓者，应长期抗凝治疗。

笔记栏

(4) 感染性心内膜炎：如为风心病应预防风湿热。

3. 介入和手术治疗

(1) 经皮球囊瓣膜成形术：适用于单纯性瓣膜狭窄者，包括二、三尖瓣和主、肺动脉瓣狭窄。目前开展最广泛的是经皮球囊二尖瓣成形术，为单纯二尖瓣狭窄首选方法。球囊导管经皮经外周血管插至狭窄的心瓣膜处，用生理盐水和造影剂各半的混合液体充盈球囊，产生的膨胀力使狭窄的瓣口扩大。适应证：①瓣叶活动度好、无明显钙化、瓣下结构无明显增厚的患者。②高龄伴严重冠心病或因其他严重的肺、肾、肿瘤等疾病不宜或拒绝外科手术者。③妊娠伴呼吸困难。④外科分离术后再狭窄患者。此法疗效高、创伤小、死亡率低(<0.5%)、康复快。二尖瓣狭窄有左房内血栓者禁忌。

(2) 闭式分离术：经开胸手术，将扩张器由左心室心尖部插入二尖瓣口，分离瓣膜交界粘连处。目前多被经皮球囊二尖瓣成形术替代很少使用。

(3) 直视分离术：在体外循环下，直视分离粘连融合的交界处、腱索和乳头肌，去除瓣叶的钙化斑，清除左心房内血栓。适于瓣叶严重钙化、病变累及腱索和乳头肌、左心房内由血栓的二尖瓣狭窄患者。手术死亡率<2%。

(4) 人工瓣膜置换术：人工瓣分机械瓣和生物瓣。机械瓣耐用，不引起排异反应，不致钙化及感染，但需终身抗凝。生物瓣不需长期抗凝，较少排异反应，但易因感染性心内膜炎或钙化、机械损伤而失效。适于经积极内科治疗无效，有明显主动脉瓣和(或)二尖瓣关闭不全致左室明显增大，或瓣膜广泛钙化而不能分离或修补者，均适用人工瓣膜替换术。

【预后和预防】 应着重预防风湿热，已有瓣膜损害者仍应积极防治风湿活动，以免病情加重。介入和手术治疗明显提高了患者的生活治疗和10年存活率。

处方及医师指导

目前治疗措施：

1. 体位：半卧位，两腿下垂，以立即减少静脉回心血量。

2. 吸氧：给氧予高流量给氧(可达6~8L/min)。需要时可予面罩加压给氧或正压呼吸。使用酒精吸氧或有机硅消泡剂。

3. 吗啡：3mg 静脉注射或 5mg 皮下或肌内注射。

4. 呋塞米：20mg 静脉注射，必要时可重复。

5. 氨茶碱：0.25 以 50%葡萄糖液 40ml 稀释后缓慢注射。

6. 硝酸甘油：10mg 静脉滴注。

7. 毛花苷丙：0.2mg 以 50%葡萄糖液 40ml 稀释后缓慢注射，根据心率可小剂量追加。

进一步治疗建议：根据瓣膜情况尽早行经皮球囊二尖瓣成形术，如左心房内血栓者行直视分离术。

第9章 心肌疾病

第1节 病毒性心肌炎

案例

赵某，18岁，女性，学生。发热、咳嗽半个月伴胸闷、心悸3天。

半个月前因受凉后出现发热，体温38°C，伴咳嗽，咳少量白色黏痰，感咽喉部疼痛，在家中自行服用"感冒药"和阿莫西林等药物，体温降至正常，上述症状好转。3天前在上体育课时，由于活动量较大，出现心慌、心悸、胸闷，休息后略好转，自此后反复出现上述症状，劳累、活动时明显。饮食与二便均正常。既往无关节痛、心肾疾病、脑血管病和糖尿病病史。父母健在。

PE：T 36.8°C，P 106次/min，BP 106/70mmHg，口唇无发绀，颈软，未闻及颈部血管杂音；双肺呼吸音清，视诊心尖搏动未见，心前区未触及震颤，叩诊心界不大，心率106次/min，心律欠整齐，可闻及期前收缩，未闻及病理性杂音；腹软，肝脾肋下未触及。

实验室检查及其他检查：血清肌钙蛋白T 0.22μg/L；CK-MB 46 U/L；ECG：HR 98次/min，频发室性期前收缩，$T_{I、aVL、V_{5-6}}$低平。

思考题

1. 结合所学知识，你认为该病例最可能的诊断是什么？

2. 下一步的检查和治疗有哪些？

心肌炎（myocarditis）是指心肌本身的炎症病变，有局灶性或弥漫性，临床表现急性、亚急性或慢性。心肌炎的临床表现不一，可轻如局灶性感染而无症状，亦可重至暴发性心肌炎而引起致命性心力衰竭和心律失常。近年来，心肌炎的发病率有逐渐增高趋势，按病因心肌炎可分为以下三类：①感染性：病原体可为细菌、病毒、真菌、立克次体、螺旋体或寄生虫。近年来，病毒性心肌炎的发病率显著增多，受到高度重视，是当前我国最常见的心肌炎。②过敏或变态反应性。③化学、物理或药物性。本节重点叙述病毒性心肌炎。

【病因】 多种病毒可引起心肌炎，其中以引起肠道和上呼吸道感染的各种病毒感染最多见。柯萨奇病毒（coxsackie virus）A组及B组、艾可（ECHO）病毒、脊髓灰质炎病毒为致心肌炎的常见病毒；心肌膜受体对柯萨奇B组病毒颗粒有极大的亲和力，临床上半数以上的病例系该组病毒所致。

【发病机制】 病毒性心肌炎早期以病毒直接作用为主，而持续病毒感染和自身免疫反应则是慢性病毒性心肌炎及其可能演变成扩张型心肌病的主要机制。在病毒性心肌炎急性和亚急性期，大量的病毒于心肌组织中复制，直接致心肌损伤、坏死。在慢性期病毒RNA的持续存在与心肌病变的发展有关。慢性持续病毒感染的发生可能与宿主的遗传背景或免疫功能缺陷有关，主要表现为限制性低水平RNA复制，而无完整的感染性病毒颗粒形成。持续存在的病毒RNA可能直接或间接损伤心肌组织。研究表明病毒性心肌炎有细胞介导的免疫机制存在。主要由T淋巴细胞所介导。临床上，病毒性心肌炎迁延不愈者，淋巴细胞转化率、补体C均较正常人为低，抗核抗体、抗心肌抗体、抗补体均较正常人的检出率为高，说明病毒性心肌炎时免疫机能低下。

【病理】 病毒性心肌炎可以心肌病变为主的实质性病变和以间质为主的间质性病变。轻重不一，可为局限性，亦可呈弥漫性。典型改变以心肌间质增生、水肿及充血，内有多量炎症细胞浸润等。重者心肌细胞水肿、溶解、坏死，病变可局限于心肌。亦可侵及心包膜而呈炎症渗出及粘连，或累及心内膜而呈全心炎。

【临床表现】 取决于病变的广泛程度与部位。重者可至猝死，轻者可无症状。

1. 症状 多数患者在发病前有发热、全身酸痛、咽痛、腹泻等症状。患者常诉胸闷、心前区隐痛、心悸、乏力、恶心、头晕。临床上诊断的病毒性心肌炎中90%左右以心律失常为主诉或首见症状，其中少数患者可由此而发生昏厥或阿-斯综合征。极少数患者起病后发展迅速，出现心力衰竭或心源性休克。

2. 体征

（1）心脏增大：轻者心脏不增大；心脏增大显著者反映心肌炎症范围广泛而病变严重。

（2）心率改变：心率增速与体温升高不相

笔记栏

称,或心率异常缓慢,均为可疑征象。

(3)心音改变:心尖区第一音可减低或分裂。心音呈胎心样。心包摩擦音的出现说明心包炎的存在。

(4)杂音:因发热、贫血、心腔扩大,心尖区可闻及收缩期吹风样杂音;因左室扩大的相对性二尖瓣狭窄,可闻及舒张期杂音。

(5)心律失常:常见,以房性与室性期前收缩最常见,其次为房室传导阻滞;此外,心房颤动、病态窦房结综合征均可出现。心律失常是造成猝死的原因之一。

(6)心力衰竭:重症弥漫性心肌炎患者可出现急性心力衰竭,引起心排血量过低,易合并心源性休克。

案例归纳一

该患者入院前半月有因受凉后出现发热、咽喉部疼痛病史,3天前出现心慌、心悸、胸闷,劳累、活动时明显。PE:P106次/min,BP106/70mmHg;双肺呼吸音清,心率106次/min,心律欠整齐,可闻及期前收缩,未闻及病理性杂音;腹软,肝脾肋下未触及。

【实验室及其他检查】

1. 心电图 心电图常见ST—T改变和各种类型心律失常,多见室性心律失常和房室传导阻滞。严重心肌损害可有病理性Q波。

2. X线检查 X线检查局灶性心肌炎无异常变化。弥漫性心肌炎或合并心包炎的患者心影增大,心搏减弱,严重者可见肺淤血或肺水肿。

3. 超声心动图 可正常或左心室舒张功能减退,节段性或弥漫性室壁运动减弱,严重的左心室扩大或附壁血栓等。

4. 血液检查 白细胞计数可升高,急性期血沉可增速,反应心肌损伤的血清标志物升高;以心肌肌钙蛋白I或T、心肌肌酸磷酸激酶(CK-MB)的定量测定增高最有诊断价值。

5. 有条件者可做病毒分离或抗体测定。

案例归纳二

血清肌钙蛋白T 0.22μg/L;CK-MB 46 U/L。

ECG:HR 98次/min,频发室性期前收缩,$T_{I、aVL、V_{5-6}}$低平。

进一步检查建议:

1. 血常规和血沉检查。

2. X线检查了解心脏大小、心肌运动情况,明确肺淤血诊断及程度。

3. 超声心动图明确心室扩大程度、室壁运动情况、测定心室功能等。

4. 血清抗体监测、有条件可行心肌活检病毒分离等。

【诊断与鉴别诊断】 成人急性心肌炎诊断参考1999年全国心肌炎心肌病专题研讨修订标准。

1. 病史与体征 在上呼吸道感染、腹泻等病毒感染后3周内出现心脏表现,如出现不能用一般原因解释的感染后严重乏力、胸闷头晕(心排血量降低)、心尖部S_1明显减弱、舒张期奔马律、心包摩擦音、心脏扩大、心力衰竭或阿-斯综合征等。

2. 上述感染后3周内出现下列心律失常或心电图改变者

(1)窦性心动过速、房室传导阻滞、窦房阻滞或束支阻滞。

(2)多源、成对室性期前收缩,自主性房性或交界性心动过速,阵发或非阵发性室性心动过速,心房或心室扑动或颤动。

(3)两个以上导联ST段呈水平或斜型下降≥0.05mV,或ST段异常抬高或出现异常Q波。

3. 心肌损伤的参考指标 病程中血清心肌肌钙蛋白I或肌钙蛋白T(强调定量测定)、CK-MB增高。超声心动图示心腔扩大或室壁活动异常和(或)核素心功能检查证实左室收缩或舒张功能减弱。

4. 病原学依据

(1)在急性期从心内膜、心肌、心包或心包穿刺液中检测出病毒、病毒基因片段或病毒蛋白抗原。

(2)病毒抗体:第二份血清中同型病毒抗体(如柯萨奇B组病毒中和抗体或流行性感冒病毒血凝抑制抗体等)滴度较第一份血清升高4倍(2份血清应相隔2周以上)或一次抗体效价≥640者为阳性,320者为可疑(如以1∶32为基础者则宜以≥256为阳性,128为可疑阳性,根据不同实验室标准作决定)。

(3)病毒特异性IgM:以≥1∶320者为阳性(按各实验室诊断标准,需在严格质控条件下)。如同时有血中肠道病毒核酸阳性者更支持有近期病毒感染。

注:同时具有上述1、2[(1)、(2)、(3)中任何一项]、3中任何两项。在排除其他原因心肌疾病后临床上可诊断急性病毒性心肌炎。如具有4中的第1项者可从病原学上确诊急性病毒性心肌炎;如仅具有4中第(2)、(3)项者,在病

笔记栏

原学上只能拟诊为急性病毒性心肌炎。

如患者有阿-斯综合征发作、心力衰竭伴或不伴心肌梗死样心电图改变、心源性休克、急性肾衰竭、持续性室性心动过速伴低血压发作或心肌心包炎等在内的一项或多项表现，可诊断为重型病毒性心肌炎，如仅在病毒感染后3周内出现少数期前收缩或轻度T波改变，不宜轻易诊断为急性病毒性心肌炎。

对难以明确诊断者，可进行长期随访，有条件时可做心内膜心肌活检进行病毒基因检测及病理学检查。在考虑病毒性心肌炎诊断时，应除外β受体功能亢进、甲状腺功能亢进、二尖瓣脱垂综合征及影响心肌的其他疾患，如风湿性心肌炎、中毒性心肌炎、冠心病、结缔组织病、代谢性疾病以及克山病等。

案例诊断要点

1. 青年女性。

2. 病史特点：该患者入院前半月有因受凉后出现发热、咽喉部疼痛病史，3天前出现心慌、心悸、胸闷，劳累、活动时明显。

3. PE：P 106次/min，BP 106/70mmHg；双肺呼吸音清，心率106次/min，心律欠规整，可闻及早搏，未闻及病理性杂音；腹软，肝脾肋下未触及。

4. 血清肌钙蛋白T 0.22μg/L；CK-MB 46 U/L。

5. ECG：HR 98次/min，频发室早，$T_{I、aVL、V_{5-6}}$低平。

临床诊断：病毒性心肌炎。

【治疗】 应卧床休息，以减轻心肌组织损伤。伴有心律失常，应卧床休息2~4周，然后逐渐增加活动量，严重心肌炎伴有心脏扩大者，应休息6个月至一年，直到临床症状完全消失，心脏大小恢复正常。进食富含维生素及蛋白质的食物。可选用黄芪、牛磺酸、三磷酸腺苷、辅酶Q_{10}、干扰素等中西医结合治疗，具有抗病毒、改善和促进心肌营养代谢和调节免疫等作用。心力衰竭者予以ACEI类药物、β受体阻断剂及利尿剂，如患者心衰症状不缓解，可加用0.125mg地高辛。心律失常者按心律失常类型选用药物。高度房室传导阻滞等严重心律失常经短期激素治疗无效可考虑使用临时起搏器。激素的应用尚有争论，但重症心肌炎伴有房室传导阻滞、心源性休克心力衰竭等重症患者可应用。

【预防和预后】 本病的预防在于防止病毒感染的发生，麻疹、脊髓灰质炎、腮腺炎、流感等预防接种有较好的效果。但对柯萨奇病毒、艾可病毒感染目前尚无特异的预防疫苗。在病毒流行期间采取适当隔离措施，若已有病毒感染，应充分休息，及时治疗，以减少病毒性心肌炎的发生。

多数患者经适当治疗后痊愈，少数迁延不愈转变为慢性，一般急性期定为三个月，三个月至一年为恢复期，一年以上为慢性期。少数患者在急性期死于严重心律失常、心衰、休克、猝死。部分患者经过数周至数月后病情可趋稳定，但留有一定程度的心脏扩大、心力衰竭、伴或不伴心律失常等异常心电图变化，逐渐形成慢性心肌炎，最终可演变为扩张型心肌病。

处方及医师指导

目前治疗措施

1. 卧床休息。

2. 进富含维生素及蛋白质的食物。

3. 美托洛尔25mg，每日1次。

4. 可根据情况选用黄芪、牛磺酸、三磷酸腺苷、辅酶Q10等。

5. 定期复诊，观察病情变化。

第2节 原发性心肌病

案例

胡某，35岁，女性，纺织工人。间断眩晕半年加重伴神志不清半小时。

患者半年前在值夜班时，由坐位起立时突然出现眩晕，伴恶心未呕吐，休息约5分钟后好转，未介意没就诊，此后，又有多次发作，多在起床、站立时或劳累、活动时出现，持续1~5分钟好转，从未摔伤过。半小时前病人如厕后突然摔倒、伴神志不清、呼之不应被他人急送入院。既往无关节痛、癫痫病史，父母健在，曾有一兄长18岁猝死，原因不明。

PE：T 36.8°C，P 76次/min，BP 116/74mmHg，口唇无发绀，颈软，未闻及颈部血管杂音，双肺呼吸音清，心前区触及震颤，叩诊心界无扩大，心率76次/min，心律尚规整，可闻及期前收缩，心尖区可闻及3/Ⅵ级收缩期杂音，胸骨左缘3~4肋间可闻及粗糙的喷射性5/Ⅵ级收缩期杂音，不向颈部传导。腹软，肝脾肋下未触及。

实验室检查及其他检查：心电图示左心室肥大，$ST_{II、III、aVF、V_3\sim V_6}$下移0.1~0.2mV、

笔记栏

T波倒置，Ⅰ、aVL可见病理性Q波。超声心动图示室间隔肥厚15mm，室间隔/左室后壁厚度1.5mm，收缩期二尖瓣前叶前移伴二尖瓣关闭不全。

思考题

1. 结合所学知识，你认为该病例的最可能的诊断是什么？

2. 下一步的检查和治疗有哪些？

原发性心肌病亦称特发性心肌病，可分三个类型，即扩张型心肌病（dilated cardiomyopathy，DCM）、肥厚型心肌病（hypertrophic cardiomyopathy，HCM）、限制型心肌病（restrictive cardiomyopathy，RCM）。心肌病发病率有明显增多趋势，年发病率约为5/10万人，各地区发病率高低不一，可能与环境、文化、生活习惯等有关。

一、扩张型心肌病

扩张型心肌病亦称充血型心肌病以心脏扩大、心力衰竭，心律失常为主要表现。

【病因和发病机制】 病因不明，除特发性或家族遗传性外，近年来认为与病毒感染关系密切，持续病毒感染对心肌组织的损伤、细胞免疫、自身抗体的产生或细胞因子介导的心肌损伤等可诱发或导致扩张型心肌病的发生。此外，围生期、抗癌药物、酒精中毒、心肌能量代谢紊乱和神经激素受体异常等多因素也可引起扩张型心肌病。

【病理】 心脏常增大，以双侧心室最明显，因而称扩张型心肌病。心室壁变薄。由于心肌纤维化，心肌收缩无力，射血分数下降，主、肺动脉瓣相对性狭窄，左右心室扩张，可致二、三尖瓣口相对性关闭不全。约60%的病例有附壁血栓形成。冠状动脉正常，或有与患者年龄相适应的动脉硬化性病变。显微镜下可见程度不等的心肌细胞肥大，排列不等，胞核增大，程度不同的纤维化等病变。

【临床表现】

1. 症状 扩张型心肌病是原发性心肌病中最常见的类型，30~50岁最多见，男多于女，起病缓慢，可有无症状的心脏扩大多年，或表现各种类型的心律失常，逐渐发展，出现心力衰竭。可先有左心衰竭，然后出现右心衰竭，肝脏肿大，浮肿、尿少。亦可起病即表现为全心衰竭。由于心搏出量减少，脑供血不足而头晕或头痛，甚或晕厥。由于心脏内附壁血栓，可致肺、脑、肾、四肢动脉栓塞。心律失常较常见，以室性期前收缩多见，心房颤动发生率约10%~30%，也可有各种类型程度不等的传导阻滞。心律失常可能是病人惟一表现。可因心律失常或动脉栓塞而突然死亡。

2. 体征 心脏扩大最多见，心尖部第一心音减弱，约75%患者可闻第三心音、第四心音或奔马律，可闻及相对性二、三尖瓣关闭不全的杂音，心力衰竭重时杂音增强，心力衰竭减轻杂音减弱或消失。

【实验室及其他检查】

1. X线检查 心脏扩大为突出表现，以左心室扩大为主，伴以右心室扩大，也可有左心房及右心房扩大。心脏搏动幅度普遍减弱。常合并肺淤血。

2. 心电图 各种心律失常，以室性期前收缩最多见，心房颤动次之。不同程度的房室传导阻滞，右束支传导阻滞常见。ST—T改变，左心室、左房肥大，由于心肌纤维化可出现病理性Q波、各导联低电压。

3. 超声心动图 左心室明显扩大，左心室流出道扩张，后期各心腔均扩大，室间隔及左室后壁搏动幅度减弱。由于心脏扩大致二、三尖瓣收缩期关闭不全，彩色多普勒示反流频谱。

4. 放射性核素 放射性核素检查表现有心腔扩大，尤其两侧心室扩大，心肌显影呈弥漫性稀疏，心室壁搏动幅度减弱，射血分数降低，放射性核素不但可用于诊断，也可用于同缺血性心肌病的鉴别。

5. 心导管检查 心室造影见心腔扩大，室壁运动减弱，心室射血分数降低。冠状动脉造影多无异常。心力衰竭时心室舒张末期压、肺毛细血管楔压增高，心搏量、心脏指数降低等改变。

6. 心内膜心肌活检 可见程度不等的心肌细胞肥大，排列不等，胞核增大，程度不同的纤维化等病变。诊断本病敏感性较高，特异性较低。

【诊断与鉴别诊断】

1. 诊断 诊断依据：①充血性心力衰竭的病史。②心脏体征：心界扩大，第一心音减弱，心尖部收缩期杂音，心衰重杂音增强，心衰减轻杂音减弱或消失。常有奔马律。③X线、超声心动图、心脏造影及放射性核素扫描示心脏扩张，室壁变薄、运动减弱。④心电图示心律失常，传导阻滞，广泛ST—T改变或有异常Q波。⑤动脉栓塞现象。⑥排除其他心脏病，或其他原因引起的继发性心肌病。由于本病缺乏特异性诊断依据，仍以排除诊断为主，应与下列疾病进行鉴别。

2. 鉴别诊断

（1）冠心病：当有胸痛、胸闷、心律失常，心电图ST—T改变及Q波时，两者鉴别困难。尤

笔记栏

其40岁以上患者，极易误为冠心病。下列有助鉴别：①年龄：冠心病多发生在中老年人，而心肌病以青中年人好发。②病史：冠心病往往有心绞痛或心肌梗死史，而心肌病常有病毒性心肌炎病史。③心脏扩大：冠心病在反复心力衰竭后方引起心脏扩大，常左心室扩大；而心肌病时心脏扩大为主要表现，常各心腔均扩大。④超声心动图：冠心病时，心脏扩大不明显，心脏呈局限性搏动减弱，而心肌病心脏显著扩张，心室壁搏动幅度普遍减弱。⑤冠心病易患因素，如高血压、血脂异常、血糖高，而心肌病少见。⑥放射性核素检查：心肌病大多各心腔均扩大，而冠状病以左心室扩大为主，右心室扩大者较少。⑦冠状动脉造影：扩张型心肌病时少见冠状动脉狭窄。

（2）高血压性心脏病：心肌病时血压可正常、偏低或升高，心肌病心力衰竭时，由于水钠潴留，血容量增多，组织缺氧，动脉痉挛及儿茶酚胺分泌增多，可导致血压暂时性升高，以舒张压升高为主，心力衰竭纠正后，血压多于数日内降到正常。但心肌病亦可与高心病并存。心肌病并存高血压与高血压性心脏病的鉴别，主要依据①高血压病程，除急进型高血压外，高血压病发展到高血压性心脏病心力衰竭，往往要数年病史。②高血压导致高心病心力衰竭时，往往有较严重的血压升高。③高心病时左心室肥厚扩张，且伴有主动脉增宽。④高血压病时，常有高血压眼底改变及肾脏改变。

（3）瓣膜性心脏病：心肌病由于左心室扩大，发生相对性二尖瓣关闭不全，可出现收缩期杂音，少数尚有舒张期杂音。常被误诊为风湿性二尖瓣病。鉴别要点：①心肌病时，杂音在心衰时出现或增强，心衰纠正后杂音减弱或消失。而器质性二尖瓣病变，心衰纠正后，杂音增强。②X线所见，心肌病心脏普遍扩大，搏动普遍减弱、肺淤血程度较轻。二尖瓣病变，肺动脉段突出，肺淤血较重。③心电图心肌病广泛ST—T改变，左束支传导阻滞，病理性Q波。瓣膜性心脏病少见。④超声心动图心肌病瓣膜多数正常，而瓣膜性心脏病时瓣膜有钙化、挛缩和瓣口狭窄等。

（4）克山病：属地方性心肌病，有一定流行地区，以学龄前儿童及生育期妇女发病较多。扩张型心肌病属散发性，以中年男性居多。

【治疗】 本病病因不明，也无特效疗法，尚未发生心力衰竭者，应预防感染，防止过劳，戒烟禁酒，以防发生心力衰竭。目前治疗原则主要是针对心力衰竭和各种心律失常。有关心力衰竭治疗中β受体阻断剂的应用，可提高心肌β受体密度，改善心肌的反应性，β受体阻断剂从小剂量起始，逐渐递增剂量，长期应用可使心脏功能改善，但各人耐受性不同，应注意血压及心功能变化。对于重症，药物治疗基础上辅助双腔或三腔起搏器，通过调整左右心室收缩程序，改善心脏功能，缓解症状。对长期严重心力衰竭内科治疗无效者，可考虑进行心脏移植。

【预后】 一旦发生心衰，预后不良，死亡原因多为心力衰竭、严重心律失常、猝死。5年死亡率40%。近年来，上述多种治疗的采用死亡率明显下降。

二、肥厚型心肌病

肥厚型心肌病是以心肌肥厚为特征。根据左心室流出道有无梗阻可分为梗阻性（obstructive）和非梗阻性（non-obstructive）肥厚型心肌病，不对称性室间隔肥厚致主动脉瓣下狭窄者称特发性肥厚型主动脉瓣狭窄（Idiopathic hypertrophic subaortic stenosis，IHSS）。

【病因】 常有明显的家族史，目前认为是常染色体显性遗传病，肌节收缩蛋白基因如心脏肌球蛋白重链及心肌肌钙蛋白T基因突变是主要因素。儿茶酚胺代谢异常、细胞内钙调节异常、高血压、高强度运动等均可作为其发病的促动因子。

【病理】 主要病变为心肌肥厚，导致左心室形态学的改变。常见类型为不均等的室间隔肥厚，因而形成左心室流出道梗阻（非对称性心室间隔肥厚 asymmetric septal hypertrophy，ASH）。亦有心肌均匀肥厚或心尖部肥厚（apical hypertrophy，APH）。心肌细胞肥大，排列紊乱，形态异常，尤以室间隔改变明显为本病病理特征。

【临床表现】

1. 症状 部分患者可无症状，而因猝死或在体检中发现。许多患者有心悸、胸痛、劳累性呼吸困难等，伴有流出道梗阻者可在起立或运动时出现眩晕。心悸多因心律失常或心力衰竭所致。胸痛可能由于肥厚的心肌内细冠状动脉受压心肌供血不足，及心肌肥厚需氧增多所致。眩晕主要与左室流出道梗阻加重，心搏出量减少，引起脑供血不足有关。劳力性呼吸困难系由于肥厚的心肌顺应性降低，左心室舒张末期压力增高，进而左房压力增高，产生肺淤血所致。严重者也可出现夜间阵发性呼吸困难、端坐呼吸等急性肺水肿的表现。

2. 体征 心尖搏动增强；触及收缩期震颤；可闻及第四心音。胸骨左缘3~4肋间可闻及粗糙喷射性收缩期杂音，系由于左心室流出道梗阻所致。凡能影响心肌收缩力或动脉阻力的因素均可使杂音响度发生明显变化，如使用β受体

笔记栏

阻断剂、取下蹲位、抬腿或体力运动,心肌收缩力下降或左心室容量增加,均可使杂音减弱。反之,如含服硝酸甘油或做 Valsalva 动作,增强心肌收缩力或使左心室容量减少,杂音增强。本病约50%伴有二尖瓣关闭不全,因而心尖部有收缩中晚期杂音,或全收缩期杂音。

案例归纳一

该患者半年前在值夜班时,由坐位起立时突然出现眩晕,伴恶心未呕吐,休息约5分钟后好转,此后,又有多次发作,多在起床、站立时或劳累、活动时出现,持续1~5分钟好转,半小时前病人如厕后突然摔倒、伴神志不清、呼之不应被他人急送入院。曾有一兄长18岁猝死,原因不明。PE:心前区触及震颤,心率76次/min,心律尚整齐,可闻及期前收缩,心尖区可闻及3/Ⅵ级收缩期杂音,胸骨左缘3~4肋间可闻及粗糙的喷射性5/Ⅵ级收缩期杂音,不向颈部传导。腹软,肝脾肋下未触及。

【实验室及其他检查】

1. X线检查 心脏大小正常或增大,心力衰竭时心脏扩大明显。

2. 心电图 ST—T改变常见,左心室肥厚及左束支传导阻滞也较多见,可能由于室间隔肥厚与心肌纤维化而出现Q波,本病也常有各种类型心律失常。

3. 超声心动图 是一项重要的非侵入性诊断方法。主要表现有室间隔非对称性肥厚,舒张期室间隔厚度/左室后壁厚度之比≥1.3。室间隔运动幅度明显降低。ASH亢进室间隔流出道部分向左心室凸出、收缩期二尖瓣前叶前移(systolic anterior motion, SAM)、左心室舒张功能障碍等。APH型可示心肌肥厚或心尖肥厚。

4. 其他影像学检查 CT增强扫描可显示心腔大小、室壁及肌部间隔,并进行定量测量。EBCT电影扫描还可观察室壁运动功能,也可对疾病做出诊断。MRI可以从不同体位、层面分析心肌增厚的部位、程度、分布范围以及对心腔形态的影响等,较其他影像学方法更全面、更准确。

5. 心导管检查及心血管造影 心导管检查左心室与左心室流出道之间出现压力阶差,左心室舒张末期压力增高,压力阶差与左心室流出道梗阻程度呈正相关。心血管造影室间隔肌肉肥厚明显时,可见心室腔呈狭长裂缝样或“香蕉状”改变,对诊断有意义。

案例归纳二

心电图示左心室肥大,$ST_{Ⅱ、Ⅲ、aVF、V_5\sim V_6}$下移0.1~0.2mV、T波倒置,Ⅰ、aVL可见病理性Q波。

超声心动图示室间隔肥厚15mm,室间隔/左室后壁厚度1.5,收缩期二尖瓣前叶前移伴二尖瓣关闭不全。

进一步检查建议:

1. CT增强扫描进一步了解心腔大小、室间隔厚度。

2. MRI可以从不同体位、层面进一步了解室间隔增厚的部位、程度、范围以及对心腔形态的影响等。

3. 心导管检查明确左心室与左心室流出道之间压力阶差、左心室舒张末期压力及心室腔的形态等。

【诊断与鉴别诊断】 青中年劳力性心绞痛,硝酸甘油不能缓解,有猝死家族史者,应想到本病的可能性,结合体征、心电图、X线、超声心动图及心导管检查做出诊断。本病需与高血压心脏病、冠心病、主动脉瓣狭窄、先心病如室间隔缺损等鉴别,超声心动图等影像学检查、心血管造影及心肌活检有助于鉴别诊断。

【治疗】 肥厚型心肌病发展缓慢,预后较好,但由于心律失常,可致猝死,生活上应注意避免过劳,防止过度精神紧张。由于临床症状的发生取决于梗阻的程度,即左室流出道梗阻是本病的主要矛盾,因此任何一种疗法的最终目的都是要减轻流出道梗阻,最终解决临床症状并减少猝死的发生率。β受体阻断剂可降低心肌收缩力,减轻左心室流出道梗阻改善左心室壁顺应性及左心室充盈,也具有抗心律失常作用。也可用钙通道阻滞剂,改善心室舒张功能。对重症梗阻型患者,可植入双腔DDD型起搏器、介入消融或手术切除肥厚的室间隔心肌。

【预后】 本病的预后因人而异,可从无症状到心力衰竭、心律失常、猝死。一般10年存活率成人80%、小儿50%。成人死亡多为猝死,小儿则多为心力衰竭、其次猝死。猝死在有阳性家族史的青少年中多发,猝死原因多为室颤等。

处方及医师指导

目前治疗措施:

1. 卧床休息,告知患者避免激烈运动、避免突然变动体位或屏气等。

2. 告知避免应用洋地黄等增强心肌收缩的药物。

笔 记 栏

3. 美托洛尔 25mg，每日 1 次。
4. 根据血压情况选用钙离子拮抗剂。
进一步治疗建议：
1. 介入消融治疗。
2. 外科手术切除肥厚的室间隔心肌。
3. 植入双腔 DDD 型起搏器。

三、限制型心脏病

限制型心肌病以单侧或双侧心室充盈受限和舒张容量下降，但收缩功能和室壁厚度正常或接近正常为其特征。以心脏间质纤维化增生为其主要病理改变，表现为心内膜及心内膜下心肌增厚并有纤维增生，心室内膜硬化，扩张明显受限。本病包括多发生在热带的心内膜纤维化及大多发生在温带的嗜酸细胞心肌病，本病在我国非常少见。发病早期可表现发热、乏力，白细胞增多，特别是嗜酸粒细胞增多，以后出现心悸、呼吸困难、水肿、肝大、颈静脉怒张等心力衰竭症状。舒张期由于心室舒张受限，出现类似缩窄性心包炎的血流动力改变，临床表现类似缩窄性心包炎。

心电图常呈窦性心动过速、低电压、心房或心室扩大、T 波低平或倒置、心房颤动等各种心律失常。心导管检查类似缩窄性心包炎的表现，示舒张期心室压力曲线呈现早期下陷，晚期高原波型。左心室造影可见心内膜肥厚及心室腔缩小，心尖部钝角化。活检可见心内膜增厚和心内膜下心肌纤维化。诊断本病需与缩窄性心包炎鉴别，与一些有心脏广泛纤维化的疾病如系统性硬化症、糖尿病、酒精中毒等特异性心肌病鉴别。

无特性防治方法，主要是避免劳累，防止感染，纠正心力衰竭，但疗效不佳，预后不良。近年来采用心内膜剥离术加瓣膜置换术，效果良好。

笔记栏

第三篇

消化系统疾病

第 1 章 总 论

消化系统疾病通常是指食管、胃、小肠、大肠、肝脏(胆)、胰腺等器官的器质性和功能性病变。本系统疾病在临床上十分常见,如慢性胃炎、消化性溃疡,虽然近年来由于根除幽门螺杆菌(helicobacter pylori,Hp)治疗方法的普及而致复发率低等原因,就诊人数有所减少,但仍是患病率最高的疾病。在我国,胃癌患病率和病死率居所有恶性肿瘤之第二位(有些地区甚至为第一位),肝癌的病死率居所有恶性肿瘤之第三位,近年胰腺癌、大肠癌患病率有上升趋势。慢性乙型肝炎和肝炎后肝硬化在我国一直相当普遍。随着社会的发展,疾病谱也在发生变化,如过去在我国未引起足够重视的胃食管反流病、功能性胃肠病和少见的炎症性肠病近年来亦成热点。本系统疾病既可局限于本系统,也可累及其他系统及全身;而全身性或其他系统的疾病和精神神经因素,亦可引起消化系统的疾病和症状。因此,在学习消化系统疾病时,必须有临床医学的整体概念,要注意局部与整体、消化系统与其他系统疾病的关系。

一、消化系统解剖结构及功能与疾病的关系

食管壁缺乏浆膜层,是食管病变容易扩散延及纵隔的主要原因。其三个生理狭窄部,是食管癌好发部位。食管的上下两端括约肌的存在有防止食管食物反流入喉部、气管和胃内容物反流的作用,如下端括约肌功能障碍可引起胃食管反流病或贲门失弛缓症等。

胃肠道协调的生理活动是其完成摄入、消化、吸收食物,排泄废物或毒物等主要生理功能的前提。胃肠道的运动功能使摄入的大块食物变成细小的食糜并与消化液充分混合,将食糜不断向前推进并使之与肠道的吸收部位充分接触并完成排便。全身性的神经体液调节障碍及胃肠道局部器质性或功能性运动障碍均可引起相应的动力障碍性疾病。食物的消化分解主要依赖胰腺、胃肠腺所分泌的各种消化酶、肝脏分泌的胆汁以及肠菌酶参与的酶促反应,而消化后的营养成分的吸收必须依赖结构完整的肠黏膜上皮细胞,其中任一环节的异常就会造成消化吸收不良。

肝脏是人体代谢的枢纽,既是机体糖、蛋白质、脂肪、维生素等主要营养物质合成代谢最主要的场所,又是许多外源性毒物、药物、多种激素、血红蛋白代谢产物、血氨等物质分解代谢、灭活、排泄的场所,同时还担负着胆红素的摄取、结合、转运和分泌功能。这些功能的完成必须有适宜的代谢酶、正常的肝细胞、充足的血液和能量供应,否则即会出现各种肝病,甚至肝功能衰竭而危及生命。

消化器官的功能活动是在神经和激素两种机理的调节下进行的,而且两者之间还有交互作用。其神经调节主要受控于自主神经系统,下丘脑是自主神经的皮质下中枢,是联络大脑和自主神经低位中枢的重要环节;另外,胃肠道本身也具有一套独特的内在的自动调节神经系统,即肠神经系统(enteric nervous system,ENS),是由胃肠道壁内,包括胰腺、胆囊内的神经元及其支持细胞组成,存在于肠肌间神经丛和黏膜下神经丛。ENS 可以不依赖中枢神经系统(center nervous system,CNS)而独立行使功能,故而称之为"肠之脑"。CNS、自主神经系统、ENS 通过神经体液免疫机制联系起来,称为"脑—肠轴"。ENS 的反射传到 CNS,同时又受 CNS 的调节,称为"脑-肠互动",以此维持胃肠道功能的协调。包括精神神经因素在内的各种因素,可以通过影

笔 记 栏

响脑-肠轴而引起胃肠运动障碍和感觉异常，从而导致胃肠道的功能异常。这也是精神因素与消化道疾病关系密切的解剖结构基础。其激素调节源于胃肠道内(包括胰腺)存在的多种内分泌细胞所分泌的肽类激素，近年来又发现其中有些肽类激素也存在于CNS，作为神经信息的传递物质，故称为脑肠肽。这也提示神经系统与消化系统之间可能存在某种内在联系。这些肽类激素的分泌异常可以导致胃肠运动和分泌的异常，如胃泌素分泌过多可致Zollinger-Ellison综合征，血管活性肠肽过多可致胰性霍乱等，测定这些肽类激素的血浓度有助于诊断多种疾病，寻找人工合成的肽类激素或类似物(如奥曲肽)和拮抗剂可能为治疗开辟新的途径。

胃肠道与肝内含有大量的单核巨噬细胞，这对机体的免疫功能，特别是局部免疫功能起重要作用，当它们受损时也会出现相应的疾病。另外，由于消化道直接开口于体外，其黏膜接触病原体、致癌物、毒物的机会较多，相对容易发生感染、炎症、损伤，消化道肿瘤发生率较高也可能与之有关。

二、常见症状与体征

(一) 症状

1. 吞咽困难 常见于咽、食管或食管周围的器质性疾病，如咽部脓肿、胃食管反流病、食管癌、食管裂孔疝、纵隔肿瘤、主动脉瘤等；也可由于神经功能障碍所致，如贲门失弛缓症。

2. 烧心 指胸骨或剑突后的烧灼感，主要由炎症或化学物质刺激食管黏膜引起，常见于胃食管反流病、食管溃疡、消化性溃疡和促胃液素瘤等。

3. 食欲不振或厌食 多见于消化道疾病如胃癌、胰腺癌、肝炎、胰腺炎、慢性胃炎及功能性消化不良等；也可见于全身性感染和其他系统疾病如肺结核、尿毒症、垂体功能减退、维生素B_1缺乏症、精神障碍性疾病。厌食与惧食必须分辨清楚。

4. 恶心与呕吐 两者既可单独发生又可相继发生。胃部器质性病变最易引起恶心与呕吐，如胃炎、胃癌、幽门痉挛及梗阻等；肝、胆囊、胰、腹膜等急性炎症及肠梗阻等也可引起；另外，其他系统疾病中还需鉴别心因性呕吐、颅内压增高、迷路炎、尿毒症、酮症酸中毒、心力衰竭、妊娠等情况引起的呕吐。

5. 嗳气与反酸 嗳气是指进入胃内空气较多而从口溢出的现象，常见于胃食管反流病、胃十二指肠及胆管疾病，频繁嗳气多见于精神因素、饮食习惯不良、吞咽动作过多等引起。反酸是由于胃的逆蠕动致酸性胃液反流入口腔，见于胃食管反流病及消化性溃疡等。

6. 腹痛 为消化系统疾病最常见症状，可表现为不同性质的疼痛和不适感。引起腹痛的原因很多，但主要由腹腔内脏器的疾病所致，如消化道溃疡、阑尾炎、胃肠道感染、胃癌、肝癌、胆囊炎、胰腺癌、缺血性肠炎和腹膜炎等；还可由腹外疾病引起，如泌尿系炎症或梗阻、大叶性肺炎、急性心肌梗死、胸椎结核或转移瘤、过敏性紫癜等；全身性疾病也可引起，如糖尿病酮症酸中毒、血卟啉病、铅中毒等 。腹痛也是功能性胃肠病的较常见的症状。腹绞痛通常由空腔脏器痉挛引起，如胆绞痛、肠梗阻等。

7. 腹胀 腹胀可以是一主观感觉，表现为一部分或全腹部胀满，也可以是客观检查所见，即发现一部分或全腹部胀满。多由胃肠积气、积食、梗阻、腹腔内积气积液 、腹腔肿块及胃肠管运动功能障碍引起。

8. 呕血、黑粪和便血 呕血是上消化道出血的典型症状，常由食管、胃、十二指肠、胆管、胰腺疾病所致。呕血一般都伴有黑粪(每日出血量超过50～100ml即可排黑粪)，而黑粪不一定伴有呕血。如出血量不大，而且在胃中存留时间较长可呕出咖啡样物；如出血量大，而且在胃中存留时间较短，可排出暗红色血便。黑粪少见于回盲瓣以下部位的出血。便血来源于下消化道包括小肠、结肠等，往往呈暗红色，出血部位越近肛门，便出血液越新鲜。

9. 腹泻与里急后重 腹泻是由肠蠕动增加、肠分泌增多和(或)吸收减少所致，多见于肠道疾病，亦可因精神因素和其他器官疾病所引起。黏液脓血便常见于结肠炎症、肿瘤或溃疡；稀水便常见于小肠病变或血管活性肽分泌增多。里急后重是直肠激惹症状，多因炎症或直肠癌引起。

10. 便秘 多由结肠平滑肌、腹肌、膈肌、提肛肌张力减低，直肠痉挛、直肠反射减弱或消失所致，也可由于肠腔内机械性梗阻或肠腔外受压引起。常见于全身性疾病、身体虚弱、不良排便习惯、功能性便秘及结肠、直肠、肛门疾病等。

11. 黄疸 若血胆红素增高而皮肤、巩膜等未见黄染者称隐性黄疸，若血胆红素增高，皮肤、巩膜等可见黄染者称显性黄疸。黄疸的鉴别很重要，分肝细胞性、阻塞性和溶血性三类。肝细胞性、阻塞性黄疸主要见于消化系统疾病，如肝炎、肝硬化、胆管阻塞；溶血性黄疸见于各种原因

笔记栏

引起的溶血,属于血液系统疾病。

(二)体征

消化系统疾病的主要体征表现在腹部。体检要全面系统,包括发育营养、皮肤黏膜、淋巴结等。腹部视诊主要注意腹部外形、胃肠型和蠕动波及腹壁静脉。触诊是腹部检查的主要方法,注意检查腹壁紧张度、压痛及反跳痛,触诊肝脏时要注意肝脏大小、质地、表面状态和边缘、有无压痛、搏动及震颤等;触到腹部肿块时要注意其位置、大小、形态、质地、压痛、搏动及移动度;还要注意检查有无振水音和液波震颤等。腹部扣诊可以发现肝上下界、胃泡鼓音区、脾浊音区和移动性浊音等。听诊时注意肠鸣音有无亢进或减弱及频率。

三、实验室及特殊检查

(一)实验室化验检查

1. 血常规 缺乏特异性,但有时可估计某些疾病的活动度和严重性,如通过检查血红蛋白、红细胞计数和血细胞比容,可估计失血和贫血程度;全血细胞的减少可反映脾功能亢进程度。

2. 粪便及尿检查 粪便检查是胃肠道疾病的一项重要常规检查,包括粪便肉眼观、常规、隐血试验及粪便培养等,如对肠道感染、某些寄生虫和消化道出血有重要诊断价值。粪便幽门螺杆菌(Hp)抗原检测有助于 Hp 的诊断。尿胆红素、尿胆原试验对黄疸的诊断与鉴别诊断具有初筛的意义。

3. 肝功能检查 对肝病的诊断和预后有重要价值,包括:反映肝细胞损伤或(和)胆管阻塞的丙氨酸氨基转移酶(ALT)、天门冬氨酸氨基转移酶(AST)、碱性磷酸酶(ALP)、γ-谷氨酰转肽酶(γ-GT 或 GGT);测定肝脏转移有机离子的功能,如胆红素定量试验有助于黄疸的鉴别诊断;反映肝细胞合成功能的指标,如血清蛋白(A)、凝血酶原时间(PT)和血清凝血因子;反映肝脏摄取、排泄功能和药物代谢能力的试验,如靛氰绿清除试验和利多卡因代谢产物的测定试验。

4. 腹水常规 根据腹水一般性状、生化检查、显微镜检查和细菌学检查判断属于渗出液或者漏出液,对鉴别肝硬化、腹腔内肿瘤和腹腔结核等有重要价值。

5. 淀粉酶检查 血、尿、腹水或胸水的淀粉酶检查可用于胰腺炎和胰腺癌的诊断。

6. 消化道激素测定 对某些内分泌肿瘤引起的消化道疾病有诊断价值。

7. 病毒性肝炎血清标志物检查 对病毒性肝炎(包括甲、乙、丙、丁、戊型肝炎)诊断、分型、预后和有无传染性均有一定价值。

8. 肿瘤标志物检测 甲胎蛋白(AFP)对原发性肝癌有较特异的诊断价值,癌胚抗原(CEA)、CA19-9 等的肿瘤标记物对结肠癌和胰腺癌等具有辅助诊断、估计疗效和预后价值。

9. 免疫学检查 检查免疫球蛋白、细胞免疫和自身抗体(如抗线粒体抗体、抗核抗体、抗平滑肌抗体等,对自身免疫性疾病如恶性贫血、原发性胆汁性肝硬化、自身免疫性肝炎的诊断有价值。

(二)内镜检查

内镜分为胃镜、十二指肠镜、小肠镜、结肠镜、腹腔镜、胆管镜和胰管镜。内镜可直接观察消化道内腔,包括溃疡、出血、炎症、肿瘤等各种病变,也可取活检、摄片及进行治疗。其中,胃镜、结肠镜最为常用,可检出大部分的胃肠道疾病。急诊胃镜可明确上消化道出血部位和病因并可行内镜下止血治疗。目前在此基础上已研制出的染色内镜、放大内镜、共聚焦内镜等在发现微小病变方面显示出明显优势,超声内镜则可检测消化道黏膜下病变的浸润深度、性质、大小及周围情况,并可在超声引导下行穿刺取样活检。十二指肠镜下行逆行性胰胆管造影(ERCP)是胆系、胰管疾病的重要检查手段,并可同时行内镜下治疗(如内镜下乳头切开、取石、放支架等)。胶囊内镜可检查小肠疾病,尤其是对小肠出血的诊断价值较高,但其不可控制性和不能对病变进行活检是其局限性。腹腔镜检查对确定腹腔肿块大小和性质、腹水原因,特别对肝病、结核性腹膜炎和腹膜癌的诊断和鉴别诊断有帮助。近年出现的微型腹腔镜创伤小、安全性高,使诊断性腹腔镜检查应用更为广泛。

(三)影像学检查

1. X 线检查 腹部平片对胃肠穿孔、胃肠梗阻、腹腔内钙化和不透 X 线的胆结石的诊断有帮助。对怀疑病变在食管至回肠或胰腺癌的病人应做钡餐造影,可疑结肠器质性病变应做钡剂灌肠;气钡双重造影可显示黏膜表面的细小结构,从而提高胃肠微小病变的确诊率。标准试餐加服固体小钡条可在 X 线下进行胃排空试验。对胃肠穿孔、肠梗阻或 2 周内有大出血者不宜做 X 线钡剂检查;钡剂可降低 CT 清晰度,影响内

笔记栏

镜下观察黏膜，造成B超伪影等，因此，钡剂检查应放在其他检查之后。数字减影血管造影术(digital subtraction angiography，DSA)，又称数字血管成像(digital vascular image，DVI)：是一种常用的有价值的诊断技术，有助于评价血管的解剖和病变。选择性腹腔动脉、肠系膜动脉造影对于消化道出血的定位诊断很有帮助。

2. X线计算机断层显像(CT)和磁共振显像(MRI) CT对腹腔脏器病变，尤其是肝、胰、胆占位病变如囊肿、脓肿、肿瘤、结石等诊断有重要作用，对弥漫性病变如脂肪肝、肝硬化、胰腺炎的诊断也有重要价值。CT和MRI能够显示消化系统肿瘤边缘及周围组织的病变，进行肿瘤术前TNM分期。应用螺旋CT导航三维腔内成像的图像后处理还能进行仿真式胃镜、小肠镜、大肠镜的检查。近期开展的磁共振胰胆管造影术(MRCP)是诊断胆管、胰腺疾病的一项很有前途的无创伤性检查。磁共振血管造影术(MRA)可以清楚地显示门静脉及其分支和腹腔内动脉血管情况，在诊断上可取代创伤性血管造影。

3. 超声检查 在消化系统疾病诊断上应用广泛，是首先的非创伤性检查。B超可显示肝、脾、胆囊的大小和轮廓，有助于肝癌和肝脓肿的鉴别，还能显示胆囊结石、门静脉内径、胆管扩张，以及肝、胰囊肿和腹内其他包块。彩色多普勒超声可以测定门静脉、肝动脉血流方向、速度和有无脐静脉开放，对于肝硬化门静脉高压的诊断起重要作用，也是诊断和鉴别原发性肝癌的可靠的无创伤手段和监测肝移植后肝动脉、门静脉血流是否畅通的有效工具。

4. 放射性核素检查 肝扫描沿用已久，近年来应用较多的是γ-照相机、ECT，如应用^{99m}Tc-PMT肝肿瘤阳性显像可协助诊断原发性肝癌；静脉注射核素标记的红细胞对于原因不明的下消化道出血的诊断有其独特的价值；经由直肠给予^{99m}Tc-MIBI或$^{99m}TcO_4^-$进行直肠-门静脉显像，并以心肝放射比值(H/L)或分流指数(SI)来判断有无门静脉高压及其程度，有助于门静脉高压的诊断和疗效考核；检测消化道动力也是核医学在消化系统中应用的重要方面。近来有人研制用抗肿瘤单克隆抗体标记核素作影像诊断，可帮助诊断肝、胰腺的肿瘤。此外应用放射免疫测定(RIA)还可检测肿瘤标志物或消化道激素，对于消化系统的一些肿瘤和疾病的诊断具有很重要的价值。

(四) 消化道动力学检查

测定食管腔pH和食管下端腔内压力，对诊断反流性食管炎很有价值。了解食管各段的活力，对诊断和鉴别食管运动障碍性疾病如食管痉挛、食管贲门失弛缓症等很有帮助。胃pH、胃排空时间、胃张力测定及胃电图等可了解胃的功能变化。通过内镜插管胆管测压，对胆管不全梗阻，硬化性胆管炎、胆管闭锁、乳头括约肌功能障碍等的诊断均有帮助。肛门直肠测压、直肠电和盆底肌电描记、排便流速测定等检查方法有助于诊断功能性排便异常。结肠动力测定可用于诊断或随访肠易激综合征。

(五) 活组织和脱落细胞检查

穿刺活体肝组织检查，对慢性肝病的确诊是最有价值的方法之一。目前多采用细针抽吸法，极少引起出血的危险。小肠活组织检查，经口腔将小肠活检器送至空肠或回肠(可经内镜引导通过幽门)，采取黏膜组织进行病理检查，对腹泻和小肠吸收不良很有诊断价值。检查时应严格掌握适应证。此外，内镜直视下取食管、胃、小肠、结肠和直肠黏膜病变组织及腹腔镜下取材，在B型超声引导下进行实质性肿块的细针经皮穿刺活体组织细胞学检查及外科手术活组织检查等，均可做出病理诊断；经内镜刷取消化道黏膜脱落细胞做病理检查，有助于消化道恶性肿瘤的诊断。

四、常规治疗方法

消化系统不同部位的不同疾病在病因、发病机理、病理生理过程等方面存在很大差异，其治疗也不完全相同，但必定同属一个系统，也有一定的共同特点，因此，在此只就其共性的问题作简要介绍。

(一) 一般治疗

1. 饮食与营养 消化系统是食物摄取、转运、消化、吸收及代谢的重要场所，消化系统病变会影响上述生理功能，而不当的饮食又会加重疾病过程，因此，饮食与营养在治疗中占相当重要地位。应视疾病部位、性质及严重程度决定限制饮食甚至禁食，有梗阻病变的还要给予胃肠减压。由疾病引起的食欲下降、呕吐、腹泻、消化吸收不良，再加上饮食限制，会导致营养障碍以及水、电解质、酸碱平衡紊乱，因此，支持疗法相当重要，注意给予高营养而且易消化吸收的食物，必要时静脉补液及补充营养物质，甚至全胃肠外营养或全胃肠内营养(要素饮食)。烟、酒、某些刺激性食物或某些过敏的食物会诱发或加重病

笔记栏

情,在一些疾病中应予以避免。

2. 生活安排与精神心理治疗 一方面因为功能性胃肠病相当常见;另一方面不少器质性消化系统疾病在疾病过程中亦会引起功能性胃肠性症状,而精神紧张或生活紊乱又会诱发或加重器质性疾病。因此,精神心理治疗相当重要,措施包括向患者耐心解释病情、消除紧张心理,必要时给予心理治疗,适当应用镇静药等。还要教育患者注意劳逸结合、合理安排作息生活。

(二)药物治疗

1. 针对病因或发病环节的治疗 有明确病因的消化系统疾病多为感染性疾病如细菌引起的胃肠道炎症、胆系炎症、幽门螺杆菌相关性慢性胃炎等,这类疾病可用抗菌药物治疗可被彻底治愈。大多消化系统性疾病病因未明,治疗上主要针对发病的不同环节,打断病情发展的恶性循环,促进病情缓解、改善症状和预防并发症的发生。如抑酸药物或促动力药物治疗胃食管反流病,抑酸药物或胃黏膜保护剂治疗消化性溃疡,抑制炎症反应药物治疗炎症性肠病,抗纤维化药物治疗早期肝硬化、血管活性药物治疗门静脉高压引起的食管胃底静脉曲张出血等。

2. 对症治疗 许多消化系统疾病的症状如腹痛、呕吐、腹泻等不但令患者经受难以忍受的痛苦,而且会导致机体功能与代谢紊乱,从而进一步加剧病情发展,因此,在基础治疗尚未发挥作用时往往要考虑予以对症治疗。镇痛药、止吐药、止泻药及抗胆碱能药是常用的对症治疗药物。但应注意,药物使用应权衡利弊,酌情使用,否则会影响基础治疗,如过强的止泻药用于急性胃肠感染会影响肠道有毒物质的排泄,在治疗重症溃疡性结肠炎时会诱发中毒性巨结肠。还要注意对症治疗有时会掩盖疾病的主要临床表现而影响临床判断,甚至延误治疗,如急腹症病因诊断未明者用强力镇痛药、结肠癌用强力止泻药等可能导致漏诊。

(三)手术或其他治疗

手术治疗是消化系统疾病治疗的重要手段。对经内科治疗无效、疗效不佳或出现严重并发症的疾病,手术切除病变部位常常是疾病治疗的根本方法或最终途径,如肿瘤应及早切除,合并穿孔、严重大出血不止、器质性梗阻的消化道疾病常需要手术治疗,各种晚期肝病可考虑肝移植。手术指征应从病情出发,结合患者手术耐受的能力,考虑手术可能引起的并发症和术后复发的风险,权衡利弊,综合考虑。近年在消化内镜下进行的治疗技术发展迅速,涉及食管狭窄扩张术、食管支架放置、消化道息肉切除、食管胃底静脉曲张止血(硬化剂注射、皮圈套扎术)、非曲张静脉上消化道出血止血治疗(局部药物喷洒或注射、微波、激光、热探头止血、血管夹钳夹等),早期胃癌和食管癌黏膜切除术,十二指肠乳头括约肌切开术,胆管碎石和取石术,胆管内、外引流术,经皮内镜下胃造瘘术等。血管介入技术如经颈静脉肝内门体静脉分流术(TIPS)治疗门脉高压狭窄,血管支架置入术治疗 Budd-Chiari 综合征、肝动脉栓塞化疗(TAE)治疗肝癌等。B 超引导下穿刺进行引流术或注射术治疗囊肿、脓肿及肿瘤亦得到广泛应用。以往需外科手术的许多消化系统疾病可用创伤较少的介入治疗替代,或与外科手术互相配合,从而大大地开拓了消化系统疾病治疗的领域。

五、预 防

消化系统疾病的治疗既要依靠药物,也要重视一般措施,包括适当的休息,平衡而营养丰富的饮食。在康复阶段,应当合理安排生活,逐步做些体育锻炼,以增强体质。必须掌握各种药物治疗的指征、副作用和禁忌证。要选择效高、副作用少、价格便宜、服用方便的药物。不要滥用药品,要认识到药品总有副作用,有些药品还较严重,可加重肝脏代谢负荷过重。对各种可引起消化疾病副作用的药物,要熟悉其性能,避免或谨慎使用。

第2章 胃-食管反流病

案例

患者,女性,38岁。反复烧心、胸闷1年,再发1周。

1年前因工作压力大出现烧心、胸骨后闷塞,有时伴有反酸、嗳气,查心电图正常,服用过奥美拉唑、莫沙比利及中药,症状控制而停用。之后间断发过几次,因症状较轻自行在药店购买药物治疗。1周前因与丈夫闹矛盾而再次发作,症状同前,但餐后或平卧位加重,来我院门诊就诊。平素大便干结,容易失眠,无烟酒嗜好,月经正常。

体格检查:精神差,全身皮肤黏膜无黄染,全身浅表淋巴结未及肿大,叩诊心界正常范围,HR 82次/min,双肺未闻及干湿性啰音,腹部平软,压痛(-),反跳痛(—),肝脾未及,肠鸣音4~5次/min。

实验室检查及其他:血常规正常,心电图正常,胃镜示反流性食管炎(B级)。

思考题

1. 结合你所学知识,你认为该病最可能的诊断是什么?

2. 该病的临床表现有哪些?需要与哪些疾病鉴别?

3. 如何预防该病?

胃-食管反流病(gastro-esophageal reflux disease,GERD)是指胃十二指肠内容物非生理性反流至食管,造成食管以及咽喉、气道等食管外组织损伤,并引起烧心、反流、反酸、胸痛等症状的疾病。包括反流性食管炎(reflux esophagitis,RE)和非糜烂性反流病(non-erosive reflux disease,NERD),前者是指患者食管黏膜有组织病理学损伤改变,后者又称内镜阴性的胃食管反流病,是指内镜下不能发现食管黏膜破损,但相关其他检查证实存在病理性胃-食管反流。

GERD在西方国家十分常见,人群患病率达7%~15%,55%~81%的GERD为NERD,RE约占总人口的3%~4%。GERD发病随着年龄增加而增加,40岁以上多见,无性别差异,但男性RE高于女性。我国的GERD低于西方国家,而且症状较轻,1999年一项北京和上海地区进行的流行病学研究显示,具有烧心、泛酸等反流症状者占8.97%,确诊为GERD者占5.77%,RE者占1.92%。近年来亚太地区GERD的发病率呈升高趋势,新加坡一项对1994年已接受调查的人群进行复查发现,烧心症状的发生率上升了40%,同时内镜下确证为RE者亦相应增多。

【病因和发病机制】 GERD是由多种因素造成的消化道动力障碍性疾病,其主要的发病机制是抗反流防御机制减弱和反流物对食管黏膜攻击作用的共同结果。

1. 食管抗反流防御机制减弱

(1)抗反流屏障功能低下:抗反流屏障是指在食管和胃交接的解剖结构,包括食管下括约肌(LES)、膈肌脚、膈食管韧带、食管与胃底间的锐角(His角)等,上述各部分的结构和功能上的缺陷均可造成胃食管反流,其中最主要的是LES的功能状态。LES是指食管末端约3~4cm长的环形肌束,正常人静息时LES压为10~30mmHg,为一高压带,当胃内压和腹内压升高时,LES会发生反应性主动收缩使其压力超过增高的胃内压,起到抗反流作用。如因某种因素使这种正常的功能发生紊乱时即可引起胃内容物反流入食管。

LES压力降低是引起胃-食管反流的主要原因。LES部位的结构受到破坏(如贲门失弛缓症手术后)、某些激素(如缩胆囊素、胰升糖素、血管活性肠肽等)、某些食物(如高脂肪、巧克力等)、某些药物(如钙拮抗剂、地西泮)等导致LES压力低;而腹内压增高(如妊娠、腹水、呕吐、负重劳动等)及胃内压增高(如胃扩张、胃排空延迟等)引起LES压相对降低,均可导致GERD。

一过性LES松弛(transit LES relaxation,TLESR)是近年研究发现影响胃-食管反流的一重要因素。TLESR是指非吞咽情况下LES自发性松弛,其松弛时间明显长于吞咽时LES松弛时间。TLESR既是正常人生理性胃-食管反流的主要因素,也是LES静息压正常的GERD患者的主要发病机制。

(2)食管廓清能力降低:正常情况下,食管廓清能力是依靠食管的推动性蠕动、唾液的中和作用、食丸的重力和食管黏膜下分泌的碳酸氢盐等多种因素发挥其对反流物的清除作用,以缩短反流物和食管黏膜的接触时间;当食管蠕动振幅减弱或消失或出现病理性蠕动时,食管通过蠕动清除反流物的能力即下降,同时也延长了反流的有害物质在食管内的停留时间,增加了对黏膜的

笔记栏

损伤。食管裂孔疝是部分胃经膈食管裂孔进入胸腔的疾病，可引起胃-食管反流并降低食管对酸的清除导致GERD。

（3）食管黏膜的屏障功能破坏：由食管黏液层、细胞内的缓冲液、细胞代谢及血液供应等构成的屏障能对抗反流物对食管黏膜损伤的作用，因此，任何导致食管黏膜屏障作用下降的因素（长期吸烟、饮酒及抑郁等）将使食管黏膜不能抵御反流物的损害。

2. 反流物对食管黏膜的攻击作用 在食管抗反流防御机制下降的基础上，反流物中的某些物质（主要是胃酸、胃蛋白酶，其次为十二指肠反流入胃的胆盐和胰酶）刺激和损害食管黏膜，引起食管黏膜炎症。其受损程度与反流物的性质和质量有关，也和反流物与黏膜的接触时间、部位有关。

【病理】 在GERD患者中，RE病理组织学改变可有：复层鳞状上皮细胞层增生；黏膜固有层乳头向上皮腔面延长；固有层内炎症细胞主要是中性粒细胞浸润；糜烂及溃疡；胃与食管连接处出现Barrett食管（BE）改变。内镜下不同程度的食管炎则表现为水肿、潮红、糜烂、溃疡、增厚转白、瘢痕狭窄。BE是指食管与胃交界的齿状线2cm以上出现柱状上皮替代鳞状上皮。组织学表现为特殊型柱状上皮、贲门型上皮或胃底型上皮。内镜下典型表现为在正常呈现均匀粉红带灰白的食管黏膜中，出现橘红色的胃黏膜，分布为环形、舌形或岛状。

【临床表现】 GERD的临床表现包括食管和食管外的一系列症状。长期以来，烧心、泛酸和胸痛是GERD典型症状的概念被过分强调，致使其他消化道症状及食管外症状在一定程度上被忽略。

1. 反流症状 反流是指胃或食管内容物在无恶心和不用力的情况下涌入口咽部，多在餐后明显或加重，平卧或身体前倾时易出现。如反流物为不消化食物即称为反食，如为酸味液体则为反酸，少数情况下反有苦味的胆汁或肠液，嗳气实为气体的反流。

2. 反流物刺激食管引起的症状 主要有烧心、胸痛、吞咽困难等。烧心是指胸骨后或剑突下烧灼感，常由胸骨下段向上延伸，甚至达咽喉部，为GERD的特征性表现，常在餐后1小时出现，平卧、弯腰或腹压增高（如咳嗽、妊娠、用力排便、腹腔积液等）时诱发或加重。反流物刺激食管引起食管痉挛导致胸痛，其部位多在胸骨后或剑突下，有时酷似心绞痛。部分患者有吞咽困难，可能是由于食管痉挛或功能紊乱引起，症状呈间歇性，进食固体或液体食物均可发生。少部分患者的吞咽困难可能由于食管狭窄引起而呈进行性加重。对于严重食管炎或并发食管溃疡者，可伴吞咽疼痛。

3. 食管外症状 包括无季节性发作性夜间阵发性哮喘、咳嗽、睡醒后声嘶等。与反流有关的哮喘患者近50%并无烧心症状。少部分患者以哮喘、咳嗽为首发或主要表现。个别患者可发生吸入性肺炎，甚至出现肺间质纤维化。晚近，对GERD患者与某些呼吸道症状和病变作了大量的观察研究，长期咳嗽、哮喘、反复发生的肺炎、肺纤维化以及婴幼儿窒息被认为可能与GERD有关。甚至有相当一部分GERD患者有呼吸道症状而并无食管症状。

反流物刺激咽部可引起咽喉炎、声嘶。一些患者只表现为咽部不适，有异物感、棉团感或堵塞感，但无真正的吞咽困难，称为癔球症。多年来相关的研究亦发现，有咽喉部症状的GERD患者的近端食管酸暴露较无咽喉部症状者为甚，特别是夜间反流，在给予此类患者H_2受体阻滞剂（H_2RA）或质子泵抑制剂（PPI）后咽喉部症状可缓解或消失。

4. 并发症

（1）食管狭窄：RE反复发作致使纤维组织增生，最终导致瘢痕狭窄，这是严重食管炎表现。发生率为8%～20%。

（2）BE：BE是食管腺癌的主要癌前病变，其腺癌的发生率较正常人高30～50倍。每年癌变率约0.5%，国外85%的食管腺癌发生于BE。

（3）上消化道出血：RE患者，因食管黏膜炎症、糜烂或溃疡可以导致上消化道出血，临床表现为呕血和（或）黑粪及不同程度的缺铁性贫血。

案例归纳一

该患者以烧心、胸闷为主要临床表现，伴有反酸、嗳气，餐后或平卧位加重。其诱因为精神紧张或情绪不良。平素大便干结，容易失眠，无烟酒嗜好，月经调。体格检查：精神差，胸、腹部无明显阳性体征。

【实验室及其他检查】

1. 内镜检查 内镜检查是确诊RE的最有效的方法，并能判断其严重程度和有无并发症，结合活检可与其他原因引进的食管炎和其他病变（如食管癌）相鉴别。RE内镜分型采用洛杉矶世界胃肠病大会制定的四级标准：A级：食管黏膜有一处或几处黏膜破损，长径小于5mm；B级：一处或几处黏膜破损，长径大于5mm，但无融合性病变；C级：黏膜破损有融合，但小于75%的食管周径；D级：黏膜破损融合，范围累及达到75%的食管周径。放大内镜观察到NERD患者可能有微小病变。

内镜检查可确诊BE，敏感性在90%左右，可见橘红色黏膜分布于齿状线2cm以上，呈岛状、

笔记栏

舌状、环状分布，染色有利于诊断，而活检发现肠化生是 BE 确诊的依据。

2. 24 小时食管 pH 监测 目前已广泛应用于临床，其可重复性（93%）、敏感性（95%）和特异性（96%）均好。24 小时食管 pH 监测是确诊酸反流的重要手段，能反映昼夜酸反流的程度（频率及时间）、类型以及症状是否与酸反流有关，从而推算出食管接触反流胃酸的时间等情况，尤其在症状不典型、内镜检查无 RE，或有典型症状治疗无效时，以及有可疑症状（如非心源性胸痛、慢性声嘶等）时有价值。常用的观察指标：24 小时内pH<4 的总百分时间、pH<4 的次数、持续 5 分钟以上的反流次数以及最长反流时间等。但要注意在行检查前 3 日应停用抑酸药和促胃肠动力的药物，阴性结果不能排除 GERD 的诊断。

3. 食管吞钡检查 食管吞钡检查能发现部分食管病变，如食管溃疡或狭窄，因其敏感性较差，主要用于不愿接受或不能耐受内镜检查者以排除食管癌。还因其方法简单易行，设备及技术要求均不高，目前基层医院仍较广泛。

4. 食管 24 小时胆汁动态监测 以往对 GERD 的研究集中于酸反流，若同时在食管中监测酸与胆红素，发现有相当部分的病人同时伴有胆汁反流。现有的监测仪指标有胆汁反流次数、长时间反流次数、最长反流时间和吸收值≥0.14 的总时间及其百分比。用于抑酸治疗无效的 GERD、呕吐胆汁、胃切除后有反流症状，以及抗反流手术前后的评价。注意西红柿、胡萝卜等吸收光谱与胆红素相近。

5. 食管测压 该检查对 GERD 患者选用适当的手术方式及术后疗效判断有重要指导意义，适用于拟行抗反流手术的患者及对食管下端括约肌（LES）低压力（5～6mmHg）的患者在药物治疗后的疗效观察。包括测定 LES 的长度和位置、LES 压、LES 松弛压、食管体部压力及食管上括约肌压力。LES 静息压为 10～30mmHg，如<6mmHg 易导致反流。

6. 食管滴酸试验 在滴酸过程中，出现胸骨后疼痛或烧心的患者为阳性（且多在滴酸的最初 15 分钟内出现），就证实症状与酸敏感有关。

> **案例归纳二**
>
> 血常规正常，心电图正常，胃镜示反流性食管炎（B 级）。

【诊断与鉴别诊断】 GERD 的诊断应基于：①有明显的胃-食管反流的症状；②内镜下可能有 RE 的表现；③有食管过度酸反流的客观证据。对于有典型症状者，如内镜发现 RE，排除其他原因食管炎后可诊断；如无内镜下 RE，24 小时食管 pH 检查阳性时诊断也可确立；如无 24 小时食管 pH 监测，可用 PPI 做试验性治疗（如标准剂量 PPI，每天 2 次，共 7 天），如有明显效果，诊断一般成立。对于症状不典型者或可疑者（不明原因反复呕吐、咽下困难、反复发作的慢性呼吸道感染、难治性哮喘、生长发育迟缓、营养不良、贫血、反复出现窒息、呼吸暂停等）应结合内镜、24 小时食管 pH 监测、PPI 试验性治疗结果进行综合分析。

临床上仍应与其他病因的食管炎、消化性溃疡、各种原因的消化不良、胆管疾病以及食管动力障碍性疾病等相鉴别。胸痛为主时，应与心源性、非心源性胸痛的各种病因进行鉴别，如怀疑心绞痛，应做心电图和运动试验，在除外心源性胸痛后，再进行有关食管性胸痛的检查。对有吞咽困难者，应与食管癌和食管贲门失弛缓症相鉴别。对有吞咽疼痛，同时内镜显示有食管炎的患者，应与感染性食管炎、药物性食管炎等鉴别。

> **案例诊断要点**
>
> 1. 年轻女性
>
> 2. 病史特点：以烧心、胸闷为主要临床表现，伴有反酸、嗳气，餐后或平卧位加重。其诱因为精神紧张或情绪不良。平素大便干结，容易失眠，无烟酒嗜好，月经调。
>
> 3. 体格检查：精神差，胸、腹部无明显阳性体征。
>
> 4. 实验室及其他检查：血常规正常，心电图正常，胃镜示反流性食管炎（B 级）。
>
> 临床诊断：胃食道反流病（反流性食管炎 B 级）。

【治疗】 GERD 的治疗目的是控制症状、减少复发和防止并发症，达到治愈的目的。

1. 一般治疗 生活方式的改变应作为治疗的基本措施。抬高床头 15～20cm 是简单而有效的方法，这样可在睡眠时利用重力作用加强酸清除能力，减少夜间反流。脂肪、巧克力、茶、咖啡等食物会降低 LES 压力，宜适当控制。烟草、酒精可削弱食管酸廓清能力，降低 LES 压力，削弱食管上皮的保护功能，故 GERD 患者应戒烟戒酒。避免睡前 3 小时饱食或餐后立即卧床，同样可以减少夜间反流。避免使用降低 LES 压力及影响胃排空的药物，如抗胆碱能药、三环类抗抑郁药、多巴胺受体激动剂、钙离子拮抗剂、茶碱、β_2 肾上腺素能受体激动剂等。25%的患者经改变上述生活习惯后症状可获改善。

2. 药物治疗

（1）抑酸治疗：抑酸治疗所用药物主要包括

笔 记 栏

H_2 受体拮抗剂（H_2RA）和质子泵抑制剂（PPI），其药物种类及剂量详见“消化性溃疡”章节，应强调的是用量一定要足，多为消化性溃疡的2倍，疗程至少8~12周。H_2RA 主要对空腹和夜间胃酸分泌抑制作用明显，不能有效抑制进食刺激的分泌，虽可缓解多数GERD的症状，但对较重者（如C级以上）的RE愈合率差。PPI是强力抑酸剂，可产生显著而持久的效果缓解症状快，RE愈合率高，可用于所有GERD患者。

（2）促胃肠动力药：此类药主要作用是增加LES压力、改善食管蠕动功能、促进胃排空，从而减少胃内容物食管反流及减少其在食管的暴露作用，但单独使用疗效差，多在 H_2RA 及PPI治疗疗效差或无效时与之联合使用。此类药物种类较多，如多潘立酮、西沙必利、莫沙必利、伊托比利，但根据大量临床研究结果，其中的西沙必利仍是被推荐治疗本病的主要药物，因有个别报道西沙必利发生严重心律失常的不良反应，要特别注意。

（3）其他药物：含有铝、镁、铋等碱性盐类及其复合制剂，具有抗酸、保护胃黏膜作用，可用于症状轻或间歇发作的患者缓解症状，对RE的愈合无作用。

（4）联合治疗：抑酸剂治疗无效，且经食管测压证实有食管动力异常的患者可试用促胃肠动力药联合抑酸剂治疗。现多主张采用递减法：一开始即使用PPI加促胃肠动力药，以求迅速控制症状，快速治愈食管炎，待症状控制后再减量维持。

（5）维持治疗：GERD是一种慢性且极易复发的疾病，Klinkeberg-Knol等报道经奥美拉唑40mg/d治愈后，在药物减量的12个月中的复发率为47%，故经初始治疗后，为控制症状、预防并发症，通常需采取维持治疗。目前维持治疗的方法有3种：维持原剂量或减量、间歇用药、按需治疗。PPI几乎可以愈合所有的RE，维持治疗GERD的效果优于 H_2RA 和促胃肠动力药，其剂量因人而异，以调整至患者无症状之最低剂量为最适剂量。目前也有研究提倡按需服药，即出现症状后患者自己服药至症状被控制，应先选用起效快的PPI，推荐NERD患者按此方法治疗。

3. 内镜治疗 随着内镜技术的发展，在治疗GERD方面已获得令人鼓舞的效果。GERD内镜治疗方法有内镜缝合（胃腔内折叠术）、射频治疗、内镜下注射治疗和（或）植入治疗等。目前仅内镜缝合治疗获得我国食品和药品管理局批准用于临床。对C、D级食管炎、BE、大于2cm的食管裂孔疝、食管体部蠕动障碍者内镜治疗应视为禁忌。

4. 外科手术治疗 抗反流手术适应证：①严格内科治疗无效；②虽内科治疗有效，但患者不能忍受长期服药；③经反复扩张治疗后仍反复发作的食管狭窄，特别是年轻人；④确证由反流引起的严重呼吸道疾病。

笔记栏

Belsey、Nissen及Hill胃底折叠术是目前临床上使用最广泛的三种抗反流手术。手术的目的是建立腹段食管，在胃食管连接处以胃底肌肉包围食管下段建立一个“活瓣”以提高LES压力。抗反流手术对缓解症状及食管黏膜损伤的愈合有效率可达85%。但长期随访发现仍有10%复发率。抗反流手术常见的并发症为吞咽困难。迷走神经切断术对GERD没有任何益处。腹腔镜下抗反流手术的问世为临床医师提供了一种新的手术治疗方法，有些临床医师已将腹腔镜手术作为抗反流手术的首选方法之一。

BE伴高度不典型增生、食管严重狭窄等并发症，可考虑内镜或手术治疗。

5. 并发症的治疗 GERD常见的并发症有食管狭窄、食管溃疡、食管缩短及BE等。对于轻微的食管狭窄，可以通过饮食限制及药物（如PPI）治疗改善。短期单纯性狭窄可以在内镜下行用扩张治疗。如果狭窄进行性加重，每4~6月宜扩张1次，必要时可行支架置入治疗。部分患者亦可行外科抗反流手术。对于食管溃疡，通常需要大剂量PPI和黏膜保护剂的治疗。BE常发生在严重RE基础上，是GERD严重的并发症，故积极药物治疗其基础疾病是预防BE发生和发展的重要措施。因BE有恶变的可能，应加强内镜随访及活检以早期发现异型增生及腺癌。当患者有低度异型增生时，可采用大剂量的PPI治疗，3~6个月后内镜随访并活捡，以观察病情的进展程度，中重度异型增生或出现结节状增生时可行内镜下激光、电凝甚至局部食管切除等治疗。

处方及医师指导

1. 一般治疗：避免过饱或餐后平卧，必要时可适度抬高枕头，劳逸结合。

2. 药物治疗

（1）H_2RA 或PPI：法莫替丁（高舒达）20mg，每日2次，饭前服用；或奥美拉唑40mg，每日1~2次，维持约8~12周。

（2）促胃肠动力药：多潘立酮或西沙必利或莫沙必利或伊托比利，10mg，每日3次，饭前服用。

（3）胃黏膜保护剂：必要时加用CBS，每日4次，每次120mg，餐前服；或硫糖铝，每日4次，每次1g，饭前1小时和睡前口服；或铝碳酸镁，每日3次，每次1~2片，餐前服用。

3. 内镜及其他治疗：若病情发展，可酌情使用内镜或外科手术治疗。

第3章 胃炎

胃黏膜对损害的反应涉及上皮损伤、黏膜炎症和上皮细胞再生等过程。胃炎指的是任何原因引起的胃黏膜炎症,常伴有上皮损伤和细胞再生。某些病因主要引起上皮损伤和细胞再生而胃黏膜炎症轻或无,这种胃黏膜病变则称之胃病,但临床上常将一些本属于胃病的情况归入胃炎中。胃炎是一种常见病,发病率在消化系统疾病中居首位。因胃镜检查的广泛开展和幽门螺杆菌的发展及深入研究,对胃炎的病因发病机理和治疗获得很大进展。一般将胃炎分为急性和慢性两类。

第1节 急性胃炎

案例

患者,男性,26岁,公司职员,上腹痛1天伴呕血2次。

患者于昨晚与朋友聚餐饮白酒约8两,即感上腹部疼痛不适,呈持续性,有阵发性加剧,伴有恶心呕吐,为胃内容物,共约10余次,于今晨呕吐两次咖啡色液体,共约300ml,送我院急诊科而收入院。发病以来未解大便,无发热。平素饮酒,大约每月1~2次,每次3~5两,否认肝病及血吸虫疫水接触史,无药物过敏史。

体格检查:T 36℃,BP 100/60mmHg,神志清楚,精神差,呼吸平稳,全身皮肤黏膜无黄染,全身浅表淋巴结未及肿大,叩诊心界正常范围,HR 92次/min,双肺未闻及干湿性啰音,腹部平软,未见曲张静脉,上腹部正中压痛(+),反跳痛(—),肝脾未及,墨菲征(—),移动性浊音(—),肠鸣音4~5次/min。

实验室检查及其他:血常规正常,急诊胃镜示急性糜烂出血性胃炎。

思考题

1. 结合你所学知识,你认为该病最可能的诊断是什么?

2. 如何预防该病?

急性胃炎是指多种原因引起的急性胃黏膜炎症,病变可局限于胃窦、胃体或弥漫分布于全胃。临床上急性发病,多数患者有明确的发病原因。病程一般较短,是可逆性的病变。常表现为上腹部症状。内镜检查可见胃黏膜充血、水肿、出血、糜烂等一过性病变。病理组织学特征为胃黏膜固有层见到以中性粒细胞为主的炎症细胞浸润。急性胃炎中以胃黏膜糜烂、出血为主要表现者称为急性糜烂出血性胃炎,可伴一过性浅表溃疡形成,因其胃黏膜炎症轻或缺如,严格上讲应称为急性糜烂出血性胃病,是急性胃炎中最重要的一型,也是本章节重点介绍的内容;还有因误服或有意服腐蚀剂所致的急性腐蚀性胃炎和胃壁感染细菌所引起的急性化脓性胃炎,因在临床上少见,故不作专门陈述。

【病因和发病机理】

1. 感染或毒素摄入 进食被细菌或其毒素污染的食物引起的胃黏膜炎症,并多伴有肠炎,又称为急性胃肠炎。常见的致病细菌有沙门菌属、副溶血弧菌(嗜盐菌)、幽门螺杆菌以及某些流感病毒和肠道病毒等。毒素中以金黄色葡萄球菌毒素为最常见。沙门菌属常在肉及蛋中生长。副溶血弧菌主要在蟹、鱼、螺、海蜇等海产品咸菜中,天热久置的饭菜、奶、肉食适宜于葡萄球菌繁殖及肠毒素的产生。幽门螺杆菌感染也可引起急性Hp性胃炎(致病机理详见慢性胃炎)。

2. 理化因素 许多物理或化学因素如过热过冷或粗、硬食物、X线照射、咖啡、浓茶、尼古丁、乙醇及一些刺激性调味品等会损伤胃黏膜,诱发急性炎症。药物是诱发急性胃炎的最突出的化学因素,特别是非甾醇类抗炎药(NSAID)如阿司匹林、吲哚美辛、保泰松等以及肾上腺皮质激素类。NSAID除直接损伤胃黏膜上皮层外,还通过抑制环氧合酶而抑制胃黏膜产生生理性前列腺素,后者在维护黏膜屏障完整方面起重要作用。肾上腺皮质激素可引起"类固醇性溃疡"甚至穿孔,与胃酸、胃蛋白酶分泌增加,胃黏液分泌减少,削弱黏膜屏障、抑制胃上皮细胞再生有关。其他药物如某些抗肿瘤药、洋地黄、抗生素、钾盐、咖啡因等亦可引起本病。

3. 应激 严重创伤、大手术、大面积烧伤、颅内病变、败血症及其他严重脏器病变或多器官功能衰竭等均可引起胃黏膜糜烂、出血,严重者发生急性溃疡并大量出血。虽然急性应激引起急性糜烂出血性胃炎的确切机制尚未全明,但一般认为与应激状态下胃黏膜血管痉挛而缺血、缺

笔记栏

氧,从而使黏液分泌下降、前列腺素合成不足、上皮再生能力减弱、H 离子反渗导致黏膜屏障破坏有关。

【病理】 病变主要侵及黏膜层,发生充血、多发性糜烂、点片状或线状出血及浅溃疡,侵及部分或全胃黏膜,严重者可累及十二指肠甚至食管。溃疡浅表、不侵犯黏膜肌层,仅有个别溃疡可较深,甚至穿孔,组织学表现黏膜上皮层脱落、灶性坏死、充血水肿、出血,本病病变处血管常不形成血栓,故临床上出血多见。

【临床表现】 主要症状为上腹痛、恶心、呕吐、饱胀不适。进污染食物者常合并肠炎,可出现脐周绞痛、腹泻,大便呈糊状或黄色水样便,不带脓血,一日数次至十数次。急性应激、NSAID、大量饮酒所致的急性糜烂出血性胃炎可以突然呕血和(或)黑粪为首发症状,是上消化道出血的常见原因之一,约占 10%~25%。严重者可伴有恶冷发热、脱水、电解质紊乱、酸中毒甚至休克。体征可有上腹或脐周轻压痛,肠鸣音亢进。

案例归纳一

该患者以上腹痛、恶心、呕吐、呕血为主要临床表现,其诱因为饮酒,平素有饮酒嗜好。无肝病、血吸虫疫水接触史。阳性体征仅有上腹部压痛。

【实验室检查】 多数患者白细胞在正常范围内或轻度增高。呕吐物或可疑食物培养可能发现致病菌,血培养阴性。急性糜烂出血性胃炎的确诊依赖胃镜检查,强调宜在出血发生后24~48 小时内进行,多表现为弥漫分布的多发性糜烂、出血灶或浅表溃疡为特征的急性胃黏膜病损,一般而言,应激所致的胃黏膜病损以胃体、胃底为主,而 NSAID、大量饮酒所致者以胃窦为主。

案例归纳二

血常规正常,急诊胃镜示急性糜烂出血性胃炎。肝功能正常,血 K^+、Na^+、Ca^{2+}、Cl^- 等正常。

【诊断】 据患者急性起病,上腹疼痛,有饮食不当或服用药物或应激状态等诱因不难做出诊断,急性糜烂出血性胃炎的确诊依赖胃镜检查。

【鉴别诊断】

1. 急性腐蚀性胃炎 有服强酸(硫酸、盐酸、硝酸)、强碱(氢氧化钠、氢氧化钾)或来苏尔等病史。服后引起消化道灼伤、出现口腔、咽喉、胸骨后及上腹部剧烈疼痛,伴吞咽疼痛、咽下困难、频繁恶心、呕吐。严重者可呕血,呕出带血的黏膜腐片,可发生虚脱、休克或引起食管、胃穿孔的症状,口腔、咽喉可出现接触处的炎症:充血、水肿、糜烂、坏死黏膜剥脱、溃疡或可见到黑色、白色痂。

2. 急性阑尾炎 本病早期可出现上腹痛、恶心、呕吐,但随着病情的进展,疼痛逐渐转向右下腹,且有固定的压痛及反跳痛,多伴有发热、白细胞增高、中性粒细胞明显增多。

3. 胆囊炎、胆石症 有反复发作腹痛史,常以右上腹为主,可放射至右肩、背部。查体时注意巩膜、皮肤黄疸。右上腹压痛、墨菲征阳性,或可触到肿大的胆囊。B 超、血胆红素定量、尿三胆检测有助于诊断。

4. 其他 大叶性肺炎、心肌梗死等发病初期可有不同程度的上腹痛、恶心、呕吐。如详细询问病史、体格检查及必要的辅助检查,不难鉴别。

案例诊断要点

1. 年轻男性

2. 病史特点:饮酒后突发以上腹痛、恶心、呕吐、呕血等临床表。平素有饮酒嗜好。无肝病、血吸虫疫水接触史。

3. 体格检查:除仅有上腹部压痛外,无其他阳性体征。

4. 实验室及其他检查:血常规正常,急诊胃镜示急性糜烂出血性胃炎。肝功能正常,血 K^+、Na^+、Ca^{2+}、Cl^- 等正常。

临床诊断:急性糜烂出血性胃炎并上消化道出血。

【治疗和预防】 首先应祛除病因,停用 NSAID,给予流质或软食,严重呕吐者应禁食,并对服用 NSAID 的患者视情况应用 H_2RA、PPI 或米索前列醇预防。腹痛明显者可肌注 654-2 或阿托品解痉止痛。呕吐次数较多者可肌注甲氧氯普胺(胃复安),并积极补液、纠正水、电解质紊乱和酸、碱平衡失调。细菌性胃炎可予相应抗菌治疗。对处于应激状态的上述严重疾病患者,除积极治疗原发病外,应常规给予抑制胃酸分泌的 H_2RA 或 PPI,或具有黏膜保护作用的硫糖铝作为预防措施。对于已发生上消化道出血者应按上消化道出血治疗原则采取综合措施进行治疗(见“上消化道出血”章节)。

处方及医师指导

1. 一般治疗:暂禁食,若无继续呕血或呕吐,或黑粪次数减少,即可改为少量流质

笔记栏

饮食,再逐渐增加饮食量并过渡到半流质、软食;卧床休息,逐渐增加活动量;戒烟戒酒,避免感受风寒、饮食生冷和使用对胃黏膜有损害的药物。

2. 药物治疗

(1) H_2RA 或 PPI:法莫替丁(高舒达)20mg溶于40~100ml糖或盐水,静脉注射,为1日2次;或奥美拉唑40mg,静脉注射,为1日1~2次,至出血停止,之后改为口服,维持约1周。

(2) 云南白药:2~5g,口服,1日1~2次。血止即停用。

(3) 胃黏膜保护剂:CBS,1日4次,每次120mg,餐前服;或硫糖铝,1日4次,每次1g,饭前1小时和睡前口服;或铝碳酸镁,1日3次,每次1~2片,餐前或疼痛时口服。疗程与口服 H_2RA 或PPI相同。

3. 其他:出血患者应注意监测生命体征,禁食期间应注意水、电解质、酸碱平衡。

第2节 慢性胃炎

案例

患者,女性,46岁。反复上腹胀痛20年,加重3年,再发1周。

20年前始发上腹胀痛,多在饮食不当(如生冷、辛辣、油腻、饥饱失常等)、受凉或情绪不佳时发生,伴有嗳气、饱胀,多次查胃镜示慢性浅表性胃窦炎,间断服过雷尼替丁、奥美拉唑、多潘立酮等西药和中、西药治疗有一定疗效。3年前上述症状加重,食后即饱或无饥饿感,胃镜示慢性浅表-萎缩性胃窦炎,胃窦活检示中度肠上皮化生。1周前因受凉上述症状再发,自服"藿香正气口服液"、多潘立酮效果不佳,随来我院门诊就诊。平素无烟酒嗜好,否认乙肝病史。

体格检查:神志清楚,面色苍白,全身皮肤黏膜无黄染,全身浅表淋巴结未及肿大,叩诊心界正常范围,HR 72次/min,双肺未闻及干湿性啰音,腹部平软,上腹部正中压痛(+),反跳痛(—),肝脾未及,墨菲征(—),肠鸣音4~5次/min。

实验室检查及其他:血常规示RBC 3.6×10^{12}/L,Hb 99g/L,MCV 76fl,MCHC 29%,肝功能正常,Hp呼气试验结果976。胃镜示慢性浅表-萎缩性胃窦炎,胃窦活检组织病理检查示胃窦中度萎缩、中度肠上皮化生,B超示肝胆脾胰(—)。

思考题

1. 结合你所学知识,你认为该病最可能的诊断是什么?

2. 如何预防和治疗该病?

慢性胃炎(chronic gastritis)是指不同病因引起的胃黏膜的慢性炎症。慢性胃炎分类方法有多种,我国目前采用的是2000年全国慢性胃炎研讨会共识意见,基本与新悉尼系统(1996年)相同,根据病理组织学改变和病变在胃的分布部位,结合可能的病因,将慢性胃炎分成浅表性(又称非萎缩性,non-atrophic)、萎缩性(atrophic)和特殊类型(special forms)三大类。慢性浅表胃炎是指不伴有胃黏膜萎缩性改变,胃黏膜层见以淋巴细胞和浆细胞为主的慢性炎性细胞浸润的慢性胃炎,Hp感染是这类慢性胃炎的主要病因。慢性萎缩性胃炎是指胃黏膜已发生了萎缩性改变的慢性胃炎,常伴有肠上皮化生,又可分为多灶萎缩性胃炎和自身免疫性胃炎,前者表现为萎缩性改变在胃内呈多灶性分布,以胃窦为主,多由Hp感染引起的慢性浅表性胃炎发展而来,相当于过去命名的B型胃炎;后者表现为萎缩性改变主要在胃体部,由自身免疫引起,相当于过去命名的A型胃炎。特殊类型胃炎种类很多,如各种细菌、病毒、真菌引起的感染性胃炎,胆汁反流等引起的化学性胃炎,还有menetrier病、嗜酸性细胞胃炎、非感染性肉芽肿性胃炎、放射性胃炎、充血性胃病等。

慢性胃炎十分常见,约占接受胃镜检查病人的80%~90%,男性多于女性,随年龄增长发病率逐渐增高。

【病因和发病机制】 病因尚未完全阐明,一般认为主要与Hp感染、自身免疫、胆汁反流等因素有关。各种物理的、化学的、生物性的有害因素长期反复作用于易感人体即可引起本病。病因持续存在或反复发生即可形成慢性胃炎。

1. Hp感染 现认为Hp感染是慢性浅表性胃炎最主要的病因。Hp是在1982年才被发现并分离的一种革兰阴性菌,微嗜氧,一端带有数条鞭毛,能长期稳定地定居于胃窦部,在胃黏膜小凹及表面黏液层中繁殖。其感染机理是:①Hp呈螺旋形,具鞭毛结构,可在黏液层中自由活动,并与黏膜细胞紧密接触,直接侵袭胃黏膜;②产生多种酶及代谢产物如尿素酶及其代谢产物氨、过氧化物歧化酶、蛋白溶解酶、磷脂酶A等,可破坏胃黏膜;

笔记栏

③细胞毒素(cytotoxin)可致细胞空泡变性;④Hp抗体可造成自身免疫损伤。

2. 饮食与环境因素 同样是Hp感染较高的地区,如印度、非洲、东南亚与日本、韩国、哥伦比亚,但前者胃黏膜萎缩和肠化生发生率却远低于后者,这说明饮食与环境因素在其中可能起了重要作用,而Hp感染还不足以导致慢性浅表性胃炎发展为萎缩和肠化生,只是增加了胃黏膜对饮食与环境因素损害的敏感性。先前有研究显示,饮食中高盐、缺乏新鲜蔬菜水果与萎缩、肠化生以及胃癌的发生密切相关。

3. 自身免疫 部分慢性萎缩性胃炎患者的血清中能检出壁细胞抗体(PCA),伴有恶性贫血者还能检出内因子抗体(IFA),说明慢性胃炎与自身免疫具有密切关系。壁细胞抗原和PCA形成的免疫复合体在补体参与下,破坏壁细胞致壁细胞数目减少,最终造成胃酸分泌减少或缺乏;由壁细胞分泌的内因子丧失,引起维生素$_{12}$吸收不良,导致恶性贫血。

4. 其他 长期大量服用NSAID如阿司匹林、吲哚美辛等可抑制胃黏膜前列腺素的合成,破坏黏膜屏障;酗酒、刺激性食物也可反复损伤胃黏膜;烟草中的尼古丁不仅可影响胃黏膜的血液循环,还可导致幽门括约肌功能紊乱,造成胆汁反流而破坏胃黏膜屏障。

【病理改变】 慢性胃炎的主要组织病理改变包括炎症、萎缩、肠化生、异型增生。其炎症表现为黏膜层以淋巴细胞和浆细胞为主的慢性炎性细胞浸润,当有中性粒细胞浸润时表示有活动性炎症,多提示存在Hp感染。其萎缩是指胃固有腺体(幽门腺或泌酸腺)数量减少甚至是消失,并伴有纤维组织增生、黏膜肌增厚,严重者胃黏膜变薄。其化生常发生在萎缩基础上,包括肠化生和假幽门腺化生,前者是指肠腺样腺体代替了胃固有腺体,一般所说肠化生多指此种,后者是指胃体泌酸腺的颈黏液细胞增生,形成幽门腺样腺体。根据肠化生细胞黏液性质、有无潘氏细胞和出现酶的种类,可将肠化生分成小肠型和大肠型、完全型和不完全型,大肠型或不完全型肠化生与胃癌的关系目前尚未完全定论。异型增生又称不典型增生,表现为细胞异型性和腺体结构的紊乱,是前几种病变的进一步发展,被认为是胃癌的癌前病变。由于大多数慢性胃炎由Hp感染引起,所以病理组织学检查多可发现此细菌,其在胃内的分布密度是胃窦高于胃体,而且是多见于黏液层和胃黏膜上皮表面或小凹间,在有肠化生和异型增生的部位很少存在。

上述各种病理变化一般是先呈局灶性分布,然后随着病情发展逐渐融合成片;胃窦重于胃体,小弯侧重于大弯侧。为了区分慢性胃炎的类型并了解其严重程度,要求对病变累及的部位、有无Hp感染、形态学改变(炎症及其活动性、萎缩、肠化生、异型增生)程度(轻、中、重度)进行相应的判断并描述。

【临床表现】 多数慢性胃炎无任何症状,即便有症状也无特异性,其轻重与胃镜下胃黏膜的病变和组织病理学改变程度并无相关性。其症状主要表现为程度不同的消化不良如上腹隐痛或不适、饱胀、食欲减退、早饱、嗳气、恶心、反酸等。胃黏膜有糜烂者可有上消化道出血,长期少量出血可导致缺铁性贫血。在典型恶性贫血者可伴疲软、舌炎、轻微黄疸等维生素B_{12}缺乏的表现。体征多不明显,可有上腹部轻压痛。

案例归纳一

该患者以反复上腹胀痛为主要表现,而且其发作多有饮食不当(如生冷、辛辣、油腻、饥饱失常等)、受凉或情绪不佳等诱因,并伴有嗳气、饱胀、早饱、无饥饿感等症状,多次查胃镜示慢性浅表性胃窦炎或浅表-萎缩性胃窦炎。本次因受凉而再次发作。平素无烟酒嗜好,否认乙肝病史。体格检查:神志清楚,面色苍白,全身皮肤黏膜无黄染,全身浅表淋巴结未及肿大,叩诊心界正常范围,HR 72次/min,双肺未闻及干湿性啰音,腹部平软,上腹部正中轻度压痛(+),反跳痛(—),肝脾未及,墨菲征(—),肠鸣音4~5次/min。

【实验室及其他检查】

1. 胃镜及活组织检查 胃镜检查同时取活组织做组织病理学检查是诊断慢性胃炎最可靠的方法。内镜下浅表性胃炎表现为红斑(点、片、条状)、黏膜粗糙不平、出血点/斑;萎缩性胃炎黏膜可呈颗粒状、黏膜血管显露、色泽灰暗、皱襞变细。两种胃炎均可伴有糜烂、胆汁反流。为保证诊断的准确性和对慢性胃炎进行分型,要求多部位和达到一定深度取材,用于临床诊断的活组织检查建议取3块(如胃窦大、小弯各1块和胃体小弯1块);用于科研时要求取5块(如胃窦、胃体大小弯各1块和胃角小弯1块)。需要指出的是内镜下表现与活组织检查的病理表现常常不一致,因此,诊断时强调两者结合,在充分活检基础上以活组织病理学诊断为准。

2. Hp检查 检测Hp有助于慢性胃炎的分类诊断和选择治疗措施,可通过培养、涂片、尿素酶测定等方法进行检查(详见"消化性溃疡")。

3. 胃酸测定 浅表性胃炎胃酸分泌正常升

笔记栏

高。胃窦黏膜萎缩时(B 型胃炎)胃酸可正常或降低,胃体黏膜萎缩时(A 型胃炎)胃酸分泌明显降低,甚至缺乏。

4. 血清胃泌素含量测定 B 型胃炎含量一般正常或降低,A 型胃炎含量常升高,尤其伴有恶性贫血者上升更加明显。

5. 其他检查 免疫相关的萎缩性胃炎血清可出现 PCA、IFA 阳性。血清维生素 B_{12}浓度测定及维生素 B_{12}吸收试验有助于恶性贫血的诊断。X 线钡餐检查对慢性胃炎诊断帮助不大,但有助于鉴别诊断。

案例归纳二

血常规示 RBC 3.6×10^{12}/L,Hb 99g/L,MCV 76fl,MCHC 29%,肝功能正常,Hp 呼气试验结果 976,胃镜示慢性浅表-萎缩性胃窦炎,胃窦活检组织病理检查示胃窦中度萎缩、中度肠上皮化生,B 超示肝胆脾胰(—)。

【诊断与鉴别诊断】 慢性胃炎无特异临床表现,确诊必须依靠胃镜检查及胃黏膜活组织病理学检查,Hp 检查有助于病因诊断。怀疑免疫相关的萎缩性胃炎应检测相关自身抗体及血清胃泌素等。

消化性溃疡、胃癌、神经官能症、慢性胆囊炎等疾病的临床表现均见上腹不适,胃镜和胆囊 B 超可以鉴别。

案例诊断要点

1. 中轻女性。

2. 病史特点:以反复上腹胀痛为主要表现,而且其发作多有饮食不当(如生冷、辛辣、油腻、饥饱失常等)、受凉或情绪不佳等诱因,并伴有嗳气、饱胀、早饱、无饥饿感等症状。多次查胃镜示慢性浅表性胃窦炎或浅表-萎缩性胃窦炎。本次因受凉而再次发作。平素无烟酒嗜好,否认乙肝病史。

3. 体格检查:面色苍白,上腹部正中轻度压痛(+),反跳痛(—),肝脾未及,墨菲征(—),肠鸣音 4~5 次/min。

4. 实验室及其他检查:血常规示:RBC 3.6×10^{12}/L, Hb 99g/L, MCV 76fl, MCHC 29%,肝功能正常,Hp 呼气试验结果:976,胃镜示慢性浅表-萎缩性胃窦炎,胃窦活检组织病理检查示中度肠上皮化生,B 超示肝胆脾胰(—)。

临床诊断:慢性浅表-萎缩性胃窦炎并轻度小细胞低色素性贫血。

病理诊断:胃窦中度萎缩、中度肠上皮化生。

【治疗】

1. 一般措施 尽量避免刺激胃黏膜的食物,如烟酒、咖啡、浓茶等,宜多食水果、蔬菜,且进食宜细嚼慢咽。

2. 根除 Hp 对于 Hp 感染引起的慢性胃炎是否一定要行根除治疗目前尚无统一方案,但部分研究表明成功根除 Hp 后胃黏膜组织病理学上的慢性活动性炎症会得到明显改善,消化不良症状也得到部分改善,因而从理论上推测可能有预防萎缩和肠化生的发生、发展和胃癌的发生。基于此,再加上考虑慢性胃炎发病率高,普遍根除带来的高医疗费用等国情,我国 2000 年全国慢性胃炎共识意见推荐如下适应证:①有明显异常(指胃黏膜糜烂、萎缩、肠化生、异型增生)的慢性胃炎;②有胃癌家族史者;③伴有糜烂性十二指肠炎者;④症状明显,常规治疗效果差者。根除方案详见“消化性溃疡”章节。

3. 增强胃黏膜防御 如硫糖铝、胶体铋、铝碳酸镁等均有增强胃黏膜防御功能的作用,多适用于有胃黏膜糜烂、出血或症状明显者。

4. 对症处理及其他治疗 对于有饱胀、早饱、恶心呕吐者可给予胃肠动力药如胃复安、多潘立酮或西沙必利或莫沙比利;恶性贫血者应给予维生素 B_{12}注射。有胃黏膜糜烂或烧心、反酸、上腹饥饿性疼痛者可选用抗酸剂、H_2RA、PPI 等治疗。有胆汁反流者可给铝碳酸镁及胃肠动力药,以中和胆盐,防止反流。适度使用维生素 C、维生素 E、β 胡萝卜素、硒等抗氧化剂对预防胃癌有一定的作用。中药对改善症状、修复上皮、预防胃癌也有一定的作用。

异型增生是胃癌前病变,积极治疗和定期随访均不可偏废,轻、中度可以逆转,重度则可采用内镜下胃黏膜切除术或外科手术。

【预防和预后】 慢性浅表性胃炎,预后良好,少数可演变为萎缩性胃炎。萎缩性胃炎伴有重度肠腺化生或(和)异型增生者有癌变可能,慢性萎缩性胃炎的癌变率资料报道不一,癌变与病变程度和时间有关,一般认为慢性萎缩性胃炎每年的癌变率约为 0.5%~1.0%,15~12 年以上达 10%。大约 15%~20% 的 H. pylori 相关胃炎可发生消化性溃疡,以胃窦炎症为主者易发生十二指肠溃疡,而多灶萎缩者易发生胃溃疡。

注意饮食规律、戒烟戒酒,保持良好情绪,生活规律有助于预防胃炎的发生和复发。

笔 记 栏

处方及医师指导

1. 一般治疗：尽量避免刺激胃黏膜的食物，如烟酒、咖啡、浓茶等和饮食生冷，宜多食水果、蔬菜，且进食宜细嚼慢咽。避免感受风寒。疏导患者的恐癌心理。

2. 抗 Hp 治疗：克拉霉素500~1000mg/d 或阿莫西林 1000~2000mg/d，青霉素过敏者改为甲硝唑 800mg/d，上述剂量分 2 次服，疗程 7 天。

3. 胃黏膜保护剂：CBS，每日 4 次，每次 120mg，餐前服；或硫糖铝，每日 4 次，每次 1g，饭前 1 小时和睡前口服；或铝碳酸镁，每日 3 次，每次 1~2 片，餐前或疼痛时口服，至症状消失。

4. 对症处理及其他治疗：多潘立酮或莫沙必利 10mg，每日 3 次；健脾生血颗粒 3 包，每日 3 次；或较长时间服用胃复春或摩罗丹、维生素 C、维生素 E、β 胡萝卜素、硒等。

笔 记 栏

第 4 章　消化性溃疡

案例

患者,男性,31 岁。工人,反复上腹痛 5 年,再发 1 天伴黑粪 3 次,昏倒 1 次。

5 年前始发上腹胀痛,多在餐前发作,进食后缓解,有时在夜间 2~3 时发作而痛醒,伴有反酸、嗳气,每年发作 1~2 次,多在 2~3 月或 11~12 月发作,发病多与感受风寒或进食生冷食物有关,先后服用过雷尼替丁、法莫替丁、奥美拉唑,均约 1 周左右疼痛缓解即停用。昨晚聚餐饮酒较多,出现上腹隐隐作痛、疼痛呈持续性,阵发性加剧,至今日凌晨 3~4 点解黑粪 2 次,呈糊状,均约 300g,于 7 点再次如厕解黑粪 400g,被家人发现昏倒在地,急送我院而收入院。平素抽烟(约 2~3 天 1 包)、饮白酒(每周 1~2 次,每次 2~3 两),无肝炎病史及血吸虫疫水接触史,无青霉素过敏史。

体格检查:T 36℃,P 112 次/min,BP 70/50mmHg,神志清楚,痛苦面容,面色苍白,皮肤湿冷,全身皮肤及巩膜未见黄染,全身浅表淋巴结未及,叩诊心界正常范围,HR 112 次/min,双肺呼吸音正常,未闻及干湿性啰音,腹部平软,未见静脉曲张,剑突下压痛(+)、反跳痛(-),肝脾未及,墨菲征(-),移动性浊音(一),肠鸣音6~7 次/min。

实验室及其他检查:血常规示 WBC 5.6×10^9/L, N 0.59, RBC 2.6×10^{12}/L, Hb 70g/L; HBsAg(-),肝功能示正常。粪潜血(OB)(+++)

思考题

1. 结合所学知识,你认为该病例的最可能的诊断是什么?

2. 结合病史还应做哪些实验室检查?

3. 上腹痛多见于哪些疾病?

消化性溃疡(peptic ulcer,简称 PU)因其溃疡的形成与胃酸和胃蛋白酶对黏膜的自身消化作用有关而得名。广义上看凡是能与酸性胃液(含有胃酸和胃蛋白酶)接触的胃肠任何部位均可发生溃疡,包括食管下段、胃、十二指肠、胃肠吻合术后接受胃内容物的肠袢和具有异位胃黏膜的 Meckel 憩室;由于临床上 PU 绝大多数发生在胃和十二指肠,所以狭义上 PU 指的就是胃溃疡(gastric ulcer, 简称 GU)和十二指肠溃疡(duodenal ulcer, 简称 DU)。PU 的主要临床表现为上腹部疼痛,且具有慢性、周期性、节律性的特征。

PU 是人类的常见病,呈世界性分布。西方统计资料表明,约有 10%人口一生中患过此病,但近 10~20 年,本病发病率总体上呈下降趋势。在我国尚缺乏全人口的发病率。PU 可发生在任何年龄,DU 好发于青壮年,GU 发病年龄较 DU 晚十年。男性患病比女性多。临床上 DU 比 GU 多,两者之比约为 3 ∶ 1,但有地区差异,如在胃癌高发区 GU 所占比例增加。冬春和秋冬之交为 PU 好发季节。

【病因和发病机制】 PU 的病因和发病机制迄今尚未完全阐明。在正常生理情况下,胃十二指肠黏膜由于其黏液/碳酸氢盐屏障、黏膜屏障、黏膜血流量、上皮细胞更新、前列腺素和表皮生长因子分泌等一系列防御和修复机制能抵抗生理状态的胃酸、胃蛋白酶侵蚀和经口摄入的各种有害物质的侵袭,有损害作用的侵袭因素和有保护作用的防御和修复因素之间处于动态平衡。当侵袭因素增强,或防御和修复因素减弱,或者两者兼而有之时,这种平衡即被打破,即导致了 PU 的发生。GU 的发生主要是由于防御和修复因素的减弱,而 DU 的发生主要是由于侵袭因素的增强。

1. 幽门螺杆菌(Hp)　1982 年澳大利亚 B Marshall 和 R Warren 两位学者从人体胃黏膜活检标本中首先分离培养幽门螺杆菌。经过 20 多年的研究,目前已经肯定,Hp 感染是 PU 的主要病因,证据有:①PU 患者中 Hp 感染率高,如能排除检测前患者服用过抗生素、铋剂或非甾体抗炎药(NSAID)等因素,DU 患者的 Hp 感染率为 90%~100%,GU 为80%~90%;②根除 Hp 可促进溃疡愈合和显著降低溃疡复发率,用常规抑酸药治疗后愈合的溃疡年复发率为 50%~70%,而根除 Hp 可使溃疡年复发率降至 10%(多数为 5%)以下,这表明去除病因后绝大多数 PU 患者可彻底治愈。目前尚不能满意解释 Hp 感染者中仅有 15%~20%的人发生 PU,可能与 Hp 不同毒力株、宿主遗传和机体状态、环境因素三者相互作

笔记栏

用的不同结果有关。

Hp的重要微生物学特点:①革兰阴性、微嗜氧杆菌;②只能定植在胃上皮细胞或有胃上皮化生的十二指肠上皮细胞;③可产生多种毒力因子,包括尿素酶、空泡毒素(VacA)、细胞毒素相关蛋白(CagA)、黏附因子等。其致病机制:Hp的尿素酶水解尿素产生的氨不仅可以中和胃酸有利于细菌的生存,并对细胞有直接损害作用;VacA目前被认为是菌株毒力强弱的重要标志,可以导致细胞的空泡变性;与黏膜上皮细胞紧密接触,形成"接触坐垫"样结构,使微绒毛脱落、细胞骨架破坏;直接或通过炎症介质间接作用于G、D细胞和壁细胞,使胃酸分泌增加等。总之,Hp凭借其毒力因子的作用,在胃型黏膜(胃和有胃上皮化生的十二指肠)定植,诱发局部炎症和免疫反应,损害局部黏膜的防御/修复机制;另一方面,Hp感染可增加促胃液素(胃泌素)和胃酸的分泌,增强了侵袭因素。这两方面的协同作用造成了胃十二指肠黏膜损害和溃疡形成。

2. 胃酸和胃蛋白酶 人们传统上一直十分重视胃酸和胃蛋白酶分泌增多所致的自身消化作用,并且认为胃酸是溃疡发生的决定因素。这是因为胃酸由壁细胞分泌,胃蛋白酶是由主细胞分泌的胃蛋白酶原经胃酸激活转化而来,胃蛋白酶的活性依赖于胃内一定的酸性环境($pH < 4$)。据统计20%~50%DU患者基础胃酸排泌量(BAO)和最大胃酸排泌量(MAO)高于正常人;多数GU患者的BAO和MAO多属正常或低于正常,甚至少数胃酸缺乏者也会发生PU,显示胃酸分泌量的改变在GU的发生中似乎不甚明显。此外,仍有部分DU患者其胃酸分泌量并未增高,针对这些事实,以前并没有令人满意的解释,随着对Hp感染的认识不断深入,现在越来越多的人认为胃酸并非PU发生的决定因素,但是胃酸分泌增多是绝大多数PU特别是DU发生的必要条件之一。

3. 药物因素 有临床研究报道,在服用NSAID患者中,约50%内镜下出现胃十二指肠黏膜糜烂、出血,约10%~25%可发现PU,约1%~2%患者发生出血、穿孔等并发症。发生PU的危险性与所服的NSAID种类、剂量、疗程、Hp感染、吸烟、同时服用糖皮质激素等因素有关。NSAID引起的PU以GU较DU多见。其致病机制:①NSAID是弱酸脂溶性药物,能直接穿过胃黏膜屏障,导致H^+反弥散造成胃黏膜损伤;②抑制了环氧化酶(COX)活性,从而抑制内源性前列腺素(PG)合成和分泌,削弱了胃黏膜的保护机制。

另外,还有肾上腺皮质激素、抗肿瘤药等均有潜在致溃疡或使溃疡再活动的作用。

4. 其他因素 以下因素可能与PU的发病有不同程度的关系:①遗传:PU患者一级亲属发病率是非PU患者的3倍;O型血DU发病率高于其他血型1.4倍;GU和DU单独遗传,互不相干。因此,曾一度将遗传因素视为PU发生的重要因素。但随着Hp感染在PU发病中的重要作用得到认识,遗传因素的重要性受到挑战。如PU的家族史可能是Hp感染的"家庭聚焦"现象;O型血胃上皮细胞表面表达更多黏附受体而有利于Hp的定植。②胃十二指肠运动异常:研究发现部分DU患者胃排空增快,这可使十二指肠球部酸负荷增大;部分GU患者有胃排空延迟,这可增加十二指肠液反流入胃,增加胃黏膜侵袭因素。但目前认为胃十二指肠运动异常可能不是其原发病因,但可加重Hp或NSAID对黏膜的损害。③应激和心理因素:胃酸的分泌受神经、体液调节,精神刺激通过高级中枢的调节作用,可以产生一系列生理、神经内分泌、神经生化学、免疫功能等方面的改变,从而影响到胃肠分泌、胃黏膜供血、胃肠蠕动功能。急性应激可引起应激溃疡已成共识。但在慢性溃疡患者,情绪应激和心理障碍的致病作用尚无定论。临床观察发现,对已有PU者,长期精神紧张、过劳可使溃疡发作或加重,这说明情绪应激和心理障碍可能是起诱因作用。④吸烟:吸烟者PU的发生率不比非吸烟者高,但影响溃疡愈合和促进溃疡复发,其机制可能与吸烟增加胃酸分泌、减少十二指肠碳酸氢盐分泌、影响胃十二指肠协调运动、黏膜损害性氧自由基增加等有关。

总之,PU是一种多因素疾病,其中Hp感染和服用NSAID是已知的主要病因,其发生是有损害作用的侵袭因素和有保护作用的防御和修复因素之间平衡失调的结果,胃酸在其中起关键作用。

【病理】 胃或十二指肠发生两处或两处以上的溃疡称为多发生溃疡;胃和十二指肠均发生溃疡者称为复合性溃疡。

DU多发生于球部,且前壁较常见;GU多在胃角和胃窦小弯。溃疡一般为单发,也可多发;呈圆形或椭圆形;边缘光整,底部洁净,上面覆盖有灰白或灰黄色苔膜;DU直径多小于1.0cm,GU较DU稍大,亦可以见到直径大于2.0cm的巨大溃疡。组织学上,GU大多发生在幽门腺区(胃窦)与泌酸腺区(胃体)交界处的幽门腺区一侧;溃疡浅者仅累及黏膜肌层,深者达肌层甚至浆膜层。

【临床表现】 临床表现不一,典型表现有

笔记栏

以下一些特点:①慢性过程,反复发作,病史可达数年或数十年。②周期性发作,与缓解期相互交替,发作期可为数周或数月,缓解期短者数周,长者数年;发作常有季节性,多在冬春或秋冬之交发病,可因精神情绪不良、过劳、饮食不当、服用药物等因素诱发或加重。③发作时上腹痛呈节律性,多可为进食或服抗酸药所缓解。上述典型表现在DU多见。少数患者无症状或症状轻而不被注意,而以出血、穿孔等并发症为首发表现。

1. 症状

(1)上腹部疼痛:疼痛性质可为钝痛、灼痛、胀痛、剧痛、饥饿样不适感;DU多在中上腹偏右疼痛,GU多在中上腹或偏左疼痛。疼痛有典型的节律性,约2/3DU有饥饿时疼痛,多在餐后3小时左右出现,进食后缓解,约半数DU患者有午夜痛,常被痛醒;GU疼痛不甚规则,常在餐后1/2~1小时发生,至下餐前自行消失,午夜痛较少。

(2)其他症状:无论疼痛典型与否,均可伴有反酸、嗳气、上腹胀、恶心、呕吐等。

2. 体征 溃疡活动时剑突下偏左或偏右可有一固定而局限的压痛点,缓解时无明显体征。若有并发症梗阻、穿孔、出血有相应的体征。

3. 特殊类型的PU

(1)复合性溃疡:检出率约占所有PU的5%,男性多见。且DU往往先于GU出现。幽门梗阻和出血的发生率较高。

(2)无症状性溃疡:约15%~20%PU患者可无任何症状,因其他疾病(如贫血)做内镜、钡餐或出现并发症,甚至尸检而发现。可见于任何年龄,但以老年人多见。用H_2受体拮抗剂(H_2RA)维持治疗中复发的溃疡半数以上无症状。

(3)老年人消化性溃疡:临床表现多不典型,易出血。以位于胃体上部或高位溃疡以及胃巨大溃疡较多见,易误诊为胃癌。

(4)幽门管溃疡:是发生在幽门口2cm以内的GU。男性居多,与DU类似,呈高酸分泌。常缺乏典型溃疡的周期性和节律性疼痛,表现为餐后立即上腹痛多见,程度剧烈,对抗酸药物治疗反应差,易出现呕吐或幽门梗阻,穿孔或出血等并发症。

(5)球后溃疡:指发生于十二指肠球部以下的溃疡,病灶多位于十二指肠乳头近端。X线和胃镜检查易漏诊。患者多具有DU的临床特点,但夜间疼痛和背部放射痛更为多见,对药物治疗反应差,易并发出血。

【并发症】

1. 出血 PU出血发生率在20%~25%,有10%~25%的患者以出血为首发表现。PU是上消化道出血的最常见病因,DU似比GU更易发生(详见“上消化道出血”章节)。

2. 穿孔 PU穿孔发生率在5%~10%,DU多于GU。PU穿孔可引起几种形式:①溃疡穿透胃肠壁达游离腹腔称为游离穿孔或急性穿孔,多发生于前壁,GU的游离穿孔多发生于小弯,发生穿孔后胃肠的内容物漏入腹腔,多形成弥漫性腹膜炎。②溃疡穿透与邻近组织粘连,称为穿透性溃疡或慢性穿孔,多发生在后壁,发生穿孔后胃肠的内容物不漏入腹腔,改变了腹痛规律,使腹痛变得顽固而持续,后壁溃疡一般多并发出血或穿透入实质器官(最常穿透的器官为胰腺),偶也可穿插入小网膜囊引起局限性腹膜炎或脓肿,引发剧烈背痛。③后壁穿孔或小穿孔只引起局限性腹膜炎,称为亚急性穿孔。④部分穿透至入空腔器官形成瘘管,较少见,DU可穿破入胆总管,GU则可穿入十二指肠或横结肠。

穿孔的典型表现:突发上腹部疼痛,剧烈,持续加剧,并迅速弥漫全腹。常伴恶心、呕吐,可有发热。患者烦躁不安、面色苍白、四肢湿冷、脉细速。腹部压痛、反跳痛、板状腹,肝浊音界缩小或消失,肠鸣音减弱或消失。部分患者胃肠漏出物沿结肠旁沟向下腹流动,酷似阑尾炎易误诊。血白细胞及中性粒细胞增高,腹部X线透视膈下游离气体,是诊断穿孔的重要依据,但无膈下游离气体并不能排除穿孔。

3. 幽门梗阻 约占4%。主要由DU或幽门管溃疡引起。在溃疡活动期溃疡周围组织充血、水肿,幽门痉挛,引起幽门梗阻,随着炎症好转而缓解,呈暂时性,称为功能性梗阻或内科梗阻;若由溃疡瘢痕收缩或与周围组织粘连所致,非手术不能缓解,呈持久性,称为器质性梗阻或外科梗阻。

呕吐是其主要症状,次数不多,但呕吐物量多,吐后症状减轻,呕吐物含有发酵宿食。可伴有反酸、嗳气、上腹部饱胀不适。因反复呕吐、进食少,患者可出现营养不良。体检可有上腹部胃型、胃蠕动波及震水音。X线及胃镜可辅助诊断。

4. 癌变 GU癌变多发生于溃疡边缘,多数报道癌变率在1%~3%,DU则罕见有癌变。对长期慢性GU病史、年龄在45岁以上、疼痛节律消失、食欲减退、体重明显减轻、粪潜血试验持续阳性、病情逐渐加重、内科治疗效果差者,应警惕癌变。

案例归纳一

该患者以反复上腹痛为主要表现,且其疼痛具有周期性(每年发作1~2次)、节

笔记栏

律性(疼痛餐前发作,进食后缓解,或夜间痛)特点,发作有季节性(多在2~3月或11~12月发作)和诱因(感受风寒或进食生冷食物而发作),本次因为饮酒而发作疼痛并出现黑粪昏倒。平素抽烟、饮酒,无肝炎病史及血吸虫疫水接触史。PE:BP 70/50mmHg,神志清楚,痛苦面容,面色苍白,皮肤湿冷,上腹压痛(+),肠鸣音6~7次/min。

【实验室及其他检查】

1. X线钡餐 适用于胃镜检查有禁忌或不愿接受胃镜检查者。气-钡双重对比造影能更好地显示黏膜象。溃疡的X线征象有直接和间接两种:龛影系直接征象,对溃疡有确诊价值,良性溃疡向外凸出于胃、十二指肠钡剂轮廓之外,在其周围常见一光滑的堤,其外为辐射状黏膜皱缩;间接征象包括局部压痛、胃大弯侧痉挛性切迹、十二指肠球部激惹及畸形等,仅提示可能有溃疡。X线钡餐检查在溃疡合并穿孔、活动性出血时应列为禁忌。

2. 胃镜检查和胃黏膜活组织检查 是确诊PU首选的检方法。胃镜检查不但可对胃十二指肠黏膜情况(如病变部位、大小、数目、表面状态、有无活动性出血及其他合并疾病存在)直接观察和摄像,还可以取活组织做病理学和Hp检查。胃镜检查时应常规对胃溃疡边缘及邻近黏膜做多处活检,此不仅可借以区别良、恶性溃疡,还能检查幽门螺杆菌,对治疗有指导意义。

胃镜下溃疡多呈圆形或椭圆形,直径小于1cm,也可呈线状,边缘光整,底部覆盖有灰白或灰黄色苔膜,周围黏膜可有肿胀充血,有时见皱襞向溃疡集中。胃镜下溃疡分为三期,即活动期(A)、愈合期(H)、和瘢痕期(S),其中每个病期又可分为1和2两个阶段。

由于PU经胃镜检查仍可有5%~10%的漏诊,故一般认为与X线检查可相互补充,不应偏废。与X线钡餐检查相比,胃镜对发现胃后壁溃疡和十二指肠巨大溃疡更为可靠;溃疡较小或较浅时钡餐检查有可能漏诊;钡餐检查发现十二指肠球畸形可有多种解释;活动性出血是胃镜检查的适应证;胃的良、恶性溃疡必须由活组织检查来确定。

3. Hp检测 Hp感染的诊断已成为PU的常规检查。检测方法分为侵入性和非侵入性两大类。侵入性是指需要通过胃镜取胃黏膜活组织检查,主要包括1分钟快速尿素酶试验、组织涂片或切片镜检、Hp培养;非侵入性方法包括^{13}C或^{14}C尿素呼气试验(^{13}C-UBT或^{14}C-UBT)、粪便Hp抗原检测、血清学检查Hp-IgG抗体、聚合酶链试验(PCR)等。

1分钟快速尿素酶试验是侵入性试验中诊断Hp感染的首选方法,简便、快速、价廉,其特异性和敏感性均高;Hp培养是诊断Hp感染最可靠的方法,是验证其他检查方法的金标准,但技术条件要求高、昂贵,主要用于科研;组织涂片或切片镜检可直接观察细菌,但方法复杂、费时、昂贵,与1分钟快速尿素酶试验结合可提高检出率;^{13}C-UBT或^{14}C-UBT检测Hp感染的敏感性和特异性高,但较昂贵,可作为根除治疗后复查的首选方法;粪便Hp抗原检测准确性同尿素呼气试验,在无法开展尿素呼气试验时可选用;血清学检查敏感性和特异性也不低,但因抗体在成功治疗后下降需要数月,故限制了其临床应用,多用于流行病调查;PCR极度敏感,且还可用于细菌分型和多种标本检查(如粪便、唾液、各种组织),但技术设备要求高、昂贵,多用于科研。

应注意,近期应用抗生素、质子泵抑制剂(PPI)、铋剂等药物时,因其有暂时性抑制Hp的作用而使上述检查方法(血清学检查除外)呈现假阴性。

4. 胃液分析和血清促胃液素测定 GU患者的胃酸分泌正常或低于正常,部分DU患者则增多,但与正常人均有很大重叠,故临床价值不大。目前胃液分析主要用于疑有促胃液素瘤时作鉴别的诊断用。PU时血清促胃液素较正常人稍高但诊断意义不大,不列为常规。

5. 粪潜血(OB)试验 此方法主要用于确定溃疡有无活动及合并活动性出血,并可作为疗效判断的标准。每天出血6ml以上,粪潜血试验可呈阳性,但一般短暂,经治疗1~2周内转阴。如果胃溃疡患者持续阳性,应怀疑有癌肿可能。

案例归纳二

血常规示WBC 5.6×10^9/L,N 0.59,RBC 2.6×10^{12}/L,Hb 70g/L;HBsAg(-),肝功能示正常。大便OB(+++)。胃镜示十二指肠球部溃疡(A1),1分钟快速尿素酶试验(++)。

【诊断与鉴别诊断】

1. 诊断 病史是诊断本病的重要依据,典型的慢性、周期性和节律性上腹痛即可做出初步诊断,但要注意部分患者上腹痛不典型或无疼痛。确诊需要依靠胃镜检查。X线钡餐检查发现龛影亦有确认价值。

2. 鉴别诊断 本病主要临床表现为上腹疼痛,故需与其他引起上腹疼痛的疾病如:慢性胃

笔记栏

炎、功能性消化不良、胃癌、促胃液素瘤、慢性胆囊炎和胆石症等鉴别。

(1) 慢性胃炎：表现为上腹部饱胀、嗳气、进食后胀痛、无 PU 的疼痛特点，但 PU 常合并慢性胃炎，使症状不典型，鉴别困难时行胃镜检查确诊。

(2) 功能性消化不良：又称为非溃疡性消化不良，是指有消化不良的症状而无溃疡及其他器质性疾病(如肝胆系病)者而言，胃镜检查可完全正常或只有轻度胃炎。此症颇常见，多见于年轻妇女。有时症状酷似 PU，并有胃动力障碍表现：餐后上腹饱胀、嗳气、反酸、恶心和无食欲。与 PU 的鉴别有赖于 X 线和胃镜检查。

(3) 胃癌：胃镜或 X 线检查见到的胃的溃疡，必须进行良性溃疡(GU)与恶性溃疡(胃癌)鉴别。胃癌早期可酷似良性溃疡，甚至治疗后可暂愈合，极易造成误诊。Ⅲ型(溃疡型)早期胃癌的胃镜表现，最易与良性溃疡相混淆，活组织检查可帮助澄清。年龄在 50 岁后才出现上腹不适或胃痛，进食后反而加剧者，应警惕胃癌的可能。胃癌如属晚期，一般容易鉴别。见表 3-4-1。

表 3-4-1　胃良性溃疡与恶性溃疡鉴别

	良性溃疡	恶性溃疡
年龄	中年居多	多见于中年以上
病史	较长	较短
临床表现	周期性胃痛明显，无上腹包块，全身表现轻，制酸药可缓解疼痛，内科治疗效果良好	呈进行性发展，可有上腹包块，全身表现(如消瘦)明显，制酸药一般效果差，内科治疗无效，或仅有暂效
粪便隐血	可暂时阳性	可持续阳性
X 线表现	龛影直径< 2.5cm，壁光滑，位于胃腔轮廓之外；龛影周围胃壁柔软，可呈星状聚合征	龛影>2.5cm，边不整，位于胃腔轮廓之内；龛影周围胃壁强直；呈结节状，向溃疡聚集的皱襞有融合中断现象
胃镜表现	溃疡圆或椭圆形，底平滑，边光滑，白或灰白苔，溃疡周围黏膜柔软，可见皱襞向溃疡集中	溃疡形状不规则，底凹凸不平，边缘结节隆起，污秽苔，溃疡周围因癌性浸润而增厚、僵硬，可有结节，易出血

需要指出的是活组织检查虽可以确诊，但对于疑有胃癌而一次活检阴性者必须短期内复查胃镜并再活检；胃镜复查溃疡愈合不是鉴别良、恶性溃疡的可靠证据，必须重复活检加以证实。

(4) 胃泌素瘤：又称为 Zollinger-Ellison 综合征。绝大多数是胰腺非 β 细胞瘤分泌大量胃泌素所致，肿瘤也可位于胃窦、十二指肠、大网膜、横结肠系膜及腹部其他部位。肿瘤往往很小(<1cm)，生长慢，半数为恶性。大量胃泌素可刺激壁细胞引起增生，分泌大量胃酸，使上消化道经常处于高酸环境，导致在不典型部位(十二指肠降部、横段，甚或空肠近端)发生顽固性、多发性溃疡，多伴有腹泻及明显消瘦，易并发出血、穿孔，与普通 PU 鉴别要点是溃疡发生在不典型部位，具有难治性特点(内科治疗经久不愈，术后易复发)，有过高胃酸分泌(BAO、MAO 均明显增高，且 BAO/MAO>60%)及高空腹血清胃泌素(>200pg/ml，常>500pg/ml)。CT 检查有助于诊断，促胰液素刺激试验可确诊。

(5) 胆囊炎和胆结石：典型者其疼痛常因进食油腻食物而诱发，位于右上腹，可向右肩背放射，伴发热、黄疸，体检：右上腹压痛明显、墨菲征阳性，部分可触及胆囊。不典型者易与 PU 混淆，可行 B 超、内镜下逆行性胆管造影(ERCP)协助诊断。

除此以外，肝脏、胰腺疾病及钩虫病也可出现上腹部疼痛，应注意与之鉴别。

案例诊断要点

1. 年轻男性。

2. 病史特点：以反复上腹痛、反酸、嗳气为主要表现，且其疼痛具有周期性、节律性特点，多在秋冬、冬季节交替时发作，有感受风寒或进食生冷食物等诱因，本次在冬春季节交替时因饮酒而发作疼痛并出现黑粪，昏倒。平素抽烟、饮酒，无肝炎病及血吸虫疫水接触史。

3. PE：BP 70/50mmHg，神志清楚，痛苦面容，面色苍白，皮肤湿冷，上腹压痛(+)，肠鸣音 6~7 次/min。

4. 实验室及其他检查：血常规示 WBC 5.6×10^9/L，N 0.59，RBC 2.6×10^{12}/L，Hb 70g/L；胃镜示十二指肠球部溃疡(A1)，1 分钟快速尿素酶试验(++)；HBsAg(-)，肝功能示正常。大便 OB(+++)。

临床诊断：十二指肠球部溃疡(A1 期)并上消化道出血，失血性休克贫血。

笔 记 栏

【治疗】 PU的治疗目的在于消除病因、解除症状、愈合溃疡、防止复发和避免并发症。

1. 一般治疗 合理安排生活和工作，注意调节情绪；进餐要定时，避免辛辣、过咸食物及浓茶、咖啡等饮料；戒除烟酒；慎用或告诫慎用某些药物如NSAID、肾上腺皮质激素、利血平等。

2. 药物治疗 20世纪70年代以前PU的治疗主要依赖制酸（或抗酸）剂和抗胆碱能药物。H_2RA的发现在治疗上引起第一次革命。近年来又发现PU与HP的感染密切相关，抗菌治疗是PU治疗上的第二次革命，使大部分PU能得到痊愈。

表3-4-2 治疗PU的药物

药物种类	常用药物	常规治疗剂量
抑制胃酸药物	氢氧化铝	600~900mg，每日3次
抗酸剂	铝碳酸镁	500~1000mg，每日3次
H_2受体拮抗剂	西咪替丁	800mg，每晚1次，或400mg，每日2次
	雷尼替丁	300mg，每晚1次，或150mg，每日2次
	法莫替丁	40mg，每晚1次，或20mg，每日2次
	尼扎替丁	300mg，每晚1次，或150mg，每日2次
质子泵阻滞剂	奥美拉唑	20mg，每日1次
	兰索拉唑	30mg，每日1次
	泮托拉唑	40mg，每日1次
	雷贝拉唑	10mg，每日1次
	埃索美拉唑	20mg，每日1次
增强黏膜防御力药物	胶体次枸橼酸铋	120mg，每日4次
	硫糖铝	1g，每日4次
	米索前列醇	200ug，每日4次

（1）抑制胃酸药物：溃疡的愈合与抑酸强度和时间成正比 。

1）抗酸剂：抗酸剂是历史悠久的治疗PU药物，可通过中和胃酸而迅速缓解症状，但因促进溃疡愈合需大剂量一日多次服用而不方便和不良反应较多而受限制，故目前多作为加强止痛的辅助用药。

过去的水溶性碱剂如碳酸氢钠（小苏打）和碳酸钙，或因含钠过多易致碱中毒，或因反跳性泌酸，已废弃不用。不溶性制酸剂如铝碳酸镁、胶体铝镁合剂（氢氧化铝和镁乳合剂）仍时被应用，餐间服中和胃酸作用可达3~4小时。但一般剂量对胃酸中和力很差，故疗效不尽是胃酸的中和，铝能刺激PG的合成和促进黏膜的修复。氢氧化铝能与磷酸盐结合影响磷吸收，要注意老年人长期服用后可致骨质疏松。铝碳酸镁还有另外的作用，在后述。

过去抗酸剂常与抗胆碱能药物同用。由于抗胆碱能药物抑酸作用差而副作用又多，现临床上已不常用。

2）H_2受体拮抗剂（H_2RA）：H_2RA能阻止组胺与其H_2受体相结合，使壁细胞分泌基础的及刺激的胃酸减少，主要以减少基础胃酸分泌为佳，对刺激的胃酸分泌减少作用不如PPI。国内常用的有三种制剂，即西咪替丁、雷尼替丁和法莫替丁，抑酸强度以摩尔基础计算：西咪替丁＜雷尼替丁＜法莫替丁。三者均经肝代谢，通过肾小球滤过和肾小管分泌来排出体外。故有严重肝、肾功能不足者应适当减量。老年人肾清除率亦下降，故亦宜酌减用量。服药后基础胃酸分泌及食物刺激后胃酸分泌均见减少，特别是夜间分泌，可使pH上升至4左右，使胃的胃蛋白酶消化活性明显减弱。有人观察到一天内如果有18小时胃酸分泌显著受到抑制，则溃疡一般能愈合。一日量如分2~3次给予，可达到此目的。现发现一日量夜间一次给予，也收良好治疗效果。可能的解释是：晚上服药主要影响夜间胃酸分泌，而白天因进食的稀释使胃酸的酸度本来就不至于很高。可把一日量在夜间服用。DU在服药4周后溃疡愈合率约为80%，余者半数经服药至6~8周时愈合。不论愈合与否，大多数病人的症状在1~2周内消失。GU愈合则较DU为慢，可能因GU的溃疡较DU的为大，且GU的发生以黏膜防御力低下为主、修复力差，故治疗时间一般要比DU所需时间为长，约为8~12周。H_2RA停药后胃酸分泌很快恢复原来水平。一年内PU的复发率可高达55%~80%。有证据显示继续服用维持量可防止复发。如每晚服西咪替丁400mg，或雷尼替丁150mg，或法莫替丁20mg，或尼扎替丁150mg，可将一年内的复发率下降到15%~25%，出血率也可相应下降。大多数病人不须长期服药。只有那些有多次复发者（一年内发作3~4次）及有并发症者才须长期服用维持量。虽然长期服药可预防溃疡复发，但并不能改变PU的自然病程，停药后仍会按照自然病程进行，因此，维持疗法究竟应维持多长尚无定论。很多病例系因Hp感染而发病，用抗菌药物根治后可显著减少复发率至10%以下，停药后不再引起复发。H_2RA副作用一般很少。西咪替丁可与雄性激素受体结合而引起男子乳房发育症和阳痿；可通过血-脑屏障偶可引起精神错乱；与肝细胞P450结合而影响华法林、利多卡

笔记栏

因等药物的肝脏代谢。雷尼替丁和法莫替丁上述反应较少。

3）质子泵阻滞剂（PPI）：壁细胞分泌酸的最后一个环节是其微泌管膜上的质子泵（H^+-K^+-ATP 酶），能推动胞浆内的 H^+ 与管腔内的 K^+ 交换，使 H^+ 排出细胞外。质子泵被阻断后，抑制胃酸分泌的作用远较 H_2RA 强。现最常用的 PPI 是奥美拉唑，能抑制 24 小时酸分泌的 90%，对基础胃酸和刺激后的胃酸分泌均有作用。此药对质子泵（H^+-K^+-ATP 酶）的阻滞作用是不可逆的，壁细胞再泌酸要待新的 ATP 酶产生之后，故其作用长，可达 72 小时。由于此药抑酸作用强而时间长，可在 2～3 天内控制症状，并使溃疡很快愈合。在 DU 服药 2 周后溃疡愈合率可达 70%，4 周后达 90%以上，6～8 周后几乎全部愈合。吸烟可削弱 H_2RA 的作用，但对奥美拉唑无影响。奥美拉唑另一优点是能抑制 Hp 的生长，机制不明，H_2RA 则无此影响。与 H_2RA 一样，奥美拉唑对 GU 的愈合作用不如对 DU 为优，故须要服用较长时间。奥美拉唑强烈抑制泌酸后，可使胃内杂菌繁殖，并促使 G 细胞分泌促胃液素，血清促胃液素值可比正常高出 1～2 倍。PPI 一般副反应少，长期服用也未见任何严重不良反应。

（2）增强黏膜防御力的药物：近年已日益注意到加强黏膜的防御力的重要性，这是在治疗上的一个重要认识。

1）胶体次枸橼酸铋（CBS）：在酸性胃液中，能与溃疡面渗出的蛋白质相结合，形成一层保护膜覆盖溃疡，使之不受胃酸侵袭，亦让黏膜的修复不受胃酸之干扰。CBS 还能促进上皮重建，以加强胃黏膜的黏液-HCO_3^-屏障。CBS 的另一特点是能杀灭 Hp 。这些作用综合起来，使 CBS 成为治疗 PU 的有效药物，具有溃疡愈合后复发率低和同时使胃炎消退的特点。复发率之所以比 H_2RA 为低，或由于愈合的瘢痕质地较好和 Hp 之被杀灭。一般副反应少见，但服药可使大便变黑色。此药所含铋的吸收量虽少，但有积蓄作用，应避免长期服用以防引起神经毒性。

2）硫糖铝的作用机制：在酸性环境下形成一覆盖溃疡的保护膜以阻止胃酸、胃蛋白酶侵蚀溃疡面、促进内源性 PG 合成、刺激表皮生长因子分泌、减弱氧自由基的脂质过氧化反应等。此作用与 CBS 相仿，但不能杀灭 Hp。仅 2%～5% 被吸收，副反应少，能引起便秘。由于铝能被少量吸收，故有肾功能衰竭者不宜长期服用。

3）铝碳酸镁：除具有强大的缓冲能力和抗酸活性外，还有以下性能：①通过沉淀和吸附作用直接抑制胃蛋白酶活性；②结合胆汁酸和吸附溶血卵磷脂而防止这些物质对胃黏膜的损伤和对胃黏膜屏障的破坏；③刺激内源性 PGE_2 的合成而有黏膜保护作用。因此，铝碳酸镁既能削弱攻击因子，又能加强防御因子，从而有利于溃疡愈合。

4）米索前列醇：具有抑制胃酸分泌、增加胃十二指肠黏膜的黏液和碳酸氢盐分泌和增加黏膜血流等作用。其不良反应主要是腹泻，另外因其会引起子宫收缩，故而孕妇忌用。

上述 4 种药物单独使用对 PU 的愈合率除米索前列醇稍逊于 H_2RA 外，其余均与 H_2RA 相仿。

（3）根除 Hp 治疗：对于 Hp 感染引起的 PU，根除 Hp 不但可促进溃疡愈合，而且可预防溃疡复发，从而彻底治愈溃疡。因此，凡有 Hp 感染的无论初发或复发、活动或静止、有无合并症，均予以根除治疗。

1）根除 Hp 的治疗方案：根除 Hp 的治疗方案大体上可分为 PPI 为基础和胶体铋为基础的两大类。根除 Hp 三联疗法方案见表 3-4-3。

表 3-4-3　根除 Hp 三联疗法方案

PPI 或胶体铋剂	抗菌药物
奥美拉唑 40mg/d	克拉霉素 500～1000mg/d
兰索拉唑 60mg/d	阿莫西林 1000～2000mg/d
枸橼酸铋钾 480mg/d	甲硝唑 800mg/d
选择一种	选择两种
	上述剂量分 2 次服，疗程 7 天

注：如对甲硝唑耐药，可用呋喃唑酮替代，剂量为 200mg/d，分两次服；初治失败者可用 PPI、胶体铋合并两种抗菌药物组成四联疗法。

2）根除 Hp 治疗结束后抗溃疡治疗：根除 Hp 治疗结束后是否需继续抗溃疡治疗对此尚未统一。治疗方案疗效高而溃疡面积又不很大时，单一抗 Hp 治疗 1～2 周就可使活动性溃疡有效愈合。若根除 Hp 方案疗效稍低、溃疡面积较大、抗 Hp 治疗结束时患者症状未缓解或近期有出血等并发症史，应考虑在抗 Hp 治疗结束后继续用抑制胃酸分泌药治疗 2～4 周。

3）Hp 治疗后复查：确定 Hp 是否根除的试验应在抗 Hp 治疗完成至少于 4 周后进行。接受高效抗 Hp 方案（根除率≥90%）治疗的大多数 DU 患者无必要复查。复查主要用于：①难治性溃疡；②GU 患者；③适当治疗后仍有顽固消化不良症状的患者；④有并发症的 DU。

（4）中成药治疗

1）健胃愈疡片：为薄膜包衣片。由柴胡、党参、白芍、延胡素、白及、珍珠层粉、青黛、甘草等

笔 记 栏

组成。具有疏肝健脾、解痉止痛、止血生肌的功效。主治肝郁脾虚,肝胃不和型消化性溃疡活动期。口服:1次4~5片,每日4次。

2) 谓葆:为猴头菌提取物颗粒。用于胃及十二指肠溃疡。口服,1次3g,每日3次。

3. NSAID 溃疡的治疗和预防 对NSAID相关性溃疡,应尽可能暂停或减少NSAID剂量,并检测Hp感染和进行根除治疗;对未能中止NSAID治疗时,应选用PPI进行治疗;米索前列醇及PPI可预防NSAID诱发的GU和DU。

4. 溃疡复发的预防 目前主张预防溃疡复发的主要措施是去除危险因素和维持治疗,

(1) 去除危险因素:Hp感染、服用NSAID、吸烟等是影响溃疡复发的可除去的危险因素,应尽量除去;溃疡复发频繁时,不要忘记排除促胃液素瘤。

(2) 维持治疗:一般多用H_2RA,常用方案为标准剂量半量睡前顿服,也可用奥美拉唑10mg/d或20mg,每周2~3次口服维持。

实际上,根除治疗与维持治疗互补,才能最有效地减少溃疡复发和并发症。

5. 消化性溃疡治疗的策略

(1) 对胃镜或X线检查诊断明确的DU或GU,首先要区分HP阳性还是阴性。

(2) 如果阳性,则应首先抗Hp治疗,必要时在抗Hp治疗结束后再给予2~4周抑制胃酸治疗。

(3) 对Hp阴性的溃疡,可服用任何一种H_2RA或PPI,DU疗程为4~6周,GU为6~8周;也可用黏膜保护剂替代抑制胃酸分泌药治疗GU。

(4) 至于是否进行维持治疗,应根据溃疡复发频率、患者年龄、服用NSAID、吸烟、合并其他严重疾病、溃疡并发症史等危险因素的有无,综合考虑。

(5) 有如下情况者,应考虑手术治疗:①大量出血经内科紧急处理无效时;②急性穿孔;③瘢痕性幽门梗阻;④内科治疗无效的顽固性溃疡;⑤胃溃疡疑有癌变。

【预后和预防】 由于内科有效治疗的发展,预后已大为改观,PU的死亡率已显著下降至1%以下。死亡主要见于年长患者,主要由于并发症,特别是大出血和急性穿孔所致。

加强宣传、生活规律、心理健康、合理饮食、戒烟戒酒等有助于预防PU的发生和复发。

处方及医师指导

1. 一般治疗:半流质或软食;生活规律;戒烟戒酒,避免感受风寒、饮食生冷和使用对胃黏膜有损害的药物。

2. 药物治疗

(1) PPI或H_2RA:奥美拉唑20mg,每日2次,疗程1周。之后根据情况用法莫替丁20mg睡前顿服或奥美拉唑10mg,每日1次或奥美拉唑20mg,每周2~3次口服维持。

(2) 抗Hp治疗:克拉霉素500mg,每日2次,阿莫西林500mg,每日2次。青霉素过敏者将阿莫西林改为甲硝唑400mg,每日2次。疗程1周。

(3) 胃黏膜保护剂:CBS 120mg或硫糖铝1g,两者均每日4次,餐前1小时和睡前服;或铝碳酸镁500~1000mg,每日3次,餐前或疼痛时口服。上述三种药物选择1种,疗程4周。

(4) 中药:云南白药0.5~1.0,每日1次,1周后改为健胃愈疡片4片,每日3次,4~8周。

笔记栏

第5章 胃 癌

案例

患者，男性，58岁，干部。上腹痛、腹胀、纳差1月余，3小时内呕血2次，于2006年11月15日16时入院。

该患者自入院前1个月出现间断性剑突下疼痛，开始时是进食后出现疼痛逐渐转为持续性疼痛，同时伴上腹部不适、腹胀、食欲减退，无发热、腹泻，体重1个月内下降约4.5 kg，未予诊治。在入院前3小时病人突感恶心，即吐暗红色液体2次，每次约200~250ml，伴黑矇、头晕、心慌，无咳嗽与咯痰。该患者6年前曾因排柏油样粪在其他医院诊断为胃溃疡，具体治疗情况不详。

体格检查：T 36.3℃，P 80次/min，R 21次/min，BP 115/70mmHg。发育正常，营养稍差，神志清晰，精神欠佳。巩膜、黏膜、皮肤无黄染，浅表淋巴结未触及肿大。睑结膜略苍白。牙龈无出血，咽部无充血。颈软，无蜘蛛痣。心、肺未见异常。腹平软，剑突下轻度压痛，无反跳痛，肝、脾肋下未扪及，移动性浊音阴性，肠鸣音7~8次/min。肛门、外生殖器及直肠指检未发现异常。

实验室及其他检查：Hb 68g/L，RBC 2.5×10^{12}/L，WBC 6.7×10^{9}/L，PLT 155×10^{9}/L，ESR 10mm/h。粪潜血试验阳性。肝功能检查正常，AFP < 20μg/L，CEA <15μg/L，肌酐80μmol/L，BUN 7.4mmol/L。胃超声内镜检查，见胃窦黏膜呈不规则结节状隆起，其表面有多个散在的浅表溃疡，触之易出血，扫描见胃窦壁增厚，其中以第一层和第二层增厚最明显，第三层也不规则，周围未见肿大的淋巴结。CT腹腔内未见肿大淋巴结。X线胸片及心电图正常。B超显示肝、脾、胆、胰、双肾未见异常。

思考题

1. 该患者的病史特点有什么？

2. 你认为该患者最可能的诊断是什么？

3. 如何提高该病的早期诊断率？

胃癌（gastric carcinoma）是指发生在胃上皮组织的恶性肿瘤。是人类最常见的消化道恶性肿瘤，其发病率及死亡率在世界范围恶性肿瘤中占第二位，在中国占第一位。就胃癌的发病情况而言，不同性别、不同年龄、不同人种、不同国家或地区均有差别。胃癌的发病率和死亡率男女之比约为2~3：1。发病年龄以50~60岁居多。一般来说，有色人种比白种人易罹患胃癌，例如在美国，非洲裔、土著居民和西班牙裔人发病率高于白种人2倍。日本、中国、智利、冰岛等地发病率较高，北美、西欧、澳大利亚等发病率较低。我国胃癌的发病情况是北方高于南方，比如甘肃、宁夏、青海及东北等地高发，而湖南、广西、广东、云南、贵州、四川等地发病率较低。全国平均年死亡率约为16/10万人口。

【病因和发病机制】 目前尚未完全清楚，一般认为胃癌的发生发展是多因素、多阶段、进行性发展的病变过程。其主要参与发病的因素有：

1. 幽门螺杆菌感染 流行病学资料表明幽门螺杆菌感染与胃癌有共同的流行病学特点，胃癌高发区人群幽门螺杆菌感染率高。日本曾报道132例早期胃癌患者做局部黏膜切除后随访五年半，其中65例同时做幽门螺杆菌根治治疗的患者无新癌灶出现，而其余未做根治的患者有9例胃内出现新癌灶；用幽门螺杆菌直接诱发蒙古沙鼠发生胃癌在实验室取得成功。幽门螺杆菌诱发胃癌的可能机制是：①幽门螺杆菌引起的慢性胃炎和某些代谢产物有可能成为一种内源性致突变原；②幽门螺杆菌可以还原亚硝酸盐，*N*-亚硝基化合物是公认的致癌物。

2. 环境和饮食因素 流行病学资料表明从胃癌高发区到胃癌低发区定居的移民，第一代胃癌发病率下降约25%，第二代下降约50%，第三代发生胃癌的危险性与当地居民一致，说明环境因素在胃癌发生中起重要作用。环境因素中可能与水土含硝酸盐过多、微量元素比例失调或化学污染等直接或间接经饮食途径参与胃癌的发生有关。另外研究还表明经常食用霉变食品、烟熏食品、腌制食品等可增加患病的危险性。机理是长期食用含硝酸盐高的食物，硝酸盐在胃内被细菌还原成亚硝酸盐，再与胺结合生成致癌物亚硝胺。此外各种原因的胃酸分泌减少有利于胃内细菌生长，促进亚硝酸盐类致癌物质产生，长期作用于胃黏膜将导致癌变。

笔记栏

3. 遗传因素 胃癌有家族聚集倾向，浸润型胃癌有更明显的家族发病倾向。一般认为遗传素质使易感者对致癌物质的敏感性增加。还有资料表明同卵双胞胎以及A型血者患胃癌的发生率较高。

4. 癌前状态 包括癌前疾病和癌前病变

（1）癌前疾病是指与胃癌相关的胃良性疾病，少数者有转变为胃癌的危险性。

1）慢性萎缩性胃炎：包括胃窦部萎缩性胃炎，胃体部萎缩性胃炎。

2）胃息肉：主要指腺瘤性息肉，特别是直径>2cm的广基息肉。

3）胃溃疡：多因溃疡边缘的炎症、糜烂、再生及异型增生所致。

4）残胃炎：癌变常在毕Ⅱ式胃切除术术后10~15年发生。

（2）癌前病变是指较易转变为癌组织的病理学变化。

1）大肠型化生：可导致癌变的大肠型化生，其肠化细胞不含亮氨酸氨基肽酶和碱性磷酸酶，被吸收的致癌物质易在细胞内积聚，而使细胞异型增生发生癌变。

2）中度以上的不典型增生：胃黏膜上皮细胞、腺管结构出现异型性改变。

正常情况下，胃黏膜上皮细胞的增殖和凋亡之间保持动态平衡。这种平衡的维持有赖于癌基因、抑癌基因及一些生长因子的共同调控。这种平衡一旦被破坏，即癌基因被激活，抑癌基因被抑制，使胃上皮细胞过度增殖而又不能启动凋亡信号，就有可能逐渐发展、最终导致胃癌。上述各种因素会影响癌基因与抑癌基因的调控体系，参与胃癌的发生。

【病理】 胃癌可发生于胃的任何部位。全国胃癌病理协作组对8523例进展期胃癌手术标本统计，癌肿部位以胃窦部最多（占55.9%），其余依次为胃底贲门部（23.0%），胃体部（15.0%）和广泛型（6.1%）。

1. 分类

（1）根据胃癌的发展及浸润深度可分为：

1）早期胃癌：是指病灶局限且深度不超过黏膜下层的胃癌，不论有无局部淋巴结转移。

2）进展期胃癌：是指病灶深度超过黏膜下层，侵及肌层者称中期胃癌，侵入浆膜或浆膜外者称晚期胃癌。

（2）根据胃癌的组织学特征分为：

1）管状腺癌：癌细胞构成大小不等的腺管或腺腔，此型多见、分化良好、恶性度较低、转移较晚。可向胃腔呈乳突状生长（乳突状腺癌）。

2）黏液腺癌：恶性度较高。若癌细胞产生的黏液在间质大量积聚称胶质癌；若癌细胞内充满大量黏液，将细胞核推向一侧呈印戒状，称为印戒细胞癌。

3）髓样癌：分化较差，较早浸润深层。癌细胞大多不形成明显的管腔，呈条索状或团块状，异型性显著。

4）弥散型癌：分化极差，无腺样结构，癌细胞波及范围较广呈弥散分布，不含黏液也不聚集成团，多见于年轻患者。

（3）根据肿瘤生长方式及大体形态将胃癌分为：

1）Ⅰ型（息肉型）：癌肿呈息肉状或团块形向胃腔内生长，表面可有糜烂，预后较好。

2）Ⅱ型（局部溃疡型）：多为较大溃疡，单个或多个，边缘不规则隆起，边界较清楚。

3）Ⅲ型（溃疡浸润型）：溃疡隆起而边缘向四周浸润，与正常黏膜无清晰的分界。

4）Ⅳ型（弥漫浸润型）：癌细胞以分散方式向周围向纵深扩散，癌细胞可浸润全胃。

2. 转移与扩散方式 胃癌有四种转移与扩散方式：

（1）直接蔓延：癌细胞若浸润至浆膜层可直接蔓延至相邻器官，如胃底贲门癌可侵犯食管、肝及大网膜，胃体癌侵犯大网膜、胰腺等。

（2）淋巴转移：是胃癌最常见的转移途径，一般先转移到局部淋巴结，再转移到远处淋巴结。若转移到锁骨上淋巴结时称为Virchow淋巴结。

（3）血行播散：晚期患者此种转移方式可占60%以上，其中以肝脏转移最多见，其次是肺、腹膜、肾上腺及肾、脑等。

（4）腹腔种植：癌细胞浸润至浆膜层并脱落种植于肠壁、盆腔及腹膜等，如种植于卵巢，称为Krukenberg瘤；也可在直肠周围形成一明显的结节状板样肿块。

【临床表现】 临床早期70%以上毫无症状，中晚期出现上腹部疼痛、消化道出血、穿孔、幽门梗阻、消瘦、乏力、代谢障碍以及癌肿扩散转移而引起的相应症状。

1. 早期胃癌 多无症状及体征，或者仅有一些非特异性消化不良症状，如上腹部不适、食欲减退、反酸、嗳气等，此期仅凭临床表现，诊断早期胃癌十分困难。

2. 进展期胃癌 随着病程的进展可出现较为明显的症状和体征。

（1）胃癌的直接症状：最早出现的症状是上腹痛、轻重不一，同时可伴有纳差、厌食、体重减轻及贫血。开始仅为上腹饱胀不适、餐后加重，偶呈节律性溃疡样疼痛，但这种疼痛一般不能被进食或服药缓解。贫血是由于营养不良和长期

笔记栏

慢性少量出血所致。患者可有早饱感(患者虽感饥饿,但稍一进食即感饱胀)及呕吐,是胃壁受累的表现,皮革胃或部分梗阻时尤为突出。

(2) 并发症或转移时症状:贲门癌累及食管下段时可有咽下困难,幽门梗阻时可有恶心呕吐,溃疡型胃癌出血时可有黑粪及呕血。胃癌转移至肝可有右上腹痛、黄疸,转移至肺可引起咳嗽及咯血,波及胸膜可产生胸腔积液而发生呼吸困难,癌肿转移到胰腺时可出现背部放射性疼痛。

(3) 伴癌综合征:部分患者出现伴癌综合征,有的甚至在没有明显的胃癌症状之前就表现出相应的症状,例如:反复发作的浅表性血栓静脉炎,皮肌炎,黑棘皮病(皮肤皱褶处有过度色素沉着,尤其是双腋下),膜性肾病等。

(4) 各种体征:中晚期患者在上腹部偏右处可触及肿物及压痛。如转移至肝及腹膜时可扪及肿大质硬的肝脏,甚至出现黄疸、腹水、移动性浊音。侵犯门静脉或脾静脉时有脾肿大。有远处淋巴结转移时可扪及 Virchow 淋巴结。有种植转移时,女性患者阴道指诊可触及 Krukenberg 瘤,男性患者肛门指诊在直肠膀胱凹陷可扪及肿块。

【并发症】

1. 上消化道出血 约 5%的患者可发生上消化道大出血,表现为呕血和(或)黑粪,甚至周围循环衰竭的症状,偶为胃癌的首发症状。

2. 幽门或贲门梗阻 胃癌位于胃窦幽门部或贲门及附近部位时易发生。

3. 穿孔 较良性溃疡少见,可见于幽门前区的晚期溃疡型胃癌患者。

> **案例归纳一**
>
> 中年男性,以上腹痛、呕血、消瘦为主要临床表现。近一个月来伴有上腹部不适、腹胀、食欲减退、体重下降。既往有胃溃疡病史。入院前呕血 2 次,呈暗红色,大约 400~500ml。

【实验室及其他检查】 主要有胃镜检查、X 线钡餐检查和粪便隐血试验。

1. 胃镜检查 胃镜检查结合黏膜活检,是目前最可靠的诊断手段,尤其是对早期胃癌,胃镜检查更是最佳的诊断方法。为了避免漏诊,取胃黏膜做活检时,一般应在病灶边缘与正常交界处至少取 6 块以上。

胃镜下表现:

1) 早期胃癌:可表现为小的息肉样隆起或凹陷。癌灶直径小于 1cm 者称小胃癌,小于 0.5cm 者称微小胃癌。早期胃癌的分型由日本内镜学会 1962 年首先提出,并沿用至今(图 3-5-1,图 3-5-2,图 3-5-3)。

图 3-5-1 Ⅰ型示意图

Ⅰ型(息肉型):病灶隆起呈小息肉状,基底宽无蒂,常>2cm,占早期胃癌的 15%左右。

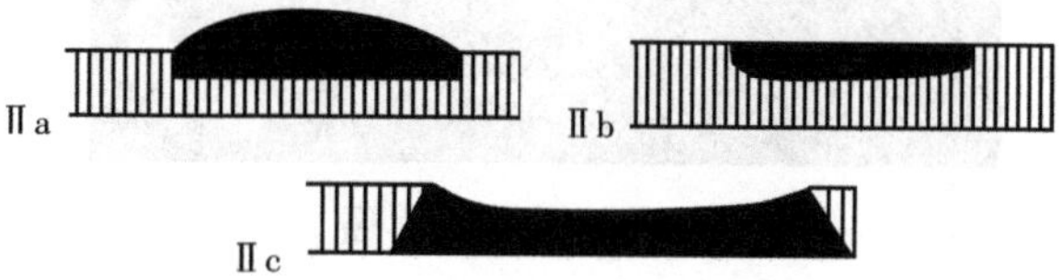

图 3-5-2 Ⅱ型(浅表型)示意图

Ⅱa 型(浅表隆起型):病变稍高出黏膜面,高度不超过 0.5cm,表面平整。$Ⅱ_b$ 型(浅表平坦型):病变与黏膜等平,但表面粗糙呈细颗粒状。Ⅱc 型(浅表凹陷型):最常见,凹陷不超过 0.5cm,病变底面粗糙不平,可见聚合黏膜皱襞的中断或融合。Ⅱ型(浅表型):癌灶表浅,分 3 个亚型,共占 75%。

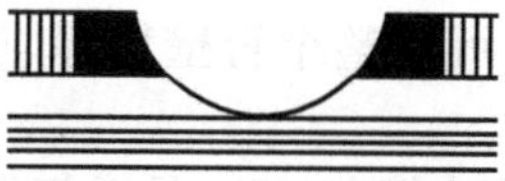

图 3-5-3 Ⅲ型示意图

Ⅲ型(溃疡型):黏膜溃烂较 $Ⅱ_C$ 深,但不超过黏膜下层,周围聚合皱襞有中断或融合,约占早期胃癌的 10%。

2) 进展期胃癌:一般可从肉眼观察做出拟诊。向胃腔内突出的癌肿表面多凹凸不平,质脆易出血,糜烂有污秽苔;溃疡型胃癌(图 3-5-4,图 3-5-5),底部覆有污秽灰白苔,溃疡边缘呈结节状隆起,黏膜皱襞中断,病变处无蠕动。大体形态类型仍沿用 Borrmann 提出的分类法。

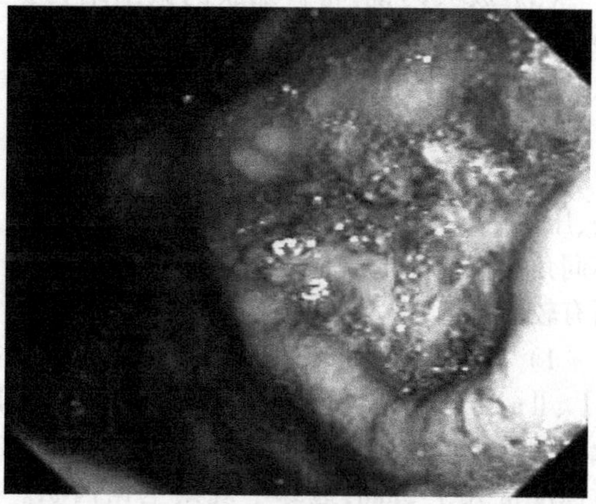

图 3-5-4 溃疡型胃癌

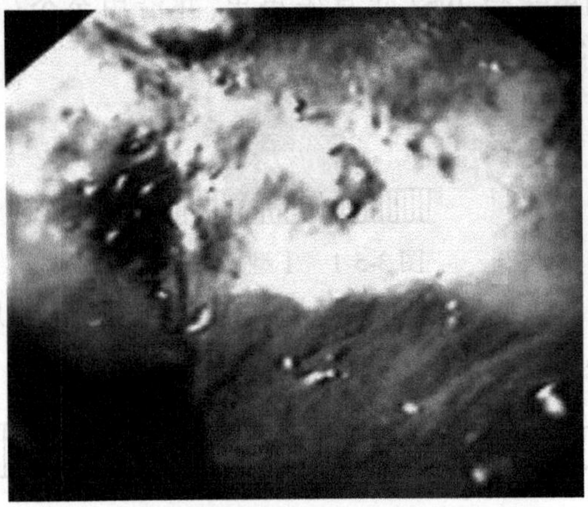

图 3-5-5 溃疡型胃癌

Ⅰ型(息肉型或蕈伞型):此型不多见。肿瘤向胃腔内隆起生长呈结节状,边界清楚。

Ⅱ型(溃疡型):此型常见,单个或多个溃疡边缘隆起,形成堤坎状,边界较清楚。

Ⅲ型(溃疡浸润型):此型最常见,隆起而有结节状的边缘向四周浸润,边界不清楚。

Ⅳ型(弥漫浸润型):此型少见,癌组织发生于黏膜表层之下,在胃壁内向周围弥漫浸润伴有纤维组织增生。病变浸润胃窦,可造成狭窄;病变浸润全胃,可使整个胃壁增厚、变硬,称为皮革胃。

(1) 超声内镜(EUS):是近年发展成熟的高频超声电子内镜,是指将超声探头引入内镜的一种检查。它能判断胃内或胃外的肿块,可显示胃壁结构的5层、7层甚至9层的声像图,对癌肿浸润胃壁深度的判断准确率可达90%,有助于区分早期和进展期胃癌;还能了解有无局部淋巴结转移,可作为CT检查的重要补充。

(2) 色素内镜:恶性病变部位亚甲蓝着色率达90%以上,通过内镜下直接喷洒色素能提高早期胃癌的诊断率,尤其是对内镜下难以识别的胃炎型胃癌的诊断更有意义。

(3) 放大内镜:将胃黏膜的微细结构扩大20~40倍,对于大部分高分化型管状腺癌具有一定的实用诊断价值。

2. X线影像检查

(1) X线钡餐检查:应用气—钡双重对比法、压迫法和低张造影技术,采用高密度钡粉,从不同角度摄片能更清楚地显示胃黏膜结构,对诊断有较大价值。

1) 早期胃癌:一般表现为小的充盈缺损(Ⅰ、Ⅱa),边界比较清楚,表面粗糙不平。Ⅱc及Ⅲ型常表现为龛影,前者凹陷不超过5mm,后者深度常大于5mm,边缘不规则呈锯齿状。集中的黏膜出现异常的中断、变形或融合等现象。

2) 进展期胃癌:①蕈伞型胃癌肿瘤凸向胃腔内生长,表现为较大而不规则的充盈缺损。②溃疡型胃癌主要发生在肿块之上,表现为龛影,龛影位于胃轮廓之内,侧位缘可呈典型半月征;若龛影周绕以透明带,即呈环堤征。③溃疡浸润型胃癌黏膜皱襞破坏、消失或中断,邻近胃黏膜僵直,蠕动消失。④胃窦癌表现为胃窦狭窄,呈管状或漏斗状。⑤弥漫性胃癌时胃容积变小,蠕动消失,呈革袋状(皮革胃)。

(2) CT检查:显示胃壁增厚及肿瘤的软组织影像,显示有无附近脏器及淋巴结转移。

3. 粪便隐血试验 胃癌患者常呈持续阳性,有辅助诊断意义。

4. 血常规 缺铁性贫血较常见,系长期失血所致。如可有恶性贫血,可见巨幼细胞贫血。

5. 肿瘤血清学检查 如血清癌胚抗原(CEA)可能出现异常,对诊断胃癌的意义不大,也不作为常规检查。但对于监测胃癌术后情况有一定价值。

案例归纳二

1. 粪隐血试验阳性。

2. 胃超声内镜检查,见胃窦黏膜呈不规则结节状隆起,其表面有多个散在的浅表溃疡,触之易出血,扫描见胃窦壁增厚,其中以第一层和第二层增厚最明显,第三层也不规则,周围未见肿大的淋巴结。

3. 胃(窦)黏膜病理检查提示高分化腺癌。CT示胃窦壁部分增厚约12mm。

【诊断】 主要依据胃镜检查加胃黏膜活检以及X线钡餐检查。一般进展期胃癌的诊断并不难,困难的是早期诊断。对下列情况应及早、定期胃镜检查:①40岁以上者,尤其是男性,近期出现消化不良、呕血或(和)黑粪者;②慢性萎缩性胃炎伴胃酸缺乏,有肠型化生或不典型增生者;③良性溃疡但胃酸缺乏者;④拟诊为良性溃疡经正规治疗2个月无效,X线钡餐提示溃疡增大者;⑤X线发现多发性胃息肉或大于2cm的胃息肉者;⑥毕Ⅱ式胃切除术后10年以上者。

案例诊断要点

1. 中年男性。

2. 病史特点:以一个月来上腹痛、呕血、消瘦为主要临床表现,伴上腹部不适、腹胀、食欲减退、体重下降。既往有胃溃疡病史,入院前2次呕血,暗红色、大约400~500ml。

3. 体格检查:营养稍差,睑结膜略苍白。

笔记栏

剑突下轻度压痛，肠鸣音活跃，7～8次/min。

4. 胃超声内镜检查，见胃窦黏膜呈不规则结节状隆起，其表面有多个散在的浅表溃疡，触之易出血，扫描见胃窦壁增厚，其中以第一层和第二层增厚最明显，周围未见肿大的淋巴结。病理活组织检查结果示高分化腺癌，CT示胃窦壁部分增厚约12mm。粪潜血试验阳性。

【治疗】

1. 手术治疗 手术切除加区域淋巴结清扫仍是目前首选方法。对无法通过手术治愈的患者，部分切除，姑息手术仍然是缓解症状最有效的手段，特别是有梗阻者，术后50%症状可缓解。所以包括进展期胃癌在内，如果无手术禁忌证或远处转移，应尽可能手术切除。

2. 内镜下治疗 适用于小胃癌、高龄或重症患者不能耐受手术者。对早期胃癌黏膜隆起型，直径<2cm，边界清楚者，可在内镜下行高频电凝切除术；对早期胃癌以及进展期胃癌发生梗阻者，可行内镜下微波凝固疗法；内镜下激光、光动力治疗也可用于治疗早期胃癌。但由于早期胃癌也可能有淋巴转移，所以内镜下治疗的可靠性不如手术切除。

3. 化学治疗 有转移淋巴结癌灶的早期胃癌及全部进展期胃癌均需辅以化疗。

（1）手术及术中化疗：术前3天起（包括术中）及术后2天可应用化疗（如5-Fu，每日500～750mg，静滴）以减少手术时癌细胞转移。对淋巴结转移明显者胃癌手术后宜加用腹腔化疗，以减少术后腹腔转移率。

（2）常规化疗：进展期胃癌手术后或晚期胃癌患者，均需以化疗药物以延长生存时间。常用抗癌药物为氟尿嘧啶（5-Fu）、丝裂霉素（MMC）、多柔比星（ADM）或表柔比星（EADR）等。一般均应用联合化疗，有多种联合化疗方案可供选择，如①FAM方案：5-Fu，500mg，缓慢静注，持续时间10小时以上，每日1次，共5天；第1日同时用ADM，60～80mg，加生理盐水20ml，静注，及MMC 10mg，加生理盐水20ml，静注，21～28天为一疗程，持续数月。②也可单药独用：5-Fu，750mg/d，连用5天，每月1次，静滴时宜加微量泵慢滴注，疗效较快速注射为佳；替加氟（喃氟啶，FT207）200mg，口服，每日4次。单一药物化疗只适合于早期需要化疗的患者或不能承受联合化疗者。

4. 免疫增强治疗 香菇多糖、云芝多糖、溶链菌等均为非特异性免疫增强剂，白细胞介素-2为代表的细胞因子治疗均可改善患者症状，提高患者生存质量，延长生存时间。

5. 抗癌中药治疗 可作为综合治疗的措施之一，适用于一些不适合手术和放疗、化疗或手术后复发的患者。中药配合放、化疗，可明显减轻放、化疗的毒副作用，提高白细胞的数量。即使已失去手术、放疗化疗机会的晚期患者，也可能减除癌痛、提高生存质量。

【预后和预防】 胃癌的预后与分期分级密切相关。

早期胃癌不伴淋巴结转移者预后较好，术后5年存活率可达95%，如仅累及黏膜同时有局部淋巴结转移者，5年存活率约82%；如肿瘤已侵犯到浆膜并有转移者预后较差。胃癌5年总体生存率一般在10%左右。皮革胃及浸润性胃癌预后均较差。

无确切的预防方法，重要的是对癌前状态及癌前病变的高危对象建档立卡，定期复查，以提高早期胃癌的诊断率。开展群众性的普查及胃癌知识的宣教需持之以恒。多食用新鲜蔬菜、少吃腌腊制品，多种维生素、防治Hp等均有可能降低胃癌发病率。目前认为对有胃癌发生的高危因素如中～重度萎缩、中～重度肠化、不典型增生、有胃癌家族史者应予根除幽门螺杆菌治疗。

处方及医师指导

1. 一般治疗：调整心态积极面对和治疗疾病；食易消化的软食，注意低盐饮食，食新鲜蔬菜水果，少食多餐。

2. 手术治疗：外科手术，毕氏Ⅱ式根治术。

3. 化学治疗：①可选择单药独用：5-Fu，500mg/d，加微量泵缓慢滴注，连续用5天，每月1次；②MFC方案：MMC 10mg + 生理盐水20ml静注；5-Fu 250mg + 25%葡萄糖20ml静注；阿糖胞苷（Ara-C）100mg + 10%葡萄糖500ml缓慢静滴；上述3药同一日应用，每4天一次，以10～12次为一疗程。

4. 免疫增强治疗 ①可使用非特异性免疫增强剂，如香菇多糖、淋巴因子、白介素-2；②中医药调理，全面调理患者脏器状态。

5. 术后注意饮食调理和有氧运动。

笔记栏

第6章 溃疡性结肠炎

案例

患者，男23岁。反复发作腹泻，左下腹部隐痛两年。

近两年来，患者反复发作排稀糊状便，每日1~3次，加重时有脓血便，无明显里急后重感，具有腹痛即有便意，便后腹痛缓解的规律，伴消瘦，并经常出现口腔溃疡。否认结核史、血吸虫疫水接触史。

检查 T 37℃，P 86次/min，R 16次/min，BP 110/60mmHg，轻度贫血，心肺检查阴性，腹软，左下腹部轻度压痛，无反跳痛，未扪及包块。

粪镜检提示有脓细胞，红细胞，未见吞噬细胞；X线气钡双重对比造影示乙状结肠肠管痉挛，狭窄缩短，结肠袋消失；结肠镜检查示肠腔痉挛，黏膜充血，糜烂，粗糙不平，有时呈拱桥状增生。

思考题

1. 根据所学的知识，你认为该患者最可能的诊断是什么？

2. 如何进行鉴别诊断，尤其是与克罗恩病的鉴别？

3. 该病的并发症有哪些？

溃疡性结肠炎（ulcerative colitis，UC）又称慢性非特异性溃疡性结肠炎，简称溃结，是一种病因不明的直肠和结肠的炎性疾病。病变局限在肠黏膜与黏膜下层，且以溃疡为主，多累及直肠和远端结肠。临床表现有腹泻、黏液脓血便、腹痛，病情迁延，轻重不等，容易复发等。可发生在任何年龄，以青壮年多见，亦可见于儿童或老年，男性稍多于女性。本病发病率欧美国家较高，我国近年也有所增加。

【病因和发病机制】 溃疡性结肠炎病因和发病机制至今尚未完全明确，但多数认为与下列因素有关：

1. 免疫因素 本病和免疫密切相关：①大多数患者伴发结节性红斑、虹膜炎、系统性红斑狼疮、自身免疫性溶血性贫血等免疫性疾病，且用肾上腺皮质激素治疗常能奏效。②患者血清中有抗自身结肠上皮细胞的抗体，并与大肠埃希菌O14型有交叉免疫反应。③已用荧光免疫方法在动物中成功地制成了实验性溃疡性结肠炎模型。

2. 遗传因素 本病发病率在种族间有明显差异，白种人远高于黄种人和黑种人，10%~20%患者有家族史。在动物中用转基因方法导入与人自身免疫病有关的HLA-B27基因，已成功地制造出与人溃疡性结肠炎相似的模型。这些均提示遗传因素与发病有关。

3. 感染因素 本病可能由痢疾杆菌、溶组织阿米巴或病毒、真菌所引起，病原微生物乃至食物抗原可能是其非特异性促发因素。但至今未检出与本病有恒定明确关系的病原体。

4. 精神神经因素 本病可因紧张、劳累而诱发，患者常有精神紧张和焦虑表现。由于大脑皮质活动障碍，可通过自主神经系统引起肠道运动亢进、肠血管平滑肌痉挛收缩、组织缺氧、毛细血管通透性增加，从而使结肠黏膜发生炎症、糜烂及溃疡。

本病的发病机制可概括为：环境、外源因素作用于遗传易感者致敏肠道淋巴组织，导致免疫调节和反馈失常，形成自身免疫反应而出现慢性、持续的炎症反应。参与此反应的细胞成分有巨噬细胞、肥大细胞、中性粒细胞、嗜酸细胞、T和B淋巴细胞及NK细胞；参与反应的细胞因子和炎性介质有γ干扰素、白细胞介素、肿瘤坏死因子、血小板激活因子、前列腺素样物质、白三烯、血栓素、组胺、5-羟色胺、神经多肽、血管活性肽、P物质、氧自由基等。

【病理】 病理变化取决于疾病的严重度、病程的长短和有无活动性。本病主要病变在直肠和乙状结肠，向上蔓延可累及降结肠，甚至整个结肠。偶见涉及回肠末端称为"倒灌性回肠炎"。

病理改变以溃疡糜烂为主，具有弥散性、浅表性、连续性的特点。早期病变发生于肠腺基底部的隐窝上皮，大量中性粒细胞浸润，结肠黏膜呈水肿、充血、颗粒状等改变，触之易出血。此后形成小溃疡，继而溃疡面呈大片融合，严重时溃疡可蔓延及整个结肠，发生结肠扩张。在结肠炎反复发展、修复过程中，肉芽组织增生，常出现炎性息肉，少数患者可癌变。由于纤维瘢痕组织形成，可导致结肠缩短、结肠袋消失和肠腔狭窄。此外，尚有溃疡穿孔引起腹膜炎、结肠或直肠周围脓肿、瘘管形成等并发症。

【临床表现】 起病缓慢，少数急性起病，偶见暴发。病程呈慢性过程，多表现为发作期与缓

笔记栏

解期交替,少数症状持续并逐渐加重。精神刺激、劳累、饮食失调、继发感染为其诱因。

1. 消化系统表现

(1) 腹泻:为最主要的症状,常反复发作或持续不愈,轻者每日排便2~4次,可为软便、稀糊状,便血轻或无。重者排便频繁,可1~2小时1次,脓血显见,甚至大量便血。黏液血便是本病活动期的重要表现。病变局限在直肠者,鲜血附于粪便表面;病变扩展至直肠以上者,血液混于粪便中。病变累及直肠时,可有里急后重。

(2) 腹痛:轻型患者在病变缓解期可无腹痛,或仅有腹部不适,部位多在左下或下腹部,亦可涉及全腹,有疼痛→便意→排便→缓解的规律。如果炎症波及腹膜,可见持续剧烈腹痛。

(3) 其他症状:患者可有腹胀,严重病例有食欲不振、恶心、呕吐。

(4) 体征:轻中型患者仅左下腹部压痛,有些患者可触及呈管状的乙状结肠。若有腹肌紧张、反跳痛、肠鸣音减弱,应警惕结肠扩张、肠穿孔等并发症。

2. 全身症状 急性期可有发热,重症常出现高热,病情持续活动可出现衰弱、消瘦、贫血、低蛋白血症、电解质紊乱等表现。尤易发生低血钾症。

3. 肠外表现 本病可伴有多种肠外表现,如关节炎、结节性红斑、虹膜炎、强直性脊柱炎、坏疽性脓皮病、口腔复发性溃疡、慢性肝炎等。

4. 临床分型

(1) 根据病情经过分型

1) 初发型:首次发病。

2) 慢性复发型:临床多见,本型病变范围小,症状轻,发作与缓解交替,预后好。

3) 慢性持续型:症状持续半年以上,提示病变广泛。

4) 急性暴发型:少见。起病急骤,全身和消化系症状严重,常并发结肠扩张、肠穿孔、下消化道出血、败血症等。

(2) 根据病情程度分型

1) 轻型:腹泻每日4次以下,无发热,贫血和便血轻或无,血沉正常。

2) 中型:介于轻、重型之间,腹泻每日4次以上,仅伴有轻微全身表现。

3) 重型:腹泻每日6次以上,多为肉眼脓血便,体温>38℃至少持续2日以上,脉搏>100次/min,血红蛋白≤70g/L,血沉>30mm/h,血清白蛋白<30g/L,体重短期内明显减轻。常有严重的腹痛,腹泻,全腹压痛,严重者可出现失水和虚脱等毒血症征象。

(3) 根据病变范围分型:可分为直肠炎、直肠乙状结肠炎、左半结肠炎、广泛性或全结肠炎等。如果病变是区域性分布者,又称区域性结肠炎。

(4) 病情分期:可分为活动期和缓解期。

【并发症】

1. 结肠扩张 多见于暴发性溃疡性结肠炎和全结肠炎患者,因炎症侵及肌层,结肠失去收缩力造成结肠扩张。低钾、抗胆碱能药物、吗啡制剂及灌肠是诱发因素。临床表现为病情急剧变化,毒血症明显,有脱水与电解质紊乱,出现鼓肠,腹部压痛,肠鸣音减弱或消失,X线腹部平片可见结肠扩大、结肠袋消失。易引起急性肠穿孔,预后差。

2. 结肠大出血 溃疡累及血管可引起大出血。

3. 其他并发症 可并发癌变、肠梗阻、瘘管及肛周脓肿等。病期长达10年以上,病变广泛,年龄在40岁以上者易恶变。

> **案例归纳一**
>
> 该患者两年来反复发作腹痛腹泻,时有脓血便,具有腹痛即有便意,便后腹痛缓解的规律,左下腹部有轻度压痛,无反跳痛。

【实验室及其他检查】

1. 血液检查

(1) 血红蛋白降低,为低色素性小细胞性贫血。急性期中性粒细胞增多。

(2) 血沉增快。凝血酶原时间延长,血浆第Ⅲ、Ⅶ、Ⅷ因子的活性增加,血小板数升高。

(3) 严重者血清白蛋白降低。血清蛋白电泳示α_1和α_2球蛋白明显升高。在缓解期α_2球蛋白增加,常为复发的信号。在发作时期γ球蛋白下降常提示预后不良。

(4) C反应蛋白增高,IgG稍高。

(5) 严重者出现电解质紊乱,尤以低钾最明显。

2. 粪便检查 常有黏液脓血便,镜检见红细胞、白细胞和巨噬细胞。粪便培养致病菌阴性。

3. 结肠镜检查 具有诊断意义,可直接观察肠黏膜变化,准确了解病变范围。内镜下所见特征是:急性期肠黏膜充血水肿,分泌亢进,湿润,可有针尖大小的红色斑点和黄白色点状物,肠腔痉挛,皱襞减少。在慢性期,黏膜粗糙不平,呈细颗粒状,黏膜血管模糊,质脆易出血,有大小、形状、色种多样的假息肉,有时呈拱桥状增生。活体组织检查显示非特异性炎性病变和纤维瘢痕,同时可见糜烂、隐窝脓肿、腺体排列异常

笔记栏

及上皮变化等。

4. X线检查 应用X线气钡双重对比造影，有利于观察黏膜形态。X线征象主要有：①病变肠管痉挛，中心性狭窄；②病变肠管结肠袋变浅、消失，肠管边缘显示多数毛刺状突出的小龛影；③肠黏膜紊乱；④慢性期肠管呈持续性狭窄，边缘僵直，肠管缩短。

案例归纳二

实验室及其他检查提示：大便常规检查示有脓细胞，红细胞，未见吞噬细胞；X线气钡双重对比造影提示乙状结肠肠管痉挛狭窄、缩短；肠镜示：肠腔痉挛，黏膜充血，糜烂，粗糙不平，有时呈拱桥状增生。

【诊断与鉴别诊断】

1. 诊断 本病的主要诊断依据，包括慢性腹泻、脓血黏液便、腹痛，不同程度全身症状，反复发作的趋势；多次粪检无病原体发现，内镜检查及X线钡剂灌肠显示结肠炎病变等。完整的诊断应包括临床类型、严重程度、病变范围及病情分期。

2. 鉴别诊断

（1）细菌性痢疾：常有菌痢病史，粪便培养分离出痢疾杆菌，结肠镜检时取其脓性分泌物培养阳性率较高，抗菌药物治疗有效。

（2）慢性阿米巴痢疾：病变主要侵犯近端结肠，溃疡较深，其边缘为潜行性，溃疡间的黏膜多属正常，粪便检查或通过结肠镜取溃疡渗出物做镜检可找到溶组织阿米巴滋养体，抗阿米巴治疗有效。

（3）结肠癌：多见于中年以上，直肠指检可触及肿块，肠镜及钡剂灌肠检查对鉴别诊断有价值。

（4）血吸虫病：有疫水接触史，常有肝脾肿大，粪便镜检可发现血吸虫卵，孵化毛蚴阳性，结肠镜下可见黏膜下黄色颗粒，活检可查到血吸虫卵。

（5）肠易激综合征：粪便中可有大量黏液，但无脓血，精神紧张可诱发或使症状加重。粪便检查仅见少许白细胞，结肠镜检无器质性病变。

（6）克隆病：病变主要在回肠末端及其邻近结肠，常呈跳跃节段分布，临床上有右下腹及脐周围疼痛、排便后腹痛不缓解、腹泻、脓血便少见。结肠镜检查可见病变黏膜呈卵石样，有较深的沟槽样溃疡。活检病变肠壁呈全层性炎症，少数还有非干酪性肉芽肿。

此外，还应与其他感染性肠炎鉴别，如肠结核、沙门菌结肠炎、抗菌药物相关性肠炎、真菌性肠炎、缺血性肠炎、放射性肠炎、结肠息肉、结肠憩室炎、白塞病等。

案例诊断要点

1. 年轻男性。

2. 病史特点，反复发作腹泻，左下腹部隐痛两年，腹泻有时呈脓血便，左下腹部有压痛，具有腹痛即有便意，便后腹痛缓解的规律。

3. 特殊检查示，肠腔狭窄，肠管缩短，黏膜有充血，糜烂，水肿。

临床诊断：

溃疡性结肠炎。

【治疗】 主要采用内科治疗，其原则是控制急性发作，缓解病情，减少复发，防止并发症。

1. 一般治疗 注意休息，劳逸结合，急性发作或重症患者应住院治疗，饮食宜少渣易消化，营养均衡，足够热量，少脂肪，避免生冷和刺激性食物，并给予支持疗法。及时纠正水、电解质平衡紊乱，贫血者可输血，低蛋白血症者输入血清蛋白。病情严重者应禁食，给予完全胃肠外营养治疗。腹痛患者可酌情用抗胆碱能药物，但不宜多用，否则促发急性结肠扩张。腹泻严重者可谨慎试用复方苯乙哌啶或洛哌丁胺等。

2. 药物治疗

（1）氨基水杨酸制剂：常用柳氮磺吡啶（SASP），该药口服后，20%～30%自小肠吸收，未经代谢而从胆汁排出，75%在大肠经肠菌裂解为5-氨基水杨酸（5-ASA）及磺胺吡啶。用药方法4g/d，分4次口服，用药3～4周病情缓解后改为每日2g，维持1～2年。不良反应有恶心、呕吐、皮疹、白细胞减少及溶血反应等，并干扰叶酸的吸收，导致巨幼细胞性贫血、精子数量减少及形态异常，停药3个月可恢复。服用柳氮磺吡啶的同时应补充叶酸1～2mg/d。5-ASA是主要有效成分，滞留在结肠内与肠上皮接触而发挥抗炎作用，其作用机理可能为清除氧自由基，减轻炎症反应，抑制免疫细胞的免疫反应。近年已研制成5-ASA的特殊制剂，如美沙拉嗪（mesalamine）、奥沙拉嗪（olsalazine）、巴柳氮（balsalazide），为缓释片或控释片，能到达远端回肠和结肠发挥药效，疗效与SASP相仿，但不良反应明显减少。如果病变局限在直肠，可用SASP或5-ASA灌肠，也可使用栓剂。

（2）糖皮质激素：基本作用为非特异性抗炎和抑制免疫反应。适用于重型或暴发型，或柳氮磺吡啶治疗无效的轻型、中型患者，一般用泼尼松每日30～40mg，分3～4次口服，病情控制后逐渐减量至每日10～15mg，维持半年左右停药。

笔记栏

重型患者常用氢化可的松每日200~300mg静脉滴注,1周后改为口服泼尼松60mg/d,病情控制后,逐渐减量至停药。皮质激素亦可用于灌肠,每次用琥珀酸氢化可的松50~100mg保留灌肠,每日1~2次,病情好转后改为每周2~3次,疗程1~3周。

(3)免疫抑制剂:上述两类药物治疗无效者可试用硫唑嘌呤,每日每公斤体重1.5mg,分2~3次口服;近年来应用甲氨蝶呤、环孢素,有时获得良好疗效。青霉胺、干扰素等也有一定疗效。

3. 手术治疗 当出现癌变、肠穿孔或濒临穿孔、脓肿或瘘管形成、大量或反复严重出血、结肠扩张等并发症,以及长期内科治疗无效者,应考虑外科手术治疗。

【预防】 初病应治疗彻底,以免反复发作。平时应注意饮食卫生,生活规律,减少过敏食物及损伤肠道药物的摄入,减少精神负担和精神创伤,避免感染疾病发生。

处方及医师指导

1. 一般治疗:注意营养饮食及心理指导。
2. 药物治疗:可用5-ASA、美沙拉嗪、奥沙拉嗪等,如果上述药物治疗不明显时可用糖皮质激素。治疗仍不明显者可加用免疫抑制剂,如硫唑嘌呤。
3. 积极预防并发症。
4. 必要时可选择手术治疗。
5. 平时注意饮食卫生,注意劳逸结合。

笔记栏

第7章 功能性胃肠病

功能性胃肠病(functional gastrointestinal disorder, FGID)是指无器质性病变或生化指标异常可以解释的一组慢性反复发作性胃肠道证候群,又称胃肠神经官能症,是生理、精神心理和社会因素相互作用而产生的消化系统功能性的各种病征。患者可表现为咽、食管、胃、胆管、小肠、大肠、肛门等各异的症状,故依据各异的症状特征而有不同命名。功能性胃肠病是常见病,在世界各地均有发生,发病年龄多在20~50岁,女性多于男性,比例约为2∶1。该病多伴有失眠、焦虑、抑郁、头昏、头痛等症状,且常有精神心理因素的背景,临床诊断需在排除器质性病变基础上进行。功能性胃肠病这一概念是在1998年罗马会议上提出的,涵盖了以往的功能性消化不良和肠易激综合征等疾病。

第1节 功能性消化不良

案例

患者,女,35岁,教师。餐后饱胀、上腹不适近两年,加重且出现早饱感三个月来门诊治疗。

两年前因工作压力太大,曾出现晚上难以入眠及早醒,持续近一个月,而后相继出现食欲减退、餐后饱胀不适,伴有反酸、嗳气及上腹灼烧感,症状时好时坏。近三个月自觉上述症状加重,出现早饱感,尤其是劳累、精神紧张时明显,时常烦躁、焦虑、头痛。先后四次在其他医院检查均未确诊,自服"胃乐新"等药未见好转。无烟酒嗜好,否认其他疾病史。

体格检查:神志清晰,营养一般,皮肤及巩膜未见黄染,全身浅表淋巴结未及。双肺呼吸音正常,心浊音界及心脏听诊正常。腹部平软,未见静脉曲张,无压痛及反跳痛,肝脾未及,墨菲征(-)。

实验室及其他检查:血常规正常;HBsAg(-),肝功能示正常;B超肝胆脾正常;胃镜检查胃及十二指肠无异常所见。SCL-90测定,焦虑因子分值增高(4分)。

思考题

1. 你认为此患者的症状与哪些因素有关?
2. 该患者有哪些症状?
3. 如何降低该病的复发率?

功能性消化不良(functional dyspepsia,FD)是指反复或持续性的上腹疼痛或不适,早饱、餐后腹胀、反酸嗳气、恶心呕吐等一组消化系统症状,且经过各种检查缺乏器质性疾病的证据。FD是临床上最常见的一种功能性胃肠病。国内某市某医院一份调查报道,FD占该院胃肠病专科门诊患者的50%;欧美国家的流行病学调查显示,普通人群中有消化不良症状者占19%~41%。

【病因和发病机制】 迄今尚未清楚,大量研究表明FD可能与多种因素有关。研究发现过半数FD患者有胃固体排空延缓、胃窦部运动异常、幽门十二指肠运动失协调等表现。故一般认为,FD的主要病理生理学基础是上胃肠道动力障碍,且胃肠动力障碍常与胃电活动异常并存,部分患者存在胃感觉过敏。胃镜检查提示约1/2者有幽门螺杆菌感染,但与FD的相关性无证据确认。精神和心理应激因素一直被认为与FD的发病有密切关系,是FD的重要诱发因素。调查资料显示,FD患者的心理长期紧张、焦虑、抑郁、应激事件等相关积分显著高于正常人和十二指肠溃疡组,但其致病机制尚未完全明了。

【临床表现】 一般起病缓慢,病程较长,呈持续性或反复发作性。较多患者有饮食、应激、精神等诱发因素。FD无特异性的表现,主要有上腹痛、上腹胀、早饱及食欲不佳、嗳气、灼烧感、恶心、呕吐等症状。临床表现不一,患者常以FD的某一个或某一组症状为主要表现。约1/3的FD病人可合并有IBS的症状。

1. 上腹痛 为FD的常见症状,部分患者以此为主要症状,可伴或不伴有其他消化不良症状。一般上腹痛无规律性,部分患者与进食有关,表现为饥饿痛、进食后腹痛缓解,或表现为餐后0.5~3小时腹痛持续存在。

2. 早饱、餐后上腹胀、上腹灼烧感、嗳气 亦为FD常见症状,它们可单独存在或以一组症状出现,伴或不伴有腹痛。早饱指有明显饥饿感但进食不多即有饱感。上腹胀多发生于餐后,或呈持续性腹胀进食后加重。早饱和上腹胀常伴有嗳气,也可表现为上腹灼烧感。恶心、呕吐不常见,多发生在胃排空明显延迟者,呕吐多为当餐胃内容物。

笔记栏

3. 精神方面症状 一些患者同时伴有抑郁、焦虑、失眠、头痛、烦躁、注意力难以集中等精神方面症状。

4. 分型 根据FD患者的临床特征,可将本病分为溃疡型(上腹痛为主)、动力障碍型及非特异型。

案例归纳

该患者餐后上腹部饱胀不适、反酸、嗳气及上腹灼烧感近两年,症状时好时坏。近三个月自觉上述症状加重,出现早饱感,尤其是劳累、精神紧张时明显,时常烦躁、焦虑、头痛。自服"胃乐新"等药未见好转。无不良嗜好。

体格检查:各系统基本正常,腹部检查无异常发现。

实验室及其他检查:无器质性病变所见。SCL-90测定焦虑因子分值增高(4)。

【诊断和鉴别诊断】

1. 诊断标准

(1) 有上腹痛、餐后上腹胀、早饱、嗳气、上腹灼烧感、恶心与呕吐等症状,其病程一般规定为至少持续1个月以上或在1年中累计超过12周。

(2) 内镜检查未发现胃及十二指肠溃疡、糜烂、肿瘤、食管炎等器质性病变,也无相关疾病病史。

(3) 实验室、B超、X线检查排除肝胆胰等疾病。

(4) 排除肠易激惹综合征。

(5) 无糖尿病、肾脏病、结缔组织病及精神病。

(6) 经定期追踪随访1年以上、并经2次以上的胃镜复查未发现新的器质性病变。

2. 鉴别诊断 FD需与上述诊断标准中所列疾病鉴别。需要指出的是,以往将有烧心、反酸症状而胃镜检查未见有反流性食管炎者列为反流型的FD,现已将有这部分临床表现的患者归为内镜检查阴性的胃食管反流病。

案例诊断要点

1. 年轻女性。

2. 病史特点:该患者餐后上腹部饱胀不适、伴有反酸、嗳气及上腹灼烧感两年,症状时好时坏。早饱感3个月,尤其是劳累、精神紧张时症状明显,时常烦躁、焦虑、头痛。自服"胃乐新"等药未见好转。无不良嗜好。

3. PE:无异常发现。

4. 实验室及其他检查:血常规正常;HBsAg(-),肝功能正常;B超显示肝胆脾正常;胃镜检查:胃及十二指肠无异常所见。SCL-90(心理因素)检查焦虑因子分值增高。

临床诊断:功能性消化不良。

【治疗】 主要遵循个体化治疗的原则,结合心理、精神、饮食、病症等因素进行有针对性的治疗和运用综合性措施治疗。

1. 一般治疗 养成良好的生活、饮食习惯,避免烟、酒及暴饮暴食,避免个人生活经历中可诱发FD症状出现的食物,避免睡前多食,最好少食多餐。

2. 心理调整 调整好工作学习节奏,加强体育锻炼,缓解各种压力及紧张情绪,注意根据患者不同特点进行心理治疗。对抑郁、失眠、焦虑严重者可适当给予药物治疗。

3. 药物治疗 主要是对症和经验性治疗。

(1) 抑制胃酸分泌药:多用于以上腹痛、烧心、反酸为主要症状的患者,可选用H_2受体拮抗剂或质子泵抑制剂,如雷尼替丁、法莫替丁、奥美拉唑等。

(2) 促胃肠动力药:一般用于以上腹胀、早饱、嗳气为主要症状患者。可选用多潘立酮或西沙必利5~10mg,每日3次,餐前半小时服用,疗程2~8周酌情而定。据报道西沙必利疗效略优于多潘立酮,但有严重心律失常不良反应的报道,使用中对大剂量与长期服用者应注意及时减量;小部分患者有腹鸣、腹泻、腹痛等不良反应,减量或使用一段时间后可减轻以至于消失。

(3) 根除Hp药物:对小部分有幽门螺杆菌感染的FD患者可能有效,症状严重者可试用。用法见本篇第四章"消化性溃疡"。

(4) 心理治疗药:精神症状明显者可试用,如抑郁、焦虑者可酌情选用阿米替林、帕罗西汀等,但注意从小剂量开始,同时注意药物的不良反应;失眠、焦虑者可选用地西泮等镇静药。

处方及医师指导

1. 一般治疗:生活规律、睡眠充足、劳逸结合;避免生冷酸硬等刺激性食物,避免使用对胃黏膜有损害的药物。

2. 心理调整:采取适当的方式缓解紧张情绪、释放压力,如体育锻炼、音乐疗法、定期旅游、制定适宜的工作目标。

笔记栏

3. 药物治疗

(1) 促胃动力药：多潘立酮或西沙必利 5~10mg，每日 3 次，餐前半小时服用，疗程 4 周。

(2) 抑制胃酸分泌药：PPI 或 H_2RA：奥美拉唑每次 20mg，每日 2 次(或奥美拉唑 10mg，每日 1 次)，疗程 1 周。之后根据情况用法莫替丁 20mg 睡前服。

(3) 必要时小剂量地西泮、小剂量应用阿米替林。

第 2 节　肠易激综合征

案例

患者，女性，30 岁，律师。因腹痛腹泻、大便性状改变伴失眠焦虑 13 个月就诊。

该患者于 2006 年 10 月份在工作中突发腹部不适及持续腹泻两天，之后常有反复发作的腹痛或腹部不适症状，排便或排气后可缓解，发作时伴有大便稀不成形，为此患者时常失眠焦虑。近 4 个月来该患者饭后症状明显，排气、排便次数增多，稍紧张即腹部不适甚至腹痛及有便意。未正规治疗。吸烟两年，不饮酒。无肝胆胰疾病。无痢疾、血吸虫等寄生虫病史。

体格检查：T 36.6℃，P 80 次/min，BP 110/70mmHg。神志清楚，神态焦急，营养稍差。巩膜黏膜皮肤无黄染，浅表淋巴结未触及。心、肺未见异常。腹部轻度压痛、无反跳痛。肝脾未扪及，墨菲征(-)，移动性浊音(-)。神经系统检查正常。

实验室及其他检查：血常规 WBC 5.8×10^9/L，N 0.68，RBC 3.5×10^{12}/L，Hb 110g/L；肝功能各项指标正常。病毒性肝炎相关检查(-)。粪常规无红、白细胞，粪潜血试验阴性。线钡剂灌肠结肠有激惹现象。纤维结肠镜检无明显黏膜异常，组织学检查基本正常。

思考题

1. 哪些疾病可以导致腹痛、腹泻？

2. 如何鉴别器质性病变和功能性病变？

3. 请制订该病的治疗原则。

肠易激综合征(irritable bowel syndrome，IBS)是一种以腹痛或腹部不适伴排便习惯改变为特征的功能性肠病，有腹痛时常需排便，排黏液便、稀便，便后腹痛减轻的特点，且经过各种检查缺乏器质性疾病的证据。本病是最常见的一种功能性肠道疾病，对普通人群问卷调查、国内北京和广州有 IBS 症状者的报道分别为 7.3%和 5.6%，欧美报道为 10%~20%。IBS 患者以中青年居多。男女比例约 1 ∶ 2。

【病因和发病机制】　至今尚不明确，研究提示 IBS 与多种因素有关。目前 IBS 的病理生理学基础以胃肠动力学异常和内脏感觉异常的说法较为被认可(有结肠的基础电节律、放射性核素显像技术、直肠气囊充气试验作为佐证)；心理精神因素亦是 IBS 发病的重要因素，调查表明 IBS 患者焦虑、抑郁积分显著高于正常人，应激事件发生频率亦高于正常人；另外，感染、IBS 患者对某些食物不耐受、某些肽类激素等可能与 IBS 症状有关。其确切机制尚未阐明。

【临床表现】　IBS 起病隐匿，症状呈反复发作性或慢性迁延性，病程可长达数年甚至数十年，一般全身健康状况不受影响。最主要的表现是腹痛或不适伴排便习惯和粪便性状的改变。精神、心理应激和饮食等因素常可使其诱发、复发或加重。另外发现 IBS 与 FD 有许多症状交错重叠，约 40%~87%IBS 病人可有 FD。

1. 腹痛　几乎所有 IBS 患者都有不同程度的腹痛，以下腹和左下腹疼痛常见，多伴有腹胀，腹痛腹胀常于排便或排气后缓解。

2. 腹泻与便秘　腹泻者一般 3~5 次/d，少数重者发作期达十数次。便质多呈稀糊状伴有不同量的黏液，但绝无脓血。还可有排便急迫感、排便不净感。排便不干扰睡眠。便秘者排便困难，粪干量少，呈羊粪或细杆状，表面可附黏液。部分患者腹泻与便秘交替发生。

3. 精神症状　部分患者有焦虑、失眠、抑郁、头痛等精神症状。

4. 体征　无明显或特异体征，发作期疼痛部位可有轻度压痛，部分患者可触及痉挛的肠管，直肠指检可有触痛和感到肛门痉挛。

5. 分型　根据 IBS 患者的临床特点可分为腹泻型、便秘型和腹泻便秘交替型。

案例归纳

该患者以腹痛腹泻、大便性状改变伴失眠焦虑近 13 个月为主要临床表现。

13 个月前突发腹部不适及持续腹泻两天，此后常有反复发作的腹痛或腹部不适症状，排便、排气后可缓解，大便稀不成形伴失眠焦虑。近 4 个月来饭后症状加重，有腹胀、排气、排便次数增多，伴精神紧张焦虑。

笔记栏

体格检查：神态焦急。腹部轻度压痛。余未见明显异常。

实验室及其他检查：线钡剂灌肠结肠有激惹现象。其他检查基本正常。

【诊断和鉴别诊断】

1. 诊断标准 1999年罗马Ⅱ标准。

（1）在过去1年内至少累计有12周（可以是非连续性）存在反复发作的腹痛或不适，并伴有以下至少2项：①排便后症状缓解；②发作时伴排便频率改变；（每天排便>3次或每周<3次）；③发作时伴粪便性状改变（块状/硬便或稀水样便）。

（2）常见但非诊断必备症状，这些症状越多越支持IBS诊断：①粪便排出过程异常（费力、急迫感、排便不尽感）。②黏液便。③胃肠胀气或腹部膨胀感。

（3）缺乏可解释症状的形态学改变和生化异常。

2. 鉴别诊断 主要和器质性消化系统疾病鉴别。如以腹痛症状为主者应与引起腹痛的相关疾病鉴别，以腹泻症状为主者应与引起腹泻的疾病相鉴别。

案例诊断要点

1. 青年女性。

2. 病史特点：以腹痛腹泻、大便性状改变伴失眠焦虑近一年多为主要临床表现。患者于一年前突发腹部不适及持续腹泻两天，此后常有反复发作的腹痛或腹部不适症状，排便排气后可缓解，大便稀不成形伴失眠焦虑。近4个月来该患者饭后症状明显，有腹胀、排气、排便次数增多，精神紧张时加重。

3. PE：神态焦虑，腹部轻度压痛。

4. 实验室及其他检查：线钡剂灌肠结肠有激惹现象。其他检查基本正常。

临床诊断：肠易激综合征。

【治疗】 注意强调个体化的治疗原则，积极寻找并祛除促发因素，结合主要症状进行对症治疗、心理治疗等综合治疗。

1. 一般治疗 建立良好的生活、饮食习惯。饮食上避免诱发症状的食物，一般而言宜避免烟、酒。腹胀者避免乳制品、大豆等易产气的食品，腹泻者少食大鱼大肉，便秘者多食高纤维食物。生活起居规律，加强体育锻炼。告知患者IBS的诊断并详细解释疾病的性质，以解除患者顾虑并提高对治疗的信心。对失眠、焦虑者可适当给予镇静药。

2. 药物治疗 依据症状不同采用不同的药物对症治疗。

（1）解痉药：一般用于腹痛者。抗胆碱药物（如阿托品、654-2）可作为缓解腹痛的短期对症治疗。匹维溴胺是一种选择性作用于胃肠道平滑肌的钙拮抗药，对腹痛有一定疗效且不良反应少，用法为50mg/次，3次/d。

（2）止泻药：用于有腹泻症状者。复方苯乙哌啶、洛哌胺（易蒙停）止泻效果较好，但不宜长期使用，适用于腹泻症状较重者。腹泻较轻者宜使用蒙脱石、药用炭等吸附止泻药。

（3）泻药：对便秘者酌情、短期使用。原则是应用作用温和的轻泻剂以减少不良反应和药物依赖性。常用的有容积性药物，如欧车前制剂；渗透性轻泻剂，如乳果糖。也可选用便塞停或麻仁润肠丸等药物。

（4）胃动力药以及胃黏膜保护药：对伴有FD的IBS患者，酌情使用相关药物。

3. 心理疗法

（1）保持良好的心理状态，适时释放心理压力是有效的治疗及预防措施。

（2）症状严重而顽固，经一般治疗和药物治疗无效者应考虑予以心理行为及相关药物治疗。对精神紧张者给予安定剂，如利眠灵、艾司唑仑等；对精神抑郁者应用阿米替林、氟西汀等；对精神焦虑者口服多塞平或阿普唑仑。对有恐病症尤其是恐癌症者，要进行健康教育。

处方及医师指导

肠易激综合征关键是调养，用药为辅，针对病因纠正激发因素，要结合心理、精神、饮食、病证等因素进行综合性治疗。

1. 一般治疗：养成良好的生活、饮食习惯；戒烟戒酒，切忌避免使用对胃黏膜有损害的药物。少食乳制品、大豆等易产气的食品，少食大鱼大肉及高纤维食物。

2. 心理调整：调整好自己的工作学习节奏，放松心情，缓解各种紧张情绪和压力，加强体育锻炼。

3. 药物治疗

（1）腹泻明显时用止泻药：如短期使用复方苯乙哌啶、洛哌胺（易蒙停）等药物。

（2）腹胀时酌情使用胃肠动力药。

（3）焦虑紧张严重时酌情给药：如地西泮、利眠宁、多塞平。也可以使用安慰剂治疗。

笔记栏

第8章 肝硬化

案例

患者，女性，46岁，干部。乏力、纳差、腹胀进行性加重4个月，下肢浮肿，少尿3天。

患者近4个月来无明显原因出现乏力、食欲不振，进食后饱胀，恶心、厌油，腹胀，并逐渐加重伴气短，夜间不能平卧。3天来双下肢逐渐水肿，尿量减少，每日不足400ml，但无尿频、尿急、尿痛和腰痛。无发冷、发热，在当地经抗感染和利尿药物治疗无效来我院诊治。既往无心、肾疾病史。无血吸虫疫区工作史。无过敏史。

体格检查：T 36.7℃，P 86次/min，R 24次/min，BP100/60mmHg。神志清楚，面色黝黯无光，毛发枯疏。眼睑无水肿，巩膜轻度黄染。无颈静脉怒张。全身浅表淋巴结无肿大。右锁骨下及前胸可见蜘蛛痣3枚。心肺无异常。蛙形腹，腹壁静脉曲张明显，脐膨出。肝脏触不清，脾于肋下6cm，质中等，移动性浊音(+)。全腹压痛、反跳痛和肌紧张(-)，肠鸣音稍弱。肝掌，双下肢凹陷性水肿。余未见异常。

实验室及其他检查：血常规 Hb 105g/L，WBC 3.9×10^9/L，N 0.72，L 28%，PLT 64×10^9/L；尿、粪常规无异常；肝炎病毒血清学 HBsAg、HBeAg、抗 HBc-IM 均阳性。ALT 56U/L，AST 36U/L，ALP 35U/L，γ-GT 50U/L。TP 46g/L，ALB 19g/L。STB 34μmol/L。PPT>22秒。血清 K^+ 3.6mmol/L，Na^+ 141mmol/L，Cl^- 98 mmol/L；B超：肝明显缩小，表面不平、肝内光点增强、增粗、不均匀，大量腹水。脾肿大，脾、门静脉增宽。腹水常规，肉眼见淡黄色透明，蛋白 10g/L，李凡他实验(-)，细胞总数 150×10^6/L，N 25%，L 75%。

思考题

1. 该患者的病史有何特点？
2. 体格检查中的阳性体征集中于哪个系统？
3. 根据以上临床资料，该患者的诊断和诊断依据是什么？

肝硬化(hepatic cirrhosis)是一种或多种病因长期反复作用引起的肝脏慢性、进行性、弥漫性病变。以其肝细胞广泛坏死、肝组织弥漫性纤维化、再生结节和假小叶形成、致使肝脏逐渐变硬为病理特点的慢性肝病。肝硬化代偿期可无明显症状，失代偿期临床上有多系统受累，以肝功能损害和门静脉高压为主要表现，常可出现上消化道出血、肝性脑病、继发感染等严重并发症。肝硬化是我国常见疾病和主要死亡病因之一。发病高峰年龄多在35~48岁，男女比例约3.6~8：1。

【病因和发病机制】

1. 病因 在我国以病毒性肝炎所致的肝硬化最常见，国外以酒精中毒导致的肝硬化多见。同一患者可由多种病因同时或先后作用而导致肝硬化。

(1) 病毒性肝炎：主要为乙型、丙型和丁型肝炎病毒重叠感染，通常经过慢性肝炎阶段，继而发展为病毒性肝炎后肝硬化。甲型、戊型病毒性肝炎不发展为肝硬化。

(2) 慢性酒精中毒：长期酗酒(每日摄入乙醇80g达10年以上)时，乙醇及其中间代谢产物乙醛的毒性作用，引起酒精性肝炎，最后导致酒精性肝硬化。

(3) 长期胆汁淤积：持续肝内淤胆或肝外胆管阻塞时，可引起原发性(肝内淤胆)或继发性(肝外阻塞)胆汁淤积性肝硬化。

(4) 循环障碍：慢性充血性心衰、缩窄性心包炎、肝静脉和(或)下腔静脉阻塞均可致肝脏长期淤血，肝细胞缺氧、坏死，结缔组织增生，导致心源性或淤血性肝硬化。

(5) 化学毒物或药物：长期接触四氯化碳、磷、砷等或服用双醋酚汀、甲基多巴、四环素等，可引起中毒性肝炎，最终演变为中毒性肝硬化。

(6) 血吸虫病：长期感染，虫卵沉积于汇管区，引起大量纤维组织增生，导致肝纤维化和门脉高压症，称之为血吸虫病性肝纤维化。

(7) 代谢紊乱：遗传或先天性酶缺陷，致使某些代谢产物沉积于肝，如肝豆状核变性(铜沉积)、血色病(铁质沉着)，引起肝细胞变性坏死和结缔组织增生，导致代谢障碍性肝硬化。

(8) 营养障碍：如果有慢性炎症性肠病，食物中长期缺乏蛋白质、维生素、抗脂肪肝物质等，致使营养失调、肝细胞脂肪变性和坏死，导致营养不良性肝硬化。

笔 记 栏

(9) 免疫紊乱：自身免疫性肝炎可进展为肝硬化。

(10) 原因不明：发病原因一时难以肯定，称为隐源性肝硬化。一部分隐源性肝硬化有可能系非酒精性脂肪性肝炎发展而成。

2. 发病机制 病因不同发展机制有所不同，但研究认为，进行性肝纤维化是各型肝硬化共同重要核心环节。正常肝脏纤维组织的生成与降解处于平衡状态，当各种原因导致肝损伤时，肝星状细胞被激活并转化为肌成纤维样细胞时，细胞外基质、胶原等物质合成增加，纤维组织的沉积超过降解，导致进行性弥漫性肝纤维化进而肝硬化。各型肝硬化的演变发展过程包括以下四个方面：

(1) 广泛肝细胞变性与坏死、肝小叶纤维支架塌陷。

(2) 残存肝细胞形成不规则结节状肝细胞团(再生结节)。

(3) 自汇管区和肝包膜有大量纤维结缔组织增生，形成纤维间隔，包绕再生结节或将残留肝小叶重新分割，改建成为假小叶。

(4) 上述病理变化，造成肝内血循环紊乱，血管床缩小、闭塞或扭曲，血管受到再生结节挤压；肝内门静脉、肝静脉和肝动脉小支三者之间失去正常关系等，这些不仅是门脉高压的病理基础，而且加重肝细胞的营养障碍，促进病变的进一步发展。

【病理】

1. 大体形态 肝脏变形，早期肿大，晚期明显缩小，质地变硬、重量减轻；外观呈棕黄色或灰褐色，表面有弥漫性大小不等的结节和塌陷区，边缘薄锐，肝包膜增厚。

2. 组织学改变 正常肝小叶被假小叶取代。假小叶内肝细胞索排列紊乱，中央静脉或缺如或偏位者内含 2~3 个中央静脉。

3. 四种病理类型(根据结节形态大小)

(1) 大结节性肝硬化：结节粗大不均，直径在 1~3cm，最大可达 5cm，假小叶大小不等。

(2) 小结节性肝硬化：结节大小相仿，直径一般在 3~5mm，最大不超过 1cm，假小叶大小一致。此型最为常见。

(3) 大小结节混合性肝硬化：即肝内同时存在大、小结节两种病理形态。此型肝硬化亦很常见。

(4) 再生结节不明显性肝硬化：特点为纤维隔包绕多个肝小叶(不完全分割小叶)形成结节，但结内增生不明显。此型在我国多由血吸虫病引起，目前称之为血吸虫病性肝纤维化更为恰当。

【临床表现】 通常起病隐匿，病程发展缓慢，可隐伏 3~5 年甚至 10 年以上，少数重症肝炎因短期大片肝坏死，3~6 个月便发展成肝硬化。目前，临床上仍将肝硬化分为肝功能代偿期和失代偿期，但两期界限常不清楚。

1. 代偿期 症状较轻，缺乏特异性。以乏力和食欲减退出现较早、且较突出，可伴有腹胀、恶心、上腹隐痛、轻微腹泻等。一般多呈间歇性，因劳累或伴发病而出现，经休息或治疗可缓解。肝轻度肿大，质地偏硬，可有轻度压痛，脾轻或中度大。肝功检查正常或轻度异常。

2. 失代偿期 症状显著，主要为肝功能减退和门静脉高压症两大类临床表现，可伴有全身多系统症状。

(1) 肝功能减退的临床表现

1) 全身症状：一般情况较差，精神委靡，消瘦、乏力，皮肤干枯，面色黝黯无光泽(肝病面容)，可有不规则低热、夜盲及浮肿等。

2) 消化道表现：食欲不振甚至厌食，进食后上腹饱胀不适、恶心和呕吐，进油腻肉食易腹泻，患者因腹水和胃肠积气终日腹胀。上述症状与胃肠道淤血水肿、消化吸收不良等因素有关。约50%以上患者有轻度黄疸，少数出现中或重度黄疸，提示肝细胞有进行性或广泛坏死、预后不良。肝脏缩小、质硬缘锐、表面有结节或颗粒感，在肝细胞进行性坏死或炎症时可有轻度压痛。

3) 出血倾向和贫血：有鼻出血、牙龈出血、皮肤紫癜、胃肠道出血、女性经血过多等，还可有不同程度的贫血。前者与凝血因子合成减少、脾功亢进及毛细血管脆性增加有关。后者与营养不良、吸收障碍、胃肠道出血和脾功亢进等因素有关。

4) 内分泌紊乱：肝功减退时肝脏对雌激素、醛固酮、抗利尿激素的灭活作用减弱，使之继发性在体内蓄积。雌激素通过负反馈抑制腺垂体、从而影响垂体-性腺轴或垂体-肾上腺皮质轴的功能，导致雄激素减少，糖皮质激素亦减少。由于雌、雄激素失衡，男性患者常有睾丸萎缩、性欲减退、毛发脱落及乳房发育；女性有月经不调、闭经、不孕等；患者面、颈、上胸、肩背等上腔静脉引流区域出现蜘蛛痣；在手掌大、小鱼际和指端腹侧部位有红斑，称为肝掌(图 3-8-1)。由于糖皮质激素减少，患者面部和其他暴露部位，可见皮肤色素沉着。醛固酮和抗利尿激素的继发增多、致使钠水潴留，对腹水乃至水肿的形成和加重起重要促进作用。

(2) 门静脉高压症的临床表现：脾大、侧支循环的建立和开放、腹水是门静脉高压症的三大临床表现。尤其侧支循环开放，对门静脉高压症

笔记栏

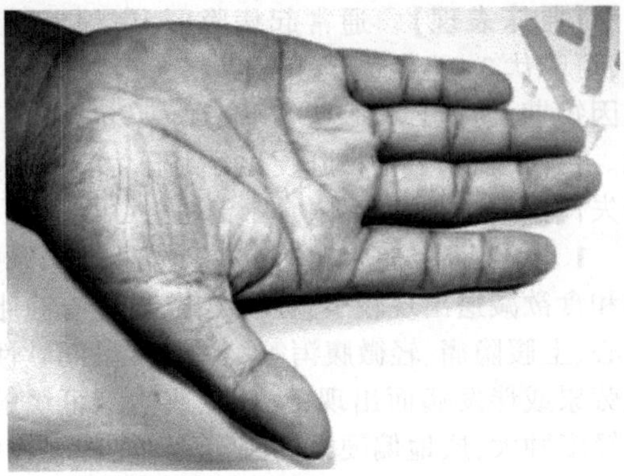

图 3-8-1　肝掌

的诊断有特征性意义。

1）脾大：脾因长期充血和单核-吞噬细胞增生而肿大，多为轻、中度大，部分可达脐下。上消化道大出血时，脾可暂时缩小。晚期脾大常伴有白细胞、血小板和红细胞计数减少，称为脾功能亢进。

2）侧支循环的建立和开放：当门静脉压力增高超过 200mmH_2O 时，消化器官和脾的回心血液流经肝脏受阻，导致门腔静脉之间建立门体侧支循环（图 3-8-2）。主要的侧支循环有三组：①食管和胃底静脉曲张，系门静脉系的胃冠状静脉和腔静脉系的食管静脉、肋间静脉、奇静脉等沟通开放，当门脉压力显著增高或因食物摩擦时，食管和胃底静脉可破裂，导致上消化道大出血；②腹壁静脉曲张，门脉高压时脐静脉重新开放，与副脐静脉、腹壁静脉等吻合，迂曲的静脉在脐周和腹壁可见，以脐为中心脐周静脉出现明显曲张者，其外观呈水母头状；③痔静脉扩张，系门静脉系的直肠上静脉与下腔静脉系的直肠中、下静脉沟通，有时扩张形成痔核。

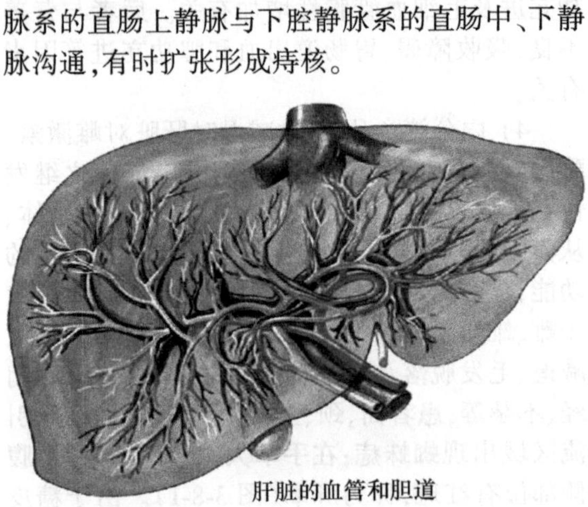

图 3-8-2　正常肝脏的血管和胆管

3）腹水：是肝硬化最突出的临床表现，失代偿期 75%以上患者出现腹水。腹水一般发展缓慢，上消化道大出血、感染等因素则可使腹水迅速增长。大量腹水使腹部膨隆、腹壁绷紧发亮，状如蛙腹，甚至出现行走困难，端坐呼吸和脐疝。部分患者伴有胸水，多见于右侧，系腹水通过膈淋巴管或经瓣性开口进入胸腔所致。腹水形成的基本始动机制是肝功能减退与门脉高压症：①门静脉压力增高：超过 300mmH_2O 时，组织液回吸收减少而漏入腹腔；②白蛋白合成减少：当白蛋白低于 30g/L 时，血浆胶体渗透压降低，致使血液成分外渗；③继发性醛固酮及抗利尿激素增多：导致肾钠、水的重吸收增加；④淋巴液生成过多：肝静脉回流受阻时，使肝淋巴液生成增多（每日约 7～11L，正常为 1～3L），超过了胸导管引流的能力，淋巴液自肝包膜和肝门淋巴管渗出至腹腔；⑤有效循环血容量不足：致使肾血流量减少，排钠和排尿量减少（图 3-8-3）。

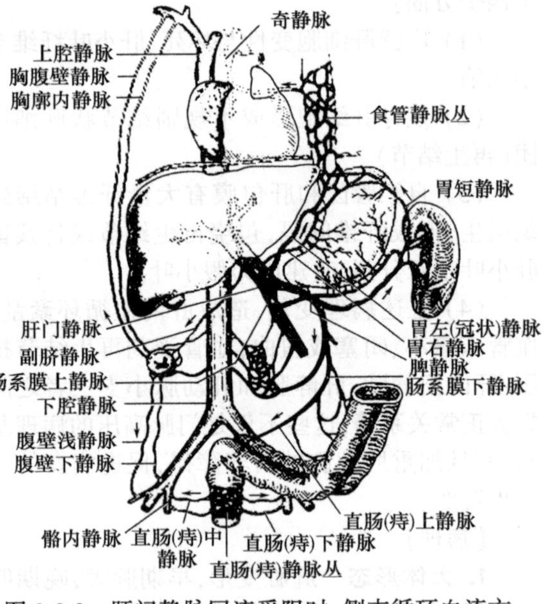

图 3-8-3　肝门静脉回流受阻时，侧支循环血流方向示意图

以上为各型肝硬化的共同临床表现。由于病因和病理类型不一，其起病方式与临床表现并不完全相同。大结节性肝硬化起病较急，进展较快；门静脉高压症相对较轻，但肝功能损害较严重，早期即可出现中度以上黄疸；小结节性肝硬化起病多隐匿，进展较缓慢；血吸虫病性肝纤维化的临床表现则以门静脉高压症为主，巨脾多见，黄疸、蜘蛛痣等少见，肝功能损害较轻。

【并发症】

1. 上消化道出血　是最常见的并发症，病因主要是食管、胃底静脉曲张破裂，常常突然发生大量呕血或黑粪，常引起出血性休克或诱发肝性脑病，病死率很高。

2. 肝性脑病　是最严重的并发症，亦是最常见的死亡原因（详见本篇第九章）。

3. 感染　肝硬化患者抵抗力低下，增加了肠道细菌移居的机会，常并发细菌感染，如肺炎、

笔记栏

胆管感染、大肠埃希菌败血症、自发性腹膜炎和结核性腹膜炎等。

4. 原发性肝癌 此并发症多在大结节性或大小结节混合性肝硬化基础上发生。如患者短期内出现肝迅速增大、持续性肝区疼痛、肝表面发现肿块或腹水呈血性等,应高度怀疑并发原发性肝癌,并做进一步检查。

5. 肝肾综合征 引起该并发症的关键环节是肾血管收缩,导致肾皮质血流量和肾小球滤过率持续降低。其特征为自发性少尿或无尿、氮质血症、稀释性低钠血症和低尿钠。但肾无重要病理改变,故又称功能性肾衰竭。

6. 肝肺综合征 是指严重肝病、肺血管扩张和低氧血症组成的三联征。肝硬化时由于血管活性物质增加,肺内毛细血管扩张,肺动-静脉分流,造成通气/血流比例失调。内科治疗多无效,吸氧只能暂时改善症状,但不能逆转病程。

7. 电解质和酸碱平衡紊乱 常见的电解质紊乱有:①低钠血症;②低钾低氯血症与代谢性碱中毒,这些紊乱可诱发肝性脑病。

案例归纳一

该患者无明显原因出现乏力、纳差、饭后饱胀、恶心、厌油4个月,并逐渐加重,伴气短,夜间不能平卧。双下肢水肿少尿3天。无尿路刺激症和腰痛。既往无心、肾疾病史。无血吸虫疫区工作史。检查发现面色黝黯无光,毛发枯疏。眼睑无水肿,巩膜轻度黄染。无颈静脉怒张。蛙形腹,腹壁静脉曲张明显,脐膨出。肝脏触不清,脾于肋下6cm,质中,移动性浊音(+)。蜘蛛痣、肝掌,双下肢凹陷性水肿。

【实验室和其他检查】

1. 血、尿常规 血常规代偿期多正常,失代偿期有不同程度的贫血。脾功亢进时全血细胞均减少。尿常规代偿期一般无变化,有时可见蛋白、管型和血尿。患者黄疸时可有胆红素和尿胆原增加。

2. 肝功能试验 代偿期肝功试验多正常或轻度异常,失代偿期有明显异常,并与肝硬化的严重程度相关。

(1) 转氨酶有轻或中度增高,一般以ALT(GPT)增高较显著,肝细胞严重坏死时AST(GOT)活力常高于ALT。

(2) 血清总蛋白正常、降低或增高,但白蛋白降低、球蛋白增高,白球比例倒置;在血清蛋白电泳中,白蛋白减少而γ-球蛋白增高。

(3) 总胆固醇、胆固醇酯亦常降低。

(4) 重症者血清胆红素有不同程度增高。

(5) 凝血酶原时间有不同程度延长,经注射维生素K亦不能纠正。

(6) 肝储备功能试验如氨基比林清除试验,随肝细胞受损情况而有不同程度的降低。

3. 免疫功能检查

(1) 病因为病毒性肝炎者,乙型、丙型或乙型加丁型肝炎病毒标记呈阳性反应。

(2) 细胞免疫检查发现半数以上的患者T细胞数低于正常,CD3、CD4和CD8细胞均有降低。

(3) 体液免疫检查发现免疫球蛋白IgG、IgA均可增高,一般以IgG增高最为显著,且与γ-球蛋白的升高相平行。

(4) 部分患者可出现非特异性自身抗体,如抗核抗体、抗平滑肌抗体等。

4. 腹水检查 漏出液淡黄透明。如并发自发性腹膜炎,外观透明度降低,比重增高,白细胞数增多,常在500×10^6/L以上,其中多形核白细胞大于250×10^6/L,若床边用血培养瓶做腹水细菌培养,可提高诊断阳性率;如并发结核性腹膜炎,则以淋巴细胞为主,利凡他实验(+);如腹水呈血性应高度怀疑癌变,宜做细胞学及癌标记物检测。

5. 影像学检查

(1) 超声显示肝脏大小、外形改变和脾肿大,门静脉高压者门静脉主干内径>13mm,脾静脉内径>8mm,应用多普勒检查可检测门静脉的血流量、速度及方向。

(2) 食管静脉曲张时食管吞钡X线检查显示虫蚀样或蚯蚓状充盈缺损;胃底静脉曲张时可见菊花样充盈缺损。

(3) CT和MRI检查早期肝大,晚期肝右叶萎缩,左叶增大,肝表面不规则,脾大,腹水。

(4) 放射性核素检查可见肝摄取核素稀疏,肝左右叶比例失调,脾核素浓集。

6. 内镜检查

(1) 胃镜能直接观察静脉曲张部位与程度,阳性率较X线检查高;在并发上消化道出血时,急诊胃镜可判明出血部位和病因,并可进行止血治疗。

(2) 腹腔镜检查可直接观察肝外形、表面、色泽、边缘及脾脏改变,直视下对病变明显处做穿刺活组织检查,对鉴别肝硬化、慢性肝炎和原发性肝癌及明确肝硬化的病因很有帮助。

7. 肝穿刺活组织检查 若见有假小叶形成,可确诊为肝硬化。

案例归纳二

该患者辅助检查结果：血常规：Hb 105g/L，WBC 3.9×10^9/L，N 0.72，L 28%，PLT 64×10^9/L；肝炎病毒血清学 HBsAg、HBeAg、抗 HBc-IM 均阳性。ALT 56U/L。TP 46g/L，ALB 19g/L。STB 34μmol/L。PPT>22 秒。B 超：肝明显缩小，表面不平。大量腹水。脾肿大，脾、门静脉增宽。腹水常规，肉眼见淡黄色透明，蛋白 10g/L，利凡他实验(-)。

【诊断与鉴别诊断】

1. 诊断 肝硬化早期诊断较为困难。凡遇迁延不愈的乙型肝炎、丙型肝炎或长期酗酒者，常需监测肝功及 B 超有无改变，有时需要肝穿活检或腹腔镜检才能确定。主要根据有：

(1) 有病毒性肝炎、长期饮酒等相关病史。

(2) 有肝功减退和门脉高压症的临床表现，肝质地坚硬有结节感。

(3) 肝功能试验常有阳性发现。

(4) 肝活组织检查见假小叶形成。

2. 鉴别诊断

(1) 肝硬化早期肝肿大：注意与慢性肝炎、原发性肝癌、华支睾吸虫病、脂肪肝等鉴别。

(2) 肝硬化门脉高压症的腹水：注意与结核性腹膜炎、缩窄性心包炎、慢性肾小球肾炎、充血性心力衰竭、巨大卵巢囊肿等鉴别。

(3) 肝硬化门脉高压症脾肿大：注意与慢性粒细胞白血病、特发性门脉高压症鉴别。

(4) 与肝硬化并发症的鉴别：①上消化道出血：注意与消化性溃疡、糜烂出血性胃炎、胃癌等鉴别；②肝性脑病：与低血糖、尿毒症、糖尿病酮症酸中毒等鉴别；③肝肾综合征：注意与慢性肾小球肾炎、急性肾小管坏死等鉴别。

案例诊断要点

1. 乙型肝炎病毒血清学指标：HBsAg、HBeAg、抗 HBc-IM 均阳性。

2. 肝功能减退的临床表现：4 个月来乏力、消瘦、恶心、厌油、食欲不振、腹胀逐渐加重伴气短、不能平卧；肝病面容，肝掌和蜘蛛痣，黄疸。

3. 门脉高压的表现：蛙形腹，脐膨出，腹壁静脉明显曲张，腹水征阳性且为漏出液；脾大(肋下 6cm，Ⅱ度硬)和脾功能亢进(三系血细胞减少)。

4. 肝功能检查：明显的低蛋白血症 TP 46g/L，ALB 19g/L，血清总胆红素增高 STB 34μg/L。转氨酶增高 ALT 56U/L。凝血酶原时间延长 PPT>22 秒。

5. B 超提示肝硬化，大量腹水，脾肿大，脾、门静脉增宽。

临床诊断：慢性乙型肝炎后肝硬化，肝功能失代偿期，肝肾综合征。

【治疗】 目前肝硬化无特效治疗，关键在于早诊断，采取综合性治疗。原则是：针对病因和加强一般治疗，使病情缓解及延长代偿期；失代偿期主要是对症治疗、改善肝功能和治疗并发症。

1. 一般治疗

(1) 休息：代偿期患者宜参加轻工作，注意劳逸结合；失代偿期患者应卧床休息为主。

(2) 饮食：宜进高热量、高蛋白和维生素丰富而易消化的食物；腹水者应少盐或无盐饮食，但使用排钠利尿剂者应酌情进盐；肝功能显著损害或有肝性脑病先兆时，应限制或禁食蛋白质(尤其是动物蛋白)；禁酒。

(3) 积极纠正病因，阻止对肝脏的继续损害。

2. 支持治疗

(1) 失代偿期患者食少纳差，且多伴有恶心、呕吐，宜静脉输入高渗葡萄糖液以补充热量，同时可加入维生素 C、胰岛素、氯化钾。

(2) 应特别注意维持水、电解质和酸碱平衡，较重者应用复方氨基酸、白蛋白或鲜血。

(3) 禁用损害肝脏的药物，慎用巴比妥类等镇静药。

3. 药物治疗 目前尚无特效药。

(1) 营养促消化：平日可用维生素和消化酶。

(2) 保护肝脏：水飞蓟素每次 2 片，3 次/d。

(3) 抗纤维化：秋水仙碱对肝储备功能尚好的代偿期肝硬化有一定疗效，剂量 1mg/d，分 2 次服，每周服药 5 天。由于需长期服用，应注意胃肠反应及粒细胞减少的不良反应。

(4) 中医药治疗：确能改善症状和肝功能。一般常用活血化瘀药为主，按病情辨证施治。

4. 腹水的治疗

(1) 限制钠、水的摄入：腹水者必须限钠、无盐或低盐饮食，每日摄入钠 500～800mg(氯化钠 1.2～2.0g)；进水量应遵循量出为入的原则，一般可限制在 1000ml/d 左右，对显著低钠血症应限制在 500ml 以内；约有 15%的患者通过限制钠、水摄入，可产生自发性利尿使腹水减退。腹水减退后，仍需限制钠的摄入，以防止腹水再次出现。

笔 记 栏

（2）增加钠、水的排除：腹水的治疗以利尿药的使用最为广泛。

1）利尿药：目前主张螺内酯（安体舒通或氨苯蝶啶）和呋塞米联合应用，可起协同作用，并减少电解质紊乱。螺内酯为潴钾利尿药，呋塞米为排钾利尿药。使用螺内酯和呋塞米的剂量比例为100mg：40mg。开始用螺内酯100mg/d，数天后加用40mg/d的呋塞米，如效果不明显，可逐渐按比例加大两种药的剂量，最大剂量为400mg/d的螺内酯和160mg/d的呋塞米。利尿速度不宜过猛，以体重减轻不超过0.5kg/天、不超过2kg/周为宜，以免诱发肝性脑病、肝肾综合征等，腹水渐消退者可将利尿药逐渐减量。

2）放腹水加输注白蛋白：限用于难治性腹水。单纯放腹水只能临时改善症状，2~3天内腹水可迅速复原，采用放腹水加输注白蛋白治疗效果较好。每次放腹水在4000~6000ml为宜，同时静脉输注白蛋白40~60g，比大剂量利尿药治疗效果好，可缩短住院时间，且并发症少。

（3）提高血浆胶体渗透压

1）每周定期少量、多次静脉输注白蛋白或新鲜血，对改善机体一般情况、恢复肝功能、提高血浆渗透压、促进腹水的消退等甚有帮助。

2）自身腹水浓缩回输：可放腹水5000~10 000ml，通过浓缩处理（超滤或透析）成500ml，再静脉回输，除可清除部分潴留的钠和水分外，可提高血清白蛋白浓度和有效血容量、改善肾血液循环，从而减轻或消除腹水。不良反应和并发症有发热、感染、电解质紊乱等。注意有感染的腹水不可采用此办法。

（4）外科治疗

1）腹腔—颈静脉引流：又称Le Veen引流法。采用装有单向阀门的硅管，一端留置于腹腔，另一端自腹壁皮下朝向头颈，插入颈内静脉，利用腹—胸腔压力差，将腹水引向上腔静脉。并发症有腹水漏、肺水肿、低钾血症、弥散性血管内凝血、感染和硅管堵塞等。腹水感染或疑为癌性腹水者，不能采用本法。

2）颈静脉肝内门体分流术（TIPS）：是一种以介入放射学的方法在肝内的门静脉与肝静脉的主要分支间建立分流通道。此方法能有效降低门静脉压力，创伤小，安全性高，适用于食管静脉曲张大出血和难治性腹水，但易诱发肝性脑病，多用于等待肝移植之前的门静脉高压患者。

5. 门静脉高压症的手术治疗 主要是为了降低门脉系统压力和消除脾功亢进，有各种分流、断流术和脾切除术，手术治疗效果与慎重选择病例和手术时机密切相关。一般而言，在无黄疸或腹水、肝功能损害较轻或无并发症者，手术效果较好；大出血时急诊手术、机体一般状况差、肝功能损害显著者，手术效果差。

6. 并发症治疗

（1）上消化道出血：必须采取急救措施，包括：禁食、静卧、加强监护、迅速补充有效血容量（静脉输液、输新鲜血）以纠正出血性休克，采用有效止血措施（详见“上消化道出血”章）及预防肝性脑病等。食管曲张静脉出血经止血后可再出血，宜应用内镜定期对曲张静脉注射硬化剂或静脉套扎术及长期服用普萘洛尔降低门静脉压力的药物。

（2）感染：应积极加强支持治疗和应用抗菌药物，且强调早期、足量和联合应用抗菌药物。对自发性腹膜炎，一经诊断就立即治疗，不能等待腹水或血液细菌培养报告后才开始治疗；可选用氨苄西林、头孢菌素类或喹诺酮类等，须联合应用，然后根据治疗反应和细菌培养结果，调整抗菌药物；开始数天剂量宜大，病情稳定后减量；用药时间不得少于2周。腹水浓稠时需进行腹腔冲洗，并向腹腔内注入抗生素。

（3）肝性脑病：内容详见本篇“肝性脑病”章。

（4）肝肾综合征：在积极改善肝功能前提下，可采用以下措施：①消除各种诱因 如迅速控制上消化道大出血、感染，避免大量放腹水、利尿过猛及使用损害肾脏的药物等。②严格控制输液量，量出为入，纠正水、电解质和酸碱失衡。③输注右旋糖酐、白蛋白或浓缩腹水回输，以提高循环血容量，改善肾血流，在扩容基础上应用利尿药。④特利加压素联合白蛋白治疗，用量为0.5~2mg/4h静脉注射，加白蛋白60~80g/d。

7. 干细胞移植或肝移植 是目前治疗终末期肝硬化惟一有效的措施，可提高患者的存活率。

【预后】 肝硬化的预后与病因、类型、肝功能程度及有无并发症而有所不同。酒精性肝硬化、淤血性肝硬化、胆汁淤积性肝硬化等，如未进展至失代偿期，若消除病因积极治疗原发疾病、病变可趋静止，相对的较病毒性肝硬化预后为好。

Child-pugh分级（表3-8-1）有助于判断预后，Child-pugh A级预后最好，而C级预后最差。死亡原因常为肝性脑病、上消化道出血、继发感染和肝肾综合征等。

笔 记 栏

表 3-8-1 Child-pugh 分级

项目	分数		
	1	2	3
肝性脑病(期)	无	Ⅰ~Ⅱ	Ⅲ~Ⅳ
腹水	无	易消退	难消退
胆红素(μmol/L)	<34	34~51	>51
白蛋白(g/L)	>35	28~35	<28
凝血酶原时间(秒)	≤14	15~17	≥18

注:根据 5 项的总分判断分级,A 级 5~8 分,B 级 9~11 分,C 级 12~15 分。

处方及医师指导

1. 一般治疗:①住院绝对卧床休息,避免劳累和精神刺激;②软食,多食用大豆制品鱼类、植物蛋白和适当的瘦肉;③戒酒;④每日测量体重、腹围和记 24 小时出入水量,每日摄入钠盐 500~800mg(氯化钠1.2~2.0g);进水量限制在 1000ml/d 左右。⑤避免使用吗啡类、氯丙嗪、四睾酮(甲基睾丸素)、利福平、异烟肼等药物。

2. 支持疗法:①10%葡萄糖溶液 500ml 加维生素 C 5.0g 及 10%氯化钾溶液 10ml(还可加入胰岛素 6~10U)静脉滴注;②口服多种维生素混合剂;③对有肝性脑病危险时,应选用六合氨基酸静脉滴注(或口服),每日 1 次。

3. 药物治疗:①水飞蓟素 每次 2 片,每日 3 次(或者给肝泰乐);②秋水仙碱 1mg/d,分 2 次服,每周服药 5 天;③干扰素 500 万单位皮下注射,每日 1 次,可连续使用半年。

4. 腹水的治疗:①螺内酯 20mg,呋塞米 20mg,每日 3 次口服。如果利尿效果不好,可适当增加利尿剂的量;②每周 2 次放腹水,每次在 4000~6000ml,同时输注白蛋白 40~60g;③定期少量多次静脉输注白蛋白、血浆、新鲜血或者必要时输入。

5. 预防:积极防治病毒性肝炎是我国预防肝硬化的关键。乙型病毒性肝炎疫苗的预防性注射,严格规范的筛选献血员等,都是有效的措施;慢性肝炎患者应劳逸结合,合理营养和戒酒,科学治疗,慎用或禁用损害肝脏的药物,延缓病情的进展。

笔记栏

第9章 肝性脑病

案例

郑某,男性,50岁。纳差、乏力、腹胀,齿龈出血3年,腹明显胀大,尿少半个月,意识错乱2天。

该患者3年来反复出现纳差、乏力、腹胀、腹泻,劳累时加重。经常有鼻、齿龈出血。近半月腹部逐渐胀大,尿量减少,每日约为500ml,在家卧床休息。因腹胀难受3天前开始间断性自服"呋塞米和氢氯噻嗪(量不详)"后,尿量增至每日约3500~4000ml,腹胀明显减轻,但出现四肢无力,烦躁不安。昨日起患者行为失常、治疗不配合,张口骂人,随地便溺,今晨认人不清而入院。7年前患乙型肝炎。2年前肝CT检查提示肝硬化。

体格检查:T 37.0℃,P 84次/min,R 16次/min,BP 120/75mmHg。意识错乱,反应迟钝,答非所问,简单数字顺序排列错误。面色晦暗无光,巩膜轻度黄染。颈部、前胸可见多枚蜘蛛痣,有肝掌。心肺无异常发现。蛙形腹,腹壁静脉显露,肋下未触及肝脏,脾肋下4.0cm,肠鸣音4次/min,腹部移动性浊音阳性,腱反射亢进,扑翼样震颤阳性。

实验室及其他检查:腹水检查为漏出液;B超显示脾大、腹水、肝硬化、门脉高压;脑电图可见5~7次/s的慢波;急查空腹血糖4.1mmol/L、血氨136μmol/L、血BUN 6.5mmol/L,血K^+ 3.0mmol/L,Na^+ 140mmol/L,血Cl^- 86μmol/L,碱中毒;肝功能、肝炎病毒标志物的检测HBsAg和HBeAg阳性,血ALT 54U/L,TP 55g/L,ALB 24g/L,血浆凝血酶原时间16秒。

思考题

1. 肝脏疾病患者可以有哪些临床表现?

2. 根据上述资料,请思考患者最可能的诊断是什么?

3. 从该病例中我们应该吸取的教训是什么?

肝性脑病(hepatic encephalopathy,HE)是由各种严重肝病引起的、以代谢紊乱为基础、中枢神经系统功能失调的临床综合征,其主要表现是意识障碍、行为失常和昏迷。门体分流性脑病(PSE)强调门静脉高压,肝门静脉与腔静脉间有侧支循环存在,导致大量门静脉血绕过肝直接流入体循环,为脑病发生的主要机制。

【病因及诱因】 各型肝硬化是肝性脑病的第一位病因,如果把门体分流手术诱发的肝性脑病、轻微肝性脑病计算在内,则肝硬化导致肝性脑病者可达70%左右。小部分肝性脑病由重症病毒性肝炎、中毒性肝炎和药物性肝病的急性或暴发性肝功能衰竭阶段所致。另外少见的病因还有原发性肝癌、妊娠期急性脂肪肝、严重胆管感染等。

诱因:肝性脑病尤其是门体分流性脑病常有明显诱因,常见的有:大量排钾利尿、放腹水、上消化道出血、高蛋白饮食、感染、外科手术、催眠镇静药及麻醉药等;患者伴有便秘、尿毒症等情况时也会导致肝性脑病。

【发病机制】 肝性脑病的发病机制迄今尚未完全明确。但公认的是:肝性脑病产生的病理生理基础是肝功衰竭和门腔静脉之间的侧支分流,主要是使来自肠道的多种毒性代谢产物,未被肝解毒和清除,经侧支直接进入体循环,并透过血-脑屏障而至脑部,引起大脑功能紊乱。血吸虫病性肝纤维化虽有侧支循环,但肝功能较好,很少发生肝性脑病。

肝性脑病发病机制学说较多,其中对氨中毒学说的研究最多。这里简单介绍四种学说。

1. 氨中毒学说 氨代谢紊乱引起的氨中毒是肝性脑病,特别是门体分流性脑病的重要的发病机制。

(1)氨的来源与代谢:血氨主要来自肠道、其次是肾和骨骼肌。

1)正常人胃肠道每日产氨约4g。大部分为尿素经肠道细菌的尿素酶分解产生,小部分由食物中的蛋白质被肠道细菌的氨基酸氧化酶分解产生,它们以非离子型氨(NH_3)和离子型铵(NH_4^+)的形式存在。肠道内氨的吸收主要是NH_3弥散进入肠膜,其吸收率比NH_4^+高得多。游离的NH_3有毒性,且能透过血-脑屏障对大脑神经产生毒性作用;NH_4^+呈盐类形式存在,相对无毒,不能透过血-脑屏障。NH_3与NH_4^+的互相转

笔记栏

化受肠道 pH 梯度的影响。当结肠内 pH>6 时，NH_3大量弥散入血；pH<6 时，则 NH_3从血液转至肠腔，随粪排泄。

2）肾产氨是通过肾小管上皮的谷氨酰胺酶分解谷氨酰胺为氨，其吸收和转化亦受肾小管液 pH 的影响，当肾小管滤液呈酸性时 NH_3 以铵盐形式随尿排泄，而呈碱性时则易被吸收入血，导致血氨增高。

3）骨骼肌和心肌在运动时也能产生少量氨。

机体清除血氨的主要途径为：①绝大部分来自肠道的氨在肝中经鸟氨酸代谢环转变为尿素；②脑、肝、肾等在 ATP 供能条件下，利用和消耗氨以合成谷氨酸和谷氨酰胺（α-酮戊二酸+NH_3 $\longrightarrow$ 谷氨酸，谷氨酸+NH_3 $\longrightarrow$ 谷氨酰胺）；③肾是排氨的主要器官，除排出大量尿素外，肾小管在排酸的同时，也以 NH_4^+ 的形式排除大量的氨；④血氨过高时从肺部呼出少许。

（2）肝性脑病时血氨增高的原因：主要是由于血氨生成过多和（或）清除过少。患者内在的原因包括：肝功衰竭时，肝将氨合成为尿素的能力减退；有门体分流时，肠道的氨未经肝解毒直接进入体循环，使血氨增高；肝性脑病的一些诱发因素能提高血氨进入脑组织的量和（或）改变脑组织对氨的敏感性。此外，下列情况均可导致血氨增高：

1）低钾性碱中毒：利尿排钾、放腹水、呕吐、腹泻、继发性醛固酮增多症等均可导致低钾血症，由此尿排钾量减少而氢离子排出量增多，导致代谢性碱中毒，因而 NH_3吸收增多、血氨增高，透过血-脑屏障，进入细胞产生毒害作用。

2）高蛋白饮食或摄入过多的含氮药物或上消化道出血（每 100ml 血液约含 20g 蛋白质）时，肠内产氨增多。

3）低血容量与缺氧：上消化道出血、大量放腹水、利尿等情况时，血容量下降与缺氧可导致肾前性氮质血症，使血氨增高。脑细胞缺氧可降低脑对氨毒的耐受性。

4）感染：增加组织分解代谢从而增加产氨，缺氧和高热增加氨的毒性。此外，肝病患者肠道细菌生长活跃，使肠道产氨增多。

5）便秘：使含氨、胺类和其他有毒衍生物与结肠黏膜接触的时间延长，有利于毒物吸收。

6）低血糖：葡萄糖是大脑产生能量的重要燃料，低血糖时能量减少，脑内去氨活动停滞，氨在脑内蓄积、氨的毒性增加。

7）其他：镇静、催眠药可直接抑制大脑和呼吸中枢，造成脑内去氨活动减弱以及缺氧。

（3）氨对中枢神经系统的毒性作用

1）氨对大脑的毒性作用主要表现在干扰脑的能量代谢，导致高能磷酸化合物浓度降低。A. 血氨过高可能抑制丙酮酸脱氢酶活性而影响乙酰辅酶 A 的生成，干扰脑的三羧酸循环。B. 氨在大脑的去毒途径是氨与 α-酮戊二酸结合成谷氨酸，谷氨酸再与氨结合成谷氨酰胺，这些反应需要消耗大量的 α-酮戊二酸、谷氨酸、辅酶以及 ATP，生成较多的谷氨酰胺（注：α-酮戊二酸是三羧酸循环中的重要中间产物，缺少则使大脑细胞的能量供应不足，以致不能维持正常功能；谷氨酸是大脑的重要兴奋性神经递质，若缺少则大脑抑制增加）。谷氨酰胺是一种很强的细胞内渗透剂，增加则导致星形细胞肿胀和脑水肿。如果脑水肿未被控制，颅内高压脑疝即会发生。

2）氨对大脑功能的其他作用是刺激大脑摄取精氨酸，从而增加一氧化氮（NO）的产生，并抑制星形细胞聚积谷氨酸盐的能力。

3）新近研究认为氨的毒性还体现在它直接作用于神经膜，可引起突触后抑制。

2. 假神经递质学说 神经递质有兴奋和抑制两类，正常时两者保持生理平衡以完成神经冲动的传导。兴奋性神经递质主要有多巴胺、去甲肾上腺素及谷氨酸等。食物中的芳香族氨基酸如酪氨酸、苯丙氨酸等经肠菌脱羧酶的作用分别转变为酪胺和苯乙胺，正常人将其吸收经门静脉入肝代谢分解清除，但有肝衰竭或门-体分流者则对酪胺和苯乙胺的清除障碍，它们可进入脑组织，在脑内经 β 羟化酶的作用分别形成 β 羟酪胺和苯乙醇胺。后两者的化学结构与正常的神经递质去甲肾上腺素相似，但传递神经冲动作用极弱，故称假神经递质。当假神经递质被脑细胞摄取并取代了突触中的正常递质，发生神经传导障碍出现意识障碍与昏迷。

3. γ-氨基丁酸/苯二氮䓬（GABA/BZ）复合体学说 GABA 是哺乳动物大脑的主要抑制性神经递质，由肠道细菌作用与谷氨酸盐产生，在肝衰竭和门-体分流时，GABA 可绕过肝进入体循环导致血中浓度增高，肝性脑病患者的血浆 GABA 浓度与脑病程度平行。在暴发性肝衰竭和肝性脑病动物模型中发现：GABA 血浓度增高，血-脑屏障对其通透性增高，大脑突触后神经元的 GABA 受体显著增多。这种受体不仅能与 GABA 结合，也能与巴比妥类和苯二氮䓬类药物结合，故称为 GABA/BZ 复合受体。上述三者的任何一种与受体结合后，均可引起神经传导抑制、导致昏迷。肝硬化患者体内存在内源性或天然的 BZ 样物质。部分患者经 BZ 受体拮抗剂治疗后，症状有所减轻，说明肝性脑病与抑制性 GABA/BZ 受体增多有密切关系。也有学者提出

笔记栏

GABA/BZ 与氨协同引起肝性脑病。

4. 氨基酸代谢不平衡学说

（1）血浆氨基酸测定发现失代偿期肝硬化者血浆芳香族氨基酸（如酪氨酸、色氨酸）增多、支链氨基酸（如亮氨酸、缬氨酸）减少，两组氨基酸代谢呈不平衡现象。正常人的芳香族氨基酸在肝脏代谢分解，肝衰竭时分解减少血浓度增高。正常时支链氨基酸主要在骨骼肌代谢分解，胰岛素有促使这类氨基酸进入肌肉的作用。肝功衰竭时由于胰岛素在肝内的灭活减少，促使支链氨基酸大量进入肌肉组织，致使血浓度降低，结果导致支链氨基酸/芳香族的氨基酸的比值降低。上述两种氨基酸是在相互竞争和排斥中通过血-脑屏障，进入脑中的芳香族氨基酸增多，进一步形成假性神经递质。

（2）肝硬化患者由于肝代谢障碍和血浆白蛋白含量降低，致血清游离色氨酸增多，脑中增多的色氨酸可衍生为5-羟色胺，后者是中枢神经某些神经元的抑制性递质，有拮抗去甲肾上腺的作用，故也可能与昏迷有关。精氨酸、谷氨酸与门冬氨酸本身或其衍生物对氨中毒所致的实验性肝性脑病有逆转作用，对肝硬化昏迷患者有催醒作用。

【病理】 急性肝功能衰竭所致的肝性脑病患者的脑部常无明显的解剖异常，但38%～50%有脑水肿，可能是本病的继发性改变。慢性肝性脑病患者可能出现大脑和小脑灰质以及皮质下组织的原浆性星形细胞肥大和增多，病程较长者则大脑皮质变薄，神经元及神经纤维消失，皮质深部有片状坏死，甚至累及小脑和基底部。

【临床表现】 因原有肝病的性质、肝细胞损害程度、缓急及诱因不同使肝性脑病的临床表现有较大差异。急性肝性脑病常见于暴发性肝炎所致的急性肝衰竭，诱因不明显，患者在起病数周内即进入昏迷直至死亡，昏迷前可无前驱症状。慢性肝性脑病多是门体分流性脑病，由于大量门体侧支循环和慢性肝衰竭所致，多见于肝硬化患者和（或）门体分流手术后，以慢性反复发作性木僵与昏迷为突出表现，常有摄入大量蛋白食物、上消化道出血、感染、放腹水、大量排钾利尿等诱因。肝硬化终末期所见的肝性脑病起病缓慢，昏迷逐步加深，最后死亡。

为了观察肝性脑病的动态变化，有利于早期诊断、治疗，一般根据意识障碍程度、神经系统表现和脑电图改变，将肝性脑病自轻微的精神改变到昏迷分为四期。

一期（前驱期）：主要是轻度性格改变和行为失常，如欣快、激动或抑郁寡言，衣冠不整或随地便溺。应答尚准确，但吐词缓慢而不清。可引出扑翼样震颤，脑电图多正常。

二期（昏迷前期）：一期表现加重基础上，以睡眠障碍、意识错乱、行为失常为特点。具体可表现为嗜睡、昼睡夜醒，定向力丧失、理解力及力下降，行为失常，可有幻觉、恐惧、狂躁。有明显神经系统体征，如腱反射亢进、肌张力增高、踝阵挛、Babinski 征阳性等，并可出现不随意运动及运动失调。扑翼样震颤存在，脑电图有特征性改变。

三期（昏睡期）：主要是昏睡和精神错乱，且神经系统体征持续或加重。昏睡可唤醒及应答，但答非所问，常有意识不清及幻觉，理解力及计算力丧失。锥体束征阳性，扑翼样震颤仍可引出，脑电图明显异常。

四期（昏迷期）：表现为神志完全丧失，任何刺激都无法将患者唤醒。浅昏迷时，对疼痛刺激和不适体位尚有反应，腱反射和肌张力仍亢进。由于患者不能合作，无法引出扑翼样震颤。深昏迷时各种反射消失，肌张力降低，瞳孔常散大。可出现阵发性惊厥、换气过度等。脑电图明显异常。

肝性脑病时，除上述表现之外，患者还常有肝功能严重受损的表现，如明显黄疸、出血倾向、肝臭等，随着疾病的进展，有些患者可并发各种感染、肝肾综合征、脑水肿和心、肾、肺等主要脏器损害，导致低血压、少尿、呼吸衰竭、DIC 等相应的复杂临床表现。

附加：在肝性脑病的初期，患者可无明显的临床表现和生化异常，而用精细的智力测验和（或）电生理检测才能做出诊断的亚临床肝性脑病（即 SHE 现有人主张称为轻微肝性脑病），可称为肝性脑病的 0 期。

近年来有学者（1999，Schiff）将肝性脑病分为 A、B、C 三型：A 型称为与急性肝衰竭相关的肝性脑病（ALFA-HE），用来代替暴发性肝衰竭（FHF），且可以避免与慢性肝病基础上的急性肝性脑病相混淆。B 型是存在明显门体分流但无内在肝病的脑病，很少见，需肝活检才可确诊。C 型包括了大多数的肝性脑病，是在肝硬化或慢性肝病基础上发生的，通常也有明显的门体侧支循环，沿用的“门体分流性脑病（PSE）”基本都是此型。

案例归纳一

该患者男性，50 岁，以 3 年来反复出现纳差、乏力、腹胀、腹泻、鼻及齿龈出血为主要表现，且劳累时加重。近半月患者腹部逐渐胀大，尿量减少，约为 500ml/d。3 天前自服呋塞米和氢氯噻嗪后，尿量剧增，腹

笔记栏

胀明显减轻，但出现四肢无力，烦躁不安。昨日起患者出现行为失常，今晨认人不清。7年前患乙型肝炎。两年前肝CT检查提示肝硬化。

体格检查：该患者意识错乱，答非所问，简单数字顺序排列错误。肝病面容，巩膜轻度黄染。见多枚蜘蛛痣，有肝掌。蛙腹，腹壁静脉显露，肋下未触及肝脏，脾肋下4.0cm，移动性浊音阳性。腱反射亢进，扑翼样震颤阳性。

【实验室及其他检查】

1. 血氨测定 正常人空腹静脉血氨为12~59μmol/L，动脉血氨含量为静脉血氨的0.5~2倍。一般认为测定动脉血氨比静脉血氨更有意义。慢性肝性脑病尤其是门体分流性脑病患者多有血氨增高。急性肝性脑病血氨多正常。对于血氨测定的诊断价值目前仍有争议，但多认为动态观察血氨，对诊断应具有价值，有学者报道血氨不高的患者，多有红细胞内氨的增加。

2. 血清氨基酸测定 支链氨基酸(亮氨酸、异亮氨酸、缬氨酸)浓度降低，色氨酸、尤其是游离色氨酸浓度增高有助于肝性脑病的诊断。

3. 脑电图检查 脑电图的演变与肝性脑病的严重程度一致。正常脑电图为α节律(8~13次/s)；肝性脑病脑电图的节律弥漫性减慢，波幅增高，变为θ节律(4~7次/s)；更严重的脑电波异常，即δ波(1~5次/s)。Ⅲ期肝性脑病常出现δ波或三相波，昏迷时可表现为双侧对称高波幅的δ波。三相波的出现提示预后不良。脑电图的改变特异性不强，尿毒症、呼吸衰竭、低血糖亦可有类似改变。此外，脑电图对亚临床性肝性脑病和Ⅰ期肝性脑病的诊断价值较小。

4. 脑电诱发电位 用于轻微肝性脑病的诊断和研究，它是在体外可记录到的由各种外部刺激经感受器传入大脑神经元后产生的同步放电反应。根据刺激的感官不同分为视觉诱发电位(VEP)、听觉诱发电位(AEP)和躯体诱发电位(SEP)。VEP、AEP检查在不同人、不同时期变化较大，缺乏特异性和敏感性，不如简单的心理智能检测。SEP诊断亚临床肝性脑病价值较大。

5. 心理智能检测 肝性脑病最早的阶段在常规临床检查中可能并不明显，但可用心理智能测验发现。常用的心理智能测试有：数字连接试验(NCT)、韦氏成人智力量表(WAIS)中的数字符号试验，两者可分别配合使用木块图试验，用于诊断轻微肝性脑病。

6. 影像学检查 绝大多数学者认为SHE是肝脏代谢功能异常引起的可逆性神经生理功能障碍，而不是脑的结构异常。但急性肝性脑病患者进行头部CT或MRI检查时可发现脑水肿。慢性肝性脑病患者则可发现有不同程度的脑萎缩。磁共振波谱分析和PET的应用还在研究中。

案例归纳二

实验室及其他检查：腹水检查为漏出液；B超显示脾大、腹水、肝硬化、门脉高压；脑电图 可见5~7次/s的慢波；急查血氨136μmol/L；血 K^+ 3.0mmol/L，血 Cl^- 86μmol/L，碱中毒；肝功能、肝炎病毒标志物的检测HBsAg和HBeAg阳性，血ALT 54U/L，TP 55g/L，ALB 24g/L，血浆凝血酶原时间(PPT)16秒。

【诊断和鉴别诊断】

1. 肝性脑病的诊断要点

(1) 病史：有肝硬化、肝癌、门体静脉分流术等原发疾病史，并有上消化道出血、放腹水、大量利尿、高蛋白饮食、安眠药、感染等诱因。

(2) 临床表现：前驱期(Ⅰ期)以轻度情绪、性格改变为主，如兴奋、激动等。昏迷前期(Ⅱ期)以意识错乱及行为失常为主，如定向障碍、嗜睡和兴奋交替，肌张力增高，病理反射阳性等，出现扑翼样震颤，最具特征。昏睡期(Ⅲ期)以昏睡和严重神志错乱为主，唤之能醒，但不能正常回答，共济失调。昏迷期(Ⅳ期)，是浅昏迷逐渐转入深昏迷，意识完全丧失，各种反射消失，瞳孔散大。

(3) 辅助检查：明显肝功能损害或血氨增高，血浆氨基酸失衡，支链氨基酸减少，芳香氨基酸增高，两者比值≤1(正常>3)。脑电图检查：两侧前额及顶部出现对称的高慢波，典型的脑电图改变有重要参考价值。

(4) 对肝硬化患者进行数字连接试验和心理智能测验可发现轻微肝性脑病。

2. 鉴别诊断

(1) 患者若以精神症状为惟一或突出表现的肝性脑病易被误诊为精神病，因此凡遇新近有精神错乱，既往有严重肝病的患者，应警惕肝性脑病的可能性。

(2) 患者若以昏迷为主要表现、还应与可引起昏迷的其他疾病，如糖尿病、低血糖、尿毒症、脑血管意外、脑部感染和镇静药过量等相鉴别。进一步追问肝病病史，检查肝脾大小、肝功能、血

笔记栏

氨、脑电图等将有助于诊断与鉴别诊断。

案例诊断要点

1. 50 岁,男性。

2. 病史特点:3 年来反复出现纳差、乏力、腹胀、腹泻、鼻及齿龈出血,且劳累时加重。近半个月患者腹部逐渐胀大,尿量减少,约为 500ml/d。3 天前自服呋塞米和氢氯噻嗪(量不详)后,尿量剧增,腹胀明显减轻,但出现四肢无力,烦躁不安。昨日起患者出现行为失常,治疗不配合,张口骂人,随地便溺,今晨认人不清。7 年前患乙型肝炎。2 年前肝 CT 检查提示肝硬化。

3. 体格检查:该患者意识错乱,答非所问,简单数字顺序排列错误。肝病面容,巩膜轻度黄染。颈部、前胸见多枚蜘蛛痣,有肝掌。蛙腹,腹壁静脉显露,肋下未触及肝脏,脾肋下 4.0cm,移动性浊音阳性。腱反射亢进,扑翼样震颤阳性。

4. 实验室及其他检查:腹水检查为漏出液;B 超显示脾大、腹水、肝硬化、门脉高压;脑电图 可见 5~7 次/s 的慢波;急查血氨 136μmol/L,血 K^+ 3.0mmol/L,血 Cl^- 86μmol/L,碱中毒;肝功能、肝炎病毒标志物的检测 HBsAg 和 HBeAg 阳性,血 ALT 54U/L,TP 55g/L,ALB 24g/L,血浆凝血酶原时间(PPT)16 秒。

临床诊断:慢性乙型肝炎肝硬化,肝性脑病。

【治疗】 目前主张采取针对发病机制和纠正病理生理改变的综合治疗措施,具体措施如下:

1. 一般治疗 治疗肝性脑病的诱因(如上消化道出血,大量放腹水,大量排钾利尿,便秘,尿毒症,高蛋白饮食,服用安眠药、麻醉药,感染等),避免肝性脑病的进一步发展是最基本的策略,是其他药物治疗的基础。包括以下措施:

(1) 调整饮食:对有肝性脑病患者应酌情禁食蛋白或者限制蛋白质摄入,并保证热能供给。对有严重负氮平衡者,Ⅰ~Ⅱ期患者开始数日应限制蛋白质在 20g/d 之内,如病情好转,每 3~5 天可增加 10g 蛋白质,以逐渐增加患者对蛋白质的耐受性。待患者完全恢复后每天每千克体重可摄入 0.8~1.0g 蛋白质,以维持基本的氮平衡;Ⅲ~Ⅳ期患者,尤其是昏迷者应禁止从胃肠道补充蛋白质,可鼻饲或静脉注射 25%的葡萄糖溶液,每日可加入 3~6g 必需氨基酸。需要少量补充蛋白的肝性脑病患者应首选植物蛋白为宜。

(2) 止血和清除肠道积血:上消化道出血是肝性脑病的重要诱因,对食管静脉曲张破裂出血者:①紧急止血,并输入血制品以补充血容量。②清除肠道积血或其他含氮物质,可用生理盐水或弱酸性溶液灌肠,或口服 25%硫酸镁 30~60 ml 导泻。

(3) 纠正电解质和酸碱平衡紊乱:对肝性脑病患者应监测血清电解质、血气分析等,如有低血钾或碱中毒应及时纠正。对肝硬化的患者使用利尿药的剂量不宜过大;放腹水不宜过多过快,如必须大量放腹水时应静脉输入足量的白蛋白以维持有效血容量和防止电解质的进一步紊乱。

(4) 慎用镇静药:巴比妥类、苯二氮䓬类镇静药可激活 GABA/BZ 复合受体,加之肝硬化患者的药物半衰期延长,故使用这些药物会诱发或加重肝性脑病。如患者出现躁狂时,应禁用这些药物,可试用异丙嗪等药。

(5) 其他:如患者有感染应及时、足量、联合选用敏感抗生素控制,积极治疗尿毒症等。

2. 药物治疗 氨中毒是公认的肝性脑病的主要原因,因此降氨是药物治疗的主要手段。

(1) 减少肠道氨的生成和吸收

1) 乳果糖:口服后在小肠不被分解,到达结肠后可被乳酸杆菌、粪肠球菌等细菌分解为乳酸、醋酸使肠道呈酸性,肠道细菌所产的氨减少及增加大便次数。此外,酸性的肠道环境可减少氨的吸收,并促进血液中的氨渗入肠道排出。乳果糖因其治疗有效性和无严重的副作用,长期以来是使用最多的治疗肝性脑病的药物。乳果糖有糖浆剂和粉剂,每日 30~100ml 或 30~100g 分 3 次口服,宜从小剂量开始,调节至每日 2~3 次软便,粪 pH 5~6 为止。不良反应主要有腹胀、腹痛、恶心、呕吐等。此外,其口感甜腻,使少数患者不能接受。

2) 乳梨醇:是乳果糖的衍生物,作用机制与疗效和乳果糖相似,口服更易被吸收。经结肠的细菌分解为乙酸、丙酸而酸化肠道。但其甜度低,口感好,不良反应亦较少。中山医院的一项随机双盲安慰剂对照试验显示,口服乳梨醇后可显著降低轻微肝性脑病患者的血氨。其剂量可为每日 30~40g,分 3 次口服,也可根据个体差异剂量有所不同,以保持每天 2 次软便为宜。

3) 口服抗生素:可抑制肠道产尿素酶的细菌,减少氨的生成。①新霉素:口服 2~4 g/d 可抑制细菌生长,降低肠氨产生,用药不宜超过 1 个月,由于其神经性耳聋、肾毒性等较严重的副作用,限制了其临床使用。②利福昔明:是利福霉素的衍生物,每日剂量为 1.2g。临床试验

笔 记 栏

证明利福昔明治疗肝性脑病至少与乳果糖和新霉素作用同样有效，同时耐受性更好。Puxeddu等认为在需接受长时间治疗的肝性脑病病人，利福昔明和双糖联合使用因其有效性和耐受性良好应首先考虑。在不耐受新霉素和肾功能损害的病人，利福昔明是首选的抗生素。③甲硝唑：每日口服0.8g，其疗效与新霉素相似，但其胃肠道不良反应较大。

4）口服某些不产尿素酶的有益菌可抑制有害菌的生长，减少氨的生成。现认为粪肠球菌SF68的疗效比较确切，服用方法为服用4周后停用2周，可反复使用。

（2）促进氨的代谢清除以降低血氨

1）*L*-鸟氨酸-*L*-天门冬氨酸（OA）：是一种鸟氨酸和门冬氨酸的混合制剂，通过刺激谷氨酰胺合成而降氨。每日静脉注射20g的OA可降低血氨，改善症状。不良反应为恶心、呕吐。有些学者经过临床实验研究认为*L*-鸟氨酸-*L*-天门冬氨酸是安全、耐受良好的治疗肝性脑病的药物。

2）鸟氨酸-α-酮戊二酸的降氨机制与OA相同，但其疗效不如OA。

3）谷氨酸：与氨结合生成谷氨酰胺而降低血氨，有谷氨酸钾和谷氨酸钠。具体应用要根据血钾和血钠情况调整两者的使用比例。谷氨酸盐为碱性，使用前可先注射3~5g维生素C，碱血症者不宜使用。使用方法为每日3~4支，加入葡萄糖液中静脉滴注。尿少时慎用谷氨酸钾，水肿及大量腹水时慎用谷氨酸钠。

4）精氨酸：通过促进尿素循环而降低血氨，每日剂量为10~20g，加入葡萄糖液中静脉滴注，每日1次。该药呈酸性，适用于碱中毒者。需指出，国外学者认为谷氨酸和精氨酸均无效，故不用于临床。

（3）GABA/Bz复合受体拮抗剂：氟马西尼可以拮抗内源性苯二氮草所致的神经抑制，对于Ⅲ~Ⅳ期患者具有促醒作用。静脉注射氟马西尼起效（往往在数分钟之内）快，但维持时间很短，通常在4小时之内。其用量为0.5~1mg静脉注射，或1mg/h持续静脉滴注。氟马西尼治疗肝性脑病的疗效尚有争议。

（4）减少或拮抗假神经递质：①支链氨基酸（BCAA）制剂：是一种以亮氨酸、异亮氨酸、缬氨酸等为主的复合氨基酸。其机制是竞争性抑制芳香族氨基酸进入大脑，减少假神经递质的形成，其疗效尚有争议。有学者认为口服支链氨基酸预防和治疗肝性脑病仅用于不耐受蛋白质的进展期肝硬化病人；另有学者认为摄入足量富含支链氨基酸的混合液对恢复患者的正氮平衡是有效和安全的。②左旋多巴：兴奋性递质多巴胺不能透过血-脑屏障，而其前体左旋多巴却能透过进入脑组织。在理论上大剂量左旋多巴可补充正常神经递质，竞争性地排斥假神经递质。早期报道此药对急性和慢性肝性脑病均有效，能使患者暂时苏醒，但在推广使用后，疗效未能得到充分证实。

3. 非药物治疗

（1）人工肝支持疗法：用分子吸附剂再循环系统（MARS）、血液灌流、血液透析等方法清除体内血氨和其他毒性物质，对于急、慢性肝性脑病均有一定疗效。

（2）肝细胞移植：是用人的肝细胞通过门静脉或肝内移植，也可做脾内移植，移植后肝细胞有正常的形态，扩增及合成功能，对慢性肝功能不全的患者提供代谢支持。但由于需要大量肝细胞，故目前尚不能广泛用于临床。

（3）肝移植：肝移植是治疗各种终末期肝病的一种有效手段，严重和顽固性的肝性脑病有肝移植的指征。由于移植手术技术的进步和抗排异技术的发展，原位肝移植的生存率明显提高。但供体不足仍然是目前的主要困难之一。

（4）门体分流栓塞术：门体分流检塞术常用的途径有：经皮逆行经腔静脉栓塞术，经皮-肝门静脉栓塞术。栓塞材料可为不锈钢螺栓或乳胶气囊。研究发现，栓塞术后分流消失且血氨下降，脑电图改善者未再发生肝性脑病。门体分流栓塞术的并发症有发热、一过性胸腔积液、腹水和轻微的食管静脉曲张，对于轻微的食管静脉曲张无严重后果不需治疗。

4. 对症治疗

（1）纠正水、电解质和酸碱平衡失调：肝硬化腹水者的入液量应遵循“量出为入”原则（一般为尿量+1000ml），每日入液总量以不超过2500ml为宜。以免血液稀释、血钠过低而加重昏迷。及时纠正缺钾和碱中毒，缺钾者补充氯化钾；碱中毒者可用精氨酸溶液静脉滴注。

（2）保护脑细胞功能：如用冰帽降低颅内温度，以减少能量消耗。

（3）预防脑水肿：可静脉滴注高渗葡萄糖、甘露醇等脱水药以防治脑水肿。

（4）保持呼吸道通畅：对深昏迷者，应作气管切开排痰给氧。

综上所述，指导肝硬化患者合理饮食，避免诱发因素，尽量减少肝性脑病的发生，应引起临床医生的重视。对已发生的肝性脑病，在去除诱因的基础上首先选用药物治疗。药物选用原则为：先选用价格便宜、副反应小者，如口服乳果糖、乳梨醇等保持大便通畅（每日2~3次软便），降低血氨。单用乳果糖或乳梨醇无效者可加用

笔记栏

利福昔明，以获得协同作用。对蛋白质耐受差者可给予支链氨基酸治疗以恢复正氮平衡，并调节氨基酸代谢紊乱。氟马西尼因价格昂贵且疗效不肯定，建议在上述药物治疗无效时选用。若患者对所有药物均无效，且无手术禁忌证，可根据患者情况及条件选用门体分流栓塞术或肝移植术。

【预后和预防】 诱因明确且容易消除者，肝功能较好，分流手术后由于进食高蛋白而引起门体分流性脑病者预后较好。有腹水、黄疸、出血倾向的患者提示肝功能很差，其预后也差。暴发性肝功能衰竭所致的肝性脑病预后最差。积极防治肝硬化及各种肝病。肝病患者应避免一切诱发肝性脑病的因素。及时发现和妥善处理肝性脑病的前驱期和亚临床肝性脑病。

处方及医师指导

1. 祛除病因：慢性肝硬化并发肝性脑病大多数有诱因，诱因消除，肝性脑病有望治愈。

①本例系由于大量排钾利尿致低钾及碱中毒引起的，因此，首先应该补充钾，纠正碱中毒。治疗开始每天应补钾4~5g，以后根据血钾检测结果及尿量调整剂量。同时暂不用利尿剂，尤其是不能使用排钾利尿剂。②纠正水、电解质、酸碱失衡：维持代谢平衡是肝性脑病改善症状的基本保障。要记出入水量，入液量不宜过多，一般以24小时尿量加1000ml水为宜。

2. 饮食治疗：为减少肠内毒物的生成和吸收，对此患者应严禁蛋白质的摄入，为保证每日热量的供给，应以糖类（碳水化合物）为主，对该患者可静脉输注高渗糖，并给足够的维生素，如10%葡萄糖溶液500ml加入维生素C 5.0g和10%氯化钾溶液15ml静脉输入。

3. 药物治疗

（1）口服肠道不吸收的抗生素：新霉素，3g/天，分三次口服，能抑制肠道内细菌生成，减少氨的形成。

（2）用弱酸性溶液灌肠或导泻：生理盐水加少许白醋保留灌肠，每日1次，使肠道酸化，血中NH_3逸出肠黏膜进入肠腔，即所谓的“酸透析”。

（3）乳果糖口服或灌肠，乳果糖在结肠内被细菌分解为醋酸和乳酸，使肠内酸化，减少氨的生成和吸收。

（4）促进有毒物质的代谢清除：应用降氨药物，本例有碱中毒，应首选精氨酸。精氨酸20g加入10%葡萄糖溶液500ml中，每日1次静脉滴注。

（5）纠正氨基酸代谢紊乱：输注六合氨基酸250ml，每日1次。

4. 治疗本症除内科治疗外，还有下列措施供参考：①人工肝支持系统：包括血液透析、血液灌流、体外肝灌流、血浆置换等。②肝血窦型细胞移植或肝移植：它是终末期肝脏疾病的一个较好的治疗方法。

5. 预防：积极防治肝硬化及各种肝病。肝病患者应避免一切诱发肝性脑病的因素。及时发现和妥善处理肝性脑病的前驱期和亚临床肝性脑病。

笔记栏

第10章 急性胰腺炎

案例

患者，男性，73岁，退休工人。上腹痛伴呕吐1天、心脏停搏1次。

患者昨天因食用排骨汤而出现上腹胀痛，呈持续性，逐渐加重，呕吐3次，均为胃内容物，解黄色软便一次，自服"奥美拉唑、健胃消食片"等无缓解而就诊于我院急诊科，在急诊科期间出现一次心搏骤停，经除颤恢复心跳，病情相对稳定后而收入院。有胆囊结石和胃炎病史。平素喜食油腻食物和饮酒，平均每周1~2次，每次约5~8两白酒。

体格检查：T 35.4℃，BP 70/50mmHg。神情，精神差，呼吸稍促，体态偏胖，皮肤不温，全身皮肤黏膜、巩膜轻度黄染，浅表淋巴结未及。叩诊心界正常范围，HR 122次/min，双肺下部呼吸音稍低，未闻及干湿性啰音，腹部平，脐周及两侧下腹可见皮肤紫色瘀斑，未见静脉曲张，上腹明显压痛，无反跳痛，肝脾未及，墨菲征(-)，肠鸣音弱，3~4次/min，双下肢不肿。

实验室检查及其他：血常规示：RBC 4.6×10^{12}/L，Hb 110g/L，WBC 25×10^{9}/L，N 0.90，血淀粉酶89U，尿淀粉酶394U，肝功能示：ALT 134U、AST 112U、AKP 201U、GGT 98U，TBL45μmol/L，DBL 28μmol/L，IBL 18μmol/L，血糖11.6mmol/L，血Ca^{2+} 1.9 mmol/L，血K^{+}3.0 mmol/L，ECG示：ST—T改变，胸片示：双下胸少量积水，B超示：胆囊结石及少量腹水，CT示：胰腺增大、密度降低、边缘不规则。

思考题

1. 结合所学知识，你认为该病例最可能的诊断是什么？

2. 本病分几型？如何鉴别？有哪些并发症？

3. 如何预防该病？

急性胰腺炎(acute pancreatitis，AP)是常见急腹症之一，是多种原因导致胰酶在胰腺内被激活后引起胰腺及其周围组织、水肿、出血甚至坏死的炎症反应。其主要的临床表现为急性上腹痛、恶心、呕吐、发热和血、尿胰酶增高等。根据病情轻重不同，临床分为轻症急性胰腺炎(mild acute pancreatitis，MAP)和重症急性胰腺炎(severe acute pancreatitis，SAP)，前者的胰腺以水肿为主，临床多见，常呈自限性，后者的胰腺以出血坏死为主，临床约占20%~30%，常继发感染、腹膜炎和休克等，病情危重。国外报道发病率10~28/10万人口，国内尚无确切统计资料。近年来，由于饮食结构的改变，酒精性饮料消耗增加，发病率呈上升趋势，约20%~30%临床经过凶险，病死率约为5%~10%。

【病因与发病机制】 病因多，发病机制尚未完全阐明，目前趋于一致的意见是多因素、多环节共同作用的结果。

1. 致病因素

(1) 常见病因

1) 胆管疾病：为我国引起AP的主要病因，约占50%~60%以上，常见疾病有胆管结石(包括胆管微结石)、胆管感染、胆管蛔虫等，以胆石症最常见，由此类疾病引起者称为"胆源性胰腺炎"，是复发性胰腺炎的主要病因。其发生机制主要与胰管和胆管的"共同通道"学说外，尚有：①胆石移动过程损伤胆管或胆管炎引起的Oddi括约肌功能不全；②胆管炎症时细菌、毒素、游离胆汁酸、溶血卵磷脂、非结合胆红素等通过胆胰间淋巴管交通支弥散至胰腺。

2) 大量饮酒和暴饮暴食：大量饮酒可引起：①通过刺激胃酸-胰泌素和缩胆囊素分泌而使胰液外分泌增加；②引起Oddi括约肌痉挛和十二指肠乳头水肿，使胰管内压增高；③长期嗜酒者常有胰液内蛋白质含量增高，易沉淀形成蛋白栓，使胰液排出不畅。暴饮暴食者因短时间内大量食糜进入十二指肠，可引起：①十二指肠乳头水肿和Oddi括约肌痉挛；②刺激大量胰液、胆汁分泌及引流不畅。

3) 高脂血症：为先天性代谢异常或高脂餐引起，由于胰脂肪酶分解三酰甘油形成游离脂肪酸，后者对胰腺有毒性作用。

(2) 少见病因：Oddi括约肌功能异常为复发性胰腺炎常见病因，药物(硫唑嘌呤、磺胺类、噻嗪类利尿药、呋塞米、四环素、雌激素)、金属毒物、腹部术后、ERCP术后、胰腺癌、壶腹部癌、外伤性、高钙血症、十二指肠乳头旁憩室、感染性

笔记栏

（腮腺炎病毒、柯萨奇病毒、支原体、蛔虫、HIV）、胰腺分裂、自身免疫性疾病（SLE、类风湿性关节炎、坏死性血管炎）等。

（3）特发性：临床上有部分经临床影像、生化等检查不能确定病因者，称为特发性胰腺炎。近有研究阐明其中50%～73%与胆管微结石有关。

2. 发病机制 胰酶被激活是引起胰腺局部炎症的先决条件，而胰蛋白酶原转化成胰蛋白酶是整个系统被激活的起始步骤，胰酶被激活后产生一系列的病理生理过程。

（1）自身消化学说：正常胰腺分泌的消化酶有两种形式，一种是有生物活性的如淀粉酶、脂肪酶、核糖核酸酶等；另一种是以前体或酶原形式存在的无活性的酶，如胰蛋白酶原、糜蛋白酶原、磷脂酶A、前弹性蛋白酶、激肽释放酶原和胰舒血管素原等，此种占绝大多数。胰腺本身存在一系列自我保护机制，如酶原颗粒与细胞质是隔离的，以及胰腺分泌性胰蛋白酶抑制（PSTI）、非特异性抗蛋白物质α_1-抗胰蛋白酶和α_1-巨球蛋白等物质的存在在，使少量有生物活性的或提前激活的酶。当胰液排出受阻、大量饮酒、胰腺缺血等种种致病因素作用下，自我保护机制遭受破坏，大量胰酶提早被激活，从腺泡、胰管释出，从而引起胰自身消化的连锁反应，如磷脂酶A_2在小量胆酸参与下分解细胞膜的磷脂，产生溶血磷脂酶胆碱、溶血脑磷脂，其细胞毒作用引起胰腺实质凝固性坏死、脂肪组织坏死及溶血；激肽释放酶可使激肽酶原变为缓激肽和胰激肽，使血管舒张和通透性增加，引起水肿和休克；弹性蛋白酶可溶解血管弹性纤维引起出血和血栓形成；脂肪酶参与胰腺及周围脂肪坏死和液化作用等。上述所造成的细胞损伤和坏死又促使消化酶释放，形成恶性循环。胰腺消化酶和胰腺炎症、坏死的产物又通过血液循环和淋巴途径，输送到全身，引起多脏器损害，成为AP的多种并发症和致死原因。

（2）细胞因子及炎性介质：SAP时，受损的胰腺组织作为抗原或炎性刺激物，激活单核-吞噬细胞和中性粒细胞，使其产生和释放大量促炎细胞因子（TNFα1、IL-1、IL-6、IL-8）、PAF（血小板活化因子），PLA_2（磷脂酶A_2），形成第一次高细胞因子血症，促炎细胞因子或介质与抗炎细胞因子或介质间失去动态平衡，加重胰腺组织及全身组织损害，最后成为全身多器官功能衰竭综合征（MODS）的重要原因，并参与全身炎症反应综合征（systemic inflammatory response syndrome，SIRS）的发生。

（3）微循环障碍：由于胰腺供血的解剖学特点决定胰腺容易缺血、坏死，SAP早期胰腺的灌注即明显减少，缺血导致胰腺细胞膜稳定性降低，结构受损，腺泡内大量胰酶被激活，溶酶体活化，进一步激活胰酶导致胰腺自身消化，另一方面在各种炎性介质细胞因子氧自由基作用下，血管通透性增强，内皮损伤，高凝状态等也加重胰腺血循环障碍，导致胰腺缺血出血坏死。

（4）肠道细菌易位与"第二次打击"：在SAP发病过程中，肠道菌群易位是胰腺感染的重要原因。肠道菌群易位原因：①心输出量减少，肠血流量减少，致肠黏膜屏障功能降低，通透性增强；②细胞免疫功能紊乱，导致肠道菌群紊乱，细菌及内毒素易位，从而产生感染。细菌易位后，再次刺激巨噬细胞及中性粒细胞引起第二次高细胞因子血症，使机体遭受第二次打击，最后导致MODS及SIRS。

【病理】 一般将急性胰腺炎分为急性水肿型（轻型）胰腺炎（占88%～97%）和急性出血坏死型（重型）胰腺炎两种。轻型大体上主要可见胰腺局限或弥漫性水肿、肿大变硬、表面充血、包膜张力增高、质脆；组织学检查可见间质水肿、充血、炎症细胞浸润，散在点状脂肪组织坏死，无明显胰腺实质坏死和出血。重型大体上主要可见高度充血水肿，呈深红、紫黑色，继发感染可见脓肿，胰周脂肪组织出现坏死，可形成皂化斑（系为胰脂肪酶分解脂肪为脂肪酸和甘油，脂肪酸与血中钙结合成此斑，所以血钙下降）；组织学检查主要为凝固性坏死，细胞结构消失，坏死灶周围有炎性细胞浸润包绕，常见静脉炎、淋巴管炎、血栓形成和出血坏死。

由于胰液外溢和血管损害，部分可出现胸、腹腔、心包积液，并可出现肾小球病变、肾小管坏死、脂肪栓塞和弥散性血管内凝血（DIC），发生急性呼吸窘迫综合征时可出现肺水肿、肺出血和肺透明膜形成。

【临床表现】

1. 症状

（1）腹痛：为主要症状和首发症状。常于饱餐、脂肪餐、饮酒后突发；部位多在中上腹，50%可向腰背部呈带状放射，弯腰抱膝或前倾坐位可减轻疼痛；程度轻重不一，可呈绞痛、钻疼、刀割样，持续性，可有阵发性加剧，不能为一般胃肠解痉药缓解，进食常加剧，并发腹膜炎可全腹痛，少数年老体弱患者腹痛轻甚无腹痛。

（2）恶心、呕吐及腹胀：90%患者起病后发生，吐出物为胃内容物，重者为胆汁样，甚为血性，呕吐后腹痛不缓解，酒精性AP常在腹痛时出现，胆源性AP多在腹痛后发生。同时由于肠内大量气体积聚、液体渗出和炎症反应等因素导致明显腹胀，甚至出现肠梗阻，伴有腹胀。

笔记栏

(3) 发热:MAP 发热多为轻度,一般持续3~5 天,SAP 发热多呈中度以上,持续发热 1 周以上不退或逐日上升、白细胞升高者,应考虑合并感染或并发胰腺脓肿。

(4) 低血压及休克:常在 SAP 发生,极少数突然发生甚至猝死。其发生机制:①血浆血液大量渗出致血容量不足;②呕吐丢失体液及电解质;③胰舒血管素原被激活,血中缓激肽增高致血管扩张,通透性增强;④坏死胰腺释放心肌抑制因子(MDF)。

(5) 代谢紊乱:常有不同程度的水、电解质、酸碱失衡。严重者明显失水和代谢性酸中毒,30%~60%出现低钙血症,系大量脂肪组织坏死,分解出脂肪酸与钙结合成脂肪酸钙及刺激甲状腺分泌降钙素,当血钙<1.70mmol/L 且持续数天,多为预后不良。部分病人血糖升高,偶发生糖尿病酮症酸中毒、高渗性昏迷,尚可出现高脂血症。

2. 体征 MAP 腹部体征较轻,往往与主诉腹痛不十分相称,上腹轻压痛,无肌紧张和反跳痛,可有腹胀和肠鸣音减弱或减少。SAP 则有明显的腹部压痛、肌紧张和反跳痛,可有明显的腹胀、肠鸣音减弱或消失,有的甚至出现弥漫性腹膜炎体征及移动性浊音,并发脓肿时可触及具有明显压痛的包块,少数由于血液、胰酶及坏死组织液穿过筋膜与肌层涌渗入腹壁出现两侧胁腹皮肤呈灰紫色斑(称之为 Grey-Turner 征)和脐周皮肤青紫(称之为 Cullen 征),提示预后差。在胆总管或壶腹部结石、胰头炎性水肿压迫胆总管时或合并肝细胞损害时可出现黄疸。

【并发症】

1. 局部并发症

(1) 胰腺脓肿:脓肿多于 AP 起病 4 周后发生在胰腺液化、坏死或假性囊肿基础上,常位于胰腺体尾部,表现寒战高热持续不退,腹痛加重,全身感染中毒症状重,腹部可触及包块。

(2) 假性囊肿:由胰液和液化的坏死组织被有纤维组织或肉芽组织囊壁包裹而成,多于起病后 3~4 周发生,常位于胰腺体尾部,大小几毫米至几十厘米,大的可产生压迫症状和触及包块。囊壁破溃或有裂隙可致胰原性腹腔积液。

2. 全身合并症

(1) 急性呼吸窘迫综合征(ARDS):主要表现突发性、进行性呼吸窘迫、气促、发钳、烦躁、出汗等严重低氧血症(PaO_2<60mmHg),常规给氧不能缓解,需用呼吸机才能纠正呼吸衰竭。其发生与肺灌注不足、肺表面活性物质卵磷脂减少、游离脂肪酸损伤肺泡毛细血管、缓激肽引起血管扩张和通透性增加、肺微循环栓塞等有关。

(2) 急性肾衰竭:表现为少尿、蛋白尿和进行性血尿素氮、肌酐增高等。SAP 患者伴发急性肾衰竭的死亡率高达 80%,其发生与低血容量休克、胰腺释放激肽、胰酶引起高凝状态、微循环障碍致肾缺氧缺血、感染、电解质紊乱等有关。

(3) 心律失常、心功能衰竭、心包炎、心包积液:其发生是由于:①血容量不足,心肌灌注不足;②胰坏死物释放血管活性肽、心肌抑制因子使心肌收缩不良;③激活的胰酶损害心肌;④感染、毒素损害心肌。

(4) 胰性脑病:表现为定向力障碍和精神异常(躁狂、幻觉、幻想),甚至昏迷等,其发生与 PLA_2 损害脑细胞引起脑灰质广泛脱髓鞘变化有关。

(5) 消化道出血:上消化道出血多为应激性溃疡、糜烂所致,少数由于门静脉、脾静脉阻塞致食管静脉曲张破裂,下消化道出血可由胰腺坏死穿透横结肠所致。

(6) 全身炎症反应综合征(SIRS):见“发病机制”部分。

(7) 其他:如高血糖,多由于胰腺的破坏和胰高血糖素的释放而致暂时性升高;不同程度的水电解质与酸碱失衡;也可出现败血症和真菌感染;少数演变为慢性胰腺炎。

案例归纳一

该患者以持续性上腹胀痛伴呕吐为主要临床表现,诱因为食用油腻食物,有胆囊结石和胃炎病史。平素喜食油腻食物和饮酒,平均每周1~2 次,每次约250~400ml 白酒。体格检查:T 35.4℃,BP 70/50mmHg。精神差,呼吸稍促,体态偏胖,皮肤不温,全身皮肤黏膜、巩膜轻度黄染,浅表淋巴结未及。叩诊心界正常范围,HR 122 次/min,双肺下部呼吸音稍低,未闻及干湿性啰音,腹部平,脐周及两侧下腹可见皮肤紫色淤斑,未见静脉曲张,上腹明显压痛,无反跳痛,肝脾未及,墨菲征(-),肠鸣音弱,3~4 次/min,双下肢不肿。

【实验室及其他检查】

1. 淀粉酶 血、尿淀粉酶测定仍为诊断 AP 最常用实验室指标。血清(胰)淀粉酶在起病后 6~12 小时开始上升,48 小时开始下降,持续3~5 天。血清淀粉酶超过正常值 3 倍可诊断为本病。尿淀粉酶升高较晚,在发病后 12~14 小时开始升高,下降缓慢,持续 1~2 周,但尿淀粉酶受尿量的影响大。检测时应注意:①淀粉酶高低与病情并不完全成正比,SAP 约 10%始终正常;②原先血淀粉酶增高,出现与症状不相适应的突然下

笔记栏

降,是预后凶险的 SAP 主要依据;③胸、腹水中淀粉酶增高可作为诊断依据,但须与其他疾病鉴别;④血淀粉酶存在假阳性和假阴性;⑤其他疾病也可升高,如消化性溃疡穿孔、肠系膜梗死、肠梗阻、急性阑尾炎、胆管感染、胆石症,但一般不会超过 3 倍。

2. 淀粉酶同工酶 血中淀粉酶包括唾液型淀粉酶(S-am)和胰型淀粉酶(P-am)AP 时以 P-am 增高为主,如 S-am 明显,而 P-am 正常应考虑非 AP 引起。

3. 淀粉酶肌酐清除比率(Cam/Ccr):AP 时比值可增加 3 倍,其他病因引起的高淀粉酶血症比值正常或低于正常。

4. 血清脂肪酶 其升高比血淀粉酶迟,一般在起病后 24 小时开始升高,持续时间较长(7~10 天),对就诊较晚的 AP 有诊断价值,特异性高。

5. 血生化检查 可出现低钙血症、高血糖、高血脂、低蛋白血症和血 BUN、胆红素、ALT、AST、LDH、AKP 等增高。持续的空腹血糖高于 10mmol/L 反映胰腺坏死,提示预后不良。

6. 血清其他标志物 推荐使用 C 反应蛋白(CRP),发病后 72h CRP>150mg/L,提示胰腺组织坏死,动态测定血清 IL-6 水平增高提示预后不良。

7. 影像学检查

(1) B 超检查:常作为初筛检查。B 超可见胰腺肿大、弥漫性低回声;胰腺钙化、胰管扩张、胆囊结石、胆管扩张、腹腔积液、假性囊肿等,但由于受胃肠道积气影响,其诊断价值有限。

(2) CT 检查:是 AP 发生 3 天后动态观察并诊断胰腺坏死的最佳方法,对 AP 诊断、鉴别诊断、评估其严重程度以及邻近器官是否受累具有重要的诊断价值。根据炎症严重程度分级为 A~E 级。A 级:正常胰腺;B 级:胰腺实质改变,包括局部或弥漫的腺体增大;C 级:胰腺实质及周围炎症改变,胰周轻度渗出;D 级:除 C 级外,胰周渗出显著,胰实质内或胰周单个液体积聚;E 级:广泛的胰腺内、外积液,包括胰腺和脂肪坏死,胰腺脓肿。A~C 级:临床上为轻型 AP,D~E 级为重症 AP。

(3) 超声内镜(EUS):在诊断结石的敏感性和准确率方面优于常规 B 超和 CT。近年来应用 EUS 诊断 AP 的研究取得一定进展,尤其是对不明原因的胰腺炎常可发现胆管微小结石。

(4) 腹部平片:在诊断 AP 时并无优势,只能提供支持 AP 的间接证据如"哨兵攀征"、"结肠切割征",但因其简便易行,还可用于排除胃肠穿孔、肠梗阻等急腹症。

案例归纳二

实验室检查及其他:血常规示:RBC 4.6×10^{12}/L,Hb 110g/L,WBC 25×10^{9}/L,N 0.90,血淀粉酶 89U,尿淀粉酶 394U,BUN 7.14 mmol /L,尿常规 RBC(+)、WBC 及 Pro(+-)、比重 1.030、pH 5.5、尿糖(-),肝功能示:ALT 134U、AST 112U、AKP 201U、GGT 98U, TBL45μmol/L, DBL 28μmol/L IBL18μmol/L,血糖 11.6mmol/L,血 Ca^{2+} 1.9mmol/L,血 K^{+} 3.0mmol/L,ECG 示:ST—T 改变,胸片示:双下胸少量积水,B 超示胆囊结石及少量腹水,CT 示胰腺增大、密度降低、边缘不规则,肝包膜下积液。

【诊断与鉴别诊断】

1. 诊断 凡有急性发作的剧烈而持续性上腹痛、恶心、呕吐,血清淀粉酶≥正常值上限 3 倍,影像学提示有或无胰腺形态学改变,排除其他急腹症即可以诊断 AP。

因为 MAP 和 SAP 两者临床预后截然不同,所以区别 MAP 和 SAP 十分重要。MAP:具备 AP 的临床表现和生化改变,CT 分级为 A~C 级,无器官功能障碍或局部并发症,对液体补充治疗反应良好。SAP:除具备 AP 的临床表现、生化改变和 CT 分级为 D~E 级外,还有局部并发症(胰腺坏死、胰腺脓肿、假性囊肿)、器官衰竭(包括休克)、特殊体征(腹肌强直、腹膜刺激征、Grey-Turner 征或 Cullen 征)、特殊生化改变(血钙<2mmol/L、无糖尿病史者血糖>11.2mmol/L、血尿淀粉酶突然下降)、腹腔诊断性穿刺有高淀粉酶活性的腹水等表现。由于 SAP 病情发展险恶且复杂,国内外提出了多种评分系统如 APACH-Ⅱ、Ranson 等用于病情严重性及预后的预测,其中最关键的是发病 48~72 小时内密切监测病情和实验室检查的变化,综合评判。

2. 鉴别诊断

(1) 消化性溃疡急性穿孔:有典型溃疡病史,突然发病,腹痛剧烈可迅速波及全腹,腹肌板样强直,肝浊音界消失,X 线透视膈下可见游离气体,血清淀粉酶只轻度升高。

(2) 急性胆囊炎和胆石症:常有胆绞痛发作史,疼痛多在右上腹,常向右肩、背放射,Murphy 征阳性,血、尿淀粉酶正常或轻度升高,B 超和 X 线胆管造影可明确诊断。但需注意胆管疾病与胰腺炎可呈因果关系而并存。

(3) 急性心肌梗死:有冠心病史或相关危险因素存在,突然发生上腹部疼痛,或伴恶心、呕

笔 记 栏

吐，并有典型的心电图改变，血清心肌酶升高，但血、尿淀粉酶多正常。

(4) 急性肠梗阻：特别是高位绞窄性肠梗阻，可有剧烈腹痛、呕吐与休克现象，但其腹痛为阵发性绞痛，早期可伴有高亢的肠鸣音、气过水声，或大便不通、无排气，可见肠型。X线显示典型机械性肠梗阻，且血清淀粉酶正常或轻度升高。

(5) 急性胃肠炎：发病前常有不洁饮食史，主要症状为腹痛、呕吐及腹泻等，可伴有肠鸣音亢进，血、尿淀粉酶正常等。

(6) 其他：需注意与肠系膜血管栓塞、脾破裂、异位妊娠破裂及糖尿病等相鉴别。

案例诊断要点

1. 老年男性。

2. 病史特点：该患者以持续性上腹胀痛伴呕吐为主要临床表现，诱因为食用油腻食物，有胆囊结石和胃炎病史。平素喜食油腻食物和饮酒，平均每周1~2次，每次约250~400ml白酒。

3. 体格检查：T 35.4℃，BP 70/50mmHg。精神差，呼吸稍促，体态偏胖，皮肤不温，全身皮肤黏膜、巩膜轻度黄染，浅表淋巴结未及。叩诊心界正常范围，HR 122次/min，双肺下部呼吸音稍低，未闻及干湿性啰音，腹部平，脐周及两侧下腹可见皮肤紫色淤斑，未见静脉曲张，上腹明显压痛，无反跳痛，肝脾未及，墨菲征(-)，肠鸣音弱，3~4次/min，双下肢不肿。

4. 实验室及其他检查：血常规示：RBC 4.6×10^{12}/L，Hb 110g/L，WBC 25×10^{9}/L，N 0.90，血淀粉酶89U，尿淀粉酶394U，BUN 7.14 mmol/L，尿常规RBC(+)、WBC及Pro(+-)、比重1.030、pH 5.5、尿糖(-)；肝功能示：ALT 134U、AST 112U、AKP 201U、GGT 98U、TBL45μmol/L，DBL 28μmol/L，IBL18μmol/L，血糖11.6mmol/L，血 Ca^{2+} 1.9 mmol/L，血 K^{+} 3.0 mmol/L；ECG示：ST—T改变，胸片示：双下胸少量积水；B超示：胆囊结石及少量腹水；CT示：胰腺增大、密度降低、边缘不规则，肝包膜下积液。

临床诊断：急性重症胰腺炎。

【治疗】

1. 内科治疗

(1) 抑制胰腺分泌、降低胰管内压、减少胰液外渗。

1) 禁食及胃肠减压食物及胃液进入十二指肠可刺激胰腺分泌，故疼痛明显的患者一般需禁食1~3天，病情重者除延长禁食时间外，还须胃肠减压。

2) 应用抑制胰腺分泌的药物

A. 抗胆碱能药物：①阿托品0.5mg，肌内注射，每6小时1次。②奥芬溴铵2mg，肌内注射，每6小时1次。③溴丙胺太林15~45mg，口服或肌注，每日3次。④乙酰唑胺0.25~0.5g，口服，每日2~3次，此药乃碳酸酐酶抑制剂，使碳酸氢钠合成减少，从而减少胰腺水分和碳酸氢钠，可降低胰管压力。

B. H_2受体拮抗剂抑制胃肠分泌，降低胃酸，间接抑制胰腺分泌。西咪替丁0.4g或雷尼替丁0.15g静脉点滴，每日1~2次。

C. 胰蛋白酶抑制剂仅适用于出血坏死型胰腺炎的早期。如Iniprol 2万~4万单位静脉滴注每日1~2次。抑肽酶(Trasylol) 10万单位静脉滴注每日1~2次。第一天10万~30万单位，以后逐渐减量，连用1~2周，可在午前后各给半量，重病人须连用2周。

(2) 解痉止痛

1) 哌替啶50~100mg肌注，为防止Oddi括约肌痉挛可与阿托品合用，多用于疼痛剧烈者，必要时可每6~8小时应用1次。

2) 硝酸甘油片0.6mg舌下含化，有缓解胆管和括约肌痉挛的作用。

3) 异丙嗪25~50mg肌注，可加强镇静剂效果。

4) 1%普鲁卡因30~50ml加入生理盐水或葡萄糖水500ml液中，静脉滴注，对顽固腹痛可有显著效果。

(3) 抗生素急性水肿型胰腺炎虽为化学性炎症，但早期给予广谱抗生素，可防止继发感染，缩短病程，减少并发症。常用青霉素、庆大霉素、氨苄西林与氯霉素等。出血坏死型应加大剂量。

(4) 抗休克及纠正水电解质平衡失调应积极补充体液及电解质(钾、镁、钠、钙离子)以维持有效血循环量。持续胃肠减压时，尚需补足引流的液量，对休克患者可酌情予以输全血、或血浆代用品，必要时加用升压药物。

(5) 其他有血糖升高者可给予小剂量胰岛素治疗，在急性坏死型胰腺炎伴休克或成人呼吸窘迫综合征者，可酌情短期使用肾上腺皮质激素，如氢化可的松200~300mg或地塞米松10~20mg加入葡萄糖液内滴注。并发腹膜炎时多主张采用腹膜透析治疗，可以彻底清除炎性渗液及坏死组织，使死亡率明显下降。

2. 中医中药治疗 可采用清胰汤加减。清胰汤主要成分为：柴胡、黄连、黄芩、木香、白芍、大黄粉(后下)、芒硝。

笔记栏

3. 外科治疗 急性胰腺炎内科治疗无效并出现以下情况者可考虑手术治疗。

(1) 诊断不能肯定,且不能排除其他急腹症者。

(2) 伴有胆道梗阻,需要手术解除梗阻者。

(3) 并发胰腺脓肿或胰腺假性囊肿者。

(4) 腹膜炎经腹膜透析或抗生素治疗无好转者。

【预后和防预】 水肿型胰腺炎预后良好,但若病因不去除常可复发,或发展为慢性胰腺炎,坏死胰腺炎有并发症者,预后险恶,死亡率可达60%~70%以上。积极治疗胆管疾病,戒烟及避免暴饮暴食。

处方及医师指导

1. 一般治疗:严格卧床,禁水禁食,并胃肠减压和中药灌肠。心电监护,注意生命体征及尿量、血糖、肝功能、电解质等监测。随着病情的好转,应尽早恢复肠内营养(从流质→半流质→软食)。

2. 药物治疗

(1) 抑制胰腺外分泌和胰酶抑制剂应用:奥曲肽首次剂量推注 0.1mg,继以 5% GS 500ml 加 300μg,静脉点滴,(以 25~50μg/h 维持治疗);或生长抑素制剂首次剂量250μg,继以5%GS 500ml 加 300mg,静脉点滴(以 250μg/h 维持);0.9%NS 100ml 加奥美拉唑 40mg,静脉点滴,每日 2 次。

(2) 抗生素应用:另开通道,5% GS 250ml 加氧氟沙星 0.4,静脉点滴,每日 1 次;0.9%NS 250ml 头孢曲松钠 4.5g,静脉点滴,每日 1 次。必要时可用亚胺培南-西司他丁。

(3) 营养支持及液体复苏:在一定量糖、盐水的基础上,可加用复方氨基酸、木糖醇、果糖等,一般 7~10 天,对于待病情趋向缓解,则考虑实施肠内营养。以 5%GNS 500ml 加生脉(或参脉)100ml,静脉点滴,5%$NaHCO_3$ 60~100ml,静脉点滴;5% GNS 500ml 加维生素 K_1 20μg,静脉点滴,必要时输全血 400ml,静脉点滴,根据生命体征、尿量、血红蛋白情况再补足血容量。

(4) 预防和治疗肠道衰竭:密切观察腹部体征及排便情况,监测肠鸣音的变化。及早给予促肠道动力药物,包括生大黄、硫酸镁、乳果糖等;给予微生态制剂调节肠道细菌菌群:应用谷氨酚胺制剂保护肠道黏膜屏障。

(5) 中医中药:单味中药(如生大黄)和复方制剂(如清胰汤、大承气汤加减)鼻胃管注入或灌肠。同时静脉滴注复方丹参或刺五加或红花等。

3. 其他:积极预防并发症,有手术指标出现时应及时手术治疗,也可择期行 ERCP 和取石。

笔记栏

第11章 原发性肝癌

案例

患者，男性，49岁，干部。右上腹不适2个月，进行性加重伴消瘦1个月，突发神志不清2小时。

患者2个月来出现右上腹不适，时感胀痛、剧时向右肩背部放射，纳差、轻度厌油腻，无呕吐、腹泻、黑粪。近1个月上述症状日渐加重，伴明显乏力、消瘦。今晨突发神志不清，呼之不应，家人给予糖水服后转清而急诊入院。该患者嗜烟24年(20支/d)，饮高度白酒10年(4两/d)。无血吸虫疫水接触史，无食生鱼史。否认肝炎及其他传染病史。

体格检查：T 36.7℃，P 85次/min，R 21次/min，BP 105/75mmHg。神志清晰，查体合作。面色晦暗，营养差消瘦。巩膜轻度黄染、淋巴结不大。颈软，颈部及前胸无蜘蛛痣。胸廓对称，双肺呼吸音清、无胸膜摩擦感。心界不大、心率85次/min、律齐，未闻及杂音。上腹部稍膨隆，肝下界位于右锁骨中线肋缘下2.5cm、剑突下5.5cm，表面不平，质硬，触痛明显。脾未触及。移动性浊音阴性。肠鸣音正常。无肝掌。双下肢无水肿。神经系统未见异常。

实验室及其他检查：①血常规：Hb 100g/L，WBC 11.5×10^9/L，N 0.78，L 22%，PLT 120 $\times10^9$/L。②HBsAg、HBeAg阴性；凝血酶原时间16.8秒(对照14秒)。③ALT 67U/L，AST 92U/L，γ-GT 305U/L，LDH 115U/L，ALP 330U/L；TP 60g/L，ALB 33g/L；STB 39μmol/L，CEA 20μg/L，AFP 501μg/L。④腹部B超检查：提示肝右叶有多个占位性病变，内部回声较强且不均匀；有后腹膜淋巴结转移，胆、胰、脾正常。

思考题

1. 该患者的病史有何特点？
2. 上述临床资料提示此病例可能的诊断是什么？
3. 如何预防该病？

原发性肝癌(primary carcinoma of the liver)是指发生在肝细胞或肝内胆管细胞的癌肿。肝癌是我国常见的恶性肿瘤之一，在消化系统恶性肿瘤中其死亡率仅次于胃癌和食管癌。我国肝癌的年死亡率波动在20~24/10万之间，占全球肝癌死亡数的45%；年发病率占全球的43.7%。在我国，肝癌主要分布于东南沿海地区，有四个高发地：江苏启东海门、广西扶绥、广东顺德、福建同安。在国外、非洲撒哈拉以南和亚洲太平洋沿岸地区的发病率明显高于其他地区，而欧、美、大洋洲发病率较低。本病可发生于任何年龄，以40~49岁为最多，男女之比为3~5：1。

【病因和发病机制】 原发性肝癌的病因和发病机制迄今尚未完全清楚，可能是多种因素综合作用的结果。根据高发区流行病学调查，以下因素可能与发病有关。

1. 病毒性肝炎 ①流行病学调查发现患者血清中乙型肝炎标志物高达90%以上(对照组仅约为15%)；②肝癌高发区HBsAg阳性者发生机会比阴性者高6~50倍；③免疫组化方法显示HBV-DNA可整合到宿主肝细胞的DNA中，HBV的X基因可改变肝细胞的基因表达，提示乙型肝炎病毒与肝癌高发有关。近年来的研究表明，丙型病毒性肝炎亦与肝癌的发病密切相关，HCV与肝癌的关系在日本极为重要，在中国还有待证实。

2. 肝硬化 500例肝癌尸检显示，原发性肝癌合并肝硬化者占50%~90%，病理检查发现肝癌合并大结节性肝硬化占73.3%，显示肝癌与肝硬化关系密切。肝细胞恶变可能在肝细胞损害后再生过程中引起不典型增生，在多病因参与过程中可能有多种基因发生改变，即一群原癌基因被激活为癌基因，最终导致癌变。在欧美国家，肝癌多发生在酒精性肝硬化的基础上。一般认为胆汁淤积性肝硬化、血吸虫病性肝纤维化和淤血性肝硬化与原发性肝癌的发生无关。

3. 黄曲霉素 在肝癌高发区调查提示、被黄曲霉菌污染的霉玉米和霉花生能致肝癌，其机制是黄曲霉素的代谢产物黄曲霉毒素B_1有强烈的致癌作用。流行病学研究表明在粮油、食品受黄曲霉毒素B_1污染严重的地区，肝癌发病率也较高，提示黄曲霉毒素B_1可能是某些地区肝癌高发的因素，AFB与HBV感染有协同作用。黄曲霉毒素B_1是动物肝癌最强的致癌剂，但与人肝癌的关系迄今尚无直接证据。

笔记栏

4. 饮用水污染　肝癌高发区江苏启东，饮用池塘水的居民与饮井水的居民肝癌死亡率有明显差别(有资料表明，饮用沟溏水者肝癌发病率为 60～101/10 万，饮用井水者仅 0～19/10 万)。调查发现池塘中生长的蓝绿藻产生的微囊藻毒素可污染水源，与肝癌有关。

5. 其他　在高发区肝癌有时出现家族聚集现象，尤以共同生活并有血缘关系者的肝癌家庭罹患率高，可能与肝炎病毒垂直传播有关，但尚待证实。某些化学物质如亚硝胺类、有机氯类农药、乙醇等均是可能的致癌物质。肝内小胆管中的华支睾吸虫感染可刺激胆管上皮增生，为导致原发性胆管细胞癌的重要因素。

目前尚难以一种或几种共同因素满意的解释我国和世界各地 的发病原因。故不同地区致癌和促癌因素可能不完全相同，什么是主要因素、各因素之间相互关系如何尚有待研究。

【病理】

1. 分型

(1) 依据癌结节大体形态分型

1) 块状型：癌结节直径在 5cm 以上，>10cm 者为巨块型，可呈单个、多个或融合成块，肿块多为圆形、呈膨胀性生长，边缘可有小的或散在的卫星灶，癌结节易发生坏死破裂。此型最多见。

2) 结节型：癌结节的大小和数目不等，一般最大直径不超过 5cm。结节多数在肝右叶，与四周组织的分界不如块状型清楚，常伴有肝硬化。此型也较常见。

3) 弥漫型：癌结节如米粒至黄豆大小且弥漫地分布于整个肝脏，肝大不明显，甚至反可缩小，肉眼不易与肝硬化区别。患者常因肝功能衰竭死亡。此型最少见。

4) 小癌型：是指孤立的癌结节直径<3cm 或相邻两个癌结节直径之和<3cm 者。患者可无临床症状，但血清 AFP 阳性。

(2) 依据组织学分型

1) 肝细胞型：癌细胞由肝细胞发展而来，癌细胞呈多角形或圆形，排列成巢状或索状，癌巢之间血窦丰富，癌细胞有向血窦内生长趋势。此型约占肝癌的 90%。

2) 胆管细胞型：癌细胞由胆管细胞发展而来，癌细胞呈立方形或柱状，排列成腺体，血窦较少。此型少见。

注：胆管细胞型肝癌的癌肿大多为单个肿块，色灰白质坚实，且趋向于向四周不规则浸润。

3) 混合型：部分癌组织似肝细胞型，部分癌组织似胆管细胞型，或呈两者的过渡形态。此型更少见。

2. 转移途径

(1) 血行转移：肝内血行转移发生的最早也最常见，常侵犯门静脉形成癌栓，癌栓脱落后可在肝内引起多发性转移灶。肝外血行转移中，转移至肺的几乎可达半数，还可转移至肾上腺、骨、肾、脑等。

(2) 淋巴转移：局部转移至肝门淋巴结的最为常见，还可转移至胰腺、脾脏、主动脉旁、锁骨上等部位的淋巴结。

(3) 种植转移：此种转移偶尔发生。从肝脏脱落的癌细胞可种植在腹膜、胸腔等处引起相应部位的血性积液。在女性如种植在盆腔可形成卵巢转移癌。

【临床表现】　肝癌起病隐匿，在体检时发现的甲胎蛋白(AFP)增高或 B 超检出的早期病例可无任何症状和体征，称为亚临床肝癌。因有肝区疼痛、食欲减退、乏力、消瘦和肝大等症状自行就诊者多属于中晚期。肝痛、乏力、纳差、消瘦是原发性肝癌最具特性的临床症状。

1. 肝区疼痛　最常见，大约 50%以上患者有肝区疼痛，常为持续性胀痛或钝痛。疼痛是由于肿瘤生长迅速，肝包膜被牵拉紧张所引起。若癌肿侵犯膈肌疼痛可放射至右肩背部，癌肿向右后膨胀增长可致右腰疼痛。若癌结节坏死破裂、癌组织及血液流入腹腔并刺激腹膜，肝区可突然剧痛并迅速蔓延全腹，出现急腹症的表现。

2. 肝脏肿大　较常见，肝脏可呈进行性增大，表面凹凸不平，有大小不等的癌结节。质地坚硬，多有不同程度的压痛。若癌肿位于膈面，则可使膈肌抬高而肝下缘可正常；若癌肿突出于右肋弓下或剑突下时，上腹可呈现局部隆起或包块，此型癌结节最易被触到，有的患者因自己扪及癌结节而就诊。

3. 肝硬化征象　肝癌伴有肝硬化的患者或者弥漫型肝癌者均可表现为典型的肝硬化征象，可有脾肿大、侧支循环建立与开放、腹水等表现。腹水进展快，多为漏出液。癌肿侵犯肝包膜或向腹腔内破溃、或腹膜转移癌所致的腹水为血性腹水。

4. 黄疸　多在肝癌晚期出现，可因肝细胞损害或癌块压迫或侵犯肝门附近的胆管，或癌组织和血块脱落使胆管梗阻所致。

5. 全身性表现　①一般表现：有乏力、纳差、进行性消瘦、发热、营养不良和恶病质等。②特殊表现：由于癌细胞本身代谢异常，导致宿主机体内分泌或代谢异常的症候群，少数肝癌患者可有特殊的全身表现，称为伴癌综合征，以自发性低血糖症、红细胞增多症较常见，其他罕见的有高血脂、高血钙、类癌综合征等。对肝大且伴有这类表现者，应警惕肝癌的存在。

笔 记 栏

6. 转移灶症状 癌肿转移之处有相应症状，有时会成为肝癌的初现症状。如肺转移、可有咳嗽、咯血症状，胸膜转移可有胸痛和血性胸水，骨骼或脊柱转移可有局部压痛、病理性骨折或神经受压症状，颅内转移癌可有相应的神经定位表现等。

附：

肝癌分期（2001 年全国肝癌会议制定）是估计预后和选择治疗方法的重要参考依据。

Ⅰa：单个肿瘤最大直径≤3cm，无癌栓、腹腔淋巴结及远处转移；肝功能分级 Child A。

Ⅰb：单个或两个肿瘤最大直径之和≤5cm，在半肝，无癌栓、腹腔淋巴结及远处转移；肝功分级 Child A。

Ⅱa：单个或两个肿瘤最大直径之和≤10cm，在半肝或两个肿瘤最大直径之和≤5cm，在左、右两半肝，无癌栓及腹腔淋巴结及远处转移；肝功能分级 Child A。

Ⅱb：单个或多个肿瘤最大直径之和>10cm，在半肝或多个肿瘤最大直径之和>5cm，在左、右两半肝，无癌栓及腹腔淋巴结及远处转移；肝功能分级 Child A。或肿瘤情况不论，有门静脉分支、肝静脉或胆管癌栓和（或）肝功能分级 Child B。

Ⅲa：肿瘤情况不论，有门脉主干或下腔静脉癌栓和腹腔淋巴结或远处转移之一者；肝功能分级 Child A 或 B。

Ⅲb：肿瘤情况不论，癌栓，转移情况不论；肝功能分级 Child C。

【并发症】

1. 肝性脑病 通常是肝癌终末期的并发症，34.9%的患者会因此并发症而死亡。

2. 上消化道出血 占肝癌死亡原因的 15.1%。患者常因伴有肝硬化基础或有门静脉、肝静脉癌栓而发生门静脉高压症、食管胃底静脉曲张破裂或小肠静脉淤血等一系列改变而出血，其表现为呕血和黑粪。晚期患者可因胃肠道黏膜糜烂合并凝血机制障碍而出血。

3. 肝癌结节破裂出血 9%～14%的患者可因癌肿增大、坏死、液化，或外力作用等使癌结节破裂致死。破裂若仅限于肝包膜下，产生急性剧烈的局部疼痛；若包膜下出血迅速增多破入腹腔引起急性腹痛和腹膜刺激征。大量出血可致休克或死亡，小破口出血则表现为血性腹水。

4. 继发感染 患者长期消耗或因放疗、化疗而致白细胞减少，机体抵抗力减弱，容易并发各种感染，如肺炎、败血症、肠道感染、真菌感染等。

5. 血性胸腹水 生长于膈面的癌肿可直接浸润或经血流、淋巴转移引起血性胸水，以右侧多见。

案例归纳一

男性，49 岁，以右上腹不适、胀痛进行性加重、消瘦、突发神志不清为主要表现。右上腹胀痛、有时向右肩背部放射，纳差、轻度厌油腻。面色晦暗，营养差消瘦。巩膜轻度黄染。肝大，表面不平，质硬，触痛明显。脾不大。患者入院当天的下午和晚上又出现两次全身不适、冷汗、四肢麻木，继而神志模糊、昏迷（但无抽搐），均经过输液缓解。

【实验室或其他检查】

1. 肿瘤标记物 肿瘤标记物是癌细胞产生和释放的物质。肝癌可产生多种标记物，其中甲胎蛋白为最有特异性的主要指标。

（1）甲胎蛋白（AFP）：是胎儿时期肝脏合成的一种胚胎蛋白，当成人肝细胞癌变后又可重新合成 AFP。AFP 现已广泛用于肝细胞癌的普查、诊断及疗效判断中。肝细胞癌 AFP 阳性率为 70%～90%。但由于孕妇、新生儿及生殖腺胚胎瘤者 AFP 可升高，部分肝炎、肝硬化及少数消化道癌（如胃癌、胰腺癌患者等）AFP 可呈假阳性，故 AFP 对肝细胞癌仅有相对特异的诊断价值，AFP 检测结果必须结合临床才有诊断意义。目前多用灵敏准确的放射免疫法（RIA）或 AFP 单克隆抗体酶免疫（EIA）快速检测 AFP，两者均适于肝癌普查。

AFP 浓度通常与肝癌大小呈正相关。在能排除生殖腺胚胎瘤、妊娠和肝良性病变时，AFP 检查诊断肝细胞癌的标准为：①AFP>500 μg/L，持续 4 周；②AFP>200μg/L，持续 8 周；③AFP开始为较低浓度以后逐渐持续升高不降。

慢性活动性肝炎和肝硬化患者有 20%～45%其 AFP 呈低浓度阳性，一般不超过 200 μg/L，且常先有血清 ALT（GPT）明显升高，与 AFP 升高呈同步关系，以后在 1～2 月内随病情好转、AFP 随着 ALT 下降而呈“一过性”下降。有时良性肝病活动期 AFP 亦可呈反复波动，如 AFP 呈低浓度阳性持续达 2 个月或更久，ALT 正常，应特别警惕亚临床肝癌的存在。

临床上常遇到某些 AFP 异质体，如原发性肝癌的 AFP 值偏低（<400μg/L）、良性肝病的 AFP 值明显升高（>400μg/L），因此，根据血清 AFP 浓度往往难以鉴别良恶性肝病。近年采用扁豆凝集素（LCA）亲和双向放射免疫电泳方法检测，显示人 AFP 可分成 LCA 结合型和 LCA 非

笔记栏

结合型两种 AFP 异质体，两者并存但其各占总量的比值因病而异。肝癌者结合型比值高于25%，而良性肝病者结合型比值均低于25%，借此可鉴别良恶性肝病。对肝癌的诊断率为87.2%，假阳性仅2.5%，且诊断不受 AFP 浓度、肿瘤大小等因素的影响。

（2）其他标志物

1）γ-谷氨酰转移酶同工酶Ⅱ（GGT_2）：采用聚丙烯酰胺梯度电泳分离法可显示同工酶12条带，GGT_2在原发性和转移性肝癌的阳性率可提高到90%，特异性达97.1%。GGT_2与 AFP 无关。在低浓度 AFP 肝癌及假阴性肝癌中，有较高的阳性率。在小肝癌中 GGT_2阳性率78.6%。

2）异常凝血酶原（AP）：国内采用放免法测定、以 AP≥250μg/L 为标准，则肝细胞癌患者的阳性为67%，而良性肝病、转移性肝癌时少数呈阳性，可能成为有价值的肝癌标志物。

3）α-L-岩藻糖苷酶（AFU）：对 AFP 检测阴性的肝癌及小肝癌，AFU 的阳性率均在70%以上。继发性肝癌、良性肝占位病变均阴性，但肝硬化、慢性肝炎的假阳性较高。

4）碱性磷酸酶同工酶Ⅰ（ALP-Ⅰ）：几乎仅见于肝细胞癌，特异性强，但阳性率低，仅24.8%。

上述 AFP 以外的肝癌标记物对诊断原发性肝癌尤其是 AFP 阴性肝癌有辅助意义，但不能取代 AFP 在肝癌诊断中的地位。遇诊断困难的病例，需联合检测不同的标记物可显著提高肝癌的诊断率。

2. 影像学检查

（1）超声显像：B 超显像检查可显示直径为2cm以上的肿瘤，表现出癌实质性暗区或光团。当癌坏死液化时，相应部位可出现液性暗区，对早期定位诊断有较大价值。如结合 AFP 检测用于肝癌普查，有利于早期诊断。对 AFP 阴性病例的诊断，除结合其他肿瘤标记物检测外，超声检查尤为重要。近年彩色多普勒血流成像应用于临床，可测量病灶及癌肿的血流量，分析其血供情况，有助于鉴别病变的良恶性质。超声显像还可帮助确定有否癌肿播散及腹腔内淋巴结转移，对术前确定治疗方案和术后监测复发均有重要价值。

（2）电子计算机 X 线体层显像（CT）：CT 被认为是补充超声显像、估计病变范围的首选非侵入性诊断方法。CT 可显示2cm的肿瘤，其图像多为局灶性周边界限比较清楚的密度减低区，也可为边缘模糊、大小不等的多发阴影，阳性率在90%以上。螺旋 CT 造影剂增强可显示早期肿瘤，如结合肝动脉造影（CTA）或注射碘油的肝动脉造影，对1cm以下肿瘤的检出率可达80%以上。

（3）磁共振显像（MRI）：MRI 检查可以三维成像、且无损伤，故在肝癌诊断方面优于 CT。MRI 能显示癌组织的内部结构，可以发现子瘤和癌栓。

（4）X 线肝血管造影显像：目前国内外仍沿用经皮穿刺股动脉插管法行肝血管造影，选择性腹腔动脉和肝动脉造影能显示直径在1cm以上的癌结节，阳性率达87%，结合 AFP 检测的阳性结果，常用于诊断小肝癌。手术前造影可明确肿瘤部位，估计切除范围。检查有一定的创伤性，一般在超声显像，CT 或 MRI 检查不满意时以及结合肝动脉栓塞化疗时使用。数字减影肝动脉造影（DSA）现已普及，可清楚显示直径≥1.5cm的小肝癌。

（5）放射性核素显像：应用趋肿瘤的放射性核素镓-67或镱-189，或核素标记的肝癌特异性单克隆抗体有助于肿瘤的导向诊断，单光子放射型计算机体层显像（SPECT）扫描、易于检出小病灶，正电子发射体层显像（PET）可显示肝癌组织的代谢情况，临床应用于肝癌的定性定位诊断。由于肝细胞癌阳性率仅60%左右，且受仪器分辨力影响，故临床应用尚不够理想。

3. 肝穿刺活检 在超声或 CT 引导下，用特制活检针穿刺癌结节，吸取癌组织检查可获病理诊断，是目前2cm直径以下小肝癌确诊的有效方法。但近边缘的肝癌易引起肝癌破裂，此外，有针道转移的危险。

4. 剖腹探查 经上述检查仍难以证实或否定的可疑病例，如患者情况许可，应进行剖腹探查以争取早期诊断和治疗。

案例归纳二

①酶学异常：ALT 67U/L，AST 92U/L，ALP 330U/L，LDH 115U/L。②蛋白异常：TP 60g/L，ALB 32g/L。③肿瘤标记物增高：AFP 501μg/L，γ-GT305U/L，CEA 20μg/L。④STB 39μmol/L。⑤腹部 B 超：肝右叶多个占位性病变，内部回声较强且不均匀；有后腹膜淋巴结转移。⑥患者入院后昏迷急查血糖1.00～1.96mmol/L，血氨正常，血电解质正常，头颅 CT 正常。

【诊断与鉴别诊断】

1. 诊断 具备典型临床表现的病例不难诊断，但往往已发展到中晚期，失去了最好的治疗的时机。为了能尽量做到早期诊断，对凡有肝病史的中年，尤其是男性，如出现不明原因的肝区疼痛、进行性肝大、食欲减退、消瘦者，应做 AFP 测定和其他检查，以及早诊断与治疗。对高危人

笔记栏

群(肝炎史5年以上,乙型或丙型肝炎病毒标记物阳性,35岁以上者)每年进行1~2次的AFP检测加超声显像检查是发现早期肝癌的基本有效措施。

2001年中国抗癌协会肝癌专业委员会修订的肝癌临床诊断标准:

(1) AFP>400μg/L,能排除活动性肝病、妊娠、生殖系胚胎源性肿瘤及转移性肝癌等,并能触及明显肿大、坚硬及有结节状肿块的肝脏或影像学检查有肝癌特征的占位性病变者。

(2) AFP≤400μg/L,能排除活动性肝病、妊娠、生殖系胚胎源性肿瘤及转移性肝癌等,并有两种影像学检查具有肝癌特征的占位性病变;或有两种肝癌标志物(AP、GGT_2、AFP、AFU等)阳性及一种影像学检查有肝癌特征的占位性病变者。

(3) 有肝癌的临床表现,并有肯定的远处转移灶(包括肉眼可见的血性腹水或在其中发现癌细胞),并能排除继发性肝癌者。

2. 鉴别诊断 原发性肝癌常需与继发性肝癌、肝硬化、活动性肝病等鉴别。

(1) 继发性肝癌:继发于胃癌的为最多,也可继发于呼吸道、泌尿生殖道、乳腺等处的癌灶。继发性肝癌与原发性肝癌比较,有病情发展较慢,症状较轻,呈多发性癌结节的特点,AFP检测一般为阴性。继发性肝癌确诊的关键是病理检查和找到肝外原发癌灶的证据。

(2) 肝硬化:因肝癌、肝硬化两者常并发、加之肝癌患者易出现肝硬化征象,两者的鉴别易有困难。若肝硬化者短期有明显的肝肿大而疼痛、有质硬的大结节,或肝已萎缩而影像检查又发现占位性病变,则肝癌的可能性大。反复检测AFP,密切随访病情,方可做出正确诊断。

(3) 活动性肝病:肝病活动期血清AFP往往呈短期升高,提示肝癌的可能性。为明确诊断,定期多次随访、测定血清AFP和ALT,或者联合检查AFP异质体及其他肝癌标志物并进行分析,如:①ALT持续增高至正常的数倍,AFP和ALT动态曲线平行或同步升高应多考虑活动性肝病;②两者曲线分离,AFP升高而ALT正常或由高降低,则多考虑原发性肝癌。

其他还需要与肝脓肿、腹膜后的软组织肿瘤,来自肾、肾上腺、胰腺等处的肿瘤鉴别。

病案诊断要点

1. 男性,49岁。

2. 病史特点:以右上腹不适、胀痛进行性加重、消瘦、突发神志不清为主要表现。右上腹胀痛,有时向右肩背部放射,纳差、轻度厌油腻。患者入院当天的下午和晚上又出现两次全身不适、冷汗、四肢麻木,继而神志模糊、昏迷(但无抽搐),均经过输液缓解。

3. 体格检查:面色晦暗,营养差消瘦。巩膜轻度黄染。肝大质硬,表面不平,触痛明显。

4. 实验室及其他检查:①酶学异常:ALT 67U/L,AST 92U/L,ALP 330U/L,LDH 115U/L。②蛋白异常:TP 60g/L,ALB 32g/L。③肿瘤标记物增高:AFP 501μg/L,γ-GT 305U/L,CEA 20μg/L。④总胆红素轻度升高:STB 39μmol/L。⑤腹部B超:肝右叶多个占位性病变,内部回声较强且不均匀;后腹膜已有淋巴结转移。⑥患者入院后昏迷急查血糖1.00~1.96mmol/L,血氨正常,血电解质正常,头颅CT正常。

临床诊断:原发性肝癌并发自发性低血糖(伴癌综合征之一)。

【治疗】 早期诊断、早期治疗是提高效果、改善肝癌预后和提高肝癌患者生存率的最主要因素。早期肝癌应尽量采取手术切除。对不能切除的大肝癌可采用多种方法综合运用进行治疗。

1. 手术切除治疗 是目前根治原发性肝癌的首选方法。凡符合手术指征者均应不失时机争取手术切除。手术适应证为:①诊断明确,估计病变局限于一叶或半肝者;②肝功能代偿良好,凝血酶原时间不低于正常的50%者;③无明显黄疸、腹水或远处转移者;④心、肺及肾功能良好,能耐受手术者。手术治疗,肝切除量在肝功能正常患者不超过70%,中度肝硬化不超过50%,严重肝硬化者不能做肝叶切除。

近年对小肝癌采取局部切除代替肝叶切除,使多数合并肝硬化者耐受手术。国内相关资料表明,即使是小肝癌根治切除,术后5年复发也达43.5%,对术后复发或有转移灶的患者要积极进行再手术或局部治疗。

如剖腹探查发现癌肿较大或散在分布或靠近大血管区,或合并肝硬化而不适于切除者,可考虑做肝动脉插管进行局部化疗药物灌注,以高效的杀灭癌细胞;还可考虑做肝血流阻断术(即肝动脉结扎或门静脉分支结扎)以减少肝癌的血液供应;此外,若癌肿范围不大或有严重肝硬化还可根据不同情况采用瘤内局部治疗,如无水乙醇注射、氩氦刀、射频、微波凝固等治疗方法。其中肝动脉结扎加肝动脉插管化疗效果较好,有时可得到缩小肿

笔记栏

瘤、AFP 下降之效果，使部分患者获得二步手术切除的机会。

2. 肝动脉化疗栓塞治疗（TACE） TACE 是 20 世纪 80 年代发展的一种非手术的肿瘤治疗方法，已被推荐为肝癌非手术疗法中的首选方法，可明显提高患者的 3 年生存率。方法是经皮穿刺股动脉、在 X 线引导下将导管插至肝固有动脉或其分支注射抗肿瘤药物和栓塞剂。常用碘化油和颗粒明胶海绵作栓塞剂，化疗药常用 CDDP、5-FU 等。目前可先使用 CDDP 80mg，加 5-FU 1000mg 丝裂霉素 10mg 进行动脉内灌注，再混合丝裂霉素（MMC）10mg 于超声乳化的碘化油内行远端肝动脉栓塞，反复多次治疗，发挥持久的抗肿瘤的作用。一般可每 6～8 周重复 TACE 一次，达到肝癌缩小，再进行手术切除之目的。对肝功能严重失代偿者此法属禁忌，门脉主干癌栓阻塞者亦不宜。

3. 全身化疗 适用于有肝外转移者或肝内播散严重者。以 CDDP 为首选，常用药物还有阿霉素及其衍生物、丝裂霉素、5-FU 等。一般认为联合用药疗效较好。联合方案可选用 CDDP 20mg + 5-FU 750～1000mg 静脉滴注、共 5 天，每月一次，3～4 次为一疗程。

4. 局部治疗 超声引导下经皮肝穿于癌肿内注入无水酒精，使癌细胞脱水和变性，较小的肝癌可能有根治效果，以肿瘤直径≤3cm，结节数在<3 个者伴有肝硬化而不能手术的肝癌为首选。其他尚有射频消融（RFA）、微波凝固、激光、氩氦刀等方法，均是使癌肿局部达到超高温或超低温的目的、而使癌肿组织细胞凝固坏死的治疗方法。

5. 放射治疗 由于放射技能的改进提高、各种影像学检查的准确定位，放疗治疗肝癌的地位及疗效有所提高，放疗适于肿瘤仍局限的不能切除的肝癌。常用放射能源为钴-60 和直线加速器，定位技术上有局部放疗、适形放疗或立体放疗，照射方式有超分割照射、移动条野照射等，使放射能高度集中于癌肿组织、减少对周围组织的损伤。一些病灶较局限且肝功较好的患者如能耐受 40Gy 以上的放射剂量，疗效可显著提高。

6. 生物和免疫治疗 生物和免疫治疗可起巩固和增强手术、化疗、放疗疗效的作用，应用基因重组淋巴因子和细胞因子等进行免疫治疗被认为是第四种抗肿瘤治疗方法，目前临床已应用 α 和 γ 干扰素（IFN）进行治疗，淋巴因子激活的杀伤细胞-LAK 细胞等已开始试用，肿瘤坏死因子（TNF）、白细胞介素 2（IL-2）等业已问世。

7. 中医中药治疗 临床实践表明，中医中药扶正抗癌适用于晚期肝癌患者和肝功严重受损无法耐受其他治疗者，有调动机体免疫功能、改善全身状况、延长生命的作用，亦可配合手术、放疗和化疗以减少不良反应，提高疗效。一般采用攻补兼施活血化瘀、软坚散结、清热解毒等方法辨证施治。

8. 综合治疗 治疗肝癌方法较多，治疗过程绝非某单一的治疗方法贯穿始终，而是合理选择一种或多种方法的联合或序贯应用。例如对中期大肝癌合理选择综合治疗方法有时可使大肝癌缩小、为手术提供时机，一般先选用肝动脉结扎加肝动脉插管化疗的二联方式，再加外放射治疗（三联）合并免疫治疗（四联）的综合治疗，肿瘤缩小后再手术治疗或长期带瘤生存。以三联以上疗效最佳。

上海医科大学肝癌研究所联合治疗的方法是：第一周肝动脉导管内化疗顺铂（CDDP）每日 20mg，连续 3 天。第二周癌肿区局部外放射上、下午各 2. 5Gy，连续 3 天；二周为一疗程，如此隔周交替可重复 3～4 个疗程。导向治疗，以 ^{131}I -抗肝癌铁蛋白抗体或抗肝癌单克隆抗体或 ^{131}I lipiodol 肝动脉导管内注射，每隔 1～2 月 1 次，治疗间期动脉内化疗 CDDP 20mg 每日 1 次，连续 3～5 天。若上述治疗同时加免疫治疗如干扰素、香菇多糖、白介素-2 等则更佳。

9. 肝移植术 国外报道及应用较多，作为治疗肝癌的方法之一，其术后长期免疫抑制剂的应用，病人常死于复发，在肝癌治疗中的地位与疗效长期未得到证实。对大多发展中国家由于供体来源及费用问题近年仍难以推广。

10. 并发症的治疗 若癌结节破裂可考虑肝动脉结扎术、大网膜包裹填塞术或紧急肝动脉栓塞术等治疗，对不耐受手术者，只宜做补液、输血、止血等对症处理。其他并发症（上消化道出血、肝性脑病、感染）的治疗，可参考相关章节。

早期肝癌宜迟早手术切除，不能切除者首选肝动脉栓塞化疗。无水酒精瘤内注射适用于肝功能欠佳不宜手术的小肝癌，有可能起根治效果；中期大肝癌宜采用肝动脉插管结扎为主的多模式治疗或肝动脉栓塞化疗以处杀伤肿瘤细胞减少肿瘤负荷，待肿瘤缩小后争取二步或序贯手术切除。晚期肝癌以中草药为主的中西综合治疗可望改善症状延长生存期。导向治疗已取得初步成功，基因治疗已前景在望。

【治愈标准】 原发性肝癌的疗效评价标准有以下三种：

（1）以肿瘤的体积的变化作为衡量疗效的标准其规定如下。

1）完全缓解：可见肿瘤消失并持续一个月

笔 记 栏

以上。

2）部分缓解：肿瘤两个最大的相互垂直的直径乘积缩小50%以上并持续一个月以上。

3）稳定：肿瘤两个最大的相互垂直的直径乘积缩小不足50%，增大不超过25%并持续一个月以上。

4）恶化：肿瘤两个最大的相互垂直的直径乘积增大不超过25%。

(2) 以甲胎蛋白的含量变化作为衡量疗效的标准。术后AFP降至正常为手术根治的依据。

(3) 以治疗后生存期为衡量疗效的标准。治疗后病人生存期的长短反映了治疗的最终效果，所以是最有价值的疗效标准。

【预后和预防】 肿瘤大小、治疗方法与肿瘤的生物学特性是影响预后的重要因素，一般来说下述各点有助于预后的估计：①癌体小于5cm，早期手术者预后较好；②癌体包膜完整，尚无癌栓形成者预后较好；③癌体分化程度高机体免疫状态良好者预后较好；④伴有肝硬化或肝外转移者预后较差；⑤出现ALT显著升高者预后差；⑥发生消化道出血、肝癌破裂者预后很差。复旦大学肝癌研究所报道亚临床肝癌根治切除后5年生存率高达72.9%，直径<2cm的肝癌手术切除后5年生存率高达86.4%。本病治疗效果的关键在于早期诊断，以积极防治病毒性肝炎与肝硬化、改水及注意饮水卫生、防止粮食和食物霉变为主要预防措施。

处方及医师指导

1. 一般治疗：易消化软食或半流食；戒烟戒酒；生活规律；防止使用损害肝脏的药物。

2. 预防低血糖发生：每餐按时进食，两餐中间加喝糖水500ml，每晚临睡前进食。

3. 立体定向适形放疗：根据螺旋CT定位、增强扫描、瘤体体积设立靶点，用^{60}Co和直线加速器，每个靶点分4～6个角度立体定向照射，7Gy/d，隔天1次，总剂量42Gy。

4. 全身化疗：CDDP 40mg，静脉推注，1次/d×3天；5-FU750mg，静脉滴注，每日1次，连用5天。每月1次，3次为1疗程。

5. 中医中药治疗：扶正固本胶囊，每次5粒，每日4次。

第12章 胰腺癌

案例

患者，男性，59岁。持续性腹痛，全身皮肤发黄，消瘦3个月。

近3月来，患者持续性中上腹部钝痛，餐后以及仰卧位时疼痛加剧，有夜间疼痛，服解痛药无效，并反射至腰背部，伴有恶心、呕吐、尿黄、大便呈灰白色、皮肤瘙痒、体重明显减轻，门诊以腹痛、消瘦待查收入院。有烟酒嗜好30年。

查体巩膜及皮肤黄染，上腹部有明显压痛。墨菲征阴性，库瓦西耶征阳性。

腹部B超示：胰头增大、边缘回声不整齐，呈火焰状，胆囊肿大；CT示：胰头肿大，胰周脂肪消失，胰管有扩张；血清检查示：血清胆红素升高，以结合胆红素增高为主，血清碱性磷酸酶增高，血淀粉酶增高。

思考题

1. 该病例腹痛的特点有哪些？
2. 与消化性溃疡病如何鉴别？

胰腺癌(carcinoma of pancrease)是发生于胰腺的恶性肿瘤。胰腺的恶性肿瘤可来自于胰腺外分泌腺、内分泌腺或非上皮组织。胰腺癌是指外分泌腺的恶性肿瘤，约占胰腺癌的95%，近几年来其发病率明显上升。本病恶性程度高，发展快，发现时多为晚期，预后极差。临床上主要表现为腹痛、食欲不振、黄疸、消瘦等。发病年龄45~65岁最多，男女比例为1.58∶1。有资料显示，男性发病率较绝经前的女性为高，女性在绝经后则发病率上升。

【病因和发病机制】 病因与发病机制至今不完全明了，但有临床资料分析表明，本病是多种因素长期共同作用的结果，如长期高脂和高蛋白饮食、吸烟、嗜酒、咖啡、某些化学致癌物(如F-奈酸胺、联苯胺、烃化物)、糖尿病、慢性胰腺炎、胆石症、遗传及内分泌改变等。

分子生物学研究显示，癌基因激活与遗癌基因失活以及DNA修复基因的异常在胰腺癌发生过程中发挥作用，如90%的胰腺癌有K-RAS基因第12号密码子的点突变。

【病理】 胰腺癌可发生于胰腺的任何部位，但腺头最多见，有学者统计约占60%~70%，胰体5%~10%，胰尾10%~15%，弥漫性病变10%，还有少数部位不明者。按WHO标准，原发性胰腺外分泌腺恶性肿瘤有导管癌、浆液性囊腺癌、导管内乳头状黏液癌、腺泡细胞癌、胰母细胞癌、实性乳头状癌、破骨细胞样巨细胞瘤等，其中85%~90%起源于胰导管上皮细胞，称为导管细胞癌。

由于胰腺血管、淋巴丰富，胰腺又无包膜，胰腺区域腹膜较薄，所以胰腺癌发展较快，更易发生早期转移。其转移方式有：

1. 直接蔓延 癌可直接蔓延至胆总管末端、胃、十二指肠、左肾、脾及邻近大血管。胰头癌在早期就压迫并浸润邻近脏器，如胆总管、十二指肠、门静脉、腹膜后组织、结肠。胰尾癌多见腹膜转移，癌细胞常沿神经鞘浸润或压迫腹腔神经丛，引起顽固而剧烈的腹痛和腰背痛。

2. 淋巴转移 癌细胞经淋巴管转移，胰头癌常转移至幽门下淋巴结，也可累及胃、肝、腹膜、肠系膜、主动脉周围，甚至纵隔、支气管周围、锁骨上淋巴结。

3. 血行转移 胰体、胰尾癌易早期发生血行转移，转移至肝、胃最常见，并可经肝静脉侵入肺，再经体循环，广泛转移至骨、脑和肾上腺等器官。

【临床表现】 起病多隐匿，胰头癌比胰体、胰尾癌出现症状早，临床表现主要与肿瘤侵犯或压迫毗邻器官有关，取决于癌的部位、胆管或胰管梗阻情况、胰腺破坏程度及转移等情况。

1. 症状

(1) 腹痛：病程中有90%的患者出现腹痛，且60%患者以腹痛为首发症状，早期疼痛程度较轻，部位不清，以后逐渐加重且腹痛部位相对固定，典型的腹痛表现为：①腹痛的部位位于中上腹深处，胰头癌多偏右，胰体癌多偏左。②腹痛的性质常为进行性加剧的钝痛或钻痛，进餐后加剧，用解痉止痛药难以缓解。③后期常伴有腰背部放射性疼痛，胰头癌常向右侧腰背部放射，胰体、胰尾癌多向左侧腰背部放射。④夜间、仰卧及脊柱伸展时疼痛加剧，俯卧、蹲位、弯腰坐位或蜷膝侧卧位可使疼痛缓解，当癌肿压迫或浸润腹膜后神经丛可引起严重的持续性腰背疼痛。

(2) 黄疸：多由胰头癌压迫或浸润胆总管引起，也可是胰体、尾癌转移至肝内、肝门、胆总管淋巴结所致。黄疸是胰头癌的突出症状，病程中

笔记栏

约90%出现黄疸,但以黄疸为首发症状者不多,可伴有腹痛,也可表现为无痛性黄疸。

(3) 体重减轻:90%患者在黄疸之前有迅速而显著的体重减轻,晚期呈恶病质,有的患者常在2~3月内体重减轻达30kg以上。消瘦的原因与食欲减退、失眠、焦虑、消化和吸收障碍及癌的消耗等有关。

(4) 其他症状:①患者有不同程度的消化道症状,如食欲减退、腹胀、恶心、呕吐等。②少数患者出现胰源性糖尿病或原有糖尿病加重,个别患者可为首发症状。③部分患者可发生游走性血栓性静脉炎或动脉血栓症,下肢深静脉血栓形成可引起患侧下肢浮肿,脾静脉、门静脉血栓形成可致脾肿大,腹腔积液和食管胃底静脉曲张。④多数患者有持续或间歇性低热。⑤如果病变侵及胃和十二指肠可发生上消化道出血。⑥少数患者可表现出焦虑、急躁、抑郁、个性改变等精神症状。

2. 体征 早期无明显体征,典型时,有消瘦、上腹部压痛。出现黄疸时可扪及肿大的肝脏,与胆汁淤积、胰腺癌肝转移有关。还可扪及肿大而无压痛的胆囊,称库瓦西耶(Courvoisier)征,是诊断胰腺癌的重要体征。部分胰体、胰尾癌压迫脾动脉或主动脉时,在脐周或上腹部可听到血管杂音。晚期患者还可有腹水,胰腺肿块,及其他远处转移征象。

> **案例归纳一**
>
> 该患者的临床特点有:①老年男性;②有长期烟酒嗜好30年;③腹痛,食欲不振,消瘦,黄疸等症状和体征,且腹痛特点为进行性持续性钝痛,餐后及仰卧时加剧,有夜间疼痛,服解痛药无效,并放射至腰背部;④查体:肝胆肿大,墨菲征(-),库瓦西耶征(+)。

【实验室及其他检查】

1. 影像及内镜检查

(1) 超声:为首选筛选方法,对晚期胰腺癌的诊断阳性率可达90%,可显示出>2cm的胰腺肿瘤,胰管扩展,不规则狭窄或中断。

(2) CT:是诊断胰腺癌首选方法,可发现最小直径为1cm的病灶。目前高分辨薄层螺旋状CT能获得不同时相的影像,能清晰的观察到胰腺癌的部位、周围血管受累情况,淋巴及肝转移,以及是否侵袭周围组织,如肝、淋巴的转移等,进行较精确的TNM分期。

(3) X线钡餐造影:低张十二指肠造影可间接显示肿瘤位置、大小及压迫的间接征象。胰头癌可见十二指肠曲扩大或十二指肠降段内侧呈反"3"征象。

(4) 经十二指肠胰胆管造影(ERCP):其诊断敏感性可达95%,能直接观察十二指肠壁和壶腹部有无癌肿浸润情况,插管造影可显示胰管受压以及主胰管充盈缺损、移位、瘤腔形成,胰管阻塞,突然变细或中断,半断变钝或呈杯口状、鼠尾状。早期胰腺首先破坏胰管分支,因此,仔细辨别胰管分支的残缺或局限性扩展,是诊断早期胰腺癌的关键。还可直接收集胰液做细胞学检查及壶腹部活检做病理检查,必要时还可同时放置支架引流为减黄手术做准备。其缺点是可发生少数病例在ERCP检查后发生注射性胰腺炎和胆管感染。

(5) 磁共振胰胆管成像(MRCP):是无创性,无需造影剂即可显示胰胆系统的检查手段,显示主胰管与总胆管病变的效果基本与ERCP相同,其缺点是无法了解壶腹等部位病变,也不能放置胆管内支架引流为减黄手术做准备。

(6) 选择性动脉造影:经腹腔动脉做肠系膜上动脉、肝动脉、脾动脉选择性动脉造影,能显示胰内及胰周血管的状况及判断有无肿瘤侵犯。对显示胰体、胰尾癌可能比B超和CT更清楚,对小胰腺癌的诊断正确性可达88%(<2cm)。

(7) 超声内镜(EUS):其敏感性和特异性均优于CT,可发现小于<2cm的小胰腺癌。目前认为对CT扫描发现的可能切除的病灶应再行EUC检查,因EUS对有无淋巴结转移和有无门脉血管浸润的敏感性和特异性均高,对TNM分期的准确性高,国外有报道EUS结合K-RAS基因检查可提高敏感性,与ERCP配合能显示<1cm的肿瘤。

(8) 腹腔镜:可直接观察胰腺癌肿病灶,腹膜后和腹腔脏器转移灶,并可行穿刺活检,其检出率将近100%。

2. 肿瘤标志物检测 胰腺癌肿瘤标志物的研究近年来有较大的进展,但尚无一种理想筛选早期胰腺癌的肿瘤标志物,多种组合可能提高诊断率。

(1) 糖抗原19-9(CA19-9):是目前用来诊断胰腺癌的各种肿瘤标志物中敏感性和特异性最高的一项指标(分别达到86%和87%),但当胰腺癌<1cm时常呈阴性,且在其他消化系统肿瘤中可升高,如胃癌、胆管癌、大肠癌时,甚至于在胆管炎非恶性病变时也可升高。

(2) 癌胚抗原(CEA):胰腺癌时可能呈阳性。

(3) 胰腺胚胎抗原(POA):是正常胎儿胰腺组织及胰腺癌细胞的抗原,肿瘤病发时POA可上升。

笔记栏

(4) CA50：诊断胰腺癌的特异性与敏感性与CA19-9类似，阳性还可见于胆管癌、肝癌、卵巢癌、乳腺癌等。

(5) CA242：唾液酸化的鞘糖酯抗原，是胰腺癌和结肠癌的标志物。

(6) 从粪便、血液、胰液中K-RAS基因突变检查为胰腺癌的诊断提供了新的辅助检查手段。

3. 血液、尿、粪检查 黄疸时血清胆红素升高，结合胆红素明显高于良性梗阻。血清碱性磷酸酶、γ-谷氨酸转肽酶增高。胰管阻塞或并发胰腺炎时，血清淀粉酶可升高。约40%患者有血糖升高或糖耐量试验异常。约80%患者可能有胰腺外分泌功能低下。

4. 病理组织学 十二指肠镜下可直接观察肿瘤在壶腹部有无浸润，通过细胞刷做脱落细胞，通过活检可取得组织做病理检查，在CT及EUS定位和引导下做穿刺可得到活体组织。

案例归纳二

实验室检查提示总胆红素升高，以结合胆红素升高为主，碱性磷酸酶增高，血淀粉酶增高。腹部B超及CT提示胰头肿大，边缘呈火焰状。

【诊断和鉴别诊断】 本病强调如何提高早期诊断，而早期诊断十分困难。当患者出现明显食欲减退、上腹痛、进行性消瘦和黄疸、上腹部扪及肿块，影像学胰腺有占位时，确定胰腺癌诊断并无困难，但往往已属晚期，已丧失根治手术的时机。因此，对于40岁以上，如有下列任何表现的患者需高度怀疑胰腺癌的可能性：①持续性上腹部不适，进餐后加重伴食欲下降；②不明原因的进行性消瘦；③不能解释的上腹部或腰背部疼痛；④不明原因的梗阻性黄疸；⑤突然出现无法解释的脂肪泻；⑥突发糖尿病或糖尿病突然加重，而又无诱发因素，如家族史、肥胖；⑦近期出现模糊不清又不能解释的消化不良症状，内镜检查正常；⑧多发性深静脉血栓或游走性静脉炎；⑨有胰腺癌家族史，大量吸烟者更应高度怀疑。

应与慢性胰腺炎、壶腹癌、胆总管癌等相鉴别，因胆总管下端、壶腹和胰头三者的解剖位置临近，发生肿瘤的临床表现相近，鉴别诊断比较困难。

案例诊断要点

1. 老年男性。

2. 病史特点：腹痛、黄疸、进行性消瘦、消化系统症状。

3. 腹部体征：上腹部压痛，肝胆肿大触痛，墨菲征阴性，库瓦西耶征阳性。

4. 实验室、B超及CT提示胰头癌。

临床诊断：胰头癌。

【治疗】 胰腺癌的治疗仍以争取手术根治为主。对不能手术者常做姑息性短路手术、化疗、放疗及综合疗法。

1. 外科治疗 早期手术切除是治疗胰腺癌最有效的措施，但因早期诊断困难，出现症状后手术治疗切除率仅在5%～22%，且手术死亡率较高，5年生存率亦较低。术前肿瘤分期对于预测手术切除的可能性有一定意义。根治性手术目前主要为whipple术、扩大根治术。

手术禁忌证包括：肝、腹膜、网膜、腹腔外转移了；肿瘤侵犯或包绕腹腔主要血管。

2. 化疗和放疗 晚期或术前、术后病例均可进行化疗、放疗和对症支持疗法。5-FU、双氟脱氧胞苷是常用的化疗用药；放疗包括外照射和术中放疗两种方式。

目前放疗和化疗联合治疗胰腺癌受到关注，术前治疗可以使不能手术治疗的患者转为手术切除，术后可以提高患者的生存率，有不少医院将术前、术后放疗和化疗联合治疗作为常规。

3. 对症支持治疗 支持治疗对晚期及术后患者均十分重要，可选用静脉高营养和氨基酸输注，改善营养状况；可给予静脉制剂治疗消化吸收功能障碍；有阻塞性黄疸时补充维生素K；对顽固性腹痛和腰背疼痛者按阶梯止痛治疗，必要时可行腹腔神经丛阻滞，或硬膜外应用麻醉药止痛；对梗阻性黄疸可行金属支架放置术。

【预后】 本病预后甚差，在症状出现后平均存活不到一年，不治疗者仅生存4～6个月。

处方及医师指导

1. 争取手术根治为主。

2. 对不能手术者做姑息性短路手术，配合化疗、放疗及对症处理。

3. 选择静脉高营养，改善营养状况，有阻塞性黄疸时，补充维生素K。

笔记栏

第13章 上消化道出血

案例

患者，男性，35岁，商人。反复上腹痛10年，再发3小时伴呕血3次。

10年前始发上腹胀痛，多在餐前发作，进食后缓解，有时在夜间2~3点发作而痛醒，伴有反酸，每1~2年1次，多在11~12月或1~3月发作，发病多与饮酒有关，曾有2次发作伴有黑粪住院治疗，胃镜示十二指肠溃疡并出血。3小时前在外应酬饮酒约500ml，出现上腹疼痛，随后恶心呕吐，呕咖啡色液体3次，其量分别约为300ml、300ml、400ml，被朋友急送我院而收入院。平素生活无规律，工作压力大，应酬多，抽烟（约2~3天1包）、饮白酒（每周2~3次，每次250~500ml），无肝炎病及血吸虫疫水接触史，无PG过敏史。

体格检查：T 36℃，P 120次/min，BP 60/40mmHg，神志清楚，面色苍白，皮肤湿冷，全身皮肤及巩膜未见黄染，无肝掌及蜘蛛痣，全身浅表淋巴结未及，叩诊心界正常范围，HR 120次/min，双肺呼吸音稍低，未闻及干湿性啰音，腹部平软，未见静脉曲张，剑突下压痛（+）、反跳痛（-），肝脾未及，墨菲征（-），移动性浊音（-），肠鸣音10~12次/min。

实验室检查及其他：血常规示RBC 2.3×10^{12}/L，Hb 58g/L，粪隐血试验（+++），胃镜示十二指肠球部溃疡（A1）并出血，B超示肝胆脾胰（-），肝功能示正常，1分钟快速尿素酶试验（++）。

思考题

1. 结合所学知识，你认为该病例最可能的诊断是什么？

2. 上消化道出血多见于哪些疾病？如何鉴别？

上消化道出血（upper gastrointestinal hemorrhage）是指屈氏（Treitz）韧带以上的消化道，包括食管、胃、十二指肠以及胰、胆等病变引起的出血，胃-肠吻合术后的空肠上段病变引起的出血也属于此。在短时间内失血量超过1000ml或循环血量的20%则称为大出血，常表现为呕血和（或）黑粪，并伴有血容量减少引起的急性周围循环衰竭的表现。本病为临床常见急症，病情严重者，如不及时抢救，可危及生命。

据美国统计资料表明，每年因上消化道出血而住院的人超过30万人次，与其相关的死亡率为5%~10%。

【病因】 上消化道出血可因消化道本身的疾病引起，也可因全身性疾病累及消化道所致。临床上最常见的病因是消化性溃疡、食管胃底静脉曲张破裂、急性糜烂出血性胃炎（常由NSAID、大量饮酒、应激引起）和胃癌。这些病因约占上消化道出血的80%~90%。

1. 消化系统疾病

（1）食管疾病：食管炎（反流性食管炎、食管憩室炎）、食管溃疡、食管癌、食管损伤（物理损伤：食管贲门黏膜撕裂综合征又称Mallory-Weiss综合征、器械检查、异物或放射性损伤；化学损伤：强酸、强碱或其他化学剂引起的损伤）、食管裂孔疝。

（2）胃、十二指肠疾病：消化性溃疡、胃泌素瘤（Zollinger-Ellison综合征）、急性糜烂出血性胃炎、胃癌、胃血管异常（血管瘤、动静脉畸形、胃黏膜下恒径动脉破裂又称Dieulafoy病变等）、其他肿瘤（平滑肌瘤、平滑肌肉瘤、息肉、淋巴瘤、神经纤维瘤、壶腹周围癌）、胃黏膜脱垂、急性胃扩张、胃扭转、膈裂孔疝、十二指肠炎、胃手术后病变（吻合口溃疡、吻合口或残胃黏膜糜烂、残胃癌）、其他病变（钩虫病、胃血吸虫病、胃十二指肠克罗恩病、胃十二指肠结核、嗜酸性胃肠炎、胃十二指肠异位胰腺组织等）。

（3）肝、胆、胰腺的疾病：门静脉高压引起的食管-胃底静脉曲张破裂、门脉高压性胃病；胆管或胆囊结石、胆管蛔虫病、胆囊或胆管癌、肝癌、肝脓肿或肝血管瘤破入胆管；胰腺疾病累及十二指肠如胰腺脓肿、胰腺炎、胰腺癌等。

2. 全身性疾病及上消化道邻近器官或组织疾病

（1）胸或腹主动脉瘤破入消化道、纵隔肿瘤或脓肿破入食管。

（2）血液病：白血病、再生障碍性贫血、血友病、血小板减少性紫癜弥散性血管内凝血及其他凝血机制障碍等。

（3）急性感染性疾病：流行性出血热、钩端

笔记栏

螺旋体病等。

(4) 应激相关胃黏膜损伤:各种严重疾病引起的应激状态下产生的急性糜烂出血性胃炎乃至溃疡形成统称为应激相关胃黏膜损伤,可发生出血,发生大出血以溃疡形成时多见。

(5) 其他:尿毒症、结缔组织病(如血管炎、系统性红斑狼疮)等。

【临床表现】 上消化道出血的临床表现主要取决于出血病变的性质、部位、出血量与出血速度,与患者的年龄、心肾功能等全身情况也有关系。

1. 呕血和黑粪 呕血和黑粪是上消化道出血的特征性表现。呕血一般都伴有黑粪,但出现黑粪不一定伴有呕血。通常出血部位在幽门以上者常伴有呕血,若出血量较少,速度慢亦可无呕血。反之,幽门以下出血如出血量大、速度快,可因血液反流入胃腔引起恶心、呕吐而表现为呕血。呕血多棕褐色呈咖啡渣样,是因为出血后血液在胃内潴留,经胃酸作用变成酸性血红蛋白而成;如出血速度快而出血量又多,未经胃酸充分混合即呕出,则为暗红色甚至鲜红色或有血块。黑粪或柏油样便是血红蛋白中的铁经肠内硫化物作用形成硫化铁所致。但出血量大、在肠道停留时间短,粪便可呈暗红甚至鲜红色。

2. 失血性周围循环衰竭 急性大量失血由于循环血容量迅速减少而导致周围循环衰竭。临床上可出现头昏、乏力、心悸、恶心、口渴、出冷汗、黑矇或晕厥。严重者呈休克状态,表现为烦躁不安或神志不清、面色苍白、四肢湿冷、口唇发绀、呼吸急促,血压下降,脉压差变窄,心率加快。老年人器官储备功能低下,加之老年人常有脑动脉硬化、高血压病、冠心病、慢性支气管炎等老年基础病,即使出血量不大,也可引起多器官功能衰竭,增加死亡率。

3. 贫血和血象变化 急性大量出血后均有失血性贫血,但在出血的早期,因有周围血管收缩与红细胞重新分布等生理调节,血红蛋白、红细胞计数和红细胞压积的数值可无变化。此后,大量组织液渗入血管内使血液稀释,一般经3~4小时以上才出现贫血,出血24~72小时血液稀释到最大限度。急性失血患者为正细胞正色素性贫血,在失血后骨髓有明显代偿性增生,可暂时出现大细胞性贫血,慢性失血则呈小细胞低色素性贫血。失血会刺激造血系统,血细胞增殖活跃,出血24小时内外周血网织红细胞即见增多,至出血后4~7天可高达5%~15%,以后逐渐降至正常。如出血未止,网织红细胞可持续升高。出血2~5小时,白细胞计数。

4. 氮质血症 在上消化道大量出血后,血液蛋白的分解产物在肠道被吸收,以致血中尿素氮暂时升高,称为肠源性氮质血症。血尿素氮大多在出血后数小时开始上升,约24~48小时可达高峰,大多不超过14.3mmol/L(40mg/dl),3~4天后降至正常。若出血前肾功能正常,出血后尿素氮浓度持续升高或下降后又升高,应警惕继续出血或止血后又再出血。若血尿素氮持续升高超过3~4天或明显升高超过17.9mmol/L(50mg/dl)者,若活动性出血已停止,且血容量已基本纠正而尿量仍少,则应考虑由于休克时间过长或原有肾脏疾病基础而发生肾衰竭。

5. 发热 在上消化道大量出血后,多数患者在24小时内出现低热,持续3~5天降至正常。引起发热的原因尚不清楚,可能与血容量减少、贫血、周围循环衰竭、血分解蛋白的吸收等因素导致体温调节中枢的功能障碍。同时分析发热原因时要注意寻找其他因素,例如有无并发肺炎等。

案例归纳

该患者以反复上腹痛、黑粪或呕血为主要表现,且其疼痛具有周期性(每1~2年1次)、节律性(疼痛餐前发作,进食后缓解,或夜间痛)特点,发作有季节性(多在11~12月或1~3月发作)和诱因(饮酒),本次因为饮酒而发作疼痛并出现呕血。平素生活无规律,工作压力大,应酬多,抽烟(约2~3天1包)、饮白酒(每周2~3次,每次5两~1斤),无肝炎病及血吸虫疫水接触史,无PG过敏史。体格检查:T 36℃,BP 60/40mmHg,面色苍白,皮肤湿冷,全身皮肤及巩膜未见黄染,无肝掌及蜘蛛痣,全身浅表淋巴结未及,叩诊心界正常范围,HR 120次/min,双肺呼吸音稍低,未闻及干湿性啰音,腹部平软,未见静脉曲张,剑突下压痛(+)、反跳痛(-),肝脾未及,墨菲征(-),移动性浊音(-),肠鸣音10~12次/min。

【诊断】

1. 上消化道出血诊断的确立 根据呕血、黑粪和周围循环衰竭的临床表现,呕吐物或黑粪隐血试验呈强阳性,血红蛋白浓度、红细胞计数及红细胞压积下降的实验室证据可做出上消化道出血的诊断。但必须注意以下情况:

(1) 排除消化道以外的出血因素:①排除由于鼻出血、拔牙或扁桃体切除而咽下血液和肺结核、支气管扩张、支气管肺癌、二尖瓣狭窄所致的咯血所致者;②排除因进食动物血、炭粉、铋剂、铁剂和某些中药引起的粪便发黑。

(2) 判断是上消化道还是下消化道出血:呕

笔记栏

血提示上消化道出血,黑粪大多来自上消化道出血,而血便大多来自下消化道出血。但是,上消化道短时间内大量出血亦可表现为暗红色甚至鲜红色血便,此时若不伴有呕血,则很难与下消化道出血鉴别,应在病情稳定后即做急诊胃镜检查。胃管抽吸胃液检查见无血不能除外上消化道出血,这一方法一般适用于病情严重不宜行急诊胃镜检查者。高位小肠乃至右半结肠出血,如血在肠内停留时间久亦可表现为黑粪,这种情况应先行胃镜检查排除上消化道出血后,再行下消化道出血的有关检查。

若上消化道出血引起的急性周围循环衰竭征象的出现先于呕血和黑粪,就必须与中毒性休克、过敏性休克、心源性休克或急性出血坏死性胰腺炎,以及子宫异位妊娠破裂、自发性或创伤性肝、脾破裂、动脉瘤破裂、胸腔出血等其他病因引起的出血性休克相鉴别。有时尚须进行上消化道内镜检查和直肠指检,借以发现尚未呕出或便出的血液,而使诊断得到及早确立。

2. 出血严重程度的估计和周围循环状态的判断 临床上对出血量的精确估计比较困难。一般而言,每日出血量>5~10ml 时,粪隐血试验可呈阳性反应;当每日出血量达 50~100ml 以上,可出现为黑粪。胃内储积血量在 250~300ml 时,可引起呕血。如果出血量不超过 400ml,因轻度血容量减少可很快被组织液及脾脏贮血所补充,一般不引起全身症状。出血量超过 400~500ml,失血又较快时,患者可出现全身症状,如头昏、乏力、心动过速和血压偏低等表现。短时间内出血量超过 1000ml,可出现周围循环衰竭表现。严重性出血指 3 小时内需输血 1500ml 才能纠正其休克者。严重性出血性质又可分为大量出血(massive bleeding)和最大量出血(major hemorrhage),前者即指每小时需输血 300ml 才能稳定其血压者;后者即指经输血 1000ml 后血红蛋白仍下降到 100g/L 以下者。持续性出血指在 24 小时之内的 2 次胃镜所见均为活动性出血,出血持续在 60 小时以上,需输血 3000ml 才能稳定循环者。再发性出血指 2 次出血的时间距离至少在 1~7 天。

对于急性大出血严重程度的估计,主要根据血容量减少所致周围循环衰竭的临床表现,而周围循环衰竭又是急性大出血导致死亡的直接原因。因此,对急性大出血患者,应将对周围循环状态的有关检查放在首位,并据此做出相应的紧急处理。血压和心率是关键指标,需行动态观察,综合其他相关指标加以判断。如平卧时心率、血压都接近正常,坐或半卧时心率、血压仍无明显变化,且无头晕、冷汗等症状,可基本排除有大出血。如果由平卧位改为坐位时出现血压下降(下降幅度大于 15~20mmHg),心率加快(上升幅度大于 10 次/min),提示血容量明显不足,是紧急输血的指征。如收缩压低于 90mmHg,心率大于 120 次/min,伴面色苍白、四肢湿冷、烦躁不安或神志不清,则已进入休克状态,属严重大量出血,需积极抢救。

呕血与黑粪的频度与量对出血量的估计也有一定的帮助,但不够精确,因为出血大部分积存于胃肠道,且呕血与黑粪分别混有胃内容物和粪便;患者的血红细胞计数,血红蛋白及红细胞压积的改变不能在急性出血后立即反映出来,而且还受到出血前有无贫血的影响,因此,在估计出血量时只能作为参考。

3. 出血是否停止的判断 上消化道经过恰当治疗,可于短时间内停止出血。由于肠道内积血需经数日(一般约 3 日)才能排尽,故不能以黑粪作为继续出血的指标。临床上有下列临床表现,应认为有继续出血或再出血,须及时处理:①反复呕血,甚至呕血转为鲜红色,黑粪次数增多,粪质稀薄,粪色呈暗红色,伴有肠鸣音亢进。②周围循环衰竭的表现经积极补液输血后未见明显改善,或虽有好转而又恶化。③红细胞计数、血红蛋白浓度与红细胞压积持续下降,网织红细胞计数持续增高。④补液与尿量足够的情况下,血尿素氮持续或再次增高。如下情况提示病情稳定(出血减慢或停止):①自觉症状好转。②能安稳入睡,而无冷汗及烦躁不安。③脉搏及血压恢复正常,并稳定不再下降。

4. 出血的病因和部位的诊断

(1) 病史与体征:消化性溃疡患者 80%~90%都有长期周期性节律性上腹疼痛史或不适史,并在饮食不当、精神疲劳、使用一些药物如 NSAID 等诱因下并发出血,出血后疼痛减轻,急诊或早期胃内镜检查即可发现溃疡出血灶。有服用 NSAID 或肾上腺皮质激素类药物史或严重创伤、烧伤、手术、败血症等应激状态时,其出血可能为急性糜烂出血性胃炎。呕出大量鲜红色血而有慢性肝炎、血吸虫病等病史,伴有肝掌、蜘蛛痣、腹壁静脉曲张、脾大、腹水等体征时,以门脉高压食管静脉曲张破裂出血为最大可能。应当注意的是,肝硬化患者有上消化道出血不一定都是食管胃底静脉曲张破裂出血所致,有 1/3 患者出血可来自于消化性溃疡、急性糜烂出血性胃炎、门脉高压性胃病。45 岁以上慢性持续性粪便隐血试验阳性,伴有缺铁性贫血、持续性上腹痛、厌食、消瘦应考虑胃癌的可能。黄疸,发热及腹痛者伴消化道出血时,胆管源性出血不能除外,常见于胆管结石或胆管蛔虫症。

笔记栏

（2）胃镜检查：胃镜检查是上消化道出血定位、定性诊断的首选方法，其诊断正确率高达80%～94%，可解决90%以上上消化道出血的病因诊断。胃镜检查可在直视下观察食管、胃、十二指肠球部直至降部，从而判断出血的部位、病因及出血情况。既可诊断又可内镜下止血治疗。一般主张在出血24～48小时内进行检查，称急诊胃镜。如延误检查时间，一些浅表性黏膜损害部分或全部修复，从而使诊断的阳性率下降。急诊胃镜最好在生命体征平稳后进行，尽可能先纠正休克、补足血容量、改善贫血。

（3）X线钡剂检查：目前已多为胃镜检查所代替，主要用于胃镜检查禁忌证或不愿进行胃镜检查者，但对经胃镜检查出血原因不明，疑病变在十二指肠降段以下小肠段，则有特殊诊断价值。检查一般在出血停止数天后进行。

（4）其他检查：选择性动脉造影、放射性核素显像、吞棉线试验，小肠镜检查等主要适用于不明原因的小肠出血。由于胃镜检查已能彻底搜索十二指肠降段以上消化道病变，故上述检查很少应用于上消化道出血的诊断。此外，剖腹探查在各种检查均不能明确原因时选择应用。

案例诊断要点

1. 年轻男性。

2. 病史特点：以反复上腹痛、黑粪或呕血为主要表现，且其疼痛具有周期性（每1～2年1次）、节律性（疼痛餐前发作，进食后缓解，或夜间痛）特点，发作有季节性（多在11～12月或1～3月发作）和诱因（饮酒），本次因为饮酒而发作疼痛并出现呕血。平素生活无规律，工作压力大，应酬多，抽烟（约2～3天1包）、饮白酒（每周2～3次，每次250～500ml），无肝炎病及血吸虫疫水接触史，无PG过敏史。

3. 体格检查：T 36℃，BP 60/40mmHg，面色苍白，皮肤湿冷，全身皮肤及巩膜未见黄染，无肝掌及蜘蛛痣，全身浅表淋巴结未及，叩诊心界正常范围，HR 120次/min，双肺呼吸音稍低，未闻及干湿性啰音，腹部平软，未见静脉曲张，剑突下压痛（+）、反跳痛（-），肝脾未及，墨菲征（-），移动性浊音（-），肠鸣音10～12次/min。

4. 实验室及其他检查：血常规示RBC 2.3×10^{12}/L，Hb 58g/L，粪隐血试验（+++），胃镜示十二指肠球部溃疡（A1）并出血，B超示肝胆脾胰（-），肝功能示正常，1分钟快速尿素酶试验（++）。

临床诊断：十二指肠球部溃疡（A1）并上消化道大出血，失血性休克。

【治疗】 上消化道大量出血病情急、变化快，严重者可危及生命，应采取积极措施进行抢救，抗休克、补充血容量应放在一切医疗措施的首位。

1. 一般治疗 卧床休息，保持病人呼吸道通畅，避免呕血时引起窒息，必要时吸氧。活动性出血期间禁食。严密监测患者生命体征，如心率、血压、呼吸、尿量、肢体温度、皮肤及甲床颜色、周围静脉充盈情况及神志变化。观察呕血及黑粪情况。定期复查血红蛋白浓度、红细胞计数、红细胞压积与血尿素氮。对老年患者视情况实施心电监护。

2. 积极补充血容量 及时补充和维持血容量，改善周围循环，防止微循环障碍引起脏器功能障碍。立即查血型和配血，尽快建立有效的静脉输液通道。通常主张先输平衡液或葡萄糖盐水。改善急性失血性周围循环衰竭的关键是输足血量，当出现如下情况应紧急输血：①改变体位出现晕厥、血压下降和心率加快；②失血性休克；③血红蛋白低于70g/L，红细胞压积低于25%。输血量视患者周围循环动力学及贫血改善而定，尿量是有价值的参考指标。防治代谢性酸中毒是抢救失血性休克的关键，有酸中毒时可用碳酸氢钠静脉滴注。对于有心、肺、肾疾患及老年患者，要避免因输血、输液量过多、过快而引起急性肺水肿，以及对肝硬化门静脉高压的患者门静脉压力增加诱发再出血，肝硬化患者宜用新鲜血。如遇到血源缺乏，可用右旋糖酐或其他血浆代用品暂时替代。

3. 止血措施

（1）通用的止血措施：①胃内降温：通过胃管以10～14℃冰水反复灌洗胃腔而使胃降温。从而可使其血管收缩、血流减少并可使胃分泌和消化受到抑制。出血部位纤维蛋白溶解酶活力减弱，从而达到止血目的。②药物止血：对上消化道出血的确切效果未能证实，不作为一线治疗手段。包括局部止血药物如去甲肾上腺素、孟氏液即碱式硫酸铁溶液、凝血酶；以及全身止血药物如维生素K_1、抗纤溶药物（止血芳酸）、酚磺乙胺（止血敏）。如消化性溃疡的出血是黏膜病变出血，采用血管收缩剂如去甲肾上腺素8mg加于冰盐水150ml分次口服，可使出血的小动脉强烈收缩而止血。但此法不主张在老年人使用。

（2）食管、胃底静脉曲张破裂出血的止血措施：

笔记栏

1）药物治疗：使出血处血流量减少，为凝血过程提供了条件，从而达到止血。不仅对静脉曲张破裂出血有效，而且对溃疡、糜烂、黏膜撕裂也同样有效。常用药物有血管加压素和生长抑素及其类似物，因血管加压素副作用较大，目前多先用后者。血管加压素以垂体后叶素应用最普遍，作用机制是通过对内脏小动脉和毛细血管前括约肌的收缩作用，从而减少内脏血流、降低门脉血流量、降低门脉及其侧支循环的压力。剂量从0.2U/s连续静脉滴注，视治疗反应，逐渐加大至0.4U/s，达此剂量才能发挥止血效果，但不良反应较大，常见如腹痛、血压升高、心律失常、心绞痛、严重者可发生心肌梗死。目前主张与硝酸甘油联合使用，减轻不良反应，同时协同降低门静脉压。生长抑素及其类似物目前用于临床的有14肽天然生长抑素或合成的八肽生长抑素（奥曲肽）。14肽天然生长抑素用法为首剂250μg静脉缓注，继以250μg/h持续静脉滴注，本品半衰期极短，若中断5分钟，就应重新注射首剂。奥曲肽就避免了上述半衰期极短的不足，其首剂为100μg，继以25～50μg/h持续静脉滴注，有研究表明因本品能减少门脉主干血流量25%～35%，降低门脉压12.5%～16.7%，其止血成功率70%～87%。

2）气囊压迫止血：内镜治疗出现前一直是食管静脉曲张破裂大出血的首选治疗方法，是一种有效的，但仅是暂时控制出血的非手术治疗方法，近期止血率90%。目前仅用于药物不能控制出血时作为暂时止血用，以赢得时间去准备其他更有效的治疗措施。经鼻或口插入三腔二囊管，进入胃腔后先抽出胃内积血，然后注气入胃囊（囊内压50～70mmHg），向外加压牵引，用以压迫胃底，若未能止血，再注入食管囊（囊内压35～45mmHg），压迫食管曲张静脉。注意持续压迫时间最长不应超过24小时，放气解除压迫一段时间后，必要可重复充盈气囊恢复牵引。其并发症有：①呼吸道阻塞和窒息；②食管壁缺血、坏死、破裂；③吸入性肺炎。最近几年，对气囊进行了改良，在管腔中央的孔道内，可以通过一根细径的纤维内镜，这样就可以直接观察静脉曲张出血及压迫止血的情况。

3）内镜下硬化剂注射和套扎术：通过将硬化剂（如5%鱼肝油酸钠、5%乙醇胺油酸酯、0.1%乙氧硬化醇）直接注射于曲张的静脉内，使血管内形成血栓，闭塞血管以控制出血；或在曲张血管周围注射硬化剂，压迫曲张血管而控制出血。在内镜下用圈套器结扎曲张的食管静脉，通过结扎造成的局部缺血、坏死而形成的无菌性炎症，炎症波及静脉内膜使局部形成血栓，而使曲张静脉消失、闭塞。此两种方法不但能达到止血的目的，而且还可有效防止早期再出血，是目前治疗食管、胃底静脉曲张破裂出血的重要手段。国内外亦已广泛开展，并有良好疗效。前者急诊止血率达81%～96%，后者止血率可达95%。其并发症有局部溃疡、出血、穿孔、瘢痕狭窄等，注意操作及术后处理可使这些并发症大为减少。

4）介入治疗：经皮经颈静脉作肝内门体分流术（TIPS）已有较多开展，是一种有效缓解门脉高压的治疗方法，尤其适用于准备做肝移植的患者，但10%～20%发生肝性脑病。

5）手术治疗：采取非手术治疗仍不能控制出血者，应做紧急静脉曲张结扎术，此种方法虽有止血效果，但复发出血率较高、并发症多、死亡率高。如能同时做TIPS可减少复发率。由严重肝硬化引起者亦可考虑肝移植术。

（3）其他病因所致上消化道出血的止血措施：此类原因习惯上又称为非曲张静脉上消化道出血，其中以消化性溃疡所致的出血最为常见。

1）抑制胃酸分泌：这类药物的使用主要是基于在酸性环境下血凝块的稳定性下降。血小板聚集需要pH>6.0，而血凝块溶解发生于pH<6.0。这类药物的作用主要是通过提高胃内pH，促进血小板聚集和纤维蛋白的形成，避免血凝块过早溶解，有利于止血和预防再出血。临床上，常规应用PPI、H_2RA，对急性胃黏膜病变及消化性溃疡出血具有良好的防治作用，前者在提高、维持胃内pH的作用优于后者。奥美拉唑40mg，每日1～2次静脉注射，西咪替丁0.6g或法莫替丁20～40mg，每日1～2次静脉滴注。

2）内镜直视下止血：适用于有近期出血迹象的溃疡病患者，不论是喷射状、渗血性活动性出血，还是无出血的可见血管或有血凝块附着的患者，均应进行内镜治疗。证实有效的方法包括：对出血灶喷洒或注射止血药物（5%孟氏液即碱式硫酸铁溶液、去甲肾上腺素8mg加于等渗盐水20ml、1∶10 000肾上腺素、凝血酶）、高频电凝、热探头、微波、止血夹、激光止血等。

3）手术治疗：溃疡病出血时，当上消化道持续出血超过48小时仍不能停止；24小时内输血1500ml仍不能纠正血容量、血压不稳定；保守治疗期间发生再出血者；内镜下发现有动脉活动出血而止血无效者；中老年患者原有高血压、动脉硬化，出血不易控制者，应尽早行外科手术。

4）选择性肠系膜动脉内药物灌注或栓塞：当患者在少数特殊情况下，无法进行内镜治疗，又不能耐受手术治疗时，可考虑应用。

笔记栏

处方及医师指导

1. 一般治疗：暂禁食，若无呕血或黑粪次数减少、成形，即可改为少量流质饮食，再逐渐增加饮食量并过渡到半流质、软食；卧床休息，保持呼吸道通畅，避免呕血时引起窒息，必要时吸氧。严密监测患者生命体征，如心率、血压、呼吸、尿量、肢体温度、皮肤及甲床颜色、周围静脉充盈情况及神志变化。观察呕血及黑粪情况。定期复查血红蛋白浓度、红细胞计数、红细胞压积与血尿素氮。对老年患者视情况实施心电监护。

2. 积极补充血容量及止血治疗：查血型和配血，去甲肾上腺素 8mg 加于冰盐水 150ml 分次口服，同时 0.9%NS 100ml 加奥美拉唑 40mg，静脉点滴，每日 2 次；继以 5%GNS 500ml 加生脉（或参脉）100ml，静脉点滴；5%$NaHCO_3$ 60～100ml，静脉点滴；5%GNS 500ml 加维生素 K_1 20mg 静脉点滴；浓缩红细胞 4U（400ml），静脉点滴，另开通道，根据情况可再输注 2～4U（200～400ml）全血；根据生命体征、尿量、血红蛋白情况再补足血容量。

3. 血压或生命体征稳定后行胃镜检查并酌情镜下止血。

4. 出血停止并恢复正常饮食后可采用口服药治疗（包括抗 Hp 治疗和 PPI 或 H_2RA 治疗及胃黏膜保护剂、中药等治疗，参照“消化性溃疡”章节）。

笔记栏

第四篇 泌尿系统疾病

第1章 总论

泌尿系统由肾脏、输尿管、膀胱、尿道及有关的血管、神经等组成，主管机体尿液的生成和排泄功能，肾脏不仅是人体主要的排泄器官，也是一个重要的内分泌器官，对维持机体内环境的稳定起相当重要的作用。本篇主要讨论内科范畴内常见的肾脏疾病。

一、肾脏的生理功能

肾脏的生理功能主要是排泄代谢产物及调节水、电解质和酸碱平衡，维持机体内环境稳定。

1. 肾小球滤过功能 是代谢产物排泄的主要形式。其中含氮类废物如尿素、肌酐等多数由肾小球滤过排出，部分有机酸如马尿酸、苯甲酸、各种胺类及尿酸等也有一部分经肾小球滤过排出，但主要由肾小管分泌排出。

2. 肾小管重吸收和分泌功能 肾小球每日滤过的原尿可达180L，其中电解质成分与血浆基本相似。但正常人每日排出的尿量仅500～3000ml左右，其中99%以上的水和很多物质被肾小管重吸收。

3. 肾脏的内分泌功能 肾脏还是一个重要的内分泌器官，分泌的激素可分为血管活性激素和非血管活性激素。前者作用于肾脏本身，参与肾脏的生理功能，主要调节肾脏的血流动力学和水盐代谢，它包括肾素、血管紧张素、前列腺素族、激肽类系统等，其中肾素、血管紧张素对全身各系统均有作用。非血管活性激素主要作用于全身，它包括1,25-二羟维生素D和红细胞生成素等。

二、肾脏疾病的检查

1. 尿液检查 常为诊断有无肾损伤的主要依据。

（1）蛋白尿：每日尿蛋白量持续超过150mg或尿蛋白/肌酐比率>200mg/g，称为蛋白尿。微量白蛋白尿的定义是：24小时尿白蛋白排泄在30～300mg；尿白蛋白/肌酐比率男性在17～250mg/g，女性在25～355mg/g。

产生蛋白尿的原因很多，一般可分为以下六类：

1）功能性蛋白尿：是一良性过程，因高热、剧烈运动、急性疾病、直立体位而发生的蛋白尿。体位性蛋白尿常见于青春发育期青少年，于直立和脊柱前凸姿势时出现蛋白尿，卧位时尿蛋白消失，一般<1g/d。

2）肾小球性蛋白尿：其起因主要由于肾小球基底膜异常，少数是由于肾小球毛细血管压的改变引起。当病变使滤过膜孔异常增大或肾小球毛细血管壁严重破坏，使血管中各种分子量蛋白质无选择性地滤出，称为非选择性蛋白尿；如病变较轻，则仅有白蛋白滤过增多，称为选择性蛋白尿。

3）肾小管性蛋白尿：当肾小管间质病变或各种重金属中毒时，近端肾小管对正常滤过的蛋白质重吸收缺陷，导致小分子蛋白质从尿中排出，包括β_2微球蛋白、溶菌酶等。尿蛋白总量一般不超过2g/d。

4）溢出性蛋白尿：血中低分子量的异常蛋白（如多发性骨髓瘤轻链蛋白、血红蛋白、肌红蛋白等）增多，经肾小球滤过而又未能被肾小管全部重吸收所致。尿蛋白电泳将显示分离的蛋白峰。

5）分泌性蛋白尿：尿中IgA排泄增多，见于肾小管间质疾病；髓袢升支后段受炎症及药物刺激时，分泌黏蛋白（Tamm-Horsfall蛋白）增多。

6）组织性蛋白尿：组织遭受破坏后可以释

笔记栏

出胞质中各种酶及蛋白质，若分子量小，肾小球滤液中浓度超过肾小管吸收阈限，则可自尿中排出，如溶菌酶等。

(2) 血尿：分为肉眼血尿和显微镜下血尿两种，详见本篇“原发性肾小球疾病概论”章节。

(3) 管型尿：管型的出现表示蛋白质在肾小管内凝固，其形成与尿蛋白的性质和浓度、尿液酸碱度以及尿量有密切关系，宜采集清晨尿标本做检查。管型尿可因肾小球或肾小管性疾病而导致，也可因炎症、药物刺激使黏蛋白分泌增多而形成，因此不一定代表肾脏有病变。但若有细胞管型或较多的颗粒管型与蛋白尿同时出现，则临床意义较大。

(4) 白细胞尿、脓尿和细菌尿：新鲜离心尿液每个高倍镜视野白细胞超过 5 个或 1 小时新鲜尿液白细胞数超过 40 万或 12 小时尿中超过 100 万者称为白细胞尿。因蜕变的白细胞称脓细胞，故亦称脓尿。清洁外阴后无菌技术下采集的中段尿标本，如涂片每个高倍镜视野均可见细菌，或培养菌落计数超过 10 个/ml 时，称为细菌尿，可诊断为尿路感染。

2. 肾小球滤过率测定 指肾在单位时间内清除血浆中某一物质的能力。通常以清除率测定肾小球滤过率，推算出肾每分钟能清除多少毫升血浆中的该物质，并以体表面积矫正。单纯以血肌酐反映 GFR 不够准确。临床上多应用采取血、尿标本测定内生肌酐清除率的方法进行评估。正常值平均在(90±10)ml/min 左右，女性较男性略低。

晚近美国国家肾脏基金会的肾脏病生存质量指导（kidneydisease outcome qualityinitiative，K/DOQl）临床实践指南推荐用两种公式计算 GFR，一种是 Cockroff-Gault 公式，一种是 MDRD 公式，其优点是不必留尿。但在某些情况，如年龄或身材大小极端、严重营养不良或肥胖、肌病或瘫痪和素食者，应留血、尿测定内生肌酐清除率。

3. 影像学检查 包括超声显像、静脉尿路造影、CT、MRI、肾血管造影、放射性核素检查等。

4. 肾活检 为了明确诊断、指导治疗或判断预后，又无肾穿刺禁忌证时可行肾穿刺活检。这对明确各类原发性肾小球病，如轻微性肾小球病变、局灶性节段性肾小球硬化、膜性肾病及各类增生性肾小球肾炎等的组织形态学诊断很有帮助；对一些继发性肾小球病、遗传性肾脏疾病、急性肾衰竭和移植肾排斥的鉴别诊断等都十分有帮助。

三、肾脏疾病常见综合征

泌尿系统疾病经常会引起一组临床症状、体征和实验室表现相似的综合征。

1. 肾病综合征 各种原因所致的大量蛋白尿(>3.5g/d)，低白蛋白血症(<30g/d)，明显水肿和(或)高脂血症的临床综合征。

2. 肾炎综合征 以蛋白尿、血尿及高血压为特点的综合征。按病程及肾功能的改变，可分为急性肾炎综合征(指急性起病，病程不足一年者)、急进性肾炎综合征(指肾功能急性进行性恶化，于数月内发展为少尿或无尿的肾衰竭者)和慢性肾炎综合征(指病程迁延一年以上)。

3. 无症状性尿检查异常 包括单纯性血尿和(或)无症状性蛋白尿，以及不能解释的脓尿(白细胞尿)。

4. 急性肾衰竭和急进性肾衰竭综合征 区别 GFR 的下降是几天(急性肾衰竭，ARF)还是几周(急进性肾衰竭，RPRF)发生在临床上有用。这两个综合征的病因也稍有不同，如由于脓毒症、肾毒性药物、休克或其他原因导致急性肾小管坏死是 ARF 的常见病因，而由于免疫损伤或血管炎引起毛细血管外增生性(新月体)肾小球肾炎是 RPRF 而非 ARF 的重要原因。

5. 慢性肾衰竭综合征 是指任何原因导致的进行性、不可逆性肾单位丧失及肾功能损害。

四、肾脏疾病的诊断

根据患者的病史、症状及体征，并辅以实验室检查和其他检查，可以做出正确诊断，除病因诊断外，尚需做出功能诊断，确定肾脏受损的程度。症状的严重程度不一定与肾功能损害程度相符，应根据结果综合分析、判断。

五、肾脏疾病防治原则

肾脏疾病依据其病因、发病机制、病变部位、病理诊断和功能诊断的不同，选择不同的治疗方案。其治疗原则包括去除诱因，一般治疗，抑制免疫及炎症反应，防治并发症，延缓肾脏疾病进展和肾脏替代治疗。

1. 肾小球病理及免疫发病机制的研究和对慢性肾衰竭发病机制及有关病理生理研究 为制定合适的治疗方案创造了条件，促进了糖皮质激素、细胞毒药物和亲免素调节剂(immu nophillin modulator)等的合理应用。新型的细胞免疫抑制剂，如亲免素调节剂[包括环孢素、他克莫司和

笔记栏

西罗莫司(雷帕霉素)和麦考酚吗乙酯(霉酚酸酯)]等被应用于临床,由于其通过影响细胞内信号转导旁路等途径选择性抑制T辅助细胞及T细胞毒效应细胞,除用于肾移植预防排斥治疗外也被用于难治性肾小球病的治疗。但其长期疗效、有效剂量及不良反应等还有待于进一步确定。

2. 降压治疗 在肾脏疾病中尤为重要。因为肾小球病变常常伴有高血压,慢性肾衰竭者90%出现高血压。持续存在的高血压是加速肾功能恶化的重要原因之一,积极控制高血压是肾脏疾病各阶段治疗中十分重要的环节。最近公布的JNC7有关高血压定义和治疗的临床指南以及美国肾脏病学会有关慢性肾脏病(CKD)降压治疗的建议为降压制定了靶目标。在关注降压靶目标时,应注意选择能延缓肾功能恶化、具有肾保护作用的如血管紧张素转换酶抑制剂(ACEI)及血管紧张素Ⅱ受体拮抗剂(ARB)类降血压药物。

3. 对症治疗 由于尿蛋白本身对肾脏的有害作用,故不仅要重视病因治疗减少尿蛋白,也要重视对症治疗,直接减少尿蛋白排泄。

4. 支持治疗 红细胞生成素、活性维生素D3等的广泛应用已使慢性肾衰竭患者取得症状及生活质量的改善。HMG-COA还原酶抑制剂他汀类调节血脂药的降脂治疗和抗凝治疗在部分肾脏疾病患者中也显示一些独特的治疗作用。

5. 肾衰竭的肾脏替代治疗 肾脏替代治疗是终末期肾衰竭患者惟一的有效治疗方法。晚近提出了适时开始透析和一体化治疗的概念,以提高终末期肾衰竭患者的存活率和生活质量。肾脏替代治疗包括:

(1) 腹膜透析:包括连续性和间歇性腹膜透析两种。近年来由于腹膜透析连接系统的改进,包括自动腹膜透析机的应用,使腹膜透析导致的感染并发症减少。其操作简便、安全有效的特点在肾脏替代治疗中起了非常重要的作用。

(2) 血液透析:通过扩散、对流及吸附清除体内积聚的毒性代谢产物,清除体内潴留的水分,纠正酸中毒,达到治疗目的。随着透析设备更趋先进,治疗效果更好、更安全。

(3) 肾移植:成功的肾移植可以使患者恢复正常的肾功能(包括内分泌和代谢功能)。肾移植后长期需用免疫抑制剂,以防止排斥反应。近年来随着新型免疫抑制剂的应用,肾移植的存活率明显改善。

6. 中西医结合治疗 祖国医学的辨证施治为肾脏疾病提供了又一治疗手段,大黄、雷公藤总苷、黄芪等制剂的作用也已得到很多的实验研究证实。有关某些中草药(如关木通等)可能具有的肾毒性已得到重视。

六、进展和展望

肾脏病学通过众多生物医学的研究取得了很多的进展。分子细胞生物学及重组DNA技术在肾脏疾病的研究中应用已很普遍。肾脏疾病的发病机制涉及免疫、肿瘤、炎症、细胞毒损伤以及其他途径的损伤,也得到了不少的解释,并已成为各种干预治疗的目标。

肾脏疾病免疫发病机制认识逐步深入,淋巴细胞、单核-巨噬细胞,以及它们所产生的各种细胞因子、趋化因子、生长因子等,不仅对肾单位的各处固有细胞产生损伤,同时还可使固有细胞对各种刺激产生增殖反应,加重损伤。在上述反应中还包括许多血管活性物质的释放,它们一方面是炎症刺激产生,同时许多又是参与细胞损伤、修复的主要成分。上述研究结果为肾炎的治疗开辟了更为广阔的前景。

慢性肾脏疾病进展机制的研究,从肾素、血管紧张素、醛固酮系统(RAS)到认识RAS抑制肾保护作用;从RAS抑制肾保护作用的血流动力学机制到非血流动力学,细胞外基质过度积聚(产生增多或降解减少)对肾硬化影响的研究,以及据此引出的各种临床药物干预方法,对于延缓慢性肾脏疾病进展有着积极的意义。

慢性肾衰竭肾脏替代治疗无论是血液透析、腹膜透析或肾移植,无论是基础研究或临床应用研究都取得了长足进步和良好的效果,使肾脏在人体的各器官衰竭中成为非常突出的一个替代最为成功的器官,人工重组红细胞生成素及活性维生素D的应用,大大提高了终末期肾衰竭患者的生活质量。

笔记栏

第 2 章 原发性肾小球疾病

第1节 概 述

肾小球疾病是一组以血尿、蛋白尿、水肿和高血压等为临床表现的肾脏疾病，但病因、发病机制、病理改变、病程和预后不尽相同，病变主要累及双肾肾小球。可分为原发性、继发性和遗传性；原发性肾小球疾病常病因不明，继发性肾小球疾病系指全身性疾病（如系统性红斑狼疮、糖尿病等）中的肾小球损害，遗传性肾小球疾病为遗传基因突变所致的肾小球疾病（如 Alport 综合征等）。

本章主要讨论原发性肾小球疾病，它占肾小球疾病中的大多数，是我国引起慢性肾衰竭的主要病因。

一、原发性肾小球病的分类

原发性肾小球病可作临床及病理分型。

1. 原发性肾小球疾病的临床分型

（1）急性肾小球肾炎（acute glomerulonephritis）

（2）急进性肾小球肾炎（rapidly progressive glomerulonephritis）

（3）慢性肾小球肾炎（chronic glomerulonephritis）

（4）隐匿性肾小球肾炎［无症状性血尿或（和）蛋白尿，latent glomerulonephritis］

（5）肾病综合征（nephritic syndrome）

2. 原发性肾小球疾病的病理分型 依据世界卫生组织（WHO）1995 年制定的肾小球病病理学分类标准：

（1）微小病变性肾病（minimal change nephropathy）

（2）局灶性节段性肾小球肾炎（focal segmental glomerulonephritis）

（3）弥漫性肾小球肾炎（diffuse glomerulonephritis）

1）膜性肾病（membranous nephropathy）

2）增生性肾炎（proliferative glomerulonephritis）：①系膜增生性肾小球肾炎（mesangial proliferative glomerulonephritis）；②毛细血管内增生性肾小球肾炎（endocapillary prolifer-1ative glomerulonephritis）；③系膜毛细血管性肾小球肾炎（mesangial capillary glomerulone phritis）；④新月体性肾小球肾炎（crescentic glomerulonephritis）.

3）硬化性肾小球肾炎（sclerosing glomerulonephritis）

（4）未分类的肾小球肾炎（unclassified glomerulonephritis）：肾小球疾病的临床和病理类型之间有一定联系，并随着认识的深化可找到更多的规律。但两者之间又常难以有肯定的对应关系，同一病理类型可呈现多种不同的临床表现，而相同的一种临床表现可来自多种不同的病理类型。因此，肾活检是确定肾小球疾病病理类型和病变程度的必需手段，而正确的病理诊断又必须与临床密切结合。

二、发病机制

肾小球疾病的发病机制目前尚未完全清楚，但免疫反应介导的炎症损伤在其发病机制中发挥重要作用。在肾小球疾病的慢性进展过程中也有非免疫非炎症机制参与。遗传因素及自身免疫导致或参与各种肾炎的证据也引起了广泛重视。

1. 免疫反应 包括体液免疫和细胞免疫反应。

（1）体液免疫：主要指循环免疫复合物在肾脏滞留或肾脏原位形成的免疫复合物激活机体的一系列炎症反应导致肾脏损伤。可通过下列两种方式形成肾小球内免疫复合物：

1）循环免疫复合物沉积：某些外源性抗原（如致肾炎链球菌的某些成分）或内源性抗原（如天然 DNA）可刺激机体产生相应抗体，在血循环中形成循环免疫复合物，循环免疫复合物在某些情况下沉积或为肾小球所捕捉，并激活炎症介质后导致肾炎产生。

2）原位免疫复合物形成：系指血循环中游离抗体（或抗原）与肾小球固有抗原（如肾小球基底膜抗原或脏层上皮细胞糖蛋白）或已种植于肾小球的外源性抗原（或抗体）相结合，在肾脏局部形成免疫复合物，并导致肾炎。

（2）细胞免疫：细胞免疫在肾炎发病中的主要机制包括：①致敏淋巴细胞与固定于肾小球的抗原相互作用；②循环中致敏淋巴细胞与抗原相互作用导致一系列淋巴因子释放吸引激活其他各种吞噬细胞；③发挥细胞毒作用。微小病变型

笔记栏

肾病肾小球内无免疫复合物证据，但研究显示患者淋巴细胞在体外培养可释放血管通透性因子。急进性肾小球肾炎早期肾小球内常可发现较多的单核细胞。近年来有肾炎动物模型提供了细胞免疫证据。

2. 炎症反应 临床及实验研究显示始发的免疫反应需引起炎症反应，才能导致肾小球损伤及其临床症状。炎症介导系统可分为炎症细胞和炎症介质两大类，炎症细胞可产生炎症介质，炎症介质又可趋化、激活炎症细胞，各种炎症介质间又相互促进或制约，形成一个十分复杂的网络关系。

(1) 炎症细胞：主要包括单核-巨噬细胞、中性粒细胞、嗜酸粒细胞及血小板等。炎症细胞可产生多种炎症介质，造成肾小球炎症病变。此外，有些炎症细胞如激活的巨噬细胞还可直接分泌细胞外基质（ECM）成分，产生抑制 ECM 分解的蛋白酶和激活成纤维细胞等，故与肾小球、间质慢性进展性损害相关。近年来，人们进一步认识到肾小球固有细胞（如系膜细胞、内皮细胞和上皮细胞）具有多种免疫球蛋白和炎症介质受体，能分泌多种炎症介质和细胞外基质，它们在肾小球免疫介导性炎症中并非单纯的无辜受害者，而有时是主动参加者，肾小球细胞自分泌、旁分泌在肾小球病发生、发展中具有重要意义。

(2) 炎症介质：以往着重研究了补体、凝血纤溶因子、血管活性胺、白细胞三烯和激肽等炎症介质在肾小球损伤中作用，近年来，一系列具有重要致炎作用的炎症介质被认识，并已证实在肾炎发病机制中的重要作用。①影响肾小球血流动力学及肾小球毛细血管通透性：前列腺素类（如 PGE_2、PGI_2、血栓素 A_2、白细胞三烯等）、血小板活化因子（PAF）、一氧化氮（NO）及肿瘤坏死因子-α（TNF-α）等；②影响循环炎症细胞的趋化、黏附及活化：前列腺素类、PAF、活性氧、白细胞介素（IL-1、IL-8）等；③影响肾脏固有细胞活化和增殖：前列腺素类（如 PGE_2、PGI_2等）、PAF、NO、IL-1、IL-6、转化生长因子-β（TGF-β）、TNF-α等；④参与肾小管损伤和间质纤维化：血小板衍生生长因子（PGDF）、TGF-β、成纤维细胞生长因子（FGF）、IL-1、TNF 等；⑤影响凝血与纤溶系统：前列腺素类、凝血及纤溶系统因子等；⑥直接损伤肾脏细胞：活性氧、NO、TNF-α 等。

3. 非免疫机制的作用 免疫介导性炎症在肾小球病致病中起主要作用和（或）起始作用，在慢性进展过程中存在着非免疫机制参与，有时成为病变持续、恶化的重要因素。剩余的健存肾单位可产生血流动力学改变，促进肾小球硬化。另外，大量蛋白尿可作为一个独立的致病因素参与肾的病变过程。此外，高脂血症是加重肾小球损伤的重要因素之一。

笔记栏

三、临床表现

1. 蛋白尿 正常情况下，肾小球滤过膜允许小于分子质量 2 万～4 万 Da 的蛋白质顺利通过，因此，肾小球滤过的原尿中主要为小分子蛋白（如溶菌酶、$β_2$微球蛋白、轻链蛋白等），白蛋白（分子质量 6.9 万 Da）及分子质量更大的免疫球蛋白含量较少。经肾小球滤过的原尿中 95%以上的蛋白质被近曲小管所重吸收，故正常人终尿中蛋白含量极低（小于 150mg/d），其中约一半蛋白成分来自远曲小管和髓袢升支分泌的蛋白（Tamm-Horsfall 蛋白）和尿道组织蛋白（如分泌型 IgA）等。正常人尿中因蛋白含量低，临床上尿常规的定性试验不能测出。当尿蛋白超过 150mg/d，尿蛋白定性阳性，称为蛋白尿。若尿蛋白量大于 3.5g/d，则称为大量蛋白尿。

肾小球滤过膜由肾小球毛细血管内皮细胞、基底膜和脏层上皮细胞所构成，滤过膜屏障作用包括：①分子屏障：肾小球滤过膜仅允许一定大小的蛋白分子通过；②电荷屏障：内皮及上皮细胞膜含涎蛋白，而基底膜含硫酸类肝素，共同组成了肾小球滤过膜带负性电荷，通过同性电荷相斥原理，阻止含负电荷的血浆蛋白（如白蛋白）滤过。上述任一屏障的损伤均可引起蛋白尿，光镜下肾小球结构正常的微小病变型肾病患者大量蛋白尿主要为电荷屏障损伤所致；当分子屏障被破坏时，尿中往往出现较多除白蛋白以外更大分子的血浆蛋白，如免疫球蛋白、C3 和 α 巨球蛋白等，提示肾小球滤过膜呈较严重的结构损伤。

2. 血尿 离心后尿沉渣镜检每高倍视野红细胞超过 3 个为血尿，1L 尿含 1ml 血即呈现肉眼血尿。肾小球疾病特别是肾小球肾炎，其血尿常为无痛性、全程性血尿，可呈镜下或肉眼血尿，持续性或间发性。血尿可为单纯性血尿，也可伴蛋白尿、管型尿，如血尿患者伴较大量蛋白尿和（或）管型尿（特别是红细胞管型），多提示肾小球源性血尿。新鲜尿沉渣相差显微镜检查如为变形红细胞血尿为肾小球源性，而均一形态正常红细胞尿为非肾小球源性。尿红细胞容积分布曲线也可鉴别血尿来源。肾小球源性血尿呈非对称曲线，其峰值红细胞容积小于静脉红细胞分布曲线的红细胞容积峰值；非肾小球源性血尿呈对称曲线，其峰值的红细胞容积大于静脉红细胞分布曲线的红细胞容积峰值；混合性血尿同时具备以上两种曲线特征，呈双峰。肾小球源性血尿产生的主要原因为肾小球基底膜（GBM）断裂，红细胞通过该裂缝时受血管内压力挤出时受损，受损的红细胞其后通过肾小管各段又受不同渗透压和 pH 作用,呈现变形红细胞血尿,红细胞容积变小,甚至破裂。

3. 水肿 肾性水肿的基本病理生理改变为水钠潴留。肾小球疾病时水肿可基本分为两大类:①肾病性水肿:主要由于长期、大量蛋白尿造成血浆蛋白过低,血浆胶体渗透压降低,液体从血管内渗入组织间隙,产生水肿;此外,部分患者因有效血容量减少,刺激肾素-血管紧张素-醛固酮系统活性增加和抗利尿激素分泌增加等,可进一步加重水钠潴留、加重水肿。近年的研究提示,某些原发于肾内的钠、水潴留因素在肾病性水肿上起一定作用,这种作用与血浆肾素-血管紧张素-醛固酮系统水平无关。②肾炎性水肿:主要是由于肾小球滤过率下降,而肾小管重吸收功能基本正常造成"球-管失衡"和肾小球滤过分数(肾小球滤过率/肾血浆流量)下降导致水钠潴留。肾炎性水肿时,血容量常增多,伴肾素-血管紧张素-醛固酮系统活性抑制、抗利尿激素分泌减少,因高血压、毛细血管通透性增加等因素而使水肿持续和加重。肾病性水肿组织间隙蛋白含量低,水肿多从下肢部位开始;而肾炎性水肿(如急性肾小球肾炎)组织间隙蛋白含量高,水肿多从眼睑、颜面部开始。

4. 高血压 肾小球疾病常伴高血压,慢性肾衰竭患者 90% 出现高血压。持续存在的高血压会加速肾功能恶化。肾小球疾病高血压的发生机制为:①钠、水潴留:由于各种因素导致钠、水潴留,使血容量增加,引起容量依赖性高血压;②肾素分泌增多:肾实质缺血刺激肾素-血管紧张素分泌增加,小动脉收缩,外周阻力增加,引起肾素依赖性高血压;③肾实质损害后肾内降压物质分泌减少:肾内激肽释放酶-激肽生成减少,前列腺素生成减少,也是肾性高血压的原因之一。肾小球疾病所致的高血压多数为容量依赖性高血压,少数为肾素依赖性高血压,但两型高血压常混合存在,有时很难截然分开。

5. 肾功能损害 急进性肾小球肾炎常导致急性肾衰竭,部分急性肾小球肾炎患者可有一过性肾功能损害,慢性肾小球肾炎及蛋白尿控制不好的肾病综合征患者随着病程进展至晚期常发展为慢性肾衰竭。

第 2 节 急性肾小球肾炎

案例

男性,17 岁,学生。双下肢浮肿 3 天。

三天前晚上洗脚时发现踝关节部浮肿,未予重视,水肿部位逐日向上漫延,伴有双下肢肿胀感,遂在母亲陪同下来我院就诊。门诊查尿常规示蛋白(++)、红细胞(++),随即收住入院。既往无肾脏病史,两周前曾因急性扁桃体炎而在院外予青霉素(320 万单位,静脉滴注,每日 2 次)抗感染治疗 1 周。

体格检查:T 36.2℃, BP 140/95mmHg,神志清楚,眼睑及面部无水肿,咽部充血,扁桃体Ⅰ度肿大,叩诊心界正常范围,两肺呼吸音清晰,未闻及干湿性啰音,腹软,无压痛及反跳痛,肝脾未及,肋腰点,肋脊点压痛(+),双肾区叩痛(+),双下肢轻度可凹性水肿。

实验室及其他检查:血常规示 WBC 7.2×10^9/L, N 0.62, RBC 4.2×10^{12}/L, Hb 121g/L;尿常规示蛋白(++),RBC (++)/高倍视野;血清补体 C3 0.42g/L, ASO 415U/ml;双肾 B 超检查示右肾 115mm×65mm×34mm,左肾 118mm×68mm×36mm,双肾弥漫性病变。

思考题

1. 该病例的入院诊断是什么?
2. 水肿常见于哪些疾病?
3. 肾小球源性血尿的特点是什么?

急性肾小球肾炎(acute glomerulonephritis, AGN)简称急性肾炎,是一组以急性肾炎综合征为主要表现的疾病。血尿、蛋白尿、高血压及水肿是该病常见的临床表现,部分患者可伴有一过性肾功能损害。细菌、病毒及寄生虫等多种病原微生物均可致病,但以链球菌感染后肾小球肾炎多见。如无明显临床症状,仅尿常规检查略有异常,肾活检示典型的急性肾小球肾炎病理改变,有人将其称之为"亚临床型急性肾小球肾炎"。病情严重,出现无尿,甚至发展为急性肾衰竭,为重型急性肾小球肾炎。

【病因和发病机制】 链球菌感染后的急性肾小球肾炎(poststreptococcal acute glomerulonephritis)常因 β 溶血性链球菌"致肾炎菌珠"(常为 A 组 12 型)感染后所致。多在上呼吸道感染、猩红热、皮肤感染等链球菌所致感染后发生,急性肾小球肾炎的发生与否和病变程度的轻重与链球菌感染的严重程度并不一致。目前认为本病系感染后的免疫反应引起,主要是链球菌细胞壁 M 蛋白、胞浆或分泌蛋白的某些成分作为致病抗原引起免疫反应导致肾脏损伤。发病机制有:①循环免疫复合物沉积于肾脏;②抗原种植于肾小球形成原位免疫复合物;③肾小球内补体沉着、多形核白细胞及单核细胞浸润。

【病理】 肾脏常较正常增大,病变类型为弥漫性毛细血管内增生性肾小球肾炎。肾小球内以系膜细胞和内皮细胞增生为主,急性期可伴有中性粒细胞和单核细胞浸润。肾小管病变一般不明显,间质可有水肿和炎症细胞浸润。免疫荧光检查可见 IgG 及补体 C3 沿毛细血管壁和系膜区呈粗颗粒状沉积,电镜检查可见肾小球上皮细胞下有驼峰状电子致密物沉积。

【临床表现】 急性肾炎多见于儿童,发病前常有前驱感染史,潜伏期通常为 7~21 天,平均 10 天左右。呼吸道感染者的潜伏期较皮肤感染者短。病情轻重不一,轻者可毫无症状,仅尿常规检查略有异常,重者可出现急性肾衰竭。

1. 尿液异常 几乎所有病人均可出现血尿,但轻重不等,严重时为肉眼血尿,一般持续时间不长,多数患者很快转为镜下血尿。可伴有轻、中度蛋白尿,大量者较少见。

2. 水肿 常见于 70%~90%左右的病人,为多数病人就诊的原因。典型表现为晨起眼睑水肿或伴有双下肢水肿,严重者可伴有全身水肿,水肿的原因为水钠潴留。

3. 高血压 70%以上的病人可出现高血压,一般为轻、中度,常与水钠潴留有关,利尿治疗后血压很快恢复正常。少数病人可出现严重高血压,甚至高血压脑病,表现为头痛、呕吐、抽搐及昏迷等神经系统症状,常发生于急性肾炎的早期。

4. 肾功能异常 部分病人在起病早期可因肾小球滤过率下降、尿量减少而出现肾功能一过性受损,表现为轻度氮质血症。经利尿治疗后多数病人肾功能可恢复正常,仅极少数发展成急性肾衰竭。

案例归纳一

该患者以血尿、蛋白尿、高血压及水肿为主要表现,起病前 10 天有急性扁桃体炎的前驱感染史。PE:BP 140/95mmHg,咽部充血,扁桃体Ⅰ度肿大,肋腰点、肋脊点压痛(+),双肾区叩痛(+),双下肢轻度可凹性水肿。

【实验室检查】

1. 尿液检查 镜下血尿或肉眼血尿,红细胞多为畸形红细胞,尿常规蛋白阳性。尿沉渣除红细胞外,还可见白细胞、上皮细胞,并可有红细胞管型、颗粒管型。

2. 血液检查 红细胞计数轻度降低,常见水钠潴留导致血液稀释有关。白细胞在发病初期可增多,红细胞沉降率增快。

3. 免疫学检查 起病初期血清补体(C3 和 CH50)下降,8 周内逐渐恢复正常。血清抗链球菌溶血素"O"(ASO)滴度可升高。另外可有一过性冷球蛋白血症,循环免疫复合物阳性。

案例归纳二

尿常规示蛋白(++),RBC (++)/高倍视野;血清补体 C3 0.43g/L,ASO 415U/ml;双肾略增大、呈弥漫性病变。

【诊断与鉴别诊断】

1. 诊断 链球菌感染后 1~3 周出现血尿、蛋白尿、水肿和高血压等典型临床表现,伴血清 C3 下降,并于 8 周内逐渐恢复正常者,即可临床诊断为急性肾炎。若起病后 2 个月病情无明显好转或肾小球滤过率进行性下降,应作肾活检明确诊断。

2. 鉴别诊断

(1) 其他病原微生物感染后所致的急性肾炎:其他细菌、病毒及寄生虫感染均可引起急性肾炎。常于感染的极期或感染后 3~5 天发病。病毒感染所致的急性肾炎临床表现轻微,血清补体多正常,肾功能一般正常,临床过程自限。

(2) 系膜增生性肾小球肾炎(IgA 肾病和非 IgA 系膜增生性肾小球肾炎):部分病人有前驱感染可表现为急性肾炎综合征,血清 C3 一般正常。IgA 肾病病人潜伏期较短,可在感染 72 小时内出现肉眼血尿。

(3) 系膜毛细血管性肾小球肾炎:临床表现类似急性肾炎,但蛋白尿明显,甚至以大量蛋白尿为主要表现,持续低补体血症,8 周内不能恢复正常。病变持续无自愈倾向。

(4) 急进性肾小球肾炎:以急性肾炎综合征为临床表现,但肾功能损害急骤进展,早期即可出现少尿、无尿等急性肾衰竭症状,肾活检病理表现为肾小球广泛新月体形成。

(5) 全身性疾病肾损害:系统性红斑狼疮肾炎及过敏性紫癜肾炎临床表现可类似急性肾炎综合征,但往往伴有其他系统受累的典型临床表现和实验室检查有助于鉴别。

案例诊断要点

1. 17 岁男性学生。

2. 病史特点:前驱感染后 10 天出现蛋白尿、血尿、高血压及水肿。既往无肾脏病史。

3. PE:BP 140/95mmHg,咽部充血,扁桃体Ⅰ度肿大,肋腰点,肋脊点压痛(+),双肾区叩痛(+),双下肢轻度可凹性水肿。

笔记栏

4. 实验室及其他检查：尿常规示蛋白(++)，RBC (++)/高倍视野；血清补体 C3 0.42g/L，ASO 415U/ml；双肾略增大、呈弥漫性病变。

临床诊断：急性肾炎。

【治疗】 急性肾小球肾炎大多可自愈，临床治疗以休息和对症为主。

1. 一般治疗 急性期应卧床休息，肉眼血尿消失、水肿消退及血压正常后恢复正常活动。水肿明显和血压升高者应予低盐饮食，肾功能正常者无需限制蛋白质摄入量，若出现肾功能损害则应限制蛋白质摄入量。

2. 控制感染 有上呼吸道或皮肤感染者可选用青霉素、头孢霉素等抗感染治疗，一般不主张长期预防性使用抗生素。慢性扁桃体炎反复发作者，可在病情稳定后行扁桃体摘除术，术前、术后两周使用抗生素。

3. 对症治疗 包括利尿、降血压、预防心脑事件的发生。经控制水钠摄入，水肿持续存在，应适当使用利尿剂治疗。在控制水钠摄入及利尿后血压仍不能满意控制的，可加用降压药物治疗(参见本章第2节)。

4. 透析治疗 若出现急性肾衰竭并且有透析指征时(参见本篇第6章第1节)，应立即给予透析治疗。由于本病具有自愈倾向，在透析治疗帮助患者度过危险期后，肾功能即可恢复，一般不需要维持性透析治疗。

5. 中医药治疗 急性肾小球属中医“水肿”、“尿血”等范畴。该病急性期以标实为主，水肿、尿血是此时的主要表现，治疗以疏风利水、清热解毒、凉血止血为主，常选用越婢加术汤、五皮饮、五苓散、五味消毒饮、小蓟饮子加减。恢复期以正虚标实为主，尿血是此时的主要表现，治疗以健脾益肾、化瘀止血为主，常选用参芪地黄汤、归脾汤、无比山药丸加减。

【预后和预防】 本病急性期预后良好，绝大多数病人在4周内临床表现减轻或消失，少部分病人的轻度镜下血尿和微量尿蛋白可迁延数月至1年后消失。

本病的长期预后文献报道不尽一致，共识是多数病人预后良好，仅少数病人遗留尿异常和(或)高血压，或在多年后又出现肾炎综合征的表现。导致本病预后不佳的因素主要有：老年患者；持续性高血压、大量蛋白尿、肾功损害；散发者较流行性发病者预后差；肾组织增生病变重，伴有大量新月体形成者预后差。

增强体质，加强体育锻炼，减少呼吸道、皮肤感染疾患。对反复发作的慢性扁桃体炎可行扁桃体摘除术，以降低发生急性肾炎的风险。

处方及医师指导

1. 一般治疗：卧床休息，低盐饮食(每日食盐摄入量控制在3g以下)，在水肿消退及血压恢复正常后逐步增加活动量，并恢复食盐的正常摄入量。

2. 药物治疗

(1) 青霉素：80万单位肌注，每日2次，疗程2周。

(2) 呋塞米：20mg每日2次，水肿消退后即停止使用。

(3) 经过低盐饮食、利尿后血压未恢复正常，可予尼群地平10mg每日2次或卡托普利12.5mg每日2次，并根据血压动态变化情况调整降压药的服用时间、剂量及种类。

(4) 中药：宜五味消毒饮合五皮饮加减。

(5) 8周后如无明显临床症状及体征，尿蛋白少于(+)，尿沉渣红细胞少于(+)/高倍视野，且扁桃体无急性炎症，可行扁桃体摘除术，但术前、术后应用抗生素2周。

第3节 慢性肾小球肾炎

案例

女性，37岁，职员，反复双下肢浮肿2个月。

两月来经常出现倦怠无力，双下肢浮肿，劳累或下午明显，未予重视。2天前在外院体检发现尿常规异常，血压升高(150/100mmHg)。今日我院门诊复查尿常规示蛋白(++)、红细胞(++)/高倍视野，随即收住入院。既往无肾脏及肝炎病史，病程中无发热、皮疹、关节痛等症状。

体格检查：T 36.2℃，BP 150/100mmHg，神志清楚，眼睑及面部无水肿，咽部无充血，扁桃体无肿大，叩诊心界正常范围，两肺呼吸音清晰，未闻及干湿性啰音，腹软，无压痛及反跳痛，肝脾未及，肋腰点、肋脊点压痛(+)，双肾区叩痛(+)，双下肢轻度可凹性水肿。

实验室及其他检查：血常规示：WBC 4.2×10^9/L，N 0.62，RBC 4.4×10^{12}/L，Hb 124g/L；尿常规示蛋白(++)，RBC (++)/高

笔记栏

倍视野；24 尿蛋白定量 1.97g；SCr 91.5μmol/L；血清补体 C3 0.92g/L，ASO 27U/ml；HBsAg(－)；ANA(－)；SM(－)；ds-DNA(－)；双肾 B 超检查示右肾 97mm×61mm×31mm，左肾 101mm×60mm×32mm，双肾弥漫性病变。

思考题

1. 该病例的入院诊断是什么？
2. 慢性肾小球肾炎主要应与哪些疾病鉴别？
3. 慢性肾小球肾炎的治疗原则是什么？

慢性肾小球肾炎（chronic glomerulonephritis）简称慢性肾炎，以蛋白尿、血尿、高血压、水肿为基本临床表现，起病方式各有不同，病情迁延，缓慢进展，可有不同程度的肾功能减退，最终将发展为慢性肾衰竭。

【病因和发病机制】 绝大多数慢性肾炎病人的病因尚不明确，仅有少数慢性肾炎是由急性肾炎发展所致。虽然慢性肾炎的病因、发病机制和病理类型不尽相同，但起始因素多为免疫介导炎症，导致病程慢性化的机制除免疫因素外，非免疫因素如高血压、蛋白尿、高血脂等亦占有重要作用。

【病理】 慢性肾炎可由多种病理类型引起，常见类型有系膜增生性肾小球肾炎（包括 IgA 和非 IgA 系膜增生性肾小球肾炎）、系膜毛细血管性肾小球肾炎、膜性肾病及局灶性节段性肾小球硬化等。

病变进展至后期，所有上述不同类型病理变化均可转化为程度不等的肾小球硬化、肾小管萎缩、肾间质纤维化。疾病晚期肾体积缩小、转化为硬化性肾小球肾炎。

【临床表现】 多数起病缓慢、隐袭。临床表现呈多样性，蛋白尿、血尿、高血压、水肿为其基本临床表现，可有不同程度肾功能减退，病情时轻时重、迁延，渐进性发展为慢性肾衰竭。

早期患者可有乏力、疲倦、腰部疼痛、纳差，水肿可有可无，一般不严重。有的患者可无明显临床症状。血压可正常或轻度升高。肾功能正常或轻度受损（肾小球滤过率下降），这种情况可持续一段时间后，肾功能逐渐恶化，最终发展成尿毒症。部分患者除上述慢性肾炎的一般表现外，血压可以有程度不等的升高，甚至出现高血压脑病，这时患者可有眼底出血、渗出，甚至视乳头水肿，如血压控制不好，肾功能恶化较快，预后较差。慢性肾炎往往有急性发作现象，常因感染、劳累呈急性发作，或用肾毒性药物后病情急骤恶化，经及时去除诱因和适当治疗后病情可一定程度缓解，但也可能由此而进入不可逆慢性肾衰竭。

案例归纳一

该患者以血尿、蛋白尿、高血压及水肿为主要表现，既往无肾脏及肝炎病史，病程中无发热、皮疹、关节痛等症状。PE：BP 150/100mmHg，咽部无充血，扁桃体无肿大，肋腰点、肋脊点压痛（+），双肾区叩痛（+），双下肢轻度可凹性水肿。

【实验室检查】

1. 尿液检查 血尿，多以镜下血尿为主，可有红细胞管型。程度不等的蛋白尿，部分患者出现大量蛋白尿（尿蛋白定量>3.5g/24h）。

2. 血液检查 早期血常规检查正常或轻度贫血，白细胞和血小板多正常。

3. 肾功能检查 早期肾功能无异常，随着病情的进展，可出现血肌酐升高和肾小球滤过率下降。

4. 病理检查 肾脏活体组织检查可明确慢性肾炎的病理类型，对于指导治疗和估计预后具有重要意义。

案例归纳二

血常规示：WBC 4.2×10^9/L，N 0.62，RBC 4.4×10^{12}/L，Hb 124g/L；尿常规示蛋白(+++)，RBC (++)/高倍视野；24 尿蛋白定量 1.97g；SCr 91.5μmol/L；血清补体 C3 0.92g/L，ASO 27U/ml；HBSAg(－)；ANA(－)；SM(－)；ds-DNA(－)；双肾 B 超检查示右肾 97mm×61mm×31mm，左肾 101mm×60mm×32mm，双肾弥漫性病变。

【诊断与鉴别诊断】

1. 诊断 凡尿化验异常（蛋白尿、血尿、管型尿）、水肿及高血压病史达一年以上，在除外继发性肾小球肾炎及遗传性肾小球肾炎后，临床上可诊断为慢性肾炎。

2. 鉴别诊断

（1）继发性肾小球疾病：如狼疮性肾炎、过敏性紫癜肾炎、糖尿病肾病等，依据相应的病史及实验室检查，一般不难鉴别。

（2）其他原发性肾小球疾病：①隐匿型肾小球肾炎：临床上轻型慢性肾炎应与隐匿型肾小球肾炎相鉴别，后者主要表现为无症状性血尿和（或）蛋白尿，无水肿、高血压和肾功能损害。②感染后急性肾炎：有前驱感染史并以急性发作

笔记栏

起病的慢性肾炎需与此病相鉴别。慢性肾炎急性发作多在短期内(数日)病情急骤恶化,血清补体 C3 一般无动态变化有助于与感染后急性肾炎相鉴别;此外,疾病的转归不同,慢性肾炎无自愈倾向,呈慢性进展,可资区别。

(3) 原发性高血压肾损害:伴有高血压的慢性肾炎需与原发性高血压肾损害(即良性小动脉性肾硬化症)鉴别,后者先有较长期高血压,其后再出现肾损害,临床上远曲小管功能损伤(如尿浓缩功能减退、夜尿增多)多较肾小球功能损伤早,尿改变轻微(微量至轻度蛋白尿,可有镜下血尿及管型),常有高血压的其他靶器官(心、脑)并发症。

(4) Alport 综合征:常起病于青少年(多在10岁之前),患者同时出现眼部疾患、耳部疾病及肾脏损害,有阳性家族史(多为性连锁显性遗传)。

案例诊断要点

1. 女性,37岁,职员。

2. 病史特点:以蛋白尿、血尿、高血压及水肿为主要表现。既往无肾脏病史。

3. PE:BP 150/100mmHg,咽部无充血,扁桃体无肿大,肋腰点,肋脊点压痛(+),双肾区叩痛(+),双下肢轻度可凹性水肿。

4. 实验室及其他检查:血常规示:WBC $4.2\times10^9/L$,N 0.62,RBC $4.4\times10^{12}/L$,Hb 124g/L;尿常规示蛋白(+++),RBC (++)/高倍视野;24 尿蛋白定量 1.97g;SCr 91.5μmol/L;血清补体 C3 0.92g/L,ASO 27U/ml;HBsAg(-);ANA(-);SM(-);ds-DNA(-);双肾 B 超检查示右肾 97mm×61mm×31mm,左肾 101mm×60mm×32mm,双肾弥漫性病变。

临床诊断:慢性肾小球肾炎。

【治疗】 慢性肾炎的治疗主要是防止或延缓肾功能进行性恶化、改善或缓解临床症状及防治严重合并症,根据肾脏病理检查结果进行综合性治疗。

1. 低蛋白饮食和必需氨基酸治疗 肾功能正常者注意低盐低脂饮食,不宜严格限制蛋白质入量,出现肾功能损害的患者应限制蛋白及磷的入量并配合使用必需氨基酸或α-酮酸(见本篇“肾衰竭”章)。

2. 控制高血压 高血压是加速肾小球硬化、促进肾功能恶化的重要因素,积极控制高血压是十分重要的环节。治疗原则:①力争把血压控制在理想水平:蛋白尿≥1g/d,血压应控制在125/75mmHg以下;尿蛋白<1g/d,血压控制可放宽到130/80mmHg以下;②选择能延缓肾功能恶化、具有肾保护作用的降血压药物。

高血压患者应限盐(<3g/d);有钠水潴留容量依赖性高血压患者可选用噻嗪类利尿药。对肾素依赖性高血压则首选血管紧张素转换酶抑制剂(ACEI),或血管紧张素Ⅱ受体拮抗剂。此外钙通道阻滞剂、β受体阻滞剂、α受体阻滞剂也可选用。高血压难以控制时可选用不同类型降压药联合应用。

近年研究证实,ACEI除具有降低血压作用外,还有减少尿蛋白和延缓肾功能恶化的肾保护作用,故ACEI可作为慢性肾炎患者控制高血压的首选药物。肾功能不全患者应用ACEI要防止高血钾,血肌酐大于350μmol/L的非透析治疗患者不宜再使用,注意少数患者应用ACEI干咳的不良反应。血管紧张素Ⅱ受体拮抗剂具有与ACEI相似的肾保护作用和减少尿蛋白作用,但不引起持续性干咳。

3. 糖皮质激素和细胞毒药物 鉴于慢性肾炎为一临床综合征,其病因、病理类型及其程度、临床表现和肾功能等变异较大,故此类药物是否应用应区别对待。在肾活检明确病理类型后谨慎应用。还可选择中药雷公藤总苷片,但应注意该药可以引起血白细胞减少及肝功能损害,女性患者长期服用可导致月经周期紊乱甚至闭经。

4. 避免加重肾损害的因素 感染、劳累、妊娠及应用肾毒性药物(如氨基糖苷类抗生素、含马兜铃酸的中草药等),均可能加重肾脏损害,导致肾功能恶化,应予以避免。

【预后】 慢性肾炎病情迁延,病变呈进行性发展,最终出现慢性肾衰竭。病变进展速度个体差异很大,病理类型为重要因素,但防止各种危险因素、正确制定延缓肾功能损害进展的措施同样具有重要意义。

处方及医师指导

1. 一般治疗:低盐(每日食盐摄入量控制在3g以下)低脂饮食。

2. 药物治疗

(1) 控制高血压:卡托普利25mg每天3次,并根据血压动态变化情况调整降压药的服用时间、剂量及种类。

(2) 消减尿蛋白:雷公藤总苷片30mg每天3次。

(3) 建议患者肾活检,明确病理类型,以决定是否使用糖皮质激素。

笔记栏

第4节 肾病综合征

案例

患者,男性,21岁,学生,双下肢浮肿1周。

1周前发现双下肢浮肿,未予重视,浮肿随之加重,向上漫延至近膝关节处。今日来我院就诊,门诊查尿常规示蛋白(+++),随即收住入院。既往无肾脏及肝炎病史,病程中无发热、皮疹、关节痛等症状。

体格检查:T 36.6℃,BP 120/75mmHg,神志清楚,眼睑及面部无水肿,咽部无充血,扁桃体无肿大,叩诊心界正常范围,两肺呼吸音清晰,未闻及干湿性啰音,腹软,无压痛及反跳痛,肝脾未及,移动性浊音(+),肋腰点、肋脊点压痛(+),双肾区叩痛(+),双下肢重度可凹性水肿。

实验室及其他检查:血常规示:WBC 6.4×10^9/L,N 0.57,RBC 4.1×10^{12}/L,Hb 120g/L;尿常规示蛋白(+++);24尿蛋白定量4.97g;SCr 111.8μmol/L;血白蛋白22g/L,血总胆固醇7.98mmol/L、三酰甘油2.32mmol/L;血清补体C3 1.12g/L,ASO 21U/ml;HBSAg(-);ANA(-);SM(-);ds-DNA(-);双肾B超检查示右肾99mm×60mm×30mm,左肾104mm×62mm×32mm,双肾弥漫性病变。

思考题

1. 肾病综合征的诊断要点是什么?
2. 肾病综合征有哪些并发症?
3. 肾病综合征使用激素的原则是什么?

肾病综合征(nephritic syndrome)的诊断标准是:①尿蛋白大于3.5g/d;②血浆白蛋白低于30g/L;③水肿;④高脂血症。其中①②两项为诊断必备条件。

【病因】 肾病综合征可分为原发性及继发性两大类,可由多种不同病理类型的肾小球疾病所引起,原发性是指原发于肾小球病变,继发性是指继发全身性疾病引起。本节讨论原发性肾病综合征。

【病理生理】

1. 大量蛋白尿 肾小球滤过膜具有分子屏障及电荷屏障作用,当这些屏障作用受损时,肾小球滤过膜对血浆蛋白(多以白蛋白为主)的通透性增加,致使原尿中蛋白含量增多,当远超过近曲小管回吸收量时,形成大量蛋白尿。在此基础上,凡增加肾小球内压力及导致高灌注、高滤过的因素(如高血压、高蛋白饮食或大量输注血浆蛋白)均可加重尿蛋白的排出。

2. 低蛋白血症 肾病综合征时大量白蛋白从尿中丢失,促进白蛋白在肝的代偿性合成和在肾小管分解的增加。当肝白蛋白合成增加不足以克服丢失和分解时,则出现低白蛋白血症。因胃肠道黏膜水肿导致饮食减退、蛋白质摄入不足、吸收不良或丢失,进一步加重低白蛋白血症。

除血浆白蛋白减少外,血浆的某些免疫球蛋白(如IgG)和补体成分、抗凝及纤溶因子、金属结合蛋白及激素结合蛋白也可减少,患者易产生感染、高凝、微量元素缺乏、内分泌紊乱和免疫功能低下等并发症。

3. 水肿 低白蛋白血症、血浆胶体渗透压下降,使水分从血管腔内进入组织间隙,是造成肾病综合征水肿的重要原因。但也有研究表明,部分肾病综合征患者的血容量并不减少甚或增加,血浆肾素水平正常或下降,提示肾病综合征患者的水钠潴留可能是原发于肾内的水钠潴留。

4. 高脂血症 高胆固醇和(或)高三酰甘油血症、血清中LDL、VLDL和脂蛋白(a)[lipoprotein(a),Lp(a)]浓度增加,常与低白蛋白血症并存。其发生机制与肝合成脂蛋白增加和脂蛋白分解减弱相关,目前认为后者可能是高脂血症更为重要的原因。

【病理类型和临床特点】 引起原发性肾病综合征的主要病理类型有微小病变型肾病、系膜增生性肾小球肾炎、局灶性节段性肾小球硬化、系膜毛细血管性肾小球肾炎、膜性肾病。

1. 微小病变型肾病(minimal chang nephropathy) 光镜下肾小球没有明显病变,近端肾小管上皮细胞可见脂肪变性。免疫病理检查阴性。电镜下有广泛的肾小球脏层上皮细胞足突融合是其特征性改变

微小病变型肾病约占儿童原发性肾病综合征的80%左右,成人原发性肾病综合征约20%~25%。本病男性多于女性,好发于儿童。临床表现为肾病综合征,血尿和高血压少见。但60岁以上患者则高血压和肾功能损害较为多见。

90%病例对糖皮质激素治疗敏感,治疗后两周左右开始利尿,尿蛋白可在数周内迅速减少至阴性,血浆白蛋白逐渐恢复正常水平,最终可达临床完全缓解。但本病容易复发,若反复发作或长期大量蛋白尿未得到控制,可能转变为系膜增生性肾小球肾炎,进而为局灶性节段性肾小球硬化。

笔记栏

2. 系膜增生性肾小球肾炎(mesangial proliferative glomerulonephritis) 光镜下可见肾小球系膜细胞和系膜基质弥漫增生,依其增生程度可分为轻、中、重度。免疫病理检查可将本组疾病分为IgA肾病及非IgA系膜增生性肾小球肾炎。前者以IgA沉积为主,后者以IgG(我国多见)或IgM沉积为主,常伴有补体C3于肾小球系膜区或沿毛细血管壁呈颗粒样沉积。电镜下在系膜区可见到电子致密物。

系膜增生性肾小球肾炎是我国原发性肾病综合征的常见病理类型,约占30%,显著高于西方国家。本病男性多于女性,好发于青少年。约50%患者有前驱感染,可于上呼吸道感染后急性起病,甚至表现为急性肾炎综合征。部分患者为隐匿起病。本组疾病中,非IgA系膜增生性肾小球肾炎者约50%患者表现为肾病综合征,约70%患者伴有血尿;而IgA肾病者几乎均有血尿,约15%出现肾病综合征。随着肾病变程度由轻至重,肾功能不全及高血压的发生率逐渐增加。

多数患者对糖皮质激素及细胞毒药物有良好的反应,半数以上的患者能完全缓解。治疗效果与其病理改变轻重相关,轻者疗效好,重者疗效差。

3. 局灶性节段性肾小球硬化(focal segmental glomerulosclerosis) 光镜下可见病变呈局灶、节段分布,主要表现为受累节段的硬化(系膜基质增多、毛细血管闭塞、球囊粘连等),相应的肾小管萎缩、肾间质纤维化。免疫病理检查显示IgM和C3在肾小球受累节段呈团块状沉积。电镜下可见系膜基质增多,病变部位电子致密物沉积,肾小球上皮细胞足突广泛融合。

本病多见于青少年,男性多于女性,常为隐匿起病,部分病例可由微小病变型肾病转变而来。临床上以肾病综合征为主要表现,多数患者伴有血尿,部分患者可见肉眼血尿。本病确诊时部分患者可伴有高血压和肾功能损害。

本病对糖皮质激素和细胞毒药物治疗反应较慢,疗程应适当延长。约半数以上患者疗效不佳,逐渐发展至肾衰竭。

4. 系膜毛细血管性肾小球肾炎 又称为膜增生性肾小球肾炎(membrano proliferative glomerulonephritis)光镜下较常见的病理改变为系膜细胞和系膜基质弥漫重度增生,广泛插入到肾小球基底膜和内皮细胞之间,肾小球基底膜呈分层状增厚,毛细血管袢呈现"双轨征"。免疫病理检查可见IgG和补体C3呈颗粒状于系膜区及毛细血管壁沉积。电镜下可见电子致密物沉积系膜区和内皮下。

本病好发于青少年,男女发病率无明显差别性。约20%~30%患者常在上呼吸道感染后发病,表现为急性肾炎综合征;约50%患者表现为肾病综合征,30%的患者表现为无症状性蛋白尿,常伴有反复发作的镜下血尿或肉眼血尿。肾功能损害、高血压及贫血出现早,病情多持续进展,50%以上病例的血清补体C3持续降低,对提示本病有重要意义。

本病目前尚无有效的治疗方法,糖皮质激素及细胞毒药物治疗可能仅对部分儿童病例有效,成人疗效差。病变进展较快,发病10年后约有50%的病例将进展至慢性肾衰竭。

5. 膜性肾病(membranous nephropathy) 光镜下可见肾小球毛细血管基底膜弥漫性增厚,早期仅于肾小球基底膜上皮侧见多数排列整齐的嗜复红小颗粒(Masson染色);进而有钉突形成(嗜银染色)。免疫病理显示IgG和C3呈细颗粒状沿肾小球毛细血管壁沉积。电镜下可见基底膜上皮下或基底膜内有分散或规则分布的电子致密物沉积,常伴有肾小球上皮细胞广泛足突融合。

本病好发于中老年,男性多见。通常起病隐匿,约80%表现为肾病综合征。常在发病5~10年后逐渐出现肾功能损害。本病极易发生血栓、栓塞并发症,肾静脉血栓发生率可高达40%。

膜性肾病约占我国原发性肾病综合征的25%~30%。本病变常呈缓慢进展,约有25%患者的临床表现可自发缓解。部分膜性肾病患者(尚未出现钉突)经糖皮质激素和细胞毒药物治疗后可达临床缓解。但随疾病逐渐进展,病理变化加重,治疗疗效较差,常难以减少尿蛋白。

【并发症】

1. 感染 是肾病综合征患者常见的并发症,与蛋白质营养不良、免疫功能紊乱及应用糖皮质激素治疗有关。常见感染部位的顺序为呼吸道、泌尿道、皮肤。由于应用糖皮质激素,其感染的临床征象常不明显,尽管目前已有多种抗生素可供选择,但若治疗不及时或不彻底,感染仍是导致肾病综合征复发和疗效不佳的主要原因之一。

2. 血栓和栓塞 由于血液浓缩(有效血容量减少)及高脂血症造成血液黏稠度增加;某些蛋白质从尿中丢失,及肝代偿性合成蛋白增加,引起机体凝血、抗凝和纤溶系统失衡;血小板功能亢进、应用利尿药和糖皮质激素等均进一步加重高凝状态。因此,患者容易发生血栓、栓塞并发症,其中以肾静脉血栓最为常见。此外,尚可出现肺血管血栓、栓塞,下肢静脉、下腔静脉、冠状血管血栓和脑血管血栓。

笔记栏

3. 急性肾衰竭 有效血容量不足而致肾血流量下降,诱发肾前性氮质血症。少数病例可出现急性肾衰竭,发生多无明显诱因,表现为少尿甚或无尿,扩容利尿无效。肾活检病理检查显示肾小球病变轻微,肾间质弥漫重度水肿,肾小管可为正常或部分细胞变性、坏死,肾小管腔内有大量蛋白管型。发生急性肾衰竭的机制不明,推测与肾间质高度水肿压迫肾小管和大量管型堵塞肾小管有关,即上述变化形成肾小管腔内高压,引起肾小球滤过率骤然减少,又可诱发肾小管上皮细胞损伤、坏死,从而导致急性肾衰竭。

4. 蛋白质及脂肪代谢紊乱 长期低蛋白血症可导致营养不良、小儿生长发育迟缓;免疫球蛋白减少造成机体免疫力低下、易致感染;金属结合蛋白丢失可使微量元素(铁、铜、锌等)缺乏;内分泌素结合蛋白不足可诱发内分泌紊乱;药物结合蛋白减少可能影响某些药物的药代动力学(使血浆游离药物浓度增加、排泄加速),影响药物疗效,增加某些药物的毒性作用。高脂血症会加重肾小球硬化,是肾病综合征患者肾功能损害进展的危险因素。高脂血症增加血液黏稠度,促进血栓、栓塞并发症的发生,并发冠状动脉粥样硬化,心肌梗死的危险性增高。肾病综合征患者合并高三酰甘油血症是发生冠心病的独立危险因素。

案例归纳

该患者以蛋白尿及水肿为主要表现,既往无肾脏及肝炎病史,病程中无发热、皮疹、关节痛等症状。PE:BP 120/75mmHg,咽部无充血,扁桃体无肿大,腹水征(+),肋腰点、肋脊点压痛(+),双肾区叩痛(+),双下肢重度可凹性水肿。

血常规示:WBC 6.4×10^9/L,N 0.57,RBC 4.1×10^{12}/L,Hb 120g/L;尿常规示蛋白(+++);24 尿蛋白定量 4.97g;SCr 111.8μmol/L;血白蛋白 22g/L,血总胆固醇 7.98mmol/L、三酰甘油 2.32mmol/L;血清补体 C3 1.12g/L,ASO 21U/ml;HBSAg(-);ANA(-);SM(-);ds-DNA(-);双肾 B 超检查示右肾 99mm×60mm×30mm,左肾 104mm×62mm×32mm,双肾弥漫性病变。

【诊断与鉴别诊断】

1. 诊断

(1) 尿蛋白大于 3.5g/d;血浆白蛋白低于 30g/L;可同时伴有水肿和高脂血症。

(2) 确认病因,除外继发性肾病综合征,最好能进行肾活检,做出病理诊断。

(3) 判定有无并发症

2. 鉴别诊断

(1) 糖尿病肾病:好发于中老年,多见于病程 10 年以上的糖尿病患者。早期可发现尿微量白蛋白排出增加,以后逐渐发展成大量蛋白尿。糖尿病病史及特征性眼底改变有助于鉴别诊断。

(2) 乙型肝炎病毒(HBV)相关性肾炎:多见于儿童及青少年,以蛋白尿或肾病综合征为主要临床表现,常见的病理类型为膜性肾病,其次为系膜毛细血管性肾小球肾炎等。病毒血清学检查证实有病毒血症,肾脏组织免疫病理检查发现乙肝病毒抗原成分。

(3) 系统性红斑狼疮性肾炎:好发于青少年和中年女性,依据多系统受损的临床表现和免疫学检查可检出多种自身抗体,结合肾脏病理检查,可明确诊断。

(4) 肾淀粉样变性:好发于中老年,肾淀粉样变性是全身多器官受累的一部分。原发性淀粉样变性主要累及心、肾、消化道(包括舌)、皮肤和神经;继发性淀粉样变性常继发于慢性感染性疾病如骨髓炎、结核病和慢性炎症性疾病如类风湿性关节炎等,主要累及肾、肝和脾等器官。肾淀粉样变性常需肾活检确诊。

(5) 骨髓瘤性肾病:好发于中老年,男性多见,患者可有多发性骨髓瘤的特征性临床表现,如骨痛、血清单株免疫球蛋白增高、蛋白电泳有 M 蛋白及尿本-周蛋白阳性,骨髓象显示浆细胞异常增生(占有核细胞的 15%以上),并伴有质的改变。多发性骨髓瘤累及肾脏时可出现肾病综合征。

案例诊断要点

1. 男性,21 岁,学生。

2. 病史特点:蛋白尿及水肿。既往无肾脏病史。

3. PE:BP 120/75mmHg,咽部无充血,扁桃体无肿大,腹水征(+),肋腰点,肋脊点压痛(+),双肾区叩痛(+),双下肢重度可凹性水肿。

4. 实验室及其他检查:血常规示 WBC 6.4×10^9/L,N 0.57,RBC 4.1×10^{12}/L,Hb 120g/L;尿常规示蛋白(+++);24 尿蛋白定量 4.97g;SCr 111.8μmol/L;血白蛋白 22g/L,血总胆固醇 7.98mmol/L、三酰甘油 2.32mmol/L;血清补体 C3 1.12g/L,ASO 21U/ml;HBSAg(-);ANA(-);SM(-);ds-DNA(-);双肾 B 超检查示右肾 99mm×60mm×30mm,左肾 104mm×62mm×32mm,双肾弥漫性病变。

临床诊断:原发性肾病综合征。

笔记栏

【治疗】

1. 一般治疗 凡有严重水肿、低白蛋白血症者需卧床休息，避免到公共场所和预防感染。水肿消失、一般情况好转后，可起床活动，以防止静脉血栓形成。

肾功能正常者不必限制蛋白质的摄入，但由于高蛋白饮食增加肾小球高滤过，可加重蛋白尿并促进肾脏病变进展，故目前一般不主张摄入高蛋白饮食。

水肿时应低盐（<3g/d）饮食。为减轻高脂血症，应少进富含饱和脂肪酸（动物油脂）的饮食，而多吃富含多聚不饱和脂肪酸（如植物油、鱼油）及富含可溶性纤维（如燕麦、米糠及豆类）的饮食。

2. 利尿消肿 一般情况下患者在使用激素后，经过限制水、盐的摄入可达到利尿消肿目的。对于水肿明显，限钠、限水后仍不能消肿者可适当选用利尿剂。利尿治疗的原则是不宜过快、过猛，以免造成有效血容量不足、加重血液高黏倾向，诱发血栓、栓塞并发症。

（1）噻嗪类利尿药：主要作用于髓袢升支后壁段和远曲小管前段，通过抑制钠和氯的重吸收，增加钾的排泄而利尿。常用氢氯噻嗪25mg，每日3次口服。长期服用应防止低钾、低钠血症。

（2）袢利尿药：主要作用于髓袢升支，对钠、氯和钾的重吸收具有强力的抑制作用。常用呋塞米20～120mg/d，严重者可用100～400mg静脉点滴；布美他尼1～5mg/d，分次口服或静脉注射。在渗透性利尿药应用后随即给药效果更好，应用袢利尿药时需谨防低钾血症、低钠血症及低氯血症的发生。

（3）潴钾利尿药：主要作用于远曲小管后段，排钠、排氯，但潴钾，适用于低钾血症的患者。单独使用时利尿作用不显著，可与噻嗪类利尿药合用。常用氨苯蝶啶50～100mg，每日3次，或醛固酮拮抗剂螺内酯20～40mg，每日3次。长期服用需防止高钾血症，肾功能不全患者应慎用。

（4）渗透性利尿药：通过一过性提高血浆胶体渗透压，使组织间隙中水分回吸收入血管内，同时造成肾小管内液的高渗状态，减少水、钠的重吸收而利尿。常用低分子右旋糖酐、甘露醇等。但对少尿（尿量<400ml/d）的患者应慎用此类药物，因其易与肾小管分泌的Tamm-Horsfall蛋白和肾小球滤过的白蛋白一起形成管型，阻塞肾小管，并由于其高渗作用导致肾小管上皮细胞变性、坏死，诱发“渗透性肾病”，导致急性肾衰竭。

（5）血浆或血浆白蛋白：静脉输注均可提高血浆胶体渗透压，促进组织间隙中水分回吸收到血管而发挥利尿作用，如接着用呋塞米加于葡萄糖溶液中缓慢静脉滴注，有时能获得良好的利尿效果。但由于输入的蛋白均将于24～48小时内由尿中排出，可引起肾小球高滤过及肾小管高代谢造成肾小球脏层上皮细胞及肾小管上皮细胞损伤、促进肾间质纤维化，轻者影响糖皮质激素疗效，延迟疾病缓解，重者可损害肾功能。故应严格掌握适应证，对严重低白蛋白血症、高度浮肿而又少尿（尿量<400ml/d）的患者，在必需利尿的情况下方可考虑使用，但也要避免过频过多。对伴有心脏病的患者应慎用此法利尿，以免因血容量急性扩张而诱发心力衰竭。

3. 减少尿蛋白 持续性大量蛋白尿本身可导致肾小球高滤过、加重肾小管-间质损伤、促进肾小球硬化，是影响肾小球病预后的重要因素。已证实减少尿蛋白可以有效延缓肾功能的恶化。

ACEI及ARB均可通过其有效的控制高血压作用而显示出能不同程度地减少尿蛋白，同时通过降低肾小球内压和直接影响肾小球基底膜对大分子的通透性，可有不依赖于降低全身血压的减少尿蛋白作用。

4. 免疫抑制治疗

（1）糖皮质激素（简称激素）：可能是通过抑制炎症反应、抑制免疫反应、抑制醛固酮和抗利尿激素分泌，影响肾小球基底膜通透性等综合作用而发挥其利尿、消除尿蛋白的疗效。使用原则和方案一般是：①起始足量：常用药物为泼尼松1mg/（kg·d）；②用满疗程：口服8周，必要时可延长至12周；③缓慢减药：足量疗程结束后每2～3周减原用量的10%；④长期维持：最后以最小有效剂量（5～10mg/d）再维持半年左右。激素可采取全日量顿服或在维持用药期间两日量隔日一次顿服，以减轻激素的不良反应。水肿严重、有肝功能损害或泼尼松疗效不佳时，可更换为泼尼松龙（等剂量）口服或静脉滴注。地塞米松由于半衰期长，副作用大，现已少用。

根据患者对糖皮质激素的治疗反应，可将其分为“激素敏感型”（用药8～12周内肾病综合征缓解）、“激素依赖型”（激素减药到一定程度即复发）和“激素抵抗型”（激素治疗无效）三类，其各自的进一步治疗有所区别。

长期应用激素的患者可出现感染、药物性糖尿病、骨质疏松等不良反应，少数病例还可能发生股骨头无菌性缺血性坏死，需加强监测，及时处理。

（2）烷化剂：这类药物可用于“激素依赖型”或“激素抵抗型”的患者，协同激素治疗。若

笔记栏

无激素禁忌,一般不作为首选或单独治疗用药。

1）环磷酰胺:是国内外最常用的细胞毒药物,在体内被肝细胞微粒体羟化,产生有烷化作用的代谢产物而具有较强的免疫抑制作用。应用剂量为每日每千克体重2mg,分1~2次口服;或200mg,隔日静脉注射,累积剂量6~8g。主要不良反应为骨髓抑制及中毒性肝损害,并可出现性腺抑制(尤其男性)、脱发、胃肠道反应及出血性膀胱炎。

2）氮芥:临床上使用较早的治疗肾病综合征的药物,治疗效果较佳。但由于其副作用较多如注射部位血管炎或组织坏死,严重的胃肠道反应及骨髓抑制作用,目前临床上应用较少。

3）其他:苯丁酸氮芥、硫唑嘌呤由于疗效较弱而少用。

(3)环孢素:通过选择性抑制T辅助细胞及细胞毒效应而起作用,目前用于治疗激素及细胞毒药物无效的难治性肾病综合征。常用量为3~5mg/(kg·d),分两次口服,服药期间需监测并维持其血浓度谷值为100~200ng/ml,疗程半年左右。不良反应有肝、肾毒性,并可致高血压、高尿酸血症、多毛及牙龈增生等。该药价格较昂贵且停药后易复发,使其广泛应用受到限制。

(4)麦考酚吗乙酯(mycophenolate mofetil,MMF):在体内代谢为霉酚酸,后者为次黄嘌呤单核苷酸脱氢酶抑制剂,抑制鸟嘌呤核苷酸的经典合成途径,故而选择性抑制T、B淋巴细胞增殖及抗体形成达到治疗目的。常用量为1.5~2g/d,分1~2次口服,共用3~6月,减量维持半年。用于治疗激素及细胞毒药物无效的难治性肾病综合征,不良反应相对小,如腹泻及胃肠道反应等,偶尔有骨髓抑制作用。

5. 各种病理类型原发性肾病综合征的治疗

(1)微小病变型肾病:常对激素治疗敏感,初治者可单用激素治疗。因感染、劳累而短期复发者去除诱因后不缓解可再使用激素,疗效差或反复发作者应并用细胞毒药物,力争达到完全缓解。

(2)系膜增生性肾小球肾炎:病变较轻(系膜细胞增生较少)者可按微小病变型肾病治疗方案进行,但疗程应适当延长;病变较重(系膜细胞增生显著)者,激素治疗反应性往往较差,需加用细胞毒药物。

(3)局灶性节段性肾小球硬化:既往认为本病治疗效果不好,循证医学表明部分患者(30%~50%)激素治疗有效,但显效较慢,建议足量激素治疗[1mg/(kg·d)]应延长3~4个月,用至6个月后无效,才能称之为激素抵抗。激素效果不佳者可配合使用环磷酰胺及环孢素。

笔记栏

(4)系膜毛细血管性肾小球肾炎:本病疗效差,长期足量激素治疗可延缓部分儿童患者的肾功能恶化。对于成年患者,目前没有激素和细胞药物治疗有效的证据。临床研究仅发现口服12个月的阿司匹林(30~50mg/d)和(或)双嘧达莫(50~100mg,每日3次)可以减少尿蛋白,但对延缓肾功能恶化无作用。

(5)膜性肾病:目前认为单用激素无效,必需激素联合烷化剂(常用环磷酰胺、苯丁酸氮芥)。效果不佳的患者可试用小剂量环孢素,一般用药应在半年以上;也可与激素联合应用。约50%的膜性肾病患者可完全或部分缓解。

6. 中医药治疗 单纯中医、中药治疗肾病综合征疗效出现较缓慢,一般主张与激素及细胞毒药物联合应用。

(1)辨证施治:肾病综合征患者临床上多被辨证为脾肾两虚,可给予健脾补肾利水的方剂治疗,同时配合活血化瘀。

(2)拮抗激素及细胞毒药物不良反应:久用大剂量激素常出现阴虚内热或湿热,给予滋阴降火或清热化湿的方剂,可减轻激素不良反应;激素减量过程中辅以中药温补脾肾方剂,常可减少病情反跳、巩固疗效;应用细胞毒药物时配合调理脾胃及补益脾肾的中药,可减轻胃肠道反应及骨髓抑制的不良反应。

(3)雷公藤总苷:每次20mg,每日3次口服,有降尿蛋白作用,可配合激素应用。具有抑制免疫、抑制肾小球系膜细胞增生的作用,并能改善肾小球滤过膜通透性。主要不良反应为月经经期紊乱或闭经、肝功能损害及外周血白细胞减少等,及时停药后可恢复。

7. 防治并发症 肾病综合征的并发症是影响患者长期预后的重要因素,应积极防治。

(1)感染:肾病综合征患者如果出现感染,应及时选用对致病菌敏感、强效且无肾毒性的抗生素积极治疗,有明确感染灶者应尽快去除。应严格掌握抗生素的使用原则、剂量及疗程,避免诱发真菌二重感染。

(2)血栓及栓塞:当肾病综合征患者存在高凝状态,即应开始预防性抗凝治疗。可给予肝素钠1875~3750U皮下注射,每6小时1次(或可选用低分子肝素),维持凝血时间于正常一倍;也可服用华法林或其他香豆素类药物,维持凝血酶原时间于正常水平的一倍。抗凝的同时可辅以抗血小板药,如双嘧达莫300~400mg/d,分3~4次服,或阿司匹林40~300mg/d口服。对已发生血栓、栓塞者应尽早(6小时内效果最佳,但3天内仍可望有效)给予尿激酶或链激酶全身或局部溶栓,同时配合抗凝治疗,抗凝药一般应持续应用半年以上。抗凝及溶栓治疗时均应避免药物过量导致出血。

(3) 急性肾衰竭:肾病综合征并发急性肾功能衰竭如处理不当可危及生命,若及时给予正确处理,大多数患者可望恢复。可采取以下措施:①袢利尿药:对袢利尿药仍有效者应予以较大剂量,以冲刷阻塞的肾小管管型;②血液透析:利尿无效,并已达到透析指征(详见本篇第6章第1节)者,应予血液透析以维持生命,并在补充血浆制品后适当脱水,以减轻肾间质水肿;③原发病治疗:因其病理类型多为微小病变型肾病,应予以积极治疗;④碱化尿液:可口服碳酸氢钠碱化尿液,以减少管型形成。

(4) 蛋白质及脂肪代谢紊乱:肾病综合征在缓解前常难以完全纠正代谢紊乱,但应调整饮食中蛋白和脂肪的量和结构(如前所述),力争将代谢紊乱的影响减少到最低限度。目前,不少药物可用于治疗蛋白质及脂肪代谢紊乱。有研究提示。中药黄芪(30~60g/d 煎服)可促进肝白蛋白合成,并可能兼有减轻高脂血症的作用。降脂药物可选择降胆固醇为主的羟甲基戊二酸单酰辅酶A(HMG-CoA)还原酶抑制剂,如洛伐他汀(lovastatin)等;或降三酰甘油为主的氯贝丁酯类,如非诺贝特(fenofi-brate)等。肾病综合征缓解后高脂血症可自然缓解,则无需再继续药物治疗。

【预后和预防】 肾病综合征预后的个体差异很大。决定预后的主要因素包括:①病理类型:一般说来,微小病变型肾病和轻度系膜增生性肾小球肾炎的预后好。微小病变型肾病部分患者可自发缓解,治疗缓解率高,但缓解后易复发。早期膜性肾病仍有较高的治疗缓解率,晚期虽难以达到治疗缓解,但病情多数进展缓慢,发生肾衰竭较晚。系膜毛细血管性肾小球肾炎、局灶性节段性肾小球硬化、重度系膜增生性肾小球肾炎疗效不佳,预后差,较快进入慢性肾衰竭。②临床因素:大量蛋白尿、高血压和高血脂均可促进肾小球硬化,上述因素如长期得不到控制,则成为预后不良的重要因素。③并发症:反复感染导致肾病综合征经常复发及有血栓、栓塞并发症者预后差。

注意休息,避免劳累,增强体质有助于预防肾病综合征复发,即使病情完全缓解也应定期复查尿常规。

处方及医师指导

1. 一般治疗:低盐(每日食盐摄入量控制在3g以下)低脂饮食。

2. 药物治疗

(1) 利尿消肿:呋塞米20mg,每日3次,水肿减轻后停止使用,并注意观察血电解质的变化情况。

(2) 免疫抑制剂:泼尼松60mg/d(患者体重60kg),早晨顿服,8周后开始减量。

(3) 抗凝及调脂:阿司匹林40mg,每日3次;洛伐他汀20mg,每日3次。

笔 记 栏

第3章 继发性肾小球疾病

第1节 糖尿病肾病

案例

患者,男性,56岁。反复眼睑及双下肢水肿、视物模糊13年,加重3天。

患者于13年前无明显诱因出现眼睑及双下肢水肿,视物模糊,当地医院查血糖19mmol/L,查眼底正常,血压正常,诊断为2型糖尿病。口服二甲双胍及某中成药控制血糖,因其服药不规律,血糖控制不佳,空腹血糖仍在9~10mmol/L之间波动,间断出现眼睑及双下肢水肿。3天前双眼睑及双下肢水肿加重,遂来我院肾内科就诊。无家族性肥胖、高血压等病史,无肝炎、结核病史,无疫水接触史,无手术及输血史,无过敏史。

体格检查:BP 170/80mmHg,神志清楚,精神可,肥胖;双眼睑水肿,眼球活动自如,双侧瞳孔等大等圆,对光反射灵敏;颈软,肝颈静脉回流征阴性;双肺呼吸音清,未闻及干湿啰音;心浊音界正常,心率89次/min,心律齐,各瓣膜听诊区未闻及明显病理性杂音;腹软,无压痛及反跳痛;肝脾肋下未触及,腹部移动性浊音(-);双肾区无叩击痛;四指关节无红肿、疼痛,双下肢指凹性水肿;生理反射存在,病理反射未引出。

实验室及其他检查:尿常规:PRO(++),24小时尿蛋白定量1.4g。血BUN 9.33mmol/L,Cr 161.1μmol/L;空腹血糖8.6mmol/L;查眼底示:视网膜3期改变。

思考题

1. 结合所学知识,你认为该病例的最可能的诊断是什么?

2. 本病的治疗原则有哪些?

3. 如何预防该病的发生?

糖尿病肾病(diabetic nephropathy,简称DN)是指糖尿病本身引起的肾脏损害,以糖尿病患者出现持续的蛋白尿为主要标志,其肾脏病理改变以肾小球系膜区无细胞性增宽或结节性病变、肾小球毛细血管基底膜增厚为特征。糖尿病肾病是糖尿病患者常见的慢性微血管并发症之一,也是糖尿病致残和致死的重要原因之一。

糖尿病肾病的发生率随糖尿病病程的延长而增加。据统计,1型糖尿病患者糖尿病肾病患病率为33%~40%,2型糖尿病患者为20%~25%。目前国内糖尿病肾病约占终末期肾病(end stage renal disease,简称ESRD)患者的5%~10%,但其发病率有显著增加的趋势,随着国内生活水平的提高,糖尿病肾病很可能将成为ESRD的主要原因之一。

【病因和发病机制】 糖尿病肾病是多种因素共同作用的结果,病因学相当复杂,至今尚未完全明了。其发生与糖尿病患者的高血糖、脂质代谢紊乱、高血压状态及遗传因素、血管活性物质、生长因子与化学趋化因子、反应氧中间产物的参与关系密切。

高血糖状态通过非酶糖基化、多元醇通路的激活和三酰甘油蛋白激酶C途径是肾小球基底膜通透性增加,肾小球滤过率增加,肾小球系膜细胞受刺激而增生,伴随着系膜细胞基质增生,加之患糖尿病时,肾小球毛细血管基底膜蛋白因非酶糖基化作用而肥厚,最终则导致毛细血管基底膜弥漫性增厚和系膜基质结节样增生,从而出现肾小球硬化症的弥漫性病变和结节性改变。

脂质代谢紊乱是糖尿病肾病一种独立损伤因素。通过形成大量的泡沫细胞和含胆固醇、胆固醇酯细胞,增加血浆黏度和红细胞黏性,改变肾小球血液流变学,促使血管平滑肌细胞和系膜细胞增生及肾小球细胞外基质(ECM)积聚,从而导致肾小球硬化。

高血压主要通过影响肾小球血流动力学,使肾小球发生压力性损伤。虽然糖尿病肾病患者早期血压往往并不高,但糖尿病过程发生高血压常常加速糖尿病肾病的发生和发展,糖尿病肾病发生后血压会进一步升高,形成恶性循环。

此外,遗传因素、血管活性物质、生长因子与化学趋化因子在糖尿病肾病早期高滤过状态、肾脏肥大、肾间质纤维化及肾小球硬化过程中起着重要作用。

【病理】 糖尿病肾病的基本病理改变是肾小球毛细血管基底膜的增厚和毛细血管间质(系膜区)扩张引起的肾小球硬化。病变主要包括:①弥漫性病变。毛细血管基底膜物质增多,系膜区大量基底膜物质沉积,最常见。②结节性

笔记栏

病变。基底膜及系膜区的扩张使周围血管受压消失，形成直径 20~200nm 的致密样结节。③渗出性病变。表现为包氏囊内滴状物或肾小球毛细血管周围半月形纤维素帽，由糖蛋白、白蛋白及球蛋白等沉积而成。

糖尿病患者可以出现多种多样的肾脏病变，包括因糖尿病对全身血管的影响，在肾脏也可以出现动脉粥样硬化性和细小动脉硬化性病变，由于糖尿病患者全身抵抗力低下，常常并发泌尿系统的感染，因而可以出现肾盂肾炎及肾乳头坏死的相应病理改变。但这些并不属于糖尿病肾病的特异性病理改变。

糖尿病肾病的特异性病理改变为糖尿病肾小球硬化症，根据糖尿病肾病的不同阶段，糖尿病肾病肾小球硬化症可分为弥漫性肾小球硬化症和结节性肾小球硬化症。早期以弥漫性肾小球硬化症为主，光镜下可见肾小球系膜区无细胞增生性弥漫性增宽，明显有别于其他肾小球疾病多伴有细胞增生的病理改变；PAS 染色阳性的均质蛋白性物质逐渐增多，继而肾小球基底膜弥漫性增厚。结节性肾小球硬化症可见系膜区圆形或卵圆形均质嗜伊红的蛋白性物质结节状沉积，称为 Kimmelstiel-Wilson 结节，结节性病变常呈局灶性分布，可有一个或数个，有的则无结节性病变，而仅见系膜区的无细胞性增宽和基底膜的增厚。

糖尿病肾小球硬化症时也可见肾小管间质病变，肾小管基底膜也呈弥漫性增厚，近端肾小管上皮细胞含有较多糖原，从而呈现空泡变性。随着糖尿病肾小球硬化症的进展，可随之出现肾小管萎缩，肾间质出现纤维化及单核细胞和淋巴样细胞浸润。

由于大量血浆蛋白的漏出，沉积于肾小球毛细血管襻周边部分的内皮细胞下，则可在此部位见到嗜伊红的蛋白物质沉积，被称为“纤维素样帽状沉积”；出现在肾小囊基底膜和壁层上皮细胞之间的嗜伊红滴状蛋白物质沉积，被称为“肾小囊滴状病变”。

免疫荧光检查可见有 IgG 沿肾小球毛细血管壁、肾小囊基底膜和肾小管基底膜呈线状沉积，是糖尿病肾小球硬化症的特殊病理表现之一，也可见到较弱的 IgA 在相同部位的沉积，C3 可呈弱阳性沉积于系膜区。纤维素样帽状沉积和肾小囊滴状病变常呈现大量 IgM 的沉积。电镜下，肾小球毛细血管基底膜弥漫性增厚和系膜基质的增多是其主要的超微结构改变。

【分期】 目前国际上普遍采用丹麦学者 Mogensen 的糖尿病肾病分期方案，主张将 1 型糖尿病肾病分为 5 期（表 4-3-1）。2 型糖尿病肾病分期尚缺少统一意见，有人主张可参照 1 型糖尿病肾病的分期，也有人提出 2 型糖尿病肾病仅分为 4 期，因 2 型患者发病初期不存在肾脏体积增大和 GFR 增加的现象。

表 4-3-1 Mogensen 糖尿病肾病分期及其主要临床特征

分期	主要临床特征	血　压	GFR(ml/min)	UAER(μg/min)
Ⅰ期	肾小球高滤过期。肾脏体积增大	正常	增高，>150	正常
Ⅱ期	正常白蛋白尿期	可轻度升高	正常或增高	应激状态时可稍增高
Ⅲ期	微量白蛋白尿期。持续尿白蛋白排泄量超过正常，尿常规蛋白多阴性	升高	正常	20~200
Ⅳ期	临床蛋白尿期。尿常规蛋白持续阳性，24h 尿蛋白定量>0.5g	常明显升高	逐渐下降	>200
Ⅴ期	终末期肾衰。出现尿毒症症状	明显升高	<10	>200，尿蛋白量可能因肾小球广泛硬化而减少

注：GFR. 肾小球滤过率；UAER. 尿白蛋白排泄率

【临床表现】 糖尿病肾病是一个慢性的过程，虽然其病理过程开始于糖尿病发病之时，但糖尿病肾病的早期的临床症状常不明显，而临床症状出现时，往往已不是肾病早期。

1. 蛋白尿 最主要的临床表现，出现在早期肾病期。早期可为间歇性的，以后则变为持续性蛋白尿，多数患者在出现持续性蛋白尿后 10 年左右进入肾功能不全期。微量白蛋白：尿白蛋白分泌率在 30~300mg/d。临床肾病期：尿白蛋白分泌率>300mg/d，或尿蛋白总量>500mg/d。

2. 高血压 糖尿病肾病中高血压发生率显著增高，病晚期肾病患者多有持续性高血压，而高血压与糖尿病肾病又常互为因果，加速病情的发展。合并高血压的患者可在更短时间内发生肾功能衰竭。

3. 肾病综合征 约有 10% 的糖尿病肾病患者临床上表现为肾病综合征，尿蛋白排出率>3g/d，血清蛋白降低，可伴水肿。多数此类患者

笔 记 栏

预后不佳,将在短期内进入肾功不全期,2 年生存率在 50%左右。

4. 肾功能不全 临床糖尿病肾病多发生在糖尿病发病 15 年以后,持续性蛋白尿出现后,肾小球滤过率就以每月 1ml/min 的速率逐渐下降,5~20 年后进入肾功能不全期。

5. 其他

(1) 糖尿病性视网膜病变:两者均为微血管病变,故绝大多数(95%)糖尿病肾病患者同时存在糖尿病性视网膜病变,部分患者因此失明。但患者的肾脏及视网膜病变的程度不一定平行。

(2) 大血管病变:糖尿病肾病患者多有病程较长和糖尿病控制不佳、高血脂以及其他危险因素,故同时发生心脑血管及下肢血管病变的机会也较高。有早期肾病的 2 型糖尿病患者 60%死于心血管疾患。

(3) 神经病变:糖尿病肾病患者神经病变的发生率高于无糖尿病肾病者。

(4) 贫血:在严重的糖尿病肾病患者中,贫血比较常见。这可能与营养不良和肾脏受损导致红细胞生成素产生减少有关。

案例归纳一

该患者为中老年男性,肥胖,以双眼睑水肿及双下肢指凹性水肿为主要表现;视物模糊;糖尿病史 13 年,血糖控制不理想。

【实验室及其他检查】

1. 尿液检查 蛋白尿主要诊断依据。检测微量白蛋白尿有三种方法:①收集 24 小时尿,测 24 小时总白蛋白排泄量;②收集 4 小时或夜间 8 小时尿,计算单位时间尿白蛋白排泄率;③即刻尿白蛋白与尿肌酐的比值。微量白蛋白尿的定义为尿白蛋白排泄率(UAER)持续在 20~200μg/min(或 24 小时 30~300mg,或 30~300μg/min 肌酐)之间者。尿蛋白量可有波动,糖尿病肾病早期尤其是如此,而且受其他多种因素的影响,如运动负荷、短期内的血糖过高、泌尿系统感染、心功能不全及急性发热性疾病等,故而在实际工作中,应至少连测 3 次,也可采用 3 次测定的平均值。在评价测定结果时,应注意排除高血糖、高血压、泌尿系感染、糖尿病酮症酸中毒、心力衰竭和其他肾脏疾病的影响。

2. 肾小球滤过率 不但能诊断糖尿病肾病,还能了解糖尿病肾病的严重程度。也有学者测定患者的肾血流量和滤过分数来了解其肾脏功能的。

3. 肾功能 肾功能不全的诊断依据是氮质血症的出现,尤其是血肌酐(Cr)和尿素氮(BUN)水平的升高。但对糖尿病肾病早期,此项指标不够敏感。

4. 影像学检查和肾穿刺 用超声波或静脉肾盂造影检查可了解患者肾脏的大小,肾脏穿刺活检则能更确切地了解患者肾脏的病理改变及其严重程度。但这些方法在临床使用上受到一定限制。

5. 其他检查 如视网膜病变、心血管功能以及神经功能的检查结果等,对诊断有一定的参考价值。

案例归纳二

尿常规:PRO(++);24 小时尿蛋白定量 1.4g;肾功能:血 BUN 9.33mmol/L,Cr 161.1μmol/L;空腹血糖 8.6mmol/L;查眼底示:视网膜 3 期改变。

【诊断与鉴别诊断】

1. 诊断 确切的糖尿病史是诊断本病的重要依据。三个月内连续检查 3 次尿白蛋白排泄率(UAER)介于 20~200μg/min(28.8~288 mg/24h),且可排除其他引起 UAER 增加的原因者,可诊断为早期糖尿病肾病;尿蛋白大于 0.5 g/24h连续 2 次以上,并能排除其他引起蛋白尿增加的原因者,可诊断为临床糖尿病肾病。

临床上凡糖尿病患者,病程较长,尿清蛋白排泄率、尿蛋白定量异常,或出现水肿、高血压、肾功能损害,或伴糖尿病视网膜病变,而且排除其他引起尿微量清蛋白排泄率、尿蛋白增加因素者,都应考虑到糖尿病肾病。

微量白蛋白尿不仅是诊断早期糖尿病肾病的临床指标,而且微量白蛋白尿还是糖尿病患者患心血管并发症预测指标,糖尿病伴微量白蛋白尿的患者心血管并发症的危险性显著高于不伴微量白蛋白尿的糖尿病患者。因而对糖尿病患者应进行 微量白蛋白尿的筛查,以便及早进行预防干预治疗,具体的筛查方法可参照下图(图 4-3-1)进行。对于 1 型糖尿病,青春期前或病程<5 年者可不进行糖尿病肾病的筛查,此后应定期筛查. 但对于 2 型糖尿病,由于很难确定其糖尿病的确切发病时间,许多患者在初诊糖尿病时即已存在糖尿病肾病,故 2 型糖尿病在初诊时即应做糖尿病肾病的筛查。

2. 鉴别诊断 糖尿病肾病临床上应与多种原发性、继发性肾脏疾病及心衰、原发性高血压等所引起的肾脏损害相鉴别。

(1) 糖尿病合并泌尿系感染:合并泌尿系感染,尤其是合并肾盂肾炎时,常有尿糖、尿蛋白阳性,与糖尿病肾病相似。但前者有尿频、尿急、尿

笔记栏

痛、腰痛、少腹拘急等症状,尿检有白细胞,甚至大量脓球,清洁中段尿培养细菌数可连续数次$\geq 10^5$/ml,其中有慢性肾盂肾炎病史者,还可见肾脏体积缩小。而糖尿病肾病患者无尿频、尿急等膀胱刺激征,尿中无白细胞,尿培养阴性,肾脏不缩小,早期甚至可增大,眼底检查常有糖尿病视网膜病变,常并发有其他糖尿病慢性血管神经并发症。

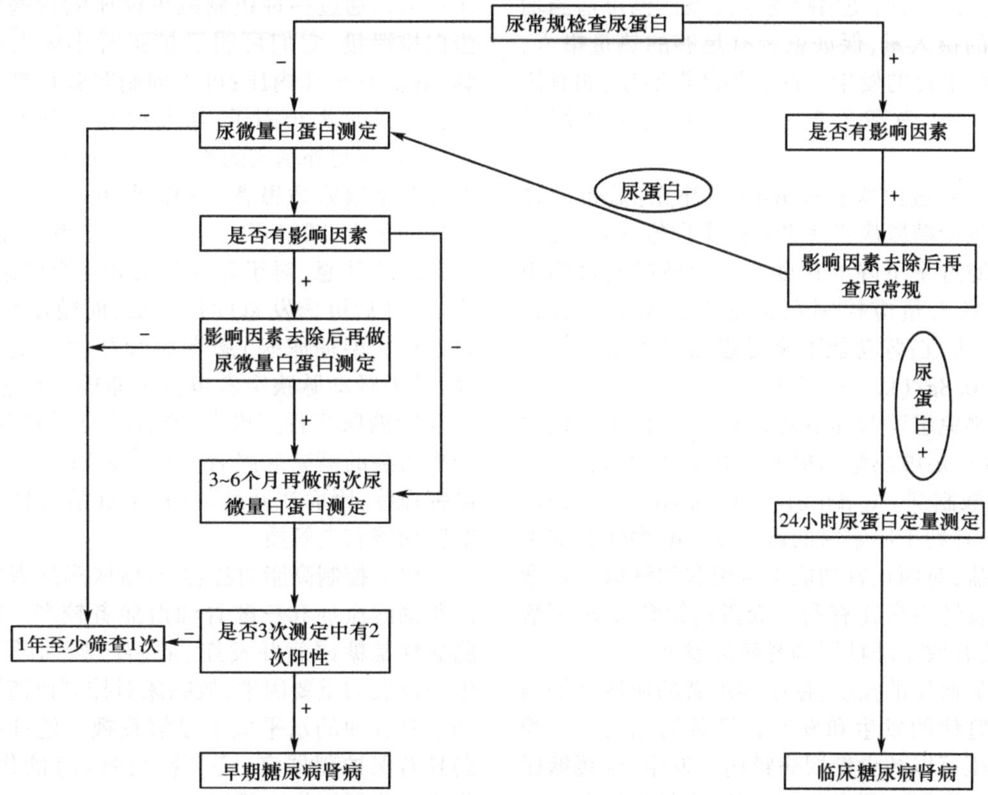

图 4-3-1　糖尿病肾病筛查方法流程图

(2) 糖尿病合并原发性肾小球疾病:糖尿病合并慢性肾炎,肾病综合征,可发生于糖尿病病程较短的患者,可出现持续性蛋白尿、持续性镜下血尿,甚至肉眼血尿,尿红细胞形态学检查可证实为肾小球性血尿,或伴有红细胞管型。发生于各种感染后,旋即引起蛋白尿、血尿、水肿加重,或迅速出现肾功能减退,无糖尿病视网膜病变。糖尿病肾病则发生于糖尿病发病后多年,持续性蛋白尿,血尿少见,与感染关系不大,眼底检查常伴有糖尿病视网膜病变。肾活检病理检查则有助于最后确诊。表现为肾病综合征者,常对激素治疗反应敏感。

(3) 糖尿病合并高血压性肾损害:糖尿病肾病多发生于糖尿病病程较长的患者,可出现较多量的蛋白尿,常同时发现肾功能不全,眼底检查可提示:糖尿病视网膜病变眼底,常伴有糖尿病周围神经病变等。高血压性肾损害则发生于高血压发病后多年,一般蛋白尿量较小,眼底检查常表现为高血压动脉硬化眼底,常伴有高血压性心脏病。

(4) 其他:如糖尿病合并高尿酸肾病、狼疮性肾炎、乙肝相关性肾炎、糖尿病合并充血性心力衰竭、糖尿病合并肝硬化、肝肾综合征等均应与糖尿病肾病相鉴别。

案例诊断要点

1. 中老年男性。

2. 病史特点:肥胖,糖尿病史 13 年,血糖控制不理想。以双眼睑及双下肢水肿、视物模糊为主要表现。

3. PE:BP170/80mmHg;双眼睑水肿,视物模糊;双下肢指凹性水肿。

4. 实验室及其他检查:PRO(++);24 小时尿蛋白定量为 1.4g;血 BUN 9.33mmol/L,SCr 161.1μmol/L;空腹血糖 8.6mmol/L;查眼底示:视网膜 3 期改变。

临床诊断:2 型糖尿病,糖尿病肾病Ⅳ期,继发性高血压。

【治疗】 糖尿病肾病的治疗目的是延缓其发展,降低病死率。

1. 非 ESRD 糖尿病肾病的防治　防治措施主要包括以下几个方面:控制血糖、控制血压、控制蛋白尿、控制血脂、控制饮食蛋白摄入量以及

笔记栏

减轻微血管病变的某些措施等。

(1) 血糖的控制：一旦临床确诊糖尿病肾病，为避免口服降糖药对肾脏的不良反应，一般主张应尽早使用胰岛素控制血糖，同时糖尿病患者需低蛋白饮食，使用胰岛素控制血糖可适当增加糖类的摄入量，保证患者有足够的热量摄入，避免营养不良的发生。首选胰岛素治疗，如有困难而且 GFR 尚高于 30ml/min 者，也可使用糖适平。

(2) 低蛋白饮食和 α-酮酸补充：低蛋白饮食可以减少糖尿病肾病患者尿蛋白排泄量，延缓肾小球滤过率下降的速度。早期糖尿病肾病患者蛋白摄入量应控制在正常低限 0.8～1.0g/(kg·d)为宜；肾功能不全时蛋白摄入量应控制在 0.6～0.8g/(kg·d)之间。

为避免患者营养不良的发生，在低蛋白饮食时，应保证足够热量的摄入。有条件的患者可加用 α-酮酸制剂。α-酮酸在体内与 NH_3 生成必需氨基酸，有利于尿素氮的再利用。α-酮酸制剂中含有钙盐，对纠正肾功能不全引起的钙磷代谢紊乱和继发性甲旁亢有利。低蛋白饮食加 α-酮酸治疗，能有效延缓糖尿病肾病的发展。

(3) 血压的控制：糖尿病患者的血压水平与糖尿病肾病的发生和发展有显著的相关性。控制高血压可以减少糖尿病肾病的发生、延缓糖尿病肾病的发展。研究证实，糖尿病肾病患者血压控制越低，GFR 的下降速度越慢，因而对糖尿病肾病患者高血压的血压控制目标要比非糖尿病的高血压患者更低，应控制在 120/80mmHg 以下。但老年患者有心血管病变及血液黏稠度增加等因素，因而目前临床上将患者血压维持在略低于 140/90mmHg 的水平，以防止心肌梗死或脑梗死的危险性增加。

在降压药的选择方面，血管紧张素转换酶抑制药(ACEI)或血管紧张素Ⅱ受体拮抗药(AT-ⅡRA)应作为首选药物。对糖尿病肾病高血压患者，也可选用钙通道阻滞药(CCB)，但 CCB 除了降压作用外，是否有 ACEI 同样的肾脏保护作用目前还存在争论。

(4) 利尿药的使用：在限制饮食中水分和钠盐后仍有持续性水肿的患者应适当的使用利尿药，但必须先除外心力衰竭和局部原因造成的水肿。可使用螺内酯(安体舒通)和噻嗪类利尿药，但目前临床多用呋塞米(速尿)，其疗效肯定而且不良反应较小。使用中应从小剂量开始，逐渐加量，操之过急可使患者血 BUN 水平升高。利尿药，特别是噻嗪类利尿药，可加重糖尿病患者的糖代谢、脂代谢紊乱，故利尿药不作为治疗糖尿病患者高血压的首选药物。然而糖尿病肾病患者，特别是已出现肾功能不全或水肿者，高血压较顽固，多需联合用药(包括利尿药)才能将血压控制满意。

(5) 蛋白尿的控制：ACEI 或 AT-ⅡRA 类降压药可以通过多种机制减少糖尿病肾病患者尿蛋白排泄量，它们可明显扩张肾小球出球小动脉，降低肾小球内压；可以抑制肾脏局部的多种细胞因子及生长因子，从而抑制肾脏细胞的肥大、抑制细胞外基质的蓄积。对于血压正常的 1 型和 2 型糖尿病患者，ACEI 也可以减少糖尿病肾病的发生，减轻蛋白尿。但在使用 ACEI 类降压药时应注意，对于存在肾动脉狭窄的患者，服用 ACEI 后可诱发急性肾衰竭，而糖尿病(尤其是老年 2 型糖尿病)患者血管并发症发生率较高，其中肾动脉狭窄者也多于非糖尿病患者；对于晚期糖尿病肾病患者，或合并有低肾素、低醛固酮血症的糖尿病患者，服用 ACEI 可能会引起高钾血症，因而在开始使用 ACEI 后应监测患者的肾功能和电解质。

(6) 控制高脂血症：2 型糖尿病患者中伴有高胆固醇血症和三酰甘油血症者较多。这类高脂血症是糖尿病并发症(心、肾、脑、血管等)发生与发展的重要因素，故临床对控制血清胆固醇和三酰甘油的水平应予足够重视。他汀类调脂药具有保护靶器官(心、肾、血管等)的作用，值得进一步开展临床研究。

(7) 减轻血管病变的某些措施：应用抗血栓药(抗血小板药物，如阿司匹林或双嘧达莫)、活血化瘀中药(如丹参、川芎等)能延缓部分糖尿病患者的糖尿病肾病的进展，具有减轻蛋白尿、保护肾功能的作用，如己酮可可碱，值得进一步探讨。

(8) 其他药物：某些中药对改善肾病患者的肾脏功能和一般状况有效，可根据患者情况选择使用。糖还原酶抑制药对 1 型糖尿病患者有效而对 2 型则短期内无效。

2. 糖尿病肾病伴 ESRD 的替代治疗 由于糖尿病肾病已经成为终末期肾病(ESRD)的主要原因之一，故糖尿病肾病(DN)-ESRD 患者的替代治疗，已经成为一个较为突出的问题。

(1) 透析疗法：糖尿病肾病晚期治疗，透析是其有效途径之一。透析时机宜稍早于非糖尿病肾病患者。一般来说，血肌酐 530～710μmol/L，肌酐清除率 10～15ml/min，就应考虑透析。

1) 腹膜透析：为糖尿病晚期肾衰竭患者首选。因为糖尿病肾病患者血管条件差，而腹透对心血管的负荷较血透为小，胰岛素可直接加入透析液便于控制血糖；对心血管病和高血压患者也适用。但腹腔感染、蛋白丢失、继发脂质代谢紊

笔 记 栏

乱等是其缺点。

2）血液透析：在糖尿病肾功能衰竭中应用日渐增多。一般主张对透析指征的掌握适当放宽。但在血液透析死亡者中，心血管疾病仍占首位，故应重视。另外，透析期间还应注意血糖的变化，并及时调整胰岛素的用量。

（2）肾移植与肾移植后的处理和治疗方案：透析疗法无法恢复患者的肾脏功能，成功的肾脏移植则能有效改变患者的肾脏功能，是糖尿病肾病的根治措施。糖尿病肾病患者的肾移植已有20余年的历史，目前活体肾移植的存活率已接近非糖尿病患者，1年存活率均达到90%以上，2年存活率达到80%以上。但肾移植后的处理往往比非糖尿病肾病患者复杂。既要进行免疫抑制治疗，又要积极控制糖尿病；既要减少皮质激素剂量，又要预防器官排斥，治疗糖尿病；既要保护移植肾的功能，又要保护心、脑、血管等靶器官。为了改善患者预后，应当积极提倡开展胰腺-肾脏联合移植的临床与研究工作。

（3）重视患者的综合治疗：在替代治疗的同时，重视药物治疗、营养治疗和社会-心理治疗。

【预后和预防】 糖尿病肾病的预后多数不良，这是因为其肾脏病变呈慢性进行性损害，临床症状出现较晚，一般出现尿蛋白时，病程多在10年以上。约25%的病人可在6年内、50%病人在10年内、75%病人在15年内发展为终末期肾功能衰竭，从出现蛋白尿到死于尿毒症的平均时间约为10年；24小时尿蛋白定量>3.0克者多在6年内死亡。糖尿病控制不佳，高血糖、高血压和饮食高蛋白能加速糖尿病肾病患者肾功能的恶化。本病的预后也与其肾脏病理改变性质有关，弥漫型较结节型糖尿病肾病易发展为尿毒症。

糖尿病肾病的主要防治目标是防止糖尿病肾病的发生和发展，重在预防。一级预防一般是指防止正常白蛋白尿进展到微量白蛋白尿的防治措施；二级预防一般是指防止微量白蛋白尿进展到临床糖尿病肾病的预防措施；三级预防一般是指防止肾衰竭的发生和发展。对糖尿病肾病应特别强调早期预防，一旦进入临床糖尿病肾病，其病变往往呈不可逆性发展，逆转困难。

处方及医师指导

1. 一般治疗：心理教育，减少活动，低盐优质低蛋白饮食。

2. 药物治疗

（1）控制血糖：胰岛素治疗。

（2）控制血压：伲福达20mg，每日2次口服，贝那普利片10mg，每日1次口服。

（3）纠正电解质及酸碱失衡。

（4）纠正贫血：皮下注射红细胞生成素(EPO)，每次2000～3000U，每周2～3次，补充铁剂、维生素B_{12}及叶酸。

（5）抗凝及改善肾脏微循环：双嘧达莫、丹参制剂等。

3. 糖尿病肾病晚期行透析治疗或肾脏移植。

第2节　高血压性肾损害

高血压病肾脏病变的发生率和高血压本身的严重程度及其病程长短有关，即高血压越严重，病程越长，高血压性肾损害及肾功能衰竭的发生率越高。肾脏通过体液调节和血管活性物质的产生不仅直接参与了原发性高血压的发生，而且也是高血压损伤的主要靶器官之一，肾脏受累及后又可进一步加剧高血压进展。

高血压导致终末期肾病的发生率正呈逐渐上升趋势，由高血压引起肾小动脉硬化致肾功能衰竭者占慢性肾衰竭的10.4%～28.2%。高血压病肾损害主要有良性小动脉肾硬化和恶性小动脉肾硬化。

良性小动脉肾硬化

案例

患者，女性，65岁，教师。高血压12年，发现尿检异常1月，于2007年3月8日下午2点入院。

12年前因头晕就诊，测血压170/100mmHg，诊断为“高血压病”，口服利血平片（具体用量不详）。平素血压控制欠佳，波动于180～140/110～90mmHg。1个月前，体检发现尿常规示：尿蛋白（++），潜血（+），为求进一步诊治入我院。平素无烟酒嗜好，无糖尿病史，无PG过敏史。

体格检查：BP 165/90mmHg，神志清楚，颜面无浮肿，体形偏胖，全身皮肤及巩膜未见黄染，全身浅表淋巴结未及，叩诊心界正常范围，HR 82次/min，律齐，心音有力，未闻及杂音，双肺呼吸音清，未闻及干湿性啰音，腹部平软，无压痛、反跳痛，肝脾未及，移动性浊音（-），双下肢呈轻度可凹性水肿。

笔记栏

实验室及其他检查：血常规示：RBC 3.5×10^{12}/L,Hb 103g/L；尿素氮 25 mmol/L,肌酐 573μmol/L；空腹及餐后 2 小时血糖正常；尿液检查示尿蛋白(++)，尿蛋白定量 1.64 g/24h，尿红细胞 15 万/ml(多形型)；尿 NAG 酶(尿 N-乙酰-P-D-氨基葡萄糖酐酶，正常值为＜21U/g·Cr) 43.5U/(g·Cr)；尿糖、尿氨基酸定量正常；HBsAg(-)，肝功能示正常；B 超示左肾 98 mm×43mm×36mm，右肾 96mm×42mm×37mm；心电图示左心室肥厚；眼底检查示视网膜动脉硬化。肾活检病理结果示光镜下表现为肾小球毛细血管襻塌陷和基底膜皱缩，血管壁增厚，肾小管萎缩及基底膜增厚，肾间质胶原增加，单核细胞灶状浸润及纤维化；电镜显示均质的电子致密物沉积于内皮下，平滑肌细胞的萎缩和血管基底膜的不规则增厚；免疫荧光发现玻璃样物质含有 IgM 和 C1q、C3。

思考题

结合所学知识，你认为该病例最可能的诊断是什么？

本病随年龄增长而发展，系由于长期高血压或老龄化导致血管老化缓慢发展而来的肾脏小动脉硬化。其结果导致肾脏缺血性改变，使肾小球和肾小管功能受损害。但边缘性及轻度高血压不会导致肾功能减退，中度以上高血压，可致肾功能减退，但发生严重肾功能不全者少见。

【发病机制】

1. 血流动力学因素(缺血与肾小球内高压的共同作用)　传统观念认为高血压肾硬化是由于血压升高所致，肾血流量占心输出量的 25%，肾动脉与腹主动脉直接相通，强大的高压血流对肾内小动脉必然产生较大的影响。肾活检示小动脉硬化的发生率及严重程度随高血压的病程及严重程度而增加，高血压早期则无血管损害。

大量研究表明，高血压一旦发生肾血管阻力(RVR)升高，肾血流量(RBF)下降，肾小球滤过率(GFR)尚保持在正常范围内，滤过分数则升高，这在高血压早期甚至高血压前期即可观察到。由于出球小动脉的收缩程度较入球小动脉更为显著，使 GFR 在肾血流量下降的同时仍然保持在正常范围。高血压早期肾小球前小动脉即出现收缩，早期这种肾血管的收缩是功能性的、可逆的。以后随着高血压持续发展，肾血管结构发生改变出现肾小动脉硬化，肾小动脉顺应性下降，血管对药物的舒张反应消失，加之入球小动脉管壁增厚，管腔狭窄，使 RBF 进一步下降，GFR 随之下降，肾小球呈缺血性损害。然而，由于在部分高血压导致的肾小球硬化中并未观察到肾小动脉硬化，近来的观点认为，高血压性肾损害并不完全为缺血性损害，更重要的是肾小球内高跨膜压、高滤过压导致的损伤。肾小球内高压的存在是促进肾实质损害尤其是肾小球硬化的主要元凶。大量研究表明，肾小球毛细血管的高跨膜压影响肾小球固有细胞的生长增殖和生物学功能，诱导局部细胞因子、血管活性物质的产生，进而导致肾小球结构上的损伤。首先肾小球内高压及高切应力引起血管内皮细胞功能损伤，产生促血管收缩物质 AngⅡ、ET-1、血栓素 A_2、TGF-β 及血小板源生长因子(PDGF)。AngⅡ、ET-1、TGF-β 和 PDGF 同样也具有促进系膜细胞增殖，胶原沉积的作用，并促进 ECM 合成和分泌增加。此外，球内高压导致肾小球脏层上皮细胞损伤，使基底膜的通透性增加，引起蛋白尿。由此可见，肾小球内高压导致肾小球内所有固有细胞损伤，最终使肾小球硬化、毁损，肾单位丧失，又再进一步引起其他肾小球内高压，形成恶性循环。这种肾小球毛细血管的高跨膜压和高滤过压的产生主要与以下因素有关：①由于有效肾单位减少，非缺血性肾单位代偿性肥大，入球小动脉阻力下降，毛细血管跨膜压增高；②系统性高血压程度严重以及长期持续存在，或者入球小动脉功能失调未能发生相应的收缩，导致过高的血压传递入肾小球毛细血管内。因此原发性高血压患者体内存在两种功能异常的肾单位：一种是以缺血性低灌注为特征的肾单位，这种肾单位在高血压性肾脏中仅占很少一部分；大多数是代偿性的以高灌注为特征的健存肾单位。两种肾单位共存的模式非常类似于两肾一夹高血压动物模型所存在的两侧肾脏的不同改变。

2. 非血流动力学因素(局部免疫学机制、代谢异常等)

(1) 活性氧簇(reactive oxygen species, ROS)：活性氧簇被认为是原发性高血压致肾损害的一个关键介质。自发性高血压大鼠(SHR)的肾内源性抗氧化酶活性明显下降，经贝尼地平(benidipine)治疗后，可以提高其抗氧化酶活性、改善肾小球滤过率及尿蛋白排泄率(UAE)，肾功能的改善认为与抗氧化酶的活性增加有关。局部内皮细胞受损、NO 产生减少可能是活性氧簇增加的原因。

(2) 摄盐：动物实验及临床观察均提示摄盐是形成原发性高血压的重要因素。如果以 24 小时尿钠排泄率作为盐摄入的衡量指标，发现其与

笔记栏

微量蛋白尿、左室结构功能及动脉顺应性密切相关，对盐敏感型患者，摄盐直接影响高血压肾病、脑血管病及大动脉的顺应性。

(3) 锂-钠反转运异常(Li-Na CT)：Li-Na CT是体内细胞内锂与细胞外钠交换的一种膜功能。Li-Na CT增加反映了细胞膜动力异常，广泛异常的Li-Na CT，在糖尿病及心血管疾病的发病机制中占有重要地位。因为其与调整细胞pH、细胞容量、细胞对激素、有丝分裂原的反应，以及肾对钠及碳酸氢根的重吸收均有关。Li-Na CT受遗传控制，在原发性高血压中也增加，这些患者伴有肾小球滤过率、滤过分数、近端肾小管钠重吸收增加、微量蛋白尿增加以及血浆肾素活性增加。Li-Na CT增加提示有早期肾脏及心血管系统损害。

(4) 种族及遗传背景：美国原发性高血压有肾功能损害者黑人为白人的5~6倍。在相同血压条件下，黑人的肾脏更易受损，可能与其肾脏局部血流动力学对血压的调整以及保持钠稳态的机制是不同的。黑人盐敏感型较多，接受盐负荷后其排除较慢且不完全，表现为肾血流减少、滤过分数及球内压增加。

(5) 代谢异常：包括胰岛素抵抗、高尿酸血症、脂质代谢紊乱及凝血纤溶异常导致凝血倾向。脂质代谢异常有HDL-C减少、三酰甘油及LDL-C增加，这与血流动力学异常(高血压)及凝血纤溶异常(血小板与PAI-1增加)共同促进肾病及心血管疾病的发展。

【病理生理】 一般将原发性高血压性肾损害的病程分为以下三个阶段：

第1阶段：血压轻度升高但不稳定。肾血流量(RBF)和肾小球滤过率(GFR)均增加，盐负荷后有钠利尿现象。肾小动脉壁可见不规则灶状玻璃样物质沉积，肾小球一般正常。

第2阶段：血压持续稳定升高，但舒张压<110mmHg(14.7kPa)。RBF有一定程度降低，肾小管对缺血敏感，可能出现轻度损伤，表现为尿中*N*-乙酰-β-葡萄糖苷酶(NAG)、β_2-微球蛋白排出增加，尿浓缩功能减退，夜尿增多，GFR一般正常，滤过分数增加。肾小动脉有普遍的玻璃样变，小叶间动脉出现中层肥厚和纤维化，但内径并未缩小，肾小球和肾小管可以有轻度的缺血性变化：局限性毛细血管壁增厚和毛细血管襻皱缩、局灶性小管萎缩、基底膜增厚。

第3阶段：舒张压明显升高>110mmHg(14.7kPa)。RBF继续减少，开始时出球小动脉收缩、张力增加，GFR和球内静水压尚能维持，以后GFR开始下降。肾小动脉壁明显增厚，管腔狭窄，肾小球有程度不等的缺血性病理改变甚至全球硬化，硬化的和正常或代偿肥大的肾小球交叉存在，小管萎缩，间质纤维化。

高血压可通过促进动脉粥样硬化形成所致的肾组织缺血性改变，以及通过肾小球内高压和高灌注造成肾组织损伤。此外，肾组织中细胞外基质聚集及细胞因子均参与高血压所致的肾动脉、肾小球及小管间质的病变过程。高血压时肾小球入球、出球小动脉阻力升高，尤其是出球小动脉阻力增加，也间接地造成肾小球内滤过压升高。无论全身还是局部血管活性物质都能影响肾小球入球和出球小动脉张力。高血压造成的肾小球入球小动脉管壁肥厚和透明样变，也能够对肾小球和小管间质的组织结构造成严重影响。

【病理】 一般发生于良性高血压发病后5~10年，开始为小动脉病变，继以肾实质损害。

大体上双肾对称，大小正常或轻度缩小，严重缩小者少见。绝大多数表面呈细颗粒状、凹凸不平，肾盂肾盏系统正常，如伴有大血管硬化及粥样硬化可形成较粗糙的瘢痕，包膜可有粘连。

1. 肾脏小动脉病变 主要侵犯直径在50~150μm的小动脉和直径≤50μm的微动脉，肾小球前小动脉更易受累，表现为两种特征性病理改变，即动脉玻璃样变和肌内膜增厚。

(1) 动脉玻璃样变：是最为显著的病理变化，主要累积入球小动脉。以入球小动脉最明显，光镜下可见血管壁增厚，以均匀一致的嗜伊红玻璃样物质沉积，平滑肌细胞萎缩，管腔可狭窄。电镜检查显示均质的电子致密物先沉积于内皮下，然后扩展至血管壁全层，其中偶含脂质。此外，该玻璃样物质的沉积常常伴随着平滑肌细胞的萎缩和血管基底膜的不规则增厚。免疫荧光检查发现此玻璃样物质含有血浆蛋白成分如免疫球蛋白(IgM)和补体(C1q、C3)，组织化学染色提示玻璃样物质由大量糖蛋白和胶原物质组成，故PAS染色阳性。

(2) 肌内膜肥厚(myointimal hypertrophy)：常出现在弓形动脉及小叶间动脉，以后者最为明显，表现为平滑肌细胞肥大和增生，内弹力层断裂、分层形成内弹力层双轨征和中层肥厚；肌内膜细胞增生、导致内膜增生和血管腔狭窄。小叶间动脉和入球小动脉玻璃样变是高血压肾血管损害的最早表现。正常老年人与糖尿病患者也可以有肾小动脉玻璃样变，但均是同时累及入球及出球小动脉，与高血压肾病主要累及入球小动脉不同。当小动脉病变、管壁增厚、管腔狭窄发展到一定的严重程度，肾小球的供血明显减少，导致肾小球和肾小管的缺血性病变，前者表现为肾小球毛细血管皱缩性萎陷(shrinking collapse)，毛细血管壁增厚，系膜基质增加，肾小

笔记栏

球囊壁增厚，以后肾小球萎缩变小，甚至全球硬化。由于肾小管的血液供应来于肾小球，故肾小管病变先于肾小球，早期细胞浑浊肿胀，以后肾小管萎缩，基底膜增厚，肾间质纤维化。

2. 肾实质损害 当肾小动脉病变发展到一定程度，即发生肾小球和肾小管缺血性损害，与肾动脉管腔狭窄程度相关。在早期，大多数肾小球形态正常，仅有少量肾小管萎缩，间质纤维化。随着高血压进一步发展，出现肾小球缺血，光镜下表现为肾小球毛细血管襻塌陷和基底膜皱缩，毛细血管壁增厚，继而肾小球开始硬化，由节段性逐渐发展至球性。肾小管腔内出现透明管型，肾小管萎缩及基底膜增厚，伴随着肾间质胶原增加，单核细胞灶状浸润及纤维化。在缺血肾单位出现毁损的同时，健存肾单位则表现为肾小球及肾小管代偿性肥大，这些肾小球处于“三高”状态，在发挥代偿作用的同时又会促进肾小球硬化，使无缺血变化的代偿性肾单位最终也进入肾小球硬化和肾小管萎缩。电镜下见毛细血管丛塌陷，近系膜区的毛细血管基底膜皱缩，塌陷的基底膜与系膜基质融合，系膜区基质逐渐增加，肾小球毛细血管消失。

【临床表现】 良性小动脉性肾硬化症出现临床症状的年龄一般为40~60岁，其发生与高血压程度及持续时间密切相关，通常高血压持续10~15年后出现肾损害的临床表现。此外尚有多种因素影响其发生：①男性较女性易发病；②老年人易患此病；③是黑人进入ESRD的特殊危险因素；④高血压合并的代谢异常如糖尿病、高脂血症、高尿酸血症与高血压一起促进肾脏损害。

1. 肾脏表现

(1) 夜尿增多：为最早出现的症状。由于肾小管对缺血较敏感，表现为肾小管浓缩功能障碍，故首发症状常为夜尿增多。此时测定肾血流量及尿渗透压已有不同程度降低。

(2) 蛋白尿：当病变累及肾小球后，尿常规检查即开始发现蛋白，为轻至中度（+~++），24小时定量小于1.5~2g，少有大量蛋白尿。但当高血压程度严重，肾小球内压随之增高，尿蛋白排泄量可明显增高，与血压增高成正比，降压治疗后蛋白尿会减少。蛋白尿是由于肾小球缺血或肾小球高压形成局灶性硬化所致。

(3) 尿沉渣：有形成分（红细胞、白细胞、管型）很少，尿NAG酶及β_2微球蛋白增多。

(4) 高血糖、高血脂及高尿酸血症：由于肾小管易受损伤，表现为对尿酸分泌障碍，故本病易出现高尿酸血症，发生肾功能不全时，血尿酸升高更为明显。伴随肾功能不全患者常出现肾性贫血，但贫血程度相对较轻。

(5) 肌酐清除率：早期可升高，提示有高滤过；随着病情进一步发展，CCr开始下降，当CCr下降超过一半时，肾功能不全失代偿，出现血清肌酐（SCr）和尿素氮（BUN）增高，以后病情迅速进展，进入慢性肾功能衰竭（尿毒症期）。

2. 肾外表现 在发生肾损害的同时，良性高血压常导致其他靶器官（心、脑、视网膜）的损害。肾外表现比肾脏症状出现得早而重，并成为影响其预后的主要因素。

(1) 心脏：左室肥厚、冠心病及心力衰竭。

(2) 脑：脑出血或脑梗死，是我国原发性高血压的主要死因。

(3) 眼：视网膜动脉硬化、动脉硬化性视网膜病变，一般与肾小动脉硬化程度平行。

案例归纳一

该患者发现血压高12年，发现尿检异常1月，平素血压控制欠佳，中度蛋白尿，平素无烟酒嗜好，无糖尿病史。

PE：BP 165/90mmHg，体形偏胖，双下肢呈轻度凹陷性水肿。

案例归纳二

血常规示：RBC 3.5×10^{12}/L，Hb 103g/L；尿素氮25mmol/L，肌酐573μmol/L；空腹及餐后2小时血糖正常；尿液检查示尿蛋白（++），尿蛋白定量1.64 g/24h，尿红细胞15万/ml（多形型）；尿NAG酶43.5U/(g·Cr)；B超示双肾体积缩小；心电图示左心室肥厚；眼底检查示视网膜动脉硬化。肾活检病理结果：光镜下表现为肾小球毛细血管襻塌陷和基底膜皱缩，血管壁增厚，肾小管萎缩及基底膜增厚，肾间质胶原增加，单核细胞灶状浸润及纤维化；电镜显示均质的电子致密物沉积于内皮下，平滑肌细胞的萎缩和血管基底膜的不规则增厚；免疫荧光发现玻璃样物质含有IgM和C1q、C3。

【诊断与鉴别诊断】

1. 诊断

(1) 必需条件：①为原发性高血压；②出现蛋白尿前一般已有5年以上的持续性高血压（程度一般>150/100mmHg）；③有持续性蛋白尿（一般为轻至中度），镜检有形成分少；④有视网膜动脉硬化或动脉硬化性视网膜改变；⑤除外各种原发性及继发性肾脏疾病。

(2) 辅助或参考条件：①年龄40~50岁以上；②有高血压性左室肥厚、冠心病和心力衰竭；

笔 记 栏

③有脑动脉硬化或脑血管意外史；④血尿酸升高；⑤肾小管功能损害先于肾小球功能损害；⑥病程进展缓慢。

2. 鉴别诊断 原发性高血压引起的肾损害主要与慢性肾小球肾炎、慢性肾盂肾炎继发性高血压及肾动脉粥样硬化、尿酸肾病等相鉴别。

(1) 慢性肾小球肾炎继发性高血压：慢性肾小球肾炎（CGN）是多种病理类型的原发性肾小球疾病在病程经过中的一个共同结果。临床上常出现高血压，尤其是经历了漫长过程后，肾单位不断地被破坏，导致了慢性肾衰竭时，其高血压的发生率达90%以上。另一方面，良性小动脉肾硬化症，由于长期持续性高血压，传统认为也会出现肾损害。若病史中尿异常和高血压出现的先后关系分辨不清，患者年龄又偏大时，常给诊断带来困难，是临床诊断工作中的一大难点，当严重肾功能不全时肾小球病损严重，活检也难鉴别。临床上需综合判断方能较明确鉴别之。

高血压良性小动脉肾硬化与慢性肾小球肾炎继发性高血压的鉴别见表4-3-2。

表4-3-2 高血压良性小动脉肾硬化与慢性肾小球肾炎继发性高血压的鉴别

	高血压良性小动脉肾硬化	慢性肾小球肾炎继发性高血压
高血压家族史	有	无
肾炎病史	无	有
年龄	40~60岁	20~30岁
高血压与尿检异常的先后	高血压在先	尿检异常在先
水肿	少见	常见
尿检	轻至中度蛋白尿（+~++），有形成分少	中至重度蛋白尿（+++~++++），常见红细胞及管型
眼底病变	重于肾功能改变	轻于肾功能改变
左室肥厚	多见	少见
心脑血管疾病	多见	少见
肾性贫血	较轻	较重
血尿酸	易升高	肾功能不全时升高，与BUN、Cr平行
肾脏病理	良性小动脉硬化	各种类型慢性肾炎
病程与预后	进展慢，多死于心脑并发症	进展快，多死于尿毒症

(2) 慢性肾盂肾炎继发性高血压：慢性肾盂肾炎临床表现不典型时，在病程中可出现高血压，偶可发展为急进性高血压，常伴贫血，但无明显蛋白尿和水肿，且以女性多见，有多次泌尿系感染发作史，如有尿路刺激征和腰酸痛，尿异常在先而高血压在后，尿检以白细胞增多、脓尿、白细胞管型多见，多次尿培养可获阳性结果，肾区叩痛，可伴有尿频、尿急、尿痛，输尿管点压痛。B超示两肾大小不等，肾盂造影有肾盂、肾盏扩张和变形，抗感染治疗有效。但应注意40~50岁以后的女性有可能同时患有慢性肾盂肾炎和高血压肾小动脉硬化，结合病史和多项检查一般可明确诊断。

(3) 肾动脉粥样硬化：肾动脉粥样硬化多发生在50岁以上，常是全身性动脉粥样硬化的一部分。此外，原发性高血压在引起肾小动脉硬化的同时也可促进动脉粥样硬化．肾小动脉胆固醇栓塞也可作为动脉粥样硬化性肾脏疾病的一种表现。老年人除了蛋白尿、肾功能损害而伴有其他部位动脉栓塞时应高度怀疑肾小动脉胆固醇栓塞。临床上常见老年患者在感染、发热、腹泻、手术等应激情况下，出现了轻度氮质血症，检查无明显尿液异常或仅有少量蛋白尿，且无明确的高血压史，这大多数是老年肾、肾动脉粥样硬化和肾小动脉硬化三者并存的表现，应注意识别。

(4) 高尿酸肾病：原发性高尿酸血症引起的尿酸肾病，与原发性高血压良性小动脉肾硬化两者发病年龄相近，临床上肾病表现也相似，如尿蛋白不多，均先有肾小管功能损害，后有肾小球功能损害，且在病程中均可出现高血压及高尿酸血症，两者常较难鉴别。鉴别要点为：

1) 病史：高血压与高尿酸血症出现的先后关系是鉴别的关键。两者均有阳性家族史供参考。原发性高尿酸血症4%有遗传家族史，95%见于男性患者。

笔记栏

2）伴随症状：原发性高尿酸血症常伴有痛风性关节炎及尿路尿酸结石，60%以上在发现尿酸肾病前先有痛风性关节炎，而继发性者少。

3）尿酸检查：原发性高尿酸血症早期血尿酸明显升高，尿尿酸也增多，而高血压所致继发性高尿酸血症血尿酸升高，而尿尿酸减少。

4）肾活检病理检查可助鉴别，慢性尿酸性肾病特征性病变为肾髓质内有放射状的尿酸盐结晶。

案例诊断要点

1. 老年女性。

2. 病史特点：慢性起病，病程长，高血压病12年，发现尿检异常1个月，平素血压控制欠佳，中度蛋白尿，平素无烟酒嗜好，无糖尿病史。

3. PE：BP 165/90mmHg，体形偏胖，双下肢呈轻度可凹性水肿。

4. 实验室及其他检查：血常规示 RBC 3.5×10^{12}/L，Hb 103g/L；尿素氮 25mmol/L，肌酐 573μmol/L；空腹及餐后2小时血糖正常；尿液检查示尿蛋白（++），尿蛋白定量 1.64 g/24h，尿红细胞15万/ml（多形型）；尿 NAG 酶 43.5U/（g·Cr）；B超示双肾体积缩小；心电图示左心室肥厚；眼底检查示视网膜动脉硬化。肾活检病理结果：光镜下表现为肾小球毛细血管襻塌陷和基底膜皱缩，血管壁增厚，肾小管萎缩及基底膜增厚，肾间质胶原增加，单核细胞灶状浸润及纤维化；电镜显示均质的电子致密物沉积于内皮下，平滑肌细胞的萎缩和血管基底膜的不规则增厚；免疫荧光发现玻璃样物质含有 IgM 和 C1q、C3。

临床诊断：高血压良性肾动脉硬化症；慢性肾脏病（CKD）Ⅳ期。

【治疗】 高血压病肾损害的治疗不仅要控制全身血压，而且要保护肾脏，降低肾小球内高压、高灌注和高滤过。

1. 一般治疗 限制钠的摄入，盐的摄入可控制在5～6g/d。当出现肾功能不全时，应予低蛋白饮食[<0.8/（kg·d）]，以优质蛋白质为主。

2. 降压治疗 良好的血压控制是遏制高血压肾损害的基础，降血压时要注意高血压是新近明显升高还是持续已久的，从而采取不同的对策。若是持续高血压，而且治疗已久，则降压不能过快、过猛，以免肾灌注压突然下降，肾功能急剧恶化。若是肾功能原来处于生理减退情况下，因血压近期突然升高导致肾功能急剧下降，则应使用强有力的降压药物，使血压迅速恢复至正常，使肾功能不至于严重受损或得以逆转。

为了获得最佳的肾脏保护效果，需要降血压控制在与之相应的水平。最近肾脏疾病饮食调节试验（MDRD）小组主张高血压尤其是出现蛋白尿的患者血压控制应更为严格，指出蛋白尿>1.0g/d 时，血压应控制于 125/75mmHg 以下（平均血压或肾灌注压<92mmHg）；蛋白尿在 0.25～1.0g/d 时，血压应控制于 130/80mmHg 以下（平均血压或肾灌注压<98mmHg）。显然那些不仅具有降低系统血压的作用，又能改善肾内血流动力学、延缓肾损害的药物将是治疗的首选。

常用的一线降压药物有：利尿药、β受体阻滞药、钙通道拮抗药、血管紧张素转换酶抑制药（ACEI）及血管紧张素Ⅱ受体拮抗药。应用降压药的目的是使血压有效而稳定地得到控制，不出现明显不良反应。降压药的选择应从患者的年龄、危险因素、伴随疾病、生活方式及经济状况等多方面加以考虑。利尿药与β受体阻滞药均可以升高血糖、血三酰甘油与胆固醇，而这些均是导致高血压性肾损害重要的危险因素。从肾脏角度考虑，选用钙通道拮抗药、血管紧张素转换酶抑制药及血管紧张素Ⅱ受体拮抗药为好。

（1）血管肾张素转换酶抑制药（ACEI）

1）降压机制：①抑制血浆中血管紧张素Ⅰ（AngⅠ）转换为血管紧张素Ⅱ（AngⅡ）；②降低交感神经的兴奋性及去甲肾上腺素的释放；③抑制激肽酶对激肽的降解，增加前列腺素的合成。

2）对肾脏的保护作用：ACEI 有潜在的保护肾脏的作用，原因在于其通过扩张出球小动脉降低肾小球内压，降低肾小球基底膜的通透性减少蛋白尿；抑制系膜细胞增殖，延缓肾小球硬化。该类药物对肾脏保护作用包括：①改善肾血流动力学；②降低蛋白尿；③抑制 ECM 沉积，延缓肾小球硬化；④维持肾脏调节水钠平衡的功能；⑤改善胰岛素敏感性；⑥改善脂代谢异常；⑦恢复非调节型高血压患者肾血管的反应性。ACEI 能改善高血压患者的胰岛素抵抗现象和糖代谢异常，对脂质代谢无不良影响，增加大、中血管的顺应性，能通过降低血压和减少心脏局部血管紧张素Ⅱ的合成而逆转心肌肥厚，对心肌收缩力无不良影响，适用于慢性心力衰竭、各种程度的原发性高血压及肾性高血压。由于 ACEI 在多方面的卓越功能，已广泛应用于高血压及其肾损害的防治，并为大多研究所证实其改善肾功能的作用优于其他的抗高血压药物。在实际应用中需引起注意的是在高血压肾损害后期，入球小动脉已发生明显的狭窄，对 ACEI 不能产生相应的扩张，ACEI 可使 GFR 明显下降；对于血肌酐水平

笔记栏

在353.6~442μmol/L以上的患者，ACEI可使肾功能进一步下降，应禁用或在密切观察肾功能的基础上慎用。ACEI的主要不良反应为：咳嗽、皮疹、味觉异常及粒细胞减少。使用时应注意：当存在低容量血症和肾动脉狭窄时会导致急性肾衰竭，还会导致高钾血症并加重贫血。

（2）血管紧张素Ⅱ受体拮抗药（ARB）：通过阻断AngⅡ的作用而抑制RAS。ARB具有与ACEI相似的降低血压、保护靶器官的作用，由于能更彻底地抑制RAS，理论上比ACEI具有更强大的作用，但由于对缓激肽系统无明显作用，使其作用受到一定影响。ARB对高血压状态下肾脏的保护作用包括：①改善肾血流动力学；②降低蛋白尿；③抑制ECM合成；④抑制系膜细胞增生。前3项作用的机制与ACEI一样均是通过阻断AngⅡ作用抑制RAS实现，AngⅡ在PDGF的参与下可明显诱导系膜细胞DNA合成，刺激细胞增生，该作用可被ARB（如氯沙坦）所阻断，提示AngⅡ的作用是通过激活AT_1受体所介导。ARB中氯沙坦还具有独特的促进尿酸排泄，降低血尿酸的作用，机制尚不明确，可能为非AngⅡ依赖，而且是药物母体的作用，其活性代谢产物则无此作用。由于原发性高血压中高尿酸血症是常见的并发症之一，高尿酸血症又可进一步损害肾小管间质，故氯沙坦在此方面具有优越性。

（3）钙离子拮抗药（CCB）：通过抑制细胞膜钙通道，抑制血管平滑肌收缩，减少外周血管阻力，使血压下降。钙通道拮抗剂现已广泛应用于各类高血压与冠心病的治疗。钙通道拮抗药对盐敏感型高血压作用更明显，包括老年、肥胖及糖尿病者，对低血浆肾素活性者效果也很好。其特点为：①可迅速稳定的降低外周血管阻力，对轻、中度高血压效果满意；②降压的同时，不影响重要脏器的供血；③不影响糖类、脂类及尿酸的代谢，硝苯地平还可能增加血浆1,25-(OH)D_3的水平，提高对外周血糖的利用率；④可以增加中等血管的顺应性，延迟动脉粥样硬化的形成，对有小动脉壁僵硬的高血压、收缩压升高及老年动脉粥样硬化者更为适用；⑤可以逆转左室肥厚，以维拉帕米效果最好。

CCB在高血压治疗中的优良疗效已为人们所公认。根据近20年来的研究结果CCB可以改善肾血流动力学，能逆转高血压性肾损害时入球小动脉的收缩状态，改善肾缺血状态，使肾小球滤过率增加。对于残肾处于代偿性扩张的入球小动脉，因为其降低系统高血压，不会继续增加肾小球的高滤过与毛细血管内压。在非高血压肾损害模型中，钙通道拮抗药同样显示其肾脏保护作用，说明除影响肾小球血流动力学外，尚可通过干预一系列导致肾小球硬化的细胞学机制而发挥作用，包括：①抑制促有丝分裂细胞因子的作用；减少系膜细胞对生长因子及缩血管物质（如血管紧张素Ⅱ、血小板源生长因子等）的增殖反应；②减少系膜细胞产生细胞外基质；③调整系膜的大分子物质转运；④减少自由基的产生及缺血肾小球细胞的钙超载；⑤保护NO的合成，影响入球小动脉的血管重塑，使管壁/管腔比值降低。不良反应为头痛、面色潮红及心悸，对慢性心力衰竭者应慎用钙通道拮抗药。

（4）钙通道拮抗药与血管紧张素转换酶抑制药的联合用药：近年来研究表明，联合应用CCB、ACEI两种药物，减少肾硬化及延缓肾衰竭进展较单用任何一种药物效果为好。联合用药的优点在于：①可以增加降压效果；②ACEI减少AngⅡ的产生，而钙通道拮抗药降低靶器官对AngⅡ的反应；③钙通道拮抗药扩张入球小动脉缓解肾缺血状态，ACEI缓解肾小球内高灌注状态；④可以减轻各自的不良反应，钙通道拮抗药抑制前列腺素的合成而减轻ACEI的咳嗽的不良反应，而ACEI能减轻钙通道拮抗药引起的踝部水肿。

积极治疗高血糖、高血脂及高尿酸等可能导致肾损害的危险因素。高血压性肾损害发展至终末期肾衰竭时，则应进行肾脏替代治疗，如血液透析或腹膜透析，根据患者具体情况还可行肾脏移植。

【预后和预防】 控制饮食，及时治疗高血压，合理用药，可使蛋白尿明显减少，防止或延缓肾功能恶化，预后较好。

本病应重在预防，提倡减轻体重、减少食盐的摄入、控制饮酒及适量运动等健康生活方式，积极控制高血压，血压一定要控制达标（平均动脉压达100mmHg以下，收缩压达140mmHg以下），才能预防高血压肾损害的发生。

处方及医师指导

1. 一般治疗：减肥，低盐优质蛋白质饮食，并以动物蛋白为主；限制液体入量；适当体力活动。

2. 药物治疗

（1）降血压：硝苯地平缓释片（伲福达）20mg，每日2次，和（或）贝那普利片（洛丁新）10mg，每日1次，口服。

（2）中药：百令胶囊1.0g，每日3次，口服。

（3）肾脏替代治疗。

笔记栏

第3节　系统性红斑狼疮肾损害

案例

患者,女性,25岁,教师。发现面部红斑1个月,颜面及双下肢水肿13天。

患者1月前无明显诱因出现面部红斑,无发热,无胸闷、恶心等症状,未予重视。13天前,出现面部及双下肢水肿,无尿频、尿急、尿痛,无腰酸、腰痛。两天前在我院门诊查尿蛋白(+++),尿隐血(+++),血清白蛋白26g/L,为求进一步诊治入我科。无高血压、糖尿病等病史,无肝炎、结核病史,无疫水接触史,无手术及输血史,无过敏史。

体格检查:BP 135/87mmHg。营养中等,反应灵敏,颜面浮肿,面颊部见蝶形红斑;双肺呼吸音清,未闻及干湿啰音,无胸膜摩擦音;心率88次/min,律齐,各瓣膜听诊区未闻及杂音,无心包摩擦音;腹部膨隆,未触及包块,无压痛及反跳痛,肝脾肋下未触及,移动性浊音(+);双下肢轻度凹陷性水肿。

实验室及其他检查:尿常规:蛋白(+++),隐血(+++);肾功能正常,血清白蛋白26g/L;肝胆胰肾B超均未见异常;血清HBV、HCV和HIV检查均阴性;抗核抗体阳性、ds-DNA阳性

思考题

1. 结合所学知识,你认为该病例最可能的诊断是什么?
2. 本病的治疗原则有哪些?
3. 该病的预后如何?

系统性红斑狼疮(systemic lupus erythematosus,SLE)是一种多因素引起的机体免疫失调而产生一系列自身抗体所导致的自身免疫性疾病,其临床特征是由自身抗体引起免疫炎症反应,最终导致细胞、器官的损伤和破坏。肾脏是系统性红斑狼疮侵袭的主要器官之一,肾脏受累后引起的肾小球肾炎,称为狼疮性肾炎(lupus nephritis,LN)。SLE约70%有明显的肾脏损害,但是肾活检则显示几乎所有狼疮患者都有不同程度的肾损害。狼疮性肾炎的临床表现多样,可仅为单纯性血尿和(或)蛋白尿,也可出现明显的肾病综合征或肾功能损害。狼疮性肾炎患者约40%~60%表现为肾病综合征。常因感染、受凉、日光照射、酗酒、应激、过度劳累或精神紧张等因素导致疾病发作或加重,也可因激素应用不当、减量过快或骤然停药而引起复发。每一次复发,都会使受累的脏器损害更为加重,甚至出现功能衰竭。

SLE在亚裔人群及黑人中发病率较高,约1/2000,女性多见,男女之比为1∶13,但男女患者有同样高的肾脏受累率,约占终末期肾脏病的1%~3%,并以每年新增1/40000的速率增加,平均发病年龄约为27~29岁,85%的患者年龄在55岁以下。

【病因】 系统性红斑狼疮的病因尚不清楚,目前认为与机体的遗传背景、内分泌、代谢紊乱、环境(如感染、药物、毒物)及机体免疫异常等因素有关。

1. 遗传因素 LN在人群、家族和孪生子中的发病情况提示遗传因素与本病的发生有关。单卵孪生子中两人均发病者高达30%~60%,而双卵孪生子中两人均发病者仅3%~9%。在患者的健康家族成员中也可以见到自身抗体增高的现象。女性患者多于男性,目前认为这是由于表达SLE的有关基因与X染色体相关联。研究还表明人类白细胞抗原(HLA)基因与SLE的发病有密切关系。

2. 环境因素 许多环境因素可能参与介导了系统性红斑狼疮的发病过程,包括化学药物(如肼屈嗪、普鲁卡因胺、异烟肼、甲基多巴、青霉胺、青霉素、磺胺类药物、氯丙嗪、保泰松、普萘洛尔、利舍平及避孕药等)、疫苗、毒素、紫外线、病毒、细菌(如链球菌及结核杆菌)及其产物,但是环境因素只有在遗传性因素的基础上才起诱导作用。有1/3的狼疮患者对紫外线敏感,接触紫外线后可使疾病发作或加重。紫外线可以抑制单核巨噬细胞及抗原特异性T抑制细胞的功能,但可使B细胞反应增强,使上皮细胞产生IL-1样物质增加。紫外线还可以使DNA变性。感染能刺激或诱发SLE的发作,病毒感染时DNA和RNA病毒抗体效价升高,电子显微镜下可观察到血管内皮细胞及循环淋巴细胞胞质内有病毒样颗粒存在。狼疮肾炎肾组织中也可分离出丙型肝炎病毒。

3. 内分泌因素 女性患者狼疮发病率明显高于男性,且多发生于孕龄妇女,妊娠及分娩时系统性红斑狼疮的病情可加重,提示系统性红斑狼疮与雌激素代谢产物水平升高和血浆雄激素水平的降低有关。此外在应激状况下,如外伤、手术、饥饿及精神创伤等引起垂体、肾上腺素分泌异常的情况下,也常可诱发或加重本病。

【发病机制】 系统性红斑狼疮的免疫发病机制包括B淋巴细胞异常、抗DNA抗体异常、T

淋巴细胞异常以及补体系统异常等。在正常个体当中，异常的免疫反应受到抑制，对机体有潜在危害的免疫复合物被清除。而在 SLE 患者，其体内的这种抑制性机制存在着缺陷，具有狼疮遗传易感基因的人在环境因素的刺激下，导致异常的免疫系统及调节的紊乱，产生具有致病作用的自身抗体和免疫复合物，从而引起器官和组织损伤。

1. B 淋巴细胞功能异常 SLE 患者活动期免疫球蛋白的产生明显增加，分泌 IgG 的细胞数量与疾病的活动程度呈明显相关。由于 SLE 患者多克隆 B 细胞的前身细胞在骨髓中过度产生，使多克隆 B 细胞激活而引起各种自身抗体产生过多。

2. 抗 DNA 抗体

（1）SLE 患者抗 DNA 抗体特异性的差异：抗 DNA 抗体可特异性地与脱氧核糖核酸骨架上的构象抗原决定簇、不同大小的 dsDNA 片段、ssDNA、多核苷酸、磷脂或肾小球基膜等起免疫反应。现证实抗 ssDNA 抗体和抗变性的 dsDNA 抗体都不是 SLE 所特有的抗体，在许多其他结缔组织病中检出率也很高。目前认为抗自然 dsDNA 抗体对确诊 SLE 价值较大。80% 的 SLE 患者抗自然双链 DNA 抗体阳性。

（2）抗 DNA 抗体的肾脏致病性：DNA-抗 DNA 免疫复合物对肾脏具有致病性。血清和肾脏洗脱液抗 DNA 抗体滴度的升高与疾病严重程度明显相关，尤其是在有大量的免疫球蛋白弥漫性沉积于肾小球及肾小管的病例中更为明显。IgG 类的抗 DNA 抗体更常见于累及肾脏的 SLE 患者。具有高等电点的阳离子抗 DNA 抗体比阴离子抗体对肾脏更具有致病性。这些抗体与相应的抗原结合形成免疫复合物沉积于肾脏并激活补体产生免疫炎性损害是狼疮性肾炎的主要发病机制。DNA 组蛋白与肾小球基底膜结合，并与循环中的相应抗体原位形成免疫复合物亦可能参与狼疮性肾炎的发生。对狼疮性肾炎的研究发现，细胞因子不仅参与了免疫应答的全过程，使其细胞因子网络动态平衡失调引起异常的免疫应答，同时也参与了局部的致病性作用。

3. T 淋巴细胞异常 辅助性 T 细胞功能障碍在 SLE 的发病过程中起到了关键作用，SLE 患者常伴有 T 细胞减少及抑制性 T 细胞对 B 淋巴细胞失去控制作用，其减少程度与病情的严重程度相关。最近研究认为 $CD4^{+}/CD8^{+}$ 的比值增高与临床表现有关联。T 淋巴细胞系统的异常不仅引起 B 淋巴细胞调节功能的紊乱，还可以引起细胞因子的表达紊乱，产生异常的免疫炎症反应。

4. 补体效应 SLE 患者补体系统异常，其在清除免疫复合物中起着关键作用。生理情况下补体通过 C3b 与红细胞 C3b 受体结合，使血流中形成的免疫复合物快速黏附并转运至肝脏和脾脏，被单核细胞吞噬。SLE 患者补体系统缺陷可以导致免疫复合物不能被迅速吞噬而清除，从而导致免疫复合物异常沉积。补体经经典途径或旁路途径激活或者免疫球蛋白受体缺陷都可以引起过量的免疫复合物沉积。

（1）先天性补体缺陷与 SLE 疾病发生的关系：C1q、C1r/C1s、C4 或 C3 缺乏者中 SLE 发生率为 8%，C2 缺乏者有 60% 发生 SLE。这种患者缺乏抑制免疫复合物沉积的机制．在 SLE 患者中 C4 缺乏者占 10%～15%。C4 有两个同形异构体 C4A 和 C4B，C4A 比 C4B 则能更有效地阻止免疫复合物的沉积。

（2）补体受体的缺陷与 SLE：SLE 患者中 CR1 及 C1b/C4b 的受体存在缺陷，这些补体受体在清除免疫复合物中起重要作用。SLE 发病过程中可有先天性或后天获得性补体受体异常。

（3）细胞因子：SLE 患者 IL-2、IL-4mRNA 表达明显降低，IL-1、IL-2 及 IL-2 受体均减少，但是血清中 γ-及 α-干扰素均增多，对 SLE 患者 IL-6 的研究发现在疾病活动期IL-6水平明显增高。

【病理】 系统性红斑狼疮的基本病理改变主要有沿着组织纤维和血管沉积的类纤维蛋白病变、胶原硬化改变、苏木紫小体以及广泛的小动脉和毛细血管病变（如血管壁上类纤维蛋白沉积、胶原组织增多、内皮细胞肿胀及管腔狭窄等）。由于系统性红斑狼疮的发病机制十分复杂，因此，狼疮性肾炎的肾脏病理改变呈多样化及多变化，每一患者的肾小球、肾小管间质及小血管均可能出现不同的改变。狼疮肾炎的主要组织学改变在肾小球，但是肾小管间质及小血管的改变同样也决定患者的预后。

狼疮肾炎的肾小球病变主要表现为肾小球内细胞的增殖及浸润、免疫复合物的沉积及肾小球毛细血管襻的坏死，但这些病变常表现得不均匀，因此临床上对其进行了较详细的分类。

根据 1995 年 WHO 提出的分类标准，将狼疮性肾炎按病理改变差异分为六型（表 4-3-3）。

除以上六型病变外，狼疮性肾炎还可表现为新月体型肾炎（在Ⅲ、Ⅳ型基础上出现广泛的新月体改变）、间质性肾炎（肾小球病变轻微而肾小管间质改变明显者）及肾淀粉样变等特殊类型的病变。

笔记栏

表 4-3-3　1995 年 WHO 制定的狼疮性肾炎的分类标准

分　型	病理改变
Ⅰ型：正常或轻微肾小球病变	a. 光镜、电镜及免疫荧光均无异常改变 b. 光镜下正常，但免疫荧光和(或)电镜下见系膜区免疫复合物沉积
Ⅱ型：系膜病变	a. 系膜基质增宽和(或)伴轻度系膜细胞增殖 b. 中等度的系膜细胞增殖
Ⅲ型：局灶节段性肾小球肾炎(伴轻或中度系膜病变)	a. 活动性坏死病变 b. 活动性及硬化病变 c. 硬化性病变
Ⅳ型：弥漫增殖性肾小球肾炎(系膜毛细血管内增殖/广泛内皮下沉积物)	a. 无明显结节性病变 b. 活动性坏死性病变 c. 活动性及硬化性病变 d. 硬化性病变
Ⅴ型：膜性肾小球肾炎	a. 单纯性膜性肾病 b. 伴Ⅱ型病变 c. 伴Ⅲ型病变 d. 伴Ⅳ型病变
Ⅵ型：硬化性肾小球肾炎	

狼疮性肾炎的肾小管间质损伤的常见表现为肾小管坏死、萎缩，肾小管基底膜增厚，间质中淋巴细胞浸润及间质纤维化等。肾小管间质的改变通常发生于Ⅲ、Ⅳ、Ⅵ型的狼疮肾炎中，多表现为局灶性改变，严重时也可出现较大面积的病变，肾小管间质病变的程度可明显影响患者的预后。

此外，狼疮性肾炎的肾脏组织学改变可以分为活动性指标(AL)和慢性化指标(CI)，从中可以了解患者的预后及指导临床治疗，活动性病变是临床上积极给以糖皮质激素及细胞毒类药物治疗的最重要之指标。在肾小球病变中，活动性指标包括：细胞明显增殖、纤维素样坏死、细胞核碎裂、细胞性新月体、透明样血栓、白金耳样改变和白细胞浸润；慢性化指标为肾小球硬化和纤维性新月体。肾小管间质病变中，活动性指标为单核细胞浸润，慢性化指标包括间质纤维化和肾小管萎缩。

【临床表现】　起病可隐匿，也可急骤，症状可轻可重。狼疮性肾炎累及的症状几乎包括肾小球、肾小管间质和肾血管损害的一系列症状，水肿很常见，1/6 患者在确诊时有肾功能不同程度的下降。按其临床症状可分以下几型：

1. 无症状性血尿及(或)蛋白尿型　较常见，临床表现为轻、中度蛋白尿及(或)血尿，而无水肿、高血压等临床表现。病理多为系膜增生型或局灶节段型狼疮性肾炎。

2. 急性肾炎综合征型　较少见，临床表现如链球菌感染后急性肾炎，起病急，有一定程度血尿、蛋白尿、管型尿。可有浮肿、高血压，偶可发生急性肾衰竭。

3. 急进性肾炎综合征型　较少见，临床上酷似急进性肾小球肾炎。起病急骤，发展迅速，出现少尿甚至无尿，常有血尿、蛋白尿、管型尿，可有浮肿，常无高血压或仅有轻度高血压，贫血和低蛋白血症。肾功能在短期内迅速恶化，数周或数月则发展至尿毒症。病理改变常为严重的弥漫增生型、新月体肾炎或伴严重的血管炎者。

4. 肾病综合征型　最常见，约占 60%。表现为大量蛋白尿>3.5g/d、低蛋白血症，可有明显浮肿，但不一定有血胆固醇升高。狼疮性肾炎的肾病综合征常有两种情况，一种为单纯有肾病综合征的表现，血尿无或少，无高血压或仅有轻度高血压，此类型病变发展缓慢，肾功能在长时间保持稳定，病理多为膜型狼疮性肾炎。另一种除肾病综合征的症状外，伴有血尿、高血压和肾功能损害，如不及时治疗，多数可于 2～3 年内发展至尿毒症，病理常为弥漫增生型狼疮性肾炎。

5. 慢性肾炎综合征型　表现为持续性蛋白尿、血尿、管型尿和不同程度的水肿、高血压、贫血及肾功能不全。病程长，迁延不愈发展至尿毒症。病理常为弥漫增生型狼疮性肾炎。

6. 肾小管综合征型　少见，表现为慢性间质、小管损害，可出现夜尿增多、尿比重降低、高血压、尿酶增高、电解质酸碱平衡紊乱等。

7. 临床"寂静"型　表现为没有肾脏损害的任何症状、体征，尿液检查阴性，但肾脏病理显示有狼疮性肾炎。

笔　记　栏

8. 肾功能不全 在狼疮性肾炎的晚期,患者常表现为尿毒症。由于尿毒症的免疫抑制作用,既往活动性系统性红斑狼疮的表现往往趋于静止,如抗体效价降低、狼疮的症状改善等,临床上常常可能忽视狼疮的存在。因此,表现为肾功能不全的狼疮肾炎是最容易误诊的。

弥漫性坏死性血管炎性病变为肾功能急剧恶化的原因之一。狼疮肾炎走向终末期肾功能衰竭可分为以下三种类型:

(1) 狼疮发病后短时间内走向终末期肾功能不全,亦称恶性狼疮。常常出现血小板减少和高活动度的免疫学指标的改变,多因出血(消化道、脑、肺)而导致死亡。组织学改变为新月体形成、坏死性血管炎和急性间质性肾炎,而且往往容易伴有肾小球以外的病变。

(2) 慢性进展过程中急剧恶化。患者病死率非常高,用强有力的免疫抑制药物有时可以奏效,也可以从透析治疗中解脱出来。

(3) 治疗反应差的肾病综合征逐渐走向慢性肾功能衰竭。较多见,易复发,病理上以弥漫增殖型改变为主,一般需长期进行血液净化治疗。进入血液净化治疗后则不容易出现肾外症状,免疫学活动指标基本消失,抗核抗体阴性。此时不需要用皮质类固醇治疗。狼疮肾炎处于静息状态时行肾移植,一般较少引起狼疮的复发。

案例归纳一

该患者先出现面部红斑,继而颜面及双下肢水肿,无发热,无胸闷、恶心等症状,无尿频、尿急、尿痛,无腰酸、腰痛,移动性浊音(+)。

【实验室及其他检查】

1. 血常规检查 有血液系统受累的 SLE 患者,可出现:①红细胞减少,血红蛋白减少,同时可伴有网织红细胞增多,Coombs 试验阳性;②白细胞减少,可在 $4.0\times10^9/L$ 以下,用较大剂量激素治疗的患者,可有白细胞和中性粒细胞数升高;③血小板减少,常在 $100\times10^9/L$ 以下。

2. 尿常规检查 尿液成分变化对狼疮性肾炎的诊断和疗效观察均有重要意义。LN 患者可出现血尿、蛋白尿、白细胞尿和管型尿,肾功能不全时可有尿比重下降。

3. 血液化学检查 活动性 SLE 的患者几乎均有血沉增快,部分患者即使在病情缓解期血沉仍然较高。绝大多数狼疮活动患者有高球蛋白血症,主要是 γ-球蛋白增高,少数患者有冷球蛋白血症。狼疮活动时补体水平(C3、C4、CH50,尤其是 C3)常下降,可有循环免疫复合物(CIC)增加,血中多种细胞因子如 IL-1、IL-2、IL-6 受体、肿瘤坏死因子增加。除非合并感染,C 反应蛋白一般不高。

4. 自身抗体检查 SLE 时血中可出现多种自身抗体,对诊断有重要意义。①抗核抗体(ANA):阳性率高,达 95%,特异性约 70%,可作为良好的筛选试验,周边型或均质型对 SLE 诊断意义较大,而斑点型和核仁型可见于其他的结缔组织病。当 ANA≥1/80 时对诊断颇有特异性。②抗 dsDNA 抗体;未经治疗的 SLE 患者,抗 dsDNA 抗体阳性率约为 72%,特异性较高,可达 96%,仅偶见于干燥综合征、类风湿性关节炎及慢性活动性肝炎。抗 dsDNA 抗体的浓度变化对判别 SLE 活动有一定价值。③抗 Sm 抗体:阳性率低,仅见于 25% 的 SLE 患者,99%但特异性极高,可达 99%。④抗组蛋白抗体:阳性率为 25%~60%,特异性较高,药物性狼疮 90% 阳性,偶可见于类风湿性关节炎及干燥综合征等。⑤抗 SSA(Ro)及抗 SSB(La)抗体:两种抗体对诊断 SLE 的敏感性和特异性均较差,主要见于干燥综合征患者。⑥其他抗体:SLE 时还可有多种自身抗体存在,如抗 RNP 抗体、抗磷脂抗体、抗中性粒细胞胞浆抗体(ANCA)、抗红细胞抗体、抗血小板抗体、抗淋巴细胞抗体、抗骨骼肌细胞、抗平滑肌细胞抗体、抗甲状腺上皮细胞抗体等。

5. 肾活检和皮肤狼疮带试验(LBT) 肾活检结合免疫荧光和电镜检查,对 SLE 的确诊率几乎达 100%,并可确定狼疮性肾炎的病理类型及判断疾病的活动性和慢性变程度。

皮肤 LBT 对诊断 SLE 具有较高的价值。一般取材部位在暴露部位非皮损皮肤,多取腕上伸侧外观正常的皮肤,在皮损部位取材假阳性率高。用直接免疫荧光法在皮肤的表皮与真皮连结处或皮肤附属器官基底膜处见到一条由 IgG、IgM 及(或)其他免疫球蛋白、补体组成的黄绿色荧光带,呈均质或颗粒状,则为 LBT 试验阳性。对无肾外表现的 LN,鉴别诊断有困难时,LBT 有重要意义。

案例归纳二

尿常规:蛋白(+++)、隐血(+++);肾功能正常,血清白蛋白 26g/L;肝胆胰肾 B 超均未见异常;血清 HBV、HCV 和 HIV 检查均阴性;抗核抗体阳性、抗 dsDNA 阳性。

【诊断与鉴别诊断】

1. 诊断 系统性红斑狼疮的诊断标准,目

笔记栏

前国际上普遍采用美国风湿病学会(ARA)1982年修订的诊断标准(表4-3-4)。

表4-3-4　1982年美国风湿病学会修订的系统性红斑狼疮诊断标准

标　准	定　义
(1) 颊部红斑	扁平或高出皮面的固定红斑,常不累及鼻唇沟部位
(2) 盘状红斑	隆起红斑上具有角化鳞屑及毛囊胶质栓,旧皮损呈萎缩性瘢痕
(3) 光敏感	阳光照射引起皮肤过敏
(4) 口腔溃疡	口腔、鼻腔、咽部无痛性溃疡
(5) 关节炎	2个或以上的周围性非侵蚀性关节炎
(6) 浆膜炎	①胸膜炎-胸痛,胸膜摩擦音或胸膜腔渗液;②心包炎-心电图异常,心包摩擦音或心包渗液
(7) 肾病变	①持续性蛋白尿>0.5/d;②细胞管型尿
(8) 神经病变	①癫痫发作;②精神障碍,均应排除药物或代谢紊乱所致
(9) 血液异常	①溶血性贫血;②白细胞减少($<4.0\times10^9$/L);③淋巴细胞减少($<1.5\times10^9$/L);④血小板减少($<10.0\times10^9$/L,应除外药物影响),并随机检查2次以上
(10) 免疫异常	①狼疮细胞阳性;②抗dsDNA抗体阳性;③抗Sm抗体阳性;④梅毒血清试验阳性
(11)抗核抗体	免疫荧光或类似试验滴度异常,排除药物诱发的狼疮综合征

注:以上11项指标中有4项或以上即确立诊断。狼疮肾炎的诊断标准即在上述11项指标中有4项或以上符合,并包含第7项。

在临床上对有肾脏损伤同时伴有以下几种情况的患者,要注意鉴别是否为狼疮肾炎:①关节炎或关节痛;②原因不明的发热;③出现皮疹,如蝶形红斑、盘状红斑、指趾末端充血疹、类似药疹的全身性充血性皮疹等;④脱发、乏力;⑤贫血、白细胞减少及血小板减少;⑥血清补体水平降低;⑦多浆膜炎,如原因不明的胸膜炎、心包炎及腹水征等;⑧年轻女性患者或孕龄妇女出现持续性蛋白尿等。

2. 鉴别诊断

系统性红斑狼疮是一种能引起皮肤、关节、肾脏、心脏、神经及血液等多系统损害的自身免疫性疾病。临床上常容易与一些临床表现相似的疾病如溶血性贫血、血小板减少性紫癜、慢性肾炎、心肌炎等病混淆,如对病情不进行系统分析及行相关的免疫学检查,仔细进行鉴别诊断,则常常造成误诊。一般情况下,狼疮性肾炎的诊断并不困难,但有时由于患者的临床表现不典型或临床医师对病史调查及病情分析不够,狼疮性肾炎常易与原发性肾小球肾炎及其他继发性肾小球肾炎相混淆。因此,注意掌握狼疮性肾炎的鉴别诊断要点对正确进行诊断,防止误诊、误治非常重要。

(1) 原发性肾小球肾炎:通常没有多器官受损的表现,没有关节疼痛和关节炎的表现,无皮肤损害,血清中自身抗体尤其是抗dsDNA抗体为阴性。

(2) 伴有皮肤紫癜的肾炎:应该鉴别其为过敏性紫癜性肾炎或是血栓性血小板减少性紫癜引起的肾脏损害还是狼疮肾炎因血小板减少所导致的皮下出血。一般而言,过敏性紫癜所致的皮肤损害和分布形式具有较明确的特征样改变,即紫癜通常累及四肢的伸侧面,呈对称性分布,血小板数一般在正常范围内或增多;血栓性血小板减少性紫癜常有精神症状、肾脏损害及血小板减少,容易与伴有血小板减少狼疮性肾炎混淆,但血栓性血小板减少性紫癜通常没有明显的皮肤损害,血清自身抗体为阴性,血中可见畸形和破碎的红细胞。

(3) 部分乙肝病毒相关性肾炎:在肝炎活动时,也可以出现多发性关节炎、浆膜炎、抗核抗体阳性及全血细胞的降低,此时在临床上容易与狼疮肾炎相混淆。但慢性活动性肝炎通常有肝病面容、蜘蛛痣等改变,而缺少狼疮典型的皮肤损害,抗dsDNA抗体通常为阴性结果。

(4) 感染性心内膜炎:通常也可以表现为发热、贫血、关节痛、补体下降及肾炎等,需与狼疮肾炎进行鉴别。感染性心内膜炎的患者通常有心功能的损害,出现心脏杂音,但较少累及全身其他脏器,自身抗体通常为阴性,反复血培养可检测到有细菌生长。

案例诊断要点

1. 青年女性。

笔记栏

2. 病史特点：该患者先出现面部红斑，继而颜面及双下肢水肿。

3. PE：颜面浮肿，面颊部见蝶形红斑；腹部膨隆，移动性浊音(+)；双下肢轻度指凹性水肿。

4. 实验室及其他检查：尿常规：蛋白(+++)，隐血(+++)；血清白蛋白26g/L；抗核抗体(+)、抗 dsDNA(+)。

临床诊断：狼疮性肾炎。

【治疗】 由于狼疮性肾炎肾脏病理改变的各型之间存在者相互"转型"的可能。因此，狼疮性肾炎的一般治疗原则应该是早期、及时和正确的治疗，以最大限度地控制狼疮的临床表现，改善肾脏组织的病理变化。但应根据临床表现、实验室检查和病理变化来决定治疗方案。一般认为，临床症状轻微，肾小球结构正常或轻微病变，轻度系膜增生者，可用乙酰水杨酸或 NSAID 等治疗，可同时加用小剂量激素口服。膜型狼疮性肾炎，多用激素加细胞毒药物治疗，但要注意本型治疗后蛋白尿难以完全阴转，而病情发展多呈良性经过，因此，在治疗过程中，要防止治疗过度而冒药物毒副作用的危险。WHO Ⅲ型和Ⅳ型(尤其是 WHOⅣ型)在临床上多表现为肾病综合征或急进性肾炎，甚至出现进行性肾衰竭，多主张激素加细胞毒性药物积极治疗。下面的治疗方法主要针对表现为肾病综合征的 LN。

1. 糖皮质激素 一般应根据患者的临床表现及肾脏组织学改变的程度而定。病情较轻的患者采用泼尼松口服即可，泼尼松常规用量为1mg/(kg·d)，治疗方法应该按照标准激素疗程进行，即起始剂量要足，疗程要长，撤药要慢。

病情较重者也可以用甲泼尼龙 0.5～1.0g/d，连续3天为1个疗程。一般在下列情况下可以考虑采用大剂量甲泼尼龙冲击治疗：①临床表现为急进性肾炎综合征者；②肾脏病理改变为弥漫增殖型(Ⅳ型)者；③临床上患者有明显的狼疮活动者，如血清抗 dsDNA 抗体明显增高、出现明显的低补体血症、肾功能突然恶化、出现发热及皮疹者等。

采用大剂量甲泼尼龙冲击治疗后，改为标准疗程泼尼松口服治疗。在激素治疗首始阶段，可配合滋阴降火中药，以减少外源性大剂量激素的副作用，在激素撤减至小剂量以后，酌加补气温肾中药，以防止病情反跳和激素撤减综合征。

2. 细胞毒性药物 近年的临床实践表明，细胞毒性药物联合激素治疗较单纯应用激素治疗者疗效要好得多。常用的细胞毒性药物有：

(1) 环磷酰胺：在众多的细胞毒性药物中，环磷酰胺(CTX)是最为广泛用于治疗 LN 的药物。据 NIH 资料，狼疮性肾炎患者用激素加 CTX 治疗，对保存肾功能、减少肾脏死亡率较单纯使用激素治疗明显为好。重复肾活检显示，使用激素加 CTX 治疗的患者，其肾脏狼疮活动指数和慢性指数均低于单纯应用激素的患者。激素治疗失败的患者加用 CTX 也常能取得良效。近年来有资料显示，大剂量静脉 CTX 冲击治疗对肾脏的保护效果比口服为好，并且各种副作用反而更轻。静脉 CTX 冲击疗法国外多采用每次 0.75～1.0g/m^2 体表面积，每月一次，用6次后改为每3个月1次，共二年，同时口服小剂量泼尼松(0.5mg/kg)。对于高度狼疮活动者，也可采用两周冲击的方法，即在标准激素治疗的同时，予以 CTX 8～12mg/kg 加入生理盐水中静脉点滴或静注，连续2天，每隔2周冲击一次，至累积总量为150mg/kg 后，改为每3个月冲击1次，直至病情稳定1～2年后可考虑停止 CTX 冲击治疗。

CTX 进入体内代谢后约20%从肾脏排泄，因此当患者 CCr<30ml/min 时，要适当减少用药剂量。另 CTX 不能被透析完全清除，因此透析患者用量要减少，约为原量的75%。

(2) 硫唑嘌呤(azathioprine，Aza)：具有免疫抑制作用，其能直接抑制 B 细胞功能，耗竭 T 淋巴细胞，并能减少狼疮病人的免疫复合物在肾脏沉积，此外尚有非特异性抗炎作用。有资料显示，激素加口服 Aza 治疗与激素加静脉 CTX 治疗具有相同的疗效，而且不良反应更少。但对本药的研究报道相对较少，有待进一步观察，另其对急性或严重 SLE 患者的疗效不及静脉 CTX。近年来多主张 CTX 冲击治疗6～8次后改为口服 Aza 治疗，待病情稳定后再考虑撤药。在常规免疫抑制剂量(每日2～2.5mg/kg)下长期应用 Aza 的副作用少见。

(3) 环孢素(cyclosporine A，CsA)：目前越来越多用于 SLE，特别是 LN 的治疗。研究证实，CsA 可明显降低狼疮活动指数和慢性指数，尿蛋白明显减少，肾功能有轻度改善，并且减少了激素用量。一般 CsA 用量为每日5mg/kg，分两次口服，服用3个月，以后每月减1mg/kg 至每日3mg/kg 做维持治疗。在有条件测定血药浓度的单位，血药谷浓度应维持在250～350 ng/ml。应用期间必须密切监测肝肾功能，另本药还存在着停药后极易复发的问题，且药费昂贵，目前仍暂不推荐作为第一线治疗药物。

(4) 霉酚酸酯(mycophenolate mofetil，MMF)：是一种新一代的免疫抑制剂，其作用机制为选择性抑制淋巴细胞鸟嘌呤经典合成途径，

笔记栏

抑制 T 和 B 细胞增殖，抑制抗体生成；还可阻断细胞表面黏附分子合成，抑制血管平滑肌细胞增殖。在 LN 的治疗获得了较好的疗效，且副作用较少。可应用 MMF1.0~2.0/d 口服，6 个月后改为维持治疗。

3. 大剂量免疫球蛋白 静脉输注大剂量免疫球蛋白可溶解部分肾小球内沉积的免疫复合物和提高病人的抵抗力，可明显缓解重症难治性 LN。但本方法费用昂贵，适用于体质极度衰弱，有肝功能损害，白细胞减少或缺乏，有严重感染暂时不适宜使用激素和细胞毒药物的病人。待病情缓解后必须及时使用激素和细胞毒药物以巩固疗效。

4. 抗血栓治疗 在免疫抑制治疗的同时，狼疮肾炎患者可配合使用双嘧达莫等抗血小板集聚治疗，重症狼疮肾炎（病理改变在Ⅳ级以上者）也可以采用小分子量肝素或尿激酶等进行抗凝治疗，但在抗凝治疗中应严密监视患者的出、凝血情况，防止出血。

5. 血浆置换与免疫吸附法 对危害生命的 SLE、暴发型狼疮、急进性 LN、迅速发展的肾病综合征、高度免疫活动者、常规治疗无效、对激素免疫抑制剂治疗无效或有应用禁忌者可考虑应用。免疫吸附法对致病性免疫物质清除更好，目前多用蛋白 A 做吸附剂。一般每次按公斤体重除去 40ml 血浆，每周 3 次，共 2~6 周。此疗法须同时使用免疫抑制剂，可预防或改善血浆置换后体内抗体产生反跳。

6. 透析或肾移植 对肾功能不可逆的狼疮性肾炎尿毒症患者，需依靠透析或肾移植治疗。移植肾较少再发狼疮性肾炎。

【预后和预防】 狼疮性肾炎的预后近年来有所改善，近年来狼疮性肾炎患者的存活率正逐渐提高，患者的 5 年存活率为 85%~95%，这当然应归功于早期诊断和早期治疗以及治疗手段的改进。有关年龄和预后的关系尚无定论。感染和活动性肾炎是发病后头几年内最常见的死亡原因，而晚期的主要死亡原因则为动脉硬化性心脏病。SLE 患者晚期癌症患病率增高，是导致死亡的一个相对常见原因。长期的免疫抑制药治疗使患者患癌症的危险性增大。

本病的预防关键在于重视体质因素，积极治疗病毒感染，注意药物毒性以及避免日光曝晒等。一旦患上自身免疫病，则应积极治疗，防止发生肾脏损害。

处方及医师指导

1. 一般治疗：低盐优质蛋白饮食，卧床休息，避免日光照射和使用对肾脏有损害的药物。

2. 药物治疗

（1）泼尼松龙片 55mg，每日 1 次，口服（身高 160cm，160−105=55）；

（2）钙尔奇（碳酸钙 1.5g，$VitD_3$125U）1 片，每日 1 次，口服；

（3）双嘧达莫片 75mg，每日 3 次，口服。

（4）环磷酰胺冲击：CTX 8~12mg/kg 加入生理盐水中静脉点滴或静注，连续 2 天，每隔 2 周冲击一次，至累积总量为 150mg/kg 后，改为每 3 个月冲击 1 次，直至病情稳定1~2 年后可考虑停止 CTX 冲击治疗。

第 4 节 高尿酸血症肾损害

案例

患者，男性，50 岁，干部。左足跖趾关节肿痛 17 天。

患者 17 天前无明显诱因出现左足跖趾关节肿痛，尤以深夜为甚，口服消炎痛，疗效欠佳，即来我院就诊。其父曾患痛风；无高血压、糖尿病等病史，无肝炎、结核病史，无手术及输血史，无过敏史。

体格检查：BP 120/78mmHg，T 36.6℃；神志清楚，精神可，双眼睑不肿；双肺呼吸音清，未闻及干湿啰音，无胸膜摩擦音；心浊音界正常，HR 78 次/min，律齐，各瓣膜听诊区未闻及明显病理性杂音；腹软，无压痛，肝脾肋下未触及，腹部移动性浊音(−)；双肾区无叩击痛，输尿管点压痛(−)；双下肢无水肿，左足第一跖趾关节红、肿、热，压痛；生理反射存在，病理反射未引出。

实验室及其他检查：尿常规：蛋白(+)；血常规示：WBC 12×10^9/L，N 0.80；血尿酸 550μmol/L，尿尿酸 5 mmol/24h。

思考题

1. 结合所学知识，你认为该病例最可能的诊断是什么？

2. 本病的治疗原则有哪些？

3. 如何预防该病的发生？

人类嘌呤代谢异常，尿酸生成过多或排泄减少使血中尿酸浓度增高称高尿酸血症；而尿中排

笔记栏

泄尿酸增多称高尿酸尿症。长期高尿酸血症可产生痛风性关节炎和痛风石。无论高尿酸血症还是高尿酸尿症,均可使尿酸(盐)在肾组织沉积引起肾损害称尿酸肾病(uricacid nephropathy)。

发达国家的高尿酸血症者占正常人群的5%左右。现在痛风不仅流行在西方,亦是日本、新加坡、马来西亚等亚洲国家的多发病。随着我国人民生活水平的提高及寿命的延长、人口老龄化,其发病率正迅速增加。该病多见于男性,男女之比约为20∶1,女性很少发病,如有发生大多在绝经期后。脑力劳动者及经济营养良好阶层发病较多。长期痛风有显著的肾损害者占41%,25%死于肾衰竭,痛风病人尸检几乎都有肾脏病变。

【病因和发病机制】 尿酸是嘌呤的代谢终产物。人体每日生成并排泄的尿酸约600~700mg,其中1/3的尿酸通过肠道排泄,另2/3经肾脏随尿液排出。尿酸在肾脏的排泄方式通常认为是经如下四步完成的:①肾小球的滤过(100%);②肾小管的重吸收(98%~100%);③肾小管的再分泌(50%);④分泌后的再次重吸收(40%)。最后8%~12%的由肾小球滤过的尿酸排出体外。

1. 尿酸产生过多

(1) 嘌呤摄入过多:血清尿酸含量与食物内嘌呤含量成正比。严格限制嘌呤摄入量可使血清尿酸含量降至60μmol/L(1.0mg/dl),而尿内尿酸的分泌降至1.2mmol/d(200mg/d)。摄入的食物内RNA的50%,DNA的25%都要在尿中以尿酸的形式排泄。因此,严格限制饮食中的嘌呤含量是有必要的。

(2) 内源性嘌呤产生过多:内源性嘌呤代谢紊乱较外源性因素更为重要。嘌呤由非环状到环状的合成过程要经过11步反应,其中磷酸核糖焦磷酸(PRPP)合成酶活性增加与次黄嘌呤-鸟嘌呤磷酸核糖转换酶(HGPRT)及葡萄糖6-磷酸酶缺乏均会导致嘌呤合成过多。

(3) 嘌呤代谢增加:如慢性溶血性贫血、横纹肌溶解、红细胞增多症、骨髓增生性疾病及化疗或放疗时。过度运动,癫痫状态,糖原贮积症的Ⅲ、Ⅴ、Ⅶ型,都可加速肌肉ATP的降解。心肌梗死、吸烟、急性呼吸衰竭也与ATP加速降解有关。

2. 肾清除尿酸减少

(1) 肾小球滤过减少 持续高尿酸血症的患者中90%有肾处理尿酸功能的异常。在高尿酸血症并有痛风的患者中,给予其不同的尿酸负荷,其尿酸盐清除与肾小球滤过率的比值低于正常人群。因此,痛风患者要较非痛风者分泌尿酸的量低40%。同样是嘌呤代谢或代谢增加导致的血尿酸水平增加,达到稳态时,痛风患者的血尿酸水平要较非痛风者高60~120umol/L。尿酸分泌的减少可能与肾小球滤过率的降低,肾小管分泌减少或肾小管重吸收有关。虽然高尿酸血症在慢性肾病中总是存在,但血尿酸浓度与血肌酐、血尿素氮之间的关系还不清楚。随着肾功能的减退,每单位肾小球的尿酸分泌量是增加的,但肾小管的分泌能力基本不变,肾小管的重吸收能力也是降低的,肾外尿酸的清除能力明显增加。由于药物、中毒或内源性代谢产物抑制尿酸排泄和(或)再吸收增加是最为重要的机制之一,即肾小管分泌受抑制而引起高尿酸血症。肾脏排泄受损也可使血尿酸水平增高。其机制之一是滤过率降低,这是肾功能不全或衰竭出现高尿酸血症的主要原因。尿酸净重吸收增加可发生在容量降低的情况下,这是利尿药引起高尿酸血症的机制之一。

(2) 肾小管重吸收增多 肾小管分泌尿酸减少导致了酸中毒后的继发性高尿酸血症。糖尿病的酮症酸中毒、饥饿、酒精中毒、乳酸酸中毒、水杨酸中毒都伴有有机酸的积聚(β-羟基丁酸、乙酰乙酸、乳酸或水杨酸),它们与尿酸竞争肾小管的分泌。高尿酸血症也可由于距分泌位置的远端重吸收的增强导致。这些可见于糖尿病脱水或使用利尿药时。

3. 两种因素同时存在 很多患者是尿酸产生增加和排泄减少两种因素同时存在的。如葡萄糖6-磷酸酶缺乏症的患者,从婴儿期开始就有高尿酸血症,在早年就出现了痛风。他们出现尿酸产生增加是由于进食或低血糖导致的ATP降解增加,因而加速了嘌呤的从头合成。而该酶的缺乏又会导致高乳酸血症,乳酸又与尿酸竞争分泌。有遗传性乳糖不耐受的患者,果糖1-磷酸醛缩酶的缺乏也通过这两种机制使患者出现高尿酸血症。在纯合子型患者,进食果糖后引起的呕吐、低血糖可致肝功能衰竭及近端肾小管功能丧失。进食果糖后,使患者体内果糖1-磷酸聚积,使ATP消耗增加,加速了嘌呤的代谢,进而出现高尿酸血症。乳酸酸中毒和肾小管酸中毒都使尿酸潴留。杂合子患者可能占痛风患者的1/3。酒精也可通过两种途径使尿酸潴留:过度酒精摄入加速肝脏降解ATP,增加尿酸的产出;酒精导致的高乳酸血症也阻止了尿酸的排泌。高嘌呤含量的酒精饮料(如啤酒)也是重要因素。

【病理】 高尿酸血症和(或)高尿酸尿症对肾脏的损害有三种类型,即慢性高尿酸血症肾病、急性高尿酸血症肾病和尿酸肾结石。最终均可产生肾功能不全。

1. 慢性高尿酸血症肾病 又称痛风肾病。

笔记栏

其病理基础是尿酸盐结晶在肾间质沉积、髓质部沉积较多,乳头高于皮质8倍多,因肾乳头部钠离子浓度高,尿酸钠易于沉积。在急性期尿酸盐沉积物周围有炎症细胞浸润,随后可有肾小球基膜增厚,肾小球硬化,肾小管萎缩和变性,间质血管增粗。从病理上看属于慢性间质性肾炎。关于微小结晶怎样引起急性炎症,目前认为可能尿酸结晶作为一种化学物质被中性多形核细胞吞噬,破坏了细胞内溶酶体演化过程,激活多肽或激肽系统,白细胞破坏游离酶进入局部产生了炎症。

2. 急性高尿酸血症肾病 当大量尿酸从肾排泄时,尿酸结晶在肾小管、集合管腔、肾盂以至下尿路急骤沉积。这种情况可引起管内压力增高、肾内压也高,压迫小口径肾静脉网,导致肾血管压力增高,降低肾血流灌注。管内压力增高,肾血流灌注减少及小管阻塞均可致肾小球滤过率降低,从而诱发急性肾衰竭。

3. 尿酸结石 镜下可见尿酸结晶在肾乳头和集合管内沉积。

【临床表现】 长期高尿酸血症的严重后果主要为痛风性关节炎和肾损害,肾损害仅次于关节病变。关节常有明显的症状,而肾脏病变是隐匿的,痛风反复发作10年以上方有肾损害的表现,急性高尿酸血尿肾病主要为急性肾衰竭。

1. 慢性高尿酸血症肾病 痛风性关节炎呈急性发作、深夜加重。常为精神紧张、疲劳、筵席、酗酒和感染所诱发。轻微外伤和手术也可诱发。受累关节以跖趾关节为多,其次为踝、手、腕、膝和肘关节,尤以第一跖趾关节最为常见。关节疼痛开始数小时后出现感觉过敏以及显著的红、肿、热、痛。肩、髋等大关节较少累及,但一旦受累常有渗液。随疾病进展,尿酸盐在关节内沉着逐渐增多,频繁发作后关节肥大、纤维组织增生、关节畸形,僵硬以致活动受限。

长期失治的痛风患者,在病程各个阶段发生痛风结节(或称痛风石),是由于血尿酸过高,尿酸呈过饱和状态沉积所致。除中枢神经外,见于任何部位,而关节附近较显著。可在关节周缘滑囊膜、腱鞘、软骨内和耳郭的皮下组织中发现。结节在软骨或附近侵蚀骨质,可产生穿凿样骨缺损。在关节面骨缺陷四周皮质向外向上伸延形成火山口(volcanic crate)样缺陷。

痛风肾病尿液改变主要为轻度蛋白尿和少量的红细胞,早期的肾功能变化是浓缩功能的减退,以后逐渐影响肾小球滤过功能。当有高血压、动脉硬化、糖尿病、肾囊肿和淀粉样变等病变同时存在时,则可严重危害肾功能。肾衰竭是痛风肾病的归宿。

2. 急性高尿酸血症肾病 当大量尿酸经肾脏排泄时,尿酸结晶在肾小管、集合管腔、肾盂和下尿路急性沉积,引起肾小管腔内压力增高,肾小囊内压也增高,致使肾小球滤过率急剧下降。急性高尿酸血症肾病多见于淋巴瘤、白血病等骨髓增生性疾病和恶性肿瘤广泛播散时,放疗和化疗时更易发生。其临床特征是初期尿酸排出增多,尿中有多形结晶,发生血尿及少量蛋白尿。病理进展时出现少尿和无尿,可伴有腰痛、恶心、呕吐、嗜睡等尿毒症症状。

3. 尿酸盐结石 尿酸盐结石的症状主要有尿路局部刺激症状、尿路梗阻和继发感染三方面。这些症状因结石的大小、形态、部位和有无感染而异。主要症状为肾绞痛。少数患者有双侧肾绞痛(肾-肾反射),活动后出现血尿、排石。可表现为排尿困难,尿流中断以至突然尿闭(结石性尿闭)。小的结石可从尿中排出。尿酸盐结石多呈圆形或卵圆形,表面光滑或稍粗糙,呈黄褐色,质地坚实,约80%以上的痛风病人的结石是尿酸盐,纯尿酸结石是透光的,通常不能显影,但直径2cm以上的结石可能为草酸钙和磷酸钙等混合结石可显影。上尿路巨大结石可使肾盂肾盏变形。

案例归纳一

该患者为50岁男性,以左足第一跖趾关节肿痛为主要表现,体温36.6℃,自服消炎痛,疗效欠佳。

【实验室及其他检查】

1. 血常规和血沉 急性发作期,外周血白细胞计数升高,通常为$(10\sim20)\times10^9/L$,很少超过$20\times10^9/L$。中性粒细胞相应升高。肾功能下降者,可有轻、中度贫血。血沉增快,通常小于60mm/h。

2. 尿常规检查 病程早期一般无改变,累及肾脏者,可有蛋白尿、血尿、脓尿,偶见管型尿;并发肾结石者,可见明显血尿,亦可见酸性尿石排出。

3. 血尿酸的测定 急性发作期绝大多数病人血清尿酸含量升高。一般认为采用尿酸酶法测定,男性>416μmol/L(7mg/dl),女性>357μmol/L(6mg/dl),具有诊断价值。若已用排尿酸药或肾上腺皮质激素,则血清尿酸含量可以不高。缓解期间可以正常。有2%~3%病人呈典型痛风发作而血清尿酸含量小于上述水平。有三种解释:①中心体温和外周关节温度梯度差较大;②机体处于应激状态,分泌较多肾上腺皮质激素,促进血清尿酸排泄,而远端关节内尿酸

笔记栏

钠含量仍相对较高；③已用排尿酸药或皮质激素治疗的影响。

4. 尿尿酸含量测定 在无嘌呤饮食及未服影响尿酸排泄药物的情况下，正常男性成人24小时尿尿酸总量不超过3.54mmol/(600mg/24h)。原发性痛风病人90%尿尿酸排出小于3.54mmol/24h。故尿尿酸排泄正常，不能排除痛风，而尿尿酸大于750mg/24h，提示尿酸产生过多，尤其是非肾源性继发性痛风，血尿酸升高，尿尿酸亦同时明显升高。

5. X线摄片检查 尿酸盐易于在小关节内及其附近沉积，引起慢性炎症反应和软骨、骨皮质破坏。这些部位摄片，可见关节面或骨端皮质有透光性缺损阴影，呈穿凿样、虫蚀样、蜂窝状或囊状，病变周边骨质密度正常或增生，界限清晰，有利于与其他关节病变鉴别。

案例归纳二

尿常规：蛋白(+)；血常规示：WBC 12×10^9/L，N 0.80；血尿酸550μmol/L，尿尿酸5mmol/24h。

【诊断与鉴别诊断】

1. 诊断 临床已被确定为痛风者，应注意尿和肾功能等方面检查以及时确立痛风肾病的诊断。痛风如以肾脏病症状为主者，较易漏诊和误诊。但临床有以下情况之一者要考虑原发性痛风：

(1) 中年以上的男性有痛风或关节痛的家族史者。

(2) 急性不对称小关节炎。

(3) 深夜骤发的关节炎，疼痛剧烈者。

(4) 夜尿、多尿和尿常规轻度异常或伴有肾小管功能不全和缓慢发展的肾功能减退。

(5) 脱水，使用利尿剂或输血后关节疼痛明显者。

(6) 肥胖、高血压和糖尿病伴有进行性肾功能衰竭。

(7) 关节痛伴有尿路结石，尤其X线阴性多发性结石者。

2. 鉴别诊断 高尿酸血症伴有尿液变化和肾功能减退，要考虑尿酸肾病的诊断，但应注意和原发性肾小球病鉴别。以下几点有助于鉴别诊断：

(1) 尿酸肾病血清尿酸上升较尿素氮和肌酐显著，血尿酸/血肌酐>2.5(以mg/dl计算)。

(2) 痛风肾病关节炎明显，原发性肾小球病即使有高尿酸血症也很少发生关节炎，可能这类病人对尿酸反应轻。

(3) 尿酸肾病病史长，通常先有肾小管功能受损，而肾小球功能受损轻，肾功能减退进展缓慢。肾活检在偏光显微镜下可见到双折光尿酸结晶可确立尿酸肾病诊断。由于尿酸盐沉积以肾组织深部为著，穿刺肾活检往往不易达到此深度。

总之，慢性尿酸肾病，必须确立高尿酸血症和痛风的诊断，对于伴有关节炎、痛风石者诊断较易。白血病、淋巴瘤等患者放疗、化疗时要警惕急性高尿酸血症肾病。对于泌尿系结石者，要重视对结石的病因研究，注意尿酸结石的可能性。

案例诊断要点

1. 50岁男性。

2. 病史特点：有痛风家族史。以左足第1跖趾关节肿痛主要表现。

3. 实验室检查：尿常规：蛋白(+)；血尿酸550μmol/L，尿尿酸5mmol/24h。

临床诊断：高尿酸血症肾病。

【治疗】 控制血尿酸是防止尿酸肾病恶化的重要措施。对继发性高尿酸血症重要的是去除病因。

1. 一般治疗

(1) 饮食控制：避免食用富含嘌呤类食物(动物内脏肝、肾、胰、心及脑等；鱼类中鲤鱼、鲭鱼、鱼卵、小虾；禽类中鹅、鹧鸪等)，控制蛋白的摄入[<1.0g/(kg·d)]。多食新鲜蔬菜。

(2) 多饮水：以利于尿酸排泄，还可促使尿酸结石排出。避免使用呋塞米和噻嗪类利尿剂等抑制尿酸排泄的药物。

(3) 碱化尿液：防止形成尿酸结石。常用药物为碳酸氢钠和枸橼酸钠。

2. 排尿酸药物 凡肾功能尚好、尿酸排泄也正常，可用利尿酸药物。常用的药物有羧苯磺胺(probenecid)，0.5g，日服2次或3次；亚磺酸匹拉宗(sulfinpyrazone)，作用较强，常用量每日为100~400mg；苯溴酮(benzbromaron)有效剂量每日25~100mg。

排尿酸药能使血尿酸降低，并可防止痛风结节形成，对已形成的结节使其缩小。但使用上述利尿酸药可使尿中尿酸升高，惹致结石形成，特别是起始治疗时犹然。治疗必须从小剂量开始，逐渐增加剂量，以免血尿酸值急剧下降使组织中沉积的尿酸结晶溶解而使痛风急性发作。肾功能不全者不宜使用此类药物。

3. 抑制尿酸生成的药物 别嘌呤醇是痛风的首选药物。其作用机制为抑制黄嘌呤氧化酶，从而减少了黄嘌呤和尿酸的合成。对伴有肾损害者同样有效。常用剂量300~400mg，每日服1

笔记栏

次即可。其不良反应为眩晕、恶心、发热、皮疹和血清转氨酶升高。偶尔可发生中毒性上皮坏死溶解（toxic epidermol necrolysis）。

4. 痛风急性发作的处理 可选用秋水仙碱（colchieine）和非甾体类抗炎药物。

（1）秋水仙碱：是治疗急性痛风性关节炎的首选药物，能迅速控制急性发作，具有减少尿酸结晶的沉积、减轻炎症反应、消肿和缓解疼痛的作用。目前被视为治疗痛风急性发作的特效药。用药愈早效果愈好，如急性发作最初几小时立即治疗，90%有效；如超过12小时，75%在24～48小时奏效。首次剂量为0.5～1.0mg，以后每小时0.5mg，直至疼痛缓解或出现腹泻等胃肠道症状时停用。疼痛缓解后可用0.5mg，每日1次或2次维持。胃肠道反应严重者，可用秋水仙碱2mg加入生理盐水20ml内，静脉缓慢注入，时间不短于10分钟，并防止漏入皮下。主要不良反应为胃肠道反应。肾功能不全者，24小时内剂量以不超过3mg为宜。

（2）非甾体抗炎药：在治疗急性痛风与秋水仙碱有相似效果，能迅速有效地缓解疼痛，减轻炎症。临床使用较广泛，主要有双氢芬酸钠，如扶他林、布洛芬、萘普生、吲哚美辛、舒林酸等。其中扶他林为苯乙酸消炎、止痛和解热药，比吲哚美辛强2～2.5倍，其特点为疗效强、不良反应少，个体差异小。口服剂量开始50mg，以后25mg，每日3次；舒林酸（奇诺力）为新药，它在体内代谢成具有活性的硫化物，且具有抑制前列腺素，发挥镇痛、消炎作用．其胃肠道反应轻，不影响肾脏的前列腺素，也适用老年肾功能有损害者，其半衰期长，高效，快速的使炎症、疼痛和压痛症状迅速缓解，剂量每200mg，每日2次，疗程7天。口服本药应与流汁或食物同时服用。

肾上腺皮质激素对病情严重，对秋水仙碱或非甾体抗炎药物禁忌或无效果，可口服皮质类固醇激素治疗，能迅速缓慢急性发作。泼尼松开始剂量每日30～50mg，症状缓解后，逐渐减少剂量，服药7～10天停用。也可静点ACTH 40U加入5%葡萄糖500ml；或肌注ACTH凝胶，每日40～80U 2～3天逐渐减量，乃至停药。激素虽然迅速控制症状，但停药后易反跳，长期使用激素后秋水仙碱和非甾体镇痛药疗效大大削弱。所以尽量不用皮质激素。

此外，恶性肿瘤和白血病使用化疗或放疗同时可使用别嘌呤醇预防。但注意它能增加硫唑嘌呤毒性应减量使用。

【预后和预防】 高尿酸血症肾损害早期经过有效防治效果通常较好。如防治不当，10～20年后出现慢性肾衰竭而威胁生命。

严格控制高嘌呤食物的摄入是预防尿酸性肾病的关键。一般认为动物内脏、肉汤（长时间炖肉使大部分嘌呤进入汤中）、啤酒等嘌呤含量最高，其次包括大部分鱼类、贝类、肉食及禽类，蔬菜中以芦笋、菜花、四季豆、菜豆、菠菜、蘑菇及花生等含量多，而奶、蛋、米及面制品和其他大部分蔬菜嘌呤含量较低。多食新鲜蔬菜水果。另外，要注意多喝水。血尿酸与体重指数呈正相关，因此应节制每日的进食总热量，减轻体重。痛风患者的饮食以控制在正常人食量的50%左右为妥，严禁暴饮暴食。

处方及医师指导

1. 饮食控制：避免食用富含嘌呤类食物（动物内脏）；控制蛋白摄入，不超过1.0g/（kg·d）；多食新鲜蔬菜及水果。

2. 多饮水，使每日尿量达2000～3000ml，有助于尿酸排泄；呋塞米和噻嗪类利尿剂抑制尿酸排泄，应避免使用。

3. 药物治疗：碱化尿液，碳酸氢钠片1.0g，每日3次，口服；别嘌醇0.2g，每日2次，口服。

第5节 海洛因肾病

案例

患者，男性，29岁，无业。反复眼睑及双下肢浮肿1个多月，加重4天。

患者1个多月前出现眼睑及双下肢浮肿，尿量减少，未规律治疗。5天前静脉注射矿泉水混合的海洛因，当晚昏睡阳台，次日水肿加重，伴纳差、全身乏力。就诊于我院肾内科门诊。吸食和静脉注射海洛因史4年余，无家族性肥胖、高血压、糖尿病等病史，无肝炎病及血吸虫疫水接触史，无PG过敏史。

体格检查：营养较差，反应迟钝，对答切题，眼睑水肿，全身皮肤及巩膜未见黄染，全身浅表淋巴结未及，叩诊心界正常范围，HR 76次/min，双肺呼吸音稍低，未闻及干湿性啰音，肝脾未及，腹部移动性浊音阳性，未见静脉曲张，双下肢呈指凹性水肿。

实验室及其他检查：尿常规：蛋白（+++），RBC（+）；24小时尿蛋白定量8.66g/1100ml；血生化：ALB 17g/L，BUN 6.3mmol/L，SCr 78.9μmol/L，CHO 8.66mmol/L，

笔记栏

TG 2.32mmol/L；血吗啡 27.2μg/L，尿吗啡 27.2μg/L；血清 HBV、HCV 和 HIV 检查均阴性；抗 ds-DNA、ENA 谱正常；肝功能正常；双肾 B 超：左肾 106mm×52mm×51mm，右肾 104mm×50mm×49mm，结构正常；腹部 B 超示腹水；肾活检病理诊断：弥漫膜增殖Ⅰ型，伴节段毛细血管内增生、局灶球性或节段硬化；轻度肾小管间质病变。

思考题

1. 结合所学知识，你认为该病例的最可能的诊断是什么？

2. 大量蛋白尿可见哪些疾病？

3. 如何预防该病的发生？

海洛因肾病（heroin-associated nephropathy，简称 HAN）是指长期吸食海洛因而出现大量蛋白尿、肾病综合征和进行性肾功能减退的进展性肾病。广义的与海洛因相关的肾病包括：肝炎病毒性肾小球肾炎、人类免疫缺陷病毒（human immunodeficiency virus，HIV）相关性肾炎、由于慢性经久不愈的皮肤感染所致的肾淀粉样变、由细菌所致的败血症或感染性心内膜炎所致的肾脏损害等。

HAN 多见于美国黑人海洛因成瘾者，这可能是由基因的差异决定的。在我国，随着吸毒人数的逐渐增加，HAN 也呈上升趋势。海洛因所致的肾损害 90% 为成年男性，发病年龄多在 30 岁以下。从吸毒到发生肾病的时间可为半年到 30 年不等，平均为 6.2 年。在美国曾认为是导致终末期肾衰竭的重要原因。国外有研究显示，终末期肾衰竭治疗的患者中约有 5%~6% 为阿片类相关性肾病所致，其中主要为海洛因肾病。

【病因和发病机制】 海洛因肾病是因长期吸食海洛因所致，其发病机制尚十分不明确。海洛因可能通过多种机制导致肾小球损害。

1. 补体激活和炎症反应 海洛因及其掺杂物作为抗原，可刺激自身抗体产生，致使免疫复合物在肾小球沉积，从而诱导补体激活和炎症反应导致肾小球病变，一些病例中 C1q 阳性提示补体经过经典途径激活。同时研究显示一些病例中虽有严重的炎症反应却未见沉积物沉积，提示两者在肾病中可能为两个独立的病理过程。

2. 活性产物吗啡的刺激作用 海洛因在体内代谢为活性产物吗啡，吗啡可能具有刺激系膜细胞增生，产生 TNF-α，促使成纤维细胞增生，降低金属蛋白酶活性，致使Ⅳ型胶原降解减少、系膜区基质增多等作用。

吗啡在高浓度下可诱导系膜细胞、上皮细胞、成纤维细胞和巨噬细胞等凋亡，可能也参与了肾小球病变的发展。

此外，由于静脉注射海洛因者易于感染经血液途径传播的疾病，许多海洛因肾病患者血清 HBV、HCV 或 HIV 阳性，这些病毒感染是否在海洛因肾病的发生以及其形态学表现的多样化中起有一定作用，仍有待进一步研究。

【病理】 局灶性节段性肾小球硬化曾被认为是最经典的海洛因肾病类型。然而，对欧洲海洛因成瘾者的尸体解剖研究却发现海洛因肾病以膜增生性肾小球肾炎多。随着对海洛因肾病研究的深入，目前认为海洛因肾病的病理类型有多种多样，可表现为轻微病变、局灶性球性硬化或局灶节段性肾小球硬化、膜增殖性肾小球肾炎、肾淀粉样变性和间质性肾炎等各种肾脏病理改变。肾淀粉样变性也是海洛因肾病相对常见的病理改变，多见于长期皮下注射海洛因，注射部位存在慢性化脓性感染灶的患者。国外尚报道 1 名海洛因成瘾者出现溶血性尿毒症综合征肾病。海洛因肾病免疫组化染色也无特异性，沉积物以 IgM 为主，可能与海洛因及其掺杂物引起机体免疫反应导致血清中 IgM 水平升高有关，特别是静脉注射海洛因者。免疫球蛋白的分布类型与病理学类型相对应，局灶性节段性肾小球硬化为病变区 IgM 沉积，膜增殖则可见毛细血管袢 IgM 沉积。

【临床表现】

1. 症状 临床表现不一，主要表现为肾病综合征：大量蛋白尿、低蛋白血症、高脂血症、水肿、尿少或无尿，可伴有血尿和进行性肾功能减退。有的患者发生高血压，晚期出现双肾缩小、氮质血症、贫血等。

2. 体征 眼睑和（或）双下肢不同程度的凹陷性水肿，严重者可出现全身水肿。有腹水者，腹部移动性浊音阳性。

3. 特殊类型的海洛因相关性肾病

（1）感染相关性肾炎：应用未消毒注射器导致感染性心内膜炎并发肾小球肾炎，其表现与其他原因所致的心内膜炎并发肾小球肾炎相同；另外，还可出现乙肝病毒相关肾炎、丙肝病毒相关肾炎或 HIV 相关肾炎。

（2）海洛因肾病：早期可出现肾炎改变或单纯性尿检异常，随后发生蛋白尿、肾病综合征伴进行性肾小球硬化。

（3）急性肾衰竭：通过海洛因直接毒性、导致横纹肌溶解或免疫反应等原因引发肾功能损害。

案例归纳一

该患者以反复眼睑及双下肢浮肿为主要表现,尿量减少,伴纳差、全身乏力。本次因静脉注射海洛因而诱发加重。吸食和静注海洛因史4年余。

PE:营养较差,反应迟钝,眼睑水肿,腹部移动性浊音阳性,双下肢呈凹陷性水肿。

【实验室及其他检查】

1. 血液检查 血清白蛋白降低,血脂升高;肾功能损害者,有轻、中度贫血,血肌酐和尿素氮进行性上升。血吗啡呈阳性。

2. 尿液检查 尿常规检查尿蛋白多为(+++~++++),甚至24小时尿蛋白定量可达数十克,常以中、小分子蛋白为主。尿沉渣检查可见肾小管上皮细胞、上皮细胞管型和颗粒管型及红细胞等。尿吗啡呈阳性。

3. 形态学检查 B超、CT示双肾体积可正常或增大,晚期缩小。

4. 肾活检 肾活检是重要的诊断手段。病理改变多为局灶性球性硬化或局灶性节段性肾小球硬化,亦可表现为轻微病变、膜增殖性肾小球肾炎、肾淀粉样变性和间质性肾炎等各种肾脏病理改变。

案例归纳二

尿常规:蛋白(+++),RBC(+);24小时尿蛋白定量8.66g/1100ml;血生化:ALB 17g/L,BUN6.3mmol/L,SCr 78.9μmol/L,CHO 8.66mmol/L,TG2.32mmol/L;血吗啡27.2μg/L,尿吗啡27.2μg/L;双肾B超:左肾/右肾 106mm×52mm×51mm/104mm×50mm×49mm,结构正常;腹部B超示腹水;肾活检病理诊断:弥漫膜增殖Ⅰ型,伴节段毛细血管内增生、局灶球性或节段硬化,轻度肾小管间质病变。

【诊断与鉴别诊断】

1. 诊断 有吸食海洛因史。临床表现和组织学特征无特异性,临床主要为表现大量蛋白尿、低蛋白血症、水肿、尿少或无尿,以肾病综合征多见,可伴有血尿和进行性肾功能减退。结合肾活检病理改变,并进一步排除其他继发性肾病后可做出诊断。

2. 鉴别诊断 由于海洛因肾病病理表现与乙肝相关性肾病、丙肝相关性肾病和人类获得性免疫缺陷病毒相关性肾病等类似,没有明显特异性,而同时海洛因成瘾者又常伴有HBV、HCV或HIV感染,这给诊断带来了一定困难。海洛因肾病单独或合并有HBV、HCV或HIV感染相关性肾病的诊断与鉴别诊断仍然是有待深入研究的难题之一。在现有的条件下,结合临床及肾活检表现进行排他性诊断可能是目前比较可行的方法。

案例诊断要点

1. 青年男性。

2. 病史特点:以反复眼睑及双下肢浮肿为主要表现,尿量减少,伴纳差、全身乏力。本次因静注海洛因而诱发加重。吸食和静脉注射海洛因史4年余。无肝炎及艾滋病史。

3. PE:营养较差,反应迟钝,眼睑水肿,腹部移动性浊音阳性,双下肢呈指凹性水肿。

4. 实验室及其他检查:尿常规:蛋白(+++),RBC(+);24小时尿蛋白定量8.66g/1100ml;血生化:ALB 17g/L,BUN 6.3mmol/L,SCr 78.9μmol/L,CHO 8.66mmol/L,TG 2.32mmol/L;血吗啡27.2μg/L,尿吗啡27.2μg/L;双肾B超:左肾106mm×52mm×51mm,右肾104mm×50mm×49mm,结构正常;肾活检病理诊断:弥漫膜增殖Ⅰ型,伴节段毛细血管内增生、局灶球性或节段硬化;轻度肾小管间质病变。

临床诊断:海洛因肾病;肾病综合征。

【治疗】 对于海洛因肾病,目前尚无有效的治疗手段,免疫抑制剂治疗效果不佳。治疗包括以下几个方面:

1. 一般治疗

(1) 纠正可逆的病因,中断吸食海洛因:海洛因肾病首先要纠正可逆的病因,最重要的是让患者戒毒,阻断吗啡对肾小球的进一步损害。

(2) 饮食和营养:补充营养以维持机体的营养状况和正常代谢,这有助于损伤细胞的修复和再生,提高存活率。给予正常量0.8~1.0g/(kg·d)的优质蛋白(富含必需氨基酸的动物蛋白)饮食。水肿应低盐(<3g/d)饮食。

2. 对症治疗

(1) 以肾病综合征为主要表现,凡有严重水肿、低白蛋白血症者,需卧床休息,降低代谢率,防止感染。给予控制水钠摄入、利尿消肿、减少尿蛋白、降脂及抗凝等治疗。但HAN患者对激素或细胞毒性药物(包括硫唑嘌呤、环磷酰胺等)反应性较差。

(2) 肾功能进行性损害,发生终末期肾病(ESRD)者,需要血液透析和腹膜透析治疗。

笔记栏

(3)感染是常见并发症,也是死亡主要原因之一。海洛因成瘾者肾损害伴发热时,应高度怀疑感染性心内膜炎可能,需进一步行血培养、心脏彩超检查以确诊。应早期、充分、静脉应用抗生素治疗。根据细菌培养和药物敏感试验选用对肾无毒性或毒性低的药物,并按内生肌酐清除率调整用药剂量,如青霉素 320 万~400 万 U 静滴,每 4~6 小时 1 次。

【预后和预防】 持续吸食海洛因的成瘾者,相当一部分患者在数年后进入终末期肾衰竭。但有部分患者戒毒后其临床症状缓解,尿蛋白消失,血清白蛋白恢复正常,肾功能稳定。缓解时间通常数年不等。

预防海洛因肾病的关键是加强宣传,远离毒品,坚决打击贩卖及吸食海洛因。对成瘾者要早期戒毒。

处方及医师指导

1. 一般治疗:强制戒毒。低盐优质蛋白饮食;生活规律;卧床休息,避免感受风寒和使用对肾脏有损害的药物。

2. 药物治疗

(1)利尿消肿:氢氯噻嗪 25~50mg,每日 2~3 次口服;口服氨苯蝶啶 50mg 或醛固酮拮抗剂螺内酯 20mg,两者均为每日 3 次;血浆或血浆白蛋白等静脉输注,然后接着用呋塞米 100~120mg 加于葡萄糖溶液中缓慢静脉滴注。

(2)减少尿蛋白:ACEI(如贝那普利10~20mg,每日 1 次;或福辛普利每次 10mg,每日 1 次)、血管紧张素Ⅱ受体拮抗剂(如氯沙坦 50~100mg,每日 1 次;或缬沙坦 80~160mg,每日 1 次)。

(3)降脂:辛伐他汀或洛伐他汀 10~20mg,每日 1 次,口服。

(4)抗血栓、栓塞形成:肝素每 12 小时静滴 50mg 或低分子肝素 5000U 皮下注射,或口服阿司匹林(325mg/d)和(或)双嘧达莫(50~100mg,每日 3 次),疗程 6~12 月。

(5)中药:雷公藤多苷片 20mg,每日 3 次,口服。定期复查肝、肾功能及血常规。

笔记栏

第 4 章 泌尿系统感染

案例

患者,女性,26岁,已婚。尿频、尿急、尿痛3天。

患者3天前无明显诱因出现尿频、尿急、尿痛症状,小便每小时2~3次,每次尿量30~100ml且尿液混浊,排尿灼热疼痛感明显,于2007年4月18日来我院门诊就诊。无家族性肥胖、高血压、糖尿病等病史,无肝炎、结核病史,无疫水接触史,无手术及输血史,无过敏史。

体格检查:BP 120/78mmHg,体温36.8℃;神志清楚,精神差,双睑不肿;心肺正常;腹软,耻骨联合上方压痛(+),上中输尿管点压痛(-),肝脾肋下未触及,腹部移动性浊音(-);双肾区无叩击痛;四指关节无红肿、疼痛,双下肢无水肿。

实验室及其他检查:尿常规:蛋白微量,隐血(+++),尿沉渣镜检:RBC(+)/HP,WBC(+++)/HP;血常规:WBC $6.8×10^9$/L,N 0.80;尿涂片镜检细菌25个/HP。

思考题

1. 结合所学知识,你认为该病例的最可能的诊断是什么?

2. 本病的治疗原则有哪些?

3. 如何预防该病的发生?

泌尿系统感染(urinary system infection,UTI)是指各种病原微生物在泌尿系统生长繁殖所致的尿路急、慢性炎症。根据感染发生的部位,临床可分为肾盂肾炎、膀胱炎和尿道炎。泌尿系统感染可以为无症状细菌尿或尿频、尿急、尿痛等尿路刺激症状十分显著的急性炎症。

尿路感染多见于育龄女性、老年人、免疫功能低下、肾移植和尿路畸形者。成年女性尿路感染的发生率为男性的8~10倍,未婚少女为2%,已婚女性增至5%,孕妇细菌尿发生率为7%。男性少见,50岁以后因前列腺肥大,才较多发生。老年男女尿感发生率高达10%,但多为无症状细菌尿。有症状的尿感仍以已婚育龄女性最常见。

【病因】 泌尿系统感染的病原微生物主要是细菌,极少数是病毒、真菌、衣原体、衣原体、结核杆菌及滴虫等。单纯泌尿系统感染与复杂尿路感染的病原菌有所差异。单纯泌尿系统感染病原谱中,75%为大肠埃希菌,其他依次为变形杆菌、克雷白杆菌、产气杆菌、沙雷杆菌、产碱杆菌、粪链杆菌、异常假单胞菌和葡萄球菌;并且病原菌谱基本上无年代差异和医疗设施间的差异。复杂泌尿系统感染病原谱中,大肠埃希菌不足50%,葡萄球菌、克雷白杆菌、假单胞菌属和肠杆菌属明显增多;病原菌谱年代差异和医疗设施间的差异明显,由遗传倾向。铜绿假单胞菌常发生于尿路器械检查之后。变性杆菌和克雷白杆菌常见于尿路结石患者。凝固酶阴性葡萄球菌(柠檬色和白色葡萄球菌)多见于性生活活跃期妇女。致病菌可为一种或多种细菌混合感染。厌氧菌感染少见。

【发病机制】

1. 感染途径

(1) 上行感染:即细菌沿尿道上行至膀胱、输尿管,乃至肾盂引起感染性炎症,占尿感绝大多数(约95%)。容易发生泌尿系统感染的妇女尿道口周围有肠源性革兰阴性杆菌寄居,来自于粪便污染。由于种种原因这些细菌进入膀胱。上行感染的主要证据为:①女性多见,因其尿道口接近肛门,且尿道宽且短;②泌尿系统感染再发者,其尿道口周围的细菌较对照组多,且经常存在,其菌株与引起尿路感染者相同;③女性性交后,如即做膀胱穿刺尿细菌培养,每能培养出与尿道口寄生菌相同的菌种。细菌进入膀胱后经输尿管上行,引起肾盂肾炎。其机制可能与输尿管反流有关,即使没有反流,膀胱和肾之间存在尿液相连,亦可因为细菌的纤毛与尿路黏膜附着,而移行到肾。

(2) 血行感染:即细菌从体内感染灶侵入血液到达肾脏,很少见,占泌尿系统感染3%。如果发生,绝大多数发生于原先已有严重尿路梗阻者或机体免疫力极差者及新生儿,多为金黄色葡萄球菌菌血症所致。

(3) 直接感染:外伤或泌尿系统周围脏器的感染性炎症时,病原菌直接侵入引起感染性炎症。

(4) 淋巴道感染:更为少见。下腹部和盆腔器官的淋巴管与肾周围的淋巴管由多数交通支,升结肠肝曲与右肾之间也有淋巴管沟通。当盆腔器官炎症、阑尾炎和结肠炎时,细菌也可从淋

笔记栏

巴道感染肾脏。

2. 细菌的致病力 细菌进入膀胱后，能否引起泌尿系统感染，和它的致病力有很大关系。以大肠杆菌为例，并不是它的所有菌株均能引起症状性泌尿系统感染，能引起者仅为其中的少数菌株，如O、K和H血清型菌株，它们具有特殊的致病力。细菌对尿路上皮细胞的吸附能力，是引起泌尿系统感染的重要致病力。细菌表面的菌毛是由蛋白质组成的头发样物，能与尿路上皮细胞的特殊受体吸附。例如能引起非复杂性泌尿系统感染的大肠埃希菌的某些菌株，都具有特殊的菌毛（P菌毛），它可吸附于尿路上皮细胞的含糖基团脂类的受体上。此外，这些菌株能产生溶血素等毒素，对尿路黏膜的杀菌能力有抵抗性。只有少数致病能力强的细菌才能引起非复杂性急性肾盂肾炎；相反，复杂性急性肾盂肾炎，则不一定都由致病力强的细菌引起。

3. 机体的防御功能 虽然细菌常可进入膀胱，但并都不引起泌尿系统感染，因为人体有防御尿路细菌感染的功能：①尿路通畅时，尿液可冲走绝大多数细菌；②尿液的尿素浓度高、渗透压高、有机酸含量多、pH低，均不利于细菌生长；③尿道黏膜有杀菌能力，如尿路上皮细胞可能分泌黏蛋白，有抗细菌黏着作用，膀胱黏膜可分泌IgG、IgA及通过吞噬细菌的作用而杀菌；④输尿管和膀胱连接处活瓣可防止尿液和细菌返流进入肾脏；⑤男性在排尿终末时，前列腺收缩，排泄前列腺液于后尿道，有杀菌作用。

4. 免疫反应 泌尿系统感染尤其是肾盂肾炎的病程中常有局部的或全身的免疫反应参与，包括体液免疫、细胞免疫及自身免疫反应。尿内经常可以发现免疫球蛋白IgG及IgA。有症状的患者尿中IgG较低，而无症状的菌尿患者尿中IgG则较高。若感染时期较长，患者机体则可产生特异性免疫蛋白。球蛋白及补体的活动皆可促进巨噬细胞及中性粒细胞的调理作用及吞噬功能。

5. 易感因素 在各种易感因素影响下，尿路抵抗力会被削弱，容易发生泌尿系统感染：①尿路梗阻：是最主要的易感因素，其尿感的发生率较正常者高12倍，有这种情况的尿感称为复杂性尿感，常见于尿路有器质性梗阻（如肿瘤）或功能性梗阻（如膀胱-输尿管反流）、尿路有异物存在（如结石、停留导尿管）或有肾实质病变（如多囊肾、糖尿病肾病、肾移植）等。②泌尿系统畸形和结构异常或功能缺陷：如肾发育不良、肾盂及输尿管畸形。③医疗器械操作：导尿、留置导尿、膀胱镜、输尿管插管、泌尿道手术等均可损伤局部尿路黏膜，并会将致病菌带入膀胱或上尿道而致感染。泌尿系统感染的发生率，一次导尿后为1%～2%，留置导尿管1天为50%，4天以上可达90%。④尿道内或尿道口周围有炎症病灶：如妇科炎症、细菌性前列腺炎等均易引起尿路感染。细菌性前列腺炎是青年男性尿感患者最常见的易感因素。⑤机体免疫力差：如合并糖尿病等慢性疾病、长期卧床的严重慢性病、艾滋病患者，长期使用免疫抑制剂（如肿瘤化疗、肾移植后等），均易发生尿路感染。⑥局部使用杀精化合物避孕，使阴道菌群改变，大肠埃希菌显著增加，易发生尿感。⑦目前遗传因素日益受到重视，反复发作尿感妇女，其尿路感染的家族史显著多于对照组。由于遗传而致尿路黏膜局部防御尿感的能力降低，例如尿路上皮细胞P菌毛受体的数目增加，可增加泌尿系统感染的易感性。

【病理】

1. 急性膀胱炎 急性膀胱炎的病理改变是黏膜充血、潮红，上皮细胞肿胀，黏膜下组织充血、水肿和白细胞浸润。较重者有点状或片状充血，并可出现黏膜溃疡。

2. 急性肾盂肾炎 急性肾盂肾炎可侵犯单侧或双侧肾，肾盂肾盏黏膜充血、水肿，表面有脓性分泌物，黏膜下可有细小的脓肿，于一个或几个肾乳头可见大小不一、尖端指向肾乳头、基底伸向肾皮质的楔形炎症病灶。病灶内肾小管腔中有脓性分泌物，肾小管上皮细胞肿胀、坏死、脱落。间质内有白细胞浸润和小脓肿形成，炎症剧烈时可有广泛性出血。较大的炎症病灶愈合后可留下瘢痕。肾小球一般无形态改变。合并有尿路梗阻者，炎症范围常很广泛。

3. 慢性肾盂肾炎 慢性肾盂肾炎的双侧肾脏病变不对称。肾体积缩小、表面凹凸不平；肾皮质和肾髓质变薄，肾盂扩大、畸形；肾皮质和肾乳头斑痕形成引起肾盂变形；严重者肾实质广泛萎缩形成固缩肾。肾小管萎缩；肾间质淋巴细胞、单核细胞浸润伴不同程度纤维化，急性发作时可见中性粒细胞浸润；肾小球基本正常，但晚期肾小球硬化。

【临床表现】 尿感的临床症状可无、可轻、可重。分述如下：

1. 膀胱炎 占泌尿系统感染中的60%。主要表现为尿频、尿急、尿痛及下腹部疼痛等，但一般无明显的全身感染症状。尿液常混浊、恶臭，约30%有血尿，偶可有肉眼血尿。其致病菌多为大肠杆菌，约占75%以上，已婚妇女则可为凝固酶阴性葡萄球菌，约占15%。

2. 急性肾盂肾炎 急性起病，可有或无尿频、尿急、尿痛，常有腰痛、肋脊角压痛或（和）叩痛和全身感染性症状如寒战、发热、头痛、恶心、

笔记栏

呕吐、血白细胞数升高等。血培养可能阳性。一般无高血压及氮质血症。致病菌多为大肠埃希菌,其他较常见的是变形杆菌、克雷白杆菌等引起,仅约5%为粪链球菌等球菌引起。但治疗后恢复正常。但不少肾盂肾炎的临床表现可以与膀胱炎相同,仅凭临床表现很难鉴别。

3. 慢性肾盂肾炎 50%的患者可有急性肾盂肾炎病史。出现腰部酸痛不适、间歇性尿频、排尿不适,可伴有乏力、低热、食欲减退及体重减轻。急性发作时出现急性肾盂肾炎的全身感染和膀胱炎症状;反复发作、病情迁延可合并肾小管功能损伤,出现夜尿增多、低渗、低比重尿;病情持续发展可导致尿毒症,出现相应症状。少数病人可无任何临床症状,仅表现为尿检异常和尿细菌检查阳性。

4. 尿道炎 人群中大约30%女性会出现发作性尿痛、脓尿,中段尿培养阴性或少量细菌生长。一般起病缓慢、无血尿、无耻骨上疼痛。但临床上与膀胱炎不易区分,并应与沙眼衣原体、淋球菌、单纯疱疹病毒等性传播疾病相鉴别。

5. 无症状细菌尿 是一种隐匿型尿感,即患者有细菌尿而无任何泌尿系统感染症状,常在健康人群中进行筛选时,或因其他慢性肾脏病做常规尿细菌学检查时发现不同日的2次以上清洁中段尿培养菌落计数均≥10^5个/ml,且为同一菌种;但没有任何临床症状称之为无症状细菌尿。常见于女性、老人、留置导尿、尿道器械操作后。伴脓尿时,可考虑为"无症状细菌尿"。细菌尿可来自膀胱或肾,其致病菌多为大肠杆菌。细菌尿不会影响老人的寿命。孕妇有无症状细菌尿者约占5%,如不治疗,有约20%以后会发生急性肾盂肾炎,故产前检查应包括尿细菌定量培养。

非复杂性泌尿系统感染常见于妇女,多为反复发作的急性膀胱炎,亦可为急性肾盂肾炎,一般不会导致永久性的肾损害。复杂性泌尿系统感染则在男女中均能发生,较常为肾盂肾炎,严重者可发生败血症,甚至死亡,其致病菌对抗菌药常不敏感。有可能发展为严重肾损害。

【并发症】

1. 肾乳头坏死 是急性肾盂肾炎的严重并发症之一,常发生于肾盂肾炎伴有糖尿病、止痛剂肾病、痛风性肾病或尿路梗阻时,可并发革兰阴性杆菌败血症或导致急性肾衰竭。主要表现为寒战高热、剧烈腰痛或腹痛和血尿等,可有坏死组织脱落从尿中排出,发生肾绞痛。静脉肾盂造影(IVP)可见肾乳头区有"环形征"。

2. 肾周围脓肿 常由重症急性肾盂肾炎直接扩展而来,致病菌常为革兰阴性杆菌,多有糖尿病、尿路结石等易感因素。除原有肾盂肾炎症状加剧外,常出现明显的单侧腰痛,向健侧弯腰时疼痛加剧。凡是重症急性肾盂肾炎,治疗后病情仍加重者,应考虑有此并发症的可能。超声显像、X线腹部平片、CT等检查有助于诊断。

3. 革兰阴性杆菌败血症 常见于复杂性泌尿系统感染病人,偶见于严重的单纯性肾盂肾炎患者。病情急剧、凶猛,病人出现寒战、高热及休克。预后不良,死亡率高。

4. 肾结石和尿路梗阻 变形杆菌等可产生尿素酶分解尿素,使尿液碱性化,从而使尿中磷酸盐超过饱和析出结晶,形成结石。凡泌尿系统感染炎症形成的斑痕和结石可引起尿路梗阻,导致肾盂积液、反流性肾病等,加重肾功能损伤。

> **案例归纳一**
>
> 该患者为青年已婚女性,尿频、尿急、尿痛,小便每小时2~3次,每次尿量30~100ml且尿液混浊,排尿灼热疼痛感明显;体温36.8℃,耻骨联合上方压痛(+),上中输尿管点压痛(-),双肾区无叩击痛。

【实验室及其他检查】

1. 尿常规检查 尿液外观可混浊伴腐败味;尿比重低下;尿蛋白常为阴性或微量,尿沉渣内白细胞多数显著增加,如发现白细胞管型,有助于肾盂肾炎的诊断。少部分病者有较明显的镜下血尿,极少数(<5%)可有肉眼血尿。

2. 尿白细胞 有症状的尿感常有脓尿(又称白细胞尿),即清洁尿标本尿沉渣的白细胞≥5个/高倍视野,更为准确的是用血细胞计数板计算,≥8×10^6/L。如标本不清洁,尤其是混进白带,可严重影响检查结果。白细胞酯酶试纸也可测出脓尿,本方法简便,但敏感性较镜检差一些。脓尿对尿路感染的诊断有一定帮助,但绝不能单纯依靠脓尿确诊尿路感染,因除白带污染外,泌尿生殖系统非感染性炎症(如间质性肾炎)、结核分枝杆菌、真菌和衣原体感染等均可以出现脓尿。

3. 尿细菌学检查 尿路感染诊断的确立,主要依靠尿细菌学检查。

(1) 尿标本的收集:清洁中段尿不能避免污染,故如仅做细菌培养,而不加以做含菌量计数,即是尿细菌定性培养,其结果是很不可靠的。但膀胱穿刺尿做细菌定性培养,却很可靠,不会有假阳性,是诊断尿感的金指标。清洁中段尿做尿细菌定量培养也可靠,但必须按操作规程收集尿标本。

(2) 尿沉渣镜检细菌:清洁中段尿的没有染色的沉渣用高倍镜(较暗视野)找细菌,如平均

笔记栏

每个视野≥20个细菌(包括动或不动的),即为有意义的细菌尿,其符合率可达约90%以上。此法可以迅速获得结果,并可按致病菌情况选用恰当的抗菌药。

(3) 尿细菌定量培养:其临床意义为尿含菌量≥10^5/ml,为有意义的细菌尿,常为尿感10^4~10^5/ml者为可疑阳性,需复查;如为<10^4/ml,则可能是污染。有一些快速测定有意义的细菌尿的方法已问世,如光度对比法、生物发光法等,能于2小时内测定尿内含菌量,与尿细菌定量培养比较,其敏感性约95%,特异性约99%。

(4) 化学性检查:目前常用的是亚硝酸盐试验,其诊断尿感的敏感性是70.4%,特异性是99.5%。假阴性常是由于球菌感染。临床上常采用浸试条法(亚硝酸盐试验加上白细胞酯酶测定)作为尿感的筛选试验。

(5) 细菌学检查的假阳性和假阴性:上述培养、镜检和化学性检查等几种细菌学检查法,都可有假阳性和假阴性。假阳性可见于:①尿标本被白带污染,收集不规范;②尿标本在室温下放置时间过长,超过1小时以上;③检验的技术有错误。假阴性主要可见于:①患者在近7天内用过抗菌药物;②尿液在膀胱内停留过短,不足6小时以上,细菌没有足够的时间繁殖;③收集中段尿时,消毒药不慎混入尿标本内。

4. 其他实验室检查 急性肾盂肾炎血白细胞升高,中性粒细胞核左移。血沉可增快。

5. 影像学检查 泌尿系统感染急性期不宜做X线静脉肾盂造影检查(IVP),可做B超检查以排除梗阻和结石。女性IVP的适应证为:①拟诊为肾盂肾炎;②复发的泌尿系统感染;③疑为复杂性泌尿系统感染;④感染持续存在,对治疗反应差。男性首次泌尿系统感染亦应做IVP。IVP的目的是找寻有否能用外科手术纠正的易感因素。从小儿就有泌尿系统感染反复发作史者,除IVP外,还应做排尿期膀胱-输尿管反流检查。

案例归纳二

尿常规:蛋白微量,隐血(+++),尿沉渣镜检:RBC(+)/HP,WBC(+++)/HP;血常规:WBC 6.8×10^9/L,N 0.80;尿涂片镜检细菌25个/HP。

【诊断与鉴别诊断】

1. 泌尿系统感染的诊断 常不能依靠临床症状和体征,而要依靠实验室检查,特别是细菌学检查。凡是有真性细菌尿者,均可诊断为泌尿系统感染。真性细菌尿是指:①新鲜中段非离心尿革兰染色后油镜观察,>1个菌/视野;②在排除假阳性的前提下,清洁中段尿细菌定量培养≥10^5/ml;如临床上无症状,则要求两次细菌培养均为有意义的细菌尿,且为同一菌种;③膀胱穿刺尿细菌定性培养有细菌生长。但女性有明显尿急、尿频、尿痛,且尿白细胞增多,便可疑为泌尿系统感染,如尿细菌定量培养≥10^2/ml,且为泌尿系统感染常见致病菌则可拟诊为泌尿系统感染。

2. 泌尿系统感染的定位诊断 临床表现为膀胱炎的患者,约有1/3是肾盂肾炎,故不能依靠症状和体征定位。用膀胱冲洗后尿培养法定位,其准确性超过90%,但操作复杂和费时,只能用于科学研究。尿沉渣检查抗体包裹细菌(ACB),因其特异性和敏感性不理想,对鉴别上或下尿路感染无价值。因此,目前还没有一种令人满意的实验室定位方法。临床上如患者发热>38℃,有明显肋脊角疼痛和叩痛,血白细胞增加者,可诊断为肾盂肾炎。但不少肾盂肾炎没有上述典型表现,故妇女如仅有膀胱炎症状者,可先给3天抗菌疗法,如能治愈,则常为膀胱炎,如复发,则多为肾盂肾炎。此外,复杂性尿感和致病菌为铜绿假单胞菌、变形杆菌者,多为肾盂肾炎。

3. 明确有无合并症 肾盂肾炎常见的并发症包括:①肾结石和尿路梗阻、肾盂积液;②肾乳头坏死;③肾周围脓肿;④革兰阴性杆菌败血症。

4. 泌尿系统感染的鉴别诊断

(1) 尿道综合征:患者虽有尿频、尿急、尿痛,但多次检查均无真性细菌尿,可资鉴别。尿道综合征分为:①感染性尿道综合征:最常见。患者有白细胞尿。是一种性病,患者常有不洁性交史。是由沙眼衣原体、淋球菌或单纯疱疹病毒引起。②非感染性尿道综合征:较少见,无白细胞尿,病原体检查亦阴性,其病因未明,常见于中年妇女,可能是焦虑性精神状态有关。

(2) 泌尿系结核:由结核分支杆菌引起的特殊类型的泌尿系统感染。本病尿频、尿急、尿痛更突出。一般抗菌药物治疗无效,晨尿培养结核分枝杆菌阳性,尿沉渣可找到抗酸杆菌,而普通细菌培养为阴性。结核菌素试验阳性,血清结核菌抗体测定阳性。IVP可发现肾结核X线征,部分患者可有肺、附睾等肾外结核,可资鉴别。但要注意肾结核常可与尿路感染并存。泌尿系统感染经抗菌药物治疗后,仍残留有尿路感染症状或尿沉渣异常者,应高度注意泌尿系结核的可能性。

笔记栏

案例诊断要点

1. 青年已婚女性。

2. 病史特点：以尿频、尿急、尿痛为主要表现。

3. PE：耻骨联合上方压痛(+)，上中输尿管点压痛(-)，双肾区无叩击痛。

4. 尿常规：蛋白微量，隐血(+++)，尿沉渣镜检：RBC(+)/HP，WBC(+++)/HP；血常规：WBC 6.8×10^9/L，N 0.80；尿涂片镜检细菌25个/HP。

临床诊断：急性膀胱炎。

【治疗】 在未有药物敏感试验(简称药敏)结果时，应选用对革兰阴性杆菌有效的抗菌药物，常用的是喹诺酮类或复方磺胺甲噁唑(SMZ-TMP，复方新诺明)。急性膀胱炎仅要求抗菌药物尿浓度高便可；肾盂肾炎是肾实质疾病，除尿外，血浓度亦需高，而且，最好能用杀菌药，用喹诺酮类、复方磺胺甲噁唑、氨基糖苷类抗生素、头孢菌素类、阿莫西林等均能达到上述目的。尿路感染疗效的评定标准为：①见效：治疗后复查细菌尿阴转；②治愈：完成抗菌药物疗程后，细菌尿阴转，在停止抗菌药物后1周和1个月再追踪复查1次，如没有细菌尿，或虽有细菌尿，但仅为重新感染，则可认为原先的尿感已治愈；③治疗失败：在治疗后仍持续有细菌尿或复发。应根据尿路感染的部位和类型分别给予不同的治疗。

1. 急性膀胱炎 急性单纯性膀胱炎，90%~95%是由大肠埃希菌或腐生葡萄球菌引起，可选用单剂量疗法或短疗程(3天)疗法。

初诊用药：抗菌药物短期疗程对非复杂性膀胱炎通常能治愈。可用3天疗法：用药3天，给予甲氧苄啶(TMP)0.1g，或氧氟沙星0.2g，或环丙沙星0.25g，每日2次，或复方磺胺甲噁唑(每片含SMZ 0.4g，TMP 0.08g)2片，每日2次。为了确知细菌尿是否已被肃清，应嘱患者于疗程完毕后1周复查尿细菌定量培养。用3天疗法，约90%尿感可治愈。但应指出：在男性患者、孕妇、复杂性尿感，或拟诊为肾盂肾炎者均不宜用3天疗法。

(1) 复诊时处理：停服抗菌药物7天后，复诊时患者可能表现为下述两种情况：

1) 患者已没有尿急、尿频、尿痛，但仍需做清洁中段尿细菌定量培养。①结果如为阴性，则表示患者原先患的是细菌性急性膀胱炎，且已治愈，如有可能，应嘱患者于1个月后再来复诊1次，虽然复发绝大多数发生于停药7天后，但有很少数病例，可在停药后7天至1个月之间才复发。②如果清洁中段尿细菌定量培养的结果是$\geq10^5$/ml，且为同样的致病菌，则为尿路感染复发，患者患的是肾盂肾炎，这时，应给予14天抗菌药物疗程，并按致病菌的药敏选用抗菌药物。

2) 如复诊时仍有尿急、尿频、尿痛，则需要做清洁中段尿细菌定量培养和尿常规。①如仍有细菌尿且有白细胞尿，则可诊为症状性肾盂肾炎。如经14天抗菌药物疗程。仍未能使细菌尿转阴，必须按药敏选用强有力的抗生素，使用允许范围内的最大剂量，口服治疗6周，同时，应做IVP，以了解尿路有否解剖上的异常，如果有(如尿路结石)，则应设法解除之，否则肾盂肾炎极难治愈。②如已无细菌尿，但患者仍有白细胞尿，则可能为感染性尿道综合征。③如患者没有细菌尿，也没有白细胞尿，但仍有尿频和排尿不适，则很可能为非感染性尿道综合征。

2. 急性肾盂肾炎

(1) 轻型急性肾盂肾炎：经3天疗法治疗失败的尿感，或有轻度发热和(或)肋脊角叩痛的肾盂肾炎，宜口服有效抗菌药物14天疗程，常用的抗菌药物如3天疗法所述。以喹诺酮类药为首选。一般用药72小时即显效，如有效则不需按药敏换药，因体内药物敏感试验最准确。如未显效，应按药敏更改抗菌药物。

(2) 较严重的急性肾盂肾炎：发热>38.5℃，血白细胞升高等全身感染中毒症状较明显者，宜静脉输注抗菌药物。在未有药敏结果前，可暂时使用环丙沙星0.25g，每12小时1次，或氧氟沙星0.2g，每12小时1次，必要时可改用或加用头孢噻肟2g，每8小时1次。在获得药敏报告后，可酌情改用肾毒性小且比较便宜的抗菌药物。静脉用药至患者退热72小时后，可改用口服有效的抗菌药物，完成2周疗程。

(3) 重症急性肾盂肾炎：有寒战、高热、血白细胞显著增高、核左移等严重的全身感染中毒症状，甚或出现低血压、呼吸性碱中毒，疑为革兰阴性细菌败血症者，这些患者多是复杂性肾盂肾炎，致病菌常为耐药革兰阴性杆菌，在未能获得致病菌的药物敏感试验结果之前，可选用下述抗菌药物联合治疗：①半合成的广谱青霉素：本品毒性低，价格较第3代头孢菌素便宜，如哌拉西林3g，每6小时静滴1次；②氨基糖苷类抗生素：如妥布霉素或庆大霉素1mg/kg，每8小时静滴1次；③第3代头孢菌素类：较常用的是：头孢曲松钠(ceftriaxone)1g，每12小时静滴1次，或头孢哌酮钠(cefoperazone)2g，每8小时静滴1次。通常使用一种氨基糖苷类，再加一种半合成广谱青霉素或第3代头孢菌素类。后两者和氨基糖苷类联用，有协同作用。如未能排除革兰阳性球菌

笔记栏

感染,可加用氨苄西林30mg/kg,每6小时静滴1次。患者退热72小时后,可改用口服有效的抗菌药物,完成2周疗程。

肾盂肾炎患者在病情允许时,应尽快做有关尿路影像学检查,以确定有无尿路梗阻,特别是尿路结石引起的梗阻。如不纠正尿液引流不畅,肾盂肾炎是很难彻底治好的。

3. 再发性尿路感染的处理 再发性尿感是指尿路感染经治疗后,细菌尿转阴,但以后再次发生细菌尿。再发可分为复发和重新感染。复发是由原先的致病菌再次引起尿路感染,通常是在停药1个月内发生。重新感染则是另外一种新的致病菌侵入尿路引起的感染。是否为同一种致病菌,可由尿细菌的种类和菌株来确定,而菌株可由细菌的血清型来鉴别。如无条件测定,临床上可用下述方法推断:重新感染者致病菌的药敏试验的耐药谱,与上次致病菌不相同,且常于停用抗菌药物后1个月以后才发病。对于再发的尿感(再发包括复发和重新感染)来诊者,应予以抗菌药物3天疗法(如上述),在疗程完毕后7天复查。

(1) 如症状消失,细菌尿转阴,没有白细胞尿,则可认为治愈,并说明此次尿路感染的再发是重新感染,而不是复发。重新感染表示尿路防御尿感的能力差,应考虑用长疗程低剂量抑菌疗法做预防性治疗。可用下述药物之一,在每晚临睡前排尿后服用1次,如TMP50mg、呋喃妥因50mg、氧氟沙星100mg或复方磺胺甲噁唑半片。通常使用半年,如停药后仍再发频繁,则再给予此疗法1~2年或更长。

(2) 如用3天疗法后治疗失败,即复查时仍有细菌尿,甚或有白细胞尿和尿频、尿急、尿痛,如能排除所用抗菌药物对致病菌不敏感,则此次是复发,且为肾盂肾炎,应按药敏选用有效的强有力的杀菌性抗菌药物,在允许的范围内用最大的剂量,治疗6周,希望能达到治愈目的。如不成功,可考虑延长疗程或改为注射用药。复发者应做IVP等检查尿路有否异常。

4. 妊娠期尿路感染 宜选用毒性较小的抗菌药物,如阿莫西林、呋喃妥因或头孢菌素类等。四环素类、氯霉素、喹诺酮类不宜用,复方磺胺甲噁唑、氨基糖苷类慎用。孕妇的急性膀胱炎可用阿莫西林0.25g,每8小时1次或头孢拉定0.25g,每日4次,共服7天。以后,每月要做尿细菌培养,直至分娩;急性肾盂肾炎应静脉滴注抗生素治疗,可用半合成广谱青霉素或第3代头孢菌素。

5. 男性尿路感染 50岁以前男性尿路感染少见;50岁以后,由于前列腺增生,易发生尿路感染,可用氧氟沙星0.2g,1日2次,疗程为14天。伴有慢性细菌性前列腺炎时,可用环丙沙星或复方磺胺甲噁唑治疗12~18周。治疗后仍有不少患者会再发。再发者给予上述同样的治疗。常再发者可用长疗程低剂量抑菌疗法(如上述)。

6. 无症状细菌尿 妇女、老年人无症状细菌尿不予治疗,因长期观察未见不良后果;但妊娠妇女、学龄前儿童的无症状细菌尿必须治疗;肾移植、尿路梗阻应进行治疗。

【预后和预防】 单纯性急性泌尿系统感染经治疗后,90%以上可治愈,但易再发。复杂性急性泌尿系统感染治愈率低,除非纠正了易感因素,否则很难治愈,超过半数于治疗后仍持续有细菌尿或经常复发;易于进展为慢性肾脏疾病,直至肾功能不全。

预防措施包括:①多饮水、勤排尿(2~3小时排尿1次),是最实用和有效的预防方法;②经常注意阴部的清洁;③尽量避免使用尿路器械,如必需留置导尿管,必须严格执行有关规范;④与性生活有关的常发作泌尿系统感染,于性交后即排尿是有效的预防方法;⑤有膀胱-输尿管反流患者,要养成“二次排尿”的习惯,即每一次排尿后数分钟,再排尿一次。

处方及医师指导

1. 一般治疗:鼓励患者多饮水,勤排尿;注意休息;给予易消化、高热量和富含维生素的饮食。

2. 药物治疗

(1) 在未有药敏结果时,可选用尿中浓度高的广谱抗生素,如:复方磺胺甲噁唑1.0g,bid,口服3天。

(2) 碱化尿液:碳酸氢钠片1.0g,每日3次,口服。

(3) 尿细菌培养为革兰阳性球菌者,可选用万古霉素、广谱青霉素;革兰阴性杆菌者,可选用头孢菌素类抗生素或喹诺酮类等药物。治疗至少维持2周。

笔记栏

第 5 章　间质性肾炎

第 1 节　急性间质性肾炎

案例

患者，男性，28 岁。皮肤瘙痒 14 天，皮疹伴下肢浮肿 7 天。

患者 14 天前因静脉滴注环丙沙星后出现皮肤瘙痒，停药一周后出现全身皮肤多处皮疹、瘙痒，伴面部及双下肢水肿、腰痛。用泼尼松龙后皮疹消退，水肿稍减轻。为求进一步诊治，患者于今日来我院就诊，收住我科。

体格检查：T 36.9℃，BP 135/82mmHg。神志清，精神可，自动体位；全身多处皮肤红色皮疹，双眼睑轻度水肿，睑结膜无充血；双肺呼吸音清，未闻及干湿性啰音；心浊音界正常，心率 77 次/min，心律齐，各瓣膜听诊区未闻及病理性杂音；腹软，无压痛及反跳痛，肝脾肋下未触及，肝区叩击痛(-)，腹部移动性浊音(-)，双肾区叩击痛(+)；双下肢轻度指凹性浮肿；神经系统(-)。

实验室及其他检查：尿常规 Pro(++)，RBC(++)/HP，WBC(++)/HP，尿嗜酸粒细胞(+)；中段尿培养(-)；血常规：WBC $13\times10^9/L$，N 0.75，嗜酸粒细胞0.02，RBC $4.7\times10^{12}/L$，Hb 128g/L，血小板 $200\times10^9/L$；血沉 40mm/h；血 BUN 11.50mmol/L，Cr 237μmol/L；血清循环免疫复合物(-)，抗核抗体(-)；超声示：双肾体积增大。肾穿刺活检结果示：光镜下可见 13 个肾小球，均未见明显病变。肾间质见较多淋巴细胞及中性粒细胞、嗜酸粒细胞、单核细胞浸润，部分肾小管上皮细胞空泡变性，间质纤维轻度增生。

思考题

1. 结合所学知识，你认为该病例最可能的诊断是什么？
2. 本病的治疗原则有哪些？
3. 如何预防该病的发生？

急性间质性肾炎(acute interstitial nephritis，简称 AIN)，又称急性肾小管-间质性肾炎，是一组以急性肾衰竭为临床表现、肾间质(炎症细胞浸润)及小管(退行性变)急性病变为主要病理表现的疾病。据病因可分为药物过敏性 AIN、感染相关性 AIN 及系统性疾病伴发的 AIN、病因不明的特发性 AIN 等。

急性间质性肾炎的确切发病率尚不清楚，近年来国内外对肾活检病例的进一步分析表明，急性间质性肾炎约占 6%～7%。在急性肾衰竭的病例中，急性间质性肾炎的比例达到 10%～20%。

【病因和发病机制】　AIN 是细胞免疫和体液免疫所致的免疫性炎症损伤。引起 AIN 的病因主要有以下五类：

1. 药物　能引起 AIN 的药物很多，以抗生素(β 内酰胺类、磺胺)、非甾体抗炎药、造影剂和利尿药最常见。药物(半抗原)与机体组织蛋白(载体)结合，诱发机体超敏反应(包括细胞及体液免疫反应)，导致肾小管-间质炎症。由非甾体抗炎药引起者，还能同时导致肾小球微小病变型肾病。

2. 感染　因全身感染所伴发的 AIN 称为感染相关的 AIN，一般肾脏无直接感染的证据，细菌引起的急性肾盂肾炎不属此类。可引起感染相关 AIN 的致病微生物包括细菌(如军团菌、布氏杆菌、伤寒杆菌)、病毒(如汉坦病毒、EB 病毒、巨细胞病毒)、螺旋体、支原体、衣原体、立克次体、寄生虫以及猩红热、白喉、伤寒、传染性单核细胞增多症、麻疹、梅毒、艾滋病等可伴发急性间质性肾炎。感染相关 AIN 的发病机制尚不完全清楚，一般认为与致病微生物抗原与肾间质存在交叉免疫反应有关，致病微生物的代谢物和毒素可能也有组织损伤作用。感染所致的 AIN 通常为可逆性损害，控制感染和清除感染灶，多数能康复。

3. 系统性疾病　因全身系统性疾病而伴发的 AIN，可见于系统性红斑狼疮、干燥综合征、结节病及各种免疫球蛋白病等，发病机制与系统性疾病有关。

4. 特发性　AIN 病因不清者，称为特发性 AIN。其中约 1/3 患者并发眼前色素膜炎，称为肾小管间质性肾炎-眼色素膜炎综合征(TIUN syndrome)，主要见于女性。

5. 其他　恶性肿瘤、肾移植急性排异反应

笔记栏

可因肿瘤抗原或异体抗原诱发免疫反应而致病。

【病理】 光镜检查可见肾间质水肿，弥漫性淋巴细胞及单核细胞浸润，散在嗜酸粒细胞浸润，并偶见肉芽肿。肾小管上皮细胞呈退行性变，而肾小球及肾血管正常。免疫荧光检查多阴性，由甲氧苯青霉素引起者有时可见 IgG 及 C3 沿肾小球基底膜呈线样沉积。电镜除进一步证实光镜所见外，在非甾体抗炎药引起肾小球微小病变型肾病时，还可见肾小球脏层上皮细胞足突广泛融合。

【临床表现】

1. 全身过敏表现 常见于药物过敏引起的 AIN，表现为药疹、药物热及外周血嗜酸粒细胞增多，有时还可见关节痛或淋巴结肿大。但是，由非甾体抗炎药引起者全身过敏反应表现常不明显，而以肾病综合征为主要表现，出现大量蛋白尿、低蛋白血症伴或不伴高度水肿和高脂血症。

2. 特发性 AIN 以眼前色素膜炎伴全身症状为特征，患者常反复出现"红眼病"，可伴有不同程度的发热、皮疹、肌炎、乏力、食欲减退和体重减轻等症状，部分可见骨髓、淋巴结的肉芽肿病变；肾脏损害突出表现为肾小管功能障碍，如糖尿、低比重尿等。

3. 肾功能损害 常表现少尿及非少尿性急性肾衰竭。

案例归纳一

患者青年男性，14 天前因静脉滴注环丙沙星后出现皮肤瘙痒，停药 1 周后出现全身皮肤多处皮疹、瘙痒，伴面部及双下肢水肿、腰痛，用泼尼松龙后皮疹消退，水肿稍减轻。T 36.9℃，BP 135/82mmHg。

【实验室及其他检查】

1. 尿化验异常 特征是出现无菌性白细胞尿（可伴白细胞管形，早期还可发现嗜酸粒细胞尿）、血尿及蛋白尿。蛋白尿多为轻、中度，24 小时尿蛋白定量一般<2g，但是，非甾体抗炎药引起肾小球微小病变型肾病时，却可出现大量蛋白尿（>3.5g/d），乃至肾病综合征。并常因肾小管功能损害，出现肾性糖尿、低比重及低渗透压尿。

2. 血生化 Cr、BUN 升高，Ccr 降低。可有 Cl^- 升高，CO_2-CP 下降，血 K^+ 升高，尿酸化功能下降。

3. 肾活检病理检查 可见间质弥漫性淋巴细胞、单核细胞、嗜酸粒细胞及中性粒细胞浸润；上皮样细胞肉芽肿，肾小管变性；IgG、C3 在基底膜沉积，少数抗基底膜抗体（+）。在非甾体抗炎药引起肾小球微小病变型肾病时，还可见肾小球脏层上皮细胞足突广泛融合。

案例归纳二

尿常规 Pro（++），RBC（++）/HP，WBC（+）/HP，尿嗜酸粒细胞（+）；中段尿培养（-）；血常规：WBC 13×10^9/L，N 0.75，嗜酸粒细胞 0.02，RBC 4.7×10^{12}/L，Hb 128g/L，血小板 200×10^9/L；血沉 40mm/h；血 BUN 11.50mmol/L，Cr 237.00 μmol/L；血清循环免疫复合物（-），抗核抗体（-）；超声示：双肾体积增大。肾穿刺活检结果示：光镜下可见 13 个肾小球，均未见明显病变。肾间质见较多淋巴细胞及中性粒细胞、嗜酸粒细胞、单核细胞浸润，部分肾小管上皮细胞空泡变性，间质纤维轻度增生。

【诊断与鉴别诊断】

1. 诊断

（1）药物性 AIN：典型病例有：①近期用药史；②药物过敏表现；③尿化验异常；④肾小管及肾小球功能损害。一般认为有上述表现前两条，再加上后两条中任何一条，即可临床诊断本病。但是，非典型病例（尤其是由非甾体抗炎药致病者）常无第二条，必须依靠肾活检病理检查确诊。

（2）感染性 AIN：全身感染基础上出现尿检异常并伴有肾功能进行性减退。应考虑本病的可能。

（3）特发性 AIN：无系统性疾病，3 个月内无用药或感染性疾病史。有典型的眼前色素膜炎伴全身症状及肾小管功能障碍的表现，多有急性肾衰竭表现及轻度蛋白尿、血尿。难以明确者，可行肾活检。

2. 鉴别诊断 AIN 要与急性肾小球肾炎、急进性肾炎及急性肾小管坏死等鉴别。上述疾病可发生急性肾衰，但应有原发病的临床特点。

（1）急性肾小球肾炎：通常在感染后 1～3 周后发病，以上呼吸道感染为多。表现为急性肾炎综合征，可见血尿、蛋白尿、水肿和高血压，并可伴有一过性氮质血症。补体 C3 一过性降低。可有血清抗链 O 阳性等。也可有肾小管功能损害，但以肾小球功能障碍为主，主要表现为肾小球滤过率下降、血肌酐和尿素氮升高等。肾穿刺活检以肾小球病理改变为主。

（2）急进性肾小球肾炎：通常亚急性起病，病变进行性加重，鉴别有困难时肾活检可澄清诊断。有半数以上肾小球有新月体形成。

（3）急性肾小管坏死：两者都伴有急性肾衰

笔记栏

竭和小管病变，难以鉴别。肾活检为不可缺的鉴别方法。在AIN中小管病变损及基膜和小管细胞基侧面，而细胞管腔面侧保存完好。

案例诊断要点

1. 青年男性。

2. 病史特点：应用环丙沙星后出现皮肤瘙痒，停药1周后出现全身皮肤多处皮疹、瘙痒，伴面部及双下肢水肿、腰痛。

3. PE：双眼睑轻度水肿，双肾区叩击痛(+)；双下肢轻度指凹性浮肿。

4. 实验室及其他检查：尿常规Pro(++)，RBC(++)/HP，WBC(+)/HP，尿嗜酸粒细胞(+)；中段尿培养(-)；肾功能示：血BUN 11.50mmol/L，Cr 237.00μmol/L；血沉40mm/h。超声示：双肾体积增大；肾穿刺活检结果示：光镜下可见13个肾小球，均未见明显病变。肾间质见较多淋巴细胞及中性粒细胞、嗜酸粒细胞、单核细胞浸润，部分肾小管上皮细胞空泡变性，间质纤维轻度增生。

临床诊断：急性间质性肾炎。

【治疗】 AIN治疗目的在于尽快控制炎症反应，防止肾间质纤维化的发生。因大多数AIN经去除病因后可恢复正常，延误诊治可导致不可逆的慢性肾间质纤维化，最终导致尿毒症。因此，早期诊断是治疗的关键。

1. 去除病因 停用致敏药物；感染引起者积极治疗原发病，控制感染。

2. 糖皮质激素 少数去除病因后肾功能恢复不理想者，可使用肾上腺皮质激素治疗。轻症用泼尼松每日20～40mg/d口服，4～6周后逐渐减量。重症可用大剂量甲基泼尼松龙冲击治疗。药物性及特发性间质性肾炎用激素治疗效果较好，可改善肾功能，减少炎症细胞浸润和水肿，并可防止间质纤维化。

3. 免疫抑制剂 肾功能恶化，对激素治疗反应较差者，可考虑加环磷酰胺和环孢素A治疗。但用药时间不宜过长，防止药物引起的并发症。因肾间质炎症发生10～14天后即可出现间质纤维化，当氮质血症超过2周，肾间质已广泛纤维化，肾功能恢复的可能性很小，此时不宜使用免疫抑制剂。

4. 透析治疗 急性肾衰竭病例应及时进行透析治疗。

【预后和预防】 早期诊治，预后良好，大多可逆，少数遗留慢性肾损害。若延误诊治则导致不可逆的慢性肾间质纤维化，最终发生尿毒症。

笔记栏

避免使用能引起AIN的药物，如抗生素(β内酰胺类、磺胺)、非甾体抗炎药、造影剂和利尿药等以及积极治疗感染、系统性疾病等原发病是预防的关键。

处方及医师指导

1. 停用致敏药物环丙沙星。

2. 糖皮质激素：泼尼松30mg，每日1次，顿服。

3. 控制原有感染，用阿奇霉素针0.5g静脉滴注，每日1次。

4. 呋塞米40～80mg加入100ml生理盐水中静脉滴注。

5. 必要时进行透析治疗。

第2节 慢性间质性肾炎

案例

患者，女性，30岁。服用不明中草药两年，多尿一年，恶心，呕吐，乏力两周。

患者素来体胖，两年前在某医院就诊，给以中草药散剂(具体药物不详)口服，患者间断服用，肥胖有所减轻。一年前出现多饮、多尿、夜尿多，疑为糖尿病，自行到医院查血糖正常，未予重视，仍间断服用此减肥药。两周前患者出现恶心、呕吐、乏力、食欲减退，为求系统诊治，来我院就诊。既往无高血压、糖尿病等病史，无肝炎、结核病史，无手术及输血史，无过敏史。

体格检查：T 36.9℃，BP 152/94mmHg。神志清，精神可，自动体位；全身皮肤、黏膜无黄染及出血点，全身浅表淋巴结未触及肿大；双眼睑无水肿，睑结膜无充血；双肺呼吸音清，未闻及干湿性啰音；心浊音界正常，心率80次/min，心律齐，各瓣膜听诊区未闻及明显病理杂音；腹丰满，无压痛及反跳痛，肝脾肋下未触及，肝区叩击痛(-)，腹部移动性浊音(-)，双肾区叩击痛(+)；双下肢无浮肿；神经系统(-)。

实验室及其他检查：尿常规Pro(+)，RBC(-)，尿相对密度1.010；24小时尿蛋白定量0.46g；血常规：WBC 6.5×10^9/L，N 0.65，RBC 3.7×10^{12}/L，Hb 90g/L，血小板216×10^9/L；血BUN 8.50 mmol/L，Cr 220.00μmol/L；超声示：双肾体积缩小。肾穿刺活检结果示：光镜下可见11个肾小球，肾小管上皮细胞萎缩，间质纤维化伴单核细胞浸润，免疫荧光示沿肾小管基底膜线状 C3 和 IgG 沉积。

思考题

1. 结合所学知识，你认为该病例最可能的诊断是什么？

2. 本病的治疗原则有哪些？

3. 如何预防该病的发生？

慢性间质性肾炎（chronic interstitial nephritis, CIN），又称慢性肾小管-间质性肾炎，是一组临床表现为轻度蛋白尿、肾小管功能障碍或慢性肾衰竭，病理以肾间质纤维化、炎症改变及小管萎缩为主要表现的慢性肾脏疾病。约占全部慢性肾衰竭病例的 15%～30%。

【病因】 CIN 病因多种多样，按病因分四类。

1. 原发于肾间质的疾病及狭义的间质性肾炎 常见的有慢性肾盂肾炎、肾结核、坏死性乳头炎、重金属中毒性肾脏病、放射性肾炎、止痛药肾病、肾移植及特发性慢性间质性肾炎等。

2. 继发于泌尿系统疾病的间质性肾炎 如肾动脉狭窄、肾小球硬化、梗阻性肾病及反流性肾病。

3. 继发于全身性疾病的间质性肾炎 如高尿酸血症-高尿酸尿症、高钙血症-高钙尿症、淀粉样变、糖尿病；干燥综合征、系统性红斑狼疮；多发性骨髓瘤等。

4. 遗传性疾病伴有慢性肾小管间质性疾病 如髓质海绵肾、多囊肾、遗传性肾炎等。

【发病机制】 慢性间质性肾炎是由多种原因引起肾间质的一种非特异性炎症反应。间质损害的机制与不同病因相关，包括感染、中毒、免疫机制、代谢的紊乱、尿流的机械梗阻遗传因素等致小管、间质损害。

感染性慢性间质性肾炎，其含菌的尿液渗漏入肾间质，引起炎症病变；尿中 Tamm-Horsfall 蛋白在肾间质沉积，促使间质的炎症病变进展，导致纤维化；间质瘢痕的形成主要由于尿路梗阻及膀胱输尿管返流和肾内反流，导致肾脏病形成。肾间质纤维化和血管炎，可导致肾小球发生缺血，或浸润的细胞积聚，导致肾小球囊壁的破坏，间质胶原进入肾小球引起肾小球硬化。

【病理】 慢性间质性肾炎其肾脏病理，间质除细胞浸润外，以不同程度的间质纤维化，及肾小管萎缩为主。感染性慢性间质性肾炎，肾间质中除可有多灶状淋巴细胞、单核细胞、中性粒细胞和浆细胞浸润，常伴有纤维化；肾小管萎缩、扩张及大量透明管型；小动脉壁增厚，管壁闭塞；肾小球周围纤维化，并有缺血性皱缩。有时尚见壁厚的小脓肿形成。镇痛药性慢性间质性肾炎，肾间质弥漫分布的淋巴细胞和单核细胞，伴有多灶状或弥漫性纤维化；肾小管弥漫性萎缩；肾小动脉内膜增厚，管腔狭窄；肾小球缺血性皱缩及小球周围纤维化；肾乳头可出现不同程度的凝固性坏死，易有钙化灶。马兜铃酸致慢性小管-间质肾炎，肾间质呈现寡细胞性肾间质纤维化；肾小管多灶状或大片状萎缩；小动脉壁增厚，管壁狭窄；部分病人肾小球有缺血性皱缩及缺血性硬化。

【临床表现】 慢性间质性肾炎并非均由 AIN 迁延而来，本病多缓慢隐袭发展，常首先出现肾小管功能损害。远端肾小管浓缩功能障碍出现夜尿多，低比重尿及低渗透压尿；近端肾小管重吸收功能障碍出现肾性糖尿，乃至 Fanconi 综合征；远端或近端肾小管酸化功能障碍，均可出现肾小管性酸中毒。而后，肾小球功能也受损，早期内生肌酐清除率下降，而后血清肌酐逐渐升高，直至进入尿毒症。患者尿常规变化轻微，常为轻度蛋白尿（尿常规示尿蛋白±～+，24 小时尿蛋白定量<1.5g），且常为小分子的肾小管性蛋白尿，少量红、白细胞及管型。随肾功能转坏，患者肾缩小（两肾缩小程度可不一致），出现肾性贫血及高血压。

案例归纳一

患者自服某减肥中草药散剂（具体药物不详）两年，一年前出现多饮、多尿、夜尿多，查血糖正常，未予重视，仍间断服用此减肥药。两周前患者出现恶心、呕吐、乏力、食欲减退。BP 152/94mmHg，双肾区叩击痛（+），双下肢无浮肿。

【实验室及其他检查】

1. 血常规 血红蛋白常下降，而白细胞、血小板、血沉常正常。

2. 尿液检查 尿蛋白（±～+），尿沉渣检查多为正常；24 小时尿蛋白定量<1.5g；尿糖阳性，尿酶升高；尿比重下降，尿渗透压下降；尿 β_2 微球蛋白、肌酐升高。

3. 生化检查 疾病晚期血尿素氮、血肌酐及血尿酸升高，肌酐清除率下降，CO_2CP 下降。血清钾、钠、氯可能正常。

4. 影像学检查 B 超、X 线、核素检查双肾多缩小，肾皮质有局灶粗糙瘢痕、肾盏变形。

5. 肾穿刺活检 肾穿刺病理活检可见肾小管-间质纤维化改变。

笔记栏

案例归纳二

尿常规 Pro(+),RBC(-),尿相对密度 1.010;24 小时尿蛋白定量 0.46g;血常规 RBC 3.7×10^{12}/L,Hb 90g/L;血 BUN 8.50 mmol/L,Cr 220.00μmol/L;超声示:双肾体积缩小。肾穿刺活检结果示:光镜下可见 11 个肾小球,肾小管上皮细胞萎缩,间质纤维化伴单核细胞浸润,免疫荧光示沿肾小管基底膜线状 C3 和 IgG 沉积。

【诊断与鉴别诊断】

1. 诊断 详细询问病史,结合尿检查及肾功能(常以肾小管功能减退为主)可高度疑诊,但是确诊仍常需肾活检病理检查。

2. 鉴别诊断 原发高血压性肾损害、慢性肾小球肾炎、糖尿病肾病等均可有蛋白尿、血尿、高血压及伴有肾功能受损,需与慢性间质性肾炎鉴别。结合病史和发病先后,一般不难诊断。肾活检组织检查有助于鉴别。

案例诊断要点

1. 青年女性。

2. 病史特点:服用不明药物史两年。多饮、夜尿多一年,恶心、呕吐、乏力、食欲减退两周。

3. PE:BP 152/94mmHg。双肾区叩击痛(+);双下肢无浮肿。

4. 实验室及其他检查:尿常规 Pro(+),RBC(-),尿相对密度 1.010;24 小时尿蛋白定量 0.46g;血常规 RBC 3.7×10^{12}/L,Hb 90g/L;血 BUN 8.50mmol/L,Cr 220.00 μmol/L;超声示:双肾体积缩小。肾穿刺活检结果示:光镜下可见 11 个肾小球,肾小管上皮细胞萎缩,间质纤维化伴单核细胞浸润,免疫荧光示沿肾小管基底膜线状 C3 和 IgG 沉积。

临床诊断:慢性间质性肾炎。

【治疗】 对早期 CIN 病例,应积极去除致病因子和治疗原发病,以延缓肾损害进展。对肾小管性酸中毒、肾性贫血及高血压应予相应处理。病情进入尿毒症后,应予透析或肾移植治疗。

【预后和预防】 早期诊断,积极控制和去除病因,恰当治疗可使肾间质性疾病静止,避免肾损害进展性恶化。肾功能受损较轻,经治肾功能可逐渐恢复;肾损害严重者,病情改善往往不明显,肾功能恶化,此时未能及时给予透析,可最终死于尿毒症。

积极治疗原发性疾病可预防感染及系统性疾病所致的慢性间质性肾炎;严格控制药物滥用,避免长期用药及过量用药等所致的药物性慢性间质性肾炎,特别注意避免含马兜铃酸中草药的不规范应用。

处方及医师指导

1. 停服相关减肥中草药物。

2. 纠正电解质和酸碱平衡紊乱,控制高血压,给以 EPO、叶酸、维生素 B_{12} 等纠正肾性贫血。

3. 中药冬虫夏草对肾间质病变有一定的改善作用,如:金水宝胶囊 3 粒,或百令胶囊 2 粒,每日 3 次,口服。

4. 终末期肾衰竭者进行透析治疗或行肾脏移植。

笔记栏

第6章 肾衰竭

第1节 急性肾衰竭

案例

患者,女性,40岁。皮肤疱疹7天,双侧腰痛、颜面浮肿4天。

7天前因腰部皮肤疱疹就医,诊断"带状疱疹"静脉注射阿昔洛韦750mg,连续3天。4天前晨起发现眼睑及颜面部浮肿,门诊查尿常规示尿蛋白(+),血尿素氮(BUN)13.5mmol/L,肌酐(Cr)407μmol/L,尿酸(UA)451μmol/L。B超示脂肪肝,双肾正常。次日再次复查血BUN 16.4mmol/L,Cr 509μmol/L,小便量约350ml/d入院。经血液透析4次,一周后尿量增多。住院20天痊愈出院。起病以来精神睡眠差,纳差,小便量少,大便可,体重上升。既往无肾病及尿路结石史。无长期用药史。

体格检查:神志清楚,痛苦面容,全身皮肤及巩膜未见黄染,全身浅表淋巴结未及肿大;叩诊心界不大,HR 80次/min,双肺呼吸音清,未闻及干湿性啰音;腹部稍膨隆,无压痛、反跳痛、肌紧张,肝脾未及,莫菲征(-),移动性浊音(-),肠鸣音4~5次/min,双肾区叩击痛;双下肢凹陷性水肿。

实验室及其他检查:血常规示WBC 3.4×10^9/L,N 0.39,RBC 6.4×10^{12}/L,Hb 114g/L;尿比重1.012,尿蛋白(+),尿红细胞0~5/HP,尿白细胞0~2/H,尿隐血(+)。Cr 352.4μmol/L,血K^+6.3mmol/l。B超示:双肾形态规则,左肾120mm×60mm×25mm,右肾109mm×56mm×20mm,双肾皮质回声稍强,双肾集合系统未见分离液暗区和强光团。

思考题

1. 结合所学知识,你认为该病例最可能的诊断是什么?

2. 该疾病的病因有哪些?

3. 该病的发病过程及预后如何?

近年来国际肾脏病和急救医学界趋向将急性肾衰竭(ARF)改称为急性肾损伤(acute kidney injury,AKI)。William Heberden在1802年第一次描述了AKI的临床过程。急性肾损伤是指不超过3个月的肾脏功能或结构方面的异常,包括血、尿或影像学方面的肾损伤标志物的异常。由于发生率的不断增加和死亡率的居高不下,急性肾损伤(AKI)在临床上越来越受到重视。

【病因和发病机制】 引起急性肾损伤的病因多种多样,可概括为两大类:

1. 肾中毒 对肾脏有毒性的物质,如药物中的磺胺、四氯化碳、汞剂、铋剂、二氯磺胺;抗生素中的多黏菌素,万古霉素、卡那霉素、庆大霉素、头孢噻吩钠、头孢噻啶、新霉素、二性霉素B以及碘造影剂、甲氧氟烷麻醉剂等及含马兜铃酸的中药制剂;生物毒素如蛇毒、蜂毒、毒蕈、斑蝥素等;造影剂;重金属;有机溶剂等,都可在一定条件下引起急性肾损伤。

2. 肾缺血 严重的肾缺血如重度外伤、烧伤、大手术、大量失血、产科大出血、重症感染、败血症、脱水和电解质平衡失调,特别是合并休克者,均易导致急性肾损伤。

此外,血管内溶血(如黑尿热、伯氨喹所致溶血、蚕豆病、血型不合的输血、氧化砷中毒等)释放出来的血红蛋白以及肌肉大量创伤(如挤压伤、肌肉炎症)时的肌红蛋白,通过肾脏排泄,可损害肾小管而引起急性肾损伤。

近年来,随着临床研究的发展,从流行病学角度,可以归纳为以下几类:社区获得性AKI,医院获得性AKI,脓毒血症导致AKI和ICU相关性AKI。

急性肾损伤的发病机制如下:

(1)内皮素(ET)及内皮素原NO生成失衡与AKI:内皮素由血管内皮细胞产生,是一含21氨基酸的多肽家族,有三种异构体ET1、ET2、及ET3。参与ARF发病机制的主要是ET1。

ET是由其前身ET原转化成大ET后,再经内皮素转换酶转换而来。ET有两个受体:A及B受体。前者主要存在于血管平滑肌,功能为收缩血管;后者主要存在于内皮细胞,功能为刺激内皮细胞分泌一氧化氮(NO),舒张血管。在正常情况下,这两种功能处于动态平衡,从而维持

笔记栏

血管处于正常张力。近年来发现在AKI时，正是这种ET与NO生成失衡参与了其发病机制。因内皮细胞受到缺血或中毒等损伤而使ET分泌持续增加，相反内皮细胞分泌NO的功能受到抑制，其后果为血管持续收缩，导致肾小球特别是皮质外层肾小球的血流量下降，超滤系数及肾小球滤过率（GFR）急剧下降。临床AKI病人（缺血、内毒素、药物中毒如环孢素A、造影剂等、横纹肌裂解）均可看到ET水平升高（细胞、组织或整体水平）。

(2) 肾小管细胞-基质黏附障碍与ARF：肾小管上皮细胞通过β_1整合素连接于基膜上。β_1整合素是一种跨膜蛋白。它一端通过基质受体（由精氨酸、甘氨酸和天冬酰胺组成的三肽，即RGD）与基质相连，另一端连于肾小管上皮细胞内细胞骨架。在缺血或中毒引起亚致死性损伤时，β_1整合素可由基底侧转移到管腔侧，造成肾小管上皮细胞与基膜黏附受损，细胞脱落。脱落的肾小管细胞仍具活性。互相间可通过β_1整合素发生粘连，形成管型，并粘连至尚健存的肾小管上皮细胞上，阻塞肾小管，使原尿下流受阻，因而少尿；另一方面管腔积尿肿胀，又会增加肾内压力，使肾小球滤过率进一步下降，引起AKI。

另外，代谢紊乱（炎症，胰岛素抵抗，大量超氧阴离子的产生）加重了肾损伤。

总之，急性肾损伤是多种生理异常所组成的具有特征性综合征，各种发病机理在病程的各个不同时期有其不同的意义。

【病理】 肉眼见肾脏体积增大，质软，切面肾皮质苍白，缺血，髓质呈暗红色。镜下见肾小管上皮变平，有些呈混浊肿胀、变性、脱落，管腔内有管型及渗出物。肾中毒引起者，上皮细胞的变性、坏死集中在近曲小管，其下的基膜保护完整；肾缺血所致者，上皮细胞呈灶性坏死，分散在肾小管各段中，其下的基膜往往断裂、溃破，肾间质内可见小圆形细胞浸润及水肿，有一部分死于急性肾小管坏死的患者肾脏，在光学显微镜下肾小管的形态并无改变，故肾小管坏死的命名，是不很恰当的，但这些病例，在电子显微镜下，有时仍可见到有肾小管上皮细胞的线粒体变形，内质网消失，微纤毛脱落，有些部位基膜也有微裂口。肾小球和肾小动脉一般无改变，只有发生播散性血管内凝血时，才会见到肾小球毛细血管中有纤维素性血栓。到病期的第5～6天，坏死的肾小管上皮细胞开始新生。若基膜完整，则新生的上皮细胞很快覆盖在基膜上，使肾小管形态恢复正常。但基膜有破坏者，则上皮细胞多不能再生，缺损处由结缔组织代替。

【临床表现】 AKI的分期：只有急性透析质量指南（ADQI）提出的RIFLE（危险、损伤、衰竭、丧失、终末期肾脏病，risk、injury、failure、loss、end—stage kidney disease）标准是建立在跨学科和国际共识的基础之上，2005年9月在阿姆斯特丹召开的急性肾脏损伤网（AKIN）的第一次会议有关AKI分期提出了RIFLE标准的修改方案。

案例归纳一

该患者有眼睑及颜面部浮肿、少尿等临床表现过程，并且应用阿昔洛韦的病史。PE：双肾区叩击痛。双下肢凹陷性水肿。

【实验室及其他检查】

1. 尿液检查 尿少、尿量≤17ml/h或<400ml/d，尿比重低，<1.014甚至固定在1.010左右，尿呈酸性，尿蛋白定性（+～+++），尿沉渣镜检可见粗大颗粒管型，少数红、白细胞。

2. 氮质血症 血尿素氮和肌酐升高。但氮质血症不能单独作为诊断依据，因肾功能正常时消化道大出血病人尿素氮亦可升高。血肌酐增高，血尿素氮/血肌酐≤10是重要诊断指标。此外，尿/血尿素<15（正常尿中尿素200～600mmol/24h，尿/血尿素>20），尿/血肌酐≤10也有诊断意义。

3. 血液检查 红细胞及血红蛋白均下降，白细胞增多，血小板减少。血中钾、镁、磷增高，血钠正常或略降低，血钙降低，二氧化碳结合力亦降低。

4. 尿钠定量>30mmol/L。

滤过钠排泄分数（FENa）测定，该法对病因有一定意义。

$$FENa=\frac{\text{尿钠}(mmol/L)\ \text{血钠}(mmol/L)}{\text{尿肌酐}(\mu mol/L)/\text{血肌肝}(\mu mol/L)}$$

其值>1者为急性肾小管坏死，非少尿型急性肾小管坏死及尿路梗阻。其值<1者，为肾前性氮质血症及急性肾小球肾炎。

5. 早期诊断标记物 近年来通过基因组学和蛋白质组学技术在人及动物模型上的研究发现，血浆中胱蛋白酶抑制剂C和中性粒细胞明胶酶相关脂质运载蛋白（NGAL）以及尿液中NGAL、白介素（IL）-18及肾损伤分子-1（KIM-1）可能是诊断AKI较好的生物标记物。

6. 影像技术 研究发现以人工合成的纳米级高分子树状大分子（dendrimer）作为对比剂的磁共振成像（MRI）可以在血肌酐升高之前发现AKI，并能分析急性肾衰竭（ARF）的不同病因、

笔记栏

观察药物治疗效果及进行预后判断。应用血氧水平依赖性(BOLD)MRI 能够研究 AKI 患者肾内灌注和氧化程度。采用超声多普勒测定肾动脉阻力指数(RI),在发生败血症休克的第 1 天 RI>0.74 者,5 天后出现 ARF 几率明显高于 RI 较低者。

案例归纳二

首日查血尿素氮(BUN) 13.5mmol/L,肌酐(Cr) 407μmol/L,尿酸(UA) 451μmol/L。次日复查血 BUN 16.4mmol/L, Cr 509μmol/L。B 超双肾正常。

【诊断与鉴别诊断】 AKI 的诊断标准:肾功能突然的减退(在 48h 内)。目前定义为血肌酐升高绝对值>25mmol/L(0.3mg/dl);或血肌酐较前升高>50%;或尿量减少[尿量<0.5ml/(kg·h)],时间超过 6 小时。

但需与功能性(肾前性)少尿相鉴别,上述血、尿检查可资鉴别,但在实际工作中,多借助液体补充或甘露醇、呋塞米利尿试验来协助判定。在 30~40 分钟内静脉输入 10%葡萄糖 500ml,如尿量增加(>39~50ml/h),系功能性少尿(有心功能不全者忌用该法);如血容量不足已纠正或无尿路梗阻者,可用 20%甘露醇 100~125ml 静脉注入,15 分钟注完,或静注呋塞米 80~320mg,若 2 小时内尿量仍<40ml,则可认为急性肾衰竭已形成。有条件者,应作中心静脉压测定,如<588.42Pa,应先补足血容量,才可注射甘露醇或呋塞米。

案例诊断要点

1. 年轻女性。

2. 病史特点:该患者有少尿期、多尿期、恢复期临床表现过程,并且应用阿昔洛韦的病史。本次在冬春季节交替时因饮酒而发作疼痛。既往无肾病及尿路结石史。无长期用药史。

3. PE:双肾区叩击痛。双下肢凹陷性水肿。

4. 实验室及其他检查:血常规示 WBC 3.4×10^9/L,N 0.39,RBC 6.4×10^{12}/L,Hb 114g/L;尿比重 1.012,尿蛋白(+),尿红细胞 0~5/HP,尿白细胞 0~2/HP,尿隐血(+)。Cr 352.4μmol/L,血 K^+ 6.3mmol/L。B 超示:双肾形态规则,左肾 120mm×60mm×25mm,右肾 109mm×56mm×20mm,双肾皮质回声稍强,双肾集合系统未见分离液暗区和强光团。

临床诊断:急性肾损伤(AKI)。

【治疗】 AKI 的治疗。

(1) 积极治疗原发病、去除病因。

(2) 对症、非透析治疗:一般给高热量、高维生素半流质饮食,限制入液量,可根据病人排出量决定摄入量;补充液体的预防及治疗作用已在肾前性及造影剂 AKI 中得到肯定。目前国内在各种类型 AKI 的治疗中仍广泛应用利尿剂、多巴胺等药物。利尿剂的应用包括以下两类。解除肾血管痉挛的利尿药物如:利尿合剂。作用于肾小管的利尿药物:呋塞米副作用小,可较大剂量应用。用法为 20~200mg/次静脉推注。我国常见的药物性急性间质性肾炎,数十年来一直应用的糖皮质激素(甚至合用细胞毒药及免疫抑制剂)治疗。

(3) 肾脏替代治疗(RRT):透析疗法有助于排除血中尿素氮和过多水分,纠正电解质和酸碱平衡失调,缓解尿毒症,为肾脏修复和再生争取时间。已证实,在 AKI 的替代治疗中,间断血液透析治疗(IHD)与持续血液(动-静脉或静-静脉)滤过治疗(CRRT)有着相似的疗效、病死率及并发症发生率。研究表明,在危重 AKI 或由于败血症引起 AKI 的患者中,血液滤过的治疗剂量应大于 35ml/(kg·h)。在危重 AKI 患者中进行持续低效血液透析(SLED)也能取得治疗效果,但在 SLED 治疗中采用高通量的透析器和超纯透析液才能取得最好的效果。

(4) 中药大黄、芒硝等有一定帮助。丹参可用于抗凝治疗,减轻肾血管内凝血,有疏通肾脏血液循环的作用。

(5) AKI 治疗进展:缺氧诱导因子-1(HIF-1)和血红素加氧酶 1(HO-1)在 AKI 病理生理过程中具有重要作用,许多研究认为,上调 HIF-1、HO-1 基因和蛋白水平可以改善肾小管的损伤。此外,在缺血性 AKI 中应用 EPO 或其类似物如红细胞生成刺激蛋白(darbepoetin α)等可以抑制细胞凋亡,增强肾小管上皮细胞再生,促进肾功能的恢复。

维持酸碱平衡的稳定是肾脏的重要功能,体内酸碱平衡的稳定对肾功能的保护也有重要作用。不少研究发现在 AKI 发生后,输注碱性液体可以减轻肾脏损伤。

【预后】 尽管 AKI 的诊断、治疗有了较大的进步,但是 AKI 的预后不容乐观,尤其是老年 AKI 患者的预后较差。一项研究显示,老年 AKI 患者的死亡率为 60.9%,而老年医院内获得性 AKI 患者的死亡率更高达 79.2%。感染是老年 AKI 患者死亡的独立危险因素,老年 AKI 的病因中败血症占 71.2%,而 72.5%的老年 AKI 患者均需要接受透析治疗。

笔记栏

处方及医师指导

1. 尽早去除病因,治疗原发病。

2. 对症、非透析治疗:在各种类型 AKI 的治疗中可应用利尿剂,补充液体等。

3. 肾脏替代治疗(RRT):常用的方法:间断血液透析治疗(IHD)与持续血液(动-静脉或静-静脉)滤过。

第 2 节　慢性肾衰竭

案例

患者,女,55 岁,工人。乏力、泡沫尿 5 年,恶心呕吐 3 个月入院。

患者于 5 年前无明显诱因出现乏力,泡沫尿,未予重视,3 个月前乏力加重,并且出现食欲减退、恶心。于外院查胃镜示:慢性胃炎,化验肝功能未见异常,服用"多潘立酮(吗叮啉)、乳酸菌素片"等药物后无好转,自诉双下肢有蚁爬感,偶有肌痉挛,血压达 220/100mmHg,多种降压药联合应用降压效果不理想。入院后仍恶心呕吐,尿量少,24 小时 800~1200ml,尿中有泡沫,纳差,大便每日一行,寐可。

否认高血压、糖尿病等慢性病史。

查体:T 36.2 度,P 100 次/min,R 20 次/min,BP 200/90mmHg,神清,全身皮肤黏膜未见黄染及出血点,贫血貌,浅表淋巴结未触及;双肺呼吸音粗,未闻及干湿啰音,心界大,心音遥远,HR 100 次/min,律齐,未闻及病理性杂音;腹平软,无压痛、反跳痛、肌紧张,肠鸣音不活跃,肝脾未触及,移动性浊音(+);双下肢水肿;生理反射正常存在,病理反射未引出。

实验室检查:血常规:WBC 5.7×10^9/L,Hb 75g/L,PLT 179×10^9/L。SCr 621mmol/L,BUN 25.18mmol/L,TP 65.40g/L,ALB 34.77g/L。尿常规:蛋白(++)。双肾 B 超:大小:右肾:90mm×35 mm×18mm,左肾:96mm×50mm×20mm,双肾实质回声增强,皮髓质界限欠清晰,CDFI 显示血管灌注稍减低,阻力指数:右肾:0.69 左肾:0.71。超声心动:少量心包积液。

思考题

1. 结合所学知识,你认为该病例最可能的诊断是什么?

2. 该患者的血压为何控制不理想?

3. 如何延缓该病的进展?

慢性肾脏病(chronic kidney disease,CKD)病人的人数在持续增长,但 CKD 患者的生存率仍然很低,2000 年修订的"改善肾脏疾病预后与生存质量的倡议"(NKF K-DOQI,2000)的临床实践指南定义了慢性肾脏病,"慢性肾脏病"(CKD)这一概念涵盖所有的慢性肾功能减退,也包括同种异体移植肾的功能不全及依赖透析的肾功能衰竭(后者统称为"终末期肾病")。在慢性肾脏病的指南中,慢性肾脏病的定义是符合下述至少一条且持续 3 个月以上。

(1)肾脏结构或功能的改变,伴或不伴 GFR 的下降,可以表现为病理检查的异常、血、尿化验检查的异常或影像学检查的异常。

(2)GFR<60ml(min·$1.73m^2$)。

慢性肾脏病的分期(1~5 期)是根据测定的或估算的 GFR 的水平(表 1),慢性肾脏病第 1 期是指 GFR>90ml(min·$1.73m^2$)并伴有肾损害的证据(见上),第 2 期是指有肾损害的证据且 GFR 为 60~89ml(min·$1.73m^2$)。第 3、4 期是根据 GFR 的水平而定义的,伴或不伴肾损害。第 5 期(肾衰竭)是指 GFR<15ml(min·$1.73m^2$)或具有接受肾替代治疗包括血透、腹透和肾移植的指征(表 1)。也就是说,有些第 5 期由于尿毒症的症状需要接受肾替代治疗,而若仅根据 GFR 的水平,它们应被划分到第 4 期〔GFR15~29ml(min·$1.73m^2$)〕(表 4-6-1)。

表 4-6-1　慢性肾脏病的分期

分期	描　述	GFR〔ml(min·$1.73m^2$)〕
1	肾损害,GFR 正常或偏高	>90
2	肾损害,GFR 轻度下降	60~89
3	GFR 中度下降	30~59
4	GFR 重度下降	15~29
5	肾衰竭	<15 或透析

摘自《慢性肾脏病的 K/DOQI 临床实践指南:评估、分类和分层》

在各种慢性肾脏病的基础上,当疾病进一步恶化以致有功能的肾单位残存不多时,就会发生内环境紊乱,主要表现为代谢产物及毒性物质在体内潴留,以及水、电解质和酸碱平衡紊乱,并伴有一系列临床症状,这就是慢性肾衰竭(chronic renal failure)。

【病因和发病机制】　引起肾衰竭的疾病,以慢性肾小球肾炎为最常见,约占 50%~60%。肾小动脉硬化症、慢性肾盂肾炎以及全身性红斑狼疮等也是较为常见的原因。其他如肾结核、糖尿病性肾小球硬化症、先天性和遗传性肾病,以及结石、肿瘤、前列腺肥大等引起的尿道梗阻也可导致肾衰竭。近年来,由于糖尿病发病率的增高,糖尿病肾病所致肾衰竭的比例也大大地增加了。

有关慢性肾衰竭的发病机制,一般采用"健存"肾单位学说(intact nephron hypothesis)来解释。此学说认为:当肾脏病变严重时,大部分肾单位毁损,病变肾单位的功能丧失,残存的肾单位则需加倍工作,以补偿被毁坏了的肾单位功能,随着病变的进展,"健存"的肾单位越来越少,即使加倍工作亦无法代偿时,内环境开始发生紊乱,就出现肾衰竭的症状。

Bricker 在 20 世纪 70 年代提出的矫枉失衡假说(trade-off hypothesis)可以认为是对"健存"肾单位学说的一个补充。Bricker 指出,当肾功能衰竭时,机体会出现某些代谢异常(不平衡),为了矫正这种异常,却又引起机体新的失衡现象,如肾小球滤过率下降,尿磷排出减少,血磷升高,随之钙降低,导致甲状旁腺素分泌增多,这种情况持续下去,就会引起继发性甲状旁腺功能亢进,随之而来,可产生肾性骨病、周围神经病变、皮肤瘙痒及转移性钙化等一系列失衡症状,从而使内环境的紊乱进一步加剧。

还有人提出了肾小球过度滤过学说,当健存肾单位为了代偿被毁坏了肾单位功能时,不得不增高肾小球血液灌注及滤过率,如长期过度负荷,便可导致肾小球硬化,导致肾功能的进一步恶化。

【临床表现与病理生理】 在肾功能不全早期,仅有原发病的症状。若病情发展至"健存"肾单位不能适应机体的要求时,尿毒症症状就会表现出来。

尿毒症的症状相当复杂,累及全身各个脏器和组织,主要有:

1. 胃肠道表现 厌食是常见的早期表现,还有恶心、呕吐、腹痛、腹泻、舌炎、口有尿臭味、口腔糜烂、应激性溃疡及消化道出血等。

2. 精神神经系统表现 精神委靡不振、疲乏、头晕、头痛、性格改变、记忆力减退、烦躁、失眠、四肢麻木、手足灼痛,有时出现下肢痒痛或"不安腿"综合征(下肢有蚁爬、发痒感,需移动双腿或行走后才舒适,肢端袜套样的感觉丧失),可有嗅觉异常,神经性耳聋,咽部及舌部肌肉无力、排尿困难、尿潴留等。晚期出现嗜睡、烦躁、谵语、肌肉颤动甚至抽搐、惊厥、意识障碍乃至昏迷。致精神神经症状的原因可能是代谢产物潴留,电解质平衡失调,代谢性酸中毒,"中分子物质"潴留等对神经系统作用的结果。

3. 心血管系统表现 常有高血压和左心室肥大、心肌损害、心力衰竭、心律紊乱,并可有小动脉、视网膜小动脉硬化可影响视力及视网膜出血。严重者可出现心包摩擦音(纤维素性心包炎),少数可有心包积液,甚至发生心包填塞。

4. 造血系统表现 严重贫血为主要症状,晚期患者多有出血倾向,常伴有皮下瘀斑,鼻衄、牙龈出血,甚或发生呕血、便血、血尿、颅内出血、月经过多症,少数可有心包出血。一般认为血小板数量减少不是造成出血的主要原因,主要病因是血小板的功能障碍。部分病例白细胞减少。

5. 呼吸系统表现 呼出的气体有尿味、易患支气管炎、肺炎、胸膜炎。严重代谢性酸中毒时,可出现库司玛大呼吸。可有尿毒症支气管炎、肺炎、胸膜炎等。

6. 皮肤表现 皮肤瘙痒是常见症状.干燥、脱屑、无光泽。部分患者皮肤较黑,系弥漫性黑色素沉着所致。尿毒从汗腺排出后,会凝成白色结晶称为"尿素霜"。肤色晦暗、清瘦或臃肿,呈营养不良表现。

7. 骨骼系统表现 可出现肾性骨病,包括肾性骨软化症、纤维性骨炎、骨硬化症及转移性钙化等,多见于病程较长或长期透析者,这与高磷血症、低钙血症、继发性甲状旁腺机能亢进,活性维生素 D 合成障碍,胶原蛋白代谢障碍以及慢性酸中毒有关(图 4-6-1)。

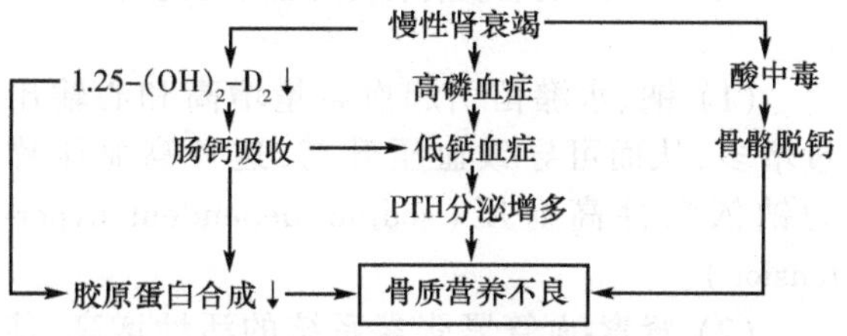

图 4-6-1　慢性肾衰竭出现骨质营养不良的机理

8. 免疫系统机能低下,易继发感染,以肺感染为常见。慢性肾衰竭晚期常并发免疫功能障碍,而且以细胞免疫异常为主。可能与毒性物质抑制淋巴细胞的分化和成熟,及对其的毒性作用等因素有关。由于中性粒细胞趋化性降低,尿毒症患者对细菌感染的敏感性有所增高。

【并发症】

1. 电解质平衡紊乱

(1) 低钠血症和钠潴留:尿毒症病人对钠的调节功能差,容易产生低钠血症,其原因有:①过分限制食盐的摄入;②肾小管回收钠的功能减退;③容易腹泻而丢失含钠碱性肠液;④应用利尿剂而致钠丢失。低钠血症[血钠在 130mmol/L (130mEq/L)以下]时,病人疲乏无力,表情淡漠,厌食、严重时恶心、呕吐、血压下降,使尿毒症加重;反之,钠的摄入过多,则会潴留体内,引起水肿、高血压,严重时易发生心力衰竭。

笔 记 栏

(2) 高钾血症：慢性肾衰竭患者的血钾多正常，但在晚期易出现高钾血症。引起高钾血症的因素有：①晚期尿量过少（每天尿量低于500ml），以致钾排出过少；②控制钠盐的摄入，使尿钠排出过低，故尿钾排出减少；③长期使用保钾利尿剂；④代谢性酸中毒和溶血及感染等。

2. 肾性贫血 贫血为慢性肾衰竭的主要并发症，贫血可能与下列因素的作用有关：①肾脏受损后，红细胞生成素生成减少；②毒性物质对骨髓造血的抑制作用；③肠道对铁的吸收减少，并且胃肠道出血使铁丧失增多；④毒性物质的蓄积可致溶血及出血，引起红细胞的破坏与丢失。

3. 肾性高血压 肾性高血压的发病机制与下列因素有关（图 4-6-2）：

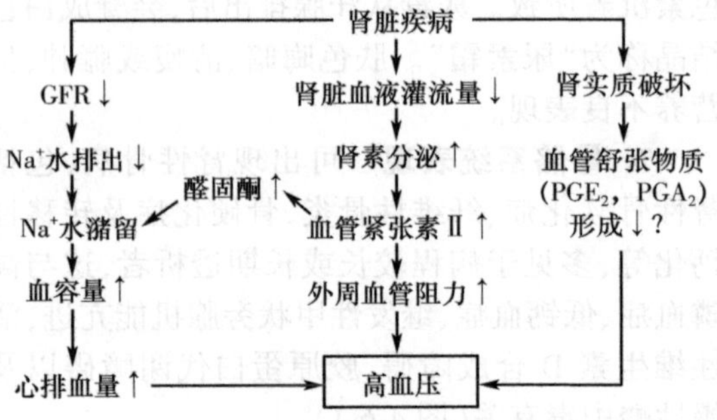

图 4-6-2 肾脏疾病引发高血压的机理

(1) 钠、水潴留引起血容量增高和心输出量增多，从而可导致血压升高，这种高血压称为钠依赖性高血压（sodium-dependent hypertension）。

(2) 肾素-血管紧张素系统的活性增高，使血液中血管紧张素Ⅱ形成增多。血管紧张素Ⅱ可直接引起小动脉收缩，又能促使醛固酮分泌，导致钠水潴留，并可兴奋交感-肾上腺髓质系统，引起儿茶酚胺释放和分泌增多，故可导致血压上升，这种高血压称为肾素依赖性高血压（renin-dependent hypertension）。

(3) 血管舒张物质如前列腺素 A_2（PGA_2）和 E_2（PGE_2）等生成减少，也可促进高血压的发生。

4. 代谢性酸中毒 尿毒症病人都有轻重不等的代谢性酸中毒，轻者二氧化碳结合力在16~22mmol/L之间，严重者可降至4.5mmol/L以下。慢性肾衰竭患者发生代谢性酸中毒的原因如下：①肾小管排 NH_4^+ 减少：慢性肾衰竭时，由于肾小管上皮细胞产 NH_3 减少，肾小管排 NH_4^+ 降低，可致 H^+ 排出障碍而发生代谢性酸中毒。②肾小管重吸收重碳酸盐减少：慢性肾衰竭时继发性甲状旁腺激素（parathyroid hormone，PTH）分泌增多可使近曲小管对重碳酸盐的重吸收降低，故造成重碳酸盐的丧失。③肾小球滤过率下降：当GFR降低到20ml/min时，体内酸性代谢产物如碳酸、磷酸、有机酸等从肾小球滤过减少而致潴留体内。

5. 钙磷代谢紊乱 在肾衰竭早期（GFR>30ml/min），因GFR减少而引起的肾脏排磷减少，可引起磷酸盐潴留和血磷暂时性升高。血磷升高可使血钙降低，而血钙降低又可刺激甲状旁腺，引起续发性PTH分泌增多。PTH能抑制近曲小管对磷酸盐的重吸收，故可使尿磷排出增多，从而使血降低到正常水平。因此慢性肾衰竭患者可以在很长一段时间内不发生血磷过高。在慢性肾衰竭的晚期，GFR和血磷的滤过都进一步显著减少。此时，由于残存肾单位太少，继发性PTH分泌增多已不能维持磷的充分排出，故血磷水平显著升高。PTH的增多又可加强溶骨活性，使骨磷释放增多，从而形成恶性循环，使血磷水平不断上升。慢性肾衰竭出现血钙降低是因为：血液中钙、磷浓度之间有一定关系，当血磷浓度升高时，血钙浓度就会降低；肾实质破坏后，25-(OH)-D_3羟化为1,25-$(OH)_2$-D_3的功能发生障碍，肠道对钙的吸收因而减少；血磷过高时，肠道分泌磷酸根增多，故可在肠内与食物中的钙结合而形成不易溶解的磷酸钙，从而妨碍钙的吸收；尿毒症时，血液中潴留的某些毒性物质可使胃肠道黏膜受损，钙的吸收因而减少。高血磷和低血钙刺激甲状旁腺，引起继发性甲状旁腺功能亢进，导致骨质钙化障碍，病人则出现尿毒症性骨病。

案例归纳一

该患者以乏力、泡沫尿、食欲减退、恶心、血压难以控制为主要表现，否认既往高血压、糖尿病等慢性病史。

PE：P 100次/min，BP 200/90mmHg，贫血貌；双肺呼吸音粗，未闻及干湿啰音，心界大，心音遥远 HR 100次/min，律齐，未闻及病理性杂音；腹平软，移动性浊音(+)；双下肢水肿。

【实验室及其他检查】

1. 血液检查 ①尿素氮、肌酐增高。②血红蛋白一般在80g/L以下，终末期可降至20~30g/L，可伴有血小板降低或白细胞偏高。③动脉血液气体，酸碱测定；晚期常有pH下降、AB、SB及BE均降低，$PaCO_2$ 呈代偿性降低。④血浆蛋白可正常或降低。⑤电解质测定可出现异常。

2. 尿液检查 ①尿常规改变可因基础病因

不同而有所差异，可有蛋白尿、红、白细胞或管型，也可以改变不明显。②尿比重多在 1.018 以下，尿毒症时固定在 1.010～1.012 之间，夜间尿量多于日间尿量。

3. 肾功能测定 ①肾小球滤过率、内生肌酐清除率降低。②酚红排泄试验及尿浓缩稀释试验均减退。③纯水清除率测定异常。④核素肾图，肾扫描及闪烁照相亦有助于了解肾功能。

4. 其他检查 泌尿系 X 线平片或造影，肾穿刺活检，有助于病因诊断。

案例归纳二

Hb 75g/L。SCr 621Pmol/L，BUN 25.18mmol/L，血常规检查：Hb 65.40g/L，ALB 34.77g/L。尿常规：蛋白（++）。双肾 B 超：大小：右肾：90mm×35mm×18mm，左肾：96mm×50mm×20mm，双肾实质回声增强，皮髓质界限欠清晰，CDFI 显示血管灌注稍减低，阻力指数：右肾：0.69 左肾：0.71。超声心动：少量心包积液。

【诊断】 根据慢性肾脏病史，有关临床表现及尿、血生化检查，可确诊。慢性肾功能衰竭的发展过程可以随着肾脏受损的程度分四期。

第一期：肾脏储备功能下降期：在较轻度或中度肾脏受损时，未受损的肾单位能代偿已受损的肾单位的功能。一般情况下肾脏功能基本正常。机体内环境能维持在稳定状态，内生性肌酐清除率是正常的 50%～80%，血肌酐正常，无临床症状。约相当于美国国家肾脏病基金会的“肾脏病生存质量指导”（K-DOQI）的第 2 期。

第二期：氮质血症期：肾脏功能不全期由于肾脏进一步受损，已不能维持机体内环境的稳定。内生性肌酐清除率下降至正常的 25%～50%。有氮质血症和贫血，常有夜尿和多尿，约相当于（K-DOQI）的第 3 期。

第三期：肾衰竭期：肾脏内生性肌酐清除率下降至正常的 10%～25%，有较重的氮质血症。有酸中毒、高磷血症、低钙血症、高钾血症，易发生低钠血症和水中毒，贫血明显。有头痛、恶心、呕吐和全身乏力等表现及心血管系统的症状。约相当于（K-DOQI）的第 4 期。

第四期：尿毒症期：是慢性肾衰竭的晚期。内生性肌酐清除率下降至正常值的 10% 以下。有十分明显的水、电解质和酸碱平衡紊乱及多种器官功能衰竭。约相当于（K-DOQI）的第 5 期。

案例诊断要点

1. 中年女性。

2. 病史特点：该患者以乏力、泡沫尿、食欲减退、恶心，血压难以控制为主要表现，既往否认高血压、糖尿病等慢性病史。

3. PE：P 100 次/min，BP 200/90mmHg，贫血貌，双肺呼吸音粗，未闻及干湿啰音，心界大，心音遥远，HR 100 次/min，律齐，未闻及病理性杂音。腹平软，移动性浊音（+）。双下肢水肿。

4. 理化检查：Hb 75g/L，SCr 621pmol/L，BUN 20.18mmol/L，TP 65.40g/L，ALB 34.77g/L。尿常规：蛋白（++）. 双肾 B 超：大小：右肾：90mm×35mm×18mm，左肾：96mm×50 mm×20mm，双肾实质回声增强，与集合区界限尚清，CDFI 显示血管灌注稍减低，阻力指数：右肾：0.69 左肾：0.71。超声心动：少量心包积液。

5. 分析：患者数年的慢性肾脏病病史，近期出现恶心呕吐、血压难以控制等表现，并且双下肢有蚁爬感，肢体偶有抽搐，呼出的气体有尿味，贫血，水肿，有腹水，心包积液，计算 GFR 为 $20ml/(min \cdot 1.73m^2)$，故诊断为慢性肾脏病 4 期。

临床诊断：慢性肾脏病 4 期。

【治疗】

1. 治疗基础疾病 有些引起肾衰的基础疾病在治疗后有逆转的可能，肾功能有望得到改善。如 SLE 引起的肾损害，解除尿路梗阻，停用肾毒性药物等。

2. 延缓慢性肾衰竭进展

（1）饮食疗法：①蛋白质摄入量应根据患者的肾功能加以调整，一般采用低蛋白饮食，应给优质蛋白饮食，如蛋类、乳类、鱼、瘦肉等。限制植物蛋白质的摄取。②高热量，每日不少于 125.5kJ/kg 体重。③补充维生素。④饮水量应视具体情况而定，尿量在每日 1000ml 以上。又无水肿者不应限水。⑤钠盐不必过分限制，因储钠功能减退，尿中有钠盐丢失。⑥少尿者应严格限制含磷含钾的食物。

（2）必需氨基酸疗法：口服或静脉点滴必需氨基酸液，α-酮酸的问世给肾衰竭提供了很大的便利。

（3）吸附剂：常用药物有包醛氧化淀粉、活性炭等。包醛氧化淀粉因富含醛基在肠道中吸附尿素、氨等，但其活性醛基对肠道的刺激作用和对酶、蛋白质的吸附，可引起腹泻等副作用。

笔 记 栏

活性炭用于慢性肾衰的治疗已有数十年的历史,因口服后有恶心、呕吐、胃部不适感,曾几经剂型改变。现用活性炭具有不溶于水,不为消化液或细菌所分解,原型由粪便排出等特点。每克活性炭有 1000 ~ 1400m^2 的比表面积,有高度的吸附力。

3. 纠正慢性肾衰竭并发症

(1) 纠正水、电解质平衡失调

1) 脱水和低钠血症,尿毒症病人容易发生脱水和低钠血症,特别是长期食欲不振、呕吐和腹泻者,更是如此,一旦发生,应及时补充。但要注意对水、钠耐受的特点,补充不应过量,以免引起高钠血症和水中毒。

2) 低钾血症和高钾血症:尿毒症病人的血钾一般处在正常的低值,但使用利尿剂后,则极易发生低钾血症。这时应口服氯化钾或枸橼酸钾补充,只有在紧急情况下,才需要静脉滴注补钾,无尿或使用保钾利尿剂后,则可引起高钾血症,其处理方法,重在防止钾过多,要严格限制食物及药品中钾的摄入,彻底清创,防止感染,如已出现高钾血症应及时处理;可用 10%葡萄糖酸钙 10ml,缓慢静注,以拮抗钾离子对心肌及其他组织的毒性作用,25%葡萄糖液 300ml 加普通胰岛素 15U,静滴,以促进糖原合成,使钾离子转入细胞内;利用排钾利尿剂如襻利尿剂;纠正酸中毒,促使细胞外钾向细胞内转移。重度高钾血症应及时做透析疗法。

(2) 纠正贫血:CKD 患者出现贫血的主要原因是患肾产生的红细胞生成素(EPO)不足,重组人类红细胞生成素(rHuEPO)自 1986 年后一直用于肾性贫血的治疗,以静注或皮下注射红细胞生成素为最佳,EPO 的起始用法:①皮下注射:成人 EPO 剂量应为 80~120U/(kg·周)(通常为 6000U/周),分为 2~3 次给药。②静脉用药:血透患者若开始 EPO 治疗时就采用静脉给药,其剂量应为 120~180U/(kg·周)(通常是 9000U/周),分 3 次给药。如果在开始 EPO 治疗后或在增加 EPO 剂量后,Hct 在 2~4 周内的升幅<2%,则 EPO 用量应增加 50%。如果开始 EPO 治疗或增加 EPO 剂量后,Hb(Hct)每月上升的绝对值超过 30g/L(8%),或 Hb(Hct)超过目标值,则 EPO 的每周剂量应减少 25%。EPO 的每周剂量调整后,每次给药剂量及每周给药频率也作相应调整。EPO 治疗的目标是 Hb 110~120g/L(Hct 3 3%~36%)。在应用过程中,可因红细胞增加,而使血液黏稠度增加,血管阻力增加,使血压升高,宜注意。铁是合成血红蛋白所必需的,伴有严重贫血者应补充铁剂,开始 EPO 治疗之前,必须对 CKD 患者铁代谢状态进行评估,并使铁储备在使用 EPO 时达到合适水平。由于红骨髓需铁量往往超过可直接用于红细胞生成的铁(可用转铁蛋白饱和度来衡量)及铁储备(可用血清铁蛋白来衡量),所以要使 CKD 患者对 EPO 充分显效,补铁治疗通常必不可少。口服补铁时,成人每日服用元素铁至少 200mg,若单纯口服铁剂时仍不能满足适当铁代谢的需求,可(在初次试用 25mg 后)采用一次性静推 500~1000mg 右旋糖酐铁,视需要可重复给药。静注右旋糖酐铁可能引起迟发性副作用,出现过敏反应的患者不到 1%,严重过敏反应极少见。尿毒症病人对贫血的耐受性很强,因此当已出现贫血相关症状及体征的严重贫血者(血红蛋白降低至 60g/L),如急性失血致血流动力学不稳定者及伴慢性失血的 EPO 不敏感患者方考虑输血,以输浓集的红细胞为宜。

(3) 纠正高血压:高血压是导致肾脏病进展的重要原因之一。在 CKD 患者中降压治疗的目的在于尽可能地减慢 GFR 的下降速度和减少心血管疾病的危险程度。血压目标值小于130/80 mmHg。应限制钠盐摄入,清除水钠潴留,并适当给予降压药物,控制高血压。为了达到血压目标值,通常要联合多种药物。常用的药物包括血管紧张素转换酶抑制剂(ACEI)、血管紧张素受体拮抗剂(ARB)、钙通道阻断剂(CCB)、β 受体阻滞剂、利尿剂等。而不同种类的抗高血压药物对系统性和肾小球性高血压的治疗效果是不同的。ACEI 或 ARB 通常作为首选药物。但是多数学者认为 SCr≥3mg/dl 的患者 ACEI 或 ARB 禁用。

(4) 纠正酸中毒:可口服碳酸氢钠 1~2 克,每日 3 次,二氧化碳结合力小于 13.5 时,应该静脉补碱.如因纠正酸中毒而引起低血钙,发生手足抽搐,可予 10%的葡萄糖酸钙稀释后静脉点滴.

(5) 纠正钙磷代谢紊乱:口服葡萄糖酸钙或乳酸钙可以使低血钙改善。当发生低钙搐搦时,应静脉注射 10%葡萄糖酸钙或 5%氯化钙 10~20ml,加以纠正。口服 4%氢氧化铝凝胶 15~30ml,每日 3~4 次,可抑制磷从肠道吸收使血磷降低。并发肾性骨病者、应适量补充钙剂及维生素 D 或 1,25-(OH)D_3,可帮助提高血钙水平和改善肾性骨营养不良症,如血钙升高而病情无好转,应探查甲状旁腺,如有腺瘤应切除。

4. 肾代替疗法

(1) 血液净化疗法:是用人工方法部分代替失去功能的肾脏,以维持患者生命。常用方法有血液透析和腹膜透析。

(2) 肾脏移植:将异体的健康肾脏移植给尿

笔记栏

毒症病人,是一种理想的治疗方法,自从本世纪中期开始做肾脏移植疗法以来,已经取得了很大的进展,我国亦已积累了不少经验。随着免疫抗排异研究的不断进展,肾移植将成为一种有效的治疗措施。

处方及医师指导

1. 延缓慢性肾衰竭:低蛋白饮食,高热量,补充维生素及中医药疗法。

2. 纠正肾衰竭并发症:维持水电解质平衡,纠正贫血,纠正高血压,纠正钙磷代谢紊乱等。

3. 替代疗法:常用方法有血液透析和腹膜透析、肾脏移植。

笔记栏

第7章 血液净化疗法

案例

患者,女性,工人,52岁。主因"发现血糖升高16年,颜面双下肢水肿1月,喘憋3天"入院。

患者16年前因多饮到医院就诊,查血糖升高,诊断为糖尿病,予以胰岛素降糖治疗。6年前,出现水肿,泡沫尿,曾查尿常规:尿蛋白(++)。半年前因"肺炎"于××医院住院,当时查Cr 800μmol/L。因不同意透析,予抗生素治疗后,好转出院。一周前水肿加重、纳差、恶心。3天前开始喘憋不能平卧,急诊入院。无特殊嗜好。否认食物和药物过敏史。其母有糖尿病病史。

体格检查:T 36.5℃,P 110次/min,BP 180/90mmHg,R 23次/min。贫血貌,半卧位,颈软,气管居中,甲状腺不大,颈静脉怒张,胸廓对称无畸形,双侧肺底可及湿啰音,心界大,HR 110次/min,律齐。腹软、无压痛及反跳痛,肝于右肋下一横指可及,脾未及,墨菲征(-),腰骶及双下肢水肿,脊柱四肢无畸形,生理反射存在,病理反射未引出。

实验室及其他检查:K^+ 6.37mmol/l, CO_2CP 13.2mmol/L, Ca^{2+} 2.15mmol/L, P^{3+}195mmol/l, Cr 1091.5μmol/L, BUN 39.30mmol/L;血Hb 68g/L,HCT 19.4%;尿常规隐血(+++),蛋白(+++);心电图:$V_1 \sim V_5$导联ST段下降,T波倒置。

诊断:糖尿病、糖尿病肾病、尿毒症、冠心病、心功能不全。

治疗:入院后予以内科对症治疗外,积极予以血液净化治疗。先行左股静脉双腔导管置管术,进行血液透析治疗。10天后,病人病情稳定,行CAPD置管术,改血液透析为腹膜透析。

思考题

1. 血液净化包括哪些技术,如何进行选择?
2. 血管通路如何选择?
3. 血液透析和腹膜透析的优缺点?

笔记栏

血液净化是指将患者血液引出体外,并通过一种净化装置,除去其中某些致病物质和代谢废物,使血液净化从而达到治疗疾病的目的,这个过程称为血液净化。血液净化包括:血液透析、血液滤过、血液透析滤过、血液灌流、腹膜透析等。

一、血液透析(hemodialysis,HD)

血液透析是将患者血液引入透析器中,利用半渗透膜两侧溶质浓度差,经渗透,弥散与超滤作用,达到清除代谢产物及毒性物质,纠正水、电解质平衡紊乱的目的。

1. 血液透析原理 血液透析是一种较安全、易行、应用广泛的血液净化方法之一。血液透析主要利用半透膜原理。半透膜两侧液体各自所含溶质浓度的梯度及其所形成的不同渗透浓度,可使溶质通过弥散作用从高浓度溶液向低浓度方向运动。而水分则通过渗透作用从渗透浓度低的一侧移向浓度高的一侧,达到动态平衡。血液透析所使用的半透膜厚度为10~20微米,膜上的孔径平均为3纳米,所以只允许分子量为1.5万以下的小分子和部分中分子物质通过。因此,当血液进入透析器时其中的代谢产物如尿素、肌酐、胍类等小分子、部分中分子物质和过高的钾等电解质便可通过透析膜弥散到透析液中,而透析液中的碳酸氢根或醋酸盐等也可弥散到血液中,达到清除体内代谢废物和纠正水、电解质和酸碱平衡的治疗目的。此外,在透析器内流动的血液具有一定的压力,其血液压力较透析液侧的压力高,血液内能通过透析膜的溶质与水分乃向透析液侧做单向性渗透(对流作用),但这一对流作用相对缓慢。若在透析液一侧增加负压,扩大跨膜的压力差,则可显著增加体内水分的排出(超滤作用),此为主要清除体内过多水分的途径。在透析过程中通过弥散、对流和超滤等作用,使血液中各种可透过溶质进行交换或排出,从而对血液的质和量进行调节,使之近于生理状态。

2. 透析指证和禁忌证

(1) 透析指证

1) 急性肾衰竭:①水钠潴留明显,如出现急性肺水肿和脑水肿等;②电解质紊乱,尤其是高钾血症(血钾达6.5mmol/L以上);③高分解代谢型，每日尿素氮上升≥14.3mmol/l，肌酐上升≥177μmol/l；④如果非高分解代谢型，有少尿或无尿2天以上，肌酐≥442μmol/l，尿素氮≥21.4mmol/l，肌酐清除率≤10ml/(min·1.73m^2)；⑤尿毒症症状严重，如嗜睡、昏迷、抽搐等；⑥溶血导致血中游离血红蛋白>0.8g/L。

2）慢性肾衰竭：一般透析指征为如果患者有明显的尿毒症表现，血尿素氮达30mmol/L(80mg/dl)，血肌酐707μmol/L(8mg/dl)以上，和(或)内生肌酐清除率<10ml/(min·1.73m^2)时应开始透析治疗。值得提出的是透析指征不是绝对的，应根据身体条件、经济条件、残余肾功能来确定透析时机。

3）急性中毒透析或血液灌流指征：①重度中毒伴生命体征异常。②昏迷。③内科保守治疗无效，病情进行性加重。④能产生延迟毒性的药物。⑤产生毒性代谢产物的毒物中毒。⑥药物正常排泄途径受损，如肝肾功能障碍。水溶性药物、毒物中毒时，小分子物质可快速通过透析弥散，可首选透析治疗。与蛋白高度结合的药物或脂溶性药物单纯血液透析效果差。

(2) 相对禁忌证：①休克或低血压，收缩压<80mmHg。②严重高血压，收缩压>200mmHg。③严重出血倾向。④严重心律失常。严重心功能不全或心脏病。⑤晚期癌肿或极度衰弱病人。⑥脑出血或心包出血。⑦患者有精神异常不合作者和家属不同意者。

案例归纳一

本患者为糖尿病肾病所致的慢性肾功能衰竭，入院时查血Cr 1091.5μmol/l，BUN 39.30mmol/l，有恶心等尿毒症表现，同时伴有胸闷憋气、不能平卧的心衰表现，有行血液透析的指征。同时患者不存在血液透析的禁忌证。

3. 动静脉通道的制备及其类型 透析前先建立动静脉通道，将动脉端血液引入透析器，经透析作用，使血液净化。然后将净化了的血液再由静脉端回输体内。

(1) 临时性直接穿刺法。穿刺的血管常选用足背动脉、桡动脉和股动脉，可以迅速建立临时性血管通路，主要用于急性肾衰竭、慢性肾衰竭还没有建立永久性血管通路、腹膜透析、肾移植患者的紧急透析、血浆置换和血液灌流的患者。

(2) 动、静脉外瘘。是将两个硬质塑料管分别插入毗邻的动静脉进行透析，透析结束时管子的另一端用硅胶管连接，使动静脉血液相通，从而形成外瘘。适用于急、慢性肾功能衰竭需作长期透析者。

(3) 动、静脉内瘘。在尿毒症患者体表动脉与毗邻的静脉在皮下进行吻合，术后2~4周静脉扩张，血管壁增厚(静脉动脉化)，用于血液透析反复穿刺。适用于长期透析者。

(4) 深静脉置管法。将双腔导管插入锁骨下静脉、颈内静脉或股静脉，血经外套管侧孔吸出，流经透析器后，再由内管回输体内。

案例归纳二

本患者入院时需要紧急透析，因血管条件差，不能行动静脉直穿术，故选用了股静脉置管术，予以紧急透析。

4. 透析器类型 从透析器的发展来看，透析器分为三种类型。

(1) 潘管型透析器。为早期使用的透析器，现已废弃。

(2) 标准平板型透析器。因体积大，易漏血，漏气。目前多改用固定式(积层式)小平板器，体积小，已商品化。

(3) 空心纤维型透析器。体积小，超滤脱水和透析效能高，是目前最常用的一种。

5. 抗凝的方法 透析过程需抗凝。抗凝方法则视患者有无出血倾向而定。常用如下：

(1) 全身肝素化法。为常规方法。透析前5分钟，给肝素0.3~0.5mg/kg，然后每小时6~8mg维持量，防止体外循环血液凝固。

(2) 小剂量肝素。适用于一些有出血倾向的病人，肝素的剂量仅为常规全身肝素化的半量。具体方法基本与全身肝素化时相同。

(3) 局部(体外)肝素化法。适用于有活动性出血、新近外科手术的病人，即在透析器的入口处使用肝素量，同时在透析器出口处使用鱼精蛋白，一般肝素与鱼精蛋白比例为0.75~1.5。

(4) 无肝素透析：适用有严重活动出血的病人或脑出血的病人，在透析前将透析器和管道用3000U/L的肝素生理盐水浸泡10~15分钟，然后用生理盐水冲洗掉，透析过程中每隔15~20分钟用生理盐水冲洗透析器一次。

6. 透析时间 在一定范围内透析时间与透析效率呈比例。使用中空纤维透析器，一般每周透析时间为12~14小时，分2~3次。

7. 透析中的监护 在每次透析过程中，应记录患者的血压、心率、呼吸和体温。监测透析液流量、温度、负压、导管中血液流量、注意有无漏血、溶血及凝血现象，严防透析导管脱出而引起大出血。

笔记栏

8. 透析充分性的评价 维持性血液透析患者常见死因之一为透析不充分引起的各种并发症。透析充分是指临床上要求在摄入一定量蛋白质的情况下,力求以最合适的时间和最有效的方法清除尿毒症毒素,并使血尿素在透析间期保持在一定的水平值,使患者无心血管并发症及水、电解质酸碱失衡,自感舒适,远期并发症减少。判定透析治疗的充分和合理是较难的问题,因为尿毒症毒素尚未被完全阐明。中分子量物质监测方法费时,故至今仍多用小分子物质尿素清除作为评价指标。常用的评价指标有尿素清除指数(Kt/V)、蛋白质分解代谢率(PCR)、平均时间尿素率(TACurea)。

9. 并发症及其处理

(1) 透析失衡综合征:为常见的并发症。多见于初次透析、快速透析或透析结束后不久发生。表现为焦虑、烦躁、头痛、恶心、呕吐,有时血压升高、肌阵挛、震颤、失定向、嗜睡,可有癫痫样大发作、昏迷,甚至死亡。

(2) 发热:透析早期发热,多由于透析系统冲洗不净,致热原(内毒素)存在或透析中的输血、输液反应所致。

(3) 心血管并发症:如低血压、高血压、心脏进行性张大、心力衰竭、心包炎、心律不齐等。

(4) 贫血:尿毒症原已有不易纠正的贫血,加上透析中需反复抽血检查以及透析器中残留血液的丢失,可加重贫血。

(5) 感染:要注意有无动静脉瘘感染、肺部及尿路感染存在。

(6) 透析性脑病:又称透析痴呆,为进行性发展的脑病。多见于透析 2~3 年后,亚急性起病,进行性发展,周期性波动。发病原因之一可能与脑组织中铝浓度增高有关。

(7) 病毒性肝炎:乙型肝炎和丙型肝炎。

二、腹膜透析(peritoneal dialysis)

1. 腹膜透析原理 腹膜是一种具有半渗透性的生物膜。参与透析作用的是腹膜中的毛细血管和微血管。腹膜透析是利用腹膜作为半渗透膜,将配制好的透析液经导管灌入患者的腹膜腔,这样,在腹膜两侧存在溶质的浓度梯度差,高浓度一侧的溶质通过弥散作用向低浓度一侧移动;水分则通过渗透作用从低渗一侧向高渗一侧移动。体内的代谢废物和过多的电解质被清除至透析液排出体外,而血中缺乏的物质得以补充,以达到清除体内代谢产物、毒性物质及纠正水、电解质平衡紊乱的目的。调整葡萄糖浓度可增减透析液的渗透压,使用高渗透析液可增加超滤作用,从而清除多余的水分。

2. 腹膜透析指征和禁忌证

(1) 腹膜透析指征:

1) 慢性肾衰竭透析指为血肌酐 ≥ 707μmol/L (8mg/dl) 或 CCr < 10ml/min 伴尿毒症症状者;若糖尿病引起者可放宽透析指征为 CCr < 15ml/min;对某些不很适宜做血液透析者,如有明显出血倾向、糖尿病、急性心肌梗死等心血管功能不稳定以及老年、儿童病例,施行腹膜透析为宜。

2) 抢救重症药物中毒无血液灌流装置时。

3) 急性肾衰竭非高分解代谢型等。

(2) 腹膜透析禁忌证:无绝对禁忌证,但不宜在下述情况下透析:

1) 广泛腹膜粘连、腹腔内脏外伤、近期腹部大手术、结肠造瘘或粪瘘、腹壁广泛感染或蜂窝组织炎、腹腔内有弥漫性恶性肿瘤或病变不明者。

2) 膈疝、严重肺部病变伴呼吸困难者。

3) 妊娠。

案例归纳三

本患者以行左股静脉双腔导管置管术行临时血液透析,患者的血管条件差,永久性血管通路建立受到一定的限制,同时,对于糖尿病肾病所致的尿毒症,腹膜透析有一定的优势,故待患者病情相对稳定时,适时改为腹膜透析。

3. 腹膜透析方式 国内常用的有间歇性腹膜透析(intermittent peritoneal dialysis, IPD)和连续性非卧床腹膜透析(continuous ambulatory peritoneal dialysis, CAPD)两种。

(1) 间歇腹膜透析:每周透析 5~7 日,每日用透析液 6000~10000ml,分 4~8 次输入腹腔内,每次留置 1~2 小时,每日透析 10~12 小时。用于慢性肾衰竭伴明显体液潴留者。

(2) 不卧床持续腹膜透析(CAPD):每周透析 5~7 日,每日透析 4~5 次,每次用透析液 1500~2000ml,输入腹腔,每 3~4 小时更换 1 次,夜间 1 次可留置腹腔内 10~12 小时。患者在透析时不需卧床,病人可自由活动。

案例归纳四

本患者采取了 CAPD 腹膜透析方式,考虑到患者改为腹膜透析时无明显的体液潴留现象,且患者比较年轻,需要从事一些轻体力劳动。

4. 腹膜透析管和置管方法 常用的有单毛

笔记栏

套(cuff)、双毛套及无毛套3种硅橡胶腹膜透析管。

置管方法：用套管针在脐与耻骨联合线上1/3处穿刺，然后通过套针将透析管送入腹腔直肠膀胱窝中，或手术分层切开腹膜，将腹膜透析管插入直肠膀胱窝中，即可行透析。

5. 腹膜透析注意事项 要严格无菌操作，注意有无伤口渗漏；记录透析液输入及流出量(若流出量<输入量，应暂停透析寻找原因；观察流出液的色泽及澄清度，并做常规检查、细菌培养及蛋白定量；遇有腹膜炎迹象时要立即采取措施控制。

6. 腹膜透析充分性评价 临床评价腹膜透析充分性的重要性在于患者接受透析治疗一段时间后，其治疗剂量能否足以清除体内毒素及维持体液平衡；随着时间的推移，患者残余肾功能逐渐减少，甚至消失，此时，腹膜透析能否足以负担，这对判断患者生活、工作能力、透析存活时间及预后十分重要。目前多同时参考尿素清除指数(Kt/V)和每周肌酐清除率(CCr)两个指标。

7. 并发症及其处理

(1) 腹膜炎：为最重要的并发症，以细菌性腹膜炎多见。感染细菌可来自伤口、手术操作时及透析液污染。如有腹痛、发热、透析液色泽变浊和白细胞数增至100/L，透析液内细菌检查阳性(应注意厌氧菌感染)时，可明确诊断。腹膜炎可引起蛋白严重丧失，腹膜粘连、增厚，导致腹膜透析失效，导管堵塞，甚至危及生命。发生腹膜炎时应选用合适的抗生素。若处理无效，则应考虑拔除透析管，改用其他透析疗法。

(2) 腹痛：高渗性透析液、透析液温度过低或过高、腹腔注入液量过多或进入空气过多、透析液pH不当、腹腔感染、导管移位刺激等均可引起腹痛。

(3) 透析管引流不畅：原因有导管移位或扭曲，被纤维蛋白、血块或大网膜脂肪阻塞，肠腔或腹腔气体过多，透析后肠粘连，透析管端的小孔有部分露在腹腔内液体表面上，致使虹吸作用消失。可采用变换体位或取半卧位式，按摩腹部，或用盐水、肝素或尿激酶溶液注入透析管内。

(4) 水过多或肺水肿：透析早期因患者有明显的氮质血症，如连续用高浓度葡萄糖透析液脱水，此时血浆渗透压往往高于透析液渗透压，一旦改为常规透析液，可招致水潴留，甚至有发生肺水肿的危险。

8. 尿毒症患者的一体化治疗 所谓尿毒症的“一体化治疗”指的是在尿毒症病程的不同阶段，根据患者的特点合理安排不同的肾脏替代治疗方式(包括腹膜透析、血液透析和肾脏移植)，以提供给患者最佳的治疗效果、最好的生活质量和最优的生存期。

一般认为，腹膜透析可以是尿毒症替代治疗的首选环节，逐步增加腹膜透析剂量或全量透析，以保证总Kt/V>2.0/w，当腹膜透析治疗失败或残余肾功能丧失，达不到治疗充分性目标时，改行血液透析。在所有的适宜患者，尽可能早期进行活体肾移植。

案例归纳五

腹膜透析和血液透析相比有哪些优点？

腹膜透析对免疫系统的干扰的相对少、失血少、透析低血压发生率低、纠正贫血所需促红细胞生成素量较血液透析患者少、发生血源性传染病的机会少、透析肾病的程度较血液透析者轻、对残余肾功能的保护也优于血液透析、可在家中进行透析以及医疗费用明显降低。

三、其他血液净化技术

1. 单纯超滤 指血液引入透析器后，不用透析液，单纯依赖增加负压，扩大透析膜跨膜压力差达到清除体内水分的目的。

2. 血液滤过 使用具有良好性能的滤过器，在跨膜压作用下，在4~5小时内从体内均匀滤出水分20~25L，并依靠输液装置从滤器的动脉端或静脉端同步输入与细胞外液成分相仿的等量或略低于超滤量的置换液。

3. 血液灌流 是指将患者血液引入装有固态吸附剂的灌流器中，以清除某些外源性或内源性毒素，并将净化了的血液输回体内的一种治疗方法。目前临床上主要用于抢救脂溶性药物过量和毒物中毒，最常用的吸附材料有活性炭和树脂。

笔记栏

第五篇 血液系统疾病

第1章 总论

造血系统包括血液、骨髓、脾、淋巴结及分散在全身各处的淋巴组织和单核-吞噬细胞系统。血液系统疾病即血液病，是指原发或主要累及血液和造血系统的疾病。血液系统疾病包括：①造血干细胞疾病：如再生障碍性贫血、白血病等；②红细胞疾病：如各种贫血（缺铁性贫血、巨幼细胞性贫血）；③粒细胞疾病：如白细胞减少和粒细胞缺乏症等；④淋巴细胞与浆细胞疾病：如淋巴瘤等；⑤出血性与血栓性疾病：如特发性血小板减少性紫癜、弥散性血管内凝血等。同时也包括造血干细胞移植、输血和输血反应等。

【血液系统结构与功能】 血液系统由血液和造血组织组成。血液是由血浆和悬浮于其中的血细胞（红细胞、白细胞和血小板）组成。造血组织是指生成血细胞的组织，包括骨髓、胸腺、淋巴结、肝脏、脾脏、胚胎及胎儿的造血组织。

1. 造血组织的功能 胚胎与胎儿时期的造血是在肝、脾、淋巴结，而胎肝是主要的造血场所。从胚胎4个月开始，骨髓才逐渐具备造血功能，出生后骨髓几乎承担全部造血任务，并维持终生。出生后肝、脾、淋巴结逐渐不再生成血细胞，但在某些病理情况下，这些骨髓外器官也会出现粒、红、巨核细胞的增生，称为髓外造血。

2. 血细胞的生成 造血干细胞是一种组织特异性干细胞，由胚胎期卵黄囊的中胚层细胞衍生而来。血细胞的生成是造血干细胞在骨髓造血微环境中由多种造血调节因子的作用而完成的。骨髓造血微环境是指造血干细胞定居、存活、增殖、分化和成熟的场所，包括造血器官中的基质细胞、基质细胞分泌的造血调节因子、细胞外基质，以及进入造血器官的神经和血管。骨髓中的造血基质细胞是指成纤维细胞、内皮细胞、单核细胞和吞噬细胞等。造血调节因子是一组具有生物学活性的物质（蛋白），统称为细胞因子（CK）。细胞因子包括造血正调控因子，其作用是刺激造血，如红细胞生成素（EPO）、集落刺激因子（CSF）、血小板生成素（TPO）、白细胞介素（IL_S）等；造血负调控因子，其作用是抑制造血，如干扰素（INF）、肿瘤坏死因子（TNF）等。细胞外基质是指骨髓中糖蛋白、蛋白多糖及胶原等，它们构筑造血空间，选择性结合细胞因子，促进细胞黏附，控制细胞移动。只有这样才能保证造血干细胞在骨髓造血微环境中定居、存活、增殖、分化和成熟，进而维持外周血液中各类血细胞的相对恒定。

骨髓内生成的造血干细胞，称为多能干细胞（CFU-S），既能自我更新以保持自身数量的稳定，能够在体内长期或永久性重建造血；又具有多向分化的能力，形成各系定向祖细胞，是所有血细胞的共同来源。主要分化为髓系祖细胞（CFU-GEMM）及淋巴系祖细胞（CFU-L），最后增殖分化为各种粒细胞、单核细胞、红细胞、血小板及各种淋巴细胞、浆细胞等。如髓系祖细胞可分化为：①粒-单系祖细胞（CFU-GM、CFU-G、CFU-M），在集落刺激因子（GM-CSF、G-CSF、M-CSF）的作用下，可分化为原粒和原单核细胞；②红系祖细胞（早期为BFU-E、晚期为CFU-E），在红细胞生成素（EPO）作用下，可分化为原红细胞；③巨核系祖细胞（BFU-E、CFU-MK），在血小板生成素（TPO）作用下，可分化为血小板。

由于形态学方法不能将造血干细胞和造血祖细胞与其他单个核细胞相区别，近年来，主要采用体外培养的方式研究。根据造血干细胞在分化过程的不同阶段出现或消失的细胞表面标志，如分化抗原（CD）、系特性抗原（Lin抗原）等，鉴定不同阶段的造血干/祖细胞。CD34抗原是目前分选造血干细胞、祖细胞的主要标志，在CD34抗原阳性（$CD34^+$）的细胞中，90%以上为

笔记栏

造血干/祖细胞。CD38抗原是另一种分化抗原，出现于祖细胞上，当造血干细胞开始表达CD38抗原时，即进入祖细胞阶段。祖细胞定向分化时，细胞表面还可出现Lin抗原。一般认为人类造血干细胞主要的表面标志是$CD34^{+}CD38^{-}Lin^{-}$。

临床上的骨髓移植实际都是造血干/祖细胞移植，$CD34^{+}$细胞因含有干细胞和大量祖细胞，是临床上最佳的移植物。正常情况下，外周血中存在少量造血干细胞（仅为骨髓造血干细胞的10%），但通过适当处理，将造血干/祖细胞从骨髓动员到外周血中，可以在外周血中采集到足够的外周血干细胞，并进行外周血干细胞移植。造血干细胞经静脉输入外周血液很快归巢（造血干细胞从外周血液通过内皮屏障，定位于骨髓的血管外间隙，并黏附于骨髓基质细胞和细胞外基质上）至骨髓。

【血液病的常见症状与体征】

1. 贫血　贫血是血液病最常见的症状，是各种贫血综合征（缺铁性贫血、巨幼细胞性贫血、再生障碍性贫血等）的共同表现。皮肤黏膜苍白是贫血最常见、最显著的体征，以观察指甲、口唇黏膜、睑结膜等处较可靠。轻度贫血可无症状；重度贫血可有呼吸和循环系统功能障碍的表现，如心悸、气短等，严重者甚至发生贫血性心脏病或心力衰竭。患者可有疲倦、乏力、头痛、眩晕、耳鸣、眼花、记忆力减退、注意力不集中等症状；重者可出现食欲不振、恶心、呕吐、腹胀、腹泻、便秘等表现。贫血引起的症状，是由于红细胞与血红蛋白减少、血液携氧能力降低、组织和器官缺氧所致的代偿表现。

2. 出血　皮肤、黏膜出血是出血性疾病共同的首起表现，如皮肤出血点、紫癜、瘀斑、血肿，亦可表现为鼻出血、齿龈出血、月经过多等。内脏出血，如消化道出血、颅内出血等常是出血性疾病的严重表现，而颅内出血可致死。出血倾向不仅是出血性疾病的主要表现，也是白血病等其他血液病的临床表现。出血是由于机体止血和凝血功能障碍所致。

3. 发热　发热是血液的常见症状，临床上常出现发热的血液病有再生障碍性贫血、白血病、淋巴瘤等。血液病的发热机制：①感染性发热，是因粒细胞减少、免疫功能减退引起的各种病原体的感染所致；②非感染性发热，是血液病本身引起的，大多系白血病、淋巴瘤等肿瘤性发热，与蛋白质分解增加引起的基础代谢率增高、肿瘤细胞坏死引起的坏死物质的吸收等有关。

4. 淋巴结、肝、脾肿大　是血液病的常见体征，是由于造血系统肿瘤的异常细胞浸润与恶性增生、因骨髓病变引起的髓外造血所致。临床上淋巴结肿大常见于白血病、淋巴瘤；脾肿大常见于各种急慢性白血病，尤以慢性粒细胞白血病明显，还可见于淋巴瘤、溶血性贫血、特发性血小板减少性紫癜等。

【血液病的诊断方法】

1. 问诊与体格检查　注意询问有无引起血液病的常见病因，如药物史、放射线接触史、感染史、饮食史、手术史、孕产史、家族史及其他病史。如使用氯霉素、接触放射线、肝炎患者等可引起再生障碍性贫血；钩虫病、营养不良或偏食、胃大部切除术等可引起缺铁性贫血；珠蛋白生成障碍性贫血等与遗传性因素有关等。对血液病患者要进行全面的体格检查，尤其要注意与血液病相关的体征。如皮肤苍白见于各种贫血；皮肤出血点或紫癜见于出血性疾病；淋巴结、脾肿大见于白血病、淋巴瘤；胸骨压痛可见于急性白血病等。

2. 实验室检查　实验室检查是诊断血液病的重要环节。血红蛋白测定、红细胞计数、网织红细胞计数、白细胞计数及分类和血细胞形态学检查是血液病的最基本诊断方法。骨髓涂片和活体组织检查对多种血液病有确诊或辅助诊断的意义。血液生化检查，如铁动力学测定（血清铁蛋白、血清铁、总铁结合力、运铁蛋白饱和度、血清铁蛋白等）、叶酸与维生素B_{12}测定等分别有助于缺铁性贫血和巨幼细胞性贫血的诊断。免疫学检查，如抗人球蛋白试验可诊断自身免疫性溶血性贫血；抗血小板抗体检查是出血性疾病的诊断依据。细胞遗传学及分子生物学检查有助于白血病、淋巴瘤的诊断。造血细胞培养技术可协助诊断各种血液病，如再生障碍性贫血、白血病。放射性核素检查，如红细胞寿命测定可作为溶血性贫血的诊断指标之一，骨髓扫描显像有助于某些骨髓疾病的诊断等。

【血液病的治疗】

1. 去除病因　应使患者脱离致病因素的作用，如禁用影响骨髓造血功能的药物；避免接触放射线；及时治疗能引起血液病的一些相关疾病，如防治钩虫病治疗缺铁性贫血；积极治疗肝炎，防止肝炎后再生障碍性贫血的发生等。

2. 输血疗法及感染的防治　现主张成分输血，如输注红细胞治疗严重贫血或失血；输注血小板可用于血小板计数低下又伴严重出血倾向的患者。血液病，尤其是白细胞减少和粒细胞缺乏症极易合并感染，且致病菌广泛。使用抗生素控制感染是提高血液病疗效的一个关键，应尽快查明病原菌，积极采用特效抗生素治疗。

3. 补充治疗　用于造血因子缺乏的血液病

笔记栏

的治疗，如补充叶酸或维生素 B_{12} 治疗营养性巨幼细胞性贫血；补充铁剂治疗缺铁性贫血等。

4. 化疗 对造血系统恶性肿瘤的主要治疗方法是抗肿瘤化学治疗，化疗药物可杀灭白血病或淋巴瘤细胞，可用于白血病、淋巴瘤的治疗。目前化疗已使白血病、淋巴瘤的完全缓解率有了很大提高。

5. 免疫抑制治疗 对免疫性血液病（如自身免疫性溶血性贫血、特发性血小板减少性紫癜等）以及与免疫有关的血液病（如再生障碍性贫血等），可采用肾上腺皮质激素、免疫抵制剂等进行治疗。如雄激素有刺激造血作用，可用于慢性再生障碍性贫血的治疗；环孢素（CSA）、抗淋巴细胞球蛋白（ALG）或抗胸腺细胞球蛋白（ATG），可减少有异常免疫功能的淋巴细胞的数量，抑制其异常功能，可用于治疗重型再生障碍性贫血、自身免疫性溶血性贫血等；静脉应用免疫球蛋白可治疗特发性血小板减少性紫癜等。

6. 造血细胞因子治疗 由于 DNA 重组技术的发展，现已能大量生产高纯度的造血细胞因子，在血液病的治疗上已得到广泛应用，并取得了相当的成就。如红细胞生成素（EPO）可治疗肾性贫血；粒-巨噬细胞集落刺激因子（GM-CSF）及粒细胞集落刺激因子（G-CSF）可使白细胞迅速上升，用于治疗白细胞减少症和粒细胞缺乏症，并可以加速化疗后白细胞减少的恢复；干扰素对治疗某些类型的白血病也有肯定疗效。近来血小板生长因子（TPO）已开始应用于临床，它将解决对血小板减少治疗方法较少的问题。

7. 切脾疗法 切脾可减少抗体的产生，减少红细胞的破坏，可用于治疗遗传性球形细胞增多症、特发性血小板减少性紫癜、脾功能亢进等。

8. 放射疗法 利用 γ 射线、X 射线等电离辐射杀灭白血病及淋巴瘤细胞。通常仅用局部放疗形式治疗各种实体瘤，如对慢性粒细胞性白血病的脾区照射；中枢神经白血病的颅脑照射。对造血干细胞移植的准备可做全身性照射。

9. 造血干细胞移植（HSCT） 是从供者体内取出一定数量的造血干细胞（HSC）作为移植物，用预处理方案清除受者体内异常的造血和免疫系统，然后将供者健康的 HSC 植入受者体内，使受者重建造血和免疫系统的一种治疗方法。HSCT 分为自体、同基因和同种异基因移植。造血干细胞来源于人类白细胞抗原（HLA）相合供者的外周或骨髓。临床多应用 HLA 配型相合的同种异基因 HSCT，适用于恶性血液病，如白血病、淋巴瘤、多发性骨髓瘤等；造血干细胞疾病，如重型再生障碍性贫血、珠蛋白生成障碍性贫血、先天性再生障碍性贫血（Faconi 贫血）等。HSCT 是可以根治部分血液病的综合性治疗方法，已有了很多成功的经验，使白血病、淋巴瘤等疾病的缓解率和治愈率有了很大的提高。影响同种异基因 HSCT 疗效的主要因素是移植物排斥和移植物抗宿主病（GVHD）。

笔记栏

第2章 贫 血

第1节 概 述

贫血是指外周血液单位容积内血红蛋白(Hb)量、红细胞(RBC)数及血细胞比容(Hct)低于正常参考值的下限而言。在评价贫血的实验室指标中,以血红蛋白最为常用和可靠。国内贫血的诊断标准一般定为:在海平面地区,成年男性<120g/L,成年女性<110g/L,孕妇<100g/L。国外都以1972年WHO制订的诊断标准为依据:在海平面地区,6个月婴儿~6岁儿童<110g/L,6~14岁儿童<120g/L,成年男性<130g/L,成年女性<120g/L,孕妇<110g/L。贫血是多种不同原因或疾病引起的一组共同症状,而不是具体的疾病名称。

【分类】 贫血有多种分类方法。按细胞形态学分为大细胞性、正常细胞性和小细胞低色素性贫血三类(表5-2-1)。按发病机制分为造血不良、红细胞破坏增加及失血三类(表5-2-2)。按贫血的程度分为轻、中、重及极重度贫血四类(表5-2-3)。按骨髓增生程度分为增生性及增生不良性贫血两类(表5-2-4)。

表5-2-1 贫血的细胞形态学分类

类 型	MCV(fl)	MCH(pg)	MCHC(%)	临床类型
大细胞性贫血	>100	>32	32~36	巨幼细胞性贫血、急性失血性贫血、溶血性贫血、肝病贫血、难治性贫血
正常细胞性贫血	80~100	27~32	32~36	急性失血性贫血、溶血性贫血、再生障碍性贫血、骨髓病性贫血、慢性病贫血
小细胞低色素性贫血	<80	<27	<32	缺铁性贫血、珠蛋白生成障碍性贫血、铁粒幼细胞性贫血、异常血红蛋白病和慢性病贫血

注:MCV:红细胞平均体积(fl);MCH:红细胞平均血红蛋白量(pg);MCHC:红细胞平均血红蛋白浓度(%)

表5-2-2 贫血的发病机制分类

发病机制			主要临床类型
造血不良	红细胞生成减少	1. 造血干细胞和造血微环境损害	再生障碍性贫血
		2. 红系祖细胞损害	单纯红细胞再生障碍性贫血
		3. 骨髓被异常细胞或组织浸润	骨髓病性贫血
		4. 脱氧核糖核酸合成障碍	巨幼细胞性贫血
		5. 红细胞生成素产生减少	慢性病贫血、肾性贫血
	血红蛋白减少	1. 正铁血红素合成障碍	缺铁性贫血、铁粒幼细胞性贫血、铅中毒贫血
		2. 珠蛋白合成障碍	珠蛋白生成障碍性贫血
红细胞破坏增加	红细胞内异常	1. 膜结构缺陷	遗传性球形红细胞增多症
		2. 酶活性缺陷	葡萄糖6磷酸脱氢酶缺陷
		3. 珠蛋白肽链改变及分子结构变异	血红蛋白病
	红细胞外异常	1. 红细胞受血清中抗体或补体所影响	自身免疫性溶血性贫血
		2. 机械性损伤	微血管病性溶血性贫血
		3. 化学、物理及生物因素	砷化氢中毒、大面积烧伤及毒蛇咬伤
		4. 脾脏内阻留	脾功能亢进
失血		1. 急性失血	急性失血性贫血
		2. 慢性失血	即缺铁性贫血

表5-2-3 贫血的程度分类

血红蛋白量	≤30g/L	31~60g/L	61~90g/L	>90g/L
贫血严重程度	极重度	重度	中度	轻度

笔记栏

表 5-2-4 贫血的骨髓增生程度分类

骨髓增生分类	相关疾病
增生不良性贫血	再生障碍性贫血
增生性贫血	除再生障碍性贫血以外的贫血

【临床表现】 贫血的病理生理基础是：血红蛋白减少，血液携氧能力减低，使全身组织和器官缺氧，导致体内相应的代偿机制发挥作用。贫血的主要临床表现如下：

1. 一般表现 皮肤黏膜苍白是贫血最常见、最显著的体征，以观察指甲、口唇黏膜、睑结膜较为可靠。患者可有疲倦、乏力、头痛、眩晕、耳鸣、眼花、记忆力减退、注意力不集中等症状。

2. 呼吸系统 轻度贫血时活动后呼吸加快；重度贫血时平静状态下也可有气短、呼吸加快。

3. 循环系统 轻度贫血时变化不大，仅活动后心悸、心率加快。中、重度贫血时，无论何状态均有心悸、心率加快。中度贫血时，表现为窦性心动过速、心搏强、脉压大，心尖区或肺动脉瓣区可听到收缩期吹风样杂音，甚至会导致贫血性心脏病。重度贫血时，部分患者可出现心电图改变，如ST段下移及T波低平或倒置，可并发心律失常等。极重度贫血时，可有明显的全心扩大，最终导致充血性心力衰竭。

4. 消化系统 因贫血影响消化功能和消化酶的分泌，患者可出现食欲不振、恶心、呕吐、腹胀、腹泻或便秘等消化系统症状。巨幼细胞性贫血或恶性贫血可引起舌炎、舌萎缩、牛肉舌、镜面舌等。

5. 泌尿生殖系统 早期患者可表现为多尿、尿比重降低及血尿素氮增多，严重时可出现蛋白尿，以致肾功能不全。常可有月经失调（闭经）、性功能减退等表现。

长期贫血还会影响甲状腺、肾上腺、胰腺的功能及免疫系统功能。贫血除上述的共同表现外，还应注意引起贫血原发病的临床表现。

【诊断】 贫血的诊断首先是确立贫血的程度和类型；之后是贫血的病因诊断。贫血的诊断步骤如下：

1. 询问病史 贫血的诊断必须从详细询问病史入手，应注意询问贫血发生的时间、速度、程度，可能的原因和诱因；既往疾病史，如慢性病病史、出血史、黑粪史、尿色变化等；危险因素暴露史，如药物、化学毒物或放射性物质接触史；营养史，如饮食习惯、有无营养缺乏或偏食；月经生育史，如妇女有无月经过多及妊娠、生育和哺乳情况；家族史，如有无遗传性疾病史等。

2. 体格检查 全面体格检查有助于贫血程度的判断和贫血的病因诊断。贫血除上述的对各系统的影响外，体格检查时还应注意贫血的伴随表现：溶血（皮肤黏膜黄染、肝肿大、脾肿大等）、出血（皮肤黏膜出血点或紫癜，消化道、泌尿道、中枢神经系统、眼底出血等）、浸润（淋巴结、肝、脾肿大等）、感染（发热及全身反应等）、营养不良（皮肤、毛发干燥，黏膜溃疡，匙状甲）等。

3. 实验室检查

（1）血常规检查：红细胞参数（Hb量、RBC数、Hct、MCV、MCH、MCHC等），这是贫血最基本的实验室检查，有助于贫血的形态学分类。网织红细胞计数有助于了解幼红细胞的增生程度，如溶血性贫血时增多，再生障碍性贫血时显著减少。外周血涂片检查可观察红细胞、白细胞和血小板形态方面的改变，对贫血的诊断具有重要价值，不仅有助于贫血的形态学分类，而且又能从中发现异形红细胞。如红细胞大小不均，小型红细胞增多，中心淡染区扩大，可诊断为低色素性贫血；球形红细胞增多，可见于遗传性球形细胞增多症；靶形红细胞常见于珠蛋白生成障碍性贫血；泪滴状红细胞可见于骨髓纤维化等。

（2）骨髓检查：骨髓检查对贫血的诊断是不可缺少的。通常采用骨髓穿刺涂片检查，必要时需做骨髓活检。根据骨髓增生程度，可将贫血分为增生性和增生不良性贫血两大类，除再生障碍性贫血外，其他贫血都有程度不一的幼红细胞增生象。骨髓检查必须包括骨髓铁染色，以确诊或排除缺铁性贫血和铁粒幼细胞性贫血。注意骨髓取样的局限性，一个部位骨髓增生减低，应做多部位骨髓检查。

（3）其他实验室检查（贫血的发病机制检查）：铁代谢检查，如血清铁和铁蛋白测定，利于缺铁性贫血的诊断。血清叶酸、维生素 B_{12} 测定，用于诊断巨幼细胞性贫血。诊断溶血性贫血的抗人球蛋白试验、血红蛋白电泳等。尿液检查、肝功能检查、肾功能检查、大便隐血试验及寄生虫虫卵检查等对贫血的病因诊断均很重要。如血红蛋白尿是血管内溶血的证据，大便隐血试验阳性提示消化道出血等。

【治疗】

1. 消除病因 治疗贫血首先要消除病因，有时原发病的治疗比纠正贫血更为重要。只有消除了病因，贫血才能彻底治愈。如尽快纠正出血原因，才能彻底治愈出血性贫血；诊断为药物性贫血，应立即停药并绝对避免再次用药，则为最有效的措施。

2. 补充造血要素 如缺铁性贫血和营养性

笔 记 栏

巨幼细胞性贫血等，应积极补充铁剂、维生素 B_{12} 或叶酸等，可获得良好效果。

3. 刺激红细胞生成 临床较为肯定的刺激红细胞生成的药物有红细胞生成素（EPO）、司坦唑（康力龙）、丙酸睾酮、安雄、达那唑等。红细胞生成素是一种糖蛋白，起源于肾脏，对红细胞系列的增殖、成熟与释放有重要调节作用。肾性贫血是红细胞生成素治疗的适应证，临床用以治疗慢性肾功能衰竭有显著疗效；对慢性感染、恶性肿瘤及某些结缔组织病所致贫血也有一定效果。司坦唑和丙酸睾酮对部分慢性再生障碍性贫血可起到缓解作用。

4. 免疫抑制剂 适用于发病机制与免疫有关的贫血。对已明确为自身免疫性溶血性贫血、单纯红细胞再生障碍性贫血等，可用肾上腺皮质激素治疗，近期疗效较好；对重型再生障碍性贫血可采用抗胸腺细胞球蛋白、抗淋巴细胞球蛋白、环孢素等免疫抑制剂进行治疗。

5. 脾切除 脾切除可减少红细胞的破坏场所，主要用以治疗脾功能亢进所致的贫血（如溶血性贫血）和遗传性球形细胞增多症等，常为首选的治疗措施。对内科治疗无效的自身免疫性溶血性贫血、部分血红蛋白病和红细胞酶缺陷所致的溶血性贫血，也可考虑脾切除。

6. 输血 急性大失血引起的贫血必须输血，以补充血容量的不足。输血也可适用于难治性贫血（如再生障碍性贫血）及其他严重贫血的治疗，但仅能取得暂时疗效。输血可引起各种不良反应，并有传播病毒性肝炎和艾滋病的危险，过多的输血又可发生含铁血黄素沉着症，所以输血治疗必须严格掌握适应证。一般慢性贫血，血红蛋白在60g/L以上，患者无明显症状，就不必输血。大多数贫血患者，尤其是无出血或粒细胞缺乏者，宜输红细胞悬液或浓缩红细胞，以节约血源，减少输血反应。

7. 造血干细胞移植（HSCT） 是目前治疗重型再生障碍性贫血最理想的方法，有些患者可获得长期缓解或治愈。也可用于珠蛋白生成障碍性贫血、先天性再生障碍性贫血（Faconi 贫血）等。

第2节　缺铁性贫血

案例

患者，女性，34岁，工人。头晕、乏力1年半，加重1个月，于2006年12月21日14时入院。

2005年6月因不全流产而致月经失调，月经周期短约22天，每次月经持续8天左右，月经量多，故经常感到头晕、乏力，时重时轻，未引起足够重视，也未进行系统治疗。近1个月来，因工作劳累而感到头晕、乏力加重，活动后出现心悸、气短，并伴有烦躁、头痛、食欲不振、腹胀等，故来诊而收入院。平素一日三餐喜吃素食，少食肉类，无高血压病、心脏病等病史。

体格检查：T 36.8℃ P 104次/min R 24次/min BP 110/75mmHg，皮肤黏膜苍白，全身浅表淋巴结无肿大，肺脏无异常，心界大小正常，心率104次/min，S_1 增强，律齐，心尖部闻及2/6级柔和的吹风样收缩期杂音，腹部及神经系统检查无异常，指甲无光泽。

实验室及其他检查：血常规示：Hb 72g/L，RBC 3.0×10^{12}/L，RBC大小不均，中心淡染区扩大；MCV 76.7fl，MCH 24pg，MCHC 31.3%。骨髓红细胞系增生，骨髓小粒可染铁消失。心电图提示窦性心动过速。

思考题

1. 该病例最可能的诊断是什么？
2. 为明确诊断还需做哪些实验室检查，结果如何？
3. 在口服用药治疗时应注意什么？
4. 请判断该患者的贫血程度，并回答确定的依据。

缺铁性贫血（iron deficiency anemia，IDA）是指体内储存铁缺乏，影响血红蛋白合成所引起的一种小细胞低色素性贫血。这种贫血的特点是骨髓、肝、脾等器官组织中缺乏可染铁，血清铁浓度、运铁蛋白饱和度和血清铁蛋白降低。本症是贫血中最常见的类型，也是最常见的营养素缺乏症，目前仍然是世界各国普遍存在的健康问题，尤其是发展中国家。据WHO调查报告，全世界约有10%～30%的人群有不同程度的缺铁。男性发病率约10%，女性大于20%。据我国某医学院各附属医院流行病学调查，缺铁性贫血的患病率：6个月～2岁的婴幼儿为33.8%～45.7%，育龄妇女为11.39%，妊娠3个月以上的妇女为19.25%，10～17岁的青少年为9.84%。钩虫病流行区特别多见，程度也较重。

【铁的代谢】 铁是人体必需的微量元素之一，是合成血红蛋白的原料，它广泛参与机体内的代谢过程。人体存在严格的铁代谢调节机制，可以确保体内铁始终处于正常生理水平，称为机体的铁稳态。铁稳态主要依赖于小肠铁吸收和机体铁需求之间的平衡。

1. 铁的分布 铁在体内的分布很广，几乎

笔 记 栏

所有的组织均含有铁。健康成人体内所存在的铁为3~5g，按体重计算，男性含铁总量为50mg/kg，女性为35mg/kg。其中体内铁的67%组成血红蛋白，每克血红蛋白含铁3.4mg；约29.2%为储存铁，以铁蛋白和含铁血黄素形式存在于单核巨噬细胞系统中，随时供应血红蛋白的合成；3.5%的铁在肌红蛋白中；0.2%的铁存在于参加细胞代谢的血红素酶类，但其功能极其重要；仅极少量铁0.12%在血液中运转，这部分铁是最活跃的，不断更新，使铁得到交换。

2. 铁的来源和吸收 生理情况下人体内源性铁主要来自衰老和破坏的红细胞；外源性铁主要来自于食物，含铁量最高的食品有海带、发菜、木耳、紫菜、香菇、动物肝等；其次为豆类、肉类；谷物、蛋类、蔬菜和水果中含量较低。胎儿所需铁来自母体。成人每天红细胞的生成需要20~30mg铁，但绝大部分(95%)来自内源性铁的再利用，每天仅需从食物中吸收1mg铁，以补充被排泄的铁。在非生理情况下，大量铁可随药物或输血进入体内。正常普通饮食中所供给的铁为每天15~30mg，其中5%~10%被吸收，吸收量每天约为1mg。动物食物中的铁约20%~25%能被吸收，而植物食物中的铁吸收率小于5%，人乳铁吸收率为50%，牛乳仅为10%。铁的吸收部位主要在十二指肠和空肠上段。铁的吸收形式有两种，一是血红素铁，来自血红蛋白、肌红蛋白及动物食物的其他血红素蛋白，吸收率高；二是非血红素铁，来自铁盐、铁蛋白、含铁血黄素及植物性食物中的高铁化合作等，吸收率低。食物中的铁大多与有机物结合，必须变为游离铁才能被吸收，而且亚铁比高铁易于吸收。

3. 铁的转运 在小肠黏膜细胞内的铁与血浆运铁蛋白结合后被输送到骨髓和其他组织中。运铁蛋白是一种β_1球蛋白，主要由肝脏合成。正常人运铁蛋白血浆浓度为2.65~4.30g/L，临床称为总铁结合力，即血浆中能与铁结合的β_1球蛋白的总量。正常情况下运铁蛋白仅以其总量的1/3与铁结合，这部分称为血清(浆)铁，2/3未与铁结合的运铁蛋白称为未饱和铁结合力。

运铁蛋白饱和度=血清铁/总铁结合力×100%

4. 铁的储存 体内多余的铁或不能被利用的铁储存于肝、脾、骨髓等器官的单核巨噬细胞内。储存铁的形式主要为铁蛋白，其次是含铁血黄素。同种铁蛋白系由两种亚单位(L和H)构成，如肝脾铁蛋白主要由L亚单位构成，是一种碱性铁蛋白；心型铁蛋白主要由H亚单位构成，是一种酸性铁蛋白；而红细胞内铁蛋白则由酸性和碱性铁蛋白组成。含铁血黄素是变性或部分去蛋白质的铁蛋白聚合形成的不溶性含铁复合物，骨髓中可染铁即为分布于骨髓小粒的含铁血黄素。正常情况下，机体很少动用储存铁，当机体需铁量增加或排铁量过多时，可由储存铁给予补充。铁以Fe^{2+}形式摄入，而以Fe^{3+}形式储存，当从铁蛋白释放时，又转换为Fe^{2+}。临床常用铁蛋白测定来衡量铁的储存量。

5. 铁的再利用和排泄 体内血红蛋白和其他含铁化合物经代谢分解后，所释放出的铁并不被排出体外，而是进入全身的铁代谢池，在铁代谢池内反复循环，被无数次的重新利用。正常人体除随月经及脱落细胞(胃肠道、泌尿道及皮肤上皮细胞)丢失铁外，无明显的生理性排泄铁，每天排出铁量约1mg。女性由于月经、妊娠、哺乳等原因，排泄铁量较男性为多。

【病因和发病机制】

1. 病因 任何原因使铁的损耗超过体内所能供给的量时，即可引起缺铁性贫血。

(1) 铁丢失过多：慢性失血等于失铁，是引起缺铁性贫血的主要原因。因体内总铁量的2/3存在于红细胞内，每毫升血含铁0.5mg，慢性失血每天3~4ml，就足以引起缺铁，但几次急性大出血也可造成缺铁性贫血。反复多次失血可显著消耗铁储存量，常见于消化道出血(男性最常见)，如消化性溃疡、消化道肿瘤、痔疮、钩虫病(1条钩虫每天摄血0.5ml)等。月经过多是女性缺铁最常见的原因，如子宫肌瘤、月经失调等。妇女一次月经平均失血量40~60ml，相当于失铁20~30mg。还可见于阵发性睡眠性血红蛋白尿(PNH)、人工心脏瓣膜引起的机械性溶血等，因多次发作的血红蛋白尿而致慢性失铁。

(2) 铁摄入不足：生长期婴幼儿、青少年和月经期、妊娠期或哺乳期的妇女需铁量增加，而一般食物中铁的含量不能满足机体需要。如婴幼儿尤其是早产儿和孪生儿，给牛乳喂养又不及时添加辅食品极易发生缺铁；一次正常妊娠要消耗的铁(供应胎儿所需及分娩时失血)平均达960mg，妊娠中、后期需铁量每天4~6mg；哺乳期每天失铁0.5~1mg。因饮食中缺乏足够的铁或食物结构不合理，可导致铁吸收和利用减低，如我国膳食中供铁量并不少，但铁来源的食物构成不合理，常以谷物和蔬菜为主，肉类较少，饮食中供铁量以非血红素铁为主，仅20%铁来源于动物食品，就容易发生营养性缺铁性贫血。

(3) 铁吸收不良：游离铁主要在十二指肠及小肠上1/4段黏膜吸收，如丢失过多或吸收不良均可导致缺铁性贫血。如胃大部切除术及胃空肠吻合术后，由于食物迅速通过胃至空肠，不经过十二指肠，影响了正常铁的吸收；萎缩性胃炎因长期缺乏

笔 记 栏

胃酸，导致铁的吸收不良；长期腹泻不但影响铁吸收，且随着大量肠上皮细胞脱落而失铁。

2. 发病机制 缺铁性贫血最明显的改变是许多组织中缺少铁。如铁与原卟啉结合形成血红素，缺铁时血红蛋白合成减少，典型的则引起小细胞低色素性贫血。缺铁使含铁酶类的活性降低，引起蛋白质、脂类及糖类在幼红细胞内合成障碍，成熟红细胞内部缺陷，红细胞寿命缩短，易在脾内破坏。体内含铁酶类（如线粒体酶、单胺氧化酶等）的缺乏，使这些酶在肌肉、肝、脑、心脏等多脏器的活力降低，引起组织细胞内线粒体肿胀，临床上出现肌肉疲劳，消化、中枢神经及循环系统等功能紊乱，免疫功能障碍，并可引起黏膜组织病变和外胚叶组织营养障碍。

【临床表现】 缺铁性贫血多数起病缓慢，除引起缺铁原发病的表现外，临床表现分为两类：一类为贫血本身的表现；另一类为组织中含铁酶类减少引起细胞功能紊乱而产生的症状和体征。

1. 贫血本身的表现 贫血的一般症状主要有皮肤和黏膜苍白、疲乏无力、头晕耳鸣、眼花、记忆力减退，严重者可出现眩晕和晕厥，活动后心悸、气短，甚至心绞痛。尚可有恶心、呕吐，食欲减退、腹胀、腹泻等消化道的症状。

缺铁性贫血的潜伏期虽有铁代谢异常，但仍无缺铁性贫血的临床表现；早期临床多呈正细胞性正色素性轻度贫血；晚期临床表现为小细胞低色素性的中、重度贫血。

2. 组织缺铁的表现

（1）精神和行为改变：如儿童缺铁表现为烦躁、易激惹、对外界反应差、注意力不集中等；而妇女较多见的是疲乏、烦躁和头痛。

（2）消化道黏膜病变：表现为口腔炎、舌炎、唇炎、吞咽困难，胃酸分泌缺乏，有时可发生萎缩性胃炎。消化道的常见症状有食欲减退、腹胀、嗳气、便秘等。部分患者有异食癖，如嗜食泥土、石灰、粉笔、生米、冰块等怪癖。

（3）外胚叶组织病变：皮肤干燥、皱缩，毛发干枯、脱落，指甲（趾）缺乏光泽、脆薄易裂，重者甚至表现为匙状甲等。

案例归纳一

该患者为生育期妇女，以长期头晕、乏力为主要表现，近来出现活动后心悸、气短，并伴有烦躁、头痛、食欲不振、腹胀等。平素喜吃素食，无高血压病及心脏病病史。

体格检查：皮肤黏膜苍白，HR 104 次/min，S_1增强，心尖部闻及2/6级柔和的吹风样收缩期杂音，指甲无光泽。

【实验室及其他检查】

1. 血象 贫血轻时呈正细胞性正色素性贫血，贫血严重时呈典型小细胞低色素性贫血。血片中可见红细胞大小不一，以体积小者多见，中心淡染区扩大。白细胞和血小板计数一般正常或轻度减少。网织红细胞计数大多正常，亦可减低或轻度升高。钩虫病患者可有嗜酸粒细胞增多。

2. 骨髓象 红细胞系增生活跃，幼红细胞比例增多，以中、晚幼红细胞增生为主。幼红细胞体积较小，核染色质致密，胞质较少，血红蛋白形成不良，边缘不整齐。粒细胞及巨核细胞多无显著改变。骨髓铁染色显示骨髓小粒可染铁消失，铁粒幼红细胞消失或减少（<15%）。骨髓铁染色可反映体内储铁情况，是诊断缺铁较为敏感和可靠的方法。

3. 血清铁和总铁结合力 缺铁性贫血时血清铁<8.95μmol/L（50μg/dl），总铁结合力>64.44μmol/L（360μg/dl），运铁蛋白饱和度<0.15（15%）。

4. 血清和红细胞内碱性铁蛋白 血清铁蛋白和体内储铁量相关性极好，1μg/L的血清铁蛋白相当于8~21mg储铁，储铁下降是血清铁蛋白降低的惟一原因，故可作为储铁缺乏的指标。血清铁蛋白<20μg/L表示储铁减少，<12μg/L为储铁耗尽。血清铁蛋白<14μg/L，红细胞内碱性铁蛋白<6.5μg/L细胞可作为缺铁依据。血清铁蛋白是反映缺铁的较敏感的指标，可用于早期诊断和人群铁缺乏症的筛选。红细胞内碱性铁蛋白与血清铁蛋白比较，不易受感染、结缔组织病、肿瘤、肝脏疾病的影响，更能正确反映储铁状态。

5. 红细胞内游离原卟啉（FEP） 进入幼红细胞内的铁在线粒体中与原卟啉结合形成血红素，由于铁的缺乏，血红素的合成减少，则FEP升高。一般FEP>1.78μmol/L（100μg/dl）全血可作为缺铁性红细胞生成的指标。

案例归纳二

血常规示：Hb 72g/L，RBC 3.0×10^{12}/L，RBC大小不均，中心淡染区扩大；MCV 76.7fl，MCH 24pg，MCHC 31.3%。骨髓红细胞系增生，骨髓小粒可染铁消失。心电图提示窦性心动过速。

【诊断与鉴别诊断】

1. 诊断 缺铁性贫血的诊断包括两个方面：确立是否为缺铁引起的贫血和明确引起缺铁的病因。诊断依据：①小细胞低色素性贫血；②有明确的缺铁病因和临床表现；③血清铁<

8.95μmol/L，总铁结合力>64.44μmol/L；④运铁蛋白饱和度<0.15；⑤血清铁蛋白<14μg/L，红细胞内碱性铁蛋白<6.5μg/L 细胞；⑥骨髓铁染色显示骨髓小粒可染铁消失，铁粒幼红细胞<15%；⑦FEP>1.78μmol/L（100μg/dl）全血；⑧铁剂治疗有效。

符合第①条和第②~⑧条中任何两条以上者，可诊断为缺铁性贫血。

2. 鉴别诊断

（1）珠蛋白生成障碍性贫血：是具有多种遗传异常的疾病，虽有不同程度的小细胞低色素性贫血，但外周血片中可见多量靶形红细胞，网织红细胞增多；血清铁、运铁蛋白饱和度、血清铁蛋白及骨髓可染铁均增多；血红蛋白电泳异常。

（2）慢性病贫血：是继发于慢性感染、炎症和恶性肿瘤的一组贫血，可为正细胞性正色素性贫血，也可为小细胞低色素性贫血。血清铁和总铁结合力减低，但血清铁蛋白和骨髓可染铁增多。

（3）铁粒幼细胞性贫血：是由多种原因所致的血红素合成障碍，而引起的铁失利用性贫血。多见于中老年人；外周血片中可见双形性红细胞；骨髓铁染色可见典型的环状铁粒幼细胞。血清铁、运铁蛋白饱和度增高，而总铁结合力降低。

案例诊断要点

1. 患者为生育期妇女。

2. 病史特点：以长期头晕、乏力为主要表现，近来出现活动后心悸、气短，并伴有烦躁、头痛、食欲不振、腹胀等。平素喜吃素食，无高血压病及心脏病病史。

3. 体格检查：皮肤黏膜苍白，HR 104次/min，S_1增强，心尖部闻及2/6级柔和的吹风样收缩期杂音，指甲无光泽。

4. 实验室及其他检查：血常规示：Hb 72g/L，RBC 3.0×10^{12}/L，RBC 大小不均，中心淡染区扩大；MCV 76.7fl，MCH 24pg，MCHC 31.3%。骨髓红细胞系增生，骨髓小粒可染铁消失。心电图提示窦性心动过速。

临床诊断：缺铁性贫血（IDA）。

【治疗】 缺铁性贫血的治疗原则是去除引起缺铁的病因，补充足够量的铁直到恢复正常铁储存量。

1. 病因治疗 缺铁性贫血是一种症候群，病因治疗相当重要，不能只顾补铁治疗，而忽略其基础疾病的治疗。如积极治疗慢性胃肠疾病、防治寄生虫病、终止慢性失血、改变偏食习惯等。

2. 药物治疗

（1）口服铁剂：是治疗缺铁性贫血的首选方法。常用的口服铁剂有：硫酸亚铁（每片0.3g，含元素铁60mg）、富马酸亚铁（每片0.2g，含元素铁66mg）、10%枸橼酸铁胺（每毫升含元素铁20mg）、葡萄糖酸亚铁（每片0.3g，含元素铁34.5mg）、多糖铁复合物（力蜚能，每胶囊150mg，含铁量46%）、右旋糖酐铁（每片25mg，含铁量35%）、琥珀酸亚铁（每片0.1g，含铁量35%）等。硫酸亚铁是口服铁剂中最常用的，疗效较好，但它是无机铁剂，有胃肠道副作用；多糖铁复合物是有机铁剂，无胃肠道副作用，但价格昂贵；琥珀酸亚铁含铁量高且吸收好，不良反应又小；10%枸橼酸铁胺水剂，为Fe^{3+}，不易吸收，但能替代片剂。成人治疗剂量以每日150~200mg元素铁为宜，预防剂量每日10~20mg。

口服铁剂注意事项：①要先从小剂量开始，渐达足量。②进餐时或饭后吞服，可减少恶心、呕吐、上腹部不适等胃肠道不良反应。③同时口服较大剂量维生素C可促进铁的吸收。④服药前后1小时左右，禁喝咖啡及茶等。⑤如需服用四环素、制酸剂等时，需与铁剂错开时间服用。⑥服铁剂后可出现黑粪，应先说明。

口服铁剂有效者3~4日后网织红细胞开始升高，第10日达高峰，随后血红蛋白开始上升，一般治疗2个月血红蛋白可恢复正常。贫血纠正后仍需继续治疗3~6个月或使血清铁蛋白恢复到50μg/L以补足储存铁，否则易复发。

口服铁剂治疗3周无效，可考虑以下因素：①诊断错误；②未按医嘱服药或剂量不足；③持续出血；④存在铁吸收障碍的因素；⑤存在干扰铁利用的因素，如炎症、肿瘤等；⑥同时伴有维生素B_{12}或叶酸缺乏。

（2）注射铁剂：注射铁剂价格昂贵，故凡是可以采用口服治疗的，就不应用铁注射治疗，要严格掌握适应证。注射铁剂的应用指标如下：①口服铁剂消化道反应严重，不能耐受者；②口服铁剂不能奏效者，如萎缩性胃炎等有胃肠道铁吸收障碍者；③需要迅速纠正缺铁者，如妊娠后期贫血严重者，并可防止胎儿发生缺铁性贫血；④原有严重胃肠道疾病，如消化性溃疡、溃疡性结肠炎等，口服铁剂可加剧原发病者；⑤不易控制的慢性失血，失铁量超过肠道的铁吸收量。

注射铁剂常用右旋糖酐铁，1ml注射液含铁元素25mg，深部肌内注射，注射后72小时吸收65%。首次给药50mg，观察1小时后如无不良反应可给足量治疗，每次100mg，每周注射2~3次。

肌内注射铁剂毒性反应较多，局部注射处皮肤可有铁污染而发黑，5%病人有全身反应，包括

笔记栏

头痛、面部潮红、关节肌肉疼痛、发热、恶心呕吐、腹泻等，严重者可有过敏性休克。

注射铁剂总量应准确计算，其中包括补充储存铁，不应超量以免引起急性铁中毒。注射铁剂总量计算公式：

铁注射剂量(mg)=[150-Hb(g/L)]×体重(kg)×3.3

3. 常用中药制剂

(1) 小温中丸：具有健脾温中之功效，每次1.5~3g，口服，每日3次。

(2) 生血片：具有补血生血之功效，每次1~1.5g，口服，每日3次。

【预后和预防】 缺铁性贫血的预后，取决于原发病因，病因消除，服用铁剂，预后一般良好，可以达到完全治愈。

缺铁性贫血的预防，应注意合理安排饮食，婴幼儿及时添加辅食，对生长期儿童、孕妇及哺乳期妇女宜给予含铁较多的食物，如海带、紫菜、木耳等，动物血是补充铁的好食品。防治寄生虫病，及早根治各种慢性出血性疾病，对胃切除术后、妊娠期、早产儿及孪生儿等可给以预防性口服铁剂。

处方及医师指导

1. 一般治疗：调整月经周期，祛除导致慢性失血的病因；合理安排饮食，食用含铁丰富的食物，如木耳、紫菜、动物肝等。

2. 药物治疗

(1) 硫酸亚铁片：每次0.3g，餐后口服，每日3次。疗程3个月。

(2) 维生素C：每次100mg，每日3次，口服，配合铁剂服用。

(3) 生血片：每次1~1.5g，口服，每日3次。

第3节 巨幼细胞性贫血

案例

患者，男性，21岁，农民。周身乏力、四肢麻木3个月，加重伴舌痛1个月，于2007年5月26日16时入院。

患者于3个月前无明显诱因出现周身乏力、四肢麻木，时有疼痛，就诊于某医院，做肌电图提示正常，考虑为周围神经病变，予营养神经药物治疗，效果不明显，且上述症状逐渐加重。近1个月来，出现口腔溃疡、舌痛，并伴头晕、气短症状，今为求进一步诊治来我院就诊并收入院。无烟酒不良嗜好。近1年有腹泻史，每日3~4次，近1个月有厌油腻表现。

体格检查：T 36.5℃，BP 100/65mmHg；消瘦，颜面、睑结膜及口唇苍白，镜面舌，皮肤黏膜无黄染及淤点，浅表淋巴结无肿大；双肺呼吸音清，心界正常，心率110次/min，律齐；腹部平软，无压痛，肝脾未触及，移动性浊音(-)；深感觉障碍，膝反射减弱。

实验室及其他检查：血常规示：WBC 3.0×10^9/L，N 0.501，RBC 1.5×10^{12}/L，Hb 58g/L，PLT 33×10^9/L，Ret 2.5%，MCV 110fl。

思考题

1. 该病例最可能的诊断是什么？

2. 为明确诊断还应做哪些实验室检查，结果如何？

3. 如何治疗？

4. 该患者为什么会出现神经系统表现？

巨幼细胞性贫血(megaloblastic anemia，MA)是由于脱氧核糖核酸(DNA)合成障碍所致的一组大细胞性贫血。主要原因是体内缺乏维生素B_{12}和(或)叶酸，故称之为营养性巨幼细胞性贫血。恶性贫血(pernicions anemia，PA)也是一种维生素B_{12}缺乏的巨幼细胞性贫血，是由于胃壁细胞自身免疫性破坏，胃黏膜萎缩导致内因子缺乏，维生素B_{12}吸收障碍所致。还有少数与维生素B_{12}或叶酸无关，是因遗传性或药物等获得性DNA合成障碍而引起的巨幼细胞性贫血。其特点是大红细胞性贫血，骨髓内出现巨幼红细胞系列，并且细胞形态的巨型改变也见于粒细胞、巨核细胞系列。营养性巨幼细胞性贫血具有地区性，我国以山西和陕西省等西北地区较多见，患病率约5.3%，恶性贫血在欧美较多见，我国则罕见。偏食或食物烹调不当，患自身免疫性疾病、胃肠道疾病及肿瘤等，是该病的高危因素。

【维生素B_{12}和叶酸代谢】

1. 维生素B_{12}代谢 维生素B_{12}为含钴的维生素，化学名钴胺(cobalamin，Cbl)，仅由某些微生物所合成。植物中无维生素B_{12}，人体所需的维生素B_{12}主要来源于动物性食物，如肉类、肝、鱼、蛋和乳制品等。正常成人体内含维生素B_{12}总量约为2~5mg，其中约2mg储存在肝内。成人每天需要量约2~5μg，儿童生长期及妇女妊娠期需要量增加。维生素B_{12}主要从尿中排出，平

笔记栏

均每天约排出30ng；有一部分经胆汁进入肠道，可被肠道再吸收，构成维生素 B_{12}的肠肝循环；也可经乳汁、唾液、泪液排出微量维生素 B_{12}。一般饮食供给量已远超过需要量，因此单纯因食物中含量不足而导致缺乏者极为罕见。当停止供给维生素 B_{12}后，体内储存可维持机体需要3~6年之久。维生素 B_{12}在人体内有多种形式，其中具有代谢活性的为甲基钴胺和腺苷钴胺两种，是血液中维生素 B_{12}存在的主要形式。药用维生素 B_{12}系氰钴胺，它必须在体内转变为活性形式才能被组织所利用。甲基钴胺系蛋氨酸合成酶的辅酶，蛋氨酸系体内合成蛋白质的必需氨基酸，且*S*-腺苷蛋氨酸又是体内许多重要酶反应的甲基提供者。腺苷钴胺是*L*-甲基丙二酰辅酶A变位酶的辅酶，促使*L*-甲基丙二酰辅酶A转变成琥珀酰辅酶A。

2. 叶酸代谢 叶酸是一种水溶性B族维生素，化学名蝶酰谷氨酸。机体所需叶酸由食物提供，本身不能合成。叶酸在新鲜绿叶蔬菜中含量最多，肝、肾、酵母和蘑菇中也较多。食物烹调、腌制及储存过久等均可被破坏，尤其是加水煮沸，损失量尤大。食物中的叶酸以多谷氨酸盐的形式存在，要经过胆汁和小肠中的γ-谷氨基羧肽酶水解成单谷氨酸盐才能被吸收，吸收部位主要在近端空肠。吸收的叶酸，大部分转变为具有活性的N^5-甲基四氢叶酸盐。在血浆中的叶酸为N^5-甲基四氢叶酸单谷氨酸盐，多数和白蛋白疏松结合运输，通过叶酸受体被摄取进入细胞内，在维生素 B_{12}依赖的蛋氨酸合成酶作用下形成四氢叶酸而发挥作用；亦可再度成为多谷氨酸盐储存，后者可避免叶酸逸出细胞外。人体内叶酸储存总量仅5~10mg，主要以多谷氨酸盐储存于肝细胞内。成人每天需叶酸50~200μg，儿童生长期及妇女妊娠期需要量增加。叶酸主要从尿中排出，平均每天约排出2~5μg；少部分从胆汁排泄，可被肠道再吸收，构成叶酸的肠肝循环。当摄入叶酸减少或缺乏时，经3周血中叶酸水平即下降，因此营养性巨幼细胞贫血主要由叶酸缺乏引起。

四氢叶酸是体内“一碳基团”转移的辅酶。丝氨酸是一碳基团的来源，它和四氢叶酸作用形成$N^{5,10}$-甲基四氢叶酸和甘氨酸；另一来源系在组氨酸分解代谢中的亚氨甲基谷氨酸和四氢叶酸作用生成N^5-亚氨甲基四氢叶酸和谷氨酸。这些辅酶型叶酸携带各种一碳基团从而参与体内一些重要生化反应，最终合成重要的大分子物质，如参与胸腺嘧啶核苷酸（dTMP）的合成，dTMP是合成DNA重要原料；参与嘌呤的合成，嘌呤环中碳2及碳8原子的合成需要依赖叶酸的反应；参与蛋氨酸的合成等。

笔 记 栏

【病因和发病机制】

1. 病因

（1）维生素 B_{12}缺乏

1）摄入量不足和需要量增加：单纯摄入不足引起者甚少见，但可见于贫困地区，生活水平低下者，长期严格素食或饮食习惯不良者。妊娠、婴幼儿、溶血性贫血、感染、甲状腺机能亢进及恶性肿瘤等需要量增加，而未注意补充，则可发生维生素 B_{12}缺乏。

2）吸收障碍：是维生素 B_{12}缺乏的主要原因。①内因子缺乏：胃全切除术后平均5年时间发生巨幼细胞性贫血，约30%~40%的次全胃切除者有维生素 B_{12}吸收不良，但潜伏期更长。恶性贫血患者存在内因子的抗体，造成维生素 B_{12}吸收障碍。②小肠疾病：如小肠吸收不良症候群、口炎性腹泻、回肠切除后、小肠淋巴瘤及硬皮病等。小肠病变常同时有叶酸和铁的吸收减少。③药物诱发：如对氨基水杨酸钠、新霉素、二甲双胍、苯乙双胍、秋水仙碱等，影响小肠内维生素 B_{12}的吸收。④其他原因：肠道内细菌繁殖、阔节裂头绦虫寄生等，与人体竞争维生素 B_{12}，引起吸收减少；胃泌素瘤和慢性胰腺炎可引起维生素 B_{12}吸收障碍。

3）利用障碍：如TCⅡ缺乏或存在异常的维生素 B_{12}结合蛋白及应用一氧化氮，均可影响维生素 B_{12}转运和利用。

（2）叶酸缺乏

1）摄入量不足和需要量增加：食物供给不足是叶酸缺乏的主要原因。叶酸广泛存在于多种食物中，营养不良性主要是由于新鲜蔬菜及动物蛋白质摄入不足所致。慢性酒精性肝硬化，叶酸摄入和储存都减少，酗酒使叶酸摄入减少。需要量增加主要见于婴幼儿、儿童及妇女妊娠期；尚可见于慢性溶血、甲状腺功能亢进、骨髓增殖症及恶性肿瘤等。

2）吸收不良：如小肠吸收不良综合征、热带口炎性腹泻、短肠综合征、小肠炎症及肿瘤等。某些药物如苯妥英、扑痫酮及口服避孕药等可阻滞叶酸吸收。

3）利用障碍：甲氨蝶呤、乙胺嘧啶和甲氧苄氨嘧啶都是叶酸对抗物，是二氢叶酸还原酶的抑制剂，导致叶酸利用障碍。

2. 发病机制 维生素 B_{12}和叶酸是细胞合成DNA过程中的重要辅酶，维生素 B_{12}和叶酸缺乏，导致DNA合成障碍。维生素 B_{12}缺乏导致DNA合成障碍是通过叶酸代谢障碍引起的。造血细胞受累的特点是，细胞核和细胞浆发育失衡，随着核分裂延迟和合成量增多，形成胞体巨大，核浆发育不同步，细胞核分化落后于细胞浆，即形成所谓“老浆幼核”改变的巨型血细胞。巨型血细胞改变以幼红细胞系列最显著，具有特征性；也可见于粒细胞和巨核细胞系列，尤以晚幼粒细胞为突出。骨髓呈增生象，但血象为全血细胞减少，其主要病理生理改变为无效性红细胞、粒细胞和血小板生成，称为髓内溶血，属于无效造血。维生素 B_{12} 还参与神经组织的代谢，故维生素 B_{12} 缺乏可引起神经脱髓鞘改变，可累及周围神经、脊髓后侧索及大脑，出现相应神经系统表现。

【临床表现】 维生素 B_{12} 缺乏和叶酸缺乏的临床表现基本相似，都可引起巨幼细胞贫血及消化道系统的症状，而维生素 B_{12} 缺乏常伴有神经系统表现，叶酸缺乏可引起情感改变，补充叶酸即可消失。

1. 消化系统表现 常见的症状有食欲减退、腹胀、腹泻等；部分患者以舌炎最为突出，表现为舌质红、舌乳头萎缩、舌面光滑、舌痛，称为“牛肉舌”，多见于恶性贫血。

2. 神经系统表现 见于维生素 B_{12} 缺乏，尤其是恶性贫血，出现周围神经病和亚急性脊髓后侧索联合变性的表现，如乏力、手足麻木、感觉障碍、行走困难、共济失调和锥体束征阳性等。脑功能障碍以抑郁和记忆障碍为常见，严重者偶可出现妄想、幻觉及躁狂等精神异常症状。

案例归纳一

患者以周身乏力、四肢麻木为主要表现，近 1 个月加重，出现口腔溃疡、舌痛，并伴头晕、气短症状。近 1 年有腹泻史，每日 3~4 次，近 1 个月有厌油腻表现。

体格检查：T 36.5℃，BP 100/65mmHg；消瘦，颜面、睑结膜及口唇苍白，镜面舌，皮肤黏膜无黄染及瘀点，浅表淋巴结无肿大；心率 110 次/min，律齐；腹部无压痛，肝脾未触及；深感觉障碍，膝反射减弱。

【实验室及其他检查】

1. 血象 最突出表现为大椭圆形红细胞增多和中性粒细胞核分叶过多，呈大细胞性贫血，MCV>100fl、MCH>32pg，MCHC 正常。红细胞大小不均，以大者为主，中央淡染区缩小或消失。白细胞计数轻度减少或正常，中性粒细胞核分叶过多具有特征性，当中性粒细胞 5 叶核>5%，或找到 6 叶核以上者时，均具有诊断价值。血小板计数正常或减少，可见巨大血小板。网织红细胞计数正常或轻度增多。重症病例常呈全血细胞减少。

2. 骨髓象 骨髓增生活跃或明显活跃，以红系细胞增生为主，粒红比值下降。各系细胞均呈巨幼变特征，胞体增大，细胞核发育落后于细胞浆。巨幼红细胞系占骨髓细胞总数的 30%~50%，其中以巨原红、巨早幼红细胞为主，但应注意在维生素 B_{12} 或叶酸治疗开始 6~24 小时后即可找不到典型巨幼红细胞。可见巨晚幼和巨杆状核粒细胞，中性粒细胞核分叶过多现象。巨核细胞体积增大，分叶过多。中性粒细胞分叶过多要早于巨幼红细胞出现，粒系巨型变在治疗后恢复要迟于巨幼红细胞。

3. 确定维生素 B_{12} 或叶酸缺乏的试验

（1）维生素 B_{12} 和叶酸测定：①血清维生素 B_{12} 测定：正常值为 148~664pmol/L（200~900pg/ml），维生素 B_{12} 缺乏者<74pmol/L（100pg/ml）。②血清叶酸测定：正常值为13.6~47.6nmol/L（6~21ng/ml），叶酸缺乏者<6.8nmol/L（3ng/ml）。但部分患者血清维生素 B_{12} 和叶酸水平可正常。③红细胞叶酸测定：红细胞叶酸可反映体内叶酸储存情况，判断叶酸缺乏更为准确，正常值为 362.6~1450.2nmol/L（160~640ng/ml），叶酸缺乏者<227nmol/L（100ng/ml）。

（2）维生素 B_{12} 吸收试验（Schilling 试验）：有助于判断维生素 B_{12} 缺乏的原因，正常人>7%，维生素 B_{12} 吸收不良<7%，恶性贫血<4%。

（3）有助于鉴别维生素 B_{12} 或叶酸缺乏的其他检查：①血同型半胱氨酸和甲基丙二酸测定：维生素 B_{12} 缺乏两者均升高，而叶酸缺乏只有同型半胱氨酸升高。②诊断性治疗：试用生理剂量的维生素 B_{12}（1μg/d）或叶酸（0.2mg/d）治疗 10 日，然后观察患者临床症状改善、网织红细胞升高、巨幼红细胞形态好转以及血红蛋白上升情况，从而达到诊断目的。由于应用生理剂量故有助于鉴别维生素 B_{12} 或叶酸缺乏。

案例归纳二

血常规示：WBC 3.0×10^9/L，N 0.501，RBC 1.5×10^{12}/L，HBG 58g/L，PLT 33×10^9/L，Ret 2.5%，MCV 110fl。

【诊断与鉴别诊断】

1. 诊断 巨幼细胞贫血的诊断一般不难，主要依据实验室检查结合临床表现进行诊断。实验室检查符合大细胞贫血，中性粒细胞核分叶过多，骨髓三系造血细胞呈典型的巨幼变，可明确诊断。必要时可选用确定维生素 B_{12} 或叶酸缺乏的试验；亦可进行诊断性治疗，有助于鉴别维生素 B_{12} 或叶酸缺乏。

2. 鉴别诊断 注意与引起全血细胞减少的疾病相鉴别，如再性障碍性贫血等；与骨髓中出

笔 记 栏

现细胞巨幼变的疾病相鉴别，如骨髓增生异常综合征、红白血病等。

案例诊断要点

1. 患者为男性农民。

2. 病史特点：患者以周身乏力、四肢麻木为主要表现，并有口腔溃疡、舌痛，头晕、气短症状。近1年有腹泻史，每日3~4次，近1个月有厌油腻表现。

3. 体格检查：消瘦，颜面、睑结膜及口唇苍白，镜面舌，心率110次/min，深感觉障碍，膝反射减弱。

4. 实验室及其他检查：血常规示：WBC $3.0\times10^9/L$，N 0.501，RBC $1.5\times10^{12}/L$，Hb 58g/L，PLT $33\times10^9/L$，Ret 2.5%，MCV 110fl。

临床诊断：巨幼细胞贫血。

【治疗】

1. 病因治疗 应积极去除病因，治疗原发疾患。

2. 补充治疗

(1) 维生素 B_{12}治疗：维生素 B_{12} 100μg，肌内注射，每日1次，连续2周，以后改为每周2次，共4周或直至血红蛋白恢复正常。以后改为维持量，维生素 B_{12} 100μg，每月1次；有神经系统症状者维生素 B_{12}剂量应稍大，且维持治疗宜2周1次，凡神经系统症状持续超过1年者难以恢复。全胃切除、恶性贫血及先天性内因子缺陷者需终身维持治疗。

(2) 叶酸治疗：叶酸5~10mg，口服，每日3次。对肠道吸收不良者，可用四氢叶酸钙3~6mg，肌内注射，每日1次，直至贫血和病因被纠正。

如不能明确维生素 B_{12}或叶酸是哪一种缺乏，也可以维生素 B_{12}和叶酸联合应用；维生素 B_{12}缺乏单用叶酸治疗是禁忌的，因为会加重神经系统的损害。补充治疗4~6日后网织红细胞开始升高，10日左右达到高峰，伴血红蛋白上升，骨髓巨幼变亦迅速改善，2周内白细胞和血小板恢复正常，约4~6周贫血被纠正。

3. 其他辅助治疗 上述治疗后如贫血改善不满意，应注意查找原因并加以纠正。重症患者因大量红细胞新生，也可出现相对性缺铁，要及时补充铁剂。营养性巨幼细胞贫血可同时补充维生素C、维生素 B_1和维生素 B_6等。

【预后和预防】

1. 预后 预后良好，但是神经系统症状较严重者不易完全恢复，恶性贫血者需要终身维持治疗。

2. 预防

(1) 加强宣传教育：普及营养知识，纠正偏食及不正确的烹调习惯；在营养性巨幼细胞贫血高发区，应提倡改进食谱，提高群众卫生保健意识。

(2) 注意合理饮食：婴儿应提倡母乳喂养，合理喂养，及时添加辅食品；孕妇应多食新鲜蔬菜和动物蛋白质。

(3) 预防性补充：妊娠后期可补充叶酸；对慢性溶血性贫血、慢性炎症、恶性肿瘤或长期服用抗癫痫药者亦宜适当补充叶酸；对胃切除的患者应适当补充维生素 B_{12}。

处方及医师指导

1. 一般治疗 注意休息，积极治疗腹泻。

2. 药物治疗

(1) 维生素 B_{12}：50μg，肌内注射，隔日1次。疗程6个月~1年。

(2) 叶酸片：10mg，口服，每日3次。用至贫血症状完全消失。

(3) 生脉或参麦注射液：30~60ml溶于100~250ml糖或盐水中，静脉滴注，每日1次。2~3周为1疗程。

笔记栏

第3章 再生障碍性贫血

案例

患者,男性,29岁,司机。周身乏力3个月,加重1周于2007年8月26日9时入院。

患者于3个月前无明显诱因出现周身乏力,未引起重视。后症状逐渐加重,近1周明显,并出现皮肤瘀点,头晕、耳鸣,活动后加重,故就诊于当地医院。当时查血常规示:WBC 2.2×10^9/L,N 68.3%,RBC 1.8×10^{12}/L,Hb 84g/L,PLT 12×10^9/L。因当地医院无条件诊断,而来我院就诊并收入院。病来无酱油色尿,无骨痛。平素抽烟10~15支/d,饮白酒(每周3~4次,每次1~2两),无过敏史及传染病病史。患者长年开车,与汽油、柴油等密切接触的时间较长。

体格检查:T 36.8℃,P 108次/min,R 22次/min,BP 120/70mmHg;面色、结膜及口唇苍白,全身皮肤无黄染,四肢皮肤可见散在淤点、淤斑,压之不褪色,浅表淋巴结无肿大;双肺呼吸音清,心界正常,心率108次/min,律齐;腹部平软,无压痛,肝脾未触及,移动性浊音(-),双下肢轻度水肿。

实验室及其他检查:血常规示:WBC 1.8×10^9/L,N 0.742,RBC 1.5×10^{12}/L,Hb 56g/L,PLT 10×10^9/L,Ret 0.5%。

思考题

1. 该病例最可能的诊断是什么?
2. 为明确诊断还应做哪些实验室检查,结果如何?
3. 应与哪些疾病相鉴别?

再生障碍性贫血(aplastic anemia,AA,简称再障)是由多种病因引起的骨髓造血功能衰竭,而出现的全血细胞减少为主要表现的一组病症。据国内21省(市)自治区的调查,年发病率为0.74/10万人口,明显低于白血病的发病率(2.76/10万人口);急性再障发病率为0.14/10万人口,慢性再障发病率为0.60/10万人口;各年龄组均可发病,但以青壮年多见;男性发病率略高于女性。根据起病缓急、临床表现、血象及骨髓象等,国内分为急性和慢性两型,国外分为重型和轻型两型。临床上以红细胞、粒细胞和血小板减少所致的贫血、感染和出血为特征。

【病因和发病机制】

1. 病因 再障有先天性和获得性两类。先天性再障甚少见,是常染色体遗传性疾病,最常见的是范科尼(Fanconi)贫血。获得性再障占绝大多数,又分为原发性和继发性两种。约半数以上原因不明,称为原发性再障;能查明原因者称为继发性再障。继发性再障的发病与下列因素有关:

(1)药物因素:药物性再障有两种类型:

1)和剂量有关:系药物毒性作用,达到一定剂量就会引起骨髓抑制,一般是可逆的,停药后骨髓造血功能可以恢复。这类药物有各种抗肿瘤药如阿糖胞苷、甲氨蝶呤等;抗甲状腺药如甲基硫脲嘧啶等;氯霉素也可以引起与剂量有关的骨髓抑制。

2)和剂量关系不大:多系药物的特异质反应,常导致持续性再障,难以逆转。最常见的药物是氯霉素、解热镇痛药如保泰松;其次是磺胺、有机砷及抗癫痫药;少见的有抗甲状腺药如他巴唑,抗糖尿病药如氯磺丙脲,精神安定药如氯丙嗪、冬眠灵等。

药物性再障最常见的是由氯霉素引起的。据国内调查,半年内有服用氯霉素者发生再障的危险性为对照组的33倍。一是因为有剂量-反应关系。氯霉素引起再障是因氯霉素含有一个硝基苯环,其骨髓毒性作用与亚硝基-氯霉素有关,它可抑制骨髓细胞内线粒体DNA聚合酶,导致DNA及蛋白质合成减少,也可抑制血红素的合成,即影响骨髓细胞成熟和抑制幼稚细胞增殖。这种抑制作用是可逆性的,一旦药物停用,血象即恢复。另一方面氯霉素也可引起和剂量关系不大的特异质反应。引起骨髓抑制多发生于服用氯霉素后数周或数月,也可在治疗过程中突然发生。其机理可能是通过自身免疫直接抑制造血干细胞或直接损伤造血干细胞的染色体所致。这类作用往往是不可逆的,即使停用药物,再障仍继续发展。凡造血干细胞有遗传性缺陷者,对氯霉素的敏感性增加。近年来随着氯霉素应用的减少,其在再障发病中的意义已不突出。

(2)化学因素:化学物质以苯及其衍生物最多见,如杀虫剂、除草剂、染发剂等可引起再障。

笔记栏

苯及其衍生物和再障的关系已被许多实验研究所肯定，长期与苯接触比一次大剂量接触苯更具危险性，慢性苯中毒时苯主要固定于骨髓。苯的骨髓毒性作用是其代谢产物所致，代谢产物可作用于造血干细胞，抑制其 DNA 和 RNA 的合成，并能损害染色体。近年来，由于乡镇企业的兴起，又不注意劳动保护，接触苯及其相关制剂引起的再障病例增多，且常有职业群体发生的情况。

(3) 物理因素：主要是各种电离辐射，如放射性核素、X 射线、γ 射线可穿过或进入细胞直接损害造血干细胞和骨髓微环境，阻止 DNA 复制。长期超允许量放射线照射如放射源事故、放疗等可致再障。不同种属细胞，对电离辐射的敏感性不同，骨髓细胞的敏感性强弱依次为：红细胞系>粒细胞系>巨核细胞系，对淋巴细胞有溶解作用，而非造血细胞（浆细胞、网状细胞等）较耐照射。

(4) 生物因素：与再障发病关系密切的是病毒感染，其中以肝炎病毒最常见。病毒性肝炎患者再障发病率显著高于一般人群，可能是肝炎病毒对造血干细胞有直接抑制作用，还可致染色体畸变，或通过免疫机制所致。再障发生于病毒性肝炎之后，且病情较重，称为病毒性肝炎相关性再障（HAAA），是病毒性肝炎最严重的并发症之一，发生率不到 1.0%，占再障患者的 3.2%。甲、乙、丙型病毒性肝炎均可导致再障，其中约 80% 由丙型病毒性肝炎引起。肝炎相关性再障临床上有两种类型：①急性型多见，起病急，再障病情较重，生存期短，发病年龄轻，大多系在丙型病毒性肝炎基础上发病。②慢性型少数，大多在慢性乙型病毒性肝炎基础上发病，病情轻，生存期长。部分再障病例起病前有病毒性呼吸道感染病史，如腮腺炎、麻疹、流行性感冒、风疹、传染性单核细胞增多症等。

(5) 免疫因素：再障可继发胸腺瘤、系统性红斑狼疮和类风湿关节炎等与免疫有关的疾病，患者血清中可找到抑制造血干细胞的抗体。

(6) 其他因素：阵发性睡眠性血红蛋白尿（PNH）和再障关系相当密切，25% PNH 可伴有再障，15% 再障可发生 PNH，两者都是造血干细胞的疾病，称为再障-阵发性睡眠性血红蛋白尿综合征（AA-PNH 综合征）。此外，再障可发生在妊娠期，亦可继发于慢性肾衰竭、垂体前叶及甲状腺功能减退症等。

2. 发病机制

(1) 造血干细胞减少或缺陷：大量实验研究证实造血干细胞缺乏或缺陷是再障的主要发病机理。

骨髓内的造血干细胞，能分化为髓系祖细胞（CFU-GEMM）及淋巴系祖细胞（CFU-L）。虽然人类至今尚无检测造血干细胞的方法，但 CFU-GEMM 其 $CD34^+$，也有些替代方法如长期培养起始细胞（LTC-IC）等。再障患者造血干细胞数量减少，从 $CD34^+$ 细胞和 LTC-IC 明显减少或缺如可资证明。再障患者骨髓增生低下，红细胞、粒细胞、血小板减少，这三系血细胞均由同一造血干细胞分化而来。人类骨髓祖细胞的体外培养证明，大多数再障患者骨髓中 CFU-GM、BFU-E、CFU-E 与 CFU-GEMM 的集落形成均显著减少，LTC-IC 只有正常的 1.0%。再障患者造血干细胞也具有质的缺陷，如造血干细胞端粒长度缩短等。造血干细胞移植治疗再障的原理，就是通过植入健康的造血干细胞，使病情好转或治愈。这些均说明再障与造血干细胞减少或缺陷有关。

(2) 免疫机制异常：免疫功能异常在再障发病中的作用日益受到重视，部分再障患者应用免疫抑制剂治疗后获得缓解，说明造血干细胞减少或缺陷可能是免疫介导。人类 T 细胞亚群中有辅助性 T 细胞（$CD4^+$ 或 Th）和抑制性 T 细胞（$CD8^+$ 或 Ts），辅助性 T 细胞有 Th_1 和 Th_2 两种亚型。Th_1 细胞主要介导细胞免疫，分泌造血抑制因子，如干扰素-γ（IFN-γ）、白细胞介素-2（IL-2）、肿瘤坏死因子-α（TNF-α）等，活化细胞毒性 T 淋巴细胞或激活 $CD8^+$T 细胞，进而产生大量凋亡配体（Fas 配体）。而 Th_2 细胞主要介导体液免疫，活化 B 淋巴细胞。研究发现再障患者骨髓中 T 淋巴细胞数量显著增多，Th_1 细胞比例升高，而 Th_2 细胞无明显变化。外周血 T 细胞亚群分布及表达异常，$CD4^+$ 亚群减少，$CD8^+$ 亚群升高，$CD4^+/CD8^+$ 比例倒置。由于骨髓中 IFN-γ 和 TNF-α 产生增多，诱导 $CD34^+$ 造血细胞上调 Fas 抗原的表达，通过 Fas/FasL（Fas 配体）启动凋亡程序，使骨髓 $CD34^+$ 造血细胞大量凋亡，引起造血干细胞减少，而致骨髓造血功能衰竭。继发于系统性红斑狼疮和类风湿关节炎的再障，血清中存在抗自身造血干细胞抗体。凡此都说明部分再障的发病机制存在有免疫功能特别是细胞免疫异常。

【病理】

1. 再障的骨髓病变

(1) 骨髓增生低下：主要是造血组织减少，全身红骨髓总容量减少，代以脂肪组织。正常人骨髓造血组织与脂肪组织的比例约为 1∶1，再障时多在 2∶3 以上。如造血细胞相对容积在 9% 以下，为增生极度低下；在 10%～20% 为增生低下；25%～36% 为增生活跃；37% 以上为增生明

笔记栏

显活跃。再障患者造血灶中造血细胞(粒细胞、红细胞和巨核细胞系统)减少,而非造血细胞(淋巴细胞、浆细胞、组织嗜碱和网状细胞)增多。

(2)血浆渗出:骨髓内有血浆渗出,呈现浆液性炎症,导致骨髓实质疏松,间质水肿,致使造血细胞核浓缩、溶解和破裂。

(3)红细胞有质的异常:超微结构观察发现成熟红细胞有异型,慢性再障可存在代偿性增生灶,幼红细胞增生但却伴成熟障碍,增生部位可能有无效性红细胞生成(指外周血血红蛋白总量少于骨髓血红蛋白合成总量,又不能以失血解释)。

(4)急性再障骨髓病变发展迅速而广泛;慢性再障则呈渐进性"向心性萎缩",先累及髂骨,然后是脊突与胸骨。

2. 骨髓以外脏器的病变

(1)内脏出血:除皮肤黏膜出血外还有内脏出血,多见于脑、心、胃肠、肺。脑出血的发生率为52.6%。出血的主要原因是血小板减少、质异常和血管壁的异常。

(2)并发各种感染:以革兰阴性杆菌为主如大肠杆菌、铜绿假单胞菌及金黄色葡萄球菌等。细菌可从皮肤、黏膜、胃肠道等途径侵入。

(3)机体防御功能减退:与粒细胞、单核细胞减少及淋巴组织萎缩有关,尤其在重型再障淋巴组织萎缩明显,且导致免疫功能异常。

(4)含铁血黄素沉着:反复输血者可见含铁血黄素沉着,甚至发生继发性血色病。

本病死亡原因主要为颅内出血、心力衰竭、肺水肿及各种严重感染。

【临床表现】 我国分为急性型与慢性型两型,国外分为重型和轻型两型。

1. 急性型再障(重型再障Ⅰ型) 起病急,进展快,病程短,症状重,常以出血和感染、发热为首发主要表现。几乎所有患者均有出血倾向,皮肤黏膜出血广泛而严重,且不易控制;60%以上有内脏出血,主要表现为消化道出血、血尿、女性月经过多、眼底出血和颅内出血。颅内出血是本病的主要死亡原因。患者容易合并感染且较严重,病程中几乎均有发热,多持续高热,反复发生。常见的有呼吸道、口咽部、肛周、皮肤、泌尿道感染等,严重的可导致败血症。感染是本病的另一死亡原因。贫血初期不明显,但进行性加重。

2. 慢性型再障 起病和进展缓慢,病情较轻,以贫血为首发主要表现。出血较轻微,多限于皮肤黏膜,内脏出血较少见。可并发感染,但常以呼吸道为主,一般较轻,出现较晚,容易控制。若治疗恰当,部分患者可获得长期缓解以至痊愈,少数可有急性发作,使病情迅速加重,又称为重型再障Ⅱ型。

案例归纳一

患者以周身乏力3个月,加重1周,伴头晕、耳鸣,活动后加重为主要表现。平素抽烟、饮酒,无过敏史及传染病病史。因长年开车有与汽油、柴油等长时间密切接触史。

体格检查:面色、结膜及口唇苍白,四肢皮肤散在瘀点、瘀斑,压之不褪色,浅表淋巴结无肿大,心率108次/min,律齐,腹部无压痛,肝脾未触及,双下肢轻度水肿。

【实验室及其他检查】

1. 血象 多呈全血细胞减少,发病早期可一系或二系减少。贫血呈正细胞正色素型,急性型远较慢性型为重。急性型再障血红蛋白<30g/L,网织红细胞<1%,绝对值$<15\times10^9$/L;白细胞数(1.0~2.0)$\times10^9$/L,中性粒细胞绝对值$<0.5\times10^9$/L,淋巴细胞>0.6;血小板$<20\times10^9$/L。慢性型再障血红蛋白30~50g/L,网织红细胞>1%,但绝对值均低于正常;白细胞数(2.0~3.0)$\times10^9$/L,中性粒细胞绝对值$>0.5\times10^9$/L,淋巴细胞50%~60%;血小板(20~50)$\times10^9$/L。

2. 骨髓象 一次骨髓检查只能反映当时穿刺部位的骨髓增生情况,因此有时应做多次及多部位的骨髓穿刺检查。急性型再障呈多部位增生减低或重度减低,三系造血细胞明显减少;非造血细胞增多,尤其淋巴细胞增多。慢性型再障由于造血组织呈"向心性萎缩"及灶性增生,不同穿刺部位的骨髓象常不一致,穿入受侵部位造血细胞减少;穿入灶性增生部位有核细胞增生活跃,但巨核细胞明显减少。骨髓涂片脂肪滴增多,骨髓小粒镜检非造血细胞和脂肪细胞增多,一般在60%以上。

3. 骨髓活检 再障患者骨髓穿刺不易获得骨髓成分,而骨髓活检对估计增生情况优于骨髓涂片,可提高诊断的正确性。骨髓活检显示红骨髓显著减少,被脂肪组织所代替,并可见非造血细胞分布在间质中。急性型再障骨髓脂肪变,三系造血细胞和有效造血面积均减少(<25%),巨核细胞多有变性;慢性型再障在脂肪组织中可见造血灶。

4. 其他检查 体外造血祖细胞培养显示细胞集落明显减少或缺如;部分患者T细胞亚群$CD4^+/CD8^+$比例倒置;成熟中性粒细胞碱性磷酸

笔记栏

酶活力增高等。

案例归纳二

血常规示：WBC 1.8×10^9/L，N 0.742，RBC 1.5×10^{12}/L，Hb 56g/L，PLT 10×10^9/L，Ret 0.5%。

【诊断和鉴别诊断】

1. 诊断 1987年第四届全国再障学术会议修订的再障诊断标准如下：①全血细胞减少，网织红细胞绝对值减少。②一般无肝、脾肿大。③骨髓检查显示至少一部位增生减低或重度减低（如增生活跃，巨核细胞应明显减少），骨髓小粒成分中应见非造血细胞增多（有条件者应做骨髓活检等检查）。④能除外其他引起全血细胞减少的疾病，如阵发性睡眠性血红蛋白尿、骨髓增生异常综合征中的难治性贫血、急性造血功能停滞、骨髓纤维化、急性白血病、恶性组织细胞病等。⑤一般抗贫血药物治疗无效。

2. 分型

（1）急性型再障（AAA）亦称为重型再障Ⅰ型（SAA-Ⅰ）

1）临床：发病急，贫血呈进行性加剧，常伴严重感染，内脏出血。

2）血象：除血红蛋白下降较快外，须具备下列三项中之两项：①白细胞明显减少，中性粒细胞绝对值$<0.5\times10^9$/L；②血小板$<20\times10^9$/L；③网织红细胞<1%，绝对值$<15\times10^9$/L。

3）骨髓象：①多部位增生减低，三系造血细胞明显减少，非造血细胞增多。如增生活跃须有淋巴细胞增多。②骨髓小粒中非造血细胞及脂肪细胞增多。

凡血象具备①~③项，或其中任何两项再加上骨髓中的两项之一者，均符合急性重型再障的诊断。

（2）慢性再障（CAA）

1）临床：发病慢，贫血、出血、感染均较轻。

2）血象：血红蛋白下降速度较慢，网织红细胞、白细胞、中性粒细胞、血小板数较急性再障为高。

3）骨髓象：①三系或二系减少，至少一个部位增生不良，如增生良好，红系中晚幼红细胞比率增多，巨核细胞明显减少；②骨髓小粒中非造血细胞及脂肪细胞增多。

4）病程中的病情恶化，临床、血象及骨髓象与急性再障相同，则称为重型再障Ⅱ型（SAA-Ⅱ）。

3. 鉴别诊断

（1）阵发性睡眠性血红蛋白尿（PNH）：是一种后天获得性红细胞膜缺陷引起的溶血病。本病可伴有全血细胞减少，但出血和感染较少见，可有脾肿大，溶血发作时出现黄疸及血红蛋白尿（酱油色尿）。网织红细胞增高，骨髓幼红细胞增生，酸化血清溶血试验（Ham试验）、糖水试验、尿含铁血黄素及蛇毒因子溶血试验阳性，血细胞免疫表型分析，外周血红细胞、中性粒细胞或淋巴细胞出现CD59和CD55异常阴性表达群体，成熟中性粒细胞碱性磷酸酶活力降低。再障与本病有时可同时存在或互相转化。

（2）骨髓增生异常综合征（MDS）：是一种造血干细胞克隆性疾病。本病分为5型，其中难治性贫血（RA），尤其是低增生MDS，可有全血细胞减少，且骨髓增生低下，应与再障相鉴别。本病多数患者骨髓增生活跃或明显活跃，巨核细胞也增多，血象和骨髓象三系中均可见有病态造血，常有染色体畸变。

（3）低增生性白血病：本病多见于老年人，常有贫血、出血和发热，骨髓可增生减低，血象有全血细胞减少，易与再障相混淆。但本病肝、脾肿大多见，血象中可有幼稚细胞，骨髓象有原始或幼稚细胞增多，原始细胞的增多达到诊断白血病标准。

（4）急性造血停滞：是一种骨髓突然停止造血的现象。多见于溶血性贫血的患者，称为溶血危象。发病较急，贫血迅速发生或加重，全血细胞尤其是红细胞骤然下降，网织红细胞明显减少或缺如。骨髓增生度自活跃至减低不等，以红系减少为显著，但骨髓涂片尾部可见巨大原始红细胞。本病呈自限性，多数约经1个月可自然恢复。

案例诊断要点

1. 患者为男性司机。
2. 病史特点：以周身乏力，伴头晕、耳鸣，活动后加重为主要表现。有与汽油、柴油等长时间密切接触史。
3. 体格检查：面色、结膜及口唇苍白，四肢皮肤散在瘀点、瘀斑，压之不褪色，浅表淋巴结无肿大，心率108次/min，肝脾未触及，双下肢轻度水肿。
4. 实验室及其他检查：血常规示：WBC 1.8×10^9/L，N 0.742，RBC 1.5×10^{12}/L，Hb 56g/L，PLT 10×10^9/L，Ret 0.5%。

临床诊断：再生障碍性贫血（重症Ⅰ型）。

【治疗】 再障治疗应采用综合措施，包括病因治疗、支持疗法和促进骨髓造血功能恢复的各种措施。慢性型一般以雄激素为主，并可辅以

笔记栏

改善骨髓造血微环境的药物;急性型诊断一旦确立宜及早选用造血干细胞移植或免疫抑制剂等治疗。

1. 一般治疗 防止患者与任何对骨髓造血有损害的物质接触,禁用一切对骨髓有抑制作用的药物。加强对患者的护理,尽可能减少感染的机会,必要时进行保护性隔离;注意休息,防止外伤及剧烈活动,以避免出血。

2. 支持疗法

(1) 控制感染:对于再障患者的感染,应作细菌培养和药敏试验,及早应用有效抗生素治疗,

(2) 控制出血:出血者一般可用止血药,如酚磺乙胺(止血敏)等,非胃肠道出血者可适当用糖皮质激素;血小板<20×10^9/L,或有严重出血尤其内脏出血者,或同时有高热感染者,宜输注浓缩血小板,采用 HLA 配型相合的血小板可提高疗效,这是控制出血的最有效办法。

(3) 输血:严重贫血血红蛋白<60g/L 患者,可输注浓缩红细胞,尽量少用全血,避免滥用或多次输血。输血的并发症有传染性肝炎、继发性血色病等。

3. 雄激素 为治疗慢性再障的首选药物。其作用机理是刺激肾脏产生更多的红细胞生成素(EPO),加强 EPO 对造血干细胞的作用,促使造血干细胞的增殖和分化。因此,雄激素必须在有一定量残存的造血干细胞基础上,才能发挥作用,急性重型再障常无效,慢性再障有一定疗效。

常用药物有:①丙酸睾酮:50~100mg/d 肌内注射;②司坦唑(康力龙):6~12mg/d 口服;③安雄 120~160mg/d 口服等。疗程 6 个月以上。药物副作用有:男性化,表现为痤疮、毛发增多、声音变粗、女性闭经、儿童骨骼成熟加速等;易出现肝功损害,表现为服药后谷丙转氨酶、碱性磷酸酶升高等。国内报告有效率为 34.9%~81%,缓解率为 19%~54%。一般治疗后 1 个月网织红细胞开始上升,随后血红蛋白上升,2 个月后白细胞开始上升,但血小板多难以恢复。部分患者对雄激素有依赖性,停药后复发率达 25%~50%。复发后再用药,仍可有效。

4. 免疫抑制剂 主要用于急性重型再障,作用机理是可去除抑制性 T 淋巴细胞对骨髓造血的抑制;也可通过产生较多造血调节因子促进造血干细胞增殖;此外可能对造血干细胞本身还有直接刺激作用等。常用的药物有:抗胸腺球蛋白(ATG)、抗淋巴细胞球蛋白(ALG)和环孢素(CsA)。

(1) ATG 和 ALG:ATG 是用人胸腺细胞,ALG 是用人胸导管淋巴细胞,免疫兔、马、猪等获得的一种抗血清,主要为 IgG。用前先做过敏试验,阴性者方可用药。兔 ATG 2.5~5.0mg/(kg·d),马 ALG 10~15mg/(kg·d),猪 ALG 15~20 mg/(kg·d),溶于生理盐水 500ml 中缓慢从大静脉内滴注,共 5 天。同时静滴氢化可的松 100~200mg,1/2 剂量在滴注 ATG/ALG 前应用,1/2 剂量在滴注 ATG/ALG 后应用。间隔 2~3 周后可重复应用,疗程 3 个月以上。有效率 50%~70%,有效者 50%可获长期生存。ATG/ALG 的副作用有血清病、过敏反应、感染和出血,静脉滴注可发生静脉炎。

(2) CsA:CsA 3~6mg/(kg·d)口服,连用 3 个月以上,多数病例出现疗效后最好能维持治疗 2 年,维持量 2~5mg/(kg·d),有效率 50%~60%。CsA 的副作用有肝毒性作用,如转氨酶升高;肾毒性作用,血清肌酐增高;神经系统症状如肌肉震颤、感觉异常、癫痫发作等。

国外报道免疫抑制治疗的远期副作用是获得性克隆性疾病,包括 PNH、MDS 和急性白血病等,但国内少见。目前急性重型再障的标准治疗方案是采用现代强烈免疫抑制治疗(是指 ATG/ALG 和 CsA 联合治疗,CsA 口服始于免疫抑制治疗的第 14 天),其疗效与造血干细胞移植相近,但免疫抑制治疗不能根治。

(3) 免疫球蛋白:大剂量静脉输注免疫球蛋白(HD-IVIG)有封闭抑制性 T 淋巴细胞、中和病毒和免疫调节效应。对反复严重感染不宜应用 ATG/ALG 和 CsA 治疗的急性重型再障可考虑使用。每次 1g/kg 大剂量静脉滴注,每 4 周 1 次,连续 3~6 次。

5. 造血干细胞移植(HSCT) 同种异基因造血干细胞移植是目前治疗造血干细胞缺陷引起重型再障的最佳方法,且能达到根治的目的,移植后长期无病存活率为 60%~80%。造血干细胞移植应严格选择适应证,年龄 40 岁以下重型再障患者如有 HLA 相合供者可考虑采用。移植失败和造成死亡的主要原因是移植物排斥、移植物抗宿主病(GVHD)等。

6. 造血细胞因子 造血细胞因子有促进血细胞生成的作用。如重组粒-单细胞集落刺激因子(rhGM-CSF)及重组人类粒细胞集落刺激因子(rhG-CSF)等治疗再障,对提高中性粒细胞、减少感染有一定疗效。红细胞生成素(EPO)及巨核细胞集落刺激因子(TPO)等,对改善贫血和血小板减少一定疗效,但效果不佳。由于价格昂贵,目前仅用于重型再障免疫抑制剂治疗时的辅助用药。

笔记栏

7. 常用中药制剂

（1）六味地黄丸：具有滋阴补肾之功效，适用于肾阴虚为主的再障。每次1丸，口服，每日2次。

（2）金匮肾气丸：具有补肾助阳之功效，适用于肾阳虚为主的再障。每次1丸，口服，每日2次。

（3）益肾生血片：具有补肾生髓、益气生血之功效。适用于各型再障，以慢性型为主。每片0.5g，每次4g，口服，每日3次。

（4）再障生血片：具有滋阴补肾、补气生血之功效。适用于再障气血两虚、虚劳失血诸症。每片0.35g，每次5片，口服，每日3次。

【预后和预防】

1. 预后　再障的预后依其分型而有不同。慢性型再障病情进展缓慢，经治疗可使大部分患者缓解，有效率70%～80%，预后较好。急性重型再障病情进展快，预后不良，死亡率高，但如造血干细胞移植成功则可望痊愈。主要死亡原因为严重感染和颅内出血。

2. 预防

（1）避免使用影响造血系统的药物：对能影响造血系统的药物，要严格掌握适应证，尽量避免使用。必须使用这类药物时，要严密监测血象变化，及早发现问题。

（2）加强防护措施：避免接触对造血系统有害的化学物质和放射性物品，相关人员要严格掌握操作规程，定期做健康检查。

（3）加强宣教提高自我保护意识：避免滥用化学溶剂、染发剂；保护环境防止有害物质污染环境；防治病毒性肝炎等。

处方及医师指导

1. 一般治疗：减少活动，避免外伤，防止感冒，保持病室空气清洁。

2. 药物治疗

（1）雄性激素：康力龙（司坦唑）2mg，口服，每日3次。疗程6个月以上。

（2）环孢素：新山地明100mg，口服，每日2次。疗程3个月以上。

（3）保肝药物：肌苷片0.2～0.4g，口服，每日3次。

（4）生脉或参麦注射液：30～60ml溶于100～250ml糖或盐水中，静脉滴注，每日1次。2～3周为1疗程。

（5）止血剂：酚磺乙胺0.1～0.3g溶于100～250ml盐水中，静脉滴注，每日1次。出血症状改善后停用。

笔记栏

第4章 白细胞减少和粒细胞缺乏症

案例

患者,女性,36岁,工人。白血病10个月第8疗程化疗第7天,高热1天,2007年5月17日下午四点入院。

10个月前始发牙龈出血,继皮下出血,随就诊于我院内科门诊,经综合检查确诊AML-M_3。As_2O_3及多方案联合化疗已达CR。7天前第8疗程DA方案化疗,昨晚突然出现寒战、高热伴咽部稍痛。无咳嗽、腹泻等。院外输注左氧氟沙星2g/次,2次后无效而就诊。发病以来少食,乏力,二便正常。

体格检查:T 38.9℃,P 116次/min,R 18次/min,BP 110/70mmHg。神志清楚,痛苦面容,全身皮肤及巩膜未见黄染及出血点,全身浅表淋巴结未触及,咽部充血,扁桃体无肿大,双肺呼吸音稍低,未闻及干湿性啰音,叩诊心界正常范围,HR 116次/min,无杂音,腹部平软,无压痛、反跳痛,肝脾未及,墨菲征(-),移动性浊音(-),肠鸣音4~5次/min。

实验室及其他检查:血常规示:WBC 1.0×10^9/L,N 0.39,RBC 3.6×10^{12}/L,Hb 94g/L,PLT 90×10^9/L;尿、便常规(-)。

思考题

1. 结合所学知识,你认为该病例的最可能的诊断是什么?
2. 白细胞减少见于哪些疾病?
3. 如何降低该病的复发率?

正常成人外周血白细胞绝对计数在$(4.0\sim10.0)\times10^9$/L。当外周血白细胞绝对计数持续低于4.0×10^9/L称白细胞减少症(leukopenia)。当外周血中性粒细胞绝对计数在成人低于2.0×10^9/L,在儿童≥10岁低于1.8×10^9/L或<10岁低1.5×10^9/L时,称中性粒细胞减少症(neutropenia);严重者低于0.5×10^9/L时,称为粒细胞缺乏症(agranulocytosis)。中性粒细胞减少的程度与细菌感染的危险性密切相关,程度越重,发生感染的几率越高。

【病因和发病机制】

1. 中性粒细胞生成缺陷 药物在引起骨髓粒细胞生长障碍方面是常见的重要原因,还见于电离辐射、各种微生物感染、恶性肿瘤、化学药物(苯类等)。其中在药物中以抗癌类、细胞毒药物为主,可出现与剂量相关,给药方法和个体差异性反应,严重时引起骨髓抑制。其他药物与体质敏感有关,而与剂量大小无关。如氯霉素、磺胺类、保泰松、抗甲状腺药物、镇静剂、解热镇痛剂等。该类药物可抑制骨髓幼稚细胞DNA合成及影响蛋白质和核酸合成,使粒细胞生成减少。粒细胞对辐射的程度和剂量有明显的关系,严重时引起细胞染色体受损。微生物感染多见于病毒性肝炎、传染性单核细胞增多症、流感、麻疹、伤寒、副伤寒、布鲁菌病及疟疾,革兰阴性杆菌感染等。因淋巴瘤,多发性骨髓瘤,恶性肿瘤转移,严重营养缺乏以及周期性中性粒细胞减少,家族性良性中性粒细胞减少,慢性增生低下性中性粒细胞减少症均由骨髓生成引起。

2. 中性粒细胞破坏或消耗过多

(1)免疫性因素:中性粒细胞与抗粒细胞抗体或抗原抗体复合物结合而被免疫细胞或免疫器官破坏,见于自身免疫性粒细胞减少、各种自身免疫性疾病及同种免疫性新生儿中性粒细胞减少。某些非细胞毒类药物或病原微生物(如肝炎病毒)进入机体形成的半抗原能与粒细胞的蛋白质结合为全抗原,从而诱发产生针对该抗原的抗体使粒细胞被破坏。

(2)非免疫性因素:病毒感染或败血症时,中性粒细胞在血液或炎症部位消耗增多;脾大导致脾功能亢进后,中性粒细胞在脾内滞留、破坏增多。血液透析,因透析过程中补体激活,粒细胞滞留于肺内可致暂时性粒细胞减少。

3. 中性粒细胞分布紊乱 发生异体蛋白反应和内毒素血症时中性粒细胞过多转移至边缘池。血液透析开始后2~15分钟粒细胞滞留于肺血管内。脾大时滞留于脾脏。都会导致循环池的粒细胞相对减少,但粒细胞总数并不减少,故多称为假性粒细胞减少。

4. 粒细胞释放障碍 粒细胞不能由骨髓正常释放入血循环。此类型极罕见,如惰性白细胞综合征(lazy leukocyte syndrome)。

【临床表现】

1. 白细胞减少症 少数病人无症状,仅在血液检查时才被发现。多数病人有疲乏、无力、

笔记栏

头晕、食欲减退、失眠、多梦、反复感染等非特异性症状。常见的感染部位是呼吸道、消化道及泌尿生殖道。

2. 粒细胞缺乏症 起病急骤，突发寒战、高热、大汗、头痛、困倦、全身及关节酸痛、黏膜坏死性溃疡。严重者由于介导炎症反应的粒细胞缺乏，所以感染的体征和症状常不明显。感染极易迅速蔓延而发展为严重败血症、脓毒血症导致病人死亡。

案例归纳一

该患者以突然寒战，高热伴咽部稍痛为主要表现，诱因（使用化疗药物）明确。

体格检查：T 38.9℃，P 116 次/min，R 18 次/min，BP 110/70mmHg。神志清楚，痛苦面容，咽部充血，扁桃体无肿大，双肺呼吸音稍低，未闻及干湿性啰音，叩诊心界正常范围，HR 116 次/min。

【实验室及其他检查】

1. 血常规 白细胞计数$<4.0\times10^9/L$，中性粒细胞绝对值$<2.0\times10^9/L$，淋巴细胞百分率相对增加。红细胞、血小板基本正常。

2. 骨髓象 粒系统或代偿增生或成熟障碍或增生不良。红系和巨核系统一般正常。

3. 特殊检查

（1）肾上腺素试验：肾上腺素促使边缘池的中性粒细胞进入循环池，从而可鉴别假性粒细胞减少。

（2）中性粒细胞特异性抗体测定：包括白细胞聚集反应、免疫荧光粒细胞抗体测定法等，以了解中性粒细胞的免疫状态。

案例归纳二

血常规示：WBC $1.0\times10^9/L$，N 0.39，RBC $3.6\times10^{12}/L$，Hb 94g/L，PLT $90\times10^9/L$；尿、便常规（-）。

【诊断与鉴别诊断】

1. 诊断

（1）详细地询问病史：注重中性粒细胞减少的发生速度、持续时间和周期性；药物服用史、毒物或放射线的接触史；感染史、免疫性疾病病史、家族史。

（2）实验室检查：因生理状态下，白细胞计数变化大，应反复多次检查血常规。必要时结合骨髓象，并排除其他血液病。

（3）诊断标准

1）白细胞减少症：外周血白细胞计数$<4.0\times10^9/L$。

2）中性粒细胞减少症：外周血中性粒细胞绝对值$<2.0\times10^9/L$。10～14 岁$<1.8\times10^9/L$。10 岁以下$<1.5\times10^9/L$。

3）中性粒细胞缺乏症：外周血中性粒细胞绝对值$<0.5\times10^9/L$。

2. 鉴别诊断

（1）白细胞不增多型白血病：多伴有贫血、血小板减少及不同部位出血；浓缩外周血涂片可找到幼稚细胞，骨髓检查原始细胞和其他幼稚细胞增多，可资鉴别。

（2）急性再生障碍性贫血：急性再生障碍性贫血急性起病，多有出血且贫血显著，白细胞减少，尤以中性粒细胞减少明显，同时伴有血小板及网织红细胞明显减少，骨髓象呈现三系细胞减少。

案例诊断要点

1. 年轻女性。

2. 病史特点：以突然寒战、高热伴咽部稍痛为主要表现，诱因（使用化疗药物）明确。

3. 体格检查：T 38.9℃，P 116 次/min，R 18 次/min，BP 110/70mmHg。神志清楚，痛苦面容，咽部充血，扁桃体无肿大，双肺呼吸音稍低，未闻及干湿性啰音，叩诊心界正常范围，HR 116 次/min。

4. 实验室及其他检查：血常规示：WBC $1.0\times10^9/L$，N 0.39，RBC $3.6\times10^{12}/L$，Hb 94g/L，PLT$90\times10^9/L$；尿、便常规（-）。

临床诊断：粒细胞缺乏症。

【治疗】

1. 去除病因 对可疑药物或其他致病因素，应立即停止接触。急性白血病、自身免疫性疾病、感染等引起者，应积极治疗原发病，控制感染。经过治疗，病情缓解或控制后，中性粒细胞可恢复正常。

2. 一般治疗 白细胞轻度减少者不需特别的预防措施。中度减少者感染率增加，应减少出入公共场所的次数，并注意保持皮肤和口腔卫生，去除慢性感染灶。粒细胞缺乏者应住院隔离治疗，考虑采取无菌措施，防止交叉感染。

3. 控制感染 有感染者应尽早使用抗生素并在用药前根据临床表现行血、尿、痰及感染病灶分泌物的细菌培养和药物敏感试验；以明确感染的类型和部位。在致病菌尚未明确之前，可经验性应用广谱抗生素治疗，常用氨基糖苷类抗生素（阿米卡星等）加β-内酰胺类抗生素（如哌拉

笔记栏

西林等）或喹诺酮类（左氧氟沙星）；严重感染者第三代头孢菌素（如头孢拉定、头孢哌酮等）或其他强有力的广谱抗生素。待病原和药敏结果出来后再调整用药。若3～5天后无效，可加用抗真菌药治疗。病毒感染可加用抗病毒药物。

4. 促进粒细胞生成药物 造血生长因子，如重组人粒单系集落刺激因子（rhGM-CSF）、重组人粒系集落刺激因子（rhG-CSF）治疗粒细胞缺乏症患者疗效明确，可使中性粒细胞迅速提高，并增强其吞噬、杀菌及趋化功能。常用剂量为2～5μg/（kg · d），常见的不良反应有发热、肌肉骨骼酸痛、皮疹等。碳酸锂有刺激骨髓生成粒细胞的作用，常用剂量为0.6～0.9g/d，不良反应为轻度胃灼热感、恶心、乏力等，有肾疾病者慎用。

5. 免疫抑制剂 自身免疫性粒细胞减少和通过免疫介导机制所致的粒细胞缺乏症，可用糖皮质激素等免疫抑制剂治疗。其他原因引起的中性粒细胞减少，则不宜采用。

【预后和预防】 预后取决于能否及时去除病因，控制感染，恢复中性粒细胞数量。轻、中度者，积极治疗则预后较好。粒细胞缺乏症者病死率较高。尤其是年老、全身衰竭、黄疸或并严重感染者预后最差。

加强劳动保护，避免接触各种放射线及苯等化学毒物。应避免服用易引起中性粒细胞减少的药物。

处方及医师指导

1. 一般治疗：入住隔离病房，高热量饮食，物理降温。行血、尿、痰及咽分泌物的细菌培养和药物物敏感试验；并做胸片、B超等检查，以明确感染的类型和部位。

2. 药物治疗

（1）抗生素：在致病菌尚未明确之前，继续左氧氟沙星加阿米卡星，使用3天后如无效改用第三代头孢菌素（如头孢他定、头孢哌酮等）。待病原和药敏结果出来后再调整用药。

（2）促进粒细胞生成药物：重组粒单系集落刺激因子rhGM-CSF、重组人粒系集落刺激因子rhG-CSF 2～5μg/（kg · d），皮下注射。碳酸锂：剂量为0.6～0.9g/d，分3次口服。

3. 预防：避免服用同类及其他导致中性粒细胞减少的药物，防止再感染。

笔记栏

第5章 白血病

第1节 概述

白血病（leukemia）是一组异质性的造血系统的恶性肿瘤。系造血干细胞及祖细胞的恶性克隆性变。其克隆中白血病细胞增殖失控、分化障碍、凋亡受阻，而停滞在细胞发育的不同阶段。在骨髓和其他造血组织中白血病细胞大量增生累积，并浸润其他器官和组织，导致正常造血受抑制。

【分类和分型】

1. 基本分类和分型 根据白血病细胞的成熟程度和自然病程，将白血病分为急性和慢性两大类：

（1）急性白血病（AL）：AL的细胞分化停滞在较早阶段，多为原始细胞及早期幼稚细胞，病情发展迅速，自然病程仅几个月。根据主要受累的细胞系列国际上常用的法美英（FAB）分类法又将AL分为急性淋巴细胞白血病（acute lymphoblastic leukemia，ALL）和急性非淋巴细胞白血病（acute nonlymphoblastic leukemia，ANLL）两大类。这两类再分成多种亚型。

ANLL共分为8型。

M_0（急性髓细胞白血病微分化型）：骨髓原始细胞>30%，无嗜天青颗粒及Auer小体，核仁明显，髓过氧化物酶（MPO）及苏丹黑B阳性细胞小于3%；电镜下MPO阳性；CD33或CD13等髓系标志可呈阳性，淋巴系抗原通常为阴性，血小板抗原阴性。

M_1（急性粒细胞白血病未分化型）：原粒细胞（Ⅰ型+Ⅱ型，原粒细胞浆中无颗粒为Ⅰ型，出现少数颗粒为Ⅱ型）占骨髓非红系有核细胞（NEC，指不包括浆细胞、淋巴细胞、组织嗜碱细胞、巨噬细胞及所有红系有核细胞的骨髓有核细胞计数）的90%以上，其中至少3%以上的细胞为MPO阳性。

M_2（急性粒细胞白血病部分分化型）：原粒细胞占骨髓NEC的30%~89%，其他粒细胞大于10%，单核细胞小于20%。

M_3（急性早幼粒细胞白血病）：骨髓中以颗粒增多的早幼粒细胞为主，此类细胞在NEC中大于30%。

M_4（急性粒-单核细胞白血病）：骨髓中原始细胞占NEC的30%以上，各阶段粒细胞占30%~80%，各阶段单核细胞大于20%。

M_4Eo除上述M_4型的各特点外，嗜酸粒细胞在NEC中≥5%。

M_5（急性单核细胞白血病）：骨髓NEC中原单核、幼单核及单核细胞≥80%。如果原单核细胞≥80%为M_{5a}，<80%为M_{5b}。

M_6（红白血病）：骨髓中幼红细胞≥50%，NEC中原始细胞（Ⅰ型+Ⅱ型）≥30%。

M_7（急性巨核细胞白血病）：骨髓中原始巨核细胞≥30%。血小板抗原阳性，血小板过氧化物酶阳性。

我国将M_2型又分为M_{2a}和M_{2b}两型。M_{2a}型即M_2型，M_{2b}是我国提出的一个亚型，其特点为骨髓中原始及早幼粒细胞增多，但以异常的中性中幼粒细胞为主，有明显的核浆发育不平衡，核仁常见，此类细胞大于30%。

ALL共分3型如下：

L_1：原始和幼淋巴细胞以小细胞（直径≤12μm）为主。

L_2：原始和幼淋巴细胞以大细胞（直径≥12μm）为主。

L_3：（Burkitt型）：原始和幼淋巴细胞以大细胞为主，大小较一致，细胞内有明显空泡，胞浆嗜碱性，染色深。

（2）慢性白血病（CL）：CL的细胞分化停滞在较晚的阶段，多为较成熟幼稚细胞和成熟细胞，病情发展缓慢，自然病程为数年。其次，CL则分为慢性髓细胞白血病（chronic myeloid leukemia，CML）、慢性淋巴细胞白血病（chronic lymphoblastic leukemia，CLL）及少见类型的白血病，如毛细胞白血病（hairy cell leukemia，HCL）、幼淋巴细胞白血病（prolymphocytic leukemia，PLL）等。

2. 免疫学分型 目前比较成熟的是急性淋巴细胞白血病的免疫分型。

3. 急性白血病的MICM分型 虽然以形态学为基础的FAB分类法已被普遍采用，但其局限性也显而易见，如T、B细胞不能区分，M0、M7无法确定，没有提供染色体异常和基因重排等对发病机制、治疗选择和预后判断有重要意义的信息。因此，20世纪80年代以来，国际上提出了形态学（morphology）、免疫学

笔记栏

(immunology)、细胞遗传学(cytogenetics)和分子生物学(molecularbiology)的MICM分型。

【发病情况】 我国白血病发病率约为3.0/10万。在恶性肿瘤所致的死亡率中,白血病居第6位(男性)和第8位(女性),但在儿童及35岁以下成人中则居第1位。成人AL中以ANLL多见,儿童以ALL多见。CML随年龄增长而发病率逐渐升高。CLL在50岁以后发病才明显增多。我国白血病发病率与亚洲国家相近,低于欧美国家。

【病因】 人类白血病的确切病因至今未明。许多因素如病毒、放射、化学、遗传因素等都被认为和白血病发病有关。

1. 病毒 成人T细胞白血病/淋巴瘤,可由人类T淋巴细胞病毒Ⅰ型所致。EB病毒、HIV病毒与淋巴系统恶性肿瘤的关系也已被认识。病毒感染机体后,作为内源性病毒整合并潜伏在宿主细胞内,一旦在某些理化因素作用下即被激活表达而诱发白血病;或作为外源性病毒由外界以横向方式传播感染,直接致病。

2. 电离辐射 电离辐射有致白血病作用,其作用与放射剂量大小和照射部位有关。研究表明,大面积和大剂量照射可使骨髓抑制和机体免疫力下降,DNA突变、断裂和重组,从而导致白血病的发生。

3. 化学因素 长期接触苯及含苯的有机溶剂如汽油、橡胶等,与白血病的发生有关。有些药物可损伤造血细胞引起白血病,如氯霉素、保泰松所致再障的患者发生白血病的危险性显著增高;乙双吗啉是乙亚胺的衍生物,具有极强的致染色体畸变和致白血病作用,近年来发现其与白血病的发生有明显关系。抗肿瘤药物尤以烷化剂被公认为有致白血病作用。

4. 遗传因素 家族性白血病约占白血病的7‰。单卵双生概率较常人高3倍。某些遗传性疾病常伴较高的白血病发病率,如Downs综合征、Fanconi贫血、Bloom综合征、共济失调-毛细血管扩张症及先天性丙种球蛋白缺乏症等。

【发病机制】 白血病种类繁多、发病机制复杂。染色体断裂和易位可使原癌基因被激活和位置发生移动。最明显的例子是慢粒白血病Ph染色体即t(9;22)(q34;q11),9号染色体上的原癌基因ABL易位至22号染色体的断裂集中区(BCR),形成BCR-ABL融合基因,此基因产生一种新的mRNA,由此再产生一种具有酪氨酸激酶活性的BCR-ABL融合蛋白,从而促发CML。一般来说,白血病的发生至少有两个阶段的过程:①各种原因所致的单个细胞原癌基因决定性的突变,导致克隆性的异常造血细胞生成;②进一步的遗传学改变可能涉及一个或多个癌基因的激活和抑癌基因的失活,从而导致白血病。通常理化因素先引起单个细胞突变,而后因机体遗传易感性和免疫力低下,病毒感染、染色体畸变等激活了癌基因(如ras家族),并使部分抑癌基因失活(如p53突变或失活)及凋亡抑制基因(如bcl-2)过度表达,导致突变细胞凋亡受阻,恶性增殖。

第2节 急性白血病

案例

患者,女性,25岁。头晕、乏力1个月,牙龈出血1周,发热两天。

1个月前患者无诱因出现头晕、乏力,活动后心悸,进行性加重。皮肤由散在出血点半月发展为片状瘀斑,近一周来牙龈出血,两天前患者出现寒战、高热,体温最高达40.3℃,伴咽痛,月经量明显增多。否认药物过敏史,否认结核、肝炎等病史。

体格检查(PE):T 38.1℃,R 20次/min,P 98次/min,BP 100/60mmHg,发育正常,营养中等,面色苍白,全身皮肤黏膜无黄染,四肢,胸、腹壁皮肤有散在新和(或)陈旧的出血点,片状淤斑。周身浅表淋巴结未触及肿大,双侧扁桃体不大,咽后壁充血,胸骨中下段有压痛。双肺呼吸音粗,未闻及湿性啰音。心前区无隆起,心率98次/min,心音正常,各瓣膜听诊区未闻及病理性杂音。腹平软,肝脾轻度肿大,无触痛。

实验室及其他检查:血常规:Hb 50g/L,WBC $6.4×10^9$/L,原始单核细胞和幼稚单核细胞22%,PLT $2.8×10^9$/L。骨髓增生明显活跃;原始单核细胞和幼稚单核细胞占78%;粒、红两系高度受抑;血小板少见。骨髓电镜考虑急性单核细胞白血病,白血病免疫分型CD34阳性。

思考题

1. 什么叫白血病?
2. 白血病的病因有哪些?
3. 白血病为什么容易复发,复发的根源是什么?

【临床表现】 起病急缓不同。主要取决于白血病细胞在体内的积蓄增长速率和程度。

1. 贫血 随着疾病进展贫血程度进行性加重表现面色苍白,头晕乏力,气短心悸。贫血的主要原因是正常红细胞生成减少,寿命缩短。

笔记栏

2. 发热 热型多样,多伴有畏寒、出汗等。持续低热为白血病肿瘤热,出现高热往往提示有继发感染。感染可发生在各个部位,以口腔炎、牙龈炎、咽峡炎,肺炎、肛周炎、肛旁脓肿最常见,严重时可致败血症。最常见的致病菌为革兰阴性杆菌,如肺炎克雷白杆菌、铜绿假单胞菌、大肠埃希菌、产气杆菌等;其他有革兰阳性球菌,如金黄色葡萄球菌、表皮葡萄球菌、粪链球菌、肠球菌等。长期应用抗生素者可出现真菌感染,如念珠菌、曲霉菌、隐球菌等。因患者伴有免疫功能缺陷,易并发病毒感染,如带状疱疹病毒、巨细胞病毒、单纯疱疹病毒感染等。

3. 出血 出血程度不一。可发生在全身各部位,以皮肤瘀点、瘀斑、鼻出血、牙龈出血、月经过多为多见。眼底出血可致视力障碍。并发凝血异常者出现全身广泛性出血。颅内出血是死亡的主要原因。大量白血病细胞在血管中淤滞及浸润、血小板减少和凝血异常以及感染,是出血的主要原因。

4. 白血病细胞增殖浸润

(1) 淋巴结和肝、脾大:以急淋多见,表现全身淋巴结肿大,无压痛,无粘连。纵隔淋巴结肿大常见于T细胞急淋。部分患者可有轻至中度肝、脾肿大。

(2) 骨骼和关节:常有胸骨下段局部压痛和四肢关节、骨骼的疼痛,尤以儿童多见。发生骨髓坏死时,可引起剧痛骨骼。

(3) 眼部:粒细胞白血病形成的粒细胞肉瘤常累及扁平骨膜,以眼眶部位最常见,可引起眼球突出、复视或失明。

(4) 口腔和皮肤:急性单核粒细胞白血病由于白血病细胞浸润可使牙龈增生、肿胀;皮肤可出现蓝灰色斑丘疹,局部皮肤隆起、变硬,呈紫蓝色结节。

(5) 中枢神经系统白血病(CNSL):CNSL可发生在疾病的各个时期。以蛛网膜及硬脑膜的浸润最多见。临床上轻者表现为头痛、头晕,重者有呕吐、颈项强直,甚至抽搐、昏迷。

(6) 睾丸白血病:表现受累睾丸出现无痛性肿大,虽然多为一侧性肿大,但双侧都有白血病细胞浸润,是白血病髓外复发的另一根源。

此外,白血病也可浸润肺、心、消化道、泌尿生殖系统等组织器官。

案例归纳一

患者无诱因出现头晕.乏力,活动后心悸,进行性加重。皮肤由散在出血点半月发展为片状瘀斑,近一周牙龈出血,两天前患者出现寒战、高热,体温最高达40.3℃,伴口咽痛,月经量明显增多。

PE:T 38.1℃,面色苍白,四肢、胸、腹壁皮肤有散在新和(或)陈旧的出血点,片状瘀斑,咽后壁充血,胸骨中下段有压痛。双肺呼吸音粗,肝脾轻度肿大。

【实验室及其他检查】

1. 血象 白细胞计数可增多,超过10×10^9/L以上者可称为高白细胞白血病。也可正常或减少,低者可$<1.0\times10^9$/L,称为低增生性白血病。血涂片分类检查可见数量不等的原始和(或)幼稚细胞。贫血表现多是正常细胞性,贫血程度不同,红细胞大小不等,可找到幼红细胞。血小板减少,晚期合并DIC时血小板往往进行性减少,纤维蛋白降解产物增高。

2. 骨髓象 是诊断的主要依据。FAB协作组提出原始细胞占全部骨髓有核细胞(ANC)≥30%作为诊断标准。骨髓像大多数呈增生活跃、明显活跃或极度活跃,分类中原始和幼稚(早幼)细胞大量增生,而正常造血细胞如幼红细胞和巨核细胞则明显受抑制。白血病细胞具有共同形态特点:大小不一,多数体积增大,核浆比例增大,细胞核形态不规则,核仁较正常原始细胞为大且显著,核分裂像多见,核染质粗糙,分布不均,核浆发育失调,细胞分化停滞在原始或幼稚(早幼)细胞阶段,而趋向于较成熟的细胞极少见,杆状核及分节核粒细胞尚有保留,呈现所谓"裂孔"现象。

3. 细胞化学 常见白血病的细胞化学反应见表5-5-1。

表5-5-1 常见急性白血病的细胞化学鉴别

	急性淋巴细胞性白血病	急性粒细胞性白血病	急性单核细胞白血病
过氧化物酶(POX)	(-)	分化差的原始细胞(-)~(+) 分化好的原始细胞(+)~(+++)	(-)~(+)
糖原染色(PAS)	(+)成块或颗粒状	(-)或(+) 弥漫性淡红色	(-)或(+) 弥漫性淡红色或颗粒状
中性粒细胞碱性磷酸酶(NAP)	正常或增高	明显降低	不定
非特异性酯酶	(-)	(-)或(+)NaF抑制<50%	(+),NaF抑制≥50%

笔记栏

4. 免疫表型 大量单克隆抗体相继问世，加上免疫荧光和免疫细胞染色方法的标准化，为建立急性白血病免疫分型诊断奠定了基础，免疫表型分析不仅可以区分细胞起源还可以划分发育阶段，细胞表面免疫学标记对白血病分型诊断的意义见表 5-5-2。

表 5-5-2 细胞表面免疫学标记对白血病分型诊断的意义

标记名称	正常细胞的分布	白血病细胞的分布
HLA-DR	早期髓系、单核系，B 细胞系	ALL，AML，CLL，HCL（APL）阴性
CD34	干细胞	ALL，AML（早期阶段的亚型）
CD19	B 细胞系	ALL（B 细胞），CLL，HCL
CD20	B 细胞系	ALL（B 细胞），CLL，HCL
CD21	中间阶段的 B 细胞系	CLL
SmIg	中间及成熟 B 细胞系	ALL(L_3)、CLL、HCL
CD13	髓系和单核系	AML（所有亚型）
CD14	髓系和单核系	AML（常为 M_4、M_5）
CD15	髓系和单核系	AML（分化好的亚型）
CD33	早期髓系，单核系	AML（所有亚型）
CD1	早期（胸腺）T 细胞	T-ALL
CD2	T 细胞系	T-ALL
CD3	成熟 T 细胞	T-CLL
CD5	T 细胞系	T-ALL，B-CLL
CD7	T 细胞系	T-ALL，20%AML
CD16	NK，粒细胞	NK 白血病，Tr 白血病
CD25	激活的 T 和 B 细胞	HCL，ATL

5. 染色体和基因改变 白血病常伴有特意的染色体和基因改变，而特异染色体畸变成为诊断分型、预后判断、检测微小残留病变的有用指标。常见的白血病染色体异常和受累基因见表 5-5-3。

表 5-5-3 常见的白血病染色体异常和受累基因

染色体异常	受累基因	常见白血病类型
t(8;21)(q22;q22)	AML1-ETO	M_2
t(15;17)(q22;q21)	PML-RARa	M_3
t(11;17)(q23;q21)	PLZF-RARa	M_3
inv(16)(p13;q22)	CBF_β-MYH11	M_4Eo
t(16;16)(p13;q22)	CBF_β-MYH11	M_4Eo
t(variable;11q23)	MLL	M_4/M_5或其他型
t(8;14)(q24;q32)	MYC-IgH	L_3
t(9;22)(q34;q11)	BCR-ABL	CML，ALL，AML

6. 血液生化改变 在化疗期间可出现血清尿酸浓度增高，高血钾，高血磷，低血钙。尿酸排泄量增加，甚至出现尿酸结晶。

出现 CNSL 时脑脊液压力升高，白细胞数增加，蛋白质增多，而糖定量减少。涂片中可找到白血病细胞。

案例归纳二

血常规：Hb 50g/L，WBC 6.4×10^9/L，原始单核细胞和幼稚单核细胞 22%，PLT 2.8×10^9/L。骨髓增生明显活跃；原始单核细胞和幼稚单核细胞占 78%；粒、红两系高度受抑；血小板少见。骨髓电镜考虑急性单核细胞白血病，白血病免疫分型 CD34 阳性。

【诊断与鉴别诊断】 根据临床表现、血象和骨髓象特点，可明确诊断白血病。但因白血病细胞类型、染色体改变、免疫表型和融合基因的不同，治疗方案及预后亦随之改变。因此，初诊时应对患者做 MICM 检查分析，进一步明确亚型以指导治疗。并注意鉴别下述疾病：

1. 骨髓增生异常综合征 该病的 RAEB 及 RAEB-t 型除病态造血外，外周血中有原始和幼稚细胞，全血细胞减少和染色体异常，易与白血病相混淆。但骨髓中原始细胞小于30%。

2. 传染性单核细胞增多症 血象中出现异性淋巴细胞，但形态与原始细胞不同，骨髓像正常。血清中嗜异性抗体效价逐步上升，病程短，可自愈。

3. 巨幼细胞贫血 巨幼细胞贫血有时可与红白血病混淆。但前者骨髓中原始细胞不增多，幼红细胞 PAS 反应常为阴性。

4. 急性粒细胞缺乏症恢复期 在药物或某些感染引起的粒细胞缺乏症的恢复期，骨髓中原始细胞、幼稚粒细胞增多。但血小板正常，原始细胞、幼稚粒细胞中无染色体异常。短期内骨髓成熟粒细胞恢复正常。

案例诊断要点

1. 女性，25 岁。

2. 病史特点：头晕、乏力伴面色苍白，心悸，皮肤瘀斑，牙龈出血 1 个月，发热，伴口咽痛，月经量明显增多两天。

3. 体格检查：T 38.1℃，R 20 次/min，P 98 次/min，四肢、胸、腹壁皮肤有散在新和或陈旧的出血点，片状瘀斑。咽后壁充血。胸骨中下段有压痛。双肺呼吸音粗，肝脾轻度肿大，无触痛。

4. 实验室及其他检查：血常规：Hb 50g/L，WBC 6.4×10^9/L，原始单核细胞和幼稚单核细胞 22%，PLT 2.8×10^9/L。骨髓增生明显活跃；原始单核细胞和幼稚单核细胞占 78%；粒，红两系高度受抑；血小板少见。骨髓电镜考虑急性单核细胞白血病，白血病免疫分型 CD34 阳性。

临床诊断：急性单核细胞白血病，急性咽喉炎。

【治疗】 总的治疗原则是消灭白血病细胞群体和控制白血病细胞的大量增生，解除因白血病细胞浸润而引起的各种临床表现。使患者迅速获得完全缓解（complete remission，CR）。并争取长期无病生存（DFS）和痊愈。当白血病确诊后，医生应尊重患者的知情权，并兼顾保护性医疗制度。根据患方意愿、经济能力和疾病特点，选择并设计最佳、完整、系统的方案治疗。在适合造血干细胞移植（HSCT）者抽血做 HLA 配型。

1. 一般治疗

（1）高白细胞血症的紧急处理：当循环血液中白细胞数$>200\times10^9$/L 时，患者可产生白细胞淤滞症（leukostasis）。表现为呼吸困难，甚至呼吸窘迫、低氧血症、反应迟钝、言语不清、颅内出血、阴茎异常勃起等。病理学显示白血病血栓梗死与出血并存。高白细胞血症不仅会增加患者的早期死亡率，也增加髓外白血病的发病率和复发率。因此，当血中白细胞数$>100\times10^9$/L 时，就应紧急使用血细胞分离机，单采清除过高的白细胞，同时给以羟基脲 2.0g/d，急淋服地塞米松 10mg/(m^2·d)，使血中白细胞数降至 50×10^9/L。

（2）防治感染：白血病患者粒细胞缺乏常易合并感染，严重感染又是白血病主要死亡原因，因此防治感染甚为重要。特别在化疗、放疗后粒细胞缺乏将持续相当长时间。在此期间，患者宜住层流或消毒隔离病房。注意口腔、鼻咽部、肛门周围皮肤卫生，防止黏膜溃疡、糜烂、出血，一旦出现要及时地对症处理。对已存在感染的患者，治疗前做细菌培养及药敏试验，以便选择有效的抗生素治疗。粒细胞减少引起感染时可给予白细胞输注。对于急淋，老年、强化疗或伴感染者可使用粒细胞集落刺激因子（G-CSF）或粒单系集落刺激因子（GM-GSF）缩短粒细胞缺乏期。

（3）成分输血：严重贫血可输浓缩红细胞维持 Hb>60g/L；血小板计数过低而引起出血，需输注单采血小板悬液直至止血。为预防严重出血，需要维持血小板$\geq10\times10^9$/L。当合并发热感染时即使患者尚无出血，也应维持血小板$>20\times10^9$/L。

（4）防治酸性肾病：碱化尿液，可采用口服碳酸氢钠，多饮水，持续静脉补液，使每小时尿量$>150ml/m^2$ 并保持碱性尿。在化疗同时给予别嘌醇，每次 100mg，每日 3 次，以抑制尿酸合成。

（5）维持营养：白血病系严重消耗性疾病，特别是化疗、放疗的不良反应可引起患者消化道黏膜炎及功能紊乱。故应注意补充营养，维持水、电解质平衡，给患者高蛋白、高热量、易消化食物。必要时经静脉补充营养。

2. 抗肿瘤化学治疗

（1）治疗策略：初始治疗分两期：诱导缓解和缓解后治疗。注意 CNS 预防。

1）诱导缓解治疗：目标是使患者迅速获得完全缓解（CR），化学治疗是此阶段白血病治疗的基础和主要方法。所谓CR,即白血病的症状和体征消失,外周血中性粒细胞绝对值≥1.5×10^9/L,血小板≥100×10^9/L,白细胞分类中无白血病细胞;骨髓中原始粒细胞+早幼粒细胞(原单+幼稚单核细胞或原始淋巴细胞+幼稚淋巴细胞)≤5%,M_3除了原粒+早幼粒细胞≤5%,还应无Auer小体,红细胞及巨核细胞系列正常,无髓外白血病。理想的CR时,白血病的免疫学、细胞遗传学和分子生物学异常标志均应消失。

2)缓解后治疗:目的是争取患者长期无病生存(DFS)和痊愈。初治时AL体内白血病细胞的数量估计为10^{10}~10^{12},经诱导缓解阶段治疗达到CR时,体内白血病细胞仅降至10^8~10^9,并且髓外某些隐蔽之处仍可有白血病细胞浸润,此为白血病复发的根源。因此必须进行CR后治疗。

3)中枢神经系统的预防:大多数化疗药物,无论是静注还是口服,都不能充分进入CNS,因此除非采取特殊措施,此处即为复发常见部位。有效防治方案包括单独甲氨蝶呤鞘内注射,或再佐以颅骨照射2400cGy,或颅脊轴照射2400cGy。

(2)急性淋巴细胞白血病的化疗:对于初治患者,应首先根据MICM检查的结果初步判断预后,进而设计、制订完整、系统的治疗方案。对于预后较差的年轻患者,选择较为强烈的多药联合方案进行诱导缓解,或在传统方案中加大非常规的急性淋巴细胞白血病治疗药物;CR后早期进行异基因HSCT。对于预后较佳的患者或高龄患者,则相应减少联合化疗的药物剂量,以降低化疗所致的相关毒性和死亡率。

1)诱导缓解治疗:长春新碱(VCR)和泼尼松(P)组成的VP方案,是急淋诱导缓解的基本方案。VP方案:长春新碱(VCR)2mg,每周静注1次;泼尼松(P)1mg/kg,每日分次口服,连续使用2~3周。VCR的主要不良反应为末梢神经炎和便秘。

VP加蒽环类药物(如柔红霉素,DNR),再加左旋门冬酰胺酶(L-ASP)即为DVLP方案,是目前推荐的ALL诱导方案。DVLP方案:DNR 30mg/m^2静脉点滴,每日1次,每2周第1~3天用药,共4周。VCR 2mg,每周第1天静注1次,共4周;L-ASP 10000单位静脉点滴,每日1次,第19天始连用10天;P 1mg/kg每日分次口服,连续使用4周。

蒽环类药物有心脏毒性作用。当DNR、阿霉素、去甲氧柔红霉素(IDA)、表柔比星的累积量分别达1000mg/m^2、500mg/m^2、300mg/m^2和90mg/m^2时,心脏毒性的风险为1%~10%。L-ASP可能主要影响患者的DFS。L-ASP的主要不良反应为肝功能损害、胰腺炎、凝血因子及白蛋白合成减少和过敏反应。

急性淋巴细胞白血病常用诱导缓解方案见表5-5-4。

表5-5-4 急性淋巴细胞白血病常用诱导缓解方案

化疗方案		剂量	用药方法
VP方案	VCR	2mg,静注,第1天	每周1次
	PDN	60mg,分次口服,第1~7天	
DVP方案	DRN	1mg/kg,静注,第1天,每周1次	4~6周为一疗程
	VCR	1.5mg/m^2,静注,第1天,每周1次	
	PDN	40mg/m^2,口服,第1~8天	
POMP方案	PDN	60mg/d,分次口服	5天为一疗程
	VCR	2mg,静注,第1天	
	MTX	30mg,静注,第2、5天	
	6-MP	100mg,口服	
VDCP方案	DRN	40mg/(m^2·d),静注,第1、2、3、15、16、17天	3周为一疗程
	VCR	2mg,静注,第1、8、15、21天	
	CTX	0.4~0.8g/m^2,静注,第1、15天	
	PDN	40~60mg/(m^2·d),口服,第1~14天后,减量	
DVP+ASP方案	VCR	2mg,静注,第1天,每周1次	第15天作骨髓检查,如仍有白血病细胞再用DRN 50mg/m^2,4周为1疗程
	DRN	50mg/m^2,静注,第1、2、3天	
	PDN	60mg/m^2,分次口服,第1~28天	
	L-ASP	600u/m^2,静注,第17~28天	

注:VP、DVP方案适用于儿童病例。

笔记栏

2）缓解后治疗：如未行异基因HSCT、急淋治疗的总疗程一般需3年。采用HDAra-C（1~9g/m^2）和HDMTX（2~3g/m^2），可克服耐药并在脑脊液中达到治疗性药物浓度。注意HDMTX的主要不良反应为黏膜炎、肝、肾功能损害，故在治疗时需要充分水化、碱化和用甲酰四氢叶酸钙拯救。巯嘌呤（6-MP）和MTX联合，是普遍采用的有效维持治疗方案。

3）复发后的治疗：复发指CR后在身体任何部位出现可检出的白血病细胞，多在CR后2年内发生。以骨髓复发最常见，髓外复发多见于CNS和睾丸。单纯髓外复发者多能同时检出骨髓微小残留白血病灶，患者会随之出现血液学复发；因此在对患者进行髓外局部治疗的同时，需进行全身化疗。对未曾接受过照射的CNSL采用HDAra-C联合CNS照射，至少半数病例有效；否则可联合鞘内给药。对于睾丸白血病患者，即使仅有单侧睾丸白血病也要进行双侧照射和全身化疗。复发在首次CR期18个月后，再次诱导化疗缓解几率相对高。此时可选择原诱导化疗方案再诱导（如DVP方案）。若选用HDAra-C联合米托蒽醌（NVT）或其他药物如氟达拉滨，效果更好，但是ALL一旦复发，不管采用何种化疗方案和再缓解率多高，总的二次缓解期通常短暂（中位2~3个月），长期生存率<10%。

（3）ANLL的治疗：近年由于强烈化疗、HSCT及有力的支持治疗，60岁以下ANLL患者的预后有很大改善，约30%~50%的患者可望治愈。全反式维甲酸（ATRA）、砷剂和化疗的联合应用，使APL的治愈率可达70%。但疾病复发、耐药、治疗相关毒性死亡等，仍是亟待解决的问题。以非清髓性干细胞移植（NST）、供体淋巴细胞输注（DLI）、抗CD33和CD45单抗为主要手段的免疫治疗，也显示了一定的疗效和优越性。

1）诱导缓解治疗

A. 国内外普遍采用的“标准”方案为DA（3+7）方案：DNR 45mg/（m^2·d），静脉注射，第1~3天；Ara-C 100mg/（m^2·d），静脉滴注，第1~7天。国内采用HA方案：高三尖杉酯碱（H）3~4mg/d，静脉滴注5~7天；Ara-C 100mg/（m^2·d），静脉滴注，第1~7天。

B. APL患者采用全反式维甲酸（ATRA）25~45mg/（m^2·d）口服治疗直至缓解。ATRA可诱导带有t（15;17）（q22;q21）/PML-RARa融合基因的早幼粒细胞白血病细胞分化成熟。ATRA联合其他治疗可提高CR率，主要不良反应是皮肤黏膜干燥、黏膜溃疡、肝功能损害，严重者引起维甲酸综合征。临床表现为发热、体重增加、肌肉骨骼疼痛、呼吸窘迫、肺间质浸润、胸腔积液、心包积液、皮肤水肿、低血压、急性肾衰竭甚至死亡。

诱导缓解治疗方案见表5-5-5。

表5-5-5 急性非淋巴细胞白血病常用缓解诱导方案

化疗方案		剂　量	用药方法
DA方案	DRN	30~40mg/（m^2·d），静注，第1~3天	间隔1~2周重复
	Ara-C	100~160mg/m^2，分次口服，第1~7天	
VPP方案	VCR	2mg，静注，第1天	间隔1~2周重复治疗
	Ara-C	100~150mg，静注，第1、5天	
	DRN	30mg，静注，第1、2天	
COAP方案	CTX	200mg，静注，第1、3、5天	每隔1周重复治疗
	VCR	2mg，静注，第1天	
	Ara-C	100~150mg，静滴，共4天	
	PDN	200mg/d，分次口服	
HOP方案	HRT	2~4mg，静滴，3小时滴完；第2、7天	间隔1~2周重复
	VCR	2mg，静注，第1天	
	PDN	40mg/d，分次口服，第1~8天	

注：VPP方案可以ADM代替DRN，剂量为20mg，用法相同，静注，第1、2天。

2）缓解后治疗：诱导CR是ANLL长期DFS关键的第一步。缓解后治疗要比诱导缓解更重要，所采用的化疗剂量将更强烈。方法是设计一些与原诱导方案无交叉耐药的新方案，连同原诱导方案进行反复序贯或交替治疗。CR后可采用HDAra-C方案巩固强化，每剂Ara-C 2~3g/m^{2}静滴3小时，连用6个剂量。巩固强化至少4个疗程，长期维持治疗已无必要。

3）复发和难治性ANLL的治疗：对年龄55岁以下、支持条件较好者，可选用HDAra-C联合

笔记栏

化疗。亦可启用新药联合化疗:如氟达拉滨、Ara-C 和 G-CSF±IDA 等。HSCT 和免疫治疗疗效待评价。

(4) 老年 AL 的治疗:大于 60 岁的 AML 治疗缓解明显低于 60 岁以下的 AML,治疗中更应强调个体化。多数患者化疗需减量用药,以降低治疗相关死亡率,少数体质好又有较好支持条件的老年患者,可采用中年患者的方案治疗,有 HLA 相合同胞供体者可行 NST。

3. 造血干细胞移植治疗 已证实为较为有效的治疗方法,有些学者认为除 APL 及儿童非高危 ALL 外,如有适当供者,都应及早进行异基因骨髓移植或自身骨髓移植,尤其是难治性急性白血病,或估计化疗后具有很大复发危险的患者更应考虑。

【预后】 急性白血病不经特殊治疗,平均生存期仅 3 个月左右,经过现代正规治疗,已有不少患者获得病情缓解以致长期存活。影响预后的相关因素有:细胞遗传学特征、年龄初次诱导缓解治疗的疗效等。

处方及医师指导

1. 一般治疗:注意休息,预防鼻咽部、肛门周围皮肤感染,防止黏膜溃疡、糜烂、出血。选择有效抗生素治疗,注意补充营养,维持水、电解质平衡。

2. 化学治疗:DA(3+7)方案:DNR 45mg/(m·d),静脉注射,第 1~3 天;Ara-C 100mg/(m^2·d),静脉滴注,第 1~7 天。

3. 监测血、尿常规,肝肾功能。

4. 对症处理。

第3节 慢性粒细胞白血病

【临床表现】 慢性粒细胞白血病(CML)起病缓慢,早期可无自觉症状,体检中被发现而确诊。整个病程可分为三期:慢性期(CP)、加速期(AP)、急变期(BP)。

1. 慢性期 患者可有乏力、低热、多汗或盗汗、体重减轻等症状,由于脾大而自觉左上腹坠胀感。脾脏肿大为最显著的体征,脾脏质地坚实,平滑,无压痛。如果发生脾梗死,脾区压痛明显,并有摩擦音。肝脏明显肿大者较少见。部分患者有胸骨中下段压痛。当白细胞显著增高时,可有眼底充血及出血。白细胞极度增高时,会出现呼吸困难、发绀、脏器梗死、眼底静脉扩张、视神经乳头水肿、眼底出血和阴茎异常勃起、神志改变甚至中枢神经系统出血等"白细胞淤滞症"表现。CP 一般持续 1~4 年。

2. 加速期 患者常有发热、虚弱、进行性体重下降、骨骼疼痛,逐渐出现贫血和出血。脾脏持续或进行性肿大。对原来治疗有效的药物无效。AP 可维持几个月到数年。

3. 急变期 临床表现与 AL 类似。多数为急性粒细胞变,少数为急性淋巴细胞变和急性单核细胞变,偶有巨核细胞及红细胞等类型的急性变。急性变预后极差,往往在数月内死亡。

【实验室及其他检查】

1. 慢性期

(1) 血象:白细胞数显著增高,多在(20~200)×10^9/L,血片中粒细胞显著增多,可见各阶段粒细胞,以中性中幼、晚幼和杆状核粒细胞居多;原始粒细胞一般为 1%~3%;不超过 10%,嗜酸粒细胞、嗜碱粒细胞增多,后者有助于诊断。疾病早期血小板多在正常水平,部分患者增多;晚期血小板明显增高,如发生血小板明显减少并出现贫血,预示疾病向急变期进展。

(2) 中性粒细胞碱性磷酸酶(NAP):活性减低或呈阴性反应。

(3) 骨髓:骨髓增生明显至极度活跃,以粒系为主,粒/红比例明显增高,其中中性中幼、晚幼及杆状核粒细胞明显增多,原始细胞<10%。嗜酸粒细胞、嗜碱粒细胞增多。红细胞相对减少。巨核细胞正常或增多,晚期减少。

(4) 细胞遗传学及分子生物学改变:90%以上的 CML 细胞中出现 Ph 染色体(小的 22 号染色体),显带分析为 t(9;22)(q34;qll).9 号染色体长臂上的 C-ABL 原癌基因易位至 22 号染色体长臂的断裂点簇集区(BCR),形成 BCR-ABL 融合基因,导致 CML 的发生。Ph 染色体可见于粒细胞、红细胞、单核细胞、巨核细胞及淋巴细胞中。

(5) 血液生化:血清及尿中尿酸浓度增高,血清乳酸脱氢酶增高。

2. 加速期 ①血或骨髓原粒细胞≥10%;②外周血嗜碱粒细胞>20%;③不明原因的血小板进行性减少或增加;④除 Ph 染色体以外又出现其他染色体异常,如+8、双 Ph 染色体、17 号染色体长臂的等臂(i17q)等;⑤粒-单系祖细胞(CFU-GM)培养,集簇增加而集落减少;⑥骨髓活检显示胶原纤维显著增生。

3. 急性变 ①骨髓中原始粒细胞或原始淋巴细胞+幼稚淋巴细胞或原始单核细胞+幼稚单核细胞>20%;②外周血中原始粒细胞+早幼粒细胞>30%;③骨髓中原粒细胞+早幼粒细胞>50%;④出现髓外原始细胞浸润。

笔记栏

【诊断与鉴别诊断】 根据脾脏肿大,特征性血象、骨髓象以及 Ph 染色体检查和 BCR-ABL 融合基因检测,诊断并不困难。需鉴别的疾病如下:

1. 类白血病反应 有相应基础疾病的临床表现。白细胞数可达 $50\times10^9/L$。粒细胞胞浆中常有中毒颗粒和空泡。嗜酸粒细胞和嗜碱粒细胞不增多。NAP 反应强阳性。Ph 染色体阴性。血小板和血红蛋白大多正常。原发病控制后,类白血病反应亦随之消失。

2. 原发性骨髓纤维化症 脾大显著,血象中白细胞增多,并出现幼稚粒细胞等,易与 CML 混淆。但原发性骨髓纤维化症的外周血白细胞数一般 $30\times10^9/L$,且波动不大。NAP 阳性。此外外周血中持续出现幼稚红细胞,红细胞形态异常,特别是泪滴形红细胞易见。Ph 染色体阴性。多次多部位骨髓穿刺干抽。骨髓活检网状纤维染色阳性。

【治疗】

1. 慢性期治疗

(1) 化学治疗:化疗虽可使大多数 CML 患者的血象及异常体征得到控制,但中位生存期(40 个月左右)并未改善。化疗时宜保持每日尿量在 2500ml 以上和碱化尿液,加用别嘌醇 100mg,每 6 小时 1 次,防止尿酸性肾病,至白细胞数正常后停药。

1) 羟基脲(HU):为抗代谢药物。起效快,但持续时间短。用药后二三天白细胞即迅速下降,停药后又很快回升。常用剂量为 3g/d,分 3 次口服,待白细胞减至 $20\times10^9/L$ 左右时,剂量减半。降至 $10\times10^9/L$ 时,改为小剂量(0.5~1g/d)维持治疗。需经常检查血象,以便调节药物剂量。不良反应少,耐受性好,与烷化剂无交叉耐药性。对患者以后接受 HSCT 也无不良影响。为当前首选的化疗药物和基础治疗药物。

2) 马利兰(白消安):是一种烷化剂,作用于早期祖细胞,用药 2~3 周后外周血白细胞才开始减少,停药后白细胞减少可持续 2~4 周。故应掌握剂量。初始剂量 4~6mg/d 口服。当白细胞降至 $20\times10^9/L$ 时应停药,待稳定后改小剂量(每 1~3 天 2mg),使白细胞保持在 $(7\sim10)\times10^9/L$。用药过量往往造成严重的骨髓抑制,且恢复较慢。不能抑制 Ph 阳性细胞克隆,甚至有促使急变作用,所以目前临床已较少使用。

3) 其他药物:Ara-C、高三尖杉酯碱、靛玉红、异靛甲、6-MP、美法仑(马法兰)、6-TG、环磷酰胺、砷剂及其他联合化疗亦有效。但仅在上述药物无效时才考虑使用。

(2) 干扰素(IFN):剂量为 300~500 万 $U/(m^2\cdot d)$ 皮下或肌内注射,每周 3~7 次,持续用数月至数年不等。由于该药起效较慢,因此对白细胞增多显著者,宜在第 1~2 周并用羟基脲或小剂量 Ara-C。IFN-a 能使 50%~70% 的患者获血液学完全缓解(HCR,指血象、骨髓象恢复正常);10%~26% 的患者可获显著细胞遗传学缓解(MCR,指骨髓 Ph 阳性细胞<35%),但 BCR-ABL 融合基因 mRNA 仍然阳性;获 MCR 者生存期延长。常见不良反应为畏寒、发热、疲劳、厌食、恶心、头痛、肌肉及骨骼疼痛。

(3) 甲磺酸伊马替尼:为 2-苯胺嘧啶衍生物。治疗剂量:400~600mg/d,顿服。最常见的非血液学不良反应包括恶心、呕吐、腹泻、肌肉痉挛、水肿、皮疹,但一般症状较轻微。血象下降较常见,可出现粒细胞缺乏、血小板减少和贫血,严重者需减量或暂时停药。

(4) 异基因造血干细胞移植(AlloSCT):是目前被普遍认可的根治性标准治疗。骨髓移植应在 CML 慢性期待血象及体征控制后尽早进行。

2. 加速期和急变期的治疗 一旦进入加速期或急变期应按急性白血病治疗,但缓解率低。现在推荐首选甲磺酸伊马替尼。在加速期行骨髓移植仍有 15%~25% 患者可长期无病生存,但急变期时的骨髓移植疗效很差。

【预后】 CML 常规化疗后中位生存期约为 39~47 个月。5 年生存率为 25%~35%。影响 CML 的主要预后因素有:①高龄;②脾大;③外周血白细胞和血小板计数、原幼细胞比例;④克隆性演化。

第 4 节 慢性淋巴细胞白血病

【临床表现】 90% 的患者在 50 岁以上发病。起病十分缓慢,往往无自觉症状。许多患者因发现淋巴结肿大或不明原因的淋巴细胞绝对值升高而就诊。早期症状可能有乏力、疲倦,进展期出现食欲减退、消瘦、低热、盗汗及贫血等症状。淋巴结肿大以颈部、锁骨上、腋窝、腹股沟等处的淋巴结肿大为主。肿大的淋巴结无压痛,质地中等,可移动。CT 扫描可发现肺门、腹膜后、肠系膜淋巴结肿大。偶因肿大的淋巴结压迫胆管或输尿管而出现阻塞症状。肝脾大 50%~70% 的患者有轻至中度脾大,轻度肝大,但胸骨压痛少见。晚期患者可出现贫血、血小板减少、皮肤黏膜紫癜。由于免疫功能减退,常易并发感染、自身免疫性溶血性贫血及第二肿瘤。

【实验室及其他检查】

1. 血象 白细胞 $>10\times10^9/L$,淋巴细胞占 50% 以上,绝对值 $\geq5\times10^9/L$(持续 4 周以上),以小淋巴细胞增多为主。可见少数幼稚淋巴细胞或不典型淋巴细胞。破碎细胞易见。中性粒细

笔 记 栏

胞百分率降低。随着病情的发展,血小板减少,贫血逐渐明显。

2. 骨髓象 有核细胞增生活跃,淋巴细胞占40%以上,以成熟淋巴细胞为主。红系、粒系及巨核系细胞均减少。

3. 免疫分型 90%以上源于B细胞,其轻链只有κ或λ链中的一种,小鼠玫瑰花结试验阳性,膜表面免疫球蛋白(SmIg)弱阳性(IgM或IgD),CD5、CD19、CD20、CD21阳性;CDl0、CD22阴性。约2%~5%源于T细胞,其绵羊玫瑰花结试验阳性,CD2、CD3、CD8(或CD4)阳性。20%的患者抗人球蛋白试验阳性,但有明显溶血性贫血者仅8%。

4. 染色体 50%~80%的患者有染色体异常。预后较好的染色体核型为13q-和正常核型;预后较差的染色体核型包括12号染色体三体、11q-和17p-;已检出的染色体异常还有6q-。

【诊断与鉴别诊断】 结合典型临床表现,以及免疫学表面标志,可以做出诊断和分类。有淋巴结肿大的须与淋巴结结核、淋巴瘤及慢性炎症所致淋巴结病变相鉴别。淋巴细胞增多者应与传染性单核细胞增多症、麻疹、水痘、巨细胞病毒感染等反应性淋巴细胞增多或多克隆淋巴细胞增多,以及其他慢性淋巴增殖性疾病如幼淋巴细胞白血病及多毛细胞白血病等相鉴别。

【临床分期】 分期有助选择治疗方案及估计预后。CLL常用的分期标准包括Binet和Rai分期。

表5-5-6 慢性淋巴细胞白血病的Binet分期

分期	标 准	中位存活期/年
A	血和骨髓中淋巴细胞增多,<3个区域的淋巴组织肿大	>10
B	血和骨髓中淋巴细胞增多,≥3个区域的淋巴组织肿大	7
C	除与B期相同外,尚有贫血(Hb:男性<120g/L,女性<110g/L)或血小板减少(<100×10^9/L)	2

注:全身共有5个区域,头颈部、腋下、腹股沟、脾、肝各为一个区域。

【治疗】 根据临床分期和患者的全身情况而定。一般A期患者无需治疗,定期复查即可。对B期,如有足够数量的正常外周血细胞且无症状,也多不治疗,定期随访。开始化疗指征:①体重减少≥10%、极度疲劳、发热(>38℃)>2周、盗汗;②进行性脾大(左肋弓下>6cm);③淋巴结肿大:直径>10cm或进行性肿大;④进行性淋巴细胞增生:两个月内增加>50%,或倍增时间<6个月;⑤自身免疫性贫血和(或)血小板减少对糖皮质激素的治疗反应较差;⑥骨髓进行性衰竭:贫血和(或)血小板减少出现或加重。C期患者应予化学治疗。

1. 单剂化学治疗

(1)苯丁酸氮芥(chlorambucil,CLB):连续用药剂量为4~8mg/(m^2·d),连用4~8周。其间需每周检查血象,调整药物剂量,以防骨髓过度受抑制。

(2)氟达拉滨(fludarabine):使用剂量一般为25~30mg/(m^2·d),连续5天静脉滴注,每4周重复一次。

2. 联合化学治疗 喷司他丁(pentostatine,DCF)和环磷酰胺等组合方案都有效。

3. 单抗治疗 应用阿来组单抗(campath-1H)和利妥昔单抗(rituximab)进行被动免疫治疗。

4. 造血干细胞移植 年龄低于60岁者可进行造血干细胞移植。

5. 并发症治疗 由于低丙种球蛋白血症、中性粒细胞缺乏以及患者年老,因此极易感染。严重感染常为致死原因,应积极用抗生素控制感染。反复感染者可静脉注射丙种球蛋白。并发自身免疫性溶血性贫血或血小板减少性紫癜者,可用糖皮质激素治疗。

【预后和预防】 CLL是一种异质性疾病,病程长短不一,可长达10余年,平均为3~4年。主要死亡原因为骨髓衰竭导致的严重贫血、出血或感染。

笔记栏

第6章 淋巴瘤

案例

患者,男性,50岁,职员。反复发热伴周身乏力4个月,加重3日于2007年4月30日15时入院。

患者于4个月前无明显诱因出现发热(体温不详),周身乏力,就诊于当地医院,查血常规无异常,予对症治疗后有所好转,此后上述症状间断性出现。每次发热均去医院就诊,未明确诊断。20天前再次就诊,血常规、骨髓穿刺检查无特殊发现。近3日患者自觉乏力明显加重,伴气短,发热,体温39.6℃,故来我院就诊并收入院。病来体重下降10kg。既往乙肝病毒携带史多年。

体格检查:T 38.5℃,P 95次/min,R 24次/min,BP 100/60mmHg;神志清楚,消瘦,颜面、睑结膜及口唇苍白,皮肤黏膜无黄染及瘀点,左锁骨上窝可触及1个1.0cm×1.0cm肿大淋巴结;双肺呼吸音粗,未闻及干、湿啰音,心界正常,心率95次/min,律齐,无杂音;肝未触及,左肋下可触及脾脏边缘,质韧,无压痛,移动性浊音(-)。

实验室及其他检查:血常规示:WBC 2.8×10^9/L,Hb 67g/L,PLT 56×10^9/L,MCV 75fl。PET-CT(正电子发射型计算机断层扫描显像)示纵隔淋巴结、肝、脾高代谢表现。

思考题

1. 该病例最可能的诊断是什么?
2. 为明确诊断和分型应该做哪项最重要的检查,结果如何?
3. 需要与哪些疾病进行鉴别?
4. 化疗方案如何选择?

淋巴瘤(lymphoma)是原发于淋巴结或淋巴组织的免疫系统恶性肿瘤,其发生多与免疫应答过程中淋巴细胞增殖分化产生的某种免疫细胞恶变有关。临床特征为无痛性、进行性淋巴结肿大和局部肿块,同时可有相应器官的压迫症状。患者常有发热、消瘦、盗汗等全身症状,晚期出现贫血、恶病质等表现。病理组织学上淋巴瘤分为霍奇金淋巴瘤(Hodgkin lymphoma,HL)及非霍奇金淋巴瘤(non-Hodgkin lymphoma,NHL)两大类。全世界现有淋巴瘤患者450万以上,有逐年增多趋势。在我国本病两大类型中,HL仅占所有淋巴瘤的8%~11%,与国外占25%有显著不同。我国淋巴瘤的总发病率为男性1.39/10万人口,女性0.84/10万人口,两性发病率明显低于欧美各国及日本。我国淋巴瘤死亡率为1.5/10万人口,居恶性肿瘤死亡的第11~13位。本病好发于20~40岁,约占50%,男性发病率明显多于女性,城市发病率高于农村。1950~1990年全世界NHL死亡率增加1.5倍,其原因可能是与环境恶化、寿命延长及组织病理学的进步有关。

【病因和发病机制】 淋巴瘤的病因和发病机制至今尚未阐明,一般认为与病毒感染、免疫缺陷及幽门螺杆菌感染等因素有关,而病毒感染是引起淋巴瘤的重要原因。

1. 病毒感染 在人类有两种病毒很明确与淋巴瘤有关,即Epstein-Barr(EB)病毒和人类T细胞白血病/淋巴瘤病毒(HTLV)。已发现EB病毒与非洲儿童的Burkitt淋巴瘤有密切的病因关系,并已从Burkitt淋巴瘤的细胞核中提取出EB病毒DNA。80%以上的淋巴瘤患者,血清EB病毒抗体滴定度明显增高。在HL患者的肿瘤组织中,电镜下可找到EB病毒颗粒。研究又发现C型反转录RNA病毒与淋巴瘤发病有密切关系,被命名为人类T细胞白血病/淋巴瘤病毒(HTLV)。其中人类T细胞白血病/淋巴瘤病毒(HTLVⅠ)被证明是T细胞淋巴瘤的病因;另一种HTLV Ⅱ被认为与T细胞皮肤淋巴瘤-蕈样肉芽肿发病有关。以上这些说明病毒在人类淋巴瘤病因学中占有的重要地位。

2. 免疫因素 免疫功能低下与淋巴瘤的易感性有关。遗传性和获得性免疫缺陷者,导致T抑制细胞的缺失或功能障碍,淋巴瘤发病率增加。遗传性免疫缺陷者如毛细血管扩张性共济失调,自身免疫性疾病如干燥综合征、系统性红斑狼疮等可并发淋巴瘤。由于持续或反复的自身抗原刺激,或异体器官移植的存在,或免疫缺陷患者反复感染,免疫细胞发生增殖反应,最终出现无限增殖,导致淋巴瘤发生。

3. 幽门螺杆菌 黏膜相关淋巴组织(MALT)淋巴瘤是一型最常见的结外低度恶性淋巴瘤,是近年来逐渐被认识的原发性胃恶性淋巴瘤的主要类型。胃幽门螺杆菌(Hp)感染与胃MALT淋巴瘤的发生密切相关,90%的胃MALT淋巴瘤患者存在Hp感染。治疗上根除Hp可使胃MALT淋巴瘤有不同程度的消退,而且随访中发现Hp再感染,MALT淋巴瘤复发,再根治又得以消退者,表明Hp感染与淋巴瘤发生有特殊关系。

此外,某些理化因素,如电离辐射、化学药物(如免疫抑制剂、抗癫痫药)等的长期应用,均可导致淋巴瘤的发病率增加。

【病理和分型】

1. 霍奇金淋巴瘤 以发现RS细胞为病理组织学特征,可伴有毛细血管、各种细胞成分增生和不同程度纤维化。RS细胞大小不一,多数较大,形态极不规则,胞浆嗜双色性。核外形不规则,可呈"镜影"状,也可多叶或多核,偶有单核。核染色质粗细不等,核仁大而明显,可达核的1/3。结节硬化型HL中的RS细胞,由于变形、浆浓缩,两细胞核间似有间隙,称为腔隙型RS细胞。HL多从原发部位向邻近淋巴结依次传播。HL的分型曾普遍采用1965年Rye会议的分型方法,见表5-6-1。2001年WHO在欧美淋巴瘤分型修订方案(REAL分型,1994年)的基础上,提出了造血和淋巴组织肿瘤病理学和遗传学分型方案,见表5-6-2。该方案考虑了形态学特点,也反映了应用单克隆抗体、细胞遗传学和分子生物学等新技术对血液和淋巴系统肿瘤的新认识和确定的新病种。

表5-6-1 霍奇金淋巴瘤的分型(Rye会议,1965年)

类型	病理组织学特点	临床特点
1. 淋巴细胞为主型	结节性浸润,主要为中小淋巴细胞,RS细胞少见	病变局限,预后较好
2. 结节硬化型	交织的胶原纤维将浸润细胞分隔成明显结节,RS细胞较大,呈腔隙型。淋巴细胞、浆细胞、中性细胞及嗜酸粒细胞多见	年轻人多见,诊断时多为Ⅰ、Ⅱ期,预后可
3. 混合细胞型	纤维化伴局限坏死,浸润细胞明显多形性,伴血管增生和纤维化。淋巴细胞、浆细胞、中性细胞及嗜酸粒细胞与较多的RS细胞混同存在	有播散倾向,预后相对较差
4. 淋巴细胞消减型	主要为组织细胞浸润,弥漫性纤维化及坏死,RS细胞数量不等,多形性	多为老年,诊断时多为Ⅲ、Ⅳ期,预后差

国内以混合细胞型为最常见,结节硬化型次之,其他各型均较为少见。各型并非固定不变,尤以淋巴细胞为主型,2/3可向其他各型转化,仅结节硬化型较为固定。

表5-6-2 造血组织和淋巴组织肿瘤分型:霍奇金淋巴瘤(WHO,2001年)

类型	病理组织学特点	临床特点
一、结节性淋巴细胞为主型霍奇金淋巴瘤(NLPHL)	结节性浸润,主要为中小淋巴细胞,无"经典"RS细胞,可见变异型RS细胞	病变局限,预后较好
二、典型霍奇金淋巴瘤		
1. 结节硬化型霍奇金淋巴瘤(NSHL)*	交织的胶原纤维将浸润细胞分隔成明显结节,RS细胞较大,呈腔隙型。淋巴细胞、浆细胞、中性细胞及嗜酸粒细胞多见	病变局限,预后较好
2. 富于淋巴细胞典型霍奇金淋巴瘤(LRCHL)	结节性浸润,主要为中小淋巴细胞,可见"经典"RS细胞	年轻人多见,诊断时多为Ⅰ、Ⅱ期,预后可
3. 混合细胞型霍奇金淋巴瘤(MCHL)*	纤维化伴局限坏死,浸润细胞明显多形性,伴血管增生和纤维化。淋巴细胞、浆细胞、中性细胞及嗜酸粒细胞与较多的RS细胞混同存在	有播散倾向,预后相对较差
4. 淋巴细胞消减型霍奇金淋巴瘤(LDHL)	主要为组织细胞浸润,弥漫性纤维化及坏死,RS细胞数量不等,多形性	多为老年,诊断时多为Ⅲ、Ⅳ期,预后差

*:者为常见类型

2. 非霍奇金淋巴瘤 NHL病变的淋巴结切面外观呈鱼肉样。镜下正常淋巴结结构破坏,淋巴滤泡和淋巴窦可消失。增生或浸润的淋巴瘤细胞成分单一、排列紧密,大部分为B细胞性。NHL常原发累及结外淋巴组织,并常越过邻近淋巴结跳跃性向远处淋巴结转移。大部分NHL为侵袭性,发展迅速,易发生早期远处扩散。

关于NHL的组织学分型,国内曾一直采用1982年美国国立癌症研究所制订出的国际工作分型(IWF)方案,依其淋巴瘤细胞形态学特征将

笔记栏

NHL分为10型，但未能反映淋巴瘤细胞的免疫表型，见表5-6-3。目前较公认的NHL的分型标准是，2001年WHO制订的分型方案，见表5-6-4。该方案是按肿瘤的细胞来源确定类型，淋巴组织肿瘤中包括淋巴瘤和其他淋巴组织来源的肿瘤。

表 5-6-3　非霍奇金淋巴瘤的国际工作分型（IWF，1982年）

恶性程度	病理组织学特点
1. 低度恶性	A. 小淋巴细胞型（SL）（可伴浆细胞样改变）
	B. 滤泡性小裂细胞型（FSC）
	C. 滤泡性小裂细胞和大细胞混合型（FM）
2. 中度恶性	D. 滤泡性大细胞型（FL）
	E. 弥漫性小裂细胞型（DSC）
	F. 弥漫性小细胞和大细胞混合型（DM）
	G. 弥漫性大细胞型（DL）
3. 高度恶性	H. 免疫母细胞型（IBL）
	I. 淋巴母细胞型（LBL）（曲折核型或非曲折核型）
	J. 小无裂细胞型（SNC）（Burkitt或非Burkitt淋巴瘤）
4. 其他淋巴瘤	毛细胞型、皮肤T细胞型、组织细胞型、髓外浆细胞瘤、不能分型

表 5-6-4　造血组织和淋巴组织肿瘤分型：B细胞、T细胞和NK细胞（WHO，2001年）

B细胞	T细胞和NK细胞
原始B细胞肿瘤	**原始T细胞肿瘤**
B-原淋巴细胞白血病/淋巴瘤（B-ALL/LBL）*	T-原淋巴细胞白血病/淋巴瘤（T-ALL/LBL）*
成熟B细胞肿瘤	**成熟T细胞和NK细胞肿瘤**
B-慢性淋巴细胞白血病/小淋巴细胞淋巴瘤（B-CLL/SLL）*	T-幼稚淋巴细胞白血病（T-PLL）
B-幼稚淋巴细胞白血病（B-PLL）	T-大颗粒淋巴细胞白血病（T-LGL）
淋巴浆细胞淋巴瘤/巨球蛋白血症（LPL）	侵袭性NK细胞白血病（ANKCL）
脾边缘带B细胞淋巴瘤（SMZL）*	成人T细胞白血病/淋巴瘤
毛细胞白血病（HCL）	结外NK/T细胞淋巴瘤，鼻型（NK/TCL）
浆细胞肿瘤*	肠病型T细胞淋巴瘤（ITCL）
浆细胞骨髓瘤（PCM）	肝脾T细胞淋巴瘤
浆细胞瘤	皮下脂膜炎样T细胞淋巴瘤
单克隆免疫球蛋白沉积病	原始NK细胞淋巴瘤
重链病	蕈样肉芽肿/赛塞里（Sézary）综合征（MF/SS）*
黏膜相关性淋巴样组织结外边缘带B细胞淋巴瘤（MALT-MZL）*	原发皮肤CD30$^+$T淋巴细胞增殖性疾病
淋巴结边缘带B细胞淋巴瘤（MZL）*	原发皮肤间变性大细胞淋巴瘤*
滤泡性淋巴瘤（FL）*	淋巴瘤样丘疹
套细胞淋巴瘤（MCL）*	界线样损害
弥漫性大B细胞淋巴瘤（DLBCL）*	血管免疫母细胞性T细胞淋巴瘤（AITCL）*
纵隔（胸腺）大B细胞淋巴瘤	周围T细胞淋巴瘤，无其他特征（PTCL）*
血管内大B细胞淋巴瘤	间变性大细胞淋巴瘤（ALCL）*
原发渗出性淋巴瘤	
伯基特（Burkitt）淋巴瘤（BL）*	
淋巴瘤样肉芽肿	

*：者为常见类型

【临床表现】　由于病变部位及范围的不同，淋巴瘤的临床表现变化多端。HL多见于青年，儿童少见；NHL随年龄增长而发病增多，男性多于女性。原发病变部位可在淋巴结，也可在结外淋巴组织。HL常是以无痛性颈部或锁骨上淋巴结进行性肿大为首见；NHL常以各系统症状、远处扩散和结外侵犯倾向发病多见。

1. 全身症状　发热、消瘦、盗汗等为主要全身症状，其次可有皮肤瘙痒及酒精疼痛等。HL全身症状较多见，其中1/6患者可出现周期性发热；皮肤瘙痒可为HL惟一的全身症状，多见于年轻女性；饮酒后引起淋巴结疼痛是HL特有的，但并非每一位HL患者都出现。NHL全身症状多见于晚期，皮肤瘙痒很少见。

2. 淋巴结肿大　淋巴结肿大为本病的特征。HL常以浅表淋巴结的无痛性、进行性肿大为首发症状，占60%～80%，多好发于颈部，其次腋下、腹股沟等。NHL以淋巴结肿大为首发者

笔 记 栏

较 HL 少见。肿大的淋巴结可以活动,也可互相粘连,融合成块,触诊有软骨样感觉。少数患者仅有深部淋巴结肿大。纵隔、腹膜后等淋巴结肿大可引起压迫症状,如出现咳嗽、胸闷、气促、肺不张、上腔静脉压迫症和肾盂积水等症状和体征。

3. 淋巴结外受累 病变也可见于淋巴结外的组织器官,如扁桃体、鼻咽部、胸部、胃肠道、骨骼、中枢神经系统及皮肤等处。NHL 对结外各器官的侵犯较 HL 多见,NHL 还可以多中心起源,在临床确诊时已播散全身。如咽淋巴环病变多在扁桃体、鼻咽部,可有吞咽困难、鼻塞、鼻出血及颌下淋巴结肿大。胸部以肺门及纵隔受累最多见,引起肺实质浸润和胸腔积液,也可有心包及心脏受侵等。如累及胃肠道以小肠多见,可有腹痛、腹泻、腹部包块,也可有黄疸、腹水及肝、脾肿大等。如骨骼损害以胸椎和腰椎最多见,可有局部骨痛、压痛、病理性骨折等。如侵犯中枢神经系统以脑膜和脊髓为主,可有头痛、颅压增高、截瘫、癫痫发作等。如皮肤受累,可有肿块、皮下结节、溃疡和浸润性斑块等。

霍奇金病与非霍奇金淋巴瘤临床表现的差别见表 5-6-5。

表 5-6-5 霍奇金病与非霍奇金淋巴瘤临床表现的差别

临床表现	霍奇金病	非霍奇金淋巴瘤
发热	较多见(20%~40%)	较少见(约 10%)
病变范围	多呈局限性,基本上属相邻部位的淋巴结病变	很少呈局限性
淋巴结分布	向心性,多沿相邻区发展,滑车上淋巴结累及者罕见	离心性,一般不沿相邻区发展,较易波及滑车上淋巴结
淋巴、口咽环病变	罕见,<1%	明显较多见,15%~33%
纵隔病变	50%患者有之	<20%(除淋巴母细胞型外)
腹腔和腹膜后淋巴结	较少累及(除老年人或伴明显症状者外)	常见,尤其是肠系膜和主动脉旁组淋巴结
肝脏侵犯	除脾侵犯或有明显全身症状者外较少见	较多见,尤其在结节性 NHL
骨髓侵犯	少见(2%~10%)	多见
结外病变	少见(首发者<10%)	多见(往往原发或首发)

案例归纳一

男性患者,以反复发热伴周身乏力 4 个月为主要表现,近 3 日来自觉乏力明显加重,伴气短,发热,体温 39.6℃。既往就诊经血常规、骨髓穿刺检查未明确诊断。病来体重下降 10kg。既往乙肝病毒携带史多年。

体格检查:T 38.5℃,P 95 次/min,R 24 次/min,BP 100/60mmHg;消瘦,颜面、睑结膜及口唇苍白,皮肤黏膜无黄染及瘀点,左锁骨上窝可触及 1 个 1.0cm×1.0cm 肿大淋巴结;双肺呼吸音粗,心率 95 次/min,律齐;肝未触及,左肋下可触及脾脏边缘,质韧,无压痛。

【实验室及其他检查】

1. 血象和骨髓象 HL 血象变化发生较早,常有轻度或中度贫血,10% 为小细胞、低色素性贫血。白细胞多数正常,少数轻度或明显增多,伴中性粒细胞增多,约 1/5 有嗜酸粒细胞增多,晚期淋巴细胞减少。骨髓被广泛浸润或发生脾功能亢进时,可有全血细胞减少。骨髓象中如能找到 RS 细胞,对 HL 的诊断有帮助。NHL 白细胞数多正常,伴有相对或绝对性淋巴细胞增多。晚期并发急性淋巴瘤细胞白血病时,可呈白血病样血象和骨髓象。

2. 其他化验 血清碱性磷酸酶活力或血钙增高时,提示骨骼受累。疾病活动期血沉加快,血清乳酸脱氢酶活力升高,且乳酸脱氢酶活力升高提示预后不良。B 细胞 NHL 可并发抗人球蛋白试验阳性或阴性的溶血性贫血,少数可出现单克隆 IgG 或 IgM,以后者多见。侵犯中枢神经系统时,进行脑脊液检查,并可出现脑脊液异常。

3. 病理学检查 是确诊本病的主要依据。包括病理形态学、病理组织学、免疫学标志、细胞遗传学及分子生物学等,用以指导分型、临床分期和判断预后。取出较大的、完整的淋巴结,做淋巴结印片和淋巴结切片,进行病理形态学和组织学检查。用淋巴细胞分化抗原检测来测定淋巴细胞的免疫表型,以区分 B 细胞或 T 细胞免疫表型。染色体异位检查有助于 NHL 的分型诊断。对确诊淋巴瘤有疑难者,可应用 PCR 技术检测 T 细胞受体(TCR)基因重排和 B 细胞免疫球蛋白重链基因重排。

4. 影像学检查 利用 B 超、放射性核素显像、X 线摄片、CT、MRI、PET 检查,可发现纵隔、

笔记栏

肺门、腹腔、盆腔等处的淋巴结肿大,并可显示实质性占位病变。

案例归纳二

血常规示:WBC 2.8×10^9/L,Hb 67g/L,PLT 56×10^9/L,MCV 75fl。PET-CT 示:纵隔淋巴结、肝、脾高代谢表现。

【诊断与鉴别诊断】

1. 诊断 诊断的目的:一是确定淋巴瘤的诊断和类型;二是决定病变累及的部位及范围。对进行性、无痛性淋巴结肿大者要考虑本病的可能,可做淋巴结穿刺物涂片、淋巴结印片及病理切片检查。疑为皮肤淋巴瘤者,可做皮肤活检和印片。如有血细胞数量异常、血清碱性磷酸酶增高或有骨骼病变时,可做骨髓活检和涂片,以寻找 RS 细胞或淋巴瘤细胞协助诊断。根据病理组织学、免疫学标志、细胞遗传学及分子生物学检查结果,按 WHO(2001 年)的造血和淋巴组织肿瘤分型做出诊断,并根据淋巴瘤的分布范围进行临床分期和分组。

2. 临床分期与分组 按 Ann Arbor 会议(1966 年)提出的 HL 临床分期方案(NHL 也参照使用)进行临床分期和分组。

Ⅰ期:病变仅限于一个淋巴结区(Ⅰ);或单个结外器官局限受累(ⅠE)。

Ⅱ期:病变累及横膈同侧两个或更多的淋巴结区(Ⅱ);或病变局限侵犯淋巴结以外器官及横膈同侧一个以上淋巴结区(ⅡE)。

Ⅲ期:横膈上、下均有淋巴结病变(Ⅲ);或伴脾累及(ⅢS);或结外器官局限受累(ⅢE),或脾与局限性结外器官都受累(ⅢSE)。

Ⅳ期:一个或多个的结外器官受到广泛性或播散性侵犯,伴或不伴淋巴结肿大。肝或骨髓只要受到累及均属Ⅳ期。

分期记录符号:结外(E);直径 10cm 以上的巨块(X);骨髓(M);脾脏(S);肝脏(H);骨骼(O);皮肤(D);胸膜(P);肺(L)。

各期按全身症状有无分为 A、B 两组。无症状者为 A 组,有症状者为 B 组。全身症状包括:①发热 38℃以上,连续 3 天以上,且无感染原因;②消瘦,6 个月内体重减轻 10%以上;③盗汗,即入睡后出汗。

3. 鉴别诊断 淋巴瘤需与其他淋巴结肿大疾病相区别,如结核性淋巴结炎、恶性肿瘤淋巴结转移、淋巴细胞白血病、巨大淋巴结增生等。以发热为主要表现的淋巴瘤,需与结核病、败血症、结缔组织病和恶性组织细胞病等鉴别。结外淋巴瘤需与相应器官的其他恶性肿瘤相鉴别。RS 细胞也可见于传染性单核细胞增多症、结缔组织病及其他恶性肿瘤。因此,在缺乏 HL 其他组织学改变时单独见到 RS 细胞,不能确诊为 HL。

案例诊断要点

1. 病史特点:患者以反复发热伴周身乏力 4 个月为主要表现,近 3 日来自觉乏力明显加重,伴气短,发热,体温 39.6℃。病来体重下降 10kg。既往乙肝病毒携带史多年。

2. 体格检查:T 38.5℃,P 95 次/min,R 24 次/min,BP 100/60mmHg;消瘦,颜面、睑结膜及口唇苍白,左锁骨上窝可触及 1 个 1.0cm×1.0cm 肿大淋巴结;双肺呼吸音粗,心率 95 次/min;左肋下可触及脾脏边缘,质韧,无压痛。

3. 实验室及其他检查:血常规示:WBC 2.8×10^9/L,Hb 67g/L,PLT 56×10^9/L,MCV 75fl。PET-CT 示纵隔淋巴结、肝、脾高代谢表现。

临床诊断:淋巴瘤(Ⅳ期)。

【治疗】 目前淋巴瘤的治疗采用化疗为主的化放疗结合的综合治疗方案,完全缓解(CR)和长期无病生存率(FDS)已有很大提高。

1. 以化疗为主的综合治疗

(1) 霍奇金淋巴瘤:HL 治疗方案的选择:ⅠA、ⅡA 期实施扩野照射法,病变在膈上用斗篷式,病变在膈下用倒"Y"式;ⅠB、ⅡB、ⅢA、ⅢB、Ⅳ期采用联合化疗加局部照射方案。放疗时照射剂量为 30~40Gy,3~4 周为一疗程,放疗会造成儿童发育延迟的永久性损害。联合化疗用 MOPP 和 ABVD 方案,对 HL 的疗效不逊于放疗,甚至好于放疗,且不会影响儿童的发育。

采用 MOPP 方案,至少用 6 个疗程,或一直用至完全缓解,再额外加 2 个疗程。CR 率 80%以上,5 年生存率 75%,FDS50%。获得 CR 后约 1/3 病例复发,可再用 MOPP 方案,59%获得第二次缓解。第一次缓解期超过 1 年,复发后经 MOPP 方案治疗,93%有 2 次 CR 的希望。MOPP 方案主要副作用是影响生育功能及引起继发性肿瘤。

经对比研究表明采用 ABVD 方案,CR 和 5 年无病生存率均优于 MOPP 方案,所以 ABVD 方案已替代 MOPP 方案成为 HL 的首选治疗方案。现主张使用 ABVD 方案 CR 后巩固 2 个疗程(不少于 6 个疗程)即结束治疗,因维持治疗不延长生存期,而且增加化疗毒性并抑制免疫功能。

笔记栏

ABVD 方案对生育功能影响小,不引起继发性肿瘤。HL 的主要联合化疗方案见表 5-6-6。

表 5-6-6 霍奇金淋巴瘤的主要化疗方案

方案	药物	剂量和用法	说明
MOPP	(M)氮芥	6mg/m² 静注,第 1 天及第 8 天	如氮芥改用环磷酰胺 600mg/m² 静注,即为 COPP 方案。疗程间休息 2 周
	(O)长春新碱	1.4mg/m² 静注,第 1 天及第 8 天	
	(P)甲基苄肼	70mg/(m²·d)口服,第 1~14 天	
	(P)泼尼松	40mg/d 口服,第 1~14 天	
ABVD	(A)多柔比星	25mg/m² 均在第 1 及第 15 天静脉注射 1 次	疗程间休息 2 周
	(B)博来霉素	10mg/m²	
	(V)长春花碱	6mg/m²	
	(D)甲氮咪胺	375mg/m²	

(2) 非霍奇金淋巴瘤:因 NHL 以多中心起源且跳跃性播散,对结外器官的侵犯较多,所以临床分期价值和扩野照射的治疗作用不如 HL,治疗方案应以化疗为主,其疗效取决于病理组织类型。

1) 惰性淋巴瘤:B 细胞惰性淋巴瘤包括 SL、MZL、FL 等;T 细胞惰性淋巴瘤指 MF/SS。惰性淋巴瘤发展较慢,对化放疗有效,但不易缓解。Ⅰ期和Ⅱ期放疗或化疗后,存活可达 10 年,并且部分患者有自发性肿瘤消退。Ⅲ期和Ⅳ期化疗后,虽会多次复发,但患者中位生存时间也可达 10 年。所以目前也主张尽可能推迟化疗,如病情有进展或发生并发症,可单独给苯丁氮芥 4~12mg 每日 1 次口服,或环磷酰胺 100mg 每日 1 次口服。联合化疗可用 COP 方案,见表 5-6-7。

2) 侵袭性淋巴瘤:B 细胞侵袭性淋巴瘤包括 MCL、BLBCL、BL 等;T 细胞侵袭性淋巴瘤包括 AITCL、ALCL、PTCL 等。侵袭性淋巴瘤不论分期均应以化疗为主,对化疗残留肿块、局部巨大肿块或中枢神经系统累及可行局部放疗扩野照射作为化疗补充,照射剂量为 25Gy。联合化疗可用 CHOP 方案,见表 5-6-7。

CHOP 为治疗侵袭性 NHL 的标准方案,CHOP 方案的疗效与其他治疗 NHL 的化疗方案相比,疗效类似而毒性较低。方案第 3 天开始使用 G-CSF5μg/kg,5~8 天,可减少白细胞下降。CHOP 方案每 3 周为 1 疗程,4 个疗程不能缓解应改用其他化疗方案,CR 后巩固 2 个疗程结束治疗,长期维持治疗并无好处,但化疗不应少于 6 个疗程。使用 CHOP 方案 5 年无病生存率为 41%~80%。新一代的化疗方案有 m-BACOB(博来霉素+多柔比星+环磷酰胺+长春新碱+地塞米松+甲氨蝶呤+四氢叶酸),该方案的特点是骨髓抑制药与非抑制药交替使用,缓解率较高,可使 FDS 增加到 55%~60%。其中加入中等剂量甲氨蝶呤,目的是防治中枢神经系统淋巴瘤。更强烈的新化疗方案有 COP-BLAM(COP+博莱霉素+多柔比星+甲基苄肼),可使 FDS 增加至 60%~70%,但毒性较大,不适于老年及体弱者。对于复发的淋巴瘤可使用 ESHAP 方案(依托泊苷+甲泼尼龙+阿糖胞苷+顺铂),CR 率为 30%。非霍奇金淋巴瘤的主要联合化疗方案见表 5-6-7。

表 5-6-7 非霍奇金淋巴瘤的主要联合化疗方案

方案	药物	剂量和用法	说明
COP	(C)环磷酰胺	400mg/m²,每日口服,第 1~5 天	每 3 周为一周期
	(O)长春新碱	1.4mg/m²,静注,第 1 天	
	(P)泼尼松	100mg/m²,每日口服,第 1~5 天	
CHOP	(C)环磷酰胺	750mg/m²,静注,第 1 天	每 3 周为一周期
	(H)多柔比星	50mg/m²,静注,第 1 天	
	(O)长春新碱	1.4mg/m²,静注,第 1 天	
	(P)泼尼松	100mg/m²,每日口服,第 1~5 天	

2. 生物治疗

(1) 单克隆抗体:凡 $CD20^+$ 的 B 细胞淋巴瘤均可使用 CD20 单抗(美罗华,每次 375mg/m²)治疗。临床研究显示,应用 CD20 单抗与 CHOP 等联合化疗方案合用治疗惰性或侵袭性淋巴瘤,可明显提高 CR 率和 FDS。B 细胞淋巴瘤在造血干细胞移植前用 CD20 单抗做体内净化,可提高移植治疗的疗效。

笔记栏

(2) 干扰素:对蕈样肉芽肿和滤泡性小裂细胞型淋巴瘤有部分缓解作用。

胃黏膜相关性淋巴样组织淋巴瘤可使用抗幽门螺杆菌的药物杀灭幽门螺杆菌,经抗菌治疗后部分患者症状改善,甚至淋巴瘤消失。

3. 骨髓或造血干细胞移植 对55岁以下,重要器官功能正常的患者,如属缓解期短、难治易复发的侵袭性淋巴瘤,经4个CHOP方案化疗后能使淋巴结缩小大于3/4者,可考虑全淋巴结放疗及大剂量联合化疗后,进行异基因或自身骨髓(或外周造血干细胞)移植,以期最大限度地杀灭肿瘤细胞,取得长期缓解和无病存活。自身造血干细胞移植治疗侵袭性淋巴瘤,40%~50%以上患者获得肿瘤负荷缩小,18%~25%的复发病例被治愈,与常规化疗比较,FDS增加30%以上。

4. 手术治疗 合并脾功能亢进者如有切脾指征,可行脾切除术以提高血象,为以后化疗创造有利条件。

5. 常用中药制剂

(1) 小金丹:具有散结消肿,化瘀止痛之功效,适用于各型淋巴瘤。每次0.6g,每日2次,温开水送服。

(2) 鳖甲煎丸:具有活血化瘀,软坚散结之功效,适用于各型淋巴瘤。每次6~9g,每日2次,空腹温水送服。

【预后和预防】

1. 预后 淋巴瘤预后与年龄、体能状态、分期、结外病变部位、组织细胞类型等多种因素有关。HL预后优于NHL。

HL中以淋巴细胞为主型预后最好,5年生存率为94.3%,而淋巴细胞消减型最差,5年生存率仅为27.4%。HLⅠ期和Ⅱ期5年生存率为90%以上,Ⅲ期为69.5%,Ⅳ期为31.9%。有全身症状者比无全身症状者预后要差,儿童及老年预后一般比中青年要差,男性治疗预后较比女性要差。

关于NHL的预后,1993年Shipp等提出了国际预后指标(IPI),将预后分为低危、低中危、高中危及高危四类,见表5-6-8。年龄60岁以上、分期为Ⅲ期或Ⅳ期、结外病变1处以上、需要卧床或生活需要别人照顾、血清LDH升高是5个预后不良的IPI,可根据病例具有的IPI数来判断NHL的预后。复发和转移是导致患者死亡的主要原因。

表5-6-8 NHL的预后

预后	IPI数	CR率	2年生存率	5年生存率
低危	0~1	87%	84%	73%
低中危	2	67%	66%	50%
高中危	3	55%	54%	43%
高危	4~5	44%	34%	26%

2. 预防

(1) 加强体育锻炼:提高机体对疾病的抵抗力,增强免疫功能,预防病毒感染。早期可适当活动,晚期应卧床休息。

(2) 饮食调护:给予高热量、高蛋白及富含维生素的食品,并选用适当的食疗。

(3) 注意副作用及保护性隔离:放化疗期间若出现皮肤瘙痒,嘱患者不宜抓痒,注意皮肤清洁;若发热不退,要加强呼吸道、消化道护理,避免继发性感染。

处方及医师指导

1. 一般治疗:注意休息,防止感冒,用酒精擦浴行物理降温。

2. 药物治疗

(1) CHOP方案化疗:环磷酰胺(C)750mg/m²,静注,第1日;多柔比星(H)50mg/m²,静注,第1日;长春新碱(O)1.4mg/m²,静注,第1日;泼尼松(P)100mg/m²,每日口服,第1~5日。每3周为1疗程。

(2) 保肝、抗病毒治疗:拉米夫定150mg,口服,每日1次;多稀磷酯酰胆碱228mg,口服,每日3次,首次倍量。

(3) 生脉或参麦注射液:30~60ml溶于100~250ml糖或盐水中,静脉滴注,每日1次。随化疗应用。

(4) 升白细胞治疗:G-CSF 100~300μg,皮下注射,每日1次。化疗第3日开始用,疗程5~8日。

笔记栏

第7章 血小板减少性紫癜

案例

患者,女性,41岁。皮肤出血,鼻出血,牙龈出血反复发作两年,加重两月,于2007年7月26日入院。

两年前患者感冒后出现晨起刷牙出血,继而出现下肢皮肤出血,鼻出血和牙龈出血,此后两年上述症状反复出现且进行性加重,近两月皮肤出现大片瘀斑,月经量明显增多,经期延长,遂首诊于我院内科门诊。发病以来未服用相关治疗药物。无呕血,黑粪史。平素月经量较多。平素无烟酒嗜好,无肝炎病及血吸虫疫水接触史,无PG过敏史。

体格检查:神志清楚,呼吸、血压、脉搏、体温正常。周身皮肤多处有出血点及出血斑,特别两上肢见有多处直径大于10mm的出血斑,有的融合成片,右眼球结膜有黄豆大小的血斑一处,口腔右颊黏膜有花生米大小出血斑一处,牙龈渗血,表浅淋巴结不肿大。胸骨无压痛,叩诊心界正常范围,HR 80次/min;双肺呼吸音稍低,未闻及干湿性啰音;腹部平软,未见静脉曲张,肝脾未及,肠鸣音4~5次/min。

实验室及其他检查:血常规:Hb110g/L,RBC 5.50×10^{12}g/L,WBC 6.2×10^{9}g/L,分类正常,PLT 22×10^{9}g/L。出血时间5分30秒,凝血时间正常,24小时血块收缩不佳,毛细血管脆性试验阳性。骨髓穿刺报告:骨髓象显示有核细胞增生明显活跃,全片巨核细胞104只、分类39只、原巨核4只、幼巨核22只、颗粒巨核24只,未见产板巨核,血小板罕见。

思考题

1. 结合所学知识,你认为该病例最可能的诊断是什么?

2. 紫癜多见于哪些疾病?

血小板减少性紫癜(thrombocytopenic purpura)是指因外周血中血小板减少而导致皮肤黏膜及内脏出血的一组疾病。引起血小板减少的原因主要是:①血小板生成障碍:如再生障碍性贫血等;②血小板破坏或消耗过多:如免疫性血小板减少;③血小板分布异常:如脾功能亢进等。临床分为三类:特发性血小板减少性紫癜、继发性血小板减少性紫癜和遗传性血小板减少性紫癜。本章重点阐述特发性血小板减少性紫癜。

特发性血小板减少性紫癜

特发性血小板减少性紫癜(idiopathic thrombocytopenic purpura, ITP)是因自身免疫机制紊乱导致血小板破坏增多,寿命缩短,数量减少为病理特征的一类出血性疾病。临床表现:外周血中血小板减少,广泛皮肤黏膜及内脏出血,骨髓巨核细胞发育、成熟障碍,血小板生存时间缩短及抗血小板自身抗体出现等。分为急性型和慢性型,急性型多见于儿童,常为自限性,慢性型好发40岁以下女性。

【病因与发病机制】 病因迄今未明。相关因素如下:

1. 感染 约80%的急性ITP患者,在发病前2周左右有上呼吸道感染史;慢性ITP患者,常因感染而致病情加重。提示细菌或病毒感染与ITP的发病有密切关系。发病机制可能为:①病毒抗原与相应抗体结合形成免疫复合物,与血小板膜上的Fc等受体结合,促进血小板破坏。②病毒抗原(主要为外壳蛋白)与血小板相关抗体(PAIg)结合形成免疫复合物(IC),IC与血小板膜上的Fc等受体结合,导致血小板构型变化,随之被单核-吞噬细胞系统(脾)清除,感染可增强单核-吞噬细胞系统的吞噬功能,故可加重本病。③固定于血小板表面的IC吸附补体,通过补体溶解反应破坏血小板。

2. 免疫因素 免疫因素的参与目前认为是ITP发病的重要原因。佐证:①正常血小板输入ITP患者体内,其生存期明显缩短(12~24小时),而ITP患者血小板在正常血清或血浆中,存活时间正常(8~10日),提示患者血浆中可能存在破坏血小板的抗体;②80%以上的ITP患者血小板表面可检测到抗体PAIg,多为PAIgG,PAIgM,和PAIgA次之,PAIg数量与血小板数量,寿命呈负相关;③糖皮质激素、静注丙种球蛋白等免疫治疗对ITP有肯定疗效,均证明本病发病与免疫因素有关。

笔记栏

3. 遗传因素 现已证实 HLA-DRWg 及 HLA-DQW$_3$阳性与 ITP 密切相关,ITP 的发生可能受基因调控。其机制有待进一步阐明。

4. 肝、脾的作用 脾是破坏血小板的主要网状内皮系统。同时也是 ITP 患者 PAIg 的主要产生部位;与 PAIg 或 IC 结合的血小板,其表面性状发生改变,在通过脾时及易在脾窦中被扣留,这样就增加了血小板在脾的滞留时间和被单核-巨噬细胞系统吞噬、清除的可能性。肝在对血小板的破坏作用中类似于脾。

5. 其他因素 研究发现,雌激素可能有抑制血小板生成和(或)增强单核-吞噬细胞系统对于抗体结合的血小板的吞噬作用。推测本病女性多见的发病可能与雌激素有关。

【临床表现】

1. 起病方式 急性型多发生于儿童。80%以上在发病前 1~2 周有上呼吸道等感染史,特别是病毒感染史。起病急骤,部分患者可有畏寒、寒战、发热。慢性型主要见于青年女性。起病隐袭,一般无前驱症状,较难确定发病时间。部分患者可无症状,而是在常规查血时偶然发现。

2. 出血 急性型出血严重表现为全身皮肤淤点、紫癜、淤斑,严重者可有血泡及血肿形成。鼻出血、牙龈出血、口腔黏膜及舌出血常见,损伤及注射部位可渗血不止或形成大小不等的瘀斑。当血小板减少程度较重,特别是低于 20×10^9/L 时,可出现内脏出血,如呕血、黑粪、咯血、尿血、阴道出血等,颅内出血(含蛛网膜下腔出血)可致剧烈头痛、意识障碍、瘫痪及抽搐,是本病致死的主要原因。慢性型多数出血较轻而局限,但易反复发生。可表现为皮肤、黏膜出血,如淤点、淤斑及外伤后止血不易等,鼻出血、牙龈出血亦甚常见。严重内脏出血较少见,但月经过多甚常见,在部分患者可为惟一的临床症状。但患者病情因感染等诱因而骤然加重时,亦可出现广泛、严重的皮肤黏膜及内脏出血。

3. 其他 出血量过大或长期月经过多者,可出现程度不等的贫血,甚至失血性休克。慢性型病程超过半年者,可有轻度脾大。

表 5-7-1 ITP 急性型和慢性型的鉴别表

特征	急性型	慢性型
发病高峰年龄	2~4 岁	15~40 岁
性别	无差异	女:男=3~4:1
感染史	通常有	无
起病	急骤(大多<1 周)	缓慢(大多>2 个月)
口腔血疱	严重病例有	通常无
血小板计数与形态	常<20×10^9/L 形态正常	(30~80)×10^9/L 可有异型及巨大血小板
嗜酸粒细胞及淋巴细胞升高	常见	少见
病程	4~6 周,罕有更长	数月到数年
自发缓解	83%	2%
最终完全恢复	89%	64%

案例归纳一

该患者以反复皮肤黏膜出血为主要表现,有感冒诱因,病史呈慢性进行性加重过程。月经量明显增多,经期延长。体格检查见周身皮肤多处有出血点及出血斑,特别两上肢见有多处直径大于 10mm 的出血斑,有的融合成片,右眼球结膜有黄豆大小的血斑一处,口腔右颊黏膜有花生米大小出血斑一处,牙龈渗血。

【实验室及其他检查】

1. 外周血象 血小板:①血小板数量减少:急性型血小板多在 20×10^9/L 以下,慢性型常在 50×10^9/L 左右;②血小板平均体积偏大,易见大型血小板;③出血时间延长,血块收缩不良;④血小板生存时间明显缩短。红细胞计数减少,可有程度不等的正常细胞或小细胞低色素性贫血,白细胞计数正常。

2. 骨髓象 有核细胞增生活跃,巨核细胞数量轻度增加或正常,慢性型显著增加,巨核细胞发育成熟障碍,表现为巨核细胞体积变小,胞浆内颗粒减少,幼稚巨核细胞增加,产血小板巨核细胞显著减少(<30%)。红系可呈轻度增生,粒、单核系正常。

3. 血小板抗体检测 80%以上的 ITP 患者 PAIgG 及 PAC3 阳性,偶有 PAIgG、PAIgM、PAIgA 等中两种以上抗体同时出现。

案例归纳二

血常规:Hb 110g/L,RBC 5.50×10^{12}/L,WBC 6.2×10^9/L,分类正常,PLT 22×10^9/L。出血时间 5 分 30 秒,凝血时间正常,24 小

笔记栏

时血块收缩不佳，毛细血管脆性试验阳性。骨髓穿刺报告：骨髓象显示有核细胞增生明显活跃，全片巨核细胞104只、分类39只、原巨核4只、幼巨核22只、颗粒巨核24只，未见产板巨核，血小板罕见。

【诊断与鉴别诊断】

1. 诊断标准

（1）多次检验血小板计数减少。

（2）脾脏不肿大或轻度肿大。

（3）骨髓巨核细胞增多或正常，并有成熟障碍。

（4）具备下列五项中任何一项：①泼尼松治疗有效；②脾切除治疗有效；③PAIg增多；④PAC3增多；⑤血小板寿命测定缩短。

（5）排除继发性血小板减少症。

2. 鉴别诊断 本病的确诊需排除再生障碍性贫血、脾功能亢进、骨髓增生异常综合征、白血病、系统性红斑狼疮、药物性免疫性血小板减少等继发性血小板减少症。

案例诊断要点

1. 年轻女性。

2. 病史特点：以反复皮肤黏膜出血为主要表现，有感冒诱因，病史呈慢性进行性加重过程。月经量明显增多，经期延长。

3. 体格检查：见周身皮肤多处有出血点及出血斑，特别两上肢见有多处直径大于10mm的出血斑，有的融合成片，右眼球结膜有黄豆大小的血斑一处，口腔右颊黏膜有花生米大小出血斑一处，牙龈渗血。

4. 实验室及其他检查：血常规：Hb 110g/L，RBC 5.50×10^{12}/L，WBC 6.2×10^{9}/L，分类正常，PLT 22×10^{9}/L。出血时间5分30秒，凝血时间正常，24小时血块收缩不佳，毛细血管脆性试验阳性。骨髓穿刺报告：骨髓象显示有核细胞增生明显活跃，全片巨核细胞104只、分类39只、原巨核4只、幼巨核22只、颗粒巨核24只，未见产板巨核，血小板罕见。

临床诊断：特发性血小板减少性紫癜（ITP）。

【治疗】 治疗目的：控制出血症状，减少血小板破坏，提高血小板数量。治疗建议：血小板高于50×10^{9}/L，而无症状者，不需治疗；血小板低于10×10^{9}/L，或有严重出血者，紧急治疗；血小板低于50×10^{9}/L有明显皮肤黏膜出血者常规治疗；常规治疗无效者按难治性ITP治疗。治疗选择：①第一线治疗：糖皮质激素、静脉注射大剂量丙种球蛋白、脾切除；②第二线治疗：长春生物碱、环磷酰胺、硫唑嘌呤、达那唑。

1. 一般治疗 出血严重者应休息。血小板低于20×10^{9}/L者，应严格卧床，防治各种外伤和脑出血。可输血小板悬液及立止血、安洛血等。同时防治感染。

2. 糖皮质激素 为首选治疗药物。其作用机制为：①抑制单核-吞噬细胞系统对血小板的破坏，抑制PAIg生成及减轻抗原抗体反应；②改善毛细血管通透性；③刺激骨髓造血及血小板向外周血的释放。常用剂量泼尼松1～1.5mg/(kg·d)分次或顿服，病情严重者用等效量地塞米松或甲泼尼龙静脉滴注，好转后改口服。待血小板升至正常或接近正常后，逐步减量（每周减5mg），最后以5～10mg/d维持治疗，持续3～6个月。

3. 脾切除、脾栓塞、脾放疗

（1）脾切除：脾切除治疗的有效率约为70%～90%。

1）适应证：①正规糖皮质激素治疗3～6个月无效；②糖皮质激素维持量需大于30mg/d；③有糖皮质激素使用禁忌证。

2）禁忌证：①年龄小于2岁；②妊娠期；③因其他疾病不能耐受手术。

（2）脾栓塞：目前采用部分脾栓塞术，栓塞范围以70%～80%为宜，通过栓塞脾动脉分支，使部分脾组织坏死、机化，减少了脾脏对血小板的破坏及血小板抗体的产生。由于保留了部分脾组织，其免疫功能得以保留，优于脾切除，但副脾仍存在，则疗效不如脾切除术。脾栓塞创伤小，操作简单，适用于有严重心肺功能不全者或不适于手术的ITP患者。脾栓塞的副作用较多，如发热、疼痛、脾周围炎、腹膜炎等。

（3）脾放疗：适用于对皮质激素治疗抵抗、依赖及对脾切除有禁忌者，或不愿切脾者。

4. 免疫抑制剂治疗 一般不作为ITP首选治疗。治疗适应证：①长期服用糖皮质激素或脾切除疗效差或复发；②有使用糖皮质激素或脾切除禁忌证；③与糖皮质激素合用以提高疗效及减少糖皮质激素的用量。主要药物有：

（1）长春生物碱：约70%患者可获短暂疗效。①长春新碱（VCR）：2mg＋0.9%生理盐水500ml静脉滴注，每周1次，连用3～6次，每次静脉滴注维持6～8h。②长春花碱（VLB）：10mg+0.9%生理盐水500ml静脉注射，每周1次，连用3次，每次维持6～8小时。

（2）环磷酰胺（CTX）：一般用法1～2mg/

笔记栏

(kg·d)口服1~6个月,20%~40%的患者有效,或CTX $1g/m^2$静脉滴注,每4周1次,可连用1~4次,65%的患者可获CR。但CTX的副作用较大,如骨髓抑制、出血性膀胱炎、胎儿畸形等,只适用于切脾无效或不适合切脾的重症顽固病例。

(3) 硫唑嘌呤(AZT):为巯基嘌呤类抗代谢药物,50~100 mg/d口服,至少要用6~9个月,有效率20%~50%,副作用为白细胞减少,起效后可调至最低剂量以维持血小板达正常水平,多数患者与皮质激素合用。

(4) 环孢素(CsA):近年来多使用此药做免疫抑制治疗,用法为5~6mg/(kg·d),一般与皮质激素合用,如用上述剂量2周后无效可增加剂量至10mg/(kg·d),用此剂量4周仍无效则停药。如治疗有效时CsA也应逐渐减量,全疗程要3~6个月。CsA的副作用有高血压、肝肾功能损害、牙龈增生、头痛和肌肉痛等。

(5) 骁悉(MMF):能高效、选择性、非竞争性、可逆性地抑制次黄嘌呤核苷酸的经典合成途径,从而抑制T和B淋巴细胞增殖、抑制抗体的形成,是一种新型的免疫抑制剂。近来有人将此药用于糖皮质激素、达那唑、IVIG治疗无效的ITP患者的治疗,口服1.5~2g/d,至少连续口服12周,有效率达60%左右,有效者继续服用,无效者12周后停服。

5. 其他治疗

(1) 达那唑:为合成雄性激素,300~600mg/d,口服,6个月为一疗程,与糖皮质激素有协同作用。作用机制与免疫调节及抗雌激素有关。

(2) 干扰素(IFN):300万U皮下注射,每周3次,连用12次。

(3) 美罗华:$375mg/m^2$静脉注射,每周1次,连用4次。副作用为发热、头痛、寒战、恶心、呕吐。

(4) 氨肽素:可促进巨核细胞成熟、释放血小板,常用剂量为1g/次,3次/d口服,连用2个月,也可与其他药物合用,无明显毒副作用。

(5) 中药:应用中医药等治疗慢性型ITP,有一定疗效。

6. 紧急症的处理 对于血小板低于$10\times10^9/L$者,出血严重、广泛者;疑有或已发生颅内出血者要迅速控制出血,减小死亡率。

(1) 输注血小板悬液:成人按10~20单位/次给予,根据病情可重复使用(从200ml循环血中单采所得的血小板为1单位血小板)。

(2) 静脉注射大剂量丙种球蛋白:0.4g/kg,静脉滴注,4~5日为一疗程。1个月后可重复。作用机制与Fc受体封闭、抗体中和、单核-巨噬细胞系统廓清干扰及免疫调节等有关。

(3) 大剂量甲泼尼龙:1g/d,静脉注射,3~5次为一疗程,可通过抑制单核-巨噬细胞系统对血小板的破坏而发挥治疗作用。

(4) 血浆置换:3~5日内连续3次以上,每次置换3000ml血浆,可有效清除患者血浆中的PAIg。

【疗效参考标准】 ①显效:无出血,血小板数恢复正常,持续3个月以上,两年以上无复发者为基本治愈;②良效:无或基本无出血,血小板升至$50\times10^9/L$以上或较原来水平升高$30\times10^9/L$以上,持续2个月;③进步:出血改善,血小板有所上升,持续半月以上;④无效:出血及血小板计数均无改善。

【预后和预防】 儿童急性多在6个月内缓解,个别因脑出血死亡的病死率为1%。慢性病程长,常发作与缓解交替出现,不能自发缓解,在急性发作血小板极度减少时可有脑出血。预防病毒感染,避免服用阿司匹林类药物是防止复发和恶化的关键。

处方及医师指导

1. 一般治疗:半流质或软食;生活规律;避免感受风寒、饮食生冷和使用对胃黏膜有损害的药物。

2. 药物治疗

(1) 泼尼松:60mg/d,顿服。待血小板升至正常后,逐步减量(每周减5mg),最后以5~10mg/d维持治疗,持续3~6个月。

(2) 达那唑:600mg/d,口服,3个月为1疗程。

(3) 中药:辨证用药推荐归脾丸1丸。

3. 每周复查血小板。

笔记栏

第 8 章 弥散性血管内凝血

案例

患者，女性，24岁。停经40周，下腹阵痛1天，自然分娩后阴道大出血2小时。

患者平素体健。停经妊娠期经过顺利，饮食二便正常。1天前出现下腹阵痛，2小时前自然分娩后阴道大出血不止，出现烦躁，冷汗，无尿。G1P1（孕1产1）。无肝炎病史及血吸虫疫水接触史，无PG过敏史。

体格检查：T 36.6℃，P 120次/min，R 32次/min，BP 50/20mmHg，巩膜黄染，神志模糊，反应迟钝，重度贫血貌，全身浅表淋巴结未触及，心率120次/min，律齐，心尖部闻收缩期杂音，双肺呼吸音稍低，未闻及干湿性啰音，腹部平软，未见静脉曲张，阴道持续涌出大量不凝血，导出暗红色尿液180ml。

实验室及其他检查：血常规：Hb57g/L，PLT 66×10^9/L。凝血四项检查PT>110秒，APTT>110秒，TT>81秒，FIB<0.25g/L，试管法测试血液不凝结（30分钟后仍不凝结）。血清乳酸脱氢酶543U/L，总胆红素117μmol/L，丙氨酸氨基转移酶56U/L，天门冬氨酸氨基转移酶67U/L，HAV、HCV抗体及乙肝五项均为阴性。肝脏B超可见弥漫性病变，提示脂肪肝。

思考题

1. 哪些疾病容易引起DIC的发生？
2. 组织因子有何作用？
3. DIC时血液凝固性失常的特点及其发生机制？
4. DIC与休克之间的关系及其发生机制？

弥散性血管内凝血（disseminated intravascular coagulation，DIC）是指由各种致病因素激活凝血及纤溶系统，导致全身微血管血栓形成，凝血因子被大量消耗并继发纤溶亢进，引起全身多部位出血及微循环衰竭的临床综合征。它不是一个独立的疾病，而是发生在许多疾病基础上的一种中间病理过程。

【病因】 引起DIC的病因很多，以感染及产科意外最常见。

1. 感染 革兰阴性菌和革兰阳性菌败血症。流行性出血热、重症肝炎、麻疹等病毒感染。立克次体感染、脑型疟疾、钩端螺旋体病、组织胞浆菌病等。

2. 病理产科 重症妊娠高血压综合征、感染性流产、羊水栓塞、死胎滞留、子宫破裂、胎盘早剥、前置胎盘等。

3. 恶性肿瘤 造血系统肿瘤（尤其是急性早幼粒细胞白血病、淋巴瘤）、肺癌、胰腺癌、肝癌、肾癌、脑肿瘤、神经母细胞瘤、前列腺癌、绒毛膜上皮癌、恶性血管内皮瘤、平滑肌肉瘤等癌转移。

4. 手术及创伤 脑、胰腺、前列腺、子宫及胎盘等富含组织因子（TF）的器官，均可因手术及创伤等释放组织因子，诱发DIC。大面积烧伤、严重挤压伤、骨折及蛇咬伤，也易致DIC。

5. 全身各系统疾病 恶性高血压、肺心病、巨大血管瘤、ARDS、急性胰腺炎、肝功能衰竭、溶血性贫血、血型不合输血、急进性肾炎、糖尿病酮症酸中毒、系统性红斑狼疮、中暑、脂肪栓塞、移植物抗宿主病（GVHD）等。

6. 医源性疾病 主要与药物、手术及其他医疗操作、肿瘤手术、放疗、化疗及不正常的医疗过程有关。

【发病机制】 在DIC发生过程中，凝血酶与纤溶酶的形成是两大关键因素，是血管内微血栓形成、凝血因子减少及纤溶亢进等改变的重要机制。

1. 凝血系统被激活 肿瘤溶解、严重创伤、手术等组织损伤导致组织因子和（或）组织因子类物质释放入血，被磷脂包裹活化后激活Ⅻ。同时感染、变态反应、缺氧导致血管内皮损伤直接激活Ⅻ，启动外源或内源性凝血途径。

2. 血小板损伤 各种炎症反应、药物、缺氧等可致血小板损伤，诱发血小板聚集及释放反应，通过多种途径激活凝血系统。

3. 纤溶系统激活 上述致病因素在引起组织损伤、血管内皮损伤、激活凝血系统的同时，亦可通过直接或间接方式同时激活纤溶系统，致凝血-纤溶平衡进一步失调。

促进DIC的发生的因素：①单核-吞噬细胞系统受抑制：见于重症肝炎、大剂量使用糖皮质激素等；②高凝状态：如妊娠等；③纤溶系统活性

笔记栏

降低；④其他因素：如缺氧、酸中毒、脱水、休克等。

【病理】

1. 微血栓形成 微血栓形成是DIC的基本和特异性病理变化。其发生部位广泛，多见于肺、肾、脑、肝、心、肾上腺、胃肠道及皮肤、黏膜等部位。主要为纤维蛋白血栓及纤维蛋白-血小板血栓。

2. 凝血功能异常 分三期：①初发性高凝期：为DIC的早期改变，凝血因子相继被激活，血液凝固性增高，形成大量凝血酶，在该酶作用下，大量纤维蛋白原形成纤维蛋白沉积在微血管形成微血栓，血小板也参与组成。②消耗性低凝期：此期持续时间较长，常构成DIC的主要临床特点及实验室检查异常。由于微血栓形成，大量消耗了纤维蛋白原，凝血因子血小板，表现出血倾向显著，PT显著延长，血小板及多种凝血因子水平低下。③继发性纤溶亢进期：多出现在DIC后期，但亦可在凝血系统激活的同时发生，微血栓刺激激活纤溶系统，大量纤溶酶降解纤维蛋白原和各种因子，造成恶性循环。

3. 微循环障碍 毛细血管微血栓形成、血容量减少、血管舒缩功能失调、心肺肾功能受损等因素造成微循环障碍。

【临床表现】 DIC的临床表现可因原发病、DIC分期的不同而有较大差异。通常根据发病急缓分两型：①急性型：起病急剧，病程凶险，出血严重，甚发生休克，多在数小时至2天发病达高峰；②慢性型：起病慢，病程长，出血不严重，以血栓多见，多持续几周。最常见的临床症状有出血倾向、休克、栓塞及微血管病性溶血等。

1. 出血 是最常见症状，特点为自发性、多发性、全身多部位出血，如皮肤、黏膜、伤口及穿刺部位；其次为某些内脏出血，如咯血、呕血、血尿、便血、阴道出血，严重者可发生颅内出血。

2. 休克 发生突然，表现为一过性或持续性血压下降，并且不能用常见休克原因解释。休克程度与出血量常不成比例，在休克早期即出现肾、肺、大脑等器官功能不全，表现为肢体湿冷、少尿、呼吸困难、发绀及神志改变等。顽固性休克是DIC病情严重、预后不良的征兆。

3. 微血管栓塞 微血管栓塞往往是全身性广泛分布，可表现为浅层栓塞如皮肤发绀，坏死、脱落，多见于眼睑、四肢、胸背及会阴部，黏膜损伤易发生于口腔、消化道、肛门等部位，呈灶性或斑块状坏死或溃疡形成。栓塞也常发生于深部器官，多见于肾、肺、脑等脏器，可表现为急性肾衰竭、呼吸衰竭、意识障碍、颅内高压综合征等。

4. 微血管病性溶血 表现为进行性贫血，乏力。贫血的程度与出血量不成比例，偶见皮肤、巩膜黄染。

案例归纳一

患者平素体健，停经妊娠期经过顺利，饮食二便正常。1天前出现下腹阵痛，2小时前自然分娩后阴道大出血不止，患者出现烦躁、冷汗、无尿。G1P1(孕1产1)。无肝炎病史及血吸虫疫水接触史，无PG过敏史。

【实验室及其他检查】 DIC实验室结果受影响因素较多，应根据多项指标进行综合判断。①血小板计数呈进行性下降；②血浆纤维蛋白原含量<1.5g/L或进行性下降，或>4g/L(白血病及其他恶性肿瘤则<1.8g/L，肝病则<1.0g/L)；③3P试验阳性或血浆纤维蛋白降解产物(FDP)浓度增高或D-二聚体水平升高或阳性；④凝血酶原时间(PT)缩短或延长，或活化的部分凝血活酶时间(APTT)延长；⑤血片见到破碎或变形红细胞。

案例归纳二

血常规：Hb 57g/L，PLT 66×10^9/L。凝血四项检查PT>110秒，APTT>110秒，TT>81秒，FIB<0.25g/L，试管法测试血液不凝结(30分钟后仍不凝结)。血清乳酸脱氢酶543U/L，总胆红素117μmol/L，丙氨酸氨基转移酶56U/L，天门冬氨酸氨基转移酶67U/L，HAV、HCV抗体及乙肝五项均为阴性。肝脏B超可见弥漫性病变，提示脂肪肝。

【诊断与鉴别诊断】 DIC的诊断必须符合以下三方面条件方可确立：①导致DIC的基础疾病；②DIC的临床表现；③实验室主要诊断指标。

1. 诊断标准(1994年)

(1) 临床表现

1) 存在易引起DIC的基础疾病。

2) 有下列两项以上临床表现：①多发性出血倾向；②不易用原发病解释的微循环衰竭或休克；③多发性微血管栓塞的症状、体征，如皮肤、皮下、黏膜栓塞性坏死及早期出现的肺、肾、脑等脏器功能衰竭；④抗凝治疗有效。

(2) 实验室检查指标：主要诊断指标同时有下列三项以上异常：

1) 血小板<100×10^9/L或进行性下降(如为肝病、白血病患者则血小板<50×10^9/L。

2) 血浆纤维蛋白原含量<1.5g/L或进行性

笔记栏

下降,或>4g/L(白血病及其他恶性肿瘤则<1.8g/L,肝病则<1.0g/L)。

3)3P试验阳性或血浆FDP>20mg/L(肝病时FDP>60mg/L),或D-二聚体水平升高或阳性。

4)PT缩短或延长3秒以上(肝病患者延长5秒以上),或APTT缩短或延长10秒以上。

5)纤溶酶原含量及活性降低。

疑难或特殊病例应有下列1项以上异常:①血浆FⅧ:C活性<50%(需与严重肝病所致的出血鉴别时有价值);②AT含量、活性及vWF水平降低(不适用于肝病);③血浆凝血酶-抗凝血酶复合物(TAT)或凝血酶原碎片1+2(F1+2)水平升高;④血浆纤溶酶-纤溶酶抑制物复合物(PIC)浓度升高;⑤血(尿)纤维蛋白肽A(FPA)水平增高;⑥血栓试验阳性。

2. 鉴别诊断

(1)重症肝炎及血栓性血小板减少性紫癜(TTP):鉴别要点见表5-8-1。

表5-8-1 DIC与重症肝炎、血栓性血小板减少性紫癜的鉴别要点

	DIC	重症肝炎	TTP
黄疸	轻、少见	重、极常见	极常见,较重
肾功能损伤和微循环衰竭	早、多见	晚、少见	少见
红细胞破坏	多见	罕见	可见
FⅧ:C	降低	正常	正常
血小板活化及代谢产物	增加	多数正常	正常
FDP和D-二聚体	明显增加	正常或轻度增加	正常

(2)原发性纤维蛋白溶解亢进症(简称原发性纤溶亢进症):鉴别要点见表5-8-2。

表5-8-2 DIC与原发性纤溶亢进症的鉴别要点

	DIC	原发性纤溶亢进症
微血管栓塞	多见	少见
微血管病性溶血	多见	少见
微循环衰竭	多见	少见
血小板计数	降低	正常
血小板活化产物	增多	正常
D-二聚体	增高或(+)性	正常或(-)性
3P试验	(+)性	(-)性
AT	降低	正常
TAT和F1+2	增高	正常
红细胞形态	破碎或畸形	正常
肝素治疗	有效	无效

案例诊断要点

1. 年轻女性。

2. 病史特点:患者平素体健,停经妊娠期经过顺利,饮食二便正常。1天前出现下腹阵痛,2小时前自然分娩后阴道大出血不止,患者出现烦躁、冷汗、无尿。

3. PE:T 36.6℃,P 120次/min,R 32次/min,BP 50/20mmHg,巩膜黄染,神志模糊,反应迟钝,重度贫血貌,全身浅表淋巴结未及,心率120次/min,律齐,心尖部闻收缩期杂音,双肺呼吸音稍低,未闻及干湿性啰音,腹部平软,未见静脉曲张,阴道持续涌出大量不凝血,导尿时导出暗红色尿液180ml。

4. 实验室及其他检查:血常规:Hb 57g/L,PLT 66×10^9/L。凝血四项检查PT>110秒,APTT>110秒,TT>81秒,FIB<0.25g/L,试管法测试血液不凝结(30分钟后仍不凝结)。血清乳酸脱氢酶543U/L,总胆红素117μmol/L,丙氨酸氨基转移酶56U/L,天门冬氨酸氨基转移酶67U/L,HAV、HCV抗体及乙肝五项均为阴性。肝脏B超可见弥漫性病变,提示脂肪肝。

临床诊断:妊娠期急性脂肪肝、产后大出血、失血性休克、DIC。

【治疗】

1. 原发病的治疗 及时有效的治疗原发病,如控制感染、治疗肿瘤、产科及外伤处理、纠正缺氧、缺血及酸中毒等,是治疗DIC的根本措施。

2. 抗凝治疗 抗凝治疗是终止DIC病理过程、减轻器官功能损伤、重建凝血-抗凝平衡的又一重要措施。一般认为,DIC的抗凝治疗应在处理基础疾病的前提下,与凝血因子的补充同步进行。

(1)肝素:肝素可抑制凝血活酶和凝血酶生

成,是强抗凝剂。主张早期使用肝素。使用的指征:①DIC 早期(高凝期);②血小板及凝血因子呈进行性下降、微血管栓塞表现(如器官功能衰竭)明显的患者;③消耗性低凝期但病因短期内不能去除者,在补充凝血因子情况下使用。使用的剂量主张个体化。

1) 肝素钠:急性 DIC 10 000~30 000U/d,一般 15 000U/d 左右,每 6 小时用量不超过5000U,静脉滴注,根据病情可连续使用 3~5 天。

2) 低分子肝素:与肝素钠相比,其抑制 FX a 的作用较强,较少依赖 AT,较少引起血小板减少,出血并发症较少,半衰期较长,近年来逐渐得到了广泛应用。常用剂量为 75~150UA Xa(抗活化因子 X 国际单位)/(kg·d),一次或分两次皮下注射。

肝素血液学监护如果凝血时间(CT)监测指标超过 30 分钟。提示肝素过量,可用鱼精蛋白中和,鱼精蛋白 1mg 可中和肝素 100U。下列情况下应慎用肝素:①手术后或损伤创面未经良好止血者;②近期有大咯血的结核病或有大量出血的活动性消化性溃疡;③蛇毒所致的 DIC;④DIC 晚期,患者有多种凝血因子缺乏及明显纤溶亢进。

(2) 其他抗凝及抗血小板药物

1) 复方丹参注射液:可单独应用或与肝素联合应用,具有扩张血管,抑制血小板聚集和抗凝作用。剂量为复方丹参 20~40ml,加入 100~200ml 葡萄糖溶液中静脉滴注,每日 2~3 次。

2) 水蛭素:有选择性抑制凝血酶作用。

3) AT-Ⅲ:与肝素合用,可减少肝素用量,增强疗效,降低肝素停用后的血栓发生率。用量为每次 1500~3000U,静脉滴注,每天 2~3 次,可连用 5~7 天。

4) 阿司匹林:为抗血小板药物,通过抑制前列腺素环氧化酶,抑制血小板聚集和释放。用于急性及慢性 DIC 的治疗。用法为 50~250mg,口服,每日 2 次。

5) 双嘧达莫:500mg/d,置入 200ml 液体,静脉滴注,每日 1 次。

3. 抗纤溶治疗 一般宜与抗凝药同时应用。适用于 DIC 的基础病因及诱发因素已经去除或控制,并有明显纤溶亢进的临床及实验室证据,或 DIC 晚期继发性纤溶亢进已成为迟发性出血的主要原因的患者。常用药物有 6-氨基乙酸,每日 4~10g,静脉滴注。氨甲苯酸,每日 600~800mg,静脉滴注。

4. 补充血小板及凝血因子 适用于有明显血小板或凝血因子减少证据和已进行病因及抗凝治疗,DIC 未能得到良好控制者。

(1) 新鲜全血:每次 800~1500ml(20~30ml/kg),每 1ml 加大 5~10U 肝素。全血输注近来已少用。

(2) 新鲜血浆:优于全血,凝血因子含量较全血增加一倍。每次 10~15ml/kg(需肝素化)。

(3) 血小板悬液:血小板计数低于 20×10^9/L,疑有颅内出血或其他危及生命的出血者,需输入血小板悬液,使血小板计数> 20×10^9/L;如有出血症状,应达 50×10^9/L 以上。

(4) 纤维蛋白原:首次剂量 2.0~4.0g,静脉滴注。24 小时内给予 8.0~12.0g,可使血浆纤维蛋白原升至 1.0g/L。由于纤维蛋白原的半衰期较长,一般每 3 天用药一次。

(5) FⅧ及凝血酶原复合物:偶在严重肝病合并 DIC 时考虑应用。

5. 溶栓疗法 主要用于 DIC 后期、脏器功能衰竭明显及经上述治疗无效者。可谨慎试用纤溶激活剂尿激酶或 t-PA。

6. 糖皮质激素治疗 有争议,在下列情况时可予以考虑:①基础疾病需糖皮质激素治疗者;②感染中毒性休克并 DIC 已经抗感染治疗有效者;③并发肾上腺皮质功能不全者。

【疗效标准】

1. 痊愈 ①基础疾病及诱因消除或控制;②DIC 的症状与体征消失;③实验室指标恢复正常。

2. 显效 上述三项指标中有两项达到标准者。

3. 无效 上述指标均未能达标或患者因 DIC 死亡。

【预后和预防】 近年由于治疗方面的不断进展,预后已大为改观,死亡率已显著下降。死因主要是出血性休克和多脏器衰竭。预防措施就是积极消除病因,治疗基础疾病。

处方及医师指导

1. 治疗基础疾病:子宫按压及宫缩药。气管插管正压给氧、纠正酸中毒纠正缺氧、酸中毒;立即予抗休克处理输入大量血浆和红细胞、升压药应用。

2. 抗凝治疗

(1) 低分子肝素:75~150UA Xa(抗活化因子 X 国际单位)/(kg·d),一次或分两次皮下注射,连用 3~5 天。

(2) 复方丹参注射液:20~40ml,加入 100~200ml 葡萄糖溶液中静脉滴注,每日 2~3 次,连用 3~5 日。

3. 及时进行相关项目凝血检测相。

笔记栏

第 9 章 造血干细胞移植

造血干细胞(hematopoietic stem cell,HSC)是造血及免疫系统的起始细胞,主要存在于骨髓、外周血、脐带血中。

造血干细胞移植(hematopotetic stem cell transplantation,HSCT)泛指将各种来源的正常造血干细胞在患者接受超剂量化(放)疗后,通过静脉输注移植入受体内,以替代原有的病理性造血干细胞,从而使患者正常的造血及免疫功能得以重建的治疗血液系统疾病、先天性遗传疾病以及多发性和转移性恶性肿瘤疾病的有效方法。

美国 E.D.Thomas 医生在 1972 年和 1977 年开始应用异基因骨髓移植治疗重型再生障碍性贫血与晚期白血病患者,均取得了一定疗效,阐明了异基因骨髓移植治疗重型再生障碍性贫血和白血病的基本机理及临床应用,并获得 1990 年度诺贝尔生理学/医学奖。经过 30 年的不断发展,HSCT 已成为临床重要的有效治疗方法,每年全世界移植病例数都在增加,移植患者无病生存最长的已超过 25 年。

【原理】 由于恶性肿瘤细胞对化(放)疗的反应与其剂量密切相关,通过给予患者超剂量化(放)疗,使其尽可能地杀灭肿瘤细胞,然后再输入异体或事前采集并在体外保存的自体骨髓,使患者正常造血系统重建。

【分类】

1. 根据造血干细胞来源 可分为:骨髓移植(bone marrow transplantation,BMT)、外周血造血干细胞移植(peripheral blood stem cell transplantation,PBSCT)和脐血移植(cord blood transplantation,CBT)。

2. 根据供者 分为自体骨髓移植(AUTO)、同基因骨髓移植(syn)和异基因骨髓移植(Allo)。Allo 又分为同胞供者移植(related transplantation)和非血缘供者移植(unrelated donor transplantation,UDT)。自体外周血干细胞移植、异基因外周干细胞移植。

3. 根据人类白细胞抗原(human leukocyte antigen,HLA)配型相合的程度 分为 HLA 相合、部分相合和半相合(haploidentical)移植。

【人类白细胞抗原配型与供体选择分类】 HLA 基因位于人 6 号染色体短臂(6p21)上,HLA-Ⅰ类和 HLA-Ⅱ类抗原与 BMT 密切相关。HLA-A、B 和 C 属Ⅰ类抗原,DR、DO、DQ、DN 和 DP 属 2 类抗原。临床上常指的三个抗原为 A、B 和 DR。目前采用 DNA 基因分型。无血缘关系间的配型,必须用高分辨分子生物学方法。HLA 相合的重要性已获公认。如 HLA 不合,GVHD 和宿主抗移植物反应(HVGR)均增加。同胞间 HLA 相合几率为 25%,供体首选 HLA 相合同胞,次选 HLA 相合无血缘供体(MUD)。若有多个 HLA 相合者,则选择年轻、男性、巨细胞病毒(CMV)阴性和红细胞血型相合者。

【造血细胞的来源】

1. 骨髓 按患者体重 $(2\sim4)\times10^8$/kg 有核细胞数为一般采集目标值。为维持供髓者血流动力学稳定、确保其安全,一般在抽髓日前 14 天预先保存供者自身血,在手术中回输。少数情况下供者需输异基因血液时,则需将血液照射 23～30Gy,灭活淋巴细胞后输注。供受者红细胞血型大不合(如 A→O)时,为防急性溶血反应,需先去除骨髓血红细胞。对自体 BMT,采集的骨髓血需加入冷冻保护剂,液氮保存或 -82℃ 深低温冰箱保存,移植时复温后迅速回输。

2. 外周血 通常情况下,外周血液中的 HC 很少。当使用造血生长因子 G-CSF 或 GM-CSF10～16μg/(kg·d)后或在化疗后恢复期,血中 $CD34^+$HC 显著升高,甚至可达 1000 倍,这一升高的过程称为动员(mobilization)。正常供体在应用造血因子的第 4～6 天,可通过血细胞分离机采集外周血单个核细胞,采集物中的 $CT34^+$ 细胞 $>2\times10^6$/kg,通常可保证快速而稳定的造血重建。

3. 脐带血 脐血中的 HSC 和免疫细胞均相对不成熟,CBT 后 GVHD 相对少。因细胞总数相对少,移植成活率较低,造血重建速度较慢,对大体重儿童和成人进行 CBT 尚有问题。

【适应证】 早期的 HSCT 的主要适应证是各种原因的造血系统疾病,目前已广泛应用于多种恶性疾病和非恶性疾病的治疗,同时在基因治疗中将发挥更大的作用(见表 5-9-1)。

笔记栏

表 5-9-1 HSCT 的主要适应证

恶性疾病	非恶性疾病
恶性血液病	**造血系统疾病**
急性非淋巴细胞白血病、急性淋巴细胞白血病、慢性粒细胞白血病、毛细胞白血病、少见类型白血病、MOS、多发骨髓病、霍奇金淋巴瘤等	重型再生障碍性贫血(SAA)、重型海洋性贫血、重型联合免疫缺陷病、PNH、骨髓纤维化
恶性非血液病	**遗传性疾病**
神经母细胞瘤、乳腺癌、睾丸癌、小细胞肺癌、卵巢癌等	先天性免疫缺陷病、先天性造血异常症、其他
	自身免疫性疾病
	SLE、多发性硬化、硬皮病等

【条件要求】

1. 预处理 是指在输注干细胞之前，患者接受一个疗程超剂量化疗和放疗。这是为了使受者能够接受外来的造血干细胞和减少本身肿瘤细胞的负荷采取的措施。预处理的目的：①为移植的造血干细胞准备"空间"；②尽可能彻底地清除残留在体内的恶性细胞；③抑制体内的免疫细胞，使造血干细胞容易植活。

根据预处理的强度，移植又分为传统的清髓性造血干细胞移植和非清髓性造血干细胞移植(non-myeloablative hematopoietic stem cell transplantation, NST)。后者又称为小移植(mini-transplantation)。在NST中，供体HC尤其是T细胞与受者细胞彼此免疫耐受，形成稳定嵌合体。虽然预处理未能清除骨髓中的白血病细胞，但移植物中输入的或由HSC增殖分化而来的免疫活性细胞，或以后供体淋巴细胞输注(donor lymphocytes infusion, DLI)输入的免疫细胞，将发挥移植物抗白血病(graft-versus-leukemia, GVL)作用，从而达到治愈白血病的目的。NST主要适用于疾病进展缓慢、肿瘤负荷相对小，且对GVL较敏感、不适合常规移植、年龄较大(大于50岁)的患者。NST预处理方案常含有氟达拉滨(fludarabine)。对大多数患者，尤其是年轻人的恶性病仍采用传统的清髓性预处理。

预处理主要采取全身照射(total-body irradiation, TBI)、细胞毒药物和免疫抑制剂。经典的预处理方案是：环磷酰胺60mg/kg体重服3日加上8~12Gy的一次或分次的全身照射。这种方案对患者损伤较大，多用于原来身体较好、年龄较轻、病程较短、主要脏器功能良好的患者。为了使儿童和年纪稍大、体质较弱的患者也可以接受造血干细胞移植，于是有了对上述经典方案的改良方案，称之为非清髓性骨髓移植预处理方法，通常是减少使用细胞毒药物的数量和剂量，不增加或减少全身照射剂量。这对于患者来说相对比较安全。

2. 受者和供者有相匹配的HLA HLA存在于人类第六对染色体上，医生称其为HLA-A、B、C和DR位点，在移植能否成功上，HLA-DR位点关系尤大，必须相合，这样成功机会大，风险比较小。

3. 有一定量的造血干细胞数 造血干细胞作为种子细胞，就要到适合于它的新的"土壤"环境中去生根、发芽、开花和结果，就不会是一帆风顺，其过程会有损失，没有一定数量是不行的。这些主要是对异基因造血干细胞移植而言。它带给移植患者以生存的机会，同时又受屏障和条件的限制而埋伏着风险，诸如出血、感染、排斥、抗宿主病和肝静脉栓塞等并发症。

【植活证据】 从BMT日起，中性粒细胞多在4周内回升至> 0.5×10^9/L，而血小板回升至$\geqslant50\times10^9$/L的时间多长于4周。应用G-CSF5μg/(kg·d)，可缩短中性粒细胞>0.5×10^9/L的时间5~8天。PBSCT造血重建快，中性粒细胞和血小板恢复的时间分别为移植后8~10和10~12天。CBT造血恢复慢，一项562例无血缘CBT的结果显示：81%的患者于移植后42天中性粒细胞恢复，而85%的患者血小板恢复延迟至180天，并有10%的CBT未能植活。HLA相合的BMT或PBSCT，植活率高达97%~99%。GVHD的出现也是临床植活证据；可根据供、受者间性别、红细胞血型和HLA的不同，分别通过细胞学和分子遗传学(FISH技术)方法、红细胞及白细胞抗原转化的实验方法取得植活的实验室证据，对于上述三者均相合者，则可采用短小重复序列(STR)、PCR技术分析取证。

【移植过程】 首先让骨髓中的造血干细胞大量释放到血液中去，这个过程称为"动员"。然后，通过血细胞分离机分离获得大量造血干细胞用于移植，这种方法称为"外周血造血干细胞移植"。现在捐赠骨髓已不再抽取骨髓，而只是"献血"了。而且，由于技术的进步，现在运用造血干细胞"动员"技术，只需采集分离约50~200ml外周血即可得到足够数量的造血干细胞。采集足够数量的造血干细胞后，血液可回输到捐献者体内。

笔记栏

【移植过程中的危险因素过程】

1. 感染、发热、出血 患者在接受超剂量放、化疗后两周内,外周血白细胞下降至最低线,容易出现感染和发热,血小板低下时,容易出现出血。

2. 移植相关合并症 间质性肺炎、出血性膀胱炎、肝静脉闭塞症等。

3. 移植物抗宿主病(GVHD) 是异基因移植主要并发症和死亡原因,发生与配型不合密切相关。

4. 对重要脏器如心、肺、肾等的损伤。

5. 移植物排斥 造血干细胞不能移植成功。

血液制品及抗生素支持治疗,造血生长因子应用、移植合并症的有效预防,使移植危险性降低,成功率增高。

【并发症及防治】

1. 化疗早期并发症 不同预处理方案产生不同的毒性。通常有恶心、呕吐、皮肤红斑、脱发。口腔黏膜炎常出现在移植后5~7天,多需阿片类药物镇痛;继发疱疹感染者应用阿昔洛韦和静脉营养支持。高剂量CTX可致出血性膀胱炎,需采用大量补液、碱化尿液、美司钠(mesna)和膀胱冲洗防治。

(1) 感染:因移植后全血细胞减少、粒细胞缺乏、留置导管、黏膜屏障受损、免疫功能低下,导致感染相当常见。常采取以下措施预防感染:保护性隔离;住层流净化室;无菌饮食;胃肠道除菌;免疫球蛋白定期输注;医护人员采取洗手,戴口罩、帽子、手套,穿隔离衣等无菌操作。

1) 细菌感染:早期发现并迅速联合使用足量广谱杀菌剂(所谓"下阶梯治疗"),使细菌感染致死者已罕见。但应警惕由温和链球菌引起的感染,其预后凶险。

2) 病毒感染:移植后单纯疱疹病毒Ⅰ型和Ⅱ型感染常见。阿昔洛韦5mg/kg,每8小时1次静脉滴注治疗有效。不少单位采取对单纯疱疹血清学阳性者预防性应用阿昔洛韦1600mg/d,分次口服至移植后30天也有效。为预防晚期带状疱疹病毒激活,应推荐延长使用阿昔洛韦至1年。

巨细胞病毒(CMV)感染是最严重的移植后病毒性感染并发症,多发生于移植后第35~100天。CMV感染的原因是患者体内病毒的激活或是输入了CMV阳性的血液。对供受体CMV均阴性的患者,必须只输CMV阴性的血液。CMV感染主要表现为间质性肺炎(IP),临床起病急、进展快,表现为呼吸困难、呼吸频率快、末梢发绀、低氧血症、发热和血流动力学改变,胸片呈弥漫性间质性改变,死亡率较高。必须迅速高流量面罩或正压给氧,静脉用更昔洛韦(GCV)和免疫球蛋白(IVIG)。CMV感染还可表现为CMV肠炎、CMV肝炎和CMV视网膜炎。在CMV病出现前后应对CMV阳性患者早期干预治疗,予GCV5mg/(kg·d)静滴,每12小时1次,连用7天后减量为GCV5mg/(kg·d),每周用5天至移植后100天。

3) 真菌感染:亦是严重的移植后感染并发症。氟康唑200~400mg/d口服预防用药,降低了念珠菌的感染。但致命性的曲霉菌感染和氟康唑耐药的其他真菌(如克柔念珠菌)感染仍具有挑战性,针对性有效药物还有两性霉素B、伊曲康唑、伏立康唑(voriconazole)、乙酸卡泊芬净(caspofungin acetate)等。

4) 卡氏肺囊虫肺炎:现在移植前一周起即预防性服用复方磺胺甲噁唑(SMZco),每天4片,每周用2天至免疫抑制剂停用,已显著有效。

(2) 肝静脉闭塞病(veno-occlusive disease of the liver,VOD):VOD临床特征为不明原因的体重增加、黄疸、右上腹痛、肝大、腹水。发病率约10%。主要因肝血管和窦状隙内皮的细胞毒损伤并在局部呈现高凝状态所致。高峰发病时间为移植后16天,一般都在1个月内发病。患者移植时肝功能异常,接受了HBV或HCV阳性供体的HC容易发生VOD。VOD的治疗以支持为主,轻、中型VOD可自行缓解且无后遗症。约25%~30%的VOD为重型,多因进行性急性肝功能衰竭、肝肾综合征和多器官衰竭而死亡。低剂量肝素100U/(kg·d)持续静滴连用30天和熊去氧胆酸预防VOD可能有效。

(3) 移植物抗宿主病(GVHD):异基因HSCT后最严重的并发症是GVHD,由供体T细胞攻击受者同种异型抗原所致。GVHD产生的三个要素:①移植物中含免疫活性细胞;②受体表达供体没有的组织抗原;③受体处于免疫抑制状态不能将移植物排斥掉。即使供受者间HLA完全相合,还存在次要组织相容性抗原不相合的情况,仍有30%的机会发生严重的GVHD。产生GVHD的风险因素包括:供受体间HLA相合程度、有无血缘关系、性别差异、年龄、基础疾病及其所处状态、GVHD预防方案、感染、组织损伤。

急性GVHD(aGVHD)发生于移植后100天内,100天后出现的则为慢性GVHD(cGVHD)。典型的aGVHD发生在移植后2~4周,表现为皮肤红斑和斑丘疹、持续性厌食和(或)腹泻、肝功能异常(胆红素、ALT、AST、ALP和GGT升高)。组织活检有助于确诊,但临床诊断尤为重要。aGVHD的临床受累程度分为Ⅰ~Ⅳ度(表5-9-2),临床分四级(表5-9-3)。

笔记栏

表 5-9-2 急性移植物抗宿主病组织器官的受累程度

受累程度	皮　肤 (体表面积计算按烧伤面积计算)	肝 血总胆红素 μmol(mg/dl)	消化道 (成人每天腹泻量 ml)
+	斑丘疹小于25%体表面积	34~51(2~3)	500~1000
++	斑丘疹占25%~50%体表面积	51~103(3~6)	1000~1500
+++	全身红皮病	103~257(6~15)	>1500
++++	水疱和皮肤剥脱	>257(>15)	腹痛和(或)肠梗阻

表 5-9-3 急性移植物抗宿主病的临床分级

临床分级	皮　肤	肝	消化道	功能损害
Ⅰ(轻)	+~++	0	0	0
Ⅱ(中)	+~+++	+	+	+
Ⅲ(重)	++~+++	++~+++	++~+++	++~+++
Ⅳ(极重)	++~++++	++~++++	++~++++	++~++++

GVHDⅠ度不需治疗,Ⅱ-Ⅳ度影响生存及预后,需迅速积极治疗。但治疗效果不理想,预防就更为重要,主要方法有两种:免疫抑制剂和T细胞去除。常用的药物预防方案为环孢素(CsA)联合甲氨蝶呤(MTX),CsA至少用6个月,MTX 10mg/m^2 于移植后1、3、6和11天共静注4次。CsA通过钙调磷酸酶的作用而阻断IL-2的转录,从而阻断IL-2依赖性的T细胞增殖和分化。CsA的不良反应有:肾功能损害、胆红素升高、高血压、高血糖、头痛、多毛、牙龈增生、脆甲、痤疮、恶心、呕吐、低镁血症、癫痫等。从移植物中去除T细胞也是有效预防GVHD的方法,如密度梯度离心、T细胞单抗、CD34$^+$细胞阳性选择等。

aGVHD治疗困难。首选药物为甲泼尼龙1~2mg/(kg·d)。其他常用药物有ATG、抗T细胞或IL-2受体的单克隆抗体、抗肿瘤坏死因子抗体、MMF、CsA、FK-506。

移植后生存期超过6个月的患者,约20%~50%合并cGVHD。cGVHD好发于年龄大、HLA不相合、无血缘移植、PBSCT和有aGVHD者。cGVHD的临床表现类似自身免疫病表现,如系统性硬化病、皮肌炎、面部皮疹、干燥综合征、关节炎、闭塞性细支气管炎、胆管变性和胆汁淤积。治疗常用的免疫抑制剂为泼尼松和CsA分别单用或联合应用。两者隔日交替治疗可减少不良反应。cGVHD者易合并感染,应同时注意预防感染。

2. 晚期并发症

(1) 白内障:主要与TBI有关,糖皮质激素和CsA还有促进其发生副作用。

(2) 白质脑病:主要见于合并CNSL而又接受反复鞘内化疗和全身大剂量放、化疗者。

(3) 内分泌紊乱:甲状腺和性腺功能降低、闭经、无精不育、儿童生长延迟。

(4) 继发肿瘤:少数患者几年后继发淋巴瘤白血病或MDS。

造血干细胞移植后的支持治疗是取得良好效果的保证,一般包括营养支持,中心静脉置管相关问题的处理,造血刺激因子的使用,黏膜损伤的治疗和成分输血。其中HSCT在造血重建前成分血输注支持尤为重要。血细胞比容≤0.30或Hb≤70g/L时需输红细胞;有出血且血小板低于正常或无出血但血小板≤20×10^9/L(也有相当多单位定为≤10×10^9/L)时需输血小板。为预防输血相关的GVHD,所有含细胞成分的血制品均须照射25~30Gy以灭活淋巴细胞。

【生存质量及展望】 HSCT的成功开展使许多患者长期存活。大多数存活者身体、心理状况良好,恢复了正常工作、学习和生活。但仍有约10%~15%的存活者存在社会心理问题,cGVHD是影响生存质量的主要因素。由于我国限制人口增长的基本国策,使进一步研究开展无血缘关系移植及有血缘的HLA不全相合移植(如单倍体移植)意义重大。随着移植技术的不断改进及相关学科的不断发展,HSCT必将能治愈更多的患者。

第六篇 传染病

第1章 总 论

凡由致病微生物(包括朊毒体、病毒、衣原体、支原体、立克次体、细菌、螺旋体、真菌、寄生虫)通过不同方式引起人体发生感染并出现临床症状者称之为感染性疾病(infectious diseases),感染性疾病(以下简称感染病)中具有传染性,并可导致不同程度流行者又称之传染病(communicable diseases or contagious diseases),因此,传染病具有特定的含义,是感染病的一部分。

在人类历史发展的长河中,传染病流行面积广、发病率高,曾经给人类带来了多次毁灭性打击,许多城市因为鼠疫的流行而造成荒芜;人们因患天花而留下累累疮疤;整体军队溃败于霍乱和螺旋体病等事件举不胜举。但随着人类社会的全面发展和进步,人类与传染病的斗争也取得了巨大的进步,全球于1979年消灭了天花,其他传染病的发病率与病死率也明显地下降,经典的传染病给人类带来的危害得到了有效控制与预防。但是,由于人类社会的不断发展,居住环境的改变与污染、人际间的交往频繁与加快、病原体的变异与耐药性的产生、某些不良生活嗜好的形成等等诸多因素的影响,一些已经被控制的传染病又卷土重来,重新流行,甚至超过原来的流行程度,被称之为“再出现的传染病(reemerging infectious diseases)”。同时从20世纪70年代至今,新发现并已证实其病原的新发传染病(emerging infectious diseases, EID)已近40种,例如艾滋病、SARS、禽流感、人类猪链球菌、埃博拉出血热等,正在给人类生活带来新的危险。可以坚信,随着科学技术的不断进步,特别是分子生物学的开展对新病原体的发现提供了可能,因此人类与传染病的斗争将会持续下去。

【传染过程】

1. 传染过程的表现 在人出生后的一生中所发生无数次感染,每一次病原体(pathogens)侵入机体,都会引起机体不同程度的反应,在机体与病原体相互作用中,可出现五种不同程度的表现。

(1) 隐性感染(covert infection):又称亚临床感染(subclincal infection),是指人体被病原体侵袭后组织损害较轻微,不出现或仅出现不明显的临床表现,通过免疫学检测,可发现对入侵病原体产生了特异性免疫。

(2) 显性感染(overt infection):又称临床感染(clinical infection),是指人体被病原体侵袭后,不但引起机体发生免疫应答,同时通过病原体本身的作用或机体的变态反应,导致组织损伤,引起病理改变和临床表现。

(3) 病原携带状态(carrier state):是指人体被病原体侵袭后,可以停留在入侵部位,或者侵入较远的脏器,继续生长、繁殖,人体不出现临床症状但病原体又不能被清除,从而成为重要的传染源。

(4) 潜伏性感染(latent infection):是指病原体侵入后,寄生在人体的某个部位,由于机体免疫功能足以将病原体局限化而不引起显性感染,但又不足以清除病原体,病原体可长期潜伏下来,成为携带者。当机体免疫功能下降时,才引起显性感染。

2. 传染过程中的病原体作用 病原体侵入人体后能否引起疾病,取决于病原体的致病能力和机体的防御能力这两个因素。致病能力(pathogenecity)包括以下几个方面:

(1) 侵袭力(invasiveness):是指病原体进入人体并在体内扩散的能力。

(2) 毒力(virulence):包括毒素(外毒素、内毒素)和其他毒力因子。

(3) 数量(amount):同一种传染病中,入侵病原体的数量一般与致病能力成正比。

笔记栏

(4) 变异性(variation):是指病原体可因环境或遗传因素而产生变异。一般来说,人工培养多次传代的病原体,其致病力减弱。

3. 传染病感染过程中免疫应答的作用

(1) 非特异性免疫(nonspecific immunity):是机体对进入人体的异物的一种清除机制。主要包括三个方面:天然屏障、吞噬作用、体液因子。

(2) 特异性免疫(specific immunity):是指由于对抗原特异性识别而产生的免疫。感染后的免疫都是特异性免疫,而且是主动的、通过细胞免疫和体液免疫的相互作用而产生免疫应答。①细胞免疫:致敏T细胞与相应抗原再次相遇时,通过细胞毒性和淋巴因子来杀伤病原体及其寄生的细胞。②体液免疫:致敏B细胞受抗原刺激后,即转化为浆细胞并产生能与相应抗原结合的抗体,即免疫球蛋白。

【传染病的流行过程】 是指传染病在人群中的发生,传播和终止的过程。

1. 流行过程的基本环节 传染病的流行必须具备三个基本环节,即传染源、传播途径和人群易感性。三个环节必须同时存在,方能构成传染病流行,缺少其中的任何一个环节,新的传染不会发生,不可能形成流行。

(1) 传染源(source of infection):是指病原体已在体内生长繁殖并能将其排出体外的人和动物。

1) 患者:在大多数传染病中,病人是重要传染源,然而在不同病期的病人,传染性的强弱有所不同,尤其在发病期其传染最强。

2) 病原携带者:可分为病后病原携带者和健康病原携带者,在后者中可能也夹杂一部分隐性感染病例。有些传染病的病原携带者是主要或重要传染源,如流脑、伤寒、细菌性痢疾等。隐性感染者虽无临床症状,但体内有病原微生物滋生繁殖,并通过一定途径将病原体排出体外。如何发现和处理病原携带者和隐性感染病例,是应当重视和亟待解决的问题。

3) 动物性传染:以动物为重要传染源的传染病,主要见于狂犬病、布鲁菌病、鼠疫、钩端螺旋体病、流行性出血热、血吸虫病、地方性斑疹伤寒等病,动物中以啮齿类最为重要,其次为家畜和家禽。在上述中,有些是人、动物共有的疾病,有些动物不发病而是病原携带者,有些则本是动物病。

(2) 传播途径(route of transmission):是指病原体从传染源排出体外,经过一定的传播方式,到达与侵入新的易感者的过程。传播方式常见的有四种。

1) 水、食物、苍蝇传播:病原体借粪便排出体外,污染水和食物,易感者通过污染的水和食物受染。主要见于以消化道为进入门户的传染病,例如菌痢、伤寒、甲型病毒性肝炎麻疹等病通过此方式传播。

2) 空气、飞沫、尘埃传播:病原体由传染源通过咳嗽、喷嚏、谈话排出的分泌物和飞沫,使易感者吸入受染。主要见于以呼吸道为进入门户的传染病,例如流脑、猩红热、百日咳、流感、麻疹等病通过此方式传播。

3) 虫媒传播:病原体在昆虫体内繁殖,完成其生活周期,通过不同的侵入方式使病原体进入易感者体内。见于以吸血节肢动物为中间宿主的传染病,例如蚊、蚤、蜱、恙虫、蝇等昆虫为重要传播媒介。如蚊传疟疾、丝虫病、乙型脑炎,蜱传回归热,虱传斑疹伤寒,蚤传鼠疫,恙虫传恙虫病。由于病原体在昆虫体内的繁殖周期中的某一阶段才能造成传播,故称生物传播。病原体通过蝇机械携带传播于易感者称机械传播。如菌痢、伤寒等。

4) 手、用具、玩具传播:又称日常生活接触传播,既可传播消化道疾病,也可传播呼吸道疾病。

5) 血液、体液、血制品传播:病原体通过血液途径传播的疾病,一般多见于乙型肝炎、丙型肝炎、艾滋病等。

6) 土壤传播:病原体的芽孢、虫卵污染土壤时,则土壤成为这些疾病的传播途径。

(3) 人群易感性:对某一种传染病缺乏特异性免疫力的人称为易感者(susceptible person),易感者在某一特定人群中的比例决定了该人群的易感性。易感者的比例在人群中达到一定水平时,如果又有传染源和合适的传播途径,传染病的流行很容易发生。人群的易感性,取决于该人群中每一个体的免疫水平,"周期性流行"与人群免疫力自然消长等因素有关。

2. 影响流行过程的因素

(1) 自然因素:包括地理因素与气候因素。大部分虫媒传染病和某些自然疫源性传染病,有较严格的地区和季节性。与水域地区的气候温和、雨量充沛、草木丛生,适宜于储存宿主如啮齿动物、节肢动物的生存繁衍活动有关。寒冷季节易发生呼吸道传染病,夏秋季节易发生消化道传染病。

(2) 社会因素:主要与人民的生活水平、社会卫生保健事业的发展、预防普及密切相关。生活水平低、工作与卫生条件差,可致机体抗病能力低下,无疑增加感染的机会,亦是构成传染病流行的条件之一。

笔记栏

【传染病的特征】

1. 基本特征

（1）有病原体（pathogen）：每一种传染病都有其特异的病原体所引起的，包括微生物与寄生虫。

（2）有传染性（infectivity）：病原体从宿主排出体外，通过一定方式，到达新的易感染者体内，呈现出一定传染性，其传染强度与病原体种类、数量、毒力、易感者的免疫状态等有关。这是传染病与其他感染性疾病的主要区别。

（3）有流行病学特征（epidemiologic feature）

1）流行性：按传染病流行过程的强度和广度分为：散发是指传染病在人群中散在发生；流行是指某一地区或某一单位，在某一时期内，某种传染病的发病率超过了历年同期的发病水平；大流行指某种传染病在一个短时期内迅速传播、蔓延，超过了一般的流行强度；暴发指某一局部地区或单位，在短期内突然出现众多的同一种疾病的病人。

2）地方性：是指某些传染病或寄生虫病，其中间宿主，受地理条件、气温条件变化的影响，常局限于一定的地理范围内发生。如虫媒传染病、自然疫源性疾病。

3）季节性：指传染病的发病率，在年度内有季节性升高。此与温度、湿度的改变有关。

（4）有感染后免疫（postinfection immunity）：人体感染病原体后，主动积极地发挥各种对抗性防御反应，消灭病原体，破坏和排泄其毒性产物，这种抵抗力称之为抗感染免疫，或称免疫性。感染后免疫属于自动免疫，通过抗体转移而获得的免疫属于被动免疫。人体的免疫状态在不同感染病中常有不同，一次得病后几乎不再感染，往往被称之为"持久免疫"，有的还可感染。临床上可分为下列几种感染现象。

1）再感染：同一传染病在痊愈后，经过一定时间间歇，被同一种病原体再度感染，如感冒、细菌性痢疾、肺炎等。

2）重复感染：某种疾病的病程尚在进行中，被同一种病原体再度侵袭而受染。如血吸病、丝虫病、疟疾最为常见。

3）复发：发病过程已转入恢复期或接近痊愈，而该病原体再度出现并繁殖，原症状再度出现。如伤寒、疟疾。

4）再燃：初发病已进入临床缓解后期，但体温尚未降至正常而又上升，再度发病，但一般为期较短，如伤寒。

2. 临床特征

（1）临床分期：按传染病的发生、发展及转归可分为四期。

1）潜伏期（incubation period）：从病原体侵入人体到最初出现症状的一段时间。不同传染病其潜伏期长短各异，短至数小时，长至数月乃至数年；同一种传染病，各病人之潜伏期长短也不尽相同。通常细菌潜伏期短于蠕虫病；细菌性食物中毒潜伏期短，短至数小时；狂犬病、获得性免疫缺陷综合征其潜伏期可达数年。推算潜伏期对传染病的诊断与检疫有重要意义。

2）前驱期（prodromal period）：从起病至症状明显开始为止的时期。一般持续1～3日，呈现乏力、头痛、微热、皮疹、食欲不振、肌肉酸痛等非特异性症状。起病急骤者，往往无前驱期。

3）症状明显期（period of apparent manifestation）：是各传染病之特有症状和体征，随病程的发展陆续出现的时期。病情由轻而重，由少而多，逐渐或迅速达高峰。继而随人体免疫力的产生，症状迅速或逐渐消退。死亡也多发生在本期。

4）恢复期（convalescent period）：机体免疫力增长至一定程度，体内病理生理过程基本终止，患者症状及体征基本消失的时间。多为痊愈而终局，少数疾病可留有后遗症。

（2）临床常见症状与体征的表现

1）发热及热型：发热为传染病之共同表现，然而，不同传染病其热度与热型又不尽相同。

A. 传染病的发热过程：可分为三个阶段：①体温上升期：体温骤升，或呈梯形缓慢上升。②极期：体温上升至一定高度后持续数天至数周。③体温下降期：体温一天之内或数天内降至正常。

B. 热型的鉴别诊断：①稽留热：24小时体温相差不超过1℃，见于伤寒、斑疹伤寒等。②弛张热：24小时体温相差超过1℃，但最低点未达正常，见于伤寒缓解期、流行性出血热等。③间歇热：24小时内体温波动于高热与常温之下，见于疟疾、败血症等，又称为败血症型热。④回归热：骤起高热，持续数日，高热重复出现，见于回归热、布氏菌病等。多次重复出现，并持续数月之久时，称为波状热。⑤马鞍热：发热数日，退热一日，又再发热数日，见于登革热。

2）发疹：许多传染病在发热的同时伴有发疹，称为发疹性感染。发疹包括皮疹（外疹）和黏膜疹（内疹）两大类。疹子的鉴别诊断：

A. 出现时间和先后顺序：水痘、风疹多发生于病程第一日，猩红热于第二日，天花于第三日，斑疹伤寒于第五日，伤寒于第六日等。

B. 部位：水痘的疹子主要分布于躯干，天花的疹子多分布于面部及四肢，麻疹有黏膜疹（Koplik's spot），出疹顺序：耳后—面部—躯

笔记栏

干—四肢等。

C. 形态:①斑丘疹:多见于麻疹、风疹、科萨奇及埃可病毒感染、EB 病毒感染等病毒性传染病和伤寒、猩红热等。②出血疹:多见于流行性出血热、登革出血热等病毒性传染病,斑疹伤寒、恙虫病等立克次体病和流行性脑脊髓膜炎、败血症等细菌病。③疱疹或脓疱疹:多见于水痘、天花、单纯疱疹、带状疱疹等病毒性传染病,立克次体病及金黄色葡萄球菌败血症等。④荨麻疹:多见于血清病、病毒性肝炎等。

3) 毒血症状:系病原体的代谢产物及其毒素(特别是内毒素)不断进入血液循环乃至扩散全身,导致多脏器功能的紊乱及中毒性病理变化所致,临床中病原体的各种代谢产物可引起除发热以外的各种症状,如疲乏,全身不适,厌食,头痛,肌肉、关节、骨骼疼痛等。严重者可有意识障碍、谵妄、脑膜刺激征、中毒性脑病、呼吸及外周循环衰竭(感染性休克)等表现,也可引起肝、肾损害。临床上一般分为四种类型:①毒血症(toxemia):是指病原体在局部繁殖,所产生的内毒素与外毒素进入血液循环,使全身出现中毒症状者。②菌血症(bacteremia):是指病原菌在感染部位生长繁殖,不断入血只作短暂停留,并不出现明显临床症状者。病毒侵入血循环者称病毒血症(Viremia),其他病原体亦然,如立克次体血症(rickettsemia),螺旋体血症(spirochetemia)等。③败血症(sopticemia):病原菌在局部生长繁殖,不断侵入血循环并继续繁殖,产生毒素,引起全身出现明显中毒症状及其他组织器官明显损伤的临床症状等。④脓毒血症(pyemia):病原体由血流扩散,到达某一或几个组织器官内繁殖,使之损害,形成迁徙性化脓性病灶者。

4) 单核-吞噬细胞系统反应:病原体及其代谢产物刺激单核-吞噬细胞系统,可出现充血、增生等反应,出现肝、脾和淋巴结肿大。

(3) 临床类型:根据起病缓急及病程长短,分为急性、亚急性和慢性(包括迁延型);按病情轻重分为:轻型、普通型、重型及暴发型;按病情特点分为典型与非典型;非典型包括顿挫型及逍遥型。顿挫型的特征是指症状出现后,短时间内得到缓解或即行消失,如伤寒和脊髓灰质炎病人中的少数病例;逍遥型的特征是症状不明显,但病变仍在进行,突然出现并发症而加重病情,如此型的伤寒病人。

【传染病的诊断】 对传染病的诊断和其他疾病一样必须是综合性的,包括流行病学资料、临床病史的采集、体格检查的发现以及实验室检查的结果等具有重要的参考价值。由于每一感染性疾病都有其特异性病原体,因此,病原体的检出是确诊的主要依据,这对传染性疾病显得更为重要。一般而言传染病的诊断方法与步骤是:

1. 临床特点 详询病史及体格检查的发现加以综合分析。依其潜伏期长短,起病的缓急,发热特点、皮疹特点、中毒症状、特殊症状及体征可做出初步诊断。如猩红热的红斑疹,麻疹的口腔黏膜斑,百日咳的痉挛性咳嗽,白喉的假膜,流行性脑脊髓膜炎的皮肤淤斑,伤寒的玫瑰疹,脊髓灰质炎的肢体弛缓性瘫痪,流行性出血热的三红及球结膜渗出等。

2. 流行病学资料 包括发病地区、发病季节、既往传染病情况、接触史、预防接种史;还包括年龄、籍贯、职业、流行地区旅居史等,结合临床资料的归纳分析,有助于临床诊断。

3. 实验室检查

(1) 三大常规检查

1) 血液常规:大部分细菌性传染病白细胞总数及中性粒细胞增多,惟伤寒减少,布鲁菌病减少或正常。绝大多数病毒性传染病白细胞总数减少且淋巴细胞比例增高,但流行性出血热、流行性乙型脑炎总数增高。血中出现异型淋巴细胞,见于流行性出血热、传染性单核细胞增多症。原虫病白细胞总数偏低或正常。

2) 尿常规:流行性出血热、钩端螺旋体病患者尿内有蛋白、白细胞、红细胞,且前者尿内有膜状物。黄疸型肝炎尿胆红素阳性。

3) 粪常规:菌痢、肠阿米巴病,呈黏液脓血便和果浆样便;细菌性肠道感染多呈水样便或血水样便或混有脓及黏液。病毒性肠道感染多为水样便或混有黏液。

(2) 病原体检查

1) 病原体的直接检查:脑膜炎双球菌、疟原虫、微丝蚴、溶组织阿米巴原虫及包囊,血吸虫卵,螺旋体等病原体可在镜下查到及时确定诊断。

2) 病原体分离与培养:依不同疾病取血液、尿、粪、脑脊液、骨髓、鼻咽分泌物、渗出液、活检组织等进行培养与分离鉴定。细菌能在普通培养基或特殊培养基内生长,病毒及立克次体必须在活组织细胞内增殖,培养时根据不同的病原体,选择不同的组织与培养基或动物接种。

(3) 分子生物学检测

1) 分子杂交技术:利用放射性核素^{32}P或生物素标记的分子探针可以检出特异性的病毒核酸。

2) 多聚酶链反应(polymerase chain reaction,PCR):用病原体核酸检查,能把标本中的 DNA 分子扩增 100 万倍以上。主要用于病毒核酸的检测。

笔 记 栏

(4) 免疫学检查:应用已知抗原或抗体检测血清或体液中相应抗体或抗原,是最常用的免疫学检查方法,若能进一步鉴定其抗体是属于 IgG 或 IgM 型,对近期感染或过去发生过的感染有鉴别诊断意义。免疫学检查包括:

1) 特异抗体检测:在传染病早期,特异性抗体在血清中往往尚未出现或滴度很低,而在恢复期或后期则抗体滴度显著升高,故在急性期及恢复期双份血清检测其抗体由阴性转为阳性或滴度升高 4 倍以上往往有重要意义。主要方法有:①直接凝集试验;②间接凝集试验;③沉淀试验;④补体结合试验;⑤中和试验;⑥免疫荧光检查;⑦放射免疫测定;⑧酶联免疫吸附试验。

2) 特异性抗原检测:此方法有助于病原体直接分离培养不成功的情况下提供病原体存在的直接证据,往往较抗体检测更为可靠。

3) 皮肤试验:用特异性抗原作皮内注射,通过皮肤反应了解受试者对该抗原的变态反应。

4) 免疫球蛋白检测:有助于判定体液免疫功能的情况。

5) T 淋巴细胞计数及用单克隆抗体检测:了解各亚群 T 细胞数和比例。

(5) 其他检查:其他有气相色谱、鲎试验、诊断性穿刺、乙状结肠镜检查、活体组织检查、生物化学检查、X 线检查、超声波检查、放射性核素扫描检查、电子计算机体层扫描(CT)等检查,有助于进一步明确疾病的病变部位和(或)病原体。

【传染病的治疗】

1. 一般及对症治疗 主要注意护理、饮食,对于可传染他人的感染病,则需予以隔离。如伤寒则进行胃肠道隔离,流行性感冒进行呼吸道隔离,艾滋病及乙型病毒性肝炎进行血液传播途径的隔离。而其他一般细菌感染如条件致病菌感染,不需隔离。对于患者所见症状应给予对症治疗。如降温、镇静止痉、补充液体、纠正水与电解质紊乱和酸碱平衡、抗休克、纠正呼吸衰竭和心功能不全等。

2. 病因治疗 应用有效抗菌药物或免疫制剂,迅速消灭病原体以控制病情。有时因病情紧急可先缓解病情后加用抗菌药物,如对白喉的治疗时,先以抗毒素中和白喉杆菌的毒素,然后再加用青霉素等抗生素杀灭细菌。对于病毒性肝炎等病毒性疾患,则以干扰素或其他免疫制品以达抗病毒效果。也可用中医中药进行治疗。

【预防】 预防传染病的目的是为了控制和消灭传染病,对于传染性疾病而言显得尤为重要。预防的所有措施都是针对构成传染病流行过程的三个基本环节,在三者中应抓住其主要或薄弱环节重点突破,制定积极有效的方法,以综合性防疫措施为基础,贯彻预防的方针。其主要预防措施如下:

1. 管理传染源

(1) 对传染病患者的管理:对传染病患者必须实施早发现、早诊断、早隔离、早治疗。对法定传染病应立即及时向当地的卫生防疫部门或医疗机构报告。

法定传染病包括:①甲类:鼠疫和霍乱;②乙类:传染性非典型肺炎、艾滋病、病毒性肝炎、脊髓灰质炎、人感染高致病性禽流感、麻疹、流行性出血热、狂犬病、流行性乙型脑炎、登革热、炭疽、细菌性和阿米巴性痢疾、肺结核、伤寒和副伤寒、流行性脑脊髓膜炎、百日咳、白喉、新生儿破伤风、猩红热、布鲁菌病、淋病、梅毒、钩端螺旋体病、血吸虫病、疟疾;③丙类:流行性感冒、流行性腮腺炎、风疹病、流行性和地方性斑疹伤寒、黑热病、包虫病、丝虫病、除霍乱、细菌性和阿米巴痢疾、伤寒和副伤寒以外的感染性腹泻。

《中华人民共和国传染病防治法》自 1989 年 9 月 1 日起施行,2004 年 8 月 28 日修订后的《中华人民共和国传染病防治法》自 2004 年 12 月 1 日起施行,本法中规定医疗机构,发现甲类传染病时,应当及时采取下列措施:①对病人、病原携带者予以隔离治疗、隔离期限根据医学检查结果确定;②对疑似病人在确诊前,在指定场所单独隔离治疗;③对医方机构内的病人、病原携带者、疑似病人的密切接触者,在指定场所进行医学观察和采取其他必要的预防措施。拒绝隔离治疗或者隔离期未满擅自脱离隔离治疗的,可以由公安机关协助医疗机构采取强制隔离治疗措施,医方机构发现乙类或丙类传染病病人,应当根据病情采取必要的治疗和控制措施,医疗机构对本单位内被传染病病原体污染的场所,物品以及医疗废物,必须依照法律的规定实施消毒和无害化处理。

我国对法定的 3 类传染病要求做到:甲类,要求城市须在 6 小时之内上报卫生防疫机构,农村不得超过 12 小时;乙类,要求城市须在 12 小时内;农村不得超过 24 小时;丙类,为监测管理,其中血吸虫病、丝虫病、包虫病应向有关疾病控制中心报告疫情,其余为仅监测点上进行检测,在监测点内按乙类传染病方法报告。

(2) 对感染动物的管理与处理:对动物传染源,有经济价值的野生动物及家畜,应隔离治疗,必要时宰杀,并加以消毒,无经济价值的野生动物发动群众予以捕杀。

2. 切断传播途径 根据传染病的不同传播途径,采取不同防疫措施。对肠道传染病宜加强饮食卫生、个人卫生、粪管、水管、用具消毒、吐泻

笔 记 栏

物消毒等；对呼吸道传染病应开窗通风、保持空气流通，提倡戴口罩等；对虫媒传染病主要有防蚊设备，并采用药物驱虫、杀虫；血吸虫病的传播途径较为复杂，需同时进行灭螺、治场、粪管、水管、个人防护等。组织力量杀灭啮齿类和蚊蝇等病媒昆虫，消除其他传播传染病的动物危害。

3. 保护易感人群 改善营养、锻炼身体等措施可以提高机体非特异性免疫力；通过接种疫苗、菌苗、类毒素、抗毒素、丙种球蛋白、高滴度免疫球蛋白等，使人们可以获得特异性主动或被动免疫。

笔记栏

第2章 病毒性肝炎

案例

患者，男性，27岁。反复肝区隐痛、乏力3个月。

患者近3个月来反复出现右上腹隐痛，纳差、乏力，查肝功能示ALT升高，遂入院。入院时患者疲倦，烦躁，腹胀等。否认"黄疸性肝炎"病史。

体格检查：T 36.3℃，P 82次/min，R 18次/min，BP 116/70mmHg。全身皮肤黏膜、巩膜无黄染，腹平软，肝肋下1cm可触及，质中，稍压痛，墨菲征(-)，脾肋下未及，肝掌(-)，胸前无蜘蛛痣，双下肢无浮肿。

实验室及其他检查：肝功能：ALT 120U/L，AST 8U/L，A 2g/L，G 4g/L，TBil 12.6μmol/L，DBiL 3.46μmol/L；乙肝标志物：HBsAg(+)、HBsAb(-)、HBeAg(+)、HbeAb(-)、HBcAb(+)。B超：肝稍大，肝内光点较密集，未见占位病变，脾脏大小正常。

思考题

1. 本例患者诊断考虑什么？
2. 诊治方案如何？

病毒性肝炎(viral hepatitis)是由于多种肝炎病毒引起的一类以肝脏炎症和坏死病变为主的常见传染病。具有传染性强、传播途径复杂、流行面广泛、发病率高等特点。临床上以乏力、食欲减退、恶心、呕吐、肝区疼痛、腹胀、肝肿大、肝功能异常为主要表现，部分患者可出现黄疸、发热，无症状感染常见。按病原学分类，目前已发现肝炎病毒至少有7型，本章主要讨论乙型病毒型肝炎。

在我国约有1.3亿人为乙型肝炎病毒携带者。其中约10%发展为慢性肝炎，如重叠感染丁型肝炎病毒则病情往往严重。

【病因和流行病学】 本病是由于各种肝炎病毒感染所引起的。

1. 病原学 现发现有7种肝炎病毒可导致病毒性肝炎。研究最多的是乙型肝炎病毒。

(1) 甲型肝炎病毒(hepatitis A viris，HAV)：HAV为RNA病毒，能耐受56℃ 30分钟，室温1周，在干粪中25℃可存活30天，在贝壳类、污水、海水等自然环境下存活数月；60℃ 12小时、70%乙醛25℃ 3分钟部分灭活，煮沸5分钟全部灭活，紫外线、余氯、3%甲醛均可迅速灭活；HAV的耐受力较强。HAV只有1个血清型和抗原抗体系统。起病后6个月内可发现IgM型抗体，IgG型抗体在体内可保存多年；前者是近期感染的标志，后者是过去感染的证据。

(2) 乙型肝炎病毒(hepatitis B viris，HBV)：HBV属嗜肝DNA病毒，有包膜，HBV颗粒又称Dane颗粒，直径42nm，分为包膜和核心两部分。包膜含乙型肝炎表面抗原(HBsAg)、糖蛋白与细胞脂肪。包膜内为28nm直径的核心。核心部分含有环状双股DNA、DNA聚合酶(DNAP)和核心抗原(HBcAg)，是病毒复制的主体。HBV基因组(HBVDNA)由3200碱基对组成，有四个基因翻译产物，分别为乙型肝炎表面抗原(HBsAg)，核心抗原(HBcAg)，X抗原(HBxAg)和DNA多聚酶。HBsAg为病毒的外膜蛋白，HBcAg为病毒的核心蛋白，X蛋白为基因调节蛋白，具有增强基因表达的功能，是乙肝病毒导致肝癌的主要原因。P蛋白是病毒复制酶，该酶具有反转录酶活性，有基因整合活性，通过与人肝细胞染色体相互作用，灭活抑癌基因，并将乙肝基因整合于人染色体等一系列复杂作用机制而导致肝癌。

乙型肝炎病毒通过肠道外途径传播，其中包括母婴传播，输血、注射等医源性传播，性传播，通过破损的皮肤黏膜等方式传播。乙型肝炎病毒对外界环境抵抗力较强。高压灭菌法或100℃加热10min可使HBV灭活失去感染性，乙型肝炎病毒对过氧乙酸、漂白粉溶液、次氯酸钠、环氧乙烷等化学试剂较敏感。

(3) 丙型肝炎病毒(hepatitis C viris，HCV)：HCV为有包膜的单链RNA病毒，病毒存在于感染者肝细胞、血清中白细胞和血浆内，污染丙型肝炎病毒的血液及血液制品极易造成病毒扩散传播。HCV感染细胞后，除免疫杀伤作用引起肝脏炎症外，病毒本身的基因产物对肝细胞也有直接致病变作用，丙型肝炎感染后易造成慢性感染，病毒的核心蛋白与肝细胞染色体DNA相互作用，有致癌性。丙型肝炎病毒外膜蛋白能诱导机体产生中和抗体，但外膜蛋白突变发生较快，极易产

笔记栏

生免疫逃避，同一例病人血清中丙型肝炎病毒存在着基因的多态性，病毒基因变异复杂。

(4) 丁型肝炎病毒(hepatitis D viris，HDV)：HDV为单股环状负链RNA病毒，直径35~37nm的圆球形颗粒，外膜为乙型肝炎表面抗原，内含丁型肝炎病毒抗原和病毒基因组。HDV基因组全长1.7Kb，在实验感染的动物体内发现有双股RNA，即存在抗基因链，基因组内部70%的碱基互补从而形成稳定的不分枝的杆状结构。HDV分为三个基因型(Ⅰ、Ⅱ、Ⅲ)，Ⅰ型中又分为$Ⅰ_A$和$Ⅰ_B$两个亚型。我国HDV属基因Ⅰ型，以河南株为代表的为$Ⅰ_A$亚型，以四川株为代表的为$Ⅰ_B$亚型。HDV的传播途径与HBV相似主要通过血液血制品，针刺、破损的皮肤黏膜，也可通过性传播和母婴垂直传播，并有家庭聚集现象。

(5) 戊型肝炎病毒(hepatitis E viris，HEV)：HEV为无包膜球形颗粒，是一种正链RNA病毒，病毒的基因有3个读码框架，翻译3个基因产物，其中第二读码框架(ORF2)和第三读码框架(ORF3)为病毒结构蛋白，戊型肝炎病毒从毒粒的表面结构来看，与杯状病毒相似，戊型肝炎病毒对外界抵抗力不强，加热灭活病毒比较容易，急性戊型肝炎患者自消化道大量排出病毒，病毒在肠道碱性环境中稳定，污染水源、食物后造成大面积暴发流行。

庚型肝炎病毒和输血传播病毒知之较少。

2. 流行病学 各型肝炎病毒在全世界都有流行，特别是乙型病毒性肝炎，是世界范围内的一个严重的公众健康问题。根据世界卫生组织统计，全世界乙肝病毒携带者有3亿，75%分布在远东，约1/3出现肝损害的临床表现。我国是个肝炎大国，病毒性肝炎发病数位居法定管理传染病的第一位，仅慢性乙型肝炎病毒感染者超过1.2亿。

1992~1996年我国进行了第二次病毒性肝炎流行病学调查，共在全国30个省、市、自治区435个村庄和城市街道调查了229611个家庭共67124人，运用当时世界上先进的检测试剂，进行了病毒性肝炎甲、乙、丙、丁、戊5个型别的调查。

我国是甲型病毒性肝炎高发流行区，甲型肝炎人群总感染率为80.9%，农村高于城市，流行率北高南低，西高东低，总体情况感染率随年龄的增长而升高，9~10岁已接近人群年龄段感染的高峰。全国人群HBsAg阳性平均携带率为9.75%，男性为11%，明显高于女性的8%；乡村10%，明显高于城市的8%，东部沿海地区平均为10.8%，高于西北边疆地区的8.5%，华北地区为5.5%。全国乙肝表面抗体(抗-HBs)阳性率为27.4%，乙肝核心抗体(抗-HBc)阳性率为49.8%；感染过乙型肝炎病毒的总流行率为57.63%。我国丙型肝炎病毒感染率为3.2%，与输血有明显关系。我国是世界上丁型肝炎病毒感染的极低区，在HBsAg携带者中丁型肝炎病毒抗体(抗-HDV，简称丁肝抗体)检出率平均1.15%，最高的为5%(安徽省、西藏自治区)，沿海地区没有检出抗-HDV。戊型肝炎在我国呈散发流行状态，华北、东北地区是高发区，在新疆、吉林、辽宁、内蒙古、河北及山东等地已多次流行。本次调查戊型肝炎病毒抗体阳性率为18%。

(1) 传染源：甲型肝炎的主要传染源是急性感染者和隐性感染者。乙型肝炎的主要传染源是患者和病毒携带者，以慢性患者及病毒携带者最为重要。HBsAg阳性的慢性患者和无症状的携带者的传染程度与HBeAg、HBV-DNA是否阳性有关。急、慢性丙型肝炎患者是丙型肝炎的传染源，以慢性患者较为重要。急、慢性丁型肝炎患者是丁型肝炎的传染源。戊型肝炎的传染源是急性感染者。

(2) 传播途径

1) 粪-口传播：甲型和戊型肝炎病毒主要通过粪-口途径感染。日常生活接触传播是散发性发病的主要传播方式；水和食物的传播，特别是含有肝炎病毒的大便污染水源，水生贝类如毛蚶是甲型肝炎暴发流行的主要传播方式。

2) 体液传播：体液传播是乙型、丙型肝炎病毒和输血传播病毒感染的主要途径。体液包括使用含肝炎病毒的血液、血制品，注射器针污染、针刺等媒介传染。性接触传播是体液的一种特殊方式，通过唾液、精液和阴道分泌物等性接触而传播，是HBV和HCV的重要传播途径。

3) 母婴传播：包括经胎盘、分娩、哺乳、喂养等方式引起母婴垂直传播。

4) 院内传播：甲型至戊型的5型肝炎均可在患者之间及医患之间传播，是院内感染的一部分。

(3) 易感人群与免疫力

1) 甲型肝炎：因超过80%以上的成年人血清中含有抗-HAVIgG抗体，6个月以内的婴儿可获得先天性被动免疫。6个月后的婴儿是易感者，在甲型肝炎流行区，发病以儿童及青少年为多，随年龄增长而递减。甲型肝炎患病后免疫一般可维持终生。

2) 乙型肝炎：新生儿不具有来自母体的被动免疫，普遍易感。随着年龄增长，通过隐性感染获得免疫的比例亦随之增加，到成年以后，少

笔记栏

数易感者以外,已感染者已成为慢性或潜伏性感染者。HBsAg 阳性的高峰年龄为 20~40 岁,高发区的高峰年龄为 4~8 岁,抗-HBs 则随年龄稳步上升,30 岁以后,我国近半数的人可检出抗 HBs。

3)丙型肝炎:抗-HCV 抗体为非保护性抗体,故不分年龄、性别均对 HCV 易感。

4)丁型肝炎:抗 HDVIgG 为非保护性抗体。

5)戊型肝炎:凡未感染过 HEV 的者均对 HEV 易感,各年龄组均可发病。

【发病机制和病理】 肝炎病毒随血流进入肝脏,在肝细胞内大量复制。造成肝细胞损伤的原因,既有病毒复制及其所产生的病毒蛋白(抗原)对肝细胞结构及代谢的直接损伤,又有病毒抗原分泌到肝细胞膜表面诱导机体的细胞免疫及体液免疫介导的肝细胞损伤。虽然肝炎病毒诱导肝细胞损伤究竟是病毒直接损伤为主,还是免疫介导为主还不清楚,但一般认为,HAV 及 HGV 以病毒直接致肝细胞损伤为主,但 HAV 也可能通过免疫介导引起肝细胞损害,免疫复合可能参与发病机制。HBV、HCV、HDV 则以病毒诱导机体的细胞免疫及体液免疫导致的肝细胞损伤为主。

HAV 和 HGV 抗原稳定,变异极少,一般只引起急性肝炎,不引起慢性肝炎或慢性病毒携带状态。

HBV 的感染早期,病毒不产生明显的肝细胞损伤,呈现病毒携带状态。当劳累、饮酒,病毒变异所表达的病毒蛋白毒力增强或病毒数量太多或机体对病毒的免疫耐受发生变化等诱导机体免疫系统攻击有病毒的肝细胞,使之受损。肝脏病理类型过渡为慢性迁延性肝炎。如果肝细胞损伤程度加重,范围扩大,可致病理上的慢性活动性肝炎甚至重症肝炎。经休息、治疗、除去诱因后,肝脏实质损伤减轻,慢性活动性肝炎可过渡为慢性迁延性肝炎。在乙肝病毒感染的过程中,肝脏实质损伤的病理类型变化可以为慢性迁延性肝炎、慢性活动性肝炎再到慢性迁延性肝炎、慢性活动性肝炎的反复循环。肝脏内胶原纤维结缔组织增多,最后形成肝硬化。部分患者可长期维持慢性迁延性肝炎的病理状态或乙型肝炎病毒慢性携带状态,而不引起肝硬化。由于 HBV 基因易变异,病毒易侵犯淋巴细胞引起部分免疫缺陷,HBeAg 诱导机体的免疫耐受等机制,使机体难以清除 HBV。

HCV 感染主要引起肝脏实质细胞的慢性持续性损伤,肝脏胶原纤维组织逐渐增多,最后形成肝硬化。HDV 合并乙型病毒感染常加重肝损伤程度。各型肝炎病毒间无交叉免疫性,可相互重叠或交叉感染。多种肝炎病毒合并感染常是肝脏实质损伤加重的一个重要原因。

各型肝炎的病理改变,除甲型、戊型肝炎不转变为慢性外,其余各型基本相同,均可转变为慢性炎症。临床上根据病理和临床表现不同将病毒性肝炎分为急性肝炎、慢性肝炎、重型肝炎和淤胆型肝炎。

1. 急性病毒性肝炎 急性肝炎最常见和最早期的肝细胞变性为气球样变,肝细胞高度肿胀,形如气球状,胞浆颜色变浅,胞核浓缩;其次为肝细胞嗜酸性变性,胞体缩小,胞浆嗜酸性增强,最后胞核消失,形成红染的圆形小体,即嗜酸性小体;再其次为肝细胞核空泡变性,发展为核溶解;最后为肝细胞灶性坏死与再生。汇管区可见炎症细胞浸润,主要为单核细胞及淋巴细胞。肝血窦壁 Kupffer 细胞增生。病变在黄疸消退后 1~2 个月以后才恢复正常。黄疸型病变与无黄疸型病变相似,仅黄疸型肝损伤程度较重。

2. 慢性病毒性肝炎

(1)慢性迁延性肝炎:肝细胞失去条索状排列,肝细胞膜增厚,胞浆空虚,堆砌成铺路石状。汇管区结缔组织增生较轻微,而且易恢复。在肝细胞坏死处和汇管区有淋巴细胞浸润。

(2)慢性活动性肝炎:肝细胞坏死严重,常发生碎屑样坏死,破坏界板,由此汇管区纤维细胞扩展到肝小叶内。含 HBsAg 的肝细胞常呈毛玻璃样。当坏死区域在肝小叶中心区与汇管区连成一片时,称为桥状坏死。汇管区除淋巴细胞外,还有大量浆细胞浸润。肝小叶及汇管区内胶原纤维组织增生,肝细胞再生结节形成。病变反复进行可导致肝硬化。

(3)慢性重型肝炎:在慢性活动性肝炎的基础上出现亚急性重型肝炎的病理变化。

3. 重型肝炎

(1)急性重型肝炎:病变特征为大量肝细胞坏死,肝体积缩小,网状纤维支架塌陷,残余肝细胞淤胆,呈黄色,故名黄色肝萎缩。镜下见肝细胞广泛坏死和溶解消失,而不见有纤维组织增生。Disse 间隙或血窦内可见炎症细胞浸润,主要为中性粒细胞,残留的间质中则有大量单核细胞浸润。

(2)亚急性重型肝炎:在急性重型肝炎病变特征的基础上,伴随肝细胞再生和胶原纤维增多,形成再生结节,称为亚急性肝坏死。可呈多种形态变化,如片状坏死,桥状坏死或汇合性肝细胞坏死。一般看到汇管区或小叶内结缔组织增生,与肝硬化有所区别。

4. 淤胆型肝炎 除有轻度急性肝炎变化外,还有毛细胆管内胆栓形成,肝细胞内胆色素

笔记栏

滞留,肝细胞内出现小点状色素颗粒。严重者肝细胞呈腺管状排列,Kupffer 细胞肿胀并吞噬胆色素,汇管区水肿和小胆管扩张,中性粒细胞浸润。

【临床表现】

1. 潜伏期 甲型肝炎潜伏期平均为 30 天(5~45 天);乙型肝炎潜伏期平均为 70 天(30~180 天);丙型肝炎潜伏期平均为 50 天(15~150 天);戊型肝炎潜伏期平均为 40 天(10~70 天);丁型肝炎潜伏期可能相当乙型肝炎的潜伏期。我国乙型肝炎病毒感染多为散发型病例常为隐伏性感染,很难界定病毒入侵的确切时间。

2. 症状 急性肝炎、慢性肝炎、重型肝炎和淤胆型肝炎的临床表现有所不同。

(1) 急性肝炎

1) 急性黄疸型肝炎:急性黄疸型肝炎以甲型、戊型肝炎多见。分为黄疸前期、黄疸期和恢复期。黄疸前期:起病急,畏寒、发热、全身乏力、食欲不振、厌油、恶心、呕吐、腹痛、肝区疼痛、腹泻,尿色逐渐加黄,甚至呈浓茶样。少数病例以发热、头痛、上呼吸道症状等为主要表现。本期持续 1~21 天,平均 5~7 天。乙型肝炎还可见皮疹、关节痛。黄疸期:发热减退,尿色继续加深,大便颜色变浅,皮肤瘙痒,本期持续 2 周。恢复期:黄疸渐退,症状减轻或消失。本期持续 2 周至 4 个月,平均 1 个月。

2) 急性无黄疸型肝炎:急性无黄疸型肝炎多见于乙型、丙型或庚型肝炎,是一种轻型肝炎。大多缓慢起病,主要表现为乏力、食欲不振、腹胀、肝区疼痛,部分患者表现为恶心、呕吐、头昏头痛,可有发热和上呼吸道症状。本型病程长短不一,大多为 3~6 个月,部分可迁延为慢性肝炎。

(2) 慢性肝炎:病程超过 6 个月者属于慢性肝炎,仅见于乙型、丙型、丁型肝炎。根据病情轻重可分为轻、中、重度慢性肝炎。

1) 轻度慢性肝炎:轻度慢性肝炎曾称为慢性迁延性肝炎,表现为乏力、食欲不振、肝区隐痛、腹胀等症状,肝功能轻度异常,或反复波动。肝活检仅有轻度肝炎病理改变,也可有轻度纤维组织增生。病程迁延可达数年。病情虽有波动,但总的趋势是逐渐好转以至痊愈,只有少数转为中度慢性肝炎。

2) 中度慢性肝炎:乏力、食欲不振、肝区隐痛、腹胀等症状明显。肝脾多肿大,常有压痛和质地改变,部分患者有进行性脾肿大、蜘蛛痣、肝掌,肝功能持续异常,出现血浆蛋白改变和肝脏纤维化指标升高。肝脏活检有轻型慢性活动性肝炎的病理改变。

3) 重度慢性肝炎:重度慢性肝炎除中度慢性肝炎的临床表现外,还具有临床上代偿期肝硬化的表现。

(3) 重型肝炎:可见于甲型至戊型的 5 型病毒感染。

1) 急性重型肝炎:又称暴发性肝炎。起病 10 日内迅速出现黄疸加深,肝脏迅速缩小,出血倾向,中毒性鼓肠,腹水增多,肝臭味,并出现嗜睡、性格改变、烦躁和谵妄等精神症状,甚则出现不同程度的昏迷、抽搐。可并发急性肾功能不全和消化道出血。病程多不超过 3 周。

2) 亚急性重型肝炎:即亚急性肝坏死,起病 10 日以上出现上述重型肝炎的症状,肝性脑病在疾病的晚期出现。病程较长,可达数月,易发展成坏死性肝硬化。

3) 慢性重型肝炎:临床表现同亚急性重型肝炎,但有慢性活动性肝炎和肝硬化病史。

(4) 淤胆型肝炎:又称毛细胆管炎型肝炎。主要表现为较长时间(2~4 个月,甚至更长)的肝内胆管阻塞性黄疸,表现为黄疸,皮肤瘙痒,与肝外梗阻性黄疸难以鉴别。

3. 体征

(1) 急性肝炎:肝肿大并有压痛,肝区叩击痛,部分患者可有轻度脾肿大,有黄疸者可见巩膜及全身皮肤黄染。

(2) 慢性肝炎:慢性肝炎可有肝病面容、肝掌、蜘蛛痣,或有肝脾肿大等。

(3) 重型肝炎:急性重型肝炎可有肝脏绝对浊音界缩小或进行性缩小,肝臭,扑翼样震颤,黄疸迅速加深,高热,严重者可出现脑水肿和脑疝。亚急性和慢性重型肝炎以重度黄疸和腹水为主。

(4) 淤胆型肝炎:淤胆型肝炎巩膜及全身皮肤黄染明显,肝肿大。

【并发症】 多由慢性肝炎引起,如肝硬化、肝细胞性肝癌、肝性脑病、上消化道出血、肝肾综合征、继发感染(肺、胆管、肠道、腹膜炎)、电解质紊乱等。

案例归纳一

因反复右上腹隐痛、乏力 3 个月入院。伴纳差、腹胀。追问病史,7 年前入学体检时发现 HBsAg 阳性,肝功能正常。否认"肝炎"病史。

【实验室及其他检查】

1. 肝功能检查

(1) 血清酶学:血清丙氨酸氨基转移酶(ALT)最常用,肝细胞浆内含量最丰富,其他组织细胞内含量相对较少,肝脏损害时即释放到细

笔记栏

胞外,是非特异性肝损害的指标。ALT 升高 2 倍以上有临床意义。急性肝炎在黄疸出现前 3 周,ALT 即升高,并在黄疸消退 2 周后才恢复正常。慢性肝炎时 ALT 可反复或持续升高,有时是肝损害的惟一指标。重型肝炎时黄疸加深但 ALT 不升高,出现"胆酶分离现象",提示肝细胞大量坏死。血清天冬氨酸氨基转移酶(AST)也是另一个常用指标,其在心肌细胞中含量最丰富,临床意义类似于 ALT,但特异性低。血清碱性磷酸酶(ALP)的显著升高有利于肝外梗阻性黄疸的诊断,有助于肝细胞性黄疸的鉴别。慢性活动性肝炎时 γ-谷氨酸转肽酶(γ-GT)升高。

(2) 胆红素:总胆红素由直接胆红素及间接胆红素构成。直接胆红素主要反映肝细胞性黄疸及阻塞性黄疸,间接胆红素升高主要反映溶血性疾病等。血清胆红素的升高常与肝细胞坏死程度相关。

(3) 血清蛋白和凝血酶原时间:肝细胞是合成血清白蛋白的惟一场所,血清白蛋白与凝血酶原时间均是提示肝功能储备力的重要指标。在慢性肝炎向肝硬化转化的过程中,血清白蛋白逐渐下降,凝血酶原时间延长。

(4) 血氨浓度检测:血氨浓度升高提示肝性脑病。

2. 肝炎病毒标志物检查

(1) 甲型肝炎:抗-HAVIgM 阳性提示 HAV 感染。抗-HAVIgM 阴性而抗-HAVIgG 阳性则提示过去感染 HAV,两者均阳性提示 HAV 现症感染。

(2) 乙型肝炎:HBsAg 阳性,提示 HBV 现正感染,但 HBsAg 阴性则不能排除 HBV 感染,因为有可能有 S 基因突变株存在。抗-HBs 阳性可能是通过疫苗接种或感染 HBV 痊愈后所获得的一种特异性免疫力。HBeAg 阳性提示 HBV 正在复制,传染性大,抗-HBe 阳性提示 HBV 复制相对静止,传染性较小。HBcAg 阳性意义同 HBeAg,低滴度抗-HBc 阳性提示过去曾有 HBV 感染,高滴度抗-HBc 阳性提示 HBV 有活动性复制。此外,通过分子杂交法或 PCR 法检测血清 HBV-DNA 阳性,也表明 HBV 有活动性复制,血循环中存在 HBV 颗粒,传染性较大。

HBV 血清标志物及意义见表 6-2-1。

表 6-2-1 HBV 血清标志物及意义

HBV 血清标志物	急性乙型肝炎	HBV 感染恢复期	慢性乙型肝炎	非活动性携带者	隐匿性乙型肝炎
HBsAg	+	−	+	+	−
HBsAb	−	+	−	−	−/+
HbeAg	+	−	+/−	−	−/+
HBeAb	−	+	−/+	+	−/+
HBcAb	+	+	+	+	−/+
HBVDNA	+	−	≥10^5 拷贝/ml	<10^5 拷贝/ml	+

(3) 丙型肝炎:抗-HCV 是传染性标记,不是保护性抗体,其与 HCV-RNA 阳性,均提示 HCV 感染。

(4) 丁型肝炎:抗-HDVIgM 阳性提示急性 HDV 感染。慢性感染时抗-HDV-IgG 持续升高。

(5) 戊型肝炎:抗-HEV 阳性均提示近期 HEV 感染。

3. 血清肝纤维化指标 肝纤维化时血清透明质酸、血清纤维连结素、血清Ⅲ型前胶原肽常常升高。

4. 超声检查 急、慢性肝炎患者常可见肝内光点增多、增粗。急性重型肝炎常可见胆囊壁增厚。慢性肝炎常伴脾增大。

5. 肝活检 肝活检病理组织学检查能准确判断慢性肝炎患者所处的病变阶段,对预后判断有指导意义。肝组织免疫化学检测及分子免疫学检测还能准确判定肝炎的病毒类型。

案例归纳二

肝功能:ALT 120U/L, AST 98U/L, A 32g/L, G 34g/L, TBil 12.6μmol/L, DBil 3.46μmol/L;乙肝标志物:HBsAg(+)、HBsAb(−)、HBeAg(+)、HbeAb(−)、HBcAb(+),HBVDNA 8.1×10^9/L,肝纤维化指标未见异常。凝血指标正常。B 超:肝稍大,肝内光点较密集。

【诊断与鉴别诊断】

1. 诊断要点

(1) 流行病学资料

1) 甲型肝炎一般暴发流行,起病前进食被污染的未煮熟的海产品,儿童发病,秋冬季节多发。

2) 与乙型肝炎患者的密切接触史,母亲或

笔记栏

家庭成员中有乙肝携带者或患者,对乙型肝炎的诊断有帮助。

3) 对有输血制品的肝炎患者,要考虑丙型肝炎的可能。

4) 持续性水源型流行暴发或中年以上的急性肝炎患者,要考虑戊型肝炎的可能。

(2) 临床表现:起病急,感染病程在半年内,伴急性肝炎表现者为急性肝炎,其中黄疸,伴总胆红素>17.1μmol/L,以直接胆红素升高为主者,为黄疸型,反之则为无黄疸型。感染病程超过半年为慢性肝炎。当黄疸迅速加重,转氨酶与胆红素分离,凝血功能明显异常,并出现神志改变,或肝肾综合征可诊断为重型肝炎。

(3) 实验室检查

1) 肝功能检查:病毒性肝炎血清丙氨酸氨基转移酶(ALT)、天冬氨酸氨基转移酶(AST)、碱性磷酸酶(ALP)、γ-谷氨酰胺转肽酶(γ-GT)等酶测定可有不同程度的改变。血清胆红素可有升高,慢性肝炎或肝硬化可出现白球蛋白比值(A/G)倒置,可出现凝血酶原时间(PT)延长,凝血酶原活动度(PA)下降。肝功能损害程度的参考指标见表6-2-2。

表6-2-2 肝功能损害程度的参考指标

项目(单位)	轻度损伤	中度损伤	重度损伤
ALT(U)	<正常3倍	3~10倍	>10倍
TBIL(μmol/L)	17.1~34.2	34.3~85.5	>85.5
A(g/L)	>35	28~35	<28
A/G	1.3~1.5	1.0~1.2	0.9
凝血酶原活动度(%)	71~79	61~70	40~60

2) 病原学诊断:①甲型肝炎:具备急性肝炎表现,并在血清中检出抗HAV-IgM,可确诊为甲型肝炎。②乙型肝炎:具备急、慢性肝炎临床表现,并有以下任何一项阳性体征可诊断为乙型肝炎:血清HBsAg阳性、血清HBV-DNA阳性、HBeAg阳性、血清抗-HBcIgM阳性。只有HBsAg阳性,无临床症状或体征,并且肝功能正常者可诊断为HBsAg携带者。③丙型肝炎:具备急、慢性肝炎的临床表现,而同时抗HCV-IgM、抗HCV-IgG或HCV-RNA阳性时,可诊断为丙型肝炎。④丁型肝炎:具备急、慢性肝炎的临床表现,血清HBsAg阳性,而同时血清HDV-Ag、抗-HDVIgM或HDV-RNA阳性者可诊断为丁型肝炎。⑤戊型肝炎:具备急性肝炎临床表现,而同时抗-HEVIgM、抗-HEVIgG阳性者可诊断为戊型肝炎。

2. 鉴别诊断

(1) 其他原因引起的肝炎:ALT升高提示肝损伤。肝炎病毒标志物阳性支持诊断病毒性肝炎,但需排除其他原因引起的肝炎。多种微生物感染可引起肝炎,如EB病毒、巨细胞病毒感染,但一般不称为病毒性肝炎;细菌、立克次体感染也可引起中毒性肝炎;血吸虫性肝病也会出现ALT升高,通过病原学检查可鉴别病因。其他原因如药物、酒精中毒及脂肪肝、肝豆状核变性等也可引起肝损伤,通过病史及实验室检查可以鉴别。

(2) 黄疸的鉴别诊断:病毒性肝炎引起的黄疸需与其他原因所致的黄疸鉴别。

1) 溶血性黄疸:溶血性黄疸有药物或感染的诱因,常有红细胞本身缺陷,有贫血、血红蛋白尿、网织红细胞增多,以间接胆红素升高为主,占总胆红素的75%以上。

2) 肝外梗阻性黄疸:肝外梗阻性黄疸以黄疸、胆总管或肝内胆管扩张为特征,不难鉴别。

案例诊断要点

1. 年轻男性,慢性起病。肝区隐痛、纳差、乏力3个月。

2. PE:肝肋下1cm可触及,质中,稍压痛。

3. 实验室检查:乙肝病毒标志物示大三阳,HBVDNA 8.1×10^9/L。肝纤维化及凝血指标正常。脾无肿大。

临床诊断:慢性乙型病毒性肝炎(轻度)

【治疗】 当前仍缺乏针对病毒性肝炎的特效治疗方法。一般急性病毒性肝炎多采取适当休息,合理饮食,适当用药,避免饮酒、过度劳累和使用护肝、降酶、退黄的药物等综合疗法;慢性病毒性肝炎除上述治疗外,还采用抗病毒、减少和防止肝纤维化等疗法。

1. 急性病毒性肝炎

(1) 一般治疗:急性甲、乙型病毒性肝炎以卧床休息和对症处理为主,初次感染的黄疸病例需要隔离治疗直至症状明显减退,可逐步增加活动。饮食宜清淡,给予足够的热量和适当的蛋白质,可补充一定的B族维生素和维生素C。症状重、黄疸深的急性肝炎可静脉给予葡萄糖、维生素C或采用门冬氨酸钾镁静脉滴注。

笔记栏

（2）护肝、降酶、退黄治疗：可选用甘利欣150mg/d，强力宁注射液80～120ml/d，还有肝得健、古拉定、茵栀黄注射液等药。

（3）其他疗法：急性丙型肝炎须进行抗病毒治疗。早期应用干扰素可取得较好疗效。α-干扰素每次300万U，隔日皮下或肌内注射，6个月为一疗程。

2. 慢性病毒性肝炎 慢性病毒性肝炎主要针对慢性乙肝、慢性丙肝。治疗的总体目标是：最大限度地长期抑制或消除病毒，减轻肝细胞炎症坏死及肝纤维化，延缓和阻止疾病进展，减少和防止肝脏失代偿、肝硬化、原发性肝癌及其并发症的发生，从而改善生活质量和延长生存时间。

慢性病毒性肝炎治疗主要包括抗病毒、免疫调节、抗炎保肝、抗纤维化和对症治疗，抗病毒治疗是关键，只要有适应证，且条件允许，就应进行规范的抗病毒治疗。

（1）一般治疗：患者无需卧床休息，宜动静结合适量休息。活动期时休息为主，静止期时可从事轻体力工作。饮食中避免高热量饮食，不宜进食过多的糖，以优质高蛋白饮食为好。如有黄疸时可给予退黄药物、肝酶异常可适量选用保肝药物。目前没有疗效很确切的保肝药物，可选用苦参碱、水飞蓟宾、甘草酸、五味子制剂（联苯双脂、五酯胶囊）等。

（2）抗病毒治疗：慢性乙肝抗病毒治疗的适应证包括：①HBV-DNA≥10^5拷贝/ml（HBeAg阴性者为≥10^4拷贝/ml）；②ALT≥2×ULN（正常高限）；如用干扰素治疗，ALT应≤10×ULN，血总胆红素水平应<2×ULN；③如ALT<2×ULN，但肝组织学显示Knodell HAI≥4，或≥G2炎症坏死。具有①并有②或③的患者应进行抗病毒治疗；对达不到上述治疗标准者，应监测病情变化，如持续HBV-DNA阳性，且ALT异常，也应考虑抗病毒治疗。应注意排除由药物、乙醇和其他因素所致的ALT升高，也应排除因应用降酶药物后ALT暂时性正常。在一些特殊病例如肝硬化，其AST水平可高于ALT，对此种患者可参考AST水平。

1）α-干扰素（α-IFN）：5MU（可根据患者的耐受情况适当调整剂量），每周3次或隔日1次，皮下或肌内注射，一般疗程为6个月。如有应答，为提高疗效亦可延长疗程至1年或更长。应注意剂量、疗程的个体化及副作用。如治疗6个月无应答者，可改用其他抗病毒药物。

2）核苷类似物：主要用于慢性乙肝HBeAg阳性治疗：①拉米夫定：100mg，每日1次，口服。治疗1年时，如HBV-DNA检测不到（PCR法）或低于检测下限，ALT复常，HBeAg转阴但未出现抗-HBe者，建议继续用药，直至HBeAg血清学转换，经监测2次（每次至少间隔6个月），仍保持不变者可以停药，但停药后需密切监测肝脏生化学和病毒学指标。②阿德福韦酯：10mg，每日1次，口服，疗程可参照拉米夫定。③恩替卡韦：0.5mg（对拉米夫定耐药患者为1mg），每日1次，口服。疗程可参照拉米夫定。

对于HBeAg阴性的患者由于难以确定治疗终点，因此，应治疗至检测不出HBV-DNA（PCR法），ALT复常。此类患者复发率高，疗程宜长，至少为1年。需要较长期治疗，最好选用阿德福韦酯或恩替卡韦等耐药发生率低的核苷（酸）类似物治疗。对达不到上述推荐治疗标准者，则应监测病情变化，如持续HBV-DNA阳性，且ALT异常，也应考虑抗病毒治疗。①阿德福韦酯：10mg，每日1次，口服，疗程至少1年。当监测3次（每次至少间隔6个月）HBV-DNA检测不到（PCR法）或低于检测下限和ALT正常时可以停药。②拉米呋啶：100mg，每日1次，口服，疗程至少1年。治疗终点同阿德福韦酯。③恩替卡韦：0.5mg（对拉米夫定耐药患者为1mg），每日1次，口服。疗程可参照阿德福韦酯。

慢性丙肝病毒感染者的标准治疗是联合应用聚乙二醇干扰素和利巴韦林。

（3）免疫调节药物：此类药物主要用于慢性乙型肝炎的治疗。但目前尚缺乏乙型肝炎特异性免疫治疗方法。胸腺肽α_1可增强非特异性免疫功能，不良反应小，使用安全，对于有抗病毒适应证，但不能耐受或不愿意接受干扰素和核苷（酸）类似物治疗的患者，有条件可使用胸腺肽α_1 1.6mg，皮下注射，每周2次，疗程6个月。

3. 重型肝炎 应及早采取支持、抑制肝细胞坏死、促进肝细胞再生和预防合并症等综合治疗措施。早期应用人工肝支持系统治疗可以改善症状和肝功能，降低病死率。肝移植可显著降低病死率。

4. 淤胆型肝炎 淤胆型肝炎可见于各型病毒性肝炎中，以肝内胆汁淤滞为主要临床表现，并非独立存在的单一病症。常用药物有糖皮质激素、熊去氧胆酸，可同时应用改善微循环药物。泼尼松龙是治疗淤胆型肝炎最常用药物，退黄效率约60%左右。其主要作用于毛细胆管，减轻非特异性炎症，以利胆汁分泌。但由于激素治疗禁忌证多，且长期使用可促发肝细胞非结合胆红素的摄取，从而加重肝细胞的变性水肿甚至坏死，抑制免疫机能造成持续性抗原血症，致病程迁延，减量或停药过程中常出现反跳现象，故现今多不主张激素为首选药物。熊去氧胆酸既可利

笔记栏

胆,促进黄疸消退,又能保护肝细胞,改善肝功能,降酶退黄效果均较明显,且无明显副作用,故推荐该疗法作为目前淤胆型肝炎的首选方法。

【预后和预防】

1. 预后 甲肝、戊肝均预后良好,病死率低,病程约3~6个月,甲肝病后免疫一般认为可维持终生,孕妇罹患甲肝预后也很好,这一点戊肝则完全不同。慢性乙型肝炎随着干扰素和核苷类似物的广泛应用、肝脏移植的开展、早期肝癌诊断率的提高,慢性乙型肝炎的预后得到了显著的改善,但重型肝炎预后较差,急性及亚急性重型肝炎的病死率约50%左右,慢性重型肝炎病死率较高,约70%以上。研究显示,慢乙肝同时或重叠感染HDV较单纯乙型肝炎更易慢性化和重型化,且使慢性肝炎发展为肝硬化的病程缩短。HCV感染后多数慢性化,约85%患者发展为慢性肝炎,但进展缓慢,约1/3患者经过20~30年进展为肝硬化,但仍有不少患者处于轻微病变状态,如经治疗有持续血清应答者则有持续的组织学改善,肝硬化患者有可能发生肝癌。

2. 预防

(1)控制传染源:各型急性肝炎的隔离期按各型病毒性肝炎的传染期而定。慢性乙型肝炎患者应分别按病毒携带者管理。对无症状HBV和HCV携带者应进一步检测各项传染性指标,包括HBeAg、HBV-DNA、抗HCV和HCV-RNA,阳性者应禁止献血和从事托幼工作。

(2)切断传播途径:甲型和戊型肝炎,重点在搞好卫生措施,如水源保护、饮水消毒、食品卫生、食具消毒,加强个人卫生、粪便管理等。乙、丙、丁型肝炎,重点在于防止通过血液和体液的传播。每个献血员和每个单元血液都要经过最敏感方法检测HBsAg和抗-HCV。严禁阳性者献血,禁用阳性血液。提倡使用一次性注射用具和针灸针,重复使用的器械必须经高压或煮沸消毒。不耐热的器械可用2%戊二醛浸泡2小时消毒。漱洗用具要专用。接触患者后用肥皂和流动水洗手。

(3)保护易感人群:对于急性起病的甲型肝炎患者接触的易感人群,应用人血丙种球蛋白,有相当的保护作用,注射时间越早越好(一般应在接触后7日内注射)。剂量为0.02~0.05ml/kg,肌内注射。甲型肝炎疫苗(甲肝疫苗)已在不少国家研制成功,并取得了一定的效果。预防乙肝可使用基因重组乙肝疫苗,使用方法:新生儿出生当日、生后1个月与6个月各肌内注射10μg;成人每次剂量为10~20μg,于0、1、6个月三角肌内注射。必要时首次注射1年后加强接种1次,剂量为10~20μg。

目前尚没有预防丙型肝炎的疫苗,主要由管理传染源、切断传播途径入手。对于乙型肝炎要重视疫苗的预防接种。

处方及医师指导

1. 一般治疗:生活隔离,适量休息,高蛋白质饮食。

2. 护肝降酶:五酯胶囊,护肝片,甘利欣150mg,静脉点滴。

3. 抗病毒治疗:拉米夫定(贺普丁)。

4. 中药:可辨证使用中药汤剂。蚤休、山豆根、虎杖、大黄、丹参、赤芍、何首乌、夏枯草、栀子、丹皮、赤芍、紫草、青蒿、黄连、秦皮、金银花、败酱草、蒲公英、蚤休、虎杖、金钱草、龙胆草、马齿苋、谷精草、生地、白薇、土茯苓、射干、瓜蒌、白花蛇舌草等是常用的治疗乙型病毒性肝炎的中药。

笔记栏

第 3 章 伤寒与副伤寒

案例

患者，男性，32 岁，发热 1 周。

患者 1 周前因食用生冷饮食后出现恶寒、头痛，继而发热至 38.5℃，服退热药物后体温可退至正常，随后体温再度升高至 39.0℃，在当地医院就诊，疗效不佳，昨起体温始终在 39～40℃左右，遂来我院求治，由门诊收入院。入院时发热，无恶寒。口干、烦躁、恶心欲呕，大便黏，发热 1 周来，感头痛、乏力、纳差、腹胀，无咳嗽、咳痰，无腹痛、腹泻，无尿频、尿急，无脓肿破溃。

体格检查：T 39.5℃，P 84 次/min，R 20 次/min，BP 115/72mmHg。神清，疲倦，表情淡漠，全身皮肤及黏膜无黄染，咽充血(+)，扁桃体无肿大，颈软，全身浅表淋巴结无肿大；双肺未闻及干湿啰音，心率 84 次/min，律齐，未闻及病理性杂音；腹平软，肝肋下未扪及，脾大肋下刚触及，双下肢无浮肿。

入院检查：血常规：WBC 4.2×10^9/L，N 0.537，嗜酸粒细胞计数为 0；大、小常规正常。胸部 X 线检查未见异常；腹部 B 超：①脾轻度肿大；②胆囊内赘生物，胆囊壁增厚；③肝脏、胰腺未见异常。

思考题

1. 本例患者发热的原因考虑哪些，最可能的诊断是什么？

2. 诊治方案如何？

伤寒（typhoid fever）与副伤寒（paratyphoid fever）分别是由伤寒杆菌与副伤寒（甲、乙、丙）杆菌引起的急性肠道传染病。我国法定为乙类传染病。基本病理特征是持续的菌血症和毒血症，全身单核-吞噬细胞系统的增生性反应，回肠下段为主的淋巴组织增生、肿胀、坏死与溃疡形成。临床表现则以持续发热、相对缓脉、全身中毒性症状与消化道症状、玫瑰疹、肝脾肿大、白细胞减少等为特点。肠出血、肠穿孔是本病可能发生的最主要的严重并发症。副伤寒的临床表现与伤寒相似，一般较伤寒轻。

【病因和流行病学】 本病是由于感染伤寒、副伤寒杆菌所引起的。

1. 病原学 伤寒、副伤寒杆菌都属沙门菌属，是本病的病原体。伤寒杆菌为革兰染色阴性杆菌，有鞭毛，能运动。伤寒杆菌能在普通的培养基中生长，在含有胆汁的培养基中，伤寒杆菌更易生长，于食物如牛奶、肉类、蛋品生存时间较长，甚至能够繁殖。伤寒杆菌在自然环境中生存力较强，耐低温，在地面水中存活可达 2～3 周，粪便中可存活 1～2 个月，冰冻环境中可维持数月。对于阳光、干燥、热力与消毒剂的抵抗力则较弱。日光直射数小时即被杀灭；60℃ 15 分钟或煮沸后立即死亡；消毒饮水的余氯在 0.2～0.4mg/L 可迅速致死。伤寒杆菌只感染人类，自然条件下不感染动物。伤寒杆菌不产外毒，菌体裂解时，释放内毒素，对本病的发病过程起着重要的作用。

伤寒杆菌具有菌体“O”抗原、鞭毛“H”抗原和表面“Vi”抗原，在人体感染后，可诱生相应的抗体。这 3 种抗体都不是保护性抗体。“O”和“H”的抗原性较强，以血清凝集反应检测血清标本中的“O”与“H”抗体，即肥达反应，有助于本病的临床诊断。Vi 抗体的效价低，诊断意义不大，但如 Vi 抗体阳性有助发现慢性带菌者。

2. 流行病学 作为一个全球性卫生问题，世界各地均有伤寒病例发生。世界上总的发病趋势是下降的，发达国家如美国、西欧、日本等的发病率已降到 0.4～3.7/10 万，发展中国家发病率可高达 540/10 万。新中国成立前伤寒流行严重、病死率高，新中国成立后，贯彻以预防为主的方针，发病呈逐年下降趋势，20 世纪 80 年代发病率 50/10 万，90 年代都在 10/10 万以下，洪涝灾害的 1998 年发病率为 4.8/10 万。伤寒的流行特点为：地区发病呈不均衡性，全年各月都有病例，但以夏秋季为高峰（8～10 月），各年龄组均可发病，高发年龄段为 20～40 岁，全国以散发为主，但有的地区时有暴发流行，其中以水型暴发为主，食物型暴发约 10%～15%，从沙门菌收集到的菌种伤寒沙门菌 25%，副伤寒甲占 1%，副伤寒乙占 2%，丙型副伤寒仅 0.4%。本病终年均可见到，夏秋季为多；以儿童与青壮年多见；发病无性别差异。

（1）传染源：伤寒患者与带菌者均是传染源。患者从潜伏期即开始由粪便排菌，发病后 2～4周排菌最多，传染性最大。恢复期或病愈后排菌减少。极少数可持续排菌 3 个月以上，称为

笔记栏

慢性带菌者,为本病传播或流行的主要传染源。

(2) 传播途径:主要为粪-口途径传播。病原菌随粪便排出体外,通过污染水、食物、日常生活接触、苍蝇与蟑螂等媒介经口感染。食物和水源污染可造成暴发或流行。

(3) 人群易感性:普遍易感,病后可获得持久免疫力,第二次发病者较少见。伤寒与副伤寒之间无交叉免疫力。

【发病机制和病理】 伤寒杆菌从口进入消化道,通常可被胃酸杀灭。但如入侵菌量较多,或者胃酸分泌、肠道正常菌群关系等防御屏障功能受到破坏,伤寒杆菌就能进入小肠,入侵肠黏膜。伤寒杆菌在小肠壁增生,穿过肠黏膜上皮细胞到达肠壁固有层。部分病原菌被巨噬细胞吞噬,并在其胞质内繁殖;部分经淋巴管进入回肠集合淋巴结、孤立淋巴滤泡及肠系膜淋巴结中生长繁殖,然后经胸导管进入血流,引起原发性菌血症,即第一次菌血症。此阶段属潜伏期,患者无症状,发生在摄入病菌后1~3天左右,进入血流的病原菌迅速被肝、脾、骨髓与淋巴结中的网状内皮系统清除。

伤寒杆菌随血流进入肝脾、胆囊、骨髓等组织器官内继续大量繁殖,再次进入血流引起第二次菌血症,释放毒素,产生临床症状,相当于疾病的初期,血液及骨髓培养常呈阳性结果。病程的2~3周,伤寒沙门菌继续随血流播散全身,经胆囊进入肠道,大量细菌从粪便排出。部分伤寒杆菌经肠黏膜再次入侵肠壁淋巴组织,使原先已经致敏的肠壁淋巴组织产生严重炎症反应,淋巴组织肿胀、坏死、脱落而形成溃疡。如病变累及血管,则可引致肠出血,若侵及肌层与浆膜层,则可引起肠穿孔,均属临床严重并发症。

随着机体免疫反应,尤其是细胞免疫作用,伤寒杆菌从血液与脏器中逐渐消灭,肠壁溃疡病变逐渐愈合,临床症状逐渐消失,疾病痊愈。少数患者在病愈后,因胆囊长期保留病菌而成为慢性带菌者。

感染伤寒杆菌后是否发病,与感染的细菌量、菌株的毒力、机体的免疫状态等有密切关系。一般感染活菌量越多,发病的机会越大。机体免疫防御功能低下的情况,较容易感染发病。

伤寒杆菌释出的内毒素是重要的致病因素。内毒素增强病灶局部的炎症反应,激活单核吞噬细胞与中性粒细胞,释放内源性致热原,加上坏死组织产生的有毒物质,都可能与伤寒的临床表现有密切关系。

伤寒的主要病理特征是全身单核-巨噬细胞系统(包括肝、脾、骨、髓、淋巴组织等)增生性反应,形成"伤寒结节"。病变部位以回肠下段最为显著。病变过程包括增生、坏死、溃疡形成、溃疡愈合4个阶段。病程第1周:肠道淋巴组织增生肿胀,局部发生营养障碍而坏死。第2周:肿大的淋巴结坏死。第3周:坏死组织脱落形成溃疡,溃疡呈椭圆形或圆形,沿着肠道的长轴分布。坏死若波及血管可致出血,侵及肌层与浆膜层可肠穿孔,以回肠下段病变最严重。病程第4周以后,溃疡愈合,不留瘢痕,也不引起肠道狭窄。肠道病变轻重不一定与临床症状的严重程度成正相关。光镜检查下,上述病变的显著特征是以巨噬细胞为主的炎症细胞浸润,大量见于溃疡的底部及周围,巨噬细胞的吞噬能力强,胞质内含有被吞噬的淋巴细胞、红细胞、伤寒杆菌及坏死组织碎屑,故又称为"伤寒细胞",是本病较为特征性的表现。

伤寒杆菌入侵后可累及多个脏器。脾脏肿大,脾窦扩张充血,髓质明显增生,巨噬细胞浸润,并可见伤寒结节。肝脏明显增大,肝细胞肿胀、变性、血窦扩张,亦可见伤寒结节。胆囊呈轻度炎症。严重毒血症者,心肌与肾细胞可呈肿胀。玫瑰疹为皮肤表层毛细血管充血、扩张、单核细胞浸润,可发现伤寒杆菌。支气管炎较常见,亦可有继发性支气管肺炎或大叶性肺炎。偶尔可有肾、脑膜、骨髓、心包、肺、中耳等迁徙性化脓病变。

副伤寒的发病机制、病理解剖与伤寒相似。

【临床表现】 本病潜伏期一般为10~14天,短则1周,长则3周。潜伏期长短与感染菌量有关。

1. 临床分期 典型伤寒的自然病程约为4周左右,临床可分为四期。

(1) 初期:病程第1周。起病大多缓慢。发热是最早出现的症状,常伴全身不适、头痛、咽痛、乏力、食欲减退、腹部不适等。病情逐渐加重,体温呈阶梯形上升,可在5~7天内达到39~40℃。但亦有起病较急,发热在3天内达到高峰。发热前可有畏寒,少有寒战,出汗不多。于本期末常已能触及肿大的脾脏与肝脏。

(2) 极期:病程的第2~3周。常有伤寒的典型表现,肠出血与肠穿孔等并发症亦较多在本期发生。

1) 发热:稽留热为典型的热型,少数可呈弛张热或不规则热型。高热常持续2周左右,高峰可达39~40℃,亦有超过40℃者。

2) 消化道症状:食欲不振,腹部不适,腹胀或有隐痛,右下腹为明显,亦可有轻压痛。多呈便秘,少数可有腹泻。

3) 神经精神症状:精神症状与病情轻重有关。病人虚弱,精神恍惚,表情淡漠,呆滞,反应

笔 记 栏

迟钝,听力减退。严重者可出现谵妄、昏迷。这些表现与严重毒血症表现有关,随着病情好转、体温下降而逐步恢复。

4）循环系统症状:常有相对缓脉(脉搏加快与体温上升不对称)。

5）肝脾肿大:本期常可触及肿大的脾脏,质软,有压痛。肝肿大,质软,有压痛。肝脾肿大通常为轻度,随病情恢复而逐渐回复正常。如并发中毒性肝炎时,可有转氨酶上升,甚至黄疸等肝功能异常。

6）皮疹:病程7~12天,部分病人出现皮肤淡红色的小斑疹(玫瑰疹)。直径约为2~4mm,压之退色,略高出皮面。一般在10个左右,分批出现,分布以胸腹部为多。大多维持2~4天内消退。此外,出汗与较多的病人可见水晶型汗疹(白痱)。

(3) 缓解期:病程第3~4周。体温开始逐渐下降。病人仍觉虚弱,食欲开始恢复,腹胀减轻。肿大的脾脏回缩,压痛减退。本期仍有可能出现肠出血、穿孔等严重并发症。

(4) 恢复期:病程第5周。体温回复正常,食欲好转。完全康复常需1个月左右。

上述经过是典型伤寒的自然病程。由于病人的免疫状态、入侵菌株毒力、数量、治疗措施是否及时与适当、并发症的发生,以及是否原有慢性疾患等因素影响,临床表现轻重不一。

2. 临床类型

(1) 轻型:发热在38℃左右,全身毒血症状轻,病程短,1~3周即可恢复。症状不多,缺乏典型的伤寒表现。

(2) 普通型:具有典型临床过程者。

(3) 暴发型(重型):起病急,毒血症状严重,病情凶险,发展快。畏寒、高热或超高热、腹痛、腹泻、休克、中毒性脑病、中毒性心肌炎、中毒性肝炎、DIC等。

(4) 迁延型:起病初始表现与普通型(典型)相同,由于机体免疫力低下,发热持续不退,达5周以上,甚至数月之久,弛张和间歇热型,肝脾肿大显著。伴有慢性血吸虫病的伤寒者常有此型的表现。

(5) 逍遥型:症状轻,病人照常生活、工作,活动自如,不察觉患病。部分病人因突然发生肠出血或穿孔而就医。

(6) 顿挫型:起病较急,近似典型伤寒表现,但在1周左右内发热等症状迅速消退而痊愈。

(7) 小儿伤寒:临床过程表现不典型。婴幼儿伤寒不典型,起病急,病情重。呕吐、腹痛、腹泻等消化道症状常见,常出现不规则高热,伴惊厥。玫瑰疹较少见。周围血象白细胞数增高。常伴支气管炎或肺炎。学龄儿童则多属轻型或顿挫型,与成人表现近似。病情较轻,病程较短,相对缓脉少见,白细胞数不减少。肠道病变亦较轻,肠出血与肠穿孔并发症也较少。

(8) 老年伤寒:症状亦不典型,发热不高,虚弱明显。易并发支气管肺炎和心功能不全。持续胃肠功能紊乱,记忆力减退。病程迁延,恢复缓慢,病死率高。

3. 复发与再燃

(1) 复发:病者在热退后1~3周,临床症状再次出现,血培养可再获阳性结果。复发很少出现2次,偶有复发多次者,复发见于机体免疫功能低下、抗菌治疗不充分的病人。潜伏在体内病灶巨噬细胞内的伤寒杆菌重新繁殖,入侵血循环,再次引起菌血症而致。

(2) 再燃:指在体温开始波动下降的过程中,尚未退至正常,又回复发热。再燃时症状可稍明显,血培养再次可获阳性。再燃可能与菌血症未被完全控制有关。

副伤寒的临床表现与伤寒相似而较轻,较少并发肠穿孔、肠出血,有时副伤寒甲也能并发肠穿孔、肠出血,但复发较伤寒常见。副伤寒丙在菌血症的基础上,易发展为脓毒血症。

【并发症】 伤寒的并发症较多,常见的并发症如下。

1. 肠出血和肠穿孔 肠壁溃疡侵蚀血管则只出血,出血量多少不等,少者仅粪便隐血试验阳性,多者出现黑粪或紫红色血便,体温骤降后回升,血压下降,脉搏细速。肠壁溃疡侵蚀浆膜,穿孔部位多在回肠末端。病人骤觉右下腹剧痛,伴有恶心、呕吐及休克样症状,1~2小时后症状短暂缓解,不久又有高热、腹胀气、腹壁紧张及压痛,肝浊音界消失。X线检查可见腹腔内有游离气体。多见于第2、3周。

2. 伤寒性肝病 伤寒时肝脏受累多系肝脏对伤寒杆菌及其分解产物的一种非特异反应。伤寒患者肝肿大发生率10%~50%,ALT异常者50%~90%,黄疸1%~3%,肝功能异常程度与肝肿大程度无关。本病预后大多良好,个别患者可发生肝性脑病及全身出血、腹膜炎等。

3. 心肌炎 伤寒患者有心电图异常表现者占30%~84%,包括低电压、心律失常、传导异常,ST段及T波改变等。儿童表现多为心动过速,成人则有心音低钝、脉细弱、单音律等。偶有心脏扩大、心力衰竭等。

4. 其他 其他如肾炎、支气管炎、急性胆囊炎、阑尾炎、急性胰腺炎、心内膜炎、心包炎、全心炎、贫血、血小板减少性紫癜、脑膜炎、脑炎、脊髓炎、感染性精神病及其他精神神经病变，以及中耳炎、化脓性骨髓炎、视神经炎、乳腺炎、睾丸炎，肛周脓肿等，均较少见。亦有发生急性纯红细胞再障者。

案例归纳一

发热1周入院。发热，无恶寒，T 39.5℃，口干，烦躁，恶心欲呕，大便黏。无疫区接触史。发热的原因未明。体检：P 84次/min，腹软，肝肋下未及，脾大肋下刚触及，双下肢无浮肿。

【实验室及其他检查】

1. 血常规 白细胞总数常减低，约$(3\sim5)\times10^9/L$。分类计数见中性粒细胞减少伴核左移，淋巴、单核细胞相对增多，嗜酸粒细胞减少或消失。进入恢复期后，白细胞总数逐渐恢复正常，嗜酸粒细胞又再度出现。当本病复发时，嗜酸粒细胞又再度减少或消失，对疾病进程有一定的提示作用。严重病人病程较长，或并发肠出血时，可出现贫血表现。如疑有急性血管内溶血、溶血性尿毒综合征或DIC等，应做相应的特殊检查。

2. 细菌培养 进行伤寒杆菌的病原学检查是本病的确诊依据。标本可取自血液、骨髓、粪、尿、玫瑰疹刮出液等。

(1) 血培养：血培养阳性是伤寒的确诊依据。病程第1周即有可能获得阳性结果。第1~2周阳性率一般可达70%~90%，第3周末的阳性率达30%~50%，第4周常不易检出伤寒杆菌。但在一些发热迁延不退、病程较长的病者，血培养仍有可能获阳性结果。

(2) 骨髓培养：骨髓中单核巨噬细胞丰富，其中有较多病原菌，存在时间较长，较少受血液中抗菌药物的影响，阳性率较血培养为高，可达90%。

(3) 粪便培养：病人从潜伏期开始就可以向外界排菌。伤寒病人在任何阶段进行粪便培养都有可能检出伤寒杆菌。阳性率不如血培养高。通常在病程第2周阳性率上升，第3~4周阳性率最高。

(4) 尿培养：早期阴性，病程的3、4周有时可获得阳性结果，必须注意防止受粪便污染的可能。

(5) 其他培养：玫瑰疹刮出物及十二指肠引流的胆汁也可作为标本进行培养。前者培养阳性率不高，不列为常规。十二指肠引流的胆汁培养操作不便，病人不适，一般不用于病人的诊断。

3. 伤寒血清凝集反应（肥达反应） 应用伤寒杆菌的菌体(O)抗原、鞭毛(H)抗原、副伤寒甲、乙、丙鞭毛(A、B、C)抗原等，通过血液凝集反应，测定病人血清中相应的凝集抗体效价，协助本病的诊断。本试验在病程第1周常呈阴性反应，第2周开始阳性率上升，第4周阳性率可达70%以上，病情恢复后仍可持续阳性达数月之久。但亦有10%~30%病人在整个病程中，本反应的效价很低或阴性；同时，有一些非伤寒的发热性疾病，出现效价高的阳性结果。"O"抗原为伤寒沙门菌、副伤寒甲、乙杆菌的共同抗原，血清中检出高效价的"O"抗体不能区分3种不同的病原菌感染，但三者的鞭毛抗原("H"、"A"、"B")不同，可判定感染的菌种。副伤寒时A或B或C滴度效价≥1∶160。

肥达反应的结果评价，应注意下列几点：

(1) 伤寒流行区的健康人血清中，可能有低效价凝集抗体存在。"O"抗体的凝集效价在1/80及"H"抗体在1/160或以上时，可确定为阳性，有辅助诊断价值。通过5~7日复检1次，动态观察其效价改变，若逐渐上升，价值较大，尤其4倍以上增长，诊断意义则较大。

(2) 若只有"O"抗体上升，而"H"抗体不上升，可能是发病早期；若只有"H"抗体上升而"O"抗体不增高可能是不久前罹患过伤寒或已预防接种伤寒菌疫苗，或因其他发热性疾病所致的非特异性回忆反应。

(3) 早期应用有效抗菌药物，病原菌清除早，抗体效价可能不高。某些疾病如急性血吸虫病、败血症、结核病、风湿病、溃疡性结肠炎，以及其他一些传染病的急性期，也偶可出现高效价的肥达反应假阳性。一些已经由血培养阳性证实的伤寒病人，肥达反应抗体效价不高，或完全阴性的现象并不罕见，可高达15%~30%。肥达反应阴性不足以排除本病。

(4) "Vi"抗体的检测可用于慢性带菌者的筛查，如其效价平稳下降，提示带菌状态消除。

(5) "O"、"H"等抗体并不代表对伤寒的免疫保护力，它们不是保护性抗体。

4. 其他实验室检查 近年来建立了一些新的免疫学诊断方法，检测伤寒杆菌的抗原或抗体，对诊断本病有助，具有应用前景，需要进一步完善。

(1) 酶联免疫吸附试验(ELISA)：既可检测伤寒杆菌的各种抗原，又能检测IgM与IgG抗体。

(2) 被动血凝试验(PHA)：主要是检出IgM型抗体，因而有助于早期诊断。

笔记栏

案例归纳二

血常规：WBC $4.2\times10^9/L$，N 0.537，嗜酸粒细胞计数为0；腹部B超：①脾轻度肿大；②胆囊内赘生物，胆囊壁增厚；③肝脏、胰腺未见异常。肥达反应：O≥1/640，H 1/640，B 1/320；血培养：伤寒沙门菌，喹诺酮类均敏感。

【诊断与鉴别诊断】

1. 诊断 根据流行病学、临床表现及实验室检查资料等综合考虑伤寒或副伤寒的诊断。

（1）流行病学资料：注意伤寒流行区域、好发季节及预防接种史、既往史及与伤寒患者接触史。

（2）临床表现：凡原因不明的高热持续1~2周不退者，均应想到本病的可能。有特殊的中毒面容、相对缓脉、肝脾肿大、玫瑰疹及并发肠出血或肠穿孔等高度提示本病。

（3）实验室检查：白细胞总数及嗜酸粒细胞减少，淋巴细胞相对增多。肥达反应阳性。检出病原体或免疫学检测阳性者是确诊的依据。早期以血培养为主，后期可考虑行骨髓培养，粪便培养对确定排菌状态有帮助。

副伤寒的诊断，主要根据发热、腹痛、腹泻、粪便多有腥臭等临床表现，结合流行病学资料如可疑饮食史或可疑动物接触史，血清凝集效价≥1∶160，可做出临床诊断。

2. 鉴别诊断

（1）病毒感染：主要是呼吸道病毒和肠道病毒感染，因发热、白细胞减少，易与早期伤寒混淆，但前者多有上呼吸道症状，中毒症状较轻，一般无脾肿大，无玫瑰疹，肥达反应阴性。病程一般在2周以内。

（2）斑疹伤寒：虱咬史，冬春季发病，起病急，寒战高热，速脉，剧烈头痛，皮疹于病程的3~5日出现，量多，分布广泛，暗红色，压之不退色。白细胞计数正常或增多，外斐反应阳性，平均2周可退热。

（3）疟疾：起病急，不规则高热，体温波动大，发热前伴有寒战及出汗，病久则有贫血及脾肿大，质较硬，周围血片或骨髓涂片或皮肤刮片，可查见疟原虫而确诊。抗疟治疗有效。

（4）钩端螺旋体病：近期疫水接触史。起病急，伴畏寒发热，眼结膜充血，全身酸痛，腓肠肌痛与压痛，腹股沟淋巴结肿痛。肾脏损害。白细胞增多，血沉增快，血清凝集试验阳性，钩端螺旋体分离、培养阳性。

（5）粟粒型肺结核：不规则热型，盗汗，速脉，呼吸急促，发绀，中毒症状明显，X线胸片示粟粒型病变，抗结核治疗有效。

（6）败血症：起病较急，不规则高热，全身中毒症状重，皮肤常见出血点，可有迁徙性化脓性病灶，血培养可发现致病菌。

（7）恶性组织细胞病：不规则热型，进行性贫血，出血，肝脾及淋巴结肿大，消瘦。骨髓检查可发现恶性组织细胞，淋巴结活检有助于确诊。

发热的原因很多，详细的病史询问和体格检查，针对性的实验室检查有助于鉴别诊断。

案例诊断要点

1. 年轻男性，急性起病。发热，烦躁，恶心欲呕，大便黏。

2. PE：T 39.5℃，P 84次/min，腹平软，肝肋下未触及，脾大肋下刚触及。

3. 实验室及其他检查：血常规：WBC $4.2\times10^9/L$，N 0.537，嗜酸粒细胞计数为0；腹部B超：①脾轻度肿大；②胆囊内赘生物，胆囊壁增厚；③肝脏、胰腺未见异常。肥达反应：O≥1/640，H 1/640，B 1/320；血培养：伤寒沙门菌，喹诺酮类均敏感。

临床诊断：

1. 伤寒。

2. 慢性胆囊炎，胆囊内赘生物形成。

【治疗】

1. 一般治疗

（1）隔离与休息：按胃肠道传染病隔离，排泄物消毒。卧床休息。

（2）护理与饮食：皮肤、口腔清洁护理。发热期宜流质或半流质饮食，给适量维生素B及C，少用糖及牛奶，注意水与电解质平衡。病程第2周起，病情严重，并发症多，凶险，应注意观察体温、脉搏、血压、腹部体征及大便外观，及时发现并发症。恢复期渐增食量，一般于退热后5~7天改用少渣饮食。

（3）对症治疗：高热者可用酒精擦浴及冰敷等物理降温，不宜用阿司匹林等水杨酸类退热药。便秘者忌用泻药，可用开塞露注肛或生理盐水低压灌肠。腹泻者忌用鸦片制剂，可用铋剂或复方颠茄片，忌用新斯的明，可用肛管排气、松节油局部热敷。烦躁不安者可用地西泮等镇静剂。中毒症状严重者，可用小量肾上腺皮质激素类药物，腹胀时慎用，以免其诱发肠穿孔或肠出血。

2. 抗菌治疗

（1）喹诺酮类药物：本类药物为广谱抗菌药，对伤寒沙门菌有强大的抗菌作用，临床疗效较好，如无禁忌证，可列为首选药物。目前常用

笔记栏

的有氧氟沙星300mg，每日2次，口服，或200mg每8~12小时一次静滴；左氧氟沙星200mg，每日2次，口服，或300~500mg，每日1次，静滴；环丙沙星200mg每8~12小时一次，静滴；依诺沙星200mg每日3次，口服；疗程10~14天。本品影响软骨发育，故孕妇、哺乳期妇女、18岁以下的患者避免用。

（2）头孢菌素类：三代头孢在体外有强大的抗伤寒杆菌活性，毒副作用低。可选用头孢噻甲羧肟、头孢三嗪、头孢哌酮等第三代头孢菌素，常用剂量为每天2~4g。喹诺酮类有禁忌时，三代头孢菌素类可列为首选药物。

（3）氯霉素：用于敏感伤寒沙门杆菌所致伤寒的治疗。成人每日1~2g，分4次，口服，退热3天后可减半量再服2周；或在退热后3天停药，1周后再服全量或半量1周；或退热3~4天后停药，检查白细胞总数，如已上升至正常水平，嗜酸细胞再现或升至正常，则不需再服药，否则再服1周。儿童剂量酌减。重症患者可用静脉滴注，成人每天1~2g，每日1次或两次静点。本药的优点是用药后退热较快，中毒症状亦随之减轻，有利于机体的恢复，使病死率和并发症明显降低。注意事项：对氯霉素有过敏史的患者禁用本药；由于氯霉素的血液系统毒性，用药期间应定期复查周围血象，如血液细胞降低时应及时停药，并作相应处理。避免长疗程用药。禁止与其他骨髓抑制药物合用；妊娠期患者避免应用；哺乳期患者避免应用或用药期间暂停哺乳；早产儿、新生儿应用本药后可发生“灰婴综合征”，应避免使用氯霉素；婴幼儿患者必须应用本药时需进行血药浓度监测；肝功能减退患者避免应用本药。

3. 慢性带菌者的治疗　每天4~6g氨苄西林或阿莫西林加丙磺舒每天2g，分3~4次，口服，疗程4~6周；或用喹诺酮类如氧氟沙星300mg，每日2次，疗程6周；或用复方新诺明，成人每次2片，每日2次，疗程14天。内科治疗效果不佳时，合并胆管炎症或胆石症者，应考虑手术切除胆囊。

4. 并发症的治疗

（1）肠出血：卧床休息，暂禁饮食或只进少量流质饮食。严密观察血压、脉搏、神志变化、便血情况。适量输液如5%葡萄糖生理盐水等液体，注意水电解质平衡。使用止血药物，必要时可输入适量浓缩红细胞。病人烦躁不安时，可使用安定等镇静药物。大量出血在积极的内科处理无效时，可考虑手术治疗。

（2）肠穿孔：予以禁食、胃肠减压，减少肠蠕动。积极加强全身支持治疗，静脉输液维持水电解质平衡与热量供应。加强抗菌治疗措施，选用广谱高效抗菌药物，控制腹膜炎。除非病人非常虚弱，应立即手术治疗。

（3）中毒性心肌炎：卧床休息。在足量有效抗菌药物治疗的同时，可应用肾上腺皮质激素。应用改善心肌营养状态的药物。如出现心功能不全，可在严密观察下应用小剂量洋地黄制剂。

（4）溶血性尿毒综合征：积极加强抗菌治疗，控制好伤寒杆菌感染的原发病。应予输液、输血，并可应用肾上腺皮质激素、小剂量肝素静脉滴注。必要时可做腹膜透析或血液透析。

（5）其他并发症：如并发中毒性肝炎、胆囊炎、肺炎甚至DIC等，应按相应疾病的治疗方法处理。

【预后和预防】

1. 预后　病死率约1%~5%，大多数死亡发生于营养不良者、婴儿和老人，明显贫血、胃酸缺乏者预后也差。肠出血、心肌炎、木僵、昏迷或休克反映出病情严重和预后不良。并发症主要发生在未治的病人或延误治疗的病人，曾接受预防接种者病情较轻，预后较好。

2. 预防

（1）控制传染源

1）病人：隔离治疗至粪便培养2次阴性或体温正常后15天。患者的大小便、便器、衣物、生活用品消毒处理。

2）接触者：医学观察3周，如有发热，应立即隔离。

3）带菌者的检出：饮食行业人员血清Vi抗体≥1∶20，即可拟诊，大小便或胆汁培养阳性即可诊断。

（2）切断传播途径：做好饮水、食物、粪便的卫生管理及灭蝇。注意个人卫生，养成饭前、便后洗手的习惯，不吃生冷及不洁食物。

（3）保护易感人群：易感人群可进行预防接种，提高免疫力。可接种伤寒、副伤寒甲、副伤寒乙三联疫苗。

处方及医师指导

1. 一般治疗：床边隔离，卧床休息，流质饮食；密切观察生命体征（血压、脉搏、体温等）。

2. 退热：冰敷或酒精擦浴降温；或给予中成药柴胡针4ml肌注。

3. 抗感染治疗：左氧氟沙星0.5g，静滴，每天1次。

4. 支持疗法：补液用林格液、葡萄糖液等。

5. 防治各种并发症。

笔记栏

第4章 流行性出血热

案例

患者,男性,35岁,石油勘探工人。发热、头昏7天,少尿2天。

患者7天来持续发热,体温高达39.0℃以上,两天来少尿,每24小时2次小便,总量约600ml,伴口干、头昏、心慌。门诊以发热原因待查收入院。石油勘探工人,最近在野外作业。

查体:T 39.8℃,P 118次/min,R 26次/min,BP 140/90mmHg。神清,急性发热面容,眼睑结膜藕粉样充血,左腋下皮肤有抓痕样出血点,浅表淋巴结不肿大;双肺呼吸音增粗,未闻及干湿性啰音,心界不扩大,HR 118次/min,律齐,未闻及杂音;腹软,全腹无压痛,双肾区无叩击痛。

实验室检查:血常规 WBC 5.7×10^9/L,Hb 160g/L,发现异型淋巴细胞20%;血肌酐121μmol/L;BUN 8.18mmol/L;TP 52.4g/L,ALB 34.77g/L;尿常规:尿蛋白(++),红细胞(+)。

思考题

1. 结合所学知识,你认为该病例最可能的诊断是什么?
2. 该病的诊断依据?
3. 明确诊断需要做哪些进一步检查?

流行性出血热(epidemic hemorrhagic fever,EHF)是病毒引起以鼠类为主要传染源的自然疫源性疾病。1982年世界卫生组织(WHO)定名为肾综合征出血热(hemorrhagic fever with renal syndrome,HFRS)。本病的主要病理变化是全身小血管和毛细血管广泛性损害、临床上以发热、低血压、出血、肾脏损害等为特征。本病主要分布于欧亚大陆,但HFRS病毒的传播几乎遍及世界各大洲,我国为重疫区。《中华人民共和国传染病防治法》规定的乙类传染病。

【病原学】 流行性出血热病毒(EHFV)属布尼亚病毒科(Bunyaviridae),汉坦病毒属(Hantavirus,HV),现统称汉坦病毒(HV)。本病毒为负性单链RNA病毒,形态有圆形,卵圆形,直径70~210nm。汉坦病毒的基因组由L、M和S三个片段组成,S片段编码病毒核蛋白,核蛋白可诱导机体产生非中和抗体,在免疫保护中起一定作用。M片段编码病毒膜糖蛋白,不同血清型的病毒的糖蛋白有差异,这也是临床表现差异的基础。L片段编码L蛋白,L蛋白主要是病毒多聚酶(或转录酶)蛋白,在病毒复制中起作用。EHFV的蛋白有较强的免疫原性和稳定的抗原决定簇。现已知汉坦病毒至少可分为16个血清型。Ⅰ型是汉滩病毒(Hantaan virus,HTNV),又称野鼠型,Ⅱ型是汉城病毒(Seoul virus SEOV)病毒又称家鼠型,Ⅲ型是普马拉病毒(Puumala virus,PUUV),Ⅳ型是希望山病毒(Prospect Hill virus PHV)又称田鼠型,以上4个血清型已被WHO认定。我国所流行的主要是Ⅰ型和Ⅱ型病毒。

【流行病学】

1. 传染源 我国已查出30种以上动物可自然携带本病毒,主要是小型啮齿动物,包括姬鼠属(主要为黑线姬鼠)、大鼠属(主要为褐家鼠,大白鼠)、鼠(棕背、红背)、田鼠属(主要为东方田鼠)、仓鼠属(主要为黑线仓鼠)和小鼠属(小家鼠,小白鼠)。除啮齿动物外,一些家畜也携带EHFV,包括家猫、家兔、狗、猪等。这些动物多属偶然性携带,只有少数几个鼠种从流行病学证明为本病的传染源,其中在我国黑线姬鼠为野鼠型出血热的主要宿主和传染源,褐家鼠为我国家鼠型出血热的主要传染源。

2. 传播途径 主要传播为动物源性,病毒能通过宿主动物的血及唾液、尿、便排出,鼠向人的直接传播是人类感染的重要途径。有多种感染方式,包括接触感染、呼吸道传播、消化道感染和螨媒传播。

3. 易感人群 人群普遍易感,隐性感染率较低,在野鼠型多为3~4%以下;但家鼠型疫区隐性感染率较高,有报告为15%以上。一般青壮年发病率高,二次感染发病罕见。

【发病机制】 发病机制尚未完全阐明。近年研究提示本病发病包括病毒作用和机体免疫反应两方面。首先,本病毒侵入人体后随血液分布全身组织细胞,特别是人血管内皮细胞对EHFV有易感性。病毒在血管内皮细胞内繁殖并释放至血液,引起病毒血症,出现发热和中毒症状。同时病毒本身也可直接损害毛细血管内皮细胞,造成广泛性的小血管损害,进而导致各

笔记栏

脏器的病理损害和功能障碍。当小血管和毛细血管受到损害，引起血管通透性增加，血浆外渗，有效循环血量下降，导致低血压休克。在血管损害基础上，血小板损害、减少加上凝血机制失调，DIC 形成等引起全身广泛性出血。肾脏血管通透性增加，引起肾间质水肿。肾小球基底膜损伤，肾小管上皮细胞变性，坏死、脱落和肾小管阻塞等引起蛋白尿、少尿和肾衰竭等一系列病理生理变化。

免疫复合物引起损伤（Ⅲ型变态反应）是本病血管和肾脏损害的主要原因，研究发现患者的小血管和毛细血管壁、肾小球和肾小管基底膜有特异性免疫复合物沉积，血浆和血液有形成分向血管外渗出，补体旁路途径和经典途径相继激活，免疫复合物介导的血管活性物质释放，损害血管内皮细胞，引起低血压休克和肾脏损害。而Ⅰ型、Ⅱ型、Ⅳ型变态反应在本病发病机制中的地位，尚有待进一步研究。

本病有 ADE 现象（Antibody-Dependent Enhancement）即抗体依赖性感染增强现象。其机制为病毒抗原同患者体内的特异性抗体结合，通过抗体的 Fc 段，与靶细胞上 Fc 受体结合，从而使病毒进入细胞而增殖，病毒增殖可达正常血清对照组 50～200 倍。ADE 现象与发病以及病情严重程度可能有关。

病毒致病机制：①病毒本身的作用可直接损害毛细血管内皮细胞，造成广泛性的小血管损害，进而导致各脏器的病理损害和功能障碍。②病毒在体内复制，病毒抗原刺激机体免疫系统，引起免疫损伤所致。③多器官的病理损害和功能障碍，又可相互影响、相互促进，使本病的病理过程更加复杂化，因而目前尚不能用一种学说解释全部发病机理。

【病理】 本病的基本病理变化包括以下几方面：

（1）全身小血管和毛细血管广泛性损害：表现内脏毛细血管高度扩张、充血，腔内可见血栓形成。血管内皮细胞肿胀、变性，重者血管壁变成网状或纤维蛋白样坏死，内皮细胞可与基底膜分离或坏死脱落。

（2）多灶性出血：全身皮肤黏膜和器官组织广泛性出血，以肾皮质与髓质交界处，右心房内膜下，胃黏膜和脑垂体前叶最明显。发热期即可见到，少尿期最明显。

（3）严重的渗出和水肿：各器官、体腔都有不同程度的水肿和积液，以腹膜后、纵隔、肺及其他组织疏松部最严重，少尿期可并发肺水肿和脑水肿。

（4）灶性坏死和炎性细胞浸润：多数器官组织和实质细胞有凝固性坏死灶，以肾髓质、脑垂体前叶、肝小叶中间带和肾上腺皮质最常见。在病变处可见到单核细胞和浆细胞浸润。

【临床表现】 潜伏期 5～46 天，一般为 1～2 周。约 10%～20% 的患者有前驱症状，表现为上呼吸道卡他症状或胃肠道功能失调。病程经过：典型病例有发热期、低血压期、少尿期、多尿期和恢复期五期经过。非典型和轻型病例可有越期现象，重者可有三期之间互相重叠。

1. 发热期 本期一般持续 5～6 天，典型表现起病急，常有发热伴恶寒。发病后体温急剧上升，一般在 38～40℃ 之间，热型以弛张热为多。除发热外，主要表现有全身中毒症状、毛细血管损伤和肾损害。表现为头痛、腰痛、眼眶痛（称为“三痛”），以及颜面及眼眶区有明显充血，似酒醉貌。上胸部潮红，球结膜水肿、充血。本期可有出血表现，多为腋下、胸背部条索点状或搔抓样淤点，黏膜见于软腭呈针尖样，眼结膜呈片状出血。部分病人有羞明、视力模糊、口渴、恶心、呕吐、腰痛、腹泻等。

2. 低血压期 主要为失血浆性低血容量休克的表现。病程第 4～6 天体温开始下降时或退热后不久，患者出现低血压、休克。休克顽固者常有明显出血倾向。可有烦躁不安、谵语、摸空等。脉搏细速，可出现奔马律或心力衰竭。轻者此期呈一过性血压下降，重者长达 8 天，一般 1～3天。

3. 少尿期 病程第 5～8 天病人进入少尿期。患者有口渴、呃逆、顽固性呕吐、腹痛、谵语、幻觉、抽搐、鼻出血、呕血、便血、咯血、尿血等，皮肤、黏膜出血点增多。血压大多升高，脉压增大。尿量明显减少。24 小时少于 400ml，病情严重者可并发脑水肿、电解质紊乱心衰及肺水肿等。此期时间短者 1 天，长者可达 10 余天，一般 2～5 天。

4. 多尿期 出现于病程第 10～12 天。出现多尿和夜尿症。每日可排出 3000～6000ml 低比重的尿液，甚至可达 10 000ml 以上。全身症状明显好转。由于尿液大量排出，可出现失水和电解质紊乱，特别是低钾血症。本期一般持续数天至数周。

5. 恢复期 一般在病程的第四周开始恢复，尿量逐渐回复正常，夜尿症消失，尿浓缩功能恢复。整个病程约 1～2 个月。

以上各期并非每一病人都有，轻型或非典型病员可缺少低血压期或少尿期。

【并发症】 主要有腔道出血、急性心力衰竭、支气管肺炎、成人呼吸窘迫综合征、肾脏破裂和其他继发感染等，死亡率较高。

笔记栏

案例归纳一

该患者持续发热7天，少尿2天，伴口干、头昏、心慌。最近有野外作业史。查体：T 39.8℃，P 118次/min，R 26次/min，BP 140/90mmHg。神清，急性发热面容，眼睑结膜藕粉样充血，左腋下皮肤有抓痕样出血点，浅表淋巴结不肿大；腹软，全腹无压痛，双肾区无叩击痛。

【实验室及其他检查】

1. 一般实验室检查 血象白细胞总数增高，分类中淋巴细胞增多，并有异常淋巴细胞，血小板数下降。尿检有蛋白、红细胞、白细胞、管型等。

2. 特异性实验诊断 特异性IgM阳性或发病早期和恢复期两次血清特异性IgG抗体效价递增4倍以上，均有确诊价值。从病人血液或尿中分离到病毒或检出病毒抗原亦可确诊。近有采用多聚酶链反应（PCR）直接检测病毒抗原，有助于病原诊断。

案例归纳二

血常规：WBC 5.7×10^9/L，Hb 160g/L，发现异型淋巴细胞20%；血肌酐121μmol/L；BUN 8.18mmol/L；TP 52.4 g/L，ALB 34.77g/L；尿常规：尿蛋白（++），红细胞（+）。由于当地不能检测流行性出血热抗体IgM，故检测流行性出血热抗体IgG1：16。并定于一周后复查流行性出血热抗体IgG 1：1024。

【诊断与鉴别诊断】

1. 诊断 根据流行病学资料，临床表现和实验室检查结果可诊断。

（1）流行病学：包括流行地区、流行季节，与鼠类直接和间接接触史，进入疫区或两个月以内有疫区居住史。

（2）临床表现：起病急、发热、头痛、眼眶痛、腰痛、口渴、呕吐、酒醉貌，球结膜水肿、充血、出血，软腭、腋下有出血点，肋椎角有叩击痛。

（3）实验室检查：见本节相关内容。

2. 鉴别诊断 本病早期应与上呼吸道感染、流行性感冒、败血症、伤寒、钩端螺旋体病相鉴别。有皮肤出血斑者应与血小板减少性紫癜区别；蛋白尿应与急性肾盂肾炎、急性肾小球肾炎相区别；腹痛应与急性阑尾炎、急性胆囊炎相区别。

案例诊断要点

1. 年轻男性，居住地鼠类活动。

2. 病史特点：持续发热7天，少尿2天，伴口干、头昏、心慌。最近有野外作业史。

3. PE：T 39.8℃，P 118次/min，R 26次/min，BP 140/90mmHg。神清，急性发热面容，眼睑结膜藕粉样充血，左腋下皮肤有抓痕样出血点，浅表淋巴结不肿大；双肺呼吸音增粗，未闻及干湿性啰音，心界不扩大，HR 118次/min，律齐，未闻及杂音；腹软，全腹无压痛，双肾区无叩击痛。

4. 实验室及其他检查：血常规WBC 5.7×10^9/L，Hb 160g/L，发现异型淋巴细胞20%；血肌酐121μmol/L；BUN 8.18mmol/L；TP 52.4g/L，ALB 34.77g/L；尿常规：尿蛋白（++），红细胞（+）。1周后流行性出血热抗体IgG有4倍升高。

临床诊断：流行性出血热（少尿期）。

【治疗】 以综合疗法为主，做好“三早一就”（即早发现病人、早休息、早治疗，及时就地有条件的单位治疗），把好防治“四关”（休克、出血、肾衰、感染）。

1. 发热期的治疗 发热期的治疗原则为抗病毒、抗渗出、抗出血。

（1）一般治疗：患者应卧床休息，就地治疗。给高热量、高维生素半流质饮食。补充足够液体。

（2）补液疗法：输液应以等渗盐液为主，常用者有平衡盐液、葡萄糖盐水等，每日1000～2000ml静脉滴注。疗程3～4日。

（3）抗病毒治疗：抗病毒药物治疗一般5日内应用效果好。病毒唑（ribavirin）为一广谱抗病毒药物，对本病毒最为敏感。

（4）改善中毒症状：早期应用糖皮质激素对降热、减轻中毒症状、缩短病程均有一定效果。

2. 低血压期的治疗

（1）补充血容量：早期补充血容量是治疗低血压休克的关键性措施，常用溶液为10%低分子右旋糖酐。用法：首次可用200～300ml快速滴注，维持收缩压在100mmHg左右，然后根据血压、脉压大小，血红蛋白值、末梢循环和组织灌注的动态变化，决定滴注速度和用量。一般以每日输注500～1000ml为宜。超过此数量时，可配用平衡盐液或5%葡萄糖盐水、葡萄糖液等，每日补液总量一般不超过2500～3000ml。

（2）调整血浆胶体渗透压：应及时输注新鲜

笔记栏

血或血浆300~400ml/次，调整血浆胶体渗透压，稳定血压，减轻组织水肿，将有利于休克的逆转。

(3) 纠正酸中毒：休克时常伴有代谢性酸中毒。一般首选5%碳酸氢钠，用量不宜过大(24小时内用量不超过800ml)，以防钠潴留而加重组织水肿和心脏负担。

(4) 血管活性药物的应用：血管活性药物有血管收缩药和血管扩张药两类，可根据休克类型来选用：①血管收缩药物：适用于血管张力降低的患者。一般采用血管收缩药如去甲基肾上腺素、间羟胺、麻黄碱等。②血管扩张药物适用于冷休克病例，应在补足血容量的基础上给予。常用者有：β受体兴奋剂：常用者有多巴胺等。α受体阻滞剂：如苄胺唑啉等。

3. 少尿期的治疗 患者出现少尿现象时，必须严格区别是肾前性抑或肾性少尿，确定肾性少尿后，可按急性肾功能衰竭处理。本期的治疗原则为稳定体内环境，促进肾功能恢复，防止合并症。

(1) 一般治疗：通常给高热量、高维生素半流质饮食，限制入液量，可根据病人排出量决定摄入量；即前一日尿量、大便与呕吐量加400ml。当发生少尿或无尿时，液体要严格控制，24小时进液量不宜超过1000ml，并以口服为主。

(2) 功能性肾损害阶段的治疗：每日尿量少于1000ml或每小时平均尿量小于40ml为少尿倾向，应及时采用预防性应用利尿剂治疗。利尿剂的应用包括以下两类。解除肾血管痉挛的利尿药物如：利尿合剂；作用于肾小管的利尿药物：呋塞米副作用小，可较大剂量应用。用法为每次20~200mg静脉推注。抗凝治疗丹参可减轻肾血管内凝血，有疏通肾脏血液循环的作用。

(3) 肾器质性损害阶段的治疗：透析疗法有助于排除血中尿素氮和过多水分，纠正电解质和酸碱平衡失调，缓解尿毒症，为肾脏修复和再生争取时间。中药大黄、芒硝等有一定帮助。

4. 多尿期的治疗 治疗原则是及时补足液体及电解质，防止失水、低钾与低钠，防止继发感染。补充原则为量出为入，应补充足量的液体和钾盐，以口服为主，静脉为辅，过多静脉补液易使多尿期延长。病人恢复后，需继续休息1~3个月，病情重者，休息时间宜更长。体力活动需逐步增加。

5. 恢复期治疗 补充营养，逐步恢复工作。

【预后和预防】

1. 预后 本病的预后差别较大，与感染的鼠型、病情的轻重、病程的长短、治疗的早晚及治疗措施是否得当有很大的关系。死亡率一般在3%~20%不等，平均5%左右。死亡的原因主要有：休克、肺水肿、心功能不全、尿毒症、腔道大出血及继发感染等。病后恢复一般较顺利，少数重型病人在病后可留有腰痛、多尿等症状达1年以上。

2. 预防

(1) 灭鼠和防鼠：灭鼠是防止本病流行的关键，在流行地区要大力组织群众，在规定的时间内同时进行灭鼠。在灭鼠为主的前提下，同时作好防鼠工作。结合灭鼠进行药物灭螨。

(2) 加强食品卫生，做好消毒工作：做好食品卫生、食具消毒、食物保藏等工作，要防止鼠类排泄物污染食品和食具。对发热病人的血、尿和宿主动物尸体及其排泄物等，均应进行消毒处理，防止污染环境。

(3) 注意个人防护：在疫区不直接用手接触鼠类及其排泄物，劳动时防止皮肤破伤，破伤后要消毒包扎。

(4) 疫苗：Ⅰ型疫苗系用野鼠型出血热。Ⅱ型疫苗系用家鼠型出血热。原则上野鼠型疫区及野鼠型为主的混合型疫区应首选Ⅰ型疫苗，家鼠型及以家鼠型为主的疫区应首选Ⅱ型疫苗。疫苗接种后均有不同效果。Ⅱ型疫苗接种后血清抗体阳转率达90%以上。流行病学效果与Ⅰ型疫苗相近。

处方及医师指导

1. 一般治疗：卧床休息，高热量，易消化，半流质饮食，乙醇溶液擦浴退热。

2. 补液治疗：输入平衡液，每日1000~2000ml静脉滴注。疗程3~4日。

3. 控制病毒感染：利巴韦林1000mg溶于葡萄糖液中静脉滴注，每日1次，疗程3~4日。氢化可的松200~300mg加入葡萄糖液作静脉滴注，每日1次。疗程不超过3天。

4. 呋塞米可较大剂量应用，用法60~120mg/次静脉推注。也可使用血管扩张剂酚妥拉明。必要时，采用血液透析疗法。

5. 定期测量血压，密切观察病人出血情况。

笔记栏

第5章 细菌性痢疾

案例

患者，男性，17岁。腹痛、腹泻伴寒战、高热1日。

患者于昨日上午生食在冰箱存放较久的西红柿后，出现腹痛、腹泻，1日排便达10余次，为黏液脓血便，有里急后重感，并伴寒战、发热，T 38.5℃，故来我院就诊收入院。

体格检查：T 39.2℃，P 102次/min，R 24次/min，BP 100/65mmHg；急性面容，心肺无异常，左下腹部压痛明显，无反跳痛，肠鸣音12~14次/min，神经系统检查无异常。

实验室及其他检查：血常规示WBC 16×10^9/L，N 0.80；粪常规示WBC 40个/HP，RBC 4~5个/HP。

思考题

1. 该病例最可能的诊断是什么？
2. 如何快速诊断该病？
3. 为明确诊断还应做哪些实验室检查，结果如何？
4. 该病应与哪些疾病相鉴别？

细菌性痢疾（bacilly dysentery，简称菌痢）是由痢疾杆菌引起的常见急性肠道传染病。临床上以发热、腹痛、腹泻、里急后重及黏液脓血便为特征，可伴全身毒血症症状，严重者可出现感染性休克和（或）中毒性脑病。主要病理变化为结肠黏膜化脓性溃疡性炎症。我国近年来发病率有所下降，但仍是仅次于病毒性肝炎和结核病的重要法定传染病。

【病原学】 病原菌为痢疾杆菌，又称志贺菌，属肠杆菌科志贺菌属，为革兰阴性杆菌，无鞭毛及荚膜，不形成芽孢，有菌毛。在普通培养基中生长良好。根据抗原结构和生化反应，分为A、B、C、D四群，即痢疾志贺菌、福氏志贺菌、鲍氏志贺菌及宋内志贺菌，以及47个血清型（含亚型）。目前，我国多数地区仍以B群占优势，其次为D群，再次为C群，而近年来在河南、云南等少数地区A群有增多趋势。

志贺菌对外界环境有一定抵抗力，其中以D群最强，B群次之，A群最弱。志贺菌在牛奶中可生存24小时；蔬菜、瓜果及腌菜中可存活1~2周；在阴暗、潮湿、冰冻条件下能生长数周。阳光直射有杀灭作用，加热60℃10分钟或100℃1分钟即可杀灭；对过氧乙酸、苯扎溴铵、氯化汞等消毒剂均很敏感。各型志贺菌均能释放内毒素，引起全身毒血症。B群感染易转为慢性；D群感染多呈不典型发作；而A群还可产生外毒素，外毒素的毒力很强，不但可以加重肠黏膜的炎性变化，并且具有神经毒性，引起肠道外病变，出现相应的临床表现。

【流行病学】 菌痢呈全年散发，以夏秋两季多见。主要是因为气温条件适合志贺菌生长繁殖；苍蝇多，传播媒介多；天热易感者喜冷饮及生食瓜果蔬菜等食品；胃肠道防御功能降低，抵御志贺菌能力下降。

1. 传染源 包括患者和带菌者，患者中尤以急性非典型菌痢及慢性隐匿型菌痢为重要传染源。

2. 传播途径 经粪-口途径传播。志贺菌随患者或带菌者的粪便排出，通过污染的手、食品、水源或生活接触，或苍蝇、蟑螂等间接方式传播，最终均经口入消化道使人感染。

3. 人群易感性 人群对志贺菌普遍易感。学龄前儿童患病多，与不良卫生习惯有关；成人患者与机体抵抗力降低、接触感染机会多有关。由于患同型菌痢后无巩固免疫力，不同菌群间以及不同血清型志贺菌之间无交叉免疫，故易重复感染或复发。

【发病机制】 因志贺菌对结肠黏膜上皮细胞有吸附和侵袭作用，因此，只有对肠壁上皮细胞具有侵袭力的志贺菌才能引起结肠的典型病变，而对上皮细胞无侵袭力的菌株并不引起任何病变。

正常人胃酸和肠道菌群对志贺菌有杀灭和拮抗作用，肠黏膜上皮细胞可产生特异性分泌型IgA，阻止细菌吸附和侵袭。当机体抵抗力下降，或病原菌数量多时，志贺菌借助于菌毛贴附并侵入结肠黏膜而致病。志贺菌侵入上皮细胞，经基底膜进入固有层，并在其中繁殖，释放内毒素，引起局部炎症反应和全身毒血症。大部分细菌在固有层可被单核-巨噬细胞吞噬杀灭，但当引起肠黏膜固有层小血管循环障碍时，则上皮细胞变性、坏死，形成浅表性溃疡等炎性病变，刺激肠壁神经丛使肠蠕动增加，临床上表现为腹痛、腹泻、黏液脓血便；又由于直肠括约肌受刺激而有里急后重感。感染A群菌可释放外毒素，由于外毒素的特性，引起肠黏膜细胞坏死，与病初出现水

笔记栏

样腹泻有关;因具有神经毒性与神经系统症状明显有关。

中毒型菌痢是机体对细菌毒素产生的异常强烈反应。引起急性微循环障碍,出现感染性休克、DIC,甚至多脏器功能衰竭(MOF),即表现为休克型中毒型菌痢;如脑组织病变严重者,引起脑水肿及脑疝,即表现为昏迷、呼吸衰竭等脑型中毒型菌痢。

慢性菌痢可能与下列因素有关:急性期诊断和治疗不及时、不彻底,或耐药菌株感染;机体抵抗力下降或缺乏肠道分泌性 IgA;合并胃肠道慢性疾患或营养不良等。

【病理】

1. 急性期菌痢 急性病变可累及整个结肠,尤其以乙状结肠和直肠为显著,呈弥漫性纤维蛋白渗出性炎症,表现为肠黏膜充血、水肿,分泌大量渗出物。严重者肠黏膜上皮细胞坏死脱落形成表浅溃疡,但仅限于固有层,故肠穿孔和肠出血少见。轻症者肠黏膜仅见弥漫性充血、水肿,肠腔内可见黏液脓血性渗出物。由于毒素的作用,可引起肝、心肌、肾小管、脑细胞变性。

2. 中毒性菌痢 肠道病变轻微,多数仅见肠黏膜水肿,少数有溃疡形成。突出的病变为全身多脏器的微血管痉挛和渗出性增加;大脑和脑干弥漫性水肿、点状出血和神经细胞变性;肾上腺皮质萎缩和出血。

3. 慢性期菌痢 主要为肠黏膜水肿和肠壁增厚,肠黏膜溃疡不断形成与修复,溃疡边缘黏膜息肉状增生,愈合后形成瘢痕,少数可引起肠腔狭窄。

【临床表现】 潜伏期从数小时至7日不等,一般为1~3日。病前多有不洁饮食史。临床上根据病程及病情分为急性和慢性2期以及6种临床类型。

1. 急性菌痢

(1) 普通型(典型):起病急,畏寒、寒战、高热,体温可达39℃以上,伴头痛、恶心、呕吐、乏力等;继而出现腹痛、腹泻,每日排便10~20次不等,伴里急后重。初起为稀便或水样便,量多,继则呈黏液或黏液脓血便,量少,左下腹压痛明显伴肠鸣音亢进。病程约1~2周,部分患者可转为慢性。少数患者因呕吐严重,可出现酸中毒及水、电解质紊乱。极少数患者病情严重,可转成中毒型菌痢。

(2) 轻型(非典型):一般不发热或有低热,腹痛轻,腹泻次数少,每日不超过10次,大便有黏液但无脓血,里急后重较轻或无,可有左下腹压痛。病程3~6日。

(3) 中毒型:多见于2~7岁健壮儿童,起病急骤,进展迅速,病情危重,病死率高。突然高热起病,体温可达40℃以上,临床上以严重全身毒血症、休克和(或)中毒性脑病为主要表现,可迅速出现呼吸和循环衰竭。肠道症状不明显。依据临床表现可分为3种类型。

1) 休克型(周围循环衰竭型):较为常见的一种类型,以感染性休克为主要表现。如面色苍白、口唇发绀、四肢厥冷、皮肤花斑;血压明显下降或测不出,脉压减小;脉搏细数,心率快;尿少或无尿;伴不同程度意识障碍。重症病例休克不易逆转,并发 DIC、肺水肿等,可致呼吸衰竭。

2) 脑型(呼吸衰竭型):为一种严重临床类型,以颅内压增高、脑水肿等中枢神经系统症状为主要表现。早期可有剧烈头痛、频繁呕吐,典型呈喷射状呕吐;伴嗜睡或烦躁等不同程度意识障碍。晚期表现为反复惊厥、血压升高、呼吸节律异常、呼吸深浅不匀等中枢性呼吸衰竭;瞳孔不等大,或忽大忽小,对光反应迟钝或消失;肌张力增高,腱反射亢进,可出现病理反射;严重者可发生脑疝。

3) 混合型:是最为严重的一种临床类型,病死率极高。以上两型同时或先后存在,具有循环衰竭和呼吸衰竭等多脏器功能衰竭的综合表现。

2. 慢性菌痢 病情反复发作或迁延不愈超过2个月以上者称为慢性菌痢。依据临床表现可分为3种类型。

(1) 慢性迁延型:急性菌痢发作后,迁延不愈,常有腹部不适或腹痛、腹胀、腹泻、黏液便或脓血便,亦可腹泻与便秘交替出现。病程长者可有失眠、多梦、健忘以及营养不良、贫血等表现。左下腹压痛,可扪及条索状乙状结肠。粪便常间歇排菌,志贺菌培养时有阳性。

(2) 慢性隐匿型:1年内有菌痢病史,临床症状消失2个月以上,但粪便培养志贺菌阳性,乙状结肠镜检查可见肠黏膜病变。此型患者为重要传染源,在流行病学上具有重要意义。

(3) 急性发作型:一般半年内有菌痢病史或复发史,常因饮食不当、受凉、劳累等因素诱发。临床表现同急性菌痢,但程度轻,粪便培养有志贺菌阳性,乙状结肠镜检查肠黏膜有炎症甚至溃疡等病变。

案例归纳一

患者于夏末秋初发病,有食生冷不洁饮食史,以腹痛、腹泻伴寒战、高热为主要表现,每日排便10余次,为黏液脓血便,并有里急后重感。

体格检查:T 39.2℃,P 102次/min,R 24次/min,BP 100/65mmHg,急性面容,左下腹部压痛明显,无反跳痛,肠鸣音12~14次/min。

笔记栏

【实验室及其他检查】

1. 血象 急性菌痢白细胞总数和中性粒细胞多增加，白细胞多在(10~20)×10^9/L，中毒型菌痢可达(15~30)×10^9/L。慢性菌痢患者可有轻度贫血。

2. 粪便检查 典型菌痢粪便量少，外观多为黏液脓血便，常无粪质。镜检可见大量成堆的白细胞或脓细胞，满视野散在的红细胞和少量巨噬细胞。培养检出志贺菌即可确诊。应取早期、新鲜、勿与尿液混合、含黏液脓血的粪便，多次送检，可提高检出阳性率。

3. 快速病原学检查 近年来开展免疫荧光微菌落法及协同凝集试验，可以简便、快速地从粪便中获得阳性结果，阳性率可高达90%以上，有利于早期诊断。采用PCR技术进行志贺菌DNA检测，明显增加了早期诊断的敏感率，且能检测出已用抗生素治疗患者中死亡的志贺菌DNA。

4. 乙状结肠镜检查 急性菌痢可见肠黏膜弥漫性充血、水肿、点片状出血、溃疡，大量黏液脓性分泌物附着。慢性菌痢肠黏膜呈颗粒状，可见溃疡、息肉或瘢痕等改变。自病变部位刮取分泌物做培养，可提高病原菌检出率。

案例归纳二

血常规示：WBC 16×10^9/L，N 0.80；便常规示：WBC 40个/HP，RBC 4~5个/HP。

【诊断与鉴别诊断】

1. 诊断 根据流行病学史、临床表现及实验室检查进行综合诊断。多发生于夏秋季节，病前1周内有不洁饮食史或与患者接触史。急性菌痢表现为发热、腹痛、腹泻、黏液脓血便、里急后重、左下腹压痛等，临床诊断并不困难。中毒型菌痢多见于儿童，病情进展迅速，高热、惊厥，于起病数小时内发生意识障碍，伴呼吸和循环衰竭。慢性菌痢患者有急性菌痢病史，病情迁延不愈，病程超过2个月。症状不典型者，常需肛拭取标本或以盐水灌肠取材做涂片镜检和细菌培养才能确诊。

2. 鉴别诊断

(1) 急性菌痢：须与其他疾病所致的急性腹泻相鉴别，如急性阿米巴痢疾以及沙门菌、侵袭性大肠埃希菌、空肠弯曲菌及副溶血性弧菌引起的细菌性食物中毒。急性菌痢与急性阿米巴痢疾的鉴别见表6-5-1。

表6-5-1 急性菌痢与急性阿米巴痢疾的鉴别

	急性菌痢	急性阿米巴痢疾
病原学	志贺菌	阿米巴原虫
流行病学	起病急，潜伏期1~7日，散发或流行	起病缓，潜伏期数周至数月，散发
全身症状	较重，多有发热，毒血症明显	轻微，多不发热，毒血症少见
胃肠道症状	腹痛重，伴里急后重，便次频繁	腹痛轻，无里急后重，便次少
腹部压痛	多为左下腹明显压痛	多为右下腹轻度压痛
粪便检查	外观：呈黏液脓血便，量少	外观：呈暗红色果酱样便，量多，有腥臭味
	镜检：大量白细胞或脓细胞，散在红细胞和少量巨噬细胞，培养志贺菌阳性	镜检：红细胞多于白细胞，常有夏科-雷登结晶，可找到阿米巴滋养体
乙状结肠镜检查	肠黏膜弥漫性充血、水肿及浅表溃疡	有散在溃疡，肠黏膜大多正常

(2) 慢性菌痢：须与慢性非特异性溃疡性结肠炎(克罗恩病)、结肠癌和直肠癌、肠结核、慢性阿米巴痢疾、肠道菌群失调等相鉴别。克罗恩病为自身免疫性疾病，病程长，有腹痛及脓血便，但粪便培养无致病菌生长，抗菌药物治疗多无效，乙状结肠镜及钡剂灌肠检查有助于鉴别。

(3) 中毒性菌痢：须与流行性乙型脑炎(乙脑)、中毒性肺炎、脑型疟疾等相鉴别。乙脑与中毒性菌痢都多发于夏秋季，均可有高热、惊厥、昏迷。乙脑病情进展缓慢，循环衰竭少见，脑膜刺激征及意识障碍明显，脑脊液白细胞增高，特异性IgM抗体阳性。

案例诊断要点

1. 患者于夏末秋初发病，有食生冷不洁饮食史。

2. 病史特点 以腹痛、腹泻伴寒战、高热为主要表现，每天排便10余次，为黏液脓血便，并有里急后重感。

3. 体格检查 T 39.2℃，P 102次/min，R 24次/min。急性面容，左下腹部压痛明显，肠鸣音12~14次/min。

4. 实验室及其他检查 血常规示WBC 16×10^9/L，N 0.80；便常规示：WBC 40个/HP，RBC 4~5个/HP。

临床诊断：急性细菌性痢疾(普通型)。

【治疗】

1. 急性菌痢的治疗

(1) 一般治疗：卧床休息，消化道隔离至临床症状消失，粪便培养连续2次阴性。给予易消化、高热量、高维生素的流质或半流质饮食。注意水、电解质及酸碱平衡，无呕吐且失水轻者，口服含盐米汤或口服补液盐(ORS)；呕吐者需静脉补液，以生理盐水或5%葡萄糖盐水为主，有酸中毒者，给予碱性液体，补液量视失水程度而定。

(2) 对症治疗：高热者可用物理降温和退热药；腹痛者给予阿托品或颠茄浸膏片；中毒症状明显者可用小剂量肾上腺皮质激素。

(3) 病原治疗：除轻型菌痢在进行一般治疗、对症治疗和注意临床观察的前提下可不用抗菌药物外，其他各型菌痢常须给予病原治疗。

1) 磺胺类：复方磺胺甲噁唑(SMZ-TMP)，每次2片，口服，每日2次，首次加倍，疗程3~5日。对磺胺类药物过敏、白细胞减少及严重肝、肾功能不全者忌用。现已少用或不用。

2) 氟喹诺酮类：为人工合成的广谱抗菌药物，作用于细菌DNA旋转酶，阻止DNA合成，具有良好的杀菌作用，少有耐药产生，毒副作用少，为成人菌痢的首选药。①诺氟沙星：每日600~800mg，分2~3次口服；②氧氟沙星：每日600mg，分2次口服；③环丙沙星：每日400mg，分2次口服。疗程3~5日。该类药可能影响婴幼儿骨骺发育，故不宜用于小儿和孕妇。

3) 抗生素：对氨基糖苷类药物仍然敏感，但耐药性呈上升趋势。可适当选用庆大霉素、阿米卡星、妥布霉素、哌拉西林及三代头孢菌素类药物等，或根据药敏试验结果选用。肌注或静滴，疗程均为5~7日。

(4) 中药治疗：①小檗碱(黄连素)：0.3~0.4g，口服，每日4次；②肠炎灵片：4~6片，口服，每日3次。

2. 中毒性菌痢的治疗 本型病情凶险，来势迅猛，应及时采取对症治疗为主的综合性抢救措施。

(1) 病原治疗：根据病原菌选择有效的抗菌药物，成人多采用氟喹诺酮类，具体用法与治疗急性菌痢相同。但主张联合用药，静脉给药，待中毒症状好转后改为口服抗菌药物。总疗程7~10日。

(2) 对症治疗

1) 控制高热和惊厥：积极采用物理降温法，加用退热药。高热伴躁动不安、惊厥者可采用亚冬眠疗法，氯丙嗪和异丙嗪各1~2mg/kg，肌注，2~4小时可重复使用1次，一般5~7次即可撤除；反复惊厥者可加用苯巴比妥钠盐、水合氯醛、地西泮(安定)等。

2) 休克型的治疗：①扩充有效血容量并纠正酸中毒：快速静脉滴注低分子右旋糖酐或葡萄糖氯化钠溶液，首剂10~20ml/kg，全日总液量50~100ml/kg；若有酸中毒可给予5%碳酸氢钠静脉滴注。②改善微循环：可应用山莨菪碱或阿托品，解除血管痉挛；如不见好转，可考虑多巴胺与间羟胺联合应用。③强心治疗：心力衰竭者可给予毛花苷丙；④应用肾上腺皮质激素的应用：氢化可的松或地塞米松静脉滴注。

3) 脑型的治疗：①防治脑水肿：20%甘露醇或25%山梨醇，每次1~2g/kg，快速静注，4~6小时1次，可与50%葡萄糖交替使用；②防治呼吸衰竭：保持呼吸道通畅，吸氧，必要时给予洛贝林(山梗菜碱)、尼可刹米等呼吸中枢兴奋剂。重危病例可进行气管内插管与气管切开，使用人工呼吸器。

(3) 中药治疗：给予生脉或参麦注射液，静脉滴注，以升高血压，改善微循环，抗休克。

3. 慢性菌痢

(1) 一般治疗：积极寻找诱因，避免过劳、腹部受凉；进食易消化、易吸收的饮食，勿食生冷饮食。积极治疗并存的慢性消化道疾病。体质虚弱者应及时使用免疫增强剂。

(2) 对症治疗：有肠道功能紊乱者，可给乳酶生或小剂量异丙嗪、复方苯乙哌啶等。当出现肠道菌群失衡时，切忌滥用抗菌药物，立即停止耐药抗菌药物的使用，可给予微生态制剂如丽珠肠乐和培菲康等，可补充正常生理性细菌，调整肠道菌群。

(3) 病原治疗：尽可能多次进行粪便细菌培养及药敏试验，根据病原菌选择有效的抗菌药物，主张两种不同类的抗菌药物联合应用，疗程适当延长，进行长期而系统的治疗。对于肠道黏膜病变经久不愈者，可同时采用局部保留灌肠疗法，可用5%大蒜素液或0.3%小檗碱液或0.5%卡那霉素液100~200ml，加氢化可的松100mg，或加泼尼松20mg及0.25%普鲁卡因10ml，保留灌肠，每晚1次，10~14日为1疗程。

(4) 中药治疗：给予温中健脾丸、参苓白术丸或归脾丸等。

【预后和预防】

1. 预后 急性菌痢一般预后良好，大多数在发病后1周出现免疫力，症状可逐渐好转，经过2周左右可痊愈。由于抗菌药物的应用，肠道内病菌易于消失，加快了临床恢复过程。少数患者可因治疗不当或不及时，或因体质衰弱等因素，演变成慢性菌痢或遗留有肠功能紊乱。中毒型菌痢因诊治不及时，病死率高。极少数危重患

笔 记 栏

者因脑组织损伤严重,可发生中毒性脑病,与此同时遗留有不同程度的神经精神症状。

2. 预防

(1) 管理好传染源:早期发现患者和带菌者,早期隔离,直至粪便培养隔日1次、连续2~3次阴性方可解除隔离。对于托幼、饮食行业、水源管理等单位人员,定期进行查体、粪便培养等,以便及时发现带菌者,及早彻底治疗。对于慢性菌痢带菌者,应调离工作岗位。

(2) 切断传播途径:对于菌痢等消化道传染病,最重要的预防环节是切断传播途径。认真贯彻执行"三管一灭"(即管好水源、食物和粪便,消灭苍蝇)的原则。严格贯彻执行各种卫生制度,注意个人卫生,养成饭前、便后洗手的良好卫生习惯。

(3) 保护易感人群:近年来主张采用口服菌痢活菌苗,但疗效一般不够肯定。口服志贺菌"依链"株减毒活菌苗,可刺激肠黏膜上皮细胞产生特异性分泌型IgA,以防止志贺菌菌毛贴附于肠上皮细胞,从而防止其侵袭和肠毒素的致泻作用。免疫力可维持6~12个月,但与其他菌型间无交叉免疫。

处方及医师指导

1. 一般治疗:卧床休息,消化道隔离至临床症状消失,进行粪便培养连续2次阴性方可。给予易消化、高热量的流质或半流质饮食。用酒精擦浴行物理降温。

2. 药物治疗

(1) 头孢曲松:1g溶于5%葡萄糖溶液200ml中,静脉滴注,每日2次。疗程3~5日。

(2) 654-2注射液:2ml,肌注。腹痛缓解后停用。

(3) 补液盐(ORS):1袋溶于1000ml水中,分次口服。

笔记栏

第6章 血吸虫病

案例

患者，男性，23岁。发热、皮疹20天。

患者20天前无明显诱因出现发热，体温39.5℃，当地卫生所诊断为“上感”，给予口服药物治疗（药名不详），体温无明显下降，且出现早低晚高规律，一天体温相差1~2℃，伴畏寒。三天后，出现全身荨麻疹样皮疹，以躯干部为甚，时隐时现，无瘙痒，1周后渐消退。病程中，全身酸痛，轻微咳嗽，无咳痰、盗汗，无关节肿痛，无腹痛腹泻。当地医院拟诊“荨麻疹”，予葡萄糖酸钙等治疗。症状有所减轻，体温仍波动在37.3~39℃之间。

既往体健，否认有肝炎、肺结核等传染病史，按时进行计划免疫接种。1个月前曾下河捕鱼。居住在血吸虫疫区。

体格检查：T 39.2℃，P 80次/min，R 23次/min，BP 105/ 67.5mmHg。神志清，自动体位。生长发育正常，面色苍白，全身散在皮疹，巩膜无黄染。颈部可扪及两枚黄豆大小淋巴结，质软，无触痛；颈软，两肺呼吸音粗糙，未闻及啰音，心率80次/min，律齐，无杂音；腹平软，全腹无压痛，肝脏肋下可触及，肝区无叩击痛，脾肋下未及。脊柱四肢及神经系统检查未见异常。

实验室及其他检查：血红蛋白及红细胞计数正常，4次白细胞计数（9.12~15.12）× 10^9/L，分类正常；4次血嗜酸粒细胞计数：2次正常，2次减少；血小板120× 10^9/ L。尿粪常规、血总胆红素、血浆蛋白、血糖正常；肝、肾功及电解质等均正常。血肥达反应（-），结核菌素试验（-）。胸片示：两肺纹理增多，可见散在点状浸润阴影。腹部B超示肝脏轻度增大，脾脏及双肾正常。血吸虫间接血凝试验（IHA）阳性。

思考题

1. 本病例临床特点是什么？
2. 临床诊断是什么？主要诊断依据是什么？确诊尚需做何项检查？
3. 该病应与哪些疾病相鉴别？

血吸虫病（schistosomiasis japonicum）是日本血吸虫寄生于人体门静脉系统所引起的寄生虫病。为一种广泛流行于热带和亚热带地区的人畜共患寄生虫病，由皮肤接触含尾蚴的疫水而感染，基本病理改变是虫卵沉积于肝与结肠等组织引起的虫卵肉芽肿。急性期表现有发热、恶心呕吐、腹痛腹泻或脓血便、肝肿大和压痛、血中嗜酸粒细胞显著增多等，慢性期主要为肝脾肿大，晚期则因肝脏门静脉纤维化而致门脉高压，出现腹水、巨脾。

全球有75个国家有血吸虫病流行，分布于亚洲、拉丁美洲和非洲，感染者约2亿人。我国主要流行于长江流域及其以南的13个省、市、自治区，据统计，全国共有血吸虫病人81万人，其中晚期病人26 046人；血吸虫病的疫区扩大，全国患血吸虫病的人数也有所增加，专家估计，实际患病人数已达到100万，防治形势非常严峻。本病的传播环节多，流行因素复杂，同时具有易感季节明显，易感环境不确定性，高危人群集中，感染方式与居民的生产生活方式密切的流行特征。

【病原学】 目前已知有19种血吸虫可引起人类发病，其中5种，即日本血吸虫、曼氏血吸虫、埃及血吸虫、湄公血吸虫、间插血吸虫可引起人畜共患血吸虫病，在我国流行的只有日本血吸虫病，故通常将日本血吸虫病简称为血吸虫病。

血吸虫的生活史包括成虫、虫卵、毛蚴、胞蚴、尾蚴及幼虫6个阶段。从毛蚴钻入钉螺至尾蚴形成，系无性生殖阶段，在中间宿主钉螺内完成；而从尾蚴、幼虫至成虫成熟产卵，为有性生殖阶段，在宿主（人和哺乳动物）内完成。

血吸虫成虫雌雄异体，常合抱在一起，主要寄生于人体肠系膜下静脉内。雌虫于肠黏膜下产卵，每条雌虫每天约产卵1000~3500个。大部分虫卵沉积于肝脏和肠壁组织，小部分虫卵从肠壁穿破血管落入肠腔，随粪便排至体外。从粪便排出的虫卵入水后，在适宜的温度下（25~30℃）孵出毛蚴，毛蚴侵入中间宿主钉螺内，经母胞蚴和子胞蚴两代发育繁殖，约7~8周后即开始不断逸出尾蚴。尾蚴在水中浮游，人畜接触疫水时，尾蚴很快从皮肤或黏膜侵入人体，脱去尾部形成童虫，随血流经肺到达肝脏，在肝内约30天左右发育为成虫，又逆血流移行至肠系膜静脉中产卵，完成其生活史。

笔记栏

血吸虫病是人畜共患疾病，其终末宿主除人外尚有牛、猪、羊、狗、猫等42种哺乳类动物为其储存宿主。这些动物排出的虫卵污染水源而增加了血吸虫病的传播，为血吸虫病的防治带来了困难。

【流行病学】

1. 地域分布 日本血吸虫首先在日本山梨县发现，除我国外，日本、菲律宾、马来西亚、泰国、印度尼西亚等也有流行。本病在我国有两千多年的历史，主要分布在长江流域及其以南的江苏、安徽、浙江、江西、湖北、河南、上海、广东、广西、四川、云南、福建、重庆13个省、市、自治区。根据流行的地理环境、钉螺分布特点及流行特点，可分为水网型、湖沼型和山丘型，湖沼型疫区疫情最重，钉螺常呈片状分布，面积最广，主要分布在长江中下游的湘、鄂、赣、皖、苏五省的沿江两岸和通于长江的湖泊周围；水网型主要分布在苏、浙两省，钉螺常随河沟呈网状分布；山丘型除上海市外，其他12省、市、自治区均可见，钉螺面积小，常呈点状分布，患病者较少。

2. 传染源 为病人和保虫宿主。传染源依流行地区不同而有差异，在水网地区，病人是主要的传染源；在湖沼地区，除病人外还有感染的猪、牛为主要的传染源；在山丘地区野生动物如感染的鼠也是本病重要的传染源。

3. 传播途径 本病传播必须具备三个重要环节，即带虫卵的粪便入水、钉螺孳生和人体接触疫水。

(1) 粪便入水：粪便入水的方式有：船内粪便直接入水、河边洗涮马桶、河湖边设置厕所等，另外感染的畜生随地大便也可污染水源。

(2) 钉螺存在和孳生：分布于我国的钉螺是湖北钉螺，水陆两栖，生活在水线上下，多孳生于水分充足、有机物丰富、杂草丛生、潮湿隐蔽的灌溉沟和湖边浅滩，冬季在地面荫蔽处蛰伏过冬。附着于水草、牲畜、鞋带等方式远处扩散，其感染率以秋季为高。

(3) 接触疫水：因生活（戏水、洗涤等）或生产（捕鱼、种田、防汛、割草等）接触疫水而感染本病。饮用生水时，尾蚴也可经口腔黏膜侵入。赤脚行走于河岸，也有被草上露水中的尾蚴感染的可能。

4. 易感人群 人群普遍易感。接触疫水的机会越多，感染几率越高，一般青壮年男性渔民、农民感染率最高，夏秋季感染的机会多，5岁以下的儿童感染率低。感染后有一定的免疫力，重复感染多见。无免疫力的非流行地区人群或儿童如遭受大量尾蚴感染，呈暴发流行。

【发病机制】 血吸虫尾蚴、幼虫、成虫、虫卵对宿主可引起一系列的病变，以虫卵引起的病变最严重，危害也最大。目前认为血吸虫病的损害是宿主对血吸虫刺激产生的免疫应答并诱发的相应病理改变。

1. 尾蚴及童虫引起的病变

(1) 尾蚴性皮炎：尾蚴侵入皮肤后，可引起皮肤的炎症反应，称为尾蚴性皮炎（cercarial dermatitis）。多发生于重复感染的患者，一般在尾蚴钻入皮肤后数小时至2~3日内发生，表现为红色小丘疹，奇痒，经数日后可自然消退。镜下见真皮充血、出血及水肿，起初有中性及嗜酸粒细胞浸润，以后主要为密集的单核细胞浸润。目前认为本病的发病与IgE-肥大细胞-组胺释放有关。

(2) 童虫引起的病变：童虫移行到肺时，部分可穿破肺泡壁毛细血管，游出到肺组织中，引起点状出血及白细胞浸润（约在感染后1~2天）并可有血管炎改变，出现咳嗽、痰中带血等；童虫经大循环移行到其他器官时也可引起与肺类似的改变。

童虫所引起的血管炎症性病变与其毒素、代谢产物或虫体死亡后蛋白分解产物所致人体组织的变态反应有关。

2. 成虫引起的病变 血吸虫在门静脉系统内发育成熟后，其代谢产物可使机体发生贫血、嗜酸粒细胞增多、脾肿大、静脉内膜炎及静脉周围炎等。

3. 虫卵引起的病变 虫卵沉着所引起的损害是最主要的病变，虫卵除主要沉着于乙状结肠和直肠壁以及肝外，也常见于回肠末段、阑尾及升结肠等处。

虫卵是引起宿主免疫反应的主要因素，由含有毛蚴的虫卵，通过卵壳上微孔释放可溶性抗原成分（soluble egg antigen，SEA），使T淋巴细胞致敏，释放各种淋巴因子，如巨噬细胞激活因子（MAF）、嗜酸粒细胞趋化因子（ECF）等，吸引大量单核细胞、嗜酸粒细胞等聚集于虫卵周围，形成虫卵肉芽肿。急性期肉芽肿易液化形成脓肿样改变，故又称为嗜酸性脓肿。随着病程发展和虫卵内毛蚴死亡，免疫反应减弱，虫卵肉芽肿逐渐被吸收，最后变为纤维性瘢痕组织。

宿主感染血吸虫后得到获得性免疫，为伴随免疫，此免疫力对体内成虫无损，对再感染产生不同程度的抵抗力。其机制为抗体依赖、细胞介导的细胞毒反应，由IgE或IgG2a抗体，巨噬细胞、嗜酸粒细胞等参与。主要作用于表面有抗原表达的幼龄童虫，嗜酸粒细胞有IgG和IgE的Fc受体，当抗体包被童虫后其Fc段与Fc受体结合，并使嗜酸粒细胞黏附在童虫表面且脱颗粒，

笔记栏

释出细胞毒性物质,而起杀伤作用,故为抗体依赖性嗜酸粒细胞介导的细胞毒作用。

【病理】 日本血吸虫主要寄生在肠系膜下静脉和直肠痔上静脉内,故以结肠和肝脏为主要受累器官。

1. 肠的病变 常累及全部结肠,以乙状结肠最为显著,小肠病变少见。

虫卵在黏膜及黏膜下层有成堆堆积,形成急性虫卵结节,尤以黏膜下层为明显。病灶中央可发生坏死脱落形成浅表溃疡,其边缘常有充血。在肠病变的早期,临床可出现腹痛、腹泻等痢疾样症状。由于虫卵的反复沉着,引起肠黏膜反复发生溃疡和肠壁纤维化,最终导致肠壁增厚变硬,甚至肠腔狭窄和肠梗阻;部分黏膜增殖并形成息肉,部分黏膜萎缩。在黏膜溃疡、纤维增殖、息肉形成的基础上,可发生癌变。

2. 肝脏的病变 早期可有轻度肝肿大,表面及切面可见多个不等的灰白或灰黄色、粟粒或绿豆大小的小结节(虫卵结节)。镜下,见急性虫卵结节,主要分布在汇管区附近,肝细胞可因而受压萎缩,门静脉分支可有静脉内膜炎改变。

慢性病例肝内可见慢性虫卵结节和纤维化。晚期肝因严重纤维化而变硬、变小,导致血吸虫性肝硬变。肝表面不平,有浅沟纹构成微隆起的分区,严重者可形成粗大突起的结节。由于虫卵结节主要见于汇管区,肝小叶并未遭受严重破坏,故不形成假小叶,与门脉性肝硬变不同。由于门静脉分支虫卵栓塞、静脉内膜炎、血栓形成和机化,以及门静脉周围纤维组织增生,使肝内门静脉分支阻塞和受压,从而造成门静脉高压。因肝内门静脉的阻塞是窦前性的,故门静脉高压较门脉性肝硬化时更为显著,临床上常出现腹水、巨脾、食管静脉曲张等后果。

3. 脾脏病变 早期肿大不明显,主要由于成虫的代谢产物引起的单核巨噬细胞增生所致。晚期主要由门静脉高压引起的脾淤血肿大,质硬,可形成巨脾,临床上可出现贫血、白细胞减少和血小板减少等脾功能亢进症状。

4. 异位损害 指门脉系统以外的器官病变,以肺和脑最为多见。主要因为重度感染时大量虫卵溢出门脉系统以外,沉积于其他组织、脏器而引起。肺部表现为间质性虫卵肉芽肿,肺泡周围炎性浸润。脑的血吸虫病主要见于大脑顶叶,也可累及额叶及枕叶,表现为不同时期的虫卵结节形成和胶质细胞增生。临床上出现脑炎、癫痫发作和疑似脑内肿瘤的占位性症状。

【临床表现】 血吸虫临床表现复杂,依据感染程度、病程、虫卵沉积部位及人体的免疫应答等不同,将其分为急性、慢性、晚期和异位血吸虫病。

1. 急性血吸虫病 急性血吸虫病在我国主要分布于长江中下游及长江以南地区。多见于夏秋季,以小儿及青壮年多见,有明确的疫水接触史。多见于初次感染大量尾蚴或短期内反复多次感染后1个月左右,成虫开始大量排卵时,但慢性病人大量感染后亦可得急性感染。平均潜伏期40天左右(2周~3个月),其间可出现疫水接触处发痒、皮疹等尾蚴皮炎和咳嗽、胸痛等童虫移行损伤。起病多急骤,主要表现有:

(1) 发热:患者均有发热,以间歇热、弛张热多见,早晨低,晚间高,且有畏冷感,可持续数日至数周不等。重度感染者可呈稽留热,神情淡漠,腹胀、重听,相对缓脉等,类似伤寒。

(2) 过敏反应:除尾蚴皮炎外,以荨麻疹较多见。也可有血管神经性水肿、出血性紫癜、淋巴结肿大、血中嗜酸粒细胞及免疫球蛋白增高等。

(3) 消化系统症状:主要表现为结肠炎的症状,腹痛、腹泻最多,重症或重复感染病人常有黏液血便,偶有便秘。还可有食欲不振、恶心、腹胀等。

(4) 肝脾肿大:90%的病人有肝脏中度肿大,有不同程度的压痛;有时脾脏亦可轻度肿大。

(5) 呼吸系统的症状:约半数以上病例可出现咳嗽、胸痛、痰中带血等症状,大多轻微;体征则不甚明显。胸部X线可见肺纹理增加,散在点状、粟粒状浸润阴影,以中下部多见,一般于3~6个月消散吸收。

(6) 其他:少数病人可有蛋白尿、管型尿等肾损害。重症病人可出现神志淡漠、心肌受损、贫血、消瘦等毒血症状。

2. 慢性血吸虫病 多因小量反复感染而致,病程半年以上,称为慢性血吸虫病。急性期病人不经治疗或治疗不彻底也可演变而来。

(1) 无症状型:无明显临床症状,常于粪便检查中发现虫卵,或体检时发现肝大。多为隐匿型间质性肝炎。

(2) 有症状型:主要表现为血吸虫肉芽肿肝病和结肠炎。最常见表现有腹痛、腹泻,稀便,每日1~2次。重者可有脓血便,伴里急后重。这些症状时轻时重,时发时愈。早期肝大(尤以左叶为主)、表面光滑,质中等。随病情进展,脾逐渐增大。进而发展为肝硬化,出现乏力、消瘦、贫血等。虫卵沉积于结肠系膜、大网膜和肿大的淋巴结时引起纤维化,粘连缚结,在下腹部可触及大小不等的包块。

3. 晚期血吸虫病 主因长期反复感染未经有效抗病原治疗发展而来。病程多在5~15年以上,虫卵致肝脏严重损害,形成肝纤维化、门脉

笔记栏

高压、脾显著肿大、结肠肉芽肿性增殖、儿童生长发育障碍等。根据其主要临床表现，晚期血吸虫病可分为以下4型：

(1) 巨脾型：是晚期血吸虫病的主要表现，脾进行性肿大，甚者可达或超过脐水平线，质坚硬，表面光滑，可有压痛。可出现门脉高压的表现，肝功能可处于代偿期。

(2) 腹水型：是门脉高压、肝功能失代偿和水钠潴留等因素所致。腹水随病情进展而加重，也可因感染、劳累、上消化道出血、手术等诱发。

腹水一般在中等量以下，也可进行性加剧，表现为腹部膨隆、下肢浮肿、呼吸困难、腹壁静脉曲张、脐疝、巨脾等。

(3) 结肠增殖型：虫卵大量在肠壁沉积，因虫卵肉芽肿纤维化、腺体增生、息肉形成及反复溃疡、继发感染等，致肠壁增生、狭窄和梗阻。表现为腹痛、腹泻、便秘，或腹泻与便秘交替出现，大便变细，左下腹可触及肿块或条索状物。肠镜下见肠壁有溃疡和息肉，肠腔狭窄。本型有癌变的可能。

(4) 侏儒型：少见。为儿童期多次反复感染血吸虫，引起体内各内分泌腺不同程度的萎缩和功能减退，以性腺和垂体功能不全最常见。患者除有晚期血吸虫病的其他表现外，还有身材矮小、发育障碍、第二性征缺如、面容苍老，但智力无减退。

4. 异位损害 虫卵在门静脉及其分支以外血管所属脏器内沉积引起的病变，称为异位损害。主要有：

(1) 肺型血吸虫病：多见于急性血吸虫病，为虫卵沉积引起的肺间质病变。呼吸道症状多较轻微，表现为干咳少痰，少有干、湿啰音。X线检查可见肺部有边缘模糊的弥漫云雾状、点片状、粟粒样阴影，以中下肺野多见。

(2) 脑型血吸虫病：根据临床表现分为急性期和慢性期。急性期除急性血吸虫病的表现外，可有头痛、嗜睡、偏瘫、昏迷等脑膜炎表现，脑脊液检查多正常。慢性期主要表现为局限性癫痫发作，是流行区局限性癫痫的主要原因。病变多位于大脑顶叶和枕叶，CT或MRI可显示单侧多发性高密度节结阴影。

案例归纳一

该患者的临床特点有：①青年男性。②有疫水接触史。③主要表现有高热，呈弛张热型；荨麻疹样皮疹，躯干为甚，持续1周后渐消退。④体检：急性病容，颈部淋巴结肿大，两肺呼吸音粗糙，心脏(-)，肝肋下可触及，肝区无叩击痛，脾肋下未及。⑤抗感染治疗效果差。

【实验室及其他检查】

1. 血象 急性期病人白细胞总数增多，可达$(10\sim13)\times10^9/L$，嗜酸粒细胞增多，占白细胞总数的20%~40%，甚至可达90%。但重症病人的嗜酸粒细胞可减少或消失，而以中性粒白细胞增多为主。晚期病人因有脾功能亢进，可致红细胞、白细胞、血小板均减少，嗜酸粒细胞增多不明显。

2. 肝功能检查 急性期患者血清ALT、AST可轻度增加，γ-球蛋白可轻度增加；慢性患者肝功能大致正常；晚期患者可出现球蛋白增多、白蛋白减少，白/球蛋白倒置，为肝纤维化所致。

3. 影像学检查

(1) B型超声波检查：可检查肝、脾的体积大小变化，门脉血管的病变，也可判断肝纤维化的程度。

(2) CT检查：晚期患者可显示肝包膜增厚钙化，甚至呈龟背样图像，未重度肝纤维化的表现。

4. 粪便检查 粪便中检出虫卵和孵化出毛蚴是确诊的依据。粪便检查方法较多，经反复研究并已在实践中推广应用的有：尼龙绢集卵孵化法、塑料杯顶罐孵化法、改良加厚涂片法和集卵透视法等。虫卵计数可采用加滕(kato-katz)集卵透视法，以每克粪便虫卵数(EPG)<100为轻度感染，100~400为中度感染，>400为重度感染。一般急性期检出率较高，阳性率可近100%，而慢性和晚期患者的检出率不高。目前，在血吸虫病疫情监测和抽样调查中，仍以粪检结果为"金标准"，不能以免疫诊断取代。

5. 血清免疫学检查 免疫诊断的种类较多，目前最常用的检测血清中循环抗体和抗原的方法有4种：环卵沉淀试验、间接血凝试验、酶联免疫吸附试验和单克隆抗体斑点酶联试验。前3种方法用于检测抗体，最后1种用于检测抗原。

(1) 环卵沉淀试验(COPT)：当成熟虫卵内毛蚴的分泌排出物与血吸虫病人血清内相应的抗体相遇后，在显微镜下可见虫卵外围的特异性沉淀物，当环淀率(即虫卵外围出现沉淀物的比例)达到或超过3%，即可判为阳性。不同反应强度以(+)、(++)、(+++)示之，可作为诊断患者及考核疗效的指标。该法敏感性可达85%~97%。

(2) 间接血凝试验(IHA)：将可溶性血吸虫卵抗原吸附于红细胞载体上，使成致敏红细胞，当此种红细胞与血清中抗体相遇时，红细胞被动地凝集起来，肉眼可见，通常受检者血清以1∶10稀释，出现凝集者为阳性反应的起点。本法灵敏度为90%，但与肺吸虫交叉反应率高。可作为流

笔 记 栏

行区的过筛检查。

(3) 酶联免疫吸附试验(ELISA):具有操作简便、价廉、敏感性高、特异性强等多种优点,且所取血量仅为1滴,故均已推广应用于血吸虫病的辅助诊断。但由于患者经杀虫治疗后的循环抗体在3年内难以消失,故尚不能用于近期疗效考核,仅能用于无血吸虫病史或治疗史3年以上的阳性人群给予吡喹酮化学治疗的给药前检查。

(4) 单克隆抗体斑点酶联试验:单克隆抗体斑点酶联试验是一种检测循环抗原的方法,此法除可用于血吸虫病辅助诊断外,也可用于疗效考核,对无血吸虫病史或治疗史1年而单克隆抗体斑点酶联试验阳性者,可给予杀虫治疗。

6. 活组织检查 适用于临床上怀疑血吸虫病而多次粪检阴性,免疫诊断又不能确诊的病例。常用直肠镜窥视下的活组织检查(活检),因血吸虫病患者肠黏膜病变的主要部位在直肠背侧,在此取样,检出率较高。但由于血吸虫卵在宿主组织内并非短期即可消失,故活检发现的虫卵,90%以上为远期变性虫卵,10%以下为近期变性虫卵,很难查到新鲜虫卵,阳性结果仅能反映曾患过血吸虫病,不能说明体内是否尚有活虫,故不能作为疗效考核或再次治疗的依据。

案例归纳二

实验室及其他检查:血红蛋白及红细胞计数正常,血白细胞计数增高,分类有嗜酸粒细胞增多。胸片示:两肺纹理增多,可见散在点状浸润阴影。腹部B超示肝脏轻度增大,脾脏及双肾正常。血吸虫间接血凝试验(IHA)阳性。

【诊断及鉴别诊断】

1. 诊断要点

(1) 流行病学史:本病诊断的必备条件是血吸虫疫水接触史。应仔细询问患者的籍贯、职业、居住地,是否到过疫区和疫水接触史。

(2) 临床特点

1) 急性血吸虫病:多于夏秋季发病,有大面积长时间疫水接触史,发热、肝脏肿大与周围血液嗜酸粒细胞增多为主要特征,伴有肝区压痛、脾肿大、咳嗽、腹胀及腹泻等。

2) 慢性与晚期血吸虫病:居住在流行区或曾到过流行区有疫水接触史。可无明显症状,或间有腹痛、腹泻或脓血便。多数伴有以左叶为主的肝脏肿大,少数伴脾脏肿大。流行区青壮年近期出现局限性癫痫发作也应考虑本病。

在流行区临床有门脉高压症状、体征,或有侏儒或结肠肉芽肿表现时,均应疑为晚期血吸虫病人。

(3) 实验诊断

1) 病原学诊断:粪便检出活卵和孵出毛蚴,提示体内有活成虫寄生。但有其局限性,晚期患者因肠壁纤维化,虫卵不易掉入肠腔,检出的阳性率低,必要时可行直肠黏膜活检。

2) 免疫学诊断:血清免疫学检查具有较高的特异性和敏感性,对本病的诊断有重要价值,详见实验室检查部分。

2. 鉴别诊断

(1) 急性血吸虫病

1) 急性粟粒性结核:常以持续高热起病,伴有咳嗽、气急、肝脾及淋巴结肿大等,起病2周后摄胸片可发现大小一致,分布均匀的粟粒状阴影。而血吸虫病患者血中嗜酸细胞显著增多有重要诊断价值。

2) 伤寒与败血症:临床表现均起病较急,高热持续不退,皮疹、肝脾增大,并常有支气管炎或支气管肺炎等合并症。但伤寒的血肥达反应(+),且动态观察效价逐渐增高,则其诊断价值更大。伤寒与败血症的最有价值的鉴别依赖于血培养之致病菌分离。

(2) 慢性与晚期血吸虫病

1) 慢性病毒性肝炎:慢性血吸虫病有肝脾肿大时应与之鉴别。肝炎有乏力、食欲不振,肝区疼痛,肝功能损害明显等,且血嗜酸粒细胞不增多。

2) 慢性菌痢与阿米巴痢疾:慢性血吸虫病有腹泻、便血时应与之鉴别。直肠镜检可帮助鉴别,慢性血吸虫病粪便孵化检查虫卵和毛蚴阳性。

案例诊断要点

1. 年轻男性。

2. 病史特点:有疫水接触史;主要表现有高热,呈弛张热型;荨麻疹样皮疹,躯干为甚,持续1周后渐消退。抗感染治疗效果差。

3. PE:急性病容,颈部淋巴结肿大,两肺呼吸音粗糙,心脏(-),肝肋下可触及,肝区无叩击痛,脾肋下未及。

4. 实验室及其他检查:血红蛋白及红细胞计数正常,血白细胞计数增高,分类有嗜酸粒细胞增多。胸片示:两肺纹理增多,可见散在点状浸润阴影。腹部B超示肝脏轻度增大,脾脏及双肾正常。血吸虫间接血凝试验(IHA)阳性。

临床诊断:急性血吸虫病。

笔记栏

【治疗】

1. 病原治疗 吡喹酮为广谱抗蠕虫药，因其具有高效低毒的抗虫特点已被WHO指定为治疗吸虫、蠕虫等寄生虫病的首选药物。动物实验及临床应用已确定吡喹酮对各种类型的血吸虫病具有明显疗效，对日本血吸虫的作用尤强，并且不同发育期间血吸虫对吡喹酮的敏感性不同。

（1）作用机理：吡喹酮可使成虫兴奋，虫体挛缩，皮层呈空泡样变性而杀灭成虫；对尾蚴有强杀灭作用，对发育成熟的虫卵有效，但对虫卵发育无明显影响。吡喹酮还可使宿主肝组织内可溶性虫卵抗原水平下降，从而抑制虫卵肉芽肿病变。

吡喹酮口服肠道迅速吸收，1～2小时可达血药峰值，半衰期为1～1.5小时。经肝代谢，门静脉血浓度较外周血高数十倍，主要分布在肝，其次是肾、肺、脑、垂体等。

（2）剂量与疗程

1）急性血吸虫病：按总量120mg/kg（儿童140mg/kg）的6天疗法。即总量分6天服完，每天的总剂量分3次服，体重超过60kg的仍按60kg计。

2）慢性血吸虫病：住院病人一般用吡喹酮60mg/kg（体重以60kg为限）2天内分4～6次服完。儿童体重<30kg者，总剂量为70mg/kg。

现场大规模治疗：轻、中度流行区按40mg/kg总量一次顿服，重度流行区按50mg/kg总量1日2次分服。

3）晚期血吸虫病：按40mg/kg总量一次顿服或分2次1日内服完。晚期和慢性血吸虫病患者服吡喹酮后药物吸收慢、在肝脏内首次通过效应差、排泄慢、生物半衰期长，且药物可由门静脉经侧支循环直接进入体循环，致血药浓度明显增高，故药物剂量应酌情减少。

（3）不良反应：药物毒副作用轻微，对心、脑、神经、肝、肾和造血系统无明显影响，无诱变性和致畸性。不良反应以神经肌肉和消化系统症状多见，如乏力、头昏头痛、腹痛、肌肉酸痛、步态不稳等，偶可见黄疸、室上性心动过速、Q-T延长、房颤、癫痫发作等。

2. 对症治疗

（1）急性血吸虫病：高热、中毒症状严重者，应卧床休息，注意维持水和电解质平衡，加强营养和护理，有休克者抗休克治疗。合并有痢疾、伤寒、败血症等均应先抗感染治疗后抗血吸虫治疗，合并有其他寄生虫感染者应先驱虫治疗再抗血吸虫治疗。

（2）慢性及晚期血吸虫病：应加强营养，改善体质，及时治疗并发症。对巨脾、门脉高压、上消化道出血接触增殖肥厚或肠梗阻等，应内、外科结合治疗，适时手术。对有腹水患者，限制钠盐和水分摄入，利尿，顽固者可进行腹水浓缩回输治疗。对晚期肝纤维化可用秋水仙碱、中药桃仁提取物合虫草菌丝治疗。

【预防】

1. 控制感染源 在流行区，对病人和病畜进行普查普治，一般用有效药物进行集体治疗，对野生动物则用捕杀的方法。慢性病人使用单剂吡喹酮治疗，耕牛使用硝硫氰胺2%混悬液一次静脉注射。

2. 切断传播途径

（1）消灭钉螺：消灭钉螺是预防本病的重要环节。要全面规划，结合当地钉螺的分布及感染程度进行。如可利用改变当地的生态环境，使钉螺不利于生存而消灭钉螺或使用药物灭螺，主要药物有五氯酚钠等。还可以用物理因素来灭螺，如加热、利用微波及用塑料薄膜覆盖有螺河岸，在晴天经日光曝晒，膜内气温可高达70℃，从而达到灭螺作用。

（2）粪便管理及保护水源：带有血吸虫卵的粪便入水，才能感染钉螺，构成传播与流行。防止粪便污染水源，使用污染的粪便时必须先杀死粪中虫卵。在土质、水质适宜的情况下提倡使用井水。

3. 保护易感人群

（1）避免接触疫水：不在疫水中游泳和戏水。因生产工作接触疫水时，可以使用防护用具或涂擦防护药物，阻止尾蚴侵入人体皮肤。

（2）口服药物预防：对重流行区特定人群，在感染季节用蒿甲醚口服，每次6mg/kg，每半月一次，共4次。

处方及医师指导

1. 一般治疗：休息，体温过高可考虑物理降温。

2. 药物治疗：吡喹酮，总量为120mg/kg，分6天服完，每天的总剂量分3次服。

笔记栏

第 7 章 艾滋病

案例

患者，男性，52 岁，农民。发热，进行性呼吸短促、干咳 15 天。

患者 15 天来，在无明显诱因情况下发热，体温呈不规则改变，多在 37.0~38.1℃之间，伴咳嗽，无痰，逐渐出现呼吸短促，在当地医院使用环丙沙星、青霉素等多种药物治疗无效，遂来我院就诊。门诊查血常规示 WBC 7.8×10^9/L，N 0.723，随即收住入院。既往 10 年前有单采血浆史，否认有其他疾病史。

体格检查：T 38.4℃，BP 120/76mmHg，神志清楚，全身皮肤黏膜巩膜无黄染，无肝掌与蜘蛛痣，全身浅部淋巴结不肿大；眼睑及面部无浮肿，咽部有轻微充血，扁桃体不肿大，颈部淋巴结不肿大，气管居中，甲状腺不肿大；胸部无畸形，两肺呼吸运动稍急促，肋间隙不增宽，两肺听诊呼吸音粗，未闻及干湿性啰音，心尖搏动在左锁骨中线第五肋间内 0.5cm 处，心脏浊音界叩诊正常，听诊心率 92 次/min，心律正常，各瓣膜区闻及病理性杂音；腹部平软，皮下脂肪较少，肝脾肋下未满意触及，肝区叩击痛(-)，两肾区叩击痛(-)，全腹无压痛及反跳痛，未触及包块，移动性浊音(-)，两下肢无畸形，无浮肿，各种神经生理反射正常。

实验室及其他检查：血常规：WBC 8.8×10^9/L，N 0.782，RBC 3.12×10^{12}/L，Hb 99g/L；胸部 X 平片提示双肺呈现弥漫性网状结节样间质浸润，考虑为肺部感染；超声波检查示肝、脾、肾、胆、腹部未见异常。

思考题

1. 该病例的入院诊断是什么？
2. 呼吸急促、干咳常见于哪些疾病？
3. 肺部常见于哪些微生物感染？

艾滋病，即获得性免疫缺陷综合征(acquired immunodeficiency syndrome，AIDS)，其病原为人类免疫缺陷病毒(human immunodeficiency virus，HIV)，亦称艾滋病病毒。艾滋病是由人类免疫缺陷病毒所致的慢性传染性疾病，主要通过性接触和血液传播，病毒主要侵犯和破坏辅助性 T 淋巴细胞，使机体细胞免疫功能受损，最后导致各种严重的机会性感染和肿瘤。目前，艾滋病不仅已成为严重威胁我国人民健康的公共卫生问题，且已影响到经济发展和社会稳定。

【病原学】 HIV 属于逆转录病毒科慢病毒属中的人类慢病毒组，为直径约 100~120nm 球形颗粒，由核心和包膜两部分组成。核心包括两条单股 RNA 链、核心结构蛋白和病毒复制所必需的酶类，含有逆转录酶(RT，P51/P66)，整合酶(INT，P32)和蛋白酶(PI，P10)。核心外面为病毒衣壳蛋白(P24，P17)。病毒的最外层为包膜，其中嵌有 gp120(外膜糖蛋白)和 gp41(跨膜糖蛋白)两种糖蛋白。

HIV 基因全长约 9.8kb，含有 gag、pol、env3 个结构基因、2 个调节基因(tat 反式激活因子、rev 毒粒蛋白表达调节子)和 4 个辅助基因(nef 负调控因子、vpr 病毒 r 蛋白、vpu 病毒 u 蛋白和 vif 毒粒感染性因子)。

HIV 是一种变异性很强的病毒，各基因的变异程度不同，env 基因变异率最高。HIV 发生变异的主要原因包括逆转录酶无校正功能导致的随机变异；宿主的免疫选择压力；不同病毒 DNA 之 ARV、病毒 DNA 与宿主 DNA 之间的基因重组；以及药物选择压力，其中不规范的抗病毒治疗是导致耐药性的重要原因。

根据 HIV 基因差异，分为 HIV-1 型和 HIV-2 型，两型间氨基酸序列的同源性为 40%~60%。目前全球流行的主要是 HIV-1。HIV-1 可进一步分为不同的亚型，包括 M 亚型组(主要亚型组)、O 亚型组和 N 亚型组，其中 M 组有 A、B、C、D、E、F、G、H、I、J、K 11 个亚型。此外，近年来发现多个流行重组型。HIV-2 的生物学特性与 HIV-1 相似，但其传染性较低，引起的艾滋病临床进展较慢，症状较轻。HIV-2 型至少有 A、B、C、D、E、F、G 7 个亚型。

我国以 HIV-1 为主要流行株，已发现的有 A、B(欧美 B)、B'(泰国 B)、C、D、E、F 和 G，共 8 个亚型，还有不同流行重组型。1999 年起在部分地区发现并证实我国有少数 HIV-2 型感染者。及时发现并鉴定 HIV 各种亚型对于追踪流行趋势、及时作出诊断、开发新的诊断试剂和新药研制、疫苗开发均具有重要意义。

HIV 需借助于易感细胞表面的受体进入细胞，包括第一受体(CD4，主要受体)和第二受体

笔记栏

(CCR5 和 CXCR4 等辅助受体)。根据 HIV 对辅助受体利用的特性将 HIV 分为 X4 和 R5 毒株。R5 型病毒通常只利用 CCR5 受体,而 X4 型病毒常常同时利用 CXCR4、CCR5 和 CCR3 受体,有时还利用 CCR2b 受体。

HIV 在外界环境中的生存能力较弱,对物理因素和化学因素的抵抗力较低。因此,对 HBV 有效的消毒和灭活方法均适用于 HIV。除此之外,75%的酒精也可灭活 HIV,但紫外线或 γ 射线不能灭活 HIV。

HIV 对热很敏感,对低温耐受性强于高温。56℃处理 30 分钟可使 HIV 在体外对人的 T 淋巴细胞失去感染性,但不能完全灭活血清中的 HIV;100℃20 分钟可将 HIV 完全灭活。

【流行病学】 自 1978 年在美国的纽约发现第 1 例艾滋病患者(1981 年公开报告)以来,本病在世界范围内迅速传播蔓延,至今已在 189 个国家中流行。全球每日约有 15 000 人感染 HIV,每分钟约有 5 人死于艾滋病。感染率仍呈上升趋势,联合国艾滋病防治规划署估计,如果再不采取切实有效的预防措施,在未来 20 年内,艾滋病将夺去 6500 万到 7000 万人的生命。在我国大陆,1986 年首次发现 1 名美籍阿根廷人在西安发病,明确诊断为艾滋病,同年在浙江省的血友病患者中检出感染者 4 例。此后,在我国各地陆续发现感染者和艾滋病患者。按卫生部公布的数字,1990 年感染者为 492 例,艾滋病患者仅为 5 例,其后逐年上升,感染报告最多的省份依次为云南、新疆、河南和四川省。据专家估计,目前我国感染者可能已达 104 万例,而且每年递增的速度高于 30%,其传播速度是十分惊人的,若不采取积极有效的措施,到 2010 年,我国感染者将达到 1000 万例。艾滋病的迅猛传播,给社会、家庭和个人都带来极大的损失。

艾滋病自发现至今在全球肆虐,截至 2003 年底,估计已造成 6900 万人感染,其中 2700 万人已死亡。艾滋病在 1985 年传入我国,截止 2003 年底,专家估计我国现存活的 HIV 感染者约 84 万,其中 AIDS 病人 8 万。疫情已覆盖全国所有省、自治区、直辖市,流行范围广,面临艾滋病发病和死亡高峰期,我国的艾滋病已由吸毒、暗娼等高危人群开始向一般人群扩散。

1. 传染源 虽然研究结果显示 HIV-1 可能由黑猩猩的猿免疫缺陷病毒突变所致,HIV-2 可能由乌白眉猴的猿免疫缺陷病毒突变所致,但是这两种动物作为传染源的意义不大。感染者和艾滋病病人是本病的主要传染源,其中感染者尤为重要。

(1) 艾滋病患者:HIV 广泛存在于艾滋病患者的血液、精液、唾液、泪液、脑脊液、骨髓、粪便、尿液、乳汁、羊水、子宫和阴道分泌液中,主要起传播作用的是血液、精液、子宫和阴道分泌液。

(2) 无症状 HIV 感染者:无症状感染者的分离率较高,传染性较强。临床上无症状,血清抗 HIV 抗体阳性的感染者,亦能将传染他人。无症状感染者很难被自己和他人识别,而且长期携带,这是艾滋病难于控制的一个重要原因。

2. 传播途径 HIV 主要存在于感染者和病人的血液、精液、阴道分泌物、乳汁中。通过性接触(包括同性、异性和双性性接触)、血液及血制品(包括共用针具静脉吸毒、介入性医疗操作等)和母婴传播(包括产前、产中和产后)三种途径传播。握手、拥抱、礼节性亲吻、同吃同饮、共用厕所和浴室、共用办公室、公共交通工具、娱乐设施等日常生活接触不会传播艾滋病。

(1) 性接触传播:在世界范围内,性接触传播是主要的传播途径,异性恋和同性恋都可传播。性接触摩擦所致细微破损可促使 HIV 侵入机体而致病。在成年艾滋病患者中,性接触传播约占 75%,梅毒、淋病、疱疹病毒、软下疳等性病引起的生殖器炎症与溃疡,可增加感染的机会。

(2) 血液传播:包括输入被 HIV 污染的血液或血制品,使用被 HIV 污染的注射用具或手术器械,移植 HIV 感染者的器官,以及人工授精等都是重要的传播途径。在我国,目前最主要的传播途径是药瘾者的交叉污染性毒品静脉注射。

(3) 母婴传播:母婴传播包括妊娠期、围生期与哺乳期的传播。患艾滋病与 HIV 感染的孕妇都有可能经胎盘将传给胎儿,亦可经产道及产后血性分泌物、哺乳等传给婴儿。孕妇即使接受剖宫产,其婴儿仍有可能发生 HIV 感染。

HIV 感染母亲对婴儿的传播率为 13%~40%。传播率的大小决定于母亲感染的发展阶段和免疫功能状况,如血液中 $CD4^+$T 细胞数目和的复制强弱等。

母婴传播的另一种形式是通过母乳传播。已从 HIV 感染母亲的乳汁中分离到 HIV,但其传播的机会有多大,目前尚不清楚。美国公共卫生局已劝告 HIV 感染的母亲应避免哺乳。

(4) 其他途径传播:接受感染者的器官移植、人工授精很可能被 HIV 感染。医务人员被 HIV 感染者的血液、分泌物、浆膜腔液等污染的针头刺伤也可能感染。被 HIV 污染血液针头刺感染的可能性仅为 0.13%~0.14%。

值得指出的是艾滋病一般不会经食物、水、昆虫或常接触而传播。

3. 易感人群 人群普遍易感。感染后产生的抗 HIV 抗体对 HIV 感染者无保护作用。HIV 的感染与人类的行为密切相关,男性同性恋者、静脉药

笔记栏

物依赖者、与HIV携带者经常有性接触者以及经常输血者如血友病人都属于高危险群体。

4. 疫情报告 一旦发现HIV/AIDS病人应立即向所在地疾病预防控制中心报告。

【发病机制】 艾滋病的发病机制主要是由于$CD4^+T$细胞在HIV直接和间接作用下，其细胞功能受损和大量破坏，导致细胞免疫缺陷，并由于其他免疫细胞均不同程度受损，因而促使并发各种严重的机会性感染和肿瘤的发生。

1. HIV感染过程

(1) 原发感染：HIV需借助于易感细胞表面的受体进入细胞，包括第一受体和第二受体。HIV-1的外膜糖蛋白gp120首先与第一受体结合，然后gp120再与第二受体结合，gp120构象改变，与gp41分离，最终导致HIV与宿主细胞膜融合进入细胞。HIV进入人体后，在24～48小时内到达局部淋巴结，约5天左右在外周血中可以检测到病毒成分。继而产生病毒血症，导致急性感染。

(2) 在人体细胞内的感染过程

1) 吸附及穿入：HIV-1感染人体后，选择性地吸附于靶细胞的CD4受体上，在辅助受体的帮助下进入宿主细胞。

2) 环化及整合：病毒RNA在逆转录酶作用下，形成cDNA，在DNA聚合酶作用下形成双股DNA，在整合酶的作用下，新形成的非共价结合的双股DNA整合入宿主细胞染色体DNA中。这种整合的病毒双股DNA即前病毒。

3) 转录及翻译：前病毒被活化而进行自身转录时，病毒DNA转录形成RNA，一些RNA经加帽加尾成为病毒的子代基因组RNA；另一些RNA经拼接而成为病毒mRNA，在细胞核蛋白体上转译成病毒的结构蛋白和非结构蛋白，合成的病毒蛋白在内质网核糖体进行糖化和加工，在蛋白酶作用下裂解，产生子代病毒的蛋白和酶类。

4) 装配、成熟及出芽：Gag蛋白与病毒RNA结合装配成核壳体，通过芽生从胞浆膜释放时获得病毒体的包膜，形成成熟的病毒颗粒。

2. HIV感染对$CD4^+T$细胞的影响 HIV为逆转录病毒，所以遗传信息存在于两个相同的核糖核酸单链模板中。该病毒能结合人类具有CD4受体的细胞，特别是和$CD4^+T$细胞相结合，还能与神经细胞表面的半乳糖神经酰胺结合，逆转录酶可将病毒核糖核酸逆转录为DNA，然后DNA再与人类基因相整合。病毒DNA序列被感染细胞及其子代细胞终身携带。

当受感染的$CD4^+T$细胞表面存在的抗原gp120发生表达后，它可以与未感染的$CD4^+T$细胞分子结合，形成融合细胞，从而改变细胞膜的通透性，引起细胞的溶解和破坏。游离的gp120也可以与未感染的$CD4^+T$细胞结合，作为抗体介导依赖性细胞毒作用的抗原，使$CD4^+T$细胞成为靶细胞，受到杀伤细胞攻击而损伤。gp41膜蛋白能抑制有丝分裂原和抗原刺激淋巴细胞的增殖反应，从而使$CD4^+T$细胞减少。感染后一般首先出现$CD4^+T$细胞轻度至中度降低，细胞总数减少可持续数年，当$CD4^+T$细胞一旦下降至0.2×10^9/L(200/μl)或更低时，则可出现机会性感染。

HIV进入人体后能选择性地侵犯有CD4受体的淋巴细胞，以$CD4^+T$细胞为主。当HIV的包膜糖蛋白gp120与$CD4^+T$细胞表面的CD4受体结合后，在gp41膜蛋白的协助下，HIV的膜与细胞膜相融合，病毒进入细胞内。当病毒进入细胞内后迅速脱去外壳，为进一步复制做好准备。最近的研究表明，HIV能进入细胞内除需要CD4受体外，还需要细胞表面的蛋白酶同gp120的V3环发生相互作用以及化学因子CCR5或CXCR4的辅助才能完成。

HIV病毒在宿主细胞复制，开始时首先是两条核糖核酸链在病毒逆转录酶的作用下逆转录为DNA，再DNA以为模板，在DNA多聚酶的作用下复制DNA。这些DNA部分存留在细胞浆内，进行低水平复制。部分与宿主细胞核染色质的DNA整合在一起，成为前病毒，使感染进入潜伏期，经过2～10年的潜伏性感染阶段，受感染细胞被激活，前病毒DNA在转录酶作用下转录成核糖核酸，核糖核酸再翻译成蛋白质，经过装配后形成大量的新病毒颗粒，这些病毒颗粒释放出来后，继续攻击其他$CD4^+T$细胞。大量的$CD4^+T$细胞被攻击后，细胞功能被损害和大量破坏，这是造成艾滋病患者免疫功能缺陷的原因。

HIV感染$CD4^+T$细胞后，首先引起细胞功能的障碍，表现为对可溶性抗原如破伤风毒素的识别和反应存在缺陷，因而细胞因子产生减少，白介素-2受体表达减少和对细胞提供辅助的能力降低等。

3. HIV感染对其他免疫细胞的影响 HIV感染所致免疫功能的损害，不仅是$CD4^+T$细胞破坏，其他免疫细胞也有不同程度的受到影响。

(1) 单核-巨噬细胞：因其表面也具有CD4受体，所以也易被侵犯，但其感染率远远低于$CD4^+T$细胞。研究发现被HIV感染的单核-巨噬细胞有播散感染的作用，它可以携带HIV进入中枢神经系统，侵入中枢神经系统后释放毒性因子，从而损害神经系统。所以感染HIV单核-巨噬细胞，成为病毒储存所，并在病毒扩散中起重要作用，特别是携带病毒通过血脑屏障，引起神经系统感染。当一定数量的单核-巨噬细胞功能受损时，就会导致机体抗感染和抗其他感染的能

笔记栏

力降低。$CD4^+T$ 细胞功能受损，也和单核-巨噬细胞功能损害有关。

（2）$CD8^+T$ 细胞：$CD8^+T$ 细胞对 HIV 有特异的细胞溶解能力，在 HIV 感染初期，具有抑制病毒复制和传播作用，当 $CD8^+T$ 细胞功能受损时，HIV 感染者病情发展。在 HIV 感染的进展期，特异性抗 HIV-1 的细胞毒细胞的数目进行性减少，说明 $CD8^+T$ 细胞对 HIV 特异的细胞溶解的活力丧失。HIV 选择性变异和 $CD4^+T$ 细胞的破坏，也是促使 $CD8^+T$ 细胞特异性溶解的活力丧失的原因。

（3）B 细胞：HIV 感染后，可通过多克隆抗体激活 B 细胞，使外周血液中 B 细胞数量增加，分泌免疫球蛋白，使 IgG 和 IgM 的水平增高。同时 B 细胞对新抗原刺激的反应性降低。因此，在感染进展时，化脓性感染增加，而对流行性感冒病毒（A 型）疫苗和乙型病毒性肝炎疫苗的抗体反应降低。对 HIV 感染者、B 细胞多源活化的机制尚不明，可能与由于缺乏正常 T 细胞的调节或 HIV 直接激活 B 细胞有关。

（4）自然杀伤细胞（NK 细胞）：NK 细胞是免疫监督对抗感染和肿瘤的细胞。艾滋病患者 NK 细胞的计数是正常的，但功能缺陷，这表现在对靶细胞传递的触发机制存在缺陷。可能与细胞因子产生障碍导致 NK 细胞功能不全有关。

4. HIV 感染后的免疫应答 人体的免疫系统是对抗外部感染的最后防线，许多病原体感染人体后，最后被人体的细胞免疫和体液免疫系统消灭。机体的免疫系统对 HIV 的初期感染起一定的抑制作用，但随着免疫系统的损害及的变异，机体的免疫系统最终对 HIV 的感染无能为力。例如自然杀伤细胞通过抗体依赖性细胞毒性作用能杀伤和溶解 HIV 感染的细胞。机体的细胞免疫和体液免疫作用可在一段时间内控制 HIV 的复制及扩散。但是，由于病毒的变异和重组，可以逃脱免疫监视，不能被机体的免疫系统彻底清除。当机体的免疫系统被进一步破坏时，在某些触发因素的作用下，HIV 大量复制和播散，最终导致艾滋病的发生。

5. 促使艾滋病发病的因素 HIV 感染后，相当长时间内在体内保持极低水平的复制，这就使得艾滋病无症状期持续时间很长。其机制主要是细胞免疫和体液免疫系统可以降低病毒的复制能力，其次是进入 $CD4^+T$ 细胞后，部分成为潜伏型。许多研究表明，一些细胞因子和其他病毒感染，能激活 HIV 的复制和表达，有报道认为肾上腺皮质激素（激素）和白介素-4、白介素-6、白介素-10 能协同增强的 HIV 复制。肿瘤坏死因子-α、肿瘤坏死因子-β 和白介素-1 亦能导致 HIV 的表达，其中特别是肿瘤坏死因子-α。其他病毒的各种基因产物，能促进 HIV 高水平复制，而且有些病毒还能和 HIV-1 协同破坏 $CD4^+T$ 细胞。所以在临床上，艾滋病患者常常合并巨细胞病毒、疱疹病毒、EB 病毒感染，并促使病情恶化。

6. HIV 感染与肿瘤 在 HIV 感染者中，卡波西肉瘤、B 细胞淋巴瘤以及某些肿瘤的发生率升高，都和机体免疫功能破坏直接相关，但可能不是惟一的原因。目前认为卡波西肉瘤是 HIV 与人疱疹病毒 8 型共同感染所致。当 HIV 感染者出现 B 细胞淋巴瘤时与 EB 病毒感染有关，HIV 并不能直接引起肿瘤，因在肿瘤细胞 DNA 内并未能证明有 HIV 病毒序列存在。

总之，HIV 感染后艾滋病的发病机制可归纳如下：①HIV 侵入人体后首先与细胞表面含有 CD4 受体的 $CD4^+T$ 细胞结合，进入细胞进行复制，部分整合于细胞染色体 DNA 中成为潜伏型；②机体细胞免疫和体液免疫系统对 HIV 的抵抗作用，使 HIV 感染初期的呈低水平复制；③在其他因素的作用下，潜伏 HIV 的被激活而大量复制，广泛侵入 $CD4^+T$ 细胞，此外，还影响单核-巨噬细胞、B 细胞、$CD8^+T$ 细胞和自然杀伤细胞，使其功能受损，最后导致整个免疫功能缺陷，发生一系列顽固性机会性感染和肿瘤。

【病理】 艾滋病的病理改变可分两类：一类是淋巴、造血组织和神经系统的原发病变，为 HIV 直接损害造成；另一类是 HIV 导致免疫功能衰竭，即机会性感染和恶性肿瘤。HIV 感染引起的免疫系统病变、多系统机会性感染（包括原虫、病毒、细菌和真菌）和恶性肿瘤（包括卡波氏肉瘤、恶性淋巴瘤和子宫颈癌）构成了艾滋病复杂的临床病理变化。

1. 常见的机会性感染和恶性肿瘤

（1）肺孢子虫病：肺孢子虫病主要引起肺孢子虫肺炎。两肺显示弥漫性受累、实变、重量增加，含气显著减少。经甲醛溶液固定后，肺切面呈粗海绵状。肺泡腔内出现具有特征性的、泡沫状、红染、无细胞性渗出液，称为蜂窝状渗出液。肺泡上皮细胞增生为立方状。肺孢子虫包囊在肺泡腔内渗出液中，呈聚集分布。印片中，运用 Gram 或 Giemsa 染色时，滋养体可以显示清楚。运用 Giemsa 染色可清楚显示肺孢子虫包囊。

（2）弓形体病：虽然播散性弓形体病也可累及眼、肺、心和胃肠道，但是多数患者发生弓形体性脑炎。脑病变可以是局限的或弥漫性。在大脑基底节和小脑皮质发生脓肿，并可进入蛛网膜下腔。弓形体脑脓肿在加强对比 CT 检查时具有特征性改变，病变呈单发或多发，位于灰质，呈环状包绕的囊状结构。局部脑组织发生凝固性出血性坏死，坏死区内少量弓形体。坏死区周围有一个淤血和血管内皮增生带，增生带内重度炎症浸润，并含有多量的弓形体分散的速殖子和含有缓殖子的假包囊。脑组织内的速殖子与其他组织内的不同，呈圆形或椭圆形，而不是呈新月形。在其他组织切片中，H.E 染色即可清楚观察到 2~3μm 半月形速殖子和 50μm 包囊或假包囊。另外，血清抗体滴度升高对弓形体感染具有提示诊断的意义。

（3）白念珠菌病：艾滋病患者中，复发性白念珠菌病是最常见的机会性真菌感染。口腔白念珠菌病患者的舌表面由于渗出物覆盖，呈弥漫白色斑块，甚至形成厚厚的黑棕色覆盖物。口腔白念珠菌病指示疾病已进入艾滋病期。胃肠道的任何部位都可以受累。食管是胃肠道白念珠菌病最常累及的部位。黏膜表面可见灰色假膜，并有不规则形的溃疡。假膜由纤维素和坏死组织构成，其内可见网状的假菌丝。播散性白色念珠菌病常累及多个器官，如肾（约 80%）、脑（约 50%）和心（约 58%），在受累的器官内形成多发性脓肿。组织学检查，白色念珠菌呈现出由酵母样孢子或芽生孢子（直径约 3~4μm，呈圆形或卵圆形）与假菌丝（由串状的孢子构成）。

（4）分支杆菌病：艾滋病患者常出现分支杆菌病，包括结核病和鸟分支杆菌感染。

结核病发生在艾滋病病程的早期和晚期。肺外结核常见，更具有侵袭性，易发生全身扩散。镜下，艾滋病患者的结核肉芽肿不典型，干酪样坏死显著、上皮样细胞和巨细胞较少。肺结核病常为渗出性病变，气腔实变，内有纤维素、中性粒细胞和组织细胞。经常可见广泛坏死和多量的抗酸结核杆菌。

鸟分支杆菌感染可见于艾滋病病程的晚期，此时 $CD4^{+}T$ 淋巴细胞数通常少于 $0.1\times10^{9}/L$，常引起播散性分支杆菌病。在脾、肝、淋巴结、心脏和肾的切面上有时可见粟粒性肉芽肿。镜下，局部结构都被组织细胞团所取代，组织细胞高度肿胀，条纹状或泡沫样，胞浆黄染或蓝染，核染色深，极少形成巨细胞，很少或没有坏死，无钙化和纤维化。抗酸染色显示巨噬细胞肿胀，充满大量的鸟分支杆菌。

（5）巨细胞病毒感染：艾滋病患者巨细胞病毒感染可以引起胃肠道溃疡，间质性肺炎，肾小球肾炎、视网膜炎。巨细胞病毒也可感染脑与脊髓的各个部位，包括脊神经根和颅神经。尸体解剖检查，肾上腺和呼吸系统最常受累。镜下，可见一些大细胞，核内与胞浆里有明显的、界清的包含体。在所有人类病毒中，巨细胞病毒包含体是最大的，感染细胞的胞核与胞浆内均可出现。巨细胞病毒包含体表现为：①核内双染性包含体，周围包绕一轮透明晕，宛如猫头鹰眼状；②胞浆双染性或嗜酸性包含体；③上皮细胞、内皮细胞、巨噬细胞和平滑肌细胞内均可见到包含体。免疫组织化学、DNA 原位杂交和 PCR 有助于确诊。

（6）卡波西肉瘤：卡波西肉瘤是艾滋病患者最常见的肿瘤。流行型卡波西肉瘤或艾滋病相关的卡波西肉瘤与其他类型不同：①同性恋或双性恋的男性多见，也可见静脉吸毒者；②病变为多中心，侵袭力更强，不仅累及皮肤，而且累及内脏（约 75%病例累及内脏），依次为肺、淋巴结、胃肠道、肝、泌尿生殖系统，甚至少数累及肾上腺、心和脾。皮肤卡波西肉瘤呈红色或紫红色，早期为平坦的斑点；进而，发展为隆起的斑块；最终形成结节，并可发生糜烂、溃疡。肿瘤由梭形细胞构成，能够形成血管裂隙，其内可见红细胞，肿瘤细胞具有内皮细胞和平滑肌细胞的特点。人疱疹病毒 8 型与卡波西肉瘤的发生有关。

2. 免疫系统病理变化

（1）HIV 相关性淋巴结病：HIV 相关性淋巴结病大致可以分为无滤泡破碎的滤泡增生、有滤泡破碎的滤泡增生、滤泡退化和滤泡耗竭四种类型。在艾滋病发生前，患者发生持续性全身淋巴结病，肿大的淋巴结一般不超过 3cm，多数 HIV 感染者在艾滋病发生前淋巴结组织学改变为滤泡增生；艾滋病患者淋巴结体积小，淋巴结病变为滤泡退化或耗竭。

（2）脾的病理变化：脾肿大是艾滋病患者常见的临床症状。成人患者脾重量超过 400g 时，常意味着脾内有机会性感染和恶性肿瘤发生。艾滋病脾的显著病变是淋巴细胞高度耗竭，仅有少量白髓，甚至白髓完全消失。儿童艾滋病脾的改变为显著的淋巴细胞耗竭和吞噬红细胞现象，约 50%病例出现卡波西样病变。

（3）胸腺病理变化：成人艾滋病患者的胸腺无明显病理变化，可以出现 B 细胞滤泡增生。儿童艾滋病患者发生胸腺过早退化。HIV 损伤胸腺上皮，引起淋巴组织发生萎缩和耗竭，可见浆细胞浸润和多核巨细胞形成。胸腺小体囊肿形成。

（4）骨髓的病理变化：早期，3/4 的病例表现为细胞增生，以粒细胞系和巨核细胞增生为主。晚期，患者衰竭时，骨髓细胞减少，可见不成熟的、发育不良的前体髓细胞、淋巴样细胞聚集、不典型巨核细胞、细网状硬化、轻度血管增生、组织细胞增生和含铁血黄素沉积。

【临床表现】 从初始感染 HIV 到终末期是一个较为漫长复杂的过程，在这一过程的不同阶段，与 HIV 相关的临床表现也是多种多样的。参照 2001 年制定的《HIV/AIDS 诊断标准及处理原则》中华人民共和国国家标准（试行），将艾滋病的全过程

笔记栏

分为急性期、无症状期和艾滋病期。

1. 急性期 通常发生在初次感染 HIV 后 2~4周左右。部分感染者出现 HIV 病毒血症和免疫系统急性损伤所产生的临床症状。大多数病人临床症状轻微,持续 1~3 周后缓解。临床表现以发热最为常见,可伴有咽痛、盗汗、恶心、呕吐、腹泻、皮疹、关节痛、淋巴结肿大及神经系统症状。

此期在血液中可检出 HIV-RNA 和 P24 抗原,而 HIV 抗体则在感染后数周才出现。$CD4^+$ T 淋巴细胞计数一过性减少,同时 CD4/CD8 比率亦可倒置。部分病人可有轻度白细胞和血小板减少或肝功能异常。

2. 无症状期 可从急性期进入此期,或无明显的急性期症状而直接进入此期。

此期持续时间一般为 6~8 年。其时间长短与感染病毒的数量、型别,感染途径,机体免疫状况的个体差异,营养条件及生活习惯等因素有关。在无症状期,由于 HIV 在感染者体内不断复制,免疫系统受损,$CD4^+$ T 淋巴细胞计数逐渐下降,同时具有传染性。

3. 艾滋病期 为感染 HIV 后的最终阶段。病人 $CD4^+$ T 淋巴细胞计数明显下降,多$<0.2\times10^9/L$,HIV 血浆病毒载量明显升高。此期主要临床表现为 HIV 相关症状、各种机会性感染及肿瘤。

(1) HIV 相关症状:主要表现为持续一个月以上的发热、盗汗、腹泻;体重减轻 10%以上。部分病人表现为神经精神症状,如记忆力减退、精神淡漠、性格改变、头痛、癫痫及痴呆等。另外还可出现持续性全身性淋巴结肿大,其特点为:①除腹股沟以外有两个或两个以上部位的淋巴结肿大;②淋巴结直径≥1cm,无压痛,无粘连;③持续时间 3 个月以上。

(2) 各系统常见的机会性感染及肿瘤

1) 呼吸系统:卡波西肺孢子虫肺炎(PCP)、肺结核、复发性细菌、真菌性肺炎。

2) 中枢神经系统:隐球菌脑膜炎、结核性脑膜炎、弓形虫脑病、各种病毒性脑膜脑炎。

3) 消化系统:白色念珠菌食管炎及巨细胞病毒性食管炎、肠炎;沙门菌、痢疾杆菌、空肠弯曲菌及隐孢子虫性肠炎。

4) 口腔:鹅口疮、舌毛状白斑、复发性口腔溃疡、牙龈炎等。

5) 皮肤:带状疱疹、传染性软疣、尖锐湿疣、真菌性皮炎和甲癣。

6) 眼部:巨细胞病毒性及弓形虫性视网膜炎。

7) 肿瘤:恶性淋巴瘤、卡波西肉瘤等。

需要注意的是,艾滋病期的临床表现呈多样化,并发症也不尽相同,所发疾病与当地流行现患率密切相关。

> **案例归纳一**
>
> 该患者以发热,进行性呼吸急促、干咳为主要临床表现,病程为 15 天,既往有单采血浆史。体格检查:肺部呼吸音粗,未闻及干湿性啰音。

【实验室及其他检查】

1. 一般检查 白细胞、血红蛋白、红细胞及血小板在感染早期可正常,后期均有不同程度减少,尿蛋白常阳性,可有 ALT 升高。

2. 免疫学检查 $CD4^+$T 淋巴细胞是 HIV 感染最主要的靶细胞,HIV 感染人体后,出现 $CD4^+$ T 淋巴细胞进行性减少,$CD4^+/CD8^+$T 细胞比值倒置现象,细胞免疫功能受损。如果进行 HAART 治疗,$CD4^+$T 淋巴细胞在病程的不同阶段可有不同程度的增加。

目前常用的 $CD4^+$T 淋巴细胞亚群检测方法为流式细胞术,可以直接获得 $CD4^+$T 淋巴细胞数绝对值,或通过白细胞分类计数后换算为 $CD4^+$T 淋巴细胞绝对数。如无条件用流式细胞仪测定 $CD4^+$T 淋巴细胞者,可用淋巴细胞绝对数作为参考。

$CD4^+$T 淋巴细胞计数的临床意义是:了解机体的免疫状态和病程进展、确定疾病分期和治疗时机、判断治疗效果和 HIV 感染者的临床合并症。

$CD4^+$T 淋巴细胞计数的检测间隔时间需根据病人的具体情况由临床医生决定:一般建议对于 $CD4^+$T 淋巴细胞数$>0.35\times10^9/L$ 的 HIV 无症状感染者,每年应检测一次;对于 $CD4^+$T 淋巴细胞数 $(0.2\sim0.35)\times10^9/L$ 之间且尚未开始 AVT 的 HIV/AIDS 病人,应每半年检测一次;对于已接受 ART 的病人在治疗的第一年内应每三个月进行一次 $CD4^+$ T 淋巴细胞数检测,治疗一年以上且病情稳定的病人可改为每半年检测一次。

3. 病原学检测

(1) 分离病毒:AIDS 患者的血浆、单核细胞和脑脊液可分离出 HIV。采用外周血单核细胞分离培养 HIV,阳性率可达到 95%~99%。HIV 分离培养能提供 HIV 感染早期及临床艾滋病期的诊断依据。因其操作技术和实验室条件要求高,主要用于科研。

(2) 抗体检测:人体感染 HIV 后 2 个月左右出现抗体,一般可终生保持。除 HIV 感染的"窗口期"外,其他各个时期均可通过检测血清抗体来进行诊断。抗体检测是目前最可靠也是最常用的诊断方法,具体方法包括:ELISA、颗粒凝集试验、间接免疫荧光法、放射免疫沉淀试验、免疫印迹法等。根据不同的试验目的选择不同的检测方法。

笔 记 栏

1）筛查试验：目前常用的筛查方法有ELISA及颗粒凝集试验等。①酶联免疫吸附试验（ELISA）：最常用的HIV抗体筛查试验，必须使用HIV-1与HIV-2混合型的试剂。根据包被物的不同以及其他试剂及标本加入先后的不同，ELISA可分为间接法、竞争法、夹心法和捕捉法。主要检测血清gp24及gp120抗体，其阳性率可达99%，检测尿液、唾液或脑脊液亦可获阳性结果。②颗粒凝集试验：将HIV抗原包被到颗粒上检测标本中的HIV抗体，其敏感度和特异度均与相近，且操作简便，一步可得结果，无需仪器，适合于小型实验室的日常筛查工作，也可与ELISA配合用于复检试验。

2）复检试验：HIV抗体初次筛查结果阳性的标本应进行复检，除原标本外还需再采集一份新鲜标本，一方面可核对两份结果的一致性，另一方面也可以了解原标本是否受到污染。复检时，应分别使用原有试剂和另一种不同原理或不同厂家的试剂，如果两种试剂复检均呈阴性则报告HIV抗体阴性，如均呈阳性或一阴一阳，则需送对HIV感染有确认权的实验室进行确认试验。有条件的实验室，复检时应尽量使用不同原理的试剂。如初筛时用ELISA，复检时应用颗粒凝集试验。

3）确认试验：确认试验的目的是排除筛查的假阳性。确认试验有：间接免疫荧光试验、放射免疫沉淀试验、免疫印迹法等。我国目前采用的确认方法主要是免疫印迹法，免疫印迹法的主要原理是将HIV不同基因区（ENV、GAG、POL）编码的几种主要抗原蛋白gp160、gp120、p66、p55、p51、p41、p31、p24、p17固定于硝酸纤维膜的不同位置，然后在纤维薄膜上加入待测标本，检测结果能判断标本是否含有HIV抗体及所含抗体属何种HIV基因产物。

（3）抗原检测：在HIV感染的窗口期，病毒抗体通常不能被检出，但能检测到病毒抗原，因此抗原检测是进行早期诊断和窗口期诊断的一种重要方法。患者进入无症状感染期后，由于高滴度抗体的中和作用，往往不能检测到抗原。而到了艾滋病期，抗原的检出率又会再次升高。目前，最为常用的是检测p24抗原，检测方法一般用ELISA间接法，亦可采用流式细胞技术检测血或体液中的HIV特异性抗原。

（4）核酸检测：HIV核酸检测可分为定性检测和定量检测两大类。

1）定性检测：HIV核酸定性检测的方法有原位杂交、RNA印迹、DNA印迹、反转录PCR技术等，反转录PCR技术最为常用，敏感度很高，但也存在因污染等原因造成的假阳性。因此，当结果呈阳性时还须进行核酸序列测定加以确认。HIV核酸定性检测阳性结果可作为HIV感染的辅助诊断指标，但不能单独用于HIV感染的确诊。

2）定量检测：HIV核酸定量检测即病毒载量测定，一般以每毫升血浆中检出的拷贝数来表示。病毒载量测定主要用于评估HIV感染的进程、确定抗病毒治疗方案、监测抗病毒治疗效果以及HIV感染早期的辅助诊断。目前，常用的HIVRNA定量检测方法有荧光定量反转录PCR、实时荧光定量反转录PCR、核酸序列扩增实验和分支链DNA信号扩大系统等。

（5）芯片技术：基因芯片和蛋白芯片技术是近些年发展起来的新兴的生物技术，其原理是将许多特定的寡核苷酸片段或蛋白作为探针，有规律地排列于固相支持物上，然后与待测的标记样本进行杂交，再通过激光共聚焦荧光检测系统等对芯片进行扫描，并配以计算机系统对每一探针上的荧光信号做出比较和检测，从而迅速得出所要的信息。有学者采用抗-HIVgp120抗体作为探针，可敏感地、特异性地检测患者血清中亚纳克分子浓度的靶蛋白。亦有人开发出一种96微孔板上联合寡核苷酸和蛋白质芯片，能同时检测HIV、HBV、HCV联合感染者中的HIV、HBV、HCV核酸和相应的抗体。

案例归纳二

血常规示WBC 8.8×10^9/L，N 0.782，RBC 3.12×10^{12}/L，Hb 99g/L；胸部X线平片提示双肺呈现弥漫性网状结节样间质浸润，考虑为肺部感染；纤维支气管镜肺泡灌洗液检查示卡波西肺孢子虫（+）；抗HIV（+）、HIV确认实验（+）、CD4示0.195×10^9/L，病毒载量7.9×10^6cobeis/ml。

【诊断与鉴别诊断】 HIV/AIDS的诊断需结合流行病学史（包括不安全性生活史、静脉注射毒品史、输入未经抗HIV抗体检测的血液或血液制品、HIV抗体阳性者所生子女或职业暴露史等）、临床表现和实验室检查等进行综合分析，慎重做出诊断。诊断HIV/AIDS必须是HIV抗体阳性（经确认试验证实），而HIVRNA和P24抗原的检测有助于HIV/AIDS的诊断，尤其是能缩短抗体“窗口期”和帮助早期诊断新生儿的HIV感染。

1. 诊断

（1）急性期：诊断标准：病人近期内有流行病学史和临床表现，结合实验室HIV抗体由阴性转为阳性即可诊断，或仅实验室检查HIV抗体由阴性转为阳性即可诊断。

（2）无症状期：诊断标准：有流行病学史，结合HIV抗体阳性即可诊断，或仅实验室检查HIV

笔记栏

抗体阳性即可诊断。

(3) 艾滋病期

1) 原因不明的持续不规则发热38℃以上，>1个月。

2) 慢性腹泻次数多于3次/日，>1个月。

3) 6个月之内体重下降10%以上。

4) 反复发作的口腔白念珠菌感染。

5) 反复发作的单纯疱疹病毒感染或带状疱疹病毒感染。

6) 肺孢子虫肺炎(PCP)。

7) 反复发生的细菌性肺炎。

8) 活动性结核或非结核分支杆菌病。

9) 深部真菌感染。

10) 中枢神经系统占位性病变。

11) 中青年人出现痴呆。

12) 活动性巨细胞病毒感染。

13) 弓形虫脑病。

14) 青霉菌感染。

15) 反复发生的败血症。

16) 皮肤黏膜或内脏的卡波西肉瘤、淋巴瘤。

诊断标准：有流行病学史、实验室检查HIV抗体阳性，加上述各项中的任何一项，即可诊为艾滋病。或者HIV抗体阳性，而$CD4^+$ T淋巴细胞数$<0.2\times10^9/L$，也可诊断为艾滋病。

案例诊断要点

1. 男性中年患者；
2. 发热，进行性呼吸急促、干咳15天；
3. 既往有单采血浆史；
4. 实验室检测示：卡波西肺孢子虫病原体(+)、胸部平片示两肺部感染；抗HIV及确认实验(+)、CD4示$<0.2\times10^9/L$，病毒载量(+)。

临床诊断：艾滋病，艾滋病期合并卡波西肺孢子虫肺炎。

【治疗】 直至今日艾滋病尚无特别有效的治疗方法与药物。艾滋病的治疗是一项综合而且复杂的工作，其主要的治疗策略包括：积极进行机会性感染和肿瘤的预防与治疗；适时开展抗病毒治疗，抑制病毒复制、提高机体免疫力；进行多种支持性治疗、改善病人一般身体状况。尽管不同的治疗有不同的目的，但所有治疗的总目标都是延长患者生命、提高其生活质量。

1. 抗病毒治疗 艾滋病的抗病毒治疗，又称为高效反转录病毒疗法(highly active antiretroviral therapy，HAART)，是近年来艾滋病研究中进展最快的领域之一。目前，世界上已经注册的抗病毒药物有24种。通过对抗病毒药物的联合治疗，可完全抑制HIV病毒繁殖，使HIV感染者的机体免疫和生存状况得到根本的改善。从美国的数据库来看，在艾滋病患者中，接受抗病毒治疗的人数已达到90%，从而使艾滋病的死亡率从1992～1995年的25%～35%下降为8.8%。从上个世纪90年代初期艾滋病曾经是美国成年人的第一致死原因。而在1996年普遍推行抗HIV治疗后，在青壮年人群中艾滋病死亡率已经降低到第5位以下。

抗病毒治疗的目标就是最大限度地抑制病毒的复制，保存和恢复免疫功能，降低病死率和HIV相关性疾病的发病率，提高患者的生活质量，减少艾滋病的传播，延长HIV感染者的生存时间。但目前的抗病毒治疗不能完全抑制和彻底治愈艾滋病。

抗反转录病毒治疗的指征和时机：

(1) 成人及青少年开始抗反转录病毒治疗的指征和时机(见表6-7-1)。

表6-7-1 成人及青少年抗逆转录病毒治疗的指征和时机

临床分期	CD4细胞计数(个/L)	推荐意见
急性感染期	无论CD4细胞计数为多少	考虑治疗
无症状感染期	$>0.35\times10^9/L$，无论血浆病毒载量的值为多少	定期复查，暂不治疗定期复查，出现以下情况之一即进行治疗
	$(0.2\sim0.35)\times10^9/L$之间	1) CD4细胞计数1年内下降大于30%； 2) 血浆病毒载量>100 000/ml； 3) 患者迫切要求治疗，且保证有良好的依从性
艾滋病期	无论CD4细胞计数为多少	进行治疗

如果无法检测CD4细胞数并且出现临床症状的时候，淋巴细胞总数$\leqslant1.2\times10^9/L$时可以开始ART。

在开始进行抗逆转录病毒治疗前，如果病人存在严重的机会性感染，应控制感染后，再开始治疗。

笔记栏

（2）婴幼儿及儿童开始抗逆转录病毒治疗的指征和时机　婴幼儿期，对于小于18个月婴儿体内有来自母体抗HIV抗体，因此首选应用HIV DNA PCR法检测，阳性可早期诊断HIV感染；如无条件时，也可用HIV RNA PCR法来代替，两次检测阳性也可诊断HIV感染。

考虑到婴幼儿病情进展要比大龄的儿童和成人快，对于<12个月龄的婴幼儿，可不考虑病毒学、免疫学指标及是否伴有临床症状的改变，建议治疗。

1岁以上的儿童，艾滋病期或$CD4^+$T淋巴细胞的百分数<15%建议治疗；如果$CD4^+$T淋巴细胞的百分数介于15%～20%之间，推荐治疗；如果介于21%～25%之间建议延迟治疗、密切监测患者$CD4^+$T淋巴细胞百分数的变化。无临床症状，$CD4^+$T淋巴细胞的百分>25%，建议延迟治疗、定期随访，监测临床表现、免疫学及病毒学指标的变化。

2. 药物介绍　抗逆转录病毒（antiretrovirus，ARV）药物，目前国际上分为4类，即核苷类逆转录酶抑制剂（NRTIs）、非核苷类逆转录酶抑制剂（NNRTIs）和蛋白酶抑制剂（PIs）及融合抑制剂（FIs）。

（1）核苷类逆转录酶抑制剂（NRTIs）：主要通过在细胞内磷酸化形成5′-三磷酸的活性代谢产物，与5′-三磷酸核苷竞争，通过逆转录酶整合入病毒DNA，引发病毒RNA链提前终止，从而抑制HIV的复制。NRTIs是临床应用种类最多的逆转录酶抑制剂，主要包括：齐多夫定（zidovudine，ZDV，AZT），常用剂量500mg/d；拉米夫定（lamivudine，3TC），常用剂量150mg/d；去羟肌苷（didanosine，DDI），常用剂量200～400mg/d；扎西他滨（zalcitabine，DDC），常用剂量0.75mg/（kg·d）；司他夫定（stavudine，d4T），常用剂量400mg/d。上述药物无论是单独应用或是联合应用，对HIV-1的控制均未达到理想的效果，其原因是患者对这类药物极易产生耐药，且多为交叉耐受。近年来新开发的这一类药有：康卡韦（combivir，包括300mgAZT和150mg 3TC），其合并的目的是减少患者服用药物的数量；阿巴卡韦（abacavir，ABC），300mg，2次/d，可以用于成人和儿童，它可用于抗HIV-1和HIV-2的体内合成，包括对AZT、3TC、DDI和NVP耐药的病例同样有效，与AZT或NVP均具有协同作用。

（2）非核苷类逆转录酶抑制剂（NNRTIs）：主要是与逆转录酶的深部结构相结合，而破坏该酶的催化点，来阻断RNA和DNA依赖的DNA多聚酶的活性。主要药物包括奈韦拉平（nevirapine，NVP），常用剂量400mg/d；依非韦仑（efavirenz，EFV），常用剂量600mg/d；地拉夫定（delavirdine），常用剂量1200mg/d。

（3）蛋白酶抑制剂（PIs）：主要是通过阻断HIV复制和成熟过程中所必需的蛋白质合成，从而抑制HIV的复制。主要药物包括沙奎那韦（saquinavir，SQV），常用剂量800mg/d；利托那韦（ritonavir，RTV），常用剂量200mg/d；茚地那韦（indinavir，IDV），常用剂量1600mg/d；奈非那韦（nelfinavir，NFV），常用剂量250mg/d。

（4）融合抑制剂（FIs）：融合抑制剂Fuzeon（T20，enfuritide）是gp41的HR2片断的缩氨酸的类似物，它通过结合到gp41的HR1片断，中断卷曲结构的形成，从而中断病毒颗粒细胞膜的融合。目前临床试验显示T20具有很强的抗HIV作用，且无明显毒副作用。

（5）其他可能用于抗病毒治疗措施：目前常用的HAART抗病毒治疗方案不能有效阻止HIV感染的建立和彻底清除HIV感染，且近年来出现对现有抗病毒药物耐药的HIV毒株，以及现有抗病毒药物的毒副作用都限制了HAART抗病毒治疗方案的应用与疗效，因此寻找新的抗病毒治疗措施势在必行。

1）阻止HIV进入宿主细胞的措施：HIV进入宿主细胞是病毒感染建立的第一步，也是最关键的一步，因此寻找阻止HIV进入宿主细胞的有效措施，对于控制感染及其所致的免疫功能缺陷与相关性疾病等具有十分重要的意义。①病毒黏附抑制剂：如蛋白542（PRO542）和Cyanovirin-N（CV-N），PRO542是一种可溶性CD4-IgG复合物，能与淋巴细胞表面的CD4分子结合阻止HIV与细胞黏附，Ⅰ期临床试验显示其安全且具有抗病毒活性；CV-N是一种由101个氨基酸组成的蛋白质，能与gp120蛋白细胞外功能区中高度保守的2G12抗原表位簇结合，损害CD4结合位点的使用，从而阻断gp120介导的病毒与宿主细胞膜融合作用，CV-N有望作为一种强有力的局部杀微生物药用于预防性传播的HIV感染。②趋化因子受体拮抗剂：如针对CCR5的SCH-C、TAK779与PRO542及针对CXCR4的AMD-3100等均阻断HIV外膜蛋白gp120与相应的趋化因子受体结合，从而阻断HIV进入宿主细胞，其中的AMD-3100已进入临床试验阶段，有望成为一种针对HIV感染的新型抗病毒药物。

2）乳铁蛋白：一种铁离子结合糖蛋白，正常情况下存在于唾液、口腔黏膜表面、乳汁及中性粒细胞中，具有抗细菌、抗病毒、抗真菌、抗寄生虫、抗肿瘤及免疫调节等多种生物学功能。近年

笔 记 栏

研究发现,乳铁蛋白对 HIV 感染具有很强的抗病毒作用,主要通过抑制病毒与宿主细胞黏附及病毒逆转录酶、蛋白酶与整合酶的活性而发挥作用。

3）整合酶抑制剂:HIV 整合酶是催化前病毒 DNA 整合到宿主细胞基因组过程中所必需的一种病毒酶,抑制整合酶活性具有可能控制 HIV 感染。目前有两种整合酶抑制剂正在进行临床试验研究阶段。

另外,目前正在探讨 DNA 疫苗、细胞内抗体、RNA 干扰技术、反义抑制技术等基因治疗方法来治疗 HIV 感染,其抗病毒疗效与安全性尚在研究之中。

3. 治疗方案

（1）抗病毒方案:目前国内的 ARV 药物共 12 种,分为 3 类:即核苷类逆转录酶抑制剂、非核苷类逆转录酶抑制剂和蛋白酶抑制剂。鉴于仅用一种抗病毒药物极易诱发 HIV 的突变,并产生耐药性,降低治疗效果,因而目前主张联合用药,称为高效抗逆转录病毒治疗（high active anti-retroviral therapy, HAART）。具体用法见下表。

1）成人及青少年几种推荐用药方案:根据目前国际上已有的 ARV 药物可以组成以 2NRTIs 为骨架的联合 NNRTI 或 PI 方案,或 3NRTIs 方案等,需要提出的是,每种方案都有其优缺点,例如毒性、耐药性对以后治疗产生的影响、实用性和可行性等,需根据病人的具体情况来掌握。现以我国已有药物为基础推荐以下几种组合方案:

A. 一线推荐方案:AZT（或 d4T）+3TC+EFV（或 NVP）。

B. 替代方案:①AZT（或 d4T）+3TC+IDV;②ddI+d4T+EFV（或 NVP）;③AZT+ddI+EFV（或 NVP）。

2）特殊人群的 ARV

A. 儿童:儿童治疗首选 3 种抗病毒药物联合治疗方案。许多成人使用的 ARV 药物在根据儿童体重和体表面积改变药物配方后也可以用于儿童。

推荐儿童使用的一线药物包括 2NRTIS 加一种非核苷类药物（NVP 或者 EFV）:2NRTIS+EFV(用于 3 岁以上或能够吞服胶囊的儿童)、2NRTIS+NVP(用于 3 岁以下或是不能吞服胶囊的儿童)。替代方案为 2 NRTIS 加一种 PI:PI 首选 LPV/RTV;由于 IDV 需要大量饮水,并需要 8 小时服用一次,故推荐为次选。

B. 孕妇:孕妇与成人开始抗病毒治疗的时机相同,但必须同时考虑以下问题:其一是所采用的治疗方案要有能同时降低母婴传播的效果;其二是必须权衡抗病毒药物对孕妇、胎儿和新生儿的影响。一般原则是孕前已应用 HAART 的,不建议停用治疗;如原方案中无 AZT,在可能的情况下,应加入 AZT;如未开始治疗的孕妇在怀孕的前三个月一般不推荐治疗。

有研究表明,在应用 d4T 治疗过程中,发生乳酸性酸中毒或肝脂肪变性的几率,大于应用其他核苷类药物,在孕妇尤其明显。因此,在 HIV 感染的孕妇中,不主张应用含 d4T 的方案。由于 EFV 对胎儿有致畸性,至少在怀孕的前三个月应避免应用 EFV。由于孕妇服用 PIs 类的药物有发生妊娠糖尿病的危险,从而增加巨大儿、流产、早产和死胎等的危险,故 PI 类药物一般不推荐使用。

推荐 AZT+3TC+NVP 可以作为孕妇的一线方案。

需要指出的是,对于孕妇应用 ARV 毒副反应资料,多来源于动物模型、发生的病例、注册的资料以及临床科研,在孕妇中应用 ARV 的药代动力学情况,以及其安全性的相关资料尚有限。

C. 同时合并有结核的 HIV/AIDS 病人:由于抗结核药物和 ARV 会出现药物间相互影响,加重肝毒性,故对诊断结核时未接受抗病毒治疗的 TB/HIV 合并感染者,一般建议在开始 ARV 治疗前先完成结核的治疗。但对于 AIDS 晚期病人,推迟 ARV 治疗可能会影响病人生存,故建议如病人 $CD4^+T$ 淋巴细胞计数 $<0.05\times10^9/L$,当结核治疗有效,病情有好转即开始抗病毒治疗;如 $CD4^+T$ 细胞计数在 $(0.05\sim0.2)\times10^9/L$,结核治疗强化阶段结束开始抗病毒治疗。

如果需要同时服用抗结核药物和抗 HIV 药物,首选药物包括 AZT/3TC 或者 d4T/3TC 加另外一种非核苷类药物或者是 ABC。如果服用非核苷类药物,则 EFV 是首选的配伍药物,因为其对结核治疗过程中肝脏毒性作用要小于 NVP。但是,其剂量可能需要增加到 800mg/d。在结核治疗过程中不推荐使用蛋白酶抑制剂,因为后者和利福平具有拮抗作用。

D. 静脉药物依赖者的抗病毒治疗:由于药物滥用行为可能会影响静脉药物依赖者对治疗的依从性,或由于合并感染丙型肝炎而使患者对抗病毒治疗难以耐受的问题,在静脉药物依赖者中开展 ARV 治疗、提高依从性和可持续性是治疗成功的关键。

对静脉药物依赖患者开始抗病毒治疗的时机与普通病人相同。开始前,应向患者提供充分信息,评估依从性所面临的潜在障碍。在自愿的基础上开展治疗,增加治疗成功的几率,以免导

笔记栏

致治疗失败和耐药性。

对于静脉药物依赖患者来说，最好采用简单的治疗方案、固定剂量联合方案。$d4T^{+}3TC^{+}NVP$ 是一种比较理想的方案，但应注意 NVP 的肝毒性。

应特别关注抗病毒治疗的药物分发过程。持续监督药物分发可以有效提高依从性。通常，在患者开始治疗后，应增加督导的频率。随着治疗过程中患者的状况逐渐稳定，药物分发的间隔时间可以延长。相反，稳定后的患者如果行为变得没有规律，可以重新采取更加频繁的服药方案。

注意抗病毒药物和其他药物，尤其是美沙酮之间存在的药物相互反应。研究证明，AZT 与美沙酮联用时浓度会上升约 40%，到目前为止，还没有任何经验表明可以减少 AZT 剂量，但应密切监控 AZT 的毒性或避免两者合用。ddI 与美沙酮联用时浓度被发现会降低约 60%。这可能会导致 ddI 剂量不足、病毒抑制不完全和形成抗药性。此外，抗病毒药物如奈韦拉平、依发韦仑会通过诱导细胞色素 P450 系统降低美沙酮的浓度，在某些患者中出现阿片戒断症状（多在开始治疗后的 4～8 天出现）。故在开始新的抗病毒治疗后，应对这些患者开展经常性的医学评估，以监控戒断症状。

（2）免疫治疗：免疫治疗的目的是调整、增强和重建患者的免疫功能，从而减轻病情，延缓病程进展。主要药物有胸腺素、香菇多糖、细胞因子，如白细胞介素类 2、10、12、15、16、17、干扰素等与抗病毒联合应用具有一定增强免疫功能的作用。

（3）并发症的治疗

1）卡氏肺孢子虫感染：可以于 TMP15～20mg/(kg · d) 加 SMZ75～100mg/(kg · d)，分 3～4 次，静脉注射或口服，共 14～21 日，或戊烷脒 3～4mg/kg 静脉注射，每日 1 次共 14～21 日，或以戊烷脒气雾剂吸入，或 TMP1200mg，每日 4 次，加氨苯砜 100mg，每日 1 次口服，共 14～21 日。

2）弓形虫感染：除可用 TMP 加 SMZ 外，也可用乙胺嘧啶首剂 75mg，然后每日 25mg，1 次口服，磺胺嘧啶 1g，每 6 小时 1 次，共计 28 日；或乙胺嘧啶与氨苯砜联合治疗。

3）隐孢子虫感染：尚无特效药物，可用螺旋霉素 500mg 每 12 小时 1 次，连用 10 日。

4）真菌感染：对白色珠菌、新型隐球菌感染等，可根据患者具体情况选用制霉菌素、二性霉素 B、大氟康、酮康唑、氟康唑、伊曲康唑或氟胞嘧啶等治疗。

5）其他病毒感染：单纯疱疹、带状疱疹可选用阿昔洛韦、伐昔洛韦等治疗；巨细胞病毒感染、EB 病毒感染可选用伐昔洛韦、阿德福韦、磷加酸钠等治疗。

6）细菌感染治疗：①鸟型分枝杆菌感染：首选阿齐红霉素 500mg 每日 1 次，或克拉红霉素 500mg 每日 2 次，其次可选用乙胺丁醇 15mg/kg 每日 1 次，或氯苯吩嗪（100mg/d）、利福布丁（300～600mg/d）、利福平（600mg/d）、环丙沙星（750mg 每日 2 次）。以上治疗至少持续 18～24 个月。如果患者症状和细菌学检查有进步，上述治疗可持续终身。②结核杆菌：多以 2～4 种抗结核药物联合治疗，疗程 6～9 个月。③其他细菌感染：可根据不同病原学选用有效抗菌药物。

7）相关肿瘤治疗：①卡波西肉瘤：局部可采用手术、放疗、冷冻等方法，全身可采用干扰素 α 联合多柔比星 $20mg/m^2$+博来霉素 $15U/m^2$+长春新碱 2mg 静脉滴注，每 3 周 1 次进行化疗。对于上述治疗无效的患者可选用紫杉醇。②非霍奇金淋巴瘤：局部可采用手术、放疗等方法，全身可采用 CHOP 化疗方案（间隔 21 天，环磷酰胺 $750mg/m^2$，静注，第 1 天；多柔比星 $50mg/m^2$，静注，第 1 天；长春新碱 $1～4mg/m^2$，静注，第 1 天；泼尼松 100mg/次，口服，第 1～5 天）。③浸润性宫颈癌：局部可以采用手术、放疗，全身可予环磷酰胺、5 氟尿嘧啶等化疗药物进行治疗。④肛门癌：局部可采用手术、放疗，全身可予 5 氟尿嘧啶、顺铂等化疗药物进行治疗。

值得注意的是，艾滋病合并肿瘤治疗时均应考虑艾滋病的近况，一般情况下在进行化疗或手术前应检查患者是否合并机会性感染及 $CD4^+$ 细胞计数情况，如果有机会性感染存在应首先控制机会性感染，在机会性感染得到控制后再行下一步治疗。$CD4^+$ 细胞计数最好在 $0.2×10^9/L$ 以上，否则手术或化疗会造成患者的 $CD4^+$ 细胞计数急剧下降，造成机会性感染发生率增高。另外许多化疗药物与艾滋病抗病毒药物之间有相互作用，不能同时应用，故建议化疗和抗病毒治疗要分开进行，万不得已要选择没有相互作用或相互作用小的药物应用。

（4）支持及对症治疗：可根据患者的具体病情，选择性使用输血、营养支持、多种维生素等治疗，加强患者的全身能量供应。

（5）预防性治疗：对于结核菌素试验阳性者，应进行抗结核治疗；$CD4^+T$ 淋巴细胞 $<0.2×10^9/L$ 者，应服用 TMP-SMZ，预防肺孢子虫感染；医护人员或实验人员意外暴露，在发生职业暴露后尽可能在最短的时间内（尽可能在 2 小时内）进行预防性用药，最好不超过 24 小时，但即使超过

笔 记 栏

24 小时,也建议实施预防性用药。可使用 AZT+3TC 组合,连续服用 28 天。

(6) 中医药治疗:急性期患者可以按照中医外感疾病分为风寒、风热等两类病症进行辨证治疗,风寒证可予荆防败散、风热证可予银翘散;无症状感染期由于处于正邪相对平衡状态,治疗原则主要体现为扶助正气,尽量延缓发病进程,所以根据临床不同病程和相关中医辨证特点,可予疏肝理气、补益气血、清热解毒、化痰和中等治疗原则选择柴胡疏肝散、八珍汤、归脾汤、温胆汤、清瘟败毒饮等方剂进行治疗;艾滋病期可根据机会性感染和肿瘤的不同发病情况,具体辨证,可分别给予益气、生津、解毒、活血、散结、利湿、泻火、补益肝肾、止泻等多种治疗原则,灵活选择相应的方剂来应对复杂多变的临床征候和病情变化。

4. 疗效评价 治疗的有效与否主要是通过以下三个方面进行评价:病毒学指标、免疫学指标和临床症状,病毒学的改变是最重要的指标。

(1) 病毒学指标:对于应用 HAART 方案治疗的患者,大多数患者血浆中病毒载量的水平 4 周内应下降 1 个 log 以上,在治疗后的 3~6 个月,病毒载量即可达到检测不到的水平。

(2) 免疫学指标:经 HAART 治疗 3 个月后,$CD4^+T$ 淋巴细胞计数与治疗前相比增加了 30% 即提示治疗有效,或在治疗第一年后 $CD4^+T$ 淋巴细胞计数增长 $0.1\times10^9/L$,提示治疗有效。

(3) 临床症状:当治疗有效时,临床症状能够缓解,机会性感染的发病率和艾滋病的死亡率可以大大降低。

【预后与预防】

1. 预后 HIV 感染者的预后与所感染的 HIV 型别及亚型有关,一般而言,感染 HIV-1 者较 HIV-2 临床进展快。未经过抗逆转录病毒药物治疗的 HIV-1 感染者,其临床结局可分为四种类型:典型:经过 8~10 年的典型进展过程(约占 70%~80%);快速进展型:2~5 年之内的快速进展过程;长期无进展型:感染者保持健康状态达 10 年以上的长期存活或不进展,$CD4^+T$ 淋巴细胞 $>0.5\times10^9/L$,病毒载量<1000copeis/ml(大约≤10%);长期存活型:进展到艾滋病期和典型一样,以后能够稳定较长一段时间(大约<5%)。经过 HAART 治疗已大大改变了艾滋病的进程,如果在治疗过程中不出现病毒的耐药和药物的严重副作用,理论上艾滋病患者可长期存活。

2. 预防

(1) 控制传染源:病人及无症状病毒携带者应注意隔离,患者的血、排泄物和分泌物应进行消毒。加强国境检疫。

(2) 切断传播途径:目前控制艾滋病流行最有效的方法,包括:①广泛深入地开展预防艾滋病的宣传教育;②严格检查血液制品,供应安全的血制品,推广一次性注射用器;③严禁毒品注射,取缔娼妓,禁止性滥交/乱交;④在高危人群中推广避孕套;⑤对静脉吸毒者可用美沙酮替代维持治疗;⑥及时规范治疗性病;⑦为 HIV 感染的孕妇提供抗病毒治疗以阻断母婴传播;⑧医疗单位对患者使用的物品或医疗器具应严格消毒。

(3) 保护易感人群:世界各国正在进行各种 HIV 疫苗的研制,其中已有的进入了Ⅱ/Ⅲ期临床试验阶段。相信不久的将来,能够用于易感者的预防接种,从而起到保护广大的易感者。

处方及医生指导

1. 一般治疗:增加营养,吸氧,注意休息;静脉滴注液体,补充能量、电解质、多种维生素等。

2. 药物治疗

(1) 抗病毒治疗:方案为 AZT+3TC+EFV,即 AZT 500mg/d、3TC 150mg/d、EFV 600mg/d。

(2) 抗感染治疗:给予复方磺胺甲基异噁唑(TMP-SMZ)口服,戊烷脒静脉滴注。

(3) 中药:予清热解毒,宣肺利气之剂,清金化痰汤合麻杏石甘汤加减。

笔记栏

第 8 章 流行性脑脊髓膜炎

案例

患者，男性，14岁，学生。发热、头痛伴呕吐两日，于2007年4月25日下午14时入院。

患儿于两日前无明显诱因出现发热，T38℃，伴有咽痛。口服红霉素治疗，病情未见好转，体温升至39.2℃，出现头痛，烦躁不安，呕吐4次，呈喷射状，为胃内容物，故来诊而收入院。

体格检查：T 39.1℃，P 110次/min，R 26次/min，BP 120/80mmHg；急性面容，于大腿内侧发现3处瘀斑，大小约为1.0cm；咽部充血，扁桃体无肿大，颈项强直；心率110次/min，心肺听诊无异常；腹部无异常，Brudzinski征(+)，Kernig征(+)，Babinski征(-)。

实验室及其他检查：血常规示：WBC 21×10^9/L，N 0.84；尿常规(-)；大便常规(-)。

思考题

1. 该病例最可能的诊断是什么？
2. 为明确诊断还应做哪些实验室检查？
3. 如何治疗？

流行性脑脊髓膜炎(epidemic cerebrospinal meningitis，简称流脑)是由脑膜炎球菌引起的一种化脓性脑膜炎。致病菌由鼻咽部侵入血循环，形成败血症，最后局限于脑膜及脊髓膜，形成化脓性脑脊髓膜病变。临床表现主要为发热、头痛、呕吐，皮肤黏膜瘀点、瘀斑及颈项强直等脑膜刺激征；严重者可有败血症和脑实质损害。脑脊液呈化脓性改变。

【病原学】 脑膜炎球菌属奈瑟菌属，为革兰阴性球菌，呈肾形或卵圆形，常成对排列，有菌毛和多糖荚膜。该菌仅存在于人体，可从带菌者的鼻咽部，患者的血液、脑脊液和皮肤瘀点中检出。对营养要求较高，普通培养基上不易生长，通常采用血液琼脂或巧克力琼脂培养基，在5%~10% CO_2环境中易生长。对寒冷、干燥较敏感，低于30℃、加温至50℃或一般的消毒剂处理者极易使其死亡。本菌含自溶酶，在体外极易溶解而死亡，故采集标本后必须立即送检。

脑膜炎球菌抗原性强，包括四种主要抗原成分，是细菌血清学分类的主要依据。通过血清凝集试验将脑膜炎球菌分为A、B、C、D、X(1916)、Y(1889)、Z、29E(1892)、W135(319)、H(1890)、I(1486)、K(1811)、L等13个血清群。脑膜炎球菌在不同地区存在型的差异，在中国和非洲撒哈拉周边国家以A群占优势，而在多数发达国家以B群和C群为主。其中90%以上病例由A、B、C三群引起，A群引起大流行，B群和C群引起散发和小流行。近30年我国的流行菌群主要是A群，占97.3%，B群占1.93%，C群仅占0.39%；但带菌者以B群、C群为主，近年来B群流行有上升趋势，尤其在儿童中以B群流行为主，今后是否会成为主要流行菌群，值得关注。近20年来欧美一些国家的流行菌群主要为B群和C群，分别占50%~55%和20%~25%，W135占15%，Y群占10%，而A群仅占1%~2%。

【流行病学】 流脑全球性分布，散发或流行于世界各地，平均年发病率为2.5/10万人口，以非洲中部地带最为流行。我国由于广泛接种A群多糖疫苗，发病率已明显下降。

1. 传染源 人是本病惟一的传染源，包括带菌者和流脑患者。病原菌存在于患者或带菌者的鼻咽部分泌物中，借飞沫传播。在流行期间，人群中鼻咽部带菌率常显著增高，有时可高达50%以上，一户2人或2人以上同时发病者亦多见；人群带菌率超过20%时，提示有发生流行的可能。病后带菌者约有10%~20%，其排菌时间可达数周至2年；带菌时间超过3个月以上者，称为慢性带菌者，且多为耐药菌株，因此带菌者作为传染源的危险性比患者更大。

2. 传播途径 病原菌借咳嗽、喷嚏、说话等由飞沫直接从空气中传播，因其在体外生活力极弱，故通过日常用品间接传播的机会极少。但密切接触如同睡、怀抱、喂乳、接吻等对2岁以下婴幼儿传播本病有重要意义。

3. 人群易感性 人群的易感性与抗体水平密切相关。任何年龄均可发病，从2~3个月开始，6个月至2岁发病率最高，以后随年龄增长逐渐下降。新生儿因有来自于母体的杀菌抗体故发病者少见。男女发病率大致相等，各地区发

笔记栏

病率有很大差异,如偏僻山区,一旦传染源介入,常引起点状暴发流行,各年龄段均可发病,15 岁以上发病者占总发病率的一半以上;中小城市以 2~4 岁或 5~9 岁发病率最高;大城市发病分散,以 2 岁以下发病率最高。人感染后可产生持久免疫力;但各群间虽有交叉免疫,但不持久。

4. 流行特征 本病全年均可发病,但有明显的季节性,冬春季多见,发病从 11 月份开始,次年 3、4 月份达高峰,5 月份开始下降。其他季节有少数散发病例发生。由于间隔一定时间后人群的免疫力下降,新的易感者逐渐积累增加,使本病呈周期性流行,以往通常每 3~5 年出现一次小流行,8~10 年出现一次大流行,但近年来由于在易感人群中普遍接种疫苗,故可以打破此周期性流行。此外,由于引入新的有毒力的克隆型,而多数人对其缺乏免疫力,亦可产生流行。目前在流行病学上值得关注的主要问题是,由于菌群的变迁、耐磺胺药菌株的增加和疫苗接种不力,使我国近年来发病率有上升趋势,且 B 群发病已占 10%左右。流行因素主要与室内活动多、空气不流通、居住拥挤及上呼吸道病毒感染等有关。

【发病机制】 脑膜炎双球菌自鼻咽部侵入人体后的发展过程,取决于人体和病原菌之间的相互作用。如果人体健康且免疫力强,则可迅速将病菌消灭或成为带菌者。如果机体缺乏特异性杀菌抗体,或者细菌的毒力强,病菌则从鼻咽部侵入血液,形成败血症,再侵入脑脊髓膜形成化脓性脑脊髓膜炎。

由于人在一生中不断间歇带菌,及其对病原菌荚膜多糖抗原的反应,90%以上带菌者在感染后,血液中的同群抗体(如特异性 IgM、IgA 等)升高,除对同群病原菌有杀菌作用外,对异群脑膜炎球菌也有杀菌效力。目前认为,多种先天性或获得性免疫缺陷综合征都会增加感染脑膜炎球菌的危险性,IgM 缺乏或减少,补体 C5~C8 中的单个补体先天性缺乏均易引起发病,甚至是反复发作或致暴发型流脑的原因。

近年研究证明,从患者和带菌者脑脊液中分离到的细菌有基因序列上的差异,提示病原菌的致病性存在区别。细菌侵入后,由于炎性细胞浸润、多种细胞因子和趋化蛋白的释放,最终导致神经细胞功能损伤。脑膜炎球菌的菌毛与鼻咽部无纤毛的柱状上皮细胞的微绒毛结合,使脑膜炎球菌可在宿主细胞表面寄生和繁殖。脑膜炎球菌还可产生一种酶,能切断局部 IgA 重链。

本病的主要病理基础是细菌释放的内毒素所导致的微循环障碍。在败血症期,细菌侵袭皮肤血管内壁引起栓塞、坏死和出血,从而出现皮肤瘀点或瘀斑;由于血栓形成、血小板减少等因素导致内脏有不同程度出血。内毒素使全身小血管痉挛,内皮细胞损伤,导致微循环障碍,引起感染性休克、DIC,甚至造成多脏器功能衰竭。微循环障碍如发生在全身及内脏系统,则临床表现为暴发型败血症;如以脑血管损伤为主则形成脑膜炎型;或兼而有之即所谓混合型。

【病理】 在败血症期,主要病变为血管内皮损害,血管壁炎症、坏死和血栓形成,同时有血管周围出血;皮肤、皮下组织、黏膜和浆膜等局灶性出血。在暴发型败血症,皮肤及内脏血管损害严重而广泛,内皮细胞脱落坏死,血管腔内有血栓形成。皮肤、肺、心、胃肠道和肾上腺皮质均有广泛出血。心肌炎和肺水肿亦常见。

脑膜炎期的病变以软脑膜为主。早期表现为充血、少量浆液性渗出及局灶性出血;后期则有大量纤维蛋白、中性粒细胞及细菌出现,引起脑脊液混浊。病变主要在大脑两半球表面和颅底。由于颅底部脓性粘连压迫及化脓性病变的直接侵袭,引起视神经、动眼神经、外展神经、面神经、听神经等脑神经损害。暴发型脑膜炎病变以脑组织为主,有明显充血和水肿,颅内压明显增高,严重者甚至发生枕骨大孔疝或天幕裂孔疝。少数慢性患者由于脑室孔阻塞,致使脑脊液循环受阻,可发生脑积水。除脑脊髓膜病变外,其他脏器亦可有迁徙性化脓性病灶,包括心内膜炎、心包炎、化脓性关节炎、眼球炎、肺炎等。

【临床表现】 潜伏期 1~7 日,一般 2~3 日。其病情复杂多变,轻重不一,一般可表现为普通型、暴发型和慢性败血症型三个临床类型。

1. 普通型 约占全部病例的 90%左右。按病程可分为上呼吸道感染期、败血症期和脑膜炎期三个期。

(1) 上呼吸道感染期(前驱期):约 1~2 日,大多数患者并不产生任何症状。部分患者有低热、咽痛、咳嗽、鼻咽部黏膜充血及分泌物增多等上呼吸道感染症状。鼻咽拭子培养常可发现病原菌,但很难确诊。

(2) 败血症期:突发或前驱期后突起畏寒、寒战、高热,伴头痛、呕吐、全身乏力、肌肉酸痛、食欲不振及神志淡漠等毒血症症状。幼儿则有哭啼吵闹、烦躁不安、皮肤感觉过敏及惊厥等。70%左右的患者全身皮肤黏膜可见瘀点或瘀斑,病情严重者可迅速融合扩大,且因血栓形成发生大片坏死。约 10%的患者常于病初几日在唇周及其他部位出现单纯疱疹。少数患者有关节痛或关节炎、脾肿大。多数病例于 1~2 日后进入脑膜炎期。

(3) 脑膜炎期:此期脑膜炎与败血症症状多同时存在,但中枢神经系统症状加重。持续高热、头痛剧烈、呕吐频繁，血压增高、脉搏减慢，常有狂躁、惊厥、皮肤感觉过敏、怕光。大多数患者于24小时左右出现脑膜刺激征，表现为颈后疼痛、颈项强直，克氏征及布氏征阳性。重者1~2日后进入谵妄、昏迷状态，可出现呼吸或循环衰竭。

婴儿发作多不典型，除高热、拒乳、烦躁及哭啼不安外，咳嗽、腹泻及惊厥较成人多见，脑膜刺激征可缺如。前囟突出，有助于诊断，但有时因呕吐频繁、失水反而出现前囟下陷，造成诊断困难。

2. 暴发型 少数病人起病急骤，病情凶险，如不及时抢救，常于24小时内死亡。可分为休克型、脑膜炎型和混合型三个类型。

(1) 暴发型败血症(休克型)：本型多见于儿童。中毒症状明显，突起高热、头痛、呕吐，精神极度委靡，或时有惊厥，可有程度不等的意识障碍。休克是本型的主要特征，表现为脉搏细速、血压明显下降或测不出、脉压缩小，面色苍白、四肢厥冷、唇及指端发绀、皮肤花斑。常在短期内全身皮肤出现广泛瘀点、瘀斑，且迅速融合成大片皮下出血，或继以大片坏死。脑膜刺激征常缺如。脑脊液大多清亮，细胞数正常或轻度增加。血培养常为阳性，实验室检查可证实有DIC存在。

(2) 暴发型脑膜脑炎：本型多见于儿童。除具有严重的中毒症状外，脑实质损害的临床表现明显。患者频繁惊厥，迅速陷入昏迷，锥体束征阳性及两侧反射不等；出现脑水肿表现，血压持续升高，心率减慢，眼底检查可见视乳头水肿；严重者出现脑疝。枕骨大孔疝常见，由于小脑扁桃体疝入枕骨大孔内压迫延髓，此时患者昏迷加深，瞳孔大小不等，或忽大忽小，对光反应迟钝；双侧肢体肌张力增高或强直，上肢多内旋，下肢呈伸展性强直；呼吸不规则，或呼吸快慢深浅不匀，或呼吸暂停，或抽泣样呼吸，或为潮式呼吸，提示呼吸衰竭。少数为天幕裂孔疝，由于颞叶的钩回或海马回疝入天幕裂孔，压迫间脑及动眼神经，除有上述颅内压增高症状外，常有同侧瞳孔扩大，对光反应消失，眼球固定或外展，对侧肢体轻瘫，继而出现呼吸衰竭。

(3) 混合型：是本病最严重的一型，病死率极高，兼有上述两型的临床表现，常同时或先后出现。

3. 慢性脑膜炎球菌败血症型 本型不多见，多发生于成人，病程迁延数月。畏寒、寒战、高热间歇性发作，每次历时12小时后即缓解，相隔1~4日后再次发作。发作时常有多见于四肢且成批出现的皮疹，热退皮疹亦消退；可伴有皮肤瘀点、皮下出血，多发性关节疼痛。诊断主要依据发热期的血培养，常需多次检查才能获得阳性，淤点涂片阳性率不高。少数患者也可发展为化脓性脑膜炎或心内膜炎而使病情急剧恶化。

案例归纳一

该患者为14岁小学生，以突起高热、头痛为主要表现，并伴烦躁不安，呕吐呈喷射状。

体格检查：T 39.1℃，P 110次/min，R 26次/min，BP 120/80mmHg；急性面容，大腿内侧有3处瘀斑，大小约为1.0cm；咽部充血，扁桃体无肿大，颈项强直；Brudzinski征(+)，Kernig征(+)。

【实验室及其他检查】

1. 血象 白细胞总数明显增加，一般在20×10^9/L左右，甚至高达40×10^9/L或以上，中性粒细胞占80%~90%。并发DIC者血小板减少。

2. 脑脊液检查 是诊断流脑的重要依据。脑脊液在病初仅有压力升高，外观正常。典型脑膜炎期，压力明显升高，可达200mmH_2O以上，脑脊液外观混浊或脓样；白细胞数明显升高，常达1000×10^6/L以上，以中性粒细胞为主；蛋白质显著增高，糖含量明显减少，氯化物降低。应注意的是如有脑膜炎症状和体征，而早期脑脊液检查正常者，应于12~24小时复验；流脑经抗菌药物治疗后，脑脊液可呈不典型改变。暴发型败血症者脑脊液除压力升高外，细胞数、蛋白质、糖含量等可无明显改变。对颅内压增高的患者，腰穿要慎重，以免引起脑疝。

3. 细菌学检查

(1) 涂片检查：包括皮肤淤点和脑脊液沉渣涂片检查。皮肤淤点检查时，用针尖刺破皮肤淤点，挤出少许血液和组织液，涂于载玻片上染色后镜检，阳性率可达80%以上。脑脊液沉渣涂片阳性率为60%~70%。

(2) 细菌培养：必须在应用抗菌药物之前，取血液或脑脊液进行细菌培养，若为阳性应进行菌株分型和药敏试验。①血培养：阳性率为50%~75%，宜多次采血送检。对普通型败血症期、暴发型败血症及慢性脑膜炎球菌败血症的诊断非常重要。②脑脊液培养：将脑脊液置于无菌试管内离心，取沉渣立即接种于巧克力琼脂培养基上，同时注入葡萄糖肉汤中，在5%~10%CO_2环境下培养。

4. 免疫学检查 是近年来开展的快速诊断流脑的方法，多用于已使用抗生素而细菌学检查

笔记栏

阴性者。

（1）测定抗原：主要有对流免疫电泳、乳胶凝集试验、菌体协同凝集试验、反向间接血凝试验及酶联免疫吸附试验等，用以检测患者血液和脑脊液中的特异性抗原。病程在1~3日内即可出现阳性，利于早期诊断，较细菌培养阳性率高，且快速、敏感、特异性强。

（2）测定抗体：间接血凝试验、酶联免疫吸附试验、杀菌抗体试验等可进行特异性抗体的检测，但敏感性和特异性均较差，不能作为早期诊断方法，临床应用日渐减少。如恢复期血清效价大于急性期4倍以上，则有诊断价值。

5. 分子生物学检查 应用PCR技术可检测早期血清和脑脊液中A、B、C群细菌的DNA，脑脊液和血清的阳性率分别为92%、86%。本方法具有快速、敏感、特异性强的优点，且不受抗生素的影响，还可对细菌进行分型。

案例归纳二

血常规示：WBC 21×10^9/L，N 0.84；尿常规（-）；大便常规（-）。

【诊断与鉴别诊断】

1. 诊断 凡在流行季节，突起高热、头痛、呕吐，伴神志改变，体检皮肤、黏膜有瘀点、瘀斑，脑膜刺激征阳性者，即可初步做出临床诊断。确诊有赖于脑脊液和细菌学检查发现病原菌，免疫学检查及分子生物学检查有利于早期诊断。

2. 鉴别诊断

（1）其他化脓性脑膜炎：肺炎球菌脑膜炎、流感杆菌脑膜炎、葡萄球菌脑膜炎等大多在体内有感染灶存在。如肺炎球菌脑膜炎多见于成年人，大多继发于肺炎、中耳炎的基础上；葡萄球菌脑膜炎多继发于皮肤感染，多发生在葡萄球菌败血症病程中。上述细菌感染的发病均无明显季节性，以散发为主，无皮肤瘀点、瘀斑。确诊依赖于脑脊液、血液细菌学和免疫学检查。

（2）虚性脑膜炎：败血症、伤寒、肺炎链球菌肺炎等急性感染患者有严重毒血症时，可出现脑膜刺激征，但除脑脊液压力略高外，其余均正常。

（3）结核性脑膜炎：多有结核病史或密切接触史。起病缓慢，病程较长，有低热、盗汗、消瘦等症状，皮肤无瘀点、瘀斑。脑脊液检查细胞数为数十至数百个左右，以淋巴细胞为主；脑脊液在试管内放置12~24小时有薄膜形成，薄膜和脑脊液沉渣涂片抗酸染色可检出结核杆菌。

（4）流行性乙型脑炎：发病多在7~9月份，有蚊叮咬史，起病后脑实质损害严重，惊厥、昏迷较多见，皮肤一般无淤点。脑脊液无色透明，细胞数多在（5~500）$\times10^6$/L，单核细胞增多，蛋白质轻度增加，糖和氯化物正常。确诊有赖于血清学检查。

（5）中毒型菌痢：多见于儿童，发病季节在夏秋季。短时间内出现高热、惊厥、昏迷、休克，甚至呼吸和循环衰竭等症状。脑脊液检查正常。确诊依赖于粪便细菌培养。

案例诊断要点

1. 患者为14岁小学生。

2. 病史特点：以突起高热、头痛为主要表现，并伴烦躁不安，呕吐呈喷射状。

3. 体格检查：T 39.1℃，P 110次/min，R 26次/min，急性面容，皮肤有淤斑，咽部充血，颈项强直，Brudzinski征（+），Kernig征（+）。

4. 实验室及其他检查：血常规示WBC 21×10^9/L，0.N 0.84；尿常规（-）；大便常规（-）。

临床诊断：流行性脑脊髓膜炎（普通型脑膜炎期）。

【治疗】

1. 普通型流脑的治疗

（1）一般治疗：卧床休息，住院隔离，密切观察病情。保持病室安静、空气流通。给予流质饮食，注意补液量和尿量，保持水、电解质平衡。加强护理，保持口腔、皮肤清洁，防止角膜溃疡形成；经常变换体位以防褥疮发生；防止呕吐物吸入。必要时给予吸氧。

（2）对症治疗：高热时可用乙醇溶液擦浴等物理降温法，必要时应用退热药。有颅内压增高，头痛剧烈者可给予镇痛剂或高渗葡萄糖、20%甘露醇等脱水剂降颅压。惊厥时可用10%水合氯醛灌肠，成人每次10~15ml；镇静剂用量不宜过大，以免影响病情观察。

（3）病原治疗：治疗的原则是早期足量应用对细菌敏感且能通过血-脑屏障的抗菌药物。治疗的关键是脑脊液的药物浓度要超过对感染细菌的有效杀菌浓度。

1）青霉素：青霉素脑脊液浓度为血浓度的10%~30%，大剂量注射才能使脑脊液浓度达到有效杀菌浓度。迄今未发现耐青霉素菌株。成人剂量每日10万~20万U/kg，儿童剂量10万~30万U/kg，分次静脉滴注，疗程5~7日。青霉素不宜做鞘内注射，因可引起发热、惊厥、脑膜刺激征、呼吸困难、循环衰竭等严重反应。

2）头孢菌素类：第三代头孢菌素易通过血-脑屏障，对脑膜炎球菌抗菌活性强，且毒性低。

笔记栏

头孢噻肟成人剂量每日3~4g，儿童剂量150mg/kg，分3~4次静脉快速滴注。头孢曲松成人剂量每日2~3g，儿童剂量为100mg/kg，分1~2次静脉滴注。疗程7日。

3）氯霉素：氯霉素对脑膜炎球菌有良好的抗菌活性，易通过血-脑屏障，脑脊液浓度为血浓度的30%~50%。成人剂量每日2~3g，儿童剂量50~75mg/kg，分次静脉滴注，但症状好转后改为肌内注射或口服，疗程7日。使用氯霉素应密切注意其副作用，尤其对骨髓的抑制，故用于不能使用青霉素或病原不明患者。

4）磺胺药：我国流行的A群菌株对磺胺药大多敏感，脑脊液浓度可达血浓度的50%~80%。可应用磺胺嘧啶或复方磺胺甲噁唑。但由于耐药菌株的增加，现已很少应用。

2. 暴发型败血症的治疗

（1）抗菌治疗：尽早使用有效抗菌药物，大剂量静脉滴注青霉素，每日20万~40万U/kg，用法同前。借以迅速控制败血症。亦可应用氯霉素，但不宜应用磺胺药。

（2）抗休克治疗

1）扩充血容量及纠正酸中毒：给予葡萄糖盐水、低分子右旋糖酐及5%碳酸氢钠等静脉滴注。

2）血管活性药物的应用：经扩充血容量及纠正酸中毒后，如果休克仍未明显好转，可应用血管活性药物。①山莨菪碱（654-2）：每次0.3~0.5mg/kg，重症可增至0.5~1mg/kg，静脉注射，每10~20分钟1次；②东莨菪碱：每次0.01~0.02mg/kg，静脉注射，每10~30分钟1次；③阿托品：每次0.03~0.05mg/kg（不超过2mg）以生理盐水稀释静脉注射，每10~30分钟1次。一般经数次注射后，面色红润，四肢转暖，血压回升，即可延长至半小时至1小时1次；若血压稳定，病情好转可改为1~4小时1次。副作用为面红、躁动、心率加快、尿潴留等。如上述药物效果不佳时，可改用异丙肾上腺素、间羟胺与多巴胺联合或酚妥拉明与去甲肾上腺素联合。

3）强心剂：心功能不全亦是休克的原因之一，加上大量快速静脉补液，更加重了心脏的负荷，可给予快速毛地黄类强心剂如毛花苷丙（西地兰）或毒毛旋花子苷K等。

4）肾上腺皮质激素：可增强心肌收缩力，减轻血管外周阻力，有利于抗休克；同时能减轻毒血症，稳定细胞内溶酶体，抑制血小板凝聚。氢化可的松成人每日100~500mg，儿童8~10mg/kg，分次静脉滴注。早期应用效果更好，休克纠正后迅速减量停药。用药不得超过3日。

（3）抗DIC治疗：若经综合治疗后休克不见好转，可考虑有DIC存在；若皮肤瘀点、瘀斑不断增多，且融合成片，不论有无休克，不必等待实验室检查结果，均应及早应用肝素治疗，目前采用低分子量肝素。成人首剂0.5~1mg/kg，加入10%葡萄糖液100ml内静脉滴注，根据情况每4~6小时重复1次，多数1~2次即可见效，重者3~4次。用肝素后可输新鲜血液、血浆，以补充被消耗的凝血因子。

3. 暴发型脑膜炎的治疗

（1）抗菌治疗：抗生素的应用同暴发型败血症的治疗。此外，应以减轻脑水肿，防止脑疝和呼吸衰竭为重点。

（2）脱水剂的应用：目的是为了减轻脑水肿，防止脑疝。下列药物可交替或反复应用：①20%甘露醇每次1~2g/kg；②25%山梨醇每次1~2g/kg；③50%葡萄糖每次40~60ml。以上药物根据情况每隔4~6小时静脉快速滴注或静推1次，至血压恢复正常，两侧瞳孔大小相等，呼吸平稳。使用脱水剂时应适当补充液体、钾盐，使患者维持轻度脱水状态为宜。肾上腺皮质激素亦可同时应用，以减轻毒血症，降低颅内压。

（3）防治呼吸衰竭：对呼吸衰竭患者，给予吸痰，保持呼吸道通畅，并吸氧。在使用脱水剂预防脑水肿的同时，应给予洛贝林（山梗菜碱）、尼可刹米、二甲弗林（回苏灵）等呼吸中枢兴奋剂。亦可用大剂量山莨菪碱，每次2~3mg/kg，每20~30分钟静注1次，可改善微循环，减轻脑水肿。必要时做气管插管与气管切开，使用人工呼吸器，直至患者恢复自动呼吸。

（4）对症治疗：对高热和频繁惊厥患者积极采用物理降温法及药物降温，应尽早应用镇静剂，必要时采用亚冬眠疗法。

【预后和预防】

1. 预后 过去流脑病死率为70%左右，现在由于应用磺胺药、青霉素等抗菌药物，其病死率已降至5%~15%，甚至5%以下。预后较差的原因主要是：①为暴发型患者；②年龄2岁以下或高龄者；③有反复惊厥、持续昏迷者；④在流行高峰时发病；⑤治疗较晚或治疗不彻底。由于上述因素的存在而导致预后不良，患者常易出现并发症与后遗症，如继发感染（肺炎、尿道感染等）、化脓性迁徙性病变（中耳炎、化脓性关节炎、心内膜炎等）、神经系统损害（动眼神经麻痹、视神经炎、瘫痪、失语、精神异常）等。

2. 预防

（1）早期发现及时隔离：发现患者后就地进行呼吸道隔离和治疗，隔离时间至症状消失后3日，但不少于发病后7日。做好疫情报告工作，加强对疫情单位和地区的疫情监视，接触者医学

笔记栏

观察7日。

（2）做好卫生宣传工作：流行期间应尽量避免大型集会和大的集体活动，不要携带儿童到公共场所；搞好个人及环境卫生，居室开窗通风，个人应勤晒衣服，多晒太阳。

（3）菌苗预防：我国普遍采用脑膜炎球菌A群荚膜多糖菌苗预防接种，保护率达90%以上，副作用少。目前最佳免疫方案是，在预测流行前对易感人群普通进行1次接种，剂量为30μg，皮下注射，接种后5~7日出现抗体，2周后达到高峰，此时在体内即可测出杀菌抗体，且持续2年以上。

处方及医师指导

1. 一般治疗：卧床休息，住院隔离，保持病室安静、空气流通；记录补液量和尿量；加强护理，保持口腔、皮肤清洁，防止呕吐物吸入。用酒精擦浴行物理降温。

2. 药物治疗

（1）20%甘露醇：250ml，快速静脉滴注，每日1次。颅内高压症状改善后停用。

（2）青霉素：560万U溶于250ml 5%葡萄糖溶液中，静脉滴注，每日2次。疗程5~7日。

（3）新雪丹：2片，口服，每日3次。

笔记栏

第七篇

风湿免疫性疾病

第1章 概述

风湿性疾病(rheumatic diseases)简称风湿病,是一组以侵犯关节、骨骼、肌肉、血管及有关软组织或结缔组织为主的疾病。发病多隐蔽而缓慢,病程较长,且大多具有遗传倾向。诊断及治疗均有一定难度;血浆中多可检出不同的自身抗体,可能与不同HLA亚型有关;对非甾体类抗炎药(NSAID)、糖皮质激素和免疫抑制剂有较好的短期或长期缓解作用。

我国风湿病学是在20世纪80年代初形成,我国流行病学初步调查16岁以上人群,类风湿关节炎(RA)患病率为0.32%~0.36%,强直性脊柱炎约为0.25%,系统性红斑狼疮(SLE)约为0.07%,原发性干燥综合征约为0.3%,骨性关节炎在50岁以上者可达50%,痛风性关节炎也日益增多。因为链球菌已能被青霉素有效地控制,与之相关的风湿热已明显地减少。

【病因分类】

1. 以关节炎为主的疾病 类风湿性关节炎、斯惕尔病(Still's disease)、强直性脊柱炎、银屑病关节炎等。

2. 与感染相关的疾病 风湿热、莱姆病(Lyme disease)、Reiter综合征、反应性关节炎。

3. 弥漫性结缔组织病 系统性红斑狼疮(SLE)、原发性干燥综合征(pSS)、系统性硬化病(SSc)、多肌炎/皮肌炎(PM/DM)、混合性结缔组织病(MCTD)、血管炎。其中强直性脊柱炎、Reiter综合征、银屑病关节炎、反应性关节炎又称为血清阴性脊柱关节病。

【病因与发病机制】

1. 免疫反应 机体对外源性或内源性抗原物质直接或通过巨噬细胞递呈的刺激,使相应T细胞活化,部分T细胞产生大量多种致炎性细胞因子,如白细胞介素(IL-2、IL-15)、肿瘤坏死因子(TNF-α,β)和干扰素(IFN-γ),造成各类组织细胞器官不同程度的损伤或破坏;部分T细胞再激活B细胞,产生大量抗体,直接或与抗原结合形成免疫复合物,使组织或器官受到损伤或破坏。此外由单核细胞产生的单核细胞趋化蛋白(如MCP-1)等,也可参与炎症反应。如类风湿性关节炎患者血清中MCP-1可异常增多。大部分风湿性疾病,或由于感染产生的外源性抗原物质,或由于体内产生的内源性抗原物质,可以启动或加剧这种自身免疫反应,血清内可出现多种抗体。

2. 遗传背景 近年的研究证明一些风湿性疾病,特别是结缔组织病,遗传及患者的易感性和疾病的表达密切相关。

3. 感染因素 多年研究表明,多种感染因子,微生物产生的抗原或超抗原,可以直接或间接激发或启动免疫反应。

4. 内分泌因子 雌激素和孕激素失调与多种风湿病的发生有关。此外,前列腺素、肾上腺皮质激素与风湿病的发生也有一定关系,尚待研究。

5. 环境与物理因素 如紫外线可以诱发SLE,硅类化合物与硬皮病发病有一定关系。

6. 其他 一些药品如普鲁卡因胺、某些口服避孕药可以诱发SLE等。

【病理】 风湿病虽多种多样,但其基本病理表现有许多共同点。其主要病理表现为炎症性反应及非炎症性病变,不同的疾病其病变出现在不同的靶组织。炎症性反应除痛风性关节炎是因尿酸盐结晶所导致外,其余大部分因免疫反应所致,后者表现为局部组织出现大量淋巴细胞、巨噬细胞、浆细胞浸润和聚集。血管病变是风湿病的另一常见病理表现,主要为血管壁炎症,使血管壁增厚、管腔狭窄致局部组织器官缺血。弥漫性结缔组织病的广泛组织损害和临床表现与此有关。

【临床表现特点】

(1) 风湿病大多有关节病变和症状,可高达70%~80%,约有50%仅有疼痛,严重时则有红、肿、热、痛及功能受损等表现;常有多关节受累。

笔记栏

（2）异质性：即同一疾病，存在不同亚型。由于遗传背景、发病原因不同，机制有各异，因而临床表现的类型、症状、轻重及治疗反应也不尽相同。

（3）风湿病常常侵犯多系统，许多疾病的病理表现有重叠，症状相似，如混合性结缔组织病（MCDT）。

（4）血清内出现多种抗体及免疫复合物，并可沉积于组织（皮肤、滑膜）或器官（肾、肝）内致病。

（5）雷诺现象常出现于本类疾病，如SLE、MCTD、系统性硬化症（SSc）。

（6）发病年龄、性别等对诊断具有参考价值，如SLE多见于育龄女性，强直性脊柱炎多见于青年男性，痛风多见于中年男性，骨关节炎则多见于中老年人。

【诊断】

1. 临床表现 风湿病表现多种多样，因此应详细询问病史，包括个人史及家族史；全面进行体格检查。特别注意关节症状、体征，有无雷诺现象，皮肤、黏膜病变及血管炎的表现。

2. 实验室检查

（1）常规检查：对确诊风湿病有帮助。包括血常规、尿常规和肝、肾功能检查，有助于病情分析，如溶血性贫血、血小板减少、白细胞数量变化、蛋白尿等可能与弥漫性结缔组织病有关。而肝肾功能又可为用药后可能出现的损害进行比较。

（2）特异性检查：包括关节液、血清自身抗体和补体水平。

1）关节液：关节液检查是重要的诊断依据，包括常规、微生物培养、病理学、血清学及免疫学检查。

2）自身抗体：对风湿病诊断和鉴别诊断尤其是弥漫性结结缔组织病的早期诊断非常重要。①抗核抗体（antinuclearantibody，ANA）谱：ANA是以鼠肝（或HEP-2细胞）为底物，用间接免疫荧光法（IIF）检测的结缔组织病的筛选试验，对风湿性疾病的诊断与鉴别诊断具有非常重要的意义；②HLA：与风湿病有密切相关性，但目前对其了解还不多，比较常用的如HLA-B27对AS阳性率可高达81.8%；③抗磷脂抗体：包括抗心脂抗体、狼疮抗凝物、梅毒血清试验反应等，此类抗体与血小板减少、动静脉血栓、习惯性自发性流产亦有相关性；④抗角蛋白抗体谱：对诊断RA具有较高的特异性。

3）补体：血清总补体（CH50）、C3和C4有助于SLE和血管炎的诊断，并可判断其活动性及疗效。CH50降低提示免疫反应引起或遗传性个别补体成分缺乏或低下。SLE患者CH50降低常常伴C3或C4的低下。其他CTD出现补体水平降低者较少见。

（3）病理：组织活检可以确定诊断。如唇腺、肾组织活检对干燥综合征、SLE以及系统性小血管炎的确诊具有重要意义。

3. 影像学检查

（1）X线平片：是一个很普及的技术，在关节病变中应用经验丰富，其缺点是较小的关节破坏病灶不易发现，对关节周围软组织除肿胀和钙化点外很难发现其他病变。因此，X线平片对早期的关节炎不敏感。对肢体结构（如手、足）摄X线平片只需较低放射剂量，故即使多次也较安全。

（2）电子计算机体层显像（CT）：用于检测有多层组织重叠的病变部位，如骶髂关节、股骨头坏死、胸锁关节、退行性椎间盘病变等。其敏感度较骶髂关节X线平片为高，因此，病变必须通过慎重考虑并结合临床方能肯定。脑CT亦用于SLE的中枢神经病变的诊断，高分辨肺CT则用来发现合并于结缔组织病早期尚可治疗的肺间质病变和较晚期的肺间质纤维化。

（3）磁共振显像（MRI）：对脑病、脊髓炎、关节炎、骨坏死、软组织脓肿、肌肉外伤、肌炎急性期均有帮助，只是价格昂贵。

（4）造影

1）血管造影：对疑有血管炎病者有帮助，在结节性多动脉炎、大动脉炎时血管造影可以明确诊断和病变范围。但它属创伤性检查，故临床应用有一定限制性。

2）关节造影：一般用过滤空气或有机碘溶液，也可同时使用两种，称为双对比造影。可显示关节软骨、半月板、滑膜和韧带等结构，对关节病变的诊断有帮助。

【治疗】 风湿性疾病是一类侵犯多种组织系统和内脏器官的自身免疫性疾病。程度不同的免疫性炎症反应，可致各种组织和器官损伤，严重影响其正常功能，甚至造成致命性损害。每个病人，同一种疾病，不同病程都有其特殊性。应仔细评价，以制订出个人的治疗计划。治疗目标应包括缓解症状，改善病情，恢复功能，提高生活质量，尽可能延长患者的生命。由于大部分风湿性疾病目前还不能根治，因此，要争取病人的合作，长期坚持治疗。治疗的方法包括药物、理疗、休息及锻炼、矫形及手术。要教育病人了解自己的病情，配合治疗。抗风湿病药物的种类很多，主要有非甾体抗炎药（NSAID）、改善病情的抗风湿药（DMARDs）、糖皮质激素、免疫调节剂及专用于个别疾病如抗痛风的药物和中草药等，应合理选择应用。

笔记栏

第2章 系统性红斑狼疮

案例

患者,女性,37岁,工人。反复发热2年,皮肤、颊部红斑伴左足关节疼痛1个月。

2年前因发热(体温不详)、干咳伴胸闷心悸、下肢水肿在外院诊治,心脏超声检查发现少量心包积液,胸部CT提示纵隔淋巴结肿大,临床拟诊结核性心包炎,予正规抗结核治疗1年,同时口服醋酸泼尼松10mg/d,心包积液有所减少,但未完全吸收。此后仍有间歇发热,体温多在37.6~38.5℃之间,对症治疗后热退,发热间歇期2~4个月不等。入院前1个月出现双侧颊部、背部、臀部皮肤红斑,左足关节疼痛。

体格检查:T 38.5℃,R 23次/min, P 84次/min,BP 130/70mmHg。神智清楚、贫血貌、背部及四肢皮肤可见散在陈旧性和新起的红斑丘疹,双面颊部可见对称性蝶形红斑。叩诊心脏浊音界增大,HR120次/min,心音低沉,各瓣膜听诊区未闻疾病理性杂音,两侧肺底可闻及细湿啰音,腹平坦柔软,肝脾肋下未及,两下肢无水肿,左足跖趾关节压痛,左足背伸受限,四肢无关节畸形。

实验室及其他检查:血常规:RBC 3.02×10^{12}/L,Hb 88g/L,WBC 2×10^{9}/L,PLT 70×10^{9}/L;血沉101mm/小时;尿常规:WBC 5~10/HP,尿蛋白阴性,大便常规无异常;肝功,肾功能正常;IgG,IgA升高,补体C3 0.67g/L,C4 0.21g/L;抗Sm(+),抗rRNP(+),抗核抗体(ANA)1∶160阳性,抗SSA(-),抗dsDNA(+),抗ScL70(-)。胸片示:双下肺纹理增多,心包积液。

思考题

1. 该系统性红斑狼疮病例最典型的临床表现是什么?

2. 除关节、皮肤外,系统性红斑狼疮患者哪些器官容易受损?

3. 哪些实验检查有助于本患者的诊断?

4. 如何对本患者进行治疗?

系统性红斑狼疮(systemic lupus erythematosus,SLE)是一种全身性自身免疫病。患者可有肾、肺、心脏、血液等多个器官和系统受累,血清中出现多种自身抗体。本病可见于任何年龄,但以育龄期女性多发。男女之比约1∶9。我国的患病率为40/10万~70/10万。

【病因】 本病的发生与遗传、环境、性激素及自身免疫等多种因素有关。

1. 遗传因素 流行病学及家系调查资料表明SLE患者第1代亲属中患SLE者8倍于无SLE患者家庭。单卵双胞胎患SLE者5~10倍于异卵双胞胎的SLE发病率。已经证明SLE易感性与多个基因相关。有HLA-Ⅲ类C2或C4的缺损,HLA-Ⅱ类的DR2、DR3频率异常,它们的异常又和自身抗体种类和症状有关。

2. 环境因素 紫外线、某些药物(如普鲁卡因胺、肼屈嗪)及食物(如苜蓿类、鱼油)等均可诱发本病的发生。

3. 感染因素 人类免疫缺陷病毒(HIV-1)、致癌RNA病毒及某些细菌脂多糖可能与本病的发生有关。

4. 雌激素 已证实,雌激素与系统性红斑狼疮的发病密切相关。本病女性患者明显高于男性,生育期发病多于绝经期。

【发病机制】 系统性红斑狼疮并非单一因素引起的疾病,其发生机制比较复杂性。研究证明,由于环境因素和(或)性激素变化等的影响,使具有遗传素质的患者体内发生免疫应答异常,诱导T和B细胞活化,自身抗体产生,免疫复合物形成及沉积从而导致系统性红斑狼疮病理过程的发生。本病的自身免疫异常主要表现为免疫耐受异常、免疫复合物清除障碍以及多种自身抗体的形成,这些抗体多数针对自身成分如核小体、核糖核蛋白、淋巴细胞或血小板表面蛋白等,并通过与这些成分的结合、在血管周围的沉积以及固定补体等发挥致病作用。研究表明,系统性红斑狼疮是与T细胞介导相关、H细胞活化为主的免疫复合物病(immune complex disorder)。

【病理】 本病的基本病理改变为血管炎、组织中炎性细胞浸润以及由此而致的细胞因子、免疫球蛋白和炎性因子的产生。主要病理特征包括:①小动脉的"葱皮样"病变(onion-skin lesion),表现为小动脉周围向心性层状纤维组织增生,这种病变可见于心、脾、脑及脊髓的血管。

笔记栏

②苏木紫(精)小体(hematoxylin bodies)形成,即苏木紫与嗜伊红染色显示的组织中的高密度均匀蓝色团块。③Libman-Sacks心内膜炎患者心瓣膜上可出现疣状增生或赘生物。④血管炎。表现为中、小血管壁的免疫球蛋白及补体沉积、纤维蛋白样变性,甚至坏死和血栓形成。狼疮性肾炎的肾脏免疫荧光亦多呈现多种免疫球蛋白和补体成分沉积,被称为"满堂亮"。

【临床表现】 系统性红斑狼疮的发病可急可缓,临床表现多种多样。早期轻症患者往往仅有较少的不典型表现,而在重症病例则出现多个系统和器官受累,病情表现复杂。

1. 全身症状 活动期患者大多数有全身症状。约90%患者在病程中出现各种热型的发热,尤以低、中度热为常见,此外尚可有疲倦、乏力、体重下降等。

2. 皮肤黏膜损害 80%患者在病程中出现皮疹,包括颊部呈蝶形的红斑、丘疹,盘状红斑,指掌部或甲周红斑,指端缺血,面部及躯干皮疹。其中以颊部蝶形红斑最具特征性。40%患者在日晒后出现光过敏,有的甚至诱发SLE的急性发作。浅表皮肤血管炎可表现为网状青斑。30%患者在急性期出现口腔溃疡伴轻微疼痛。40%患者有脱发。30%患者有雷诺现象。

3. 关节肌肉症状 约90%的患者出现关节及肌肉症状,主要有手指、腕及肘等关节的疼痛和肿胀,但较少引起关节畸形。出现肌痛及肌炎者分别达40%和10%。

4. 肾 几乎所有患者的肾组织有病理变化,但有临床表现者仅约75%,表现为蛋白尿、血尿、管型尿、肾性高血压、肾功能不全等。早期患者以蛋白尿和尿中出现多量红细胞为常见。大部分患者在病程较早阶段,其肾损害经合理治疗后症状可以消失或缓解,也有一部分呈进行性发展为肾衰竭。严重肾损害是系统性红斑狼疮死亡的主要原因之一。

5. 心脏及血管病变 大约55%的患者有心血管受累表现,其中以心包炎最为常见。心肌炎及心内膜炎次之。动、静脉栓塞者达5%~10%,其他表现可有雷诺现象、网状青斑及脉管炎等。

6. 呼吸系统 约50%的患者合并肺受累,其中胸腔积液最常见。此外,患者还可有狼疮肺炎,肺间质纤维化。个别病例可有肺动脉高压及成人呼吸窘迫综合征。

7. 神经系统 有25%患者累及中枢神经系统,尤以累及脑为多见,故称有此器官受累者为神经精神狼疮(neuropsychiatric lupus,NP狼疮)。这类患者表现为头痛、呕吐、偏瘫、癫痫、意识障碍;或为幻觉、妄想、猜疑等各种精神障碍症状。少数患者出现脊髓损伤,表现为截瘫、大小便失禁等,虽经治疗后往往遗有后遗症。因中小血管炎而引起的外周神经病变在本病较为少见。

8. 消化系统 约30%患者有食欲不振、腹痛、呕吐、腹泻、腹水等。其中部分患者以上述症状为首发,若不警惕,易于误诊。有约40%患者血清转氨酶升高,但肝不一定肿大,一般不出现黄疸。少数可并发急腹症,如胰腺炎、肠坏死、肠梗阻。

9. 血液系统 85%的患者出现血液系统受累,包括白细胞减少、淋巴细胞减少、贫血及血小板减低。偶可合并再生障碍性贫血。

10. 其他表现 约10%~15%的患者合并眼损害,如视网膜血管炎、结膜炎、巩膜炎及眼干燥症等。产科方面有习惯性流产和早产。

案例归纳一

该患者以反复发热、皮肤红斑、颊部蝶形红斑伴左足关节疼痛为主要表现。入院前双侧颊部、背部、腰部皮肤就存在红斑以及散在陈旧性丘疹,且心包积液经正规抗结核治疗无效。

体格检查:贫血貌,叩诊心浊音界增大,HR120次/min,两侧肺底可闻及细湿啰音,腹平坦柔软,肝脾肋下未及,两下肢无水肿,左足背伸受限。

【实验室及其他检查】

1. 一般检查 血常规检查出现白细胞减低、淋巴细胞减低、血小板减低及溶血性贫血对系统性红斑狼疮的诊断有一定意义。尿蛋白阳性(>0.5/24h)或细胞管型有助于诊断。急性时相反应物,如血沉增快、C反应蛋白增加,在本病活动期尤为明显。

2. 自身抗体的检测 系统性红斑狼疮的特点之一是血清中出现多种自身抗体,其中部分抗体为本病的特异性或相对特异性标记物。

(1)抗核抗体(ANA):是筛选结缔组织病的主要试验。见于几乎所有的SLE患者。由于它的特异性低,它的阳性不能作为SLE与其他结缔组织病的鉴别。常需做其他自身抗体的检查。

(2)双链DNA(dsDNA)抗体:狼疮的敏感性为40%~70%,但特异性达97%,是系统性红斑狼疮的特异性抗体。dsDNA抗体与病性活动及肾损害有关。

(3)Sm抗体:在系统性红斑狼疮的特异性达89%,但敏感性仅25%。Sm抗体的滴度往往与病情轻重无关。

笔记栏

(4) 脱氧核糖核蛋白(DNP)抗体:为DNA-组蛋白复合物的抗体,即狼疮因子。已逐步代替传统的狼疮细胞检查,是本病的特异性抗体,阳性率为28%。在病性活动期阳性率可达80%。

(5) 细胞膜DNA(cm-DNA)抗体:是新发现的一种系统性红斑狼疮特异性抗体,阳性率为60%~80%,与病情程度无关,对回顾性诊断有意义。

(6) 核小体抗体:为系统性红斑狼疮的特异性抗体,阳性率达82%~86%。

(7) U_1 RNP抗体:阳性率45%~60%。对SLE诊断特异性不高。往往与SLE的雷诺现象和肌炎相关。

(8) SSA抗体及SSB抗体:可见于系统性红斑狼疮,阳性率分别为35%和20%左右。但并非本病的特异性抗体。

(9) 组蛋白抗体:可见于30%~70%的系统性红斑狼疮患者。对药物性红斑狼疮的诊断很有意义,阳性率可达80%。

3. 其他免疫指标 补体(CH50、C3、C4)水平减低对诊断有参考意义。皮肤狼疮带试验在40%的患者阳性。抗磷脂抗体阳性与血栓形成、习惯性流产及血小板减少有关。此外,患者尚可出现免疫用免疫荧光法检测皮肤的球蛋白增高、抗血小板、抗红细胞及抗淋巴细胞抗体等。

4. 肾活检病理 对狼疮肾炎的诊断、治疗和预后估计均有价值,尤其对指导狼疮肾炎的治疗有重要意义。

5. X线及影像学检查 X线、B超检查、CT、MRI等检查有助于胸膜、肺、心脏、腹部及脑部病变的诊断。

案例归纳二

血常规:RBC $3.02\times10^{12}/L$,Hb 88g/L,WBC $2\times10^9/L$,PLT $70\times10^9/L$;血沉101mm/小时;尿常规WBC 5~10/HP;IgG,IgA升高,补体C3 0.67g/L,C4 0.21g/L,抗Sm(+),抗rRNP(+),抗核抗体(ANA)1∶160阳性,抗dsDNA(+);胸片示双下肺纹理增多,心包积液。

【诊断与鉴别诊断】 本病的诊断主要依靠病史及临床特点。实验室检查,尤其自身抗体的检测有助于诊断及对病情的估计。1997年美国风湿病学会对其于1982年提出的系统性红斑狼疮分类标准进行了修订,但是,该标准对早期、不典型病容易漏诊,应予注意。美国风湿病学会1997年修订的系统性红斑狼疮分类标准,对诊断系统性红斑狼疮很有价值。

1. 诊断标准 1997年美国风湿病学会的诊断标准如下:

(1) 颧部红斑:平的或高于皮肤的固定性红斑。

(2) 盘状红斑:面部的隆起红斑,上覆有鳞屑。

(3) 光过敏:日晒后皮肤过敏。

(4) 口腔溃疡,经医生检查证实。

(5) 关节炎:非侵蚀性关节炎,≥2个外周关节。

(6) 浆膜炎:胸膜炎或心包炎。

(7) 肾损害:持续蛋白尿(>0.5g/d或>+++),管型(红细胞,血红蛋白,颗粒、管状或混合型)。

(8) 神经系统异常:抽搐或精神症状。

(9) 血液系统异常:溶血性贫血或血白细胞减少($<4.0\times10^9/L$)或淋巴细胞绝对值减少($<1.5\times10^9/L$)或血小板减少($<10.0\times10^9/L$)。

(10) 免疫学异常:抗dsDNA阳性或抗Sm抗体阳性或抗心磷脂抗体阳性(IgG或IgM抗心碗脂抗体阳性;狼疮抗凝物质阳性;或梅毒血清试验假阳性>6个月)。

(11) 抗核抗体阳性。

在上述11项中,如果有4项≥阳性(包括在病程中任何时候发生的),则可诊断为SLE,其特异性为98%,敏感性为97%。

2. 鉴别诊断

(1) 皮肌炎:本病是以皮肤及肌肉病变为主的一种自身免疫病。表现为全身性肌肉无力或疼痛,眼睑、四肢关节伸侧及躯干的暗紫色皮疹及发热。少数病例有关节肿痛。血清中肌酶升高,抗PM-1、Jo-1抗体阳性,肌电图及肌肉活检有助于诊断。

(2) 干燥综合征:本病主要表现为口干、眼干、腮腺肿大、血清免疫球蛋白和免疫复合物增高以及SSB、α胞衬蛋白抗体等自身抗体阳性。血清中抗dsDNA及抗Sm抗体阴性。

(3) 类风湿关节炎:本病是一种以慢性破坏性关节炎为主的自身免疫病。其特点是当年手指、腕等小关节的对称性关节肿痛、畸形及晨僵。少数病例可有低热。X线片可见关节面的侵蚀性改变。类风湿因子、角蛋白抗体及抗核周因子阳性有助于诊断。而系统性红斑疮患者除可伴有关节炎外,常有面部红斑、脱发、光过敏及肾受累。抗Sm及抗dsDNA抗体阳性支持系统性红斑狼疮的诊断。

(4) 急性肾小球肾炎:急性链球菌感染后肾小球肾炎有可能误诊为系统性红斑狼疮。但急性肾小球肾炎在男性儿童发病率高。患者的全身症状不突出，可在感染的 2～3 周发病，伴有血清抗"O"升高，C3 一过性下降。一般无皮疹、脱发、发热、关节炎及光过敏等。抗核抗体、抗 Sm 抗体、DNA 抗体阴性，均有利于鉴别诊断。对不典型的急性肾小球肾炎，可通过肾活检明确诊断。

案例诊断要点

1. 年轻女性。

2. 病史特点：以反复间歇发热、背部、臀部皮肤丘疹红斑、双侧颊部典型红斑为主要表现、伴左足关节疼痛、有心包积液史、患者日晒后皮疹加重、无口腔溃疡、无口眼干燥、起病后体重下降。

3. 体格检查：T 39.3℃、贫血貌、背部及四肢皮肤可见散在陈旧性瘀斑，面部蝶形红斑，叩诊心脏浊音界增大，HR 120 次/min，心音低沉各瓣膜听诊区未闻疾病理性杂音，两侧肺底可闻及细湿啰音，左足背压痛明显，左足背伸受限。

4. 实验室及其他检查：血常规：RBC 3.02×10^{12}/L，Hb 88g/L，WBC 2×10^{9}/L，PLT 70×10^{9}/L，血沉 101mm/小时；尿常规：WBC 5～10/HP；IgG，IgA 升高，补体 C3 0.67g/L，C4 0.21g/L，抗 Sm（+），抗 rRNP（+），抗核抗体（ANA）1∶160 阳性，抗 dsDNA（+），狼疮带实验（LBT）阳性；胸片示：双下肺纹理增多，心包积液。

临床诊断：系统性红斑狼疮。

【治疗】 系统性红斑狼疮目前虽不能根治，但合理治疗后可以缓解，尤其是早期患者。故宜早期诊断、早期治疗。治疗原则是活动且病情重者，予强有力的药物控制，病情缓解后，则接受维持性治疗。

1. 一般治疗

（1）心理治疗：首先应使患者了解，经正规治疗大多数患者可完全缓解，树立患者的信心。有抑郁症状者可根据抑郁症类型选用阿米替林、百忧解等治疗。

（2）适当休息：重症活动期患者应卧床休息。缓解期及轻症患者可适当运动或从事非体力性工作。

（3）一般药物：对无内脏受累的轻型系统性红斑狼疮患者可采用对症及较温和的治疗。如关节肌肉疼痛可予双氯芬酸等非甾类抗炎药。羟氯喹对皮肤及关节炎的疗效较好。皮肤红斑也可外用含糖皮质激素的软膏。

2. 糖质激素 糖皮质激素（glucocorticoid）是治疗系统性红斑狼疮的有效药物，一般选用泼尼松、泼尼松龙或甲泼尼龙，只有鞘内注射时用地塞米松。对不甚严重病例，可先试用大剂量泼尼松或泼尼松龙每日 1mg/kg，晨起顿服。若有好转，继续服至 8 周，然后逐渐减量，每 1～2 周减 10%，减至小剂量时（每日 0.5mg/kg），不良反应已不大，在能控制 SLE 活动的前提下，加用免疫抑制剂。长期使用激素会出现以下不良反应：如向心性肥胖、血糖升高、高血压、诱发感染、股骨头无菌性坏死、骨质疏松等，应予以密切监测。

对狼疮性脑病、狼疮性心脏炎及狼疮肺泡毛细血管炎等重症患者可考虑激素冲击疗法，一般可根据病情予以甲泼尼龙 400～1000mg/d，连续 3 天。然后改换口服激素，用法如上所述。

3. 免疫抑制剂 对出现内脏损害及激素疗效不佳者应及早给予免疫抑制剂。临床研究证明，正确应用免疫抑制剂有利于控制病性，减少激素用量，并可显著改善预后。

（1）环磷酰胺（cyclophosphamide，CTX）：是最常用的免疫抑制剂之一。用法有两种：①冲击疗法：每次剂量 10～16mg/kg，加入 0.9% 氯化钠溶液 200ml 内，静脉缓慢滴注，时间要超过 1 小时。除病情危重每 2 周冲击 1 次外，通常每 4 周冲击 1 次，冲击 6 次后，改为每 3 个月冲击 1 次，至活动静止后 1 年，才停止冲击。②口服：剂量为每日 1～2mg/kg，分 2 次服。冲击疗法比口服疗效好。该药的不良反应较常见，如恶心、脱发、白细胞减少停经及肝损害等。因此，用药期间应定期检查血象及肝功能。

（2）硫唑嘌呤：对系统性红斑狼疮有肯定疗效。用法为 1～2mg/d 口服，用至病情缓解后半年左右。该药的不良反应有白细胞减少、肝功能异常、恶心等，一般停药后可恢复。

（3）环孢素：对上述药物反应不佳者可选用环孢素（cyclosporin），用法为 1～2.5mg/（kg·d），连续 3～6 个月，病性改善后可逐渐减量，一般应维持到病情缓解后半年。该药的不良反应主要是肾、肝损害及血管病变，可引起高血压。用药期间应定期化验血、尿常规及肝功能。

（4）麦考酚吗乙醋（mycophenolate mofetil，MMF）：该药对控制系统性红斑狼疮，尤其对活动性肾损害有较好的疗效。用法为 0.75～1.0g，每日 2 次口服，连续 3～6 个月，然后改为 1.0g/d，分 2 次口服，疗程至少半年到一年。该药的不良反应包括胃肠道症状，肝功能异常及白细胞减少，但一般较轻，停药后可恢复。

（5）羟氯喹：每次 0.2g，每日 2 次。对皮疹、关节痛及轻型患者有效。它对血象、肝肾功能影

笔记栏

响很小。久服后可能对视力有一定影响。

(6) 雷公藤总苷：每次 20mg，每日 3 次，病情控制后可减量或间歇疗法，一个月为一疗程。对本病有一定疗效，但不良反应较大，如对性腺的毒性，可发生停经、精子减少，尚有肝损害、胃肠道反应、白细胞减少等，使用时要小心监测。

4. 丙种免疫球蛋白 适用于某些病情严重而体质极度衰弱者或(和)并发全身性严重感染者。本疗法是一种强有力的辅助治疗措施，对危重的难治性 SLE 颇有效。一般每日 0.4g/kg，静脉滴注，连用 3~5 天为一疗程。

5. 免疫净化 包括血浆置换、免疫吸附及单个核细胞清除等。对正规药物治疗无效及血清中有高滴度自身抗体及免疫复合物的患者有明显疗效。但是，该方法必须辅以免疫抑制治疗才能获得远期效果。

6. 干细胞移植 外周血干细胞移植对本病的治疗效果比较肯定。但是，远期疗效尚待评价。本疗法有一定风险，费用较高。

7. 其他治疗 达那唑(400~800mg/d)对部分患者(如血小板低下等)有一定疗效；小剂量阿司匹林(40~80mg/d)适用于习惯性流产或抗磷脂抗体阳性者。

【预后】 随着对系统性红斑狼疮认识及治疗水平的不断提高，本病的预后已明显改善。若能给予早期正确的治疗，大多数患者的病情可得到完全缓解。

处方及医师指导

1. 一般治疗：心理治疗，树立患者信心；适当休息及对症治疗。

2. 药物治疗

(1) 泼尼松龙：0.5~1.0mg/kg，每日 1 次，病性缓解后逐渐减量，每周减 5%~10%，减至 30mg/d 时，应减慢至每周减 2.5mg，并以最小量维持治疗。

(2) 环磷酰胺：10~20mg，加入生理盐水 200ml，缓慢静滴，每 2~4 周 1 次，连续 3~6 个月。

(3) 雷公藤：10~20/mg，每日 3 次。

(4) 血浆置换：1000~1500ml，每周 2 次，连续 3 周。

笔 记 栏

第3章 类风湿关节炎

案例

患者,女性,24岁,因对称性多关节肿痛1年余,加重5天来诊。

患者患者缘于1年多前无明显诱因出现左手食指近指关节疼痛,随后出现左肘关节疼痛,疼痛无明显规律,能自行缓解,未予重视。后来又出现右踝、右手第2、3、4指近端指间关节、双腕关节及双膝关节肿痛,疼痛以晨起为重并伴有晨僵,时间约1~2小时,活动后症状可稍减轻,服用镇痛药有效并间断应用,近5天来明显加重。无发热、咳嗽、光过敏、口干、眼干等不适,食欲及大小便正常。既往体健。

体格检查:T 36.8℃,P 76次/min,R 19次/min,BP 110/60mmHg。神清合作,全身皮肤黏膜无黄染、皮疹、出血点,周身浅表淋巴结未触及肿大。心、肺、腹未见明显异常。双手第2、3、4近指关节梭形肿胀,轻度压痛,右侧为著,右手腕活动轻度受限,左膝关节肿胀伴压痛,左侧浮髌试验(+),右踝关节肿胀伴压痛,余未发现阳性体征。

实验室及其他检查:WBC 10.5×10^9/L,PLT 456×10^9/L;免疫球蛋白IgG 18.7g/L;RF 60.0U/ml,ESR 54mm/h,CRP 16.8mg/L。双手X线片示多个关节周围软组织肿胀,骨质未见明显异常。

思考题

1.根据以上资料,你认为该患者可能的诊断?

2.该疾病需要与哪些疾病进行鉴别?

3.该患者今后如何坚持治疗?

类风湿关节炎(rheumatoid arthritis,RA)是一种病因不明的自身免疫性疾病,多见于中年女性,我国患病率约为0.32%~0.36%。主要表现为对称性、慢性、进行性多关节炎。关节滑膜的慢性炎症、增生,形成血管翳,侵犯关节软骨、软骨下骨、韧带和肌腱等,造成关节软骨、骨和关节囊破坏,最终导致关节畸形和功能丧失。

【病因和发病机制】 类风湿关节炎的确切病因目前尚不明确,可能与遗传和感染等外界环境因素有关。

1. 遗传倾向 流行病学调查显示RA有一定的遗传倾向,RA患者的一级亲属患病率增加16倍。通过分子生物学检测发现RA与HLA-DR4相关,其某些亚型的β链第三高变区的氨基酸排列有相同的片断在RA患者出现的频率明显升高。此外,RA的发病和发展还与肿瘤坏死因子(TNF)基因、性别基因、T细胞受体基因、球蛋白基因等有关,总之,RA是多基因疾病。

2. 感染 感染(病毒、支原体、细菌等)可能是RA的诱因,但目前未找到直接证据。机体感染后,激发了机体的细胞免疫(T细胞活化产生细胞因子,从而刺激滑膜细胞增殖)和体液免疫(B细胞活化产生自身抗体),从而导致RA的发病和病情进展。

【临床表现】 RA是一种以关节炎为主要表现的全身性疾病,多见于中年女性。典型的患者常于数周或数月内逐渐发病,表现为对称性多关节的疼痛、肿胀、僵硬,同时可伴有全身不适、乏力、低热、食欲不振、体重下降等症状。少数类风湿关节炎患者为急性型,即在数天之内出现对称性多个关节肿胀、疼痛、活动受限,伴有发热、淋巴结肿大等症状。起病后关节炎可以反复发作或持续发展。

1. 关节表现 病情和病程有个体差异,从短暂、轻微的少关节炎到急剧进行性多关节炎。受累关节以近端指间关节、掌指关节、腕、肘、肩、膝和足趾关节最为多见;颈椎、颞颌关节、胸锁和肩锁关节也可受累,并伴活动受限;髋关节受累少见。

关节炎常表现为对称性、持续性肿胀和压痛,晨僵常长达1小时以上。晨僵指病变关节在夜间或日间静止不动后出现较长时间的僵硬,如胶黏着样的感觉。最为常见的关节畸形是腕和肘关节强直、掌指关节的半脱位、手指向尺侧偏斜和呈"天鹅颈"样及钮孔花样表现。重症患者关节呈纤维性或骨性强直,并因关节周围肌肉萎缩、痉挛失去关节功能,致使生活不能自理。

2. 关节外表现 除关节症状外,RA还可出现关节外或内脏损害,如类风湿结节,心、肺、肾、周围神经及眼等病变。关节外表现常是本病致死的原因。

(1)类风湿结节:见于15%~20%的患者,多见于前臂常受压的伸侧面,如尺侧及鹰嘴处。

笔记栏

在皮下摸到软性无定形活动小结或固定于骨膜的橡皮样小结。血清类风湿因子强阳性者皮下类风湿结节更常见。

(2) 类风湿血管炎：类风湿血管炎是本病的基本病变，除关节及关节周围组织外，全身其他处均可发生血管炎。表现为远端血管炎，皮肤溃疡，周围神经病变，心包炎，内脏动脉炎如心、肺、肠道、脾、胰、肾、淋巴结及睾丸等。

(3) 类风湿心脏病：心脏受累、心肌、瓣膜环或主动脉根部类风湿性肉芽肿形成，或者心肌、心内膜及瓣环淋巴细胞浸润或纤维化等。

(4) 类风湿肺病：慢性肺间质病变最常见，肺小血管发生纤维蛋白样坏死及单核细胞浸润，发热、呼吸困难、咳嗽及胸痛。

(5) 肾脏损害：发生率很低，大多与抗风湿药物引起的肾损害有关。

(6) 眼部表现：葡萄膜炎是幼年类风湿关节炎的常见病变，成人类风湿关节炎常引起角膜炎。

(7) Felty 综合征：是一种严重的类风湿关节炎，常引起脾脏肿大，中性粒细胞减少，血清类风湿因子阳性率高，抗核抗体阳性。

(8) 干燥综合征：是一种慢性炎症性自身免疫性疾病。主要侵犯泪腺和大小唾液腺等，导致腺体破坏和分泌减少或缺乏，临床表现以眼和口腔黏膜为主的干燥症群。

(9) 消化道损害：表现有上腹不适、胃痛、恶心、纳差，甚至黑粪，常与应用抗风湿药物有关，很少有 RA 本身引起。

案例归纳一

该患者青年女性，既往体健，主要临床症状为对称性多关节肿痛伴晨僵，双手小关节症状为著。

PE：双手多个关节肿胀伴压痛，左膝关节肿胀伴压痛，左侧浮髌试验(+)，右踝关节肿胀伴压痛。

【实验室和其他辅助检查】

1. 血象 多数活动期患者有轻至中度正细胞低色素性贫血，白细胞数大多正常，有时可见嗜酸粒细胞和血小板增多，血小板增多与病情活动有关。

2. 免疫球蛋白和补体 血清免疫球蛋白 IgG、IgM、IgA 可升高，血清补体水平多数正常或轻度升高。

3. 红细胞沉降率(简称血沉) 是反应 RA 活动性和严重性的指标，本身并无特异性。

4. C 反应蛋白 为炎症过程中出现的急性蛋白之一，在 RA 病情活动时升高。

5. 自身抗体

(1) 类风湿因子(RF)：是一种自身抗体，60%~80%患者有高水平 RF，临床测得的为 IgM 型 RF，RF 阳性也见于慢性感染(肝炎、结核等)、其他结缔组织病和正常老年人。

(2) 抗角质蛋白抗体谱：有抗角质蛋白抗体(AKA)、抗核周因子(APF)和抗环瓜氨酸多肽抗体(抗 CCP)等，对诊断 RA 有较高的特异性，但敏感性仅在30%左右，有助于早期诊断 RA，尤其是 RF 阴性而临床表现不典型的患者，其中以抗 CCP 意义最大。

6. 关节 X 线检查 为明确本病的诊断、病期和发展情况，在病初应摄双腕关节和手及(或)双足 X 线片，以及其他受累关节的 X 线片。RA 的 X 线片早期表现为关节周围软组织肿胀，关节附近轻度骨质疏松，继之出现关节间隙狭窄、关节破坏、关节脱位或融合。根据关节破坏程度将 X 线改变分为 4 期，见表 7-3-1。

表 7-3-1 RAX 线的分期

Ⅰ期(早期)	
1*	X 线检查无破坏性改变
2	可见骨质疏松
Ⅱ期(中期)	
1*	骨质疏松，可有轻度的软骨破坏，有或没有轻度的软骨下骨质破坏
2*	可见关节活动受限，但无关节畸形
3	邻近肌肉萎缩
4	有关节外软组织病损，如结节和腱鞘炎
Ⅲ期(严重期)	
1	骨质疏松加软骨或骨质破坏
2	关节畸形，如半脱位，尺侧偏斜，无纤维性或骨性强直
3	广泛的肌萎缩
4	有关节外软组织病损，如结节或腱鞘炎
Ⅳ期(末期)	
1*	纤维性或骨性强直
2	Ⅲ期标准内各条

*：为病期分类的必备条件。

7. 影像学检查 关节 CT、磁共振显像(MRI)和超声等检查有助于早期诊断 RA，可以发现早期病变，如滑膜水肿、关节积液、软骨破坏、骨破坏的前期表现等，胸部影像学检查可以发现是否合并有肺间质病变。

病例归纳二

实验室检查：PLT 456×10^9/L，IgG 18.7g/L，RF 60.0U/ml，ESR 54mm/h，CRP 16.8mg/L；双手 X 线片示：多个关节周围软组织肿胀，骨质未见明显异常。

笔记栏

【诊断与鉴别诊断】

1. 诊断

（1）诊断标准：类风湿关节炎的诊断主要依靠临床表现，自身抗体及 X 线改变。典型的病例按 1987 年美国风湿病学学会分类标准（表 7-3-2）诊断并不困难，但以单关节炎为首发症状的某些不典型、早期类风湿关节炎，常被误诊或漏诊。对这些患者，除了血、尿常规，血沉、C 反应蛋白、类风湿因子等检查外，还可做 MRI，以求早期诊断。对可疑类风湿关节炎患者要定期复查，密切随访。

表 7-3-2　1987 年美国风湿病学学会（ARA）类风湿关节炎分类标准

定　义	注　释
1. 晨僵	关节及其周围僵硬感至少持续 1h（病程≥6 周）
2. 3 个或 3 个以上区域关节部位的关节炎	医生观察到下列 14 个区域（左侧或右侧的近端指间关节、掌指关节、腕、肘、膝、踝及跖趾关节）中累及 3 个，且同时软组织肿胀或积液（不是单纯骨隆起）（病程≥6 周）
3. 手关节炎	腕、掌指或近端指间关节炎中，至少有一个关节肿胀（病程≥6 周）
4. 对称性关节炎	两侧关节同时受累（双侧近端指间关节、掌指关节及跖趾关节受累时，不一定绝对对称）（病程≥6 周）
5. 类风湿结节	医生观察到在骨突部位，伸肌表面或关节周围有皮下结节
6. 类风湿因子阳性	任何检测方法证明血清类风湿因子含量异常，而该方法在正常人群中的阳性率小于 5%
7. 放射学改变	在手和腕的后前位相上有典型的类风湿关节炎放射学改变：必须包括骨质侵蚀或受累关节及其邻近部位有明确的骨质脱钙

注：以上 7 条满足 4 条或 4 条以上并排除其他关节炎即可诊断 RA

（2）活动性判断：判断类风湿关节炎活动性的项目包括：疲劳的严重性，晨僵持续的时间，关节疼痛和肿胀的程度，关节压痛和肿胀的数目，关节功能受限程度，以及急性炎症指标（如血沉、C 反应蛋白和血小板）等。

（3）缓解标准：类风湿关节炎临床缓解标准有：①晨僵时间低于 15 分钟；②无疲劳感；③无关节痛；④活动时无关节痛或关节无压痛；⑤无关节或腱鞘肿胀；⑥血沉（魏氏法）女性<30mm/h，男性<20mm/h。符合 5 条或 5 条以上并至少连续 2 个月者考虑为临床缓解；有活动性血管炎、心包炎、胸膜炎、肌炎和近期无原因的体重下降或发热，则不能认为缓解。

2. 鉴别诊断　在 RA 的诊断过程中，应注意与骨关节炎、痛风性关节炎、反应性关节炎、银屑病关节炎和其他结缔组织病（系统性红斑狼疮、干燥综合征、硬皮病等）所致的关节炎相鉴别。

（1）骨关节炎：该病为退行性骨关节病，发病年龄多在 40 岁以上，主要累及膝、脊柱等负重关节。活动时关节痛加重，可有关节肿胀、积液。手指骨关节炎常被误诊为类风湿关节炎，尤其在远端指间关节出现赫伯登（Heberden）结节和近端指关节出现布夏尔（Bouchard）结节时易被视为滑膜炎。骨关节炎通常无游走性疼痛，大多数患者血沉正常，类风湿因子阴性或低滴度阳性。X 线示关节间隙狭窄、关节边缘呈唇样增生或骨疣形成。

（2）痛风：慢性痛风性关节炎有时与类风湿关节炎相似，痛风性关节炎多见于中老年男性，常反复发作，好发部位为单侧第一跖趾关节或跗关节，也可侵犯膝、踝、肘、腕及手关节，急性发作时通常血尿酸水平增高，慢性痛风性关节炎可在关节和耳郭等部位出现痛风石。

（3）银屑病关节炎：银屑病关节炎以手指或足趾远端关节受累为主，也可出现关节畸形，但 RF 阴性，且伴有银屑病的皮肤或指甲病变。

（4）强直性脊柱炎：本病主要侵犯脊柱，但周围关节也可受累，特别是以膝、踝、髋关节为首发症状者，需与类风湿关节炎相鉴别。该病有以下特点：青年男性多见；主要侵犯骶髂关节及脊柱，外周关节受累多以下肢不对称关节受累为主，常有肌腱端炎；90%～95%患者 HLA-B27 阳性；类风湿因子阴性；骶髂关节及脊柱的 X 线改变对诊断极有帮助。

（5）结缔组织病所致的关节炎：干燥综合征、系统性红斑狼疮均可有关节症状，且部分患者类风湿因子阳性，但它们都有相应的特征性临床表现和自身抗体。

（6）其他：对不典型的以单个或少关节起病的类风湿关节炎要与感染性关节炎（包括结核感染）、反应性关节炎和风湿热相鉴别。

案例诊断要点

1.青年女性,既往体健。

2.临床症状为对称性多关节肿痛伴晨僵,双手小关节症状为著。

3.查体:双手多个关节肿胀伴压痛,左膝关节肿胀伴压痛,左侧浮髌试验(+),右踝关节肿胀伴压痛。

4.实验室检查:PLT 456×10^9/L,IgG 18.7g/L,RF 60.0U/ml,ESR 54mm/h,CRP 16.8mg/L。

5.X 线片:双手多个关节周围软组织肿胀,骨质未见明显异常。

临床诊断:类风湿关节炎。

【治疗】 类风湿关节炎的治疗包括一般治疗、药物治疗、外科治疗和心理康复治疗等。

1. 一般治疗 包括休息、关节制动(急性期)、关节功能锻炼(恢复期)、物理治疗等。急性期、发热以及内脏受累患者应卧床休息。

2. 药物治疗 当前国内外应用的药物以及植物药均不能完全控制关节破坏,而只能缓解疼痛、减轻或延缓炎症的发展。治疗类风湿关节炎的常用药物分为四大类:即非甾类抗炎药(NSAID)、改善病情的抗风湿药(DMARD)、糖皮质激素、植物药。生物制剂近年来已应用于 RA 的治疗,疗效显著但价格昂贵。

(1) 非甾体抗炎药(NSAID):通过抑制环氧化合酶活性,减少前列腺素合成而具有抗炎、止痛、退热、消肿作用。由于 NSAID 使前列腺素的合成减少,故可出现相应的不良反应,如胃肠道不良反应:恶心、呕吐、腹痛、腹泻、腹胀、食欲不佳,严重者有消化性溃疡、出血、穿孔等;肾脏不良反应:肾灌注量减少,出现水钠潴留、高血钾、血尿、蛋白尿、间质性肾炎,严重者发生肾坏死致肾功能不全,肾脏不良反应发生率较低。NSAID 还可引起外周血细胞减少、凝血功能障碍、再生障碍性贫血、肝功能损害等,少数患者发生过敏反应(皮疹、哮喘),以及耳鸣、听力下降,无菌性脑膜炎等。

近年的研究发现环氧化酶有两种同功异构体,即环氧化酶-1(COX-1)和环氧化酶-2(COX-2)。选择性 COX-2 抑制剂(如昔布类)与非选择性的传统 NSAID 相比,能明显减少严重胃肠道不良反应。必须指出的是无论选择何种 NSAID,剂量都应个体化;只有在一种 NSAID 足量使用1~2周无效后才更改为另一种;避免两种或两种以上 NSAID 同时服用,因其疗效不叠加,而不良反应增多;老年人宜选用半衰期短的 NSAID 药物,对有溃疡病史的老年人,宜服用选择性 COX-2 抑制剂以减少胃肠道的不良反应。应强调,NSAID 虽能减轻类风湿关节炎的症状,但不能改变病程和预防关节破坏,故必须与 DMARD 联合应用。

常用的 NSAID 有:①布洛芬:每日剂量为 1.2~3.2g,分 3~4 次服用;②双氯芬酸,每日剂量为 75~150mg,分 2~3 次服用;③萘普生:每日剂量为 0.5~1.0g,分 2 次服用;④吲哚美辛:每日剂量为 75~100mg,分 3 次服用;⑤美洛昔康:每日剂量为 7.5~15mg,分 1~2 次服用;⑥塞来昔布:每日剂量为 100~200mg,分 1~2 次服用。

(2) 改善病情的抗风湿药(DMARD):该类药物较 NSAID 发挥作用慢,明显改善临床症状大约需 1~6 个月,故又称慢作用药。它虽不具备即刻止痛和抗炎作用,但有改善和延缓病情进展的作用。目前尚不清楚类风湿关节炎的治疗首选何种 DMARD。从疗效和费用等考虑,一般首选甲氨蝶呤,并将它作为联合治疗的基本药物。常用有:

1) 甲氨蝶呤(methotrexate,MTX):口服、肌内注射或静脉滴注均有效。每周 1 次给药,常用剂量为 7.5~25mg/周,个别重症患者可以酌情加大剂量。常见不良反应有恶心、口炎、腹泻、脱发、皮疹,少数出现骨髓抑制,听力损害和肺间质病变、也可引起流产、畸胎和影响生育能力。服药期间应定期检查血常规和肝功能。

2) 柳氮磺吡啶(sulfasalazine,SSZ):从小剂量逐渐加量有助于减少不良反应,使用方法:每日 250~500mg 开始,之后每周增加 500mg,直至每日 2.0g,分 2 次服用。主要不良反应有恶心、呕吐、厌食、消化不良、腹痛、腹泻、皮疹、无症状性转氨酶增高和可逆性精子减少,偶有白细胞、血小板减少,对磺胺过敏者禁用。服药期间应定期检查血常规和肝功能。

3) 来氟米特(leflunomide,LEF):治疗剂量为 10~20mg/d。主要不良反应有腹泻、瘙痒、高血压、肝酶增高、皮疹、脱发和一过性白细胞下降等,服药初期应定期检查肝功能和白细胞。

4) 抗疟药(antimalarials):有氯喹(250mg/片)和羟氯喹(100mg/片)两种。用法为:氯喹 250mg/d,羟氯喹 200~400mg/d。本药有蓄积作用,易沉淀于视网膜色素上皮细胞,引起视网膜变性而致失明,服药半年左右应查眼底。另外,少数患者有心肌损害,有窦房结功能不全,心率缓慢,传导阻滞等心脏病患者应禁用。其他不良反应有头晕、头疼、皮疹、瘙痒和耳鸣等。

5) 青霉胺(D-penicillamine):250~500mg/d,

笔记栏

口服，见效后可逐渐减至维持量250mg/d。青霉胺不良反应较多，长期大剂量可出现肝肾损害和骨髓抑制等。其他不良反应有胃肠道反应、皮疹、口异味、嗅觉丧失等，偶可引起自身免疫病，如重症肌无力、系统性红斑狼疮及天疱疮等。

6）硫唑嘌呤（azathioprine，AZA）：常用剂量1～2mg/(kg·d)，一般100mg/d，维持量为50mg/d。不良反应有脱发、皮疹、骨髓抑制、胃肠反应、肝肾损害等。

7）环孢素（cyclosporin，Cs）：常用剂量3mg～5mg/(kg·d)，维持量是2～3mg/(kg·d)。主要不良反应有高血压、肝肾毒性、神经系统损害、继发感染、胃肠道反应、齿龈增生及多毛等。服药期间应检查血常规、血肌酐和血压等。

8）环磷酰胺（cyclophosphamide，CYC）：较少用于RA，在多种药物治疗难以缓解病情的特殊情况下，可酌情试用，常用剂量50～100mg/d。

（3）糖皮质激素：能迅速减轻关节疼痛、肿胀，在关节炎急性发作，或伴有心、肺、眼和神经系统等器官受累的重症患者，可给予短效激素，其剂量依病情严重程度而调整。小剂量糖皮质激素（每日泼尼松10mg或等效其他激素）可作为NSAID疗效不满意时的短期措施，必须纠正单用激素治疗RA的倾向，用激素时应同时服用DMARD。激素治疗RA的原则：不需用大剂量时则用小剂量；能短期使用者，不长期使用；并在治疗过程中，注意补充钙剂和维生素以防止骨质疏松。关节腔注射激素有利于减轻关节炎症状，改善关节功能。但1年内不宜超过3次。过多的关节腔穿刺除了并发感染外，还可发生类固醇晶体性关节炎。

（4）植物药制剂

1）雷公藤：雷公藤多苷30～60mg/d，分3次饭后服。主要不良反应是性腺抑制，导致精子生成减少男性不育和女性闭经。雷公藤多苷还可以引起胃肠道反应、骨髓抑制、肝肾损害、皮疹、色素沉着、指甲变软、脱发、口干、心悸、胸闷、头疼、失眠等不良反应。

2）青藤碱：青藤碱20mg，每日3次，饭前口服，每次1～4片。常见不良反应有皮肤瘙痒、皮疹等过敏反应，少数患者出现白细胞减少。

3）白芍总苷：常用剂量为600mg，每日2～3次。毒副作用小，其不良反应有大便次数增多、轻度腹痛、纳差等。

（5）生物制剂：生物制剂如抗肿瘤坏死因子-α（TNF-α）已用于类风湿关节炎的治疗。至今有两种抗TNF-α制剂，即TNF-α的单克隆抗体和重组的人可溶性TNF-α受体融合蛋白，国内临床报道显示效果显著。除TNF-α拮抗剂外还有CD20单克隆抗体。生物制剂应与DMARD同时应用。

3. 外科治疗　RA患者经过内科积极正规或药物治疗，病情仍不能控制，为防止关节的破坏，纠正畸形，改善生活质量可考虑手术治疗。但手术并不能根治RA，故术后仍需内科药物治疗。常用的手术主要有滑膜切除术、关节置换术、关节成形术、软组织松解或修复手术、关节融合术等。

4. 心理和康复治疗　类风湿关节炎患者由于病情迁延，关节功能受损，出现精神压力，药物不良反应或对药物实际作用效果信心不足，又加重了患者的心理负担。抑郁是类风湿关节炎患者中最常见的精神症状，严重的抑郁有碍疾病的恢复。因此，在积极合理的药物治疗同时，还应注重类风湿关节炎的心理治疗。在治疗方案的选择和疗效评定上亦应结合患者精神症状的改变。对于急性期关节剧烈疼痛和伴有全身症状者应卧床休息，并注意休息时的体位，尽量避免关节受压，保持关节功能位。在病情允许的情况下，进行被动和主动的关节活动度训练，防止肌萎缩。对缓解期患者，在不使患者感到疲劳的前提下，多进行运动锻炼，恢复体力，并在物理康复科医师指导下进行治疗。

处方及医师指导

1. 一般治疗：患者应注意劳逸结合，适当的关节活动度训练，防止肌萎缩。

2. 药物治疗：甲氨蝶呤10mg每周一次，口服；双氯芬酸，50mg，每日2次，口服；白芍总苷600mg，每日3次，口服。

3. 定期检测肝肾功能、血象等，视病情变化调整治疗方案。

【预后】　目前尚无准确预测预后的指标，通常认为，男性比女性预后好；发病年龄晚者较发病年龄早者预后好；起病时关节受累数多或有跖趾关节受累，或病程中累及关节数>20个预后差；持续高滴度RF阳性、持续血沉增快、C反应蛋白增高、血中嗜酸粒细胞增多均提示预后差；有严重周身症状（发热、贫血、乏力）和关节外表现（类风湿结节、巩膜炎、间质性肺病、心包疾病、系统性血管炎等内脏损伤）预后不良；短期激素治疗症状难以控制或激素维持剂量不能减至10mg/d以下者预后差。

第 4 章 强直性脊柱炎

案例

患者，男性，22岁。腰背部进行性疼痛伴活动受限2年，加重半年。

2年前不明原因出现腰背部疼痛伴活动受限，活动后稍缓解，休息时反而加重。曾给予阿司匹林口服6个月，症状略有缓解，但效果不明显。近半年症状加重。

体格查体：脊柱前屈、侧弯和转动受限。骶髂关节压痛（+）。指地距右手25cm、左手30cm，枕墙距15cm。

思考题

1. 结合所学，你认为此病可以考虑何种诊断？

2. 腰背痛常见于哪些疾患？

3. 该病治疗及预后如何？

强直性脊柱炎（ankylosing spondylitis，AS）是一种原因未明，以脊柱为主要病变的慢性进行性炎症性疾病，病变主要累及骶髂关节，引起脊柱强直和纤维化，并可伴有不同程度的眼、肺、心血管、肾、神经系统等多个脏器的损害。男性发病明显多于女性，发病高峰年龄为20～30岁，40岁以后及8岁以下发病者少见，有明显家族聚集现象，与HLA-B27密切相关。

【流行病学】 强直性脊柱炎在我国的患病率约为0.25%。正常人群HLA-B27阳性率为6%～8%左右，强直性脊柱炎患者可高达90%。家族调查结果，HLA-B27阳性的强直性脊柱炎患者一级亲属，近半数HLA-B27阳性，其中又有近半数罹患本病；同卵双生子HLA-B27和强直性脊柱炎的一致率则超过50%。提示遗传因素和环境因素在本病发病机制中都起作用。

【病因和发病机制】 迄今未明，一般认为遗传因素和环境因素相互作用所致。大部分病例与HLA-B27相关。HLA-B27基因属MHC Ⅰ类，根据DNA分型法，迄今已发现15种亚型。流行病学资料表明，强直性脊柱炎与HLA-B2704、B2705和B2702亚型呈正相关，而与B2709和B2706呈负相关，其原因可能是由于B27分子某些部位氨基酸序列的差异。环境因素一般认为和感染有关，且与某些肠道革兰阴性杆菌感染相关可能性大。

发病机制也不清楚，可能与HLA-B27分子有关序列和细菌通过某种机制相互作用有关。分子模拟学说认为，本病由于病原体如某些肠道革兰染色阴性杆菌和B-27分子存在共同的抗原决定簇，免疫系统在抗击外来抗原时不能识别自我而导致持续免疫反应。受体学说则认为B-27分子有结合外源性多肽的作用，从而增加机体患病易感性而致病。

【病理】 主要病理改变为肌腱端炎和滑膜炎。

1. 肌腱端炎 是关节囊，韧带或肌腱附着于骨的部位发生的炎症，多见于骶髂关节、椎间盘、椎体周围韧带、跟腱、跖筋膜等部位。骶髂关节炎是强直性脊柱炎最早累及的部位，组织活检可见淋巴细胞及浆细胞浸润，病变部位有大量TNF-amRNA表达，可刺激炎症部位的反应。其新骨形成的部位可见TGF-β，刺激软骨和骨的形成，是导致纤维化和关节强直的主要细胞因子之一。脊柱损害表现为椎间盘和椎骨边缘的增生和纤维化，韧带钙化，骨赘形成，脊柱呈“竹节样”，椎体方形变。附着点端的炎症、修复、多次反复发作，韧带骨化，逐渐形成骨强直。

2. 滑膜炎 是指周围关节可见与RA相似的滑膜增生，淋巴细胞浸润和血管翳（pannus）形成，但一般不出现侵蚀样变化。

【临床表现】

1. 症状 本病起病一般缓慢而隐匿，全身症状较轻，少数有低热、疲劳和体重减轻、贫血。

（1）关节表现

1）腰痛：腰痛是本病最常见症状，部位在臀深部，严重者常位于骶髂关节，有时可放射至髂嵴或大腿后侧。开始腰痛可为单侧或间歇性，以后逐渐进展为双侧、持续性伴僵硬。

2）晨僵：也是常见的早期症状。患者早起觉腰部僵硬，活动后可以缓解。

3）肌腱附着点病变：为肌腱/韧带骨附着点炎症。累及到胸肋关节、胸椎联合等部位，患者可出现胸痛、吸气时胸廓扩展受限。也可出现颈椎僵、痛。肌腱附着点病变也可见于肋胸连结、脊椎骨突、髂嵴、大转子、坐骨结节、胫骨结节和足跟等部位。

4）中轴关节及外周关节表现：随着病情进展，整个脊柱可发生自下而上的强直，先是胸椎前凸消失，进而胸椎后凸驼背畸形；随着颈椎受

笔记栏

累,颈椎活动受限,最后脊柱各方向活动完全受限。半数左右患者的外周关节为首发症状,而且绝大部分患者在病程中均出现外周关节症状,以髋、膝、踝和肩关节居多。髋关节受累者表现为关节局部或腹股沟处疼痛,活动受限,晚期可以发展成为关节强直,是本病致残的主要原因之一。

(2) 关节外表现

1) 心血管病变:约 3.5%~10%的患者表现为升主动脉炎、主动脉瓣关闭不全、心脏扩大及心传导系统失常,甚至可因完全性心脏传导阻滞而出现阿-斯综合征。

2) 肺部病变:主要为双肺上部纤维化,重症患者可表现为咳嗽、咳痰和气促。

3) 肾脏病变:肾损害较少见,主要表现为 IgA 肾病及淀粉样变。

4) 眼损害:约有 1/4 患者伴有眼色素膜炎或视网膜炎,可出现在病程的任何阶段,部分患者可先于 AS 关节症状出现。多为单侧发病,也可累及双侧,反复发作可导致视力障碍。

5) 神经系统病变:可出现慢性进行性马尾综合征,或因脊柱骨折、脱位等导致神经系统病变。

6) 其他:晚期病例常伴有严重骨质疏松,易发生骨折。

2. 体征 疾病早期,患者仅在腰部活动时受限。常见体征为骶髂关节压痛、脊柱前屈、后伸、侧弯、转动受限,胸廓活动度减低,有周围关节或关节外表现者可有相应的体征。随着疾病的发展可见明显脊柱关节活动障碍甚至畸形。

(1) 骶髂关节检查:常用"4"字试验。方法:患者仰卧,一腿伸直,另一腿屈曲置直腿上。检查者一手压直腿侧髂嵴,另一手掘屈腿膝,上搬、下压。如臀部出现疼痛,提示屈腿侧存在骶髂关节病变。

(2) 腰椎活动度检查:常用 Schober 试验。方法:患者直立,在背部正中髂后上嵴水平作一标记为零,向上作 10cm 标记。让患者弯腰(保持双腿直立),测量上下两个标记间距离,若增加少于 5cm 则为阳性。

(3) 胸廓活动度检查:患者直立,用刻度软尺测其第 4 肋间水平(女性乳房下缘)深呼、吸之胸围差,小于 2.5cm 为异常。

(4) 枕墙试验:颈部受累可引起活动受限,通过患者背靠墙,测量其枕骨和墙之间的距离来评价。患者直立,足跟、臀、背贴墙,收颏,眼平视,测量枕骨结节与墙之间的水平距离,正常为 0。

案例归纳一

该患者以腰背部疼痛为主要表现,伴活动受限,活动后稍缓解,休息时反而加重。有强直性脊柱炎的典型表现,而关节外症状并不明显。本次因为症状加重前来就诊。

体格查体:脊柱前屈、侧弯和转动受限。骶髂关节压痛(+)。指地距右手 25cm、左手 30cm,枕墙距 15cm。

【实验室和影像学检查】 由于本病缺乏特异性的实验室指标,放射学检查仍为诊断的重有手段。放射学诊断主要根据骨盆正位相和脊柱正、侧位相。

1. 实验室检查 活动期可有血沉、C 反应蛋白、免疫球蛋白(尤其是 IgA)升高。90%左右患者 HLA-B27 阳性。

2. 影像学检查

(1) 常规 X 线片:临床常规照骨盆正位像,除观察骶髂关节外,还便于了解髋关节、坐骨、耻骨联合等部位病变。腰椎是脊柱最早受累部位,除观察有无韧带钙化、脊柱"竹节样"变、椎体方形变以及椎小关节和脊柱生理曲度改变等外,尚可除外其他疾患。

(2) CT 检查:早期骶髂关节炎 X 线表现有时很难确定。CT 分辨力高,层面无干扰,能发现骶髂关节轻微的变化,有利于早期诊断。对常规 X 线片难以确诊的病例,有利于明确诊断。

(3) 骶髂关节 MRI 检查:MRI 检查能显示软骨变化,因此能比 CT 更早期发现骶髂关节炎。借助造影剂进行动态检查,还可以估计其活动程度,有利于疗效评价和预后判定。

3. 骶髂关节活检 在 CT 导引下进行骶髂关节穿刺,获得组织进行病理检查,可在"放射学骶髂关节炎"出现以前进行诊断。

案例归纳二

实验室检查:血沉 87mm/h,C 反应蛋白(CRP) 51mg/L,免疫球蛋白 G(IgG) 29800mg/L,HLA-27B(+)。骶髂关节 X 线检查:双侧骶髂关节侵蚀、硬化、关节间隙狭窄。

【诊断和鉴别诊断】

1. 诊断 1966 年制定的纽约标准沿用至今,据此诊断典型的强直性脊柱炎不难,但些时关节病变已属晚期。因此,1984 年又提出了修订的纽约标准。但对于早期诊断至今缺乏满意的标准。

强直性脊柱炎的纽约标准(1984 年)如下:

(1) 诊断

1) 临床标准

A. 腰痛、晨僵 3 个月以上,活动改善,休息无改善。

B. 腰椎额状面和矢状面活动受限。

笔记栏

C. 胸廓活动度低于相应年龄、性别的正常人。

2）放射学标准：双侧骶髂关节炎>2 级或单侧骶髂关节炎 3~4 级。

（2）分级

1）肯定强直性脊柱炎：符合放射学标准和 1 项以上临床标准。

2）可能强直性脊柱炎。

A. 符合 3 项临床标准。

B. 符合放射学标准但不具备任何临床标准（应除外其他原因所致骶髂关节炎）。

2. 鉴别诊断 慢性腰背痛是常见临床症状，骨关节炎、脊柱先天性畸形、椎间盘病变、椎柱压缩性骨折、强直性脊柱炎、椎骨结核、脊柱转移瘤等均可产生。对青壮年来说，外伤性腰痛和椎间盘病较为多见。外伤性腰痛有明确的外伤史，休息有利缓解症状，活动则使症状加重，不难鉴别。有时腰椎间盘病和本病临床上不容易鉴别，腰椎 CT 可肯定或除外之。早期、尤以外周关节炎为首发症状者应与类风湿关节炎鉴别，可行类风湿因子、HLA-B27 以及有关影像学检查。

一般说来，主要需和椎骨结核、外伤性腰痛及椎间盘突出相鉴别。

案例归纳三

1. 年轻男性。

2. 病史特点：该患者以腰背部疼痛为主要表现，伴活动受限，活动后稍缓解，休息时反而加重。有强直性脊柱炎的典型表现，而关节外症状并不明显。

3. 体格检查：体格查体：脊柱前屈、侧弯和转动受限。骶髂关节压痛（+）。指地距右手 25cm、左手 30cm，枕墙距 15cm。

4. 辅助检查：实验室检查：血沉 87mm/h，C 反应蛋白（CRP）5.1mg/dl，免疫球蛋白 G（IgG）2980 mg/dl，HLA-27B（+）。骶髂关节 X 线检查：双侧骶髂关节侵蚀、硬化、关节间隙狭窄。

临床诊断：强直性脊柱炎。

【治疗】 目前尚无根本治疗方法。主要为控制炎症，缓解症状，保持良好姿势和减缓病情进展。由于晚期病例病情难以逆转，所以关键在于早期诊断，早期治疗。

1. 一般治疗 主要包括健康教育、理疗和自我锻炼。可使患者认识疾病，减少关节的僵硬和疼痛，保持关节的生理弯曲，减少肌肉萎缩和骨质疏松及并发症的发生。

2. 药物治疗

（1）非甾体抗炎药（NSAID）：对非甾体抗炎药反应良好是强直性脊柱炎区别于其他腰部疾患的特点之一。该类药有良好的消炎解痛及减轻晨僵的作用。无论早期或晚期患者的症状治疗都是首选。如吲哚美辛、双氯芬酸等。

（2）糖皮质激素：少数病例即使使用大剂量抗炎药也不能控制症状时，甲基泼尼松龙 15mg/（kg·d）冲击治疗，连续 3 天，可暂时缓解疼痛。糖皮质激素口服治疗既不能阻止本病的发展，还会因长期治疗带来不良反应。

（3）慢作用药物：已证明用于治疗类风湿关节炎的抗疟药、金制剂、青霉胺和硫唑嘌呤等慢作用抗风湿药物对本病无效。近年使用柳氮磺吡啶、甲氨蝶呤和雷公藤治疗本病取得了一些疗效。一般认为对轻型病例尤其外周关节受累为主者有效。

（4）生物制剂：近年来发现强直性脊柱炎患者骶髂关节组织中存在肿瘤坏死因子 α（TNF-α），并认为 TNF-α 和炎症有关。有学者用抗 TNF 单抗于本病的治疗取得初步疗效，最后结论尚待进一步证实。

3. 其他治疗 骶髂关节内糖皮质激素注射对缓解症状有效，并可减轻骶髂关节炎，减轻骶髂关节病变。为保证疗效，此操作应在 CT 引导下进行。外科治疗主要用于髋关节僵直和脊柱严重畸形的晚期患者的矫形。有疲劳、失眠、抑郁等精神情绪障碍者，可试用抗抑郁药治疗。

【预后】 本病不危及患者生命，但可致残，影响患者正常生活和工作。所幸的是，严重脊柱和关节畸形只占少数。

处方及医师指导

1. 一般治疗：鼓励患者适当锻炼，注意立、坐、卧正确姿势，坚持脊柱、胸廓、髋关节活动。宜睡硬板床、低枕，避免过度负重和剧烈运动。

2. 药物治疗

（1）布洛芬：每日剂量为 1.2~3.2g，分 3~4 次服用。

（2）甲氨蝶岭（MTX）每周剂量为 7.5~20mg，以口服为主（1 日之内服完），亦可静脉注射或肌内注射。4~6 周起效，疗程至少半年。

（3）雷公藤总苷每日剂量为 60mg，分 3 次服用。病情稳定后可酌情减量。

（4）泼尼松每日量为 30~40mg，症状控制后递减，以每日 10mg 或低于 10mg 维持。

3. 外科治疗：主要用于髋关节僵直和脊柱严重畸形的晚期患者的矫形。

笔记栏

第5章 系统性血管炎

案例

患者，女性，26岁。因颈部疼痛2月余，加重伴发热1个月来诊。

患者缘于2个多月前无明显诱因出现颈部疼痛，无发热、皮疹、关节痛、四肢乏力疼痛、手指遇冷发紫或发白等症状，未予特殊处理。1个月前上述症状加重，并出现发热，体温波动于38℃左右，偶有头晕、胸闷，曾就诊于当地医院，未明确诊断，给予"青霉素"静点，症状无明显改善。既往体健。

体格检查：T 37.1℃，P 88次/min，R 22次/min、BP 110/50mmHg，心尖区可闻及2/6级收缩期杂音。肺、腹未见明显异常。右锁骨上区可闻及血管杂音。四肢肌力、肌张力正常，腱反射正常存在。足背动脉搏动良好。

实验室及其他检查：血常规：Hb 100g/L，PLT 569×10^9/L；RF(-)，ASO(-)，CRP 85.1mg/L；IgM 3.72g/L，C3 1.9g/L；ESR 110mm/h；抗核抗体(+)1∶100；肝肾功能及尿常规未见明显异常；胸片未见明显异常；心脏彩超：主动脉瓣中量反流；脑血流图示：左大脑中动脉流速快 Vs=142cm/s，伴涡流，杂音不明显，右大脑中动脉流速稍快 Vs=130cm/s，偶伴涡流，无杂音，余颈颅血管可。B超示：双侧颈动脉、无名动脉中内膜不规则增厚，内径不均匀扩张。

思考题

1. 根据以上资料，你认为该患者可能的诊断？
2. 该疾病需要与哪些疾病进行鉴别？
3. 该患者今后如何坚持治疗？

系统性血管炎(systemic vasculitis)是一组以血管的炎症与坏死为主要病理改变的炎性疾病。临床表现因受累血管的类型、大小、部位及病理特点不同而表现各异，常累及全身多个系统，引起多系统多脏器功能障碍，但也可局限于某一脏器。系统性血管炎常累及的部位为皮肤、肾脏、肺、神经系统等。血管炎也可继发于多种自身免疫性疾病如类风湿关节炎、系统性红斑狼疮等，属于继发性血管炎，不在本章讨论。

【流行病学】 流行病学调查的主要资料都是来源于欧美地区，亚洲、非洲等的相关资料较少。各地总的年发病率为39~141.54/百万成年人口。最常见的原发性血管炎为巨细胞动脉炎(GCA)、韦格纳肉芽肿(WG)、显微镜下多血管炎(MPA)和变应性肉芽肿性血管炎(CSS)。流行病学调查显示血管炎的发生率在美国地区接近2/10万，在瑞典大约是1/10 000。

系统性血管炎可发生于任何年龄(平均年龄约41岁，波动于4岁~78岁)，有0.1%的病人发病年龄小于19岁。血管炎男女发病相当，性别分布随疾病不同而不同，总规律是除多发性大动脉炎和巨细胞动脉炎以女性多见外，其他疾病均为男性略多于女性，或无明显性别差异。总的分布是50岁以上的患者患病率为50岁以下患者的5倍。结节性多动脉炎、变应性肉芽肿性血管炎、韦格纳肉芽肿及超敏性血管炎等发病高峰期在50多岁；川崎病则均发生于儿童期；大动脉炎以青年发病为主，40岁以上很少发病；过敏性紫癜绝大多数发生于4~7岁的儿童，成年发病的较少；巨细胞动脉炎(又称颞动脉炎，TA)均发生于60岁以上的老年人中，随年龄的增高发病率亦增加，随着我国老龄化的到来应重视巨细胞动脉炎。

【病因和发病机制】 大多数血管炎的病因至今不明，其发病机理也多不清楚。目前认为血管炎的发病机制主要是感染原对血管的直接损害和免疫异常介导的炎症反应，导致炎性细胞在血管壁浸润、聚集和坏死。

1. 病因

(1) 感染因素：可能是血管炎的主要病因，感染原有乙肝病毒、丙肝病毒、链球菌、沙门菌、结核杆菌等。病原体并不直接引起血管炎，而是作为外来抗原与抗体结合，形成免疫复合物，沉积在血管壁引起血管的炎性坏死。

(2) 非微生物性抗原物质：有药物，如青霉素、磺胺药和解热镇痛药等，化学物质如杀虫剂、除草剂和石油制剂等，异体蛋白如蛇毒血清、脱敏剂等都与血管炎，尤其是过敏性血管炎的发病有关。

(3) 遗传因素：韦格纳肉芽肿可能与HLA-DR2相关；巨细胞动脉炎可能与HLA-DR4相关；大动脉炎也可能与人类白细胞抗原(HLA)相关，但不够集中。

笔记栏

2. **发病机制** 系统性血管炎的发病机制复杂,属免疫异常介导的炎症反应,中性粒细胞、巨噬细胞、内皮细胞、淋巴细胞及其分泌的细胞因子均参与了血管炎的发病过程。免疫异常介导的炎症反应包括多种形式,如免疫复合物介导、抗体直接介导、血管内皮细胞损伤直接激活成为中介物和抗中性粒细胞胞浆抗体介导等,造成免疫复合物沉积在血管壁,激活补体,导致血管炎症、坏死。或在炎症介质作用下,中性粒细胞胞浆抗体与中性粒细胞内的靶抗原成分结合,导致中性粒细胞活化,产生氧自由基和脱颗粒,引起呼吸爆炸,以致血管内皮细胞损伤,产生血管壁炎症、坏死。

【临床分类】 系统性血管炎是一组异质性疾病,临床表现多样,可累及各式各样的血管,多缺乏确诊意义的临床表现、实验室指标和病理学改变,其病因和发病机制尚未明确,因此临床分类比较复杂混乱,目前国际上最受公认的分类方法为 1993 年在美国北卡罗来纳州 Chapel Hill 的系统性血管炎统一命名研讨会对系统性血管炎的名称和定义作的分类(表 7-5-1)。

表 7-5-1 Chapel Hill 的系统性血管炎统一命名研讨会制定的对系统性血管炎的名称和定义

大血管的血管炎	
巨细胞(颞)动脉炎[giant cell(temporal) arteritis]	主动脉及其分支的肉芽肿性动脉炎,好发于颈动脉的颅外分支。常累及颞动脉,多见于 50 岁以上,常伴风湿性多肌痛
大动脉炎(takayasu arteritis)	主动脉及其分支的肉芽肿性炎症,多见于 50 岁以下
中等血管的血管炎	
结节性多动脉炎(polyarteritis nodosa)	中动脉或小动脉的坏死性炎症,不伴肾小球肾炎或微小动脉、毛细血管或微小静脉的炎症
川崎病(Kawasaki disease)	累及大、中、小动脉的血管炎,并伴有皮肤黏膜淋巴结综合征。常累及冠状动脉,主动脉和静脉也可受累,多发于儿童
小血管的血管炎	
韦格纳肉芽肿(Wegener granulomatosis)	累及呼吸道的肉芽肿性炎症,涉及小至中等血管(毛细血管、微小静脉、微小动脉和动脉)的坏死性血管炎。常出现坏死性肾小球肾炎
变应性肉芽肿性血管炎(churg-strauss vasculitis)	累及呼吸道的、高嗜酸粒细胞的肉芽肿性炎症,涉及小至中等血管的坏死性血管炎。伴有哮喘和高嗜酸粒细胞血症
显微镜下多血管炎(显微镜下多动脉炎,microscopic polyarteitis,microscopic polyangiitis)	累及小血管(毛细血管、微小静脉或微小动脉)的坏死性血管炎,很少或无免疫复合物沉积,也可累及小至中等动脉。坏死性肾小球肾炎很常见,肺脏的毛细血管炎也常见
过敏性紫癜(henoch-schonlein purpura)	累及小血管(毛细血管、微小静脉或微小动脉)的、以 IgA 免疫复合物沉积为主的血管炎。典型者累及皮肤、肠道和肾小球,伴有关节炎或关节痛
原发性冷球蛋白血症性血管炎(essential cryoglobulinemic vasculitis)	累及小血管(毛细血管、微小静脉或微小动脉)的、以冷球蛋白免疫复合物沉积为主的血管炎。伴有血清冷球蛋白阳性。常累及皮肤和肾小球
皮肤白细胞碎裂性血管炎(cutaneous leukocytoclastic vasculitis)	局限于皮肤的白细胞碎裂性血管炎,无系统性的血管炎或肾小球肾炎

注:大血管指主动脉及其大分支,如肢体分支、头颈部分支;中等血管指主要的内脏动脉,如肾脏、肝脏、冠脉、肠系膜动脉等;小血管指毛细血管、微小静脉、微小动脉及实质性器官的末梢动脉与微动脉连接的部位。有些小血管和大血管的血管炎可累及中等血管,而大血管和中等血管的血管炎一般不累及比小动脉小的血管。

【临床表现】 系统性血管炎的临床表现复杂,主要取决于受损血管类型、分布和病变性质。主要表现有:

1. **一般症状** 如不规则发热、头痛、乏力、周身不适、多汗、体重减轻、肌肉疼痛、肢端疼痛、腹痛、关节痛等。

2. **肌肉骨骼** 如肌痛、关节痛、关节炎、上颌痛或肢体的间歇性跛行等。

3. **皮肤** 可为网状青斑、紫癜、溃疡、远端指(趾)缺血性改变、荨麻疹等。

4. **神经系统** 如多发性单神经炎或(和)多神经炎,末梢神经炎,弥散性或局限性单侧脑或多部位脑及脑干的功能紊乱,出现抽搐、头痛、中风、视力改变意识障碍、脑血管意外等。

5. **呼吸系统** 如鼻窦炎、咯血、哮喘、肺泡炎、肺内结节、肺侵润病变等。大部分韦格纳肉芽肿患者以上呼吸道病变为首发症状,严重者鼻中隔穿孔,鼻骨破坏,出现鞍鼻,部分患者可因声门下狭窄出现声音嘶哑及呼吸喘鸣。

6. **肾脏** 肾性高血压、蛋白尿、异常尿沉

笔记栏

渣、坏死性肾小球肾炎、急性肾衰竭等。疾病的急性阶段可有少尿和尿闭,也可于数月或数年后发生。由于输尿管周围血管炎和继发性纤维化可出现单侧或双侧输尿管狭窄。

7. 心血管系统 累及大动脉相应部位出现血管杂音、动脉搏动减弱或无脉症、假性动脉瘤、上、下肢间歇性运动障碍等。冠状动脉病变可导致心肌梗死、心力衰竭、心肌炎和心包炎等,常无明显心绞痛症状和心电图典型表现。严重者也可表现为充血性心力衰竭、大量心包积液和心包填塞。

8. 消化系统 根据血管炎发生的部位和严重程度不同而出现不同的症状。若发生较大的肠系膜上动脉的急性损害可导致血管梗塞、肠梗阻、肠套叠、肠壁血肿,严重者致肠穿孔或全腹膜炎;中、小动脉受累可出现胃肠道的炎症、溃疡、出血;发生在胆管、胰腺、肝脏损害则出现胆囊、胰腺、肝脏的炎症和坏死,表现为腹部绞痛、恶心、呕吐、脂肪泻、肠道出血、腹膜炎、休克等。

9. 其他 可累及生殖系统如睾丸、附睾、卵巢等,以疼痛为主要特征。可有精神症状表现如抑郁或意识模糊,出现甲状腺功能异常等。眼受累表现为眼球突出、视神经及眼肌损伤、结膜炎、角膜溃疡、表层巩膜炎、虹膜炎、视网膜血管炎、视力障碍等。

需要说明的是系统性血管炎无特异性的临床表现,上述表现也可见于感染、肿瘤等疾病,但用常见疾病无法解释的情况下,尤其是多个系统受累,反应急性期炎症反应的指标(血沉、C反应蛋白等)异常时,应高度怀疑血管炎的存在,进一步做相应的检查以确诊。

病案归纳一

该患者青年女性,既往体健,病史2个月余,临床表现为颈部疼痛,开始无发热,近1个月加重,并出现发热,体温波动于38℃左右,偶有头晕、胸闷,抗生素治疗效果不佳。查体:T 37.1℃,P 88次/min、R 22次/min,BP 110/50mmHg,心尖区可闻及2/6级收缩期杂音,右锁骨上区可闻及血管杂音,余未见明显异常。

【实验室和其他辅助检查】

1. 一般检查 血常规可见轻度贫血、白细胞增多、血小板增多。反映急性炎症的指标血沉(ESR)和C反应蛋白(CRP)升高。肾脏损害者常有显微镜下血尿,蛋白尿和肾功能异常。类风湿因子(RF)可呈阳性,但滴度一般较低。部分患者循环免疫复合物阳性,补体水平下降,血清白蛋白降低,冷球蛋白阳性,约1/3结节性多动脉炎患者乙肝表面抗原(HBsAg)阳性,可有肝功能异常。

2. 抗中性粒细胞胞浆抗体(ANCA)及抗PR3、抗MPO抗体的测定 ANCA分为p-ANCA(细胞核周围染色的ANCA)及C-ANCA(细胞浆染色的ANCA)两种。结合临床表现,IIF法的血清ANCA阳性有助于血管炎的诊断。在ANCA阳性中,主要是p-ANCA阳性,C-ANCA阳性多见于韦格纳肉芽肿的急性期和复发活动期,进一步检测显示65%~70%呈抗PR3抗体阳性。ANCA特异性较差,阳性者进一步测定抗PR3、抗MPO抗体有利于小血管炎的诊断和鉴别诊断。韦格纳肉芽肿、显微镜下多血管炎、变应性肉芽肿性血管炎被统称为ANCA相关性血管炎。

3. 影像学检查 ①彩色多普勒:中等血管受累,可探及受累血管的狭窄、闭塞或动脉瘤形成,小血管受累者探测困难。②计算机体层扫描(CT)和磁共振显像(MRI):较大血管受累者可查及血管呈灶性、节段性分布,受累血管壁水肿等,鼻窦和肺脏的CT扫描有助于发现韦格纳肉芽肿相应的鼻窦炎、结节、固定浸润病灶或空洞病变。③静脉肾盂造影:可见肾梗死区有斑点状充盈不良影像。如有肾周出血,则显示肾脏边界不清和不规则块状影,腰大肌轮廓不清,肾盏变形和输尿管移位等。④选择性内脏血管造影:可见到受累血管呈节段性狭窄、闭塞,动脉瘤和出血征象,该项检查在肾功能严重受损者慎用。

4. 病理 受累组织的活检是血管炎得以确诊的金指标之一。血管炎的病理改变依侵犯的部位不同有所差别,常见的病理改变有:坏死性血管炎、炎症性肉芽肿形成、血栓形成或动脉瘤、血管壁中性粒细胞或淋巴细胞浸润、血管壁增厚及管腔狭窄、白细胞破碎及血管壁纤维素样坏死、血管壁IgA或免疫复合物沉积等。血管炎可呈阶段性或灶性分布。肾病理表现有局灶性、节段性或新月体性坏死性肾小球肾炎等。在病理标本中找到血管壁或周围炎症改变及特点对血管炎的鉴别诊断有极大帮助,但未见阳性发现的组织活检并不能排除血管炎的可能。

病案归纳二

实验室检查显示血常规:Hb 100g/L,PLT 569×10^9/L;CRP 85.1mg/L;IgM 3.72g/L,C3 1.9g/L;ESR 110mm/h;抗核抗体(+)1∶100。B超示:双侧颈动脉、无名动脉中内膜不规则增厚,内径不均匀扩张。

笔记栏

【诊断与鉴别诊断】

1. 诊断 如出现无法解释的下列情况应考虑血管炎的可能：多系统损害；进行性肾小球肾炎或血 Cr 及 BUN 升高；肺部多变阴影或固定阴影/空洞；多发性单神经炎或多神经炎；不明原因发热；缺血性或淤血性症状和体征；紫癜性皮疹或网状青斑；结节性坏死性皮疹；无脉或血压升高；ANCA 阳性；抗内皮细胞抗体阳性。

多系统受损的 SKLEN 临床表现：S 表示皮肤（skin）、K 表示肾脏（kidneys）、L 表示肺（lungs）、E 表示耳鼻喉（ears, nose and throat）、N 表示神经（nerve）。如有以上 3 个系统受累应考虑血管炎诊断。

具体分型的血管炎诊断标准分别见表 7-5-2~表 7-5-9。

表 7-5-2 结节性多动脉炎的分类标准*

标准	定义
1. 体重下降≥4kg	发病以后体重下降≥4kg，除外节食等其他因素
2. 网状青斑	分布于四肢皮肤或躯干的网状斑纹
3. 睾丸痛或压痛	睾丸疼痛或压痛，除外感染、外伤或其他原因
4. 肌痛、肌无力或下肢压痛	弥漫性肌痛（肩带和髋带肌除外）或肌无力或下肢肌压痛
5. 单神经病变或多神经病变	出现单神经病变，多发性单神经病变，或多神经病变
6. 舒张压>90mmHg	出现高血压，舒张压超过 90mmHg
7. 血尿素氮或肌酐升高	BUN>14.28mmol/L 或 Cr>132.6μmol/L，除外脱水或梗阻因素
8. 乙肝病毒	血清中存在乙肝病毒表面抗原或抗体
9. 动脉造影异常	动脉造影显示内脏动脉出现动脉瘤或管腔闭塞，除外动脉硬化、纤维肌发育不良或其他非炎症性因素
10. 中、小动脉活检	组织学改变显示动脉壁存在粒细胞，包括多形核中性粒细胞和单核白细胞

*：用于分类诊断时，患者至少符合上述 10 条标准中的三条。

表 7-5-3 过敏性紫癜的分类标准*

标准	定义
1. 可触及的紫癜	稍突出皮面的、可触及的出血性皮损，与血小板减少无关
2. 发病年龄≤20 岁	首次发病时年龄在 20 岁或以下
3. 腹痛	弥漫性腹痛，餐后加重；或诊断为肠缺血，常见血便
4. 活检示血管壁有粒细胞	组织学改变示小动脉或小静脉壁有粒细胞浸润

*：用于分类诊断时，患者至少符合上述四条标准中的两条。

表 7-5-4 Churg-Strauss 综合征的分类标准*

标准	定义
1. 哮喘	喘鸣或呼气相弥漫的高调啰音病史
2. 血嗜酸粒细胞增多	血白细胞分类计数中嗜酸粒细胞>10%
3. 单神经病变或多神经病	由于系统性血管炎而发生的单神经病、多发性单神经病，或多神经病变（如手套/袜套样分布）
4. 游走性肺浸润	影像学表现为由系统性血管炎引起的游走性或一过性肺浸润（不包括固定性浸润）
5. 鼻窦病变	急或慢性鼻窦疼痛、压痛史或影像学示副鼻窦混浊
6. 血管外嗜酸粒细胞浸润	动脉、小动脉或小静脉的活检示血管外嗜酸粒细胞浸润

*：分类诊断时，符合上述六条标准中至少四条者可诊断为 Churg-Strauss 综合征。

表 7-5-5 Wegener 肉芽肿的分类标准*

标准	定义
1. 鼻或口腔炎症	痛或无痛性口腔溃疡、脓性或血性鼻分泌物
2. 胸部影像学异常	胸片显示结节影、固定性浸润灶或空洞形成
3. 尿沉渣异常	尿沉渣检查示镜下血尿（>5 个红细胞/HP）或见红细胞管型
4. 活检示炎性肉芽肿	动脉壁、血管周围或血管外（动脉或细动脉）有炎性肉芽肿

*：分类诊断时，符合上述四条标准中至少两条可诊断为 Wegener 肉芽肿。

笔记栏

表 7-5-6　巨细胞动脉炎的分类标准*

标　准	定　义
1. 发病年龄≥50 岁	发病时年龄≥50 岁
2. 新近出现的头痛	新近出现的或出现新类型的头部固定性疼痛
3. 颞动脉病变	颞动脉压痛或触痛、搏动减弱，除外颈动脉硬化所致
4. 血沉增快	魏氏法测定红细胞沉降率≥50mm/h
5. 动脉活检异常	动脉活检示血管炎，其特点是以单核细胞为主的炎性浸润或炎性肉芽肿，常有多核巨细胞

*：在分类诊断时，符合上述五条标准中的至少三条可诊断为巨细胞（颞）动脉炎。

表 7-5-7　大动脉炎的分类标准*

标　准	定　义
1. 发病年龄≤40 岁	出现大动脉炎相关症状时年龄≤40 岁
2. 四肢的间歇性运动障碍	某个或多个肢体在活动时出现乏力、不适或上述症状加重，尤以上肢明显
3. 肱动脉搏动减弱	单侧或双侧的肱动脉搏动减弱
4. 压差>10mmHg	双臂的收缩压压差>10mmHg
5. 锁骨下动脉或主动脉杂音	听诊时单侧或双侧锁骨下动脉或腹主动脉上可听到血管杂音
6. 动脉造影异常	整条主动脉、其主要分支或上下肢近端的大动脉狭窄或闭塞，除外动脉硬化、纤维肌发育不良或类似原因所致；病变通常为局灶性或节段性

*：在分类诊断时，符合上述六条标准中的至少三条可诊断为大动脉炎。

表 7-5-8　超敏性血管炎的分类标准*

标　准	定　义
1. 发病年龄>16 岁	16 岁以后发病
2. 发病时服药史	发病前有服药史，可能是诱发因素
3. 可触及的紫癜	皮肤出现一处或多处稍隆起的紫癜；压之不褪色，与血小板减少无关
4. 斑丘疹	皮肤出现一处或多处扁平、微隆起、面积大小不等的皮损
5. 微动脉及微静脉活检异常	组织病理活检示血管周围或血管外区域有中性粒细胞浸润

*：在分类诊断时，符合上述五条标准中的至少三条可诊断为超敏性血管炎。

表 7-5-9　川崎病的诊断指南*

持续发热超过 5 天加上以下标准中的四条
1. 多形性皮疹
2. 双侧眼结膜充血
3. 以下黏膜改变中的一或多种：①口腔及咽部黏膜弥漫性充血；②口唇红斑及开裂；③杨梅舌。
4. 急性非化脓性颈部淋巴结肿大（必须有一个淋巴结>1.5cm）
5. 以下肢体改变中的一种或多种：①手掌和（或）脚底红斑；②手和（或）脚硬肿；③指趾端膜状脱皮。

*：必须除外其他有类似临床表现的疾病。

2. 鉴别诊断　本病临床表现复杂，变化多样，需与各种感染性疾病、肾炎、多发性神经炎、肿瘤及结缔组织病继发的血管炎相鉴别。还需注意进行不同分型血管炎的鉴别诊断。

（1）大动脉炎主要与先天性主动脉狭窄、动脉粥样硬化、血栓闭塞性脉管炎、白塞病等疾病鉴别。

（2）巨细胞动脉炎应注意与风湿性多肌痛（PMR）和中枢神经孤立性血管炎进行鉴别。

（3）结节性多动脉炎主要需与感染性心内膜炎、原发性腹膜炎、胆囊炎、胰腺炎、内脏穿孔、消化性溃疡、出血、肾小球肾炎、冠状动脉粥样硬化性心脏病、多发性神经炎、恶性肿瘤及结缔组织病继发的血管炎相鉴别。

（4）韦格纳肉芽肿主要与淋巴瘤样肉芽肿病、肺出血-肾炎综合征、复发性多软骨炎、肺癌和肺结核相鉴别。

笔记栏

案例诊断要点

1. 青年女性,既往体健。

2. 病史2个月余,主要临床表现为颈部疼痛伴发热,偶有头晕、胸闷,抗生素治疗效果不佳。

3. 查体:心尖区可闻及2/6级收缩期杂音。肺、腹未见明显异常。右锁骨上区可闻及血管杂音。

4. 化验血常规:Hb 100g/L,PLT 569×10^9/L; CRP 85.1mg/L; IgM 3.72g/L, C3 1.9g/L;ESR 110mm/h;抗核抗体(+)。

5. B超示:双侧颈动脉、无名动脉中内膜不规则增厚,内径不均匀扩张。

临床诊断:大动脉炎。

【治疗】 应根据病情轻重,疾病的阶段性,个体差异及有无合并症而决定治疗方案。目前该病治疗的主要用药是糖皮质激素联合免疫抑制剂。治疗前应寻找包括某些药物在内的致病原因,并避免与之接触。

1. 一般疗法 包括适当休息、营养均衡、物理治疗等。急性期、发热以及内脏受累严重患者应卧床休息。

2. 糖皮质激素 是治疗本病的首选药物,及时用药可以有效地改善症状,缓解病情。一般口服泼尼松1.0~1.5mg/(kg·d),3~4周后逐渐减量至原始剂量的半量(减量方法依患者病情而异,可每10~15天减总量的5%~10%)伴随剂量递减,减量速度越加缓慢,至每日或隔日口服5~10mg时,长期维持一段时间(一般不短于1年)。病情严重如肾损害较重者,可用甲基泼尼松龙1.0g/d静脉滴注3~5天,以后用泼尼松口服,应用糖皮质激素期间要注意糖皮质激素引起的不良反应。

3. 免疫抑制剂 通常首选环磷酰胺(CYC)与糖皮质激素联合治疗。CYC剂量为2~3mg/(kg·d)口服,也可用隔日200mg静注或按0.5g~1.0g/m^2体表面积静脉冲击治疗,每3~4周一次,连用6~8个月,根据病情。以后每2~3个月一次至病情稳定1~2年后停药。用药期间注意药物副作用,定期检查血、尿常规和肝、肾功能。

除环磷酰胺外也可应用硫唑嘌呤、甲氨蝶呤、苯丁酸氮芥、环孢素、霉酚酸酯、来氟米特等,应用中均应注意各类药物的不良反应。

4. 感染患者用药 存在明确感染如与乙型肝炎病毒复制有关联的结节性多动脉炎患者,可以应用小剂量糖皮质激素,尽量不用环磷酰胺,必要时可试用霉酚酸酯,每日1.5g,分两次口服,应强调加用抗生素类药物。

5. 血管扩张剂、抗凝剂 如出现血管闭塞性病变,加用阿司匹林50~100mg/d;双嘧达莫(潘生丁)25~50mg日3次;低分子肝素、丹参等。对高血压患者应积极控制血压。

6. 免疫球蛋白 静脉用丙种球蛋白(IVIG)与补体和细胞因子网络相互作用,提供抗独特型(anti-idiotypic)抗体作用于T、B细胞。大剂量丙球还具有广谱抗病毒、细菌及中和循环性抗体的作用。一般与激素及其他免疫抑制剂合用。重症血管炎患者可用大剂量免疫球蛋白冲击治疗,常用200~400mg/(kg·d)静脉滴注,连续3~5天。必要时每3~4周重复治疗1次。

7. 血浆置换 血浆置换能于短期内清除血液中大量免疫复合物,对重症患者有一定疗效,需注意并发症如感染、凝血障碍和水及电解质紊乱的情况。应同时使用糖皮质激素和免疫抑制剂。

8. 其他 应用生物制剂如TNF-α拮抗剂;对于声门下狭窄、支气管狭窄等患者可以考虑外科治疗;通过血管成形术、人工血管重建术、内膜血栓摘除术等手术恢复大动脉血流;出现肾衰则需要透析等。

处方及医师指导

1. 一般治疗:患者应注意劳逸结合,加强营养。

2. 药物治疗:泼尼松50mg,每日1次,早晨口服;灯盏花素50mg,每日1次,静滴;环磷酰胺0.2,隔日1次,静滴;美洛昔康7.5mg,每日1次,口服;富马酸亚铁0.1g,每日3次,口服;肠溶阿司匹林100mg,每日1次,口服;维D钙0.3g,每日2次,口服;阿仑膦酸钠70mg,每周1次,早餐前30分钟;维生素C 0.2g,每日3次,口服;叶酸5mg,每日2次,口服。

3. 定期监测血常规、肝肾功能,注意预防感染,根据病情变化调整治疗方案。

【预后】 血管炎的预后不一,预后与患者年龄、受损血管、就诊时的脏器受累情况等密切相关。早期诊断、早期治疗、力争在肾功能损害之前给予积极治疗,可明显改善预后。

笔记栏

第6章 干燥综合征

案例

患者,王某,女性,51岁。工人,口、眼及皮肤干燥1年,加重1个月

近1年来自觉皮肤日渐干燥,暑热天气亦极少出汗,秋天则干燥尤甚,口腔唾液明显减少,说话稍多则口腔干黏,眼泪也逐渐减少,近1个月口腔干燥加重,口唇燥裂,眼泪鼻涕皆无,白带极少,阴道干涩;大便干结3~5日一次,小便减少;两腮反复肿大。否认肝炎及结核病病史,无药物过敏史。患者50岁闭经。

体格检查:T 36.5℃,P 82次/min,R 19次/min,BP 110/75mmHg,神志清楚,面色苍白,皮肤干燥、粗糙,全身浅表淋巴结未触及,叩诊心界正常,双肺呼吸音清,未闻及干湿性啰音,腹平软,压痛(-)、反跳痛(-),肝脾未及,病理反射未引出。

实验室检查:Hb 80g/L,抗SS-A抗体(+),抗dsDNA抗体(+),ESR 40mm/h,RF(+),Schirmer试验阳性,Coombs试验阴性。

思考题

1. 结合所学知识,你认为该病例最可能的诊断是什么?
2. 口、眼、皮肤干燥可见于哪些疾病?
3. 如何早期诊断该病?

干燥综合征(sjögren's syndrome,SS)是一种主要累及外分泌腺体的慢性炎症性自身免疫病,临床常侵犯唾液腺和泪腺,表现为口、眼干燥,属弥漫性结缔组织病(CTD)。本病在1888年由Hadden首先报告,1933年瑞典眼科医生sjögren首先系统描述,故又称sjögren综合征。本病分为原发性和继发性两类,前者指单纯的SS,不伴有其他结缔组织病,后者指伴有其他结缔组织病,如类风湿性关节炎、SLE等。本章主要讨论原发性干燥综合征(primary sjögren's syndrome,pSS)。原发性干燥综合征在美国现已被认为是仅次于类风湿性关节炎的第二位常见的自身免疫病,国内报道我国人群的患病率为0.3%~0.7%,在老年人群中患病率为3%~4%,可见是一种较常见的自身免疫病。

【病因和发病机制】 SS的病因至今不明,可能是一种多因素病因的自身免疫病。如感染因素、遗传因素、内分泌因素都可能与本病有关。流行病学调查证明有家族史的发病率明显高于正常人群的发病率,在基因检测调查中发现国内原发性患者多为具有HLA-DR3基因遗传素质,而继发性患者则与HLA—DR4密切相关。

免疫功能紊乱是本病发生、发展的主要基础。唾液腺组织的管道上皮细胞可能起了抗原递呈细胞的作用,将自身(外来)抗原和MHC分子复合物递呈,经T细胞受体识别,促使T、B细胞活化增殖,后者分化为浆细胞,产生大量免疫球蛋白和自身抗体。抗原递呈细胞和活化T细胞产生大量致炎细胞因子引起免疫性炎症反应。

【病理】 本病主要累及柱状上皮细胞构成的外分泌腺体。以唾液腺和泪腺的病变为最常见,病理特点为腺体间质有大量淋巴细胞侵润、腺体导管管腔扩张和狭窄等,小唾液腺的上皮细胞则有破坏和萎缩,功能受损。类似病变亦可涉及其他系统的外分泌腺,如皮肤、呼吸道黏膜、胃肠道黏膜、阴道黏膜以及内脏器官具外分泌腺体结构的组织,包括肾小管、胆小管、胰腺管等。同时,血管受损也是本病的一个基本病变,包括小血管壁或血管周炎症细胞浸润、管腔栓塞、局部组织供血不足等。上述两种病变是造成本病特异性临床表现的病理基础。

【临床表现】 本病女性多见,男女比为1:9~20,发病年龄多在40~50岁,起病多呈隐袭和慢性进行性,涉及全身各系统,故临床表现多变、症状轻重不一。

1. 局部表现

(1) 口腔:因唾液腺病变而引起唾液黏稠感,较重时唾液少、觉口干。"饼干"试验阳性,即指吃饼干时如不同时喝水,便觉咀嚼和咽下困难。由于缺乏唾液的冲洗、牙龈炎和龋齿的发生率显著增高,重者可见"猖獗龋",表现为牙齿逐渐变黑,继而小片脱落,最终只留残根,是本病的特征表现之一。约半数患者反复发生单侧或双侧唾液腺肿大。舌面干、裂,舌乳头萎缩而光滑,口腔亦可出现溃疡或继发性感染。

(2) 眼:因泪腺分泌的泪液、黏蛋白减少而出现眼干、痒痛、灼热或异物感,导致视物模糊、畏光、眼红、结膜充血、干燥性角结膜炎,且易并发细菌和真菌感染。

笔记栏

2. 系统表现 除口、眼干燥表现外患者还可出现全身症状,如乏力、低热等。约2/3患者出现外分泌腺体的系统损害。

(1) 皮肤黏膜:约50%的患者有皮肤干燥,女性患者常有阴部和阴道黏膜、肛门及直肠黏膜的干燥和萎缩导致局部瘙痒性炎症和功能障碍。由于炎性血管病变可导致皮肤出现:环状红斑、结节红斑、紫癜、光敏性皮炎、雷诺现象、皮肤溃疡和荨麻疹等。

(2) 关节、肌肉:原发性患者中80%有轻度关节症状并伴滑膜炎,表现为关节痛和非畸形性关节炎,若有对称性炎症性多关节炎伴畸形和X片的骨改变提示为伴类风湿关节炎的继发性SS,部分患者可有肌痛、肌无力,活检为伴有淋巴细胞浸润的间质性肌炎改变。

(3) 泌尿系统:约有30%~50%的患者有肾损害,常累及远端肾小管,表现为Ⅰ型肾小管性酸中毒。继因肾小管排钾过多而引起血钾降低,严重者引起周期性低钾性麻痹。当肾小管排出钙离子增多时,钙沉积于肾组织可出现肾钙化。肾活检示肾间质有大量淋巴细胞浸润、肾小管萎缩以致纤维化,当伴有SLE或冷球蛋白血症时可发生肾小球肾炎。

(4) 呼吸系统:呼吸道黏膜受累引起鼻腔干燥、鼻出血、鼻中隔炎和萎缩性鼻炎;咽喉干燥、声音嘶哑、干咳、痰液黏稠,可并发支气管炎、气管炎。20%~30%的患者出现肺部异常,X线示肺间质纤维化或肺部浸润影,偶见胸膜炎和肺血管炎。

(5) 消化系统:消化道黏膜受累导致吞咽困难、食管功能障碍、胃食管反流、胃酸分泌减少和萎缩性胃炎。胰腺外分泌受累导致胰液分泌减少及肠道吸收障碍。约20%的患者出现肝脾肿大,并可有氨基转移酶升高、黄疸、胆汁性肝硬化。

(6) 神经系统:可累及中枢神经和周围神经,由于神经组织的炎症性血管病变常导致缺血或出血改变表现多样,可为局灶性或弥漫性损害,包括:认知障碍、偏盲、失语、偏头痛、抽搐、偏瘫、共济失调、进行性痴呆。

(7) 内分泌系统:甲状腺可呈轻度或中度弥漫性肿大或可出现结节,活检示有不同程度的淋巴细胞侵润,类似于桥本甲状腺炎可导致甲状腺功能低下。

(8) 血液及淋巴系统:本病可出现贫血、白细胞减少或(和)血小板减少,血小板低下严重者可有出血现象。患者可有局部或全身淋巴结肿大,一般质地正常,可反复发作,呈良性淋巴病变。若淋巴结中度以上肿大,质地变硬,尤其是非对称性肿大,可为假性淋巴瘤或恶性淋巴瘤。

案例归纳一

该患者以口、眼及皮肤干燥为主要表现,且呈慢性、进行性加重病程,同时伴有鼻涕、白带减少,阴道干涩;大便干结,小便减少等其他外分泌腺的功能障碍;口唇燥裂,两腮反复肿大,轻度压痛。

体格检查:T 36.5℃,P 82次/min,R 19次/min,BP 110/75mmHg,神志清楚,面色苍白,舌面干裂,眼结膜充血,皮肤干燥、粗糙,全身浅表淋巴结未触及,叩诊心界正常,双肺呼吸音清,未闻及干湿性啰音,腹平软,压痛(-)、反跳痛(-),肝脾未及,病理反射未引出。

【实验室及其他检查】

1. 血液检查 约25%的患者有轻度贫血,多为正细胞正色素性贫血,部分患者白细胞减少、嗜酸粒细胞增加,血小板减少。大部分患者血沉增快,患者常有多种自身抗体,75%以上的病人类风湿因子阳性;50%~80%的患者ANA阳性;80%的患者抗SS-A抗体阳性,50%的患者抗SS-B抗体阳性。抗dsDNA抗体偶见。其他免疫异常包括:高滴度的IgG和IgM,多克隆性高γ球蛋白血症。约30%的病人抗甲状腺球蛋白抗体、抗胃壁细胞抗体阳性。约10%的病人抗人球蛋白试验(Coombs试验)阳性。当有淋巴细胞良性增生转变为恶性淋巴瘤时,高球蛋白血症则转为正常或减低,多克隆性则转为单克隆,自身抗体的滴度下降或转阴。

2. 泪腺检查

(1) Schirmer试验:即用滤纸测定流泪量,以5mm×35mm滤纸在5mm处折弯呈直角,放入结膜囊内观察泪液湿润滤纸长度,≤5mm/5min为阳性。

(2) 泪膜破碎时间(BU4试验):<10秒为不正常。

(3) 角膜染色指数:用2%荧光素作角膜活体染色,可使无泪膜形成的角膜区着色,在裂隙灯下检查染色斑点的强度及形态,若≤4为阳性。

3. 唾液功能检查

(1) 唾液流率测定:用中空导管相连的小吸盘以负压吸附于单侧腮腺导管开口处,收集唾液分泌量,正常>0.5ml/min。若<1.5ml/15min为阳性。

(2) 腮腺造影:观察碘油的分布和停留时间,明确腮腺及其导管的形态。

笔 记 栏

(3) 唾液腺放射性核素扫描：观察^{99m}Tc化合物的摄取、浓缩和排泄功能

(4) 下唇黏膜活检：明确淋巴细胞侵润的数量和组织破坏的程度，并对腺泡组织中聚集的淋巴细胞进行计分，以不少于50个细胞聚集在一起称为一个病灶，计数$4mm^2$组织中的病灶数，若≥1为阳性。是诊断本病的一种敏感而特异的方法。

案例归纳二

实验室检查：Hb 80g/L，抗SS-A抗体(+)，抗dsDNA抗体(+)，ESR 40mm/h，RF(+)，Schirmer试验阳性，Coombs试验阴性。

【诊断与鉴别诊断】

1. 诊断 本病易被误诊和漏诊，主要是口干和眼干症状不被重视，且少数患者并无自觉的口干、眼干症状。原发性SS目前较多采用2002年制定的干燥综合征的国际分类(诊断)标准。

(1) 干燥综合征分类标准的项目

1) 口腔症状：3项中有1项或1项以上。①每日感口干3个月以上；②成年后腮腺反复或持续肿大；③吞咽干性食物时需用水帮助。

2) 眼部症状：3项中有1项或1项以上。①每日感到不能忍受的眼干持续3个月以上；②有反复的沙子进眼或沙磨感觉；③每日需用人工眼液3次或3次以上。

3) 眼部体征：下述检查任1项或1项以上阳性。①Schirmer试验阳性(≤5mm/5min)；②角膜染色阳性。

4) 组织学检查：下唇腺病理示淋巴细胞灶≥1(指$4mm^2$组织内至少有50个淋巴细胞聚集于唇腺间质者为一灶)。

5) 唾液腺受损：下述检查任1项或1项以上阳性。①唾液流率阳性(≤1.5ml/15min)；②腮腺造影阳性；③唾液腺放射性核素检查阳性。

6) 自身抗体：抗SSA或抗SSB抗体阳性(双扩散法)。

(2) 干燥综合征诊断的具体分类

1) 原发性干燥综合征：无任何潜在疾病的情况下，有下述A或B。

A. 符合干燥综合征分类标准项目中4条或4条以上，但必须含有4)(组织学检查)和(或)条目6)(自身抗体)。

B. 条目3)、4)、5)、6)4条中任3条阳性。

2) 继发性干燥综合征：患者有潜在的疾病(如任一结缔组织病)，而符合干燥综合征分类标准项目中的1)和2)中的任1条，同时符合条目3)、4)、5)中任2条。

3) 必须除外：颈头面部放疗史，丙型肝炎病毒感染，AIDS，淋巴瘤，结节病，移植物抗宿主病，抗胆碱药的应用(如阿托品、山莨菪碱、溴丙胺太林、颠茄等)。

2. 鉴别诊断 本病容易被误诊为类风湿关节炎、系统性红斑狼疮，现将其与类风湿性关节炎、系统性红斑狼疮等鉴别要点归纳如下：

(1) 统性红斑狼疮：本病多出现在中老年妇女，发热，尤其是高热者不多见，无蝶形红斑，口、眼干燥明显，肾小管性酸中毒为其常见而主要的肾损害，高球蛋白血症明显，低补体血症少见，预后良好。

(2) 风湿关节炎：本病的关节炎症和骨害的进展远不如类风湿关节炎明显和严重，极少引起关节畸形和功能低下。类风湿关节炎患者很少出现抗SSA和抗SSB抗体。

(3) 非自身免疫病的口干：如老年性、糖尿病性者亦可出现口干，通过血清自身抗体和球蛋白检测即可鉴别。

案例诊断要点

1. 老年女性。

2. 病史特点：以口、眼及皮肤干燥为主要表现，且呈慢性、进行性加重病程，同时伴有鼻涕、白带减少，阴道干涩；大便干结，小便减少等其他外分泌腺的功能障碍；口唇燥裂，两腮反复肿大，轻度压痛。无疫病接触史及肝炎病史。

3. 体格检查：T 36.5℃，P 82次/min R 19次/min BP 110/75mmHg，神志清楚，面色苍白，舌面干裂，眼结膜充血，皮肤干燥、粗糙，全身浅表淋巴结未触及，叩诊心界正常，双肺呼吸音清，未闻及干湿性啰音，腹平软，压痛(-)、反跳痛(-)，肝脾未及，病理反射未引出。

4. 实验室及其他检查：Hb 80g/L，抗SS-A抗体(+)，抗dsDNA抗体(+)，ESR 40mm/h，RF (+)，Schirmer试验阳性，Coombs试验阴性。

临床诊断：原发性干燥综合征。

【治疗】 本病目前尚无根治方法，主要是替代和对症治疗。治疗目的是预防因长期口、眼干燥引起局部损伤，密切随诊观察病情变化防治本病的系统损害。

减轻口干较为困难，应停止吸烟、饮酒及避免服用引起口干的药物如阿托品等，保持口腔清洁，勤漱口，减少龋齿和口腔继发感染。干燥性

笔记栏

角结膜炎可给以人工泪液滴眼以减轻角膜损伤。眼膏也可用于保护角膜。非甾体抗炎药对肌肉、关节疼痛有一定疗效。

纠正低钾血症急性发作以静脉补钾(氯化钾)为主,平稳后改口服钾盐,有的患者需终身服用,以防低血钾再次发生。多数患者低血钾纠正后可较正常的生活和工作。

对合并有神经系统损害、肾小球肾炎、间质性肺炎、肝损害、血细胞低下(尤其是血小板低者)、肌炎等则要给予糖皮质激素。对于病情进展迅速者可合用免疫抑制剂如环磷酰胺、硫唑嘌呤等。出现有恶性淋巴瘤者宜积极、及时地进行淋巴瘤的联合化疗。

【预后和预防】 本病预后较好,有内脏损害者经恰当治疗后大多可以控制。如治疗不及时,病情可恶化甚至危及生命,内脏损害中出现进行性肺纤维化、中枢神经病变、肾小球受损伴肾功能不全、恶性淋巴瘤者预后较差;其余有系统损害者,经恰当治疗大部分都能使病情缓解,甚至康复到可日常生活和工作。

可以通过加强宣传,规律生活,避免感染,戒烟戒酒,注意个人卫生等预防本病。

处方及医师指导

1. 一般治疗:戒烟戒酒,避免服用抗胆碱能作用的药物。

2. 药物治疗

(1) 必嗽平 16mg,每日 3 次。

(2) 1%甲基纤维素眼液及蜂地麻眼液配合 0.25%氯霉素眼液。

(3) 氯喹,剂量 0.25g,每日 1 次。

(4) 中医中药:临床多用养血生津、润燥解毒药方。

笔记栏

第八篇
神经系统疾病与神经症

第1章 总论

一、内分泌系统疾病

为适应不断变化的外界环境，保持机体内环境的相对恒定，人体必须依赖神经系统、内分泌系统和免疫系统的共同调节，完成代谢、生长、发育、生殖、思维、运动等功能，抵御各种内外不良因素与病理变化的侵袭，维持人体的身心健康。内分泌系统是神经系统以外的另一重要功能调节系统，由内分泌腺和分布于全身各组织中的激素分泌细胞以及它们所分泌的激素组成。内分泌系统辅助神经系统将体液性信息物质传递到全身各细胞组织，包括远处的和相近的靶细胞，发挥其对细胞的生物作用。内分泌功能的亢进或降低均可引起机体的功能紊乱。

1. 内分泌器官和组织结构

（1）下丘脑：下丘脑可以合成、释放促激素和抑制激素，这些激素主要对腺垂体起调节作用。除视神经上核及脑室旁核分泌抗利尿激素（antidiuretic hormone，ADH）及缩宫素储藏于神经垂体外，下丘脑分泌的促激素有：促甲状腺激素释放激素（thyrotropin releasing hormone，TRH）、促性腺激素释放激素（gonadotropin releasing hormone，GnRH）、促肾上腺皮质激素释放激素（corticotropin releasing hormone，CRH）、生长激素释放激素（growth hormone releasing hormone，GHRH）、催乳素释放因子（prolactin releasing factor，PRF）、促黑（素细胞）激素释放因子（melanophore stimulating hormone releasing factor，MSHRF，MRF）等。下丘脑释放的抑制激素有：生长激素释放抑制激素（growth hormone releasing inhibiting hormone，GHRIH），又称生长抑素（somatostatin，SS），催乳素释放抑制因子（prolactin releasing inhibiting factor，PIF），促黑（素细胞）激素释放抑制因子（melanophore stimulating hormone releasing inhibiting factor，MSHRIF，MIF）。

（2）垂体：分为腺垂体和神经垂体两部分。在下丘脑神经激素及其相应靶腺激素等调节支配下，腺垂体分泌下列激素：促甲状腺激素（thyrotropin，thyroid stimulating hormone，TSH）；促肾上腺皮质激素（adrenocorticotrophic hormone，ACTH）；黄体生成激素（1uteinizing hormone，LH）；卵泡刺激素（促卵泡素）（follicle stimulating hormone，FSH），LH 及 FSH 又称促性腺激素，对周围相应靶腺合成及释放激素起调节作用；生长激素（somatotropin，growth hormone，GH）促进物质代谢与生长发育；催乳素（prolactin，PRL）；促黑（素细胞）激素（melanophore stimulating hormone，MSH）。神经垂体中储藏的 ADH 促进肾远曲小管及集合管对水分的重吸收作用。

（3）甲状腺：合成与分泌甲状腺素（四碘甲腺原氨酸，thyroxine，T_4）及三碘甲状腺原氨酸（triiodothyronine，T_3），促进能量代谢、物质代谢和生长发育；甲状腺滤泡旁细胞（C 细胞）分泌降钙素（calcitonin，CT）抑制骨钙的再吸收，降低血钙水平。

（4）甲状旁腺：甲状旁腺含颗粒的主细胞等分泌甲状旁腺激素（parathyroid hormone，PTH）。PTH 的作用是：促进破骨细胞活动，增加骨钙的再吸收；促进肾小管对钙的再吸收，减少尿钙排出；与 CT 及 1，25-二羟维生素 D_3［1，25（OH）$_2$ D_3］共同调节体内钙磷代谢。

（5）胰岛：分泌胰高血糖素和胰岛素。胰高血糖素促进肝糖原分解和糖异生，促进脂肪、蛋白质分解使血糖升高，对胰岛素起拮抗作用。胰岛素的作用是：促进葡萄糖的利用及肝糖原合

笔记栏

成,抑制糖异生,促进三羧酸循环而使血糖下降;促进脂肪、蛋白质、DNA 和 RNA 等的合成,抑制脂肪、糖原及蛋白质分解,从而调节血糖以维持其稳定。

(6) 肾上腺:分肾上腺髓质和皮质两部分。肾上腺髓质分泌肾上腺素和去甲肾上腺素。肾上腺素作用于 α 和 β 受体,使皮肤、黏膜、肾血管收缩(因 α 受体占优势);骨骼肌动脉和冠状动脉扩张(因 β 受体占优势),改善心肌供血,提高心肌兴奋性;扩张支气管平滑肌;参与体内物质代谢。去甲肾上腺素主要作用于 α 受体,有强烈收缩血管的作用,使血压升高。肾上腺皮质分泌糖皮质激素(主要为皮质醇)、盐皮质激素(主要为醛固酮)和性激素(小量雄激素及微量雌激素)。皮质醇参与物质代谢,能抑制蛋白质合成,促进其分解,使脂肪重新分布,有抑制免疫功能、抗炎、抗过敏、抗病毒和抗休克作用。醛固酮促进肾远曲小管和集合管重吸收钠、水和排出钾。性激素具有促进蛋白质合成及骨骺愈合的作用。

(7) 性腺:女性性腺为卵巢,主要分泌孕激素和雌激素;男性性腺为睾丸,主要分泌雄激素。孕激素主要为孕酮,由黄体所分泌,作用于子宫内膜,使其在增生期基础上进入分泌期,准备受精卵着床及正常妊娠的进行,并促进乳腺生长发育,还有致热作用,使排卵后基础体温升高,在水钠代谢方面有抗醛固酮作用;雌激素的主要作用是刺激女性性器官发育和女性第二性征的出现,并维持其正常状态;雄激素的作用是刺激男性性器官发育和男性第二性征的出现,并维持其成熟状态,促进蛋白质的合成、骨骼生长、红细胞生成,以及促进曲细精管上皮生成精子等。

2. 兼有内分泌功能的其他系统

(1) 神经内分泌:神经内分泌的研究是内分泌领域中进展最快的分支,已形成神经内分泌学。神经系统广泛具有内分泌功能,众所周知的神经末梢分泌神经介质便是神经内分泌。下丘脑-垂体联系,是由神经-血管的结合,下丘脑和神经垂体的共生(symbiosis)及下丘脑-腺垂体控制共同组成一套解剖及功能的复合体(complex)。很早便已发现丘脑下部的视上核和室旁核的内分泌功能。继后又发现丘脑下部的若干细胞群能分泌多种神经激素,这些激素通过垂体门静脉系统进入垂体前叶,调节垂体前叶的分泌。脑(小脑除外)和脊髓还分泌神经降压素(neurotensin),其主要作用是增加血管通透性和降低血压。覆盖于脑室内壁和脉络丛表面的室管膜细胞也具有活跃的分泌功能,第三脑室某些部位的室管膜细胞在形态上不同于其他部位,总称为脑室周围器官(cirum yentIicular organs)包括联合下器官(subcommissuraloran)、穹隆下器官(subfornical organ)、室旁器官(parayentricular organ)、终板血管器官(organum yascu-losum of lamina terminalis)和极后区(areapostrema),这些部位的室管膜细胞有感觉神经元特点,又有分泌活动特点。室管膜的分泌物直接进入脑脊液中。

(2) 胃肠内分泌:肠胃的黏膜散在大量的内分泌细胞,这些细胞在胞核下部的胞浆内有许多分泌颗粒,因此,称为基底颗粒细胞(basal granulated cells),胃肠内分泌细胞的特点是大多数呈开放型(open type),细胞有一面与外环境接触。其他系统的内分泌细胞均为封闭型(closed type),即细胞完全位于内环境之中;胃肠内分泌细胞只有在胃体和胃底的细胞呈封闭型。开放型的基底颗粒细胞有一个伸向消化管腔的突起,突起的表面有微绒毛(nicroyilli),它是细胞的“受纳器”,直接接受消化管内的理化刺激,基底颗粒细胞分泌激素至组织间隙,并由此进入血液循环中。目前用电子显微镜和放射免疫方法已分辨出十多种,不同类型的基底颗粒细胞分泌不同的激素。

1) 肠嗜铬细胞(enterochromarffin cells,EC 细胞):EC 细胞数目最多,分布最广,自胃至直肠都有,但以小肠内最密集。EC 细胞分泌 5-羟色胺(serotonin,5-HT)、胃动素(motilin)及 P 物质(substance P)。5-HT 作用于局部胃肠道,使平滑肌收缩、肠液分泌;胃动素使胃蠕动;P 物质是神经介质的一种。

2) 类肠嗜铬细胞(EC-like cells,ECL 细胞):ECL 细胞位于胃体处的 EC 细胞近旁。形态上虽然和 EC 细胞很相似,但它分泌组胺(histamine)而不分泌 5-HT。

3) 促胃酸激素细胞(gastrin cells,G 细胞):G 细胞在胃幽门窦和幽门处最多,十二指肠和胃体也可见到,分泌促胃酸激素(gastrin,或称胃泌素),主要促使胃酸分泌,促胃酸激素瘤(gastrinoma,胃泌素瘤)病人的瘤细胞分泌大量促胃酸激素,促使胃酸大量分泌,引起严重消化性溃疡和腹泻,称为 Zollinger-Ellison 综合征。

4) 类胰 D 细胞(D-likecells,DL 细胞):DL 细胞在十二指肠最多,胃和空肠也可见到,它分泌生长激素释放抑制因子即生长抑素(somatostatin,SS),SS 对胃肠胰内分泌细胞的分泌活动有抑制作用。

5) 小类 D 细胞(D 细胞):D 细胞在十二指肠最多,胃也可见到,分泌舒血管肠肽(vasoactlve intestinal polypeptide,VIP),VIP 对血管于滑肌有显著的松弛作用,它还促进胰液和肠液分泌,但

笔 记 栏

抑制胃酸分泌。舒血管肠肽瘤(vipoma)病人由于大量VIP的分泌而引起水泻、低血钾和无胃酸综合征,也称胰霍乱。

6)肠高血糖素细胞(entemglucagoncells,EG细胞):EG细胞分布于整个肠管,分泌肠高血糖素(entemglueagon),促使糖原分解,血糖上升。

7)肠促胰液肽细胞(secretln cells,S细胞):S细胞分布于胃和十二指肠,分泌肠促胰液肽(secretin),促使胰液分泌,促进小肠分泌水和电解质,与促胃酸激素有拮抗作用,WDHA也可能与肠促胰液肽的大量分泌有关。

8)中间细胞(intermediate cells,I细胞):I细胞分布于十二指肠,分泌缩胆囊肽促胰酶素(cholecystokinin-pancreazymin,CCK-PZ),CCK-PZ使胆囊收缩,胆管口括约肌开放,排出胆汁,胰酶和胃液分泌,胃肠蠕动加强。

9)F细胞:散在于胃肠,数量少,回肠处较多见,F细胞分泌胰肽(Imncreatic-polypeptide,PP),促使胃液分泌和肝糖原分解。

10)K细胞:K细胞在十二指肠和空肠上部最多,分泌肠抑胃肽(gastric inhibitory-polypeptide,GIP),GIP具有显著的抑制胃液分泌和胃蠕动作用,但促进肠液分泌。

(3)肾脏内分泌:肾小球的入球小动脉和出球小动脉近端的管壁上有上皮细胞样的内分泌细胞群,称为近球小体(juxtaglomerular apparatus),近球小体细胞的胞浆内含有肾素(renin),也称血管紧张肽原酶;当血流量不足时,可引起近小球体细胞分泌肾素。肾素作用的结果是血压上升。肾脏也可能是产生红细胞生成素(erythropoietin)的主要器官,肾脏弥漫性损伤可出现贫血。

(4)胎盘内分泌:胎盘分泌多种激素,以补充垂体和卵巢的分泌活动,胎盘分泌的激素有绒毛膜促性腺激素(chorionic-gonadotropin)、雌激素(estrogen)、黄体酮(progesterone)、雄激素(androgen)、肾上腺皮质激素、松弛肽(relaxin)、催产素和抗利尿激素;继而又从胎盘分离出绒毛膜催乳素(choiionic-pro-lactin)和绒毛膜促甲状腺激素(chorionic-thyrotropin)。这些激素调节妊娠子宫的功能、胎儿的发育和乳腺的增长;其中绒毛膜促性腺激素在胚胎植入子宫后开始产生,并从尿中不断排出,临床用免疫方法检查尿中绒毛膜促性腺激素可作为早期妊娠和绒毛膜上皮癌的诊断依据。

(5)前列腺素(prostaglandin,PG):近年发现前列腺素不但由前列腺和精囊腺分泌,而且在脑、心、肺、肝、肾、胃、肠、胰、子宫和卵巢等许多器官也发现前列腺素,已发现的前列腺素有十多种,具有多种生理功能,目前认为它可能与环-磷酸腺苷类似,属于激素介质一类的物质。

3. 激素及激素的作用机制 激素(hormone)是内分泌细胞分泌的微量活性物质,由血液输送到远处组织器官并通过受体而发挥调节作用的化学信使。目前,已将激素的范围扩譬到具有局部调节作用的旁分泌和自分泌物质。分子结构清楚者称为激素,结构尚不明确者称为因子(factor)。激素根据化学结构分为四类:肽类激素和蛋白质激素、胺类激素、氨基酸类激素、类固醇类激素。

(1)激素分泌方式

1)内分泌(endocrine):内分泌腺体分泌的激素首先进入毛细血管,再经腺体静脉进入体循环。内分泌激素随血液分布于机体的各种组织器官中,在靶细胞与受体结合后发挥生理作用。

2)旁分泌(paracrine):胃肠激素、生长因子、免疫因子等一般不进入血液,仅(或主要)在局部发挥作用,这种激素分泌方式称为旁分泌。

3)自分泌(autocrine):自分泌激素反馈作用于自身细胞,这是细胞自我调节的重要方式之一。

4)胞内分泌(intracrine):在细胞浆合成的激素不出细胞,直接运送至细胞核而影响靶基因的表达。

5)神经分泌(neurocrine):神经激素(neurohormone)由神经细胞分泌,沿神经轴突运送至所支配的组织,调节靶细胞激素的合成和分泌。

(2)激素降解与转换:激素通过血液、淋巴液和细胞外液而转运到靶细胞部位发挥作用,并经肝肾和靶细胞代谢降解而灭活。肽类激素的半衰期短,类固醇类激素的半衰期随激素的类型和分子结构而异,但一般均较肽类激素长。激素在改变分子结构后,或在体内代谢后可缩短或延长半衰期。如T_4在外周组织中可转换为T_3,生物活性增加。

(3)激素的作用机制:激素要发挥作用,首先必须转变为具有活性的激素,如T_4转变为T_3,以便与其特异性受体结合。

1)主要与靶细胞表面受体结合的激素:作用于靶细胞表面,(细胞浆膜)受体的激素主要为肽类物质,一些类固醇类激素也存在膜受体。激素与受体结合后,受体的变构效应使钙通道开放,钙离子内流,细胞浆内Ca^{2+}浓度升高,激活蛋白激酶,并使蛋白磷酸化。其中的钙调节蛋白可改变蛋白的空间结构,增强酶的催化作用。

2)主要作用于核转录因子的激素:类固醇

笔记栏

类激素、甲状腺激素、$1,25(OH)_2D_3$等的生物作用是通过调节靶基因的转录来实现的。在激素-受体相互作用过程中，作为第二信使（效应体）的cAMP、cGMP、Ca^{2+}、IP_3、DAG和蛋白激酶C等使细胞浆内的活性蛋白磷酸化并引起细胞的一系列生物反应。受体合成或降解速率的改变引起膜受体数目的变化，调节激素的活性。

（4）激素与神经系统、免疫系统的相互联系：神经系统主要借助下丘脑与内分泌腺建立起神经-内分泌调节联系。下丘脑的活动由更高级神经中枢（大脑皮质）通过神经递质控制，外部环境刺激通过传入神经在神经中枢转换成化学信号，并由一些神经元进行分析整合，最后通过兴奋性或抑制性神经递质影响下丘脑的神经激素分泌。下丘脑的释放激素或释放抑制激素经垂体门脉系统进入腺垂体，促进或抑制垂体激素的分泌，并进一步影响靶腺的功能。另一方面，垂体激素也可通过血液、脑脊液或垂体门脉系统的逆向血流与扩散作用，反馈作用于下丘脑，甚至更高级的神经中枢。其他内分泌激素（如皮质醇、T_3、T_4、儿茶酚胺、雌二醇等）也对中枢神经系统功能有重要调节作用。

免疫系统的免疫应答、免疫调节和免疫监视等功能均与神经-内分泌系统有密切联系。一方面，神经-内分泌系统调控着免疫功能；另一方面，免疫应答的信息和免疫效应物（抗体、细胞因子等）又对神经-内分泌系统有明显影响。许多内分泌疾病的病因与自身免疫反应有关，一些激素对靶细胞的效应常需细胞因子的介导。

（5）激素间的相互调节：机体内的任何一种激素的合成和分泌都受另一种（些）激素的调控，除反馈环内的激素调节作用外，其他激素往往直接或间接影响其分泌。激素间的调节可分为两种形式：一种激素调节多种激素的分泌和多种激素调节一种激素的分泌。

4. 内分泌系统的疾病 各种病因引起内分泌腺的病变，根据其病变发生部位在下丘脑、垂体或周围靶腺，可分为原发性和继发性；以病理生理分类，可表现为功能亢进、功能减退或功能正常；内分泌腺或靶组织对激素的敏感性或应答反应降低也可导致疾病。非内分泌组织恶性肿瘤如异常地产生过多激素，或治疗过程应用激素和某些药物，也可导致内分泌疾病。

（1）功能减低的原因：①内分泌腺的破坏，可因自身免疫病（如1型糖尿病、桥本甲状腺炎、Addison病等）、肿瘤、出血、梗死、炎症、坏死、放射损伤、手术切除等引起；②内分泌腺激素合成缺陷，如生长激素、生长激素释放激素基因缺失或突变等；③内分泌腺以外的疾病，如肾实质破坏性疾病，不能将25-羟维生素D_3转变为具有活性的$1,25(OH)_2D_3$，导致红细胞生成素合成减少。

（2）功能亢进的原因：①内分泌腺肿瘤：如垂体各种肿瘤、甲状腺瘤、胰岛素瘤、嗜铬细胞瘤等；②多内分泌腺瘤1型、2A型、2B型；③异位内分泌综合征：由非内分泌组织肿瘤分泌过多激素或类激素所致；④激素代谢异常：如严重肝病病人血中雌激素水平增加，雄烯二酮在周围组织转变为雌二醇增多；⑤医源性内分泌紊乱：例如长期应用糖皮质激素引起Cushing综合征。

（3）激素敏感性缺陷：表现为对激素发生抵抗，主要有受体和（或）受体后缺陷，使激素不能发挥正常作用。临床上大多表现为功能减退或正常，但血中激素水平异常升高。

5. 内分泌疾病诊断原则 完整的内分泌疾病的诊断应包括功能诊断、病理诊断（定位及定性）和病因诊断。详细的病史和全面体格检查经常可以提供有重要意义的线索，提醒医生考虑诊断或需排除内分泌疾病。为尽可能地早期诊断，争取最好的预后，要注意以下几点：

（1）病史：详细了解病人患病的起始时间、有无诱因、发病的缓急、主要症状及其特点。评估病人有无进食或营养异常，有无排泄功能异常和体力减退，有无失眠、嗜睡、记忆力下降、注意力不集中，有无畏寒、手足搐搦、四肢感觉异常或麻痹等。如甲状腺功能亢进症病人可出现食欲亢进和体重减轻、怕热多汗、排便次数增多等。了解病人既往检查情况，是否遵从医嘱治疗，用药及治疗效果。目前使用药物的种类、剂量、用法、疗程。有无与内分泌与代谢性疾病相关的疾病，如冠心病、高血压等，是否已进行积极的治疗。了解病人的出生地及生活环境，如单纯性甲状腺肿常与居住地缺碘有关。评估婚姻状况及生育情况，了解病人是否有性功能异常等问题；日常生活是否规律，有无烟酒嗜好、特殊的饮食喜好或禁忌。询问病人家族中有无甲状腺疾病等内分泌疾病的发生。

（2）体格检查

1）一般状况：病人的精神、意识状态、生命体征、身高、体重、体型、营养状态等有无异常。①甲状腺功能亢进症病人常有烦躁、易激动、脉搏增快，而甲状腺功能减退的病人常有精神淡漠、脉搏减慢；②血压增高见于Cushing综合征，血压减低见于肾上腺功能减退；③巨人症体格可异常高大，侏儒症体格可异常矮小，Cushing综合征可出现向心性肥胖，呆小症病儿身高不能随年龄而正常长高，上半身与下半身的比例失调等。

笔记栏

2）皮肤黏膜：有无皮肤黏膜色素沉着、干燥、粗糙、潮热、多汗、水肿、感染、溃疡；有无毛发稀疏、脱落、多毛、痤疮等。如肾上腺皮质疾病病人可表现为皮肤、黏膜色素沉着，尤以摩擦处、掌纹、乳晕、瘢痕处明显；腺垂体功能减退症病人可出现皮肤干燥、粗糙、毛发脱落，重者出现黏液性水肿；Cushing 综合征病人可出现痤疮、多毛。

3）头颈部检查：有无头颅及面容改变、突眼、眼球运动障碍、视力或视野异常、甲状腺肿大等改变。肢端肥大症表现为头颅耳鼻增大、眉弓隆起；甲状腺功能亢进症可有突眼、眼球运动障碍、甲状腺肿大；垂体瘤可出现头痛伴视力减退或视野缺损等。

4）胸腹部检查：有无乳房溢乳、腹部皮肤紫纹。如垂体瘤病人常有闭经溢乳；Cushing 综合征病人可有腹部皮肤紫纹。

5）外生殖器检查：腺垂体疾病可导致外生殖器发育异常。

（3）实验室检查：主要用于内分泌腺的功能诊断和定位诊断。

1）血液和尿生化测定：某些激素与血清某些电解质和其他物质之间（如血清钠、钾与醛固酮和糖皮质激素；钙、磷、镁与甲状旁腺激素；血糖与胰岛素和胰高糖素等有相互调节作用，测定血清电解质可间接了解相关激素的分泌功能。

2）激素及其代谢产物测定：测定尿中的激素代谢产物可推断激素在血中的水平。如测定 24 小时尿 17 羟、17 酮皮质类固醇以判断皮质醇和肾上腺雄激素分泌量；测定 24 小时尿中的香草基杏仁酸（vanillyl mandelic acid，VMA）、甲氧肾上腺素和去甲肾上腺素总量可判断体内肾上腺素和去甲肾上腺素的生成量；测定尿碘排出量能了解体内是否缺碘。

同时测定垂体前叶促激素和其靶腺激素，对某些内分泌疾病的定位诊断有帮助。如血浆 ACTH 和皮质醇均升高则提示病变在垂体；如 ACTH 降低，皮质醇升高则病变在肾上腺皮质。同样，如血 TSH 和 T_3、T_4 均升高，则可能为垂体 TSH 瘤或不敏感综合征；如 TSH 明显降低，而 T_3、T_4 升高则为甲状腺病变所致的甲状腺功能亢进症。如血清 FSH 和 LH 均升高，提示病变在性腺；减低则提示病变在垂体或下丘脑。

A. 激素分泌动态试验：此类试验可进一步探讨内分泌功能状态及病变的性质。在临床上，当某一内分泌功能减退时，可选用兴奋试验，相反则选用抑制试验或阻滞试验来明确诊断。基础 TSH 升高，注射 TRH 后有过分反应，提示病变在甲状腺；基础 TSH 低，注射 TRH 后无升高反应，提示病变在垂体；如果注射 TRH 后有 TSH 升高反应，但高峰延迟，则病变在下丘脑。

B. 静脉插管分段采血测定激素水平：当临床症状提示有某种激素分泌增多，而以上定位检查又不能精确定位时可考虑用此方法鉴别。

（4）影像学检查

1）X 线检查、CT 和 MRI：对某些内分泌疾病有定位价值。

2）放射性核素检查：甲状腺能浓集碘，甲状腺摄 ^{131}I 率可用于评价甲状腺功能。

3）选择性动脉造影：对于病灶直径较小，不能用 CT 和 MRI 等方法做出定位时，可采用此方法。

4）声像学检查：可用于甲状腺、肾上腺、胰腺、性腺和甲状旁腺肿瘤的定位。

（5）病因检查：自身抗体检测，如血清 TSH 受体抗体、抗甲状腺球蛋白抗体及抗微粒体抗体测定，分别有助于 Graves 病和桥本甲状腺炎的病因分析。也可做 HLA 鉴定、白细胞染色体鉴定等检查。

6. 内分泌疾病治疗原则

（1）激素不足者应补充生理剂量的相应激素：在补充激素有困难或在补充激素的同时采取其他措施以维持体内环境的稳定，例如甲状旁腺功能不全时可以用补充钙剂和维生素 C 治疗。肾上腺皮质功能不全时可以用高钠饮食作为辅助治疗。

（2）激素过多应尽可能根治：不是每例均能做到。方法有：①手术切除导致功能亢进的肿瘤或增生。②药物治疗抑制激素的合成和释放，如硫脲类药物治疗甲状腺功能亢进症，溴隐停和溢乳停治疗泌乳素瘤和肢端肥大症，赛庚定治疗 Cushing 综合征。③以靶腺激素反馈抑制促激素的合成与分泌，如甲状腺激素抑制促甲状腺激素，皮质醇抑制促肾上腺皮质激素，雌激素或雄激素抑制促性腺激素等。④化学治疗不能手术的病人，如以双氯苯二氮乙烷治疗肾上腺皮质癌，以链脲霉素治疗胰岛 B 细胞癌等。⑤采用某些激素调节或纠正代谢异常，如睾丸酮等同化激素治疗皮质醇增多症等。⑥放射治疗抑制其分泌功能。

（3）病因治疗：例如突眼症可以用免疫控制剂治疗，肾上腺皮质结核所致的慢性肾上腺皮质功能不全应给予抗结核治疗。

二、营养和代谢

新陈代谢是人体生命活动的基础，包括物质的合成代谢和分解代谢两个过程。新陈代谢过程不断为人体的生存、劳动、生长、发育、生殖和

笔记栏

维持内环境稳定提供物质和能量。营养物质不足、过剩或比例失调都可引起营养疾病,体内中间代谢某一环节障碍则引起代谢病。营养疾病和代谢疾病关系密切,常并存且相互影响。如维生素D缺乏症属营养病,但常表现为钙磷代谢失常;糖尿病为代谢病,常伴随蛋白质、能量缺乏。

1. 营养和代谢的生理

(1) 营养物质的供应和摄取:人体所需要的营养物质包括水、矿物质、碳水化合物、脂肪、蛋白质和维生素六大类。营养物质主要来自食物,少数可在体内合成。食物营养价值高低是指其所含营养素的种类是否齐全、数量多少、各种营养素之间比例是否合适,是否容易被消化吸收。必需营养物质每天膳食供给量是指在正常情况下,为维持机体正常身高和体重、组织结构与生理功能所需的最少量。要维持人体营养状况的稳定,能量的供给和消耗必须平衡。在人类社会中,进食行为受神经、内分泌等层次的生命活动所控制,其中下丘脑起重要作用;此外,进食还受文化、家庭、个人经历、宗教信仰、经济以及市场供应等因素和条件的影响。

(2) 营养物质的消化、吸收、代谢和排泄:食物在胃肠道经消化液、酶、激素等作用转变为氨基酸、单糖、短链和中链脂肪酸、甘油,与水、盐、维生素等一起被吸收入血,中性脂肪和多数长链脂肪酸则经淋巴入血,到达肝和周围组织被利用,以合成物质或提供能量。糖、脂肪、蛋白质、水和无机元素等中间代谢一系列复杂的生化反应受基因控制,从酶、激素和神经内分泌等三个方面进行调节。同时也受代谢底物的质和量、辅因子、体液组成、离子浓度等反应环境以及中间和最终产物的质和量等因素的调节。中间代谢所产生的物质,除被机体储存或重新利用外,最后以水、二氧化碳、含氮物质或其他代谢产物的形式,经肺、肾、肠、皮肤黏膜等排出体外。

2. 营养病和代谢病

(1) 营养病:机体对各种营养物质有一定的需要量、允许量和耐受量。营养病可因一种或多种营养物质不足、过多或比例不当而引起。一般按某一营养物质的不足或过多分类,再根据发病的原因分为原发性和继发性两大类。

1) 原发性营养失调:是由于摄取营养物质不足、过多或比例不当引起。如摄取蛋白质不足可引起蛋白质缺乏症;摄取能量超过机体消耗可引起单纯性肥胖症。

2) 继发性营养失调:是由于器质性或功能性疾病所致的营养失调。常见原因有进食障碍、消化吸收障碍、物质合成障碍、机体需要营养物质增加而供应不足、排泄失常等。

(2) 代谢病:是指由于中间代谢某个环节障碍为主所致的疾病,由于原发器官疾病为主所致的代谢障碍则归入该器官疾病的范围。代谢病一般按中间代谢的主要途径和先天性代谢缺陷与环境因素的主次来分类。在导致中间代谢某个环节障碍的诸因素中,大致可分为先天性代谢缺陷和环境因素两大类。

1) 先天性代谢缺陷和遗传因素:多由于细胞内酶系缺陷或膜转运异常所致,具有遗传倾向。酶系缺陷可使代谢途径流向改变和(或)合成途径的反馈调节紊乱,导致代谢产物缺失或过多,中间产物堆积,或转变为毒性代谢物,产生相应的病理改变和临床表现。

2) 环境因素:不合适的食物、药物、理化因素、创伤、感染、器官疾病、精神疾病等,是造成代谢障碍的常见原因。如大手术后氮代谢负平衡,慢性肾衰竭时的钙磷代谢障碍,以及常见的水、电解质和酸碱平衡紊乱等。

3. 营养病和代谢病的诊断原则 诊断上要求尽可能找出病因和诱因,发病的主要环节,疾病的发展阶段和具体病情。营养病和代谢病常有其特有的症状和体征,是提供诊断的首要线索。因此,须进行详细的病史询问和体格检查。实验室检查是确诊营养病和代谢病的依据,对临床前期患者更有价值,例如有些无症状的糖尿病患者可通过检测血浆葡萄糖而确诊。除一般常规检查外,可根据拟诊线索进行有关检查。在临床实践中对一些不明原因的症状和体征还应进行观察和随访。

(1) 病史:除了解症状的发生、发展和相互间的关系外,还必须从现病史和个人史中详细了解发病因素、病理特点、每日进食情况(包括所进食物、质量、形式、饮食习惯和嗜好等)。家族史应作详细的家系调查,包括男女双方前后3~4代人和旁系亲属情况。

(2) 体格检查:需注意发育营养状态、体型和骨骼、神经精神状态、智能、毛发、皮肤、四肢、眼结膜、视网膜、视力和听力,以及舌、齿、肝、脾等。

(3) 实验室及其他检查

1) 血、尿、粪及其他生化检查:包括其成分构成如血浆蛋白成分、糖、脂蛋白、无机元素、维生素、激素、酶、免疫球蛋白、补体、血容量和血气分析,以及物质代谢的正常或异常产物等,可提供线索进一步检查,并用于患者的筛选和疗效观察。

2) 溶血及凝血检查:如血红蛋白电泳、凝血因子检查等,主要用于遗传性血液病的鉴别诊断。

笔记栏

3）代谢试验：如糖耐量试验，氮平衡试验，水、钠、钾、钙、磷平衡试验等。

4）影像学检查骨密度测定、CT 和 MRI 检查：有助于了解骨骼和脏器的器质性或功能性改变。后两者对先天性代谢病仅有鉴别诊断意义。

5）组织病理和细胞学检查：用组织化学、免疫组织化学等方法通过光学显微镜和电子显微镜观察来判断组织、器官病变。近年已用末梢血液红细胞和白细胞分离技术、细胞培养等方法进行染色体、酶系检查来诊断先天性代谢病。

6）血氨基酸分析：用分析氨基酸的方法查出血中某种氨基酸增高，以诊断由某种氨基酸异常所引起的先天性代谢病。

7）基因诊断：应用 DNA 重组技术对人体的遗传物质（DNA、RNA）进行分析，以确定某一特定的基因是否存在、有无 DNA 片段插入、缺失、点突变或其他变异情况。因此，可对遗传性疾病进行致病基因诊断。

在诊断营养病时，如同一群体在同一时期内发现相同的病例，则提示可能有相当数量临床前期的患者。代谢病常与种族、遗传、体质等因素有关，诊断一个病可循而发现另一些病例，例如糖尿病、痛风等患者的家族中，往往可发现同病患者。对某些特殊类型的糖尿病例如青年人中的成年发病型糖尿病（MODY）和线粒体变异糖尿病可对其家族的成员在出现生化紊乱和临床症状之前发现其基因异常。一些遗传性代谢病，在症状出现前已有生化改变。因此，对这些病应进行临床前期诊断，包括有计划的调查，以及杂合子携带者的检出等。

4. 营养病和代谢病的防治原则

（1）病因和诱因的防治：营养病和由环境因素所致的代谢病，多数能进行病因防治。大力推广平衡饮食，以摄取合理营养促进健康，1997 年中国营养学会公布《中国居民膳食指南》有助于指导人民群众防病治病。以先天性代谢缺陷为主的代谢病，一般只能针对诱因和发病机制进行治疗。但随着细胞生物学和分子遗传学的进展，显示基因治疗的前景，近年已有用基因纠正疗法将外源性基因导入患者的 DNA 中，以代替或修复突变的基因。用肝、脾、骨髓等移植以治疗肝豆状核变性、丙种球蛋白缺乏症和其他免疫缺陷；用达那唑（danazol）诱导 α_1-抗胰蛋白酶以治疗 α_1-抗胰蛋白酶缺乏症等，亦有报道。

（2）临床前期和早期防治：早期诊断，尽早采取防治措施，可避免不可逆的形态和功能改变，使病情不致恶化，甚或终生不出现症状，如苯丙酮尿症、半乳糖血症；糖尿病如在早期使病情得到良好控制，可避免出现严重的并发症。

（3）针对发病机制的对症治疗

1）避开和限制环境因素：例如 G6PD 缺乏症的患者，不进食蚕豆和对乙酰氨基酚（paracetamol）、阿司匹林、磺胺、伯氨喹（primaquine）等药物；苯丙酮尿症患者限制进食含苯丙氨酸食物等。

2）替代治疗：例如蛋白缺乏症补充蛋白质；血友病患者给予抗血友病球蛋白等。有些代谢病是由于酶反应辅助因子的维生素合成不足，或由于酶缺陷以致与维生素辅酶因子的亲和力降低所致，因此补充相应的维生素可纠正代谢异常。例如胱硫醚 β-合成酶缺乏所致的高胱氨酸尿症，除给予低蛋氨酸饮食外，对维生素 B_6 有反应的患者，可用大剂量维生素 B_6 及叶酸治疗。酶替代疗法，使用以甘露糖残基修饰的纯化胎盘酶治疗 Gaucher 病，已取得良好的疗效。

3）调整治疗：例如用皮质醇治疗先天性肾上腺皮质增生症；用别嘌醇（allopurinol）抑制尿酸生成以治疗痛风；以青霉胺促进肝豆状核变性患者铜排出等。

4）其他遗传咨询和生育指导：对已生育过遗传性代谢病患儿，并具有 X 连锁隐性遗传病家族史或某些遗传性代谢病高发区的孕妇进行产前羊水检查，对防治遗传性代谢病有重要价值。

祖国医学对营养病和代谢病早有记载。例如对脚气病、糖尿病的病因、发病机制、临床表现、预防和治疗等，均有论述，并提出很有实用价值的食饵疗法，不少沿用至今。原发性营养缺乏病现已少见，但继发于其他疾病的营养缺乏临床仍常见，且往往未能及时诊治，应予注意。代谢病种类很多，一些代谢病如糖尿病、血脂异常、肥胖症、骨质疏松症等较为常见且其患病率逐渐上升，而其他则较少见。

笔记栏

第2章 甲状腺功能亢进症

案例

患者，女性，38岁，农民。怕热多汗、善食易饥、心慌1年，眼内异物感伴复视2个月于2007年7月21日正午3点入院。

患者近一年无明显诱因渐出现怕热多汗、善食易饥、体重减轻、心慌、大便次数增多、性格急躁、失眠多梦、全身无力，伴手颤、月经量明显减少，颈部增粗，近2个月感眼胀、畏光流泪、眼内异物感、复视。既往无甲状腺相关病史及家族史。

体格检查：T 37.5℃，P 114次/min，BP 160/85mmHg，R 24次/min。神志清楚，皮肤潮热，双眼突出（左20mm，右18mm），VonGraefe征、Mobius征及Stellwag征阳性，Joffroy征阴性，结合膜充血水肿，双侧甲状腺呈弥漫性Ⅱ°肿大，质软，无触痛，左侧可闻及Ⅱ级收缩期吹风样血管杂音，未扪及震颤；双肺呼吸音清晰，未闻及干湿性啰音；心率114次/min，律齐，未闻及杂音；腹部平软，未见静脉曲张，无压痛反跳痛，肝脾未及，肠鸣音8~10次/min；伸手有震颤，双下肢胫前黏液性水肿。

实验室及其他检查：血常规示：WBC 7.1×10^9/L，N 0.76，RBC 4.1×10^{12}/L，Hb 118g/；胸片示双肺未见明显异常；FT_3 21.8pmol/L，FT_4 39.4 pmol/L，TSH 0.67mU/L。

思考题

1. 该患者为明确诊断，还需做什么检查？该患者诊断是什么？

2. 该病的治疗方法有哪些？该患者应选用哪种方法治疗？

3. 若该患者4小时前（夜间）出现四肢瘫痪无力，下肢不能移动，上肢抬不起，但意识清晰，说话及呼吸正常，无大小便失禁，无饮水呛咳、吞咽困难；该患者应该检测哪项指标？四肢瘫痪可能的原因是什么？

甲状腺毒症（thyrotoxicosis）是指组织暴露于过量甲状腺激素条件下发生的一组临床综合征。根据甲状腺的功能状态，甲状腺毒症分为甲状腺功能亢进类型和非甲状腺功能亢进类型。

笔记栏

【病因】

1. 甲状腺毒症的常见原因

（1）伴有甲亢的甲状腺毒症*

1）异常的甲状腺刺激物引起（弥漫性毒性甲状腺肿、新生儿甲状腺功能亢进症）

2）甲状腺自主的（高功能腺瘤、毒性多结节性甲状腺肿）

3）桥本甲状腺毒症

（2）不伴有甲亢的甲状腺毒症#

1）亚急性炎性疾病（亚急性甲状腺炎、寂静性甲状腺炎、产后甲状腺炎）

2）慢性淋巴细胞性甲状腺炎（桥本甲状腺炎、萎缩性甲状腺炎）

3）外源性的甲状腺激素替代和异位甲状腺激素产生（卵巢甲状腺肿样）

2. 不常见原因

（1）伴有甲亢的甲状腺毒症#

1）甲状腺刺激物引起（垂体TSH瘤或增生致甲亢、恶性肿瘤伴甲亢、HCG相关性甲亢）

2）甲状腺不自主的（滤泡状甲状腺癌、多发性自身免疫内分泌综合征伴甲亢、TSH受体基因突变）

3）药物引起的甲亢（碘及含碘药物和放射造影对比剂、锂盐）

（2）不伴有甲亢的甲状腺毒症

1）炎性疾病和放射性甲状腺炎

2）药物引起的甲状腺炎（胺碘酮，α-干扰素）

3）甲状腺腺瘤梗塞

*甲状腺对放射性碘高摄取；#：甲状腺炎对放射性碘低摄取

甲状腺功能亢进症（hyperthyroidism，简称甲亢）是指由于甲状腺本身或甲状腺以外的多种原因引起的甲状腺激素增多，进入循环血中，作用于全身的组织和器官，造成机体的神经、循环、消化等各系统的兴奋性增高和代谢亢进为主要表现的疾病的总称，其病因包括弥漫性毒性甲状腺肿（toxic diffuse goiter）、结节性毒性甲状腺肿和甲状腺自主高功能腺瘤（Plummer disease）。本章主要讨论弥漫性毒性甲状腺肿。

弥漫性毒性甲状腺肿，即Graves病（GD），也称Basedow病和Parry病，1835年爱尔兰人Graves最早详细描述本病而得名。Graves病是一种伴甲状腺激素分泌增多的器官特异性自身免疫病，临床表现并不限于甲状腺的多系统综合征，多数患者同时有高代谢症和甲状腺肿大，故称为弥漫性毒性甲状腺肿。

【病因和发病机制】 目前认为它是一种原因还不十分清楚的自身免疫性甲状腺疾病。

1. 遗传因素 遗传因素在GD发生中起一定作用，家庭聚集现象明显，GD在普通人群中发病率为0.5%，同卵双胎患GD的一致率达30%～60%，异卵双胎为3%～9%；50%GD病人的亲属循环血中存在甲状腺自身抗体。本病与某些HLA基因表达的相关性已被许多研究所证明，但在不同人群间存在着较大的差异。如白种人与HLA-DR3及B8相关，日本人与HLA-Bw35、Dw12为突出，中国人则与HLA-B46明显相关。最近发现，GD与非HLA基因(如性、T-细胞多形核抗原受体)、控制免疫应答基因(如IL-1ra、CTLA-4)、HLA等位基因结构上的核苷酸差异呈相关。

2. 环境因素 感染、应激、药物、创伤和性腺激素等均可诱发本病，尤其是精神因素。精神应激可使病人血中肾上腺皮质激素急剧升高，进而改变抑制或辅助性T淋巴细胞的功能，增强免疫反应，使甲亢的临床表现加剧。近年发现长期摄入含碘量较多的水和食物后，发病率和过去相比在增多，值得关注。

3. 自身免疫 有报道，在病人和他们的亲属中，其他自身免疫疾病如胰岛素依赖型糖尿病、重症肌无力、干燥综合征、红斑狼疮，及特发性血小板减少性紫癜的发病数增多。

在Graves病中，T淋巴细胞使甲状腺内的抗原变的致敏，刺激B淋巴细胞，合成针对这些抗原的抗体。血清中有TSH受体抗体抗甲状腺过氧化物酶抗体(TPOAb)、抗甲状腺球蛋白抗体(TGAb)和TRAb或TSHRAb等。

Graves病人循环中的TRAb包括甲状腺刺激抗体(TSAb或TSI)及促甲状腺激素结合抑制免疫球蛋白(TBII)。约90%的未治疗的Graves病人血中TBII阳性，说明由不同的B淋巴细胞产生的此两种抗体对病人甲亢的发病都是重要的。甲状腺刺激抗体直接作用在甲状腺细胞膜的TSH受体部位，活化腺苷环化酶，成为TSH的激动剂，刺激甲状腺的生长并使其功能增强。血中促甲状腺激素受体抗体是人类特有的抗体，仅可在自身免疫性甲状腺疾病的病人血中查出，它是引起Graves病的主要的和直接的原因。

有作者发现人的CD4辅助性细胞中的Th2在Graves病的分布明显占优势，认为Graves病发病机制是Th2介导的自身免疫反应。也注意到运用原位杂交、免疫组化技术及RT-PCR可从GD患者纯化的甲状腺上皮细胞中检测出多种细胞因子的存在，如IL-1α、IL-1β、IL-10、IL-6、IFN-γ等，而IFN-γ能够明显减少Graves病患者甲状腺组织中的甲状腺球蛋白抗体、甲状腺过氧化物酶抗体和TSI的产生。

研究发现，凋亡在自身免疫应答中也扮演着重要角色。凋亡缺失会使活化的淋巴细胞存活而导致系统性自身免疫，并参与自身免疫病的发病机制，在GD患者的甲状腺中，却很少见到凋亡发生，有人认为这是GD患者甲状腺凋亡抑制物的表达增加所致，可能是受某种未知机制所调节。

【病理】 在大体上，甲状腺多呈现不同程度的对称性弥漫性肿大。组织学上腺体内血管增生，滤泡上皮细胞增生肥大，呈高柱状或立方状，滤泡腔内胶质减少消失。多数病人眼部球后组织有脂肪细胞浸润，重者眼肌有炎症性水肿、淋巴细胞浸润、黏多糖沉积和纤维组织增生，肌纤维变性和破坏。骨骼肌肌纤维可见脂肪细胞浸润，横纹消失及变性。

【临床表现】 本病具有性别和年龄的差异，多见于20～40岁之间的青中年女性，男女比为1∶4～6，但从新生儿时期到老年人均可能患甲亢病，而且随着人们生活和工作节奏的不断加快，近年甲亢的发生在明显增多。

1. 典型表现 患者身体各系统的功能均可能亢进(见表8-2-1)，主要包括弥漫性甲状腺肿、甲状腺毒症、眼病。

表8-2-1 甲亢对全身各个系统产生的影响

器官/系统	产生的影响
全身	体重下降，怕热，失眠，疲劳，多汗，坐立不安，IGT
皮肤，头发，指甲	皮肤温暖，潮湿；脱发；白斑风；色素沉着过多；胫前黏液水肿；甲脱离
骨和钙	血钙和碱性磷酸酶及骨转换的参数升高；骨质疏松；杵状指
神经肌肉	肌无力(尤其是近端的)，疲劳，颤抖，肌病，低钾性周期性麻痹，神经病变
精神方面	过度兴奋，情感易变，神经质，焦虑，抑郁，注意力分散，定向力障碍，妄想
胃肠道	大便次数增多或腹泻；食欲亢进；肝转胺酶升高
呼吸道	呼吸困难
血液/免疫	贫血，脾脏淋巴结和胸腺增生
心血管	心动过速，心悸，心排血量增加，脉压增高，扩张性心肌病，房颤，心绞痛
肾	多尿，烦渴
眼	眼睑退缩，眼睑迟滞，突眼，结膜炎，复视；视神经引发的视力丧失
内分泌/生殖	月经不规则，男性乳房增生，阳痿，生育力减低

笔记栏

(1) 代谢增加及交感神经高度兴奋表现:常见有怕热、多汗、皮肤潮湿,也可有低热;易饿,多食,而消瘦;心慌,心率增快,严重者出现心房纤颤、心脏扩大及心力衰竭;收缩压升高,舒张压正常或偏低,脉压差增大;肠蠕动增快,常有大便次数增多,腹泻;容易激动、兴奋、多语、好动、失眠,舌及手伸出可有细微颤抖;很多病人感觉疲乏、无力、容易疲劳,多有肌肉萎缩,肢体近端肌肉受累多见,神经肌肉的表现常常发展迅速,早期严重,治疗后在数月内能迅速缓解。

(2) 甲状腺肿大:呈弥漫性,质地软,有弹性,引起甲状腺肿大的原因是多方面的,其中和甲状腺生长抗体关系密切,该抗体对甲状腺功能影响不大,故甲状腺肿大程度与病情不一定平行。在肿大的甲状腺上可以听到血管杂音,或可扪及震颤。

(3) 眼病:大部分有眼部异常或突眼。年龄小、体重指数低、吸烟、过多食用碘盐、有 Graves 病家族史、T_3、T_4 高接受过放射碘治疗等与 Graves 眼病的发生有密切关系,是本病发生的危险因素。①非浸润性突眼:占本病大多数,一般为双眼突出,有时为单侧突眼。②浸润性突眼:较少见,表现上眼睑收缩,凝视,眼内异物感,畏光、流泪、眼痛、眼球突出。眼外肌部分麻痹时,眼球的活动受限,出现复视,近全麻痹时,眼球固定;病情重者,眼裂不能关闭,角膜暴露,发生角膜混浊,溃疡;伴有结膜充血、水肿,视神经受侵犯时,导致视力下降、失明。

2. 较少见的临床表现　极少数老年病人,表现身体衰弱、乏力、倦怠、精神淡漠、抑郁等;有的甲状腺不肿大,或非对称肿大;有的病人指甲变薄、变脆或有指甲脱离;少数病人可分别伴有阵发性肢体麻痹、胫骨前局限性黏液水肿、白癜风、甲状腺杵状指或有男性乳房增生等。

3. 特殊临床表现

(1) 甲亢危象(thyrotoxiccrisis thyroid storm):是甲状腺毒症在病情的极度增重、危及患者生命的严重合并症。发病机制可能与大量甲状腺激素骤然释放入血、机体对甲状腺激素反应的改变、肾上腺素能活力增加和肝清除率降低有关。可发生于任何年龄,儿童少见,女性发病明显高于男性。常见诱因包括感染、应激(精神极度紧张、过度劳累、高温、药物反应、心绞痛、心力衰竭、低血糖、高钙血症、肺栓塞、脑血管意外,分娩及妊娠毒血症等)、不适当停用碘剂药物、放射性碘治疗、甲状腺活检及手术等。典型表现:体温急骤升高,常在39℃以上,大汗淋漓,皮肤潮红,继而可汗闭,皮肤苍白和脱水;精神变态、焦虑,也可有震颤、极度烦躁不安、谵妄、嗜睡,最后陷入昏迷;窦性或异源性心动过速,常达160次/min以上,与体温升高程度不成比例,可出现心律失常,也可以发生肺水肿或充血性心力衰竭,最终血压下降,甚至休克;食欲极差,恶心,频繁呕吐,腹痛,腹泻明显,可出现肝脏肿大和黄疸;病后体重锐减。部分患者临床症状和体征不典型,突出特点为表情淡漠、木僵、嗜睡、反射降低、低热、乏力、心率慢、脉压差小及恶病质表现,甲状腺仅轻度肿大,甚而死亡。

(2) 甲亢性心脏病:甲亢心脏病是一个独立疾病,约60%的患者,在甲亢治愈以后,心脏病随之自行缓解,但也有少数病人在甲亢消失后的相当长时间心脏情况才恢复正常。临床表现为心悸、早搏及阵发性心房纤颤等,查体可见心尖搏动增强,常可听到收缩期杂音,收缩压升高,舒张压略下降,二尖瓣脱垂,少数病人有周围血管征。甲亢患者有下述心脏异常至少一项者,可诊断甲亢性心脏病:①心脏增大;②心律失常;③充血性心力衰竭;④心绞痛或心肌梗死。诊断时需要排除同时存在其他原因引起的心脏改变。

(3) 淡漠型甲亢:多见于老年人,是由于长期甲亢和极度耗竭,症状隐蔽而不典型。其特征性表现是倦怠、淡漠、四肢无力,可有低热,甲状腺不易摸到,皮肤凉而干燥,脉率慢,也可增快。心血管方面表现为房性心律紊乱、心力衰竭、心绞痛;胃肠道方面表现为食欲减退,腹部不适,迅速体重减轻,腹泻、便秘或腹泻便秘交替;或表现为脑型,极度不安,以后表现意识丧失、痉挛及昏迷。

(4) T_3甲亢:是甲亢发病的前奏或甲亢复发的信号。部分甲亢病人有甲亢症状,可发生低钾性周期性麻痹和室性心动过速。病人多生活于轻度缺碘地区,尿碘下降,仅 T_3 及 FT_3 水平高,而 T_4 及 FT_4 正常,甲状腺 ^{131}I 吸收率可正常或升高,TSH 受抑,TRH 兴奋试验 TSH 不升高,T_3 抑制试验不能抑制甲状腺吸收 ^{131}I 率,血清 TSI 持续阳性,称此为 T_3 甲亢。

(5) 亚临床甲亢:亚临床甲亢是指病人无甲亢症状,其血中 FT_4、FT_3 正常而 TSH 是减低的。由于某种原因使用甲状腺激素所致,或由于 Graves 甲亢经治疗之后的恢复中的一个阶段。

(6) 胫前黏液性水肿:以黏蛋白沉积于胫骨前造成隆起的、毛孔明显的结节状带黄色蜡样斑块为特征,患者常伴有甲状腺毒症和突眼。皮损为圆形或卵圆形坚实水肿性斑块或结节,压之无凹陷,边界清楚,表面皮肤紧张菲薄,呈正常皮肤色、淡红或棕色,或呈蜡样半透明至玫瑰或淡红色,有时也可带有棕或棕黑色。表面凹凸不平。

毛粗而稀疏,毛孔粗大可为橘皮状。局部常有出汗增多及毳毛旺盛粗黑有光。一般好发于小腿下半部前外侧。

案例归纳一

该患者主要表现为反复交感神经兴奋和高代谢症候群,如怕热多汗、善食易饥、消瘦、心慌、大便次数增多、性格急躁、多梦失眠。

PE: T37.5℃, P114 次/min, BP 160/85mmHg, R 24 次/min, 神清,皮肤湿热;双侧甲状腺呈弥漫性Ⅱ°肿大,质软,无触痛,左侧可闻及Ⅱ级收缩期吹风样血管杂音,未扪及震颤;双眼突出(左 20mm,右 18mm),VonGraefe 征、Mobius 征、Stellwag 征阳性,Joffroy 征阴性,结合膜充血水肿;伸手有震颤,双下肢胫前黏液性水肿。

【实验室及其他检查】

1. 血清甲状腺激素测定

(1) 总甲状腺素(TT_4):代表血中与甲状腺激素结合蛋白质结合的 T_4 及游离的 T_4 的总和。当血中甲状腺激素结合蛋白质正常时,大于 161nmol/L(成人正常范围为 65~155nmol/L 或 5~12μg/d)时为甲亢。

(2) 总三碘甲腺原氨酸(TT_3):代表血中与甲状腺激素结合蛋白质结合的 T_3 及游离的 T_3 的总和。当血中甲状腺激素结合蛋白质正常时,测量结果大于 2.9nmol/L(成人正常范围为 1.8~2.9nmol/L,或 115~190ng/dl)为甲亢。

(3) T_3 摄取试验(T_3U):反映甲状腺激素结合球蛋白(TBG)的饱和程度。血中甲状腺激素结合蛋白正常时,测量数值大于 35 %(或 1.3)时(正常范围 24%~35%,或 0.8~1.2)支持甲亢。

(4) 游离甲状腺素指数(FT_4I):为 $TT_4 \times T_3U$,可以反映(FT_4)情况。在甲亢时升高(成人正常范围为 1.2~4.2 或 4~14.4)。

(5) FT_4:为不与甲状腺激素结合蛋白质结合的部分,正常范围 10.3~25.8pmol/L,或 0.8~2.0ng/d1,甲亢时升高。

(6) FT_3:为不与甲状腺激素结合蛋白结合的部分,正常范围 2.2~6.8pmol/L,或 1.4~4.4pg/ml,甲亢时增高。

(7) 反三碘甲腺原氨酸(反 T_3, rT_3):是 T_4 脱碘后的代谢产物,无生理活性。甲亢时升高。正常值范围 25~75ng/d1。

应注意许多因素可影响血中总 T_4 升高,如结合异常时,末梢激素的抵抗、药物影响及摄入甲状腺素等。

2. 血清 TSH 测定及 TRH 兴奋试验

(1) 血清促甲状腺激素(TSH)由脑垂体分泌的调节甲状腺的激素,在 Graves 病人血中,TSH 多数降低(正常参考范围 RIA 法 3.8~7.5 mU/L;ICLA 法 0.4~5.0 mU/L)。目前超敏感的 TSH 测定可以测定 0.002mU/L 的 TSH,比 TSH 更敏感地反映甲状腺功能。

(2) TRH 兴奋试验

正常情况下,下丘脑分泌的 TRH 促进垂体 TSH 的分泌,后者促进甲状腺分泌甲状腺激素。在 Graves 甲亢患者注射 TRH 以后,TSH 无反应,少数病人表现反应低减。

3. 甲状腺^{131}I 摄取率及抑制试验

(1) 甲状腺^{131}I 摄取率:曲线呈抛物线形,^{131}I摄取率各时相均明显增高,^{131}I 摄取高峰前移,对未经治疗的甲亢初发病人,诊断符合率甚高,可达 90%以上。诊断标准:①最高^{131}I 摄取率大于正常值上限;②^{131}I 摄取率高峰前移;③2 小时与 24 小时^{131}I 摄取率之比大于 0.80,或 4 小时与 24 小时^{131}I 摄取率之比大于 0.85。凡符合①加②或①加③两项指标者均可诊断为甲亢。但应注意^{131}I 摄取率的增高程度并不反映甲亢病情的严重程度,也不能用于判断甲亢治疗的效果。有些因素影响测定,如含碘丰富的食物及药物,必须注意。

(2) 抑制试验:试验前及用药(甲状腺片或 T_3 片)后测甲状腺的摄^{131}I 率,Graves 病患者在用药后不被抑制,或抑制率小于抑制前的 50%。

4. 超声检查 采用彩色多普勒超声检查,可见在 Graves 病的甲状腺腺体呈弥漫性或局灶性回声低减,在回声减低处,血流信号明显增加,甲状腺上动脉和腺体内动脉流速明显加快,阻力减低。Graves 病患者的甲状腺上动脉血流量是正常人的 8~10 倍。

5. 其他 放射性核素扫描、CT、MRI 等有助于甲状腺、异位甲状腺肿和球后病变性质的诊断,可根据需要选用。血化学(如血脂、血糖及糖耐量和骨代谢检查)可了解其脂肪、蛋白质、碳水化合物及钙磷代谢的表现。

案例归纳二

FT_3 21.8pmol/L, FT_4 39.4 pmol/L, TSH 0.67mU/L。

【诊断与鉴别诊断】 凡临床上有典型高代谢及循环、神经、消化等系统功能高亢的表现,尤其有甲状腺肿大或突眼者,要考虑本病存在,临床诊断容易。然而对轻症、不典型病例或仅以一组症状为主者，则诊断困难。

鉴别诊断时应考虑：①单纯性甲状腺肿。除甲状腺肿大外，并无上述症状和体征；虽然有131I摄取率增高，T_3 抑制试验大多显示可抑制性；血清 T_3、rT_3 均正常。②神经官能症。③自主性高功能性甲状腺结节，扫描时放射性集中于结节处。④其他：结核病和风湿病常有低热、多汗、心动过速等；以腹泻为主要表现者常易被误诊为慢性结肠炎；老年甲亢的表现多不典型，常有淡漠、厌食、明显消瘦，易误诊为癌症。

案例诊断要点

1. 中年女性患者。

2. 反复交感神经兴奋和高代谢症候群1年，如怕热多汗、善食易饥、消瘦、心慌、大便次数增多、性格急躁、多梦失眠。眼胀、畏光流泪、眼内异物感、复视2个月。

3. 既往无甲状腺相关病史及家族史。

4. PE：T 37.5℃，P 114 次/min，BP 160/85mmHg，R 24 次/min，神清，皮肤湿热；双侧甲状腺呈弥漫性Ⅱ°肿大，质软，无触痛，左侧可闻及Ⅱ级收缩期吹风样血管杂音，未扪及震颤；双眼突出（左 20mm，右 18mm），VonGraefe 征、Mobius 征、Stellwag 征阳性，Joffroy 征阴性，结合膜充血水肿；伸手有震颤，双下肢胫前黏液性水肿。

5. 实验室及其他检查：血常规示 WBC 7.1×10^9/L，N 0.76，RBC 4.1×10^{12}/L，Hb 118g/L；胸片示双肺正常；FT_3 21.8pmol/L，FT_4 39.4pmol/L，TSH 0.67mU/L。

临床诊断：Graves 病并浸润性突眼。

进一步明确可行甲状腺彩超、甲状腺核素扫描、甲状腺131I摄取率检测及 T_3 抑制实验。

【治疗】 从病因上说，治疗 Graves 病尚不可能，故目前甲亢的治疗旨在抑制甲状腺激素的合成和释放，或者减少或破坏甲状腺组织，阻断激素的分泌，控制高代谢症群，促进免疫监护的正常化。

1. 一般治疗 病情尚未得到控制时，尽可能取得病人的充分理解和密切合作，精神要放松；适当休息，避免重体力活动等不利因素；合理安排饮食，给予高热量、高蛋白质、高维生素和低碘的膳食，以纠正本病引起的消耗。

2. 抗甲状腺药物治疗 目前临床常用的硫脲类药物包括丙硫氧嘧啶（propylthiouracil, PTU）、甲巯咪唑（thiamazole, tapazole, methimazole, MMI, 他巴唑）、卡比吗唑（carbimazole, 甲亢平）等。

（1）作用机制：PTU 和 MMI 可抑制甲状腺激素的合成，它们主要通过抑制甲状腺细胞内的过氧化酶系统，使被摄入甲状腺细胞内的碘化物不能被氧化为活性碘，以致腺体中的酪氨酸不能被碘化，使一碘酪氨酸（MIT）和二碘酪氨酸（DIT）的合成受阻，同时也抑制碘化酪氨酸的缩合过程，从而抑制甲状腺激素的合成；但不影响碘的吸收，也不影响已经合成的甲状腺激素的释放，所以不能直接对抗甲状腺激素，故用药后2~3周或更长时间，才开始改善。此外，PTU 还能抑制外周组织中 T_4 向 T_3 的转化，因此，对于患严重甲状腺毒的患者，可较为迅速地降低血清中 T_3 的水平达 20%~30%。卡比马唑为 MMI 的衍生物，可在体内逐渐水解，游离出 MMI 而发挥作用，故而作用开始缓慢，维持时间较长，因此在有甲状腺危象时不适用。

（2）药物代谢：硫脲嘧啶类抗甲状腺药口服后容易吸收，吸收后分布于全身组织，主要在肝脏代谢，PTU 较 MMI 的代谢快。这些药物也能通过胎盘和乳汁，通过胎盘能够抑制胎儿的甲状腺功能，MMI 较 PTU 更容易通过胎盘。单剂量口服后，血浆中 MMI 的半衰期大约 6 小时，而 PTU 大约为 1 小时半，此两种药均在甲状腺内蓄积；而单一剂量 30rng 的 MMI 其抗甲状腺作用可长达 24 小时以上，因此，轻的或中等度的甲状腺毒症选用每日单一剂量 MMI 投药方法是适当的。不论上述哪种药物，服药后约 60% 在体内破坏，其余多以结合形式从尿中排泄，有肝肾功能不良者，药物剂量应酌减，用药间隔时间也应适当延长。

（3）适应证：①病情轻，甲状腺轻、中度肿大；②20 岁以下青少年、儿童、老年患者或合并严重心、肝、肾等疾病而不宜手术者；③妊娠妇女；④术前准备；⑤甲状腺次全切除术后复发而不宜用131I 治疗者；⑥辅助放射性131I 治疗；⑦恶性突眼。

（4）禁忌证：①对硫脲类药物有严重过敏反应者；②应用抗甲状腺药物治疗两个疗程复发者；③周围白细胞持续低于 3×10^9/L 者；④哺乳期。

（5）疗法和剂量：由于患者血中的 TSAb 转阴的时间较之临床的缓解晚 10 个月左右，故一般主张总共用药为 1~2 年或更长。以 PTU 为例，如用 MMI 则剂量为 PTU 的 1/10。用药分为控制病情、药量递减及小量维持三个阶段。

1）治疗量阶段：起始剂量为 300~450mg/d，每 8 小时一次。病情重者可加大剂量，对突眼明显或合并妊娠者剂量宜小。卡比吗唑剂量与

笔记栏

MMI相同,它在体内转换为MMI产生同样的作用。一般来说,用药后起初2周内可改善症候,包括神经症状、心悸、乏力的减轻和体重增加;而代谢恢复正常大约在治疗6周以后。

2)减量阶段:随着症状好转,静息心率减慢至每分钟80次左右,T_3、T_4、TSH接近正常时,继续用原剂量1~2周,以后每2~4周递减一次,每次减少剂量50~100mg/d,逐步过渡到维持量,一般需要3~4个月。

3)维持量阶段:每日用量为50~100mg,在停药前可再减至每日用量25~50mg,为期约1~1.5年,在不稳定而又不愿采用其他方案者,维持阶段可延至2~3年或更长。

(6)不良反应:①粒细胞缺乏症是硫脲类药物最严重的不良反应之一,但较罕见,发生率小于1%。此反应可见于任何时间,但多发于治疗开始后的前6周内。②皮肤瘙痒、皮疹是最常见的不良反应,轻者可自行消失,抗组胺药物可缓解其症状。③PTU和MMI可引起肝细胞性或胆汁淤积性肝炎,表现为转氨酶增高和血胆红素升高。④更少见的反应,如关节痛,肌肉痛,神经炎,毛发色素脱失和异常,淋巴结增大,唾液腺增大,泪腺炎,鼻炎,结膜炎,水肿,腹泻,脱头发,味觉丧失,急性胰腺炎,腮腺炎,狼疮样综合征,及中毒性精神病等。

(7)停药与复发:为了提高长期药物治疗后的缓解率,减少复发(即甲亢完全缓解,停药半年后反复)的可能,停药时机应选择:①用药疗程在1~5年以上;②抗甲状腺药物的剂量已经减少至很小,维持量小于PTU 25~50mg(MMI 2.5~5mg);③临床症状消失,甲状腺肿缩小,血管杂音消失;④眼部症状好转或消失;⑤甲状腺摄^{131}I率正常或稍高,可被T_3抑制;⑥血T_3、T_4、TSH均恢复正常;⑦TRH兴奋试验呈升高反应;⑧血TSAb滴定度明显下降。

3. 辅助药物治疗

(1)肾上腺素能β受体阻断剂:许多甲状腺毒症的症状和体征是通过交感神经系统表现出来的,因此,能减轻或β受体阻断甲状腺激素作用于组织儿茶酚胺的药物可迅速缓解甲亢症状,可在硫脲类药物、放射性碘治疗(RAI)或手术治疗发挥作用之前使用。此类药物对原有的甲状腺基础病变无治疗作用。普萘洛尔是目前使用最广泛的用于治疗甲亢的件β受体阻断剂,口服给药20~40mg,每日3~4次可以缓解因甲亢引起的心悸、心动过速、焦虑、出汗、震颤和腹泻,但对体重减轻无效,病情严重时可能需要增加剂量才能缓解症状和控制心率。此外还可有效控制甲亢引起的神经肌肉症状,如周期性麻痹。妊娠哺乳期不能长期使用。

(2)碘剂:主要来源为复方碘溶液(5%碘和10%碘化钾),碘化钠和碘化钾。通过抑制甲状腺激素的合成和释放,抑制碘有机化来迅速缓解甲状腺毒性症状,一般2~7天;此外,减少腺体血供,使甲状腺变硬变小,有利于手术。碘剂按常规于甲状腺手术前服药10~14天,手术前可与β阻滞剂或硫脲类药物先后或联合使用。主要不良反应为过敏反应,包括皮疹、药物热、唾液腺炎、结膜炎、鼻炎和胶原性血管病变。哺乳期禁用;妊娠期避免长期使用;RAI治疗前不用。

(3)甲状腺制剂:经硫脲类药物治疗,甲亢症状开始改善后,为稳定下丘脑-垂体-甲状腺轴的功能,防止甲状腺肿和突眼反馈性加重,或对合并妊娠者可加用适量干甲状腺片20~40mg口服,一日1~2次(老年、高血压、冠心病者慎用),直至病情稳定。此疗法需严格选择病例,系统观察治疗。

4. 放射性碘治疗

(1)机制:甲状腺摄取^{131}I以后,主要受到其衰变过程中β射线的集中照射,功能亢进的甲状腺组织受到破坏,甲状腺功能高亢状态逐渐恢复正常。此法方便安全,治愈率达85%~90%以上,复发率低,约2%左右,约有10%的患者治后发生永久性的甲状腺功能减低症。

(2)适应证:①甲状腺弥漫性的中等度肿大,年龄在25岁以上;②对硫脲类抗甲状腺药物过敏者;③长期抗甲状腺药物治疗后复发者;④有手术禁忌或甲状腺手术后复发者;⑤年老有心、肝的严重合并症者及有白血球减低和有出血性疾患者。

(3)禁忌证:①年龄在25岁以下不首选;②妊娠及哺乳期妇女;③严重心、肝、肾功能衰竭或活动性肺结核;④甲状腺极度肿大并有压迫症状者;⑤症状轻、病程短,未经药物治疗者;⑥近期内曾用大量碘剂而不能摄入^{131}I者;⑦外周血白细胞低于3×10^9/L或中性粒细胞低于1.5×10^9/L;⑧甲状腺危象;⑨严重活动性甲状腺相关眼病。

(4)治疗剂量的设计:治疗剂量关系到一次治愈率和早发甲低的发生率,常应考虑如下因素:①甲状腺重量;②临床症状、体征的严重程度;③个体敏感因素。一般每克甲状腺组织给80μCi。^{131}I治疗2周内,少部分病人可出现厌食、恶心、呕吐等,不必特殊处理可自行缓解,少数病人也可出现皮肤瘙痒或皮疹,或治疗前的皮疹加重,对症处理后消失。治疗后3~4周,多数病人感到药物开始起效,心跳、多汗、乏力症状改善。治疗后3个月,病人症状、体征明显改善,1/3病

笔记栏

人症状、体征可消失。6个月后全部症状、体征恢复正常,少数病人个别症状(房颤)、体征(突眼、胫前浮肿)可持续一年或更长才消失。

(5)并发症:①^{131}I治疗后2~6个月,15%病人突眼加重;②甲状腺功能低下,是^{131}I治疗甲亢最常见的并发症,通常分为早发甲低和晚发甲低;③^{131}I治疗后1~2周内可出现放射性甲状腺炎;④个别病例可诱发危象。

5. 药物准备后的甲状腺次全切除手术 治愈率达90%以上,且术后TRAbs均可下降,机理不明。

(1)适应证:①甲状腺显著肿大,压迫邻近器官;②甲状腺较大,抗甲状腺药治疗无效或停药后病情复发者;③毒性结节性甲状腺肿;④胸骨后的毒性甲状腺肿;⑤坚持长期药物治疗有困难者。

(2)禁忌证:①第二次甲状腺手术,粘连较多;②高度突眼症,术后有加重的可能;③未成年的儿童,年老体弱,伴有心脏病、妊娠及其他严重疾病者,伴有慢性淋巴性甲状腺炎者。

(3)适合手术的条件:手术前用抗甲状腺药应当使机体保持在正常的代谢状态,通常掌握的标准:药物治疗后临床症状消失,体重及心率恢复至病前的正常水平及血中的甲状腺激素水平降至正常。

(4)术前准备:用抗甲状腺药准备后,达到手术治疗的要求条件时,开始加服碘剂,服复方碘溶液(卢戈液),每次10滴,每日3次。2~3周后进行手术。如已经用了普萘洛尔,为手术安全考虑,应预先与麻醉医生取得联系,做好应急准备。

(5)并发症:①局部出血,气道梗阻;②喉返神经或喉上神经损伤,致声带麻痹呛咳;③甲状旁腺损伤或切除,手足抽搐;④突眼加重;⑤永久性甲状腺功能减退;⑥局部伤口感染。

6. 甲状腺介入栓塞治疗 方法:在数字减影X线的电视之下,经股动脉将导管送入甲状腺上动脉,缓慢注入与造影剂相混合的栓塞剂——聚乙烯醇、明胶海绵或白及粉,至血流基本停止。一般甲状腺栓塞的面积可达80%~90%,这与次全手术切除的甲状腺的量相似。其适应证包括:①甲状腺较大;②对抗甲状腺药疗效欠佳或过敏者;③不宜采用手术或放射性碘治疗者;④也可用于甲状腺非常肿大时的手术前治疗。而初发的甲亢,甲状腺肿大不明显,有出血倾向及有明显的大血管硬化者应为禁忌之列。

7. 传统中医治疗 传统的中医中药及针灸疗法对一些甲亢也有较好的效果。由于医家对病情认识的辨证不同,各家采用的治法也有差别,疗效也不相同。对用硫脲嘧啶类药治疗有明显血象改变的甲亢病人,也可选用传统中医中药治疗。

8. 甲亢危象治疗 诊断以后,不需要等待化验结果,应尽早开始治疗。目的是纠正严重的甲状腺毒症和附加的诱发疾病,保护机体脏器。

(1)保护机体脏器,防止功能衰竭:高热者,积极物理降温,如湿袋、电扇、冰袋及空调,必要时可用人工冬眠(哌替啶100mg,氯丙嗪及异丙嗪各50mg,混合后静脉持续泵入)。由于代谢明显增高,必须给氧。因高热,呕吐及大量出汗,易发生脱水及高钠血症,需补充水及纠正电解质紊乱,补充葡萄糖可提供热量和糖原,还应补给大量维生素。有心力衰竭或有肺充血存在,应积极处理,用洋地黄及利尿剂,对有心房纤颤、心率极度增快的病人,应当使用洋地黄及其衍生物或钙离子通道阻断剂。

(2)降低循环中甲状腺激素水平:①抑制甲状腺激素的制造和分泌:口服或经胃管鼻饲较大剂量抗甲状腺药(相当于丙硫氧嘧啶PTU600~1200mg,也有用PTU300~400mg,每4小时1次)或必要时直肠给药;此后每日给用维持剂量(相当于PTU300~600mg/d,分次给药)。②迅速降低循环中甲状腺激素水平:换血法、血浆除去法和腹膜透析法,这些方法均较复杂,用后可能招致新的问题,一般应用经验很少,疗效及用后的并发症尚难准确说清楚,有待进一步观察。

(3)碘剂:在用硫脲类抗甲状腺药后1~2小时,即开始给碘剂。一般每日口服复方碘溶液(Lugol氏液)30滴(也有用5滴每6小时1次),或静脉滴注碘化钠1~2g(或0.25g/6h),或复方碘溶液3~4ml/1000~2000ml溶液中。待症状缓解后,逐渐减量,一般在2周内停用。

(4)降低周围组织对甲状腺激素的反应:①β肾上腺素能阻断剂:常用普萘洛尔,一般每6小时口服40~80mg,或静脉缓慢注入2mg。②利血平和胍乙啶:利血平首次可肌注5mg,以后每4~6小时注2.5mg,约4小时以后危象表现减轻。如能口服,胍乙啶剂量为1~2mg/(kg·d),用药12小时后开始起效。

(5)肾上腺皮质激素:对有高热或休克者应加用肾上腺皮质激素,肾上腺皮质激素可抑制T_4转换为T_3,提高机体的应激能力。皮质激素的用量是相当于氢化可的松200~300mg/d。控制诱因也很重要,如有感染应予抗菌治疗,有引发危象的其他疾病,应进行处理。

9. 甲亢性心脏病治疗 基本治疗原则是控制甲亢及对心脏病本身的对症处理。前者宜采

笔记栏

用抗甲状腺药物或放射性碘治疗。

10. 甲状腺眼病治疗 目的是缓解症状，抑制疾病进展，减少眼肌体积，恢复眼肌收缩力，最终达到容貌改善，但迄今为止尚无可靠的治疗方法完满达到上述目的。

(1) 甲状腺素：在用抗甲状腺药物治疗甲亢的同时，可加 *L*-型甲状腺素 33.3～100μg/d（或甲状腺片 20～60mg/d），对改善症状有帮助。

(2) 肾上腺皮质激素治疗：在活动阶段，用药应当持续 3～6 个月。每日口服泼尼松 30～60mg，也可采用静点甲泼尼龙间断冲击疗法，积累剂量为 1～1.2g。此种疗法对复视的效果较小，对突眼无作用。病人有甲状腺视神经病变时，不适合用大剂量皮质激素治疗。

(3) 球后放射治疗：一般认为放射治疗的总剂量最宜为每只眼 20Gy。照射以后 1～2 周可见到眼病有改善，作用可持续长达 18 个月。大多数病人治后结膜、眼睑和眶周组织的水肿明显改善，对眼外肌大小的影响很少，眼球活动受限，对复视也无影响。

(4) 其他药物：免疫抑制剂（硫唑嘌呤、环磷酰胺、环孢素）和奥曲肽治疗后眼病均有不同程度的改善，但认识不一致。

(5) 手术：少数病人，由于角膜及结膜的严重暴露，可采用暂时性眼睑缝合或眶内减压手术。近年开展的经鼻显微技术可达到眶内减压的效果

不论是采用何种治疗方法进行治疗，在治疗期间做好患者眼部的护理（如夜间抬高头部，外出时用遮光镜、外用眼药水及眼药膏、眼罩等）是很重要和必要的。

11. 妊娠期 Graves 甲亢的治疗 目的是以最小有效量保持病人于甲功正常状态，预防胎儿甲亢或甲减。①PTU 开始剂量是 50～100mg/次，每 8 小时 1 次，或更少，MMI 为 15～20mg/d。治疗 2～6 周可临床改善，甲状腺功能每 2～3 周复查 1 次，一旦甲状腺功能好转，抗甲状腺药物要减半，数周后再进一步减量，再经 2～4 周如甲状腺功能仍正常可停药。如病人有大甲状腺，病情较重或病程长者，不能停药，直到妊娠终末。如果开始诊断时已是妊娠 28 周以后，尤其是症状严重者应住院治疗。②β 受体阻滞剂可通过胎盘，长期应用有可能造成胎儿生长受限及心动过缓，孕妇易流产，尽量避免应用。③孕妇长期服用含碘药物，有可能会导致胎儿甲状腺肿大，气管阻塞，先天性甲减或胎死宫内，需要引起重视。④妊娠合并甲亢很少需要甲状腺手术治疗，妊娠中期比较适宜，一般采取次全甲状腺切除术。⑤妊娠期不考虑应用放射性碘治疗甲亢。

12. 胫前黏液性水肿 ①对甲状腺功能异常者进行相应治疗。②糖皮质类固醇激素：局部采用糖皮质类固醇激素软膏封包疗法；连续数周到数月用药常有效，但停用后可复发。损害内去炎松注射疗法：将去炎松醋酸酯用生理盐水稀释为 5mg/ml 的溶液，一次总量不超过 40mg，每月注射 1 次，多数损害可完全消退，部分患者部分皮损消退。口服糖皮质类固醇治疗无效。③抗肿瘤药物疗法：苯丁酸氮芥，每日 0.1～0.3mg/kg，分 2～4 次服，总量为 400～500mg；环磷酰胺，开始 200mg/d，渐减至 50mg/d，总量约 8g，对消退皮损有一定效果，但需注意副作用。④血浆交换疗法：可使皮损部分消退，但可复发。⑤大剂量静脉内免疫球蛋白治疗胫前黏液性水肿，可能起免疫调节作用。⑥对于药物治疗无效、皮损局限的患者，可行手术切除。⑦中医治疗，方用海藻玉壶汤合桃仁红花煎加减。

【预后】 本病病程长，经积极治疗预后较好，少数病人可自行缓解。单纯 ATD 治疗的病人，复发率较高。部分放射性碘治疗、甲状腺手术治疗所致甲减者需 TH 终身替代治疗。

处方及医师指导

1. 低碘、高热量、高蛋白、富维生素饮食。

2. 首选放射性碘治疗，其次口服抗甲状腺药物治疗 1.5～2 年。

3. 丙硫氧嘧啶片 100mg，每日 3 次；或甲巯咪唑片 10 mg，每日 3 次。

4. 盐酸普萘洛尔片 10 mg，每日 3 次。

5. 鲨肝醇片 40 mg，每日 3 次；维生素 B_4 片 20 mg，每日 3 次。

6. 泼尼松片 10mg，每日 3 次。

7. 中医治疗胫前黏液性水肿：海藻 12g，昆布 12g，珍珠母 30g，六月雪 15g，白僵蚕 9g，皂角刺 9g，红花 9g，桃仁 9g，丹参 9g，郁金 12g，丝瓜络 9g，生甘草 5g，浙贝母 6g，怀牛膝（炒）9g，水煎服，每日 1 剂。

8. 定期复查，根据相关结果调整药物剂量或治疗方案。

笔记栏

第3章 甲状腺功能减退症

案例

患者，女性，42岁。银行出纳员，眼睑颜面浮肿伴怕冷、少汗、腹胀、便秘3月。

患者近3月前无明显诱因出现眼睑颜面浮肿，伴有全身乏力、怕冷、少汗、腹胀、便秘和月经量增多，无腰痛、血尿、蛋白尿，无心悸胸闷气促，无厌油、黄疸。既往无甲状腺相关病史及家族史。

体格检查：T 36.1℃，P 64次/min，R 18次/min，BP 100/60mmHg，表情淡漠，面色苍白，皮肤干燥发凉，颜面、眼睑浮肿，声音嘶哑，巩膜无黄染。双肺呼吸音清晰，未闻及干湿性啰音；心率64次/min，律齐，各瓣膜听诊区未闻及杂音；腹部平软，未见静脉曲张，无压痛、反跳痛，肝脾未及，腹水征阴性；甲状腺不大，未触及结节，无触痛，未闻及血管杂音，双下肢无浮肿。

实验室及其他检查：尿常规示潜血(-)，蛋白尿(-)；肝肾功能正常；心功能测定正常；FT_3 1.8pmol/L，FT_4 6.4 pmol/L，TSH>100mU/L。

思考题

1. 结合所学知识，你认为该病例最可能的诊断是什么？

2. 目前该患者还需做何进一步检查以明确诊断？

3. 如何治疗？

甲状腺功能减退症（hypothyroidism，简称甲减）是由各种原因导致的低甲状腺激素血症（TH合成、分泌不足）或甲状腺激素抵抗而引起的全身性低代谢综合征，其病理特征是黏多糖在组织和皮肤堆积，表现为黏液性水肿（myxedema）。普通人群的患病率为0.8%～1.0%。

【分类】 根据病变部位分类：由于甲状腺腺体本身病变引起的甲减称为原发性甲状腺功能减退症（primary hypothyroidism）；由于垂体疾病引起的TSH分泌减少，称为继发性甲状腺功能减退症（secondary hypothyroidism）；由于下丘脑疾病引起的TRH的分泌减少，称为三发性甲状腺功能减退症（tertiary hypothyroidism）；由于甲状腺激素在外周组织发挥作用缺陷，称为甲状腺激素抵抗综合征。根据起病年龄分类：起病于胎儿或新生儿者，称呆小病（cretinism），主要表现为智力低下和发育迟缓；起病于儿童者，称幼年型甲减；起病于成年者为成年型甲减。本章重点介绍成人原发性甲状腺功能减退症。

【病因和发病机制】 成人原发性甲状腺功能减退症占成人甲减的90%～95%，主要病因是：①自身免疫损伤，最常见的原因是自身免疫性甲状腺炎，包括桥本甲状腺炎、萎缩性甲状腺炎、亚急性淋巴细胞性甲状腺炎和产后甲状腺炎等；②甲状腺破坏，包括手术、放射性碘治疗；③缺碘，多见于地方性甲状腺肿地区，少数高碘地区也可发生甲状腺肿和甲减；④抗甲状腺药物，如锂盐、硫脲类等；⑤许多含单价阴离子（如SCN^-、ClO_4^-、NO_3^-）的盐类和含SCN^-前体的食物，均可抑制甲状腺摄碘，引起甲状腺肿和甲减；⑥遗传因素或基因突变等；⑦其他，如甲状腺内广泛转移癌等。

【临床表现】 多见于中年女性，男女之比约为1∶5～10。除手术切除或放疗损毁腺体者外，多数起病隐袭，发展缓慢，有时长达10余年后始有典型表现。

1. 常见的临床表现

（1）一般情况：表现多种多样，缺乏特异性，主要以代谢减低和交感兴奋减低为突出表现，典型者易疲劳、怕冷、少汗、体重增加、记忆力减退、反应迟钝、嗜睡、精神抑郁、便秘、月经不调、肌肉痉挛等。体检可见表情淡漠，面色苍白，皮肤干燥发凉、粗糙脱屑，颜面、眼睑和手皮肤浮肿，声音嘶哑，毛发稀疏、眉毛外1/3脱落，指（趾）甲脆而增厚。由于高胡萝卜素血症，手脚皮肤呈姜黄色，但巩膜无黄染。

（2）呼吸系统：少数病人胸腔积液、甲状腺肿压迫、呼吸肌功能障碍及通气功能受损，影响气体交换，呈缺氧状态，引起憋气、心慌、气短、呼吸困难等症状。

（3）循环系统：心肌黏液性水肿导致心肌收缩力下降、收缩时间间隔延长、心排血量下降及外周阻力增加，体检发现病人心音低钝、心动过缓、舒张压升高、脉压差减低、下肢浮肿；心肌间质水肿、左心室扩张和心包积液导致心脏扩大。引起血清胆固醇升高，冠心病在本病中高发，心

笔记栏

绞痛并不常见，但是经左甲状腺素治疗后可加重。10%患者伴发高血压。

(4) 消化系统：厌食、腹胀、便秘，严重者出现麻痹性肠梗阻或黏液水肿性巨结肠。

(5) 血液系统：多为轻中度小细胞贫血，有下述四种原因：①甲状腺激素缺乏引起血红蛋白合成障碍；②胃酸缺乏，胃肠道吸收障碍引起铁、叶酸和维生素 B_{12} 缺乏；③月经量增多；④恶性贫血，这是与自身免疫性甲状腺炎伴发的器官特异性自身免疫病。病人可伴凝血因子合成障碍，易损伤、齿龈出血或皮下瘀斑，甚至血尿、鼻出血、黑粪、呕血和脑出血。白细胞和血小板正常。

(6) 内分泌系统：甲状腺激素缺乏会导致 $E_2 \rightarrow E_3$ 转化加速，女性月经过多，经期延长，不易受孕，男性性欲减低；部分女性由于催乳素增高，发生溢乳；促使肝脏生成性激素结合球蛋白减少，游离睾酮升高，引起多毛。

(7) 肌肉关节：主要表现为肌肉乏力、暂时性肌强直、痉挛、疼痛等，咀嚼肌、胸锁乳突肌、股四头肌和手部肌肉可进行性肌萎缩。腱反射的弛缓期特征性延长，超过 350ms（正常为 240~320ms），跟腱反射的半弛缓时间明显延长，对本病有重要诊断价值。偶见关节腔非炎性黏性渗出、软骨钙质沉着、关节破坏及腕管综合征等。

(8) 神经精神系统：记忆力减退、智力低下、反应迟钝、嗜睡、精神抑郁，有时多虑而有神经质表现，严重者发展为猜疑型精神分裂症。重症者伴痴呆、幻想、木僵、昏睡或惊厥。黏蛋白沉积致小脑功能障碍时，出现共济失调、眼球震颤等。

(9) 黏液性水肿昏迷：见于病情严重的患者，多在冬季寒冷时发病。诱因为严重的全身性疾病、甲状腺激素替代治疗中断、寒冷、手术，麻醉和使用镇静药等。临床表现为嗜睡、低体温（<35℃）、呼吸徐缓、心动过缓、血压下降、四肢肌肉松弛、反射减弱或消失，甚至昏迷、休克、肾功能不全危及生命。

2. 亚临床型甲减 此种患者既无明显的甲减症状，也缺少典型的甲减体征，其血中的甲状腺激素水平也在正常范围，仅血中 TSH 水平高于正常。

3. 老年甲减 发病常比较隐匿，症状常不典型，甲状腺通常不大，质地多数偏韧；黏液性水肿、厌食、持续性便秘和精神症状（如抑郁、谵妄或偏执状态）十分常见。

案例归纳一

中年女性患者，此次发病主要表现为眼睑颜面浮肿伴全身乏力、怕冷、少汗、腹胀、便秘和月经量增多 3 个月；无腰痛、血尿、蛋白尿等肾源性水肿表现，无心悸、胸闷、气促等心源性水肿表现，无厌油、黄疸等肝源性水肿表现。既往无甲状腺相关病史及家族史。

PE：T 36.1℃，P 64 次/min，R 18 次/min，BP 100/60mmHg，表情淡漠，面色苍白，皮肤干燥发凉，颜面、眼睑浮肿，声音嘶哑，巩膜无黄染；甲状腺不大，未触及结节，无触痛，未闻及血管杂音，双下肢无浮肿；心肺腹检查未见异常。

【实验室检查】

1. 一般检查 多为轻、中度正常细胞性正常色素性贫血；血糖正常或偏低；胆固醇、三酰甘油常增高。

2. 甲状腺功能检查 ①血清 TSH（sTSH 或 uTSH）升高为原发性甲减的最早表现，如血 TSH 升高而 T_4、T_3 正常，可能为亚临床型甲减；②血 TT_4（或 FT_4）降低早于 TT_3（或 FT_3）下降；③血 TT_3（或 FT_3）下降仅见于后期或病重者；④由于 T_4 转换为 T_3 增多以代偿甲减，血 rT_3 明显减低；⑤甲状腺 ^{131}I 摄取率减低。

3. 病变部位鉴定 ①原发性甲减者血 TSH 增高，下丘脑-垂体性甲减者常降低。②TRH 兴奋试验，静注 TRH400μg 后，血清 TSH 不增高者提示为垂体性甲减；延迟增高者为下丘脑性甲减；血清 TSH 在增高的基值上进一步增高，提示原发性甲减。③影像学检查有助于异位甲状腺、下丘脑-垂体病变等的确定。

4. 病因检查 ①血清 T_3、T_4 增高，血清 TSH 基值或对 TRH 兴奋试验反应正常或增高，临床无甲亢表现，或甲减者使用较大剂量甲状腺激素仍无明显疗效者，提示为 TH 不敏感性甲减；②TGAb、TPOAb 及 TRAb 检查有助于自身免疫性病因诊断；③过氯酸钾排泌碘试验阳性有助于先天性 TH 合成酶缺乏的诊断。

案例归纳二

尿常规示潜血（-），蛋白尿（-）；肝肾功能正常；心功能测定正常。

FT_3 1.8pmol/L，FT_4 6.4 pmol/L，TSH > 100mU/L。

笔记栏

【诊断】 除临床表现外，主要依靠检测TSH、FT_3、FT_4以及TRH兴奋试验等确立诊断。在确诊甲减基础上，进一步确定病变部位，并尽可能做出病因诊断。

【鉴别诊断】 需要和甲减鉴别的疾病有贫血、慢性肾炎以及特发性水肿等，这些病人的甲状腺功能均正常，通过临床表现和相应的实验室检查，一般来说，是不难区别的。

1. 甲状腺功能正常的病态综合征(euthyroid sick syndrome) 一些急性或慢性非甲状腺疾病(严重的全身性疾病、创伤和心理疾病等)会通过不同的途径来影响甲状腺激素的生成或代谢，临床表现代谢降低和交感神经反应低下，测定血清T_3和(或)T_4减低，易误诊为甲减。单纯T_3低下称为低T_3综合征，严重者还可以表现T_4低下，称为低T_4综合征，是机体的一种保护性措施，人为地加服甲状腺激素，必然会加剧原发疾病的病情。

2. 慢性肾炎 甲状腺功能减退病人因水钠潴留表现为皮肤苍白、水肿、贫血、高血压和血胆固醇升高，甚或尿蛋白阳性，常被误诊肾病；慢性肾炎患者，常会表现血清T_3下降。肾炎水肿多半是可凹性，甲减水肿多半为非可凹性。临床上只要考虑到甲减，实验室检查不难鉴别。

3. 贫血 贫血在中年妇女十分常见，常同时伴有怕冷、纳差、乏力等症状，故甲减长期被误诊为贫血，鉴别并不困难，原发甲减的甲状腺激素降低，TSH升高。

4. 浆膜腔积液 甲状腺功能减退发生浆膜腔积液可以单独出现，也可两个或多个出现，常被误诊为结核、恶性肿瘤、尿毒症、心包炎和结缔组织病等。其积液中蛋白含量高，细胞计数低，胆固醇含量和免疫球蛋白含量高，对利尿剂治疗不敏感。

5. 特发性浮肿 甲状腺功能减退病人多数表现为非可凹性浮肿，病人常常因症状不特异，长期查不出原因，被误诊为特发性浮肿。

6. 垂体瘤 原发甲状腺功能减退长期血T_4下降，垂体TSH细胞增生肥大，致蝶鞍增大，一些女性病人由于月经紊乱和泌乳，实验室检查发现催乳素轻度升高，被误诊为垂体催乳素分泌瘤，测定甲状腺功能就不难将垂体瘤和甲状腺功能减退相鉴别。

7. 抑郁症 老年病人症状不特异，病程进展缓慢，不容易被发现，怕冷、迟钝、纳差、情绪低落、睡眠不好和抑郁等症状，被诊断为老年性抑郁症；对抑郁症表现的老人要考虑甲减的可能性，甲减患者单纯抗忧郁治疗不能取得满意的疗效。

笔记栏

案例诊断要点

1. 中年女性患者。

2. 此次发病主要表现为眼睑颜面浮肿伴全身乏力、怕冷、少汗、腹胀、便秘和月经量增多3个月；无腰痛、血尿、蛋白尿等肾源性水肿表现，无心悸、胸闷、气促等心源性水肿表现，无厌油、黄疸等肝源性水肿表现。

3. 既往无甲状腺相关病史及家族史。

4. PE：T 36.1℃，P 64次/min，R 18次/min，BP 100/60mmHg，表情淡漠，面色苍白，皮肤干燥发凉，颜面、眼睑浮肿，声音嘶哑，巩膜无黄染。甲状腺不大，未触及结节，无触痛，未闻及血管杂音，双下肢无浮肿。心肺腹检查未见异常。

5. 实验室及其他检查：尿常规示潜血(－)，蛋白尿(－)；肝肾功能正常；心功能测定正常；FT_3 1.8pmol/L，FT_4 6.4 pmol/L，TSH >100mU/L。

临床诊断：原发性甲状腺功能减退症。

【治疗】 本病一般不能治愈，需要终生替代治疗。

1. 替代治疗 首选左甲状腺素(L-T_4)。该药的半衰期为7日，吸收缓慢，每天晨间服药一次即可维持较稳定的血药浓度。长期替代治疗维持量约50～200μg/d(1.4～1.6μg/kg标准体重)。一般初始剂量为25～50μg/d，每2～3周增加12.5μg/d，直到达到最佳疗效。在老年患者，初始剂量为12.5～25μg/d，每4～6周增加12.5μg/d，避免诱发和加重冠心病。甲状腺粉60mg大致相当于L-T_4 100μg，但是该药的甲状腺激素含量不恒定，T_3/T_4比值较高，容易导致高T_3血症。该药的初始剂量为15～30mg/d，每2周增加15～30mg/d，长期维持剂量约60～180mg/d。L-T_3起效快，但持续时间短，一般不用于替代治疗。

2. 替代治疗的注意事项 ①替代治疗的目标是将血清TSH和甲状腺激素水平控制在正常范围内，其中血清TSH水平最为重要，一般在更换剂量后1个月TSH水平达到新的平衡。②替代治疗剂量的个体差异较大，单一个体也会因年龄、体重、环境、疾病的变化而引起治疗剂量的改变，故接受替代治疗的患者需每年监测至少两次血清TSH、T_3、T_4水平；L-T_4的主要不良反应是过量替代容易诱发和加重冠心病、引起骨质疏松，故替代治疗应从小剂量开始。③L-T_4通过胎盘的剂量极小，胎儿不能获得替代作用，因此，妊娠时母体所需的替代剂量显著加大，一般主张维持血清TSH水平在正常范围上限，以有益于胎儿的正常发育。④亚临床甲减患者在下述情况需要替代治疗：高胆固醇血症、血清 TSH>10mU/L、甲状腺自身抗体强阳性，目的是阻止其发展为临床甲减和防止动脉粥样硬化的发生。

3. 黏液水肿性昏迷的治疗 ①补充甲状腺激素。首选 L-T_3 静脉注射，每 4 小时 10μg，直至患者症状改善，清醒后改为口服；或 L-T_4 首次静脉注射 300μg，以后每日 50μg，至患者清醒后改为口服。如无注射剂可予片剂鼻饲，L-T_3 20～30μg，每 4～6 小时一次，以后每 6 小时 5～15μg；或 L-T_4 首次 100～200μg，以后每日 50μg，至患者清醒后改为口服。②保温、供氧、保持呼吸道通畅，必要时行气管切开、机械通气等。③氢化可的松 200～300mg/d 持续静滴，患者清醒后逐渐减量。④根据需要补液，但是入水量不宜过多。⑤控制感染，治疗原发病。

【预后】 永久性甲减者若坚持治疗可生活如常人，不及时治疗或中断治疗者可因严重并发症而死亡。

处方及医师指导

1. 左甲状腺素片终生替代治疗，50μg/d 每 2～3 周增加 25μg/d，直到达到最佳疗效。

2. 定期复查，根据相关结果调整药物剂量或治疗方案。

第4章 糖尿病

案例

患者，男性，45岁，办公室主任。乏力、双下肢麻木感2个月，皮下疖肿难愈1周。

患者近两月来无明显诱因出现全身乏力、双下肢麻木，先为阵发性，后为持续性，无多尿、多饮、多食和消瘦，无视力下降、心悸、胸痛喘息等不适，在外院诊断为末梢神经炎，给予营养神经药物治疗，效果不佳；近一周来无诱因出现多处皮下疖肿，外用药及口服阿莫西林无好转，遂来院就诊。既往无糖尿病相关病史及家族史。

体格检查：T 36.8℃，P 82次/min，R 20次/min，BP 136/82mmHg，神志清楚，身高165cm，体重70kg，心肺腹未见异常；眼睑颜面无浮肿，眼底正常；胸背部及四肢远端皮肤可见较多大小不一的疖肿，有脓点；四肢活动灵活、协调、步态正常，无胼胝，单尼龙丝检查触觉减退，音叉振动觉减退，肌力、肌张力正常，无肌肉萎缩，肌腱反射与肌肉运动正常。

实验室及其他检查：空腹血糖8.3mmol/L；尿糖(++)，尿蛋白(+)；肝肾功能正常；肌电图正常；胸部X线平片正常。

思考题

1. 结合所学知识，你认为该病例最可能的诊断是什么？

2. 目前该患者还应选择哪项检查最有诊断价值？

3. 该患者的最佳治疗方案是什么？

糖尿病(diabetes melitus，DM)是一组以慢性血葡萄糖水平增高为特征的全身代谢性疾病，是人体内胰岛素绝对或相对不足以及靶细胞对胰岛素敏感性降低或胰岛素自身存在结构缺陷、胰岛素受体或受体后反应异常引起的糖、脂肪、蛋白质及水电解质代谢紊乱。久病可引起多系统损害，导致心血管、肾、视网膜及神经等组织的慢性进行性病变，发生功能缺陷及衰竭；重症或应激时可发生酮症酸中毒、高渗性昏迷等急性代谢紊乱。

我国传统医学称之为“消渴病”，早在公元前2世纪，《黄帝内经》已有论述。

糖尿病是常见病、多发病，其患病率正随着人口老化、生活水平的提高、生活方式的改变和诊疗技术的提高而迅速增加。据国际糖尿病研究所(IDI)2003年报告，全球现有糖尿病(已诊断)约1.94亿，到2025年将突破3.33亿。1996年我国按世界卫生组织(WHO)标准对全国11省市20~75岁者进行流行病学调查，糖尿病患病率为3.21%，糖耐量减低(impaired glucose tolerance，IGT)患病率为4.72%，目前患病人数居世界第2位。2型糖尿病的发病正趋向低龄化；发展中国家增长速度超过发达国家(200%比45%)。糖尿病已对社会和经济带来沉重的负担，是严重威胁人类健康的世界性公共卫生问题。

【糖尿病分型】 为了开展流行病学和临床研究，同时对疾病进行临床控制，需要建立一个恰当的疾病分类系统，为识别和鉴定疾病的各种类型及其阶段提供可行框架。目前糖尿病分类的论述和规定，是1997年美国糖尿病协会(ADA)提出的修改建议，1999年WHO公布的协商性报告。

1. 1型糖尿病(B细胞破坏，胰岛素绝对不足)

(1) 免疫介导性

1) 急发型

2) 缓发型：成人隐匿自身免疫糖尿病(latent autoimmune diabetes IN adult，LADA)

(2) 特发性

2. 2型糖尿病(胰岛素分泌不足伴胰岛素抵抗)

(1) 胰岛素抵抗为主，伴胰岛素分泌不足

(2) 胰岛素分泌不足为主，伴胰岛素抵抗

3. 其他特殊类型糖尿病

(1) B细胞功能遗传性缺陷

1) 青年人中的成年发病型糖尿病(maturityonset diabetes mellitus in young，MODY)

$MODY_1$：肝细胞核因子4α(HNF-4α)，染色体20

$MODY_2$：葡萄糖激酶(GCK)，染色体7

$MODY_3$：肝细胞核因子1α(HNF-1α)，染色体12

$MODY_4$：胰岛素启动子1(IPF_1)

笔记栏

$MODY_5$:肝细胞核因子1β(HNF-1 β)

$MODY_6$:神经源性分化因子1(Neuro D_1/$BETA_2$)

2)线粒体基因突变糖尿病

(2)胰岛素作用遗传性缺陷

1)A型胰岛素抵抗、妖精貌综合征。

2)Rabson-Mendenhall综合征、脂肪萎缩性糖尿病等。

(3)胰腺外分泌疾病:胰腺炎、胰腺切除、肿瘤、血色病、纤维钙化性胰腺病、囊性纤维化病等。

(4)内分泌疾病:肢端肥大症、Cushing综合征、嗜铬细胞瘤、胰升糖素瘤、甲状腺功能亢进症、生长抑素瘤、醛固酮瘤等。

(5)药物或化学品所致糖尿病:糖皮质激素、二氮嗪、苯妥英钠、α干扰素、Vacor(毒鼠药吡甲硝苯脲)、Pentamidine(喷他脒)、烟酸、受体激动剂、噻嗪类利尿药。

(6)感染:先天性风疹、巨细胞病毒等。

(7)罕见的免疫介导糖尿病:抗胰岛素受体抗体、僵人(stiffman)综合征等。

(8)糖尿病相关性遗传性综合征:Klinefelter综合征、Turner综合征、Huntington舞蹈病、Prader-willi综合征、Down综合征、Wolfram综合征、Friedreich综合征、Laurence-Moon-Biedel、强直性肌营养不良症、卟啉病等。

4. 妊娠期糖尿病(gestational diabetes mellitus,GDM) 不包括妊娠前已知的糖尿病患者,且在分娩后应随访进行重新分类。

【病因和发病机制】 糖尿病的病因和发病机制较为复杂,至今未完全明了,在不同类型糖尿病之间,其病因不尽相同,即使在同一类型中也各异,存在着异质性。目前普遍认为,1型糖尿病的发病机制是在其易感性基因遗传基础上,外界环境中病毒感染或化学物质的损害,诱导细胞介导的自身免疫应答,选择性地破坏B细胞,其发生、发展可分为6个阶段:①第一阶段为遗传学易感性;②第二阶段为启动自身免疫反应;③第三阶段为免疫学异常;④第四阶段为进行性胰岛B细胞功能丧失;⑤第五阶段为临床糖尿病;⑥第六阶段为在1型糖尿病发病后数年,多数患者胰岛B细胞完全破坏,胰岛素水平极低,失去对刺激物的反应,糖尿病临床表现明显。2型糖尿病则有更强的遗传基础,高血糖是诸多因素(遗传因素、老龄化、现代社会西方生活方式和肥胖等)的综合结果,但胰岛素受体或受体后缺陷及胰岛素抵抗是发病机制的主要环节,其发生、发展可分为4个阶段:①遗传易感性;②高胰岛素血症和(或)胰岛素抵抗;③糖耐量减低(IGT);④临床糖尿病。总的来说,遗传因素及环境因素共同参与其发病过程。

1. 遗传因素 我国学者对糖尿病病因的研究已取得了巨大成就,主要集中在对遗传因素的研究,包括从家系入手探讨遗传因素对糖尿病发病的作用;对糖尿病的遗传方式,遗传度进行了研究,而且从血清抗原学水平上对HLA各类抗原与糖尿病,特别是1型糖尿病的关系进行了广泛的探讨。并进一步从DNA分子水平上对HLA、糖及脂代谢基因的限制性确切片段长度多态性(RFLP)与糖尿病发病的关系进行了较为深入的研究。

(1)糖尿病发病具有种族和家族遗传易感性:流行病学调查研究,1型糖尿病和2型糖尿病均易发生于有遗传易感性的个体,只是其启动发病的环境因素不同。糖尿病人亲属的糖尿病双亲子女的调查,糖尿病发病率高达25%,孪生同患1型糖尿病的几率均为54%,同患2型糖尿病的几率为91%,具有糖尿病阳性家族史的人群中,糖尿病患病率明显高于阴性家族史者,为后者的3~40倍,表明糖尿病具有遗传倾向,但对其具体遗传学特征多数尚不清楚。目前多倾向于"多因子-多基因"遗传理论,认为大部分糖尿病人是由于染色体上多个突变基因,与环境相互作用,而发展为糖尿病类型的结果。

(2)遗传对1型糖尿病和2型糖尿病发病的作用:糖尿病孪生子发病一致的研究,对糖尿病遗传倾向提供了依据,单卵性孪生子,在40岁以前的1型糖尿病病人,患糖尿病的一致性只占50%,而40岁以后发病的2型糖尿病病人患病一致性为95%~100%。可见,遗传对1型糖尿病和2型糖尿病的发病率都具有重要作用,2型糖尿病较1型糖尿病具有更强的遗传倾向。

(3)HLA和1型糖尿病发病率的关联:HLA是人类第六号染色体短臂上的一组功能复杂的基因群,与1型糖尿病相关研究主要观察HLA各位点,不同的抗原特异性在1型糖尿病病人中出现频率不相同,出现频率高者可能对1型糖尿病有易感性,反之则有抗原性。20世纪70年代发现1型糖尿病病人中B15、B8和B18频率升高;其他学者进一步揭示DR3和DR4与1型糖尿病相关性更强。目前报道的还有Dw3、DRw3、DRw4、Dw4、A9等对糖尿病有易感性,而A11、B5、B7、DR2、DR5等抗原则与1型糖尿病员相关。进一步用限制性片段长交多态性(RFLP)研究提示HLA-D位点b链基因是1型糖尿病的易感性基因,HLA-DQ与HLA-DR位间的链锁不平衡,提示HLA-DQ对HLA比HLA-DQ更重要。HLA-DQ位点包括DQX与DQB,两者分别决定

笔记栏

HLA-DQ 抗原的 x 链 B 产物的合成；DQ57 位点的变化与 1 型糖尿病的易感性和保护性关系尤为密切，所有与 DQ57 ASP（门冬氨酸）者均与 1 型糖尿病员相关，所有与 1 型糖尿病员正相关者 DQB57 位均非门冬氨酸。目前认为 DQB 的等位基因尤其是 B57 氨基酸性质决定对 1 型糖尿病的易感性，即 DQB57 ASP 对 1 型糖尿病有保护性。

（4）胰岛素病与糖尿病：应用 RFLP 分析和 DNA 重组技术，发现胰岛素基因（INS）密码区点的改变，而导致胰岛素肽链上氨基酸密码改变，产生氨基酸的排列顺序异常的胰岛素分子。已发现的胰岛素病有两类：

1）异常胰岛素原血症（abnormal proinsutinemia），报道有三个家系两种类型，一项为 C 肽与 B 链连接处之段氨酸密码发生点突变；另一项为胰岛素原转变为胰岛素的过程或转换异常，以致 C 肽不能与胰岛素分子分离，导致体内异常胰岛素原增加，血中胰岛素原样成分（proinsulin like comporent，PLC）过 25%，可高达 85%～90%。由于这种异常胰岛素原的生物活性降低，病人表现有轻度糖尿病而无低血糖，对外源胰岛素反应正常。

2）异常胰岛素血症（abnormal insulinemia），报道有五个家系三种类型，是由于胰岛素基因发生点突破，导致胰岛素分子氨基酸顺序异常。空变点多在胰岛素受体结合区，决定着胰岛素的活性，因而虽是单点突变也会导致病人胰岛素活性减低，故病人有糖尿病的临床表现。

2. 病毒感染 病毒感染是最重要的环境因素之一。已知与 1 型糖尿病发病有关的病毒有柯萨奇 B_4病毒及腮腺病毒、风疹病毒、巨细胞病毒和脑炎心肌炎病毒等。许多有关报道主要围绕动物实验和一些地区在病毒感染流行后糖尿病患病率增高，以及在糖尿病人群中某一病毒抗体阳性率或度高于非糖尿病人群。人类对病毒诱发糖尿病的易感性易受遗传控制，1 型易感基因对糖尿病的发生是必须的，病毒感染可直接损伤胰岛组织引起糖尿病，也可能损伤胰岛组织后，诱发自身免疫反应，进一步损伤胰岛组织引起糖尿病。

3. 自身免疫 1 型糖尿病与自身免疫：自身免疫异常与 1 型糖尿病发病有密切关系，1 型糖尿病病人常合并有其他自身免疫性疾病，如 Graves 病、原发性 Addison 病、Schmidt 综合征以及非内分泌性自身免疫疾病如恶性贫血、重症肌无力等。在体液免疫方面，与 1 型糖尿病发病关系密切的自身抗体包括胰岛细胞自身抗体（ICAs）、胰岛素自身抗体（IAA）和谷氨酸脱羧酶自身抗体（GAD_{65}），近年有人在新发病的 1 型糖尿病病人体内发现胰岛素原自身抗体（PAA）和胰岛素受体自身抗体（IRAA）；在细胞免疫方面，发现 50%～60%1 型糖尿病病人白细胞移动机制实验阳性，对未经治疗的 1 型糖尿病病人淋巴细胞异常，OKT_4、OKT_4/OKT_8 比值和细胞增加，在发病后短期内死亡的 1 型糖尿病的病人尸检中，发现有大量淋巴细胞浸润的免疫性炎症“胰岛炎”改变。

4.2 型糖尿病与胰岛素抵抗 2 型糖尿病的发病除了与遗传因素有关外，更主要的是与胰岛素抵抗有关。胰岛素抵抗是指对胰岛素促进葡萄糖摄取的作用发生抵抗，而继发的代偿性胰岛素分泌增多对机体可产生一系列不良影响和多种病理生理改变，成为一些疾病的共同发病基础。胰岛素抵抗的病因较多，从性质上可为环境因素和遗传因素。

（1）摄食过多和体力活动过少及肥胖：肥胖时发现胰岛素抵抗，伴高胰岛素血症，在饮食控制，体重回复正常后，糖耐量减弱及高胰岛素血症可改善。肥胖的人或动物血中胰岛素受体数目减少，在体重减轻后，受体数目可恢复，说明胰岛素受体数目减少是对血胰岛素升高的一种代偿性下降性调节，而不是肥胖症中的原发因素，但胰岛素受体数目的减少可进一步加重胰岛素抵抗。肥胖症中胰岛素作用的受体后障碍还不甚清楚。

（2）胰岛素受体异常：与糖尿病发病有直接关系的受体有两种，一种为胰岛素 B 细胞膜上的葡萄糖受体，当流经胰岛的血糖浓度改变时，刺激葡萄糖受体，通过 cAMP 并在作用下引起胰岛素的释放。另一种即胰岛素受体（IR），胰岛素的生理作用是通过与其粑细胞膜上的特异性 IR 结合的实现的，IR 为一种跨膜糖蛋白，由两个 α 亚基和两个 β 亚基所组成，前者在膜上识别并与胰岛素分子结合，后者含跨膜蛋白引导胰岛素分子进入细胞内发挥作用。由于基因的点状突变导致一个氨基酸残基的改变或是基因有片段缺失导致 IR 异常，可引胰岛素抵抗综合征，常伴有黑棘皮病、卵巢雄激素产生过多等。

（3）胰岛素受体基因改变：胰岛素受体基因与补体 C3、LDL 受体基因以及强直性肌营养不良性基因同在 19 号染色体短臂上，故强直性肌营养不良病人临床表现有胰岛素抵抗，其原因可能与胰岛素受体基因异常有关。

（4）胰岛素受体抗体：即 IR 本身无异常，而体内存在着有抗 IR 的抗体与胰岛素分子结合，以致胰岛素不能与其 IR 结合而引起胰岛素抵抗。临床少见的 B 型黑棘皮病病人，同时有糖

笔 记 栏

尿病,即因其体内存在抗IR抗体所致。

(5)胰岛素受体后环节障碍:胰岛素与IR结合后,胰岛素/胰岛素-受体复合物均进入细胞内,其生理作用的发挥是一复杂的生化过程,目前尚未完全阐明。部分2型糖尿病病人胰岛素基础水平正常,但对葡萄糖刺激反应低下,胰岛素分泌不足,导致受体后缺陷而表现为胰岛素抵抗,用血糖钳夹试验观察,即使强化胰岛素治疗,也不能抑制肝糖分解。

(6)胰岛素反向调节激素水平升高,如胰升血糖素、生长抑素、生长激素和皮质醇的增高,是胰岛素抵抗的另一重要原因。

【病理生理】

1. 糖代谢紊乱 糖尿病患者体内胰岛素分泌绝对或相对不足是造成代谢紊乱的根本原因,高血糖是糖代谢紊乱的结果;其一是葡萄糖进入细胞内减少、糖原合成减少、糖酵解减弱、三羧酸循环减弱、磷酸戊糖通路减弱导致葡萄糖的利用减少;其二是糖原分解增多、糖原异生增加所致肝糖原输出增多。

2. 脂肪代谢紊乱 正常人摄入的脂肪于肠道消化吸收后经血循环及淋巴进入肝脏及脂肪组织,又经β氧化分解乙酰辅酶A,大部分参与糖代谢和中间代谢产物草酰乙酸结合,经三羧酸循环氧化为能量,部分储存为脂肪。但糖尿病时,常因脂肪合成减少、脂肪分解增速导致酮体生成增加、增加高脂血症的代谢紊乱。

3. 蛋白质代谢紊乱 糖尿病患者,尤其是1型糖尿病患者,胰岛素分泌不足,不能满足机体的需要,致胰岛素作用减弱,蛋白质的合成减少,分解增加,而呈负氮平衡。因此患者肌肉萎缩,消瘦乏力,抵抗力降低,易发生各种感染,手术刀口不易愈合,小儿则生长发育受阻。

4. 酸碱平衡失调 在胰岛素极度缺乏时,脂肪组织大量动员分解,产生大量酮体,若超过机体对酮体的氧化利用能力时,大量酮体堆积形成酮症或发展为酮症酸中毒。

【临床表现】

1. 代谢紊乱症候群 典型症状为"三多一少",即多尿(血糖升高致渗透性利尿)、多饮(血容量不足引起口渴)、多食(外周组织对葡萄糖利用障碍)和体重减轻(脂肪分解增多、蛋白质代谢负平衡)。可能症状表现为疲倦、皮肤瘙痒尤其外阴瘙痒、出汗异常、视力模糊、肢体发麻、蚁行感、皮肤生疮、疖、伤口不愈合。

2. 并发症和(或)伴发病 相当一部分患者并无明显"三多一少"症状,仅因各种并发症或伴发病而就诊,化验后发现高血糖。

3. 反应性低血糖 有的2型糖尿病患者进食后胰岛素分泌高峰延迟,餐后3~5小时血浆胰岛素水平不适当地提高,引起反应性低血糖,可成为某些患者的首发症状。

4. 因各种疾病需手术治疗,在围手术期发现高血糖。

5. 其他 并无明显症状,仅于健康检查时发现高血糖。

【并发症】

1. 急性并发症 与糖尿病相关的急性并发症有糖尿病酮症酸中毒、高渗性非酮症糖尿病昏迷、乳酸性酸中毒和糖尿病低血糖症。

(1)糖尿病酮症酸中毒和高渗性非酮症糖尿病昏迷:是糖尿病的急性并发症,一些患者可以此为首发表现。

(2)乳酸性酸中毒:是指糖尿病患者由于各种原因(如合并缺氧性疾病、不恰当服用苯乙双胍)导致体内无氧酵解的乳酸在血中升高造成的酸中毒。血、尿酮体不显著。

(3)糖尿病低血糖症:常见反应性低血糖和药物性低血糖两种类型,前者多发生在2型糖尿病早期或发病前,与胰岛素分泌高峰延迟有关,后者与发生低血糖的药物有关。

2. 慢性并发症 糖尿病的慢性并发症可遍及全身各重要器官,与遗传易感性、高血糖、氧化应激、非酶糖化和多元醇代谢旁路、蛋白激酶C等多方面因素的相互影响有关。这些并发症可单独出现或以不同组合同时或先后出现。有时并发症在诊断糖尿病前业已存在,有些患者因这些并发症作为线索而发现糖尿病。大多数糖尿病患者死于心血管和脑血管动脉粥样硬化。糖尿病使心血管病(CVD)的死亡增加1.5~4.5倍,所有原因的死亡增加1.5~2.7倍,因而被认为是CVD死亡的独立危险因素。慢性并发症主要有下列几种。

(1)大血管病变:与非糖尿病人群相比较,糖尿病人群中动脉粥样硬化的患病率较高发病年龄较轻,病情进展也较快。糖尿病性大血管病变的发病机制及其与糖尿病代谢紊乱之间的关系未完全明了,已知动脉粥样硬化的某些易患因素如肥胖、高血压、脂质及脂蛋白代谢常在糖尿病(主要是T2DM)人群中的发生率均高于相应的非糖尿病人群。大血管病变的危险性与血清低密度脂蛋白(LDL)和极低密度脂蛋白(VLDL)水平呈正相关,与血清高密度脂蛋白胆固醇(HDL-C,主要是HDL_2-C)水平呈负相关。此外,胰岛素、性激素、生长激素、儿茶酚胺等激素水平异常、高血糖、血管内皮功能紊乱、血小板功能异常等亦直接或间接参与动脉粥样硬化的发生、发展。一方面,内源性高胰岛素血症可通过促进脂质合成及刺激动

笔记栏

脉内膜平滑肌细胞增殖,胰岛素不足则可通过减低脂质清除及降低血管壁溶酶体脂肪酶系活性而加速动脉粥样硬化的发生、发展。大、中动脉粥样硬化主要侵犯主动脉、冠状动脉、脑动脉、肾动脉和肢体外周动脉等,引起冠心病、缺血性或出血性脑血管病、肾动脉硬化、肢体动脉硬化等。肢体外周动脉粥样硬化常以下肢动脉病变为主,表现为下肢疼痛、感觉异常和间歇性跛行,严重供血不足可导致肢体坏疽。

(2)微血管病变:微血管是指微小动脉和微小静脉之间,管腔直径在100μm以下的毛细血管及微血管网。微循环障碍、微血管瘤形成和微血管基底膜增厚,是糖尿病微血管病变的典型改变。山梨醇旁路代谢增强,生长激素过多,血液流变学改变,凝血机制失调,血小板功能异常,红细胞2,3-二磷酸甘油酸(2,3-DPG)、糖化血红蛋白含量增高导致组织缺氧等可能与微血管病变的发生、发展有关。微血管病变主要表现在视网膜、肾、神经、心肌组织,其中尤以糖尿病肾病和视网膜病为重要。

1)糖尿病肾病:毛细血管间肾小球硬化症是主要的糖尿病微血管病变之一,常见于病史超过10年的患者,是T1DM患者的主要死亡原因,在T2DM,其严重性次于冠状动脉和脑血管动脉粥样硬化病变。其病理改变有三种类型:①结节性肾小球硬化型病变,有高度特异性;②弥漫性肾小球硬化型病变,最常见,对肾功能影响最大,但特异性较低,在系膜毛细血管性肾小球肾炎和系统性红斑狼疮等疾病亦可见相似病变;③渗出性病变,但这种改变也可见于慢性肾小球肾炎,故特异性不高。肾活检所见的组织学改变与临床表现和肾功能损害程度缺乏恒定的相关性。

糖尿病肾损害的发生发展可分五期。①Ⅰ期:为糖尿病初期,肾体积增大,肾小球滤过率升高,肾小球入球小动脉扩张,肾小球内压增加;②Ⅱ期:肾小球毛细血管基底膜增厚,尿白蛋白排泄率(UAER)多数在正常范围,或呈间歇性增高(如运动后);③Ⅲ期:早期肾病,出现微量白蛋白尿,即尿白蛋白排泄率(UAER)持续在20~199μg/min(正常人<10μg/min);④Ⅳ期,临床肾病,尿蛋白逐渐增多,UAER>200μg/min,即尿白蛋白排出量>300mg/24h,相当于尿蛋白总量>0.5g/24h,肾小球滤过率下降,可伴有浮肿和高血压,肾功能逐渐减退;⑤Ⅴ期:尿毒症,多数肾单位闭锁,UAER降低,血肌酐、尿素氮升高,血压升高。严格代谢控制可防止或延缓临床肾病的发生。减少蛋白质摄入量对早期肾病及肾功能不全的处理均有利。抗高血压治疗可延缓肾小球滤过率的下降速度,早期肾病应用血管紧张素转换酶抑制剂(ACEI)或血管紧张素Ⅱ受体阻滞剂(ARB)除可降低血压外,还可减轻微量白蛋白尿。

2)糖尿病性视网膜病变:糖尿病病程超过10年,大部分患者合并程度不等的视网膜病变,是糖尿病微血管病变的重要表现,是失明的主要原因之一。按眼底改变可分六期,分属两大类。Ⅰ期:微血管瘤,出血;Ⅱ期:微血管瘤,出血并有硬性渗出;Ⅲ期:出现棉絮状软性渗出。以上Ⅰ~Ⅲ3期为背景性视网膜病变。Ⅳ期:新生血管形成,玻璃体出血;Ⅴ期:机化物增生;Ⅵ期:继发性视网膜脱离,失明。以上Ⅳ~Ⅵ3期为增殖性视网膜病变(PDR)。当眼底出现PDR时,常伴有糖尿病肾病及神经病变。严格控制糖尿病是防治视网膜病变的基本措施,应努力使空腹血糖及餐后血糖均接近正常水平。若从糖尿病初期就能始终严格控制血糖,可显著推迟视网膜病变的发生与发展。应用口服降血糖药的患者,若视网膜病变进展迅速或已进入增殖期,应改用胰岛素治疗。此外,可试用活血化瘀中药。对视网膜血管渗漏及视乳头新生血管者应尽早应用激光治疗,争取保存视力。

3)其他:心脏微血管病变和心肌代谢紊乱可引起心肌广泛灶性坏死等损害,称为糖尿病心肌病,可诱发心力衰竭、心律失常、心源性休克和猝死。

(3)神经病变:糖尿病性神经病变主要由微血管病变及山梨醇旁路代谢增强以致山梨醇增多等所致,其病变部位以周围神经为最常见,通常为对称性,下肢较上肢严重,病情进展缓慢。临床上先出现肢端感觉异常,分布如袜子或手套状,伴麻木、针刺、灼热或如踏棉垫感,有时伴痛觉过敏。随后有肢痛,呈隐痛、刺痛或烧灼样痛,夜间及寒冷季节加重。后期可有运动神经受累,出现肌张力减弱,肌力减弱以致肌萎缩和瘫痪。肌萎缩多见于手、足小肌肉和大腿肌。检查发现早期键反射亢进,后期减弱或消失,震动感减弱或消失,触觉和温度觉亦有不同程度降低。在临床症状出现前,电生理检查已可发现感觉和运动神经传导速度减慢。单一外周神经损害不常发生,主要累及脑神经,其中以动眼神经麻痹较常见,其次为外展神经麻痹,有自发缓解趋向。自主神经病变也较常见,并可较早出现,影响胃肠、心血管、泌尿系统和性器官功能。临床表现有瞳孔改变(缩小且不规则、光反射消失、调节反射存在)和排汗异常(无汗、少汗或多汗),胃排空延迟、腹泻(饭后或午夜)、便秘等胃肠功能失调,直立性低血压、持续心动过速、心搏间距延长等心血管自主神经功能失常,以及残尿量增加、

笔记栏

尿失禁、尿潴留、逆向射精、阳痿等。

(4) 眼的其他病变:除视网膜病变外,糖尿病还可引起黄斑病、白内障、青光眼、屈光改变、虹膜睫状体病变等。

(5) 糖尿病足:WHO 将糖尿病足定义为与下肢远端神经异常和不同程度的周围血管病变相关的足部(踝关节或踝关节以下的部分)感染、溃疡和(或)深层组织破坏。是截肢、致残主要原因,花费巨大。由于神经营养不良和外伤的共同作用,可引起 Charcot 关节(与神经病变相关的骨关节的非感染性破坏),好发于足部和下肢各关节,受累关节有广泛骨质破坏和畸形。对于糖尿病患者的骨、关节问题的处理,强调注意预防,防止外伤、感染,积极治疗末梢神经病变。

3. 感染 常见的有下列几组:

(1) 皮肤感染:如体癣、指甲癣、足癣及疖痈等化脓感染很常见,有时可成败血症。

(2) 结核:特别是肺结核,一旦得病,扩展迅速,蔓延广泛,病灶多系渗出性干酪样肺炎,易成空洞,发病率比常人高 3~5 倍,随肺结核等控制情况而波动。

(3) 泌尿系感染:其中以肾盂肾炎、膀胱炎为多见,有时伴真菌性阴道炎,感染不易控制,需与严格控制糖尿病同时进行,方可获得较好疗效。

(4) 胆囊、胆管炎、胆石症、牙周炎、牙龈溢脓及鼻窦炎等。

案例归纳一

该患者以"全身乏力、双下肢麻木感两月,皮下疖肿难愈一周"为主要表现,无典型的多尿、多饮、多食和消瘦症状。

体格检查:T 36.8℃,P 82 次/min,R 20 次/min,BP 136/82mmHg,身高 165cm,体重 70kg,胸背部及四肢远端皮肤可见较多大小不一的疖肿,有脓点;四肢活动灵活、协调、步态正常,无胼胝,单尼龙丝检查触觉减退,音叉振动觉减退,肌力、肌张力正常,无肌肉萎缩,肌腱反射与肌肉运动正常;心肺腹、眼底未见异常。

【实验室检查】

1. 尿糖测定 正常人尿中仅有微量葡萄糖,尿糖定性为阴性。尿糖阳性是诊断糖尿病的重要线索,在监测血糖条件不足时,可作判断疗效指标,并供调整降血糖药物剂量的参考。但尿糖受肾糖阈值、某些还原物质(如果糖、维生素 C、水杨酸盐等)及膀胱的排空情况等因素的影响,故特异性不高。

2. 血糖测定 血糖测定是目前诊断糖尿病的主要依据,亦用于疗效的判定,常静脉抽血用葡萄糖氧化酶法测定。空腹血糖是指在隔夜空腹(至少 8~10 小时未进任何食物,饮水除外)后的血糖水平,反映基础胰岛素分泌功能,正常人血浆血糖为 3.9~6.1mmol/L;餐后 2 小时血糖是指进食第一口饭开始计时至 2 小时后所测血糖值,正常健康者进食后 2 小时应恢复到空腹水平。

3. 葡萄糖耐量实验 临床常采用 OGTT,适用于空腹及随机血糖可疑升高和(或)尿糖阳性者、确诊可疑妊娠糖尿病者、患病率和发病率普查。清晨空腹采血后,成人口服 75 克无水葡萄糖(儿童按每公斤体重 1.75 克计算)溶于 250~300ml 水中,5 分钟内饮完,口服后 30、60、180 分钟测定血糖。正常人口服葡萄糖后,血糖会迅速上升,胰岛素分泌增加,使肝糖原生成增快,分解减少及体内各组织对葡萄糖的利用增加,一般在 30~60 分钟内上升达最高峰,而后迅速下降,2 小时内下降接近正常水平。

4. 血浆胰岛素、C 肽测定 血胰岛素水平测定对评价胰岛 B 细胞功能有重要意义,常采用放射免疫的方法,正常人空腹胰岛素水平为 5~20mU/L(35~145pmol/L)。C 肽与胰岛素是以等分子数从胰岛素 β 细胞生成和释放的,由于 C 肽不受肝脏酶灭活,被肝摄取低,在血循环血中 C 肽半衰期比胰岛素长,外周血中 C 肽比胰岛素的比值大于 5,且不受外源胰岛素的干扰,故可更准确的反映 B 细胞的分泌功能,正常人基础血浆 C 肽水平约 0.3~0.6/L。正常人口服 75 克无水葡萄糖后,血浆胰岛素水平在 30~60 分钟上升至高峰,为基础值的 5~10 倍,3~4 小时恢复到基础水平;C 肽水平则升高 5~6 倍。1 型糖尿病患者空腹及餐后胰岛素 C 肽分泌低平,2 型糖尿病为峰值下降,高峰延迟。有助于了解胰岛 B 细胞储备功能及指导治疗和糖尿病分型。

5. 糖化血红蛋白和糖化血浆白蛋白测定 糖化血红蛋白 A_1(GHb A_1)是血红蛋白中 2 条 β 链 N 端的缬氨酸与葡萄糖非酶化结合而成,其量与血糖浓度呈正相关,且为不可逆反应,主要成分为 A_1c,与红细胞一道在血中循环,而红细胞的半衰期约为 120 天,因此,可反映病人抽血前 8~12 周的平均血糖水平。正常人 HbA_1c 约为 4%~6%,临床上有助于判断糖尿病控制程度、认识预防糖尿病慢性并发症、鉴别应激状态时的高血糖。另外,血液中的一些蛋白质(主要为白蛋白)也可与血中葡萄糖发生非酶催化糖基化反应而形成果糖胺(FA),白蛋白在血中的寿命比血红蛋白短,一般为 19 天,故测定果糖胺可反映近 2~3 周内的血糖控制情况,可作为近期血糖控制的指标,但不用于诊断糖尿病。

笔 记 栏

6. 自身免疫标记物测定 如胰岛细胞自身抗体(ICA)、谷氨酸脱羧酶自身抗体(GAD65)、胰岛素自身抗体(IAA)在1型糖尿病人中常呈阳性。

案例归纳二

空腹血糖8.3mmol/L;尿糖(++),尿蛋白(+);肌电图正常。

【诊断与鉴别】 典型糖尿病可根据"三多一少"(多尿、多饮、多食、消瘦乏力)症状初步拟诊。近年来由于健康体检或因其他疾病就诊时通过检测血糖而被确诊为糖尿病的人数不断增加,也有一些患者因并发症就诊,然后确诊原发病为糖尿病,因此,糖尿病患者无论有无临床症状,最后确定诊断仍依靠血糖的实验室检查。

1. 诊断线索 患者如出现下列情况,应到医院进一步检查确定或排除糖尿病。

(1) 多尿、多饮、多食、消瘦乏力症状者。

(2) 有糖尿病家族史、巨婴分娩史、肥胖者。

(3) 较早出现动脉硬化,有血脂异常、高血压、冠心病、脑血管意外、视力下降者。

(4) 肢体溃疡久治不愈,反复不愈的皮肤感染(如毛囊炎,疖或痈),久治不愈的女性外阴瘙痒及泌尿系统感染者。

(5) 年龄超过50岁者,健康体检或住院时应常规排除糖尿病。

2. 诊断标准 根据1980年WHO的诊断标准和1997年美国糖尿病协会(ADA)提出修改糖尿病诊断标准的建议,1999年WHO专家委员会公布了协商性报告,其要点如下:

(1) 糖尿病诊断是基于空腹血糖(FPG)、任意时间血糖或OGTT中2小时血糖。FPG 3.9~6.0mmol/L为正常;6.0~6.9mmol/L为空腹血糖受损(IFG);≥7.0mmol/L为糖尿病(需另一天再次证实)。OGTT中2小时血糖<7.7mmol/L为正常;7.8~11.0mmol/L为葡萄糖耐量减低(IGT);≥11.1mmol/L为糖尿病(需另一天再次证实)。

(2) 糖尿病的诊断标准:临床症状并有下列一项可诊断为糖尿病:①随机血糖≥11.1mmol/L或空腹血糖≥7.0mmol/L或OGTT中2小时血糖≥11.1mmol/L;②无典型临床者需另一天再次证实上述标准者方可诊断。

3. 诊断时注意事项

(1) 对于临床工作,推荐采用葡萄糖氧化酶法测定静脉血浆葡萄糖。如用毛细血管血或全血测定,其诊断切点有所变动。如用全血测定,应于采血后立即测定,或立即离心并置于0~4℃保存,即使如此亦不能避免血细胞利用血糖。因此,不宜测定血清葡萄糖。

(2) 临床医生在作出糖尿病诊断时,应充分确定其依据的准确性和可重复性,对于无急性代谢紊乱表现,仅一次血糖值达到糖尿病诊断标准者,必须在另一天按3个标准之一复测核实,如复测结果未达到糖尿病诊断标准,应让患者定期复检,直至诊断明确为止。IFG或IGT的诊断应根据3个月内的两次OGTT结果,用其平均值来判断。

(3) 急性感染、创伤、循环或其他应激情况下可出现暂时血糖增高,不能依此诊断为糖尿病,须在应激过后复查。

(4) 在实践中应用诊断标准时应注意其调查目的。ADA(1997年)报告中建议在流行病学调查时可仅采用空腹血糖(方便及花费少等优点);而WHO认为除非因故不能OGTT,一般应采用空腹及OGTT、2小时PG。有时对某一个体的判断取决于仅仅是FPG,还是同时测定了FPG和2小时PG。例如FPG结果为正常或IFG者,而根据2小时PG,则有可能IGT或糖尿病,若只测FPG则容易漏诊。如果一个个体的血糖值同时符合两种不同类型,则取其较高者。

(5) 儿童糖尿病诊断标准与成人相同。

(6) 新的诊断标准切点变动的主要依据是数个大组研究表明FPG≥7.0mmol/L时作为糖尿病特异性并发症的微血管病变的风险率明显增加,而且FPG和2小时PG值在反映高血糖程度的危害性上较为一致。

目前诊断糖尿病值切点未能完全反映其病因以及临床后果之间的联系,"诊断糖尿病血糖值"知识选择性地反映微血管病变的风险,还没有从早期防治的观点把心血管病风险明确放映出来,因此,其诊断标准还会不断修改。

4. 鉴别诊断

(1) 肝脏疾病:严重肝病患者导致肝功能低下,肝糖原合成减少,出现餐后高血糖,特点是在食后1小时左右出现血糖高峰,并超出正常高值,尿糖阳性,高峰后血糖迅速下降,一般2~3小时内恢复至空腹水平,当肝功能严重受损时,高血糖持续时间较长。测定胰岛素或C肽释放试验基本正常,与血糖平行。

(2) 餐后糖尿:胃大部切除患者及某些正常人如一次进食大量碳水化合物,由于小肠吸收速度太快,负荷过重,血糖浓度升高暂时超过肾糖阈值而发生尿糖阳性;长期饥饿,可因忽然进食糖类食物而出现暂时血糖过高及尿糖阳性。当正常饮食数日后,血糖、尿糖均恢复正常,此类病人空腹血糖正常或偏低。

(3) 应激性糖尿:主要见于急性感染、高热、创伤、脑血管意外、心肌梗死、外科大手术等应激

笔 记 栏

情况下，由于应激，体内的肾上腺皮质激素、儿茶酚胺、生长激素等胰岛素拮抗激素分泌增加，胰岛素分泌不足，血糖升高，尿糖阳性。此种情况特点是当应激状态排除后，血糖、尿糖可恢复正常。

（4）肾性糖尿：是由于肾小管功能失调等造成不同程度的葡萄糖再吸收障碍所引起的。其特点有：①尿糖阳性，无高血糖现象，同时测定血糖，并做 OGTT 均在正常范围；②尿糖阳性，不受饮食影响，无论空腹和餐后尿糖均为阳性；③血胰岛素在正常范围，尿糖阳性与其无关；④常有家族史，可为肾小管先天性缺陷或肾小管组织内磷酸酶的减少。

（5）假性糖尿：尿中不少物质具有还原性，如维生素 C、尿酸、葡萄糖醛酸或随尿排除的某些药物如异烟肼、链霉素、水杨酸、阿司匹林等均可使尿糖测定呈阳性，而血糖及 OGTT 是正常的。

（6）与特异型糖尿病鉴别：皮质醇增多症、甲状腺功能亢进症、肢端肥大症和巨人症、嗜铬细胞瘤、胰腺疾病患者等均可引起糖尿病或糖耐量减低。临床详细询问病史，注意起病经过的特殊性，全面、细致地体格检查，配合必要的实验室检查，一般不难鉴别。

案例诊断要点

1. 中老年男性患者。

2. 病史特点：乏力、双下肢麻木感两月，皮下疖肿难愈 1 周，无多尿、多饮、多食和消瘦，无视力下降、心悸胸痛喘息等不适。给予营养神经药物及口服阿莫西林治疗，效果不佳。

3. PE：T 36.8℃，P 82 次/min，R 20 次/min，BP 136/82mmHg，身高 165cm，体重 70kg，胸背部及四肢远端皮肤可见较多大小不一的疖肿，有脓点；四肢活动灵活、协调、步态正常，无胼胝，单尼龙丝检查触觉减退，音叉振动觉减退，肌力、肌张力正常，无肌肉萎缩，肌腱反射与肌肉运动正常；心肺腹、眼底未见异常。

4. 实验室及其他检查：空腹血糖 8.3mmol/L；尿糖（++），尿蛋白（+）；肝肾功能正常；肌电图正常；胸部 X 线平片正常。

临床诊断：1. 1、2 型糖尿病，糖尿病周围神经病变，糖尿病肾病Ⅲ期。

2. 糖尿病皮肤感染。

【治疗】 糖尿病可以通过合理治疗，治疗达标，使病人的身体健康达到世界卫生组织所提出的“条件健康”标准，病人可以参加工作，参与各种社会活动。对儿童及青少年需保证其正常生长发育及较强的体力活动。糖尿病的有效治疗可以防止其急、慢性并发症的发生、发展，并可能使寿命延长。

1. 治疗目标 纠正体内高血糖及其代谢紊乱；保持正常体力，维持正常体重，肥胖病人减轻体重，儿童者保证生长发育；控制症状，预防和减少并发症发生、发展、降低死亡率。

2. 治疗原则 目前强调糖尿病应坚持早期、长期、综合治疗及治疗方法个体化的原则。

3. 治疗措施 包括糖尿病的教育、合理饮食、适当运动、必要的降糖药物和病情监测。

（1）糖尿病健康教育：是治疗中不可缺少的一个重要环节，被公认为其他治疗成败的关键。良好的健康教育可充分调动患者的主观能动性，积极配合治疗，有利于疾病控制达标、防止各种并发症的发生和发展，降低耗费和负担，使患者和国家均受益。健康教育的对象包括糖尿病防治专业人员的培训，医务人员的继续医学教育，患者及家属和公众的卫生保健教育。应对患者和家属耐心宣教，使其认识到糖尿病是终身疾病，治疗需持之以恒。让患者了解糖尿病的基础知识和治疗控制要求，学会测定尿糖。如有条件，学会正确使用便携式血糖仪，掌握饮食治疗的具体措施和体育锻炼的具体要求，使用降血糖药物的注意事项，学会胰岛素注射技术，从而在医务人员指导下长期坚持合理治疗并达标，坚持随访，按需要调整治疗方案。生活制度应规律，戒烟和烈性酒，讲究个人卫生，预防各种感染。

（2）饮食治疗：饮食治疗是糖尿病治疗中最重要、最基本的治疗，所有糖尿病病人不论糖尿病类型、糖尿病病情轻重、有无并发症，也不论是否应用药物治疗，糖尿病人必须持之以恒地长期进行合理地控制饮食。饮食方案应个体化，应根据年龄、身高、体重、工作性质、活动情况以及有无营养不良或其他疾病、是否生长发育或妊娠哺乳等个别而制定，并应随诊观察病人的反应随时调整方案。对 1 型糖尿病患者，在合适的总热量、食物成分、规则的餐次安排等措施的基础上，配合胰岛素治疗有利于控制高血糖和低血糖的发生。对 2 型糖尿病患者，尤其是肥胖或超重患者，饮食治疗有利于减轻体重、改善高血糖、脂代谢紊乱和高血压，以及减少降糖药物剂量，也有利于预防和治疗急性或慢性并发症。

1）控制总热量：要求在成人足以维持合理的体重，儿童保证其正常的生长发育，妊娠与哺乳者必须有充足的营养基础上控制每日总热量。首先按患者性别、年龄和身高查表或用简易公式计算出标准体重[标准体重(kg) = 身高(cm) −

笔记栏

105]，然后根据标准体重和工作性质，参照原来的生活习惯等因素，计算每日所需总热量。成年人休息状态下每日每公斤标准体重给予热量25~30kcal，轻体力劳动30~35kcal，中度体力劳动35~40kcal，重体力劳动在40kcal以上。儿童、孕妇、乳母、营养不良和消瘦，以及伴有消耗性疾病者应酌情增加，肥胖者酌减，是患者体重恢复至标准体重的±5%左右。

2）碳水化合物含量：约占饮食总热量的50%~60%，提倡用粗制米、面和一定量杂粮，忌用葡萄糖、蔗糖、蜜糖及其制品（各种糖果、甜糕点饼干、冰淇淋、含糖软饮料等）。

3）蛋白质比例：饮食中蛋白质含量一般不超过总热量的15%，成人每日每公斤标准体重0.8~1.2g（1g蛋白质产热4.2kcal），儿童、乳母、营养不良或伴有消耗性疾病者宜增至1.5~2.0g，伴有糖尿病肾病而肾功能正常者应限制至0.8g；血尿素氮升高者，应限制在0.6g。蛋白质来源应至少有1/3来自动物蛋白质，以保证必需氨基酸的供给。

4）脂肪比例：约占总热量的30%。脂肪量可根据体重、血脂高低及饮食习惯等需要而定，成人每日每公斤标准体重0.6~1.0g（1g脂肪产热9.1kcal）。应限制含饱和脂肪酸的动物性脂肪，可用含不饱和脂肪酸的植物油。

5）合理安排各种营养成分，定时定量进餐：按上述方法确定每日饮食总热量和碳水化合物、脂肪和蛋白质的组成后，根据生活习惯、病情和配合药物治疗的需要进行安排。可每日3餐分配为1/3、1/3、1/3或1/5、2/5、2/5；也可每日4餐分配为1/7、2/7、2/7、2/7。

6）高纤维饮食：在饮食中增加食物纤维的含量，便于保持餐后血糖不至于太高，且有降低体重和通便的作用。提倡每日饮食中纤维素含量至少40g，如玉米、小米、高粱等，少吃精米、精面、粗细粮搭配食用。

7）减少钠盐的摄入：为了预防心脑血管并发症的发生，每日食盐应限制在10g以内。

（3）运动疗法：长期有规律的科学性的体力活动或体育锻炼也是糖尿病的基本治疗措施之一，适当运动有利于减轻体重、提高胰岛素敏感性，改善血糖和脂代谢紊乱，防治其他与糖尿病相关联的疾病或并发症，但应根据年龄、性别、体力、病情及有无并发症（如心、脑血管疾病或严重微血管病变者）的不同条件作妥善安排，循序渐进和长期坚持。TIDM患者体育锻炼宜在餐后进行，运动量不宜过大，持续时间不宜过长，并予餐前在腹壁皮下注射胰岛素；因为TIDM接受胰岛素治疗时，常波动于相对性胰岛素不足和胰岛素过多之间，在胰岛素相对不足时进行运动可使肝葡萄糖输出增加，血糖升高，游离脂肪酸和酮体生成增加，对代谢状况产生不利影响，在胰岛素相对过多时，运动使肌肉摄取和利用葡萄糖增加，肝葡萄糖生成降低，血糖降低，甚至可诱发低血糖反应。有严重感染、发热、活动性肺结核等时禁忌运动。

（4）自我监测血糖（self-monitoring of blood glucose，SMBG）：SMBG是近10年来糖尿病患者管理方法的主要进展之一，为糖尿病患者和保健人员提供一种动态数据，应用便携式血糖仪可经常观察和记录患者血糖水平，为调整药物剂量提供依据。此外，每2~3个月定期复查GhbA1c或每3周复查FA，了解糖尿病病情控制程度，以便即使调整治疗方案。每年1~2次全面复查，并着重了解血脂水平，心、肾、神经功能和眼底情况，以便尽早发现大血管、微血管并发症，给予相应的治疗。实践证明，长期良好的病情控制可在一定程度上延缓或预防并发症的发生。

（5）药物治疗

1）口服药物治疗：药物治疗是糖尿病治疗的重点。除小部分经饮食治疗和运动治疗就能控制病情的2型糖尿病病人以外，都需要进行药物治疗。口服降糖药主要用于2型糖尿病的治疗，药物的选择原则根据每个病人的不同情况采取不同的治疗方案，即个体化原则。目前临床上应用的口服降糖药物，根据它们的结构和作用机制不同，可分为五大类，即磺脲类、双胍类、α-葡萄糖苷酶抑制剂、噻唑烷二酮及苯甲酸衍生物，这些药物在临床上已广泛使用。

A. 磺脲类（sulfonylureas，Sus）：是临床应用最早、最广泛的口服降糖药。

a. 作用机制：①直接刺激胰岛B细胞分泌胰岛素。磺脲类药物可与胰岛B细胞上的特异性受体结合，关闭钾依赖的三磷酸腺苷钾通道，钾离子内流减少，导致细胞膜的去极化，钙通道打开，钙离子内流，启动微管系统，刺激胰岛分泌。SUs主要是刺激已合成胰岛素从B细胞释放出来而非合成。②增强周围组织对胰岛素的敏感性，从而增强周围组织对葡萄糖的利用。服用SUs后可使胰岛素与胰岛素受体的亲和力增加，使周围组织细胞膜上胰岛素受体数目增加，改善胰岛素受体/或受体后缺损，上述作用总的结果是使周围组织对胰岛素的敏感性增加，促进血液中的葡萄糖进入细胞内，从而增加了糖的利用，使血糖下降。③减少肝糖输出。SUs能促进肝脏对葡萄糖的利用，减少糖原异生，抑制肝糖原的分解，使肝糖输出减少，血糖下降。

b. 适应证：由于磺脲类药物的降血糖机制是刺激胰岛B细胞分泌胰岛素，故总的原则是

笔记栏

适用于有一定 B 细胞功能，且饮食治疗尚不能达到满意控制的 2 型糖尿病患者。①新诊断的 2 型糖尿病非肥胖者。②2 型糖尿病（非肥胖）用饮食治疗和锻炼不能使用病情获得良好控制者。③对于 2 型糖尿病患者控制失败后，部分病人可加用胰岛素联合治疗，可不必停用 SUs。

c. 禁忌证：①1 型糖尿病。②2 型糖尿病合并感染、酮症酸中毒、高渗昏迷、进行大手术和应激等情况者。③已有严重的心、肝、肾功能不全者。④妊娠、分娩及哺乳期。⑤出现造血功能系统受抑制表现，如白细胞减少。⑥出现严重不良反应者。

d. 副作用：常见的不良反应包括：①低血糖，是磺脲类最重要也是最危险的一种副作用，理论上讲，任何一种磺脲类降糖药均可导致低血糖反应，作用时间长较作用时间短的制剂易造成低血糖，临床最常见的就是作用时间较长的制剂。②消化道反应，有食欲减退、恶心、上腹部不适等，但腹痛、腹泻很少见，SUs 影响到肝脏引起中毒性肝炎的情况少见，减少药量或停药可使消化道反应消失。③皮肤过敏反应，如皮肤瘙痒、皮疹、红斑、荨麻疹等，个别患者可发生剥脱性皮炎，严重的有全身性过敏反应。④血液系统反应较为少见，偶可发生白细胞减少、血小板减少、溶血性贫血等。

e. 与其他药物的相互作用：①病人在服用 SUs 后，应慎用一些能促进 SUs 降糖作用的药物，以避免低血糖反应，包括抑制与血浆蛋白结合的药物（阿司匹林、消炎药、保泰松、青霉素、氯霉素和磺胺类药物等）、抑制 SUs 分解代谢的药物（酒精、西咪替丁等）、减少 SUs 从肾脏排泄的药物（丙磺舒、别嘌呤醇等）和抑制肝糖原分解和糖原异生的药物（普萘洛尔等 β 肾上腺素能阻滞剂）。②有些药物能对抗 SUs 的作用，从而降低其疗效，包括糖皮质激素（刺激肝糖异生，抑制外周组织葡萄糖的利用）、交感神经兴奋剂（肾上腺素、去甲肾上腺素、麻黄碱等，直接抑制胰岛素的分泌）、利尿剂（氢氯噻嗪、呋塞米等，促进血钾的排泌致胰岛功能下降）和雌激素类药物。

f. SUs 的失效：①原发性失效，是指从未服过 SU 的糖尿病病人在严格饮食治疗和运动治疗的基础上，连续给予足够量的 SUs 一个月以上病情未能得到控制，空腹血糖> 14mmol/L。②继发性失效，是指开始用 SUs 治疗时有明显效果，但经过一段时间（1 个月或 1 年以上）后疗效逐渐减弱，最终因血糖过高而被迫加用或改用胰岛素治疗，主要原因是胰岛 B 细胞功能的逐渐恶化和外周组织对胰岛素的抵抗。发生继发性治疗失效时，应检查可能存在可消除的诱因，如应激、饮食治疗依从性差等，应予以纠正；经处理后如病情仍未得到良好控制，可考虑加用双胍类、α 葡萄糖苷酶抑制剂，改用胰岛素联合治疗。通常不联合应用两种 SUs 制剂。

g. 常用的磺脲类药物：已有几十年的应用历史，第一代药物有甲苯磺丁脲（D860）、氯磺丙脲；第二代药物有格列本脲、格列吡嗪、格列齐特、格列波脲、格列喹酮和格列美脲等。①甲苯磺丁脲（D860），在胃肠道吸收迅速，服药后 1 小时即发生作用，3～4 小时达血液高峰浓度，持续时间为 6～12 小时，半衰期 3～12 小时，临床最适用于轻、中型糖尿病病人。②氯磺丙脲，作用强而持久，口服后 10 小时达高峰浓度，作用时间可持续 60～65 小时，半衰期 30～36 小时，每天服用一次，易发生低血糖，老人及肝脏功能不全者慎用。③格列本脲，作用强而持久，是目前作用最强的一种 SUs，口服后吸收也迅速，2～6 小时血液浓度达高峰，持续时间大约 24 小时。半衰期 10～16 小时，代谢产物 50% 从胆汁排出，50% 从肾脏排出，临床上一定要从小剂量开始，使用不当极易发生低血糖反应，使用时应给予足够的重视，老人和肾功能不全者应慎用。④格列吡嗪，口服后吸收迅速，1～2 小时即达高峰，作用时间为 12～14 小时，半衰期 2～4 小时，主要由肾脏排出，引起低血糖的机会很小，老年人尤为适宜。⑤格列齐特，作用温和，口服后吸收较缓慢，服药后 2～6 小时达高峰，作用持续时间 12～24 小时，半衰期约为 10～12 小时，适用于轻、中型糖尿病病人，对血糖大于 13mmol/L 者效果不佳，对于肝肾功能不全者、妊娠、严重酮症酸中毒、糖尿病性昏迷者应禁用。⑥格列波脲，口服后吸收迅速，高峰时间 2～4 小时，持续时间 12～24 小时，半衰期 10～12 小时，主要从肾脏排出，适用于 2 型糖尿病，尤适于老年患者，很少发生低血糖反应。⑦格列喹酮，口服后吸收迅速，2～3 小时达高峰，作用持续时间 8～12 小时，半衰期 1～2 小时，95% 从肝脏排出，自肾脏排出的比例不足 5%，很少引起低血糖症。1 型糖尿病、SUs 过敏者、妊娠期及代谢性酸中毒病人禁用，严重肾功能减退、肾小球滤过率小于 30ml/min 者慎用。⑧格列美脲，口服吸收后，3～5小时达高峰，作用时间为 10～20 小时，半衰期 1.5 小时，60% 从肾脏排出。⑨格列吡嗪控释片，口服后完全吸收，2～3 小时血浆浓度增高，6～12小时达高峰，平均半衰期 2～5 小时，维持 24 小时有效血浆浓度，90% 经生物转化由肾脏和粪便排出，10% 以药物原形经尿排泄。

B. 双胍类：主要包括苯乙双胍和二甲双胍。近年来随着对其作用机制和特点的认识，应用越来越广泛。

a. 作用机制：①增进细胞对葡萄糖的利用，

笔记栏

增加周围组织对葡萄糖的无氧酵解。②抑制葡萄糖的肠吸收,从而减轻餐后高血糖状态。③抑制肝和肾的葡萄糖异生,从而减少肝糖输出,使空腹血糖降低。④增加外周组织胰岛素与胰岛素受体的结合,增加胰岛素对血糖的清除作用。⑤可减少血中三酰甘油、低密度脂蛋白胆固醇-C水平及增加高密度脂蛋白胆固醇-C水平,肥胖的2型糖尿病病人用此类药可减轻体重。

b. 适应证:①单独应用治疗2型糖尿病,尤其是肥胖、血脂异常、高血压或高胰岛素血症的2型糖尿病病人首选二甲双胍。②单用双胍类或磺脲类有效,但未达到良好控制者,可两类药物联合应用。③1型糖尿病在使用胰岛素治疗过程中血糖波动较大者,加用双胍类药有利于稳定病情。

c. 禁忌证:①1型糖尿病不应单独使用此药。②存在糖尿病急性并发症及严重应激状态者。③肝、肾功能障碍,或有心力衰竭及其他缺氧疾病者。④酗酒及酒精中毒者,因酒精能强化双胍类药物的降糖和增高乳酸的作用。⑤妊娠妇女,哺乳期妇女不宜使用。

d. 副作用:①消化道反应,表现为食欲不振、恶心、呕吐、腹痛、腹泻等。一般采用进餐中或后服用,从小剂量开始,上述症状可以减轻。②乳酸性酸中毒,是双胍类药最严重的不良反应。这是苯乙双胍被淘汰的主要原因,二甲双胍诱发乳酸性酸中毒较少。③过敏反应,偶见。

e. 常用双胍类降糖药:①苯乙双胍,口服后3小时内可使血糖下降,作用维持时间为4~6小时,约1/3在肝脏内代谢成为无活性的对位80苯乙双胍,其余2/3以原形从尿中排出,24小时内有90%从尿中排出,大剂量对组织氧化有抑制作用,易产生酮症,乳酸性酸中毒以及严重的胃肠反应,现已很少使用。②二甲双胍,口服后主要从小肠吸收,2小时达血药浓度高峰,作用可维持4~6小时,约60%由肾脏排泄,约30%由肠道排泄,每日0.5~1.5克,于三餐时或餐后即服。

C. α葡萄糖苷酶抑制剂

a. 作用机制:通过竞争抑制小肠上段的上皮细胞内的α葡萄糖苷酶,使双糖向单糖的转化减少,从而延缓碳水化合物的吸收作用,以降低餐后高血糖,并可减轻胰岛素β细胞的负荷及胰岛素抵抗。因不抑制蛋白质和脂肪的吸收,故常规用量一般不会引起营养物质的吸收障碍。

b. 适应证:①单独应用于单纯饮食控制的2型糖尿病患者,或与磺尿类和双胍类联合应用治疗的2型糖尿病患者。②1型糖尿病,胰岛素治疗的同时加用可减少胰岛素用量,并平稳控制血糖。③用于IGT者,预防IGT向2型糖尿病转化。④可预防胃大部切除术后病人餐后的反应性低血糖。

c. 禁忌证:①18岁以下的1型糖尿病患者。②慢性腹泻、慢性胰腺炎、严重胃肠道功能紊乱者。③肝功能损害时应慎用。④妊娠和哺乳期妇女慎用。

d. 副作用:①消化道反应,为主要副作用,表现为肠鸣、腹胀、恶心、呕吐、食欲不振、腹泻等,长期用药或减少药量可减轻症状。②低血糖反应,单独应用不引起,但与其他降糖药合用时可能发生,如发生低血糖反应,必须静脉注射葡萄糖治疗,口服蔗糖溶液或进食复合碳水化合物(一般甜食)不易纠正低血糖,因α葡萄糖苷酶已经被抑制。

e. 常用α葡萄糖苷酶抑制剂:①阿卡波糖(acarbose),主要通过抑制α-淀粉酶起作用,起始剂量为50mg,每日3次,一般最高剂量不超过每日300mg。②伏格列波糖(voglibose),主要通过抑制麦芽糖酶和蔗糖酶起作用,每次0.2μg,每日3次。两者制剂应在进食第一口食物后服用。饮食成分中应有一定量的碳水化合物,否则AGI不能发挥作用。

D. 噻唑烷二酮:因化学结构上的共同特点是具有噻唑烷二酮结构,药理作用相似,能改善胰岛素抵抗,故被称为胰岛素增敏剂。

a. 作用机制:①改善糖代谢,主要作用于胰岛素靶组织(如脂肪、肌肉、肝脏),使脂肪组织中的葡萄糖氧化和脂肪合成增加,肌肉组织葡萄糖摄取及氧化增加,从而降低血糖;另外,它也可使肝糖原合成增加,糖异生减少,肝糖输出减少而使血糖降低,但此作用较弱。②改善脂质代谢,抑制肝脏合成三酰甘油,促进血外周组织三酰甘油的清除。③增强胰岛素的作用,通过结合和活化过氧化物酶增殖物激活受体γ(PPARγ)起作用,PPARγ被激活后通过诱导脂肪生成酶和与糖代谢调节相关蛋白的表达,促进脂肪细胞和其他细胞的分化,并提高细胞对胰岛素作用的敏感性,减轻胰岛素抵抗。

b. 适应证:①2型糖尿病,单独或与其他口服降糖药联合应用对肥胖者和严重胰岛素抵抗的病人效果较好。②与胰岛素联合治疗1型或2型糖尿病,可减少胰岛素用量。③非糖尿病胰岛素抵抗状态,如肥胖、高血压、多囊卵巢综合征等。④治疗IGT,干预其向糖尿病发展。

c. 禁忌证:①不能单独应用治疗1型糖尿病和需用胰岛素治疗的2型糖尿病患者。②肝肾功能不良、心功能衰竭、水肿者。③哺乳期妇女,孕妇和儿童禁用。

d. 副作用:①严重不良反应是对肝脏的损害。②水肿。③剂量依赖性的血红蛋白及血细胞比积减低。④单独应用不发生低血糖反应。

笔记栏

E. 苯甲酸衍生物：是一种非磺脲类的促胰岛素分泌的药物，属餐时血糖调节剂。

a. 作用机制：主要是通过关闭 B 细胞膜上的钾通道，造成钙离子内流，细胞内钙离子浓度增加，从而刺激胰岛素分泌。但与磺脲类药物作用的受体位点不同，且药物不进入 B 细胞，不抑制蛋白合成或不直接引起胰岛素的胞吐作用。

b. 适应证：与磺脲类药物相似，可单独应用亦可与其他降血糖药物联合应用。

c. 禁忌证：①1 型糖尿病；②严重肝功能不全者；③妊娠哺乳期妇女；④本药过敏者。

d. 副作用：本品副作用少，耐受性良好，可有轻中度低血糖，胃肠道功能紊乱如腹泻和呕吐。

e. 常用制剂：①瑞格列奈（repaglinide），为苯甲酸衍生物，与 36kDa 蛋白质特异结合后起作用，服后 30 分钟血浆浓度达最高峰，半衰期 1 小时，98%在肝脏代谢，90%的代谢产物经胆汁排泄进入粪便。于餐前或进餐时口服，每次 0.5~4mg，从小剂量开始，按病情逐渐调整剂量，不进餐不服药，用药较灵活，最大剂量不应超过 16mg。②那格列奈（nateglinide）为 D-苯丙氨酸衍生物，其刺激胰岛素分泌的作用有赖于血糖水平，故低血糖发生率低，常用剂量为每次 120mg 餐前口服。

2）胰岛素治疗

A. 适应证：主要有：①1 型糖尿病；②2 型糖尿病患者经饮食及口服降血糖药治疗未获得良好控制；③糖尿病酮症酸中毒、高渗性昏迷和乳酸性酸中毒伴高血糖时；④合并重症感染、急性脑血管意外、急性心肌梗死、消耗性疾病、视网膜病变、肾病、神经病变；⑤妊娠和分娩；⑥肝肾功能不全；⑦存在伴发病需外科治疗的围手术期；⑧全胰腺切除引起的继发性糖尿病。目前有学者主张 2 型糖尿病患者早期使用胰岛素，以保护 β 细胞功能。

B. 胰岛素制剂：胰岛素来源于猪、牛动物胰腺中提取的胰岛素及 DNA 重组技术生产的人胰岛素。按起效作用快慢和维持作用时间，胰岛素制剂可分为速（短）效、中效和长（慢）效三类。目前另有超短效、超长效胰岛素类似物及预混人胰岛素。

速效胰岛素有普通（正规）胰岛素（regular insulin，RI）、诺和灵 R、优泌林-常规、单峰中性胰岛素，皮下注射后发生作用快，但持续时间短，是惟一可经静脉注射的胰岛素，可用于抢救糖尿病酮症酸中毒。中效胰岛素有低精蛋白胰岛素（neutal protamine Hagedorn，NPH）、单峰中效胰岛素、诺和灵 N、优泌林-中效。长效制剂有精蛋白锌胰岛素注射液（protamine zinc insulin，PZI，鱼精蛋白锌胰岛素）、特慢胰岛素锌混悬液（ultralente insulin zinc suspension）、诺和灵 UL、优泌林 UL。速效胰岛素主要控制 1 餐饭后高血糖；胰岛素主要控制两餐饭后高血糖，以第二餐饭为主；长效胰岛素无明显作用高峰，主要提供基础水平胰岛素。

超短效胰岛素（如赖脯胰岛素、门冬胰岛素）是快速吸收的人胰岛素类似物，可于进餐时注射，持续约 4 小时，低血糖发生率低。

胰岛素吸入是一种新的给药方式，主要有经肺、经口腔黏膜和经鼻腔黏膜吸收三种方式，以第一种的研究为多，有干粉状和可溶性液态两种，使用时经雾化由肺泡吸收。其应用正在不断研究改进中。

C. 治疗原则和方法：①无论哪一种类型糖尿病，胰岛素治疗应在一般治疗和饮食治疗的基础上进行；②胰岛素的用量、用法必须个体化；③先从小剂量开始，并及时调整剂量；④可与部分口服降糖药合用。

a. 1 型糖尿病患者多需要胰岛素强化治疗。有如下几种方案供选择：①三餐前短效加睡前中效胰岛素注射；②早、午餐前短效和晚餐前短效加长效胰岛素注射；③早餐前注射中效和短效胰岛素，晚餐前注射短效胰岛素，夜宵前注射中效胰岛素。

b. 2 型糖尿病患者使用口服降糖药后，血糖控制不佳，可加用胰岛素治疗，称为补充疗法；停用口服降糖药改用胰岛素治疗称为替代疗法。其补充疗法的具体方法有：①早餐后血糖高，在早餐前加用短效胰岛素；②空腹血糖高，可在睡前加用中效胰岛素。其替代疗法的具体方法有：每天注射胰岛素两次，早、晚餐前用量分别为全天用量的 2/3 和 1/3。

采用强化胰岛素治疗方案后，有时早晨空腹血糖仍然较高，其可能的原因有：①夜间胰岛素作用不足；②黎明现象（down phenomenon），即夜间血糖控制良好，也无低血糖发生，仅于黎明一段短时间出现高血糖，其机制可能为皮质醇、生长激素等胰岛素拮抗素激素分泌增多所致；③Somogyi效应：即在夜间曾有低血糖，在睡眠中未被察觉，但导致体内升血糖的激素分泌增加，继而发生低血糖后的反跳性高血糖。夜间多次（于 0、2、4、6、8 时）测定血糖，有助于鉴别早晨高血糖的原因。强化胰岛素治疗的另一种方法是持续皮下胰岛素输注（俗称胰岛素泵），应用可调程序的微型电子计算机控制皮下输注短效或超短效胰岛素，模拟胰岛素持续基础分泌和进食时的脉冲式释放，使血糖治疗更接近生理水平。此泵适用于 1 型糖尿病，目前也用于 2 型糖尿病血糖控制不佳者。

笔记栏

D. 胰岛素的抗药性和不良反应:各种胰岛素制剂因含有一定量的杂质,故有抗原性和致敏性,人体多次接受胰岛素注射约1个月后,血中可出现抗胰岛素抗体。临床上只有极少数患者表现为胰岛素抗药性。

胰岛素的主要不良反应是低血糖反应,与剂量过大和(或)饮食失调有关,多见于T1DM患者,尤其是接受强化胰岛素治疗者。如已出现低血糖昏迷,则应静脉注射50%葡萄糖注射液。此外,还可以出现过敏反应及局部反应。少数有皮肤瘙痒、荨麻疹、罕见有过敏性休克;在注射部位呈皮下脂肪萎缩或增生,停止在该部位注射后可缓慢自然恢复。使用高纯度或人胰岛素制剂后则过敏反应和脂肪营养不良甚少发生。

(6) 胰腺移植和胰岛细胞移植:治疗对象大多为T1DM患者,单独胰腺移植(节段或全胰腺)可解除对胰岛素的依赖,改善生活质量。T1DM患者合并糖尿病肾病肾功能不全是进行胰肾联合移植的适应证。胰腺移植由于其外分泌处理上的复杂性和手术并发症的严重性,宜在技术精良、经验丰富的中心进行,而且,长期免疫抑制剂治疗带来一定的毒性不良反应。胰岛细胞移植技术在胰岛细胞分离、纯化、低温保存、生物相容性免疫保护微囊技术等方面取得一些进展,但胰岛细胞来源以及技术的普及仍有待进一步发展。

(7) 糖尿病合并妊娠的治疗:无论妊娠期糖尿病或在妊娠前已患糖尿病,妊娠对糖尿病以及糖尿病对孕妇和胎儿均有复杂的相互影响。胎儿靠母体葡萄糖供给能量,使孕妇的空腹血糖低于妊娠前水平,而血游离脂肪酸和酮酸浓度升高。胎盘胰岛素酶增加胰岛素的降解,胎盘催乳素(HPL)和雌激素可拮抗胰岛素的作用使患者对胰岛素的敏感性降低,这种状况在妊娠中、后期尤为明显,使胰岛素需要量增加。当分娩后其胰岛素敏感性恢复,需要量骤减,应及时调整剂量,避免发生低血糖。糖尿病患者在妊娠期易合并尿路感染、羊水过多和子痫,甚至诱发酮症酸中毒。此外,胎儿畸形、流产、死产、巨大儿、新生儿低血糖症、呼吸窘迫综合征等患病率和病死率明显升高,给孕妇和胎儿带来不利影响。孕妇糖尿病发病年龄越年轻,病程越长或已存在血管并发症者,病情越严重。受孕时和整个妊娠期糖尿病病情应保持良好的控制并达到满意的标准,对确保母、婴安全至关重要。由于胎儿的先天性畸形和智力发育障碍与胚胎成形期母体的代谢紊乱有关,应建立产前咨询。饮食治疗原则与非妊娠患者相同,总热量约每日每公斤体重159kJ(38kcal),蛋白质每日每公斤体重1.5~2.0g,碳水化合物约250g,以在妊娠期允许孕妇体重正常增长。在整个妊娠期间应密切监护孕妇血糖水平和胎儿的生长、发育、成熟情况。应选用速效和中效胰岛素,忌用口服降血糖药。在妊娠28周前后,宜特别注意根据尿糖和血糖变化,调节胰岛素用量,通常在孕36周前早产婴儿死亡率较高,38周后胎儿宫内死亡率增高,故在妊娠32~36周时宜住院治疗直至分娩。住院期间密切监护产科情况,必要时进行引产或剖宫产。产后注意对新生儿低血糖症的预防和处理。

【预防】 随着经济发展和都市化生活的普及,糖尿病及其并发症已成为日趋严重危害人民健康的重大问题。在那些原有较薄弱基础上迅猛发展的国家和地区,糖尿病患病率急剧上升的现象尤为突出。因此,应在各级政府和卫生部门领导下,发动社会支持,共同参与糖尿病的预防、治疗、教育、保健计划。以自身保健和社区支持为主要内容,制订、实施和评价各种综合性方案。通常,预防工作分为三级。一级预防是避免糖尿病发病;二级预防是及早检出并有效治疗糖尿病;三级预防是延缓和(或)防治糖尿病并发症。提倡不吸烟,少饮酒,少吃盐,合理膳食,经常运动,防止肥胖。对T2DM的预防,关键在于筛查出IGT人群,在IGT阶段进行干预处理,有可能延缓、减少向糖尿病的转变,使其保持在IGT或转变为正常糖耐量状态。已有几个IGT临床试验结果提示,通过一系列的生活方式干预,包括减轻体重、体力活动增加、饮食调整,可以降低糖尿病风险(例如我国大庆和瑞典马尔摩研究)。使用药物干预,例如美国糖尿病预防计划(DPP)应用二甲双胍和多国、多中心的NIDDM预防研究(STOP-NIDDM)应用阿卡波糖,这些结果表明这两种药物可减少糖尿病的发生。

处方及医师指导

1. 优质低蛋白、糖尿病饮食(理想体重60kg,每日总热卡1800kcal,其中蛋白质48g,脂肪48g,碳水化合物275g,按每日三餐分配为1/5、2/5、2/5)。

2. 胰岛素控制血糖治疗。

3. 根据细菌培养+药敏选择敏感抗生素控制感染。

4. 血管紧张素转换酶抑制剂(ACEI)或血管紧张素Ⅱ(AgⅡ)受体拮抗剂(ARB)延缓DN。

5. 神经营养修复治疗:维生素B_{12}、爱唯治、神经节苷脂等。

6. 改善微循环:醛糖还原酶抑制剂(sobinil)。

笔记栏

第5章 血脂异常

案例

患者，男性，43岁，因“体胖10年，头晕、胸闷、乏力3个月”入院。

患者10年前开始发胖，无明显不适。3个月前始头晕、胸闷、乏力、困倦、经休息无好转，遂入院诊治。吸烟25年，平均每日饮白酒200ml。否认糖尿病、高血压、冠心病病史。

体格检查：BP 135/88mmHg，形体肥胖，精神疲乏，身高174cm，体重86kg。心、肺、腹部、神经系统未见异常。

实验室和其他检查：血脂：TC 7.82mmol/L，TG 2.61mmol/L，HDL-Ch 0.70mmol/L，LDL-Ch 4.27mmol/L。心电图检查未见异常。

思考题

1. 本例患者有哪些心血管疾病的危险因素，最可能的诊断是什么？

2. 诊治方案如何？

血脂是血浆中的中性脂肪（三酰甘油和胆固醇）和类脂（磷脂、糖脂、固醇、类固醇）的总称，广泛存在于人体中，是生命细胞基础代谢的必需物质。血脂中的主要成分是胆固醇（TC）和三酰甘油（TG）。血脂异常（dyslipidemi）指循环血液中脂质或脂蛋白的组成成分浓度异常，俗称为高脂血症（hyperlipidemia），可表现为高总胆固醇血症、高三酰甘油血症、混合型高脂血症、脂蛋白浓度增高。

随着生活水平的提高，血脂异常的发生率呈逐年升高的趋势。据2002年8~12月开展的中国居民营养与健康状况调查结果显示，我国≥18岁居民血脂异常患病率为18.6%，达1.6亿患者，男性22.2%，女性15.9%。城市患病率为21.0%，农村患病率为17.7%。不同类型的血脂异常现患率分别为：高胆固醇血症2.9%，高三酰甘油血症11.9 %，低高密度脂蛋白血症7.4%。另有3.9%的人血胆固醇边缘升高。血脂水平的高低与许多疾病的形成、发生、发展密切相关，在动脉粥样硬化（AS）的发生发展及其引起的心血管事件中起非常重要的作用，是近年来AS和冠心病防治中快速发展的领域之一。

【血脂蛋白的代谢】 成熟的血浆脂蛋白有两部分，一为疏水性的核，内含TC和TG，另一部分为亲水性的外壳，含磷脂、游离胆固醇、载脂蛋白等。疏水性的核，不能直接进入细胞中，也不能在血液中转动，需与亲水性的壳级成一个亲水性的球状巨分子，此巨分子称为脂蛋白；脂蛋白可在血液中被运输，并可进入细胞内。脂蛋白一般多在肝脏和小肠中合成，在肝脏中分解代谢。

1. 血脂蛋白的分类 血浆脂蛋白的功能是转运血浆中非水溶性的TC和TG。由于血浆脂蛋白的组成、颗粒大小、分子质量、带电负荷强度各不相同，可将其分为五大类，乳糜微粒（CM）、极低密度脂蛋白（VLDL）、中间密度脂蛋白（IDL）、低密度脂蛋白（LDL）和高密度脂蛋白（HDL），这五类脂蛋白的密度依次增加，颗粒直径依次减少。后来又发现了新的脂蛋白（Lp），其密度比LDL大，但颗粒也较LDL大。CM的功能是转运外源性三酰甘油和胆固醇；VLDL转运内源性三酰甘油；LDL转运内源性胆固醇；HDL逆向转运胆固醇。CM、VLDL、IDL、LDL等均可致动脉粥样硬化，是冠心病的危险因素，而HDL与之相对，是抗动脉粥样硬化的血浆脂蛋白，具有保护作用。

2. 调节脂蛋白代谢的主要载脂蛋白 载脂蛋白是位于脂蛋白表面的蛋白质成分的总称，目前发现的载脂蛋白有20多种，如ApoAI、ApoB、ApoE等，在脂蛋白功能与代谢等方面具有非常重要的作用，如可作为配基与脂蛋白受体结合、激活多种脂蛋白代谢酶等。

3. 控制脂蛋白代谢的脂蛋白受体 受体与脂蛋白的结合是胆固醇代谢的主要途径，也与各种血脂紊乱有关。现发现的受体有LDL受体、pg330受体、VLDL受体。LDL受体的研究较多，多种细胞的表面存在LDL受体，肝细胞最多，它在LDL、CM残粒、VLDL及其残粒、IDL、HDL的摄取中发挥重要作用。细胞通过LDL受体摄取上述脂蛋获得胆固醇。LDL受体的变异可导致脂代谢的紊乱，临床上表现为遗传性家族性高胆固醇血症。

4. 脂蛋白代谢中的关键酶 调节血浆脂蛋

笔记栏

白代谢需要脂蛋白代谢酶。包括脂蛋白脂酶(LPL)、肝脂酶(HL)和卵磷脂胆固醇酰基转移酶(LCAT)。LPL参与血浆中血浆中CM、VLDL的分解代谢,调节三酰甘油的水解,释放出游离脂肪酸供组织利用。LPL的变异可导致高三酰甘油血症,1型糖尿病患者因LPL的活性下降,导致富含三酰甘油脂蛋白的降解减慢,从而出现高三酰甘油血症。HL参与CM残粒中三酰甘油和SM表面过多磷脂的水解,如缺乏则引起脂蛋白残粒和IDL、HDL水平的改变。LCAT作用于HDL和少数LDL,其缺乏可导致血浆游离胆固醇升高和胆固醇脂水平下降。

5. 脂蛋白(a) 脂蛋白(a)是一种特殊的脂蛋白,不由VLDL转化而来。流行病学调查显示,脂蛋白(a)浓度升高与冠心病、心肌梗死、脑卒中、血管再狭窄密切相关,是动脉粥样硬化的独立危险因素。

6. 脂蛋白的代谢及其致动脉硬化的作用 脂蛋白的代谢由外源性和内源性两种途径完成。食物脂肪经消化后与载脂蛋白组装成CM并进入血流。CM的TG很快分解,释放出游离脂肪酸和甘油,供给周围脂肪和肌肉等组织作为氧化产能的原料。CM中TG减少,其颗粒缩小,其脱落下来的表面成分即形成新生HDL颗粒。肝脏利用CM和游离脂肪酸等合成VLDL。VLDL经分解并与载脂蛋白进行分子交换,形成IDL。IDL在HL的作用下,最后形成LDL。LDL颗粒的密度不均一,随着密度增加颗粒变小。小而密的LDL占优势时,动脉粥样硬化更易发生,因其更易被氧化修饰。HDL与LDL不同,其可将周围组织包括动脉壁内的胆固醇转运到肝脏进行代谢,是一种抗动脉粥样硬化的脂蛋白,被认为是冠心病的保护因子。

【病因和发病机制】 根据血脂成分异常的不同,临床上将其分为高胆固醇血症和高三酰甘油血症。其病因和发病机制有所不同。

1. 高胆固醇血症 高胆固醇血症的原因众多,大致包括以下几种。

(1) 基础血浆低密度脂蛋白-胆固醇(LDL-C)值偏高:人类的基础LDL-C水平比其他种属动物高,较高的基础LDL-C是人类临界高胆固醇血症的主要原因之一。

(2) 高胆固醇和高饱和脂肪酸饮食:摄入高胆固醇和富含脂肪的饮食,肝脏合成的胆固醇增加。

(3) 体重增加:肥胖促进肝脏输出载脂蛋白B的脂蛋白,使LDL生成增加,肥胖也促使全身的胆固醇合成增加,肝内胆固醇池扩大,同时抑制LDL受体的合成,是胆固醇升高的另一个重要原因。

(4) 年龄因素:老年人LDL受体活性减退,LDL分解代谢率降低。

(5) 女性绝经:雌激素水平下降,影响了LDL受体的活性,胆固醇水平升高。

(6) 遗传因素:遗传因素所致的血脂异常,又称原发性高脂蛋白血症,包括六种表型:①家族性多基因性高胆固醇血症,是临床上最常见的血脂异常类型,可能由多个基因异常引起,遗传方式较为复杂,反映了基因、饮食及其他环境因素之间的相互作用。②家族性高胆固醇血症,为常染色体显性遗传病。由于细胞膜表面LDL受体缺如或异常,导致体内LDL代谢异常,造成血清TC和LDL-C水平明显升高,TC可达9.1~11.9mmol/L。③家族性异常β-脂蛋白血症,也称宽β病(broad-beta disease),为常染色体隐性遗传病,少见,ApoE基因变异是其发病的必备条件之一。④家族性乳糜微粒血症,为一种罕见的常染色体显性遗传性病。⑤家族性高三酰甘油血症,为常染色体显性遗传性疾患,临床上与家族性乳糜微粒血症很相似。⑥其他类型家族性高脂血症,如家族性混合型高脂血症、家族性apoB100缺陷症、家族性CETP缺陷症、家族性LCAT缺陷症、家族性高α-脂蛋白血症、家族性高Lp(a)血症等。

2. 高三酰甘油血症 血浆中CM和VLDL富含TG,TG浓度的升高正反映了CM和VLDL的升高。凡引起CM或VLDL升高的原因均可导致高三酰甘油血症。

(1) 继发性高三酰甘油血症:包括糖尿病、肾脏疾病、甲状腺功能减退症、肥胖、脂肪代谢障碍、糖尿累积症(1型)、异型蛋白血症、雌激素水平降低、高尿酸血症、大量单糖摄入、酒精、静息生活方式、吸烟等均可增加三酰甘油的水平。

(2) 基因或遗传因素:包括CM和VLDL装配基因异常,脂蛋白脂酶和ApoC基因异常,ApoE基因异常,家族性异常B脂蛋白血症、家族性高三酰甘油血症、家族性混合性高脂血症、HDL缺乏综合征等。

【临床表现】 血症异常者可无任何临床症状。其临床表现主要包括两大方面:脂质在真皮内沉积所引起的黄色瘤和脂质在血管内沉积所引起的动脉粥样硬化。黄色瘤的发生率低。动脉粥样硬化的发生和发展时间漫长,因此大部分的血脂异常者在血液生化检查时发现,但无任何临床症状和异常体征。

1. 黄色瘤 为一种异常的局限皮肤隆起,颜色为黄色或橘黄色,质地柔软,可出现在眼睑、肘、膝、臀部。

笔记栏

2. 脂血症眼底 早发动脉粥样硬化,且发展快,45 岁以上易患冠心病,常伴肥胖症。

若见于儿童,尤其是 10 岁以内的儿童发病较多者。可有急性腹痛,轻重不一,腹痛呈弥漫性或局限于上腹,常放射至背部,可发生急性胰腺炎。体格检查可发现肝脾肿大,特征性改变为高血脂性视网膜和发疹性黄色瘤。

继发性高脂蛋白血症者常见于肥胖、慢性肾衰竭、肾病综合征、糖尿病、甲状腺功能减退症、过量饮酒等,常有原发病的表现。

案例归纳一

10 年前开始发胖,无明显不适。3 个月前始头晕,胸闷,乏力,困倦。有吸烟及饮酒嗜好。无高血压、冠心病、糖尿病等病史。超重,体质指数 28.4。临床表现无特异性。

【实验室及其他检查】 血脂异常的诊断主要依靠实验室检查,检查内容包括 TC、TG、HDL-C、LDL-C、脂蛋白等。利用超速离心技术将血浆脂蛋白分离,然后分别测定各脂蛋白中的含量。

血清胆固醇或三酰甘油水平增高。目前认为中国人血清 TC 的合适范围为<5.18mmol/L,TG 的合适范围为<1.70mmol/L, LDL-C<3.37 mmol/L HDL-C ≥ 1.04 mmol/L。还可监测 apoAI、apoB、Lp(a)P,作为临床参考。

案例归纳二

TC 7.82 mmol/L, TG 2.61 mmol/L, HDL-Ch 0.70 mmol/L, LDL-Ch 4.27 mmol/L。肝脏 B 超:轻度脂肪肝。

【诊断与鉴别诊断】

1. 诊断

(1) 病史:原发性血脂异常者部分有家族史。继发性血脂异常者常有糖尿病、肾疾病、肝胆疾病等病史或不良饮食习惯及引起高脂血症的药物应用史。

(2) 体征:可有黄色瘤、角膜环和高脂血症眼底改变。

(3) 脂蛋白:血脂水平分层标准见表 8-5-1。

表 8-5-1 血脂水平分层标准

分层	TC(mmol/L)	LDL-C (mmol/L)	HDL-C (mmol/L)	TG (mmol/L)
合适范围	<5.18	<3.37	≥1.04	<1.70
边缘升高	5.18~6.19	3.37~4.12		1.70~2.25
升高降低	≥6.22	≥4.14	<1.04	≥2.26

表 8-5-2 血脂异常危险分层方案

危险分层	TC 5.18~6.19 mmol/L 或 LDL-C 3.37~4.12mmol/L	TC≥6.22 mmol/L 或 LDL-C≥ 4.14mmol/L
无高血压且其他危险因素数<3	低危	低危
高血压或其他危险因素数≥3	低危	中危
高血压且其他危险因素数≥1	中危	高危
冠心病及其等危症	高危	高危

注:其他危险因素包括:年龄(男性≥45 岁,女≥55 岁)、吸烟、低 HDL-C、肥胖和早发缺血性心血管病家族史

(4) 血脂异常的分类:按病因分,血脂异常可分为原发性和继发性。原发性是由遗传基因缺陷或基因突变、饮食习惯、生活方式及其他自然环境因素等所致的脂质代谢异常;继发性血脂异常是由某种铁基础疾病或药物所引起。临床上常将血脂异常分为四类。

1) 高胆固醇血症:血浆 TC 水平增高。

2) 高三酰甘油血症:血浆 TG 水平增高。

3) 低高密度脂蛋白血症:血浆 HDL-C 增高。

4) 混合性血脂异常:包括血浆 TC、TG 升高,伴随或不伴随 HDL 降低。

2. 鉴别诊断 血脂异常的临床表现与全身多系统器官的关系密切,血脂的检查有助于与其他疾病相鉴别。注意原发性血脂异常与继发性血脂异常相鉴别,前者多有家族病史,后者多有继发的原发性疾病表现或有应用激素、利尿剂等影响血脂代谢的药物。

案例诊断要点

1. 中年男性,体重超重。

2. 病史特点:10 年前开始发胖,3 月前始头晕,胸闷,乏力,困倦。有长期吸烟史。

3. PE:无特殊的阳性体征。

4. 实验室检查:TC 7.82 mmol/L, TG 2.61 mmol/L, HDL-Ch 0.70 mmol/L, LDL-Ch 4.27 mmol/L。肝脏 B 超:轻度脂肪肝。

临床诊断:1. 血脂异常。

2. 轻度脂肪肝。

【治疗】 血脂异常心血管疾病的重要、独

笔 记 栏

立的危险因素,针对血脂异常的治疗对防治动脉粥样硬化性疾病有重大意义,大量的循证研究结果表明,血浆胆固醇降低1%,冠心病事件发生危险可降低2%。

坚持长期综合治疗,以饮食治疗和改善生活方式为基础治疗措施,根据是否已有冠心病或冠心病等危症以及心血管疾病危险因素,结果血脂水平进行全面评价,选择治疗措施及血脂的达标水平。调脂治疗应将降低 LDL-C 作为首要目标。

1. 治疗性生活方式改变(TLC) 生活方式是血脂重要影响因素,血脂异常的诊断一旦确立,即需要进行治疗性生活方式改变。其主要内容包括:减少饱和脂肪酸和胆固醇的摄入;选择能够降低 LDL-C 的食物(如植物甾醇、可溶性纤维);减轻体重;增加有规律的体力活动;采取针对其他心血管病危险因素的措施如戒烟、限盐以降低血压等。

(1) 饮食治疗:饮食治疗的前3个月优先考虑降低 LDL-C。减少摄入饱和脂肪和胆固醇,选择能够降低 LDL-C 的食物(如植物甾醇、可溶性纤维)。对超重患者,应减除过多的总热量;脂肪入量<30%总热量,饱和脂肪酸占8%~10%,每日胆固醇入量<300mg。如果效果不佳,应进一步将不饱和脂肪入量限至7%以下,胆固醇入量<200mg。

(2) 运动锻炼:运动和体力活动可以减轻体重、降低血清低密度脂蛋白、胆固醇及三酰甘油的水平,并且可以有效地提高血清高密度脂蛋白水平。在 TCL 的早期即可开始有规律的体力。

(3) 其他:采取针对其他心血管病危险因素的措施如戒烟、限盐以降低血压等。

(4) 健康生活方式评价:首诊发现血脂异常时,除了进行健康生活方式评价外,应立即开始必要的TLC。TLC进行约6~8周后,监测患者血脂水平,如已达标或有明显改善,应继续进行TLC,并对膳食治疗再强化,否则进行强化降脂的药物治疗。TLC再进行约6~8周后,应再次监测患者血脂水平。如已达标,继续保持强化TLC。如血脂继续向目标方向改善,仍继续TLC,不启动药物治疗。如检测结果表明不可能仅靠TLC达标,应考虑加用药物治疗。经过上述两个TLC疗程后,如果患者有代谢综合征,应开始针对代谢综合征的TLC,主要是减肥和增加体力活动。

2. 药物治疗 目前治疗血脂异常的药物有胆酸螯合树脂类、烟酸类、羟甲基戊二酸单酰辅酶A(HMG-CoA)还原酶抑制剂(他汀类)、氯贝丁酯类(贝特类)及其他降脂药(如亚油酸等)。胆汁酸结合树脂和烟酸因副作用大,已较少使用,目前临床应用多为他汀类及贝特类降脂药物。

(1) 他汀类

1) 作用机理:他汀类药品本身无活性,口服吸收后在肝脏将内酯环打开才转化成活性物质,竞争性地抑制肝脏胆固醇合成过程中的限速酶羟甲戊二酰辅酶A还原酶,使肝内胆固醇合成减少。由于肝内胆固醇含量下降,可解除对 LDL 受体基因抑制,使 LDL 受体合成增加,从而使血浆中 LDL、IDL 大量被摄入肝脏,使血浆 LDL-c、IDL-c 降低,由于肝脏胆固醇减少,使 VLDL 合成减少。使血胆固醇和低密度脂蛋白胆固醇水平降低,中度降低血清三酰甘油水平和增高血高密度脂蛋白水平。由此对动脉粥样硬化和冠心病的防治产生作用。

2) 疗效及适应证:他汀类药物能使 LDL-C 降低18%~55%,HDL-C 升高5%~15%,TG 降低7%~30%。适应于血脂异常和冠心病。可用于降低升高的总胆固醇、低密度脂蛋白胆固醇、载脂蛋白B和三酰甘油。且升高高密度脂蛋白胆固醇,从而降低低密度脂蛋白/高密度脂蛋白和总胆固醇/高密度脂蛋白的比率。可延缓动脉粥样硬化的进展,减少冠心病死亡及非致死性心肌梗死的危险。

3) 禁忌证:对任何成分过敏者;活动性肝炎或无法解释的持续血清氨基转移酶升高者;与四氢萘酚类钙通道阻滞剂米贝地尔合用。

4) 常用的他汀类药物:辛伐他汀(Simvastatin),每天10~40mg;普伐他汀(Pravastatin),每天10~40mg;氟伐他汀(Fluvastatin)每日20~40mg;阿托伐他汀(Atorvastatin)每日10~40mg,最大量80mg/d,瑞舒伐他汀每天5~10mg。一般夜间服用。

5) 不良反应及注意事项:大部分患者耐受较好,不良反应轻微多为一过性。副作用包括胃肠道反应、皮疹、肌肉疼痛、肝功能损害、横纹肌溶解症等。约2%的患者出现转氨酶的升高,用药期间需监测肝功能预防严重肝脏损害。少数患者可出现一过性血清肌酸激酶(CK)升高,极少数病例发生横纹肌溶解症,故要监测 CK 水平。他汀类药物与贝特类、环孢素、四氢萘酚类、钙通道阻滞剂维拉帕米,伊曲康唑、酮康唑及其他抗真菌唑类,HIV 蛋白酶抑制剂、胺碘酮、大环内酯类抗生素红霉素和克拉霉素,以及抗抑郁药奈法唑酮等合并使用时会增加肌病或肝肾功能的损害,应予以重视。

(2) 苯氧酸类:又称贝特类,能增加脂蛋白脂酶活性,促进 TG 代谢,减少 VLDL 在肝脏中合

笔记栏

成与分泌。明显降低病人血浆TG、VLDL、IDL含量,通过降低VLDL,使交换减弱,胆固醇酯留于HDL中,而使HDL升高。调脂外作用有抗血小板聚集、抗凝血和降低血浆黏度,增加纤溶酶活性等作用。适用于高三酰甘油血症以及以三酰甘油血症升高为主的混合型高脂血症的患者。不良反应有轻度腹痛、腹泻、恶心等胃肠道反应。偶有皮疹、脱发、视物模糊、血象异常等。常用药物有吉非贝齐(gemfibrozil),苯扎贝特(bezafibrate)、非诺贝特(fenofibrate)、环丙贝特(ciprofibrate)等。

(3) 树脂类(胆酸螯合剂):该类药物有考来烯胺(cholestyramine,消胆胺)和考来替泊(降胆宁,colestipol)都为碱性阴离子交换树脂,不溶于水,不易被消化酶破坏。在肠道与胆汁酸形成络合物随粪排出,故能阻断胆汁酸的重吸收。树脂类药物可降低 胆固醇10%~20%,便对高三酰甘油血症无效。该类药物的疗效与剂量有关,常从每天20g开始,增加到30g左右,分3、4次服用。不良反应较明显,常致恶心、腹胀、便秘等。长期应用,可引起脂溶性维生素缺乏。考来烯胺因以氯化物形式应用,可引起高氯性酸血症。

(4) 烟酸:烟酸(nicotinic acid)是一广谱调血脂药,对多种高脂血症有效。降脂作用可能与抑制脂肪组织中脂肪分解,抑制肝脏TG酯化等因素有关。大剂量烟酸能使VLDL和TG浓度下降,作用程度与原VLDL水平有关。本品能使细胞环磷酸腺苷(cAMP)浓度升高,有抑制血小板和扩张血管作用,也可使HDL-C浓度增高。口服后吸收迅速,服用1g,经30~60分可达血药浓度高峰。用量超过3g,以原形自尿中排出增加。对Ⅱ、Ⅲ、Ⅳ、Ⅴ型高脂血症均有效。也可用于心肌梗死。不良反应明显,有皮肤潮红、瘙痒等不良反应,胃肠刺激症状如恶心、呕吐、腹泻与较常见。大剂量可引起血糖升高,尿酸增加,肝功异常。

(5) 调脂药物的选择:根据血脂异常的病因以及类别、药物的作用机制、不良反应等因素合理调脂药物,推荐方案见表8-5-3。

表8-5-3 调脂药物的选择

临床类型	首选药物	次选药物	备选药物
高胆固醇血症	他汀类	胆酸螯合剂	烟酸或贝特类
高三酰甘油血症	贝特类	烟酸	鱼油制剂
以高胆固醇血为主型	他汀类	烟酸	贝特类
以高三酰甘油为主型	贝特类	烟酸	

(6) 调脂治疗的目标:根据患者的心血管疾病和等危症、心血管危险因素、血脂水平决定是否需要降脂治疗,如需用药,先判定治疗的目标值(表8-5-4)。

表8-5-4 血脂异常降脂目标表

危险等级	TLC开始	药物治疗开始	治疗目标值
低危:10年危险<5%	TC≥6.22mmol/L LDL-C≥4.14mmol/L	TC≥6.99mmol/L LDC-C≥4.92mmol/L	TC<6.22mmol/L LDL-C<4.14mmol/L
中危:10年危险5%~10%	TC≥5.18mmol/L	TC≥6.22mmol/L	TC<5.18mmol/L
高危:CHD或CHD等危症或10年危险10%~15%	LDL-C≥3.37mmol/L	LDL-C≥4.14mmol/L	LDL-C<3.37mmol/L
	TC≥4.14mmol/L LDL-C≥2.59mmol/L	TC≥4.14mmol/L LDL-C≥2.59mmol/L	TC<4.14mmol/L LDL-C<2.59mmol/L
极高危:急性冠脉综合征或缺血性心血管病合并糖尿病	TC≥3.11mmol/L LDL-C≥2.07mmol/L	TC≥4.14mmol/L LDL-C≥2.07mmol/L	TC<3.11mmol/L LDL-C<2.07mmol/L

3. 中医药 国产中成药血脂康胶囊,其含有多种天然他汀成分,主要是洛伐他汀,常用剂量0.6g,2次/d,中国冠心病二级预防研究(CCSPS)证实其可使LDL-C降低28.5%,是经循证医学证实具有确切调脂作用的中成药,受到"中国成人血脂异常防治指南"的推荐。

中药药理研究也发现一些中药具有良好的调脂作用。降胆固醇为主的中药有:何首乌、甘草、枸杞子、杜仲、银杏叶、没药、葛根、桑寄生等;降三酰甘油为主有金银花、大黄、冬青子、大麦根须等;同时降三酰甘油和胆固醇的药物有决明子、蒲黄、灵芝、香菇、冬虫夏草、人参、女贞子、蜂乳、蜂胶、茵陈蒿、虎杖、丹参、柴胡、茶树根、茺蔚子、褐藻、昆布、绞股蓝、山楂、泽泻、三七、姜黄、淫羊藿、黄精、绿豆、荷叶、梧桐、月见草、天花粉等。

【预后和预防】 血脂异常对健康的损害主要在心血管系统,会导致冠心病及其他动脉粥样硬化性疾病。血脂异常的远期危害巨大,重视规范化的治疗,经过规范的治疗,血脂异常一般可以得到纠正。

及时发现和检出血脂异常意义重大,建议20岁以上成年人至少每5年测量1次空腹血

笔记栏

脂,包括 TC、LDL-C、HDL-C 和 TG 测定。建议40岁以上男性和绝经期后女性每年均应进行血脂检查。缺血性心血管病及其高危人群应每3~6个月测定1次血脂。因缺血性心血管病住院治疗的患者应在入院时或24小时内检测血脂。

血脂检查的重点对象包括:①已有冠心病、脑血管病或周围动脉粥样硬化病者;②有高血压、糖尿病、肥胖、吸烟者;③有冠心病或动脉粥样硬化病家族史者,尤其是直系亲属中有早发冠心病或其他动脉粥样硬化性疾病者;④有皮肤黄色瘤者;⑤有家族性高脂血症者。

对血脂异常的预防与调理归纳起来主要在三个方面:饮食控制、适当运动、控制并积极治疗原发疾病。若饮食控制适当,来自食物的三大营养素平衡、热量平衡,胰岛素分泌功能正常,可取得较好防治血脂异常的效果。此外运动和体力活动对血脂代谢也有明显的改善。因此,对多数由于饮食失控所致的血脂异常患者,采取适当的饮食调控、加强体育活动、防治肥胖是预防高脂血症的基本有效方法。

处方及医师指导

1. 一般治疗:宣传教育,提倡科学膳食,低盐低脂饮食,戒烟、酒,坚持规律的有氧体育锻炼。

2. 药物

(1) 阿司匹林100mg,每日1次。

(2) 阿托伐他汀20mg/次,每晚1次。

第6章 痛风及高尿酸血症

案例

患者，男性，52岁。反复发作性下肢跖趾关节肿痛1年，夜尿增多2个月，再发关节肿痛4小时。

患者1年前饮酒后于半夜时突感右跖趾关节处疼痛而惊醒，两天后疼痛难忍，大跖趾呈红肿状，诊断为"软组织严重挫伤"，包扎并服云南白药无效，这样疼痛持续一周后慢慢消失。3个月后左跖趾再次发作，疼痛比第一次稍轻，诊断为"腱鞘炎"，口服去痛片无明显效果，1周后疼痛消失。2个月前无明显诱因出现夜尿增多，检测血糖、肾功能正常，未作处理。今日凌晨4时再次发作双下肢跖趾关节剧烈疼痛，不能入睡，行走困难。

体格检查：T 36.8℃，P 84次/min，R 22次/min，BP 120/80mmHg，神志清楚；心肺体检未见异常；腹部平软，无静脉曲张，肝脾肋下未及，双肾区压痛叩击痛阳性，肠鸣音正常。右足第一跖趾关节红、肿、热，压痛明显，右足背红肿；关节表面呈核桃壳样增生不平，皮下隐现多个乳白色硬结节。

实验室及其他检查：血常规示WBC 9.6×10^9/L，N 0.79，RBC 4.35×10^{12}/L，Hb 126g/L；胸片示双肺正常；尿常规示红细胞(++)，蛋白(+)，白细胞(2~6/HP)，管型：透明(0~2)，颗粒(1~2)，上皮细胞(+)，尿酸盐结晶少量；血沉78mm/h；血尿酸746μmol/L。

思考题

1. 结合所学知识，你认为该病例最可能的诊断是什么？

2. 目前该患者还需做何检查明确诊断？

3. 如何治疗和预防？

痛风(gout)为慢性嘌呤代谢紊乱和(或)尿酸排泄障碍所致血尿酸增高的一组异质性疾病，其临床特点是高尿酸血症(hyperuricemia)及由此而引起的痛风性急性关节炎反复发作、痛风石沉积、痛风石性慢性关节炎和关节畸形，常累及肾脏引起慢性间质性肾炎和尿酸肾结石形成。

【分类】 痛风可分为原发性和继发性两大类(见表8-6-1)。原发性者属遗传性疾病，且与肥胖、原发性高血压、血脂异常、糖尿病、胰岛素抵抗关系密切。继发性者可由肾病、血液病、药物及高嘌呤食物等多种因素引起。本章重点讨论原发性痛风。

表8-6-1 痛风及高尿酸血症分类

类型	尿酸代谢紊乱	遗传特性
原发性		
(一)原因未明		
1. 尿尿酸排出正常	产生过多和(或)肾清除减少	多基因性
2. 尿尿酸排出增多	产生过多；有或无肾清除减少	多基因性
(二)伴有酶及代谢缺陷		
1. PRPP合成酶活性增加	产生过多；PRPP合成增加	x-伴性
2. HGPRT部分缺少继发性	产生过多；PRPP浓度增加	x-伴性
继发性		
(一)伴有嘌呤合成增多		
1. HGPRT完全缺乏	产生过多；Lesch Nyhan综合征	x-伴性
2. 葡萄糖6-磷酸酶缺乏	产生过多和肾清除减少；糖原累积病Ⅰ型(Von Giez'ke病)	常染色体隐性
(二)伴有核酸转换增加	产生过多；如慢性溶血性贫血，红细胞增多症；骨髓增生性疾病及化疗时或放疗时	
(三)伴有肾清除尿酸减少	肾功能减退；由于药物、中毒，或内源性代谢产物抑制尿酸排泄和(或)再吸收增加	

笔记栏

1. 原发性痛风 发病有关因素主要有以下两个方面：

（1）尿酸生成增多：若限制嘌呤饮食 5 天后，如每日尿酸排出超过 3.57mmol/L（600mg），可认为是尿酸生成过多。痛风患者中以尿酸生成增多者不足 10%。酶的缺陷是导致尿酸生成增多的原因。酶缺陷的部位可能有：①1-焦磷酸-5-磷酸核糖（PRPR）合成酶活性增高，PRPP 的量增多；②磷酸核糖焦磷酸酰胺移换酶的浓度或活性增高，对 PRPP 的亲和力增强，降低对嘌呤核苷酸负反馈作用的敏感性；③次黄嘌呤-鸟嘌呤磷酸核糖转移酶部分缺乏，使鸟嘌呤转变为鸟嘌呤核苷酸及次黄嘌呤转变为次黄嘌呤核苷酸减少，以致对嘌呤代谢的负反馈作用减弱；④黄嘌呤氧化酶活性增加，加速次黄嘌呤转变为黄嘌呤，黄嘌呤转变为尿酸。上述酶缺陷的前 3 项已证实可引起临床痛风，经家系调查表明为性连锁遗传。

（2）尿酸排泄减少：尿酸排泄障碍是引起高尿酸血症的重要因素，包括肾小球尿酸滤过减少、肾小管重吸收增多、肾小管尿酸分泌减少以及尿酸盐结晶在泌尿系统沉积。痛风患者中 80%～90%的个体具有尿酸排泄障碍，而且上述异常都不同程度地存在，但以肾小管尿酸的分泌减少最为重要；而尿酸的生成大多数正常。大多数原发性痛风患者有阳性家族史，属多基因遗传缺陷，但确切的发病机制未明。

2. 继发性痛风 由于肾的疾病致尿酸排泄减少；骨髓增生性疾病致尿酸生成增多；某些药物抑制尿酸的排泄等多种原因导致的高尿酸血症所致，在某些原发性痛风中也存在继发性因素。此外，还有一种原因不明的高尿酸血症，称为特发性高尿酸血症。

【病因和发病机制】

1. 高尿酸血症 尿酸是人类嘌呤代谢的最终产物，当尿酸生成增多或（和）尿酸排出减少时，均可引起血中尿酸盐浓度增高，是痛风的生化标志。正常男性血尿酸为 150～380μmol/L（2.4～6.4mg/dl），女性更年期以前血尿酸水平为100～300μmol/L（1.6～5.0mg/dl），女性更年期后其值接近男性。37℃时，血清尿酸的饱和浓度约为 420μmol/L（7mg/dl），高于此值即为高尿酸血症，在理论上此时尿酸可以析出结晶，并可在组织内沉积，造成痛风的组织学改变，是引起痛风性关节炎、痛风石和痛风肾病的危险因素。

正常人体内尿酸有两个来源，从富含核蛋白的食物中核苷酸分解而来的属外源性，仅占 20%；从体内氨基酸、磷酸核糖及其他小分子化合物合成和核酸分解代谢而来的属内源性，大约占总尿酸的 80%。对高尿酸血症的发生，内源性代谢紊乱较外源性因素更为重要。

血尿酸盐浓度和嘌呤代谢密切相关。嘌呤代谢的速度受 PRPP 和谷氨酰胺的量以及鸟嘌呤核苷酸、腺嘌呤核苷酸和次黄嘌呤核苷酸对酶的负反馈控制来调节。5-磷酸核糖和三磷酸腺苷在 PRPP 合成酶催化下生成 PRPP。后者和谷氨酰胺受磷酸糖焦磷酸酰胺移换酶（PRPPAT）催化生成 1-氨基-5-磷酸核糖，是嘌呤代谢的首步反应，上述三种嘌呤核苷酸对它有负反馈抑制作用。人尿酸生成的速度主要决定于细胞内 PRPP 的浓度，而 PRPP 合成酶、磷酸核糖焦磷酸酰胺移换酶、次黄嘌呤-鸟嘌呤磷酸核糖转移酶和黄嘌呤氧化酶对尿酸生成又起重要作用。

有一小部分原发性痛风患者，尿酸的生成并不增加，高尿酸血症的形成主要是由肾脏的清除减退所致。肾脏对尿酸盐的排泄是一个复杂的过程，尿酸盐可自由透过肾小球，但滤过的尿酸盐几乎完全被近曲小管所吸收（分泌前再吸收），而后肾小管分泌尿酸盐，分泌后的尿酸盐又有部分被吸收（分泌后再吸收）。当肾小球的滤过减少，或肾小管对尿酸盐的再吸收增加，或肾小管排泌尿酸盐减少时，均可引起尿酸盐的排泄减少，导致高尿酸血症。

继发性痛风及高尿酸血症患者，除由于血液病及化疗放疗时细胞核破坏过多，核酸分解加速使尿酸来源增加外，大多由于尿酸排泄减少所致，尤其是各种肾脏疾病及高血压性肾血管疾病晚期，肾功能衰竭致使尿酸滞留体内，有时可达很高水平。此外，当乳酸或酮酸浓度增高时，肾小管对尿酸的排泌受到竞争性抑制而排出减少。药物如氢氯噻嗪、依他尼酸、呋塞米、吡嗪酰胺、小剂量阿司匹林等均能抑制尿酸排泄。慢性铅中毒亦能使尿酸排泄受抑制，结果均能导致高尿酸血症。

然而，高尿酸血症者仅一部分发展为临床痛风，其转变的确切机制未明。因此，高尿酸血症与痛风并不是同义词，高尿酸血症患者只有出现尿酸盐结晶沉积、关节炎和（或）肾病、肾结石等时，才能称之为痛风。

2. 痛风性关节炎 急性关节炎是尿酸钠盐（简称尿酸盐）在关节及关节周围组织以结晶形式沉积引起的急性炎症反应。尿酸盐的溶解度在正常生理情况下，当血 pH 7.4，温度 37℃时，尿酸盐的最高溶解度为 380μmol/L。若血尿酸长期维持在超饱和浓度以上，尿酸盐与血浆白蛋白及 α_1、α_2球蛋白的结合减少，当局部 pH 和温度降低时，尿酸盐结晶析出，过饱和的尿酸盐释放到关节液中。尿酸盐结晶可趋化白细胞，故在

笔 记 栏

关节滑囊内尿酸盐沉积的部位，白细胞显著增加。白细胞吞噬尿酸盐后，迅速释放 LTB_4(白三烯 B_4)和糖蛋白等化学趋化因子，可能为痛风炎症反应的重要介质；而单核细胞受尿酸盐刺激后释放 IL-1(白介素 1) 亦可能引起痛风炎症并使之加剧。细胞器的磷脂膜如含有胆固醇和睾丸酮则对尿酸盐导致的胞浆溶解反应敏感，如含 β 雌二醇则有抗拒性，这可解释痛风好发于男性及绝经期妇女。下肢关节尤其跗趾承受压力最大，容易损伤，且局部温度低，故为痛风性关节炎的好发部位。

3. 痛风石(tophi) 是痛风的一种特征性损害，尿酸盐沉积为细小针状结晶，产生慢性异物反应，周围被上皮细胞、巨核细胞所包围，有时还有分叶核细胞的浸润，形成异物结节即所谓痛风石。痛风石可以存在于任何关节、肌腱和关节周围软组织，致骨、软骨的破坏及周围组织的纤维化和变性。关节软骨是最常见的有时是惟一的尿酸盐沉积的部位，引起软骨的退行性变化，导致血管翳形成、滑囊增厚、软骨下骨质破坏及周围组织纤维化，可发展为关节强硬和关节畸形。

4. 痛风的肾脏病变 痛风患者常有肾脏损害，主要有三种变化：①痛风性肾病。是痛风特征性的病理变化之一，尸检证实，90%～100%痛风患者有肾损害，其特征性组织学表现为肾髓质或乳头处有尿酸盐结晶，其周围有白细胞和巨噬细胞浸润，呈慢性间质性炎症，并常伴有纤维化、肾小管萎缩、肾小球硬化和肾小动脉硬化。②急性梗阻性肾病。由于尿酸(非尿酸盐)结晶在肾集合管、肾盂肾盏及输尿管内沉积，而使尿流阻塞发生急性肾衰竭，常见于血尿酸盐重度增高的患者如骨髓增生性疾病化疗或放疗时尿酸盐大量生成所致。③尿酸性肾结石。约 10%～25%的痛风患者肾有尿酸结石，发生率随血尿酸盐浓度的增高、尿尿酸排出量的增多而增加，多为单纯性尿酸(非尿酸盐)结石，余为尿酸和草酸钙结石、草酸或磷酸钙结石。

【临床表现】 原发性痛风多见于中老年男性、绝经期后女性，常有家族遗传史。近年来，痛风的发病率有逐年递增的趋势，所有年龄段痛风的患病率为 0.84%。

1. 无症状高尿酸血症期 仅有血尿酸持续性或波动性增高，即男性和绝经后女性的血尿酸大于 420μmol/L(7.0mg/dl)、绝经前女性的血尿酸大于 350μmol/L(58mg/dl)称为高尿酸血症。从血尿酸增高至症状出现的时间可长达数年至数十年，有些可终身不出现症状。但随年龄增长出现痛风的比率增加，发病年龄以 40 岁左右达最高峰；其症状出现与高尿酸血症的水平和持续时间有关，血清尿酸盐浓度愈高，时间愈长，则发生痛风和尿路结石的机会愈多。

2. 急性关节炎期 是痛风的首发症状。①初发时常午夜起病，因疼痛而惊醒，突然发作下肢端单一关节红、肿、热、痛和功能障碍，以拇趾及第一跖趾关节最常见，其余依次为踝、膝、腕、指、肘等关节。②患者有体温升高，血沉增快，血白细胞增高，给予秋水仙碱治疗后，关节炎症可以迅速缓解。③初次发作常呈自限性，一般经 1～2 天或多至几周后可自行缓解，此时，受累关节局部皮肤出现脱屑和瘙痒，为本病特有的症状，但非经常出现。④伴高尿酸血症。⑤关节液白细胞内有尿酸盐结晶，或痛风石针吸活检有尿酸盐结晶，是确诊本病的依据。受寒、劳累、饮酒、高蛋白、高嘌呤饮食或穿紧鞋、外伤、手术、感染等为常见的发病诱因。

3. 间歇期 急性期缓解之后，患者全无症状，称为间歇期。此期可持续数月或数年，少数患者仅有一次单关节炎，以后不再发作，但大多数患者在一年以内复发。有的患者急性期症状轻微未被注意，待出现关节畸形后始被发现。

4. 痛风石及慢性关节炎期 痛风石可以存在于任何关节、肌腱和关节周围软组织，致骨、软骨的破坏及周围组织的纤维化和变性。受累关节可表现为以骨质缺损为中心的关节肿胀、僵硬及畸形，无一定形状且不对称。严重时痛风石处皮肤发亮、菲薄、容易向皮肤表面破溃，并有豆渣样的白色物质排出，瘘管周围组织呈慢性肉芽肿不易愈合，但很少继发感染。以耳轮、跖趾、指间和掌指等处关节较常见。痛风石的形成与高尿酸血症的程度以及持续时间密切相关。一般认为，痛风发病年龄越小、病程越长、血尿酸水平越高、关节炎发作越频繁、早期发作时治疗效果越差，就越容易出现痛风石。有效的治疗可改变本病的自然发展规律，早期如能防治高尿酸血症，患者可以没有本期的表现。

5. 肾脏病变 肾脏病变可表现为以下三种形式：①痛风性肾病：临床上，早期表现为间歇性蛋白尿。一般病程进展较为缓慢，随着病情的发展，蛋白尿转变为持续性，肾浓缩功能受损，出现夜尿增多、等渗尿。晚期则可发生肾功能不全，表现为浮肿、高血压、血尿素氮和肌酐升高，最终可因肾衰竭或合并心血管病而死亡。②尿酸性尿路结石：常无症状，较大者有肾绞痛、血尿。当结石反复引起梗阻和局部损伤时，容易合并感染，如肾盂肾炎、肾积脓或肾周围炎，可加速结石的增长和肾实质的损害。③急性肾衰竭：由于大量尿酸盐结晶堵塞肾小管、肾盂甚至输尿管所致。患者突然出现少量甚至无尿。

6. 高尿酸血症与代谢综合征 高尿酸血症

笔记栏

患者常伴有肥胖、冠心病、血脂异常、高脂血症、糖耐量减低及2型糖尿病，统称代谢综合征。目前认为，原发性痛风可显著加重动脉粥样硬化的发展，使痛风患者心肌梗死、脑卒中、周围血管梗死的发生率显著增高。

案例归纳一

该患者主要表现为反复发作性下肢跖趾关节肿痛1年，夜尿增多2个月，疼痛剧烈，不能入睡，跛行。院外诊断为"软组织严重挫伤"和"腱鞘炎"，治疗无效。

体格检查：T 36.8℃，P 84次/min，R 22次/min BP 120/80mmHg，神清；右足第一跖趾关节肿胀，压痛明显，右足背红肿；关节表面呈核桃壳样增生不平，皮下隐现多个乳白色硬结节；双肾区压痛叩击痛阳性。

【实验室及其他检查】

1. 血尿酸测定 不同的检测方法结果不一。血清标本、尿酸酶法，正常男性为150～380μmol/L（2.4～6.4mg/dl），女性为100～300μmol/L（1.6～5.0mg/dl），一般男性>420μmol/L（7mg/dl）、女性>350μmol/L（6mg/dl）可确定为高尿酸血症。由于存在波动性，应反复监测才能免于漏诊。

2. 尿尿酸测定 限制嘌呤饮食5天后，每日尿酸排出量仍超过3.57mmol/L（600mg），可认为尿酸生成增多，对选择药物及鉴别尿路结石是否由于尿酸增高引起有所帮助。

3. 滑囊液或痛风石内容物检查 行关节腔穿刺或结节自行破溃物及穿刺结节内容物，在旋光显微镜下，见白细胞内有双折光现象的针形尿酸盐结晶，有诊断意义。

4. X线检查 受累关节X线摄片，急性关节炎期可见非特征性软组织肿胀。慢性期或反复发作后，可见软骨缘破坏，关节面不规则；典型者由于尿酸盐侵蚀骨质，使之呈圆形或不整齐的穿凿样、凿孔样、虫蚀样或弧形、圆形骨质透亮缺损，为痛风的X线特征。

5. 电子计算机X线体层显像（CT）与磁共振显像（MRI）检查 沉积在关节内的痛风石，CT扫描表现为灰度不等的斑点状影像。痛风石在MRI检查的影像中呈低到中等密度的块状阴影。

案例归纳二

血常规示WBC 9.6×10^9/L，N 0.79；尿常规示红细胞（++），蛋白（+），白细胞（2～6/HP），尿酸盐结晶少量；血沉78mm/h；血尿酸746μmol/L。

【诊断与鉴别诊断】 中老年男性，常有家族史及代谢综合征表现，一般在诱因基础上，突然半夜典型关节炎发作或尿酸性结石肾绞痛发作，要考虑痛风。以下检查可确定诊断：①血尿酸增高；②关节腔穿刺取滑囊液进行旋光显微镜检查，可发现白细胞内有双折光现象的针形尿酸盐结晶；③痛风石活检或穿刺取内容物检查，证实为尿酸盐结晶；④受累关节X线检查、关节腔镜检查等可协助确诊；⑤有困难者用秋水仙碱诊断性治疗迅速显效，具有特征性诊断价值。一般诊断并不困难，但由于本病表现多样化，有时症状不甚典型，尚需与下列疾病鉴别。

1. 类风湿关节炎 青、中年女性多见。好发于四肢近端小关节，且为多关节受累，对称性指、趾关节肿胀呈梭形畸形，常伴明显晨僵。一般血尿酸不高，类风湿因子阳性，X线片出现凿孔样缺损少见。

2. 假性痛风 系关节软骨钙化所致，多见于老年人，膝关节最常受累。关节炎的症状无明显的季节性，血尿酸水平正常，关节滑囊液检查可发现有焦磷酸钙结晶或磷灰石，X线可见软骨呈线状钙化或关节旁钙化。

3. 银屑病关节炎 常累及远端的指（趾）间关节、掌指关节、跖趾关节，少数可累及骶髂关节，表现为非对称性关节炎，约20%左右的患者可伴血尿酸增高，有时难以与痛风鉴别。X线片可见关节间隙增宽，骨质增生与破坏同时存在，末节指（趾）远端呈铅笔尖或帽状，且关节炎的症状与皮肤病损活动性一致。

4. 化脓性关节炎与创伤性关节炎 创伤性关节炎一般有关节的外伤史，化脓性关节炎关节囊液可培养出细菌，两者血尿酸水平不高，关节囊液检查无尿酸盐结晶。

案例诊断要点

1. 中老年男性患者。

2. 反复发作性下肢跖趾关节肿痛1年，夜尿增多2个月，再发关节肿痛4小时。疼痛剧烈，不能入睡，跛行。病程中院外诊断为"软组织严重挫伤"和"腱鞘炎"，治疗无效。

3. PE：T 36.8℃，P 84次/min，R 22次/min，BP 120/80mmHg，神清；右足第一跖趾关节肿胀，压痛明显，右足背红肿；关节表面呈核桃壳样增生不平，皮下隐现多个乳白色硬结节；双肾区压痛叩击痛阳性。

4. 实验室及其他检查：血常规示WBC 9.6×10^9/L，N 0.79；尿常规示红细胞（++），

笔记栏

蛋白(+),白细胞2~6/HP,尿酸盐结晶少量;血沉78mm/h;血尿酸746μmol/L。

临床诊断:痛风、痛风石形成,痛风性肾病。

【治疗】 原发性痛风目前不能根治,本病防治目的为:①尽快终止急性关节炎的发作;②防止关节炎复发;③控制高尿酸血症,预防尿酸沉积;④防止尿酸结石形成和肾功能损害。根据疾病阶段不同采取不同的治疗。

1. 一般治疗 调节饮食,控制总热量摄入,限制高嘌呤食物(如心、肝、肾、脑、鱼虾类、海蟹等海味、肉类、豆制品、酵母等),严禁饮酒(包括含有大量嘌呤的啤酒);适当运动可减轻胰岛素抵抗、防止超重和肥胖;增加尿酸的排泄,多饮水,每天在2000ml以上;不使用抑制尿酸排泄的药物,如噻嗪类利尿药等;避免诱发因素和积极治疗相关疾病等。

2. 急性痛风性关节炎期的治疗 绝对卧床休息,抬高患肢,避免受累关节负重。迅速给秋水仙碱,越早用药疗效越好,如延迟用药,疗效可随时间的推移而下降。

(1)秋水仙碱(colchicine):是治疗急性痛风性关节炎的特效药物,其作用机制可能是抑制局部组织的中性粒细胞、单核细胞释放白三烯B_4、糖蛋白化学趋化因子、白细胞介素-1等炎症因子,抑制炎症细胞的变形和趋化,缓解炎症反应。常用口服法:初始口服剂量为1mg,随后每小时0.5mg或每2小时1mg,直到症状缓解,或出现恶心、呕吐、水样腹泻等胃肠道不良反应。第一日最大剂量6~8mg,若用到最大剂量症状无明显改善时,应及时停药。如果开始口服秋水仙碱即出现严重的胃肠道反应,可考虑静脉用药。将静脉专用的秋水仙碱1~2mg溶于20ml生理盐水中,5~10分钟内缓慢静脉注射;如病情需要,可在4~5小时后重复注射1mg,24小时总剂量不超过4mg。静脉注射时须注意避免药液外漏,否则可引起剧烈疼痛和局部组织坏死;此外,静脉给药可产生严重的不良反应,如骨髓抑制、肾衰竭、弥散性血管内溶血、肝坏死、癫痫样发作甚至死亡,应用时必须慎重,国内极少应用。目前以口服使用最广泛,90%的患者口服秋水仙碱后48小时内疼痛缓解。症状缓解后可继续给予每次0.5mg,每天2~3次,维持数天后停药。口服秋水仙碱的不良反应一般以恶心、呕吐、厌食、腹胀和水样腹泻多见,发生率高(40%~75%)。此外,该药还可以引起白细胞减少、血小板减少等骨髓抑制表现以及脱发。胃肠道不良反应可先于或与临床症状缓解同时发生。

(2)非甾体抗炎药(NSAID):NSAID共同的作用机制为抑制花生四烯酸代谢中的环氧化酶活性,进而抑制前列腺素的合成而达到消炎镇痛的作用。应用NSAID时注意活动性消化性溃疡、消化道出血等禁忌证。最广泛应用的药物有吲哚美辛,初始剂量75~100mg,随后每次50mg,6~8小时1次。其他如双氯芬酸每次口服50mg,每天2~3次;布洛芬每次0.3~0.6g,每天2次;罗非昔布25mg,每日1次;可选择其中任何一种,禁止同时服用两种或多种NSAID,否则疗效不增加而不良反应增加。一旦症状缓解渐减量,5~7天后停用。

(3)糖皮质激素:上述药物常规治疗无效或因严重不良反应不能使用秋水仙碱和NSAID时,可考虑使用糖皮质激素或ACTH短程治疗。该类药物的特点是起效快、缓解率高,但容易出现症状的"反跳"现象。如泼尼松,起始剂量为0.5~1mg/(kg·d),3~7天后迅速减量或停用,疗程不超过2周。或ACTH 50U溶于葡萄糖溶液中缓慢静滴。可同时口服秋水仙碱1~2mg/d,以防止症状"反跳"。

3. 发作间歇期和慢性期的处理 治疗目的是使血尿酸维持正常水平。

(1)排尿酸药:适合肾功能尚好的患者,主要是抑制近端肾小管对尿酸盐的重吸收,增加尿酸的排泄,从而降低尿酸水平。当内生肌酐清除率<30ml/min时无效。已有尿酸盐结石形成,或每日从尿排出尿酸盐>3.75mmol(600mg)以上时不宜使用。用药期间应多饮水,服碳酸氢钠每日3~6g等碱性药物。剂量应小剂量开始逐步递增。

1)苯溴马隆(benzbromarone):常用量25~100mg,每日1次。该药的不良反应轻,一般不影响肝肾功能。少数有胃肠道反应,过敏性皮炎、发热少见。

2)丙磺舒(probenecid,羧苯磺胺):初始剂量为0.25g,每日2次。两周后可逐渐增加剂量,每日最大剂量不超过2g。约5%的患者可出现皮疹、发热、胃肠道刺激等不良反应。

3)磺吡酮(sulfinpyrazone,苯磺唑酮):为保泰松的衍生物,排尿酸作用较丙磺舒强。一般初始剂量50mg,每日两次;渐增至100mg,每日3次,最大剂量每日600mg。该药对胃黏膜有刺激作用,溃疡病患者慎用。

(2)抑制尿酸生成药物:主要有别嘌醇(allopurinol),其作用机制是通过抑制黄嘌呤氧化酶,使尿酸的生成减少,适用于尿酸生成过多者或不适合使用排尿酸药物者,每次100mg,每日

笔记栏

2~4次,最大剂量每日可至600mg。待血尿酸降至360μmol/L以下,则可减量至能维持此水平的最适宜剂量。可与排尿酸药合用效果更好。不良反应有胃肠道刺激,皮疹、发热、肝损害、骨髓抑制等。多发生在肾功能不全的患者,因此,若患者有肾功能不全,别嘌醇的剂量应减半。

(3) 其他:关节活动障碍者可进行理疗和体疗。痛风石较大或经皮溃破,可用手术将痛风石剔除。

4. 处理伴发疾病 痛风常与代谢综合征伴发,积极降压、降脂、减肥、提高胰岛素的敏感性,处理肾功能衰竭。

5. 无症状性高尿酸血症的治疗 大部分高尿酸血症者并不发展为痛风,但高尿酸血症和痛风之间并无本质的区别,并不代表其关节组织或肾脏未受到尿酸盐沉积的影响,只不过这种尿酸沉积引起的组织损害较轻,尚未造成明显的临床症状。对高尿酸血症者应寻找高尿酸血症的病因和相关因素,如利尿药的应用、体重增加、饮酒、高血压、血脂异常等。

【预后】 痛风是一种终身性疾病,无肾功能损害及关节畸形者,经有效的治疗可维持正常的生活和工作。急性关节炎的发作可引起较大的痛苦。有关节畸形则生活质量受到一定影响。肾功能损害者预后差。

处方及医师指导

1. 低嘌呤,戒酒,多饮水,控制体重。

2. 急性发作期治疗

(1) 绝对卧床休息,下肢制动。

(2) 碳酸氢钠片1g,每天3次。

(3) 吲哚美辛片25~50mg,每天3次。

(4) 治疗效果不佳时,可考虑给予秋水仙碱1mg,每2小时一次,直至症状缓解;或者糖皮质激素泼尼松片10mg,每天3次。

3. 发作间歇期和慢性期的处理

(1) 若Ccr>30ml/min,或24小时尿尿酸<3.75mmol/L时,苯溴马隆片25~100mg,每天一次。

(2) 若Ccr<30ml/min,或24小时尿尿酸>3.75mmol/L时,别嘌醇片100mg,每天三次。

4. 保护肾脏健存肾单位治疗

(1) 低蛋白、低磷饮食,避免加重肾损害的因素。

(2) 肾必需氨基酸胶囊,每日0.1~0.2g/kg,分3次口服。

(3) 辅酶Q_{10}胶囊,20mg,每天3次。

5. 定期复查,根据相关结果调整药物剂量或治疗方案。

笔记栏

第九篇

神经系统疾病与神经症

第 7 章 冠状动脉粥样硬化性心脏病

神经病学(neurology)作为从内科学中派生的学科,是研究中枢神经系统、周围神经系统及骨骼肌疾病的病因及发病机制、病理、临床表现、诊断、治疗及预防的一门临床医学。

一、分 类

神经病学又是神经科学(neuroscience)的一部分,与研究神经系统结构与功能、病因与病理诸多神经科学基础学科息息相关。这些基础学科包括神经解剖学、神经组织胚胎学、神经生理学、神经病理学、神经生物化学、神经免疫学、神经遗传学、神经流行病学和神经药理学等,神经病学和这些学科互相渗透,互为推动。

20 世纪末生命科学的进展引人注目,神经科学的发展更是日新月异。由于临床神经病学涉及的疾病种类繁多,至少有数百种,在其发展过程中逐渐形成许多分支学科,如神经眼科学、神经耳科学、神经心理学、神经内分泌学、神经肿瘤学、神经影像学、实验神经病学、神经生物学及分子生物学等。神经外科学早已从神经病学中分离出来并得到迅速发展,儿童神经病学、围产期神经病学、新生儿神经病学和老年神经病学也已经或正在发展成为独立的学科。

二、病 理 生 理

人类神经系统具有极其复杂精细的结构与功能,脑、髓组成的中枢神经系统(central nervous system,CNS)与脑神经、脊神经组成的周围神经系统(peripheral nervous system,PNS)形成了完美、和谐的神经网络。神经系统感受内外环境传递的信息,使机体做出适当的反应,调节机体的运动、感觉功能及自主功能活动,并参与人类的意识、学习、记忆和综合等高级神经活动。神经系统构成人体极复杂生物学机器的调控中心。

神经系统疾病包括感染性疾病、血管性疾病、肿瘤、外伤、变性疾病、自身免疫性疾病、遗传性疾病、中毒性疾病、先天发育异常、营养缺陷和代谢障碍性疾病等。各种疾病通常有独特的病理变化、神经(或肌肉)系统特定的好发部位和发病规律等,这正是疾病定位与定性诊断的基础。

三、临 床 表 现

神经系统疾病症状和体征是临床诊断的路径,是临床分析的依据。根据发病机制,神经系统疾病症状可分为四类。

(1) 缺损症状:为神经系统病变引起正常功能缺损,例如,主侧半球脑梗死导致失语、对侧偏瘫和偏身感觉障碍;面神经炎引起同侧面肌瘫痪等。

(2) 刺激症状:是神经结构受病变刺激产生过度兴奋表现,例如,大脑皮质运动区占位性病变导致对侧肢体局灶性运动发作;腰椎间盘突出引起坐骨神经痛;以及病因未明的特发性三叉神经痛。

(3) 释放症状:是中枢神经系统受损导致对低级中枢控制功能减弱,使低级中枢功能表现出来,如脊髓损伤出现双下肢椎体束症,表现肌张力增高、腱反射亢进和 Babinski 征等。

(4) 休克症状:是中枢神经系统急性严重的局部病变导致与之功能相关的远隔部位神经功能抑制,如大量脑出血急性期的脑休克,偏瘫肢体呈现肌张力减低、腱反射消失和 Babinski 征阴性;急性脊髓横贯性损伤的脊髓休克,受损平面以下出现迟缓性瘫痪,休克期过后才逐渐出现释放症状,转为痉挛性瘫痪、肌张力增高、腱反射亢进和 Babinski 征等。

四、实验室及其他检查

随着近20年科学技术的长足进步,新的研究方法和诊断技术的应用与日俱进,许多无创性检查为临床诊断提供了有利的手段和极大的便利,临床神经病学得益颇多。例如,神经影像学技术的发展出现了电子计算机体层扫描(CT)、CT血管造影(CTA)、磁共振成像(MRI)、磁共振血管造影(MRA)、数字减影血管造影(DSA)等,神经电生理的发展提供了视觉诱发电位(VEP)、脑干听觉诱发电位(BAEP)、体感诱发电位(BAEP)、事件相关电位(ERP)、脑电图(EEG)、肌电图(EMG)经颅多普勒(TCD)等,同位素技术的发展单光子发射计算机断层扫描(SPECT),正电子发射断层扫描(PET)和局部血流量测定(rCBF)等,以及神经和肌肉活体组织检查、等电聚焦技术检测脑脊液寡克隆带、脑脊液特异性抗体和细胞因子检测等。

脑脊液检查在神经疾病诊断中具有独特的作用,是许多神经疾病如脑炎、脑膜炎和多发性硬化等必需的常规检查。基因诊断技术也在发展中,如聚合酶链反应(PCR)、基因突变检测、基因连锁分析和 mRNA 检测等。此外,神经介入放射治疗学和伽玛刀技术为神经系统疾病治疗增添了新的手段。

在缺乏对脑结构的精密仪器检查手段时,神经心理测验曾对脑部病损起到了定位诊断作用,在影像学迅速发展的今天,神经心理测验仍然有难以被其他方式替代的重要测查脑功能的作用,当代学者更进一步把神经心理测验同神经影像学检查如CT、MRI、PET结合进行脑功能的检查研究和病损的定位(结构和功能),并以此开展对某些疾病如痴呆的研究和评估。

神经科医生必须熟悉和掌握与神经系统疾病有关的实验室检查及其临床意义,任何一种实验室检查或辅助检查都应从病人诊断的需要出发,或者对病人的治疗及预后判定有所裨益,避免给病人带来不必要的痛苦和花费。

五、诊断思路

神经系统疾病的诊断通常是从完整和详尽的病史开始,并通过详细的神经系统检查获得的,细致、全面和系统地采集病史是医生接诊病人时做的第一项工作,是诊断和治疗疾病必要的前提条件,辅助检查只能为临床诊断提供证据。例如,三叉神经痛、癫痫、血管性头痛、短暂性脑缺血发作、晕厥、神经源性直立性低血压、周期性瘫痪等主要根据病史和临床表现诊断;帕金森病、肌张力障碍、小舞蹈病、雷诺病、进行性肌营养不良症等主要根据症状和体征诊断;甚至90%以上的脑梗死、脑出血患者根据病史、症状和体征都可以做出正确的诊断。这一基本功的不断提高还取决于下列条件:①对神经解剖与神经生理基础知识的掌握程度;②对各种神经疾病的病因、病理、临床特征及各种神经综合征的识别能力;③对实验室检查结果的熟悉程度与分析能力;④对影像学检查所提供的信息的识别能力;⑤对临床思维分析方法,特别是将已取得的各类信息进行判别、筛选、分析、综合,使错综复杂的头绪简化的能力。最终确定一个最符合实际的情况的诊断,治疗就迎刃而解了。

概括地说,神经系统疾病的诊断不外依顺序包括以下5个步骤:①尽可能详尽地搜集临床资料,着重神经系统检查;②运用神经科学的基础理论知识来分析和解释有关的临床资料;③从而初步确定最能解释这些资料的病变的解剖位置,即定位诊断;④然后联系起病方式、疾病的进展演变过程、有关的个人及家族史,以及临床检查资料,经过分析筛选出可能的病因性质,确定病因及初步的定位诊断,然后,选择相关的辅助检查,以期对该病历作一个全面判断;⑤最后从上述全部资料作出定位诊断及病因诊断。

六、治　疗

神经系统疾病的治疗,可分为3类:

(1) 许多常见疾病可完全或基本治愈,如大多数脑膜炎、脑炎、营养缺乏性疾病、良性肿瘤、特发性面神经炎、Guillain-Barre 综合征、大多数脑出血及脑梗死、脑囊虫病(轻性病例)、脊髓亚急性联合变性(早期病例)等;及时确诊和采取特效或有效治疗至关重要。

(2) 许多较常见疾病虽不能根治,但可以完全控制或缓解症状及延缓病情进展,如各种类型癫痫、帕金森综合征、三叉神经痛、多发性硬化、重症肌无力、脊髓空洞症、偏头痛和周期性瘫痪等;应采用有效药物及措施,尽量控制疾病进展,减轻病人残疾程度。

(3) 目前尚无有效治疗方法的疾病,如恶性肿瘤、神经变性病(如 Alzheimer 病、肌萎缩侧索硬化症等)、神经遗传性疾病(Friedreich 共济失调、脊髓小脑性共济失调、腓骨肌萎缩症)、朊蛋白病、AIDS 导致的神经损害等,应采取适当的对症和支持疗法,并精心护理。

笔记栏

第 2 章　发作性疾病

第1节　癫　　痫

案例

患者，男性，16岁。左侧肢体反复发作性抽动2年，再发3小时。

患者缘于2年前无明显诱因出现左侧肢体抽动，持续数分钟后自行缓解，发作时神志清楚，但不能言语。两年间反复发作6次，症状同前，发作间期如常人。3小时前再次出现左侧肢体抽动，性质同前，且发作时双眼视物不清。无头痛、恶心，无眼痛。

体格检查：T 36.7℃，P 57次/min，R 20次/min，BP 110/70mmHg。神清，发育正常，营养中等，全身皮肤、黏膜无黄染和出血点，未触及皮下结节和浅表淋巴结，双瞳孔等大等圆，颈软，心肺腹部检查无异常，四肢肌力、肌张力正常，左Hoffmann sign阳性。

思考题

1. 该病例的诊断要考虑哪些方面？
2. 应与哪些疾病鉴别？

癫痫(epilepsy)是以大脑神经元异常放电所引起的短暂性中枢神经系统功能失常为特征的慢性脑部疾病和综合征。具有突然发生、反复发作的特点。表现为运动、感觉、意识、行为和自主神经等不同障碍，或兼而有之。痫性发作指大脑神经元自限性高度同步放电所致的一次短暂性脑功能失常。癫痫综合征指一组有特殊病因、症状和体征组成的特定的癫痫现象。癫痫是常见病，在我国患病率约5‰～7‰，每年新发病例10万人。

【病因和发病机制】　癫痫病因非常复杂，临床上称目前尚未发现引起癫痫的脑部原因，仅有明显遗传倾向的癫痫及癫痫综合征为特发性癫痫。由多种脑部疾病或引起脑组织代谢障碍的一些全身性疾病引发的癫痫及癫痫综合征为症状性癫痫。如可能为症状性癫痫，而目前病因未明，则称为隐源性癫痫。

1. 遗传因素　癫痫有明显的家族聚集性，特发性癫痫近亲中患病率为2%～6%，高于一般人群的0.5%～1%。近年，研究发现多种特发性癫痫的基因定位在不同染色体上，遗传方式可不同，并发现多个等位基因与癫痫发作有关，已克隆出某些常染色体显性遗传基因及编码离子通道蛋白。良性家族性新生儿惊厥等已被发现其突变的基因。某些症状性癫痫本身是遗传性疾病，或在有遗传倾向的患者发生。

2. 症状性癫痫的病因　婴幼儿主要与产伤、代谢障碍或遗传因素有关；儿童和青少年多与感染、寄生虫病、脑外伤、脑皮质发育障碍有关；成年人颅内肿瘤、营养代谢性疾病多见；老年人脑血管疾病多见。下列因素与症状性癫痫有关：①遗传代谢性疾病：黑矇性痴呆、脑皮质发育不全等。②外伤：颅脑外伤、产伤等。③脑血管疾病：脑卒中是老年人癫痫的常见原因，脑血管畸形也可诱发癫痫。④颅内肿瘤：脑胶质瘤、脑膜瘤或脑转移癌肿。⑤脑部感染：各种细菌性、病毒性、真菌性颅内感染。⑥寄生虫病：脑型血吸虫、脑囊虫、脑型肺吸虫等。⑦脑部变性疾病：结节硬化病、阿尔茨海默(Alzheimer)病、匹克(Pick)病。⑧营养代谢性疾病：胰岛细胞瘤所致低血糖、甲状旁腺功能减退、佝偻病、低血钙等。⑨中毒：铅、汞、一氧化碳、乙醇、异烟肼中毒，以及全身性疾病如妊娠高血压综合征、尿毒症等。

3. 发病机制　癫痫发作的机制十分复杂，尚未完全阐明。各种病因使神经元之间结构改变及功能减退；离子异常跨膜运动致神经细胞膜电位改变；神经递质的异常如兴奋性递质谷氨酸、门冬氨酸增多及抑制性递质氨基丁酸(GABA)减少；电解质紊乱和遗传易感性等易于促成癫痫发作。

神经元异常放电是癫痫的病变基础。癫痫病灶中，一组病态神经元异常过度放电，并能导致其周围以及远处的许多神经元同步放电。痫性放电仅涉及大脑皮质某一区域而不扩散，此为单纯局灶性发作；痫性放电波及双侧脑部则发生全面性癫痫。如在皮质突触环内长期运转，则造成持续性局灶性癫痫。痫性放电时常由皮质通过下行投射纤传播到丘脑和中脑网状结构，引起

笔记栏

意识丧失,再经弥散性丘脑投射系统扩散至整个大脑皮质,产生继发全面性强直-阵挛发作。痫性放电源于中脑及丘脑网状结构,再经丘脑投射系统扩布至双侧大脑皮质,此为原发的全面性强直-阵挛发作。失神发作时痫性放电传播至网状结构内即被抑制。

【分类】 癫痫分类非常复杂,在1981年、1989年、2001年均提出过一些分类方法,近年来又提出了具有较明确诊断要点的癫痫或癫痫综合征分类。目前临床常用的有1981年及1989年国际抗癫痫联盟依据痫性发作的临床症状和脑电图制定的癫痫发作的分类、癫痫综合征的分类。

1. 癫痫发作的分类

(1) 部分性发作(局灶性发作)

1) 单纯性:无意识障碍,可分为运动、体觉或特殊感觉、自主神经、精神性症状发作

2) 复杂性

A. 有意识障碍,可分为先有单纯部分性发作,继有意识障碍。

B. 开始即有意识障碍:①仅有意识障碍;②伴自动症。

3) 部分性发作继发为全面性发作。

(2) 全面(泛化)性发作 :全面性强直-阵挛、强直、阵挛、肌阵挛(抽搐性)、失张力(非抽搐性)发作、失神发作(典型与非典型)。

(3) 不能分类的癫痫发作。

2. 癫痫综合征的国际分类

(1) 与部位有关(局灶性、部分性)——

1) 与发病年龄有关的特发性癫痫:①伴中央-颞部棘波的良性儿童癫痫;②伴枕叶阵发性放电的儿童癫痫;③原发性阅读性癫痫。

2) 症状性:①颞叶癫痫;②额叶癫痫;③顶叶癫痫;④枕叶癫痫;⑤持续性部分性癫痫;⑥有特殊诱导模式的症状性癫痫。

3) 隐源性,要确定:①发作类型;②临床特征;③病因;④解剖部位。

(2) 全身性癫痫

1) 与年龄有关特发性全身性癫痫:①良性新生儿家族性惊厥;②良性新生儿惊厥;③婴儿良性肌阵挛性癫痫;④儿童失神发作;⑤青少年失神发作;⑥青少年肌阵挛性癫痫;⑦唤醒时伴全身强直阵挛性发作的癫痫;⑧其他全身性特发性癫痫;⑨特殊活动诱导的癫痫。

2) 隐源性或症状性癫痫:①婴儿痉挛征;②Lennox-Gastaut综合征;③肌阵挛-起立不能性癫痫;④肌阵挛-失神发作性癫痫。

3) 症状性全身性癫痫:①无特殊病因;②早发性肌阵挛性脑病;③伴有暴发抑制的早发性婴儿癫痫性脑病;④其他症状性全身性发作;⑤特殊综合征;⑥其他疾病状态下的癫痫发作。

(3) 不能确定为局灶性或全身性癫痫或癫痫综合征

1) 有全身性和局灶性发作的癫痫:①新生儿癫痫;②婴儿重症肌阵挛性癫痫;③慢波睡眠中伴连续性棘-慢波的癫痫;④获得性癫痫性失语;⑤其他不能确定的发作。

2) 没有明确的全身或局灶特征的癫痫

(4) 特殊的综合征

1) 发热惊厥。

2) 孤立性单次发作或孤立性单次癫痫状态。

3) 由乙醇、药物、子痫、非酮症高血糖等因素引起。

4) 急性代谢或中毒情况下的发作。

【临床表现】

1. 癫痫发作的临床表现 痫性发作的表现是癫痫特征性的临床症状,虽有多种发作类型,但均具有短暂性、刻板性、间歇型、反复发作性的特点。常见发作类型如下:

(1) 全面性发作

1) 全面性强直-阵挛发作(generalized tonic-clonic seizure GTCS):通常称大发作,以意识丧失和全身对称性抽搐为特征。少数患者有上腹不适、眩晕、情绪不稳、感觉异常等先兆,发作可分三期。

A. 强直期:突然意识丧失,摔倒在地,全身骨骼肌持续性收缩;上睑抬起,眼球上窜,喉部痉挛,发出叫声;口先强张,而后突闭,可咬破舌;颈部和躯干先屈曲后反张,上肢先上举后旋再内收旋前,双手握拳,拇指内收,下肢自屈曲转为强烈伸直。强直期持续10~20秒后肢端出现微颤转入阵挛期。脑电图见10次/s或以上的快活动波。

B. 阵挛期:震颤幅度增大并延及全身,发作呈对称性、节律性四肢抽动,先快后慢。不同肌群强直和松弛交替出现,阵挛频率渐慢,松弛期逐渐延长,本期持续0.5~1分钟;最后一次强烈阵挛后抽搐停止,所有肌肉松弛。在以上两期中可见心率增快,血压升高,汗液、唾液和支气管分泌物增多,瞳孔扩大等自主神经征象;呼吸暂时中断致皮肤发绀,瞳孔散大,对光反射、深反射、浅反射消失,病理反射阳性。脑电图见弥漫性慢波及间歇性棘波。

C. 痉挛后期:阵挛期后尚有短暂的强直痉挛,造成牙关紧闭和大小便失禁。呼吸先恢复,口鼻喷出泡沫或血沫,心率、血压、瞳孔等恢复正

笔记栏

常,肌张力松弛,意识逐渐恢复。自发作至意识恢复约5~10分钟。醒后头昏、头痛、全身酸痛乏力,对抽搐全无记忆。

2）强直性发作:表现为肌肉强烈收缩,使身体固定于特殊体位,头眼偏斜、躯干呈角弓反张、并伴自主神经症状,面色苍白呼吸暂停、瞳孔散大。

3）阵挛性发作:婴儿肢体呈节律性反复抽动。

4）肌阵挛发作:表现为全身或某一肌群短暂闪电样肌肉收缩。

5）失张力性发作:肌张力突然丧失,表现头部和肢体下垂,或跌倒。

6）失神发作(absence seizures):典型失神发作通常称小发作。多见于儿童或少年。患者突然短暂的意识丧失,停止当时的活动,呼之不应,两眼瞪视不动,约5~30秒,无先兆和局部症状;可伴有简单的自动性动作,如擦鼻、咀嚼、吞咽等,手中持物可坠落,一般不会跌倒,事后对发作不能回忆,每天可发作数次至数百次。脑电图呈双侧同步对称3Hz棘-慢综合波。不典型失神发作起始缓慢,肌张力改变较明显。

（2）部分性发作

1）单纯部分性发作:发作无意识障碍,发作后能复述发作的细节。表现为简单的运动、感觉、自主神经或精神症状。可作为复杂部分性发作或全面性强直-阵挛发作的先兆。可表现为:

A. 运动性发作:局部肢体抽动,多见于一侧口角、眼睑、手指或足趾,也可累及一侧肢体,有时表现为言语中断。发作自一处开始后沿大脑皮质运动区的分布扩散,如一侧拇指→上肢→面部→下肢,称为杰克逊(Jackson)癫痫。发作后出现暂时性瘫痪称为Todd瘫痪。病灶多位于中央沟以前。发作时头眼突然向一侧偏转,也可伴躯干的旋转,称旋转性发作,常可发展成全面性强直-阵挛。

B. 体觉性发作或特殊感觉性发作。体觉性发作多发生在口角、舌、手指或足趾的发作性麻木感、针刺感、冷感、触电感等;特殊感觉性发作,如视觉性(如闪光、暗点、黑影)、听觉性(如嗡嗡声、滴嗒声)、嗅觉性(如焦味)、眩晕性(如眩晕感、飘浮感、下沉感),病灶多位于中央后回体感区。

C. 自主神经性发作:发作性自主神经功能紊乱,表现为皮肤发红或苍白、血压升高、心悸、多汗、恶心、呕吐、腹痛、大便失禁、头痛、嗜睡等。这类发作多为伴随症状,很少单独出现,易扩散出现意识障碍,成为复杂部分性发作。病灶多位于杏仁核、岛回、扣带回等。

D. 精神性发作:各类型的遗忘症,如似曾相识、似不相识、快速回顾往事、强迫思维等;情感异常,如无名恐惧、愤怒、忧郁和欣快等;错觉,如视物变大或变小,感觉本人肢体变化等。病灶多在边缘系统。

2）复杂部分性发作:发作时均有意识障碍,又称精神运动性发作。病灶多在颞叶内侧及边缘系统。本型的典型发作特征为发作起始(先兆)出现错觉、幻觉、似曾相识感、恐惧、胃气上升感、心悸等精神、特殊感觉症状和自主神经症状,随后出现意识障碍、自动症和遗忘症;有时发作开始即为意识障碍,表现为意识突然中断,两眼凝视,面色苍白,全身呈虚脱状,持续数分钟至数十分钟,或入睡短时而恢复;有的仅有意识障碍。自动症患者往往先瞪视不动,然后做出协调无意识的活动,如刻板重复原来的动作,或出现吮吸、咀嚼、清喉、搓手、抚面、解扣、脱衣等动作;有的表现为精神运动性兴奋,如游走、奔跑、乘车上船,也可自动言语或叫喊、唱歌等。每次发作持续数分钟,偶见持续数天甚至数月。神志逐渐清醒后,对发作情况完全不能回忆。

（3）持续性癫痫状态(status epileptics):又称癫痫状态,是指一次癫痫发作持续30分钟以上或连续多次发作,发作间歇期意识或神经功能未恢复至正常水平。全面性和局灶性癫痫均可出现癫痫持续状态。全面性癫痫持续状态中全面性强直阵挛性癫痫持续最危险。感染、中毒、代谢障碍、慢性脑部疾病、突然停用抗癫痫药等可引起癫痫状态,导致不可逆的脑及其他系统损害,出现高热、脑水肿、酸中毒、水和电解质平衡紊乱,继而发生心、肝、肾、肺多脏器功能衰竭,是患者常见的死因。其余有全面性强直性、阵挛性、肌阵挛癫痫持续状态。失神发作持续状态主要表现意识水平下降。局灶性癫痫持续状态包括单纯运动性发作持续状态、边缘叶性癫痫持续状态,伴有轻偏瘫的偏侧抽搐状态。

2. 常见癫痫综合征的临床表现

（1）伴中央-颞叶棘波的良性儿童癫痫:为特发性癫痫。3~13岁起病,男孩多见,与遗传有关,常有家族史,呈部分性发作,表现为一侧口咽部和面部抽动,常在睡眠中发作,可泛化为全面性发作。发作频率较少,脑电图显示中央-颞叶有高波幅棘波或尖波,背景波正常,神经影像检查正常,多数不需用药,少数可用卡马西平、丙戊酸。可于16岁前自愈。

（2）具有枕区放电的小儿癫痫:为特发性癫痫。多于4~8岁起病,发作以视觉症状如视力丧失、幻视等为先兆,继以偏侧阵挛或自动症。发作期脑电图示一侧枕区持续棘慢波或尖波,发

笔记栏

作间期背景波正常。不需治疗,少数用卡马西平,预后良好。

(3) 颞叶癫痫:为症状性癫痫。常于儿童和青年起病,可出现各种部分性发作的形式,单纯部分性发作主要表现自主神经和精神症状,复杂部分性发作常见消化道的自动症,发作后意识模糊。脑电图可见单侧或双侧颞叶、额叶棘波。

(4) West 综合征(婴儿痉挛症,infantile spasms):是婴儿期一种常见症状性或隐源性癫痫综合征。多在出生后一年内发病,3~7月为高峰;表现为肌阵挛性发作,如快速点头状痉挛、双上肢屈曲上抬、下肢屈向腹部;常伴精神运动发育迟滞,高峰节律失常脑电图(持续不对称、不同步的高波幅波以及尖波、棘波或多棘波)。常有智力和运动发育障碍,易转化为 Lennox-Gastaut 综合征或其他类型的发作,预后大多不良。

(5) Lennox-Gastaut 综合征:起病年龄 1~7岁,常有弥漫性脑损害,可具有多种全面性发作的形式,如强直性发作、失张力性发作、肌阵挛发作、非典型失神发作和全面性强直-阵挛发作,可同时具有两种或两种以上发作形式或由一种发作形式转变为另一种发作形式。脑电图呈慢-棘慢波。本病多预后不良。治疗可选用丙戊酸、拉莫三嗪或托吡酯等。

案例归纳一

该患者因左侧肢体反复发作性抽动为主要表现,发作时意识清楚,刻板性肢体抽搐能自行缓解,发作后双眼视物不清,右侧 Hoffmann sign 阳性。囊虫免疫学试验阳性。

【实验室及其他检查】

1. 脑电图 脑电图上显示痫性放电是诊断癫痫最重要的辅助诊断依据。结合多种激发方法、特殊电极、长程或视频脑电图(video-EEG),阳性率在80%以上。即使在发作间歇期,50%以上的癫痫患者仍有异常的脑电图,表现为棘波、尖波、棘-慢波或尖-慢复合波,或暴发节律等。不同类型的癫痫有不同的脑电图表现。但1%~3%正常成人可有痫性放电,癫痫发作间歇期相当数量的患者脑电图正常,因此不能仅依据脑电图诊断或排除癫痫。

2. 影像学检查 通常脑部影像学检查如CT、MRI、单光子发射计算机断层(SPECT)可发现脑部病变部位,有利于癫痫及癫痫综合征的诊断。有局灶性定位体征的难治性癫痫均应行MRI检查。

3. 实验室检查 各种化验如血常规、血糖、血钙、大便虫卵、脑脊液等检查有助于明确症状性癫痫的病因,有条件的可进行基因分析和染色体检查。

案例归纳二

脑脊液检查无明显异常,大便未见虫卵,脑电图示右顶、枕区慢波病灶。MRI 示头颅直接增强扫描显示右侧顶叶见多个小结节状强化病灶及无强化的头节,周围见片状强化的水肿信号,另在左顶叶见片状强化信号结节。

【诊断与鉴别诊断】

1. 诊断 癫痫诊断步骤和内容包括癫痫发作的诊断及分类、癫痫及癫痫综合征的诊断和病因诊断 。可依据癫痫发作期临床表现和脑电图综合判断。

详细而又准确的癫痫发作表现是诊断的主要依据。除单纯部分性发作外,患者本人很难表述发作过程,还需向家属及目睹者了解整个发作起始和终止形式,包括发作的环境、时程、发作时姿态、面色、声音、有无肢体抽搐、意识丧失及发作后表现,是否具有癫痫发作类型的特征,有无怪异行为和精神失常,既往的发作史,发作的年龄、诱因,发作频率,有无产伤、头颅外伤、脑膜炎、脑炎、寄生虫感染史以及家族史等。

GTCS 强直期脑电图可见 10 次/s 或以上的快活动,阵挛期脑电图可见弥漫性慢波及间歇性棘波,发作间期脑电图可呈慢波、多棘慢波或尖慢综合波。发作期脑电图:强直性发作呈爆发性多棘波;阵挛性发作呈快活动、慢波或不规则棘慢波;肌阵挛发作呈多棘慢波或棘慢、尖慢综合波;失张力性发作呈多棘-慢波或低电位活动。脑电图呈双侧同步对称 3Hz 棘-慢综合波,背景活动正常。非典型失神发作脑电图呈 1.5~2.2Hz 棘-慢波或尖慢波,背景活动异常。

2. 鉴别诊断

(1) 假性发作是由心理障碍引起的发作性疾病,如癔症。发作前多有明显情绪因素。通常有人在场时发作,抽搐形式多样,无刻板性,富有表演色彩,无刻板性,意识不完全丧失。发作时瞳孔对光反射存在,无摔伤、舌咬伤、尿失禁、病理征阴性等,脑电图正常。抗癫痫治疗无效。

(2) 晕厥是由于脑部短暂缺血、缺氧引起的一过性意识丧失。如肌张力低而不能保持正常姿势时。发作前常有头晕、胸闷、心慌、黑矇、出汗等,发作时面色苍白而无发绀,脉搏细缓。一般跌倒后无抽搐,平卧后大多能很快恢复,发生后亦无嗜睡。间歇期脑电图正常。对原发病的了解有利于晕厥的诊断,如低血糖、低血压、心脑血管病等。

案例诊断要点

1. 男性,16岁。

2. 病史特点:以反复发作性左侧肢体抽动为主要表现,发作时意识清楚,发作时双眼视物不清,但能自行缓解。

3. 体格检查:右侧 Hoffmann sign 阳性。

4. 实验室及其他检查:脑脊液无明显异常,大便未见虫卵,脑电图示右顶、枕区慢波病灶。MRI 头颅直接增强扫描,显示右侧顶叶见多个小结节状强化病灶及无强化的头节,周围见片状强化的水肿信号,左顶叶见片状强化信号结节。

临床诊断:1. 脑囊虫病。

2. 症状性癫痫,枕叶癫痫单纯部分性运动性发作。

【治疗】

1. 发作时的治疗

(1) 一般处理:对全面性强直-阵挛发作患者,要注意防止跌伤和碰伤,解松衣领及裤带,保持呼吸道通畅。将毛巾、手帕或外裹纱布的压舌板塞入齿间,以防舌咬伤。抽搐时不可过分按压患者肢体,以免发生骨折或脱臼。阵挛后期,将头部转向一侧,让分泌物及呕吐物流出口腔,以防窒息。如抽搐时间偏长,或当日已有过发作,可给苯巴比妥钠 0.2g 肌内注射。对精神症状发作者,应防止其自伤或伤人。

(2) 癫痫持续状态的急救

1) 迅速控制发作:①安定类药物为首选药,其起效快,作用时间短。成年患者可用地西泮 10~20mg(儿童 0.3~0.5mg/kg)缓慢静脉注射,15 分钟后如复发可重复给药,或用 50~100mg 地西泮溶于 5%葡萄糖氯化钠溶液中,于 12 小时内缓慢静脉滴注。氯硝西泮:成人首次 3mg 静脉注射,此后每日 5~10 mg 静脉滴注至口服用药。②苯妥英钠:起效慢,作用时间长。成人 15~18mg/kg(儿童 18mg/kg)溶于生理盐水中缓慢静脉注射,每分钟不超过 50mg。③副醛:抗痫作用较强,较安全。成人 8~10ml(儿童0.3ml/kg)用植物油稀释保留灌肠。④10%水合氯醛:为辅助抗癫痫药物,成人 10~20ml(儿童 0.5ml/kg)加等量植物油保留灌肠。以上药物均有呼吸抑制等不良反应,应用时应注意观察。

2) 对症治疗:在给药时,保持呼吸通畅,防止缺氧加重,必要时吸氧或人工呼吸。对伴有脑水肿、感染、高热等症状者应做相应处理。

3) 维持治疗:抽搐停止后,可给苯巴比妥钠 0.2g 肌内注射,每 8~12 小时 1 次,维持控制。同时鼻饲或口服卡马西平或苯妥英钠,待口服药物达到有效血浓度后(约 2~3 天),可逐渐停用苯巴比妥钠。

4) 其他:防护同 GTCS,并积极治疗病因。

5) 难治性癫痫持续状态:指对一线药无效,持续的癫痫状态达 1 小时以上者。可选异戊巴比妥钠,0.25~0.5g 溶于注射用水 10ml 缓慢静脉注射(每分钟不超过 100mg),至控制发作止。使用时为防治其呼吸抑制的不良反应,可用机械通气维持生命体征。咪达唑仑对血压和呼吸抑制较小,可以选用。

2. 发作间歇期的治疗

(1) 治疗原则

1) 早期治疗:癫痫的诊断一经确立,半年内发作两次以上者,均应及时服用抗癫痫药物,控制发作。但对首次发作,发作稀疏如一年或数年一次,症状较轻、检查无异常者,应密切观察,可暂不用药。

2) 选药与用药个体化:按癫痫的类型选用抗癫痫药物,优选单药治疗。先从小剂量开始,逐渐增大剂量。先使用最少的药物和最小的剂量,直至完全控制癫痫发作,无效时才联合用药。

3) 观察药物的疗效及毒副作用:定期及时检查血、尿常规、肝功能、药物浓度等,调整药量或逐渐更换抗癫痫药物。

4) 停药:失神发作者应完全控制后至少 1 年才能考虑停药。停药前需逐渐减量,其过程不少于 1~1.5 年。其他类型癫痫应完全控制 4~5 年以上,才能逐渐减量、停药。如遇青春期继续用药,减量过程不短于 1 年。自动症应长期服药。停药过程也可参考脑电图变化。

5) 病因治疗:症状性癫痫应积极进行病因治疗。如颅内占位病变的手术治疗、寄生虫驱虫治疗等。

6) 其他:应取得患者及家属的充分合作,说明癫痫治疗的长期性、药物毒副作用及生活中的注意事项。严禁擅自停药,以免导致癫痫持续状态。

(2) 常用抗癫痫药物的选择:各类抗癫痫药物的选择见表 9-2-1。

笔记栏

表 9-2-1　各类抗癫痫药物的选择

发作类型	药　物
部分性发作、部分性发作继发大发作	卡马西平、苯妥英钠、苯巴比妥、丙戊酸
全身强直阵挛性发作	丙戊酸、卡马西平、苯妥英钠
阵挛性发作	丙戊酸、苯巴比妥、苯妥英钠
典型失神、肌阵挛发作	丙戊酸、拉莫三嗪、乙琥胺、氯硝西泮
非典型失神发作	乙琥胺、丙戊酸、氯硝西泮
强直性发作	卡马西平、丙戊酸、苯妥英钠

1）传统的抗癫痫药物：卡马西平是对部分性发作的首选药。对部分性发作继发 GTCS 也有较好疗效，苯妥英钠对 GTCS 和部分性发作有效，上述两药均有的不良反应为皮疹、血细胞减少、肝功能损害等，并可加重失神和肌阵挛发作。丙戊酸钠是广谱抗癫痫药，用于全面性和部分性发作，是 GTCS 合并典型失神发作的首选药。不良反应有骨髓抑制和肝损害等。苯巴比妥用于 GTCS、部分性发作和癫痫持续状态。不良反应主要有嗜睡、认知和行为异常。乙琥胺仅用于失神发作，有胃肠道、嗜睡等不良反应。

2）新型抗癫痫药：拉莫三嗪和托吡酯（妥泰）是广谱抗癫痫药，可作为难治性癫痫如 Lennox-Gastaut 综合征等的辅助用药。近年来，国际抗癫痫联盟推荐的用药方案中以卡马西平和丙戊酸钠分别为部分性发作与全面性发作的一线药，拉莫三嗪和托吡酯可作为二线药。

（3）手术治疗：脑部有器质性病变的症状性癫痫、难治性癫痫，不在脑的主要功能区的致病灶，可考虑手术治疗。

处方及医生指导

1. 对症治疗：减轻脑水肿，25%甘露醇 125ml 静脉滴注，每人日 1~2 次，酌情停用。

2. 病因治疗：吡喹酮 180 mg/kg，每日 3 次，用 7 天。

如肢体抽搐发作频繁，用卡马西平 200mg，每日 3 次，病情缓解停用。

第2节　偏　头　痛

案例

患者，女性，29 岁，职员。间歇性一侧头痛一年余加重 2 个月。

一年来在工作紧张或劳累时即出现头痛，头痛前可感到头部不适，有时烦躁，心情沮丧。疼痛由额颞部开始，逐渐向后扩展至半侧头部，以太阳穴处明显，以钝痛或搏动性跳疼为主，持续约 5~10 分钟不等，有时可持续 1~3 日，休息或服药后暂可缓解，剧时伴恶心，甚至呕吐，入睡困难，发作频率不定，偶有多达每周两次以上，一年来记忆力明显减退，工作效率下降。曾先后检查头颅 CT，显示正常。脑电图显示正常，心电图检查正常，血、尿、粪各项指标均正常，因反复发作遂来我院求治。平素体健，无烟、酒嗜好，无精神活性物质和药物依赖史，无“肝炎”、“结核”等急慢性传染病史，无毒物、放射线接触史，无地方病史及药物过敏史。

体格检查：T 36℃，P 80 次/min，R 18 次/min，BP 110/70mmHg，神志清，发育正常，全身皮肤黏膜无黄染及出血点，表浅淋巴结不肿大，五官端正，瞳孔约 3mm，等大等圆，对光反应敏感，双肺呼吸音清，心率 80 次/min，律齐，未闻及杂音，腹平软，无压痛，肝脾未及，墨菲征（-），移动性浊音（-），肠鸣音 6~8 次/min。

神经系统检查：意识清，步态稳，12 对颅神经无异常，无不自主运动，共济运动正常，全身深、浅感觉检查无异常，肌力五级，肌张力正常，生理反射对称引出，无病理征，脑膜刺激征（-），自主神经及括约肌功能无异常。

思考题

1. 结合所学知识，你认为该病例最大可能的诊断是什么？
2. 偏头痛多见于哪些疾病？
3. 偏头痛可遗传吗？

偏头痛（migraine）是反复或周期性发作的一侧或两侧搏动性头痛，常伴恶心、呕吐，发作前可有先兆，是神经-血管功能障碍性头痛，为临床常见的特发性头痛。偏头痛人群患病率差异颇大（5%~40%），西方国家患病率约 10%。

【病因和发病机制】

1. 病因　尚未完全明了，可能与下列因素有关：

（1）遗传：约 60%的偏头痛病人有家族史，其亲属出现偏头痛的危险是一般人群的 3~6 倍，家族性偏头痛患者尚未发现一致的孟德尔遗传模式，反映了不同外显率及多基因遗传特征与

笔 记 栏

环境因素的相互作用。家族性偏瘫型偏头痛是明确的有高度遗传外显率的常染色体显性遗传，已定位19p13（与脑部表达的电压门P/Q钙通道基因错义突变有关）、Iq21和Iq31三个疾病基因位点。

（2）内分泌与代谢因素：女性较男性易患偏头痛，偏头痛常始于青春期，月经期发作加频，妊娠期或绝经后发作减少或停止。此外，5-羟色胺（5-HT）、去甲肾上腺素、P物质和花生四烯酸等代谢异常也可影响偏头痛发作。

（3）饮食与精神因素：偏头痛发作可由某些食物诱发，如含酪胺的奶酪，含亚硝酸盐防腐剂的肉类如热狗或熏肉，含苯乙胺的巧克力，食品添加剂如谷氨酸钠（味精）、红酒及葡萄酒等。禁食、紧张、情绪、月经、强光和药物（如口服避孕药，血管扩张剂如硝酸甘油）等也可诱发。

2. 发病机制 主要有下列几种学说：

（1）传统血管学说：该学说由Wolff等提出，认为偏头痛先兆症状与颅内血管收缩有关，随后颅内、颅外血管扩张导致头痛。血管收缩药麦角生物碱如（麦角胺）可中断偏头痛急性发作，血管扩张药如亚硝酸异戊酯可消除偏头痛先兆支持这一理论。然而，偏头痛发作期局部脑血流研究证实，先兆期局部脑血流减少始于枕部，而脑血流"扩散抑制"是按大脑皮质细胞构筑模式进行，不反映主要血管区域分布。

（2）神经血管假说：认为下丘脑和边缘系统的功能障碍与偏头痛的前驱症状有关先兆及头疼的发生皆与神经元功能障碍继发血管改变有关。中脑的中缝背核可能是偏头痛的发生器，其发作与该区被激活和三叉神经末梢受到刺激有关。刺激三叉神经，P物质、降钙素相关肽和神经激肽A释放增加均可引起神经源性炎症、增加神经元敏感性及改变微循环血流量。

（3）皮质扩散抑制学说（cortical spreading depression，CSD）1944年Leao APP提出皮质扩散抑制学说，发现脑皮层受刺激后，局部脑电活动低落，并以3mm/min速度扩散，扩散性抑制可解释偏头痛的先兆，同时在偏头痛发作初期大脑枕部脑血流首先降低（平均降低20%～25%），低血流区在30~60min内以2～3mm/min的速度向顶、颞叶扩散，持续至头痛期或头痛消失后48小时。

（4）5-羟色胺能神经元异常学说：5-HT能神经元家族广泛地分布于脑中，许多有效抗偏头痛药可作为中枢性5-HT受体拮抗剂或部分激动剂起作用。偏头痛急性发作期血小板中5-HT减少而尿中5-HT增多，利血平耗竭5-HT可诱发偏头痛，睡眠可减少5-HT神经元点燃，终止偏头痛发作。儿茶酚胺、组胺、血管活性肽、前列环素和内源性阿片物质等神经递质亦与偏头痛的发生有关。

（5）传统中医学认为头痛的病因病机：头为元神所居，为"精明之府"，五脏六腑之阴精阳气皆上于头，故头疼的发生与脏腑、气血、痰浊、淤血皆密切相关。①外感引起，因起居不慎、坐卧当风等感受六淫之邪，上犯巅顶，清阳之气受阻，气血凝滞，阻碍脉络而致头痛；②内伤所致：主要与肝、脾、肾三脏病变及瘀血有关，"脑为髓之海"，脑要依赖肝肾精血及脾肾运化水谷精微，输布气血以濡养，故肝、脾、肾病影响于脑而致头痛。

【分类及临床表现】 多数起病于青春期，女性多于男性，女性患者约为男性的2～3倍，大多数患者有偏头痛家族史。发作数小时至数日常伴恶心、呕吐、畏光、畏声、抑郁和疲倦等前驱症状。10%的患者有视觉先兆或其他先兆，发作频率从每周至每年1次至数次不等，偶可见持续性发作的病例。

根据国际头痛协会（1988）分类，偏头痛的主要类型及其临床表现是：

1. 有先兆的偏头痛（migraine with aura） 以往称典型偏头痛（classic migraine），临床典型病例可分以下三期。

（1）先兆期：典型偏头痛发作前出现短暂的神经症状即先兆。最常见为视觉先兆，如暗点、闪光、逐渐增大向周围扩散，以及视物变形和物体颜色改变、视野缺损等；其次为躯体感觉先兆，如一侧肢体或（和）面部麻木、感觉异常等；运动先兆较少。先兆持续10～40分钟，复杂性偏头痛持续时间较长。

（2）头痛期：伴先兆症状同时或随后出现一侧额颞部或眶后搏动性头痛（throbbing headache），也可为全头痛、单或双侧额部头痛及不常见的枕部头痛等；因此，双侧头痛和紧张性头痛常见的枕部头痛并不能排除偏头痛的可能。常伴恶心、呕吐、畏光或畏声、易激惹、气味恐怖及疲劳感等，可见颞动脉突出，头颈部活动使头痛加重，持续4～72小时，进入睡眠后减轻。

（3）头痛后期：头痛消退后常有疲劳、倦怠、烦躁、食欲差、注意力不集中、不愉快感等症。

2. 无先兆的偏头痛（migraine without aura） 又称普通偏头痛（common migraine），是临床最常见的类型，约占偏头痛病人的80%。缺乏典型的先兆，先兆可表现为短暂而轻微的视觉模糊，也可完全不发生。常为双侧颞部及眶周疼痛，可为搏动性，疼痛持续时伴颈肌收缩可使症状复杂化。发作时常有头皮触痛，呕吐偶可使头痛终止。

3. 特殊类型偏头痛 偏头痛发作期或头痛消退后可伴明显的神经功能缺损，如：

笔记栏

（1）偏瘫型偏头痛（hemiplegic migraine）：多在儿童期发病，成年期停止。偏瘫可为偏头痛的先兆症状，可单独发生，亦可伴偏侧麻木、失语，偏头痛消退后偏瘫可持续10分钟至数周不等。可分为两型：家族型多呈常染色体显性遗传；散发型可表现为典型、普通型与偏瘫型偏头痛交替发作。

（2）基底动脉偏头痛（basilar artery migraine）：又称基底型偏头痛（basilar migraine），较多见于儿童和青春期女性，先兆症状常见闪光、暗点、视物模糊、黑矇、视野缺损等，先兆症状持续20~30分钟，然后出现枕部搏动性头痛，常伴恶心、呕吐。出现头重脚轻、眩晕、复视、眼球震颤、耳鸣、构音障碍、双侧肢体麻木及无力、共济失调、意识改变、跌倒发作和黑矇等脑干和枕叶症状提示椎-基底动脉缺血。

（3）复杂型偏头痛（complicated migraine）：指先兆症状在头痛发作过程中仍持续存在，延续时间在1小时至1周之内，甚至成为永久性后遗症，神经影像学检查排除颅内器质性病变。

（4）偏头痛等位发作：有些偏头痛患者可能周期地发生某些症状而全无头痛，或和头痛交替出现。如反复发作的眩晕、恶心、呕吐、腹痛、腹泻、肢体或关节痛，以及情绪不稳、梦样状态等。有时被误诊为阑尾炎、胰腺炎或胃肠炎。

（5）眼肌麻痹型偏头痛（ophthalmoplegia migraine）：本病少见。当偏头痛发作开始时或发作后头痛逐渐消退之际，头痛侧出现眼肌瘫痪，动眼神经最先受累，有的病例同时累及滑车和外展神经，引起眼肌麻痹，可持续数小时至数周。不定期再发，多次发作后，瘫痪可能持久不愈。该型偏头痛多有无先兆的偏头痛病史，需与颅内动脉瘤和糖尿病性眼肌麻痹和动眼神经麻痹相鉴别。

案例归纳一

该患者以间歇性一侧头痛为主要临床表现，并且疼痛具有周期性、反复发作性（每月一至数次不等，偶有多达每周两次）、节律性（劳累后加重，休息后减轻），由额颞部开始，可逐渐加剧，并扩展至半侧头部，以一侧太阳穴处明显，以钝痛或搏动性疼痛为主，同时伴有恶心等特点，本次因劳累后加剧。体格检查：生命体征平稳，五官端正，瞳孔约3mm，等大等圆，对光反应敏感，无震颤，心、肺、腹未见异常，神经系统检查无阳性体征。

【实验室及其他检查】 目前偏头痛的诊断尚无确切的实验室及特殊检查指标，主要依靠详细询问病史及尽可能地排除其他疾病。病史内容包括头痛的前驱症状，发作的起止形式、部位、性质、持续时间、病程及伴随症状等。

案例归纳二

血常规：WBC 6.3×10^9/L，Hb 117g/L，PLT 111×10^9/L。尿常规：RBG（-）、KET（-）、ASC（-）、GLU（-）、PRO（-）、BLO（-）、PH 5 NIT（-）、LEU（-）、SG（-）。粪常规（-）。心电图常规示、头颅CT示正常。脑电图检查：调幅差，波幅20~40mV，调节差，低波幅脑电图。

【诊断与鉴别诊断】 大多数偏头痛发作为一侧性，也是丛集性头痛的固有特征，眼部或眼后疼痛常见于偏头痛或丛集性头痛，也常提示急性虹膜炎或青光眼等。颅内占位性病变引起局灶性头痛，但颅内压增高时可变成双枕部及双额部疼痛。紧张性头痛多为双侧，常伴头部束带感或枕部不适。

1. 诊断 根据偏头痛发作临床表现、家族史和神经系统检查正常，通常可做出诊断，临床表现不典型者采用麦角胺或曲普坦类试验治疗，脑部CT、MRI、MRA等检查正常，排除颅内动脉瘤、占位性病变和痛性眼肌麻痹等可以确诊。通常根据国际头痛协会（1988）偏头痛诊断标准。

（1）无先兆的（普通型）偏头痛诊断标准：符合下述2~4项，发作至少5次以上，每次发作持续4~72小时（未经治疗或治疗无效者）。

1）具有以下特征，至少2项：①单侧性；②搏动性；③活动被强烈抑制甚至不敢活动；④活动后头痛加重。

2）发作期间至少有下列1项：①恶心和呕吐；②畏光和畏声。

3）无其他已知的类似疾病：①病史及躯体的其他方面正常；②无其他已知类似疾病。

（2）有先兆的（典型）偏头痛诊断标准：至少有2次下述2项发作。

1）具有以下特征，至少3项：①局限性脑皮质和（或）脑干功能障碍的1个或1个以上的先兆症状；②至少有一个先兆症状，逐渐发展，持续4分钟以上；或相继发生两个或两个以上的症状；③先兆症状持续时间<60分钟，但有一个以上先兆症状时，持续时间相应延长；④先兆症状与头痛发作间无间歇期。

2）具有以下特征1项以上：①病史和体格检查不提示有器质性疾病证据；②病史和体格检

笔记栏

查提示有某种器质性疾病可能性，但经相关的实验室检查已排除；③虽然有某种器质性疾病，但偏头疼的初次发作与该疾病无密切关系。

2. 鉴别诊断

（1）丛集性头痛（cluster headache）：是较少见的一侧眼眶周围发作性剧烈头痛，有反复密集发作的特点。极少有家族史，发病年龄较偏头痛晚，平均 25 岁；男性多见，约为女性的 4～5 倍。表现短暂的极剧烈单侧持续的非搏动性头痛，持续数分钟至 2 小时，始终为单侧头痛，并在同侧再发。头痛可从鼻旁烧灼感或眼球后压迫感开始，常伴同侧结膜充血、流泪、流涕、和 Horner 征等，可伴头痛侧眼睑下垂。饮酒或应用血管扩张药可诱发。头痛发作时用肾上腺素皮质激素最为有效。

（2）紧张性头痛：与精神紧张或特殊职业强迫体位有关；头颈部肌肉有触痛；颈部按摩后症状改善，精神放松或改变环境则头痛缓解。

（3）血管性头痛：如高血压或低血压，未破裂颅内动脉瘤或动静脉畸形、慢性硬膜下血肿等均可出现偏头痛样头痛，但无典型偏头痛发作过程，部分病例有局限性神经功能缺失体征，癫痫发作或认知功能障碍，颅脑 CT、MRI 及 DSA 检查可显示病变。

（4）痛性眼肌麻痹（painful ophthalmoplegia）：又称 Tolosa-Hnut 综合征，是海绵窦特发性炎症伴头痛和眼肌麻痹。可发生于任何年龄，壮年多见。头痛发作常表现眼球后及眶周的顽固性胀痛、刺痛和撕裂样疼痛，常伴恶心和呕吐，数日后出现疼痛侧动眼、滑车或外展神经麻痹，表现为上睑下垂、眼球运动障碍和光反射消失等，持续数日至数周缓解，数月至数年后又复发，皮质甾族化合物治疗有效。

案例诊断要点

1. 青年女性。

2. 病史特点：间歇性一侧头痛为主，且疼痛具有周期性、反复发作性、节律性，由额颞部开始，可逐渐加剧，并扩展至半侧头部，以一侧太阳穴处明显，以钝痛或搏动性疼痛为主，伴恶心等特点，本次因劳累后加剧。平素体健，无烟、酒嗜好。

3. 实验室及其他检查：血、尿、粪、各项指标均正常，心电图常规、头颅 CT 检查示正常。脑电图检查：调幅差，波幅 20～40mV，调节差，低波幅脑电图。

临床诊断：偏头痛（普通型）。

【治疗】

1. 西医药治疗 治疗的目的是减轻或终止头痛发作，缓解伴发症状，预防头痛复发。分为发作期和预防性治疗。

临床治疗偏头痛时为了取得最佳的疗效，通常应在症状起始时立即服药。

（1）发作期的治疗：急性偏头痛发作单用止痛剂，如对乙酰氨基酚（acetaminophen）首次 0.5～1.0g，口服；布洛芬（ibuprophen）0.6～1.2g，口服，或非类固醇类抗炎剂，如阿司匹林，首次 0.6～1.0g，无效时通常对麦角制剂或 5-HT 激动剂舒马普坦有效。

1）曲普坦类：如舒马普坦（sumatriptan，英明格）25～50mg 口服，或 6mg 皮下注射，每日最大剂量不超过 300mg；阿莫曲坦（almotriptan）12.5mg 即可取得舒马普坦 50mg 相同的疗效，且副作用更少。

2）镇静药：如苯二氮䓬类（benzodiazepines，BZD）可促使病人镇静入睡。麻醉止痛剂如哌替啶 100mg 肌内注射对确诊偏头痛患者有效，妊娠期偏头痛只能用阿片类制剂，如哌替啶 100～150mg 口服，因其他种类药物都能增加胎儿畸形风险或妊娠并发症。

3）麦角胺类：阻止 NE 再吸收，防止其与 α 肾上腺素受体结合而引起强力持续血管收缩。常用药有：①麦角胺咖啡因合剂（ergotamine et caffeine，每片含 麦角胺 1mg，咖啡因 100mg），在前驱期或先兆时服用，口服 1～2 片，30 分钟后可再服 1～2 片，但每天应<12 片；②酒石酸麦角胺注射液（Ergotamine tartrate，每支含 0.25mg 或 0.5mg）皮下注射，妊娠时禁用；③双氢麦角碱（dihydroergotoxine），可肌注、皮下注射、静脉注射或经鼻喷雾等，其中经鼻喷雾后很少引起呕吐且复发率较低，在应用前应做心电图检查检查，特别是心脏病患者。

（2）预防性治疗：目的在于减少偏头痛的发作次数，减轻发作程度和缩短疼痛的持续时间。用药指征为：①每月头痛导致丧失生活和工作能力持续时间>3 天；②药物难以控制的急性期偏头痛；③频繁头痛发作每月达 2 次以上。应首先消除偏头痛诱发因素，酌情选用下列药物：

1）β 受体阻滞剂：普萘洛尔（propranolol，心得安）其作用机制系阻断脑血管壁上 β 型肾上腺素受体，防止脑血管的扩张，已证明此药对预防偏头痛有明显的疗效，其剂量自 40mg/d 开始，一般用 80mg/d，分 4 次服用（以心率不低于 60 次/min 为限）。特别适用于有高血压、焦虑和心绞痛的患者，但有哮喘、房室传导阻滞和心力衰竭病史者禁用。

笔记栏

2）抗抑郁药：发作频繁偏头痛合并紧张性头痛用阿米替林（amitriptiline）、舍曲林（sertraline）和氟西汀（fluoxetine）等有效。阿米替林，其药理可能与该药的三环类成分队对神经痛的治疗有关，开始用25mg/d，口服，逐渐加量至150mg/d，副作用主要有口干、嗜睡、体重增加等。

3）抗癫痫药：如丙戊酸（valproate）、卡马西平（carbamazepine）等有效。可予丙戊酸钠1200mg/d，早晚两次口服。卡马西平，一次100～200mg，3次/d。

4）钙通道拮抗剂：对普通型和典型偏头痛均有效。维拉帕米（verapamil），每天120～480mg，分3次口服，维持量40mg，3次/d；氟桂利嗪（flunarizine）5mg，口服，每晚1次或尼莫地平（nimodipine）常用20～40mg口服，2～3次/d。用药时需考虑潜在副作用，尼莫地平对血管平滑肌有高度选择性，可伴头重脚轻、低血压和周围性水肿，不应与β受体阻断剂合用。

（3）非药物治疗：包括行为治疗，避免触发因素（如特定食物及食物添加剂、强烈气味、眩光等），饮食规律，适合的睡眠姿式、按摩、磁疗等。其他可使环境应激效应减轻的措施，如生物反馈、放松训练、合理的运动疗法、自行催眠、禅坐等，有时亦有助益。

2. 中医药治疗　肝阳上亢证予天麻钩藤饮加减；痰浊上蒙证予半夏白术天麻汤加减；血瘀阻络证予与通窍活血汤加减；肝郁化火证予丹栀逍遥散加减；肝肾阴虚证予知柏地黄丸加减；气血两虚证予八珍汤加减。

【预后和预防】　本病多数虽有长期反复发作史，一般无后遗损害，有的在更年期后发作减少、减轻或自行缓解，预后良好。文献中有并发脑梗死报道，实属罕见。预防主要是消除或减少偏头痛的诱因，如避免情绪紧张，不服用血管紧张剂或利血平类药物，不饮用红酒，不进食含奶酪食物等。

处方及医师指导

1. 一般治疗：注意劳逸结合，生活规律化，避免各种已知的可诱发偏头痛的因素，条达情志，发作时休息，保持安静。

2. 药物治疗

（1）镇静剂：可尽早使用地西泮，2.5～5mg/次，每日1～2次。

（2）镇痛剂：也可在发作时给予非固醇类消炎镇痛药物；如乙酰水杨酸600mg，吲多美辛（消炎痛），75～100mg/d，氟芬那酸（500mg/d）。

（3）麦角胺制剂：麦角胺咖啡因（1～2mg/d），年老者慎用，冠心病禁用。酒石酸麦角胺注射液：0.25mg/次，皮下或肌内注射。

（4）那拉曲坦：2.5mg/次，在发作时口服或直肠给药，每日1～2次。

（5）佐咪曲坦：发作时即服2.5mg，若症状无改善或反复，则2小时后再服2.5mg，若仍无明显好转，可增加至5mg/次。

（6）舒马曲坦：100mg/次，每日1～2次。

（7）正天丸：5g/次，每日2次。

笔记栏

第3章 急性脑血管病

第1节 概　　论

急性脑血管病是指因脑部血液循环障碍引起急性脑功能损伤的一组疾病。其临床特点为起病急骤,并迅速出现神经功能缺损症状。按神经功能缺损症状持续的时间分为短暂性脑缺血发作(<24小时)和脑卒中(>24小时)。脑卒中按病理性质又分为缺血性卒中和出血性卒中,前者又称为脑梗死,包括动脉粥样硬化性血栓性脑梗死和脑栓塞;后者包括脑出血和蛛网膜下腔出血。本组疾病是具高发病率、高死亡率、高致残率和高复发率的严重疾病,是人类疾病的三大死亡原因之一。全球范围内,每年有数以百万的新患和复发病例,并有近1/4患者死亡,存活者不同程度地丧失劳动力,重度致残者可达40%以上。脑卒中也是脑血管性痴呆的主要原因。我国是脑卒中的高发国家之一,每年新发病例约200万,而死亡人数约150万,明显高于西方国家,因此,对脑卒中危险因素的预防是很迫切的工作。

【脑卒中危险因素】 脑卒中危险因素可分为不可干预与可干预两大类。不可干预危险因素包括年龄、性别、种族和卒中家族史。可干预或潜在可干预的危险因素包括高血压、糖尿病、吸烟、被动吸烟、缺乏体育活动、房颤治疗不充分、颈动脉粥样硬化及狭窄性疾病和心衰、代谢综合征、使用口服避孕药的女性吸烟者、睡眠呼吸暂停综合征、高同型半胱氨酸血症、有先兆的偏头痛等。常见的危险因素为高血压、糖尿病、心房颤动,其中高血压是脑出血和脑梗死最重要的危险因素。

急性脑血管病的一级预防包括防治高血压、心房颤动、心脏病、糖尿病、血脂异常、戒烟、戒酒、控制体重、适度体育锻炼与合理膳食。控制高血压是预防脑卒中发生的最主要环节。二级预防包括对可干预或潜在可干预的危险因素进行病因预防,使用抗血小板聚集药物,主要的药物为阿司匹林。

【脑的动脉血液循环】 脑的供血动脉来自颈内动脉系统和椎基底动脉系统。颈内动脉起自颈总动脉,入颅后主要分支有左右两条大脑前动脉、大脑中动脉(为终末支)、后交通动脉、眼动脉及脉络膜前动脉等,因其供应眼部和大脑半球前3/5(额叶、颞叶、顶叶、基底节)的血液,又称前循环。椎动脉由锁骨下动脉的根部上方发出,穿行第6颈椎至第1颈椎的横突孔经枕骨大孔入颅后,于延髓上缘汇合成基底动脉,基底动脉沿脑桥上行至中脑处又分成左右两条大脑后动脉,其余主要分支还有小脑后下动脉、小脑前下动脉和小脑上动脉等,因它们供应大脑半球后2/5、丘脑、脑干和小脑的血液,故又称后循环。

两侧大脑前动脉通过前交通动脉互相沟通,大脑中动脉与大脑后动脉之间由后交通动脉连接。这种双侧大脑前动脉、颈内动脉、大脑后动脉和前后交通动脉在脑底形成的环状吻合,称为脑底动脉环(willis环)。脑底动脉环及三对大脑动脉还发出两类分支:①深穿支(中央支),主要发自脑底动脉环,供应脑内的灰质核团(间脑、纹状体、脑干、基底部和内囊等处);②皮层支,主要供应大脑半球皮质及皮质下白质,脑干背外侧等。皮层支之间侧支循环丰富,而深穿支细小且吻合少,尤其是大脑中动脉的深穿支(又称豆纹动脉),因直角发出,血压与颈内动脉压几乎相等,易破裂出血,压迫内囊。此外,壳核、丘脑、内囊的深穿支及桥脑的深穿支均是高血压性脑出血和脑梗死的好发部位。

脑底动脉环使两侧大脑半球及前后部分有充分的侧支循环,但脑底动脉环可发生变异,其开放的程度因人而异。脑血管病产生的局部症状(神经缺损症状)与血管病损、出血、梗死部位的功能损害有关,但侧支循环的开放有效性决定于血管闭塞的速度,速度越慢,侧支循环代偿功能越完全,临床症状越轻,因此,不能仅从临床症状来确定血管受损程度。

脑部的血液循环还与脑血流量的调节有关。脑血流量调节与脑灌注压、脑血管阻力、血液黏度等因素相关。

有效灌注压=平均动脉压-颅内压

如平均动脉压在60~160mmHg之间,脑血管可通过自身收缩或舒张自动调节脑血流量,当平均动脉压低于60mmHg或高于160mmHg,脑

笔记栏

血流量自动调节功能丧失。高血压患者对低血压耐受力差,快速降压后可导致脑供血不足。

第2节　短暂性脑缺血发作

案例

患者,男性,67 岁。反复头晕 10 余年,加重伴发作性左下肢无力、行走不稳4天。

患者因反复头晕于十年前被当地医院检查诊断为“高血压病”,当时血压为 160/80mmHg,并间断服用“复方降压药”血压波动于 110～150/60～80mmHg 之间。于4天前突然头晕加重,伴左下肢无力,行走不稳,随即坐下休息,约 10 余分钟症状完全缓解。3天后患者再发同样症状时前来医院就诊。两次发作均无意识障碍,抽搐。

体格检查:T 36.7℃, R 20 次/min, P 75 次/min,BP 125/80 mmHg。神志清楚,构音清晰,双下肢肌力5级,膝腱反射存在,双 Babinski sign 阴性。

头颅 CT:未见明显异常。脑实质未见异常低密度灶。脑室,池沟裂大小形态正常,中线结构无偏移。

B 超示脂肪肝(轻度)血脂检查 TG 7.60 mmol/L,TC 6.56 mmol/L。

彩色多普勒超声检查:①双侧颈总动脉内膜增粗,分叉处局部内膜下脂质沉积;②双侧颈内、颈外动脉内膜增粗,并右侧颈内动脉供血不足。

思考题

1. 试述该病例的危险因素。

2. 试述颈内动脉系统及椎基底动脉系统 TIA 的常见症状。

短暂性脑缺血发作(transient ischemic attack,TIA)是指时间短暂并反复发作的脑局部供血不足引起的供血区局灶性脑功能障碍,每次发作数分钟至数小时即可完全恢复神经功能缺损,以往定义为 24 小时内可完全恢复。TIA 是缺血性脑卒中最重要的危险因素,频繁发作的 TIA 易进展为脑梗死。据统计 TIA 患者在一年内的脑卒中发病率约 12%～13%,5 年内 25%～40%发展为完全性脑梗死。颈内动脉系统 TIA 最易发生脑梗死。心房颤动合并的 TIA 易发生栓塞性脑梗死。

【病因和发病机制】 TIA 的病因目前不完全清楚,可能由多种病因引起,如微栓塞、脑血管痉挛、血流动力学不稳定、血液高凝状态等。颈部大动脉粥样斑块和心脏病的附壁血栓脱落形成微栓子,微栓子进入颅内小动脉造成缺血症状,当栓子破碎或溶解移向远端,血液供应恢复,症状消失。此外脑动脉硬化狭窄的病变可刺激脑血管发生痉挛。在脑动脉粥样硬化和狭窄的基础上,心律失常、血压过低均可导致一过性脑供血不足。锁骨下动脉盗血综合征、颈椎病所致椎动脉受压也可造成一过性脑灌注不足,引起椎基底动脉 TIA。

【临床表现】 TIA 好发于中老年人,男性多于女性。常有高血压、动脉粥样硬化、糖尿病、心脏病、高脂血症等危险因素或病史。起病急骤,突然出现局灶性神经功能障碍,一般持续数分钟,恢复快,不留后遗症。通常 TIA 多于 1 小时内恢复。每次发作时间少于 30 分钟可完全恢复。但可反复发作,每次发作症状相对恒定。根据病变部位的不同可分为颈内动脉系统和椎基底动脉系统的 TIA 表现。

1. 颈内动脉系统 TIA 常见症状为对侧发作性单肢无力、轻偏瘫、麻木感觉和(或)对侧面部轻瘫。特征性体征有眼动脉交叉瘫(病侧一过性黑矇或失明、视野模糊、对侧偏瘫及感觉障碍)和 Horner 征交叉瘫(病侧 Horner 征、对侧偏瘫);优势半球受累出现暂时性失语。

2. 椎基底动脉系统 TIA 常见症状有一过性眩晕、恶心呕吐、伴或不伴耳鸣。脑干网状结构缺血的特征性症状有转头或仰头时下肢突然失去张力而跌倒,称跌倒发作。脑干和小脑缺血的其他症状还有复视、吞咽困难、构音不清,共济失调、脑干的交叉瘫、一侧视力障碍伴对侧局限性肢体无力等。枕叶视皮质缺血可表现为双眼视力障碍发作,出现暂时性皮质盲。颞叶缺血发作时可出现一过性记忆丧失称短暂性全面性遗忘症。

案例归纳一

该患者的主要临床表现为有高血压病史,反复头晕 10 余年,加重伴发作性左下肢无力、行走不稳4天,且每次发作时间 10 余分钟即可完全恢复。体格检查:T 36.7℃, R 20 次/min, P 75 次/min, BP 125/80 mmHg。神志清楚,构音清晰,双下肢肌力5级,膝腱反射存在,双 Babinski sign 阴性。无明显阳性体征。

【实验室及其他检查】 头部 CT、MRI 检查大多正常。颈部彩色多普勒检查可发现颈动脉颅外段血管狭窄、动脉粥样硬化斑块等病变,但对椎动脉狭窄敏感性差。头颅 MRA(磁共振血管造影)和 TCD(经颅多普勒)可见颅内血管狭

笔记栏

窄病变。DSA(数字减影血管造影)是评估颅内外血管病变最准确的检查方法,常用于需介入治疗的患者。TCD微栓子监测适合发作频繁的TIA患者。实验室可选择危险因素的检查如血糖、血脂等。

案例归纳二

头颅CT:未见明显异常。脑实质未见异常低密度灶。脑室,池沟裂大小形态正常,中线结构无偏移。B超示脂肪肝(轻度) 血脂CH 7.60 mmol/L,LDC 6.56 mmol/L。彩色多普勒超声检查:①双侧颈总动脉内膜增粗,分叉处局部内膜下脂质沉积;②双侧颈内、颈外动脉内膜增粗,并右侧颈内动脉供血不足。

【诊断与鉴别诊断】

1. 诊断 TIA发作为一过性,诊断主要依据病史。可出现颈内动脉系统和椎基底动脉系统TIA的症状和体征。表现为突然的局灶性神经功能缺失,主要为偏盲、局限性瘫痪、局限性感觉障碍、失语、共济失调、构音困难等。发作通常持续数分钟或1小时左右,24小时内完全恢复。诊断应注意排除短暂发作性疾病。

2. 鉴别诊断

(1) 癫痫局灶性发作:局灶性症状为持续数秒至数分钟的肢体抽搐而非瘫痪,有视幻觉无视力障碍。脑电图多有痫样放电。头部CT、MRI可有脑部病变表现。

(2) 梅尼埃病(Meniese disease):发作性眩晕、恶心和呕吐,时间多超过24小时,伴耳鸣与听力减退。除眼球震颤外,无其他神经系统定位体征。

(3) 其他:心源性脑缺血发作(Adams Stokes综合征)无神经缺损症状,心电图、超声心动图检查多有异常。与偏头痛鉴别,TIA无闪光、暗点等偏头痛的典型先兆症状及典型枕颈部头痛及恶心、呕吐等头痛发作过程。还需除外其他一过性黑矇的原因如青光眼、视水肿、视网膜出血等。

案例诊断要点

1. 男性,67岁。

2. 病史特点:有高血压病史,反复头晕10余年,加重伴发作性左下肢无力、行走不稳4天,且每次发作时间10余分钟即可完全恢复。

3. 体格检查:T 36.7℃, R 20次/min, P 75次/min, BP 125/80 mmHg。神志清楚,构音清晰,双下肢肌力5级,膝腱反射存在,双Babinski sign阴性。无明显阳性体征。

4. 实验室及其他检查

头颅CT:未见明显异常。脑实质未见异常低密度灶,脑室,池沟裂大小形态正常,中线结构无偏移。B超:脂肪肝(轻度) 血脂检查:TG 7.60 mmol/L,TC 6.56 mmol/L。彩色多普勒超声检查:①双侧颈总动脉内膜增粗,分叉处局部内膜下脂质沉积;②双侧颈内、颈外动脉内膜增粗,并右侧颈内动脉供血不足。

临床诊断:1. TIA。

2. 高血压病。

3. 高脂血症。

【治疗】 治疗目的是消除病因;预防复发和发展为脑卒中;保护脑功能。

1. 病因治疗 积极治疗高血压、糖尿病、高脂血症。对颈动脉粥样硬化斑块狭窄>70%且反复发作有症状者,可选择颈动脉内膜剥离术、血栓内膜切除术、颅内外动脉吻合术或血管内介入治疗等。

2. 预防性药物治疗

(1) 血小板凝集抑制剂:小剂量阿司匹林抑制血小板内花生四烯酸转化为血栓素A,减少TIA复发。首剂阿司匹林300mg,次日后75~150mg/d,连续使用1~2年,可联合使用双嘧达莫。噻氯匹定抑制二磷酸腺苷诱导的血小板聚集,125~250mg,每天1~2次,进餐时服用,有出血倾向应停用。

(2) 抗凝治疗:对伴发房颤和频繁发作的TIA(颈内A系统)可起预防脑卒中的作用。华法林,又称苄丙酮香豆素钠,2~4mg/d,口服。或使用低分子肝素腹部皮下注射。但抗凝疗法易引起内脏出血,确切疗效还待进一步评价。

(3) 扩血管药物和脑保护剂:钙拮抗剂能阻止细胞内钙超载,预防血管痉挛,扩张血管。如尼莫地平20~40mg,每日3次、氟桂嗪5mg,每日1次,睡前服。血管扩张剂倍他司丁、烟酸等可酌情应用。

处方及医生指导

1. 病因治疗:控制危险因素如血压、血脂、血糖等,必要时颈动脉内膜剥离术。

2. 药物治疗:尼莫地平20mg,3次/d,阿托伐他汀钙片80mg,1次/d。阿司匹林100mg/d,必要时联合使用双嘧达莫或氯吡格雷75mg/d。

笔记栏

第3节 脑 梗 死

案例

患者,女性,67岁。右侧肢体不能活动伴口角歪斜6小时。

患者今晨起床时发现右侧上下肢体不能活动,右侧口角歪斜,说话时吐词不清,无明显意识障碍,二便正常,遂来我院就诊收入病房。既往有高血压病史20余年,糖尿病史10年。

体格检查:T 36.5℃, R 18次/min, P 66次/min,BP 190/100 mmHg。神志尚清,构音欠清楚,双侧瞳孔等大等圆,对光反射存在,右鼻唇沟变浅,口角下垂,伸舌右偏,右侧同向偏盲;颈软,无抵抗;双肺呼吸音清,心界向左下扩大,呈靴型,$A_2>P_2$,右侧肢体感觉迟钝,右上肢体肌力二级,右下肢肌力一级,右 Babinski sign 可疑阳性。

头颅CT:左侧丘脑背盖部见一小环片状低密度影,边缘稍模糊。侧裂池及沟回稍宽。脑中线结构居中。

空腹餐后血糖 14mmol/L, TC 1.93 mmol/L,TG 8.0 mmol/L。

思考题

1. 结合所学知识该患者最大可能是什么疾病?

2. 出血性脑血管疾病与缺血性脑血管疾病如何鉴别?

脑梗死(cerebral infarction,CI),又称缺血性脑卒中(cerebral ischemic stroke,CIS),是指因脑血液供应障碍引起的局限性脑组织的缺血性坏死或软化。常见临床类型包括动脉粥样硬化性血栓性脑梗死、脑栓塞、腔隙性脑梗死。脑梗死约占全部脑卒中的70%~80%左右。

【病因和发病机制】

1. 动脉粥样硬化性血栓性脑梗死 动脉血栓性脑梗死是指脑动脉的主干或皮质支管腔狭窄或闭塞并形成血栓,导致其供血区脑组织血流中断,出现缺血、缺氧性坏死。最常见的病因是动脉粥样硬化,故又称为动脉粥样硬化脑梗死或脑血栓形成。其次为高血压、糖尿病、血脂异常等高危因素和睡眠呼吸暂停综合征、高同型半胱氨酸血症、有先兆的偏头痛等。少见病因有细菌、病毒感染和结缔组织病等引起的血管炎,使脑动脉内膜粗糙、血流缓慢、血管痉挛和出现高凝血症。

脑动脉粥样硬化斑块以动脉分叉处多见,如大脑中动脉、前后动脉起始部、颈内动脉等。斑块破溃可穿通和破坏血管内膜,破溃处血小板聚集而形成血栓,加重管腔狭窄甚至闭塞,导致血管供血区的脑组织缺血、软化和坏死,产生脑局灶性症状。

近期研究显示,脑梗死的急性期梗死区核心部分在3~6小时已坏死,但其周围还有可逆性缺血损伤部分称为缺血半暗带影区。治疗和恢复半暗带的神经功能有时间限制,如果在有效时间内恢复血液供应,则缺血半暗带影区(isohemic pennmbra)的代谢可以恢复,神经细胞可存活并恢复功能。缺血性脑卒中可进行有效治疗的时间称为治疗时间窗,包括再灌注时间窗(reperfution time windows,RTW)和神经保护时间窗(cytoprotective time windows,CTW)。目前认为RTW的有效时间为起病后3小时,一般不超过6小时。CTW指在时间窗内使用神经保护疗法,可能减轻脑损伤,其时间可延长数小时或数天。如果再灌注时间超过了RTW,则脑损伤继续加剧,此现象称为再灌注损伤。再灌注损伤目前认为主要与自由基过度形成及"瀑布式"连锁反应、神经细胞内钙超载、兴奋性氨基酸的细胞毒作用、梗死区周围炎细胞浸润等有关,可使缺氧性脑损伤加剧。再灌注损伤导致的过度灌流,血管通透性增加,可加重细胞毒性脑水肿和血管源性脑水肿,并可引起梗死后出血。重症者可因缺血、水肿、颅高压等恶性循环,引发脑疝,危及生命。

2. 脑栓塞 脑栓塞是指来自身体各部位的栓子随血流进入脑动脉引起脑动脉阻塞,导致相应动脉供血区脑组织缺血、坏死。最常见的病因是心源性脑栓塞。其中非瓣膜病(如急性心肌梗死、心力衰竭、心肌病等)心房颤动引起者多见,其次为风湿性心脏病二尖瓣狭窄伴房颤所形成的附壁血栓脱落及瓣膜病并发感染性心内膜炎的赘生物脱落。左房黏液瘤、心脏手术、心导管检查、人工瓣膜术后形成的附壁血栓也可成为栓子来源。卵圆孔未闭可使肺循环的栓子进入体循环。非心源性脑栓塞以脑部大动脉粥样硬化斑块、动脉炎引起的附壁血栓脱落为重要原因。此外长骨折、手术时的脂肪、寄生虫卵、癌细胞、肾病综合征高凝状态均可引起栓塞。

脑栓塞多见于颈内动脉系统。因栓子突然堵塞及栓子可能带有细菌和易破碎,栓塞性脑梗死常为多发性,可伴脑炎、脑脓肿、细菌性动脉炎。因栓子刺激,可引起脑血管痉挛,常使缺血范围扩大。约1/3脑栓塞合并出血性脑梗死或梗死灶内出血,主要是因栓子破碎或栓溶

笔记栏

而移向远端动脉,原梗死区损伤的血管壁再灌注时发生渗血性出血。尤其是大面积栓塞时易合并出血。

3. 腔隙性梗死 发生于大脑深部及脑干的缺血性微梗死灶,经吞噬细胞清除后可形成腔隙,称为腔隙性梗死。最主要的病因是高血压性小动脉硬化引起的微梗死,约占脑梗死的20%。舒张压增高是多发性腔隙性梗死的易患因素。大脑中动脉和基底动脉的深穿支动脉粥样硬化病变和微动脉瘤形成的小血栓引起血管阻塞或管壁破坏;其他还有血流动力学和血液成分异常,各种类型小栓子如红细胞、纤维蛋白、胆固醇、动脉粥样硬化斑块等阻塞和破坏小动脉;引起供血区形成小的梗死灶,其直径常<15mm。反复发生多发性小梗死灶形成多个囊腔,称为腔隙状态,可导致认知功能全面衰退。

【临床表现】

1. 一般表现 多数有高血压、心脏病、糖尿病、TIA等危险因素。动脉血栓性脑梗死常在安静或睡眠中发病。起病较缓,症状在数小时或1~2天内发展达高峰,脑栓塞多为完全性卒中,可在数秒钟达高峰,且局灶性神经缺损症状与栓塞动脉的供血区的功能对应,具明显的定位症状和体征,且部分为出血性梗死;因栓塞致脑血管痉挛,可引起局灶性癫痫发作或大发作,可在24小时至3天内逐渐加重。脑栓塞还有原发病的表现。脑梗死多数无头痛、呕吐、昏迷等全脑症状,少数起病即有昏迷、抽搐、类似脑出血,多为脑干梗死。腔隙性梗死往往不引起症状,或部分渐进性或亚急性起病,部分仅在影像学检查时发现腔隙病灶。其特点为症状较轻,体征单一,多无头痛、颅内压增高和意识障碍,预后良好。

2. 常见脑动脉闭塞的表现 脑的局灶性症状根据受累血管而异,常见的各型脑动脉病变表现和综合征分述如下:

(1) 前循环脑梗死

1) 颈内动脉闭塞综合征:主要出现大脑中动脉供血区的部分或全部症状。可有视力减退或失明、一过性黑矇(特征性表现)、双眼对侧同向偏盲,同侧Horner综合征;病变对侧偏瘫(面部、上肢重于下肢)、皮质感觉障碍;优势半球受累可出现失语、失读、失写和失认。

2) 大脑中动脉:主干闭塞出现典型的"三偏征",即病变对侧偏瘫、偏身感觉障碍和同向偏盲,优势半球病变伴失语。主干闭塞易出现脑水肿,引起死亡。

3) 大脑前动脉:主要表现有病变对侧中枢性面、舌瘫;下肢重于上肢的偏瘫;对侧足、小腿运动和感觉障碍;排尿障碍;可有对侧强握、吸吮反射、精神障碍。

(2) 后循环脑梗死

1) 大脑后动脉:主干闭塞表现为对侧同向偏盲及丘脑综合征(对侧偏身感觉减退及异常、共济失调、不自主运动、手足徐动和震颤)。优势半球受累,有失读、失写 、失用及失认。

2) 椎-基底动脉:主干闭塞引起广泛的桥脑梗死。可突发眩晕、呕吐、共济失调。并迅速出现昏迷、面瘫、四肢瘫痪、去脑强直、眼球固定、瞳孔缩小、高热。可因呼吸、循环衰竭而死亡。

3) 小脑后下动脉或椎动脉:表现为脑干或小脑水平的各种综合征。①延髓背外侧综合征是最常见类型。表现为突发头晕、呕吐、眼球震颤;同侧面部痛、温觉丧失,吞咽困难,小脑性共济失调,同侧Horner征;对侧驱干痛温觉丧失。②中脑腹侧综合征表现为病侧动眼神经麻痹、对侧偏瘫;

4) 基底动脉:①桥脑腹外侧综合征表现为病侧外展神经和面神经麻痹,对侧偏瘫,为基底动脉短旋支闭塞的表现,若为旁正支闭塞,还有两眼不能向病灶侧同向运动。②闭锁综合征表现为意识清楚,能睁闭眼,四肢瘫痪,不能说话和吞咽为脑桥基底部梗死的表现。

5) 小脑梗死:急性小脑综合征:常有眩晕、恶心、呕吐、眼球震颤、共济失调,可有脑干受压及颅高压症状。

(3) 腔隙综合征:常见于豆纹动脉、丘脑穿通动脉及基底动脉深穿支供血范围(基底节和内囊、中脑和丘脑、桥脑)的小梗死。因发生的部位不同,临床上有20余种综合征。较常见的有:①纯运动性轻偏瘫以同侧的面部、肩和腿完全或不完全的瘫痪为主,不伴有其他缺损体征,在脑卒中的任何时间无嗜睡;②纯感觉性卒中以偏侧感觉减退和(或)感觉异常为主要表现;③感觉运动性卒中出现偏身感觉障碍合并轻偏瘫;④共济失调性偏瘫可有同侧共济失调-脚轻瘫或构音障碍-手笨拙综合征。

3. 临床分型

(1) 完全性卒中:发病后神经功能缺失症状较重较完全,常有完全性瘫痪及昏迷,于数小时内<6小时达到高峰。

(2) 进展性卒中:发病后神经功能缺失症状在48小时内逐渐进展或呈阶梯式加重。

(3) 大面积脑梗死:颈内动脉主干、大脑中动脉主干、皮质支完全性卒中,颅高压和脑水肿明显,常伴意识障碍。

案例归纳一

该患者主要症状为右侧上下肢体不能活动,右侧口角歪斜,说话时吐词不清,无明显意识障碍,二便正常。既往有高血压病史20余年,糖尿病史10年。

体格检查:BP 190/100 mmHg;神志尚清,构音欠清楚,右鼻唇沟变浅,口角下垂,伸舌右偏,右侧同向偏盲;心界向左下扩大,呈靴型,$A_2>P_2$,右侧肢体感觉迟钝,右上肢体肌力二级,右下肢肌力一级,右Babinski sign可疑阳性。

【实验室及其他检查】

1. 头颅CT 急性脑梗死通常在起病24~48小时后可见与闭塞血管供血区一致的低密度病变区,并能发现周围水肿区,以及有无合并出血和脑疝。在3~5天内可见缺血性脑水肿高峰期,2~3周后完全消退。临床疑诊大面积脑梗死,可复查CT。脑内相邻动脉供血区之间的边缘带发生的梗死灶呈带状或尖端向内的楔形低密度影,腔隙性梗死特征常显示基底节区、丘脑或桥脑区卵圆形低密度病灶,边界清楚,直径10~15mm。CT仅显示直接梗死灶,不能显示闭塞或狭窄的血管。对直径<5mm或脑干与小脑梗死,往往难以显示。

2. 头颅磁共振(MRI) 可于早期发现大面积脑梗死,病变区表现为T_1低信号,T_2高信号。特别对脑干和小脑的病灶以及腔隙梗死,应选择MRI检查。磁共振血管成像(MRA)可显示血管的狭窄和闭塞。近年开发的弥散加权成像(DWI)和灌注加权成像(PWI),可发现超早期病灶及缺血半暗带,其诊断对缺血半暗带较大患者有助于溶栓时间窗的延长。MRI对急性脑出血不如CT敏感。

3. 脑脊液 通常应在CT或MRI检查后才考虑是否进行腰椎穿刺。有颅内压增高的患者应慎做腰椎穿刺。一般脑梗死,脑脊液检查大多正常,但出血性梗死可含血液。

4. 超声检查 经颅多普勒超声(TCD)对评估颅内外血管狭窄、闭塞、血管痉挛或者侧支循环建立的程度有帮助。可用于溶栓治疗监测,对预后判断有参考意义。颈动脉彩色多普勒超声对颈部血管病变如动脉粥样硬化、狭窄等的诊断有意义。

5. 血管造影 数字减影血管造影(DSA)、CT血管造影(CTA)和磁共振动脉成像(MRA)对脑血管畸形、脑动脉瘤、肌纤维发育不良、脑血管狭窄和闭塞的部位有诊断意义。

笔记栏

6. 其他 心电图、心脏彩色多普勒超声、胸部X线等检查有助于查明栓子来源。血液生化检查可能发现脑梗死的危险因素。

案例归纳二

头颅CT:左侧丘脑背盖部见一片状低密度影,边缘稍模糊。脑中线结构居中。

空腹餐后血糖14mmol/L,TG 1.93 mmol/L, CH 8.0 mmol/L, LDC 6.16 mmol/L

【诊断与鉴别诊断】

1. 诊断 脑梗死的诊断要点:①可有动脉硬化、高血压、糖尿病、心房颤动等病史。②常有TIA卒中病史。③突然起病(脑栓塞几秒或几分钟,脑血栓几小时),出现局灶性神经缺损症状,并持续24小时以上。神经症状和体征可用某一血管综合征解释(脑栓塞多为完全性卒中)。意识常清楚或轻度障碍,多无脑膜刺激征。起病3~4日后又恶化者以脑出血为更多见。④脑部CT、MRI检查可显示梗死部位和范围,并可排除脑出血、瘤卒中和炎症性疾病。腔隙性梗死诊断需依据CT或MRI检查。

进一步要明确脑梗死的病因,对患者必须进行全面的心脏血管检查。年龄大、有高血压动脉硬化的症状和体征者,可考虑脑血栓。有栓子来源时,多考虑脑栓塞。腔隙综合征患者常有高血压史。

2. 鉴别诊断

(1)与其他脑卒中鉴别。

(2)颅内占位病变:如慢性硬膜下血肿、颅内肿瘤、脑脓肿等占位病变病程长,有进行性颅高压和局灶性神经体征,造影可有脑血管移位,CT、MRI可发现占位病灶。

案例诊断要点

1. 女性,67岁。

2. 该患者主要症状为右侧上下肢体不能活动,右侧口角歪斜,说话时吐词不清,无明显意识障碍,二便正常。既往有高血压病史20余年,糖尿病史10年。

3. 体格检查:BP 190/100 mmHg;神志尚清,构音欠清楚,右鼻唇沟变浅,口角下垂,伸舌右偏,右侧同向偏盲;心界向左下扩大,呈靴型,$A_2>P_2$,右侧肢体感觉迟钝,右上肢体肌力二级,右下肢肌力一级,右Babinski sign可疑阳性。

4. 实验室及其他检查:头颅CT:左侧丘脑背盖部见一片状低密度影,边缘稍模糊。脑中线结构居中。空腹餐后血糖 14mmol/L,TC 1.93 mmol/L,TG 8.0 mmol/L。

临床诊断:1. 脑梗死。

2. 2型糖尿病。

3. 高血压病,3级,极高危险组。

【治疗】

1. 一般治疗 目的是维持生命功能及处理并发症。大面积脑梗死或有意识障碍者可送卒中单元,进行组织化、个体化治疗。卒中单元是脑血管病管理模式,指在卒中病房内,是由神经专科医生、物理治疗师、语言康复师、心理治疗师及专业护理人员等组成,对患者进行药物治疗、肢体康复、语言训练、心理康复和健康教育等全面治疗。应注意监护生命体征和神经系统体征,尤其对大面积脑梗死、小脑梗死、椎-基底动脉主干梗塞等危重患者应重点监护观察瞳孔大小;保持呼吸道通畅,当 $PaCO_2 > 48mmHg$, $PaO_2 < 75mmHg$ 应气管插管或气管切开;控制血压,如血压≥220/120mmHg,尤其需溶栓者给予降压治疗,如静脉使用拉贝洛尔、硝普钠或卡托普利口服,不宜舌下含服硝本地平,静脉用硝酸甘油、利血平、硫酸镁;如血压<180/110mmHg,降压可能加重脑缺血。血糖>10mmol/L给予胰岛素治疗;如有颅高压者选用20%甘露醇、呋塞米或白蛋白。并注意维持水、电解质平衡;预防各种类型的感染、深静脉血栓形成和其他并发症。饮食时要预防误吸。

2. 溶栓治疗 缺血半暗带影区和治疗时间窗的理论为超早期溶栓治疗提供了依据,通过早期溶栓可挽救缺血半暗带的神经功能,改善预后,尤其对椎-基底动脉主干梗死,非溶栓治疗效果差。因颅内出血的危险性也增加,溶栓治疗目前尚不能成为常规治疗方法,需患者和家属同意。常用的溶栓药物有尿激酶和重组组织型纤溶酶原激活剂(rt-PA)。rt-PA 推荐剂量 0.9mg/kg(最大剂量<90mg),先静脉推注 10%总剂量,随后剩余剂量加入生理盐水 100ml 于 60 分钟持续静脉滴注,治疗前 48 小时内避免用抗凝药,24 小时内避免用阿司匹林。主要的适应证为起病 3 小时内的大脑中动脉主干及椎基底动脉闭塞,且 CT 排除颅内出血,低密度梗死灶尚未出现者,血压<180/110mmHg。并发症主要有颅内出血、梗死区继发出血、再灌注损伤等。既往有脑出血、蛛网膜下腔出血和出血性脑梗死者不宜进行溶栓治疗。此外,局部动脉或静脉内使用 rt-PA、颅外颈动脉和椎动脉扩张、支架置入术及机械取栓术等介入治疗方法正在临床试行,疗效待进一步评价。

3. 减轻脑的缺血性损伤 亚低温(32~35℃)降低脑代谢率,抑制细胞内钙超载,减少了氧自由基生成和各种酶过度激活,对脑缺血有保护作用,而无深低温的心肺并发症。可采用物理方法降低脑局部过高的体温。脑血管扩张剂目前尚无显著疗效,一般仅用于不完全性脑梗死,不宜用于急性期有脑水肿和低血压者。神经保护剂目前还缺乏有明确疗效。

4. 抗血小板治疗 阿司匹林降低早期死亡率,AHA/ASA 推荐脑梗死急性期 24~48 小时内口服 325mg,此后每日口服 100mg。不推荐使用其他抗血小板药。

5. 抗凝治疗 本方法目前有争议,对中重度患者不推荐本方法。对脑栓塞病患者,如无出血倾向,可考虑抗凝治疗。选用低分子肝素 4000U,每天 1~2 次,皮下注射,可预防深部静脉血栓形成及预防肺栓塞。

6. 手术治疗 对致命性和占位性大脑中动脉合并大脑前或后动脉梗死必要时手术治疗包括去骨瓣减压术、切除梗死区、脑室引流术等,以降低颅内压。

7. 降纤治疗 主要降解血液中纤维蛋白原,抑制血栓形成。常用药物有巴曲酶、降纤酶等,用药前应查进行纤维蛋白原的检查。

8. 恢复期治疗 包括早期(48 小时后)进行功能锻炼和针灸、理疗等方面治疗。预防复发、控制危险因素。还应注意语言、认知、心理和社会康复等。

【预防和预后】 脑梗死急性期病死率约为 5%~15%,合并大面积脑干梗死者死亡率高。死亡原因为严重脑水肿、脑疝、肺部感染等。存活者遗留程度不同的后遗症。脑栓塞患者复发率较高,应进行预防性治疗。腔隙性脑梗死也易复发,但预后较好。

缺血性卒中的一级预防主要是控制危险因素,提倡健康的生活方式,通过饮食使叶酸、维生素 B_6、维生素 B_{12} 达标等。对中高危人群在控制高血压的基础上每日服用 75~150mg 阿司匹林。对有血栓、栓塞性疾病、高血压和左心衰等危险因素的房颤患者,使用华法林抗凝治疗。对无其他卒中危险因素如年龄大于 75 岁也可使用华法林抗凝治疗;对无其他危险因素的房颤患者若年龄小于 65 岁可使用阿司匹林;年龄在 65~75 岁之间酌情选用华法林或阿司匹林,并积极治疗原发性心脏病。高血糖是缺血性卒中独立的危险因素,应将空腹血糖控制为<7mmol/L,糖化血红蛋白<6.5mmol/L。低密度脂蛋白增高是颈动脉粥样硬化的危险因素,颈动脉狭窄多由粥样硬化

笔记栏

引起，药物预防包括使用阿司匹林和他汀类降脂类药物。对反复发作TIA者如颈动脉狭窄>70%者可行颈动脉内膜切除术或放置颈动脉支架。二级预防包括无限期使用75～100mg/d的阿司匹林。在无冠心病的缺血性卒中患者可联合用阿司匹林25mg，每日2次，双嘧达莫缓释片200mg，每日1次。

处方及医生指导

1. 一般治疗：低盐低脂糖尿病饮食，测血压每日3次。

2. 药物治疗

(1) 肠溶阿司匹林100mg，每日1次。

(2) 低分子肝素钙0.4 ml皮下注射，每日2次。

(3) 尼莫地平注射液10ml加入生理盐水250ml缓慢中静滴，每日1次。

(4) 非洛地平缓释片5mg每日1次，厄贝沙坦片150mg，每日1次。

(5) 阿卡波糖片50mg 3次/d，二甲双胍片0.5g，每日2次。

(6) 洛伐他汀胶囊20mg，每日1次。

第4节 脑出血

脑出血(cerebral hemorrhage)指原发性非外伤性脑实质内的自发性出血。最常见的病因是高血压伴发脑动脉硬化引起动脉破裂出血即高血压性脑出血。我国脑出血占脑卒中的20%～30%，每年发病率约为60～80人/10万，急性期病死率约为30%～40%，是死亡率最高的脑卒中类型。

【病因和发病机制】 脑出血最主要的病因是高血压性动脉硬化。其他病因包括脑血管畸形、动脉瘤、血液病、脑动脉炎、脑肿瘤、抗凝或溶栓治疗等。

高血压性脑出血的发病机制目前尚不完全清楚。长期高血压可引起脑内小动脉壁纤维素样坏死或脂质透明变性，易形成微动脉夹层动脉瘤，尤其深穿支动脉因解剖因素受高血压冲击易发生粟粒状微动脉瘤，当血压骤升时易破裂造成脑出血。

【病理】 脑出血的好发部位是壳核，其次为丘脑、脑叶、脑桥、小脑、脑室。出血侧大脑肿胀，在壳核和丘脑等处微动脉瘤密集，多个微动脉瘤同时或相继破裂可形成大的血肿。脑出血血肿压迫周围组织和脑血液循环障碍、代谢紊乱、血管活性物质释放可引起脑血管痉挛，导致继发性脑水肿和脑缺血发生。脑出血后可因血肿量的不断增大、周围组织水肿及继发性脑水肿使颅内压不断升高，超过自身调节范围，大的血肿可使脑组织移位，发生脑疝而致死。幕上半球出血可因血肿向下挤压丘脑和脑干，出现小脑幕裂孔疝，若颅内压明显增高或小脑大量出血可发生枕骨大孔疝。血液可破入脑室和(或)蛛网膜下腔。急性期后血块溶解，吞噬细胞清除坏死组织，小出血灶形成胶质瘢痕，大出血灶形成中风囊。

【临床表现】 脑出血以50岁以上的高血压患者多见，通常在情绪激动和过度用力时急性起病。发病时血压明显升高，突然剧烈头痛、头晕、呕吐，意识障碍、肢体瘫痪等症状常在数分钟至数小时内达高峰。临床上根据出血部位不同可分为以下常见类型。

1. 基底节区出血

(1) 壳核出血：最为常见，多由外侧豆纹动脉破裂引起。内囊受血肿压迫可出现典型的“三偏”征，即对侧偏瘫、对侧偏身感觉障碍和对侧同向偏盲。部分病例双眼向病灶侧凝视，称为同向偏视。出血量大可有意识障碍，病灶位于优势半球可有失语。

(2) 丘脑出血：由后丘脑穿通动脉和丘脑膝状体动脉破裂引起。具有内囊出血“三偏”征，但三偏征以感觉障碍明显。上、下肢瘫痪程度基本均等；眼球上视障碍，可凝视鼻尖，瞳孔缩小，光反射消失。若出血累及下丘脑可引起中枢性高热、消化道出血、高血糖、肺水肿等并发症。

2. 脑叶出血 为皮质下白质出血。老年人常因脑动脉硬化或淀粉样变引起，青壮年多由先天性脑血管畸形所致。表现为头痛、呕吐、脑膜刺激征及出血脑叶的定位症状，可伴癫痫发作。额叶可有对侧单肢瘫或偏身轻瘫、精神异常、摸索、强握；左颞叶可有感觉性失语、幻视、幻听；顶叶可有对侧单肢瘫或偏身感觉障碍、失用、空间构像障碍；枕叶为视野缺损。

3. 脑桥出血 多由基底动脉桥脑支破裂引起。一侧桥脑少量出血，表现为交叉性瘫痪(病侧周围性面瘫，对侧肢体中枢性瘫痪)，两眼向病灶侧凝视麻痹。但多数累及两侧桥脑，出血破入第四脑室，迅速出现深度昏迷，双侧瞳孔针尖样缩小，四肢瘫痪和中枢性高热(持续39℃以上，躯干热而四肢不热)的特征性体征，并出现中枢性呼吸障碍、应急性溃疡和去脑强直，多于数天内死亡。

4. 小脑出血 由小脑齿状核动脉破裂引起。常有眩晕、频繁呕吐，后枕剧痛，步履不稳，构音障碍。体征有肢体共济失调和眼球震颤而无瘫痪。重症者因血肿压迫脑干或破入第四脑室，迅速出现昏迷、中枢性呼吸困难，常因急性枕骨大孔疝死亡。小脑出血的发病率很低，但致残率很高，应早期诊断，手术清除血肿。

5. 脑室出血　原发性出血指脉络从血管出血或室管膜下出血破入脑室。少量出血时表现为头痛、呕吐。脑膜刺激征阳性。大量出血时出现昏迷，双侧瞳孔呈针尖样，双侧病理征阳性。常出现丘脑下部受损的症状及体征，如上消化道出血、中枢性高热、大汗、血糖增高、尿崩症，预后差，多迅速死亡。

【实验室及其他检查】

1. 头颅 CT　是脑出血首选的检查方法，确诊的主要依据。发病后 CT 可显示高密度血肿的部位和形态以及是否破入脑室。对进展型脑出血病例进行动态观察，可显示血肿大小变化、血肿周围的低密度水肿带、脑组织移位和梗阻性脑积水，对脑出血的治疗有指导意义。

2. 头颅 MRI　也可明确部位、范围、脑水肿和脑室情况，发病一天内血肿呈 T_1 等或低信号，T_2 呈高或混合信号；第 2 天～1 周内，T_1 等或稍低信号，T_2 为低信号。除高磁场强度条件下，急性期脑出血不如 CT 敏感。但对脑干出血、脑血管畸形、脑肿瘤比 CT 敏感。

3. 脑血管造影　CT 显示的血肿不在高血压性脑出血的好发部位，应进行脑血管造影（DSA、MRA、CTA），以除外动脉瘤、血管畸形及 moyamoya 引起的脑出血。

4. 其他　脑出血时脑脊液压力增高，呈均匀血性，但血肿未破入脑室和蛛网膜下腔则不含血性。腰椎穿刺有诱发脑疝的危险，有 CT 条件则不宜列为常规检查，尤其疑诊小脑出血应列为禁忌。还可进行血、尿、粪常规，肝肾功能，血糖，凝血功能和心电图检查。

【诊断与鉴别诊断】

1. 诊断　脑出血的诊断要点：①多数为 50 岁以上高血压患者，在活动或情绪激动时突然发病；②突然出现血压升高、头痛、呕吐、意识障碍和偏瘫、失语等局灶性神经缺损症状，病程发展迅速；③CT 检查可见脑内高密度区。

2. 鉴别诊断　本病与脑梗死、原发性蛛网膜下腔出血的鉴别见表 9-3-1。昏迷患者缺乏脑局灶症状者，应与如糖尿病、低血糖、药物中毒等引起的昏迷鉴别。鉴别主要依据原发病病史，实验室检查及头颅 CT 检查。

表 9-3-1　常见脑卒中鉴别表

	动脉血栓性脑梗死	脑栓塞	脑出血	蛛网膜下腔出血
发病年龄	60 岁以上多见	青壮年多见	50～60 岁多见	各年龄组可见，青壮年多见
常见病因	动脉粥样硬化	心脏病、房颤	高血压及动脉粥样硬化	动脉瘤、血管畸形
起病状态	多于安静时、血压下降时	不定	活动、情绪激动、血压升高时	活动、激动时
起病速度	较缓（小时、天）	最急（秒、分）	急（分、小时）	急（分）
意识障碍	较少	少、短暂	常有，进行性加重	少、轻、谵妄
头痛、呕吐	少有	少有	常有	剧烈
血压	正常或增高	多正常	明显增高	正常或增高
偏瘫等	有	有	多有	多无
脑膜刺激征	无	无	偶有	明显
头颅 CT	脑内低密度灶	脑内低密度灶	脑内高密度灶	蛛网膜下腔高密度影
脑脊液	多正常	多正常	血性，压力高	压力高，均匀血性
脑血管造影 CTA、MRA	可见阻塞的血管	同左	可见破裂的血管	可见动静脉畸形或动脉瘤

【治疗】

1. 内科治疗

（1）一般治疗：保持安静，避免不必要搬动。有条件送重症监护病房，观察生命体征，注意意识障碍、瞳孔改变和神经系统定位体征的变化。确保气道通畅，重症者予以辅助呼吸或气管内插管，对昏迷患者及时将口鼻咽分泌物吸出，预防肺炎和褥疮等。建立静脉通道，保持营养和水、电解质平衡。避免输液过快、过多。注意纠正高血糖和高热。有昏迷禁食 3 天后应酌情鼻饲营养。加强护理，防治留置导尿管者应预防泌尿道感染。

（2）减轻脑水肿、降低颅内压：脑出血患者大多在因血肿及血肿周围脑组织水肿，早期即有颅内压增高，起病第 1 周的死亡原因主要是脑疝。主要治疗措施有：①适当控制液体输入，抬高床头（20°～30°），吸氧并控制躁动、疼痛；②依

笔记栏

病情选择脱水剂如20%甘露醇125~250ml快速静脉滴注,每隔6~8小时重复使用,疗程不宜过长(<5天);呋塞米20~40mg静脉滴注;10%复方甘油500ml静脉滴注,每天1~2次,或使用白蛋白。一般不主张常规使用激素。

(3) 控制血压:多数患者在发病后因脑血管调节反应,血压暂时性升高,当疼痛、躁动、呕吐及颅内压得到控制后,血压也会随之下降,因此通常不用强降压药,以避免脑干缺血或休克。当血压显著升高时,可能诱发再出血,加重脑水肿,高血压患者应将平均动脉压维持在130mmHg左右,如收缩压>180~230mmHg或舒张压>105~140mmHg,或平均动脉压>130mmHg,可静脉选用的降压药有硝普钠、尼卡地平、拉贝洛尔、艾司洛尔等。低血压应补充血容量。

(4) 并发症的处理:控制抽搐,首选静脉注射苯妥英钠15~18mg/kg,或地西泮每次5~10mg静脉注射,可重复使用。卒中后癫痫可选用拉莫三嗪、加巴喷丁、奥卡西平等新型抗癫痫药物。及时处理上消化道出血,注意预防肺部、泌尿道及皮肤感染等。

(5) 康复治疗:危险期过后尽早进行肢体功能锻炼、心理治疗、语言训练。

2. 外科治疗 脑出血后出现脑干受压和脑水肿并有明显占位效应者,大脑半球血肿30ml以上,小脑血肿10ml以上,伴神经功能恶化者,外科清除血肿、制止出血是降低颅内高压、挽救生命的重要手段,对死亡率高的小脑出血和大的外侧型血肿来说,尤其重要。但深昏迷、双瞳孔散大、光反应消失、去脑强直;心、肺、肾等脏器功能严重损害,或消化道出血者不宜手术治疗。

常用的手术方法有开颅血肿清除术、锥孔穿刺血肿抽吸、立体定向血肿引流术、脑室引流术等。注意在4小时内进行穿颅清除术易引起再出血,一般宜在6~24小时内进行。

【预后和预防】 脑出血的主要致死原因为脑水肿、颅内压增高和脑疝形成。其预后与出血量、脑室出血、意识丧失程度及全身状况有关。脑干、丘脑和大量脑室出血预后差,一周后多死于并发症及再出血。

高血压是脑出血最重要的危险因素,高血压的一级预防措施包括:限盐、控制体重、进行适当体育运动、戒烟或少饮酒、防治糖尿病等。二级预防措施还包括对高血压患者坚持服用降压药使血压控制在140/90mmHg之下;如合并糖尿病或肾病者,血压应控制在130/80mmHg之下;对脑出血病人一般不用抗血小板聚集的药物。降脂、抗血小板、抗凝治疗可增加颅内出血的风险。

笔记栏

第5节 蛛网膜下腔出血

案例

患者,男性,36岁,突然头痛、呕吐1小时30分。

患者于上班时间突然发生剧烈头痛伴呕吐,烦躁与嗜睡交替,被送入医院。既往无高血压、糖尿病、心脏病病史。

体格检查:T 36.4℃, R 20次/min, P 62次/min, BP 140/80 mmHg。双侧瞳孔等大等圆,对光反射存在,颈部抵抗感明显,Kernig征和Brudzinski阳性。心肺(-),腹软,肝脾肋下未触及。四肢肌力5级,双侧膝腱反射亢进。双侧Babinski征阴性。

头颅CT:双侧大脑实质内未见明显异常密度影。脑沟裂,大脑镰及枕大池内可见稍高密度影,中线结构尚居中。提示蛛网膜下腔出血。

思考题

1. 试分析该患者的诊断及可能的病因。如何明确病因?

2. 简述该患者可能存在的并发症。

蛛网膜下腔出血(subarachnoid hemorrhage, SAH)可由多种原因引起。外伤引起的称外伤性SAH。无外伤等明显原因的称自发性SAH。自发性SAH可分为原发性和继发性两种:脑底部或脑、脊髓表面血管破裂,血液直接流入蛛网膜下腔,称原发性SAH;脑内出血经脑实质破向脑表面或进入脑室而至蛛网膜下腔的,称继发性SAH。年发病率约6~20/10万,女性多于男性,约占脑卒中的5%~10%。

【病因和发病机制】 最常见的病因是脑底囊性动脉瘤破裂,约占50%~85%以上。其他病因有中脑周围出血、动脉硬化性梭形动脉瘤、烟雾病(脑底异常血管网病,Moyamoya病)、动静脉畸形、结缔组织病、脑血管炎、血液病、肿瘤等。

囊性动脉瘤破裂的发病机制目前尚不清楚,可能与遗传、先天发育不良有关,动脉瘤好发部位脑底部Willis动脉环分叉部,其动脉壁中层肌层发育异常或内弹力层变性,易受高血压、动脉硬化、吸烟、酗酒等各种因素影响。动脉硬化性梭形动脉瘤好发于脑底较大的动脉主干,胆固醇沉积于血管内膜,血管壁肌层纤维化,内弹力层变性,在血流冲击下扩张形成动脉瘤。动脉瘤体积也是决定其是否破裂出血的危险因素。当动脉瘤破裂,血液涌入蛛网膜下腔,刺激脑膜引起脑膜刺激征；颅内容量增加和脑组织受压，可迅速出现脑水肿和颅内压增高；血液阻塞脑脊液循环道路可发生梗阻性脑积水；外溢血液中含有多种血管活性物质，如5-羟色胺、儿茶酚胺、血红蛋白分解产物等刺激血管和脑膜可诱发脑血管痉挛；严重者发生脑梗死及继发性脑缺血。

【临床表现】 任何年龄均可发病，但脑底动脉瘤和动静脉畸形多数于青壮年起病，动脉硬化性动脉瘤老年人多见。烟雾病主要见于儿童。约1/3的SAH起病前数天或数周有头痛、恶心症状。常在剧烈运动和活动中突然起病，剧烈头痛呈暴烈样发作，可放射至枕后或颈部，并伴喷射性呕吐。可有烦躁、谵妄等精神症状，少数人有癫痫样发作。体检脑膜刺激征明显。早期出现明显颈强直者，应警惕枕骨大孔疝的发生，此时切勿腰椎穿刺。部分患者有局灶性体征，一侧后交通动脉瘤破裂时，可有同侧动眼神经麻痹，短暂或持久的单瘫、偏瘫、失语等。少数大出血的病例，病情凶险，起病后迅速进入深昏迷，出现去脑强直，因呼吸停止而猝死。

SAH的严重并发症有：①再出血：常在2周内发生，多在病情稳定后又再次出现剧烈头痛、呕吐、抽搐、昏迷；②迟发性脑血管痉挛：发生于出血后4~15天，7~10天为高峰期，可继发脑梗死，出现意识障碍和神经定位体征。③脑积水：因血凝块堵塞脑脊液循环通路导致的急性梗阻性脑积水，多发生于出血后1周内。患者可有嗜睡、头痛、呕吐、精神和意识障碍。SAH后的交通性脑积水表现为精神和步态异常、尿失禁，脑脊液压力正常，头颅CT显示脑室扩大。

案例归纳一

该患者的主要临床表现为上班时间突然发生剧烈头痛伴呕吐。烦躁与嗜睡交替。既往无高血压、心脏病病史。体格检查：T 36.4℃，R 20次/min，P 62次/min，BP 140/80 mmHg。双侧瞳孔等大等圆，对光反射存在，颈部抵抗感明显，Kernig征和Brudzinski阳性。心肺(-)，腹软，肝脾肋下未触及。四肢肌力5级，双侧膝腱反射亢进。双侧Babinski征阴性。

【实验室及其他检查】

1. CT检查 头颅CT检查是确诊SAH的首选诊断方法，在24小时内敏感性高，1周后敏感性下降。CT可显示脑基底部脑池，脑沟及外侧裂的高密度影。对梗阻性脑积水及脑血管痉挛引起的脑梗死也有诊断意义。

2. 脑脊液检查 腰穿脑脊液检查是诊断经影像学检查呈阴性患者的重要方法。脑脊液在起病12小时后呈特征性改变，为均匀血性，压力增高，离心后呈淡黄色。但腰穿有诱发脑疝危险，一般不作为常规检查，病情允许才能考虑。

3. 脑血管造影 DSA(数字减影血管造影)可明确颅内动脉瘤的诊断，但急性期可能诱发再出血。造影时间一般认为应避开脑血管痉挛期，如在出血3天内或3~4周后。3D-DSA还可发现脑血管痉挛、动静脉畸形、血管性肿瘤、脑血管畸形的部位、大小等。CT血管成像(CTA)、MRA(磁共振成像血管成像)的敏感性和准确性不如DSA，但为无创性检查，可取代脑血管造影。

4. 其他 眼底检查可有视乳头水肿。玻璃体膜下片状出血可在1小时出现，具有诊断意义。TCD对迟发性脑血管痉挛的动态监测有积极意义。血常规、凝血功能、肝功能及免疫学等检查等有助于寻找出血的其他原因。

案例归纳二

头颅CT：双侧大脑实质内未见明显异常密度影。脑沟裂，大脑镰及枕大池内可见稍高密度影，中线结构尚居中。提示蛛网膜下腔出血。

【诊断与鉴别诊断】 诊断依据有：①突然剧烈头痛和脑膜刺激征阳性，眼底检查可见出血，尤其是玻璃体膜下出血；②CT检查阳性，脑脊液均匀血性；③有条件可分别选择DSA、MRA、CTA等脑动脉造影，有助于明确病因。

本病与急性脑膜炎不难鉴别；与其他脑卒中的鉴别见表9-4-1。

案例诊断要点

1. 男性，36岁。

2. 病史特点：患者于上班时间突然发生剧烈头痛伴呕吐，烦躁与嗜睡交替，被送入医院。既往无高血压、糖尿病、心脏病病史。

3. 体格检查：T 36.4℃，R 20次/min，P 62次/min，BP 140/80 mmHg。双侧瞳孔等大等圆，对光反射存在，颈部抵抗感明显，Kernig征和Brudzinski阳性。心肺(-)，腹软，肝脾肋下未触及。四肢肌力5级，双侧膝腱反射亢进。双侧Babinski征阴性。

4. 其他检查：头颅CT：双侧大脑实质内未见明显异常密度影。脑沟裂，大脑镰及枕大池内可见稍高密度影，中线结构尚居中。提示蛛网膜下腔出血。

临床诊断：蛛网膜下腔出血。

笔记栏

【治疗】 治疗目的是防止再出血、脑血管痉挛等并发症。

1. 病因治疗 主要目的在于去除病灶,防止再出血。动脉瘤性SAH有适应证时应在起病早期24~72小时或2~3周后依病情选择血管内介入治疗或手术方法。动脉瘤可选择瘤颈夹闭术或弹簧线圈栓塞术,脑血管畸形可选择全切术等。

2. 一般处理 绝对卧床3~4周。避免用力;保持大便通畅;注意水、电解质平衡;预防再出血和迟发性脑梗死。可选用左旋四氢帕尼丁、地西泮及抗精神病药物镇痛、镇静、控制精神症状。不宜用麻醉类止痛药。维持正常血压和血容量,如收缩压>180mmHg可使用短效降压药。过度脱水、电解质紊乱等原因可致痫性发作,可选用拉莫三嗪、卡马西平等抗癫痫药。

3. 降低颅压、防治脑积水 对脑血管痉挛引起脑水肿和颅内高压症,可选用甘露醇、呋塞米、复方甘油等。因颅内血肿或急性脑积水而病情加重者可采用减压术或脑室造口引流术。

4. 防治脑血管痉挛 如无禁忌证和诊断明确,可用钙离子拮抗剂尼莫地平60mg,每4小时1次,口服。或尼莫同(Nimotop)10mg/d,6小时以上缓慢静脉滴注。

5. 防治脑积水 轻度脑积水给予醋氮酰胺0.25g每日3次,以减少分泌。急性脑积水可行脑脊液外引流术以降低颅压。

6. 止血剂 抗纤溶药物以延迟动脉瘤破裂后凝血块的溶解,有利于血管内皮的修复,降低再出血率。但是可引起继发性缺血,不推荐常规使用。常用药物有:①氨基己酸4~6g,溶于生理盐水或5%葡萄糖液100ml静脉滴注,30分内滴完,当日及以后每天20g,持续3~7天后减量,并依病情需要决定停药时间,一般需用药2~3周;②氨甲苯酸0.2~0.4g加入生理盐水500ml静脉滴注,每天1次,维持2~3周。

【预后】 颅内动脉瘤在发病最初24小时内死亡率约25%。脑血管畸形和动脉硬化引起者预后较好,动脉瘤性SAH预后差。远期预后与再出血、迟发性脑梗死有关。再出血的病死率约为50%,两周内再出血率为20%~25%。

处方及医生指导

1. 一般处理:绝对卧床4~6周。避免用力;保持大便通畅;注意水、电解质平衡。

2. 防治脑血管痉挛:尼莫地平60mg,口服,每4小时1次。

3. 降低颅压、防治脑积水:可选用甘露醇、呋塞米、复方甘油等。

4. 止血剂:氨基己酸6g,溶于生理盐水或5%葡萄糖液100ml静脉滴注,30分内滴完,续以20g/24h静滴,持续3~7天后减量,并依病情需要决定停药时间,一般需用药2~3周。

5. 病因治疗:如在出血3天内或3~4周后进行DSA或CTA、MRA检查,可明确颅内动脉瘤的诊断。3D-DSA还可发现脑血管痉挛、动静脉畸形、血管性肿瘤、脑血管畸形的部位、大小等。动脉瘤性SAH有适应证时应在起病早期24~72小时依病情选择血管内介入治疗或手术方法。动脉瘤可选择瘤颈夹闭术或弹簧线圈栓塞术,脑血管畸形可选择全切术等。

笔记栏

第4章 痴呆

痴呆(dementia)是指在意识清晰的情况下全面持续的智能障碍,是一种获得性进行性认知功能障碍综合征,影响意识内容而非意识水平。智能障碍包括记忆、语言、视空间功能不同程度受损,人格异常和认知(概括、计算、判断、综合和解决问题)能力下降,常伴行为和情感异常,病人日常生活、社交和工作能力明显减退。

痴呆发病率和患病率随年龄而增长,据九五攻关课题研究,我国南方地区60岁以上老人痴呆患病率为3.9%,北方地区为6.9%。引起痴呆的原因很多,临床上以Alzheimer病和血管性痴呆最为常见,前者主要由脑细胞变性引起,后者由脑血管病变导致。

根据本病的表现可归属于中医的“呆病”、“文痴”、“痴呆”、“癫证”等范畴。Alzheimer病和血管性痴呆虽然西医病因病理存在差异,但中医学对其认识相差无几,故在血管性痴呆后一起讨论中医认识。

第1节 老年性痴呆

案例

患者,男性,65岁,离休干部。渐进性记忆减退3年,加重伴猜疑、失眠半年。

家人代述,患者于3年前开始出现失眠健忘,但对年轻时发生的有些事情却记忆犹新,言语啰嗦,不通情理,自私发呆,兴趣改变,判断错误,昼夜颠倒,逐渐发展至出门迷路,读报不识常用字,不会书写自己名,近半年来症状加重,疑心重重,有被害妄想。发病以来,无冲动及伤人毁物行为。

既往体健,无烟酒嗜好,家族中无精神病史。

体格检查:生命体征平稳。神志清,精神欠佳,皮肤黏膜,心肺腹无异常。神经系统检查:未见明显异常。

精神科检查:神清,反应淡漠,查体尚合作,问答欠切题,时间、地点、人物、定向不准确;远记忆无明显障碍,存在被害妄想,行为动作盲目,自知力缺乏。

思考题

1. 结合所学知识,你认为该病历最可能的诊断是什么?
2. 如何降低该病的复发率?
3. 痴呆最常见于那些疾病?

阿尔茨海默病(Alzheimer disease, AD)是慢性进行性中枢神经系统变性病导致的痴呆,是痴呆最常见的病因和最常见的老年期痴呆,首先由Alzheimer(1907)描述。AD发病率随年龄增高,65岁以上患病率约5%,85岁以上20%,男性与女性经年龄校正的患病率相等。AD通常为散发,约5%的AD患者有明确家族史。在发达国家,Alzheimer病是位于心脏病、癌症、脑卒中之后的第四大主要致死疾病。在美国,大约有400万人患有Alzheimer病。

【病因和发病机制】 AD病因迄今不明,可能与遗传和环境因素有关。

1. 遗传因素 分子遗传学和分子生物学研究表明至少有4个基因与老年痴呆有关。早发型AD基因座分别位于21、14和1号染色体,相应的基因为APP、S182和STM2/E5-1。迟发型AD基因座位于19号染色体,相应的基因为ApoE。综上可见,AD具有遗传异质性,是一个多基因障碍。

2. 环境因素 AD亦受环境因素的影响,如铝中毒可引起AD,已在动物实验中证明。AD的主要危险因素有:①年龄:每增大10岁,患病率增加5%;②性别:老年性痴呆患者女性多与男性;③文化程度:文化越低发生老年性痴呆的危险性越高;④孤独:离异独居老人较亲属同居老人患病率高;⑤性格:性格内向型较性格外向型老人发病率高。此外,脑外伤、吸烟等均有助于发病。

AD发病机制有脑损伤学说、炎症学说、淀粉样学说等等,但都不能很好地解释AD的发生。一般认为,海马和新皮质胆碱乙酰转移酶及乙酰胆碱显著渐少,引起皮质胆碱能神经元递质功能紊乱和新皮质胆碱能神经元渐少,同时伴有去甲肾上腺素(NE)、多巴胺(DA)和5-羟色胺(5-HT)等的渐少,从而引起AD的临床表现。

笔记栏

【病理】

1. 肉眼观 脑萎缩伴脑沟增宽、脑室扩大，以颞、顶及前额叶最为严重。组织病理特征包括老年斑和神经原纤维缠结等。

2. 显微镜观察 皮质的神经元与神经纤维网丧失，皮质下白质可出现继发性脱髓鞘，特征性的变化有：

（1）神经原纤维缠结（neurofibrillary tangles, NFTs）：是神经细胞体、树突和轴突、突触终端的纤维样结构，AD 患者的这些结构变得扭曲、交错、缠绕，在受累神经元的蛋白质中，存在 βA4 淀粉样蛋白和 tau 蛋白，其神经元缠结依次见于海马 CA_1 区、下角区，随后见于大脑皮质。HE 染色组织切片可看到 NFTs，银浸染或刚果红染色在偏振光下观察，或应用各种抗神经丝蛋白、tau 蛋白和泛素蛋白的标记抗体可显示 NFTs。

（2）老年斑（senile plaques）：即神经炎性斑，是含 β-淀粉样蛋白、早老素 1、早老素 2、α_1 抗糜蛋白酶、载脂蛋白 E、α_2 巨球蛋白和泛素等的细胞外沉淀物，为 50～200μm 球形蛋白。银染可分为三种类型：①原始型或早期斑；②经典型或成熟斑；③燃尽型或致密斑。老年斑的分布同神经原纤维缠结。老年斑广泛分布在新皮质、海马、视丘、杏仁核、尾状核、豆状核、Meynert 基底核、蓝斑、下丘脑、脑干、小脑皮质和脊髓，在皮质中主要沉积于皮质的第Ⅱ、Ⅲ、Ⅳ层，AD 的病理诊断主要取决于新皮质中老年斑的数量。

（3）颗粒空泡变性（granulovacuolar degeneration）：是细胞浆内空泡结构，由一个或多个直径 3. 5μm 的空泡组成，每个空泡的中心都有一个致密颗粒，颗粒成分与抗 Tubulin，tau 蛋白、泛素抗体呈阳性反应。中央颗粒可用常规的苏木素和伊红法染色。在阿尔茨海默病中，颗粒空泡变性高度选择性地见于海马的锥体细胞或颞叶内侧。60 岁以上无痴呆的老年人的海马中，颗粒空泡变性的频度及程度也有增加。

【临床表现】

1. 人格改变 人格改变主要出现在 AD 的早期。患者在认知方面可出现兴趣的减退，主观任性，孤独，自私，伦理道德观念的淡化；情感方面，可表现情绪不稳定，情感幼稚，喜怒无常，或对家人漠不关心等；行为方面，可表现为懒散、退缩，有的患者可出现幼稚行为。

2. 记忆障碍（memory impairment）和智能障碍 记忆障碍是 AD 典型首发及最明显征象，主要是近期记忆障碍，刚刚做过的事或说过的话不能记忆，熟悉的人名记不起来，忘记约会，经常失落物品，学习新事物困难；随后可累及到远记忆对时间、地点、人名皆易忘记。随着病程的进展，患者可逐步出现智能的全面减退，记忆力、计算力、注意力、分析判断能力、理解概括能力、逻辑推理能力均受到明显的影响。

笔记栏

3. 精神衰退 难以胜任家务和日常工作，甚至生活完全不能自理。常见睡眠节律改变，白天卧床、夜间活动，晚期则完全卧床、大小便失禁。

4. 精神病性症状 部分患者可以在疾病的某一个时期，特别是疾病的早期或中期出现淡漠、焦虑、幻觉、妄想和错构、思维障碍逻辑混乱等精神病性症状。最常见的幻觉为视幻觉，妄想的内容多涉及被害或财产被盗窃等。

5. 伴随的神经系统症状 神将系统症状一般出现在疾病的中、后期，可表现为失语、失用、失认、肌张力增高、强握反射、肢体屈曲、抽搐发作等情况。

案例归纳一

该患者以起病隐袭，渐进性记忆障碍，认知功能障碍，人格改变，智能障碍，为主要临床表现，后期伴有妄想，失认为特征。PE：T 36℃，P 78 次/min，R 20 次/min，BP 120/80mmHg。神经系统检查：未见明显异常。

【实验室及其他检查】 目前尚无确诊 AD 的特殊检查，但可排除其他疾病。① CT 和 MRI 检查常显示脑皮质萎缩及侧脑室扩张，但也可见于非痴呆老年患者；②ELISA 检测脑脊液 tau 蛋白和 Aβ 可升高；③神经心理学测验：认知功能测试有助于与其他病因痴呆鉴别，如简易精神状态检查量表（mini-mental state examination, MMSE）、韦氏成人智力量表（WAIS-RC），临床痴呆评定量表（CDR）及 Hachinski 缺血积分（HIS）等；④APP、PS-1 或 PS-2 基因检测可确诊 FAD，ApoE4 基因检测可作为散发性 AD 的参考依据。⑤脑脊液无特异性改变，EEG 主要有广泛性慢波。

案例归纳二

入院后查生化全项、三大常规未见异常；脑 CT 报告提示：广泛脑萎缩（以右顶叶、额颞叶明显）；心电图检查示：不完全性右束支传导阻滞；简易智能状态检查（MMSE）得 55 分，Hachinski 缺血积分得 2 分；脑电图检查提示：α 节律减慢及弥漫性慢波活动。

【诊断与鉴别诊断】

1. 诊断 目前尚缺乏特异性强的诊断指标,根据患者详细的病史、临床症状,精神量表检查等,可初步诊断。诊断准确性可达85%~90%。脑脊液类淀粉蛋白和tau蛋白评定可以提高Alzheimer病诊断率,但对于Alzheimer病的筛查和早期诊断并不具备特异的常规意义,确诊有赖于病理诊断。目前临床常用的诊断标准包括:国际疾病分类第十版(ICD-10),美国精神病学会精神障碍诊断和统计手册(DSM-IV-R),美国神经病学、语言障碍和卒中-老年性痴呆和相关疾病学会(NINCDS-ADRDA)等标准。

AD诊断标准包括:①发病年龄40~90岁,多在65岁以后;②临床症状确认痴呆,神经心理测试MMSE量表等支持痴呆;③进行性加重的近记忆及其他智能障碍;④必须有2个或2个以上认知功能障碍;⑤无意识障碍,可伴有精神和行为异常;⑥排除可导致进行性记忆和认知功能障碍的脑病。

2. 鉴别诊断

(1)年龄相关记忆障碍(age-associated memory impairment,AAMI):指老年人有健忘症状而缺乏痴呆临床证据,是一种正常或生理性非进行性大脑衰老的表现。AD记忆障碍主要涉及铭记困难即学习新知识困难和不能保存记忆。而AAMI的记忆减退主要为记忆再现过程,不能自如地从记忆库中提取已储存的信息。如记不住人名、地名、电话号码、邮政编码,经提示就能回忆起来。

(2)抑郁性假性痴呆(depressive pseudodementia):指严重的抑郁症患者在精神运动性抑制情况下,出现认知功能的降低,表现为痴呆早期的症状,如计算力、记忆力、理解判断能力下降、缺乏主动性。但患者其突出特点为情绪低落,思维迟缓,意志活动受到显著的抑制,表现对各种事情缺乏兴趣、记忆力差、失眠、易疲劳或无力等,可有无望、无助、无价值感和自责、自罪、自杀感,抗抑郁药物治疗有效,抑郁消失后智能完全恢复。

(3)与额颞痴呆、路易体痴呆鉴别:AD通常早期出现认知功能障碍,如近记忆障碍、视空间定向和计算力障碍,社交和礼仪相对保留;额颞痴呆早期以人格改变为主,行为怪异和言语障碍,典型者出现Kluver-Bucy综合征,空间定向及近记忆保存完好,CT示额和(或)颞叶萎缩,Alzheimer病示广泛脑萎缩;路易体痴呆为波动性认知障碍,视幻觉具体程度不同,MRI可鉴别。

案例诊断要点

1. 老年男性。

2. 病史特点:该患者以起病隐袭,渐进性记忆障碍,认知功能障碍,人格改变,智能障碍,为主要临床表现,后期伴有妄想,火认为特征。PE:T 36℃,P 78次/min,R 20次/min,BP 120/80mmHg。神经系统检查:未见明显异常。

3. 体格检查:生命体征平稳。神志清,精神欠佳,皮肤黏膜,心肺腹无异常。神经系统检查:未见明显异常。精神科检查:神清,反应淡漠,查体尚合作,问答欠切题,时间、地点、人物、定向不准确;远记忆无明显障碍,存在被害妄想,行为动作盲目,自知力缺乏。

4. 实验室及其他检查:入院后查生化全项、三大常规未见异常;脑CT报告提示:广泛脑萎缩(以右顶叶、额颞叶明显);心电图检查示:不完全性右束支传导阻滞;简易智能状态检查(MMSE)得55分,缺血指数3;脑电图检查提示:α节律减慢及弥漫性慢波活动。

临床诊断:阿尔茨海默病。

【治疗】 目前尚无特效治疗方法,主要是支持、对症治疗,在综合治疗的基础上针对主要病因进行重点治疗,采取综合性治疗措施。

1. 一般支持治疗 予扩张血管、改善脑血液循环、营养神经和抗氧化治疗。常用的药物有银杏叶制剂、阿米三嗪、萝巴新、血管α受体阻滞剂、吡拉西坦、维生素E等。

2. 胆碱酯酶抑制剂(CHEI) 对早、中期AD患者有一些效果。虽不能治愈,但可延缓进展,其作用是能抑制神经突触内乙酰胆碱的降解,增加乙酰胆碱的含量。①他克林(tacrine,THA):10mg口服,每日4次,6周后可加至20mg,每日4次口服,最大剂量160mg/d,肝脏毒性较明显;②多奈哌齐(donepezil,安理申):此药作用时间较长(70小时)每日只需一次,起始5mg睡前口服,4~6周加至10mg,用药和副作用较轻;③毒扁豆碱(physostigmine)每次2.0~2.5mg,每日4~5次进食后服用,胃、十二直肠溃疡患者忌用;④石杉碱甲(huperzine,哈伯因)100~200μg/次,每日2次,易透过血-脑屏障,对增强记忆力效果显著。

3. 抗精神病药、抗抑郁药及抗焦虑药对控制AD伴发的精神行为异常有作用 抗精神病药可用利培酮(维思通)2~4mg/d口服,副作用

笔记栏

有静止性震颤、静坐不能、迟发性运动障碍等;抗抑郁药如帕罗西汀 10~20mg/d,口服,西酞普兰 10~20mg/d;抗焦虑药可用丁螺环酮 5mg,分 3 次口服。

4. 保护神经元 神经保护性治疗可用维生素 E 和单胺氧化酶抑制剂司林吉兰(selegillin),有延缓 Alzhieimer 病进展的轻微疗效证据。金纳多银杏(gingko biloba)、都可喜也可试用。

5. 脑代谢活化药 有提高智能、增强记忆和抗衰老作用。吡拉西坦(脑复康)0.8~1.2g,每日 3 次或每次 4~12g 加 5%葡萄糖氯化钠溶液 250~500ml 中静脉滴注,10~30 天为一个疗程;吡硫醇(脑复新)200mg,每日 3 次;三磷酸胞苷二钠等(CTP,美络宁)10~20mg 肌内注射,每日 1 次。

6. 抗炎药 流行病学调查显示抗炎药应用和 AD 发病存在明显负相关,经常服用阿司匹林或消炎镇痛药的类风湿关节炎老人,患 AD 和认知障碍的危险性明显降低。

7. 心理社会治疗 鼓励病人尽量维持生活能力和参与社会活动,加强家庭和社会对病人的照顾和帮助,进行康复治疗和训练。定向和视空间能力障碍的患者应减少外出,以防意外,患者如外出活动无人陪护时,需随身携带身份证明或联系方式,以防走失。

8. 中药 可予银杏叶片活血化瘀,通脉舒络,益气健脑。每次 2 片,每日 3 次。

【预后和预防】 预后较差,5 年死亡率为 70%,罕见自发缓解或自愈,患者常死于营养不良、肺部感染、褥疮等并发症。加强锻炼,注意思维能力和记忆力的锻炼。减少铝等重金属的摄入,戒烟等。早期诊断可使患者从容地计划从工作岗位退休,安排理财,与医生和家人讨论未来医疗问题。晚期患者需要照看,防止鲁莽行为,自伤或伤害他人。

处方及医师指导

1. 一般治疗:由专人照顾患者的生活,勿让其单独外出,预防自伤、自杀等行为;尽量提供患者语言交流、参加适当活动的环境;督促患者自己料理生活;尽量给予各种刺激防止白天睡眠。

2. 药物治疗

(1) 胆碱乙酰转移酶(AChE)抑制剂:多奈哌齐(安理申):5mg 口服,每日 1 次。

(2) 脑代谢活化剂:氢化麦角碱:1~2mg/次,每日 3 次,连用 3 个月;都可喜:30mg/次,每日 2 次。

(3) 对症治疗:针对妄想、失眠等症状,可选用维思通 0.5~2mg/d 及劳拉西泮 0.5mg/d。

(4) 延寿丹 9g,每日 2 次。

(5) 抗脑衰胶囊 5~6 粒,每日 3 次。

第 2 节 血管性痴呆

案例

患者,女性,73 岁,离休干部。记忆力减退 3 年,情感失禁 3 个月,加重 1 周。

患者 3 年前因"脑梗塞"入住我科,经治疗好转出院,渐出现记忆力减退,易忘事。此后逐渐加重,3 个月前变得多愁善感,因微不足道的小事而大发脾气或悲伤流泪。一周前情绪波动加剧,昼夜不分,彻夜不眠,幻听幻视。为进一步诊治,收住入院。

既往原发性高血压病史 20 年余,冠心病史 10 年,脑梗死史 3 年。否认肝炎、结核等传染病史,无药物过敏史,无烟酒等不良嗜好。

体格检查:T 36℃, P 78 次/min,R 20 次/min,BP 130/90mmHg;神志清楚,精神欠佳。皮肤黏膜,淋巴结无异常,双肺呼吸音清晰,未闻及干湿性啰音,叩诊心界向左扩大,心率 78 次/min,腹部平软,肝脾未及。神经系统检查:左下肢肌力Ⅳ级,腱反射正常,其余未见异常。精神检查:意识清晰,查体合作,问答尚切题;时间,地点,人物定向错误;存在幻视,计算力差;有明显的情感失禁,自知力缺如。

思考题

1. 结合所学知识,你认为该病例的最可能的诊断是什么?

2. 如何降低该病的复发率?

3. 该类病的治疗原则是什么?

血管性痴呆(vascular dementia, VD)是指各种脑血管疾病导致脑循环障碍后引发的脑功能降低所致痴呆综合征。对于 VD 的发病率,各国报告不完全一致。据欧美各国统计,Alzheimer 病占首位,为痴呆总人数的 50%~60%,而 VD 居次,占 10%~20%;其随着年龄增长呈上升趋势,男性发病率高于女性。日本最近发表的一项社区流行病学资料显示:65 岁以上的老年人,痴呆的患病率为 48%,其中 47%为 VD,AD 占 35%。

笔 记 栏

我国痴呆患病率在1.2%~7.8%之间,其中VD和AD比例在20世纪80年代高于AD分别为0.4~0.8比0.1~0.4,而20世纪90年代后VD则低于AD。

【病因和发病机制】

1. 病因 一般认为,卒中是VD发生的直接原因,认为VD可由于主要脑动脉闭塞引起大面积皮质梗死,梗死脑组织容积超过80~150ml临床即可出现痴呆,额叶、颞叶及边缘系统等部位血管源性病变更易导致痴呆,主要病因是动脉粥样硬化,或由于皮质下白质、基底节或丘脑多发性腔隙梗死所致,多发性梗死性痴呆(multi-infarctdementia,MID)是VD中最常见类型,占VD的39.4%。然而,血管病变并非大多数VD病人惟一的致病因素,许多病人同时存在神经变性痴呆病变,表现混合性痴呆。年龄、糖尿病、既往卒中史、额颞叶卒中病灶、大面积或反复卒中、卒中合并失语及文化程度低等可能易导致痴呆。高同型半胱氨酸血症可能是VD的一个独立的危险因素。

2. 发病机制

(1) 分子机制:短暂性脑缺血或缺血后再灌注最易引起人和动物海马CA1区神经元损伤,几天后发生迟发性神经元死亡,其后果被认为是VD的机制之一。脑缺血后产生的损伤级联反应至少涉及4个不同的阶段,即能量衰竭和兴奋性氨基酸(EAA)毒性、梗死周围去极化、炎性反应、程序性细胞死亡或细胞凋亡。

(2) 遗传机制:Notch3基因,目前研究比较明确的是CADASIL病缺陷基因为Notch基因,它位于第19号染色体短臂(19q12),突变位于Notch受体端的表皮生长因子(EGF)样重复片段,突变后使Notch受体蛋白积聚,导致Notch3配体枯竭,Notch3信号通路中断。免疫电子显微镜揭示:Notch3蛋白积聚并没有位于活检发现的特征性的嗜锇颗粒上,但是与这种特征性颗粒距离很近,Notch3外功能区基因突变是否和这种蛋白积聚有关以及如何导致这种蛋白的积聚仍需要进一步的研究。

中医认为其基本病机为髓减脑消,神机失调,以肾精亏虚为本,痰浊瘀血内阻为标,虚实夹杂。

【病理】 脑血管性病变是VD的基础,在大脑实质可见出血或缺血损害,以缺血性多见。常见的病理改变为多发性腔隙性病变或大面积梗死灶及动脉粥样硬化等,脑组织病变可为弥漫性、多数局限性或多发腔隙性,多以皮质损害或皮质下病变为主。多发性梗死使脑组织容积明显减少,导致脑萎缩及双侧侧脑室扩大。

按照国内外文献的分类标准,共将VD的病因学分为八种病理类型:①多发性梗死性痴呆;②要害部位梗死引起的痴呆;③多发腔隙性梗死引起的痴呆;④Binswanger病;⑤混合性痴呆;⑥出血性痴呆;⑦家族性脑淀粉样血管病;⑧其他原因如低灌注性痴呆等。

【临床表现】

(1) VD多有卒中史,常表现波动性病程或阶梯性恶化,与Alzheimer病比较,VD在时间及地点定向、事件或短片故事即刻和延迟记忆、命名和复述等方面损害较轻,在执行功能方面如自我整理、计划、精细动作的协同作业等损害较重。人格改变较少见,早期自知力存在,体格检查可有局灶性神经系统症状和体征,包括:

1) 偏瘫、偏身感觉障碍及病理反射阳性等锥体束征。

2) 锥体外系受损征(震颤、肌强直、肌张力高及运动减少等)。

3) 小脑性共济失调。

4) 假性延髓麻痹症(构音障碍、吞咽困难、吸吮反射及掌心下颌反射阳性等)。

(2) 在VD的发生和发展过程中包含以下方面的精神症状:

1) 意识障碍:在疾病急性过程中出现短暂的意识障碍,以急性脑病综合征为主要表现,一般发生在夜间。

2) 感、知觉障碍:部分患者出现一过性感知觉障碍,如幻视,视物变形等。

3) 思维障碍:部分患者可出现思维迟缓、思维不连贯、片断妄想等。

4) 情感障碍:VD早期的情感障碍主要表现为情感脆弱、易激惹、情绪不稳以及欣快等表现。

5) 行为障碍:VD患者可出现意志活动减退、行为幼稚伴本能活动亢进。

6) 记忆障碍和智能障碍:患者记忆障碍的表现与AD大致相同;患者的智能障碍呈阶梯式或局限性损害为主。

案例归纳一

该患者以记忆力减退,情感失禁为主要表现,以认知功能进行性下降,伴记忆功能缺损,症状波动性加重,急性起病为特征。既往有原发性高血压病史,冠心病病史,腔隙性脑梗死病史。

PE:BP 130/90mmHg神志清楚,精神欠佳。心、肺、腹无异常,神经系统检查:左下肢肌力Ⅳ级,其余未见异常。

【实验室及其他检查】

1. EGG、脑脊液 均无特殊性改变。

笔记栏

2. 神经心理学检查 Hachinski 缺血量表有助诊断。

3. 影像学检查 CT 可见脑白质内低密度灶；MRI 可显示脑内多发大小不等或单发的长 T_1、长 T_2 信号，病灶周围脑组织可见萎缩。

> **案例归纳二**
>
> 2004 年 4 月 10 日脑 CT 报告：左侧基底节区低密度灶，诊断左侧基底节区脑梗塞；2006 年 10 月 13 日左侧基底节区低密度灶，诊断左侧基底节区脑梗塞；血尿粪常规未见异常，生化全项未见异常，心电图示：窦性心率，心电轴轻度左偏，ST—T 改变；简易精神状态检查（MMSE）得分 43 分，缺血指数 10 分。

【诊断与鉴别诊断】

1. VD 诊断要点 根据中华医学会神经病学分会意见，诊断分很可能和可能为 VD 两种，确诊有赖于病理组织学检查。临床很可能是 VD 有：

（1）痴呆符合 DSM-IV-R 的诊断标准，主要表现为认识活动明显下降以及 2 个以上认识功能障碍，其严重程度已干扰日常生活，并经神经心理学测试证实。

（2）临床检查有局灶性神经系统症状和体征，符合 CT、MRI 相应病灶，有卒中史。

（3）痴呆和脑血管病密切相关，痴呆发生于卒中后 3 个月，并持续 6 个月以上；或认知功能突然加重，或波动，或阶梯样逐渐发展。

（4）支持 VD 诊断：①认知功能损害不均匀性；②人格相对完善；③病程波动，多次脑卒中史；④可呈现步态障碍；假性球麻痹等体征；⑤存在脑血管病的危险因素。

2. 多发性梗死性痴呆诊断标准 ①多有高血压或糖尿病史，病情呈阶段式进展和斑片状分布的神经功能缺损，痴呆伴随多次脑血管事件后突然发生，每次卒中后症状加重；②认知功能障碍伴局灶性神经功能缺损的体征，如失语、轻偏瘫、偏盲、偏身感觉障碍及锥体束征等，提示皮质及皮质下多发性广泛病变；③CT 或 MRI 检查证实存在多发性脑梗死，可伴脑白质疏松改变。

3. 鉴别诊断

（1）AD 两者均存在认知功能障碍，以下为鉴别要点：①AD 呈持续性进行性智能减退，VD 多有高血压病史或反复卒中史，病情呈阶梯性加重；②AD 以神经心理障碍为主，神经功能缺失轻，VD 有明显的神经功能缺失症状和体征；③CT 示AD 有轻度、中度或重度脑萎缩；示 VD 单处或多处梗死、腔隙和软化灶；④Hachinski 评分 AD<4 分，VD >7 分。

（2）Binswanger 病：也称皮质下动脉粥样硬化性脑病（subcoartical arterioscierotic Encephalopathy，SAE），是大脑前部和脑室皮质下白质缺血性损害导致的慢性进展性痴呆。通常在数周至数月内进展，最初常表现步态异常，典型表现步态失用，特点是虽无肌无力或共济失调，但站立不稳和起步困难，行走缓慢拖曳；患者平卧或坐位时可用脚画圈或模仿行走、骑车或踢球等下肢动作，站立时却不能完成；可见锥体束征，包括肌痉挛、腱反射亢进和 Babinski 征，以及抓握反射等。MRI 侧脑室前角、后脚及体部周围均显示对称性月晕状大片长 T_1、T_2 异常信号，较 CT 显示更清楚，白质异常面积更大；脑室周围白质明显萎缩及双侧脑室不同程度扩大。

（3）正常颅压脑积水也有痴呆症状，逐渐加重，但病情发展比血管性痴呆快，头颅 CT、MRI 无梗死灶，而是脑积水。

> **案例诊断要点**
>
> 1. 老年，女性，73 岁。
>
> 2. 病史特点：该患者以记忆力减退，情感失禁为主要表现，以认知功能进行性下降，伴记忆功能缺损，症状波动性加重，急性起病为特征。既往有原发性高血压病史，冠心病病史，腔隙性脑梗死病史。
>
> 3. 体格检查：T 36℃，P 78 次/min，R 20 次/min，BP 130/90mmHg；神志清楚，精神欠佳。皮肤黏膜，淋巴结无异常，双肺呼吸音清晰，未闻及干湿性啰音，叩诊心界向左扩大，心率 78 次/min，腹部平软，肝脾未及。神经系统检查：左下肢肌力Ⅳ级，腱反射正常，其余未见异常。精神检查：意识清晰，查体合作，问答尚切题；时间，地点，人物定向错误；存在幻视，计算力差；有明显的情感失禁，自知力缺如。
>
> 4. 实验室及其他检查：2004 年 4 月 10 日脑 CT 报告：左侧基底节区低密度灶，诊断左侧基底节区脑梗死；2006 年 10 月 13 日脑 CT 报告：左侧基底节区低密度灶，诊断左侧基底节区脑梗死；血尿粪常规、生化全项未见异常；心电图示：窦性心率，心电轴轻度左偏，ST—T 改变；简易智能状态检查（MMSE）得分 43 分，缺血指数 10 分。
>
> 临床诊断：血管性痴呆；原发性高血压病；冠心病。

笔 记 栏

【治疗】

1. 西医药治疗 脑血管性痴呆的治疗原则主要为改善脑供血，预防脑卒中，促进大脑代谢，阻止病情恶化，改善及缓解症状。

(1) 将高血压并控制在适当水平，减少以后梗死发生率，防止终末-器官疾病(end-organ diseaseas)。收缩压维持 135～150mmHg 水平可改善认知功能，血压过低会使症状加重。去除危险因素，如戒烟，控制血糖等。

(2) 抗血小板制剂：如阿司匹林 50～100mg/d，噻氯匹定 250mg/d 或氯吡格雷 75mg/d；以及活血化瘀中药如三七总皂苷、金钠多银杏、葛根和甲基吡嗪(川芎嗪)等，可改善脑血液循环，有助于降低未来卒中风险。

(3) 神经保护剂：可用维生素 C、维生素 E、单胺氧化酶抑制剂司林吉兰(selegillin)等，可能延迟痴呆进展。钙离子拮抗剂如尼莫地平和氟桂利嗪等也可使用。

(4) 脑代谢剂：如胞二磷胆碱、脑活素、吡拉西坦(脑复康)、甲氯芬酯和双氢麦角碱等可促进脑细胞对氨基酸、磷脂及葡萄糖的利用，增强反应性和记忆力。

(5) 对症治疗：①患者有抑郁症可用帕罗西汀 20mg，每日 1 次；②焦虑症可用劳拉西泮 1mg，tid；③失眠患者可用左匹克隆等。

(6) 由于 VD 为斑片状智能损害，康复治疗和功能训练常可收到较好疗效，要鼓励病人多与外界接触，参与一定的社交活动，提高生活质量，或部分地回归社会。

(7) 饮食疗法：饮食宜少盐、低脂、低胆固醇，多吃些鱼、豆制品、新鲜蔬菜、水果、核桃、芝麻等。

(8) 中药：可予银杏叶片活血化瘀，通脉舒络，益气健脑。每次 2 片，每日 3 次。

2. 中医药治疗 髓海不足证予七福饮加减；脾肾两虚证予还少丹加减；肝肾阴虚证予知柏地黄丸加减；痰浊阻窍证予洗心汤加减；瘀血内阻证予通窍活血汤加减。

【预后和预防】 血管性痴呆多继发于脑血管疾病，呈进行性进展，积极治疗，加强锻炼，可阻止病情发展，预后较 AD 好。部分病人治疗后症状可以得到一定程度的改善，可以自理生活。VD 具有相对可预防性，对其危险因素的防治十分重要，即使 VD 已经发生，纠正危险因素也能延缓病情进展。减轻或去除危险因素，如控制血压，调整血脂，戒烟；保持心情舒畅，乐观向上。卒中发生后应尽早加强功能锻炼，促进语言等功能恢复。

处方及医师指导

1. 一般治疗：高蛋白质高维生素低脂低盐饮食。

2. 药物治疗

(1) 氢化麦角碱(喜得镇)3～6mg/d，分三次饭前服一般可在 2 个月见效，需治疗三个月。

(2) 都可喜 2 片/d，每日 2 次。

(3) 艾司唑仑 1～2mg，每晚 1 次。

(4) 血管扩张剂：盐酸氟桂嗪 5mg，每日 1 次。

(5) 高压氧疗法，每日 1 次。

(6) 延寿丹，9g，每日 2 次。

(7) 银杏叶片，每次 2 片，每日 3 次。

3. 其他：加强对患者的生活料理训练，兼顾其他躯体疾病，控制血压，改善心肌供血等。

笔记栏

第 5 章 特发性面神经麻痹

案例

患者，男性，45岁，干部。口眼歪斜伴左侧面部麻木不适1天。

患者于入院前1天晨起无明显诱因始发口眼歪斜，口角偏向右侧，左眼不能闭合，左侧颜面部麻木不适，吃东西时食物存留于齿颊之间，饮水时口角漏水，同时伴有左耳周疼痛不适，当时无意识障碍，视物模糊，恶心，呕吐等症状，遂经我院门诊收入院，平素体健，吸烟（两天一包左右），饮酒（2~4次/周，每次二三两左右），无传染病，疫区及疫源地居住史，无药物、食物和花粉等物质过敏史。

体格检查：T 35.8℃，P 76次/min，R 18次/min，BP 105/75mmHg。发育正常，体型偏胖，全身皮肤黏膜无黄染及出血点，全身浅表淋巴结未触及肿大。双肺叩诊清音，双肺呼吸音正常，未闻及干湿性啰音及异常呼吸音。心前区无隆起及震颤，叩诊心界范围正常，心率76次/min，律齐，心脏各瓣膜听诊区未闻及明显病理性杂音，腹部检查未见明显异常，神经系统检查：神志清楚，精神好，左侧额纹消失、眼裂增大，左眼闭合不全，左侧鼻唇沟变浅，口角下垂，示齿时口角偏向右侧，鼓腮时漏气，乳突区压痛（+），左侧颜面部皮肤感觉减退，其余十一对颅脑神经未见异常，四肢肌力、肌张力正常。膝关节无畸形，活动正常，共济运动检查无异常，自主神经及括约肌功能检查未见异常，脑膜刺激征阴性，病理征阴性。

思考题

1. 结合所学知识，你认为该病例最可能的诊断是什么？
2. 口眼歪斜多见于哪些疾病？
3. 为何会出现耳周或乳突区疼痛？

特发性面神经麻痹（idiopathic facial palsy）又称面神经炎或Bell麻痹（Bell paslsy），是指原因不明、急性发作的茎乳孔内面神经非特异性炎症导致的周围性面瘫。年发病率为（15~40）/10万，无种族差异，任何年龄均可发病，无明显季节性。

笔记栏

本病与中医学的"口僻"相类似，可归属于"吊线风"、"歪嘴风"、"面瘫"、"口眼歪斜"等范畴。

【病因和发病机制】 确切的病因至今尚未完全阐明。目前认识主要有以下几种：①病毒性或非特异性感染引起的免疫变态反应，常见有疱疹、麻疹、流感、腮腺炎、巨细胞病毒及风湿等。②面神经本身病变，如营养面神经的血管因寒冷、外伤、中毒等多种因素而受损，引起局部组织缺血、水肿，使面神经受压。③外周因素使面神经瘫痪，如茎乳孔内骨膜炎使面神经受压迫和血液循环障碍等。

病理主要是面神经水肿，髓鞘肿胀、脱失，晚期可有不同程度的轴突变性，在茎乳孔和面神经管内的部分尤为显著。

中医认为本病的发生，主要是正气不足，脉络空虚，外邪乘虚入中经络，导致气血痹阻，面部经脉失养，肌肉迟缓不收，以虚、风、痰、瘀为基本病机。

【临床表现】

（1）本病可发生于任何年龄，男性多于女性，常为单侧。通常急性或亚急性起病，症状可于数小时或1~3日内达到高峰。病前常有感冒受寒史，病初可有一侧耳后或下颌角疼痛。

（2）面肌瘫痪多见一侧，患者多于清晨起床后洗漱时发现一侧口角歪斜。由于颊肌瘫痪，进食时，食物残渣滞留于患侧牙齿与面颊间隙间，检查时可见患侧表情肌瘫痪，额纹消失，不能皱额蹙眉，眼裂变大，不能闭合或闭合不全；闭眼时眼球向上外方转动，露出白色巩膜，称为贝尔现象；病侧鼻唇沟变浅，口角下垂，示齿时口角偏向健侧；口轮匝肌瘫痪使鼓腮和吹口哨漏气，无其他神经系统局灶性体征。

（3）除面部肌肉瘫痪的核心症状外，面神经不同节段的损害会出现其他的相应症状：①膝状神经节前损害，因鼓索神经受累，出现同侧舌前2/3味觉丧失。②发出镫骨肌以上受损时出现同侧舌前2/3味觉丧失和听觉过敏。③膝状神经节病变除表现有面神经麻痹、舌前2/3味觉障碍和听觉过敏外，还可有患侧乳突部疼痛、耳郭和外耳道感觉迟钝、外耳道和鼓膜上出现疱疹，称亨特综合征（Hunt syndrome）。④茎乳孔附近病变，则出现上述典型的周围性面瘫体征和耳后疼痛。⑤损害在膝状神经节以上，可有泪液、唾液减少。

案例归纳一

该患者以口眼歪斜，左侧面部麻木，患侧乳突部疼痛为主症。以左侧额纹消失、眼裂增大，左眼闭合不全，左侧鼻唇沟变浅，口角下垂，示齿时口角偏向右侧，鼓腮不能，乳突区压痛（+）为主要特点，此次急性发病无明显的诱因。体格检查：T 35.8℃，P 76次/min，R 18次/min，BP 105/75mmHg。神经系统检查：神志清楚，左侧颜面部皮肤感觉减退，余11对颅脑神经未见明显异常，共济运动检查无异常，脑膜刺激征（-），病理征（-）。

【实验室及其他检查】

1. 神经电生理检查 病后14~21天肌电图检查、面神经功能测定、瞬目反射均有助于判断疗程及预后。

2. 其他 脑干诱发电位、颅骨（或颅底）X线摄片、CT或MRI扫描、脑脊液常规及生化检查主要用于鉴别诊断。

案例归纳二

血常规检查回报示：WBC 4.6×10^9/L，淋巴比例50%，三酰甘油2.2mmol/L，血糖7.3mmol/L。头颅CT检查未见异常。

【诊断与鉴别诊断】 本病通常根据急性起病，典型的周围性面瘫临床表现即可诊断。但需注意与以下情况鉴别。

1. Guillain-Barre综合征 可出现两侧周围性面瘫，有对称性肢体下运动神经元瘫痪，脑脊液蛋白细胞分离现象是其特征性表现。

2. 大脑半球肿瘤、脑血管意外等 其发生的中枢性面瘫仅限于病变对侧面下部的瘫痪（鼻唇沟平坦和口角下垂），额支无损（系由两侧中枢支配），故皱额、皱眉和闭眼动作皆无障碍，对侧面部随意运动虽消失而苦笑动作等动作仍保存。且中枢性面神经麻痹常合并同侧偏瘫及中枢性舌下神经麻痹。

3. 中耳炎、迷路炎和乳突炎等 可并发耳源性面神经麻痹、腮腺炎、肿瘤和化脓性下颌淋巴结炎所致者有原发病史和特殊症状。颅后窝肿瘤或脑膜炎引起周围性面瘫起病缓慢，有原发病表现及其他脑神经受损。

4. 急性传染性单核细胞增多症（acute infections lymphocytosis） 除有面神经周围性麻痹外，还有全身症状如发热、乏力、厌食等，周围血单核细胞显著增多。

案例诊断要点

1. 中年男性。

2. 病史特点：急性起病，晨起始发口眼歪斜，口角偏向右侧，左眼不能闭合，左侧颜面部麻木不适，吃东西时食物存留于齿颊之间，饮水时漏水，同时伴有耳周疼痛不适，发病无明显的诱因，平素体健，吸烟，饮酒，无传染病，疫区及疫源地居住史。

3. 体格检查：T 35.8℃，P 76次/min，R 18次/min，BP 105/75mmHg。神志清楚，左侧额纹消失、眼裂增大，左眼闭合不全，左侧鼻唇沟变浅，口角下垂，示齿时口角偏向右侧，鼓腮时漏气，乳突区压痛（+），左侧颜面部皮肤感觉减退，其余十一对颅脑神经未见异常，脑膜刺激征（-），病理征（-），余阴性。

4. 实验室检查：WBC 4.6×10^9/L，淋巴比例50%，三酰甘油2.2mmol/L，血糖7.3mmol/L，头颅CT检查未见异常。

临床诊断：左侧面神经麻痹。

【治疗】

1. 西医药治疗 治疗本病的原则为早期改善局部血液循环，减轻面神经水肿为主，后期以促进神经功能恢复为主。

（1）糖皮质激素：急性期应用可减轻面神经水肿，改善局部循环，缓解神经受压和促进神经功能恢复。泼尼松，初剂量为1mg/（kg·d），顿服或分2次口服，连续5天，随后在7~10天内逐渐减量。可静滴地塞米松10~15mg/d，7~10天。

（2）抗病毒药物：由于发病常与病毒感染有关，特别是出现外耳道或扣缴疱疹时，应使用抗病毒药物如阿昔洛韦，200mg，口服，每日3~4次，连服7~10日。

（3）营养神经细胞，促进神经轴突生长：加兰他敏2.5~5mg，肌内注射，每天1~2次或维生素$B_1$100mg、维生素B_{12}500μg，均每日1次，肌内注射，可促进神经髓鞘恢复。

（4）氯苯氨丁酸（baclofen）：商品名力奥莱素，亦可试用。每次5mg，每日3次口服，可逐渐增量至30~40mg/d，分3次服。可通过减低肌张力，改善局部血循环，但个别病人不能耐受副作用，如恶心、呕吐和嗜睡等。

（5）物理治疗：早期行超短波深部透热疗法，治疗部位主要是病侧耳后、面部以利于改善局部血液循环，消除神经水肿。恢复期可行碘离

笔记栏

子透入疗法、针刺或电针治疗。

(6) 康复治疗：患侧面肌开始恢复时应尽早进行功能训练，对着镜子皱眉、皱额、闭眼、露齿、鼓腮和吹口哨等，每日数次，每日数分钟，辅以面部肌肉按摩。

(7) 手术疗法：手术大致可分为两种类型：早期行面神经管减压术，病后2年仍未恢复者可行面神经-副神经、面神经-舌下神经或面神经-膈神经吻合术，但均缺乏有力的证据证实手术治疗的疗效。

(8) 预防眼部合并症：眼裂不能闭合者，角膜长期暴露，易发生感染，可外出戴眼罩、滴眼药水，睡前涂眼膏保护角膜。

2. 中医药治疗 本病早期中医治疗以祛风邪，通经络为主，后期治疗从益气、补血、活血、通络着手，往往可获较好疗效。风寒袭络证予小续命汤加减；风热灼络证予大秦艽汤加减；风痰阻络证予牵正散合导痰汤加减；瘀阻面络予通窍活血汤加减。还可选用针灸疗法，取颊车、下关、地仓、四白、翳风、牵正、风池、太阳、合谷、足三里、内关、曲池。平补平泻。发病两周内不取患侧局部穴位。

【预后和预防】

(1) 临床及电生理资料证实，本病70%病例完全恢复，20%病例部分恢复，遗留有面肌痉挛或病理性联合运动，其余10%的病例，其功能只有极少恢复或完全无恢复。

(2) 病后10天面神经出现失神经电位通常需3个月恢复。完全性面瘫病后1周内检查面神经传导速度可判定预后，如患侧诱发动作电位M波的波幅为健侧的30%或以上，可望2个月内恢复；如10%～30%需2～8个月恢复，可能出现合并症；如仅10%或以下需6～12个月恢复，可伴面肌痉挛及连带运动等合并症。

(3) 虽然面神经麻痹的病因至今尚未完全阐明，但防止局部受凉，避免病毒感染和冷风吹面，增加体质，提高免疫能力仍是最关键措施。本病痊愈后，据统计尚有3%的复发率，故恢复后仍需注意劳逸结合，宜调养，忌过劳及避免不良精神刺激等。

处方及医师指导

1. 一般治疗：注意休息，加强锻炼，软食，低脂饮食，戒烟戒酒，避免感受风寒。

2. 药物治疗

(1) 皮质类固醇激素：地塞米松15mg入小壶静脉点滴，每日1次，连续10天，之后在10天内逐渐减量；或泼尼松10mg，每日2次，1周后逐渐减量。

(2) 营养神经类药物：B族维生素：维生素 B_1 100mg，维生素 B_{12} 500μg，肌内注射，均每日1次；以及胞二磷胆碱，脑苷肌肽，瑞智宁等的应用。

(3) 脱水治疗：β七叶皂苷钠20～30mg溶于250ml盐或糖中静脉点滴，每日1次，疗程一周左右，或甘露醇125ml，静脉点滴，每日1次，疗程1周左右。

(4) 适当时给予抗病毒治疗。利巴韦林0.4静脉点滴，每日1次，疗程1周左右。或阿昔洛韦片0.2口服，每日3次，疗程1周左右。

(5) 中药予牵正散加减。

3. 其他

(1) 理疗：红外线照射患侧，针刺和闪罐治疗。

(2) 康复治疗：早期面部功能锻炼，对着镜子做面部功能运动，面部肌肉按摩等；另外，若病人不能闭眼、瞬目使角膜长期暴露，易发感染，可戴眼罩防护，同时用左氧氟沙星眼药水或贝复舒滴眼剂等预防感染和保护眼角膜。

笔记栏

第十篇

急性中毒

第7章 冠状动脉粥样硬化性心脏病

由于科学技术的快速发展、人类生存环境的污染以及人类通过各种方式与途径直接或间接接触化学物质日益增多,使中毒的发生率明显增高,同时导致中毒的毒物更加繁多、复杂,使中毒成为严重的临床问题。

一定量的化学物质通过各种途径进入机体,从而产生毒性损害的全身性疾病,称为中毒。引起中毒的物质称为毒物,但毒物的概念是相对性的,例如,化学药物用于人体的目的是治疗疾病,但任何药物进入机体超过极限剂量,均可导致机体中毒。一般而言,较小剂量进入机体即可引起中毒的物质,称为毒物。

【毒物的分类】 一般依据毒物的性质与主要用途,将毒物分为:

1. 工业性毒物 如有机溶剂四氯化碳,有毒气体硫化氢、氯气、一氧化碳等,重金属汞、铅等。

2. 药物 各种药物超过治疗极限量,均可产生相应毒性而致中毒,尤其是治疗安全窗较小的药物。常见药物中毒如镇静催眠药、镇痛药等。

3. 农药 为一类主要用于农业生产的化学物质,用于杀虫、除草等,常见中毒农药如有机磷农药、氨基甲酸酯类、拟除虫菊酯类等,还包括杀鼠剂如毒鼠强、磷化锌等。

4. 有毒动植物 如毒蕈、苦杏仁、发芽马铃薯等植物,有毒动物一般指含毒的动物内脏、血液、毒液等,如鱼胆、动物甲状腺、河豚,多通过摄入而发生中毒,含有毒液的动物如毒蛇、蜈蚣、毒蜂等,多通过被蜇咬伤而致中毒。

【中毒的分类】 中毒目前尚无统一的分类方法。

1. 依据中毒的起病缓急 分为急性中毒与慢性中毒。一定量的毒物短时间内进入机体,产生相应的毒性损害,起病急病情重,甚至危及生命,称为急性中毒。长时间反复接触小剂量毒物而引起的中毒,起病隐匿,病程长,易漏诊与误诊,称为慢性中毒。

2. 依据毒物进入机体的途径 分为经口服中毒、皮肤黏膜吸收中毒、呼吸道吸入中毒、注射中毒。

3. 依据引起中毒的毒物种类 分为工业性毒物中毒、农药中毒、药物中毒、有毒食物中毒。

【中毒的病因】

1. 职业性中毒 有毒物质的生产、包装、运输、使用过程中,因防护不当或发生意外,毒物经消化道、呼吸道、皮肤黏膜等进入机体而发病,可以导致急性或慢性中毒。

2. 生活性中毒 由于生活中误食、意外接触、自杀、谋杀、用药过量等,毒物进入机体而发生中毒,多数情况下造成急性中毒。

【中毒机制】 不同性质的毒物具有不同的中毒机制,少数毒物导致急性中毒是多机制多途径的。

1. 局部刺激、腐蚀作用 如强酸、强碱中毒,导致毒物接触部位损伤。

2. 缺氧 通过阻碍氧的吸收、转运、利用,导致机体严重缺氧,如一氧化碳、硫化氢、氰化物等。

3. 抑制体内酶的活性 毒物本身或其代谢产物抑制体内某些酶的活性,导致中毒,如有机磷农药抑制胆碱酯酶、氰化物抑制细胞色素氧化酶、重金属抑制含巯基的酶类等。

4. 干扰细胞功能 某些毒物可导致细胞的重要结构发生异常,甚至导致细胞死亡。如四氯化碳、棉酚等可导致脏器细胞线粒体损害。

5. 与受体竞争 如阿托品可阻断毒蕈碱受体。

6. 麻醉作用 亲脂性毒物可透过血-脑屏障并与脑组织及其细胞膜上的脂质结合,从而抑制脑功能。

【中毒的诊断原则】

(1) 重视病史的采集 向患者、家属、现场目击者了解起病经过,获取有关中毒的信息。

笔记栏

生活性中毒详细询问患者的精神状态、家庭成员的服药情况、家中留存的可疑毒物;职业性中毒应详细询问职业、工种,生产中接触的毒物种类与数量,采取的防护措施,有无意外情况发生等。

(2) 进行系统而有重点的体格检查,发现特异性中毒体征　首先明确患者生命体征情况,判定是否立即实施救治,随后仔细检查患者呕吐物、呼出气气味,皮肤黏膜颜色、出汗情况、有无皮疹,观察瞳孔大小,并进行系统的体格检查,发现有诊断价值的中毒体征。

(3) 尽可能留取可疑毒物及呕吐物、血液、尿液等含毒物,快速送检,获取确切的诊断依据。

(4) 结合患者对特异性解毒剂试验性治疗的反应,协助诊断。

急性中毒的诊断应包括:致病毒物种类、中毒途径、中毒程度、受损器官、病变性质及其严重程度、并发症。

【中毒的处理原则】

1. 一般处理

(1) 边实施救治,边采集病史,留取含毒物或采血送检。

(2) 给患者取恰当的体位,保持呼吸道通畅,及时清除口咽、鼻腔内分泌物,给氧。

(3) 及时向患者家属交代病情及可能发生的病情变化。

2. 清除未吸收的毒物

(1) 口服中毒

1) 诱发呕吐:用于神志清醒病人。最简单的方法为用压舌板、棉签、筷子、勺柄等刺激咽后壁或舌根催吐,也可服用土根糖浆 15~20ml,但有意识障碍者,禁止催吐。

2) 洗胃:洗胃原则应尽早、反复、彻底。洗胃液选择见表 10-1-1。洗胃方法:①口服法:用于神志清醒,可配合治疗的病人。②胃管法:用于昏迷及不配合治疗的病人。目前洗胃术的应用有逐渐减少的趋势,而经胃管注入吸附剂活性炭有明显增加的趋势。

3) 导泻:于洗胃后进行。常用导泻剂有:①33%硫酸钠洗胃后口服或经胃管注入。②50%硫酸镁洗胃后口服或经胃管注入,禁用于有中枢系统抑制、肾功能不全、磷化锌中毒病人。③20%甘露醇 250ml 一次口服或胃管注入,可用于以上药物无效的病人。

4) 灌肠:用于中毒时间较长,超过 6 小时的中毒病人。常用微温肥皂水 1000 血高位连续灌肠。

表 10-1-1　常用洗胃液的适应证及禁忌证

洗胃液	适应证	禁忌证
清水	毒物不明	
生理盐水	各种中毒	
高锰酸钾(1∶5000)	巴比妥类、阿片类、有机毒物、蕈类	内吸磷、乐果、马拉硫磷
碳酸氢钠(2%~4%)	有机磷、氨基甲酸酯类	敌百虫、强酸
醋酸或食醋(1%~2%)	碱性毒物	强碱
氧化镁(1%~3%)	阿司匹林、硫酸、单碱	
牛奶、豆浆、米汤	腐蚀性毒物、硫酸钡	
鞣酸(1%~3%)、浓茶	吗啡、士的宁、洋地黄	
硫酸钠(5%)	碳酸钡、氯化钡	
活性炭(0.5%~1%)	河豚、生物碱	
淀粉液(1%~10%)	碘中毒	
液体石蜡	硫黄	
硫酸钠(5%~10%)	碘、铊、铬、汞、砷、酚、氰化物	

(2) 皮肤、黏膜吸收中毒:多为各种农药制造、使用过程中发生中毒。立即应用清水或能溶解毒物的溶剂彻底洗涤接触毒物部位。

(3) 吸入中毒:立即将病人移离中毒现场,氧气吸入,严重病人应用呼吸兴奋剂或进行人工呼吸。

(4) 注射中毒:中毒早期应用止血带或布条扎紧注射部位上端,或于注射部位注射肾上腺素,减缓毒物吸收。

3. 排出吸收的毒物

(1) 利尿:促进毒物由肾脏排泄。快速输液每小时 500~1000ml,并应用呋塞米 40~60mg 静脉注射,或应用 20%甘露醇 250ml 静脉滴注。有脑水肿、肺水肿病人慎用或禁用。

(2) 吸氧:用于有毒气体中毒。

(3) 改变尿液酸碱度:应用碳酸氢钠碱化尿液,用于巴比妥类、异烟肼等中毒;应用维生素、氧化胺酸化尿液,用于苯丙胺等中毒。

(4) 其他:有血液透析、换血疗法、血浆置换等。

4. 应用特效解毒剂　特效解毒剂指对某种毒物有特异性解毒作用的药物,明确诊断后应尽早使用,根据病情选择应用剂量与给药途径。常用特效解毒剂见表 10-1-2。

笔记栏

5. 对症治疗 针对中毒后出现的症状、体征及并发症，给予相应的急救处理。快速纠正危及生命的毒性效应如呼吸心搏骤停、心肺功能衰竭、休克、肺水肿、脑水肿、严重心律失常、弥漫性血管内凝血、急性肾衰竭等。

表 10-1-2 常用特效解毒剂的适应证

特效解毒剂	适应证
氯磷定、解磷定、双复磷	有机磷农药中毒
阿托品	有机磷农药中毒
氟马西尼	苯二氮䓬类中毒

续表

特效解毒剂	适应证
维生素 B_6	异胭肼等含肼类中毒
维生素 K_1	抗凝血类杀鼠剂中毒
亚甲蓝、维生素 C	亚硝酸盐、苯胺中毒
二巯丙磺酸钠	砷、汞中毒
亚硝酸钠	氰化物中毒
纳洛酮	阿片类中毒
依地酸钙钠	铅、铜、镉中毒
硫代硫酸钠	氰化物中毒
乙醇	甲醇中毒
抗毒血清	蛇毒、蜂毒、蜘蛛毒等中毒

笔 记 栏

第2章 急性有机磷杀虫药中毒

案例

患者,女性,36岁,家庭妇女。晚饭时与家人发生争执,两小时后被家人发现昏睡在床,恶心呕吐、流泪、周身出汗伴有烦躁不安,呕吐物有浓烈的大蒜味,床边发现塑料包装瓶,气味与患者呕吐物气味一致,疑为服毒,遂来急诊。

患者平素健康,无重要病史,无过敏史、手术史及外伤史,无特殊嗜好,性格较内向。

体格检查:T 36.8℃,P 67次/min,R 32次/min,BP 100/70mmHg。患者青年女性,发育正常,营养良好。神志恍惚,烦躁不安,不能回答问题,查体不能合作。全身皮肤、黏膜及巩膜未见黄染,大量汗出,流泪、流涎,全身浅表淋巴结未触及。双侧瞳孔等大等圆,直径约1mm,对光反射尚存。颈部未见明显异常。双肺呼吸音粗糙,可闻及散在湿性啰音,偶闻及哮鸣音。叩诊心浊音界正常,HR 67次/min,节律规整,未闻及杂音。腹部平软,肝脾肋下未触及,移动性浊音(-),肠鸣音6~8次/min。四肢肌力无明显异常,生理反射存在,病理反射未引出,脑膜刺激征(-)。

实验室及其他检查:入院后急诊检查血常规示:WBC 7.8×10^9/L,N 0.78,RBC 4.5×10^{12}/L,Hb 122g/L;血液生化指标均正常;全血胆碱酯酶活性为36%。心电图大致正常。

思考题

1. 通过理论教学,分析该病例最可能的诊断是什么?

2. 确定诊断的主要依据是什么?

3. 如何救治?治疗过程中应密切注意哪些情况的发生?

有机磷杀虫药(organophosphorous insecticides)属有机磷酸酯类化合物,是广谱杀虫剂,在农作物生产中主要用于杀虫及除草,在我国为应用较普遍的农药。有机磷杀虫药大多呈油状液体或晶体,具有挥发性,有大蒜样气味,对人畜均有害。

有机磷杀虫药依据对小白鼠经口半数致死量(LD_{50}),分为四类:

1. 剧毒类 $LD_{50}<10$mg/kg,如甲拌磷(3911)、内吸磷(1059)、对硫磷(1605、一扫光)、毒鼠磷、苏他203(治螟蛉)等。

2. 高毒类 LD_{50} 10~100mg/kg,如甲基对硫磷、甲胺磷、敌敌畏、氧乐果等。

3. 中毒类 LD_{50} 100~1000mg/kg,如乐果、敌百虫、久效磷(永伏虫)、杀蝗松(速灭磷)、稻丰散(益而散)、大亚仙农等。

4. 低毒类 LD_{50} 1000~5000mg/kg,如马拉硫磷(4049)、氯硫磷、毒效灵、矮形磷等。

【病因和发病机制】

1. 病因

(1)职业性中毒:在农药生产过程中,因防护不当或意外情况发生,有机磷杀虫药通过呼吸道、皮肤黏膜吸收引起中毒。

(2)使用性中毒:在有机磷杀虫药使用过程中,多因使用不当或防护不当,农药污染皮肤及衣物,由皮肤吸收引起中毒,也可因经呼吸道吸入空气中挥发的农药导致中毒。

(3)生活性中毒:以误服、自杀性服毒常见,亦可因饮用被农药污染的水源、食品或蔬菜瓜果等中毒;少数病例因滥用有机磷杀虫药治疗皮肤病或杀除寄生虫而发生中毒。

2. 发病机制 正常情况下胆碱酯酶主要存在于中枢神经系统灰质、交感神经节、运动终板以及红细胞中,可水解乙酰胆碱。有机磷杀虫药可经呼吸道、消化道、皮肤黏膜吸收,吸收入血后主要分布在肝、肺、肾、脾等脏器较少,主要在肝代谢,由肾脏排泄。有机磷杀虫药在体内排泄较快,48小时可完全从尿中排出。有机磷杀虫药进入体内,与胆碱酯酶结合形成磷酰化胆碱酯酶,从而使其丧失水解乙酰胆碱的能力,导致乙酰胆碱在体内积聚,引起中枢神经和胆碱能神经先兴奋后抑制的毒理作用,出现一系列毒蕈样、烟碱样及中枢神经系统症状与体征,严重中毒者可因呼吸衰竭而死亡。

笔记栏

【临床表现】 急性中毒临床表现和发病时间与有机磷杀虫药的种类、摄入剂量、侵入途径、基础健康状况等有关。经口服中毒潜伏期约5~30分钟；经皮肤黏膜吸收中毒，潜伏期较长，多在2~4小时后出现症状。主要临床表现为毒蕈样、烟碱样及中枢神经系统症状与体征。

1. 毒蕈碱样表现 主要是乙酰胆碱兴奋副交感神经末梢所致，与毒蕈碱中毒症状相似，又称M样症状。毒蕈碱症状中毒后出现较早，为多数中毒患者的首发中毒症状。

(1) 腺体分泌增加表现：流泪、怕光，流涎，大汗淋漓，呼吸道分泌物增加等。

(2) 平滑肌痉挛：出现恶心、呕吐、腹痛、腹泻、尿失禁等。

(3) 瞳孔括约肌收缩：表现为双侧瞳孔缩小，甚至呈针尖样。

(4) 抑制心脏功能：主要表现为窦性心动过缓。

2. 烟碱样表现 乙酰胆碱作用于横纹肌和交感神经节所致，症状与烟碱中毒症状相似，又称N样症状。乙酰胆碱蓄积和刺激神经肌肉接头处，引起肌束震颤，表现为眼睑、面部、舌、四肢甚至全身肌肉痉挛，严重者发生肌肉痉挛后无力甚至麻痹，可因呼吸肌麻痹而发生周围性呼吸衰竭甚至死亡。交感神经节兴奋，可诱发血压升高、心律失常等。

3. 中枢神经系统表现 乙酰胆碱刺激中枢神经系统，出现头晕、头痛、疲乏、嗜睡、烦躁不安、共济失调、谵妄、抽搐和昏迷。

4. 局部表现 经皮肤黏膜接触吸收中毒者，可于接触部位出现过敏性皮炎、水疱、剥脱性皮炎等，多见于敌敌畏、敌百虫、对硫磷、内吸磷等皮肤黏膜中毒。

5. 中间综合征 又称中间肌无力综合征(intermediate syndrome, IMS)。部分剧毒、高毒有机磷杀虫药如甲胺磷、久效磷、敌敌畏等引起的急性中毒，在中毒后2~4天或更久，在中毒症状缓解而迟发性周围神经病变出现之前，主要表现为第3~7和9~12对脑神经支配的肌肉的麻痹，如不能抬头、眼球活动受限、眼睑下垂、面瘫、肢体不同程度软弱乏力，严重者出现呼吸肌麻痹，可因呼吸衰竭而死亡。中间综合征的发病机制与胆碱酯酶受抑制较久，影响神经-肌肉接头处突触后的功能有关。

6. 迟发性多发性神经病 有机磷杀虫药抑制神经靶酯酶并使其老化，少数患者在重度中毒症状缓解后2~3周，出现感觉、运动型多发性神经病变表现，甚至出现下肢瘫痪、四肢肌肉萎缩等，称为迟发性多发性神经病。

案例归纳一

该患者与家人发生争执后2小时被发现意识不清、恶心呕吐、流泪、周身出汗伴有烦躁不安，呕吐物有浓烈的大蒜味。PE：神志恍惚，烦躁不安，皮肤出汗较多，双侧瞳孔等大等圆，直径约1mm。双肺呼吸音粗糙，可闻及散在湿性啰音，偶闻及哮鸣音。HR 67次/min，节律规整音。腹部平软，肝脾肋下未触及，肠鸣音6~8次/min。

【实验室检查】

1. 全血胆碱酯酶活力测定 是诊断有机磷杀虫药中毒的特异性实验指标，并用于中毒程度、治疗疗效判断和预后估计。将健康人胆碱酯酶活力值设为100%，急性有机磷杀虫药中毒时，此酶活力有不同程度的下降，全血胆碱酯酶活力低于70%有诊断价值。

2. 尿中有机磷杀虫药分解产物测定 有机磷杀虫药在体内代谢后的产物经尿液排出，实验室检查代谢产物可反映毒物吸收状况，有助于诊断。如敌百虫中毒时尿中出现三氯乙醇；对硫磷和甲基对硫磷在体内分解后尿中排出硝基酚。

案例归纳二

患者入院后急诊检查血常规示：WBC $7.8\times10^9/L$，N 0.78，RBC $4.5\times10^{12}/L$，Hb 122g/L；全血胆碱酯酶活性为36%。

【诊断和鉴别诊断】

1. 诊断 根据确切的有机磷农药接触史，典型的中毒症状、体征，以及患者皮肤、衣物、呕吐物有特殊的大蒜味等，结合全血胆碱酯酶活性低于70%，即可诊断。

2. 分级诊断

(1) 轻度中毒：以M样症状为主，有头昏、头痛、无力、呕吐、多汗、视力模糊、瞳孔可略缩小，全血胆碱酯酶活力50%~70%。

(2) 中度中毒：除上述M样症状加重外，出现N样症状，有肌束颤动，瞳孔缩小呈针尖样，轻度呼吸困难，流涎、腹痛、腹泻，步态蹒跚，轻度意识障碍，全血胆碱酯酶活力30%~50%。

(3) 重度中毒：除上述M、N样症状外，还含有肺水肿、呼吸极度困难，有发绀、抽搐、昏迷、呼

笔记栏

吸麻痹,少数患者可发生脑水肿,全血胆碱酯酶活力30%以下。

3. 鉴别诊断 应注意排除因昏迷、呼吸困难、恶心呕吐、瞳孔缩小而急诊的患者,主要与严重中暑、急性胃肠炎、各类脑炎及其他急性农药、药物中毒等鉴别。根据杀虫药接触史、多汗、肌纤维颤动、肺水肿等表现,结合全血胆碱酯酶活力测定,鉴别不难。

案例诊断要点

1. 青年女性,发病前有情绪激动史,发病现场有与患者呕吐物气味相似的塑料包装瓶。

2. 病史特点:急性起病,以神志恍惚、烦躁不安、恶心呕吐、大汗淋漓为主要变现。

3. PE:神志恍惚,烦躁不安,皮肤出汗较多,双侧瞳孔等大等圆,直径约1mm。双肺呼吸音粗糙,可闻及散在湿性啰音,偶闻及哮鸣音。HR 67次/mim,节律规整音。腹部平软,肝脾肋下未触及,肠鸣音6~8次/min。

4. 实验室及其他检查:血常规示WBC 7.8×10^9/L,N 0.78,RBC 4.5×10^{12}/L,Hb 122g/L;全血胆碱酯酶活性为36%。

临床诊断:急性有机磷杀虫药中毒。

【治疗】

1. 迅速清除毒物 迅速使患者脱离中毒现场,除去被污染的衣物,用清水彻底清洗被污染的皮肤、毛发和指甲。经口服中毒者,应用清水、1∶5000高锰酸钾液或2%碳酸氢钠反复彻底洗胃,然后用硫酸钠导泻。具体毒物不详时,应选择清水洗胃,对硫磷中毒者禁用1∶5000高锰酸钾液,敌百虫中毒者禁用2%碳酸氢钠洗胃,以免加重中毒。眼部污染者,可用生理盐水或2%碳酸氢钠彻底冲洗。在迅速清除毒物的同时,应争取时间及早用解毒药治疗,以缓解中毒症状和挽救生命。

2. 解毒药的使用

(1)抗毒蕈碱药:抗胆碱能药阿托品能与乙酰胆碱争夺胆碱受体,起到阻断乙酰胆碱的作用,抗拮乙酰胆碱对交感神经和中枢神经的作用,从而减轻毒蕈碱样症状及中枢抑制,但对烟碱样症状和胆碱酯酶活力恢复无效。治疗原则是早期、足量、反复使用。一般根据中毒程度每10~30分钟或1~2小时给药1次,直到毒蕈碱样症状明显好转或达到"阿托品"化。阿托品化的判断要点为:瞳孔较前明显扩大、口干、皮肤干燥、颜面潮红、肺部湿啰音消失、心率较前加快、意识好转等。达到"阿托品"化后应减少阿托品的用量,一般维持用药至症状消失24小时后方可停药。如果出现瞳孔扩大、意识模糊、幻觉、谵妄、抽搐、昏迷、心动过速和尿潴留等,应慎重排除阿托品中毒。一旦出现阿托品中毒,应停用阿托品,必要时用毛果云香碱解毒。

(2)胆碱酯酶复能药:胆碱酯酶复能药能使被抑制的胆碱酯酶恢复活性,对解除烟碱样症状作用明显,常用的有碘解磷、氯磷定、双复磷、双解磷等。氯磷定和双复磷较常用。此类药物的肟基可与磷原子结合,夺取磷酰化胆碱酶中的磷原子,使胆碱酯酶恢复活力。但对已老化的胆碱酯酶无复活作用,中毒48小时后使用疗效不佳,应尽早使用。胆碱酯酶复能药对各种有机磷中毒的疗效不相同,解磷定对内吸磷、对硫磷、甲胺磷、甲拌磷等中毒疗效好,对敌百虫、敌敌畏等中毒疗效差;双复磷对敌敌畏及敌百虫中毒疗效好。对胆碱酯酶复能药疗效不好的患者,应以阿托品治疗为主或两药合用。目前认为较为理想的治疗方法为两类解毒药联合应用,联合治疗时阿托品的剂量应减少,以免发生阿托品中毒。或应用复方制剂如解磷注射液(阿托品3mg、苯那辛3mg、氯磷定400mg)。用药剂量见表10-2-1。

表10-2-1 有机磷杀虫药中毒解毒药剂量表

药名		用药阶段	轻度中毒	中度中毒	重度中毒
抗毒蕈碱药	阿托品	开始	1~2mg,皮下注射,每1~2小时1次	2~4mg,立即静脉注射;1~2mg,每半小时1次静脉注射	3~10mg,立即静脉注射;2~5mg,每10~30分钟1次静脉注射
		阿托品化后	0.5mg,皮下注射,每4~6小时1次	0.5~1mg,皮下注射,每4~6小时1次	0.5~1mg,皮下注射,每2~6小时1次

笔记栏

续表

药名		用药阶段	轻度中毒	中度中毒	重度中毒
胆碱脂酶复能药	氯磷定	首剂	0.25~0.5g,稀释后缓慢静脉注射	0.5~0.75g,稀释后缓慢静脉注射	0.75~1g,稀释后缓慢静脉注射,半小时后可重复一次
		以后	需要时2小时后重复一次	0.5g,稀释后缓慢静脉注射,每2小时1次,共3次	0.5g,每小时静脉注,6小时如病情显著好转,可停药观察
	解磷定	首剂	0.4g,稀释后缓慢静脉注射	0.8~1.2g,稀释后缓慢静脉注射	1.0~1.6g,稀释后缓慢静脉注射,半小时后可视情况重复0.6~0.8g一次
		以后	必要时2小时后重复一次	0.4~0.8g,稀释后缓慢静脉注射,每2小时1次,共3次	0.4g,每小时静脉射,6小时后如好转可停药观察
	双复磷	首剂	0.125~0.25g,肌内注射,必要时每2~3小时重复一次	0.5g,肌内注射或稀释后静脉注射,2~3小时后可重复0.25g	0.5~0.75g,稀释后静脉注射,半小时后可重复0.5g
		以后	0.25g,酌情用药1~3次	0.5g,根据情况用要1~3次	0.25g,每2~3小时给药1次,共2~3次
复方制剂	解磷	首剂	1/2~1支肌内注射,另加氯磷定0~0.5g	1~2支肌内注射,另加氯磷定0.5~1.0g	2~3支肌内注射,另加氯磷定1.0~1.5g

3. 对症治疗 有机磷杀虫药中毒主要死因是肺水肿、呼吸肌麻痹导致的呼吸衰竭,也可因休克、脑水肿、中毒性心肌炎、心脏骤停死亡等。对症治疗以加强呼吸功能支持为重,保持呼吸道通畅、吸氧,必要时应用人工呼吸机;发生脑水肿者及时应用脱水药与糖皮质激素;休克者抗休克治疗,必要时输血。重度中毒者中毒症状缓解后,应密切注意反跳现象,应逐步减少解毒药量,直至症状消失后停药,一般至少观察3~7天。要注意保护肝、肾功能,加强护理。

4. 血液净化治疗 近年来采用血液净化治疗有机磷农药重症中毒病人取得了显著疗效。如选用血液灌流加血液透析,或者血流灌流加腹膜透析以清除血液中和蓄积在组织中释放入血的有机磷农药,要早期使用、反复使用,以提高治愈率。

【预防】

(1) 普及防治中毒知识,了解有机磷杀虫药对人畜的毒性。

(2) 蔬菜、瓜果采摘前禁止喷洒农药,食用前要反复清洗。

(3) 生产和使用农药时,严格执行生产操作规程,做好个人防护。

处方及医师指导

1. 一般治疗:绝对卧床,暂禁食,及时清除口腔及呼吸道分泌物,防止发生窒息;连续监测呼吸、脉搏、血压、心电图,记录24小时出入量。

2. 清除尚未吸收的毒物

(1) 洗胃:应用清水经胃管洗胃,直至洗出液无色无味。

(2) 导泻:拔除胃管前注入33%硫酸钠50ml。

3. 促进毒物排泄

(1) 补液利尿:开通静脉通路,静脉滴注5%GNS溶液,随后呋塞米20~40mg稀释后静脉推注。

(2) 血液透析:密切观察病情变化及尿量情况,一旦出现少尿,急诊进行血液透析治疗。

4. 应用特异性解毒药

(1) 阿托品:4mg立即静脉推注,随后1~2mg静脉推注,每0.5小时1次,直至出现阿托品化表现后开始减量。

(2) 胆碱酯酶复能剂:根据具体导致中毒的有机磷的种类选择解磷定或双复磷。该患者最终明确为敌敌畏中毒,应用双复磷静脉注射。

5. 对症治疗

(1) 维护呼吸功能:吸氧,及时清除呼吸道分泌物,应用抗生素防治呼吸道感染,必要时应用呼吸兴奋剂,或气管切开行人工机械通气。

(2) 糖皮质激素:地塞米松10~20mg静脉滴注,每日1~2次。

笔记栏

参考文献

蔡柏蔷,李龙芸.2005.协和呼吸病学.北京:中国协和医科大学出版社
蔡光先,赵玉庸.2005.中西医结合内科学.北京:中国中医药出版社
陈灏珠.2005.实用内科学.第12版.北京:人民卫生出版社
陈新谦,金有豫,汤光.2006.新编药物学.第16版.北京:人民卫生出版社
陈以平.2001.尿酸性肾病的治疗进展.中国中西医结合肾病杂志,1(3):249~251
董德长,郝翠兰,储廉等.1999.实用肾脏病学.上海:上海科学技术出版社
郭文焕,余英豪,郑智勇等.2006.海洛因肾病的病理特征——附2例报告及文献复习.中国中西医结合肾病杂志,7:232~234
黄春林,朱晓新.2006.中药药理与临床手册.北京:人民卫生出版社
黄春林.2005.心血管科专病中医临床诊治.第2版.北京:人民卫生出版社
姜傥.2005.病毒感染相关性肾脏疾病.中华肾脏病杂志,21(6):312~314
蒋季杰,范亚萍.2001.现代肾脏病.北京:人民军医出版社
蒋明,DAVID YU,林孝义等.2004.中华风湿病学.北京:华夏出版社
孔耀中,肖观清,刘笑芬等.2006.海洛因相关性肾病的临床病理分析.22:580~581
刘金星.2005.中西医结合传染病学.北京:中国中医药出版社
罗云坚,余绍源.2005.消化科专病中医临床诊治.第2版.北京:人民卫生出版社
美国NHK-K/DOQI工作组.2005.慢性肾脏病及透析的临床实践指南.王海燕,王梅主译.北京:人民卫生出版社
彭卫生.2004.新编结核病学.第2版.北京:中国医药科技出版社
彭文伟.2004.传染病学.北京:人民卫生出版社
彭文伟.2006.传染病学.第6版.北京:人民卫生出版社
彭佑铭,刘伏佑.2006.肾脏内科研修精要.长沙:中南大学出版社
阮长耿.2007.现代血液病诊断治疗学.合肥:安徽科学技术出版社
王海燕.1996.肾脏病学.第2版.北京:人民卫生出版社
王海燕.2005.内科学.北京:北京大学医学出版社
王吉耀.2005.内科学.北京:人民卫生出版社
王振义.血栓与止血.上海:上海科学技术出版社
徐蓉娟.2007.内科学.第2版.北京:中国中医药出版社
杨铁成,张训,侯凡凡等.2002.滥用海洛因并发急性肾衰竭.中华肾脏病杂志,18:148~149
杨跃进,华伟.2006.阜外心血管内科手册.北京:人民卫生出版社
杨志寅.1994.诊断学大辞典.北京:华夏出版社
叶任高,刘冠贤.1997.临床肾脏病学.北京:人民卫生出版社
叶任高,刘云海,钱丽旗.2003.中西医结合肾脏病学.北京:人民卫生出版社
叶任高,陆再英.2004.内科学.第6版.北京:人民卫生出版社
叶任高,杨念生,郑智华.2003.肾病综合征.北京:人民卫生出版社
叶任高,张道友,刘冠贤.2003.红斑狼疮.北京:人民卫生出版社
张君邦,刘国良.2004.临床病例诊治演练——内科学分册.北京:科学出版社
朱元珏,陈文彬.2003.呼吸病学.北京:人民卫生出版社
Appel GB, Radhakrishnan J, D, Agati V.2000.Secondary glomer disease.In: brenner BM.The Kidney.Sixth ed.W.B.Saunders Company. 1350~1448
Balow JE, Boumpas DT, Austin HA, et al.2000.New prospects for treatment of lupus nephritis.Seminars in Nephrology.20(1):32~39
Barry M.Brenner.2001.布伦纳-雷克托肾脏病学.第6版.北京:科学出版社
Bennett JC, Plum F.2003.Cecil Textbook of Medicine. 22nd ed. Philadelphia: W. B. Saunders Company
Braunwald. 2006.HEART DISEASE.第7版.北京:人民卫生出版社
Dettmeyer R, Stojanovski G, Madea B.2002.Pathogenesis of heroin associated glomerulonephritis. Correlation between the inflammatory activity and renal deposits of immunoglobulin and complement? Forensic Scin Int, 113:227~231
Dettmeyer RB, Preuss J, Wollersen H, et a1.2005.Heroin-assciated nephropathy.Expert Opin Drug Saf, 4(1):19~28
Perneger TV, Klag MJ, Whelton, PK.2001.Recreational drug use: a neglected rise factor for end-stage renal disease.Am J Kidney Dis, 38:49~56
Williams DH, Schaeffer AJ.2004.Current concept in urinary tract infections.Minerva Urol Nefrol, 56(1):15~31

笔 记 栏